Dschingis Khan und seine Erben. Das Weltreich der Mongolen

# DSCHINGIS KHAN
## und seine Erben

Das Weltreich der Mongolen

Die Ausstellung steht unter der Schirmherrschaft
des Premierministers der Mongolei,
Herrn Tsakhia Elbegdorj,
und des Bundeskanzlers der Bundesrepublik Deutschland,
Herrn Gerhard Schröder

Eine Ausstellung der Kunst- und Ausstellungshalle
der Bundesrepublik Deutschland, Bonn, und
des Staatlichen Museums für Völkerkunde München
in Kooperation mit dem Ministerium
für Bildung, Kultur und Wissenschaft der Mongolei,
dem Musée national des arts asiatiques – Guimet, Paris,
der Staatlichen Eremitage, Sankt Petersburg,
dem National Palace Museum Taipei und
dem Tokyo National Museum

16. Juni bis 25. September 2005
Kunst- und Ausstellungshalle der Bundesrepublik Deutschland, Bonn

26. Oktober 2005 bis 29. Januar 2006
Staatliches Museum für Völkerkunde München

GERHARD SCHRÖDER

Bundeskanzler der Bundesrepublik Deutschland

# Grußwort

Die Realisierung der Ausstellung *Dschingis Khan und seine Erben* ist ein großer Erfolg des kulturellen Austausches zwischen der Mongolei und Deutschland. Sie trägt ihrerseits wiederum zu dieser Kooperation bei, indem sie das Verständnis für die Geschichte sowie das Kultur- und Geistesleben der Mongolen fördert und damit Interesse für das heutige Leben in der Mongolei weckt. Die Beziehungen zwischen unseren Ländern haben sich seit Beginn der 90er Jahre intensiviert. Deutschland ist in der Europäischen Union der wichtigste Partner der Mongolei. 1 200 mongolische Studenten in Deutschland zeugen vom ungebrochenen Interesse an unserem Land. Aufgrund ihrer engen Verbindungen – früher zur DDR, jetzt zum vereinigten Deutschland – sprechen heute über 20 000 Mongolen deutsch. Damit besitzt die deutsche Sprache im Vergleich zur Bevölkerungszahl eine in Ostasien einzigartige Bedeutung.

Wer heute als Deutscher in die Mongolei reist, kann feststellen, wie viele Menschen über detaillierte Kenntnisse der Geschichte und Gegenwart unseres Landes verfügen. Im Gegensatz dazu sind in Deutschland die Kenntnisse über die Mongolei weniger verbreitet. Zum Bild der Deutschen von der modernen Mongolei tragen vor allem Reiseberichte, daneben aber auch Werke mongolischer Künstler bei, wie z.B. die Romane und Erzählungen des Chamisso-Preisträgers Galsan Tschinag oder der poetische Dokumentarfilm *Die Geschichte vom weinenden Kamel* von Byambasuren Davaa, einer Absolventin der Münchner Hochschule für Film und Fernsehen.

Die Ausstellung der Bundeskunsthalle mit wertvollen kulturhistorischen Exponaten aus der Zeit des von Dschingis Khan geschaffenen mongolischen Großreiches vermittelt dem Publikum nun eine Vorstellung von der Bedeutung dieses Imperiums und eine Ahnung von der Tradition der heutigen Bewohner der Mongolei. Ihm bietet sich das differenzierte Bild einer Zivilisation, die sich – im Gegensatz zu ihrer gefürchteten äußeren Schlagkraft – im Innern durch religiöse und kulturelle Toleranz auszeichnete, die Nachahmenswertes von anderen Kulturen übernahm und diese ihrerseits bereicherte. Deutsch-mongolische Kooperationen, wie gemeinsame Ausgrabungen der alten Hauptstadt Karakorum durch das Deutsche Archäologische Institut, die Universität Bonn und die Mongolische Akademie der Wissenschaften tragen zur Erweiterung unseres Geschichtsbildes bei. Hier wird die Ausstellung neue Akzente setzen.

Die Epoche des Aufstiegs der Mongolen im 13. Jahrhundert prägte die politische und kulturelle Gestalt Eurasiens nachhaltig. Auch im europäischen Geschichtsverständnis haben die Spuren Dschingis Khans und seiner Erben Niederschlag gefunden. Der mongolische Rückzug aus dem Abendland 1241 und die Jahrhunderte währende mongolische Herrschaft im Osten beförderten das Entstehen des in unserem Bewusstsein eingebrannten Musters der Trennung von Ost und West. Dahinter ist zurückgetreten, dass das mongolische Imperium während der *Pax Mongolica* im 13. und 14. Jahrhundert mit Europa einen gemeinsamen Kulturraum bildete.

Ich wünsche der Ausstellung viele interessierte Besucher. Lassen wir uns anregen, die Bedeutung des mongolischen Weltreiches für unsere gemeinsame Geschichte neu zu entdecken und uns Europäern einen Teil unserer Vergangenheit in Erinnerung zu rufen.

## PUNTSAG TSAGAAN

Minister für Bildung, Kultur und Wissenschaft der Mongolei

# Grußwort

Die Beziehungen zwischen der Mongolei und Deutschland in den Bereichen Wissenschaft, Bildung und Kultur blicken auf eine lange Tradition zurück. Schon im Jahre 1925 wurden die ersten dreißig mongolischen Studenten zum Studium nach Deutschland gesandt. Zahlreiche deutsche Wissenschaftler und Gelehrte haben bedeutende Beiträge zur Erforschung, Bewahrung und Bekanntmachung der Geschichte und Kultur der Mongolei geleistet.

Diese Ausstellung, die in eine Zeit intensiver bilateraler Beziehungen zwischen der Mongolei und der Bundesrepublik Deutschland fällt, ist eine große Bereicherung für die Zusammenarbeit beider Länder auf kulturellem Gebiet und wird zu ihrer Vertiefung wesentlich beitragen.

Die archäologischen Funde und wissenschaftlichen Ergebnisse der deutsch-mongolischen Ausgrabungen in Karakorum, der ehemaligen Hauptstadt des Mongolischen Reiches, und weitere Funde aus der Zeit der frühen Steppenvölker sowie der Türken und der Uiguren, die auf gemeinsamen Ausgrabungen mongolischer, französischer und türkischer Wissenschaftler entdeckt wurden, werden im Rahmen der Ausstellung *Dschingis Khan und seine Erben* der deutschen Öffentlichkeit erstmals präsentiert. Zudem ist die Ausstellung eine einzigartige Gelegenheit für den Besucher, wertvolle Zeugnisse der mongolischen Geschichte, die in den bedeutendsten Sammlungen der Welt aufbewahrt werden, kennen zu lernen.

Ich hoffe, dass diese Ausstellung dem deutschen und europäischen Publikum neue und interessante Informationen und Eindrücke über die Tradition und die Kultur des mongolischen Volkes vermitteln wird, und wünsche ihren Besuchern eine aufregende Reise in die Geschichte der Mongolei.

## TSAKHIA ELBEGDORJ
Ministerpräsident der Mongolei

# Grußwort

Für die Unterstützung und Zusammenarbeit bei der Organisation dieser einzigartigen Ausstellung, die im Vorfeld des 800-jährigen Jubiläums der Gründung des Mongolischen Reichs stattfindet, möchte ich der deutschen Bundesregierung und der Leitung der Kunst- und Ausstellungshalle der Bundesrepublik Deutschland im Namen der Regierung der Mongolei den herzlichsten Dank aussprechen.

Unter den nomadischen Völkern können die Mongolen eine führende Rolle beanspruchen. Das Territorium der heutigen Mongolei ist eines der Zentren der menschlichen Zivilisation, und für uns war es stets von größter Wichtigkeit, die Traditionen und das kulturelle Erbe der Nomaden zu pflegen und seine kostbaren materiellen Zeugnisse zu bewahren.

Doch ist das mongolische Volk in der Geschichte nicht nur eng mit den Völkern Zentralasiens, sondern auch mit vielen anderen Völkern verbunden gewesen. Auch bestehen seit langer Zeit Kontakte zwischen der Mongolei und Deutschland, die sich seit der Wiedervereinigung Deutschlands im Jahre 1990 intensiviert haben. Es ist unser Anliegen, diese guten Beziehungen im 21. Jahrhundert zu stärken und zu einer umfassenden Partnerschaft beider Länder zu erweitern.

Die Ausstellung *Dschingis Khan und seine Erbe*n bietet dem deutschen Publikum eine einzigartige Gelegenheit, anhand zahlreicher herausragender Exponate die Mongolei näher kennen zu lernen. Ich bin sicher, dass die Ausstellung einen wichtigen Impuls geben wird, die traditionell guten Beziehungen zwischen der Mongolei und Deutschland weiter zu vertiefen und eine neue Seite in der Geschichte der Zusammenarbeit unserer Länder aufzuschlagen.

Ich wünsche den Organisatoren der Ausstellung viel Erfolg und den Besuchern unvergessliche Eindrücke bei ihrer Begegnung mit der Geschichte und Kultur des mongolischen Volkes.

WENZEL JACOB
Intendant der Kunst- und Ausstellungshalle der Bundesrepublik Deutschland, Bonn

CLAUDIUS MÜLLER
Direktor des Staatlichen Museums für Völkerkunde München

# Vorwort

Viele einstige Herrscher sind uns heute nur bekannt, weil sie bereits zu Lebzeiten durch Paläste, Kunstwerke oder prächtige Gräber für ihren Nachruhm sorgten. Činggis Khan gehört nicht zu ihnen. Er hat weder Bauwerke hinterlassen noch Kunstschätze, und von seinem Grab weiß man bis heute nicht einmal, wo es liegt. Dennoch ist Činggis Khan eine der bekanntesten historischen Persönlichkeiten. Verehrt von den einen, gefürchtet von den anderen, gründet sein Ruhm jedoch vielfach auf Legenden.

Mit unserer Ausstellung verfolgen wir die historischen Spuren Činggis Khans. Wir skizzieren, beginnend mit seinen Vorläufern, die Entwicklung des mongolischen Reiches bis in die Gegenwart.

Činggis Khan gelang es, die einst verfeindeten mongolischen Stämme zu einen. Diese Einigung, die sich 2006 zum 800. Mal jährt, war Voraussetzung für den beispiellosen Aufstieg der Mongolen zur größten Weltmacht der Geschichte. In seiner Blütezeit erstreckte sich das Mongolische Reich vom Pazifischen Ozean bis nach Mitteleuropa.

Die Eroberung und Kontrolle des transkontinentalen Reichs gelang unter anderem durch effektive Verwaltungsstrukturen, die Förderung des Handels, die Einrichtung von Poststellen und Passwesen, die Erfindung der so genannten 'Phags-pa-Schrift, mit der die unterschiedlichen Sprachen des Riesenreiches einheitlich wiedergegeben werden konnten, und nicht zuletzt durch weitgehende religiöse und kulturelle Toleranz. Im 13. Jahrhundert entstand so die *Pax Mongolica*, eine Zeit offener Handelsbeziehungen und des kulturellen Austauschs zwischen Asien und Europa, die bis zum Ende des 14. Jahrhunderts fortdauerte und für beide Seiten sehr fruchtbar war.

1220, sieben Jahre vor Činggis Khans Tod, gründete das nomadische Reitervolk der Mongolen die Hauptstadt Karakorum, die unter Činggis Khans Sohn und Nachfolger Ögedei zur festen Stadt ausgebaut wurde. Die Stadt entwickelte sich zu einer multinationalen und multireligiösen Metropole der mittelalterlichen Welt, wurde jedoch bereits 1380 von den Chinesen niedergebrannt und verfiel nach dem Wiederaufbau endgültig im späten 16. Jahrhundert. Seit vier Jahren erforschen Archäologen der Universität Bonn zusammen mit Fachleuten des Deutschen Archäologischen Instituts und der Mongolischen Akademie der Wissenschaften die Reste der Hauptstadt Činggis Khans. Zu ihrer Überraschung stießen sie dabei auch auf ein buddhistisches Heiligtum, was belegt, dass der Buddhismus in dieser Region bereits im 13. Jahrhundert verbreitet war, also wesentlich früher, als bislang angenommen wurde. Die Ergebnisse dieser Grabungen sind in der Ausstellung erstmals zu sehen. Darüber hinaus werden Funde aus zwei Grabungen zu Vorläufern des mongolischen Reiches gezeigt. Französische Archäologen legen derzeit die Nekropole der Xiongnu in Golmod frei (3. Jh. v. Chr. – 1. Jh. n. Chr.), türkische Wissenschaftler erforschen zwei alttürkische Gedenkstätten aus dem aus dem 8. Jahrhundert n. Chr., nämlich die Gedenkstätten des Feldherrn Köl Tegin und des Herrschers Bilgä Kagan. Ein wichtiger Teil der Ausstellung widmet sich den Nachfolgereichen des mongolischen Imperiums, die bis ins 16. Jahrhundert in Asien und Europa bestanden. Dazu zählen die Goldene Horde in Russland, das Ilkhanat in Persien und die Yuan-Dynastie in China. In all diesen Reichen entstanden wundervolle Kunstwerke, und wir schätzen uns glücklich, viele davon dank der Unterstützung namhafter Leihgeber von Ostasien bis Europa zeigen zu können. Mit einem Blick auf das 20. Jahrhundert klingt die Ausstellung aus. Während Činggis Khan in der Zeit des Kommunismus als Unperson galt, wurde er mit der politischen Wende in der Mongolei rehabilitiert und gilt heute wieder als zentrale Identifikationsfigur.

Wir danken allen, die zum Gelingen des Projekts beigetragen haben. Zunächst den politisch Verantwortlichen: Stets konnten wir mit unserem Vorhaben auf die Unterstützung der mongolischen Regierung bauen, vor und nach den jüngsten Wahlen. Wir fühlen uns sehr geehrt, dass Premierminister Tsakhia Elbegdorj und Bundeskanzler Gerhard Schröder gemeinsam die Schirmherrschaft für die Ausstellung übernommen haben. Auch den Botschaften beider Länder gilt unser Dank. Sie waren immer verlässliche und wichtige Vermittler.

Wir danken unserem Kooperationspartner, dem Kulturministerium der Mongolei, mit seinem Minister, Herrn Puntsag Tsagaan, dem ehemaligen Vizeminister Baatar Erdenesuren, Frau Luvsannorov Erdenechimeg, frühere Abteilungsleiterin, und Frau Zundui Oyunbileg, die das Projekt auf mongolischer Seite mit viel Engagement koordiniert hat. Lundeg Purevsuren, Erster Sekretär im mongolischen Außenministerium, hat das Projekt initiiert und es bis zur Realisierung mit Rat und Tat begleitet. Besonderer Dank gilt auch Baatar Chadraa, dem Präsidenten der Mongolischen Akademie der Wissenschaften, und seinen Institutsleitern, Ayudai Ochir, dem Direktor des Nationalmuseums für mongolische Geschichte. Auf deutscher Seite hat ein ganzes Team von Wissenschaftlern die Ausstellung erarbeitet. Wir danken hierfür Hans-Georg Hüttel von der Kommission für Allgemeine und Vergleichende Archäologie des Deutschen Archäologischen Instituts, Bonn, sowie Burkhard Vogt, dem Institutsleiter, wir danken Helmut R. Roth, dem früheren, inzwischen leider verstorbenen Direktor des Instituts für Vor- und Frühgeschichtliche Archäologie, Universität Bonn, seinem Stellvertreter Ernst Pohl sowic dem heutigen Direktor Jan Bemmann, und wir danken den Wissenschaftlern des Seminars für Sprach- und Kulturwissenschaft Zentralasiens der Universität Bonn, Veronika Veit, Michael Weiers und Klaus Sagaster, der uns besonders intensiv unterstützt hat. Agnieszka Lulinska hat das Projekt zunächst geleitet und mit dem wissenschaftlichen Team die Struktur der Ausstellung erarbeitet. Henriette Pleiger führte ihre Arbeit ab Ende 2003 fort und hat zusammen mit Purev Erdenesukh für die Umsetzung der Ausstellung in Bonn gesorgt. Für die Koordination in München danken wir Dorothee Schäfer und Bruno Richtsfeld. Die Ausstellungsarchitektur besorgte Michael Haacke, auch hierfür herzlichen Dank.

Möge die Ausstellung dazu beitragen, das Weltreich Činggis Khans, das auch die Geschichte Europas nachhaltig beeinflusst hat, neu zu entdecken und zu bewerten.

# Inhalt

# Dschingis Khan und seine Erben

CHULUUN DALAI
Mitglied der Akademie der Wissenschaften der Mongolei

# Die historische Rolle Činggis Khans als Gründer des Mongolischen Großreichs

Von alters her leben die Mongolen im Einklang mit der Natur und meistern deshalb ihr Leben erfolgreich. Ebenso jedoch ist dieses Leben durch den geeinten Staat bestimmt. Wir Mongolen haben es vermocht, das Erbe des vor nahezu 800 Jahren gegründeten Mongolischen Reichs zu bewahren und Herren unseres Landes zu bleiben. Dies ist eng verbunden mit dem großen Namen und den Verdiensten von Činggis Khan, die im Herzen aller Mongolen ihren ewigen Platz haben.

Činggis Khan, der Begründer des Mongolischen Großreichs und heilige Herrscher der Mongolen, wurde unter dem Namen Temüjin in Deli'ün Boldaq am Ufer des Flusses Onan (Onon) im Nordosten des heutigen Staates Mongolei geboren. Sein Vater war der Stammesfürst Yisügei Ba'atur (Yisügei der Held) vom Clan der Borjigid und Urenkel des Qabul Khan, der die mongolischen Stämme erstmals zu einem Staat, dem Staat Qamuq Mongqol, zusammengeführt hatte.[1] Činggis Khans Mutter war die Fürstin Hö'elün vom Clan der Olqunu'ut.

Das Jahr von Činggis Khans Geburt wird in den historischen Quellen unterschiedlich angegeben. Genannt werden die Jahre 1154, 1155, 1162 und 1167. Als am wahrscheinlichsten gilt, dass Činggis Khan 1162 geboren wurde. Schon als Kind zeigte Temüjin einen hellen Verstand, großen Mut und außergewöhnliche Entschlusskraft, und so konnte er auch zu einem weitsichtigen Staatsmann und berühmten Feldherrn werden, zu einem Führer, der zudem die besondere Fähigkeit der Menschenkenntnis besaß, die ihn die richtigen Gefährten wählen ließ. Allerdings war sein Leben nicht leicht. Temüjin war neun Jahre alt, als sein Vater Yisügei vom feindlichen Stamm der Tatar vergiftet wurde und die von ihm regierten Stämme von Temüjin abfielen. Er verlor Vieh und Gesinde, ja selbst seine Verwandten ließen ihn im Stich. Zusammen mit seiner Mutter und seinen jüngeren Brüdern lebte er in bitterer Armut. Wie die Kinder von anderen armen Nomaden musste er das Vieh hüten, Murmeltiere und Feldmäuse jagen und sich sogar bei reichen Familien als Knecht verdingen. Doch seine Mutter Hö'elün war eine durch die Härten des Lebens erfahrene, kluge Frau, die ihre Kinder sehr wohl mit Nahrung und Kleidung zu versorgen wusste und ihnen eine ebenso gute

Erziehung angedeihen ließ, wie sie auch die Kinder der anderen Steppenadligen erhielten. Für die Weltanschauung Temüjins war dies von großer Wichtigkeit.

Als Temüjin das Mannesalter erreicht hatte, besaß er schon ganz die Statur eines Khans und den Charakter eines Steppenadligen. Dennoch blieb er so einfach und ehrlich, unermüdlich fleißig, treu und zuverlässig wie ein Viehhirte. Die *Geheime Geschichte der Mongolen* (Kat.-Nr. 42), die zeitgenössische mongolische Biographie Činggis Khans, bringt mit einem Satz, den Dei Sečen (Dei der Weise) zu Yisügei sprach, das Wesen Temüjins trefflich zum Ausdruck: »Dein Sohn ist ein Knabe mit Feuer in den Augen, mit Glanz im Gesicht.«[2] Im chinesischen *Yuanshi* (Geschichte der Yuan-Dynastie; Kat.-Nr. 356) heißt es: »Das Erscheinungsbild des Taizu [Činggis] ist außergewöhnlich.«[3] Und in den »Ausführlichen Aufzeichnungen über die Mongolen-Tataren« (chin. *Meng-Da beilu*) von Zhao Hong, der im Jahre 1221 als Gesandter der Südlichen Song-Dynastie in die Mongolei kam, steht: »Aber der Tatan-Herrscher Temujin, dessen Körper ist mächtig und stark; er hat eine breite Stirn und einen langen Bart. Er ist ein Mensch von reckenhafter Gestalt, und dadurch ist er so ganz anders.«[4] Marco Polo, der im Jahre 1265 nach Shangdu, die »Obere Hauptstadt«, kam und mit dem Großkhan Qubilai zusammentraf, schrieb: »[…] die Tartaren machten einen von ihnen zum König, der den Namen Cinghis Kane hatte. Er war ein Mann von großer Tüchtigkeit, Mut und Tapferkeit. […] Und dieser Cinghis Kane regierte gut und ehrlich.«[5] Auf ähnliche Weise äußern sich auch andere Quellen aus dem 13. Jahrhundert.

Wie die meisten Adligen der mongolischen Steppenstämme glaubte Činggis Khan seit seiner Kindheit an die Kraft und Gunst des Ewigen Himmels, er vertraute alle seine Taten dem hohen Himmel an und war bis zu seinem Lebensende ein Anhänger des Schamanismus. Er selbst war kein Schamane, und er war keiner Religion gegenüber voreingenommen. Und obwohl Činggis Khan alles als vom Himmel gewollt ansah, wartete er nicht untätig auf die Gunst des Himmels: Vielmehr waren es seine Klugheit, Entschlossenheit und Begabung, die ihn seine historischen Taten vollbringen ließen.

Die historische Persönlichkeit des Činggis entsprach den Bedürfnissen der damaligen mongolischen Gesellschaft auf bestmögliche Weise. Er war ein echter mongolischer Krieger, auf mongolischer Erde von mongolischen Eltern geboren und im nomadischen Leben zum Manne geworden. Als solcher wurde er zum ersten Großkhan der Mongolen und widmete als herausragender Politiker sein ganzes Leben und Wirken dem mongolischen Volk.

Als Temüjin erwachsen wurde, entschloss er sich, die nach dem Tode seines Vaters Yisügei zerstreuten Stämme wieder unter die Herrschaft seiner Familie zu bringen und das gespaltene Volk zu einen. Bei dieser schwierigen Aufgabe halfen ihm viele Freunde: Ong Khan, der Herrscher des Stammes der Kereit, welcher ein enger Gefährte seines Vaters gewesen war, Jamuqa der Weise aus dem Clan der Jadaran, ein Freund aus der Kindheit, und auch seine Jugendgefährten Bo'orču aus dem Clan der Arulat und Jelme vom Stamm der Uriangqai. Sie und viele andere unterstützten Temüjin mit Menschen und Waffen und auch mit ihren persönlichen Fähigkeiten. Im Jahr 1178 besiegte Temüjin in einem Überraschungsangriff den Stamm der Merkit. Als diese in alle Richtungen fliehen wollten, trat er in die Menge und rief nach seiner Frau Börte, die man ihm zuvor geraubt hatte. Börte erkannte die Stimme Temüjins, stieg aus ihrem Wagen, kam zusammen mit Qo'aqčin Emegen (Qo'aqčin der Alten) zu ihm und ergriff die Zügel von Temüjins Pferd. Durch diesen großen Sieg, durch den Temüjin seine Frau zurückgewann, begann sich sein Name unter den Stämmen der Steppennomaden zu verbreiten. Nun schlossen sich ihm viele kleine Stämme an, zum Beispiel die Ba'arin, die Jalayir und die Mangqut. Temüjins Ansehen in der Steppe wuchs so rasch, dass er in kurzer Zeit den mongolischen Staat seiner Väter fast vollständig wiederherstellen konnte.

Als er im Jahr 1189 am nördlichen Ufer des Flusses Senggür am Platz Qara Jirügen in der Nähe des Blauen Sees (Köke Na'ur) lagerte, berieten sich Altan, der Sohn des Qutula Khan, und Sača Beki, der Anführer des Stammes Jürkin: Sie erhoben Temüjin zum Khan des Staates Qamuq Mongqol und verliehen ihm den Titel Činggis Khan. Damals war Temüjin 28 Jahre alt. Der Thron des Staates Qamuq Mongqol, der nach dem Tod von Yisügei Ba'atur verwaist gewesen war, war wieder besetzt.

Das Ansehen von Činggis Khan wuchs nun bei den Mongolen mehr und mehr. Nach 1190 konnte er seine Macht vergrößern, denn viele Clane und Familiengruppen, welche dem Jamuqa unterstanden hatten, wechselten in sein Lager über. Činggis konnte die Stärke seines Heeres wesentlich vergrößern und dessen Organisation verbessern. Dies war die Voraussetzung dafür, dass er 1196 die Tatar, 1197 die Jürkin und Merkit und im Jahr 1200 die Tayiči'ut unter seine Herrschaft bringen konnte.

Jamuqa missgönnte seinem früheren Freund den Erfolg und arbeitete darauf hin, sich selbst zum Khan mit dem Titel Gür Khan zu machen. Aus diesem Grund versammelten sich die Fürsten vieler Stämme – Ikires, Ɣorlos, Dörben, Qatagin und Salji'ut sowie die Reste des Stammes Tayiči'ut – an der Quelle Alqui und erhoben Jamuqa zum Gür Khan. Hiervon erfuhr der Schwiegervater Činggis Khans, Dei Sečen, und er teilte es seinem Schwiegersohn umgehend mit. Činggis Khan versammelte sogleich seine Krieger, hielt Truppenübungen ab und bereitete sich zusammen mit Ong Khan auf den Kampf vor. Kurz darauf, im Jahr 1201, stießen die gegnerischen Heere an der Mündung des Flusses Kerülen, an einem Köyiten genannten Ort, aufeinander. Činggis Khan siegte, er hatte Jamuqa so sehr geschwächt, dass dieser nicht weiterkämpfen konnte. Noch im selben Jahr wurden die gesamten Streitkräfte Jamuqas zerschlagen.

Zwischen 1202 und 1205 kam es zu Kämpfen zwischen Činggis Khan und anderen mächtigen Stämmen, so den Kereyit und den Naiman. Činggis Khan bedauerte die Auseinandersetzungen mit Ong Khan, dem Herrscher der Kereyit, und dem Naiman-Führer Tayang Khan jedoch sehr, denn alle drei waren kluge Männer und kämpften nur gegeneinander, weil sie dazu gezwungen waren. Es kostete ihn große Überwindung, gegen seine früheren Verbündeten vorzugehen, doch ließ ihm die angestrebte Einigung des Staates keine andere Wahl. Činggis Khan siegte, und die Mongolen unterstanden nun einem einzigen Herrscher. Dies war die Voraussetzung für das Entstehen eines starken mongolischen Einheitsstaates.

Von 1189 an schlug Činggis Khan im Laufe von nur wenig mehr als zehn Jahren über 30 Schlachten und brachte nicht nur die eigentlichen Mongolen, sondern auch alle anderen nomadischen Völkerschaften der Mongolei unter eine einheitliche Verwaltung. Im Herbst des Jahres 1206 versammelten sich die Fürsten der mongolischen Stämme und Khanate am Ufer des Flusses Onan zu einer Reichsversammlung, dem Großen Quriltai. Sie stellten die neunfüßige Weiße Standarte auf, ließen Činggis Khan auf weißem Filz Platz nehmen und erhoben ihn zum Großkhan des Mongolischen Großreichs. Der Name des von Činggis Khan gegründeten Staates wird in der *Geheimen Geschichte der Mongolen* und den anderen Quellen nicht erwähnt. Die Bezeichnung »Mongolisches Großreich« als Name des Staates geht vielmehr auf das Siegel von Činggis Khans Sohn und Nachfolger Ögedei Khan zurück, das die Inschrift »Befehl des ozean[gleichen] Khans des Großen Mongolischen Reiches« trägt.[6]

Die Schaffung des geeinten mongolischen Staates ist selbstverständlich nicht das alleinige Verdienst Činggis Khans, sondern auch das seiner Gefährten und des gesamten mongolischen Volkes, das ihn unterstützte. Die ständigen

Kämpfe zwischen den Stämmen und die Zersplitterung des Landes hatten ein Ende gefunden. Allmählich bildete sich ein einheitlicher Staat: Zuvor hatte jeder Stamm, jedes Khanat seine eigenen Grenzen und sein eigenes Gebiet gehabt. Nun gab es ein riesiges Staatsgebiet, dessen Zentrum die drei Flüsse Onan (neumong. Onon), Kerülen (Cherlen) und Tu'ula (Tuul) umfasste. Dieses Gebiet ist auch die territoriale Basis des heutigen Staates Mongolei.

Die Vereinigung der verschiedenen Stämme unter einer einheitlichen Verwaltung führte dazu, dass die einzelnen Dialekte schnell miteinander verschmolzen. Dies war die Voraussetzung für das Entstehen einer auf der Umgangssprache und der Volksliteratur basierenden mongolischen Sprache, die wiederum zur Grundlage für die mongolische Schriftsprache wurde. Und aus der Synthese der Lebensformen der verschiedenen Stämme, ihrer geistigen Überlieferungen und Werte, ihren Verhaltensweisen und Bräuchen formte sich eine einheitliche mongolische Kultur. Es entstanden Begriffe wie »Mongolenland« und »Mongolen«. Dieses nationale Bewusstsein und der Stolz, ein Mongole zu sein, sind über die Generationen hinweg bis heute lebendig geblieben.

Činggis Khan stellte das nationale Interesse über alles. Die ihm wichtigsten Anliegen waren die Bewahrung der staatlichen Einheit, die Stärkung der Monarchie und der Treue zu ihr. Zur Durchsetzung dieser Anliegen diente die straffe Organisation des Militärs auf der Basis von strenger Disziplin und klarer Ordnung, wobei größter Wert auf persönliche Tapferkeit, realisierbare Taktik, koordinierte Zusammenarbeit und ständige Übung gelegt wurde.

Die Verwaltung des Mongolischen Großreichs war unter Činggis Khan kein aufgeblähter und schwerfälliger Beamtenapparat, sondern besaß eine an das Nomadenleben angepasste, flexible Struktur, die jedoch allen Anforderungen eines Staates genügte. Die höchste Gewalt lag ganz in den Händen des Großkhans. Činggis Khan besaß die uneingeschränkte Entscheidungsbefugnis in allen Angelegenheiten des Staates und in allen Fragen der Gesetzgebung, der Gerichtsbarkeit und Kontrolle, der Verwaltung, des Militärwesens und der Wirtschaft. Das heißt, das Mongolische Großreich war seit dem Jahr 1206 eine absolutistische Monarchie wie viele andere Staaten des Ostens im Mittelalter. Zwar zielten sowohl die damalige politische Ideologie als auch die Gesetzgebung auf die Anerkennung und Festigung der alleinigen Macht des Großkhans ab, doch Činggis Khan war kein Tyrann, obwohl er über die höchste staatliche Gewalt verfügte, kein selbstherrlicher Despot wie viele andere östliche Herrscher. Er war ein Weiser, der auch die Meinung seiner Mitmenschen achtete.

Besondere Bedeutung erlangte die Institution des Großen Quriltai, die Große Reichsversammlung, die aus Adligen bestand und vom Khan einberufen wurde, um diesen in weit reichenden Angelegenheiten zu beraten. Die Versammlung hatte auch die Aufgabe, den Großkhan zu wählen und diesen bei der Entscheidung über politische Fragen wie Krieg und Frieden zu beraten. Um die Neuerungen in Staat und Verwaltung des Mongolischen Großreichs zu verankern und weiterzuentwickeln, erließ Činggis Khan eine strenge Gesetzesordnung, die Große Jassa (yeke jasaɣ). In ihr waren die folgenden Angelegenheiten geregelt: die Wahl des Khans, die Regeln für die Beziehungen zu ausländischen Staaten, die Regeln für die Einberufung des Großen Quriltai, die Pflichten der Untertanen gegenüber dem Staat, Bestimmungen für die Freistellung von staatlichen Dienstleistungen, Militärwesen, Treibjagd, Eintreibung von Steuern und Abgaben, Familiensachen, Erbrecht, Wirtschaft sowie straf- und zivilrechtliche Angelegenheiten. Nach dem Gesetz war es gleichgültig, ob ein Bürger zur oberen oder unteren Schicht der Gesellschaft gehörte. Jeder ohne Ausnahme war dem Gesetz unterworfen. Činggis Khan erkannte deutlich, dass der Staat zugrunde geht, wenn die Gesetze nicht befolgt werden. Deswegen berief er einen speziellen Beamten, der für ihre Durchführung verantwortlich war.

Das Streben nach Zusammenhalt, nach Einigkeit ist bis heute die Existenzgrundlage der Mongolen. Und so wird es auch in Zukunft sein. Deswegen findet sich in der Großen Jassa der Begriff »Eintracht«. Dies bedeutet nicht nur, dass sich die Mongolen untereinander um Einigkeit bemühen sollen, sondern auch darum, mit den Völkern anderer Länder harmonisch zusammenzuleben.

Die Große Jassa ist das erste mongolische Gesetz, das in altmongolischer Schrift abgefasst wurde. Auch die »Weisheitslehren« (bilig) des Činggis wurden in dieser Schrift niedergeschrieben. Dass Činggis Khan die altmongolische (uiguromongolische) Schrift zur offiziellen Schrift machte, gehört zu seinen größten Verdiensten für die mongolische Kultur.

Nachdem Činggis Khan die inneren Angelegenheiten seines Staates geregelt hatte, konzentrierte er sich auf die Außenpolitik. Diese wird sowohl in der ausländischen wie auch in der einheimischen Geschichtsschreibung als »Eroberungspolitik Činggis Khans« bezeichnet. Die Gründe und Folgen dieser Eroberungspolitik werden bis heute unterschiedlich interpretiert: Als Ursachen werden z. B. die Erschließung von Weideplätzen, die Lösung innerer Konflikte und die Plünderung anderer Länder genannt, aber auch die besonderen wirtschaftlichen und sozialen Bedingungen der damaligen Mongolen. Doch scheint dies stark übertrieben zu sein – es ist kaum vorstellbar, dass die Mongolen wegen Weideplätzen Krieg gegen sesshafte Völker geführt haben. Und obwohl es damals immer wieder zu inneren Auseinandersetzungen kam, so berichtet kaum eine historische Quelle von heftigen Konflikten. Dass es eine mongolische Aggressionspolitik gab, ist unbestreitbar, doch muss sehr bezweifelt werden, dass die Kriege nur aus Angriffslust geführt wurden.

Der Wahrheit näher kommt man, wenn man die Besonderheiten der damaligen Wirtschaft und Gesellschaft und die historischen Traditionen der Mongolen berücksichtigt. Da die mongolische Wirtschaft auf der nomadischen Viehzucht beruhte, bestand eine große Nachfrage nach Produkten aus Agrarländern, und der Handel mit diesen Ländern war für die Nomaden des eurasiatischen Steppenraums von größter Wichtigkeit. Wenn die Bewohner der sesshaften Länder, weshalb auch immer, diesen Handel beschränkten oder unterbanden, sicherten sich die Nomaden ihre Handelsrechte oftmals mit Waffengewalt. Dies prägte die Beziehungen aller nomadischen Völker, die ihren Staat auf dem Gebiet der heutigen Mongolei gründeten, von den Xiongnu bis zu den Mongolen, zu ihren südlichen Nachbarn.

Doch ist dies nur einer der Gründe für die Eroberungszüge des Činggis. Das Volk der Jürčen (Dschurdschen), das, südlich der Mongolei, in Nordchina das Reich Altan (chin. Jin) gegründet hatte, war mit den Mongolen seit Generationen verfeindet. Die Jürčen hatten die Vorfahren der Mongolen getötet und nichts unversucht gelassen, die Herrschaft über sie zu erlangen. Zudem hetzten Altan und das Tangutenreich Xixia die Nomadenstämme beständig gegeneinander auf, um ihre Macht nicht zu groß werden zu lassen. Für die Unabhängigkeit der Nomaden waren sie also eine ständige Gefahr. Man kann mit voller Berechtigung sagen, dass der Hauptgrund für Činggis Khans Eroberungszüge nach Süden die Sicherung der Unabhängigkeit des neu gegründeten Staates war. Leider war es unvermeidbar, dass während solcher kriegerischer Unternehmungen auch das Leben der Zivilbevölkerung in Mitleidenschaft gezogen wurde und es zu großen Zerstörungen kam.

Über Činggis Khans Tod berichten die Quellen unterschiedlich. Die meisten dieser Berichte wurden von Historikern verfasst, die aus den von den Mongolen eroberten Ländern stammten. Sie verfälschen die wahre Geschichte und zielen darauf ab, Činggis Khan in einem möglichst negativen Licht darzustellen. Während der Eroberung des Tangutenreichs Xixia stürzte Činggis Khan während eines Truppenmanövers von seinem Pferd. Hierbei erlitt er schwere Verletzungen, an denen er schließlich nach langer Krankheit im Alter von 66 Jahren starb. Sein Tod im August des Jahres 1227 in Qingshui, einem Gebirgsort im Kreis Tianshui in der heutigen chinesischen Provinz Gansu, wurde einige Zeit geheim gehalten, um Aufstände und feindliche Angriffe zu verhindern. Der Leichnam wurde einbalsamiert und in die Heimat überführt, wo er am Platze Gürelgü (Chürlech) im Kentei (Chentij)-Gebirge beerdigt wurde. Der Begräbnisplatz wurde von Fürsten des Stammes Uriangqai bewacht, die dafür sorgten, dass keines Menschen Fuß diesen Ort betrat, der auch als »Großer Tabubezirk«

(yeke qoriy) bezeichnet wurde. Činggis Khans Sohn Tolui, dessen Söhne Möngke, Qubilai und Ariγ Böke sowie deren Nachkommen wurden ebenfalls dort beerdigt.

Wie bei einem Herrscher, der ein Weltreich geschaffen hat, nicht anders zu erwarten ist, lebt Činggis Khan im Gedächtnis der Völker auf unterschiedliche Weise fort. Für die unterworfenen Völker war er der grausame Eroberer, für die Mongolen ist er dagegen bis heute der heilige Ahnherr und Herrscher, welcher einem kleinen Nomadenvolk einen bedeutenden Platz in der Geschichte gegeben und die Mongolen in der ganzen Welt bekannt gemacht hat. Die historische Forschung, zu der auch deutsche Wissenschaftler einen bedeutenden Beitrag geleistet haben, hat jedoch zu einer weitaus differenzierteren Beurteilung der Rolle Činggis Khans geführt. Das »Gute« und das »Böse« seines Wirkens sind nur aus seiner Zeit heraus zu verstehen. Er wollte das Gute für sein Volk und war den anderen Völkern gegenüber nur grausam, solange sie sich nicht unterwarfen. So schreibt der große russische Mongolist B. Ja. Vladimircov in seinem berühmten Buch *Čingis-Chan:* »Obwohl die Fähigkeiten Čingis-Chans bedeutend waren, so war er doch ein Sohn seiner Zeit, ein Sohn seines Volkes.«[7]

Für die Mongolen blieb Činggis Khan über die Jahrhunderte hinweg bis heute unvergessen. Selbst in der kommunistischen Mongolei wurde sein Andenken verehrt und gefeiert. Aus Anlass seines 800. Geburtstags fand im Mai 1962 in Ulaanbaatar ein Symposion statt, an dem alle namhaften mongolischen Gelehrten der damaligen Zeit teilnahmen. Es erschien eine Serie von Briefmarken (Kat.-Nr. 478), und der Schriftsteller D. Pürevdorž schrieb ein Gedicht mit dem Titel »Činggis«, das eindrucksvoll die Verdienste beschreibt, die sich Činggis Khan um die Schaffung des mongolischen Staates erworben hat.[8] Am Geburtsort von Činggis Khan im heutigen Kreis Dadal im Kentei (Chentij)-Gebirge wurde sogar ein Denkmal errichtet. Auch in Hohhot (Köke Qota), der Hauptstadt der Autonomen Region Innere Mongolei der Volksrepublik China, fand eine mehrtägige wissenschaftliche Konferenz zu Ehren Činggis Khans statt. Im großen Činggis-Heiligtum von Ejin Horo (Ejen Qoroγa) im Ordos-Gebiet der Inneren Mongolei wurde eine Opferzeremonie durchgeführt.

Unter den ideologisch schwierigen Bedingungen der Mongolischen Volksrepublik war die Ehrung Činggis Khans, der offiziell als Unperson galt, eine mutige Tat. Die politische Wende von 1990 machte es möglich, dass im Jahr 2002 der 840. Geburtstag Činggis Khans ohne jedes Risiko begangen werden konnte. Im ganzen Land fanden Festveranstaltungen statt, die von Parlament und Regierung nachdrücklich unterstützt wurden. Jetzt bereitet sich das ganze Land mit großer Intensität auf ein weiteres bedeutendes Ereignis vor: auf den 800. Jahrestag der Wahl Činggis Khans zum Großkhan der Mongolen im Jahr 2006.

1 Anm. d. Red.: Die Auffassung, dass Qabul Khan den ersten mongolischen Staat begründete, wird von vielen Wissenschaftlern nicht geteilt. Nach ihnen handelte es sich lediglich um einen Stammesbund. Siehe SECRET HISTORY/DE RACHEWILTZ 2004, S. 295–299.

2 *Geheime Geschichte,* § 62; vgl. GEHEIME GESCHICHTE/TAUBE 1989, S. 19.

3 *The History of Yuan Dynasty,* hrsg. von Chang Chi-yun, Taipeh 1966, S. 1.

4 CHINESISCHE GESANDTENBERICHTE/OLBRICHT/PINKS 1980, S. 3.

5 Zit. nach MARCO POLO 1982, S. 75.

6 LIGETI 1972, S. 20.

7 VLADIMIRCOV 1922, S. 171.

8 PÜREVDORŽ 1993, S. 9/10.

KLAUS SAGASTER

# Činggis der Unsterbliche
# Zur Wirkungsgeschichte Činggis Khans

In der *Geheimen Geschichte der Mongolen* (Kat.-Nr. 2), der zeitgenössischen Biographie Činggis Khans, steht über Činggis Khans Tod nur ein Satz: »Im Schweine-Jahr [1227] ging Cinggis-Qahan zum Himmel hinaus.«[1] Was aus Činggis Khan nach seinem Aufstieg zum Himmel geworden ist, erfahren wir nicht. Erst aus der späteren Überlieferung wissen wir, dass Činggis Khan an einem geheimen Platz im Kentei (Chentij)-Gebirge begraben wurde, seine Seele aber weiterlebt.

Das Grab Činggis Khans ist bis heute nicht gefunden worden. Zwar gab und gibt es nach der politischen Wende von 1990 immer wieder Versuche, es zu entdecken. Mongolischer Sitte entspricht diese Neugier freilich nicht. Der verstorbene Leib des Činggis ist tabu, über ihm sollen Bäume und Gras wachsen. Seine Seele lebt jedoch immer noch.

Die Aussage, dass Činggis Khan zum Himmel aufgestiegen ist, spiegelt die Vorstellung wider, dass sich die Seele einer mächtigen Person nach dem leiblichen Tod an einen erhöhten Ort begibt und von dort aus weiter in die Geschicke der Lebenden eingreift. Ob sich die Macht der Verstorbenen positiv oder negativ auswirkt, ob sie Schutz vor Gefahren oder Unheil bewirkt, hängt von den Opfern und Gebeten ab, die ihnen dargebracht werden. In der Regel kümmern sich die Verstorbenen um ihre eigene Familie, sie sind also Ahnengeister ihrer jeweiligen sozialen Gruppe. Wenn aber der Ahnengeist ein König ist, ein Herrscher wie Činggis Khan, dann ist die soziale Gruppe nicht nur der eigene Clan, sondern das ganze Volk, der ganze Staat.

Die Form, in der Činggis Khans Seele verehrt wurde, hing davon ab, ob er als chinesischer oder mongolischer Kaiser galt. Als Begründer des Herrscherhauses, welches mit Qubilai Khan den chinesischen Thron übernahm, war Činggis Khan ein chinesischer Kaiser. Damit trat er in die Jahrtausende alte Reihe der Herrscher des Reiches der Mitte ein und wurde Gegenstand des staatlichen chinesischen Ahnenkults. Neben dieser Vorstellung, nach welcher Činggis Khan und seine Nachfolger chinesische Kaiser mongolischer Nationalität waren, gibt es noch eine völlig andere Auffassung. Hiernach hat Činggis durch die Einigung der mongolischen und türkischen Steppenvölker ein einheitliches mongolisches Volk geschaffen und einen Staat begründet, zu welchem fast 100 Jahre lang auch China gehörte und der mit dem Zusammenbruch der mongolischen Herrschaft in China nicht endete, sondern unter der Herrschaft der Nachkommen Činggis Khans weiterbestand, wenn auch in unterschiedlichen Formen. Als Seele eines mongolischen Herrschers wurde Činggis Khans Seele nach mongolischer Tradition verehrt.

Zum Mittelpunkt des mongolischen Činggis-Khan-Kultes wurden die Acht Weißen Zelte im Ordos-Gebiet im Südwesten der heute zu China gehörenden Inneren Mongolei, unweit des Ortes, an welchem Činggis Khan auf seinem Feldzug gegen das Tangutenreich Xixia gestorben ist. Ihre Bedeutung war so groß, dass sie zumindest im 16. Jahrhundert als Ort der Thronbesteigung mongolischer Großkhane dienten.

Die Acht Weißen Zelte standen bis in die Mitte des 20. Jahrhunderts nicht zusammen an einem Ort, sondern waren über das ganze Ordos-Gebiet verstreut. 1956 wurden sie auf Anordnung der Regierung der Volksrepublik China an dem Ort Ejin Horo (Ejen Qoroγ-a), »Hof des Herrschers«, zusammengeführt. Zugleich wurde für sie ein großes festes Gebäude errichtet, das »Mausoleum des Činggis Khan«. In ihm stehen hinter einem großen Altar drei Palastzelte. Im mittleren werden Činggis Khan und seine Hauptfrau Börte verehrt, die beiden anderen gehören Činggis Khans Nebenfrauen Qulan und Gürbeljin der Schönen. Aus anderen Zelten wurden Gegenstände aus Činggis Khans Besitz in das neue Mausoleum gebracht: Bögen und Pfeile, Zaumzeug, ein Gefäß für vergorene Stutenmilch und Tafelgeschirr. In einem eigenen Raum wurde auch die Schwarze Standarte, das Feldzeichen Činggis Khans, aufgestellt. Weder die Zelte noch die übrigen Reliquien sind »echt« in ihrer materiellen Substanz, aber sie sind echt im geistigen Sinne, weil sie ganz nach den traditionellen Vorschriften angefertigt wurden.

So ganz mongolisch ist das Heiligtum von Ejin Horo heute freilich nicht mehr. Schon die Bezeichnung Mausoleum deutet auf den Versuch hin, aus der Verehrungsstätte eines mongolischen Khans einen Ort des chinesischen Kaiserkults zu machen. Bezeichnend hierfür ist der folgende, 1985 geschriebene Text auf einer Votivfahne, die ich bei

Činggis Khan als Vajrapaṇi,
Wandbehang, Privatbesitz,
Ulaanbaatar

einem Besuch des Mausoleums gesehen habe: »Möge die reine Seele des Herrschers und Heiligen Činggis, des Recken und Helden der chinesischen Nationalitäten, ewig leben!« Noch deutlicher ist der Wortlaut einer roten Votivfahne aus dem Jahre 1952 mit folgendem chinesischen und mongolischen Text in kaisergelber Schrift: »Dargebracht dem Činggis Khan. Mögen alle Nationalitäten der Chinesischen Volksrepublik eine Einheit bilden!«[2] Der Verfasser war kein Geringerer als Mao Zedong.

Über Jahrhunderte hin waren die Acht Weißen Zelte im Ordos-Gebiet das wichtigste Činggis-Heiligtum. Činggis Khan wurde jedoch auch an anderen Orten rituell verehrt. So wissen wir, dass es auch im Norden, im Gebiet des heutigen Staates Mongolei, Činggis-Kultstätten gab. Eine von ihnen, der »Tempel der Reliquien des Činggis«, ist erst 1937 zerstört worden.

Činggis Khan ist jedoch nicht nur Gegenstand der altmongolischen Ahnenverehrung und des chinesischen Herrscherkults. Im Laufe der Zeit wurde er auch in enge Verbindung zum Buddhismus gebracht. Bereits unter den Nachfolgern Činggis Khans hatte der Buddhismus bei den Mongolen Eingang gefunden und wurde in seiner aus Tibet übernommenen Form, die häufig als Lamaismus bezeichnet wird, zur neuen Religion der Mongolen. Die mongolische Volksreligion und mit ihr der Schamanismus sind allerdings nie völlig verdrängt worden. Im Gegenteil, die Hochreligion des Buddhismus hat viele volksreligiöse Götter wie auch andere Elemente der Volksreligion in sich aufgenommen. So kam es, dass die Gestalt des Činggis auch einen buddhistischen Charakter annahm. Er wurde sogar offiziell in das buddhistische Pantheon integriert, allerdings nur als lokale Schutzgottheit und damit ohne einen besonders hohen Rang. Daneben steht freilich noch ein weiterer Činggis, der einen ganz anderen Ursprung hat. Die buddhistische Theologie hat die Vorstellung entwickelt, dass die Mongolen unter dem Schutz einer sehr hohen Gottheit stehen. Diese Gottheit ist Vajrapāṇi, »Der mit dem Vajra (dem Donnerkeil) in der Hand«. Vajrapāṇi, ein so genannter Bodhisattva, ist das Symbol der Buddhaeigenschaft der Stärke. Diese Eigenschaft, aber auch die blaue Körperfarbe der Gottheit, machte Vajrapāṇi zum natürlichen Schutzgott der Mongolen, deren besondere Eigenschaft die Stärke und deren Symbolfarbe das Blau des »Ewigen blauen Himmels« ist. Um auf der Erde konkret wirken zu können, verkörpert sich Vajrapāṇi in irdischen Herrschern. Was liegt näher, als dass er auch die Erscheinungsform eines Činggis Khan annahm? Wann sich die Vorstellung von Činggis Khan als einer Verkörperung von Vajrapāṇi herausgebildet hat, ist unklar. Wie lebendig sie jedoch bis heute ist, beweist ein riesengroßer Wandteppich in Applikationstechnik aus dem Jahre 1995, der sich im Zanabazar-Kunstmuseum in Ulaanbaatar befindet (Abb.

S. 19). In seinem Zentrum thront Činggis Khan. Über ihm schwebt der blaue Vajrapāṇi, und vor seiner Brust hält er als Zeichen seiner Stärke zwei gekreuzte Vajras.

Für die Mongolen ist Činggis Khan nicht nur eine Gottheit. Er ist auch Gesetzgeber, Kulturschöpfer und Weisheitslehrer. Mit seiner großen Gesetzesordnung, der Jassa (mong. *jasaγ*), schuf er die Grundlagen des mongolischen Rechts. Als Ahnherr der Herrscherfamilie garantierte er die Rechtmäßigkeit der Regierung und war der Maßstab für das Handeln seiner Nachfahren. Als Kulturschöpfer soll Činggis Khan verschiedene Praktiken eingeführt haben, die bis heute für die Viehwirtschaft sehr wichtig sind. Hierzu gehören das Opfer der ersten Stutenmilch für die Götter, welches Milchreichtum garantiert, ferner die Aussonderung der Fohlen aus der Herde und die Abnahme der Halfter und Maulkörbe der Fohlen. Auch die Einführung von Hochzeitsbräuchen wird Činggis Khan zugeschrieben, so die Salbung des Zeltes der Neuvermählten und die Verehrung des Herdfeuers durch die Braut, welche dadurch in die neue Familie eintritt und deren Fortbestand sichert.[3]

Der Rat und die Hilfe, die Činggis Khan auch nach seinem leiblichen Tod seinem Volk gewährt, haben ihren Niederschlag in seinen schriftlich überlieferten »Weisheitssprüchen« *(bilig)* und »Lehren« *(suryal)* gefunden. So werden ihm folgende Worte zugeschrieben: »Wenn der Körper stark ist, besiegt man einen einzelnen; wenn die Eintracht stark ist, besiegt man viele.« »Der Schaft eines Pfeils mag noch so gerade sein – ohne Kerbe und Sehne kann man nicht schießen. Ein Mensch mag noch so klug geboren sein – ohne Übung wird er kein Weiser.« »Eine Sache mag noch so gering sein, ohne Bemühung gelingt sie nicht.«[4]

Im Jahre 1921 musste die Macht Činggis Khans in der Nordmongolei einer neuen Macht weichen, der kommunistischen Revolution. Činggis Khan, das Symbol der alten Ordnung und des alten Denkens, wurde offiziell zur Unperson. Nicht einmal sein Name durfte erwähnt werden. 1962 wurde dennoch feierlich sein 800. Geburtstag begangen, wozu viel Mut gehörte. Die mongolische Post gab Briefmarken mit dem Porträt Činggis Khans und dem Bild seiner Weißen Standarte heraus. Im Chentij-Gebirge, wo Činggis Khan geboren ist, wurde ein Denkmal zu seinen Ehren errichtet, und der Dichter D. Pürevdorž verfasste das Gedicht »Činggis«, in dem er in bewegenden Worten die Verdienste des großen Herrschers preist. Die Mongolische Akademie der Wissenschaften veranstaltete eine Konferenz, auf der namhafte mongolische Historiker Vorträge hielten. Hierbei wurden die negativen Folgen von Činggis Khans Wirken keineswegs geleugnet. Sein Ehrentag war aber dazu da, vor allem auf seine größte Leistung hinzuweisen, die auch die kommunistische Mongolei nicht vergessen durfte: Er hat die Mongolen geeint und erstmals einen mongolischen Staat gegründet.

Bald danach wurde die Ehrung Činggis Khans für ideologisch falsch erklärt. Der Hauptorganisator der Feierlichkeiten, D. Tömör-Očir (Kat.-Nr. 482), wurde seiner Position als Mitglied des Politbüros enthoben. Die Briefmarken wurden eingezogen, das Gedicht »Činggis« durfte nicht veröffentlicht werden.[5] Die Wissenschaftler hatten künftig die Geschichte Činggis Khans und seines Reiches systemkonform darzustellen. Nur das Denkmal im Chentij-Gebirge durfte bleiben, wahrscheinlich, weil es an einer so entlegenen Stelle errichtet worden war, dass es kaum jemand sehen konnte.

Mit der politischen Wende von 1990 kehrte Činggis Khan unglaublich schnell wieder zurück. Dies ist nur dadurch zu erklären, dass die Mongolen ihn nie vergessen hatten und dass er in den langen Jahren der kommunistischen Herrschaft immer in ihren Herzen geblieben war. Im März 1990 stand das Schicksal der demokratischen Revolution noch auf Messers Schneide. Jedoch schon im August 1990 fand in Ulaanbaatar ein großer internationaler Kongress zu Ehren Činggis Khans statt. Der äußere Anlass war das 750. Jubiläum der *Geheimen Geschichte der Mongolen*, aber der eigentliche Grund war die Rehabilitierung des Helden der *Geheimen Geschichte*, Činggis Khan.

Besonders bemerkenswert war das Rahmenprogramm. Wieder gab die mongolische Postverwaltung Sondermarken heraus. Unter den Motiven sind ein Porträt Činggis Khans, die Weiße und die Schwarze Standarte und der Thron von Činggis Khans Sohn Ögedei mit dem legendären Silberbaum des Palastes von Karakorum (Kat.-Nr. 109).

Aus Anlass des Jubiläums fand auch eine große Kunstausstellung statt, in der Činggis Khan in vielen verschiedenen Darstellungen gezeigt wurde, als einfacher Mensch und als vergöttlichter Herrscher. Auf einer großen Buchausstellung war nicht nur die Mongolische Volksrepublik vertreten, sondern auch die Autonome Region Innere Mongolei der Volksrepublik China sowie die Burjatische und die Kalmückische Autonome Sozialistische Sowjetrepublik. Architektonischer Mittelpunkt der Ausstellung war ein großes Porträt Činggis Khans. Die mongolischsprachigen Völker, welche in drei verschiedenen Staaten lebten, hatten sich unter dem Bild ihres großen Ahnherrn geistig wiedervereinigt.

Auch die Mongolische Akademie der Wissenschaften beging das große Ereignis. In Wort und Bild, mit Gedichten, Liedern und Tänzen feierte sie die Wiederkehr des großen Herrschers.[6] Die Veranstaltung begann mit Musik aus dem Film *Durch die Kraft des Ewigen Himmels*, jenes Himmels, dessen Sohn Činggis Khan war und durch dessen Auftrag er und seine Nachfolger regieren. Auf der Bühne erschienen Činggis Khan und seine neun Recken, die ihm geholfen haben, das Reich zu schaffen. Auf den ersten Blick überraschend trat auch eine buddhistische Göttin auf, dargestellt von einer Zirkustänzerin. Es war Tārā, »die Retterin«, die mit ihrem Tanz das segensreiche Wirken der Gottheit zeigte, welche auf die Erde kommt, um die Menschen aus allen Gefahren zu erretten. Der Auftritt dieser buddhistischen Gottheit war durchaus folgerichtig: Er symbolisierte nicht nur die Befreiung der Mongolen von jahrzehntelanger kommunistischer Herrschaft, sondern auch den engen Bezug, in welchen Činggis Khan im Laufe der Jahrhunderte zum Buddhismus gebracht worden ist.

Mit dem Jahr 1990 setzte auch eine Flut von Publikationen ein, welche die Größe Činggis Khans zum Thema haben. Schon 1991 erschien eine große Biographie des Herrschers. Ihr Verfasser Š. Nacagdorž war einer der namhaftesten mongolischen Historiker.[7] Bald wurde auch eine eigene Hochschule gegründet, die sich der Pflege des Gedankenguts von Činggis Khan widmet und den Namen der von Činggis geschaffenen Gesetzesordnung, der Großen Jassa (Yeke Jasaɣ/Ich zasag), trägt. Die Mongolische Akademie der Wissenschaften erhielt ein eigenes Zentrum für Činggis-Khan-Studien.

Der Name Činggis Khan ist seitdem allgegenwärtig. Die Lenin-Avenue in Ulaanbaatar, an welcher bis Februar 1990 noch eine große Stalin-Statue gestanden hatte, wurde in Činggis-Avenue umbenannt. Natürlich wurde der Name Činggis Khan auch für kommerzielle Zwecke benutzt: Es gibt z. B. Činggis-Pulverkaffee, Činggis-Bier und Činggis-Schnaps, mongolischen Wodka, dessen Flaschen mit der Weißen und der Schwarzen Standarte geschmückt sind. Der Name Činggis ist werbeträchtig, doch wäre er dies nicht, wenn er den Menschen nichts bedeuten würde. Dies gilt auch für junge Mongolen, die sich für die Musik der Rockband Činggis begeistern.

Von größerer Bedeutung ist aber, dass sich seit 1990 der neue Staat auch auf höchster Ebene mit Činggis Khan identifiziert und die Spitzen des Staates, Präsident und Parlament, sich bewusst in die Nachfolge des Gründers des Mongolischen Großreichs stellen. Der mongolische Staatspräsident begrüßt seither seine ausländischen Gäste mit der Weißen Standarte Činggis Khans (Kat.-Nr. 1), die vom Wachregiment präsentiert wird, und empfängt sie dann zum Gespräch vor einer Statue des großen Herrschers. Im Parlaments- und Regierungsgebäude auf dem Süchbaatar-Platz in Ulaanbaatar stehen als höchstes staatliches Symbol neun weiße Standarten, die »neunfüßige Weiße Standarte«, deren Urbild im Jahre 1206 am Ufer des Flusses Onon aufgestellt wurde, als die mongolischen und türkischen Stämme Činggis als Großkhan anerkannten. Der schwarzen Kriegsstandarte Činggis Khans bringt das mongolische Militär im Beisein des Staatspräsidenten regelmäßig Opfer dar.[8] Der höchste Orden der Mongolei ist der Činggis-Khan-Orden.

Der mongolische Staat zeigt das Bild Činggis Khans auch auf seinen Banknoten, wo es die höchsten Werte, die 5000- und 10 000-Tögrög-Scheine (Kat.-Nr. 487) schmückt. Und natürlich erscheint Činggis Khan auch weiterhin auf Briefmarken. Besonders bemerkenswert ist eine Serie von fünf Marken aus dem Jahre 1997. Sie zeigen die Porträts der Khane Činggis, Ögedei, Güyük, Möngke und Qubilai, nach dem Vorbild der berühmten Yuan-zeitlichen Kaiserporträts, die heute im Nationalen Palastmuseum Taipeh aufbewahrt werden (Kat.-Nr. 340–347). Die Marken wurden auch in Form von vier Briefmarkenblöcken herausgegeben. In ihnen wird über den Marken die Karte von Europa und Asien gezeigt und das Gebiet markiert, welches jeweils unter mongolischer Herrschaft stand. Unter Qubilai war dies die halbe bekannte Welt.[9] Hier offenbart sich der gleiche Stolz auf die historische Leistung der Mongolen, dem ich 1985 bei meinem ersten Besuch im Činggis-Heiligtum von Ejin Horo in der chinesischen Inneren Mongolei begegnet bin. Hinter der großen Statue des Činggis in der Eingangshalle war damals eine riesige Landkarte zu sehen. Sie zeigte ganz Asien und Europa, die Kontinente, welche Činggis Khan und seine Nachfolger fast gänzlich unter ihre Herrschaft gebracht hatten. Drei Jahre später war die Karte verhängt. Ihre Symbolik war politisch wohl doch etwas heikel gewesen. Die Briefmarkenblöcke mit den fünf Khanen werden jedoch immer noch verkauft.

Die Welt, die von den Mongolen unterworfen wurde, hat natürlich ein anderes Bild von Činggis Khan als die Mongolen selbst. Noch immer wird der Name Činggis mit Furcht assoziiert, und mit ihm die Namen Attila, Timur Lenk, Hunnen, Tataren, Mongolen, Kalmücken. Dies ist verständlich, denn die Erinnerung an fremde, unbekannte und deshalb unheimliche Völker hat sich tief in das Gedächtnis der Besiegten eingegraben, begleitet von Unkenntnis über die Räume und Zeiten, in denen diese Völker gelebt haben. Die Sieger waren eben grausam, blutrünstig, gnadenlos und zerstörerisch. Attila war eine Geißel Gottes, die Hunnen haben gesengt und gemordet, geplündert und geschändet.[10]

Bei Thomas Mann mussten die Mongolen dafür herhalten, das Wesen des Bolschewismus zu charakterisieren: Dieser sei »mongolenhaft-kulturrasierend, antihistorisch, antieuropäisch und krank-ekstatisch«.[11] Wie so oft ist an solchen Stereotypen nicht alles falsch. Als ich im Jahre 1986 in der Inneren Mongolei bei Aufnahmen zu einem Činggis-Khan-Film anwesend sein konnte, hätte ich nicht als Feind in die Hände der von Soldaten der Chinesischen Volksbefreiungsarmee dargestellten mongolischen Krieger fallen mögen. Krieg ist immer grausam. Das Bild vom Feind, das sich der Bedrohte, die Erfahrung, die der Unterlegene macht, sind naturgemäß anders als das Bild des Siegers von sich selbst.

In diesem Zusammenhang fällt auf, dass viele zeitgenössische nichtmongolische Quellen die mongolischen Eroberer in der Regel bemerkenswert unvoreingenommen schildern. Ein Beispiel hierfür ist der Bericht des ungarischen Dominikanerfraters Julianus über das Leben der Mongolen aus dem Jahr 1238, in dem auch von Činggis Khan (dort Gurgutam genannt) und von den Methoden der mongolischen Kriegsführung die Rede ist.[12] Auch aus dem berühmten Geschichtswerk des persischen Historikers Rašīd ad-Dīn (ca. 1250–1318), der als Minister im Dienste der iranischen Ilkhane Ghazan (reg. 1295–1304) und Ölǧeitü (reg. 1304 bis 16) stand, geht hervor, dass die Mongolen ihre Kriege nicht grausamer führten als andere Völker.[13] Der einzige Unterschied war, dass sie es besser konnten.

Auch heute ist es nicht so, dass die Mongolen ihrem größten Herrscher und seinen Nachfolgern kritiklos gegenüberstünden. Sie sind sich durchaus bewusst, dass die mongolischen Eroberungen vielen Völkern unendliches Leid gebracht und ganze Kulturen vernichtet haben. 1258 haben sie sogar Bagdad und das Kalifat zerstört. Dennoch ist für die Mongolen das Negative, für das Činggis stehen muss, längst vergangen, doch das Positive, das er vor allem für sein eigenes Volk gebracht hat, ist immer noch Gegenwart. Die mongolische Einschätzung der Person Činggis Khans kann nicht besser formuliert werden, als dies der mongolische Historiker Š. Bira in einem 1991 veröffentlichten Aufsatz getan hat: »Die Wahrheit ist, dass Činggis Khan in der Geschichte weder ein Gott noch ein Dämon war. Er war eine große historische Persönlichkeit, mit allen Verdiensten und Widersprüchen, aber umgeben von Legenden und Geheimnissen. Wahrscheinlich wird er das bleiben, was er immer gewesen ist: die Sülde oder der Schutzgeist seines Volkes. Möge seine Sülde uns segnen!«[14]

Vom 2. April bis zum 5. Mai 1991 fand im Haus Schlesien in Heisterbacherrott bei Bonn eine deutsch-polnische Ausstellung statt. Gewidmet war sie dem 750. Jahrestag der Schlacht auf der Wahlstatt bei Liegnitz am 9. April 1241, bei der Herzog Heinrich II. von Schlesien ein Ritterheer gegen die eindringenden Mongolen führte.[15] Zwar verlor er Schlacht und Leben, doch die »Tataren« drangen nicht weiter nach Westen vor, sondern zogen nach Südosten ab und vereinigten sich mit den mongolischen Truppen, die in Ungarn eingefallen waren. Anfang Mai luden die »Vettern von Wahlstatt« zu ihrem Wahlstatt-Tag 1991 in Fulda ein. Die Vettern von Wahlstatt sind die Nachkommen von sechs Adelsfamilien, die an der Schlacht teilgenommen haben und auch heute noch das Andenken an dieses für die Geschichte Europas wichtige Ereignis pflegen. Am 4. Mai fand im Schlosstheater von Fulda ein Festakt statt, bei welchem Vertreter des schlesischen, polnischen, ungarischen, russischen und skandinavischen Adels Grußworte sprachen.[16] Die Nachfahren der Verlierer im Kampfe Europas gegen die Mongolen hatten aber auch einen Nachkommen der ehemaligen Sieger eingeladen, Herrn Sh. Rashidonduk aus Bonn, einen mongolischen Adligen, der seine Abstammung auf Činggis Khan zurückführte. Der mongolische Adlige stand als Ehrengast im Mittelpunkt ganz besonderer Anteilnahme. Činggis Khan hatte in seinem Nachkommen für die ehemaligen Feinde allen Schrecken verloren, so dass auch sie bereit waren, das Positive in ihm zu sehen und das Negative zu verstehen.

Literatur: BAWDEN 1989; CHIODO 1989 ff.; HEISSIG 1970; SAGASTER 1999 b

1 *Geheime Geschichte*, § 268; siehe SECRET HISTORY / DE RACHEWILTZ 2004, DE RACHEWILTZ 1972, S. 161, Z. 11 111/11 112; vgl. GEHEIME GESCHICHTE/TAUBE 1989, S. 200.

2 SAGASTER 1990, S. 369 – 371.

3 HEISSIG 1970, S. 370 ff.

4 Überliefert in der mongolischen Chronik *Bolor erike* (Ein Rosenkranz aus Bergkristall, 1774/75). Text in: BOLOR ERIKE/CLEAVES 1959, S. 97/98. Siehe auch HELDENGESCHICHTEN/HEISSIG 1962, S. 55, 57.

5 Das Gedicht wurde in dem Sammelband PÜREVDORŽ 1993, S. 9/10, veröffentlicht.

6 Entsprechend dem gedruckten Programm der Festveranstaltung vom 16. August 1990.

7 NACAGDORŽ 1991.

8 MJAGMARSAMBUU 2003.

9 Abgebildet in SAGASTER 1999 b, S. 122. Die Porträts von Ögedei Khan und Qubilai Khan sind auf den Marken miteinander verwechselt worden.

10 Im Cartoon »Segen der Türsprechanlage«, Traxlers Kurzgeschichte im Magazin der *Frankfurter Allgemeinen Zeitung* vom 29. Januar 1999: Das Burgfräulein lässt eine Hunnenhorde, die am Tor läutet, über die Türsprechanlage wissen: »Sie sind Hunnen und wollen sengen und morden, plündern und schänden? Kommt überhaupt nicht in Frage. Guten Tag!«

11 Zit. nach Paul Egon Hübinger: *Thomas Mann, die Universität Bonn und die Zeitgeschichte. Drei Kapitel deutscher Vergangenheit aus dem Leben des Dichters 1905–1955*, München/Wien 1974, S. 51.

12 GÖCKENJAN/SWEENEY 1985, S. 93–125, v. a. S. 101–108.

13 Zum *Ǧāmiʿ at-tawārīḫ* (Sammler der Chroniken) siehe RASHĪD AL-DĪN/BOYLE 1971.

14 BIRA 1991/92, S. 47; DE RACHEWILTZ 1994, S. 378.

15 Aus Anlass der Ausstellung erschien der Sammelband SCHMILEWSKI 1991.

16 Entsprechend dem »Programm zum Festakt im Schloßtheater am 4. Mai 1991 um 11 Uhr«.

1

## 1 Die neunfüßige Weiße Standarte
## Die Schwarze Standarte

Holz, Pferdehaar, Stoff und Kupferblech,
H (inkl. Sockel) jew. ca. 350 cm, Dm (oben)
38–43 cm | Weiße Standarte: Regierungs-
gebäude, Ulaanbaatar | Schwarze Standarte:
Verteidigungsministerium, Ulaanbaatar |
Ausgestellt sind Nachbildungen des Cultural
Heritage Center der Mongolei, Ulaanbaatar,
aus dem Jahr 2004

Die Standarte (mong. *tuy/sülde*) ist ein altes zentralasiatisches Herrschaftszeichen. In der heutigen
Mongolei symbolisiert die Weiße Standarte (*čayan
tuy/čayan sülde*) die Autorität des Staates im Allgemeinen, die Schwarze Standarte (*qara tuy/qara
sülde*) die Stärke des Militärs im Besonderen. Als im
Jahr 1206 die versammelten Stämme an der Quelle
des Onon-Flusses Činggis Khan zu ihrem höchsten
Anführer wählten, stellten sie die »neunfüßige Weiße
Standarte« auf. Ihre Rekonstruktion in Form von
einer großen und acht kleinen Standarten, neun
»Füßen«, befindet sich heute im Regierungsgebäude
der Mongolei. Am Nationalfeiertag, dem 11. Juli, werden die neun weißen Standarten in einer militärischen Prozession ins Stadion von Ulaanbaatar gebracht. Dort paradiert auch das Militär mit der
Schwarzen Standarte, die im Verteidigungsministerium aufbewahrt wird. Im Verteidigungsministerium steht auch eine weitere Weiße Standarte, welche
vom mongolischen Wachregiment beim Empfang
ausländischer Staatsgäste und anderen Zeremonien
präsentiert wird.

Kein anderes Symbol hat einen so deutlichen Bezug
zu Činggis Khan wie die Standarte. Sowohl die Weiße Standarte als auch die Schwarze Standarte sind
für die Mongolen die Standarten Činggis Khans, die
in immer wieder neu geschaffener materieller Form
seinen Geist und seine Seele verkörpern. Durch die
Standarten schützt der große Herrscher noch heute
sein Volk vor allen Gefahren und weist ihm den
richtigen Weg. Die Standarten sind zugleich das
Symbol des von Činggis Khan geschaffenen mongolischen Volkes, seiner Identität, seiner Geschichte,
seines Platzes in der Welt. In ihnen wohnt das durch
die Ahnen, v. a. durch Činggis Khan, garantierte
Glück, die Lebenskraft der Mongolen, ihre *sülde*. So
kommt es, dass der Begriff *sülde* auch die Bedeutung »Standarte« angenommen hat und mit dem
Wort *tuy* gleichbedeutend geworden ist. Die ihr in-
newohnende Schutzfunktion macht die Standarte
zu weit mehr als einem weltlichen Symbol. Die Stan-

darte ist vielmehr auch Sitz einer religiösen Kraft.
Deshalb wird ihr noch heute durch Gebet und Opfer
kultische Verehrung erwiesen.

Die Bedeutung der Standarte ergibt sich aus der
Symbolik ihrer Bestandteile, die man heute wie folgt
erklärt: Die Farbe Weiß verweist auf die weiße, reine, Gesinnung des Mongolen, seine Ehrlichkeit und
Redlichkeit, und sie symbolisiert zugleich die Gerechtigkeit und Aufrichtigkeit der Politik des mongolischen Staates. Die Farbe Schwarz ist das Zeichen
der unwiderstehlichen Härte, mit welcher das Militär in unverbrüchlicher Treue zum Staat die Mongolei gegen alle Feinde verteidigt.

Die »neunfüßige Weiße Standarte« wird als Einheit
aufgefasst, obwohl sie aus neun einzelnen Standarten besteht. Die Zahl neun hat für die Mongolen
eine besondere Bedeutung, denn sie bezeichnet die
Ganzheit, die Vollkommenheit. Die große Haupt-
standarte ist das Symbol für das friedliche Gedeihen, den »ewigen« Bestand und das Glück der unabhängigen Mongolei. Die kleinen Standarten stützen
die große Standarte von allen Seiten, aus allen Himmelsrichtungen, und tragen zugleich die Botschaft
der großen Standarte überall hin. Deshalb nennt
man sie auch Boten-Standarten.

Die Standarten haben jeweils eine »Krone«, die als
Siegeszeichen den Triumph über alles Böse symbolisiert. Die Krone der Weißen Standarten ist jeweils
ein stählerner Dreizack. Die Dreizahl der Zacken
verweist auf die besondere Kraft und Größe der
Mongolen. Dass dies für Vergangenheit, Gegenwart
und Zukunft gilt, wird durch die Dreiheit von Mond,
Sonne und Flamme über dem Dreizack der Haupt-
standarte versinnbildlicht. Die Krone der schwarzen Standarte ist eine vergrößerte Pfeilspitze. Der
Pfeil, eine der wichtigsten Waffen der Mongolen in
alter Zeit, bedeutet, dass das Militär in gerader und
aufrichtiger Gesinnung das Land kraftvoll und ziel-
sicher vor allen Feinden schützt.

Die Kronen der Weißen und Schwarzen Standarte
stehen auf einer Art Dach aus Kupfer in der Form
eines mongolischen Zeltes. Das Zelt ist gleichbedeutend mit dem mongolischen Volk und Staat. Es ist
das Symbol für die Unabhängigkeit der Mongolei.
Vom Rand des Daches hängen 81 Pferdehaarbüschel.
Bei der Weißen Standarte sind es Haare aus den
Mähnen und Schwänzen von 1000 weißen Hengsten, bei der Schwarzen Standarte Haare von 1000
schwarzen Hengsten. Sie kommen aus allen 18 Be-
zirken der Mongolei. Die Hengste sind die stärksten
Tiere einer Pferdeherde. Die Kraft, mit der sie die
Herde schützen, liegt in ihren Mähnen und Schwän-

zen. Die 81 Haarbüschel bilden einen vollkommen
(9 mal 9!) Kreis, der den kraftvollen Schutz des Landes und seiner Grenzen versinnbildlicht.

Das Holz des Standartenstocks, der den Baum des
Lebens symbolisiert, ist Birkenholz aus dem Chentij,
dem Gebirge, in dem Činggis Khan geboren und begraben wurde. Der Sockel der Standarte ist ein Gra-
nitblock aus der Umgebung von Karakorum, der
ersten Hauptstadt des mongolischen Weltreichs,
dessen festes Fundament das Verdienst Činggis
Khans ist.

Wo die Standarten sind, ist die Mongolei, sie kennzeichnen das Territorium des Landes. Nur mit einer
Sondergenehmigung der mongolischen Regierung
konnten die in dieser Ausstellung gezeigten Nachbildungen angefertigt werden, an denen dieselben
Künstler mitwirkten wie an den Standarten im Regierungsgebäude und im Verteidigungsministerium.

*K. S.*

Lit.: CHIODO 1995; CHIODO 1997/98b; MJAGMARSAM-
BUU 2003; SAMNANMÖNCH/CEDENDAMBA 2004

## 2 Die Geheime Geschichte
## der Mongolen

Wörtlich: Die geheime Geschichte der
Yuan-Dynastie *(Yuanchao mishi)* China,
Yuan-Dynastie (1228/40) | Ausgestellt ist
die Xuankan-Ausgabe aus der Regierungs-
periode Hongwu (1368 – 98) der frühen
Ming-Dynastie, ein Band, Kapitel 3, 4, 7
und 8 | Holzblockdruck, H 34,5 cm,
B 18,5 cm | National Palace Museum Taipei |
Inv.-Nr. pingtu 003617

Als im Jahr 1368 die mongolische Herrschaft über
China endete und die Yuan-Dynastie der Ming-Dynastie weichen musste, begannen sofort die Arbeiten an der offiziellen Dynastiegeschichte der Yuan,
dem *Yuanshi* (Kat.-Nr. 356). Die hiermit beauftragten Gelehrten der Hanlin-Akademie stießen im
Geheimarchiv der kaiserlichen Bibliothek u. a. auf
zwei Dokumente in mongolischer Sprache, welche
sie in der Eile nicht auswerten konnten: eine vollständige Darstellung der Herkunft und des Lebens
Činggis Khans (1162 – 1227) und ein kurzer Bericht
über das Leben seines Sohnes und Nachfolgers Ögedei Khan (1187 – 1241). Schon bald nach Abschluss
ihrer Arbeit im Juli 1370 fügten sie die beiden Texte
zusammen und verfertigten sowohl eine Zusammenfassung in chinesischer Sprache als auch eine
lautliche Übertragung des gesamten Textes in chine-

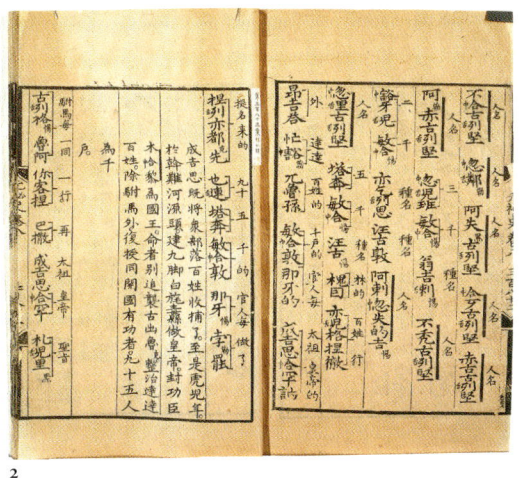

2

sische Schriftzeichen. Somit konnten auch diejenigen den mongolischen Originaltext lesen, welche die mongolische Schrift nicht beherrschten. Auch wurde der mongolische Text noch einmal ins Chinesische übersetzt und in kleineren Schriftzeichen neben den mongolischen Text gestellt.

Die Gelehrten gaben den beiden zu einem Gesamtwerk verbundenen Biographien einen offiziellen Titel: *Yuan mishi* (Geheime Geschichte der Yuan) auf chinesisch und *Mongγol-un niγuča tobčiyan (Geheime Geschichte der Mongolen)* auf mongolisch. Den erweiterten chinesischen Titel *Yuanchao mishi* (Geheime Geschichte der Yuan-Dynastie) erhielt das Werk erst später. Die Bezeichnung »geheim« rührt daher, dass die biographischen Berichte aus dem Geheimarchiv der kaiserlichen Bibliothek stammten. Die Verwendung des Dynastienamens Yuan anstatt des Namens Mongolen erklärt sich daraus, dass Činggis Khan und Ögedei Khan als Yuan-Kaiser angesehen wurden.

Leider sind die mongolischen Originale der beiden Biographien verloren gegangen. Ein großer Teil der Biographie Činggis Khans ist allerdings in der Chronik *Altan tobči* (Goldene Zusammenfassung) aus der Zeit um 1655 erhalten geblieben (Kat.-Nr. 82). Dass wir bis heute auch den ursprünglichen und vollständigen Text des ersten und schönsten Werkes der mongolischen Literatur besitzen, ist das Verdienst der Hanlin-Gelehrten.

Als sie die beiden Biographien zusammenfügten, haben die Gelehrten offenbar den Schlussvermerk der Biographie Činggis Khans an das Ende des neuen Werkes gestellt, hinter die Biographie Ögedei Khans. Dies führte zu großer Verwirrung. Dort werden nämlich Ort und Datum für den Abschluss der Niederschrift genannt: die große Fürstenversammlung in Köde'e Aral am Fluss Kerulen im Reh-

bock-Monat des Maus-Jahres. Welches Maus-Jahr des zentralasiatischen Zwölfer-Tierzyklus aber ist gemeint? Das erste mögliche Jahr ist 1228, das Jahr nach dem Tode Činggis Khans. Zu dieser Zeit aber lebte Ögedei Khan noch, an dessen Biographie der Schlussvermerk ja angefügt ist. Also bietet sich das nächste Maus-Jahr an, 1240. In diesem Jahr fand aber keine große Ratsversammlung in Köde'e Aral statt. Es ist deshalb so gut wie sicher, dass das Maus-Jahr das Jahr 1228 sein muss, denn damals begann in Köde'e Aral tatsächlich die große Fürstenversammlung, auf der 1229 Ögedei zum Nachfolger Činggis Khans gewählt wurde. Beendet ist die Diskussion über diese Frage allerdings immer noch nicht, das Jahr 1240 gilt für den Abschluss der *Geheimen Geschichte* offiziell nach wie vor als korrekt.

Die ausgestellte Holzblockdruck-Ausgabe des Yuanchao mishi ist eine zeitgenössische Ausgabe aus der frühen Ming-Zeit. Die bekannteste Ausgabe des Werks beruht auf einer Handschrift aus dem Besitz von Gu Guangqi (1776–1835) und wurde 1936 in dem Sammelwerk *Sibu congkan* publiziert. Die Handschrift von Gu Guangqi umfasst zwölf Kapitel in 282 Abschnitten und fast 10 000 Schriftzeichen. Die ersten elf Kapitel berichten von der Herkunft Činggis Khans und den wichtigsten Ereignissen in seinem Leben. Das zwölfte Kapitel ist der Regierungszeit Ögedei Khans gewidmet und reicht bis zur Vernichtung der nordchinesischen Jin-Dynastie (1115–1234) und den Westfeldzügen, auf denen die Mongolen schließlich bis nach Europa vordrangen.

Die *Geheime Geschichte der Mongolen* ist aus drei Gründen besonders wertvoll: Sie ist eine der wenigen Primärquellen für die Regierungszeiten von Činggis Khan und Ögedei Khan. Auch stellt sie eine wichtige Ergänzung der 25 Dynastiegeschichten Chinas dar. Diese behandeln die Angelegenheiten der nationalen Minderheiten und der Nachbarvölker Chinas oft nur kursorisch und aus einseitig Hanchinesischer Sicht. Da die *Geheime Geschichte* ein mongolisches Werk ist, berichtet sie über die mongolischen Angelegenheiten genauer, wohlwollender und umfassender als eine von Chinesen verfasste Darstellung. Nicht zuletzt ist das Werk in einem äußerst ungekünstelten Stil geschrieben. Deshalb hat die *Geheime Geschichte* nicht nur historiographische Bedeutung. Sie ist auch ein Werk von hoher literarischer Qualität. *H. C.-S. / K. S.*

Lit.: GEHEIME GESCHICHTE/HAENISCH 1948; DE RACHEWILTZ 1972; GEHEIME GESCHICHTE/TAUBE 1989; SECRET HISTORY/DE RACHEWILTZ 2004

3  C. Batmönch, Jo. Ölzijchutag, B. Dašnjam
**Der heilige Berg Burqan Qaldun**
Mongolei, 1995 | Öl auf Leinwand, H 200 cm, B 380 cm | Museum für Naturgeschichte, Ulaanbaatar | Inv.-Nr. Dt-95-08

Unter den heiligen Bergen der Mongolen ist der Burqan Qaldun der heiligste. Sein geographischer Name ist Chentij (altmong. Kentei) Chan. Er liegt etwa 170 Kilometer östlich von Ulaanbaatar und gehört zum mächtigen Chentij (Kentei)-Massiv. In ihm entspringen die großen Flüsse Onon, Cherlen (Kerulen) und Tuul (Tuyula).

Am Burqan Qaldun ließen sich die mythischen »Ureltern« Činggis Khans nieder, der Blaugraue Wolf und die Falbe Hirschkuh, als sie über den Tenggis-See in ihre neue Heimat kamen. Nicht weit von ihm wurde Temüjin, der spätere Činggis Khan, geboren, bei ihm suchte der junge Temüjin Zuflucht, wenn er in Gefahr war, zu ihm betete er um Schutz und Hilfe, und an seinem Südabhang soll Činggis Khan begraben sein. Der Burqan Qaldun ist ein Symbol der Lebenskraft des mongolischen Volkes, ein Garant seiner Stärke, die immer wieder durch Opfer und Verehrung erneuert werden muss. Deshalb wurden seit alten Zeiten dem vergöttlichten Berg Burqan Qaldun feierliche Opfer dargebracht. Während der kommunistischen Zeit mussten diese unterbleiben, doch wurden sie nach der politischen Wende von 1990 wieder aufgenommen. Am Vollmondtag des ersten Sommermonats des Holz-Schwein-Jahres, d. h. am 13. Juni 1995, fand die erste staatliche Opferzeremonie statt, die von Staatspräsident P. Očirbat und Verteidigungsminister Š. Žadambaa geleitet wurde. Zum Burqan Qaldun wurde auch die Schwarze Standarte des Militärs gebracht, welche bei den Opferhandlungen eine besondere Rolle spielen sollte.

Die auf dem Bild dargestellten Feierlichkeiten begannen bereits am Vorabend des Vollmondtages. Im Wald am Südabhang des Chentij Chan wurden die Staatsflagge und die Schwarze Standarte aufgestellt. Da das Opfer für den Berg Burqan Qaldun aus einem Opfer an Sonne, Mond und Sterne hervorgegangen ist, wurden, als am Hohen Himmel, der höchsten Gottheit der alten Mongolen, die Sterne aufgingen, den Sternen des Großen Wagens, den »Sieben Alten«, als Vertretern aller hunderttausend Sterne, Speise- und Weihrauchopfer dargebracht.
Am frühen Morgen des Vollmondtages versammelten sich die Spitzen von Staat und Militär auf dem

3

Gipfel des Berges. Dort war auf einem Felsblock ein großer Obo errichtet worden, eine Anhäufung von Steinen zur Verehrung der Ortsgeister. Nach ihm heißt der Opferplatz auf dem Gipfel des Burqan Qaldun Oberer Obo. Noch war die Sonne nicht aufgegangen, doch als sie erschien, verneigten sich alle vor ihr. Gleich darauf begann mit einem Weihrauchopfer und der feierlichen Anrufung des Herrn des Berges Burqan Qaldun die Opferzeremonie. Der Obo wurde ganz mit Chadags bedeckt, den für die Mongolei und Tibet typischen langen Stofftüchern, welche Zeichen der Ehrerbietung sind. Vor dem Obo wurde ein Opferfeuer entfacht, dem der Staatspräsident einen mit blauer Seide (Blau ist die Farbe des Himmels und der Mongolen) geschmückten Pfeil, den »Himmelspfeil«, darbrachte, den er dann hoch in den Himmel schoss. Dem auch als Himmels-Obo bezeichneten Obo wurde ein fünfjähriger wolkengrauer Hengst geopfert, d. h. er wurde freigelassen, und niemand durfte ihn mehr reiten oder gar töten. Etwas unterhalb des Obo wurden auf einem Tisch Opferspeisen aufgebaut, auf dem Ehrenplatz dahinter wurde die Schwarze Standarte aufgestellt. Dann spielte eine Militärkapelle die Nationalhymne,

die über die ganze Erde erschallte und die sogar der höchste Gott Qormusta hören konnte – dessen Sohn Činggis Khan ist und der die Schwarze Standarte auf die Erde herabgesandt hat. Der Standartenträger rezitierte nun das »Gebet an die Standarte«. Wacholder und Weihrauch wurden verbrannt, und dann empfingen alle Anwesenden durch die Berührung des langen weißen, an der Standarte befestigten Chadag den Segen der Schwarzen Standarte.

Die nächste Zeremonie fand am weiter unten gelegenen Mittleren Obo statt, der zum Andenken an den Öndör Gegen Janabajar (Zanabazar) auch »Obo des Heiligen [Öndör Gegen]« genannt wird. Dieser hatte den Burqan Qaldun als heiligen Berg des Činggis geweiht und damit auch zu einem buddhistischen Heiligtum gemacht. Auch dem Mittleren Obo wurden Chadags und Rauchopfer sowie Speisen und Getränke dargebracht. Ein großer Kupferkessel wurde mit Milch und Joghurt bis zum Überlaufen gefüllt, und aus der Richtung, die das Überfließende nahm, wurde die Zukunft gelesen. Buddhistische Mönche (Lamas) vollzogen das Ritual des Opfers an den blauen Schutzgott Vajrapāṇi, dessen Verkörperung Činggis Khan ist.

Das Fest endete am Unteren Obo. Dieser heißt nach den auf ihm aufgestellten, Glück bringenden Windpferdfahnen »Windpferd-Obo« oder, weil die gesamte Bevölkerung an den Zeremonien teilnehmen darf, »Zeremonial-Obo für die Allgemeinheit«. Dort riefen in einem besonderen Ritual der Abt und Mönche von Züün Chüree, dem zweitgrößten Kloster von Ulaanbaatar, und Lamas des Klosters Gundgavarlin von Öndör Chaan, der Hauptstadt des Chentij-Bezirks, Wohlstand für alle mongolischen Familien herbei und opferten dem Vaiśravaṇa, dem buddhistischen Gott des Reichtums. Auch an dieser Zeremonie nahm der Staatspräsident teil. Nach den Opferzeremonien endete der Tag mit einem traditionellen mongolischen Naadam-Fest: mit Pferderennen, Ringkampf und Bogenschießen.   K. S.

Lit.: MJAGMARSAMBUU 2003; SARUULBUJAN 2000; SCHUBERT 1963

## 4 Der »Stein des Činggis«

Mongolisches Großreich, um 1224/25 |
Granit, H 210,5 cm, B 66 cm, T 21,5 cm
(mit Sockel) | Gefunden im Ringwall
Gorodišče Chirchirinskoe, Gebiet Priar-
gunski, Transbaikalien | Staatliche Eremi-
tage, Sankt Petersburg | Inv.-Nr. BM-728

Diese als »Stein des Činggis« bezeichnete Steinstele
trägt auf der Vorderseite eine Inschrift, die aus fünf
senkrechten Zeilen in uiguro-mongolischer Schrift
besteht. Sie ist eines der frühesten Zeugnisse des
mongolischen Schrifttums und stammt vermutlich
aus der Zeit um 1224/25.

4

1818 berichtete der bedeutende Sibirien-Forscher
G. I. Spasski im *Sibirski vestnik* (Sibirischer Bote)
zum ersten Mal von einem großen Granitstein mit
einer Inschrift. Lamas und Dolmetscher aus
Transbaikalien lasen auf diesem Stein den Namen
Činggis Khan; seither ist er in der Wissenschaft unter der Bezeichnung »Stein des Činggis« bekannt.
Wie S.V. Kiselev feststellte, stammt dieses Denkmal
aus der zum Herrschaftsbereich des Yisüngge gehörenden Siedlung Gorodišče Chirchirinskoe. Die
Transkription der Inschrift lautet:
*činggis qan-i / sartayul irge [d]ayuliju bayuju qamuy
mongyol ulus-un / noyad-i buqa [s]očiyai quriysan-
dur / yisüngge ontudur-un yurban jayud yučin ta-
bun aldas- / tur ontudulay-a.*
Übersetzt heißt dies: »Als Činggis Khan das Sartayul-
Volk unterworfen hatte, schlug er ein Lager auf. Da
versammelten sich die Fürsten des Reiches aller
Mongolen bei Buqa Sočiyai, und bei einem Schieß-
wettkampf schoss Yisüngge mit dem Bogen 335 *alda*
weit.«
Als Sartayul bezeichneten die Mongolen die Anhänger des Islam; 335 mongolische a*lda* entsprechen
etwa 530 Metern.
Yisüngge (ca. 1190 – ca. 1270) war ein Neffe Činggis
Khans, ein Sohn des Qasar und Kampfgenosse Čing-
gis Khans und später anderer mongolischer Khane:
Ögedei (1187–1241), Möngke (1208–59) und Qubilai
(1215–94).
1829 wurde das Denkmal aus Nerčinsk nach Sankt
Petersburg überstellt und im Finanzministerium
aufbewahrt. 1839 kam es ins Asiatische Museum der
Akademie der Wissenschaften, 1936 von dort in die
Eremitage.    *J. I. E.*

Lit.: SCHMIDT 1839, Bd. 2, S. 252; KLJUKIN 1927, S. 32–33;
MURAYAMA 1950, S. 108–112; BANZAROV 1955, S. 187–206;
KISELEV U. A. 1965, S. 53–57; DE RACHEWILTZ 1976;
UYIFURJIN 1983, S. 1–7; SKRYNNIKOVA 1997, S. 179;
CERENSODNOM 1987, S. 138–149; AUSST.-KAT. SANKT
PETERSBURG 2000, S. 208–210; Kramarovski IN AUSST.-
KAT. LEOBEN 2002, S. 138

## 5 Radförmige Genealogie, welche den gesamten Adel der Qalqa hinsichtlich der Erbfolge beinhaltet, ausgehend von Činggis Khan

Mongolei, 1. Hälfte 19. Jh. | Tusche auf
Baumwolle, H 88 cm, B 90,5 cm | Staats-
bibliothek der Mongolei, Ulaanbaatar |
Inv.-Nr. KhF-428

Genealogien, mündlich wie schriftlich überliefert,
nehmen in der Tradition der Mongolen breiten
Raum ein. Zur Zeit der Jugend Činggis Khans im
12. Jh. beruhte die politisch-gesellschaftliche Organisation der mongolischen Stämme auf dem Clan-
System; Zugehörigkeit und Stellung einer Person
wurde aufgrund entsprechender Genealogien nachgewiesen. Erste schriftliche Deszente (Abstam-
mungslinien) liegen in der *Geheimen Geschichte der
Mongolen* (Kat.-Nr. 2) des 13. Jhs. vor. In der Folge
führte die mongolische Familiengeschichtsschrei-
bung die Abstammung des Adels jeweils auf Činggis
Khan zurück. Nach der Eingliederung der Mongolen in das chinesische Qing-Reich (1644–1911) liegen
im 18. Jh. zum ersten Mal auch Einzeldeszente in
Form von Listen oder Kreisen vor. Die hier gezeigte
Genealogie beinhaltet die Bannerregenten der Qalqa
(d. h. der Verwaltungsbezirke im Qing-Reich) nach
der Erbfolge, beginnend mit Činggis Khan. Kreisförmig aufgebaut, trägt sie in der Mitte ein rundes
Medaillon und ist durch zwei Achsen in genau vier
Viertel geteilt. Das Medaillon enthält ein Deszent in
direkter Linie von Činggis Khan bis Geresenje, den
Ahnherrn der Qalqa (gest. 1549). Die Viertel sind
den vier Distrikten der Qalqa zugeordnet, mit den
Namen der Söhne Geresenjes am oberen Ende als
Stammväter. Anhand der genannten Regenten sind
die Deszente bis 1796 fest datierbar. Da sie jedoch
jeweils zwei bis drei Generationen weitergeführt
werden, kann man für die Abfassung der gesamten
Genealogie die Qing-Periode Daoguang (1821–51)
annehmen.    *V. V.*

## 6 Ausweistafel (Paiza)

Mongolisches Großreich, 13. Jh. | Silber,
L 29,5 cm, B 8,8 cm, Dm (Öffnung) 1,7 cm |
1853 mit anderen Silberobjekten in der Nähe
des Dorfes Njuki am Unterlauf der Selenge
(westliches Transbaikalien) gefunden |
Staatliche Eremitage, Sankt Petersburg |
Inv.-Nr. BM-1121

5

Schrift transkribierte u. a. die fünf Sprachen Chinesisch, Mongolisch, Tibetisch, Sanskrit und Uigurisch. Auch wenn die Schrift nicht über die Zeit des mongolischen Weltreiches hinaus Bestand hatte, stellt sie einen einzigartigen Versuch dar, der Problematik der Sprachenvielfalt des Großreiches durch eine auf mehrere Sprachen übertragbare Notation Herr zu werden. Sie wurde für Aufrufe, Verlautbarungen, Befehle, Siegel und Inschriften verwandt und war ein wichtiges Instrument, um im gesamten Weltreich ein einheitliches administratives System zu etablieren.

Die Paizas hatten Ausweisfunktion: Sie bestätigten, dass der Träger ein Gesandter der Regierung war, und statteten ihn im gesamten mongolischen Großreich mit Befugnissen aus. Silberne Paizas gehörten darüber hinaus den Tausendschaftsleitern, mit goldenen Buchstaben beschriftete gaben das Recht zum Lehnsbesitz.

Die beiden mongolischen Inschriften sind wie folgt zu transkribieren:

Vorderseite: *dèŋriyin k'uč'undur / moŋqa[1] / qa an nere qut'uqt'ayi*

Rückseite: *bolt'uqayi k'en ülü bu- / širegu aldaqu ük'ugu*

Die Texte auf den Paizas wurden erstmals von P. S. Savel'ev (Kat.-Nr. 6) bzw Vater Avvakum (Kat.-Nr. 7) gedeutet. Sie lauten: »Durch die Kraft des Ewigen Himmels. Der Name des Khans sei geheiligt! Wer keine Ehrerbietung zeigt, soll schuldig sein und sterben!« *J. I. E.*

1 Kat.-Nr. 7: moŋk'a.

Lit.: POPPE 1957

6

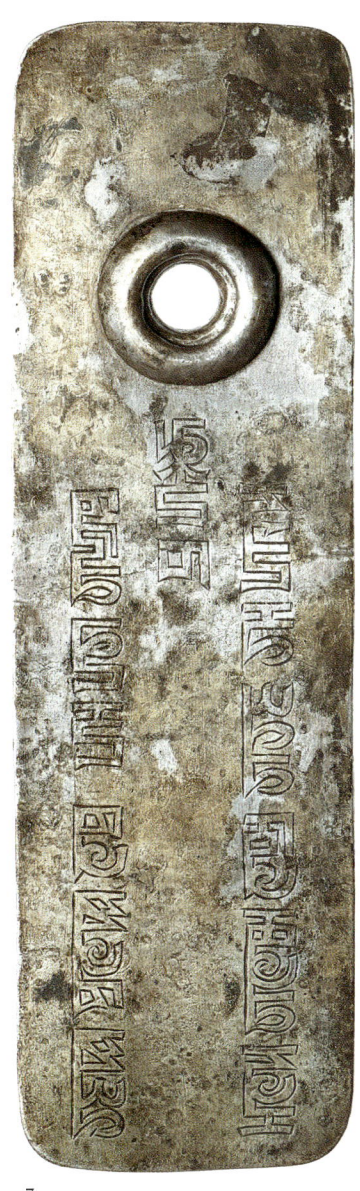

7

### 7 Ausweistafel (Paiza)

Mongolisches Großreich, 13. Jh. | Silber, L 30,5 cm, B 9 cm, Dm (Öffnung) 1,7 cm | 1845 im Bezirk Minusinsk, Gouvernement Jenissej gefunden | Staatliche Eremitage, Sankt Petersburg | Inv.-Nr. BM-1134

Die rechteckigen Paizas (mong. *gereg*; chin. *paizi*) mit abgerundeten Ecken haben im oberen Teil Öffnungen, die von Wülsten umschlossen sind. Auf

Letzteren befinden sich eingravierte chinesische Inschriften aus fünf Zeichen: »Ehrenzeichen Nr. 34« (Kat.-Nr. 6) bzw. »Ehrenzeichen Nr. 42« (Kat.-Nr. 7). Auf der Paiza selbst verläuft jeweils senkrecht eine Inschrift in mongolischer »Quadratschrift« (mong. *dörbeljin üsüg*, auch 'Phags-pa-Schrift genannt), auf einer Seite mit drei, auf der anderen mit zwei Zeilen. Diese Schrift wurde 1269 von dem Lama 'Phags-pa (1235–1280; Kat.-Nr. 393) für die offiziellen Dokumente der Yuan-Dynastie geschaffen. Die 'Phags-pa-

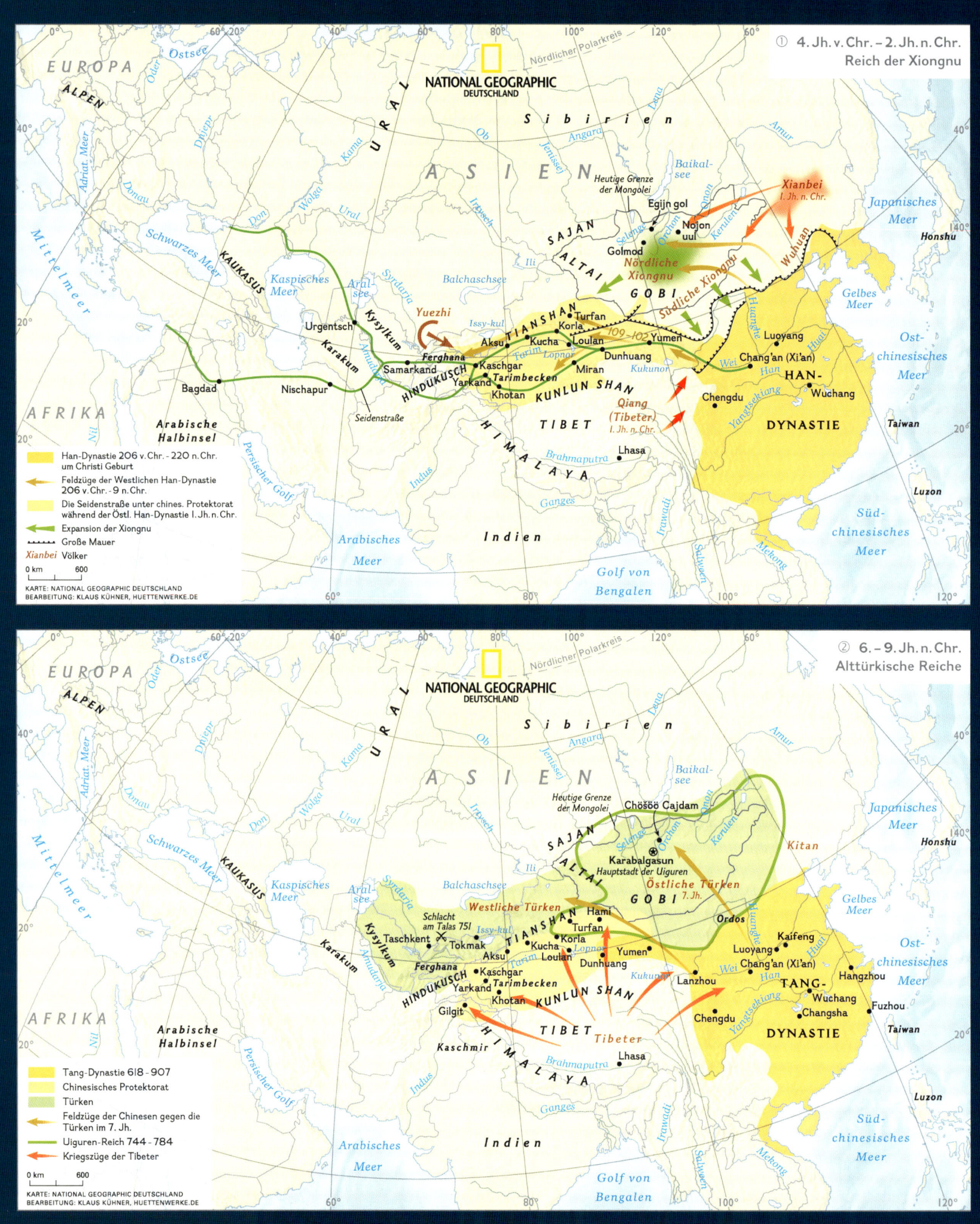

① 4. Jh. v. Chr. – 2. Jh. n. Chr.
Reich der Xiongnu

NATIONAL GEOGRAPHIC
DEUTSCHLAND

**Karte 1 Beschriftungen:**

EUROPA · ALPEN · Ostsee · Oder · Donau · Adriat. Meer · Mittelmeer · Schwarzes Meer · KAUKASUS · Kaspisches Meer · Aral-see · AFRIKA · Nil · Arabische Halbinsel · Persischer Golf · Arabisches Meer · Indien · Golf von Bengalen · URAL · Kama · Wolga · Ural · Don · Dnjepr · Syrdarja · Balchaschsee · Kysylkum · Karakum · Bagdad · Nischapur · Urgentsch · Samarkand · Ferghana · HINDUKUSCH · Amudarja · Seidenstraße · Kaschgar · Yarkand · Khotan · KUNLUN SHAN · TARIMBECKEN · Miran · TIANSHAN · Aksu · Kucha · Korla · Turfan · Loulan · Dunhuang · Lopnor · Tarim · Kukunor · TIBET · HIMALAYA · Lhasa · Brahmaputra · Ganges · Indus · Irawadi · Salween · Mekong · Yangtsekiang · Wei · Han · Huang · Hui · Chengdu · Chang'an (Xi'an) · Luoyang · Wuchang · HAN-DYNASTIE · Taiwan · Luzon · Südchinesisches Meer · Ostchinesisches Meer · Gelbes Meer · Japanisches Meer · Honshu · SAJAN · ALTAI · GOBI · Sibirien · Ob · Jenissei · Angara · Lena · Amur · Baikalsee · Selenga · Orchon · Onon · Kerulen · Ili · ASIEN · Nördlicher Polarkreis · Heutige Grenze der Mongolei · Egijn gol · Nojon uul · Golmod · Nördliche Xiongnu · Südliche Xiongnu · Xianbei I. Jh. n. Chr. · Wuhuan · Yuezhi · Yumen · 109–102 · Qiang (Tibeter) I. Jh. n. Chr.

**Legende Karte 1:**

- Han-Dynastie 206 v. Chr. – 220 n. Chr. um Christi Geburt
- Feldzüge der Westlichen Han-Dynastie 206 v. Chr. – 9 n. Chr.
- Die Seidenstraße unter chines. Protektorat während der Östl. Han-Dynastie I. Jh. n. Chr.
- Expansion der Xiongnu
- Große Mauer
- *Xianbei* Völker

0 km 600

KARTE: NATIONAL GEOGRAPHIC DEUTSCHLAND
BEARBEITUNG: KLAUS KÜHNER, HUETTENWERKE.DE

② 6. – 9. Jh. n. Chr.
Alttürkische Reiche

NATIONAL GEOGRAPHIC
DEUTSCHLAND

**Karte 2 Beschriftungen:**

EUROPA · ALPEN · Ostsee · Oder · Donau · Adriat. Meer · Mittelmeer · Schwarzes Meer · KAUKASUS · Kaspisches Meer · Aral-see · AFRIKA · Nil · Arabische Halbinsel · Persischer Golf · Arabisches Meer · Indien · Golf von Bengalen · URAL · Kama · Wolga · Ural · Don · Dnjepr · Syrdarja · Balchaschsee · Kysylkum · Karakum · Taschkent · Tokmak · Ferghana · HINDUKUSCH · Amudarja · Schlacht am Talas 751 · Kaschgar · Yarkand · Khotan · Gilgit · Kaschmir · KUNLUN SHAN · TARIMBECKEN · TIANSHAN · Aksu · Kucha · Korla · Hami · Turfan · Loulan · Dunhuang · Lopnor · Tarim · Kukunor · TIBET · Tibeter · HIMALAYA · Lhasa · Brahmaputra · Ganges · Indus · Irawadi · Salween · Mekong · Yangtsekiang · Wei · Han · Huang · Hui · Chengdu · Chang'an (Xi'an) · Luoyang · Kaifeng · Hangzhou · Changsha · Wuchang · Fuzhou · Lanzhou · Ordos · TANG-DYNASTIE · Taiwan · Luzon · Südchinesisches Meer · Ostchinesisches Meer · Gelbes Meer · Japanisches Meer · Honshu · SAJAN · ALTAI · GOBI · Sibirien · Ob · Jenissei · Angara · Lena · Amur · Baikalsee · Selenga · Orchon · Onon · Kerulen · Ili · ASIEN · Nördlicher Polarkreis · Heutige Grenze der Mongolei · Chöšöö Cajdam · Karabalgasun Hauptstadt der Uiguren · Westliche Türken · Östliche Türken 7. Jh. · Kitan · Yumen

**Legende Karte 2:**

- Tang-Dynastie 618 – 907
- Chinesisches Protektorat
- Türken
- Feldzüge der Chinesen gegen die Türken im 7. Jh.
- Uiguren-Reich 744 – 784
- Kriegszüge der Tibeter

0 km 600

KARTE: NATIONAL GEOGRAPHIC DEUTSCHLAND
BEARBEITUNG: KLAUS KÜHNER, HUETTENWERKE.DE

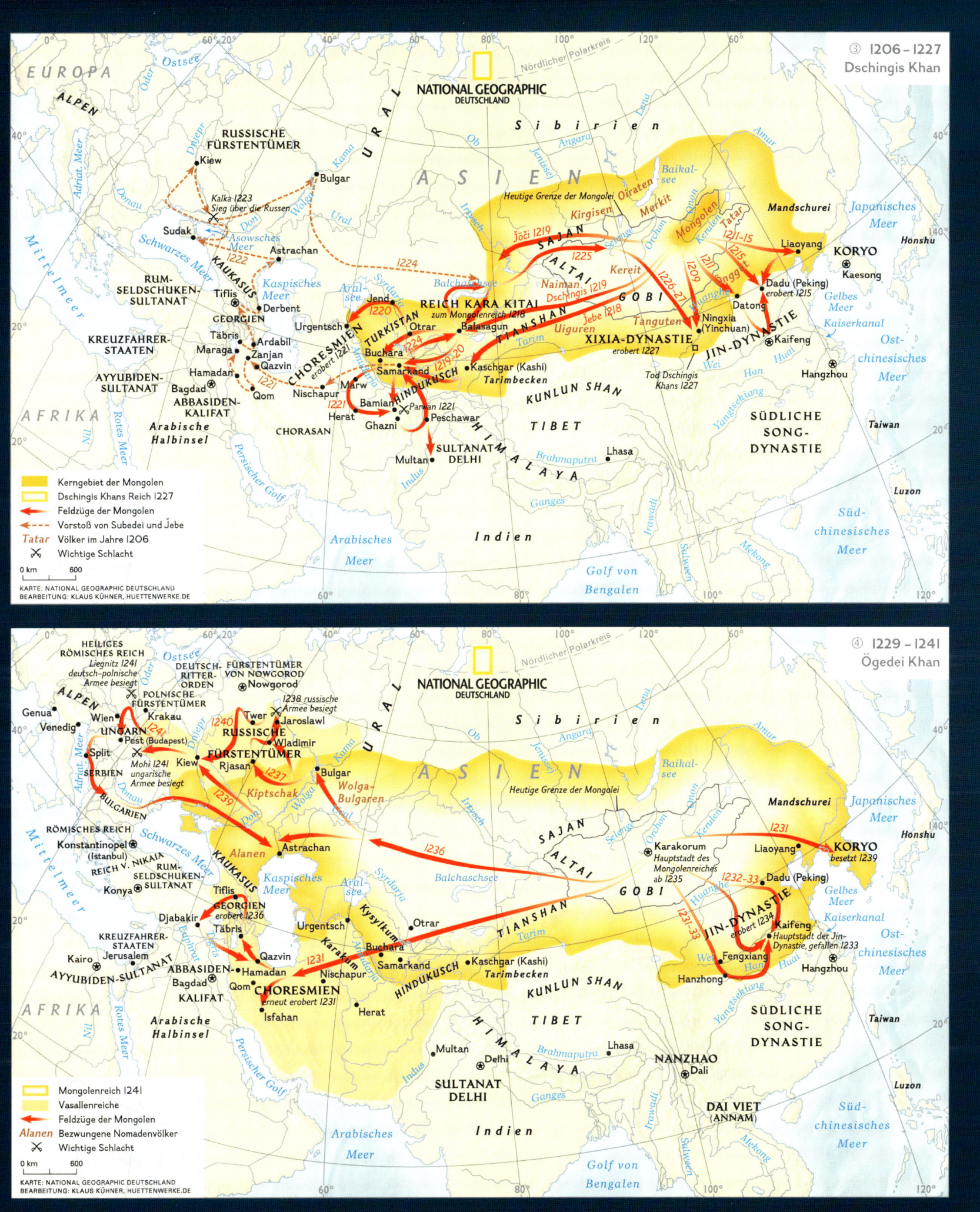

**③ 1206–1227**
**Dschingis Khan**

NATIONAL GEOGRAPHIC
DEUTSCHLAND

**Kerngebiet der Mongolen**
**Dschingis Khans Reich 1227**
**Feldzüge der Mongolen**
**Vorstoß von Subedei und Jebe**
*Tatar* **Völker im Jahre 1206**
⚔ **Wichtige Schlacht**

0 km    600

KARTE: NATIONAL GEOGRAPHIC DEUTSCHLAND
BEARBEITUNG: KLAUS KÜHNER, HUETTENWERKE.DE

**④ 1229–1241**
**Ögedei Khan**

NATIONAL GEOGRAPHIC
DEUTSCHLAND

**Mongolenreich 1241**
**Vasallenreiche**
**Feldzüge der Mongolen**
*Alanen* **Bezwungene Nomadenvölker**
⚔ **Wichtige Schlacht**

0 km    600

KARTE: NATIONAL GEOGRAPHIC DEUTSCHLAND
BEARBEITUNG: KLAUS KÜHNER, HUETTENWERKE.DE

**⑤ 1246–1259**
**Güyük Khan und Möngke Khan**

NATIONAL GEOGRAPHIC
DEUTSCHLAND

Mongolenreich 1259
Vasallenreiche
Feldzüge der Mongolen
Reisen des Johannes von Plano Carpini 1245–47
Reisen des Wilhelm von Rubruk 1253–55

0 km   600

KARTE: NATIONAL GEOGRAPHIC DEUTSCHLAND
BEARBEITUNG: KLAUS KÜHNER, HUETTENWERKE.DE

**⑥ 1260–1294**
**Qubilai Khan**

NATIONAL GEOGRAPHIC
DEUTSCHLAND

Mongolenreich 1294
Grenzen der Khanate
Vasallenreiche
Feldzüge der Mongolen
Vermutliche Reiserouten des Marco Polo 1271–95
Wichtige Schlacht

0 km   600

KARTE: NATIONAL GEOGRAPHIC DEUTSCHLAND
BEARBEITUNG: KLAUS KÜHNER, HUETTENWERKE.DE

Die Vorläufer

MICHAEL WEIERS

# Steppe und Steppenreiche bis Činggis Khan

Bevor die Mongolen die Weltbühne betraten, gab es in den Steppengebieten und Berglandschaften, die sie vor 800 Jahren bewohnten bzw. noch heute bewohnen, schon seit undenklichen Zeiten Spuren menschlichen Lebens. Eine Grabung im Altai-Gebirge im Westen der heutigen Mongolischen Republik hat ein Lager von Jägern freigelegt, das in die Frühzeit des Menschen zurückreichen soll. Weder über diese frühen Jäger noch über ihre Nachfahren in den heute zur Mongolei gehörenden Bergländern und Steppen besitzen wir schriftliche Nachrichten. Einzig die Archäologie vermag uns Auskunft zu geben über ihren Weg durch die Jahrtausende. Erst mit dem Gebrauch der Schrift und mit dem Beginn der Aufzeichnung von wichtigen Ereignissen, die diesen Lebensraum betreffen, erscheinen auch Namen von Stämmen und Völkern, die dort lebten. Allerdings stammen diese schriftlichen Nachrichten nicht von den einheimischen Völkern selbst, vielmehr haben ihre südlichen Nachbarn zuerst über sie berichtet. Die frühesten schriftlichen Nachrichten über die heute mongolischen Steppengebiete und ihre Bewohner verdanken wir chinesischen Aufzeichnungen.

Der Anlass dieser Aufzeichnungen verband sich für die Chinesen mit Ereignissen, die sie tief getroffen und verunsichert hatten. Militärverbände eines turksprachigen Barbarenvolks aus dem Norden, beheimatet in einem Gebiet, von dem wir wissen, dass es bereits damals überwiegend zur Vegetationszone der Steppe gehörte, waren im 3. und 2.Jahrhundert v. Chr. von ihren Wohnsitzen am Fluss Orchon aus über das sich weit ausdehnende Ödland mit Salzbecken, Steineben, Sandflächen und unfruchtbarem Gesträpp hinweg in ihr Gebiet eingefallen. Selbst das weite Ödland, das heute als Wüste Gobi bekannt ist, hatte die Truppen der »Barbaren«, welche die Chinesen Xiongnu nannten, nicht davon abzuhalten vermocht, China derart zu bedrängen, dass man sich gezwungen sah, Tribut zu entrichten und schließlich den Barbarenherrschern sogar Prinzessinen zur Frau zu geben. Die Erfahrungen, welche die Chinesen bei den Auseinandersetzungen mit den Xiongnu machen mussten, scheinen so tief greifend gewesen zu sein, dass ihre Aufzeichnungen und auch die damals verfassten Berichte über die Xiongnu die um

210 v. Chr. vom ersten Kaiser Chinas (Qin Shihuangdi) zur Zeit der Reichseinigung befohlene vermutliche Vernichtung jeglichen historischen Schrifttums überlebt haben. Diese Berichte wurden vom Han-zeitlichen Hofastrologen Sima Tan (gest. ca. 110 v. Chr.) erstmals historisch aufgearbeitet und von seinem Sohn Sima Qian (gest. ca. 86 v. Chr.) fortgeführt und vollendet. Im 110. Kapitel des chinesischen Geschichtswerks *Shiji* (Aufzeichnungen des Historiographen) des Sima Qian sind uns diese Nachrichten bis zum Jahr 97 v. Chr. unter dem Titel »Geordneter Bericht über die Xiongnu« erhalten geblieben.[1]

Die Xiongnu sollten nicht die einzige Gemeinschaft bleiben, die es verstanden hatte, in den heute von Mongolen bewohnten Steppengebieten Machtzentren aufzubauen, deren Einfluss sich für längere Zeit erhielt und über größere Gebiete erstreckte. Nachrichten über diese Machtzentren verdanken wir ebenfalls überwiegend chinesischen Quellen. Eines dieser Machtzentren, das sich auch über die Steppengebiete der heutigen Mongolischen Republik und weiter nach Südwesten ausdehnte, errichtete zwei kurzlebige Dynastien, die chinesische Quellen ebenfalls als Xiongnu oder als Hu bezeichnen: die Frühere Zhao-Dynastie (304 bis 29 n. Chr.) und die Spätere Zhao-Dynastie (329–52 n. Chr.). Dieses riesige Reich war nomadisch-vorstaatlich strukturiert, mit den politischen Verhältnissen in China vielfach eng verbunden, weswegen es die Chinesen in ihren Nachrichten auch berücksichtigten, und ging aufgrund seiner politischen Instabilität schließlich in einem Gemetzel unter.

Bereits als Vorfahren der Mongolen gelten vielen Wissenschaftlern die Gemeinschaften der Xianbei. Die über sie berichtende chinesische Quelle, die im 5. Jahrhundert n. Chr. zusammengestellt wurde, unterscheidet sogar mehrere Xianbei-Reiche. Zwei von diesen Reichen sollen von 156 bis 235 n. Chr. sowie von 285 bis 344 n. Chr. auch Territorien umfasst haben, die heute zur Autonomen Region Innere Mongolei gehören. Die übrigen Machtbereiche der Xianbei befanden sich in der heutigen Mandschurei.

Sowohl südliche Teile des Reichs der Hu, die als türkisch gelten, als auch Teile der protomongolischen Xianbei-Reiche gerieten im weiteren Zeitverlauf unter die Vorherrschaft des Stammesbundes der türkischen Tabghač. Ihr Reich, über das 385–550 n. Chr. 20 Herrscher geboten, erstreckte sich überwiegend südlich der heutigen Mongolengebiete von den heutigen chinesischen Provinzen Gansu und Qinghai aus bis zum Gelben Meer. Die chinesischen Quellen bezeichnen das Reich der Tabghač als Toba. Das Volk der Toba bildete über rund 150 Jahre die Nördliche Wei-Dynastie (386–534). Die Tabghač übten ihre Herrschaft überwiegend in Territorien aus, die heute nicht von Mongolen bewohnt werden, doch waren sie als unmittelbare Nachbarn und Kriegsgegner eines Stammesbundes von Bedeutung, der sich im Gebiet der heutigen Mongolischen Republik aus verschiedenen Stämmen neu zusammengeschlossen hatte. Chinesische Quellen bezeichnen diesen Stammesbund als Ruanruan. Von Beginn an bekämpften die Ruanruan, die im frühen 5. Jahrhundert n. Chr. die Herren der innerasiatischen Steppen von der Gobi bis zum Baikalsee und von Qarašahr bis Nordkorea geworden waren, unter ihrem ersten Herrscher Kütelbüri (reg. 402–10) das Reich der Tabghač. Diese Kämpfe scheinen die Geschichte des steppennomadischen Ruanruan-Reiches, dessen Machtbereich auch die heutigen Mongolengebiete mit abdeckte und in dem zwölf Herrscher 150 Jahre lang die Macht ausübten, wesentlich bestimmt zu haben. Dass chinesische Quellen über dieses den Chinesen so ferne und fremde Reich der Ruanruan berichten, ist darin begründet, dass die Tabghač in ihrem Reich Angehörige der chinesischen Gentry zu Regierungsbeamten erhoben und damit eine unaufhaltsame Sinisierung ihres Regierungsapparates eingeleitet hatten.[2]

Als Anagui (520–52), der letzte Gesamtherrscher der Ruanruan, das Begehren von Bumın, Fürst der Türk (Türken), die Vasallen der Ruanruan waren, eine Tochter aus dem Herrscherhaus der Ruanruan zu ehelichen, entschieden ablehnte, revoltierten die Türken und übernahmen 552 die Herrschaft von den Ruanruan. Mit diesem Machtwechsel wird erstmals ein Herrschervolk mit dem Namen Türk (Türken) bekannt. Dieses Ethnonym bezieht die Wissenschaft heute auf viele verschiedene Stammesbünde und Völker, die sich zwar nicht selbst als Türk bezeichneten oder bezeichnen, die aber alle eine gemeinsame Sprachform verbindet bzw. verband, die man als Turksprachen bezeichnet. Die Turksprachen bilden heute einen Zweig des altaischen Sprachstammes, zu dem auch die mongolischen Sprachen zählen, mit über 50 näher verwandten Sprachen nebst deren jeweiligen Dialekten und Mundarten sowie mit über 100 Millionen Sprechern und einem Verbreitungsgebiet vom Nordosten Sibiriens bis Osteuropa. Mit dem Beginn der Herrschaft der Türken auf dem Territorium der heutigen Mongolischen Republik vor rund 1500 Jahren betraten die Turk-Völker die Bühne der Weltgeschichte.[3] Die ersten Herrscher der Türken, die man auch als Kök (Blau)-Türken

bezeichnet, festigten ihre Macht durch Eroberungen auch der westlichen Steppen Innerasiens, so dass sich ihr Herrschaftsgebiet über die Lebensräume der heutigen Mongolen hin bis nach Mittelasien an die Grenzen des damaligen persischen Sasanidenreiches erstreckte. Dieses erste alttürkische Großreich, das Kök-Türkische Reich, teilte sich schon bald (584 n. Chr.) in ein west- und ein osttürkisches Reich. In den heutigen Mongolengebieten Asiens lebten und herrschten Angehörige des Osttürkischen Reichs, die 630 ihren Machteinfluss an China verloren, 682 aber wieder selbständig wurden und das zweite alttürkische Großreich errichteten, das ausgehend vom Lebensraum der heutigen Mongolen von 693 bis 716 unter Einschluss eroberter westtürkischer Gebiete seine größte Machtfülle erreichte. Die Türken entwickelten als erstes zentralasiatisches Volk auf der Grundlage schon vorhandener Schriftsysteme aus Westasien eine eigene runenförmige Schrift, mit der sie in ihrer alttürkischen Sprache in den 20er und 30er Jahren des 8. Jahrhunderts bis heute erhaltene Inschriften auf Steinstelen mit historischem Inhalt zu Ehren herausragender türkischer Persönlichkeiten herstellten. Diese Stelen ließen sie in der Region der Flüsse Orchon und Tuul in der heutigen Mongolischen Republik aufstellen.[4]

Nachdem die Kök-Türken in den heutigen Mongolenterritorien fast 200 Jahre ihre Herrschaft ausgeübt hatten, wurden sie 745 von den türkischen Uiguren abgelöst. Fast ein Jahrhundert bis 840 sollte das Uigurische Reich mit 13 Herrschern bestehen. Das Territorium dieses Reiches deckte sich zum Großteil mit dem der heutigen Mongolischen Republik, und das Zentrum sowie die Hauptstadt des Reiches Karabalgasun (»Schwarzstadt«) befanden sich am Oberlauf des Orchon. Durch die Eroberung von Luoyang, der östlichen Hauptstadt Chinas, und der westlich im heutigen Autonomen Gebiet Xinjiang gelegenen Städte Qočo, Qarašahr und Quča vermochten die Uiguren 757, 762/63 und 800 ihren Einflussbereich zu erweitern.

Schon in den 20er Jahren des 9. Jahrhunderts sahen sich die Uiguren im Norden von den türkischen Kirgisen bedrängt, die dann die Uiguren aus ihrem Stammland vertrieben. Nach chinesischen Angaben sollen alle uigurischen Stämme über »barbarisches Gebiet« zerstreut worden sein. Die Herrschaft der Kirgisen im Gebiet der ihrer Macht verlustig gegangenen Uiguren hinterließ kaum Spuren, da die Kirgisen die eroberten Uigurenterritorien lediglich als Hinterland ihrer Zentren ansahen, die damals noch am oberen Jenissej lagen.

Die von den Kirgisen vernachlässigten Uigurenterritorien, in denen im 12. Jahrhundert auch Mongolen leben sollten, beherrschten im 10. Jahrhundert Verbände der Kitan, die chinesische Quellen schon für den Beginn des 5. Jahrhunderts erwähnen. Um 906/07 gründeten die Kitan ein eigenes Reich, die Liao-Dynastie (937–1125), dessen Zentren sich im Nordwesten der heutigen chinesischen Provinz Li-aoning und im Südosten der heutigen Autonomen Region Innere Mongolei befanden. Die Westgrenze des Reiches bildete das südliche Altai-Gebirge, von wo aus sich die Nordgrenze nach Osten über die Oberläufe der Flüsse Orchon und Tula (der heutige Tuul) und nördlich des Flusses Kerulen (Cherlen), das Kleine Chingan-Gebirge aussparend, bis östlich des Flusses Ussuri in den Sikhote Alin hinein erstreckte. Die Ostgrenze verlief dann vom Chanka-See aus etwa wie die heutige Grenze der VR China zu Nordkorea, und die Südgrenze zog sich vom Golf von Bohai bei Tianjin aus über den Norden der heutigen chinesischen Provinzen Hebei und Shanxi durch die heutige Autonome Region Innere Mongolei bis zum südlichen Altai. Sollten die Kitan als Beherrscher dieses riesigen Gebietes, wie verschiedentlich angenommen und jüngst auch wieder vertreten wird, wirklich Mongolen gewesen sein, wäre dieses Reich, wenn man es auch nicht als solches bezeichnete, das erste mongolische Großreich in der Geschichte gewesen. Hier lebten verschiedene Ethnien, wie Türken im Westen und tungusische Stämme der Ĵürčen (Dschurdschen) im Osten. Von 937 an nannte sich das Reich, nach einer Wasserquelle im Reichszentrum, Liao, und für das Schriftwesen wurden zwei eigene Schriftformen entwickelt, die chinesischen Schriftzeichen zwar ähneln, jedoch ganz anders aufgebaut sind. Die Erforschung und Auswertung des autochthonen Schrifttums der Liao ist noch bei weitem nicht abgeschlossen. Eine zusammenhängende Geschichte der Liao wurde in chinesischer Sprache erst im 14. Jahrhundert in China während der Fremdherrschaft der Mongolen über das Land geschrieben. In den annalistischen Teilen dieser Geschichte wird für März und April 1084 berichtet: »Das entfernte Land der Menggu hat Gesandte geschickt, um einen Freundschaftsbesuch abzustatten.« Tatsächlich wurden die Mongolen in China zur Mongolenzeit Menggu genannt, so dass hier vielleicht wirklich erstmals ein Hinweis auf die Mongolen vorliegt, was aber wiederum gegen eine Identifizierung der Kitan mit den Mongolen spräche.

Nach etwa 210 Jahren Herrschaft begann die Macht der Kitan zu sinken, und um 1127 wurde ihre Vorherrschaft durch neue Machthaber abgelöst. Es waren tungusische Ĵürčen, die als bisherige Untertanen der Kitan nunmehr die Geschicke eines Reiches lenkten, das chinesische Quellen als *jin* (Gold) bezeichnen. Die heutigen nördlichen Mongolengebiete hatten schon zur Zeit der Kitan zur nördlichen Grenzregion bzw. zu Territorien knapp außerhalb der kitanischen Nordgrenze gehört, welche von Stämmen bewohnt wurden, die chinesische Quellen als Tsupu bezeichnen. Sie lagen nun völlig außerhalb der Territorien der Jin-Dynastie (1115–1234). Nurmehr der östliche Teil der früheren Kitan- (Liao-) Dynastie (937–1125) gehörte zum Reich der Jin,

das dafür aber im Süden durch Eroberung der nördlichen Gebiete der 960 gegründeten chinesischen Song-Dynastie riesigen Zugewinn an Land und Leuten gemacht hatte. Das Jin-Reich, dem erst die Mongolen im 13. Jahrhundert ein Ende bereiten sollten, war wie das der Liao-Dynastie ein Vielvölkerstaat mit türkischen, tungusischen, kitanischen und im Süden großen chinesischen Volksanteilen unter tungusisch-jürčenischer Oberherrschaft. Seine Territorien schoben sich zwischen diejenigen der Chinesen der Südlichen Song-Dynastie (1127–1279) und die Gebiete, die heute von Mongolen bewohnt werden.

Aus einer Zusammenschau von chinesischen, persischen und mongolischen Quellen aus der Mongolenzeit im 13. und 14. Jahrhundert lässt sich ermitteln, dass es im ersten Drittel des 12. Jahrhunderts zwei oder drei Khane (Herrscher) der Mongolen gegeben hat, die mit den Jin nicht nur in Verbindung standen, sondern sogar siegreich gegen sie vorgegangen waren und in einem Friedensvertrag erfolgreich Grenzfestungen sowie Tributleistungen zu fordern vermocht hatten. Diese Unternehmungen seien, so weiß ein chinesischer Gesandtenbericht vom Jahr 1221 rückblickend auf die Zeit von 1123 bis 1137 zu sagen, von den »Menschen des Reiches Meng«, also von einem Mongolenreich ausgegangen. Derselbe Gesandtenbericht suggeriert allerdings abfällig, dass die Mongolen seiner eigenen Zeit nicht mehr wüssten, was für eine Art Name das Wort Meng war und was überhaupt ein Reichsname war, kurz, sie wüssten über das wohl schon länger vernichtete und vergangene erste Mongolenreich im 12. Jahrhundert gar nichts mehr.[5] Auch dem jungen Temüjin scheint es so gegangen zu sein, bis sein Jugendfreund ihn über die *mongqol* (Mongolen) aufklärte und aus Temüjin der neue Herrscher der Mongolen Činggis Khan (»Ungestümer Herrscher«) wurde.

1   Eine ältere deutsche Übersetzung mit Kommentar liegt vor in DE GROOT 1921. Zu den Xiongnu siehe auch den Beitrag von Jean-Paul Desroches in diesem Katalog.

2   Das Reich der Tabghač und seine Außenbeziehungen auf der Grundlage chinesischer Quellen behandeln EBERHARD 1949 und EBERHARD 1978.

3   Eine kurze zusammenfassende Darstellung der Geschichte der verschiedenen Turkvölker in deutscher Sprache mit erschöpfenden Literaturangaben bis 1958 bietet MORAVCSIK 1958.

4   Als Beispiel für eine dieser Inschriften vgl. RYBATZKI 1997. Vgl. auch den Beitrag von Peter Zieme in diesem Katalog.

5   Zu den Gesandtenberichten vgl. CHINESISCHE GESANDTEN-BERICHTE/OLBRICHT/PINKS 1980.

JEAN-PAUL DESROCHES

# Die Welt der Steppe – das Reich der Xiongnu

Im Norden Eurasiens erstreckt sich ein riesiger geographisch-klimatischer Raum, der auf Tausenden von Kilometern der Krümmung der Erdoberfläche angeschmiegt ist, ein Horizont von unendlich scheinender Weite, der sich in bewaldete Ebenen, grasbewachsene Steppen und dürre Wüsten untergliedert. Im 1. Jahrtausend v. Chr. wird dieses unermesslich große Gebiet zum Schauplatz des Nomadentums – einer Lebensform, die auf die Erhaltung des Gleichgewichts zwischen den Ressourcen eines natürlichen Umfelds und den Bedürfnissen der Menschen abzielt, was bedeutet, dass die Bewohner weiterwandern müssen, sobald dieses Gleichgewicht gestört ist.[1] Dieses für Störungen sehr anfällige System, das Mensch und Natur in Einklang zu bringen sucht, scheint sich insbesondere in der Steppe herausgebildet zu haben. Dieses gewaltige Areal, das vom Schwarzen Meer bis zum Pazifischen Ozean reicht und durch das Ineinander von Waldgebieten und Grassteppen gekennzeichnet ist, weist häufig bescheidene, jedoch schroff emporragende Bodenerhebungen auf. Die Böden können fruchtbar sein, doch ist die Humusschicht nur dünn und wird unter der doppelten Einwirkung von Frost und Wind leicht abgetragen. Das Kontinentalklima mit seinen starken Temperaturschwankungen ist ein so beherrschender Faktor, dass das menschliche Dasein in dieser geographischen Zone zum großen Teil vorgegeben ist. Aufgrund der langen Winterperiode ist jeder Ackerbau zum Scheitern verurteilt, so dass nur Viehzucht in Frage kommt. Die Viehherden, die sich selbst mit Nahrung versorgen, werden zum wesentlichen Bindeglied zwischen dem Menschen und seiner natürlichen Umwelt. Die Kunst des nomadischen Hirten besteht darin, seine Viehzucht so erfolgreich wie möglich zu betreiben und zugleich auf die Erhaltung des Gleichgewichts in der Natur zu achten. Im Laufe der Jahrhunderte wurde dafür ein Wissensschatz erworben, der vom Umgang mit dem Viehbestand und den Weideflächen über die Nahrungsgewohnheiten, die Behausungen, das Werkzeug und die alltäglichen Tätigkeiten bis hin zu den Formen sozialer Organisation reicht. Die Bevölkerungsdichte der Steppe mag zwar als sehr gering erscheinen, doch müssen diese demographischen Fakten in Bezug zu den beschränkten Ressourcen gesehen wer-

den – weshalb Konflikte zwischen den Steppenbewohnern nicht zu vermeiden sind. Zunächst werden in solchen Fällen häufig Kompromisse ausgehandelt, doch wenn sich die Situation verschärft, finden gewaltsame Auseinandersetzungen statt. Es bilden sich strategische Bündnisse von unterschiedlicher Größe und Dauer heraus. So ist im Westen das Erscheinen der Skythen, der Saka und der Sarmaten zu beobachten. Im Osten dagegen finden sich die Yuezhi, die Wusun und die Xiongnu, Stämme von Viehzüchtern, die sich im Laufe der Zeit zu halbnomadischen Konföderationen zusammenschlossen.

## Die Xiongnu in der chinesischen Geschichtsschreibung

Diese Völker ohne schriftliche Überlieferung, die am Rande der sesshaften Zivilisation ihren Lebensraum hatten, waren, was die Skythen betrifft, lange Zeit nur aus den Erzählungen des Herodot (um 484–424 v. Chr.) bekannt, und im Fall der Xiongnu aus den Aufzeichnungen des Sima Qian (um 145–86 v. Chr.).[2] Gegen Ende des 4. Jahrhunderts v. Chr. erscheint das Volk der Xiongnu und nimmt bis ins 2. Jahrhundert n. Chr. eine machtvolle Stellung ein. Diese furchtlosen Reiter begründen das erste Nomadenreich in Zentralasien, das China in Furcht und Schrecken versetzte. Mit ihren Viehherden ziehen sie durch die Steppen des südlichen Burjatien, der Mongolei und Nordchinas. Dort ist ihr Herrschaftsgebiet. In der chinesischen Geschichtsschreibung finden sie das erste Mal im Jahr 245 v. Chr. Erwähnung, als sich ein militärischer Zusammenstoß mit Truppen des Staates Zhao ereignet. Drei Jahrhunderte lang stellen sie dann die größte Bedrohung dar, der sich die Dynastien Qin und Han (221–206 v. Chr. und 206 v. Chr.–220 n. Chr.) in China ausgesetzt sehen. Einzelne, seit dem 4. Jahrhundert bestehende Verteidigungswälle werden um 200 v. Chr. zu einer »Großen Mauer« verbunden, um die Raubzüge der Xiongnu einzudämmen. Ausführliche Erwähnung findet die Geschichte dieses Volkes im *Shiji* (den »Aufzeichnungen des Historiographen«) des Chronisten Sima Qian. Dieser widmet den Xiongnu das gesamte Kapitel 110 seiner Schrift. Demnach wird der *chanyu* Touman der Xiongnu, ihr oberster Führer, im Jahr 214 v. Chr. von dem chinesischen General Meng Tian besiegt. Nachfolger von Touman wird im Jahr 209 dessen Sohn Maodun, der bis zum Jahr 174 regiert. Unter ihm erreicht die Macht der Xiongnu ihren Höhepunkt. Maodun verstärkt die familiäre Bindungsstruktur rund um das Oberhaupt des Clans und verwandelt die schlecht organisierten Reitertruppen in eine disziplinierte Armee. Im Jahr 200 v. Chr. umzingelt er das Heer von Liu Bang, des Gründers der Han-Dynastie. Laut Sima Qian verfügt Maodun über mehr als 300 000 Bogenschützen. Unter seinem Sohn Laoshang (reg. 174–161 v. Chr.) herrschen die Xiongnu über ein Gebiet, das vom Baikalsee im Norden bis zum Ordosbogen des Gelben Flusses im Süden und von der Mandschurei im Osten bis zum Altai-Gebirge im Westen reicht. Wegen ihres Bedarfs an landwirtschaftlichen Produkten und handwerklichen Erzeugnissen setzen sie ihre Raubüberfälle fort, bis der Han-Kaiser Jingdi (reg. 157–141 v. Chr.) ihnen den Zugang zu den chinesischen Märkten eröffnet. Unter Kaiser Wudi (reg. 141–87 v. Chr.) wendet sich das Geschick zugunsten der Chinesen. Im Jahr 109 gelingt den Han die Unterwerfung des Staates Loulan, und General Li Guangli erobert 101 v. Chr. nach einem dreijährigen Kriegszug das Königreich Ferghana. Die Xiongnu werden dadurch von den westlichen Gebieten ihres Nomadenreichs abgeschnitten, ihrer wesentlichen Quelle für den Nachschub an Männern und wilden Pferden. Nach dem Ende der Regierungszeit von Kaiser Wudi gewinnen die Xiongnu wieder die Oberhand. Bei Khanga erringen sie im Jahr 90 v. Chr. einen bedeutenden Sieg über das chinesische Heer. Doch interne Streitigkeiten schwächen die Macht der Xiongnu im Verlauf der darauf folgenden Jahrzehnte. Im Jahr 57 v. Chr. führen diese Auseinandersetzungen schließlich zur Gründung zweier unabhängiger Bündnisse der Volksstämme im Norden unter der Führung von Zhizhiguduhou (56–36) und der Volksstämme im Süden unter Huhanye (58–31). Wenig später, im Jahr 53, unterwirft sich Huhanye den Han, so dass aus dem Süden eine Art Pufferstaat zwischen dem nördlichen Herrschaftsgebiet der Xiongnu und dem chinesischen Kaiserreich wird. Huhanye wird zum Vasallen des Kaisers von China. In Chang'an, der chinesischen Hauptstadt, wird ihm 51 am Kaiserhof ein prächtiger Empfang bereitet. Während dieser Jahre verlagern die nördlichen Stämme unter der Führung von Zhizhiguduhou ihren Lebensraum immer weiter nach Westen, und ab 48 beginnt Huhanye mit der Besetzung des Nordens der späteren Mongolei. Die zunehmende Orientierung der Xiongnu an China findet 33 ihren Ausdruck in der Heirat von Huhanye mit der chinesischen Prinzessin Wang Zhaojun. Anlässlich der Hochzeitsfeierlichkeiten werden zahlreiche Gaben überreicht, wodurch die chinesische

1 Typologie der Gräber in Golmod von der Eisenzeit bis zum Reich der Xiongnu

Staatskasse erheblich in Mitleidenschaft gezogen wird. Zahlreiche Spuren in den Gräbern von Adligen der Xiongnu aus jener Zeit zeugen von diesen Geschenken. Als 1925 der russische Archäologe P. K. Kozlov die Grabkammer des Grabes Nummer 6 in der Ausgrabungsstätte von Nojon uul in der nördlichen Mongolei öffnet, findet er dort nicht nur zahlreiche bemalte Möbelstücke, sondern auch Seidenstoffe (Kat.-Nr. 15) und Lackarbeiten (Kat.-Nr. 16, 17), die es ermöglichen, diese Grabstätte dem *chanyu* Wuzhuliuruodi zuzuordnen, der im Jahr 13 v. Chr. verstarb.[3] Mit den Ausgrabungen eines Teams französischer Archäologen auf dem in der Zentralmongolei gelegenen Gräberfeld von Golmod wird ein neues Kapitel in der Geschichtsschreibung über das Volk der Xiongnu aufgeschlagen.

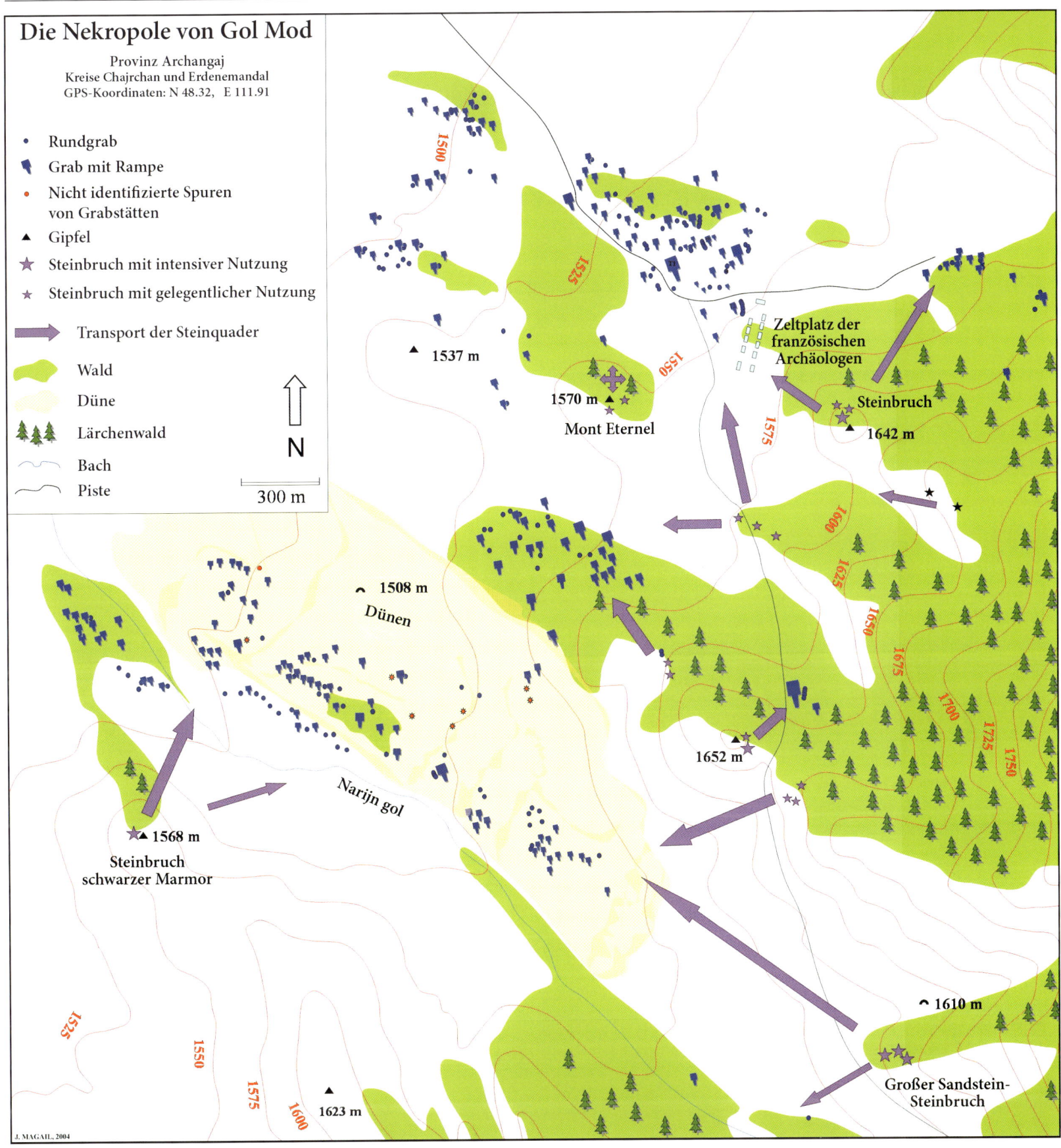

## Die Nekropole von Gol Mod

Provinz Archangaj
Kreise Chajrchan und Erdenemandal
GPS-Koordinaten: N 48.32, E 111.91

- Rundgrab
- Grab mit Rampe
- Nicht identifizierte Spuren von Grabstätten
- ▲ Gipfel
- Steinbruch mit intensiver Nutzung
- Steinbruch mit gelegentlicher Nutzung

→ Transport der Steinquader

Wald

Düne

Lärchenwald

Bach

Piste

N

300 m

1537 m

1570 m ▲
Mont Eternel

Zeltplatz der französischen Archäologen

Steinbruch
1642 m

1508 m
Dünen

1652 m

Narijn gol

1568 m
Steinbruch
schwarzer Marmor

1610 m

Großer Sandstein-Steinbruch

1623 m

J. MAGAIL, 2004

2 Karte der Nekropole der Xiongnu mit den Steinbrüchen und Lärchenwäldern, die zur Versorgung mit Baumaterial dienten

## Die Ausgrabungsstätte Golmod

In Luftlinie rund 400 Kilometer westlich von Ulaanbaatar und rund 30 Kilometer nordwestlich von Cecerleg, Hauptstadt der Provinz Archangai, befindet sich das Gräberfeld von Golmod in einer Region, in der zahlreiche archäologische Spuren anzutreffen sind, die von der Bronzezeit bis zum türkischen Steppenreich reichen (Abb. 1). Tatsächlich bergen diese Stätte und ihre nähere Umgebung mehr als 100 prähistorische Anlagen, die Cheregsüür[4] genannt werden – große Grabanlagen, die mit so genannten Hirschsteinen (Kat.-Nr. 8) geschmückt sind.[5] Hinzu kommen Grabstelen mit Reliefs, die vom Turkvolk der Tujue gefertigt wurden.[6] Allem Anschein nach kam der Stätte von Golmod, die etwa zum Beginn unserer Zeitrechnung angelegt wurde, innerhalb des Reiches der Xiongnu eine ganz besondere Bedeutung zu. Dies wird auch durch die topographische Lage deutlich: Im Osten bilden Berge einen natürlichen Schutz, im Norden und im Westen finden sich die Überreste von Befestigungsanlagen. Erst kürzlich konnte sieben Kilometer von der Nekropole entfernt ein Wachturm[7] ausfindig gemacht werden, was darauf hinweist, dass die Xiongnu eine Verteidigungsstrategie für die Stätte entwickelt hatten, wenn ihre Stammesführer mitsamt Gefolge sich zu Begräbnisfeierlichkeiten dorthin begaben. Auf den Berghöhen waren Wachtposten verteilt, und im Tal sorgten zwei Seen für die Versorgung mit Wasser und Nahrung.

Die bislang ausgegrabene Nekropole erstreckt sich auf einer Fläche von rund 400 Hektar, auf einer Höhe von 1490 bis 1570 Metern über dem Meeresspiegel. Im Norden, Osten und Süden wird sie von einem bis zu 1800 Meter hohen Gebirgsmassiv begrenzt. Im Westen öffnet sich das Gräberfeld zum Tal des Flusses Chanuin gol, wobei sich das Terrain im Verlauf von 3 bis 4 Kilometern auf 1425 Meter absenkt. Bei diesem Tal handelt es sich um einen Erg, dessen Dünen von Nordosten nach Südwesten ausgerichtet sind. Die Situation am Hang mit den Lärchenwäldern auf halber Höhe kontrastiert deutlich mit der kargen Vegetation des Tals. Die Nadelbäume, die die Bodenerosion durch den Wind abschwächen, verhindern nicht nur ein Vorrücken der Dünen, sondern ermöglichen auch einen üppigen Pflanzenwuchs. Es kann davon ausgegangen werden, dass dieses Terrain von den Xiongnu ganz bewusst ausgewählt und von den Erbauern der Gräber jener Epoche gezielt genutzt wurde. Aufgrund der seit dem Jahr 2000 durchgeführten archäologischen Grabungen können erstmals die Mengen an benötigtem Baumaterial für die Grabstätten annähernd beziffert werden. Demnach belief sich der Bedarf an Naturstein und Holz während der Nutzungsdauer der Nekropole auf mehrere tausend Tonnen.[8] Dies setzte zweckrationale Überlegungen hinsichtlich der Nutzung der natürlichen Ressourcen in der Umgebung voraus. So wurden die Steinquader für die Gräber aus herabgestürzten Felsbrocken der umliegenden Gebirgskämme gefertigt oder stammten aus Steinbrüchen, von denen 2003 mehrere in der Nähe des Gräberfeldes entdeckt wurden. Das Lärchenholz für die Konstruktion der Grabkammern entspricht der Baumart, die noch heute auf halber Höhe des Abhangs wächst. Im Sandboden, der an den meisten Stellen des Geländes zu finden ist, konnten die Hohlräume für die Grabkammern leicht ausgehoben werden.

Mittels einer genauen topographischen Untersuchung war es möglich, auf dem Gelände knapp über 400 Grabstätten ausfindig zu machen sowie einen ersten Lageplan der gesamten Anlage zu skizzieren (Abb. 2). Demnach scheint das Gräberfeld im Wesentlichen in drei Bereiche untergliedert gewesen zu sein. Im nördlichen Bereich befinden sich die großen Grabstätten, die von denen der mittleren Zone durch eine natürliche Erhebung, den 1570 Meter hohen »Mont Éternel«, getrennt werden. Die Grabanlagen der südlichen Zone dagegen liegen in den Sanddünen. Jedem dieser Bereiche scheint ein großer freier Platz vorgelagert zu sein, auf dem vermutlich liturgische Zeremonien oder Aufmärsche des Heeres stattfanden. Was die Datierung betrifft, so liegt die Vermutung nahe, dass die Grabanlagen der nördlichen Zone die ältesten sind, wofür sowohl ihre Größe als auch ihre sorgfältige Bauweise sprechen. In diesem Abschnitt wurden in den vergangenen vier Jahren die meisten Ausgrabungen durchgeführt. Die mittlere Zone enthält Gräber, die äußerst regelmäßig angeordnet sind und alle ungefähr die gleiche Größe haben. Im südlichen Bereich zeichnen sich die erhaltenen architektonischen Spuren durch eine größere Vielfalt der verwendeten Steine aus, was auf ein stärkeres Schmuckbedürfnis schließen lässt. Doch wurden diese Grabanlagen durch das unaufhaltsame Vorrücken der Dünen stark beschädigt, so dass die archäologischen Forschungsarbeiten dort unter erschwerten Bedingungen stattfinden.

Die archäologischen Spuren im Gräberfeld von Golmod bieten sich über der Erdoberfläche in Form von kleinen Anhöhen sowie Aneinanderreihungen von Steinen dar, die monumentale Ausmaße annehmen können. Diese großen Grabstätten setzen sich im Allgemeinen aus einer quadratischen Terrasse sowie einer sich nach Süden anschließenden trapezförmigen oder rechtwinkligen Fläche zusammen. Neben diesen Überresten monumentaler Grabanlagen finden sich auch Hinweise auf bescheidenere Grabstätten. Sie sind durch kreisförmig gelegte Steine markiert. Die meisten dieser Flächen weisen heute eine trichterförmige Vertiefung in der Mitte auf, die auf den Einsturz der Grabkammer nach der Plünderung durch Grabräuber zurückzuführen ist.

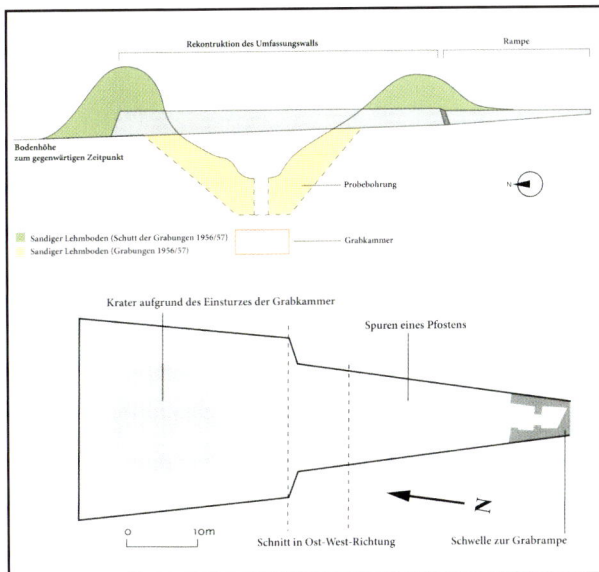

3a Grundriss und Aufriss von Grab T 1

3b Grab T 1. Lage der Grabfunde in 10 Meter Tiefe

## Die archäologischen Grabungen in Golmod

Um diese beiden in Golmod auftretenden Typen von Grabstätten zu identifizieren, hatte es lediglich einer Freilegung
an der Erdoberfläche bedurft. Um zu weiteren Funden zu
gelangen, die möglicherweise wertvolle Hinweise geben
würden, mussten jedoch weitaus aufwendigere Grabungen
durchgeführt werden. Der mongolische Archäologe
C. Doržsüren (1923 – 93) widmete sich als Erster der wissenschaftlichen Erforschung der Nekropole. Von 1954 bis 1957
wurden unter seiner Leitung 27 Gräber geöffnet.[9] Im Verlauf der vier Forschungsaufenthalte französischer Wissenschaftler seit dem Jahr 2000 wurde ein Dutzend weiterer
Grabanlagen freigelegt, darunter die Grabkammer T1, die
monumentalste Grabstätte des gesamten Areals. Die über-
irdische Anlage dieses Monuments besteht aus einer trapezförmigen Einfriedung von jeweils rund 30 Metern Seitenlänge und einer Fläche von 850 Quadratmetern, zu der
von Süden her eine 36 Meter lange Rampe führt. Die höchste Erhebung befindet sich an der Stelle, an der die Rampe
auf die Terrasse stößt, und beträgt 1,40 Meter. Trocken-
steinmauern aus Schieferplatten bilden merklich abge-
schrägte Außenflächen (Abb. 3a). Eine dicke Schicht Asche
rund um die Einfriedung sowie die Spuren von Pfeilern
lassen vermuten, dass sich dort eine Holzkonstruktion befand. Die Grabkammer war in einer Tiefe von 17 Metern
unter der Terrasse angelegt worden (Abb. 3c). Über ihr befanden sich mehrere Schichten regelmäßig angeordneten
Natursteins, die zweifellos zur Stabilisierung dienten und
eine Grabplünderung erschweren sollten. Bei den Grabungen wurden in 10 Metern Tiefe (Abb. 3b) als bedeutender
Fund verschiedene Metallteile freigelegt, die zu einem
Pferdewagen gehört hatten, darunter drei Trensenstangen,

3c Grab T 1. Lage der Grabfunde in 17 Meter Tiefe

was auf mindestens zwei Pferde schließen lässt. Außerdem
fanden sich mehrere Fragmente großer Bronze- und Eisen-
behälter sowie eines nicht vollständigen chinesischen Spiegels von außergewöhnlicher Größe. All diese Funde weisen
darauf hin, dass es sich um das Grab einer Person von ho-

Legende zur Abbildung 3b
1 Fragmente eines Behälters, Eisen
2 Teil eines Radreifens, Eisen
3 Radnabe, Eisen
4 Ziermuffe, Bronze
5 Sarggriff, Eisen
6 Ziermuffe, Bronze
7 Hals einer Vase, Bronze
8 Ziermuffe, Bronze
9 Stirnschmuck eines Pferdes, Eisen
10 Ziermuffe, Bronze
11 Boden eines Behälters, Bronze
12 Ring, Bronze
13 Endstück einer Radachse, Bronze
14 Ziermuffe in Form einer Akkolade, Bronze
15 Hälfte einer Kinnkette, Bronze und Eisen
16 Sarggriff, Eisen
17 Teil eines Radreifens, Eisen
18 Zierstück eines Pferdeharnischs, Bronze
19 Ziermuffe eines Pferdezaumzeugs, Bronze
20 Kinnkette, Bronze und Eisen
21 Teil eines Radreifens, Eisen
22 Zwei Fragmente einer Schale mit einem Tierdekor
    (pushou), Bronze

Legende zur Abbildung 3c
1 Ahle aus Jade xi
2 Niete aus Eisen, Blattgold und Holz
3 Perle aus Bergkristall
4 Scheibe aus Schiefer
5 Kapsel aus Blattgold
6 Kapsel aus Blattgold
7 Fragment eines Türkis
8 Perlen aus Türkis
9 Teil eines Ohrrings aus vergoldetem Metall
10 Drei Fragmente eines Goldstreifens, ein Fragment
    einer vierblättrigen Blüte
12 Schild aus Baumrinde mit Eisennagel
13 Fragment einer Sonne aus Blattgold
14 Schild aus Baumrinde mit Nagel
15 Drei Fragmente aus Blattgold
16 Drei Fragmente aus Blattgold
17 Zwei Fragmente einer vierblättrigen Blüte aus
    Gold, zwei Fragmente eines Goldstreifens
18 Drei Fragmente aus Blattgold, eine Niete aus Eisen
19 Fragment einer vierblättrigen Blüte aus Gold, eine
    Niete aus Eisen
20 Goldstreifen
21 Fragment aus Blattgold, zwei Nieten aus Eisen
22 Fragment aus Blattgold
23 Goldstreifen (2 Teile)
24 Fragment aus Eisen und Gold
25 Vier Fragmente eines Goldstreifens, drei
    Fragmente einer vierblättrigen Blüte
26 Drei Fragmente einer vierblättrigen Blüte aus
    Gold, eine Niete aus Eisen, Holz
27 Fragment einer vierblättrigen Blüte aus Gold mit
    einer Niete aus Eisen, ein Goldstreifen mit einer
    Niete aus Eisen
28 Zwei Fragmente einer vierblättrigen Blüte aus
    Gold
29 Vierblättrige Blüte aus Gold (7 Teile) mit einer
    Niete aus Eisen, drei Fragmente eines
    Goldstreifens
30 Goldstreifen mit Niete
31 Fragment einer vierblättrigen Blüte
32 Drei Fragmente aus Blattgold
33 Sieben Fragmente eines Goldstreifens mit zwei
    Nieten, ein Fragment einer vierblättrigen Blüte
    aus Gold, drei Stücke aus Eisen
34 Niete aus Eisen mit Blattgoldresten
35 Goldstreifen
36 Fragment eines Goldstreifens
37 Drei Fragmente aus Blattgold, zwei Fragmente aus
    Eisen
38 Fragment eines Goldstreifens
39 Drei Fragmente eines Goldstreifens
40 Fragment einer vierblättrigen Blüte aus Gold
41 Fragment eines Goldstreifens
42 Fragment eines Goldstreifens
43 Fragment einer vierblättrigen Blüte, Fragment
    eines Goldstreifens
44 Niete einer vierblättrigen Blüte mit einem
    Fragment aus Gold, acht Fragmente eines
    Goldstreifens mit sechs Nieten
45 Dreizehn Fragmente eines Goldstreifens mit einer
    Niete aus Eisen, dreizehn Fragmente von
    vierblättrigen Blüten aus Gold, ein Fragment eines
    Holzbolzens
46 Zwei Fragmente eines Goldstreifens
47 Niete aus Eisen mit Holz
48 Zwei Fragmente eines Goldstreifens mit einer
    Niete aus Eisen
49 Fragment einer vierblättrigen Blüte aus Gold
50 Fragment eines Goldstreifens, Niete aus Eisen
51 Zwei Fragmente eines Goldstreifens mit Niete aus Eisen,
    Holz
52 Zwei Fragmente eines Goldstreifens
53 Fragment eines Goldstreifens
54 Zwei Fragmente eines Goldstreifens, eine Niete
    aus Eisen und Holz
55 Drei Fragmente eines Goldstreifens mit Holz, eine
    Niete aus Eisen
56 Splitter eines Behälters aus vergoldetem Silber
57 Fragment einer vierblättrigen Blüte

4 Spuren von Ornamentmalerei auf dem Deckel des Sargs von Grab T 21 C

hem Rang handelt. Doch auch der Griff eines Sargs sowie ein als Spitzhacke verwendetes Stück Hirschhorn wurden dort entdeckt, was als eindeutiger Hinweis auf eine Grabplünderung zu interpretieren ist. Sie muss etwa eineinhalb Jahrhunderte nach dem Begräbnis stattgefunden haben und wurde wahrscheinlich von den Feinden der Xiongnu, den Xianbei, durchgeführt. Die Grabkammer selbst hat eine rechteckige Grundfläche von 20 Quadratmetern und eine durchschnittliche Höhe von 1,60 Metern. Sie besteht aus zwei einander umschließenden, quaderförmigen Schreinen, von denen der innere über eine Grundfläche von 10 Quadratmetern verfügt. Der äußere Schrein ist wie eine Isba (eine russische Blockhütte) aus grob behauenen, waagerecht übereinander gelegten Lärchenholzstämmen gebaut, die durch Einkerbungen an ihren Ecken miteinander verbunden sind.[10] Die für den Dekor der Grabkammer aufschlussreichsten Fragmente wurden im südlichen Ab-

5 Schuppen eines in Grab T 32 gefundenen Brustpanzers aus Bronze

schnitt gefunden. Es handelt sich um schmale, leicht gewölbte Blattgoldstreifen, die ursprünglich auf Holz angebracht waren und ein Rautenmuster mit jeweils einem vierblättrigen Motiv in der Mitte ergeben.[11] Ähnliche Motive wurden auch in den Gräbern T 79 und T 74 ausgegraben, allerdings aus kleineren Blattgoldstreifen in einer unreineren Legierung zusammengesetzt. Doch konnten noch weitere Spuren des ursprünglichen Dekors von Grab T 1 ausfindig gemacht werden – ein ahlenförmiges Schmuckteil aus Jade, Perlen aus Glas, Bergkristall und Bernstein sowie mehr als 100 Fragmente aus Stoff, Filz, Wolle, hauptsächlich jedoch aus Seide und sogar aus Pelz.[12] Außerdem ist noch ein Spielbrett aus Holz für ein Damespiel mit Spielsteinen aus grünem Schiefer sowie ein Zepter aus vergoldeter Bronze mit Eisenkern zu erwähnen – beides wie der Pferdewagen und der chinesische Spiegel ein Hinweis darauf, dass der in der Grabkammer Bestattete von höchstem Rang gewesen sein muss.[13] Die große Vielfalt der ausgegrabenen Zeugnisse, von denen manche aus fernen Ländern stammen, ihre Herrschaftssymbolik sowie die Monumentalität des Bauwerks legen die Vermutung nahe, dass es sich um die Grabstätte eines *chanyu* aus der ersten Hälfte des 1. Jahrhunderts n. Chr. handelt, um Wuleiruodi (13–18), um Hudu'ershidaogaoruodi (18–46) oder sogar um Punu, der im Jahr 46 seine Herrschaft antrat. Es wäre im Moment voreilig, sich bei der Zuschreibung für einen dieser drei *chanyu* zu entscheiden, zumal das französische Archäologenteam bald mit den Ausgrabungen an einer zweiten monumentalen Grabstätte, nur 150 Meter vom Grab T 1 entfernt, beginnen wird.

Die meisten der kleineren Gräber zwischen diesen beiden großen Monumenten sind bereits untersucht worden und haben wertvolle Hinweise geliefert. In der Mehrzahl der Fälle handelt es sich hierbei um einfache Bestattungen mit

Lebensmitteln als Grabbeigaben, ergänzt durch Zaumzeug, Waffen, Schmuck, Köcher, Pfeile, Gürtelschnallen und Harnischteile, welche die Anwesenheit junger Krieger an der Grabstätte ihres Herrn belegen (Abb. 5). Jedoch wurden 2003 auch die Überreste eines bemalten Sargdeckels aus Holz gefunden, der mit einem großen geschwungenen Mäanderornament verziert ist. Eine solche Ikonographie ist besonders bei den Han häufig anzutreffen und üblicherweise im Kontext des daoistischen Glaubens an die Seelenwanderung nach dem Tod zu sehen (Abb. 4). Wie lässt sich diese deutliche Spur chinesischer Kultur mitten im Herrschaftsbereich der Xiongnu erklären? Die Ausgrabungen von Golmod werfen im Augenblick noch mehr Fragen auf, als sie beantworten können. Doch kann davon ausgegangen werden, dass die Xiongnu eine wichtigere Rolle spielten, als die Chronisten der Han es vermuten lassen. Dieser Zusammenschluss halbnomadischer Stämme kann mit Fug und Recht als Staatswesen bezeichnet werden – ein Vorläufer der türkischen Reiche und des Reichs von Činggis Khan.[14]

1 LEGRAND 2003.

2 Sima Qian gilt als der Begründer der eigentlichen Geschichtsschreibung in China – er war um eine objektive Darstellung und häufig um eine Überprüfung der Fakten vor Ort bemüht. Sein Werk, das *Shiji*, ist auch heute noch die Hauptquelle für historische Informationen über die Xiongnu. Mehr als eineinhalb Jahrhunderte nach ihm, um das Jahr 80, gab auch der chinesische Historiker Ban Gu im *Hanshu* (Geschichte der Han-Dynastie) in Kapitel 94 einen Abriss zur Geschichte der Xiongnu. Auch das Kapitel 79 des *Houhanshu* (Geschichte der Späteren Han-Dynastie) von Fan Ye (5. Jh. n. Chr.) ist den Xiongnu gewidmet. Zur gegenwärtigen historischen Forschung siehe DI COSMO 2002, S. 161–312.

3 RUDENKO 1962.

4 Bei den Cheregsüür handelt es sich um kegelstumpfförmige Hügelgräber mit Steinplatten in der Mitte, um die im Kreis oder Rechteck flache Steine gelegt sind. Das französische Forscherteam hat 2003 ein Verzeichnis zu diesen erstellt. Die größte Grabstätte dieser Art hat 65 Kreise mit jeweils acht spiralförmig angeordneten Steinen.

5 Fünf Kilometer von der Nekropole entfernt wurden fünf mit Gravuren versehene Stelen gefunden, von denen noch vier auf Gräber verweisen. Siehe MAGAIL 2004.

6 Die bemerkenswertesten Reliefs wurden in das Rathaus von Cecerleg gebracht, wo sie heute auch aufbewahrt werden.

7 Der Wachturm wurde in einen Obo (eine aus Steinen bestehende Opferstelle) umgewandelt. Dort fanden sich viele archäologische Zeugnisse, von Pfeilspitzen der Xiongnu bis zu späteren Votivgaben der lamaistischen Gläubigen.

8 Für ein kleines Grab wurden rund 4 Tonnen Steine benötigt, für die Grabstätte eines Adligen rund 100 Tonnen Felsgestein. Zu diesem Material für den Bau über der Erde muss noch das Gestein für die unterirdischen Steinschichten über der Grabkammer hinzugerechnet werden. Das Vorurteil, dass die Nomadenvölker keine Bauwerke zustande brachten, muss somit revidiert werden.

9 DORJSÜREN 1964.

10 DESROCHES/ERDENE 2003.

11 Dieses Rautenmuster wurde auch in den Gräbern T 74 und T 79 entdeckt. Möglicherweise lässt es sich ikonographisch aus der Vorstellung eines Netzes ableiten, das den Verstorbenen beschützen soll. Vielfältige Konnotationen sind hierbei möglich, insbesondere jedoch der Verweis auf das symbolische Bild des »Himmelsnetzes«, das böse Geister abhalten soll, verbunden mit einem kosmischen Spiegel, der genau dem Typus Spiegel entspricht, dessen Fragmente sich ebenfalls in dem Grab befanden. Zur Symbolik des Spiegels siehe BULLING 1960, S. 31. Es ist deutlich zu erkennen, dass der Wert des Metalls sowie die Qualität der Legierung mit der Bedeutung der Grabstätte in Zusammenhang stehen. Zu den naturwissenschaftlichen Untersuchungen siehe GUERRA/CALLIGARO/ROBCIS 2003.

12 Das Jadestück stammt von einem chinesischen Schmuckgehänge des Typs *xi*, dessen unterer Teil als Schwanz eines mythischen Tiers, eines Drachen oder Phönix, gestaltet ist. Es ist von zwei Goldnägeln durchbohrt, die zu seiner Befestigung dienten und auf die mehrfache Verwendung des Stückes hinweisen. Ähnliche Objekte wurden auch in Nojon uul gefunden. Die Perlen sind aus edlen Materialien gefertigt, wie etwa einem sehr schönen Bergkristall mit Spuren eines dunkelroten Eiseneinschlusses. Glas gibt es in zwei Varianten: dunkelblau mit feinen Gravurstreifen und als Mosaik, in dem Stücke verschiedener Farben zusammengesetzt und erneut verschmolzen wurden. Bei den Stoffen seien insbesondere die verschiedenen Arten von Seide, Gaze und Seidentaft erwähnt, die von Handelsbeziehungen zu China zeugen. Sima Qian erwähnt dies mehrmals anlässlich der offiziellen Geschenke, die ab 175 v. Chr. unter Wendi und Maodun ausgetauscht wurden. Vor einigen Jahren ist es dem Forscher Nunome gelungen, einige der in Nojon uul entdeckten Stofffragmente den kaiserlichen Werkstätten von Xiangyi in der Provinz Henan zuzuordnen. Zur Jade siehe CHEN 2003, zu den Perlen BOUQUILLON 2002, zu den Stoffen MOULHERAT 2002. Den jüngsten Fundstücken, die gegenwärtig noch im Labor untersucht werden, wird später eine eigene Publikation gewidmet sein.

13 Das Spielbrett aus Holz wird zur Zeit im Labor ARC-Nucléart in Grenoble untersucht. Das Zepter mit seinen 57 Zentimetern Länge und 13 Kilogramm Gewicht übertrifft das in Nojon uul ausgegrabene bei weitem. Die Fundstücke, die zum Wagen und zum Zaumzeug der Pferde gehören, sind aus Eisen (Beschlag des Radkranzes), aus Eisen und einer Kupferlegierung (Trensenstangen) und aus einer Kupferlegierung (die übrigen Stücke). Es scheint sich dabei um einen Transportwagen gehandelt zu haben, der während der Bestattungsfeierlichkeiten zum Einsatz kam, und nicht etwa um einen Paradewagen, der auch ein offizielles Geschenk des benachbarten Kaiserreichs sein könnte. Die Räder sind breit, mit einer eisernen Radnabe in der Mitte des Radkranzes sowie einem ebenfalls eisernen Verstärkungsring um die Radachse. Der überdachte Wagenkasten von wahrscheinlich länglichem Format wurde von Pfosten umfasst, deren Enden mit Kupfer verkleidet waren. Der Spiegel, von dem nur noch Fragmente erhalten sind, war vermutlich eine Grabbeigabe und ein früheres Geschenk aus China. Die Analysen des Labors EDF-Valectra haben auf der Spiegelfläche die Spuren von Stoff entdeckt, in den der Spiegel wahrscheinlich eingehüllt war. Bis Stoff beim Zerfall solche mineralischen Spuren hinterlässt, dauert es eine lange Zeit. Dies ist ein eindeutiger Hinweis darauf, dass sich der Spiegel viele Jahre unbeschädigt neben dem Verstorbenen befunden haben muss. Unabhängig davon liefert der Typus des Spiegels – man weiß, dass solche Exemplare in der ersten Hälfte des 1. Jahrhunderts v. Chr. angefertigt wurden – einen hervorragenden Anhaltspunkt für die Datierung der Grabstätte. Zum Pferdewagen siehe ANDRÉ 2003, zur Analyse des Spiegels PONS/LACOUDRE 2003.

14 Darauf verweist zum ersten Mal DE GUIGNES 1756 – 58.

Der Begriff Hirschstein bezeichnet eine inhomogene Gruppe von anthropomorphen Steindenkmälern aus dem eurasischen Steppenraum. Diese Steinstelen wurden an Berghängen, in Flusstälern und häufig in der Umgebung von Grabanlagen aufgestellt. Vermutlich stellen sie Krieger dar. Die Gesichtszüge sind durch Linien angedeutet, zusätzlich können Ohrringe und Ketten den Kopf bezeichnen. Der Mittelteil der Stele trägt Tierbilder und symbolisiert vermutlich bestickte Kleidung oder einen tätowierten Körper. Um die Körpermitte liegt ein Gürtel, an dem Waffen und Werkzeuge hängen. Im Gegensatz zu den nur angedeuteten anthropomorphen Merkmalen sind diese Attribute des Kriegers so detailliert herausgearbeitet, dass die Hirschsteine durch den Vergleich der dargestellten Waffen mit Grabfunden oder durch stilistische Vergleiche datiert werden können. Frühe Hirschsteine sind von allen Seiten im Flachrelief verziert. Kennzeichnend ist die Darstellung von Waffen der Karasuk-Kultur des 1. Jtsds. v. Chr. und von lebensnahen Hirschen in schnellem Lauf. Auf späteren Hirschsteinen werden die bildlichen Motive mehr und mehr stilisiert wiedergegeben.   *M. J.-K.*

## Beispiele für den Tierstil der Steppenvölker

### 9  Joch-Ornament in Form einer knienden Hirschkuh

Südwesten der Inneren Mongolei oder Nordwestchina, 4. Jh. v. Chr. | Bronze, H 11 cm, B 14, 3 cm, T 3 cm | Musée national des arts asiatiques – Guimet, Paris | Inv.-Nr. EO 2967, Schenkung Raymond Koechlin, 1946

Der hohle Körper dieser knienden Hirschkuh, die den Hals vorreckt, als ob sie aufhorchte, besteht aus einer sehr dünnen Bronzeschicht. Die Muskeln sind nur leicht angedeutet. Die eigenartige Position der untergeschlagenen Vorderläufe, deren nach hinten gerichtete Hufe auf den Hufen der Hinterläufe aufliegen, tritt seit der chinesischen Shang-Dynastie (ca. 1600 bis ca. 1100 v. Chr.)[1] auf und scheint sich nicht nur im Nordwesten Chinas und in der Inneren Mongolei, sondern bis zum Schwarzen Meer ausgebreitet zu haben[2].

8

## 8  Hirschstein
Uušgijn övör, Provinz Chövsgöl, Mongolei, Bronzezeit, 2./1. Jtsd. v. Chr. | Stein, H 260 cm, B 37 cm, T 23,5 cm | Ausgestellt und abgebildet ist eine Replik des Nationalmuseums für mongolische Geschichte, Ulaanbaatar | Inv.-Nr. TD-2004c-4-1

9

Die so gebildete Grundlinie hat eine ähnliche Länge wie die meisten stehend dargestellten Exemplare und scheint mit der Funktion als Joch-Ornament in Verbindung zu stehen, die erstmals durch die Lage *in situ* in einem Grab in der chinesischen Provinz Shaanxi[3] aus dem 7. Jh. v. Chr. belegt wurde. In der Folgezeit findet man sie hauptsächlich in Form von Hirschen im Westen der Inneren Mongolei und in der Provinz Gansu. Das offensichtliche Fehlen von Vorbildern aus westlicheren Regionen ist recht erstaunlich, um so mehr als mit der Machtergreifung des *chanyu* Maodun und der darauffolgenden Inbesitznahme Nordchinas durch die Xiongnu diese Verzierung von Wagenjochen sehr schnell aufgegeben wurde[4]. Es scheint, als ob die Ankunft der durch die Kriege Alexanders des Großen vertriebenen Stämme die Produktion von solchen Artefakten – wobei nur ein einziges Tiermotiv, der Hirsch, übernommen wurde – in dieser Region angekurbelt hätte, diese bald darauf jedoch wieder eingestellt wurde. Grund hierfür war vielleicht die nun aufkeimende eigene Kunst der Xiongnu, die sich gerade dadurch zu behaupten suchte, dass sie sich der von Xiongnufeindlichen Völkern importierten Stile entledigte.

C. D.

1 Vgl. die Jadefiguren im Grabmal der Fu Hao, in: Zhongguo shehui kexueyuan kaogu yanjiusuo (Hrsg.): *Yinxu Fu Hao mu,* Peking 1980, Taf. 30 (4), 136 (2), 174 (1).

2 Sie ist bei Hirschfiguren z. B. aus dem 5./4. Jh. v. Chr. anzutreffen.

3 Hier handelt es sich nicht um Hirsche oder Hirschkühe, sondern um Kaninchen, vgl. *Wenwu,* Nr. 11, 1988; weitere dargestellte Tiere sind Widder und Tiger, vgl. SO/BUNKER 1995, S. 95/96, 116.

4 Schon seit dem 3. Jh. v. Chr; obwohl in dieser Zeit der Wagen hinter dem Reitpferd zurücktritt, bleibt das Fahrzeug mit Gespann Prestigeobjekt und Teil des Bestattungsrituals, das sich damals wahrscheinlich in Einzelheiten veränderte.

## 10  Schellenaufsatz in Form eines Mufflonschafes

Südsibirien, 6./5. Jh. v. Chr. | Bronze, H 12 cm, B 4,5 cm | Musée national des arts asiatiques – Guimet, Paris | Inv.-Nr. AA 10

10

Schellenaufsätze sind zwar in China schon seit der Shang-Dynastie (ca. 1600 – ca. 1100 v. Chr.) bekannt, diese Ornamente wurden dort jedoch nicht heimisch und sind hauptsächlich den Völkern zuzuordnen, die viel weiter nördlich oder westlich der Grenzen lebten. Sie wurden auf einen Holzstab aufgesteckt und für profane wie auch rituelle Zwecke, z. B. Bestattungsrituale, eingesetzt. Die am weitesten verbreitete Form des Schellenaufsatzes stammt aus den westlichen Steppengebieten aus der Zeit vom 7. bis 4. Jh. v. Chr. Es handelt sich hierbei um eine bronzene Schelle in Verbindung mit einem Hohlkörper, auf dem ein Tierkopf oder ein ganzes Tier[1] sitzt. Schellenaufsätze, bei denen der Tierkörper selbst den Klangkörper darstellt, sind dagegen wesentlich seltener. Man findet sie am Oberlauf des Ob in Südsibirien[2], und sie stammen generell aus dem 6. Jh. v. Chr. In China wurden sie nur in den beiden weit voneinander entfernten Provinzen Hebei und Qinghai übernommen, allerdings nur in Einzelfällen und ausschließlich in Vogelform[3]. Der ausgestellte Schellenaufsatz kann aufgrund seiner Verarbeitung, die einen erfahrenen Meister verrät, aufgrund der gewählten Tierart und der Position der Läufe mit spitz zulaufenden Hufen weder Nordchina noch der Inneren Mongolei zugeordnet werden, sondern wohl eher dem Gebiet, das das Minussinsker Becken, das Tuwa-Becken und den Tarbagatai zwischen dem Sayan-Gebirge und das südliche Vorgebirge des Altai-Massivs umfasst.   C. D.

1   Hirschformen sowie Stiere und Greife zieren die Schellenaufsätze aus dem Kaukasus und vom Mittel- und Oberlauf des Dnepr.

2   A. Oumansky in: *Arkheologiya Sovietskaya,* 1970, Nr. 2, S. 170, 179.

3   Die einzigen drei bekannten, vermutlich etwa gleichzeitig entstandenen Exemplare (vgl. *Kaogu*, Nr. 10, 1986, und Nr. 3, 1994, *Wenwu*, Nr. 2, 1960) belegen die Existenz von sehr frühen Verkehrswegen zwischen diesen nördlichen Regionen und China.

### 11  Aufsatz in Form einer Antilope

Nordöstliche Mongolei oder Provinz Liaoning, China, 6./5. Jh. v. Chr. | Bronze, H 9,8 cm, B 10 cm, T 2 cm | Musée national des arts asiatiques – Guimet, Paris | Inv.-Nr. MA 3410, Schenkung Vladimir Golschmann, 1973

Im Kurgan (Grabhügel) von Arzan[1] waren vier Aufsätze an der ursprünglichen Stelle verblieben, d. h. an den vier Ecken dessen, was wohl ein Bestattungswagen oder auch ein Baldachin gewesen war. Durch diesen Fund konnte wenigstens eine der bisher unbekannten Funktionen dieser Ornamente geklärt werden.

11

Auch wenn ähnliche mit Hirschen, Gazellen und Steinböcken verzierte Aufsätze um das 5./4. Jh. v. Chr. in der Ordos-Region und damit in einem Gebiet auftreten, für das dieser Ornamenttypus vorher noch nicht belegt war[2], ist eine solche geographische und chronologische Zuordnung für diesen Aufsatz aufgrund der Farbe der Bronze und der Ausführung sehr unwahrscheinlich.

Das hohle, aber schwere Objekt ist besonders ausdrucksstark. Die Muskeln sind herausgearbeitet, das dargestellte Tier hat große gekrümmte Hörner, was eher einer Antilope als einem Steinbock entspricht. Runde Löcher als Augen, kreisförmige Vertiefungen mit einem darin liegenden Steg zur Kennzeichnung der Gelenke: Diese charakteristischen Elemente haben große Ähnlichkeit mit tierförmigen Aufsätzen aus dem 6./5. Jh. v. Chr. – zumeist Wildesel oder Steinböcke – aus der Region des Hochaltai, aus der diese Antilope vermutlich stammt.   C. D.

1   GRIAZNOV 1984.

2   Zu Yulongtai: *Kaogu*, Nr. 2, 1977; zu Sujigou: *Wenwu*, Nr. 2, 1965.

### 12  Ornament mit Tigermotiv

Ordos- oder Altai-Gebiet, Autonome Region Innere Mongolei, China, 5. Jh. v. Chr. | Bronze, H 6 cm, B 14,5 cm, T 10 cm | Musée national des arts asiatiques – Guimet, Paris | Inv.-Nr. MA 3407a, Schenkung Vladimir Golschmann, 1973[1]

Das im Vorderen Orient entstandene Motiv eines Raubtiers, das ein pflanzenfressendes Tier anfällt, hat sich schon früh bei den Steppenvölkern durchgesetzt. Spürbar ist die Brutalität des Angriffs in den Werken der Skythen und verschiedener anderer Stämme, darunter die Saken, die durch die Persischen Kriege am Ende des 6. Jhs. v. Chr. weit nach Osten vertrieben wurden. Im Gebiet der heutigen Inneren Mongolei dagegen verliert dieses Motiv ganz beträchtlich an Ausdruckskraft.[2]

Dieses Ornament, eine Hohlplatte, an der sich der im Hochrelief gearbeitete Tigerkopf vom übrigen Objekt abhebt, ist eine ungewöhnliche Variante. Das am Boden kauernde, zu Tode erschrockene Opfer mit dem um 180 Grad gedrehten Hinterleib und dem im letzten Aufbegehren vor dem Todeskampf gereckten Hals deutet auf eine sibirische Herkunft der Platte hin. Die ältesten Exemplare aus Holz stammen aus dem Hochaltai (Touekta, 5. Jh. v. Chr., und, etwas später, Pazyryk).[3] Die Parallellinien an

12

der Oberfläche des Bronzeobjektes wurden wahrscheinlich mit einem Hohlmeißel herausgearbeitet, und es ist möglich, dass sich dieser Dekor an die Tiger und Steinböcke anlehnt, die im 5. Jh. in den ausgehöhlten Baumstamm eingeschnitten wurden, der in Bachadar dem im Kurgan Nr. 2 beigesetzten Toten als Sarg diente.[4] Die beiden senkrechten Ösen auf der Rückseite deuten darauf hin, dass die Platte wohl senkrecht auf der rechten oder linken Seite eines Brustpanzers befestigt war und mit einer weiteren, auf der gegenüberliegenden Seite befestigten spiegelverkehrten Platte[5] ein Paar bildete.

Es gibt nur wenige spätere Ausführungen dieses Ornaments: eine Gruppe von nicht bestimmbaren Karnivoren mit glattem Fell (in Privatbesitz) und eine andere aus dem chinesischen Nalin'gaotu[5] mit fast identischer Felldarstellung, die aber aus Gold ist und kein Opfer zeigt.   C. D.

1   Erstmals veröffentlicht in PIRAZZOLI-T-SERSTEVENS 1972.

2   Mit Ausnahme der Regionen zwischen Altai und Tianshan und zwischen Ordos und Gansu, welche im 4. Jh. überwiegend von den – aufgrund der Asienfeldzüge Alexanders des Großen weiter nach Osten vertriebenen – Yuezhi besetzt waren.

3   Zu Touekta siehe AUSST.-KAT. VENEDIG 1987/88, Abb. 121/122; zu Pazyryk RUDENKO 1970, Taf. 89.

4   Zu Bachadar ebenda, S. 115/116.

5   Bei diesem Exemplar ist die Öse auf Halshöhe gebrochen, das völlig gleichartige Plattenpaar aus der Nelson Atkins Gallery in Kansas City verfügt jedoch über zwei solche Ösen.

6   5./4. Jh. v. Chr. bzw. 4. Jh. v. Chr. Die Platten von Nalin'gaotu belegen anschaulich den Einfluss der in dieser Zeit in Nordwestchina eingetroffenen Volksgruppen, siehe Anm. 2 und SO/BUNKER 1995, S. 115/116.

## 13 Gürtelplatte mit dem Motiv eines gehörnten Wolfs

Nordwestchina, Xiongnu-Zeit, 2. Jh. v. Chr. |
Bronze, vergoldet, H 5 cm, B 7,5 cm | Musée
national des arts asiatiques – Guimet, Paris |
Inv.-Nr. MA 3409, Schenkung Vladimir
Golschmann, 1973

Nach dem Fall der Qin-Dynastie im Jahre 206
v. Chr. gewannen die Xiongnu die Ordos-Region
zurück, aus der sie zuvor verjagt worden waren. Sie
vertrieben die ehemaligen Herrscher, die Yuezhi,
nach Westen und begannen unter der Führung ihres ersten »Konföderationsoberhauptes«, des *chanyu*
Maodun[1] (reg. 209–174 v. Chr.), mit der Eroberung
der Steppengebiete nördlich der chinesischen Grenze. Im Laufe des 2. und 1. Jhs. v. Chr. wurden die in
Nalin'gaotu, Aluchaideng und Xigoupan[2], alle in
der heutigen VR China, entdeckten Motive, mythische Tiere und gewaltträchtige Jagdszenen, nicht
weiter ausgeführt. An ihre Stelle treten Szenen, die
menschliche Aktivitäten darstellen, und Tierdarstellungen heraldischer Art oder in einer Zentralkomposition. Manchmal ist es auch ein gehörnter
Wolf, offenbar die einzige der früheren Phantasie-
kreaturen, die vor den Augen der Xiongnu[3] Gnade
fand.

Auf dieser Gürtelplatte gibt es mehrere Hinweise darauf, dass wir es mit einem mythischen Wolf[4] zu
tun haben: die lange Schnauze mit den hochgezoge-
nen Lefzen, die spitz zulaufenden Eckzähne freige-
ben, das Horn, das sich an der Rundung des Rück-
grats entlang zieht und in einem Vogelkopf endet,
sowie die scharfen Krallen. Ein Loch oberhalb der
Schnauze zeigt, dass die Platte das rechte Element
eines Paares ist, dessen linkes Element[5] verloren
ging. Auf der Rückseite befanden sich zwei Ösen,
von denen nur die Basis erhalten ist. Die rechteckige
Form und die Feuervergoldung lassen den Schluss
zu, dass dieses Ornament in China für die Xiongnu
hergestellt worden ist.   *C. D.*

1 Der erste war eigentlich dessen Vater, *chanyu* Tuman, von dem
  man nur weiß, dass ihn sein Sohn nach seiner Flucht von den
  Yuezhi, zu denen er ihn als Geisel geschickt hatte, umbrachte.

2 Zu Nalin'gaotu siehe *Wenwu*, Nr. 12, 1983; zu Aluchaideng:
  *Kaogu*, Nr. 4, 1980; zu Xigoupan: *Wenwu*, Nr. 7, 1980.

3 Auf einer der Gürtelplatten (4. Jh. v. Chr.) aus der Sibirischen
  Sammlung Peters des Großen ist eine Wolfsfigur abgebildet,
  die mit großer Gewissheit der Prototyp dieses Motivs ist, vgl.
  SCHILTZ 1994, Abb. 173.

4 Eine vergleichbare Darstellung ist nicht bekannt, doch existieren mehrere Platten mit ähnlichen Konturen und andere mit
  rechteckigem Rahmen, die einen Büffel in derselben Position
  darstellen, siehe GUO/TIAN 1986, Taf. 58 (6, 7).

13

5 Die Tatsache, dass jeweils zwei Platten zusammengehören,
  war lange nicht bekannt. So erklärt es sich, dass in den Kollek-
  tionen meistens nur einzelne Exemplare vorhanden sind.

## 14 Zwei Gürtelplatten mit daoistischem Motiv

Südchina, 2./1. Jh. v. Chr. | Bronze, Blattgold,
Inkrustationen, H 2,5 cm, B 4 cm |
Musée national des arts asiatiques – Guimet,
Paris | Inv.-Nr. AA 171 a-b

Gürtelplatten in Form eines liegenden »P« oder »B«
sind eine der Besonderheiten der skythischen
Kunst.[1] Wie der gehörnte Wolf scheinen sie im
2. und 1. Jh. v. Chr. bei den Xiongnu beliebt gewesen

zu sein. Diese beiden Ornamente, die oben eine leicht
dezentrierte Ausbuchtung haben, gehen wahrscheinlich darauf zurück. Auch ihre Funktion könnte sich
mit Hilfe des Fundes zweier vollkommen identischer
Platten – wenn man das Motiv außer Acht lässt – erklären lassen: Sie schmückten die beiden Seiten des
äußerst kunstvollen Kopfputzes im Grab M 4 von
Xigoupan, das etwa in das 2. Jh. v. Chr. datiert wird.
Dieses Grab belegt übrigens deutlich die regen Han-
dels- bzw. diplomatischen Beziehungen beiderseits
der chinesischen Grenze in jener Zeit. Die Guimet-
Platten weisen eine kunstvollere Technik auf, sie
wurden mit Hilfe einer Goldfolie hergestellt, die in
Form eines Drachens ausgeschnitten wurde, auf
dem ein daoistischer Unsterblicher durch Wolken
reitet. Sie haben eine körnige Oberfläche und zahl-

14

15

reiche Zwischenräume, aus denen fast alle Halbedelsteine herausgefallen sind. Auf der Rückseite sind keine Spuren einer Befestigung zu sehen.

Die Tatsache, dass ein nahezu identisches Exemplar, allerdings ohne Bezugsobjekt, das über seine Funktion Aufschluss gäbe, in einem Grab in der chinesischen Provinz Jiangsu[2] entdeckt wurde – eine der Regionen, in der sich die Goldschmiedekunst in Verbindung mit daoistischen Motiven[3] entwickelte –, lässt darauf schließen, dass diese Ornamente in China ihrer ursprünglichen Funktion enthoben wurden und nur noch als Schmuck dienten, der häufig mit daoistischen Motiven versehen war.

C. D.

1   SCHILTZ 1994, S. 63, 235–243.

2   Zhixin Sun in: AUSST.-KAT. NEW YORK 2004/05, S. 111.

3   LOUIS 1997, S. 72/73. Die in der Provinz Hebei (*Wenwu*, Nr. 11, 1973) entdeckten Funde gleichen Stils sind später anzusiedeln (Ende 2. Jh.) und zeigen nicht diese Art der Platte.

## Grabfunde aus Nojon uul, Provinz Töv

### 15   Bestickter Teppich

Nojon uul, Provinz Töv, Mongolei, Xiongnu-Zeit, 1. Jh. n. Chr. | Filz, Stoff, Wolle und Seide, H 67,5 cm, B 260 cm | Nationalmuseum für mongolische Geschichte, Ulaanbaatar | Inv.-Nr. A-268

Dieser Wandteppich wurde 1932 in zwei Teile geteilt: Der in der Ausstellung gezeigte Teil verblieb in Ulaanbaatar, der andere befindet sich heute in der Eremitage in Sankt Petersburg. Er besteht aus drei Lagen: zuunterst eine Polsterung aus Schafwolle, dann eine Decke aus Stoff, die aus 15 Stücken verschiedener Farbe und Größe zusammengefügt wurde, und zuoberst ein Vogel- und Pflanzendekor aus farbigem Filz, welches durch Sticknähte aus dicken Wollfäden auf Lederapplikationen hervorgehoben wird. Der Rand zeigt einen Besatz aus Seidenstoff aus der Han-Dynastie (206 v. Chr.–220 n. Chr.).

Der Teppich stammt aus der Nekropole Nojon uul in der nördlichen Mongolei in der Nähe des Baikalsees. Die dortigen Ausgrabungen wurden v. a. 1924/25 von einer tibetisch-mongolischen Expedition der Geographischen Gesellschaft unter Leitung von P. K. Kozlov durchgeführt.[1] Der im Grab Nr. 6 gefundene Wandteppich wurde von den Archäologen aufgrund einer dort vorhandenen chinesischen Lackschale (Kat.-Nr. 16) aus dem 5. Jahr der Qianping-Periode (2 v. Chr.) auf den Beginn unserer Zeitrechnung datiert.

Der mittlere Bereich ist mit spiralförmigen Ornamenten verziert, die mit rotem Faden aufgeheftet wurden. Die Innenrandmotive, in denen sich wirkliche und imaginäre Tiere – Elch, Yak und Greif – gegenüberstehen, zeugen von der äußerst heteroge

nen Kulturwelt der Steppenvölker. Die Tiere sind sehr lebendig dargestellt und werden durch eigentümliche Pflanzen voneinander getrennt – es könnte sich dabei um so genannte »Lebensbäume« handeln. Der Außenrand aus Seide zeigt ein für die Han-Dynastie typisches Rauten- und Hahnenfußmuster und verweist darauf, dass die chinesischen Herrscher ihren Nachbarn seit dem 2. Jh. v. Chr. Seidenobjekte zum Geschenk machten.[2]

Aufgrund seiner außergewöhnlichen Größe, seines Erhaltungszustands, seiner breiten Farbpalette und seiner vielschichtigen Ikonographie ist dieser Wandbehang das wichtigste textile Zeugnis des mongolischen Altertums.    *J.-P. D.*

1   RUDENKO 1962.

2   Diese regelmäßig überreichten Geschenke des chinesischen Hofes werden von den Han-zeitlichen Historikern mehrfach erwähnt, sowohl im *Shiji* (CX, 136,3–146,6) als auch im *Qianhanshu* (XCIV, 1,11–2,11 b, 10).

### 16   Ohrenschale

Nojon uul, Provinz Töv, Mongolei, Han-Dynastie, datiert 2 v. Chr. | Holzlack und vergoldetes Kupfer, H 4 cm, L 13 cm, B 11 cm | Nationalmuseum für mongolische Geschichte, Ulaanbaatar | Inv.-Nr. A-242

Wie der Wandteppich (Kat.-Nr. 15) wurde diese schwarzrote Lackschale 1925 von P. K. Kozlov im Grab Nr. 6 in Nojon uul gefunden. Aufgrund der langen, um den Fuß eingeritzten Inschrift hat sie sich als eines der Schlüsselobjekte für die Grabstätte herausgestellt. Form, Ausführung und Dekor bringen sie mit einer Anzahl von Lackarbeiten aus offiziellen Werkstätten in Verbindung, die um die

16

17

## 18 Spiegel mit Vierblattmotiv

Nordchina, 3. Jh. v. Chr. | Bronze, Dm 19 cm |
Musée national des arts asiatiques –
Guimet, Paris | Inv.-Nr. MA 1078,
Schenkung David Weill

Zwischen der Form der Deckel von Ritualgefäßen aus Bronze und von Bronzespiegeln gibt es bemerkenswerte Analogien, als ob diese kreisrunde, etwas gewölbte Form schon seit ewigen Zeiten in China zur Anrufung des Himmelsgewölbes bestimmt gewesen wäre.

Um das 6. Jh. v. Chr. beginnt das Vierblattmotiv, Vogel- und Sonnenmotiv zu ersetzen, und zeigt sich bald im Zentrum von Bronzespiegeln und in den abgerundeten oberen Teilen von Wagenornamenten. Auch kostbares Lackmobiliar zeigt seit der Zeit der Streitenden Reiche (481–221 v. Chr.) dieses Motiv. Um ein anderes Trägermaterial zu zieren, ist dieses Motiv – in Bronze gegossen, aus Metall geschnitten oder als Lackmalerei – in der darauffolgenden Han-Dynastie (206 v. Chr.–220 n. Chr.) allgegenwärtig. Eine erhöhte Symbolkraft erhält das mit den Himmelsrichtungen assoziierte Motiv auf diesem Spiegel durch einen Fries aus zwölf Festons, der an ein anderes, ebenso himmlisches Gewölbe erinnert: den Baldachin eines Wagens, der selbst eine Meta-

Zeitenwende entstanden. Sie alle zeigen gegenständige Vögel und spiralförmige Ornamente und wurden in den Grenzregionen des Han-Reiches, wie z. B. in Qinzhen in der südchinesischen Provinz Guizhou, in Lolang in Korea und in Nojon uul in der Mongolei[1] gefunden, mehrere tausend Kilometer von ihren Entstehungsorten entfernt. Diese Produktionsstätten sind aus dem *Hanshu* (Geschichte der Han-Dynastie) bekannt, insbesondere aus der »Biographie des Gong Yu«, die ausführlich auf die Werkstätten in der Provinz Sichuan eingeht, aus denen diese Schale stammt.

Die Inschrift gibt nicht nur das Jahr 2 v. Chr. und die Manufaktur von Shu (der alte Name für die Provinz Sichuan) an, sondern liefert auch ein Organigramm des Betriebes mit den Namen der an den einzelnen Herstellungsstadien beteiligten Handwerker. Aufgrund dieser Informationen gehen die Archäologen davon aus, dass dieses offizielle Präsent für eine hochgestellte Xiongnu-Persönlichkeit bestimmt war, wahrscheinlich für den *chanyu* Wuzhuliuruodi (reg. 8 v. Chr. – 13. n. Chr.). *J.-P. D.*

1 WANG 1982, S. 88/89.

Lit.: AUSST.-KAT. BARCELONA/PARIS/MADRID 2000/01, Kat.-Nr. 128, S. 147

hat sich der Lackfilm stellenweise vom Untergrund gelöst, so dass das Holz, der dazwischen liegende Stoff und die Unterlage zum Vorschein kommen. Der ovale Fuß ist nicht dekoriert.

Die dunkelbraune Gefäßwand ist leicht geschwungen und läuft in zwei abgerundeten, hervorspringenden Ohren aus, die mit einer Einfassung aus vergoldeter Bronze verstärkt sind. Die Ohren sind mit einem geometrischen zinnoberroten Motiv verziert. Das karminrote Innere trägt keinen Dekor. *J.-P. D.*

Lit.: AUSST.-KAT. BARCELONA/PARIS/MADRID 2000/01, Kat.-Nr. 128, S. 147

## 17 Ohrenschale

Nojon uul, Provinz Töv, Mongolei,
Han-Dynastie, um Christi Geburt | Holz,
lackiert, und vergoldetes Kupfer, H 4 cm,
L 13 cm, B 11 cm | Nationalmuseum für
mongolische Geschichte, Ulaanbaatar |
Inv.-Nr. A-242

Diese Schale hat die gleiche Form wie die vorhergehende und stammt aus derselben Grabstätte (Grab Nr. 6 in Nojon uul). Nach der langen Zeit im Boden

18

pher für das Universum ist. Die vier Drachen, die sich im Flachrelief von einem für Bronzen des 4./3. Jhs. v. Chr. charakteristischen Hintergrundmuster abheben, könnte man motivisch mit den vier Tieren assoziieren, die in der chinesischen Mythologie die Himmelsrichtungen symbolisieren. Angesichts dieser Ikonographie mit kosmischer Konnotation und der Pracht der Bronzen kann man sich leicht erklären, warum die chinesischen Spiegel u. a. bis in die Mongolei, nach Baktrien und Sibirien[1] gelangt sind.

C. D.

[1] In Pazyryk im Hochaltai findet man die ältesten aus China importierten Spiegel. Sie sind mit vier T-förmigen Ornamenten verziert und waren im China des 4. Jhs. v. Chr. sehr verbreitet. Sie stammen aus dem Kurgan Nr. 6, der generell in das 3. Jh. v. Chr. datiert wird. Siehe RUDENKO 1970, S. 115/116, Tafel 70 (c).

### 19  Vierblattornament

China, Han-Dynastie
(206 v. Chr. – 220 n. Chr.) | Kupferlegierung, vergoldet, H 7,8 cm, L 14 cm, B 14 cm | Musée d'Art et d'Histoire, Saint-Denis | Inv.–Nr. MSD 432, Schenkung Lionel Jacob, 1987

Das Ornament besteht aus zwei durch einen Griffring verbundenen, dünnen, gewölbten Blättern, wobei das kleine über dem größeren liegt. Es stammt sehr wahrscheinlich von einer zylindrischen Dose vom Typ *lian*, deren Teile aus Lack nicht erhalten sind. Das Metall ist heute stark korrodiert, ursprünglich war die Oberfläche jedoch vollständig feuervergoldet. Die eigenartige Gestalt dieses Ornaments erinnert an die vierblättrigen Motive, die die

Mitte von Spiegeln zieren (vgl. Kat.-Nr. 18). Dies verwundert kaum, wenn man bedenkt, dass die *lian* zum Aufbewahren von Toilettenartikeln und insbesondere von Spiegeln dienten, was eine zylindrische Form erforderte.

Im Grab T 1 in Golmod gefundene Ornamente (Kat.-Nr. 36) lassen – angesichts der Vorliebe der Xiongnu-Elite für die Han-Spiegel – vermuten, dass das vierblättrige Motiv in die Formensprache der Xiongnu übernommen wurde.   *J.-P. D.*

Lit.: JACOB 1992, S. 145

### 20  Gefäß vom Typ *hu*

Provinz Gansu, Nordchina, Kultur der südlichen Xiongnu, 1. – 3. Jh. n. Chr. | Glasierter Ton, H 40 cm, Dm 20,1 cm | Musée national des arts asiatiques – Guimet, Paris | Inv.- Nr. AA 133
*ohne Abb.*

Dieses chamoisfarbene Gefäß aus gebranntem Ton vom Typ *hu* ist mit einer grünen, abblätternden, stellenweise irisierenden Engobe überzogen. Es handelt sich um einen Flüssigkeitsbehälter, dessen wenig übliche Form von dem geläufigeren Gefäßtyp *hu* abzustammen scheint, den ein kleiner kreisförmiger Fuß, ein ausladender Bauch und ein kurzer Hals kennzeichnen. Dieses Gefäß unterscheidet sich allerdings durch seine lang gezogene Form. Die einfache, grobe Ausführung und der schlichte Überzug zeugen wahrscheinlich von einer Herstellung außerhalb des Han-Reiches. Diese Annahme scheint sich durch das Tiermaskenmotiv (chin. *pushou*, vgl. Kat.-Nr. 40) zu bestätigen, dessen Symbolik bis heute ungeklärt ist. Die auf Hals und Schulter eingeschnittenen Wellenlinien – eine bei den Xiongnu-Töpfern sehr verbreitete Technik – sprechen dafür, ihnen diese Arbeit zuzuschreiben. Das Gefäß wurde in der Provinz Gansu, weit vom Zentrum des Han-Reiches entfernt, zwischen 1931 und 1933 während der *Croisière Jaune* (Citroën-Expedition nach China) erworben.   *G. A.*

Lit.: ANDRÉ 2002, S. 199

### 21  Gefäß mit Hirschmotiv

Innere Mongolei, Nordchina, Xianbei-Kultur, 2./3. Jh. n. Chr. | Ton, H 22,8 cm | Musée national des arts asiatiques – Guimet, Paris | Inv.- Nr. EO 2927, Ancien fonds du Musée du Louvre

Das chamoisfarbene, gedrehte Gefäß aus feinem Ton hat einen lang gezogenen Hals, eine ausschwingende Mündung und eine flache, runde Basis. Drei parallele Wellenlinien sind auf der Schulter eingeritzt, eine weitere zwischen zwei reliefierten Ringen am unteren Hals. Hirsche mit großen Geweihen sind recht sorgfältig im Relief rund um den ovalen Bauch geprägt, in drei mehr oder weniger parallelen Reihen und einer angedeuteten vierten. Diese Hirsche verweisen zu einem relativ späten Zeitpunkt auf die frühe Steppenkultur und zeugen vom weit zurückliegenden Erbe der Skythen. Die Wellenlinien sind zwar typisch für die Keramikornamentierung der Xiongnu, doch lassen die feine Tonerde und die Qualität der Ausführung auf das Können späterer Keramiker schließen, wahrscheinlich der Xianbei.   *J.-P. D.*

Lit.: Anne-Marie Amon, in: AUSST.-KAT. BARCELONA/ PARIS/MADRID 2000/01, Kat.-Nr. 120, S. 130

19

21

Das Fehlen von Knauf und Parierstange an diesem außergewöhnlichen Eisenschwert mit langer Klinge erschwert die Identifizierung. Kurzschwerter und Lanzen für den Nahkampf waren die traditionellen Waffen der Xiongnu, mit diesem vergleichbare Schwerter scheinen jedoch kaum zu existieren. Möglicherweise erklärt sich die Tatsache, dass man solche Langschwerter heute nicht mehr findet, durch das sehr korrosionsanfällige Eisen, aus dem sie hergestellt wurden. Aufgrund der Korrosion befinden sich auch die zahlreichen Eisenmesser, die in Egijn gol gefunden wurden, in einem sehr schlechten Erhaltungszustand.   *J.-P. D.*

Lit.: AUSST.-KAT. BARCELONA/PARIS/MADRID 2000/01, Kat.-Nr. 133, S. 150

22

## Grabfunde aus Egijn gol

### 22  Helm mit Scheitelring

Egijn gol, Provinz Bulgan, Mongolei, Bronzezeit, 9. Jh. v. Chr. | Bronze, H 16 cm, Dm 22 cm | Akademie der Wissenschaften der Mongolei, Ulaanbaatar | Inv.-Nr. B-146

Dieser Helm stammt aus einem Gräberfeld in der Nähe des Flusses Egijn, etwa 20 Kilometer vor der Mündung in die Selenge. Er wurde 1996 mit einem weiteren, sehr ähnlichen Helm ausgegraben. Die Untersuchung des menschlichen Knochenrestes an einem der Helme deutet auf eine Entstehungszeit zwischen 843 und 805 v. Chr. hin.
Diese prunkvollen Zeugen der Bronzezeit erinnern an die Helme der Koban-Kultur im Kaukasus. Sie haben einen Ring auf dem Scheitelpunkt, an dem eine Trophäe angebracht wurde – wahrscheinlich ein

Helmbusch aus Rosshaar –, und Bohrungen zum Befestigen von schützenden Lederstücken am Rand. Ein ähnliches Objekt wurde im Bezirk Tuoketuo bei Hohhot in der Inneren Mongolei gefunden.[1] Die beiden Exemplare aus Egijn gol scheinen darauf hinzuweisen, dass die skythisch-sibirischen Kulturen ihre Wurzeln nicht nur in Zentralasien, sondern auch in der Baikalregion gehabt haben könnten.

*J.-P. D.*

1   AUSST.-KAT. PEKING 2004, S. 72.
Lit.: AUSST.-KAT. BARCELONA/PARIS/MADRID 2000/01, Kat.-Nr. 105, S. 119; AUSST.-KAT. MONACO/PARIS/ULAAN-BAATAR 2003, S. 36/37

### 23  Langschwert

Baruun Chajrchan, Provinz Töv, Mongolei, Xiongnu-Zeit, 3.–1. Jh. v. Chr. | Eisen, L 67,5 cm, B 4,9 cm | Akademie der Wissenschaften der Mongolei, Ulaanbaatar | Inv.-Nr. X-428

### 24  Pfeilspitzen

Egijn gol, Provinz Bulgan, Mongolei, Xiongnu-Zeit, 3.–1. Jh. v. Chr. | Eisen und Holz, H (max.) 12,3 cm, B (max.) 3,5 cm | Akademie der Wissenschaften der Mongolei, Ulaanbaatar | Inv.-Nr. X-384

Diese Pfeilspitzen wurden im Xiongnu-Gräberfeld Egijn gol gefunden, wo die Mission archéologique française en Mongolie seit 1994 Ausgrabungen vorgenommen hat.
Die Bogenschützen der Reitervölker der Steppe hatten einen solchen Ruf, dass sich die Chinesen veranlasst sahen, die barbarischen Traditionen zu übernehmen. So führte Prinz Wuling der Zhao-Dynastie (325–299 v. Chr.) im Jahr 314 Reitertruppen und Bogenschützen ein. In der Han-Zeit berichtet dann das *Shiji* (»Aufzeichnungen des Historiographen«), dass die Pfeilspitzen, die der *chanyu* Maodun im 2. Jh. v. Chr. hatte herstellen lassen, »wie Vögel pfiffen«. Fast alle Männergräber der Grabstätte Egijn gol enthielten Pfeile, allerdings sind nur ihre Spitzen aus Eisen oder Knochen erhalten. Von den Doppelbogen, die dem Toten auch mit ins Grab gelegt wurden, ist außer einzelnen Verstärkungen aus Knochen oder Horn, die in der Mitte und an den Enden angebracht waren, nur der Abdruck im Boden erhalten geblieben.

23

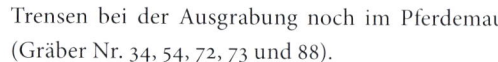

Trensen bei der Ausgrabung noch im Pferdemaul (Gräber Nr. 34, 54, 72, 73 und 88).

Auch Knochen wurde verarbeitet und diente insbesondere zur Herstellung von Trensenknebeln sowie Gurtschnallen, wie diese schöne Sattelgurtschnalle aus dem Grab Nr. 46 belegt. Das Objekt diente dazu, den an einem Bauchgurt befestigten Sattel festzuzurren. *J.-P. D.*

Lit.: AUSST.-KAT. BARCELONA/PARIS/MADRID 2000/01, Kat.-Nr. 136, S. 153; AUSST.-KAT. MONACO/PARIS/ULAAN-BAATAR 2003, S. 135

### 26 Kopfschmuck

Egijn gol, Provinz Bulgan, Mongolei, Xiongnu-Zeit, 3. Jh. v. Chr. – 1. Jh. n. Chr. | Eisen, vergoldetes Silber, Koralle und Glaspaste, 4 Teile, je H 8,5 cm, B 5,8 cm, D 1,07 cm | Akademie der Wissenschaften der Mongolei, Ulaanbaatar | Inv.-Nr. X-371

Dieser Kopfschmuck stammt aus dem Grab Nr. 27, dem größten von Egijn gol, das durch eine steinerne Stele gekennzeichnet war, die direkt über dem Kopf des Verstorbenen stand. Das Diadem besteht aus

24

Die hier gezeigten Pfeilspitzen sind aus Eisen und gehören zwei Typen an: zweiflügelig und flach oder dreiflügelig mit dreieckigem Umriss. In einigen Fällen ist ein Teil des Schaftes zusammen mit der Umwicklung erhalten geblieben. *J.-P. D.*

Lit.: AUSST.-KAT. BARCELONA/PARIS/MADRID 2000/01, Kat.-Nr. 132, S. 150; AUSST.-KAT. MONACO/PARIS/ULAAN-BAATAR 2003, S. 37

de. Ein solcher zweigliedriger Typus aus Bronze existierte bei den Steppenbewohnern schon seit langem. Bei den Xiongnu wurde dann mehr und mehr Eisen verwendet, sowohl um das Gewicht der Trensen zu verringern, aber wohl auch als Alternative zu der toxischen Bronzelegierung im Tiermaul. In den meisten Gräbern in Egijn gol befanden sich die

### 25 Zaumzeug

Egijn gol, Provinz Bulgan, Mongolei, Xiongnu-Zeit, 3. Jh. v. Chr. – 1. Jh. n. Chr. | Drei Trensen: Eisen, L (max.) 17,2 cm | Zwei Trensenknebel: Knochen, L (max.) 18 cm | Sattelgurtschnalle: Knochen, L 5 cm, B 3 cm | Akademie der Wissenschaften der Mongolei, Ulaanbaatar | Inv.-Nr. X-383, X-404, X-264

Alle hier gezeigten Objekte sind traditionelle Elemente des Pferdezaumzeugs der Xiongnu-Kultur. Die Trensen sind aus Eisen gefertigt und bestehen aus zwei Mundstücken mit einer Öse an jedem En-

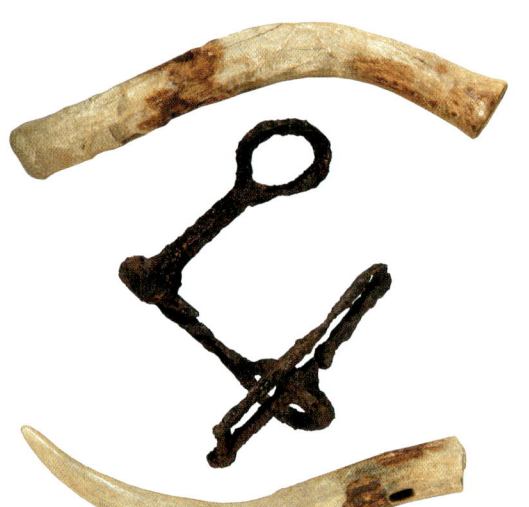

25

26

Exemplare waren in Kopfnähe an der Sargaußenseite angebracht. Es handelt sich um Archetypen, die bereits auf den Hirschsteinen der Bronzezeit eingeritzt waren. Wahrscheinlich übernahmen die Xiongnu diesen Kult. Man weiß, dass sich der *chanyu* jeden Morgen vor der aufgehenden Sonne verneigte und jeden Abend den aufgehenden Mond verehrte. *J.-P. D.*

Lit.: AUSST.-KAT. BARCELONA/PARIS/MADRID 2000/01, Kat.-Nr. 131, S. 149

vier rechteckigen, schnallenförmigen Elementen, die auf dem Schädel eines etwa 40-jährigen Mannes platziert waren. Ursprünglich war es mit Haken auf einem Seidenstirnband befestigt, von dem mineralisierte Fragmente am Metall erhalten sind. Das auffälligste Element lag vorn auf der Stirn, zwei weitere an den Schläfen, das letzte befand sich am Hinterkopf.

Dieser Kopfschmuck ist charakteristisch für die Xiongnu, welche die Kunst der Kombination unterschiedlicher Materialien meisterhaft beherrschten: Er besteht aus Eisenplatten, auf die vergoldetes Blattsilber appliziert wurde, das ein Relief mit zwei ineinander verschlungenen Schlangen trägt – ursprünglich ein Han-chinesisches Motiv, das allerdings im Steppenstil abgewandelt und mit Korallen- und Glaspaste-Einlegearbeiten verziert wurde.

*J.-P. D.*

Lit.: AUSST.-KAT. BARCELONA/PARIS/MADRID 2000/01, Kat.-Nr. 134, S. 151; AUSST.-KAT. MONACO/PARIS/ULAANBAATAR 2003, S. 40, 164

### 27 Zwei Sargornamente

Egijn gol, Provinz Bulgan, Mongolei, Xiongnu-Zeit, 3. Jh. v. Chr. – 1. Jh. n. Chr. | Birkenrinde, Seitenlänge 3 – 8 cm | Akademie der Wissenschaften der Mongolei, Ulaanbaatar | Inv.-Nr. X-307

Mit diesen drei- bzw. vierblättrigen Motiven waren ursprünglich die Innen- und Außenwände von Särgen dekoriert. Jedes Motiv war mit einem Nagel in der Mitte befestigt, dessen Kopf hervorragte. Zahlreiche Exemplare aus unterschiedlichen Materialien wurden gefunden, die meisten sind jedoch aus Eisen oder Birkenrinde. In zwei Gräbern in Egijn gol (Nr. 72 und 76) fanden sich Exemplare aus Birkenrinde, in fünf anderen (Nr. 34, 65, 77, 94 und 98) solche aus Eisen, in zwei weiteren Gräbern (Nr. 78 und 82) waren beide Arten vierblättriger Täfelchen gemischt vorhanden. Es scheint, dass die Ornamente aus Eisen vorwiegend in Grabstätten von Männern verwendet wurden, während die Birkenrinde eher in denen von Frauen anzutreffen ist. *J.-P. D.*

Lit.: AUSST.-KAT. BARCELONA/PARIS/MADRID 2000/01, Kat.-Nr. 131, S. 149

27

### 28 Zwei Sargornamente

Egijn gol, Provinz Bulgan, Mongolei, Xiongnu-Zeit, 3. Jh. v. Chr. – 1. Jh. n. Chr. | Eisen, L (Mondsichel) ca. 8 cm, Dm (Kreis) ca. 5 cm | Akademie der Wissenschaften der Mongolei, Ulaanbaatar | Inv.-Nr. X-307 *ohne Abb.*

Neben den drei- oder vierblättrigen Sargornamenten findet sich häufig eine einer Mondsichel ähnelnde Scheibe. Die ersteren scheinen mit der räumlichen Orientierung, die Mondsichel dagegen mit dem Rhythmus der Zeit in Verbindung zu stehen. Die in Egijn gol in den Gräbern 38 und 57 entdeckten

### 29 Kessel mit zwei Henkeln

Egijn gol, Provinz Bulgan, Mongolei, Xiongnu-Zeit, 1. Jh. v. Chr. | Bronze, H 30 cm, Dm 25 cm | Akademie der Wissenschaften der Mongolei, Ulaanbaatar | Inv.-Nr. X-78

Dieses Bronzegefäß stammt aus dem Grab Nr. 63. Es ruht auf einem hohen runden, durchbrochenen und teilweise ergänzten Fuß und besteht aus zwei gegossenen Halbschalen, deren Nähte nicht gänzlich abgeflacht wurden.

Die Schulter ist mit zwei Gratpaaren dekoriert, ein Paar verläuft um den Hals, das andere zieht sich bis auf den Bauch hinunter, ein Ornament, das ebenfalls auf einem im Grab von Golmod ausgegrabenen Eisenkessel (Kat.-Nr. 39) erscheint.[1] Die nach innen gezogene Öffnung hat zwei Henkel. Die zahlreichen

29

31

Alle aufgefundenen Dosen aus Birkenrinde zeigen mehr oder weniger entschlüsselbare, mit einer Metallspitze eingeritzte Zeichnungen. Auf dem Deckel dieser Dose aus dem Grab Nr. 79 sind zwei Wagen und zwei Zelte abgebildet. Die Wagen sind mit ihren großen Rädern und dem Kastenaufbau einschließlich des runden, abgedeckten Daches dargestellt und lassen sich mit den Felszeichnungen im Yamaan Us-Tal in der mongolischen Provinz Chovd[1] und auch mit den 1981 entdeckten und heute im Museum von Chifeng in der Inneren Mongolei ausgestellten Bronzeplatten in Verbindung bringen. Die Zelte erinnern dagegen an »Tipis« und an Zelttypen, die im Nordwesten der Mongolei noch heute verwendet werden.    J.-P. D.

1   AUSST.-KAT. MONACO/PARIS/ULAANBAATAR 2003, S. 126; AUSST.-KAT. PEKING 2004, S. 64/65.

Lit.: AUSST.-KAT. BARCELONA/PARIS/MADRID 2000/01, Kat.-Nr. 135, S. 152

## 32  Zwei Dosen, Fragmente

Egijn gol, Provinz Bulgan, Mongolei, Xiongnu-Zeit, 3. – 1. Jh. v. Chr. | Birkenrinde, H 12,9 bzw. 10,7 cm, B 11,7 cm bzw. 12,5 cm | Akademie der Wissenschaften der Mongolei, Ulaanbaatar | Inv.-Nr. X-373
*ohne Abb.*

Die Birke ist im nördlichen Asien sehr verbreitet, v. a. in der Mandschurei, in Sibirien und in dem Bereich der Mongolei, in dem sich das Gräberfeld Egijn gol befindet. Trotz seines fragilen Aussehens erweist sich dieses Material als sehr widerstandsfähig und war über mehr als zwei Jahrtausende hinweg ein wesentlicher Bestandteil der Kulturgeschichte. Die Rinde wurde zerschnitten und zusammengenäht, um Köcher (vgl. Kat.-Nr. 58), Dosen und andere Gebrauchs- und Dekorationsartikel herzustellen.
In Egijn gol wurden Birkenrindedosen in sechs Gräbern gefunden, innerhalb der Särge in der Nähe des Kopfes oder der rechten Hand des oder der Bestatteten. Fünf der sechs Gräber waren Frauengräber. Die Dosen sind zylindrisch und flach und haben einen genau passenden Deckel. Zur Verstärkung wurden mehrere Rindeschichten übereinander gelegt, wobei die Fasern jeweils quer zur vorhergehenden Schicht verlaufen.    J.-P. D.

Lit.: AUSST.-KAT. BARCELONA/PARIS/MADRID 2000/01, Kat.-Nr. 135, S. 152; AUSST.-KAT. MONACO/PARIS/ULAANBAATAR 2003, S. 41

---

Ausbesserungen mit Hilfe einfacher Flicken aus Bronzeschmelze, welche die im Laufe der Zeit entstandenen Löcher abdichten, zeigen, dass das Gefäß lange in Gebrauch war.    J.-P. D.

1   Siehe auch AUSST.-KAT. MONACO/PARIS/ULAANBAATAR 2003, S. 142.

Lit.: AUSST.-KAT. BARCELONA/PARIS/MADRID 2000/01, Kat.-Nr. 139, S. 155; AUSST.-KAT. MONACO/PARIS/ULAANBAATAR 2003, S. 39

## 30  Gefäß

Egijn gol, Provinz Bulgan, Mongolei, Xiongnu-Zeit, 3. Jh. v. Chr.–1. Jh. n. Chr. | Ton, H 16,8 cm, Dm 14 cm | Akademie der Wissenschaften der Mongolei, Ulaanbaatar | Inv.-Nr. X-297
*ohne Abb.*

Die Xiongnu hatten sehr geschickte Töpfer, wie die in Nojon uul gefundenen großen urnenartigen Gefäße zeigen. Die in etwa 20 Gräbern in Egijn gol entdeckten Keramikgefäße stellen jedoch Arbeiten von bescheidenerer Qualität dar. Manche davon sind, wie das hier gezeigte Beispiel aus dem Grab Nr. 63, nicht beschädigt. Die meisten dieser Tongefäße

---

wurden in Opfertruhen an der Nordseite des Sarges gefunden. Manche waren noch fest verschlossen und enthielten Speisereste, die dem Verstorbenen als Wegzehrung mitgegeben wurden. Sie wurden z. T. aber auch in Verbindung mit anderen Objekten gefunden, so befand sich neben diesem Objekt ein Bronzekessel (Kat.-Nr. 29).
Dieses Gefäß wurde aus feinem, grauem Ton gefertigt und bei niedriger Temperatur gebrannt. Es ruht auf einem runden flachen Fuß. Der eiförmige Körper ist leicht gebaucht und hat eine hohe Schulter und einen in einer umgestülpten Lippe endenden Hals. Es ist nicht dekoriert, sondern zeigt nur schwärzliche Spuren von Rauch, ein Indiz für seine Verwendung.    J.-P. D.

Lit.: AUSST.-KAT. BARCELONA/PARIS/MADRID 2000/01, Kat.-Nr. 137 (rechts), S. 154

## 31  Fragment eines Deckels mit eingeritztem Dekor

Egijn gol, Provinz Bulgan, Mongolei, Xiongnu-Zeit, 3. – 1. Jh. v. Chr. | Birkenrinde, L (max.) 13,9 cm, B (max.) 10,7 cm | Akademie der Wissenschaften der Mongolei, Ulaanbaatar | Inv.-Nr. X-373

**33**

### 33 Maultrommel

Morin tolgoj, Provinz Töv, Mongolei,
Xiongnu-Zeit (4. Jh. v. Chr. – 2. Jh. n. Chr.) |
Knochen, H 2 cm, B 12,5 cm, D 1,4 cm |
Akademie der Wissenschaften der Mongo-
lei, Ulaanbaatar | Inv.-Nr. X-401

Die mongolische Bezeichnung *chel chuur* für dieses
Musikinstrument könnte von dem Verb *chuurach*
(vortäuschen, imitieren) stammen, denn die Maultrommel diente auch dazu, wilde Tiere auf der Jagd
anzulocken oder sie zu vertreiben. Noch heute verwendet man die Maultrommel, wenn ein Haustier,
z. B. eine Kamelstute, ein Neugeborenes, dessen
Mutter starb, an Kindes statt annehmen soll.
Diese Maultrommel ist das einzige Instrument, das
aus der Zeit der Xiongnu bekannt ist. Weitere entsprechende Funde oder bildliche Darstellungen fehlen. Obwohl die Maultrommel in zahlreichen Kulturen und Zeiten Verwendung gefunden hat und
findet und sich an ihrer Konstruktion und Funktion
nicht viel geändert hat, wurde bislang kein weiteres
Exemplar gefunden, das auch nur annähernd so alt
ist. *D. Ts.*

## Grabfunde aus Golmod

### 34 Würdenstab

Golmod, Provinz Archangaj, Mongo-
lei, Xiongnu-Zeit, 1. Jh. n. Chr. | Eisen und
Bronze, vergoldet, L 52 cm, Dm 3,5 – 4,5 cm |
Akademie der Wissenschaften der Mongo-
lei, Ulaanbaatar | Inv.-Nr. X-435

Dieses Objekt ist 2003 bei einer zeitlich verzögerten
Grabung im Centre de Recherche et de Restauration
des Musées de France geborgen worden und stammt
aus einer Probe, die zwei Jahre zuvor der Grabkammer T 1, einem der monumentalsten Gräber der
Nekropole von Golmod, entnommen worden war.
Bei dieser Untersuchung im Labor wurden auch
70 Stofffunde und ein Spielbrett aus Holz freigelegt.
Die Arbeit im Labor ermöglichte die Analyse der
Textilien, in die der Stab eingewickelt war: Woll-
körper, Seidentaft und Filz.
Aufgrund seines Zustands war die Funktion des
Stabs lange rätselhaft, und erst allmählich, durch
den Vergleich mit anderen Fundstücken, hat man
herausgefunden, dass es sich um einen Würdenstab

handelte. Diese Schlussfolgerung ergab sich hauptsächlich durch den Vergleich mit den Funden von
Kozlov in den Gräbern Nr. 24 und 25 in Nojon uul.
Wie die von dem russischen Forscher in der Mitte
der 1920er Jahre entdeckten Exemplare besteht der
Stab aus Golmod aus Bronze um einen Eisenkern.
Die Herstellungstechnik ist noch ungeklärt. Wie die
anderen Stäbe war das Objekt hochrangigen Würdenträgern vorbehalten, einzigartig ist es jedoch
aufgrund seiner Größe und seiner Vergoldung. Solche Würdenstäbe, Symbole der Macht, wurden noch
bis ins Mittelalter verwendet, wie die Grabung in
Huduu aral in der mongolischen Provinz Chentij
2003 belegte. *G. A.*

Lit.: RUDENKO 1962, S. 63, Taf. XXX (1, 2); »Etude et restaura
tion d'un insigne de commandement xiongnu«, in: *Techne: la
science au service de l'histoire de l'art et des civilisations,* 21, 2005,
S. 5 – 11

**34**

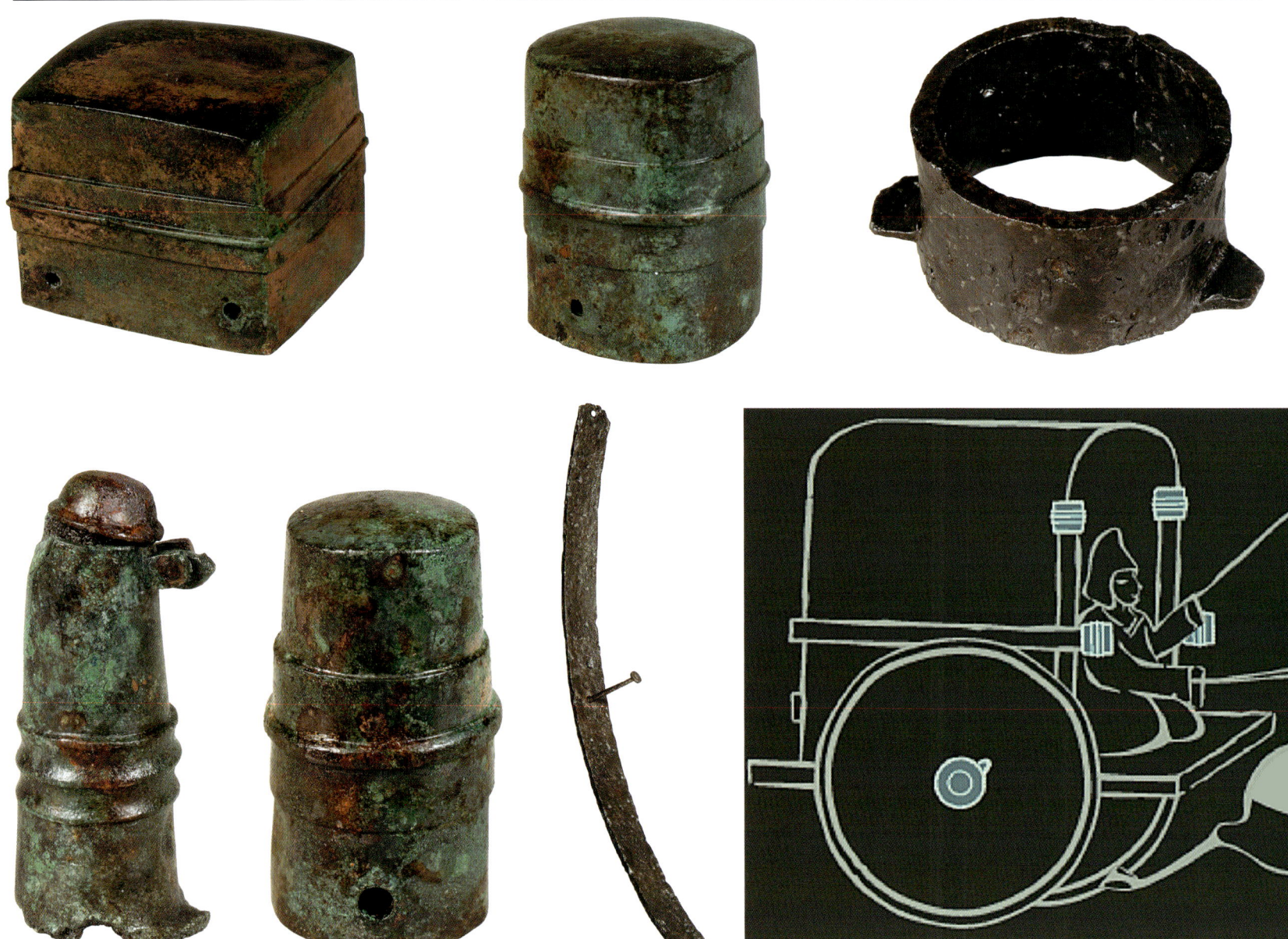

35

**35  Wagen- und Zaumzeugfragmente**
Golmod, Provinz Archangaj, Mongolei,
Xiongnu-Zeit, 1. Jh. n. Chr. | Eisen und
Bronze | Sieben Wagenteile: H 11,1 cm,
Dm 5 cm; H 6,8 cm, Dm 3,9 cm; H 6,3 cm,
Dm 3,9 cm; L 7,7 cm, B 6 cm, D 1 cm;
L 9,31 cm, B (max.) 3,8 cm, D 0,6 cm; L 25 cm,
B 6,47 cm, D 0,95 cm; B 9,5 cm, T 8 cm |
Acht Zaumzeugteile: H 12,6 cm, B 14,4 cm;
vier Nieten: H 2,7 cm, Dm 2,8 cm; zwei
Trensenknebel-Endstücke: L 9,5 cm,
D 1 cm; Trensenknebel-Mittelstück:
L 8 cm, B 1 cm | Akademie der Wissen-
schaften der Mongolei, Ulaanbaatar |
Inv.-Nr. X-434, X-435, X-455

Im Grab T 1 wurde in 9,50 bis 10 Metern Tiefe auf
einer Fläche von etwa einem Quadratmeter ein bedeutender Hort von Metallobjekten aus Bronze oder
Eisen entdeckt, die größtenteils zu den Überresten
eines Wagens gehören. Angesichts des massiven und
archaisierenden Stils dieser Xiongnu-Objekte im
Vergleich zu den Schöpfungen ihrer Zeitgenossen,
der Wagenbauer der chinesischen Han-Dynastie,
scheint hier eher der Symbolcharakter als praktische Kriterien im Vordergrund gestanden zu haben.
Im Gegensatz zu den leichten und zierlichen Wagen
der Chinesen, die für schnelle Fahrten mit einem
einzigen Pferd konstruiert waren, war der Wagen
von Golmod wohl eher eine Art mobiler Thron, der
die Bedeutung seines Besitzers betonen sollte.

Die ausgegrabenen Radreifen-Fragmente sind ungewöhnlich breit. Diese dicken, gehämmerten und bei
den Han ungebräuchlichen Eisenreifen wurden mit
Hilfe von schweren, halbkugelförmigen Nieten, die
in einer Scheibe enden, am Holzrahmen des nicht
mehr erhaltenen Rades befestigt. Da nur wenige Ge-
brauchsspuren festzustellen sind, ist der Wagen
wohl nicht oft benutzt worden. Obwohl sich das Rad
mitsamt der Speichenstruktur mangels Funden
nicht mehr rekonstruieren lässt, scheint sein Durchmesser beträchtlich gewesen zu sein. Die Breite der
Radreifen verweist auf einige der in Nojon uul ausgegrabenen Räder mit zwölf Speichen.[1] Erhalten ist
nur das eiserne Nabengehäuse aus der Radmitte. Es
hat zwei symmetrische, zur Befestigung dienende

Vorsprünge. Ein eiserner Bundring zum Schutz vor frühzeitiger Abnutzung umschließt die Achse. Die anderen ausgegrabenen Stücke gehören entweder zum Wagenaufbau oder zum Zaumzeug. Kappen aus Bronze, die auf die Enden der Holzstreben des Wagens aufgesteckt wurden, lassen auf eine solide Konstruktion schließen. Diese sorgfältig gearbeiteten Objekte dienten als Dekoration, ihre Ornamentik ist einfach und schlicht und besteht aus einem leicht reliefierten Band, das in der Mitte mit einem vorstehenden Steg verziert ist.

Das Vorhandensein von drei Trensenknebeln (nur einer ist ausgestellt) deutet darauf hin, dass der Wagen von zwei Pferden gezogen wurde. Die Trensen sind nicht erhalten – wahrscheinlich weil sie aus Eisen waren –, die Knebel bestehen aus zwei Metallen: das Mittelstück aus widerstandsfähigerem Eisen, die Endstücke aus Bronze. Diese Elemente waren auf einem Harnisch aus Lederriemen angebracht. Ein Stirnschild (chin. *danglu*) war Teil des Kopfschutzes des Tieres. Er hatte einen spitzbogenförmigen oberen Abschluss. Diese bei den Xiongnu-Objekten seltene, eigenartige Ikonographie könnte sehr wohl mit dem Rang des Verstorbenen in Verbindung stehen, worauf Guilhem André[2] mit Recht hinweist. Wahrscheinlich haben wir es hier mit einer hochgestellten Persönlichkeit zu tun, vielleicht mit einem *chanyu*?

Im Laufe der über 300-jährigen Geschichte der Diplomatie zwischen den Han und den Xiongnu gibt es immer wieder Hinweise auf Wagen, und zwar meistens im Zusammenhang mit Tributzahlungen. Mehrmals erwähnen die chinesischen Annalen auch die Übergabe von Wagen an Herrscher der Steppe, so auch im Jahre 52 v. Chr., als der *chanyu* Huhanye sich in die Hauptstadt Chang'an zum Han-Kaiser begab, der ihm einen so genannten Ruhewagen (chin. *anche*)[3] zum Geschenk machte. Im Jahr 9 n. Chr. wiederholte sich dieser Vorgang: Der Usurpator Wang Mang (reg. 9–23 n. Chr.), der damalige Herrscher über China, schenkte einem gewissen Xian, dem Rivalen des regierenden *chanyu* Wuzhuliuruodi, zwei Wagen. Hinter dieser großzügigen Geste stand die Absicht, Zwietracht innerhalb der Stammesföderation der Xiongnu zu stiften.

Nach Berichten der russischen Archäologen scheint es sicher zu sein, dass Wuzhuliuruodi, der vier Jahre später starb, in Nojon uul zusammen mit einem chinesischen Wagen bestattet wurde. Erst vor kurzem, im August 2004, wurden in Golmod im Grab T 20 Überreste eines chinesischen Wagens mit schwarz lackierten Rädern gefunden.

In China selbst bedeutete der Wagen nicht nur Zugehörigkeit zu einer höheren sozialen Schicht, sondern ist, da er sich bewegt, auch ein Sinnbild für die Zeit. Diese sich im 1. Jh. v. Chr. immer mehr durchsetzende Symbolik des Wagens wurde insbesondere während der Östlichen Han-Dynastie (25–220 n. Chr.) mit den religiösen daoistischen Themen der »Reise ins Paradies« und der »Suche nach Unsterblichkeit« verknüpft, von denen sich noch die Maler der Zeit der Sechs Dynastien (220–589 n. Chr.) inspirieren ließen.[4] Der chinesische Einfluss weitete sich zu Beginn unserer Zeitrechnung überall im Xiongnu-Gebiet aus, und so hat vielleicht auch diese Idee bei den Eliten der Steppenvölker ein Echo gefunden. Es könnte sein, dass die 17 im Grab gefundenen Pferdeköpfe, die alle auf den Polarstern ausgerichtet waren, den zerstörten chinesischen Wagen auf symbolische Weise gezogen haben, der im hinteren Bereich und teilweise auf dem Dach der Grabkammer T 20 platziert war.      *J.-P. D.*

1  RUDENKO 1962, S. 50.
2  ANDRÉ 2003.
3  RUDENKO 1962, S. 28.
4  HUNG 1998.
Lit.: ANDRÉ 2003

### 36  Sargornamente
Golmod, Provinz Archangaj, Mongolei, Xiongnu-Zeit, 1. Jh. n. Chr. | Blattgold; Streifen: L ca. 12,3 cm, B ca. 1,5 cm; vierblättrige Motive: Seitenlänge ca. 4,5 cm | Akademie der Wissenschaften der Mongolei, Ulaanbaatar | Inv.-Nr. X-480

Zwar handelt es sich bei diesem Rapportmuster aus zu Rauten zusammengelegten Streifen und mittleren vierblättrigen Motiven um eine Rekonstruktion, die auf der Lage bloß zweier Originalelemente beruht, doch ist interessant, dass sich diese beiden Ornamentformen in gleich drei Grabstätten Golmods wiederfinden (T 1, T 74 und T 79). Die am besten erhaltene Anordnung wurde im Jahr 2000 im Grab T 74 entdeckt und diente als Modell. Alle Elemente lagen auf einem sehr wahrscheinlich mit Stoff um-

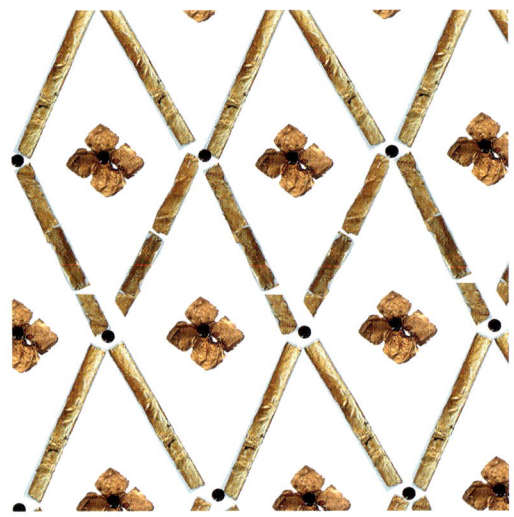

36

hüllten Holzsarg. Der Stoff ist nicht mehr in seiner ursprünglichen Form erhalten, doch wurden zahlreiche mineralisierte Fragmente auf der Rückseite der Metallstreifen gefunden.

In den Gräbern T 1 und T 79 findet sich dieselbe Ornamentik, allerdings aus Gold. Aufgrund der Plünderung dieser beiden Grabstätten war ihre Anordnung nicht mehr erkennbar, mit Ausnahme einer Ecke im Südwestbereich des Grabes T 1, wo die Objekte an ihrem ursprünglichen Platz verblieben waren. Die Streifen aus Blattgold und die Blattmotive weisen ein leichtes Relief und Faltspuren auf, was darauf schließen lässt, dass sie auf einer Holzmatrize geformt wurden. Eine solche ist in Golmod zwar nicht mehr erhalten, in Nojon uul jedoch wurden auf Holz befestigte Elemente gefunden, insbesondere im Grab Nr. 12.[1] Die Größe der Goldelemente in Golmod hängt von der Bedeutung der Grabstätte ab, wobei die großen aus dem Monument T 1 stammen. Hinsichtlich der Zusammensetzung hat eine Analyse verschiedene Goldgehalte ergeben: Das reinste Gold stammt ebenfalls aus Grab T 1. Der Goldgehalt liegt hier bei über 96 Prozent, während der durchschnittliche Gehalt im Grab T 79 nie 90 Prozent überschreitet. In beiden Fällen handelt es sich um Gold, das aus den Flüssen der Region gewaschen wurde.
Die Interpretation des Musters ist nicht ganz einfach. Die vierblättrigen Ornamente waren bei den Xiongnu weit verbreitet. Man findet sie auch beim einfachen Volk wie in den Gräbern in Egijngol. Dort sind sie aus Birkenrinde geschnitten und haben in der Mitte eine zur Befestigung dienende Eisenniete (Kat.-Nr. 27). Dieses vierblättrige Motiv (vgl. auch Kat.-Nr. 18, 19) scheint unmittelbar von chinesischen Vorbildern beeinflusst zu sein, möglicher-

weise z. B. von dem vierblättrigen Dekor auf Bronzespiegeln, der entweder als Symbol der vier Himmelsrichtungen oder des Polarsterns interpretiert wird. Das Rautengitter erinnert an gewebtes Material und könnte sehr wohl mit der archetypischen Vorstellung eines magischen Schutzes in Zusammenhang zu bringen sein, die in der Nomadenwelt vom Schwarzen Meer bis zum Baikalsee verbreitet war.[2]      *J.-P. D.*

1  TREVER 1932, S. 70.
2  AUSST.-KAT. MONACO/PARIS/ULAANBAATAR 2003, S. 172/173.

### 37  Drei Perlen
Golmod, Provinz Archangaj, Mongolei, Han-Dynastie, 1. Jh. n. Chr. | Glas und farbige Glaspaste, jeweils H 1,2 cm, B 1,1 cm | Akademie der Wissenschaften der Mongolei, Ulaanbaatar | Inv.-Nr. X-429

Neben den Edelsteinen in der Kammer des Grabes T 1 in Golmod wurden u. a. blauviolette Perlen gefunden, deren Herkunft ungewiss ist. Vielleicht wurden sie aus China importiert, wo bisweilen Kobalt mit Mangan und Eisen verarbeitet wurde, wie auch die chemische Zusammensetzung der Perlen[1] zu belegen scheint. Ungewiss ist auch die Herkunft einer der schönsten Perlen aus verschiedenen farbigen Glasarten, die mosaikartig verschmolzen wurden. Die opake Substanz erfordert handwerkliche Meisterschaft und den Einsatz von zahlreichen Oxiden: Manganviolett, Kupfergrün, Kupfer, Eisen und Barium für das Türkis, Bleiantimonat für das Gelb und Kalziumantimonat für das Weiß. Wahrscheinlich wurden diese chemischen Zusammensetzungen viel weiter westlich, weit entfernt vom Gebiet der Xiongnu, entwickelt.      *J.-P. D.*

1  Laut der Analyse von Anne Bouquillon vom Centre de Recherche et de Restauration des Musées de France Natron-Kalk-Glas (9,5% CaO auf 5% $Na_2O + K_2O$) mit hohem Kieselsäuregehalt (72% $SiO_2$) und einem recht hohen Tonerdeanteil (5% $Al_2O_3$).

Lit.: GOLMOD 2002; AUSST.-KAT. MONACO/PARIS/ULAANBAATAR 2003, S. 122

### 38  Ornament in Form einer Ahle
Golmod, Provinz Archangaj, Mongolei, Han-Dynastie, 1. Jh. n. Chr. | Jade und Gold, H 5,7 cm, B 1,6 cm, D 0,4 cm | Akademie der Wissenschaften der Mongolei, Ulaanbaatar | Inv.-Nr. X-430

37

38

Das Gefäß wurde aus so genanntem weißem Roheisen hergestellt. Diese Technik ist an den sehr charakteristischen, weißen kristallinen Bruchflächen erkennbar.[1] Das Metall enthält also keinen Kohlenstoff in der Form von Graphit, sondern in der Form von Eisenkarbid. Die Mikrostruktur des weißen Gusseisens gewährleistet, dass das Material rasch erstarrt. Seine Zusammensetzung verleiht ihm Härte und Verschleißfestigkeit, macht das Material allerdings auch spröde. *J.-P. D.*

1 PONS/LACOUDRE 2003, S. 142/143.

## 40 Sechs Fragmente eines Beckens

Golmod, Provinz Archangaj, Mongolei, Xiongnu-Zeit, 1. Jh. n. Chr. | Bronze: H ca. 12 cm, Dm ca. 54 cm | Akademie der Wissenschaften der Mongolei, Ulaanbaatar | Inv.-Nr. X-458

Dieses gebogene Ornament stammt aus der aristokratischen Nekropole von Golmod. Es wurde 2001 im Monumentalgrab T 1 in etwa 16 Metern Tiefe im nördlichen Teil der Grabkammer freigelegt. Das nicht mehr vollständig erhaltene Objekt besteht aus durchscheinendem, gleichmäßig hellgrünem Nephrit und war Teil eines Han-zeitlichen Anhängers (chin. *xi*), dessen unterer Teil die Form des Schwanzes eines Fabelwesens hat. Die groben Einkerbungen sind Teil dieser Ikonographie. Das klassische chinesische Nachschlagewerk *Shuowen jiezi* (Aufklärung über die Schriftzeichen) verzeichnet, dass solche Objekte mit einer Spitze »zum Lösen von Knoten dienen können«, d. h. ursprünglich als Ahle verwendet wurden. Im Ausgrabungskontext von Golmod und aufgrund der zwei Bohrungen und der Goldnägel handelt es sich um eine spätere Wiederverwendung als Ornament. Ähnliche Stücke wurden 1925 auch in Nojon uul gefunden. *J.-P. D.*

Lit.: AUSST.-KAT. MONACO/PARIS/ULAANBAATAR 2003, S. 123

In derselben Schicht wie der Wagen (Kat.-Nr. 35) wurden zehn Fragmente aus Gusseisen gefunden. Zusammengesetzt lassen sie den Bauch und Teile des Halses eines Kessels erkennen, dessen Form dem aus Grab Nr. 63 in Egijn gol (Kat.-Nr. 29) ähnelt. Er scheint kleiner zu sein, denn der Halsdurchmesser wurde auf 14 Zentimeter geschätzt. Auch der Dekor ist ähnlich: zwei Gratpaare auf der Schulter, von denen sich eines bis auf den Bauch hinunterzieht. Sie teilten den Kessel wahrscheinlich in zwei Hälften, um bei der Herstellung zu markieren, wie die beiden Halbschalen der Gussform zusammengesetzt werden mussten. Trotz der starken Korrosion beträgt die mittlere Wanddicke noch etwa zwei Millimeter.

Zwei der sechs Fragmente des Gefäßes, die in derselben Schicht wie die Wagenelemente (Kat.-Nr. 35) gefunden wurden, sind besonders interessant: ein Randstück mit einer Tiermaske (chin. *pushou*) und der fast vollständig erhaltene Gefäßboden mit einem runden Fuß. Alle Fragmente weisen Formveränderungen oder sogar Risse und Schlagspuren auf, die von den Objekten herrühren, mit denen sie zerstört wurden. Ob es sich bei dieser Zerstörung um ein Ritual oder einfach nur um das Resultat einer Plünderung handelt, konnte noch nicht geklärt werden.

Trotz der Formveränderungen und der fehlenden Teile konnte der Rauminhalt des Beckens auf 13 Liter, ein Durchmesser von etwa 54 und eine Höhe

## 39 Zehn Fragmente eines Kessels

Golmod, Provinz Archangaj, Mongolei, Xiongnu-Zeit, 1. Jh. n. Chr. | Gusseisen: H 18 cm, B 14 cm | Akademie der Wissenschaften der Mongolei, Ulaanbaatar | Inv.-Nr. X-457
*ohne Abb.*

40

von 12 Zentimetern geschätzt werden.[1] Das Becken besteht hauptsächlich aus Kupfer (87%) mit Anteilen von Zinn und Blei (6,5% bzw. 4%) und wurde in einer Form gegossen. Die hohe Qualität wird an den feinen dünnen Wänden ersichtlich. Abgesehen vom Gefäßboden wurde die Oberfläche nachbearbeitet und poliert, der *pushou*-Dekor mit dem beweglichen Ring wurde angeschweißt oder angelötet.

*J.-P. D.*

1 PONS/LACOUDRE 2003, S. 143–145.

### 41 Fragment eines Spiegels

Golmod, Provinz Archangaj, Mongolei, Han-Dynastie, 1. Jh. n. Chr. | Bronze, L 24, 5 cm, B 5,5 cm | Akademie der Wissenschaften der Mongolei, Ulaanbaatar | Inv.-Nr. X-476

Das bogenförmige Spiegelfragment stammt wie die schon beschriebenen Metallobjekte aus dem Fundbereich des Wagens im Grab T 1 in Golmod. Der ursprüngliche Durchmesser wurde auf 27,4 Zentimeter geschätzt, der flache, glatte Außenrand ist 6 Millimeter dick. Er rahmt ein dreieckiges, wesentlich feineres Segment, dessen Dicke zwischen 2 und 2,5 Millimetern variiert und das mit einem Fries von reliefierten Schrägstreifen und Linien verziert ist. Die reflektierende, vollendet polierte Seite weist Abdrücke von organischen Fasern auf, die einen Seidenstoff vermuten lassen. Man zählt bis zu sieben Kettfäden-Abdrücke pro Millimeter.

Die Elementaranalyse und die metallurgische Untersuchung haben diese Bronze als Legierung mit hohem Zinngehalt ausgewiesen (etwa 30% mit 2,5% Blei).[1] Diese ganz traditionelle Zusammensetzung mit geringem Zinkgehalt stimmt mit den für Han-chinesische Spiegel üblichen Werten überein.

Da dieses Fragment mit einem klassischen, in die erste Hälfte des 1. Jhs. datierten Exemplar in Verbindung gebracht werden konnte, hat es sich bei den Grabungen als wertvoller Hinweis für die Datierung erwiesen. Die Tatsache, dass ein Stoff während seiner Zersetzung einen Abdruck seiner Bindung hinterlassen konnte, belegt ganz deutlich, dass das Objekt schon vor der Plünderung eine gewisse Zeit im Grab gelegen hatte. *J.-P. D.*

1 PONS/LACOUDRE 2003, S. 147–150.

### 42 Spiegel

China, Han-Dynastie, 1. Hälfte 1. Jh. n. Chr. | Bronze, Dm 20 cm | Musée national des arts asiatiques – Guimet, Paris | Inv.-Nr. MA 3265

Die ersten Spiegel entstanden in der chinesischen Qijia-Kultur, als man im ausgehenden Neolithikum gerade mit der Metallbearbeitung begonnen hatte. Wie in den symbolischen Bildern auf der Rückseite vieler Spiegel zu erkennen ist, wird der Spiegel mit dem Kosmos und den Himmelskörpern in Verbindung gebracht. In der Han-Dynastie (206 v. Chr. bis 220 n. Chr.) und auch später noch stellte er ein persönliches und kostbares Objekt dar.

Dieser Spiegel hat zwar einen etwas geringeren Durchmesser, doch sein Dekor ist dem des Spiegelfragments, das 2001 im Grab T 1 in Golmod gefunden wurde (Kat.-Nr. 41), sehr ähnlich. Man erkennt den gleichen breiten, flachen Rand und das Band mit kreisförmigen, in Dreiecken angeordneten Linien, das sich aus zwei Schrägstrich-Friesen zusammensetzt. Die Mitte des Spiegels besteht aus acht Bögen und einem flachen kreisförmigen Band, das ein vierblättriges Motiv und den halbkugelförmigen Knauf umgibt. In den Zwischenräumen finden sich mehrere reliefartige Zeichen, die aufgrund der Korrosion zwar schwer zu entziffern, aber als gute Wünsche zu verstehen sind.

Catherine Delacour siedelt den Spiegel zeitlich zwischen dem Spiegel im Gotô-Museum in Tokio aus dem Jahr 6 n. Chr. und dem im Fogg-Museum in Harvard aus dem Jahr 64 n. Chr. an.[1] Für die Funde im Grab T 1 in Golmod stellt er eine wichtige Datierungshilfe dar. *J.-P. D.*

1 DELACOUR 2001, S. 220–222.

41

42

PETER ZIEME

# Die Alttürkischen Reiche in der Mongolei

## Vorbemerkung

In den nördlich von China gelegenen zentralasiatischen Regionen mit ihrem Zentrum in der heutigen Mongolei hatten sich seit dem Altertum nomadische Steppenreiche etabliert, die mit den sie umgebenden Staaten, die auf sesshaften Kulturen basierten, in vielseitige, durch Beutezüge und Tauschhandel charakterisierte Beziehungen traten. In diesem von Wüsten und Steppen dominierten Gebiet bestimmte unter extremen klimatischen Bedingungen die Viehzucht, insbesondere die Pferdezucht, die Lebensweise. Mit der Pferdezucht einher ging, dass die Reitkunst besonders gepflegt wurde – die Erfindung des Steigbügels geht bekanntlich auf asiatische Nomaden zurück. Das Pferd gehört zur nomadischen Kultur wie der Pflug zur sesshaften. Daneben waren viele Nomaden Meister in Handwerkszweigen wie Schmiedekunst und Filzherstellung. Ackerbau gab es, wenn überhaupt, nur in bescheidenerem Ausmaß. Neben dem Pferdehandel blühten andere Zweige des Austauschs, die auch für die Chinesen von großer ökonomischer Bedeutung waren – doch auch Beutezüge waren an der Tagesordnung.

Mit dem Erstarken nomadischer Stammesverbände und der Bildung von riesige Gebiete umspannenden Nomadenreichen seit dem 3. Jahrhundert v. Chr. wie dem der Xiongnu[1] erachteten es die chinesischen Herrscher als notwendig, ihr Imperium durch den Bau einer Großen Mauer gegen die nördlichen Barbaren abzugrenzen. Militärisch überlegen waren Clans oder Stammesverbände, die von einem starken Khan geführt wurden, doch erst im Laufe mehrerer Jahrhunderte entwickelte sich die Taktik kurzer Überfälle zu einer längerfristigen Eroberungspolitik, die unter Činggis Khan und Qubilai Khan kulminieren sollte. Das militärisch und wirtschaftlich so geprägte Verhältnis von Nomaden und Sesshaften ist für lange Perioden der zentralasiatischen Geschichte zweifellos bestimmend gewesen.

Zu diesen Steppenreichen zählten die Alttürkischen Reiche, die sich seit der Mitte des 6. Jahrhunderts auf dem Gebiet der heutigen Mongolei etablierten. Zahlreiche materielle Quellen zur Geschichte und Kultur dieser Reiche konnten durch die archäologische Forschung erschlossen werden, hierzu gehören Felszeichnungen, Grabanlagen, Kunstdenkmale, Inschriften und viele andere Funde.[2] Schriftliche Quellen zur Geschichte der Alttürkischen Reiche sind v. a. Werke der chinesischen Historiographie.[3] Neben den offiziellen Dynastiegeschichten gibt es spezielle Berichte über die »Fremdstaaten«, v. a. über die Nomadenreiche im Norden und Nordwesten Chinas. Für einige historische Ereignisse im Westtürkischen Reich sind auch byzantinische Quellen wertvoll, eher summarisch berichten islamische Historiker.

Für nomadische Verhältnisse einzigartig sind die turksprachigen Inschriften, die von den Khanen und anderen Würdenträgern für die Lesekundigen in Stein gemeißelt wurden. Die berühmten Inschriften auf Steinstelen aus dem Orchontal in der Mongolei (in der Nähe von Karakorum) stammen aus der ersten Hälfte des 8. Jahrhunderts. Einige Runeninschriften aus Sibirien waren bereits im 17. Jahrhundert bekannt, zu lesen aber begann man die Schrift erst Ende des 19. Jahrhunderts: Die äußerst schwierige Entzifferung dieser so genannten »Runenschrift« (vgl. Kat.-Nr. 43) gelang 1892 dem dänischen Sprachforscher Vilhelm Thomsen. Im Wettlauf mit dem Turkologen Wilhelm Radloff, der zur selben Zeit in Sankt Petersburg die Abklatsche der Inschriften studierte, wurden die Texte in schneller Folge transkribiert und übersetzt.[4] Seit ihrer Entzifferung ist die Suche nach neuen Inschriften und ihre Erklärung ein spannendes Forschungsgebiet. Diese Inschriften sind einzigartige Quellen, die nicht nur die Namen von Herrschern – Kaganen[5] –, Prinzen und anderen Würdenträgern überliefern und v. a. über ihre Feldzüge berichten, sondern auch einiges über ihre Gedankenwelt aussagen. Bevor jedoch zu Anfang des 8. Jahrhunderts diese berühmten Inschriften vom Orchon in Runenschrift verfasst wurden, schrieb man in sogdischer Schrift, derer sich die mitteliranischen Sogder bedienten. Die Sogder, die im 1. Jahrtausend die führende Position im interkontinentalen Handel auf den durch Zentralasien verlaufenden Seidenstraßen innehatten, standen im Dienst der ersten türkischen Kagane und verwendeten selbstverständlich ihre eigene Schrift und Sprache. Die früheste Inschrift, die vom

Einfluss der Sogder kündet, ist die berühmte Stele aus Bugut, die auf einer steinernen Schildkröte steht[6], sie trägt neben einer sogdischen Inschrift einen noch unentzifferten Text in Brāhmī-Schrift. Folgt man dem heutigen Verständnis des sogdischen Textes, so ist davon auszugehen, dass er dem Prinzen Mahan Tegin gewidmet ist. Die Inschrift bestätigt, dass im Türkischen Reich anfänglich iranische Elemente dominierten. Die meisten Namen des Herrscherhauses sind iranischen Ursprungs, während Herrschertitel wie Kagan, Tegin oder Šad und Yabgu vermutlich auf frühere Nomadenreiche zurückgehen.

Von Interesse sind schließlich die türkischen Ursprungslegenden, denn sie sprechen dafür, dass nicht alles iranisch geprägt war. Auch wenn die Herrscherschicht iranisch beeinflusst gewesen sein mag, die Herkunftslegenden zeigen im Kern, dass die türkischen Stämme aus dem Altai kamen und als Nomaden in den mongolischen Steppen lebten.

Die chinesischen Historiker haben verschiedene Legenden über den Ursprung der Türk überliefert. Der einen Legende zufolge waren die Türk unter dem Namen Ašina ein besonderer Stamm der Xiongnu, die als eine starke Konföderation nomadischer Stämme vom 4. Jahrhundert v. Chr. bis in das 2. Jahrhundert n. Chr. Chinas gefährlichster Widersacher waren. Sie waren selbständig, wurden aber später von einem Nachbarstaat vernichtet – bis auf einen zehnjährigen Jungen wurde die ganze Bevölkerung getötet. Die fremden Soldaten töteten den Jungen aus Mitleid nicht, hackten ihm aber Arme und Füße ab. Eine Wölfin zog ihn auf. Später paarte er sich mit der Wölfin, die jedoch aus Furcht vor einem fremden Herrscher fliehen musste. In den Bergen nördlich von Gaochang gebar sie zehn Jungen, von denen jeder zum Anführer eines Stammes wurde. Der führende dieser Stämme hatte den Namen Ašina übernommen. Nach einigen Generationen kamen sie aus ihrer Höhle und unterwarfen sich den Ruanruan[7], denen sie als Schmiede dienten[8]. Eine andere Überlieferung besagt, dass die Türk von den Suo abstammen, einem Stamm, der nördlich von den Xiongnu siedelte. Ihr Ahnherr Abangbu hatte 17 Brüder. Einer von ihnen, Yizhinishidu, wurde von einer Wölfin zur Welt gebracht. Sein vierter Sohn brachte anderen Volksgruppen des Abangbu das Feuer, wofür diese ihn zum Oberhaupt mit dem Titel Tujue (Türk) erwählten.

In beiden Legenden steht eine Wölfin als Stammesahnfrau im Mittelpunkt, und so erklären sich Wolfsdarstellungen wie beispielsweise auf der Stele von Bugut.

## Das Erste Türkische Reich

Der in den chinesischen Quellen als Tujue bezeichnete Stamm zählte in der ersten Hälfte des 6. Jahrhunderts zu den zahlreichen Stämme des Ruanruan-Reiches. Unter der Führung von Bumïn[9] erhoben sich die Tujue und begründeten im Jahr 552 ein neues bedeutendes Nomadenreich, das aus innerer wie auch aus äußerer Sicht eine neue Stufe nomadischer Herrschaft einleitete: das Alttürkische Reich unter Bumïn und Istämi (Ištämi). Während fest steht, dass die Begriffe Tujue und Türk dasselbe bezeichnen, bestehen über Herkunft und Bedeutung des Wortes *türk* Kontroversen. War ursprünglich *türk* eine eher politische Bezeichnung für den Adel[10], so formte sie sich recht bald bei den Nachbarn wie auch bei den Türken selbst zu einer Stammesbezeichnung.

Bumïn, der Gründer der neuen Stammesföderation, starb schon Anfang 553. Das Reich wurde in eine West- und eine Osthälfte geteilt, doch hatten die Osttürken die Vormachtstellung. Das Zentrum des Ostreichs war der Ötükän, das Changai-Gebirge, das auch in religiöser und gesellschaftlicher Hinsicht von Bedeutung war. Wichtig waren für die Osttürken die Beziehungen zum chinesischen Kaiserreich, dem seinerseits die Abhängigkeit vom Wohlwollen der Nomadenherrscher häufig bewusst war. Militärische Auseinandersetzungen wechselten mit Handels- und Tauschbeziehungen ab. Es gab einen regen Austausch von Gesandten, Heiraten zwischen den Herrscherhäusern und diplomatische Korrespondenzen.

Die berühmten Orchon-Inschriften von Bilgä Kagan und Köl Tegin, die erst in den 30er Jahren des 8. Jahrhunderts entstanden, blicken auf die glorreiche Vergangenheit des Ersten Türkischen Reiches zurück, wenn es heißt: »Als oben der blaue Himmel und unten die Erde geschaffen wurde, wurden zwischen beiden die Menschenkinder geschaffen. Über die Menschenkinder saßen meine Vorfahren Bumïn Kagan und Ištämi Kagan als Herrscher. Sie organisierten und regierten den Staat [el] und die Einrichtungen [törö] der Türk und des Volkes. In den vier Himmelsrichtungen waren viele Feinde. Sie [meine Vorfahren] führten Feldzüge und eroberten die Völker in den vier Richtungen und befriedeten sie. Sie veranlassten Kopfhabende, sich zu beugen, und Kniehabende, auf die Knie zu fallen.«[11]

Nach Bumïns Tod 553 gelangten nacheinander drei seiner fünf Söhne zur Regentschaft. Unter Mugans 20-jähriger Herrschaft (552–72) erstarkte das Reich im Osten. Auch der nachfolgende Kagan Tatpar (reg. 572–81) konnte das Reich noch zusammenhalten. Mit seinem Tod traten Streit und Unruhe in der obersten Herrscherschicht auf.

Das Westtürkische Reich unter der Führung von Ištämi Kagan (reg. 552–75), dessen Hauptsitz im heutigen Xinjiang, der Autonomen Uigurischen Region im äußersten Westen Chinas, lag, grenzte an das persische Sasanidenreich. Die Beziehungen zwischen Iran und dem im Norden angrenzenden, riesigen und von vielen nomadischen wie auch sesshaften, sowohl iranische als auch nichtiranische

Sprachen sprechenden Völkern bewohnten Turan waren v. a. ein Thema der iranischen Überlieferung – in historiographischen Aufzeichnungen und, mehr noch, in Legenden.

Die wichtige welthistorische Rolle des Türkischen Reiches ist auch dadurch dokumentiert, dass Staatsoberhäupter aus Ost und West an Trauerfeierlichkeiten für verstorbene Kagane teilnahmen. Für die byzantinischen Herrscher waren die Westtürken als Verbündete gegen die Sasaniden von immenser Bedeutung. Lebhafte Schilderungen über die byzantinischen Gesandtschaften in der im Ektag nördlich von Kuča gelegenen westtürkischen Residenz sind überliefert. Der Seidenhandel, die Feindschaften der Westtürken mit anderen Völkern und auch die Feindseligkeiten zwischen den Sasaniden und Byzanz brachten die Westtürken seit der Reise des Gesandten Maniach – eines Sogders im Dienste des westtürkischen Kagan – nach Konstantinopel, wo er von Kaiser Justinian 567 empfangen wurde, in den Fokus der Weltgeschichte. Waren auch die Sogder – ein von der Sogdiana in Mittelasien mit den Zentren Samarkand und Buchara sich bis nach China ausbreitendes iranisches Volk – auf den zentralasiatischen Seidenstraßen die Händler par excellence – die Einflussnahme der türkischen Herrscher auf den Handel muss beträchtlich gewesen sein.

Ištämis Nachfolger war Tardu (reg. 575–603), der um 582 eine Politik der Loslösung vom Ostreich einleitete. Ermuntert dazu wurde er vom Kaiser der chinesischen Sui-Dynastie (581–618). Die chinesische Politik sah in der Spaltung ein probates Mittel, die Macht der Türken gering zu halten.[12] Tardu war verärgert, als sich die Byzantiner mit den Awaren verbündet hatten. Es kam sogar zu Kampfhandlungen gegen die Byzantiner, dennoch zog Tardu auch gegen die Sasaniden, 588/89 sogar bis Herat. So geriet Nordafghanistan unter türkische Kontrolle. Der berühmte chinesische Pilgermönch Xuanzang berichtet 630, dass dort ein Angehöriger des westtürkischen Kaganats regierte. Tardu sagte sich 584 vom osttürkischen Kagan los und verbündete sich mit der chinesischen Sui-Dynastie. Unter den folgenden Kaganen, deren Namen nur aus chinesischen Quellen bekannt sind, konnte China seinen Einfluss verstärken. Tong Yehu (reg. 618–30) gelang es noch einmal, das Reich auszudehnen, so dass es sich nun vom Altai bis zum Kaspischen Meer erstreckte. Nach Xuanzang hatte Tong Yehu auch Interesse am Buddhismus. In dem von Xuanzangs Schülern und Nachfolgern verfassten Bericht über dessen Reise und Leben wird der Kagan sehr lebendig beschrieben: Er trug einen Mantel aus grünem Satin und hatte ein Seidenband um den Kopf geschlungen. 200 in Brokatmänteln gekleidete Offiziere umgaben ihn. Sein Reichtum an Pferden, Kamelen und fähigen Truppen war angeblich unermesslich. Alles in allem war der Empfang bei Tong

eine eindrucksvolle Zeremonie.[13] Nach Tongs Tod gelang es den Chinesen 657, westtürkische Reichsteile in Protektorate zu verwandeln. 659 erfolgte die endgültige Einverleibung in den chinesischen Staat, und damit war das Schicksal des Westtürkischen Reichs besiegelt.

## Das Zweite Türkische Reich

Es folgte eine Periode der Sinisierung und der Drangsal, in der die Oberherrschaft Chinas vollkommen schien, bis es 679 zu einem ersten Aufstand kam. Nachdem die Aufstände zwei Jahre lang niedergeschlagen worden waren, setzte sich Kutlug (chin. Guduolu) aus dem Ašina-Clan an die Spitze, dem 683 die Wiederherstellung der Souveränität gelang und der hinfort Elteriš (»Reichssammler«) genannt wurde. Im Laufe der folgenden Jahre stellte er das Türkische Reich in seinen alten Grenzen wieder her, um anschließend auch Raubzüge auf chinesisches Gebiet zu unternehmen. Diese Renaissance wird in der 726 entstandenen Inschrift des Ministers Tonyukuk am Orchon wie folgt dargestellt: »[Die Türk] gaben ihren Kagan auf und ergaben sich den Chinesen. Der Himmel sprach: Ich hatte euch einen Kagan gegeben, aber ihr habt ihn aufgegeben. Als Strafe führte der Himmel den Tod der Türk herbei. Die Türk wurden getötet. [...] Die in der Wildnis überlebt hatten, kamen zusammen und zählten 700. Zwei Drittel waren beritten, ein Drittel zu Fuß. Der die 700 führte, war ein Šad. Folgt mir, sagte er. Ich, der weise Tonyukuk, war es, der ihm ohne Zögern folgte.«[14] Der Minister, der sich in der zitierten Inschrift verewigte, hatte eine chinesische Erziehung genossen, ohne jedoch die eigenen Wurzeln zu vergessen. Er erkannte, dass die Türken ohne eine Wiederbesinnung auf ihre alten, nomadisch geprägten Traditionen keine Chance gegen die Chinesen hatten. Seine Mahnung an die Kagane und an alle Türk-Stämme, nicht dem vom Luxus geprägten Lebensstil der Chinesen zu folgen, kommt in seiner Inschrift deutlich zum Ausdruck.

Die lange Herrschaftszeit von Kutlugs Nachfolger Kapgan Kagan (reg. 691–716) war eine Blütezeit mit wiederholten Eroberungs- und Unterwerfungs-Feldzügen. Der Kagan mischte sich sogar in die chinesische Politik ein, als er sich zum Beschützer des jungen Herrschers der Tang-Dynastie (618–907) gegen die Kaiserinwitwe aufschwang. Die chinesisch-türkischen Beziehungen waren in dieser Zeit äußerst widersprüchlich. 699 verleibte Kapgan dem Reich auch das westtürkische Gebiet wieder ein, das jedoch 714 erneut unter chinesische Kontrolle geriet. Nach einer kurzen Schwächephase, in die auch der Tod Kapgans (716) fiel, erstarkte das Reich erneut, als Köl Tegin (Kat.-Nr. 44) und sein älterer Bruder Bilgä Kagan (vgl. Kat.-Nr. 45 ff.) auf den Plan traten. Den Thron überließ Köl Tegin dem älteren Bruder,

der als »Weiser Kagan« bis 734 herrschte. Köl Tegin war bereits 731 verstorben. Mit der islamischen Expansion in Mittelasien wurden die Westgrenzen zunehmend unsicherer, aber im Osten, also auf mongolischem Territorium, blieb zunächst alles beim Alten. Die Nachfolger von Bilgä Kagan konnten das Reich nicht mehr zusammenhalten. Kutlug Yabgu, der den jungen Täŋri Kagan töten ließ, fiel in den Kämpfen mit den Stämmen der Uiguren, Karluk und Basmıl. So zerfiel das Reich infolge der inneren Schwäche und der Bedrohung von außen.

Über die religiösen Verhältnisse im Ersten und Zweiten Türkischen Reich ist nicht viel bekannt. Angesichts der Quellenlage lassen sich keine genauen Angaben zu den tatsächlich ausgeübten Religionen machen. Schamanistische und totemistische Vorstellungen sind allenfalls aus Andeutungen zu erschließen. Die Verehrung des Himmels/Gottes (alttürk. *täŋri*), der in sämtlichen Inschriften Ausdruck verliehen und die auch von den chinesischen Quellen bestätigt wird, lässt auf eine in der Wissenschaft als Tängriismus bezeichnete religiöse Anschauung schließen. Buddhismus, Manichäismus, Zoroastrismus und Christentum fanden über die Seidenstraße Eingang in die Gedankenwelt der alten Türken. Auch wenn die Stelle in der Bugut-Inschrift über die Gründung einer buddhistischen Gemeinde heute anders interpretiert wird[15], kann man von einer gewissen buddhistischen Anhängerschaft bei den Türken, zumindest in den oberen Schichten, ausgehen. Die Grundstruktur des Reiches war von der nomadischen Denkweise geprägt, doch fielen neue Gedanken zweifellos auf fruchtbaren Boden, zumindest in den Kreisen der Herrscherschicht. Mit dem Buddhismus waren die Tujue, wie auch schon früher die Ruanruan, verschiedentlich in Berührung gekommen, doch waren es allenfalls Mitglieder der genannten Kreise, die wirklich Buddhisten wurden. 574 fand der buddhistische Mönch Jinagupta Zuflucht bei Tatpar Kagan, dessen Neigung zum Buddhismus so weit ging, dass er buddhistische Klöster bauen ließ. Der chinesische Kaiser beauftragte Liu Shiqing mit der Übersetzung des *Mahāparinirvāṇasūtra* (das die letzten Tage des Buddha und sein Eingehen in das Nirvāṇa beschreibt) in die Sprache der Tujue, um diese dem Kagan zu schenken. Was nun die alttürkischen Inschriften betrifft, so weisen sie einige Wörter indischer Herkunft auf wie *mahārāja* (Großkönig), doch gibt es keine direkten Hinweise auf den Buddhismus. Ähnlich ist es mit dem Christentum, wenngleich man bei der folgenden Passage der Köl Tegin-Inschrift schon gewisse Anklänge an biblische Gedanken finden kann: »Weil der Himmel *[täŋri]* gnädig ist, weil ich Segen *[kut]* habe, weil ich Anteil *[ülüg]* habe, habe ich das sterbende Volk belebend gepflegt, habe ich das nackte Volk mit Kleidung versehen, habe ich das arme Volk reich gemacht, habe ich das geringe Volk zahlreich gemacht, [...] habe ich

die Völker in den vier Himmelsrichtungen alle befriedet und feindlos gemacht. Alle gehorchen mir.«[16] Wird man im ersten Teil des Zitats an Psalm 105:10 – 15[17] erinnert, zeigt der zweite Teil, dass es dem Kagan allein um Macht und noch mehr um Machtdemonstration ging, die er zum Zusammenhalt so vieler Länder und Clans dringend benötigte.

Diese auf einer Schildkröte stehende Inschriftenstele ist Teil der 732 errichteten Gedenkstätte für Köl Tegin, ein beeindruckendes Beispiel für die während des Türkischen Reiches entstandenen Memorialanlagen, für die, wie die Inschriften selbst berichten, Handwerker aus China geholt wurden. Zu dieser Grabanlage gehören kilometerlange Reihen von Balbal-Steinen (Darstellungen getöteter Feinde), steinerne Schildkröten, von denen eine die Inschriftstele trägt, verschiedene Statuen und in der Mitte der Anlage ein Tempel. Im Inneren des Heiligtums fand man zwei wertvolle Statuen, Köpfe des Köl Tegin und seiner Gattin aus weißem Marmor. In einer Höhle entdeckte man einen weiteren Kopf des Köl Tegin mit einer fünfeckigen Tiara und einem heraldischen Vogel (Kat.-Nr. 44).[18]

## Das Uigurische Reich

Nach der Auflösung des Türkischen Reichs und der Flucht des Ašina-Clans nach China entstand ein Machtvakuum, das die Uiguren füllen sollten. Dieser Stamm spielte schon im 7. Jahrhundert eine gewisse Rolle, verfügte jedoch nicht über einen Kagan mit absolutem Herrschaftsanspruch. Als eine Föderation von neun Clans (Stämmen) waren die Uiguren den Chinesen zunächst unter dem Begriff »Neun Stämme« bekannt. Der *uygur*-Stamm war einer dieser neun Stämme, der später zur übergreifenden Bezeichnung für alle wurde. Wegen der engen Verflechtung mit der chinesischen Politik sind die Berichte über das Uigurische Reich bei den chinesischen Historikern besonders ausführlich, hinzu kommen als wichtige Quellen drei nach ihren mongolischen Fundorten Tez, Terch und Šine usu benannte Runeninschriften, die über die Geschehnisse bis 759 berichten und, was hervorzuheben ist, dabei sogar an die Zeit der frühen türkischen Kagane wie Bumın erinnern.

Im Jahr 744 griffen die Uiguren, vereint mit anderen Stämmen, die Osttürken an, töteten ihren letzten Kagan Ozmıš und vernichteten so endgültig das Reich der Türken. Der erste uigurische Kagan war Kutlug Bilgä Köl Kagan (»Gesegneter, weiser, eminenter Kagan«).[19] Er sandte den Kopf des Basmil-Herrschers, seines früheren Verbündeten, nach China und erreichte so seine Anerkennung als Kagan seitens des chinesischen Kaiserhauses. Nach der Zerschlagung der Türken gestaltete sich der Anfang des Uigurischen Reichs dramatisch. Kutlug Bilgä Köl Kagan starb 747, und es folgte sein ältester Sohn El Etmiš Bilgä Kagan (»Weiser Kagan, der das Reich errichtet hat«), wie er in den uigurischen Inschriften heißt. Er stärkte die Macht der Uiguren insbesondere dadurch, dass er der chinesischen Tang-Dynastie bei der Niederschlagung der von An Lushan geführten Rebellion (755–63) militärische Dienste leistete. Wenn auch die Chinesen den Aufstand schließlich niederschlagen konnten, nutzten die uigurischen Kagane ihre Position gegenüber China aus. Der zweite Sohn, Bögü, folgte dem 759 verstorbenen Bruder. Wie sein Vorgänger half auch Bögü Kagan den Chinesen und reiste 762 selbst nach China.

Auch im Reich der Uiguren nahmen Sogder wichtige Positionen ein. Bereits Ende der 750er Jahre kam es zu Kontakten des uigurischen Kagans Bögü mit sogdischen Manichäern, und kurz darauf wurde der Manichäismus zum ersten und einzigen Mal in der Geschichte zur Staatsreligion erklärt. Diese Aufnahme des Manichäismus war ein entscheidendes und religionshistorisch bedeutsames Ereignis, weil die Religion auf diese Weise in den manichäischen Gemeinden der von Uiguren regierten oder beschützten Gebiete Zentralasiens eine bis zum Anfang des 11. Jahrhunderts andauernde Blütezeit erleben konnte.[20]

Im Jahre 779 wurde Bögü von Tun Baga, seinem Hauptminister, ermordet, der eine antisogdische und prochinesische Periode einleitete. Nach 789 kam es zum Wiedererstarken des sogdischen Einflusses. Die Macht lag in den Händen des namentlich nicht bekannten Hauptministers (el ügäsi), der den jungen Kutlug Bilgä Kagan (»Gesegneter, weiser Kagan«) vertrat. Letzterer starb aber bereits 795, und unter dem vormaligen Minister, der sich nun Täŋridä Ülüg Bulmıš Alp Kutlug Ulug Bilgä Kagan (»Vom Himmel den Segen empfangen habender, tapferer, gesegneter, großer, weiser Kagan«) nannte, begann eine neue Blütezeit.

Das Reich hatte eine ähnliche Ausdehnung wie das der Türken, zumindest was die Ostausdehnung betrifft. Aber auch nach Westen hin gehörten die meisten Städte des Tarim-Gebiets zum Einflussbereich des Kagans. Die Hauptstadt wurde am Orchon errichtet, sie wurde Ordu Balık genannt. Dort wurde eine dreisprachige Inschrift (chinesisch, sogdisch und uigurisch-türkisch) gefunden, die berühmte Karabalgasun-Inschrift aus der Zeit des uigurischen Kagans Ay Täŋridä Kut Bulmıš Alp Bilgä (»Der vom Mondgott den Segen empfangen habende tapfere Weise«), der von 808 bis 821 regierte.

Doch schon unter seinem Nachfolger wurden Zeichen des Niedergangs sichtbar: Von 813 bis 820 konnten die Tang z. B. die Forderungen der Uiguren nach einer chinesischen Prinzessin als Braut für den Kagan abschlagen. In den folgenden Jahren äußerte sich die Schwäche in zahlreichen Intrigen, und von außen verstärkten die Kirgisen den Druck.

## Die Zeit nach 840

Als um 840 kirgisische Stämme das Reich der Uiguren vernichteten, zogen die uigurischen Stämme nach Süden und Südwesten, wo sie in der Folgezeit neue Reiche begründeten, von denen das Westuigurische Reich von Qočo ab der Mitte des 9. Jahrhunderts bis in die Yuan-Zeit (1272–1368) eine eigenständige Rolle spielen sollte. Durch die Akkulturation an die bestehenden Kulturen der zentralasiatischen Oasenstaaten entlang der nördlichen Seidenstraße kam es zu einer außerordentlichen Blüte von Kultur, Literatur und Religion, v. a. in den Städten der Turfan-Oase.

## Nachbemerkung

Das erste Millenium nach Christus wurde in Asien nicht nur von den großen Kulturen der sesshaften Völker geprägt, vielmehr spielten auch die Nomadenreiche eine überaus wichtige Rolle. Die welthistorische Bedeutung der Türkischen Reiche ist v. a. darin zu sehen, dass durch die gewaltige Ausdehnung ihres Reiches die wirtschaftlichen und geistigen Kontakte auf den China und Rom verbindenden Seidenstraßen intensiviert wurden. Das Uigurische Steppenreich, das im Großen und Ganzen eine Fortsetzung der Türkischen Reiche war, konnte in seiner ständigen Auseinandersetzung mit China während seiner Glanzzeit eigene Akzente setzen. So konnte der Kagan beispielsweise mit der Übernahme des Manichäismus als Staatsreligion gegenüber China, wo diese von den Sogdern übermittelte Religion zwar geduldet wurde, aber keine kaiserliche Förderung genoss, ein Zeichen seiner Macht setzen.

Literatur: AALTO/PEKKANEN 1975, 1980; BARTOL'D 1963; BECKWITH 1987; BREGEL 1991; CHAVANNES 1903; DE GROOT 1921, 1926; DOERFER 1967; DOERFER 1987; ECSEDY 1968; ECSEDY 1972; GOLDEN 1992; GUMILEV 1999; HAMILTON 1955; KAMALOV 2001; KLEIN 2000; KLJAŠTORNYJ 2003; KLJAŠTORNYJ/LIFŠIC 1972; LI 1995; LIU 1958; MORAVCSIK 1958; MORIYASU 2004; NOVGORODOVA 1980; ROEMER 2000; RYBATZKI 1997; SCHARLIPP 1992; SIMS-WILLIAMS 1996; SINOR 1990; SMYLES 2002; TEKIN 1968; TEZCAN 1991; THOMSEN 1924; TRYJARSKI 2001; VÁSÁRY 1999; YOSHIDA/MORIYASU 1999; ZIEME 2001; ZUEV 2002

1 DE GROOT 1921, 1926. Siehe auch den Beitrag von Jean-Paul Desroches in diesem Katalog.

2 NOVGORODOWA 1980.

3 LIU 1958.

4 THOMSEN 1924. Heute gilt die Edition von Talat Tekin im Großen und Ganzen als zuverlässig, doch bestehen immer noch zahlreiche Interpretationsprobleme en détail.

5 In diesem Beitrag wird der Terminus *kagan*, der in den alttürkischen Inschriften genannt wird, statt dem des *khan* verwendet. Auch die anderen Namen werden nach der alttürkischen Schreibweise transkribiert.

6 KLJAŠTORNYJ/LIFŠIC 1972.

7 Ruanruan war der Name der bisweilen mit den späteren Awaren gleichgesetzten Stammesföderation, die vor den Türk die Steppenherrschaft innehatte.

8 Der Bezug auf die Höhlen (als Bergwerksminen) und die Angabe, dass die Türken den Ruanruan als »Schmiede« dienten, wird dahingehend gedeutet, dass die Eisenproduktion bei den Türken stark verbreitet war, vgl. SINOR 1990, S. 296. Der chinesische Pilgermönch Xuanzang erwähnt in seinem Reisebericht, dass der westtürkische Herrscher ein Eisenbett (statt des üblichen Holzbetts) besaß.

9 In den chinesischen Quellen trägt er den Namen Tumen.

10 TEZCAN 1991. Die in der Türkei noch immer gängige Bezeichnung *kök türk* »blaue Türken« (türkeitürkisch: *Göktürk*) geht auf einen unklaren Beleg in den Inschriften selbst zurück, so dass sie wissenschaftlich zu vermeiden ist.

11 Köl Tegin-Inschrift, Ostseite, Z. 1/2.

12 Nicht nur das Säen von Zwietracht unter den türkischen Gruppen, auch die Spaltung zwischen Türken und anderen Völkern war ein erklärtes Ziel chinesischer Politik. So schreibt z. B. Pei Ju, ein hochrangiger Beamter des chinesischen Kaisers Sui Yangdi (605–16), der mit der Inspektion der »Barbaren« beauftragt war: »Die Tujue sind eigentlich schlicht und unkompliziert, und man kann Zwietracht zwischen ihnen säen. Leider leben viele Hu[-Barbaren] unter ihnen, die boshaft und gerissen sind und sie belehren und leiten« (zit. nach SCHARLIPP 1992, S. 33).

13 LI 1995, S. 42.

14 Tonyukuk-Inschrift, Westseite, Z. 2 – 5.

15 Das sogdische *snk* ist aus dem sanskritischen *saṃgha* »(buddhistische) Gemeinde« hervorgegangen. Hier jedoch ist *snk* mit »Stein« zu übersetzen, vgl. YOSHIDA/MORIYASU 1999, S. 123: »Kings of the Turkish Ashinas tribe have established [this] stone of law« (Bugut-Inschrift, Z. 1).

16 Köl Tegin-Inschrift, Ostseite, Z. 29/30.

17 Vgl. ZIEME 2001, S. 114.

18 TRYJARSKI 2001, S. 275–277.

19 Wie bei den Türken erhielten die Kagane beim Herrschaftsantritt einen komplexen Thronnamen, dessen Elemente, wie im Falle des soeben erwähnten Namens, religiös-heldenhafte Herrschaftstermini waren.

20 MORIYASU 2004.

DOVDOI BAYAR

# Gedenkstätten und Steinskulpturen der Alttürkischen Zeit

Die aus dem Westen des Altai-Gebirges stammenden Alttürkischen Völker spielten im 6./7. Jahrhundert in der Geschichte Zentralasiens eine beherrschende Rolle. Auf dem Gebiet der heutigen Zentralmongolei war Mitte des 6. Jahrhunderts das Osttürkische Reich entstanden, dessen Denkmäler noch heute von einer nicht zuletzt in Architektur und Skulptur hoch entwickelten Kultur künden. Große Gedenkstätten, Gräber und Steinskulpturen für die berühmten Herrscher und Feldherren haben sich an den Flüssen Orchon, Tuul, Selenge und Delger und in der Umgebung der Flüsse Ider und Chanuj erhalten.

## Die Gedenkstätten

Während die Alttürkischen Völker ihre Verstorbenen an *einem* Ort begruben, hielten sie die Rituale und Zeremonien für das Seelenheil der Verstorbenen im Jenseits an *anderer* Stelle ab: Bei diesen früher fälschlicherweise als Gräber bezeichneten Gedenkstätten unterscheidet die Forschung »einfache« Gedenkstätten und solche für die Adligen, wobei die Bedeutung der Erinnerten sich in der unterschiedlichen Größe und Struktur dieser Memoriale widerspiegelt. Gemeinsam ist beiden Gruppen, dass ein rechteckiges Areal architektonisch eingefasst und östlich von ihm eine Steinskulptur aufgestellt wurde. Von dieser Skulptur führt eine Reihe aus Balbal-Steinen in Richtung Sonnenaufgang.

Bei einfachen Gedenkstätten bilden aneinander gereihte, unbearbeitete längliche Steine, die 10 bis 30 Zentimeter aus dem Boden herausragen, eine rechteckige Einfriedung mit einer Seitenlänge von 80 Zentimetern bis zu 6,40 Metern. Sie wurde mit Erde oder Steinen gefüllt. Die Steinstatue auf ihrer Ostseite kann nur aus einer einfachen Steinsetzung bestehen, an die sich die Balbal-Steine anschließen. Solche Gedenkstätten sind nicht nur in der Mongolei und hier v. a. in dem großen Gebiet zwischen dem Mongolischen Altai und dem Chentij-Gebirge häufig, sondern auch in der Russischen Föderation, wo man sie insbesondere im an die Mongolei angrenzenden russischen Teil des Altai-Gebirges findet. Es fehlen Anzeichen dafür, dass hier Tote be-

stattet wurden, jedoch entdeckte man bei den Ausgrabungen Tierknochen v. a. von Schafen und Pferden, Baumstümpfe, Kohle- und Aschespuren sowie Gebrauchsgegenstände. Im Altai fand man vor der Steinstatue gelegentlich Gefäße aus Silber oder anderen Materialien. Diese Funde und die noch heute bei den turkstämmigen Nomaden verbreiteten Kulthandlungen deuten darauf hin, dass es sich bei diesen Anlagen um Stätten handelt, an denen man der Toten gedachte und Opferrituale durchführte.

1 Steinstele in der Gedenkstätte des Köl Tegin

Ein zentrales Element der sehr viel größeren und aufwendiger gestalteten Gedenkstätten der Adligen sind vier große, zu einem Rechteck zusammengefügte Steinplatten, die durch einen flachen Stein mit einer mittleren Öffnung abgedeckt wurden. Ihre Oberflächen sind poliert und reich ornamentiert, häufig mit Fischgrätmustern oder Tier- und Pflanzenornamenten. In vielen Fällen wurden auch die Ecken dieser Gevierte sorgsam bearbeitet. Um sie herum haben sich Teile von Einfriedungen, Lehmmauern und Entwässerungsgräben, erhalten. In deren Innerem fand man häufig Reste von Ziegelsteinen und Dachziegeln – offenbar stand hier auch ein Gebäude, ein Tempel, kleine Menschen- und Tierfiguren aus Stein wie auch Statuen mit Inschriften. Die Steinfiguren außerhalb dieser Anlagen sind sorgfältig gearbeitet, und die Anzahl der Balbal-Steine kann in die Hunderte gehen.

Diese großartigen Gedenkstätten für Herrscher und Adlige sind im gesamten Gebiet des ehemaligen Alttürkischen Reichs verbreitet, insbesondere im Gebiet von Changaj- und Chentij-Gebirge in der heutigen Zentralmongolei. Die mit zahlreichen Statuen ausgestatteten Gedenkstätten für Bilgä Kagan (gest. 734) und seinen Bruder, den berühmten Feldherren Köl Tegin (gest. 731; Abb. 1; Kat.-Nr. 44), in der Provinz Archangaj sowie für den Minister Tonyukuk in der Nähe von Nalajch (ca. 720) gehören zu den bekanntesten Anlagen. Von großer Bedeutung sind auch die Memoriale für Alp Eletmiš (731/32) in Ongijn gol in der Provinz Övörchangaj, für Kuli Čur (742–45) in Ich Chöšööt in der Provinz Töv und die Gedenkstätte in Šiveet-Ulaan (682/83) im Grenzgebiet zwischen dem Chajrchan (Provinz Archangaj) und dem Bajan Agt (Provinz Bulgan).

## Die Gedenkstätte des Bilgä Kagan

Die seit dem Jahr 2000 durchgeführten mongolisch-türkischen Ausgrabungen der Gedenkstätte des Bilgä Kagan (Abb. 2) haben für diesen Typus des Memorials neue Erkenntnisse erbracht. Die Anlage auf einer Grundfläche von 72 mal 36 Metern wird von einer Lehmmauer umfasst; der Eingang befindet sich im Osten. Das Innere des Areals teilt sich in den Eingangsbereich mit der Inschriftenstele, das Zentrum, in dem einmal der Tempel stand, und den hinteren Bereich mit dem Opferstein.

Rechts und links des Eingangs stehen zwei steinerne Schafe, deren Köpfe abgebrochen sind. Acht Meter weiter westlich stand auf einem Steinsockel in Schildkrötenform eine große Marmorstele mit einer alttürkischen und chinesischen Inschrift – Schildkröte und Stele sind zerbrochen. Um dieses Denkmal herum finden sich Spuren eines Bauwerks aus roten Ziegelsteinen und von einem Ziegelboden, vermutlich eines Tempels.

2 Der Fundort des Schatzes (Bildmitte) zwischen Steineinfassung und Opferstein

3 Der Schatz des Bilgä Kagan

4 Die Gedenkstätte des Bilgä Kagan

In der Mitte der Anlage stand der Haupttempel, der auf einem 16 mal 16 Meter großen und einem Meter hohen Podium aus Lehm errichtet worden war. Viel ist davon nicht erhalten. Aus diesem Tempel stammen vermutlich die beiden Marmorstatuen mit untergeschlagenen Beinen, die Bilgä Kagan und seine Gattin darstellen sollen. Zudem wurden eine stehende und eine sitzende Figur aus bläulichem Marmor gefunden, bei denen es sich um einen Vertrauten und einen Bediensteten handeln mag. Vor dem Tempel lagen das Bruchstück einer weiteren steinernen Statue und die ordentlich aufgereihten Knochen eines ganzen Schafes – ein Zeichen dafür, dass hier noch nach der Zerstörung des Tempels eine Opferzeremonie stattfand.

Weiter westlich wurde ein so genannter Opferstein (Abb. 2), eine große viereckige Steinplatte mit einem Loch in der Mitte, entdeckt. Ein solcher Stein fand sich außerdem nur noch in der Gedenkstätte des Köl Tegin. Möglicherweise wurde er anstelle der aus vier Steinplatten bestehenden Einfassung errichtet, welche die Gedenkstätten anderer Adliger kennzeichnet. Spuren von Opferritualen haben sich auch in der unmittelbaren Umgebung dieses Opfersteins gefunden: Tierknochen, Pferdeköpfe, Tonscherben, Teile von metallenen Gegenständen. 1,7 Meter weiter nördlich wurde ein einmaliger Fund gemacht: eine Einfassung aus vier Steinplatten, die Blumenmuster zieren.

Zwischen dieser Steineinfassung und dem Opferstein wurde 2001 ein Schatz ausgegraben (Abb. 3), dessen bedeutendste Stücke in dieser Ausstellung präsentiert werden: Eine goldene Krone, ein Hirsch aus Silber, kleine Gold- und Silbergefäße für Rituale, Schmuckstücke und andere seltene Kunstwerke. Einige von ihnen wurden offensichtlich absichtlich beschädigt, andere tragen vermutlich rituell bedingte Brandspuren. Die zahlreichen wertvollen Gegenstände scheinen die Überlieferung zu bestätigen, nach der sich nach dem Tod des Bilgä Kagan zahlreiche Menschen versammelten und kostbare Gegenstände als Opfer darbrachten.

## Die Steinstatuen

Statuen in Menschengestalt zählen zu den wichtigsten Elementen der türkischen Gedenkstätten; sie können aus Marmor, Granit, Schiefer, Basalt oder Sandstein bestehen. Allein in der Mongolei sind inzwischen etwa 500 Steinstatuen registriert worden, von denen rund 400 aus der Zeit der Alttürkischen Reiche stammen: Weitere Statuen fanden sich auch in der Russischen Föderation (Autonome Republiken Altai und Tuwa, Republik Chakassien), im chinesischen Chingan-Gebirge und in der Inneren Mongolei sowie in Kasachstan, Kirgisien, Usbekistan, Tadschikistan und Turkmenistan. Über die Bedeutung solcher im Osten der Gedenkstätten errichteten Statuen ist die Forschung geteilter Meinung: Stellen sie den mächtigsten Feind dar, den der Kriegsheld besiegte, oder den Helden selbst, der nun als Denkmal vor der eigenen Gedenkstätte wacht? Die von ihm ausgehende Reihe von Balbal-Steinen führte zu weiteren gegensätzlichen Überlegungen. Die Forschung tendiert jetzt zu der Annahme, dass die Steinstatue für den Kriegshelden und die Balbal-Steine für die von ihm besiegten Feinde stehen bzw. für die Personen, die an seinem Begräbnis teilnahmen.

Die meisten und insbesondere die einfachen Gedenkstätten weisen nur eine Statue auf. Der Dargestellte steht oder sitzt am Rand der Einfriedung, häufig hält er ein Gefäß in der rechten Hand und greift mit seiner linken nach einem Säbel oder Messer. Anders ist es bei den großen Memorial-Komplexen: Hier gibt es häufig mehrere Statuen, die – je nach Rang und Herkunft des Verstorbenen – sehr unterschiedlich sein können. Ein Fürst kann z. B. mit untergeschlagenen Beinen dargestellt sein, er erhielt auch häufig einen Ehrenplatz im Tempel, manchmal sogar gemeinsam mit seiner Gattin, wie es in den Gedenkstätten für Bilgä Kagan und Köl Tegin der Fall ist. Auch treue Gefolgsleute und Bedienstete wurden verewigt und z. B. am Tempeleingang aufgestellt.

Diese Steinstatuen sind eine wichtige Quelle für die Erforschung von Kleidung, Haartracht, Schmuck, Waffen, die Gebräuche und das Aussehen der Angehörigen der alttürkischen Stämme. Sie zeigen die typische Nomadentracht: einen langen Deel (Mantel) mit breitem Kragen und langen schmalen Ärmeln sowie einen Ledergürtel mit Schmuck und mehreren Gehängen. Der Deel ist meist nach links geschlossen, nicht nach rechts, wie chinesische Quellen berichten – möglicherweise ein Zeichen dafür, dass sich im Alttürkischen Reich Stämme mit unterschiedlichen Traditionen vereinigt hatten. An den Gürtel wurde z. B. ein langes Schwert, ein Dolch oder ein flaches rundes Gefäß gehängt. All diese Gegenstände wurden auch in den alttürkischen Grabstätten gefunden. Sie werden zudem durch die sogdischen Wandmalereien von Afrasiab (dem alten Samarkand) und Pendschikent (Tadschikistan) belegt. Auch über die Gesichtszüge der Angehörigen der alttürkischen Stämme geben die Steinstatuen nach Meinung der Forscher Auskunft.

## Die Steinstelen

Ein weiterer zentraler Bestandteil der Gedenkstätten für Adlige an Orchon und Jenissej sind Steinstelen auf einer Schildkröte oder Platte. Sie sind wertvolle Zeugnisse für Sprache und Schrift der alttürkischen Stämme und liefern wichtige Informationen über ihre Religion und Kultur.

Häufig tragen die Stelen eine Inschrift und an ihrer Spitze die Figur eines Drachen. Bereits Ende des 6. Jahrhunderts ist dieser chinesische Einfluss nachzuweisen, wie die Stele von Bugut mit ihrer sogdischen Inschrift zeigt. Dieses Denkmal weist auch darauf hin, dass die türkischen Stämme der chinesischen Kultur zwar aufgeschlossen gegenüberstanden, in sprachlicher Hinsicht dem Persischen der Sogder jedoch näher waren. Chinesische Elemente zeigen auch die Stelen für Bilgä Kagan und Köl Tegin (Abb. 1), an denen offenbar vom Kaiserhof der Tang-Dynastie entsandte Künstler mitarbeiteten. Sie haben zweisprachige Inschriften in chinesischen Schriftzeichen und den für die alttürkischen Völker eigentümlichen Runen. Die Runeninschrift der Stele für Bilgä Kagan wurde, wie ihr Text besagt, von dem Adligen Iollyg Tegin graviert. Inschriften nur aus Runen finden sich in anderen großen Gedenkstätten wie z. B. der für den Minister Tonyukuk. Hier steht die Stele auch auf einer einfachen Steinplatte und nicht auf einer »chinesischen« Schildkröte, das türkische Element kommt stärker zum Ausdruck.

Die Stelen sind auch aussagekräftige Zeugnisse für die religiösen Vorstellungen der damaligen Zeit. Die alttürkischen Stämme hingen dem Schamanismus an, nach dessen Vorstellung die menschliche Welt zwischen dem blauen Himmel oben und der braunen Erde unten anzusiedeln ist. Eine Inschriftenstele versinnbilicht diese drei Bereiche: Der Drache symbolisiert den Himmel, die Inschrift die Welt des Menschen und die Schildkröte das Erdreich. In den Inschriften werden die folgenden Götter genannt: Der Himmelsgott Tängri, die Mutter Ubai, Eir-Sub (die Erde und das Wasser) und der Höllenfürst Erklig.

## Die Balbal-Steine

Die sich in Richtung Sonnenaufgang erstreckenden Reihen aus Balbal-Steinen variieren in ihrer Länge von einem oder zwei bis zu mehreren hundert Steinen, die in der Regel etwa 2 Meter auseinander stehen. Die chinesischen Quellen berichten, dass die Anzahl der Steine den getöteten Feinden eines Kriegshelden entspricht, und auch in den türkischen Inschriften findet sich die Formulierung, dass die Person, der gedacht wird, jemanden »zum Balbal machte«. Die Forschung ging aus diesen Gründen bisher davon aus, dass die Steine die vom Verstorbenen mit eigenen Händen getöteten Feinde verkörpern.

Betrachtet man jedoch die längsten Steinreihen, ist diese Deutung unwahrscheinlich – diejenige an der Gedenkstätte des Köl Tegin hat eine Länge von 2,3 Kilometern, aus denen eine Anzahl von mehr als 1000 Steinen (170 sind noch vorhanden) zu rekonstruieren ist, an anderen Gedenkstätten haben sich 500 bis 600 Steine erhalten. Es ist kaum vorstellbar, dass eine Person so viele Feinde selbst tötete.

Nach anderen Deutungen entsprechen die Steine den Personen, die am Gedenkritual für den Verstorbenen teilnahmen. Jeder einzelne Teilnehmer stellte einen eigenen Stein auf. Weitere Theorien besagen, dass die Steine zum Anbinden der Pferde der an der Zeremonie beteiligten Personen dienten oder dass sie Wegweiser für den Falken sind, in den sich die Seele des Verstorbenen verwandelt, um in eine andere Welt zu fliegen. – In jedem Fall scheinen sie ein Zeichen der Hochachtung darzustellen, die dem Verstorbenen von den an der Gedächtniszeremonie beteiligten Personen erwiesen wurde.

## Die Tierstatuen aus Stein

Steinfiguren von Schafen, Löwen und anderen Tieren finden sich v. a. an den großen Gedenkstätten. Viele von ihnen sind nicht oder nicht mehr am ursprünglichen Ort anzutreffen, so dass der eigentliche Zusammenhang nur schwer nachvollzogen werden kann. Doch befinden sich bei einigen Gedenkstätten, wie der des Bilgä Kagan und der des Köl Tegin, die Statuen von Schafen noch paarweise am Eingang. In der von ihrer Struktur her außergewöhnlichen Gedenkstätte von Šiveet-Ulaan wurden sechs steinerne Schafe gefunden, deren genaue Platzierung allerdings nicht mehr rekonstruierbar ist.

Sowohl das Schaf als auch der Löwe hatten eine symbolische Bedeutung, die einiges über die Weltanschauung der türkischen Stämme aussagt: Das Schaf, das im nomadischen Alltag eine wichtige Rolle spielte, stand für das glückliche Leben im Überfluss. Aus diesem Grund wurden Schafe häufig geopfert, wie zahlreiche Funde belegen.

Der Löwe hingegen lässt sich kaum in das nomadische Leben einordnen. Die Darstellung dieses Tieres zeugt vielmehr von den intensiven Beziehungen der Türkischen Reiche zu anderen Kulturen wie China im Süden und Iran und Byzanz im Westen. Der Löwe war in der Kunst der westasiatischen Kulturen, v. a. im Zweistromland, in Persien und in Ägypten, sehr beliebt und hatte eine große Symbolkraft: Er galt als Sinnbild für Tapferkeit, Größe und Stärke und etablierte sich als solches auch in den weiter östlichen Kulturen bis nach China. Die Nomadenvölker platzierten steinerne Löwenfiguren vor den Tempeln ihrer Gedenkstätten – die ein weniger vergängliches architektonisches Denkmal sind als die Palastjurten, die ihrem nomadischen Lebensstil entsprachen.

## Die Alttürkischen Grabstätten

Den Überlieferungen zufolge war es ursprünglich Tradition, den Leichnam des Verstorbenen zusammen mit seinem Pferd und persönlichen Gegenständen zu verbrennen und die Asche nach einer bestimmten Zeit zu vergraben und den Toten somit zu beerdigen. Doch noch vor der Mitte des 7. Jahrhunderts wandelte sich dieser Brauch: Sämtliche archäologische Untersuchungen im Gebiet des Alttürkischen Reiches belegen, dass die Toten nun direkt bestattet wurden. Die Ausnahme stellen die von dem russischen Forscher A. D. Gratsch entdeckten Grabstätten in der Russischen Autonomen Republik Tuwa dar, wo sich die Asche von Toten fand.

Überall im ehemaligen Alttürkischen Reich findet man Grabstätten, in denen der Verstorbene zusammen mit seinem Pferd bestattet wurde – im Altai- und Sajan-Gebirge, im Minussinsker Becken, in Kirgisien und in Kasachstan. Die Gräber waren zwischen 0,3 und 2,5 Metern tief und mit einem flachen runden Stein abgedeckt, der einen Durchmesser von 2 bis 10 Metern hat. Meistens findet man in einem solchen Grab ein bis drei Pferdeskelette, die Ausgrabung im russischen Balyk-Sook im Altai-Gebirge hat sogar vier Pferde ans Licht gebracht.

Der menschliche Leichnam und die Körper der Pferde waren durch eine steinerne oder hölzerne Vorrichtung voneinander getrennt und wurden auf einer oder auch zwei Ebenen bestattet, wobei ihre Köpfe in entgegengesetzte Richtungen zeigen. Neben dem Verstorbenen liegen sein Bogen, die Pfeile mit dem Köcher und zahlreiche andere wichtige Utensilien: Gürtel, Messer und Schleifstein, Rüstung und Sattel, unterschiedliche Gefäße, Ohrringe, Holzkämme und auch das Pferdegeschirr, darunter Zaumzeug und Steigbügel. Von den Pferden wurden einige in vollständigem Geschirr beerdigt.

Die Funde einer Grabstätte liefern gute Anhaltspunkte dafür, aus welcher Zeit diese stammt, schwieriger ist jedoch die Zuordnung zu einem bestimmten Volk oder Stamm. Häufig wird in der Forschung die Ansicht vertreten, dass der Ort der Grabstätte diese Zuordnung bestimmt: So stammen z. B. die auf mongolischem Gebiet gefundenen Grabstätten von den Alttürken, die im Altai-Gebirge von den Tele, die im Minussinsker Becken von den Jenissej-Kirgisen, wobei eine Grabstätte in diesem Gebiet auch durch die Feldzüge der Alttürken dorthin erklärt werden kann.

In den letzten Jahrzehnten wurden türkische Grabstätten in vielen Teilen der Mongolei erforscht, Funde sind aus 13 Grabstätten bekannt. Bei einigen dieser Grabstätten wurden Radiokarbon-Untersuchungen durchgeführt, nach denen viele von ihnen in die Zeit des Uigurischen Reiches (ins 8./9. Jahrhundert) zu datieren sind.

Die meisten Grabstätten sind die von einfachen Soldaten, nur in Ausnahmefällen wurden Adlige bestattet. Grabstätten von berühmten Feldherren oder Herrschern sind bisher noch nicht entdeckt worden. Es ist zu vermuten, dass diese strikt geheim gehalten wurden, um sie vor Plünderungen und Zerstörung zu schützen.

So zeugen allein die großartigen Gedenkstätten von der Verehrung, die man diesen Persönlichkeiten entgegenbrachte. Sie berichten zugleich von den vielfältigen Beziehungen, die das Alttürkische Reich, dessen Territorium zeitweise vom Chingan-Gebirge bis zum Schwarzen Meer reichte, in seiner Blütezeit im 6./7. Jahrhundert zu anderen Reichen dieser Zeit eingegangen war, und davon, wie nomadische und sesshafte Zivilisationen einander befruchteten. Auch zahlreiche andere Gegenstände legen hiervon Zeugnis ab. Kulturelle Errungenschaften der Nomaden wurden z.B. im hoch entwickelten China der Tang-Dynastie (618 – 907) übernommen, wie Pferdegeschirr, Kleidung und Musikinstrumente belegen. Andererseits eigneten sich die Nomaden, unter deren Beobachtung die Seidenstraße stand, zahlreiche Gegenstände der östlichen und westlichen Kulturen an und vermittelten diese und die Techniken ihrer Herstellung weiter, von chinesischen Seidenstoffen bis zu den goldenen und silbernen Kunstgegenständen aus dem Iran. In der nomadischen Kultur vereinigten sich Elemente und Charakteristika des Westens und des Ostens, ohne dass sie ihre eigenen Besonderheiten leugnete.

43

Gesichtszüge der Figur weisen alle Merkmale der Steinfiguren der türkischen Periode auf: einen runden Kopf, ein breites rundes Gesicht und Augenbrauen, die direkt in die Nase übergehen, hervorstehende Augen, breite Nasenflügel und einen gebogenen Schnurrbart. Die braune und gelbe Bemalung des Gesichts stammt aus neuerer Zeit.

Von besonderer Bedeutung ist die Steinfigur aufgrund der alttürkischen Runeninschrift auf ihrem Rumpf, bestehend aus 6 Zeilen mit jeweils 72 Zeichen und 3 Stempelabdrücken (zwei davon mit dem Motiv einer Bergziege). Einige Zeichen sind verwittert. Zwar ähnelt diese Inschrift, was ihre Schriftzeichen angeht, den Orchon-Inschriften, doch wurde sie weniger sorgfältig ausgeführt.

Wissenschaftler haben die Inschrift entziffern und feststellen können, dass sie von der Gründungsperiode des Zweiten Türkischen Reiches berichtet. Die Inschrift vermerkt die Namen von Elteriš Kagan, dem Gründer des Zweiten Türkischen Reiches, das sich Ende des 7. Jhs. in seiner Blütezeit befand, und seines Ministers, des berühmten Staatsmanns Tonyukuk, und beschreibt Ereignisse der Jahre 688 bis 691. Da anzunehmen ist, dass die Inschrift kurz nach diesen Ereignissen angefertigt wurde, kann die Steinfigur als das früheste Denkmal mit einer Runeninschrift gelten, einige Forscher datieren sie jedoch erst in das Jahr 715.   *D. B.*

Lit.: MALOV 1936, S. 251–259; KLJAŠTORNYJ 1971; TRYJARSKI 1971

### 44  Kopf der Statue des Köl Tegin

Chöšöö Cajdam, Provinz Archangaj, Mongolei, 8. Jh. | Marmor, H 42 cm, B 21 cm, T 21,5 cm | Akademie der Wissenschaften der Mongolei, Ulaanbaatar | Inv.-Nr. T-005

Im Rahmen der mongolisch-tschechoslowakischen Forschungsexpedition unter der Leitung von N. Ser-Odjav und L. Jisl wurde 1958 die Gedenkstätte des berühmten Feldherrn Köl Tegin (gest. 731), Bruder des Bilgä Kagan (gest. 734), ausgegraben. Aus einem Loch in der Mitte der Gedenkstätte wurde der in zwei Teile zerbrochene Kopf einer Steinskulptur geborgen, von dem Wissenschaftler glauben, dass er Köl Tegin darstellt. Von dem am Kinn und an der Nase beschädigten Kopf war die Krone abgebrochen, sie wurde jedoch wieder angefügt. Die anderen Teile der Statue stehen noch immer in den Ruinen der Gedenkstätte.

Das breite und fleischige Gesicht hat schmale Augen, eine gerade Nase, dicke Lippen und große Ohren – wirkt also mongolisch. Die Krone Köl Tegins ist offenbar aus fünf Platten mit bogenförmigen oberen Abschlüssen zusammengesetzt, die an einem bandförmigen unteren Rand befestigt sind. Die mittlere bzw. vordere Platte ist höher, auf ihr ist die Figur eines sitzenden Greifvogels mit ausgebreiteten Flügeln zu sehen. Hinten an der Krone sind drei schmale, herabhängende Bänder dargestellt.

Die Gesichtsform, die Krone und das darauf dargestellte Motiv finden in der Forschung noch immer großes Interesse. Die Wissenschaftler sind der Auffassung, dass mit diesem Kopf eine realitätsnahe Darstellung Köl Tegins zu seinen Lebzeiten gelungen sein könnte und dass der Kopf ein für die Türken der damaligen Zeit typisches Aussehen wiedergibt. Der Vogel auf der Krone konnte noch nicht mit letzter Sicherheit gedeutet werden. Die Abbildung von Greifvögeln auf den Kopfbedeckungen höherer Staatsbeamter trat in Asien nicht selten auf, wie Bei-

### 43  Steinfigur mit Inschrift

Provinz Gov'sümber, Mongolei, um 700 | Granit, H 132 cm, B 45 cm, T 22 cm | Nationalmuseum für mongolische Geschichte, Ulaanbaatar | Inv.-Nr. A-282

1928 wurde auf einem 180 Kilometer südwestlich von Ulaanbaatar und 15 Kilometer von der Eisenbahnstation Čojr entfernten Berg auf einem alten Grab eine Figur aus grauem Granit entdeckt, die die Aufmerksamkeit der Turkologen erregte. Zu unterscheiden sind der Kopf und der übrige Körper; die

44

spiele aus der sasanidischen und chinesischen Kunst belegen. Die Forscher glauben, dass es sich um einen Adler oder einen Falken handelt. Was die Bedeutung dieser Darstellung angeht, gibt es zwei Meinungen: Sie zeigt entweder den Rang des Dargestellten in der Beamtenhierarchie an oder hat Symbolcharakter. Im Türkischen Reich glaubte man z. B., dass sich die Seele des Verstorbenen in einen Falken verwandelt und wegfliegt. Nicht zuletzt könnte es sich auch um ein Totem handeln.   *D. B.*

Lit.: SER-ODJAV 1959; WIERCINSKI 1963; JISL 1997, S. 71/72; KISELEV 1949, S. 339

## Die Schätze der Gedenkstätte des Bilgä Kagan

2001 führte eine mongolisch-türkische archäologische Expedition Ausgrabungen in der mongolischen Provinz Archangaj durch. Zu den bedeutendsten Ausgrabungsstätten dieser Region zählt das Memorial des Bilgä Kagan (östl. L. 102° 51′, nördl. Br. 47° 33′, 1324 Meter über NN), wo im Abschnitt NG-262 B in 1,03 Metern Tiefe zahlreiche kostbare Gegenstände entdeckt wurden. Insgesamt wurden etwa 3000 Objekte aus Gold, Silber, Edelsteinen und Bronze gefunden, die uns Auskunft über den Entwicklungsstand der Kultur, der Religion und der Gesellschaft der damaligen Zeit geben können.   *D. B.*

Lit.: SERTKAYA/ALYIMAZ/BATTULGA 2001, S. XXXII, 119; MOGOLISTANDAKI TURK 2003; BAYAR U. A. 2003, S. 80

### 45  Diadem
Chösöö cajdam, Provinz Archangaj, Mongolei, 8. Jh. | Goldblech und Rubin, H 9,8 cm, L 25,7 cm | Nationalmuseum für mongolische Geschichte, Ulaanbataar | Inv.-Nr. U 2003-4-46

Dieses an eine Krone erinnernde Diadem aus dünnem Goldblech wird dem Bilgä Kagan (gest. 734) zugeordnet. Auf einem schmalen, mit rankenförmigen Relieformanenten geschmückten Band aus Goldblech sind fünf Platten aus dem gleichen Material befestigt. An der mittleren Platte richtet ein Vogel, der dem Vogel auf dem Haupt des Köl Tegin (Kat.-Nr. 44) stark ähnelt, seinen Kopf nach vorn, er hält einen Rubin an einem Golddraht im Schnabel. Vermutlich hing auf der anderen Seite des Schnabels ein entsprechender Stein, denn in einem

45

silbernen Gefäß haben die Forscher einen ähnlichen Stein mit einem Loch gefunden. Der Schwanz des Vogels nimmt die Form eines Rades an, insgesamt sind 13 Federn zu sehen. Die übrigen vier Platten zeigen arabeskenartige Relieformanenente in Form von Ranken. Das Diadem weist insgesamt 14 Löcher auf – fünf im Goldband, drei in der mittleren Platte, je zwei in den seitlichen und je eines in den hinteren Platten –, in die ursprünglich Edelsteine eingesetzt waren. Die Metalldornen an den Löchern dienten der Befestigung der Steine.

Das Band der Krone hat in der Mitte eine nach unten weisende Spitze. An seinen unreliefierten Rändern sind 40 kleine Löcher zu sehen – wahrscheinlich wurde auf der Innenseite eine Einlage, eine Art Manschette zum Schutz des Kopfes angebracht. An den Enden dienten zwei größere Löcher zur Befestigung eines Stoffbandes, damit das Diadem auf dem Kopf des Trägers festgemacht werden konnte.   *D. B.*

### 46  Zwei goldene Ringe, eine goldene Nadel, ein Paar goldene Ohrringe
Chösöö cajdam, Provinz Archangaj, Mongolei, 8. Jh. | Ringe: H 3,8 bzw. 3,9 cm, B 3,2 bzw. 3 cm, D 0,4 cm | Nadel: H 4,2 cm, B 5,6 cm | Ohrringe: L (gesamt) 4,7 bzw. 5 cm, Dm (Ringe) 1,5 cm | Nationalmuseum für mongolische Geschichte, Ulaanbaatar | Inv.-Nr. U 2003-4-4

Für die Ringe wurden gewalzte Goldstücke zu Röhren gebogen, die wiederum zu einem Ring geformt wurden. Die einen Enden der Röhren wurden etwas verbreitert, flach gefeilt und zusammengelötet. An der gegenüberliegenden Seite berühren sich die Enden der Röhren jedoch nicht.

Die Nadel besteht aus zwei dicken Golddrähten, die zu einer omegaartigen Form gebogen wurden. Ihre Enden wurden etwas flach gehämmert. Sie sind durch eine Kette miteinander verbunden.

Jeder der Ohrringe besteht aus einem Ring mit einem kleinen Dorn – wahrscheinlich der Rest des Hakens, mit dem die Ohrringe früher im Ohr befestigt wurden. Mit Golddraht sind je ein länglicher goldener Körper und eine Perle an den Ringen aufgehängt.   *D. B.*

mit Öffnungen, fünf halbrunde Beschläge mit Öffnungen, drei kleinere halbrunde Beschläge und die Riemenzunge. Die meisten Beschläge des Gürtelschmucks haben Öffnungen, durch welche die Lederriemen des Gehänges gezogen wurden. Diese wurden ihrerseits geschmückt. Aus den uns vorliegenden sechs Bestandteilen lässt sich schließen, dass der Gürtel zwei Gehänge hatte.     D. B.

### 48  Goldene Beschläge

Chösöö cajdam, Provinz Archangaj, Mongolei, 8. Jh. | Gold, Dm 5,23 cm, D 0,5 cm | Nationalmuseum für mongolische Geschichte, Ulaanbaatar | Inv.-Nr. U 2003-4-7

In der Gedenkstätte für Bilgä Kagan wurden 48 solcher Verzierungen in Form von achtzackigen Sternen gefunden, die aus einer dünnen gegossenen Goldplatte gefertigt wurden. Den Mittelpunkt bildet eine rosettenartige Blüte mit vier Blättern, die von einem durchbrochenen reliefierten Ornament gerahmt werden.

Diese Technik war in der dekorativen Kunst der Nomaden Zentralasiens sehr verbreitet. Auf diese Weise wurden die Gegenstände nicht nur leichter, sondern auch reizvoller, da das Durchbrechen der Ornamente ein kunstvolles Licht-Schatten-Spiel erzeugt.

Blüten- und Pflanzenmuster, insbesondere vier-, sechs- und achtblättrige Rosetten, waren in der türkischen Kultur des 6. bis 8. Jhs. beliebt. Mit diesen Motiven wurden z. B. Alltagsgegenstände und Gürtel verziert.

Ein in einer Grabstätte in Köpön, Kirgisien, gefundener Teller zeigt ein ähnliches Motiv. Die von Ornamenten eingefasste Rosette wurde auch in der Baukunst der Goldenen Horde verwendet.     D. B.

46

### 47  Miniatur-Gürtelschmuck

Chösöö cajdam, Provinz Archangaj, Mongolei, 8. Jh. | Goldblech | Schnalle: B 2,5 cm, L 3,9 cm | Zwei rechteckige Beschläge mit Öffnungen: B 2,09 bzw. 2,08 cm, L 1,78 bzw. 1,82 cm | Fünf halbrunde Beschläge mit Öffnungen: B 1,95 – 2 cm, L 1,21 – 1,26 cm | Drei kleinere halbrunde Beschläge: B 1,47 – 1,50 cm, L 0,70 – 0,83 cm | Riemenzunge für das Gürtelende: B 2,80 cm, L 1,77 cm | Zwei Schnallen: B 1,25 bzw. 1,26 cm, L 2,06 bzw. 2,05 cm | Zwei halbrunde Beschläge: B 1 bzw. 0,99 cm, L 1,05 bzw. 1,04 cm | Zwei Riemenzungen für die Enden der Gehänge: B 0,64 cm, L 2,29 bzw. 2,28 cm | Nationalmuseum für mongolische Geschichte, Ulaanbaatar | Inv.-Nr. U 2003-4-5

Unter den Schätzen aus der Gedenkstätte von Bilgä Kagan fanden die Forscher die goldenen Elemente eines Miniaturgürtels. Solche verkleinerten Nach-

bildungen dienten nicht dem täglichen Gebrauch, sondern hatten rituelle Funktion.

Der Gürtel war unabdingbarer Bestandteil der Ausrüstung eines jeden Kriegers in der Steppe. Sein Material, seine Form und sein Schmuck sagen viel über den Besitzer, dessen Verdienste und Rang aus. Die für die Feldzüge hergestellten Gürtel wurden mit goldenen oder silbernen plastischen Verzierungen und auch mit Edelsteinen geschmückt. An sie wurden Utensilien wie Säbel, Messer, Beutel und Schleifstein gehängt.

Die im Folgenden beschriebenen Bestandteile dieses Miniatur-Gürtelschmucks entsprechen den zahlreichen Gürteln, die in den Grabstätten der türkischen Zeit gefunden wurden. Dieser Schmuck besteht aus 18 Einzelteilen, die mit kleinen Nägeln am nicht mehr vorhandenen Lederriemen befestigt wurden. Sie sind dem eigentlichen Gürtel und dem Gürtelgehänge zuzuordnen und wurden aus Goldblech geformt. Ihre Oberfläche ist glatt.

Der Schmuck des eigentlichen Gürtels besteht aus zwölf Teilen: Schnalle, zwei rechteckige Beschläge

### 49  Silberne Beschläge

Chösöö cajdam, Provinz Archangaj, Mongolei, 8. Jh. | Silber, Dm 4,14 cm | Nationalmuseum für mongolische Geschichte, Ulaanbaatar | Inv.-Nr. U 2003-4-50
*ohne Abb.*

In der Ausgrabung fanden sich insgesamt 1822 solcher Ornamente. Ihre Mitte wölbt sich zu einer Halbkugel und ist von acht Blütenblättern umrahmt.

48

Einige der Ornamente haben zwei bis vier Löcher für Nägel, die sich z. T. noch in den Löchern befinden. Wahrscheinlich wurden diese Ornamente als Dekor auf andere Gegenstände aufgesetzt. Andere weisen allerdings keine Löcher auf, sie wurden an metallische Gegenstände gelötet. *D. B.*

## 50 Hirsch

*Chöšöö cajdam, Provinz Archangaj, Mongolei, 8. Jh. | Silber mit Goldbemalung, H 16 cm, L 12 cm, T 5 cm | Nationalmuseum für mongolische Geschichte, Ulaanbaatar | Inv.-Nr. U 2003-4-43*

Unter den Funden aus der Gedenkstätte des Bilgä Kagan sind zwei aus Silber gegossene und mit Gravuren verzierte Hirschstatuetten. Eine von ihnen ist fast vollständig erhalten, von der anderen nur der Kopf und die vier Beine.

Die Figur ist innen hohl. Im Loch der buckelförmigen Erhebung auf der Stirn wurde das Geweih befestigt. Das rechte Ohr ist erhalten, die rechte Geweihstange jedoch abgebrochen. Das linke Ohr fehlt, jedoch ist auf dieser Seite die Geweihstange erhalten. Das Fell wurde, insbesondere am Hals, mit feinen Strichen dargestellt. Die Vorder- und Hinterläufe wurden mit einem Flammenmuster verziert, Kopf, Geweih und Brust mit Gold bemalt. Die Stifte unter den Hufen dienten dazu, die Hirschfigur auf einen anderen Gegenstand aufzustecken. *D. B.*

47

## 51 Miniaturservice aus Gold

Chösöö cajdam, Provinz Archangaj, Mongolei, 8. Jh. | Kanne: H 12,8 cm, Dm (Bauch) 5 cm | Becher: H 3,43 cm, Dm 3,47 cm | Gefäß: H 3,29 cm, Dm 2,42 cm | Zwei Teller: Dm 6,1 cm und 5,05 cm | Nationalmuseum für mongolische Geschichte, Ulaanbaatar | Inv.-Nr. U 2003-4-1

In der Gedenkstätte für Bilgä Kagan wurden mehrere in Seide gewickelte Gegenstände aus Silber und Gold gefunden, darunter fünf goldene Gefäße. Diese Miniaturgefäße waren sicherlich für rituelle Handlungen gedacht.

Die Tülle der länglichen schmalen Kanne erinnert an den Schnabel eines Vogels. Das untere Ende des Henkels ist am Bauch der Kanne befestigt, das obere Ende wird durch ein Loch am Gefäßrand geführt und ist zu einer Kugel geformt. Die Kanne steht auf einer runden Goldplatte, die an den Körper angelötet wurde.

Der Becher hat eine nach außen gebogene Lippe, die Wandung biegt sich leicht nach innen. An der Seite wurden ein flacher horizontaler Griff und darunter ein kleiner runder Henkel angebracht. Die Unterseite des Bechers ist glatt; ein trichterförmiger Fuß wurde an ihn angelötet.

Eine deutliche Kante trennt den bauchigen Körper des zweiten kleineren Gefäßes vom breiten, oben schmaler werdenden Hals. Am Bauch ist ein kleiner ringförmiger Henkel angebracht, der Boden des Gefäßes ist flach.    *D. B.*

## 52 Miniaturgefäße aus Silber

Chösöö cajdam, Provinz Archangaj, Mongolei, 8. Jh. | Silber | Kanne: H 15,6 cm, Dm (Bauch) 6,33 cm | Gefäß 1: H 4,5 cm, L (Henkel) 4,07 cm | Gefäß 2: H 6,55 cm, L (Henkel) 4 cm | Gefäß 3: H 4,47 cm, L (Henkel) 3,9 cm | Nationalmuseum für mongolische Geschichte, Ulaanbaatar | Inv.-Nr. U 2003-4-34 (Kanne), U 2003-4-35 (Gefäße)
*ohne Abb.*

Während der Ausgrabungen in Chösöö cajdam wurden unter den verschiedenen Gefäßen auch sechs silberne gefunden. Diese Miniaturgefäße dienten rituellen Zeremonien *(gür)*.

In ihrer Form stimmen sie mit zahlreichen anderen Funden aus der türkischen Zeit überein, sie unterscheiden sich jedoch in der Art und Weise, wie ihre Henkel befestigt wurden. Bei den Gefäßen aus der türkischen Zeit sind die schlaufenförmigen Henkel meist vertikal angebracht, manchmal gibt es direkt über diesen Henkeln zudem einen horizontal angelöteten flachen Griff. Bei diesen Silbergefäßen hingegen wurden die langen, an ihren Enden gebogenen, flachen, bandförmigen Henkel horizontal am Gefäßkörper befestigt.    *D. B.*

51

53

### 54 Gesatteltes Pferd mit Glocke

Autonome Region Innere Mongolei, China,
Nördliche Wei-Dynastie (5./6. Jh. n. Chr.,
Xianbei-Kultur) | Ton, bemalt, H 28,5 cm |
Musée national des arts asiatiques –
Guimet, Paris | Inv.-Nr. MA 6276, Schen-
kung Christian et Agnès Deydier, 1997

### 53 Dachziegel mit Reiterdarstellung

Chösöö cajdam, Provinz Archangaj,
Mongolei, 8. Jh. | Ton, Tuschebemalung,
L 28 cm, B 12,1–13,2 cm, Aufsatz: L 2,8 cm,
B 6,5 cm, D 2 cm | Akademie der Wissen-
schaften der Mongolei, Ulaanbaatar |
Inv.-Nr. T-090

2003 wurde bei den Ausgrabungen an der südöstlichen Seite der Umfassungsmauer des Bilgä-Kagan-
Memorials in 60 Zentimetern Tiefe ein Dachziegel
gefunden. Mit seinem schmaleren Aufsatz wurde er
unter den nächsten Ziegel geschoben. Da das breitere Ende beschädigt ist, kann die tatsächliche Länge
des Ziegels nicht ermittelt werden. Seine Oberfläche
ist glatt, gehärtet und grau bzw. dunkel gefärbt. Auf
der Innenseite findet sich der Abdruck eines Stoffes.
Das abgebrochene breitere Ende lässt keinen Rück-
schluss darauf zu, ob es sich um einen »normalen«
Ziegel handelt oder um einen, der für einen Dach-
rand vorgesehen und deshalb verziert war. Fest steht
aufgrund des Fundortes, dass der Ziegel an der
Mauer angebracht war.

Außergewöhnlich sind die mit schwarzer Tusche ge-
zeichneten drei Reiter. Zwar wurden bereits Ziegel
mit Schriftzeichen gefunden, doch ein Ziegel mit
einem Bild ist unter den archäologischen Funden
der Mongolei einzigartig.

Der erste Reiter schaut nach hinten, spannt seinen
Bogen und schießt nach oben. Der zweite Reiter verfolgt den ersten, spannt seinen Bogen und richtet
den Pfeil auf ihn. Der dritte, untere Reiter streckt
seine linke Hand nach hinten, mit der rechten Hand
wirft er ein Lasso.

Obwohl z. B. Kleidung oder Haare nicht besonders
detailliert abgebildet sind, sind die Proportionen
der Menschen und Pferde und auch ihre Bewegungen äußerst lebendig und realistisch, ja meisterhaft
gezeichnet. Die nicht sehr großen, aber kräftigen

und wohlgenährten Pferde sind mit ihren kurzen
Gliedmaßen und dem nach oben gebundenen
Schweif typisch zentralasiatische Reitpferde. Auch
die gerundete Satteldecke stimmt mit den Darstellungen des Nomadenalltags in der mittelalterlichen
Kunst überein. Die Art und Weise, wie die Pferde
und deren Bewegungen gezeichnet wurden, weist
Parallelen zur Darstellung von Pferden in der chinesischen Kunst seit der Han-Dynastie (206 v. Chr.
bis 220 n. Chr.) auf.  *D. B.*

Die aus grauem Ton modellierte und mit einer rosé-
farbenen Engobe und Farbpigmenten überzogene
Statuette ist Teil einer Grabausstattung. Die stäm-
mige Silhouette entspricht der eines mongolischen
Reitpferdes mit einem sehr ausdrucksstarken Kopf.
Das Pferd trägt einen breiten, flachen Halsriemen,
an dem eine schwere Glocke hängt, einen Sattel mit
doppeltem Sattelbaum einschließlich Decke und
Steigbügeln sowie gekreuzte und genagelte Krup-
penriemen. Diese Art der Pferdeausstattung entstand gegen Ende des Altertums und ist durch Funde ab dem 6. Jahrhundert belegt.[1]

1975 wurde eine ähnlich große, aber schlichtere Statuette, die ein Pferd in der gleichen wartenden Körperhaltung und auf die gleiche Art gezäumt und ge-
sattelt zeigt, in Hohhot in der Inneren Mongolei
ausgegraben.[2]

54

Neben diesem Pferd befand sich ein Fundhort von landwirtschaftlichen Geräten, die belegen, dass die Xianbei auch Ackerbau betrieben. Eine vergleichbare Ausstattung wurde 1953 im Grab des 959 verstorbenen Xia Quli gefunden.[3]  *J.-P. D.*

1  *Kaogu*, Nr. 6, 1983, S. 501/511.

2  *Neimenggu lishi wenwu*, 1987, S. 59, Abb. 60.

3  *Kaogu xuebao*, Nr. 3, 1956, S. 1–25.

Lit.: DESROCHES 1997, S. 115–117

55

## 55  Phönixkopfkrug *(fengshouhu)*

China, Tang-Dynastie (618–907) | Irdenware mit Dreifarbenglasur *(sancai)* in Blau, Grün und Bernstein, H 32,8 cm | Staatliches Museum für Völkerkunde München | Inv.-Nr. 86-307 448

Form, Funktion und Dekor dieses Kruges spiegeln leitmotivisch die kulturellen und wirtschaftlichen Beziehungen Chinas zu Zentral- und Westasien während der Tang-Zeit wider. Die transkontinentalen Handelskontakte, deren Spuren und Zeugnisse vom Mittelmeerraum bis Japan zu finden sind, führten damals zu einer kulturellen Blüte, die als Goldenes Zeitalter Chinas angesehen wird. Wie dieser Weinkrug wurden alle Arten von Gefäßen – Flaschen, Kannen, Amphoren, Becher, Tassen – sowie Tabletts nach westlichen, vornehmlich iranischen Prototypen aus Bronze und Silber in Keramik nachgebildet. Sie waren Teil der v. a. aus dem Iran eingeführten Traubenweinkultur, die sich damals in China größter Popularität erfreute. Die fremdländisch anmutenden Gefäße erhöhten den Genuss an diesem exotischen Getränk. Auch an den zahlreichen erhaltenen Keramikkamelen, die als Grabbeigaben Verstorbenen mitgegeben wurden, hängen über der Nutzlast von Seidenballen neben Nachbildungen von Hasen, Vögeln und Fischen sowie Packtaschen häufig auch solche Krüge, Flaschen und Kannen: Das Jenseits als Spiegel diesseitiger Freuden.

Ein Großteil der erwähnten Gebrauchskeramik wurde – im Falle des Weinkruges hälftig – in Modeln gepresst und zusammengesetzt und war daher in großer Zahl und einfach reproduzierbar. Auch der Dekor im Flachrelief ist westasiatischen Ursprungs: Der nach hinten gewandte Bogenschütze zu Pferd (das Motiv des »parthischen Schusses«) auf der Vorderseite verweist auf die überlegene Reittechnik und Militärtaktik der Steppenvölker. Der auf der Rückseite emporfliegende Phönix war in West und Ost (in China im Paar mit dem Drachen) ein verbreitetes Motiv und symbolisiert Glück und Erfolg des Herrschers. Der spezifisch westliche Einfluss zeigt sich in der vitalen, bewegten Gestaltung des Phönix, wie sie auch auf iranischen Textilien immer wieder erscheint. Der ausdrucksstarke, vollplastisch modellierte Phönixkopf des Kruges, der allerdings nicht als Tülle fungiert, trägt eine Perle im Schnabel: Sie geht vermutlich auf gnostische vorderasiatische und manichäisch-iranische Traditionen zurück und ist als Symbol des Lichtes sowie der Erkenntnis zu deuten.   *C. M.*

ULAMBAYAR ERDENEBAT UND ERNST POHL

# Felsspalten- und Höhlenbestattungen in der Mongolei

Die Archäologie der Steppenvölker ist bis zum heutigen Tage eine Archäologie von Gräbern. Auch wenn gerade diese Ausstellung den durchaus hohen Stellenwert von festen Ansiedlungen im reiternomadischen Kontext durch die Ausgrabungen in Karakorum bestätigen möchte, wird man bei der Betrachtung von Kulturphänomenen in der Steppe wohl noch lange v. a. auf archäologisches Fundgut aus Gräbern zurückgreifen müssen. Grabfunde sind in den eurasischen Steppen zu Zigtausenden anzutreffen, mal vereinzelt, mal in Agglomerationen von Hunderten, manchmal bis zu Tausenden von Gräbern. Die Spannbreite reicht dabei vom kleinen, an der Oberfläche kaum erkennbaren Flachgrab bis hin zu den Großkurganen, die weithin sichtbar das Landschaftsbild prägen. Nicht nur das Grab selbst ist dabei von Bedeutung, höchst variabel stellen sich auch das Grab umgebende Steinsetzungen und Steinkreise etc. dar.

Zu den Ausnahmen gehören Bestattungen in Felsspalten und Höhlen, die zumeist durch Zufall entdeckt worden sind. In der Mongolei kennen wir derzeit ca. 30 Bestattungen aus Felsspalten und Felshöhlen, eine Zahl, die sich sicherlich vergrößern lassen dürfte, wären die Hochgebirgszonen in gleicher Weise wie das Steppengebiet im Blickfeld der Bevölkerung und der Archäologen. Die geringe Luftfeuchtigkeit hat bei diesen Gräbern in der Regel zu einer hervorragenden Erhaltung von Totenbahren, Särgen, Textilien und metallen Gegenständen geführt.

Die Erforschung von Felsspalten- und Felshöhlenbestattungen begann Mitte der 1920er Jahre, als der sowjetische Wissenschaftler A. D. Simukov, der sich auf Einladung des Mongolischen Komitees für Schrifttum (des Vorläufers der Akademie der Wissenschaften) in der Mongolei aufhielt, in einer Höhle im Gebiet des Kreises Chanbogd in der Provinz Ömnögov' die Mumie eines Kindes entdeckte.

Die meisten Funde aus Felsspalten- und Höhlenbestattungen der Mongolei wurden seither durch Raubgrabungen bzw. Plünderungen bekannt. Der Fachwelt zugänglich gemacht wurden sie in der Regel durch Informanten, wodurch zumindest in einigen Fällen Nachuntersuchungen vor Ort initiiert werden konnten.

Im Auftrag von Sergej V. Kiselev, dem ersten Ausgräber von Karakorum, barg der mongolische Student Gombodschaw in der Provinz Chentij die Reste einer ausgeplünderten Felsspaltenbestattung am Berg Tüchnen. Dort entdeckte man die in Filz eingewickelte Mumie einer Schamanin, die in hockender Haltung auf einem Holzsattel gesessen haben soll.

Die erste planmäßige Erforschung eines Felsspaltengrabes fand im Jahre 1986 statt. Im Rahmen eines Forschungsprojektes grub der mongolische Archäologe G. Menes eine Bestattung auf der südlichen Hochterrasse des Berges Chüjten chošuu im Kreis Delgerkhaan der Provinz Chentij aus. Erst mit dieser Untersuchung begann man, Funde zu dokumentieren und exakte Grabpläne zu erstellen.

Bei den Gräbern handelt es sich ausnahmslos um Körperbestattungen, die in einer Nische oder kleinen Höhle niedergelegt worden sind. Soweit bekannt, wurden die Bestattungen häufig mit Steinpackungen abgedeckt. Als Behältnis für den Körper sind Särge unterschiedlicher Form genauso nachgewiesen wie Totenbahren oder zusammengefaltete Jurtengitter. Der Körper des Verstorbenen kann mit Birkenrinde, mit Seidenstoffen, Filz oder Schaffell umwickelt sein.

Kollektiv- oder Paarbestattungen sind bislang nicht bekannt. Es wurden in einer Felsspalte oder Höhle nur Einzelbestattungen vorgenommen. Männer und Frauen zeichnen sich durch ein charakteristisches Beigabeninventar aus: In Männergräbern finden sich Waffen (Schwert/Säbel, Reflexbogen, Köcher aus Birkenrinde, Pfeile aus

Holzschäften mit eisernen Pfeilspitzen, einschneidige Messer mit Holzgriff), Pferdegeschirr (hölzerne Sättel, Steigbügel, Trensen, Knuten, Bestandteile des Zaumzeugs) und Feuerzeug (Beutel, Feuerstein). Typische Beigaben in Frauengräbern sind Bronzespiegel, Kämme, eiserne Scheren, Spinnwirtel oder Ohrringe. In Kindergräbern finden sich sehr wenige Beigaben, meistens nur Tierknochen.

Die Auswahl eines Bestattungsplatzes unterliegt wie die gesamte Totenbehandlung einem Ritual, welches zeit- und regionalspezifischen Regeln unterworfen ist. Die in Felsspalten oder Höhlen vorgenommenen Bestattungen stellen im Grabbrauch der Mongolei eine vergleichsweise kleine Gruppe dar, was sicherlich auf die besondere topographische Situation des Ortes zurückzuführen ist. Man muss fragen, was die Menschen veranlasst hat, einen Verstorbenen ihrer sozialen Gruppe, wie z. B. den Krieger aus der Provinz Bajanchongor, unter sicherlich nicht einfachen Umständen auf die felsige Spitze eines Berges auf nahezu 2700 Meter über dem Meeresspiegel zu transportieren und ihn in einer unzugänglichen Felsspalte zu bestatten. Berge und Bergspitzen spielen weltweit und zu allen Zeiten im Mythenschatz der Völker eine besondere Rolle. Als Sitz der Götter sind sie aus dem griechischen Kulturraum (Olymp) genauso überliefert wie aus Tibet (Kailash) oder Japan (Fuji). Bei zentralasiatischen Völkern ist der Berg zudem Schutzgottheit der Sippe und Sitz der Ahnen. Der Berg und insbesondere der felsige Berg ist aber auch ein zentrales Motiv in einem weiteren Mythos, der Geburt des Helden aus dem Felsen. Es handelt sich hierbei um ein weit verbreitetes Märchenmotiv, welches z. B. bei den Mongolen und bei den Tibetern vorkommt. Mit einer Bestattung im Fels endet gleichsam ein Lebenszyklus, der dort begonnen hat.

Lit.: HEISSIG 1982; HEISSIG 1988

1 Felsspaltengrab am Bergrücken Arcatdel, Provinz Bajanchongor

## Ein Felsspaltengrab in der Provinz Bajanchongor

Die Entdeckungsgeschichte des Felsspaltengrabes reicht zurück in den Juni 1999, als zwei einheimische Jäger, die einen verletzten Wolf verfolgten, die felsigen Gipfelregionen des Arcatdel genannten Bergrückens erreichten. Bei der Suche mit dem Fernglas entdeckten sie Hölzer, die aus einem Felsspalt in unmittelbarer Nähe eines Passes auf einer Höhe von ca. 2680 Metern herausragten. Neugierig geworden, kletterten die Jäger ca. 8 bis 10 Meter die Felswand hoch und fanden einen Holzsarg, der in einer Felsnische niedergelegt worden war. Sie öffneten den mit Lederriemen an den Sargwänden befestigten Deckel und begannen mit »Ausgrabungen« am Kopfteil der Bestattung. Dabei entnahmen sie einen Holzsattel, der als »Kissen« quer unterhalb des Schädels lag, sowie Teile von mit Metall besetzten Lederriemen.

Einer der Finder, Kh. Demberel, lieferte die Funde im November desselben Jahres im Nationalmuseum für mongolische Geschichte in Ulaanbaatar ab und setzte somit die mongolischen Fachbehörden über diesen Grabfund in Kenntnis. Um ein weiteres Ausräumen des Grabes zu verhindern und eine fachgerechte Bergung zu gewährleisten, wurde im Sommer 2001 eine Expedition aus Mitarbeitern der Akademie der Wissenschaften und des Nationalmuseums in das Changaj-Gebirge entsandt.

Das Grab fand sich, sieht man von der oben beschriebenen Störung ab, in unberührtem Zustand. In einer kegelförmigen, NW-SO-orientierten Felsnische lag der geöffnete Holzsarg in einem Konglomerat von Steinen, weiteren Hölzern und einer dicken Packung getrockneter Tierexkremente. Der Sarg war an beiden Ausgängen der Felsspalte durch Steinpackungen gesichert, parallel zu den Sargwänden waren die Hölzer der Tragekonstruktion niedergelegt, die durch den Totentransport als unrein galten.

Die Grabausstattung mit Reitzubehör und Waffen kennzeichnet den Verstorbenen als typischen Steppennomaden. Zum Reitzubehör gehören neben dem Sattel zwei Steigbügel, eine mehrteilige Trense sowie verschiedene Lederriemen mit und ohne Beschläge aus Metall, die zum Zaumzeug zu rechnen sind. Eine Reitpeitsche vervollständigt das Reitinventar des Grabes. Der Verstorbene besaß mehrere Waffen, die man zum klassischen steppennomadischen Inventar zählen darf und die einen relativ leicht bewaffneten und daher sehr beweglich agierenden Krieger kennzeichnen. Als typischste aller Waffenformen des Steppenraumes kann der so genannte Reflexbogen gelten. Es handelt sich hierbei um einen Kompositbogen aus mehreren Lagen zusammengeleimter Hölzer, die an mehreren Stellen durch Horn verstärkt und mit Sehnenfasern umwickelt sind. In nicht gespanntem Zustand folgt der Bogen der Krümmung seiner einzelnen Bestandteile. Die Spannung erfolgt in Gegenrichtung und bildet somit die Grundlage für die ungeheure Reichweite und Durchschlagskraft dieser Bögen.

2 Blick vom Bergrücken Arcatdel

3 Bestattung im Felsspaltengrab am Arcatdel

## 56 Säbel mit Scheide

Arcatdel, Provinz Bajanchongor, Mongolei, 10. Jh. | Eisen, Leder, L (gesamt) 90,3 cm | Akademie der Wissenschaften der Mongolei, Ulaanbaatar | Inv.-Nr. U-2001-8-9

Der Säbel mit leicht gekrümmter Klinge besitzt einen mit Leder umlegten, leicht gebogenen und mit Eisennieten befestigten einteiligen Holzgriff, an den sich eine bootförmige Parierstange anschließt. Die Griffkappe fehlt. Die einschneidige Eisenklinge endet in einer sich verjüngenden zweischneidigen Partie mit abgebrochener Spitze. Die zweiteilige Holzscheide ist mit mehreren Stücken braunen Leders einlagig ummantelt und mit zwei Zwingen aus Eisenbändern versehen. An der unteren Zwinge befindet sich der Rest eines Lederbandes, das vermutlich dazu diente, sich den Säbel umzuhängen. *E. P./A. S.*

## 57 Bogen

Arcatdel, Provinz Bajanchongor, Mongolei, 10. Jh. | Holz, Sehnen, Knochen, Horn, Birkenrinde, L 114,5 cm | Akademie der Wissenschaften der Mongolei, Ulaanbaatar | Inv.-Nr. U-2001-8-8

Der Reflexbogen fand sich nicht gespannt im Grab. Der schwach gekrümmte Kompositbogen besteht aus einem mehrteiligen, mit Sehnen verbundenen, bandförmigen Holzkern, der am Griff mit einem länglichen Knochenstück und am Bogenrücken mit einer gerillten Hornplatte verstärkt ist. Umgeben ist der Kern von aufgeleimten Tiersehnen, die abschließend mit schmalen Stücken Birkenrinde bedeckt wurden. Die Verbindung der einzelnen Teile erfolgte durch Verleimen. Der Bogen ist nicht vollständig, da ein Arm nur zur Hälfte vorhanden ist und die Sehne, die für das Spannen eines Bogens unerlässlich ist, fehlt. *E. P. / A. S.*

Bis zur Herausbildung einer schlagkräftigen Artillerie in den sesshaften Kulturen Eurasiens waren angreifende Bogenschützen für die militärische Überlegenheit der Reiternomaden entscheidend, waren sie doch in der Lage, aus großer Entfernung, lange vor dem Aufeinandertreffen mit den gegnerischen Truppen entscheidende Vorteile zu erzielen. Des Weiteren waren die berittenen Bogenschützen in der Lage, bei fingierten Rückzugsmanövern, die die gegnerischen Truppen zur Auflösung ihrer Formation verleiten sollten, in vollem Galopp nach hinten zu schießen (Kat.-Nr. 53). Dieses Manöver der Reiternomaden ist durch zahlreiche historische Darstellungen bewaffneter Auseinandersetzungen mit steppennomadischen Heeren überliefert, ob es nun die Hunnen unter Attila, die Ungarn bei ihren Raubzügen in das Deutsche Reich oder die Mongolen des 13. Jhs. waren (Kat.-Nr. 279 ff.).

Der zum Reflexbogen gehörende Köcher aus Birkenrinde mit insgesamt 19 Pfeilen stellt sicherlich das Prunkstück des Inventars dar. Mit seiner sich verbreiternden Öffnung und den geschwungenen Seitenwänden gehört er einem Typ an, der erst um die Jahrtausendwende in Zentralasien aufkam. Die 19 Pfeile sind mit unterschiedlichen Spitzen versehen.

Neben Pfeil und Bogen gelten Lanzen und Säbel als typische Waffen eines Reiterkriegers. In diesem Fall ist nur der Säbel vorhanden. Von seiner Aufhängevorrichtung haben sich Teile der Lederriemen sowie einzelne Beschläge erhalten. An weiteren Funden wurden ein Birkenrindengefäß, mehrere z. T. fragmentierte Lederbeutel und zwei Vogelfedern geborgen. *U. E. / E. P.*

Lit.: hier erstmals publiziert

56

58

57

The Sattel besteht aus einem Grundgestell aus Holz (Sattelbaum), das teilweise mit Leder überzogen ist. Der Sattelbaum wird aus zwei länglichen, dem Sitz des Reiters angepassten, geschnitzten Schienen (Trachten) gebildet, die mit einem vorderen senkrechten und einem rückwärtigen schrägen Sattelbogen (Vorder- und Hinterzwiesel) durch Hautriemen verbunden sind. Überzogen ist der Sattelbaum mit einem Stück Leder, das an den Rändern mit schmalen Hautstreifen zusammengezogen und an der Unterseite der Trachten befestigt ist. Die Sitzmitte ist nicht mit Leder überzogen. An der Frontseite des vorderen Zwieselbogens sind zwei Nietstifte mit Ösen befestigt, in denen Eisenringlein hängen. Bohrungen in den Trachten dienten der Befestigung von Vorder- und Hinterzeug, der Bauchgurte sowie der Steigbügel. Die Konstruktion mit zwei seitlichen Trachten verhindert eine unnötige Belastung des Pferdes im Bereich der Wirbelsäule. Dieser so genannte orientalische Satteltyp wurde im europäischen Westen v. a. von den Hunnen, Awaren und Ungarn verwendet.    *E. P. / A. S.*

### 58  Köcher mit 19 Pfeilen

Arcatdel, Provinz Bajanchongor, Mongolei, 10. Jh. | Köcher: Birkenrinde, L (max.) 90 cm, B (max.) 14,8 cm | Pfeile: Holz, Federn, Sehnen, Rinde, L 78–81 cm | Akademie der Wissenschaften der Mongolei, Ulaanbaatar | Inv.-Nr. U-2001-8-10

Der Köcher besteht aus mehreren Stücken Birkenrinde und ist seitlich mit vier der Länge nach halbierten Zweigen verstärkt. Die Köcheröffnung wird von einem geschnitzten Holzbogen gebildet, dessen Enden unter die seitliche Verstärkung geschoben sind. Die auf diese Weise gebildete Schlaufe ist an einer Seite mit einem Stück Birkenrinde verschlossen. Bildliche Darstellungen belegen, dass die Öffnung mit einer Abdeckung versehen werden konnte. Eine Verschlussvorrichtung ist jedoch nicht vorhanden. Den unteren Abschluss des Köchers bildet eine ovale Holzplatte. An der linken Seite befinden sich zwei Aufhängevorrichtungen aus Holz mit schlitzförmiger Durchbrechung für die Riemen. Die Bestandteile aus Holz und aus Birkenrinde sind durch Hautriemen miteinander verbunden. Im Köcher fanden sich insgesamt 19 Pfeile mit Holzschäften und aufgesteckten Spitzen aus Eisen in verschiedenen Formen. Sie weisen alle eine spiralförmige rotbraune Bemalung unter einer Radialbefiederung mit Halbfedern auf, die an den von der Federfahne befreiten Kielenden am Holzschaft durch Umwickeln mit Sehnen- und Rindenstreifen befestigt sind. Bemerkenswert sind alte Reparaturstellen an acht

Pfeilen. Die hölzernen Schäfte wurden nach dem Brechen wieder zusammengefügt und mit einer harzartigen Masse verklebt. Die Pfeile steckten bei der Bergung mit dem befiederten Ende im Köcher, so dass nur die Pfeilspitzen herausschauten.

*E. P. / A. S.*

### 59  Sattel

Arcatdel, Provinz Bajanchongor, Mongolei, 10. Jh. | Holz und Leder, L 47,7 cm, H 26,7 cm, B 32,8 cm | Akademie der Wissenschaften der Mongolei, Ulaanbaatar | Inv.-Nr. U-99h-9-3

### 60  Trense

Arcatdel, Provinz Bajanchongor, Mongolei, 10. Jh. | Eisen, Leder, B 21,4 cm, L (Knebel) 13,7 bzw. 14,7 cm | Akademie der Wissenschaften der Mongolei, Ulaanbaatar | Inv.-Nr. U-2001-8-5

Die zweiteilige Gebissstange besitzt an den äußeren Seiten Doppelösen, wobei durch die inneren Ösen die Knebel geführt wurden und die äußeren Ösen

59

61

60

62

Die beiden unverzierten Steigbügel besitzen je eine mitgegossene, rechteckige Öse sowie eine ausgeschmiedete verbreiterte Standfläche mit Mittelgrat auf der Unterseite. *E. P.*

der Aufnahme von Lederriemen dienten. Die S-förmig geschwungenen Knebel sind im Querschnitt rechteckig und werden zu den Enden hin schmaler. Die Fixierung der Knebel an der Öse erfolgt durch Eisenschlaufen, die in einem Fall abgebrochen und durch einen Lederriemen ersetzt worden sind. *E.P.*

### 61　Steigbügelpaar

Arcatdel, Provinz Bajanchongor, Mongolei, 10. Jh. | Eisen, H 17,8 bzw. 16,4 cm | Akademie der Wissenschaften der Mongolei, Ulaanbaatar | Inv.-Nr. U-2001-8-1

### 62　Reitpeitsche

Arcatdel, Provinz Bajanchongor, Mongolei, 10. Jh. | Holz und Leder, L 53,5 cm | Akademie der Wissenschaften der Mongolei, Ulaanbaatar | Inv.-Nr. U-2001-8-11

Der Holzstab, dessen eines Ende abgebrochen ist, besteht aus einem unbearbeiteten Ast. An beiden Seiten des erhaltenen Endes befindet sich eine Einkerbung mit Durchlochung für einen Riemen. Auf dem Holzstab sind Reste eines Lederriemens erhalten, der den Stab zweimal umwickelte. *E. P.*

## Ein Felshöhlengrab in der Provinz Ömnögov'

Die Entdeckung der Felshöhlenbestattung erfolgte im Dezember 1998, als ein Einheimischer beim Pflanzensammeln vor der Höhle Cagaan chanan im Kreis Noyon ein Holz aus dem Boden ragen sah. Die Höhle liegt ca. 7 bis 8 Kilometer nordöstlich des Kreiszentrums in einem Teil des Chövüün-Berges. Sie hat einen genau nach Süden ausgerichteten Eingangsbereich. Als der Finder mit der Sichel um das Holz herum bohrte, kam eine Nische zum Vorschein, in der auf mehreren quer gelegten Hölzern eine männliche Mumie lag. Diese war mehrfach in gelbrote Seide gewickelt, wobei nur der Kopf sichtbar war. Auf der Brust lag die Kopfbedeckung.

Noch bevor die Polizei die Fundstelle sichern konnte, haben die Anwohner den Verstorbenen verbrannt, so dass vor der Höhle nurmehr Reste der Ausstattung übrig blieben. Diese wurden von der Polizei wieder in die Höhle verbracht. Nachdem das Institut für Geschichte der Akademie der Wissenschaften über diese Bestattung Nachricht erhalten hatte, fuhren im März 2000 zwei Mitarbeiter der archäologischen Abteilung des Instituts an die Fundstelle, um vor Ort Nachuntersuchungen durchzuführen und eventuell übersehene Gegenstände sicherzustellen.

Der Verstorbene war offensichtlich auf eine Art Bahre gebettet worden. Diese ähnelt Holzgestellen, die zu Transportzwecken auf Kamele gebunden werden. Der Tote lag auf einer Decke aus Filz und Grashalmen.

Die Trockenheit der südlichen Gobi wirkte sich positiv auf den Erhaltungszustand der einzelnen Gegenstände aus. Stoffe, Leder und Filz sind ausgezeichnet erhalten, selbst die Farben haben in den Jahrhunderten nicht allzu sehr gelitten.

Die Datierung in das 14. Jh. erfolgte über eine C-14-Probe aus einem Holz des Tragegestells.

*U. E. / E. P.*

Lit.: ERDENEBAT/AMARTUVSHIN o. J.; ERDENEBAT/ BAYAR 2004

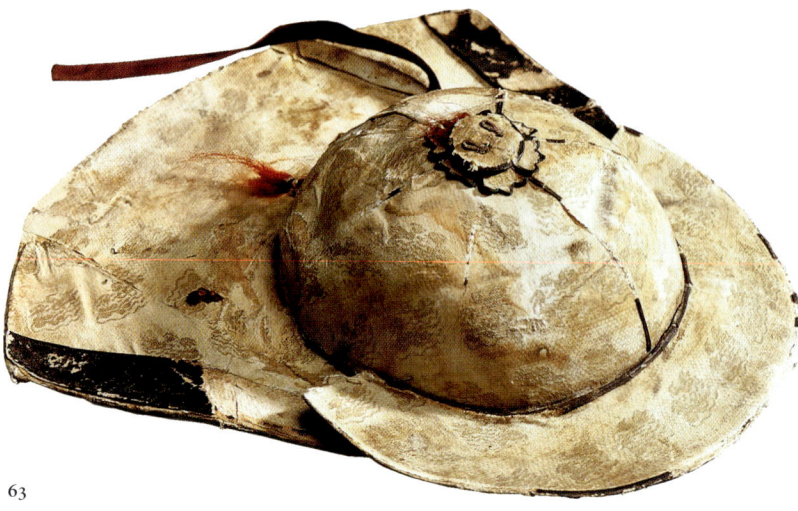

63

Der Spalt im Seidenbezug am Hinterkopf lässt vermuten, dass der Hut viel getragen wurde und sich mit der Zeit der Kopfform des Trägers angepasst hat.

Ein archäologisches Vergleichsobjekt in gutem Erhaltungszustand konnte in einer Yuan-zeitlichen Grabkammer bei Zhangxian (heute VR China) geborgen werden.[1] Darüber hinaus befindet sich eine vergleichbare Abbildung auf dem berühmten Gemälde *Qubilai Khan auf der Jagd* (Abb. S. 299) von Liu Guandao aus dem Jahr 1280.[2]   U. E. / A. S.

1   *Wenwu*, 1982, Nr. 2 Abb. 1.

2   SHEN ZONGWEN 1992, S. 439; AUSST.-KAT. NEW YORK/ LOS ANGELES – 2002/03, S. 73, Abb. 77.

### 63  Kopfbedeckung

Höhle Cagaan chanan, Provinz Ömnögov', Wüste Gobi, Mongolei, 14. Jh. | Seide, mit Blattgold ummantelte Seidenfäden, Papier, Leder, Haare, H 10 cm, L 36,8 cm, B 36,5 cm | Akademie der Wissenschaften der Mongolei, Ulaanbaatar | Inv.-Nr. M-020

Die Männerkopfbedeckung, bestehend aus Kappe, Nackenschutz und angesetztem Schirm, ist auf der Außenseite mit mehreren zurechtgeschnittenen und aufgeklebten Stücken eines Seidengewebes verziert, das durch eingezogene vergoldete Seidenfäden das Ornament zweier hintereinander schwimmender Enten zeigt. Ein Stück Gewebe in grober Leinwandbindung, auf das beidseitig eine weiße, dicke, filzähnliche Papierschicht aufgeklebt ist, bildet den Träger für Kappe und Nackenschutz. Die Innenseite der Kopfbedeckung ist ganz mit einer roten Papierschicht beklebt, über der sich eine feine gelb-braune Gaze ausbreitet. Der Schirm besteht aus einem Träger aus Pappe, der außen mit Seide beklebt und mit weißen Fäden am vorderen Bereich der Kappe befestigt ist. Die vier Seidenstücke auf der Außenseite der Kappe sind mittels schmaler brauner Lederstreifen in sechs Segmente unterteilt. Auch der Nackenschutz ist mit mehreren Seidenstücken belegt, der Schirm mit einem einzigen Stück. Die Außenkanten der Seidenstücke sind z. T. mit einem gelben Seidenfaden umsäumt. Auffallend sind schwarze gezeichnete Linien auf der Papierschicht, die die Kanten der Seidenstücke vorgeben, so dass eine Überlappung der einzelnen Seidenstücke ausgeschlossen ist. Die Kanten des Schirms waren mit schmalen Lederstreifen eingefasst. Der Nackenschutz ist an zwei Seiten mit je zwei breiten und sehr dünnen Leder-

streifen beklebt. Verziert war die Kopfbedeckung ursprünglich mit vier violetten Seidenbändern, die in Ohrhöhe zu beiden Seiten der Kappe sowie seitlich auf dem Nackenschutz aufgenäht waren. Von diesen Bändern ist nur eines vollständig erhalten. Bündel rot gefärbter Haarbüschel schmücken die Mitte des Nackenschutzes und die Mitte der Kappe, auf die zusätzlich sechs blütenförmige, mit Leder eingefasste Seidenstücke appliziert sind. Ein aufgenähtes rundes Seidenstück bildet mit zwei Schlaufen den Abschluss. Möglicherweise dienten die Schlaufen zur Befestigung von Halbedelsteinen. Unter den blütenförmigen Seidenstücken befindet sich der Rest einer kleinen dunkelbraunen Feder.

### 64  Stiefel

Höhle Cagaan chanan, Provinz Ömnögov', Wüste Gobi, Mongolei, 14. Jh. | Ziegenleder, Sehnen, H 42,5 cm | Akademie der Wissenschaften der Mongolei, Ulaanbaatar | Inv.-Nr. M-021

Der Stiefel besteht aus einem dreiteiligen, hohen Schaft aus mittelbraunem Ziegenleder und einer vierlagigen Ledersohle. Die innere Fersenkappe ist mit einem Stück Leder und Birkenrinde verstärkt. Zwischen den einzelnen Schaftteilen des Oberleders ist jeweils ein schmaler Lederstreifen (Biese) eingefügt, der die aufeinander stoßenden Stücke mit einer Naht aus Tiersehnen verbindet. Das Loch im Zehenbereich entstand durch intensiven Tierfraß, was Nagespuren entlang der Ränder vermuten lassen. Aufgrund fehlender Abnutzungsspuren, wie sie durch das Laufen verursacht werden, ist davon auszugehen, dass der Stiefel nie getragen wurde und ausschließlich für die Bestattung Verwendung fand.   U. E. / A. S.

### 65  Fragment eines Seidenstoffes

Höhle Cagaan chanan, Provinz Ömnögov', Wüste Gobi, Mongolei, 14. Jh. | Seide, L 64 cm, B 29 cm, Dm (Medaillons) 17,2 cm | Akademie der Wissenschaften der Mongolei, Ulaanbaatar | Inv.-Nr. M-022

Das seidene Textilgewebe aus blauen und goldgelben Seidenfäden ist in Lampas-Technik hergestellt, bei der das Muster weitgehend durch Zierschüsse in einem Grundgewebe gebildet wird. Mehrere Medaillons mit Innenzeichnung trennt ein wabenför-

64

67

66

68

miges Muster. Ihr Rand ist gebögelt, so dass sich die Form einer Blüte mit 16 Blättern ergibt. In der Mitte der Medaillons sieht man eine Blüte auf einem mehrblättrigen Stängel, die das Medaillon in zwei gleich große Teile gliedert. Zu beiden Seiten davon berühren sich zwei Fabeltiere *(qilin)* fast mit dem Rücken und wenden einander die Köpfe zu. Auf dem Kopf haben die Tiere entweder eine Mähne oder, wahrscheinlicher, ein Geweih. Die Brust ist nach vorne gewölbt, seitlich schließen sich nach hinten gerichtete, spitz zulaufende Flügel an. Der Schweif ähnelt dem eines Rindes, die Beine sind gebogen, so als liege das Tier. Neben Hals und Hinterhand ist jeweils ein kleiner Kreis dargestellt; unter dem Schwanz ist eine quer liegende Schleife zu sehen, die der arabischen Ziffer 8 ähnelt. Über der Blume ist ein Mond, daneben auf beiden Seiten jeweils ein weiterer kleiner Kreis dargestellt.

Ein kleines Seidenfragment ist mit einem Stück Baumwollgewebe durch eine Naht verbunden, wobei es sich um Reste des Innenfutters handeln könnte. Das vorliegende Gewebe ähnelt stark einem Seidenstoff, der mit anderen Textilien in einem Hortfund bei Jininglu (Innere Mongolei) entdeckt wurde.[1] *U. E. / A. S.*

1 In: ZHAO 1999, S. 191.

### 66 Stoffbeutel
Höhle Cagaan chanan, Provinz Ömnögov', Wüste Gobi, Mongolei, 14. Jh. | Seide, H 6,5 cm, B 11,7 cm | Akademie der Wissenschaften der Mongolei, Ulaanbaatar | Inv.-Nr. M-023

Der breitrechteckige, aus zwei Hälften bestehende Beutel hat ein Trägergewebe in Leinwandbindung, auf das beidseitig vier jeweils leicht überlappende Streifen aus Seide in unterschiedlichen Webtechniken aufgenäht sind. Unter drei Streifen sind jeweils eine Reihe weißer, gelber, roter und blauer, nach un-

ten zeigender Textildreiecke eingesteckt und mit gelbem Seidenfaden befestigt. Ein Futter fehlt bei diesem Beutel. Im Beutel befand sich bei der Bergung ein dreieckiger, braungelber Stoffrest, auf dem Abdrücke von Kammzähnen zu sehen sind.
*U. E. / A. S.*

### 67 Kammfragment
Höhle Cagaan chanan, Provinz Ömnögov', Wüste Gobi, Mongolei, 14. Jh. | Holz, B 4,2 cm, H 1 cm | Akademie der Wissenschaften der Mongolei, Ulaanbaatar | Inv.-Nr. M-028

Das hölzerne Kammfragment hat auf einer Seite eine Zahnreihe mit neun intakten und sechs abgebrochenen Zähnen. Parallel zur Griffkante verlaufen beidseitig drei längliche Riefen. Auf der Kamm-

65

oberseite verläuft in der Mitte eine weitere Riefe, was vermuten lässt, dass der Kamm mit Einlegearbeiten verziert war. *U. E. / A. S.*

### 68 Stoffbeutel
Höhle Cagaan chanan, Provinz Ömnögov', Wüste Gobi, Mongolei, 14. Jh. | Seide, H 11,2 cm, B 13 cm | Akademie der Wissenschaften der Mongolei, Ulaanbaatar | Inv.-Nr. M-029

Der Stoffbeutel aus zwei Hälften ist im Umriss glockenförmig und hat eine leicht geschwungene Oberkante. Beidseitig verziert ist er mit fünf Reihen weißer, gelber, roter, grüner und blauer Textildreiecke, deren Spitzen nach oben zeigen und die jeweils mit der Unterkante unter einen aufgenähten Stoffstreifen gesteckt und mit einem bräunlichen Faden befestigt sind. Als Träger dient ein grobes Leinentextil. Die seitlichen Ränder der Beutelhälften wurden mit blauer Seide umgeschlagen und mit blauem Faden zusammengenäht. Die Innenseite ist mit gelbem Stoff gefüttert. An der Öffnung sind feine Nadeleinstiche zu sehen. Bei der Bergung befanden sich Reste eines weißen Pulvers im Beutel. *U. E. / A. S.*

### 69 Textilfragment
Höhle Cagaan chanan, Provinz Ömnögov', Wüste Gobi, Mongolei, 14. Jh. | Seide, Filz, L 52,1 cm, B 27,5 cm | Akademie der Wissenschaften der Mongolei, Ulaanbaatar | Inv.-Nr. M-030
*ohne Abb.*

Der Stoff besteht aus zwei dünnen, hellroten Stücken, die mit weißem Faden zusammengenäht worden sind. Als Innenfutter wurde ein hellgelber, dün-

70

ner Stoff eingenäht, dazwischen befindet sich eine Lage Filz. Das Futter zeigt auf der Innenseite einen schwarzen Stempelabdruck mit chinesischen Schriftzeichen. *U. E. / A. S.*

### 70 Textiler Anhänger

Höhle Cagaan chanan, Provinz Ömnögov', Wüste Gobi, Mongolei, 14. Jh. | Seide, L 9,5 cm, B 1,5 – 6,4 cm | Akademie der Wissenschaften der Mongolei, Ulaanbaatar | Inv.-Nr. M-031

Das Objekt in der Form einer Glück verheißenden Kalebasse (Flaschenkürbis) ist beidseitig mit applizierten Stoffstücken verziert. An der Oberkante befinden sich zwischen den beiden Hälften Fragmente eines roten Textilbandes. Vermutlich wurde an dieser Stelle das Band der Kopfbedeckung an dem Anhänger befestigt. Yuan-zeitliche Abbildungen bele-

gen, dass es sich um einen der seidenen Anhänger einer Kopfbedeckung handelt, die paarweise seitlich des Gesichts getragen wurden. *U. E. / A. S.*

### 71 Perlenkette

Höhle Cagaan chanan, Provinz Ömnögov', Wüste Gobi, Mongolei, 14. Jh. | Glas, rote Koralle, Samenkapseln, L 57 cm | Akademie der Wissenschaften der Mongolei, Ulaanbaatar | Inv.-Nr. M-025

Die dreimal gefädelte Kette besteht aus opaken und transparenten Glasperlen in verschiedenen Farben, Samen der sibirischen Kiefer, fünf großen Perlen aus einer inhomogenen Masse und einer roten Koralle. Alle Perlen sind auf einem einzigen rot-orangefarbenen Faden aufgezogen, der dreimal durch die Hauptperlen läuft. Zwischen den Hauptperlen werden pro Durchgang drei kleine Kiefernsamenkapseln aufgenommen und der Faden dann durch die anschließende Hauptperle geführt. So entstehen zwischen den Hauptperlen drei parallele Perlenstränge mit insgesamt neun Perlen. Möglicherweise wurde diese Kette nicht allein als Schmuckstück verwendet, sondern war an einem Ende mit einem Gebrauchsgegenstand verbunden. In ihrer Herstellungstechnik und Form ähnelt sie den Ketten, die an mongolischen Steinfiguren aus dem 13./14. Jh. zu sehen sind. Auch auf den Yuan-zeitlichen Kaiserporträts (Kat.-Nr. 340) sind vergleichbare Perlenketten an Kopfbedeckungen und Schmuckstücken abgebildet. *U. E. / A. S.*

## Ein Felsspaltengrab in der Provinz Chentij

Der Fundort Chüjten chošuu liegt östlich vom Fluss Cherlen, ca. 25 Kilometer nordwestlich der Siedlung Dulaan, Kreis Delgerchaan. Die Felsspaltenbestattung war in einer Nische auf einer Hochterrasse des Berges Baruun Bajanbulag vor-

genommen worden. Ausgegraben wurde sie im Jahr 1986 durch Mitarbeiter der Paläoethnographischen Expedition des Historischen Instituts der Mongolischen Akademie der Wissenschaften. Die Nische ist etwa 3 Meter hoch, 2 Meter breit und hat eine Tiefe von etwa 2,50 Metern. Sie besteht aus mehreren größeren Granitblöcken und wirkt wie ein geöffnetes Zelt. In ihr hat man eine Aufschüttung aus Fels- und Bruchsteinen aufgefunden, unter der sich die in der Scherengitterwand einer Jurte eingeklemmte Bestattung fand. Beigesetzt war ein etwa 50-jähriger Mann. Außer dem hier ausgestellten Sattel fanden sich im Grab noch ein hakenförmiger Silberohrring mit Perle, eine kleine Eisenschnalle und ein kugelförmiger Bronzeknopf. Von der Kleidung hat sich der Rest eines Lederstiefels erhalten, zu beiden Seiten des Kopfes fanden sich Reste von geflochtenen Zöpfen. Das der Abdeckung dienende Scherengitter aus Weidenruten wurde durch schmale Lederriemen zusammengehalten. *U. E. / E. P.*

Lit.: MENES 1986, S. 26 – 32; MENES 1988 B, S. 24/25; MENES/ BILEGT 1992, S. 155 – 159

### 72 Sattel

Chüiten chošuu, Provinz Chentij, Mongolei, 17. Jh. | Holz und Leder, L 57,5 cm, B 24,5 cm, H 32 cm | Akademie der Wissenschaften der Mongolei, Ulaanbaatar | Inv.-Nr. M-112

Der hölzerne Sattel besteht aus zwei Trachten, auf die zwei Zwieselbögen mittels Hautriemen montiert sind (vgl. Kat.-Nr. 59). Die Randbereiche der Frontseiten des Vorder- und des Hinterzwieselbogens sowie die herausragenden Enden der Schienen sind jeweils mit zwei parallel verlaufenden Reihen aus Knocheneinlegearbeiten verziert. Die Knochenoberfläche der äußeren Knochenverzierung weist hier Punzmuster auf. Zwischen den Knocheneinlagen sind grün gefärbte Streifen eines in Leinwandbindung hergestellten Wollgewebes aufgeklebt. Die sichtbaren Flächen der Bögen sind jeweils mit einem grün gefärbten Stück Haut beklebt. Abnutzungsspuren am unteren Rand der Trachten in Form kleiner dellenförmiger Vertiefungen, die auf Reibung der Steigbügelriemen zurückzuführen sind, lassen auf eine intensive Nutzung des Sattels schließen.

*A. S.*

71

73

Stücken Birkenrinde, die mit zwei dünnen Seidengeweben bedeckt waren. Die oben aufliegende braune Seidenschicht weist ein gleichmäßiges Muster mit goldenen chinesischen Schriftzeichen auf, die ein langes Leben (*shou*) und Glück (*fu*) verheißen. Das darunter liegende textile Gewebe ist gröber und weist keinerlei Verzierungen auf. Aufgrund einer Vielzahl von kleinen, eng aneinander liegenden Löchern in den Randbereichen des Kopfaufsatzes ist davon auszugehen, dass die Seide dort angenäht war und die Birkenrinde ursprünglich nur lose umhüllte. Die Rinde bildet demnach nur ein Grundgerüst. Verziert ist die Kopfbedeckung mit Strängen aus blauen und weißen Glasperlen, die am oberen Rand angenäht sind. Darunter schließen sich aufgenähte, zu Quadraten angeordnete Seidenstreifen an. Eine kleine Röhre aus Kupfer verziert vermutlich den mittleren Bereich.

Ein anschauliches Beispiel für diese Kopfbedeckung zeigen die Yuan-zeitlichen Porträts der Kaisergemahlinnen aus dem National Palace Museum Taipei (Kat.-Nr. 348). Der *boythay* ist dort mit roter Seide umhüllt, wie es bei reichen mongolischen Frauen üblich war.[1]  *A. S.*

1 ZHOU/GAO 1995, S. 141.

## Ein Grabfund in der Provinz Chentij

Das Gräberfeld Burchan tolgoj liegt nordöstlich des Flusses Cherlen, im Kreis Delgerchaan. Sechs Gräber wurden dort im Jahr 1988 ausgegraben. Grab 4, aus dem die Kopfbedeckung stammt, barg eine Frauenbestattung in 1,70 Meter Tiefe unter einer flachen Steinschüttung. Außer der Kopfbedeckung waren der Verstorbenen ein Bronzespiegel, ein Spinnwirtel, eine Ahle mit Holzgriff und ein zerbrochener Holzkamm mit ins Grab gegeben worden. Von der Bekleidung hat sich einzig der Rest eines Lederstiefels mit hohem Schaft erhalten. *U. E. / E. P.*

Lit.: MENES 1988 A, S. 11

Der *boythay* besitzt die Form einer elliptischen Röhre, die sich nach oben trichterförmig ausweitet. Der unmittelbar auf dem Kopf aufliegende Teil fehlt. Zusammengesetzt ist die Kopfbedeckung aus mehreren mit Pflanzenfasern aneinander genähten

### 73 Damenhut
**(mong. *boythay*, chin. *gugu guan*)**
Burchan tolgoj, Provinz Chentij, Mongolei,
13./14.Jh. | Birkenrinde, Seide, Glasperlen
und Kupfer, H 32,8 cm, B 23,5 cm |
Akademie der Wissenschaften der Mongolei, Ulaanbaatar | Inv.-Nr. M-118

72

# Činggis Khan und
# das mongolische Großreich

MICHAEL WEIERS

# Loyalität und Fürsorge – Činggis Khan, seine Nachkommen und das Weltreich bis 1260

Das genaue Geburtsjahr des Temüjin, des späteren Činggis Khan, ist unbekannt. Die Jahre 1155, 1162 und 1167 stehen zur Auswahl, wobei sich das Jahr 1162 am besten mit den späteren Ereignissen im Leben des Temüjin ergänzt. Über dieses Leben sowie über die Zeit seiner Nachfolger stehen zwei Hauptquellen zur Verfügung. Einmal in mongolischem Wortlaut die aus dem späten 14. Jahrhundert überlieferte *Geheime Geschichte der Mongolen* (Kat.-Nr. 357), verfasst von einem oder mehreren unbekannten Autoren, deren Originalfassung aus dem 13. Jahrhundert mit dem Titel »Ursprung des Činggis Khan« nicht mehr erhalten ist.[1] Zum andern berichtet über das Leben und den Aufstieg Činggis Khans sowie über seine Nachfolger, dabei in Einzelheiten immer wieder von der *Geheimen Geschichte* abweichend, ein enzyklopädisches persischsprachiges Werk mit dem Titel *Ǧāmiʿ at-tawārīḫ* (Sammler der Chroniken; Kat.-Nrn. 279, 309–311), verfasst zu Beginn des 14. Jahrhunderts von Rašīd ad-Dīn, dem damaligen Ersten Minister im mongolischen Ilkhanat.[2]

Als Temüjin, ältester von zwei Brüdern und einer Schwester von derselben Mutter sowie von einem Halbbruder, der von einer Nebenfrau seines Vaters stammte, zur Welt kam, hatte das erste Mongolenreich schon seit Jahrzehnten keinen Bestand mehr, und selbst die Bezeichnung *mongqol* (Mongole[n]) wurde nicht mehr verwendet. Einen *khan* (Herrscher) über alle Mongolen gab es auch nicht mehr. Dafür handelten die verschiedenen Mongolengemeinschaften wie die »Edlen«, die »Wildbachleute«, die »Trefflichen« oder die »Wildentenleute«, die sich je nach ihrem Aufenthalt in Wald- oder Steppengebieten als »Waldleute« oder als »Filzzeltbewohner« bezeichneten, unter dem Adel entstammenden Anführern weitgehend eigenverantwortlich.

Es konnten damals aber auch Persönlichkeiten, die ihrer Tüchtigkeit wegen den Ehrennamen »Held« *(bayatur)* führten, aber nicht dem Adel entstammten, sondern, wie wir heute sagen würden, zur gehobenen Mittelschicht mit Zugang zur Oberschicht gehörten, zu Einfluss und Ansehen gelangen. Solch eine Persönlichkeit war Temüjins Vater Yisügei, der sogar Schwurbruder eines echten Herrschers war.

Traditionsgemäß hatte Temüjins Vater für seinen neunjährigen Sohn in einem fremden Stamm – die Mongolen waren exogam, heirateten also außerhalb ihrer Verwandtschaftsgruppe – eine Braut gesucht und gefunden, als er, kurz nachdem die Verbindung zustande gekommen war, einem Giftanschlag zum Opfer fiel. Die Zurückgebliebenen, nunmehr ihres rührigen und einflussreichen Oberhauptes beraubt, gerieten ins gesellschaftliche und wirtschaftliche Abseits. Die ausgegrenzte Familie durchlebte harte und entbehrungsreiche Zeiten, und dem gerade herangewachsenen Temüjin, der sich schon einen Brudermord hatte zuschulden kommen lassen, trachtete man bald auch nach dem Leben. Ständige Angst, Flucht, Gefangenschaft und erneute Flucht prägten Temüjins Jugend, und schließlich wurde ihm auch noch seine Frau geraubt. Erste positive Erfahrungen mit treuen Freunden und Bundesgenossen, die Temüjin halfen, seine Gattin zu befreien, brachten ihm wohl auch Kunde von einem vergangenen Mongolenreich sowie die ernüchternde Erkenntnis, dass die Gesellschaft der mongolischen Gemeinschaften, von der er bis dahin ausgeschlossen gewesen war, sich herkunftshierarchisch gliederte und dass er als Sohn nur eines »Helden« keine Hoffnung hegen konnte, erfolgreich Anspruch auf wirklichen Einfluss oder gar auf Herrschaft zu erheben. Dennoch ließ Temüjin der Name *mongqol* (Mongolen) im Zusammenhang mit einem alten Mongolenreich nicht mehr los. Er begann nach der Herrschaft über diejenigen Stämme zu streben, die früher schon einmal unter diesem Namen zusammengelebt hatten.

Im Verlauf des schicksalsschweren Auf und Ab, das dieses Streben begleitete, wuchsen Temüjin Erfahrungen zu, die ihn Maßnahmen ergreifen und Entscheidungen fällen ließen, ohne die er trotz aller damit auch verbundenen gefährlichen Rückschläge sein Ziel wohl kaum so zügig erreicht hätte. Grundlegend war für Temüjin das Prinzip von Loyalität und Fürsorge. Wer sich ihm gegenüber ehrlich und loyal verhielt, konnte sicher sein, auch von ihm unterstützt zu werden. Fremden Stämmen gegenüber entwickelte Temüjin ein Verhalten, das einer geradezu aussichtslosen Lage entsprang. Obwohl er nur über wenige Gefolgsleute verfügte, drohte er, jeden zu vernichten, der sich ihm nicht freiwillig unterwerfe. Er hatte Erfolg! Die mongolische »Diplomatie« war geboren. Erhielten bisher die adligen Anführer einer Gemeinschaft von ihren vornehmen Untertanen Anteile an deren Ausbeute aus Jagden und Kriegszügen je nach Gutdünken, forderte Temüjin nunmehr die gesamte Ausbeute für sich allein, um sie dann seinerseits nach dem Prinzip von Loyalität und Fürsorge zu verteilen. Auch sollten er und seine Familienangehörigen zukünftig allein das Sagen haben. Damit nahm die mongolische Oligokratie ihren Anfang. Machte man bisher auf Kriegszügen bei dem, was ein fliehender Gegner zurückließ, halt und ließ den Gegner entkommen, war nunmehr der Gegner zu verfolgen, bis er gefangen oder vernichtet war. Zuwiderhandeln wurde mit dem Tode bestraft. Wer sich freiwillig unterwarf, konnte damit rechnen, am Leben zu bleiben. Allerdings wurde der Stammes- oder Familienverband aufgelöst und die Mitglieder voneinander getrennt in die Zehn-, Hundert- und Tausendschaften eingewiesen, in welche die mongolischen Wehrverbände untergliedert waren. Hatte man zu viele Gefangene gemacht, wurden sie am Achsenstift gemessen und niedergemacht. Frauen und Kinder waren davon ausgenommen. Das »Achsenstifturteil« besagte, dass diejenigen, die den Achsenstift eines bestimmten Wagentyps überragten und damit als untauglich für die Reiterei eingestuft wurden, zu enthaupten seien. Wagen (vgl. Kat.-Nr. 80) besaßen die Mongolen zu Tausenden. Sie waren ihr weitaus wichtigstes Transportmittel für Behausungen – die Jurten waren damals fest auf mehrachsige Wagen montiert –, Personen, Verpflegung, Gerätschaften für Jagd und Krieg sowie für Ersatzteile. Auf Kriegszügen bewerkstelligte man mit ihnen den Nachschub, und mit ihnen wurden die zur Verteidigung unverzichtbaren Wagenburgen, die so genannten Rundlager, zusammengestellt. Als Rückgrat der berühmten mongolischen Reiterei dienten sie schließlich eben mit ihren Achsenstiften auch als stets präsentes und beliebig bestimmbares Maß, mit dem man je nach Lage bequem über Leben oder Tod entscheiden konnte.

Mochten Temüjins Neuerungen, die besonders der Aristokratie als unannehmbar galten, in der damaligen Gesellschaft, die einen freien Adel und freie Vornehme von unfreien Sklaven unterschied, auch auf heftige Ablehnung gestoßen sein, so führten sie allen Hindernissen zum Trotz letztendlich doch zum Erfolg. Die Quellen sprechen sogar von einer zweimaligen Ernennung des Temüjin zum Herrscher. Für das Jahr 1206 heißt es in der *Geheimen Geschichte*, dass man dem »Činggis Großherrscher«, d. h. dem »Ungestümen Großherrscher«, den »Khan«, also den »Herrscher«-Titel verliehen habe.

In der Folgezeit richtete Činggis Khan 95 Tausendschaften neu ein, wohl um mit ihnen die erwiesene Loyalität in Familie und Gefolgschaft zu belohnen. Voll besetzt dürften diese 95 Tausendschaften allerdings noch nicht gewesen sein. Dafür hatten Činggis Khans Mongolen noch viel zu wenig Personal. Sollte das Prinzip von Loyalität und Fürsorge in Verbindung mit dem Einrichten der neuen Tausendschaften wirklich funktionieren, musste die Personaldecke erheblich erweitert werden. Die Lücke ließ sich nur mit Gefangenen schließen. Der Mensch als Beute wurde zum wichtigsten Unterpfand für Bestand und Gedeihen der činggisidischen Oligokratie. Reichste Tributgaben, wie sie 1210/11 von den Staaten der Tanguten und Uiguren den Mongolen freiwillig überbracht wurden, kamen unter diesen Voraussetzungen geradezu Niederlagen gleich, weil man dabei keine Gefangenen machte, die man hätte eingliedern können. Angebote und Pläne von kitanischen Überläufern aus der von den Jürčen (Dschurdschen) regierten mächtigen Jin-Dynastie (1115–1234), diese zusammen mit den Mongolen anzugreifen, erschienen da trotz aller damit verbundenen Risiken geradezu als Geschenk des Himmels. Allerdings nur mit intensivster Fremdhilfe auf dem Boden der Jin selbst glückte das Vorhaben dann auch: Am 31. Mai 1215 eroberten unter dem Oberkommando zweier Mongolen kitanische und chinesische Verbände der Jin für die Mongolen Zhongdu (später Peking), die Hauptstadt der Jin-Dynastie. Bis 1217 gerieten dann auch weitere Teile der Nördlichen Jin-Dynastie, wo überwiegend Önggüt-Türken und Kitan beheimatet waren, unter mongolische Herrschaft.

Die Eroberungen hatten eine »Internationalisierung« der mongolischen Kriegsmaschinerie nach sich gezogen. Nicht nur kämpften gänzlich nichtmongolische Heeresverbände nun für die Mongolen, auch in den eigenen Heeresabteilungen dienten immer mehr »fremde Mongolen«, die es nicht von Geburt an waren. Zusammengehalten durch das Prinzip von Loyalität und Fürsorge, bildeten diese Heeresabteilungen trotz unterschiedlicher Herkunft, Tradition und Identität ihrer Mitglieder schlagkräftige Solidar- und Effizienzverbände, die sich stets genau an eine der wichtigsten *Jassas* (Anordnungen) Činggis Khans hielten: »Die Mongolen müssen sich die ganze Erde unterwerfen und dürfen mit keinem Volk Frieden haben, bis es vernichtet ist, außer es unterstellt sich ihnen!« Činggis Khan wusste, wovon er sprach, als er diese *Jassa* erließ. Ohne andauernde und erfolgreiche Eroberungen, die allein das Funktionieren des Prinzips von Loyalität und Fürsorge garantierten, war die Sache der Mongolen verloren.

In den Jahren 1217/18 eroberten die Mongolen unter Führung von Jöči, Činggis Khans ältestem Sohn, westlich des Baikalsees 15 den mongolischen Oiraten unterstehende Völker sowie die Oiraten selbst, und einer der engsten Vertrauten des Mongolenherrschers besiegte das Reich Qara Qitai, das sich westlich des Altai-Gebirges bis zum Aralsee erstreckte. Die Mongolen waren damit zu Grenznachbarn des Reichs der Choresmschahs (Choresmien) geworden, das große Teile der heutigen Staaten Iran, Afghanistan und Pakistan umfasste und in dem das türkische Fürstenhaus der Anuštigin herrschte.

Der Mord an mongolischen Gesandten und Händlern in Choresmien führte zum Krieg zwischen den neuen Nachbarn. Činggis Khan selbst führte den Feldzug an, zusammen mit seinen Söhnen Jöči, Čaghatai (auch: Čayatai), Ögedei (Kat.-Nr. 341) und dem jüngsten Sohn Tolui. So erfolgreich der sechsjährige Feldzug (1219–25) für die Mongolen auch war, so sehr war er für ganz Choresmien eine Katastrophe: verödete Städte und Leichenberge überall. In dem geschundenen Land blieben zwar Statthalter der Mongolen zurück, die auch weitere Eroberungen bis in den Kaukasus hinein vorantrugen, doch von einer geregelten Verwaltung konnte keine Rede sein. Während des Feldzugs hatte ein Erkundungszug der Mongolen auch bis an die Grenzen der russischen Fürstentümer sowie in die Wolgaregion zu ersten Kontakten mit Europa geführt.

Auf dem nächsten Feldzug, den die Mongolen gegen das Reich der Tanguten begannen, verunglückte Činggis Khan und erlag im September 1227 wohl seinen schweren inneren Verletzungen. Obwohl traditionell dem jüngsten Herrschersohn, also Tolui, die Nachfolge zugestanden hätte, entschied man sich für den zweitjüngsten Ögedei. Er herrschte 1228/29–41 als Großkhan. Unter ihm gliederten sich die Herrschaftsbereiche der Söhne Činggis Khans in das Zentralkhanat, etwa die heutige Mongolische Republik, wo der Tolui-Clan beheimatet war und von wo aus Ögedei als Gesamtherrscher regierte. Etwa in der heutigen Autonomen Region Xinjiang der Uiguren schlossen sich die Ländereien der Clans des Ögedei und Čayatai an, und westlich davon erstreckten sich die östlichen Gebiete der türkischen Kiptschaker, die dem Clan des Jöči unterstanden. In den bis dahin eroberten Gebieten der Jin-Dynastie, denen bis zu seinem Tod 1223 Muqali als Großpräzeptor vorgestanden hatte, sollten verschiedene Mitglieder der mongolischen Oligokratie, wie Sorqaytani Beki, die Witwe des 1232 verstorbenen Tolui, Gewinn aus Land und Leuten ziehen bzw. durch lokale oder fremde Verwalter aus Mittelasien ziehen lassen.

Ögedei war ein Herrscher des Ausgleichs und Aufbaus. Unter ihm organisierten fähige Personen die Infrastruktur des Reiches und ordneten Militär- sowie Verwaltungswesen. Teile Koreas wurden erobert, und 1234 fiel auch der Süden der Jin-Dynastie in mongolische Hand. Damit wuchs die Bevölkerung des Mongolenreiches um Millionen von Chinesen, die im Süden der Jin-Dynastie als Untertanen der Jürčen (Dschurdschen) gelebt hatten. Auch verlief nach dem Untergang der Jin zwischen dem Mongolenreich und China, Letzteres repräsentiert durch die Südliche Song-Dynastie (1127–1279), erstmals eine gemeinsame Grenze.

1235 beschloss man auf einer Reichsversammlung (mong. *quriltai*), einen großen Westfeldzug durchzuführen. Als »Mongolensturm« sollte dieser Feldzug Europa in Angst und Schrecken versetzen, und auch in Schlesien bei Liegnitz (Kat.-Nr. 247) seine Spuren hinterlassen.[3] Bis auf Čayatai war dies ein Feldzug der Enkel und Urenkel des Činggis Khan, unter ihnen auch Ögedeis Sohn Güyük und Toluis Sohn Möngke (Kat.-Nr. 232, 233), die später ihrem Großvater als Großkhane der Mongolen nachfolgen sollten. Als Ögedei am 11. November 1241 gestorben war und die Mongolen sich deshalb ins Kernland zurückzogen, hatte der Mongolensturm in Ost- und Südosteuropa zu Hunderttausenden von Toten geführt und die Verödung ganzer Landstriche nach sich gezogen. Russland war für die kommenden drei Jahrhunderte das so genannte Tatarenjoch aufgebürdet worden.

Zunächst führte Ögedeis energische Witwe Töregene als Regentin die Regierungsgeschäfte weiter. Den unter Ögedei geleisteten Aufbau machte sie dabei fast zunichte, da sie eigennützige und den Staat schädigende Abgabenpächter förderte, den wachsenden Misshelligkeiten und Feindschaften in den regierenden Kreisen leistete sie sogar Vorschub. Auch Güyük, ältester Sohn des Ögedei und der Töregene, den man nach vielem Hin und Her 1246 endlich als Ögedeis Nachfolger installiert hatte, vermochte während seiner nur kurzen Herrschaft bis 1248 die Verhältnisse nur wenig zu verbessern. Unter Oyul Gaimiš, Güyüks Witwe und ebenfalls Regentin, liefen die Staatsgeschäfte dann völlig aus dem Ruder, obwohl der Zuwachs an riesigen Territorien im Westen, die sich in das Herrschaftsgebiet des Jöči-Clans (die Goldene Horde in Russland) sowie weiter östlich in die Horden (d. h. Herrschaftsgebiete) von Jöčis beiden Söhnen Orda und Šiban gliederten, eine starke Führung des Gesamtreiches unbedingt erfordert hätte.

Die Wahl und Erhebung des Möngke, ältester Sohn des Tolui, zum neuen Großkhan und seine Herrschaft (1251 bis 59) führten dann zum inneren Wiederaufschwung des Reiches. Möngke baute Karakorum zum Reichszentrum aus und beauftragte seinen jüngeren Bruder Hülegü, im vernachlässigten Choresmien die gespannten wirtschaftlichen und politischen Verhältnisse zu ordnen. Vier Jahre benötigte Hülegü, um mit seinem gesamten *ulus* (hier: Untertanen) und ihrem Hab und Gut nach Choresmien zu ziehen, wo er der Tyrannei der Assassinen ein Ende setzte und 1258 die Abbasiden-Dynastie der Kalifen von Bagdad zerschlug. Auch Aleppo und Damaskus wurden vorübergehend mongolischer Besitz. Dem weiteren Vordringen der Mongolen boten dann aber mamlukische Truppen aus Ägypten endgültig Einhalt: Beim »Goliathsquell« in Palästina wurden sie am 3. September 1260 vernichtend geschlagen. Hülegü sah sich, nicht zuletzt wegen des tief greifenden Zerwürfnisses mit dem mongolischen Nachbarkhanat

Goldene Horde, zu dem es beim gemeinsamen Einsatz gegen die Abbasiden gekommen war, immer mehr in die engeren regionalen Vorgänge des Mittleren Ostens eingebunden, die in einem weiteren mongolischen Teilreich, dem so genannten Ilkhanat, ihre Fortsetzung finden sollten (siehe den Beitrag von Birgitt Hoffmann in diesem Katalog).

In der mongolischen Heimat erfüllten Großkhan Möngke und sein Bruder Qubilai (Kat.-Nr. 342) zwar Činggis Khans Auftrag zur Welteroberung im Kampf gegen China erfolgreich, doch vermochten die Erfolge nach außen die innere Uneinigkeit darüber, wie und mit Hilfe welcher Untertanen das Reich regiert werden solle, kaum zu verdecken. Als Möngke 1259 verstarb, entluden sich die Spannungen: Unter Missachtung der Anordnungen Činggis Khans usurpierte Qubilai 1260 den Thron, verdrängte seinen zur Nachfolge bestimmten jüngeren Bruder Ariɣ Böke, gründete einen neuen mongolischen Regierungssitz bei Peking, führte zur Legitimation seines Herrscherhauses die buddhistische Cakravartin-Ideologie ein und untermauerte seine Herrschaft über China mit dem dynastischen Namen Yuan (»Uranfang«; siehe den Beitrag von Claudius Müller in diesem Katalog). Ein einiges Mongolisches Weltreich, wie es sich unter Ögedei herausgebildet hatte, gab es damit nicht mehr. An seine Stelle traten nun mehrere, sich erbittert bekämpfende mongolische Teilreiche mit ihrer jeweils eigenen Geschichte.

1  Die jüngste deutsche Fassung: GEHEIME GESCHICHTE/TAUBE 1989.

2  Es liegt eine ältere deutsche Übersetzung auf der Grundlage einer allerdings stark verkürzten Handschrift vor: RAŠĪD AD-DĪN/VON ERDMANN 1862. Eine neuere englische Übersetzung ist RASHĪD AL-DĪN/BOYLE 1971.

3  Zur Lektüre: GÖCKENJAN/SWEENEY 1985. Siehe auch den Beitrag von Hansgerd Göckenjan in diesem Katalog.

VERONIKA VEIT

# Die Überlegenheit von Pferd und Bogen – Die Rolle des Pferdes bei den Mongolen in Frieden und Krieg

»Die Gründer der Yuan-Dynastie traten ihren Siegeszug im Norden an. Von Natur aus sind sie gute Reiter und Bogenschützen, und so nahmen sie die Welt durch die Überlegenheit von Pferd und Bogen in Besitz«, hält das *Yuanshi*, die »Geschichte der Yuan-Dynastie« (Kat.-Nr. 356), fest.[1] In der Tat, die Bedeutung, die das Pferd für die Geschichte und Kultur der zentralasiatischen Völker im Allgemeinen und der Mongolen im Besonderen erlangt hat, kann kaum hoch genug eingeschätzt werden. So lautet beispielsweise ein mongolisches Sprichwort: »Reise, indem du Proviant, Futter und Wasser des Pferdes vorausbedenkst«, und ein anderes sagt: »Ein Kind bleibt so lange bei seiner Mutter, bis seine Füße den Steigbügel und seine Hände den Sattelknopf erreichen.«[2] Wohl bekannt ist der ökonomische Nutzen des Pferdes, als Lieferant von Milch (vergoren als *Kumys* bzw. *Airag* genossen) und Milchprodukten, als Reittier und Transportmittel, als Handelsgegenstand. Als unschätzbar erweist sich sein Wert im Krieg: Es sichert Schnelligkeit und Beweglichkeit. Darüber hinaus ist das Pferd der Steppennomaden im Herbst, zur Zeit der Ernte der sesshaften Ackerbauern, nach der Sommerweide in seiner besten Verfassung. Ein weiterer Vorteil für die Reiterkrieger Zentralasiens.

Traditionsgemäß steht das Pferd an erster Stelle der fünf Kategorien der Nutztiere der mongolischen Herdenhaltung, vor Kamelen, Rindern, Schafen und Ziegen. Große Pferdeherden versinnbildlichen Reichtum, gelten gar als Zeichen für nationalen Wohlstand und Sicherheit. Diese Sicherheit galt es zu wahren: Durch einen Pferderaub kam gewissermaßen auch das Schicksal Činggis Khans ins Rollen!

Dem jungen Temüjin und seinen Brüdern wurde der einzige wertvolle Besitz, acht Pferde, gestohlen – mit Ausnahme des neunten, eines stummelschwänzigen Braunen, das sie zur Murmeltierjagd verwendeten, wie die *Geheime Geschichte der Mongolen* (Kat.-Nr. 2) berichtet.

Allein setzte Temüjin den Räubern nach, traf unterwegs auf Boyurči, der sein erster und liebster Gefolgsmann werden sollte, und ihr Leben riskierend, gewannen sie die acht Pferde zurück. Mut, Loyalität und Weitblick legten so den Grundstein für die Dynamik, die Temüjin als Činggis Khan zum Herrscher über ein Weltreich werden ließ.

Vom »Pferdeland« der mongolischen Steppenbewohner des 13. Jahrhunderts vermitteln uns zeitgenössische chinesische Quellen ein anschauliches Bild:

»Ihre Pferde lassen sie in der Steppe grasen; Fütterung mit Heu und Getreide gibt es nicht. Im sechsten Monat fressen sie sich satt an frischem Gras; dann erst werden sie fett. Die jungen Hengste werden mit vier Jahren verschnitten. Daher werden sie breit, stattlich und voller Kraft, sanft, folgsam und ohne Launen; sie ertragen Wind und Kälte. Wenn sie nicht verschnitten werden, ist es umgekehrt. Zudem wiehern und scheuen sie dann leicht und taugen nicht dazu, sich mit ihnen in den Hinterhalt zu legen. Bei schnellen Ritten dürfen sie nie vollgefressen sein. Beim Absatteln bindet man sie immer so an, daß sie den Kopf hochhalten müssen, wartet ab, bis ihr Temperament sich beruhigt hat, ihr Atem gleichmäßig geworden ist und ihre Füße ganz kalt; erst dann läßt man sie frei auf die Weide.«[3] Diese Regeln gelten auch heute noch.

Das mongolische Pferd zählt zu den Kleinpferden, mit einem Stockmaß von 13 bis 14 Hand, d. h. maximal 1,35 Metern. Der Körper ist kompakt und stämmig, das Gewicht eines schönen männlichen Tieres beträgt etwa 350, das einer Stute etwa 300 Kilogramm. Nahezu legendär sind Ausdauer und Belastbarkeit. Untersuchungen der Jahre 1921 und 1933 ergaben Leistungen von sieben Tagen für 320 Kilometer, von acht Tagen für 450 Kilometer, von zwölf Tagen für 640 Kilometer und von 25 Tagen für 1800 Kilometer, wobei die Tiere jeweils frisch und in gutem Zustand am Ziel anlangten.

In noch deutlicherem Maße als das tägliche Leben spiegelt das Schrifttum der Mongolen die enge Beziehung zwischen Mensch und Pferd wider, um im mongolischen Heldenepos gewissermaßen ihren Höhepunkt in der »Ver-Dichtung« der realen Gegebenheiten zu finden. Das Pferd ist hier nicht nur Gefährte, sondern stets auch überlegener Ratgeber, der menschlichen Sprache kundig, und es besitzt Zauberkräfte. Zwei Aussagen bezeugen anschaulich, wie weit diese Gemeinsamkeit des Schicksals reicht. »Nach dem Tod werden unsere Knochen vereint sein, solange wir lebendig sind, wird unser Leben ein gemeinsames sein!«[4] »Und er sah den Jungen die acht Markknochen des Pferdes zusammenbinden und sich auf den Rücken legen mit den Worten, daß man die Knochen seines Pferdes nicht in einem fremden Lande fortwirft.«[5]

Die ganze Liebe und Begeisterung der Mongolen für ihre Pferde kommt außerdem in der Beschreibung des Heldenpferdes zum Ausdruck; hier finden wir auch Elemente der traditionellen Zeremonialdichtung, wie der »Pferdelobpreisungen« (mong. *morin-u maytayal*) oder der Handbücher über die Merkmale eines guten Pferdes (mong. *morin-u sinji*). Ein Beispiel:

Was sein Pferd, das Windroß,
das Reittier betrifft, das er zu reiten pflegte,
so war es breit in seiner Stirn,
es war stark, was seine Muskeln betrifft,
es hatte einen dünnen Haarbüschel auf der Stirn,
es hatte eine glatte Kruppe,
[...]
es hatte dichte Augenbrauen,
es hatte einen dichten Schweif,
es hatte Geschwindigkeit in seinen Sehnen,
[...]
Es hatte einen schönen, fahnengleichen Schweif
und einen schönen Rücken wie ein Hase.
[...]
Es besaß gelegentlich einundsiebzig Geschwindigkeiten, ansonsten aber
besaß es zweiundachtzig Zauberkräfte.[6]

Über das Leben in dieser Welt hinaus weist schließlich die kultische Bedeutung des Pferdes in der mongolischen Tradition. Hier finden wir das Pferd im Wesentlichen in drei Funktionen: einmal als Reittier in Verbindung mit einer Gottheit, sodann als magisches Reittier für den Schamanen, schließlich als Opfertier, blutig wie unblutig zu den folgenden Anlässen: feierliche Bündnisschwüre, Begräbnis eines Herrschers, Opfer für die Schamanen- und Ahnengeister.

Die nachhaltigste Bedeutung erlangte das Pferd jedoch ohne Zweifel in der Kriegskunst der Mongolen. Das Bild des berittenen Bogenschützen aus den Weiten Zentralasiens ist nicht zu Unrecht zum Symbol für den »Sturm« geworden, der von der Antike bis zum 17. Jahrhundert Weltreiche von bis dahin nicht gekannten Ausmaßen hat entstehen lassen.

So erfahren wir von den Mongolen des 13. Jahrhunderts: »Was ihr Reiten und Schießen anbetrifft, tragen sie mit vier, fünf Jahren einen kleinen Bogen mit kurzen Pfeilen unter dem Arm, und wenn sie erwachsen sind, betreiben sie alle vier Jahreszeiten hindurch die Feldjagd. Beim schnellen Reiten stehen sie immer auf den Zehenspitzen in den Bügeln – ohne zu sitzen. Daher liegt ihre Kraft zu acht bis

1 Bogenschütze, Mongolei 1966

neun Zehnteln in der Fußbiege und nur zu ein bis zwei Zehnteln im Gesäß. Schnell wie ein Wirbelwind sind sie da, und wuchtig wie ein Berg drücken sie auf den Feind. Sie wenden sich im Sattel nach links und drehen sich nach rechts wie Vögel im Flug. Daher vermögen sie, während sie sich nach links umschauen, sogleich auch schon nach rechts zu schießen; sie schießen also durchaus nicht nur nach rückwärts.«[7]

Der Reitsattel der Mongolen (Kat.-Nr. 59, 72, 252 a, b) wurde aus Holz gefertigt, mit Schafsleder überzogen und wird als sehr leicht und kunstvoll geschildert: »Der Sattelrand steht vorn hoch und ist hinten flach, so daß beim Biegen und Wenden des Körpers die Schultern des Pferdes nicht wundgerieben werden. Die Bügel sind rund, so daß die Füße in der Mitte und nicht auf der Seite stehen. Man tränkt das Leder mit Hammelfett, so daß es durch Regen nicht rissig und brüchig wird.«[8]

Was die Bewaffnung und Ausrüstung der mongolischen Reiterkrieger anlangt, so verfügen wir gleichfalls über detaillierte Schilderungen unserer bewährten zeitgenössischen Zeugen.[9]

Zur Bewaffnung gehörten Bogen (Kat.-Nr. 57, 76), Kompositbogen aus Maulbeerbaum- oder Ulmenholz; die Enden waren aus Wildschaf- oder Gazellenhorn gefertigt, die Sehne bestand aus einem Lederriemen. Die Spannweite des Bogens wird mit drei Fuß angegeben, die Spannung selbst mit etwa 72 Kilogramm. Ein jeder Krieger sollte zwei bis drei Bogen besitzen sowie drei Köcher. An Pfeilen (Kat.-Nr. 58, 76) werden verschiedene Arten genannt: tönende Pfeile, Pfeile aus Kamelknochen und spitze Nagel-Pfeile. Die Pfeile waren beidseitig geschliffen und konnten unterschiedlich lang und schwer sein, je nachdem ob sie für Weit- oder Nahschüsse verwendet wurden. Die Schäfte bestanden zumeist aus Weidenholz und waren mit Falkenfedern befiedert. Außerdem gehörten zur Bewaffnung des mongolischen Kriegers ein leichter, handlicher und sehr scharfer Krummsäbel (vgl. Kat.-Nr. 56) sowie eine lange Lanze mit kurzer Klinge und Widerhaken, um den Gegner vom Pferd zu holen. Ferner werden verschiedene Arten von Schilden erwähnt: korbartig aus Leder oder aus Weide geflochtene Schilde, Rundschilde sowie hölzerne Klappschilde, die auf der Rückseite an einer Stange beweglich befestigt und damit schwenkbar waren. Als Schutzpanzer (vgl. Kat.-Nr. 75, 76) für den Krieger fanden drei Typen Verwendung: ein mehrschichtiger, aus zusammengebundenen und -geklebten Streifen bestehender Lederpanzer; ein Eisenpanzer, der sich aus mehreren mit Schnallen verbundenen Einzelteilen zusammensetzte; ein aus schuppenförmigen Plättchen gebildeter Eisenpanzer. Der dazugehörige Helm bestand aus Eisen oder Stahl, mit Nasen- und Ohrenschutz; der Teil um Hals und Kehle war aus Leder gefertigt.[10] Auch die Pferde schützte man durch einen fünfteiligen ledernen Panzer mit einer Metallplatte an der Stirn.

Dank des Systems von mindestens zwei, wenn nicht mehr Remonten für jeden Krieger war es den mongolischen Heeresverbänden möglich, Märsche von vor ihrer Zeit unerreichter Länge und Schnelligkeit durchzuführen. Die Überlegenheit der mongolischen berittenen Bogenschützen zeigte sich auch in bestimmten Formen der Kriegstaktik. Eine der erfolgreichsten hierbei war die, welche die Mongolen *noqai kerel kereldükü* nennen, die »Hundekampftaktik«.[11] Sie besteht darin, den Feind zu locken, ihm dann in den Rücken zu fallen und ihm so einen Zweifrontenkampf aufzuzwingen. Beispiele für die erfolgreiche Anwendung dieser Technik finden wir bereits bei der Vereinigung der mongolischen Völkerschaften und später bei den großen Eroberungszügen, u. a. bei der Schlacht von Liegnitz am 12. April 1241.

Die Überlegenheit von Pferd und Bogen hatte den Mongolen die wichtigsten logistischen Voraussetzungen für die Eroberung eines Weltreichs in die Hand gegeben. Allerdings: Liu Bingzhong (1216–74), der chinesische Gelehrte und Ratgeber des ersten Kaisers der Yuan-Dynastie, Qubilai, hatte jenen in einer Denkschrift des Jahres 1249 mit einem bekannten chinesischen Wort gewarnt: »Man erobert die Welt vom Pferderücken aus, aber man kann sie nicht vom Pferderücken aus regieren.«[12] Solange das wirkliche Zentrum der Macht des Reiches die Steppe blieb und die Kontrolle über Städte und Ackerland zwar als nützlich zur Erlangung von Versorgungsgütern angesehen wurde, ansonsten jedoch marginale Bedeutung hatte, solange konnte die Überlegenheit der mongolischen Militäraristokratie ausgespielt werden. Als unter Činggis Khans späteren Nachfolgern die Kontrolle über sesshafte Gebiete für den Machterhalt immer wichtiger wurde, schwand der Einfluss der nomadischen Elite, und es war die Steppe, die an die Peripherie geriet. Die Überlegenheit von Pferd und Bogen konnte nicht mehr geltend gemacht werden.

1 Frei zit. nach: JAGCHID/BAWDEN 1965, S. 246.

2 VEIT 1985, S. 58.

3 CHINESISCHE GESANDTENBERICHTE/OLBRICHT/PINKS 1980, S. 167.

4 POTAPOV 1977, 1982, S. 86.

5 MONGOLISCHE EPEN/POPPE V, S. 31.

6 MONGOLISCHE EPEN/POPPE II, S. 58.

7 CHINESISCHE GESANDTENBERICHTE/OLBRICHT/PINKS 1980, S. 165.

8 Ebenda, S. 171.

9 Ebenda, S. 174.

10 PIANO CARPINE/GIESSAUF 1995, S. 184/185.

11 GEHEIME GESCHICHTE/HAENISCH 1948, S. 18/19 (§ 90).

12 GERNET 1979, S. 312.

### 74 Statue eines Würdenträgers

Šonch tavan tolgoj, Provinz Dornod,
Mongolei, 13./14. Jh. | Marmor,
166 × 76 × 46 cm | Nationalmuseum für
mongolische Geschichte, Ulaanbaatar |
Inv.-Nr. A 282 | Ausgestellt und abgebildet
ist eine Replik von 2004

Diese helle Marmorstatue ist kaum beschädigt. Der Dargestellte sitzt in einem Lehnstuhl, in seiner linken Hand hält er eine Art Kelch, die Rechte ruht auf der Armlehne. Der Mann trägt eine runde Kopfbedeckung mit einer breiten Krempe und einer kurzen hinteren Quaste. Sein breites Gesicht charakterisieren kräftige Wangenknochen, feine Augenbrauen und große Augen, hinter seinen recht großen Ohren sind zwei Zöpfe zu sehen. Über dem Deel (der mongolischen Nationaltracht) trägt der Dargestellte einen kurzärmeligen, nach rechts zugeknöpften Umhang, der deutlich kürzer ist als der Deel. Die Schuhe mit dünner Sohle laufen vorne spitz zu. Links ist ein

74

Beutel mit abgerundeten Ecken, rechts sind, neben einem Messer, ein eckiger Beutel und weitere Gegenstände zu sehen. Die Beine des Stuhles kreuzen sich, den Kreuzungspunkt markiert ein blütenförmiger Nagelkopf. Die Rückseite der Stuhllehne ziert ein Blumenmuster.

Die dargestellten Gegenstände – Kleidung und Lehnstuhl – und auch die Frisur des Dargestellten entsprechen Fundstücken und bildlichen Quellen des 13./14. Jhs.: Die runde, nach oben hin leicht spitz zulaufende Kopfbedeckung mit breiter Krempe und hinterer Quaste stimmt mit den Darstellungen der Herrscher der Yuan-Dynastie aus dem 13./14. Jh. und auch mit persischen Miniaturen des 14. Jhs. überein. Die Zöpfe des Dargestellten sind besonders interessant – sie waren für mongolische Männer jener Zeit charakteristisch. Schon chinesische Gesandte und auch die Europäer Plano Carpini und Wilhelm von Rubruk, welche die Mongolei im Mittelalter bereisten, haben sie beschrieben. Solche Zöpfe findet man ebenfalls auf den Herrscherporträts der Yuan-Dynastie (Kat.-Nr. 340 ff.) und den persischen Miniaturen des 14. Jhs. (Kat.-Nr. 285 ff.). Die Haartracht wird auch durch Ausgrabungen von Grabstätten aus der damaligen Zeit bestätigt.

Die Kleidung – ein Deel mit langen schmalen Ärmeln und ein langer Umhang – findet sich ebenfalls in zahlreichen persischen Miniaturen wieder. Den nach rechts, auf die »richtige« Seite zugeknöpften Deel bestätigt auch Rubruk, der vermerkt, dass »die Tataren ihre Deel nach rechts bzw. richtig zuknöpfen, die Türken nach links bzw. falsch zuknöpfen«. Eine Besonderheit der Steinstatue ist die sitzende Haltung des Mannes und die Tatsache, dass sich die Beine des Lehnstuhls kreuzen – ein ähnlicher Stuhl ist auf keiner anderen bekannten Steinstatue Eurasiens zu finden. Ein solcher Lehnstuhl wird in chinesischen Quellen mit dem Ausdruck *hu chuang* – was mit »Barbarenbett« zu übersetzen wäre – belegt, derselbe Begriff, mit dem auch die Stühle mongolischer Herrscher und Adliger bezeichnet wurden.

Die Steinstatue unterscheidet sich sehr von den im zentralasiatischen Raum weit verbreiteten türkischen Statuen. Sie gehört einem Typus an, der häufig im Osten der Mongolei sowie in der Autonomen Region Innere Mongolei der VR China zu finden ist. Entsprechende Darstellungen von Herrschern und Adligen finden sich als Denkmal für Verstorbene an den Stätten, an denen ihrer gedacht und rituelle und Opferzeremonien vorgenommen wurden.  *D. B.*

Lit.: VIKTOROVA 1980; LIN/MUNKUEV 1960;
SER-ODJAV 1964

75

### 75 Kettenhemd

Mongolei, 13. – 15. Jh. | Eisen und Leder,
L 68 cm, B max. 107 cm | Militärmuseum
der Mongolei, Ulaanbaatar |
Inv.-Nr. V-5-91-64

Die mongolischen Krieger besaßen zwei Arten von Rüstungen: lange und kurze. Was die Herstellungsweise angeht, gibt es zwei Gruppen: Die weiche Rüstung wurde aus Leder, Rohseide und Hanf angefertigt, die »harte« Rüstung aus eisernen Platten und Ketten. Diese Techniken wurden auch miteinander kombiniert, oder mehrere Rüstungen unterschiedlicher Art wurden übereinander angezogen. Die traditionelle mongolische Tracht (Deel) konnte zwischen Außen- und Innenseite eine rüstungsartige Schicht erhalten; eine Rüstung konnte auf ihrer Außenseite eine Ummantelung aus Stoff haben. Die Pferde der Krieger wurden auf ähnliche Weise geschützt (siehe den Beitrag »Die Überlegenheit von Pferd und Bogen« von Veronika Veit in diesem Katalog).  *P. E.*

re Monate, um einen solchen Kompositbogen anzu-
fertigen. Die Mongolen benutzen mehrere Arten
von Bogen, von denen der Reflexbogen der stärkste
ist. Der hier ausgestellte Bogen befindet sich in der
entspannten Position. Um ihn zu spannen, werden
die gebogenen Enden in die entgegengesetzte Richtung gezogen, entgegen der natürlichen Krümmung
des Bogens, was ihm seine große Durchschlagskraft
verleiht. Für unterschiedlich weit entfernte Ziele
hatte ein Krieger zwei oder drei Bogen. Außer normalen Pfeilen gab es auch tönende, brennende oder
giftige Pfeile. Die tönenden Pfeile dienten der Verständigung über eine gewisse Distanz hinweg und
sollten den Gegner erschrecken. Die toxischen Sub-
stanzen der Giftpfeile wurden von Schlangen und
aus Pflanzen gewonnen.　*P. E.*

### 77　Säbel

Bajanlig, Provinz Bajanchongor, Mongolei,
13. Jh. | Eisen, L 80 cm, B 3,7 cm | Militär-
museum der Mongolei, Ulaanbaatar |
Inv.-Nr. V-6-91-1

Nach Pfeil und Bogen war ein leichter einschneidi-
ger Krummsäbel die zweitwichtigste Waffe eines
mongolischen Kriegers. »Reiche Tartaren besitzen
auch noch Schwerter mit scharfer Spitze« und »einer ein wenig gekrümmten Schneide«[1], stellt Plano
Carpini in seiner *Kunde von den Mongolen* fest.
Aber auf zahlreichen historischen Abbildungen mit
Schlachtszenen sind viele Mongolen mit solchen
Säbeln dargestellt.

Dieser Säbel wurde ohne Griff und Scheide gefunden, die Griffkappen und zwei miteinander verbundene Zwingen sind jedoch noch vorhanden. Ein stilisierter Wolf ziert die Klinge des Säbels. In diesem
Zusammenhang sei an das älteste Werk der mongolischen Literatur erinnert, die *Geheime Geschichte
der Mongolen*, in der berichtet wird, dass der Urahn
Činggis Khans ein »vom hohem Himmel erzeugter,
schicksalserkorener grauer Wolf« war.[2]　*P. E.*

1　PLANO CARPINI/SCHMIEDER 1997, S. 77/78.
2　GEHEIME GESCHICHTE/HAENISCH 1948, S. 1.

76

### 76　Rüstung

Mongolei, 16./17. Jh. | Rüstung: Stoff, Leder
und Eisen, L 140 cm, B max. 125 cm |
Stiefel: Leder und Eisen, H 47 cm, L 28 cm,
B 9 cm | Helm: Messing, Eisen und Stoff,
H 24 cm, Dm 22 cm | Bogen: Holz, Horn,
Knochen, Sehnen u. a., L 107,5 cm, B 47 cm |
Bogenköcher: Leder, L 72 cm, B 35 cm |
Pfeile: Holz und Eisen, L 105 cm | Pfeil-
köcher: Leder und Eisen, H 37 cm, B 24 cm |
Nationalmuseum für mongolische
Geschichte, Ulaanbaatar | Inv.-Nr. D 1256,
D 1036, 95-9-1, 1240, D 1256, D 1261

Ein mongolischer Bogen besteht aus mehreren Teilen, und bei seiner Herstellung werden 12 oder 13
verschiedene Materialien wie Horn, Holz, Knochen,
Sehnen, Leder, Federn usw. verwendet. Da diese
Materialien sorgfältig verarbeitet und dann aufeinander geklebt werden müssen, benötigt man mehre-

77

78

79

### 78 Stachelfallen

Altanbulag, Provinz Töv, Mongolei, 13. Jh.
z. T. moderne Nachbildungen | Eisen,
H 5,8 cm, B 6,5 cm, T 5,8 cm | Militär-
museum der Mongolei, Ulaanbaatar |
Inv.-Nr. V-2-96-24, T-03-1-372-385

Die Besonderheit dieser Art von Waffen ist, dass,
egal wie sie auf die Erde geworfen werden, immer
eine der vier Spitzen nach oben gerichtet ist. Dadurch wurde ein Angriff oder eine Verfolgung durch
die gegnerische Kavallerie verhindert oder zumindest deutlich abgeschwächt. Die Pferde konnten
nicht weiterlaufen, weil die Eisenspitzen tief in ihre
Hufe eindrangen.     *P. E.*

### 79 Granaten

Nachbildungen von Granaten aus dem 13. Jh. |
Ton, Dm 7,6 cm | Militärmuseum der
Mongolei, Ulaanbaatar | Inv.-Nr. V-1-99-722,
T-03-1-388-394

Schießpulver wurde von den Mongolen insbesondere in der Yuan-Dynastie zu militärischen Zwecken verwendet und häufig in Granaten gefüllt. Je
nachdem, ob diese bei Sprengungen eingesetzt wurden oder Feuer, Rauch oder einen lauten Knall her-
vorrufen sollten, unterschieden sie sich in ihrer Zusammensetzung, Größe und Form.     *P. E.*

### 80 Radnabe

Charchorin (Karakorum), Provinz
Övörchangaj, Mongolei, 13. Jh. | Gusseisen,
Dm 35,5 cm, T 8,5 cm | Nationalmuseum
für mongolische Geschichte, Ulaanbaatar |
Inv.-Nr. A-352

In der Zeit des Mongolischen Großreiches wurden
große Wagen mit mehreren Achsen verwendet, auf
denen eine Jurte aufgebaut war. Über einen solchen
Jurtenwagen schreibt Wilhelm von Rubruk in seinen *Reisen zum Großkhan der Mongolen*: »Ich habe
[…] einmal die Breite zwischen den Räderspuren eines Ochsenwagens mit zwanzig Fuß gemessen, und,
als das Zelt dann auf dem Wagen stand, ragte es auf
beiden Seiten noch fünf Fuß über die Räder hinaus.
Vor einem Wagen zählte ich 22 Ochsen, die sein Zelt
zogen, elf in einer Reihe nebeneinander in der Wa-
genbreite und noch einmal elf davor.«[1] Mit Hilfe des
Achsenstiftes der Räder von solch großen Wagen
wurde das so genannte Achsenstifturteil gefällt.[2]

*P. E.*

1 RUBRUK/LEICHT 1984, S. 42.

2 Siehe den Beitrag von Michael Weiers, »Loyalität und Fürsorge. Činggis Khan, seine Nachkommen und das Weltreich
bis 1260« in diesem Katalog.

80

81

### 81 Astronomische Karte

Abreibung eines Steinreliefs | Hohot,
Innerei Mongolei, 1727; Entstehungszeit der
Abreibung unbekannt | Tusche auf Papier,
Dm 148 cm | Staatsbibliothek der Mongolei,
Ulaanbaatar Inv.-Nr. 21125

Diese außergewöhnliche Karte stellt den gesamten
während des Jahres über Ostasien sichtbaren Ster-
nenhimmel dar, in der modern anmutenden Geo-
metrie einer so genannten Planisphäre: Der Him-
melsnordpol liegt genau in der Mitte, während der
äußere Rand die südlichsten der noch sichtbaren

Sterne umschließt und mit mehreren Winkelskalen
von kalendarischer Bedeutung versehen ist. Konzentrische Kreise markieren bestimmte Abstände
vom Himmelspol (Deklinationskreise), während das
seitlich versetzte Oval die Jahresbahn der Sonne am
Himmel, die Ekliptik, nachzeichnet. Es ist kaum
möglich, ein Sternbild zu identifizieren, denn die
1375 Sterne auf der Karte sind alle identisch dargestellt und zu 229 so genannten Asterismen, Klein-
gruppen, zusammengefasst, die der westlichen Welt
völlig fremd sind.
Diese Eigenarten verweisen zugleich in die weit zu-
rückreichende Tradition der chinesischen Astrono-

mie. In der Song-Dynastie des 11. Jhs. wurden mehrere systematische Durchmusterungen des Himmels
durchgeführt, die sich in Katalogen mit bis zu 1500
Sternen niederschlugen – und im Jahre 1247 in einer
Planisphäre, die auf einer Stele am konfuzianischen
Tempel von Suzhou (Provinz Jiangsu) zu finden ist.
Sie diente als Vorlage für mehrere Kopien, darunter
die Planisphäre im Fünf-Pagoden-Tempel in der
Hauptstadt der Inneren Mongolei, Hohhot, aus dem
18. Jh., die als die weltweit einzige Himmelskarte mit
mongolischer Legende überhaupt gilt.    *D. F.*

Lit.: ZINNER 1931; HEISSIG 1961; PAN/WANG 1981

VERONIKA VEIT

# Von schönen und hochherzigen Damen – Bemerkenswerte Frauengestalten der Familie Činggis Khans

In einer Gesellschaft wie der mongolischen, deren wichtigste wirtschaftliche Grundlage die extensive nomadische Viehzucht war, mussten Frauen in gleicher Weise wie die Männer »ihren Mann« stehen. Ohne die Zusammenarbeit von Männern und Frauen nämlich, ja, eines jeden Mitglieds der Familie, waren die täglich zu erledigenden Arbeiten nicht zu bewältigen; eine Ausgrenzung von Frauen, etwa aus religiösen oder anderen Gründen, kannte man daher nicht. Über die täglichen Arbeiten hinaus war eine Frau verantwortlich für die Ordnung, die den Ton des Hauses bestimmte.

Das Wohlergehen und die Zukunft der Familien, des Clans, des Stammes, hingen von der Einigkeit der Mitglieder ab. Stets war es die Mutter, die über diese Eintracht wachte, sie war es, die die Erziehung der Kinder in die Hand nahm. »Die Mutter ist der erste Lebenslehrer eines Menschen«, lautet eine traditionelle mongolische Redewendung. Es war der Rat der Mutter, der Rat der Gemahlin, der sich häufig als von grundlegender Bedeutung erweisen sollte, wie die später aufgeführten Beispiele zeigen werden.

Die erste bemerkenswerte Frau, die wir hier vorstellen wollen, ist Alan Γoa, Alan die Schöne: Entsprechend den genealogischen Angaben in der *Geheimen Geschichte der Mongolen* (Kat.-Nr. 2) war sie die Ahnherrin der zwölf Generationen vor Činggis Khan und gehörte zum Stamm der Qori Tumat. Ihre Schönheit und edle Herkunft werden ausdrücklich betont. Obwohl wir leider sonst nicht viel über sie wissen, hat sie in der mongolischen Tradition als Vorbild einen unvergänglichen Platz. Hierzu hat gewiss auch die folgende, in der *Geheimen Geschichte* berichtete Episode beigetragen: Nach dem Tode ihres Gemahls, Dobuns des Klugen, so heißt es im Text, gebar Alan, ohne einen Mann zu haben, drei weitere Söhne, was von den beiden früher Geborenen mit großem Missfallen betrachtet wurde und zu unerfreulichen Verdächtigungen führte. Die Mutter Alan erfuhr davon: »Eines Tages im Herbst kochte sie ein vorjähriges Lamm, aus dem Wintermonat, ließ ihre fünf Söhne [...] der Reihe nach (zum Mahle) Platz nehmen und gab ihnen je einen einzelnen Pfeil in die Hand mit den Worten: ›Zerbrechet ihn!‹ Sie brachen die einzelnen Pfeile ohne weiteres durch und warfen sie fort. Dann band sie

fünf Pfeile zusammen und gab sie ihnen mit den Worten. ›Zerbrechet diese!‹ Die Fünf nahmen die fünf gebündelten Pfeile Mann für Mann, reihum, aber vermochten sie nicht zu zerbrechen. Weiter sprach Alan die Schöne solche Mahnworte zu ihren fünf Söhnen: ›Ihr meine fünf Söhne seid aus meinem einen Leibe geboren. Wenn ihr, wie eben die fünf Pfeile, jeder für sich allein bleibt, werdet ihr wie jene einzelnen Pfeile von jedem Beliebigen leicht zerbrochen werden. Wenn ihr aber wie jenes Bündel Pfeile zusammen in Eintracht bleibt, was könnte euch dann so leicht von irgend jemand geschehen?‹«[1]

Unmittelbaren, großen Einfluss auf Činggis Khan hatte Hö'elün-üjin, die Dame Hö'elün von den Olqunu'ut, seine Mutter. Auch sie war von großer Schönheit, so dass sie, obwohl sie bereits mit ihrem jungen Ehemann unterwegs in die neue Heimat war, durch Yisügei von den Borjigid in Raubehe genommen wurde. Nicht nur schön war Hö'elün-üjin, sie war auch klug; als sie die Ausweglosigkeit ihrer Lage erkannte, sprach sie zu ihrem Gemahl: »Hast du jene drei Männer bemerkt? [...] Sie sehen aus, als wollten sie dir ans Leben. Solltest du am Leben bleiben, so gibt es für dich Mädchen bei den ›Kutschbockkarren‹ und Frauen bei den ›Schwarzkarren‹. [...] Wenn sie einen anderen Namen hat, kannst du sie wieder Hoe'lun nennen. Rette dein Leben, mach dich davon, und hier kannst du meinen Geruch riechen!«[2] Damit zog sie ihr Hemd aus und gab es ihm.

In der Folge gebar Hö'elün-üjin dem Yisügei fünf Kinder, vier Söhne und eine Tochter, deren ältestes Temüjin war, der spätere Činggis Khan. Als jener noch nicht zehn Jahre zählte, fiel Yisügei einem Mordanschlag zum Opfer, und Hö'elün musste sich mit ihren Kindern von den Gefolgsleuten ihres verstorbenen Gemahls im Stich gelassen sehen. Unerschrocken jedoch, wie die *Geheime Geschichte* berichtet, bewies Hö'elün ihre Tatkraft: »Ihre Haube fest aufgesetzt und kurz geschürzt, lief sie am Onan-Fluss aufwärts und abwärts, las Ebereschen- und Moilcho-Beeren auf und fütterte Tag und Nacht die Kehlen der Kinder. [...] Die von der schicklichen Mutter Udschin [Hö'elün-üjin] mit Lebenskrautwurzeln aufgezogenen Kinder wurden ordentliche und kluge Menschen.«[3]

Die sechs Söhne aber, von denen die beiden ältesten von einer anderen Gemahlin Yisügeis stammten, stritten über Rangfolge und Beutevorrechte; schließlich töteten Temüjin und sein jüngerer Bruder Qasar ihren älteren Halbbruder Bekter mit Pfeilen von vorn und von hinten. Außer sich vor Zorn ob dieser schmählichen Tat, bedachte Hö'elün ihre Söhne mit bitterster Schelte, indem sie, wie die *Geheime Geschichte* anmerkt, Sprüche aus der Vorzeit zitierte und die Worte der Alten als Beispiele anführte. Die kraftvollen Bilder jener eindrucksvollen, poetischen Passage waren den mongolischen Zuhörern, zeitgenössischen wie späteren, völlig vertraut, beschrieb man so doch gewöhnlich Helden, ihre Kraft, ihren Wagemut, ihre List, ihr oft auch unüberlegtes Ungestüm. Hö'elün hingegen wendet diese Worte in das Gegenteil und hält ihren Söhnen damit vor, wie erbärmlich sich ihre traditionelle Heldenwelt – Kräftemessen, Rangordnung, Beutevorteil – ausnimmt angesichts der Schande, von den Vettern nach dem Tode Yisügeis im Stich gelassen worden zu sein, angesichts ihrer Armut und Isolation: »Ihr Mörder! [...] wie ein Löwe, der seinen Grimm nicht unterdrücken kann, [...] wie ein Falke, der auf seinen Schatten stößt, wie ein Hecht, der lautlos seine Beute verschluckt, wie ein Kamelhengst, der sein Füllen in die Ferse beißt, wie eine Mandarinenente [sic], die ihre eigene Brut frißt, wenn sie nicht folgen kann [...]! Wo ihr außer dem Schatten keinen Gefährten und außer dem [Ross-]Schweif keine Peitsche habt, wo ihr die von den Brüdern Taitschi'ut angetane Schmach nicht verwinden dürftet und sagen müßtet: an wem können wir uns rächen?«[4] Hö'elüns Ziel war der Rückgewinn der Führungsmacht der Yisügei-, nunmehr Temüjin-Borjigid. Es sind somit gewiss ihre Klugheit, Stärke und Weitblick, die entscheidend mit dazu beitrugen, den jungen Temüjin auf den Weg des späteren Erfolgs zu bringen. Wie Michael Weiers es in einem unveröffentlichten Essay so treffend formuliert hat: »Hier tritt sie auf, die mongolische Frau, wie sie es immer tat, wenn ihre Männer an ihrem patriarchal strukturierten Heldentum zu zerbrechen drohten, ohne dass sie es merkten!« Auch zu einem späteren Zeitpunkt war es das Einschreiten der Mutter, das Činggis Khan davon abhielt, sich an seinem Bruder Qasar zu vergreifen.

Großzügigkeit und Klugheit waren, neben Schönheit, auch die kennzeichnenden Eigenschaften von Činggis Khans Hauptgemahlin Börte, wie wir aus den zeitgenössischen Quellen erfahren. Zunächst aber: Als Temüjin neun Jahre zählte, machte sein Vater Yisügei sich mit ihm auf den Weg zu den Olqunu'ut, dem Clan der Mutter Hö'elün, um eine Braut für ihn zu gewinnen. Unterwegs jedoch trafen sie auf Dei Sečen von den Qonggirad. An dieser Stelle heißt es in der *Geheimen Geschichte*: »Wir Unggirad-Leute [sprach Dei Sečen] sind seit frühester Zeit mit dem Aussehen unserer Nichten und der Schönheit unserer Töchter wahrlich

nicht auf Erwerb von Volk ausgegangen, sondern haben unsere schönwangigen Töchter, wenn bei Euch ein neuer Herrscher gekommen war, auf einen Chasach-Karren gesetzt und mit einem schwarzen Kamelhengst davor im Trabe hingefahren und mit auf dem Königsthron sitzen lassen. [...] Meine Tochter ist noch klein. Schwager, sieh sie dir an.‹ [...] Als er [Temüjin] seine Tochter erblickte, sah er ein Mädchen mit Glanz im Gesicht und Feuer in den Augen, und er fand Gefallen an ihr in seinem Herzen. Sie war zehn Jahre alt, ein Jahr älter als Temudschin, und hieß Börte.«[5] So blieb Temüjin als zukünftiger Schwiegersohn bei Dei Sečen. Weil jedoch nicht lange darauf Yisügei ermordet wurde, musste Temüjin vorzeitig nach Hause zurückkehren, und es sollte eine Reihe von Jahren vergehen, bis er Börte endlich heimführen konnte.

Börte muss ihrem Gemahl eine kluge Ratgeberin gewesen sein. Als Činggis Khan sich seines Schwurbruders Jamuqa nicht mehr sicher sein konnte, riet sie ihm, sich von ihm zu trennen. Činggis Khan folgte dem Rat, ebenso wie er auch dem Rat der Lieblingsgemahlin seiner späteren Jahre, der Prinzessin Yesüi, folgen sollte, als sie ihrem Gemahl nahe legte, anlässlich seines Westfeldzuges einen Stellvertreter zu benennen. Die klugen Worte der Yesüi lauteten: »Der Herrscher denkt daran, hohe Pässe zu übersteigen, breite Ströme zu durchqueren, einen weiten Kriegszug zu unternehmen und dabei seine vielen Völker in Ordnung zu halten. Aber alle Wesen, die da geboren sind, haben keine ewige Dauer. Wenn dein dem hohen Baume gleicher Körper sich dem Fallen neigt, wem willst du dann deine Hanfstengeln gleichen Völker unterstellen? Wenn dein dem Säulensockel gleicher Körper sich zum Sturze neigt, wem willst du dann deine dem Vogelschwarm gleichen Völker anvertrauen?«[6] Daraufhin bestimmte Činggis Khan seinen dritten Sohn Ögedei (Kat.-Nr. 341) zu seinem Statthalter.

Ein eindrucksvolles Beispiel für die Großherzigkeit und Klugheit der Hauptgemahlin Börte finden wir schließlich im *Altan tobči* (Kat.-Nr. 82), nach der *Geheimen Geschichte* die früheste mongolische Traditionsquelle. Der sehr schöne poetische Text zählt zu den bekanntesten und beliebtesten Passagen der mongolischen Literatur. Mit nicht ganz gutem Gewissen, so heißt es, wollte Činggis Khan die Prinzessin Qulan vom Stamm der Merkit als Gemahlin heimführen; drei Jahre sogar schob er die Rückkehr hinaus. Börte aber, auf die entsprechende Benachrichtigung hin, zeigte jene Souveränität, an der es ihrem Gemahl gelegentlich mangelte: »Dies ist die Stärke meines Herrn, des Khans. Er ist das Verlangen aller Mongolen. An den Ufern und auf den Flüssen gibt es viele Schwäne und Gänse. Mein Herr wird wissen, wie er sie vom Pferderücken aus schießt, bis dass sein Daumen ermüdet. Im ganzen großen Volke gibt es viele Mädchen und Frauen. Mein Herr weiß selbst, wie er sie findet und sich nimmt. Man sagt, ein Jäger mit einem

Daumen schießt zwei Enten zusammen auf dem Flussufer. Man sagt, ein Mann nimmt sich zwei Schwestern zusammen, wenn er sie begehrt. Sagt er, ich wolle einen Sattel auf ein ungezähmtes Pferd legen? Sagt er, ich wolle eine Frau höher als eine andere schätzen? Ist es schlecht, zu viel zu haben? Ist es gut, zu wenig zu haben? Man sagt, ein doppelter Mantel wird die Kälte nicht spüren lassen. Man sagt, einer wird den dreifachen Strick nicht zerreißen.«[7] Daraufhin führte Činggis Khan die Qulan als Gemahlin heim.

Als letztes Beispiel sei nun noch die Prinzessin Sorqaytani-Beki (gest. 1252) vorgestellt. Sie war eine Nichte des ersten Förderers des jungen Temüjin, Ong Khan, Herrscher der Kereyit, und Gemahlin Toluis, des jüngsten Sohnes Činggis Khans. Früh verwitwet, Tolui starb im Jahre 1232 im Alter von nur 40 Jahren, weigerte sie sich, die traditionelle Leviratsehe mit dem Bruder des verstorbenen Gatten einzugehen, um sich stattdessen ganz der Erziehung ihrer vier Söhne zu widmen: Möngke, vierter Großkhan der Mongolen (gest. 1259), Hülegü, erster Ilkhan im Iran (gest. 1265), Qubilai, erster Kaiser der Yuan-Dynastie (gest. 1294; Kat.-Nr. 342), und Ariγ Böke, Statthalter in Karakorum (gest. 1266).

Obwohl sie selbst nestorianische Christin (vgl. Kat.-Nr. 381) war, gab Sorqaytani keiner der anderen Religionen des Reiches den Vorzug, sondern erwies sich gleichermaßen als Gönnerin des Buddhismus, des Daoismus, des Islam. Fähigkeit und Weitblick bewies sie ferner in der vorbildlichen Verwaltung ihrer von Ögedei in Nordchina verliehenen Apanage. Sorqaytanis größter und bleibender Erfolg aber, der Beweis für ihr politisches Geschick, war ohne Zweifel die Sicherung der Würde des Großkhans aller Mongolen für die Linie Tolui, im Wechsel von der Linie Ögedei.

Ein ungenannter Dichter, den uns der syrische Gelehrte und Chronist der Mongolen, Bar Hebraeus (1225–86), überliefert hat, preist die Prinzessin Sorqaytani mit folgenden Worten: »Ja, sähe ich unter den Frauen eine weitere, die ihr gleichkäme, so sollte ich sagen, dass die Frauen den Männern überlegen wären!«[8]

1 Chabi, Gemahlin von Kaiser Shizu (Qubilai Khan) (Kat.-Nr. 348)

1 GEHEIME GESCHICHTE/HAENISCH 1948, S. 3 (§ 19, 22).

2 Ebenda, S. 8/9 (§ 55).

3 Ebenda, S. 13 (§§ 74/75).

4 Ebenda, S. 14/15 (§ 78).

5 Ebenda, S. 10 (§§ 65/66).

6 Ebenda, S. 124/125 (§ 254).

7 ALTAN TOBČI/BAWDEN 1955, S. 134/135.

8 ROSSABI 1979, S. 159.

MICHAEL WEIERS

# Sprache und Schrift der Mongolen

Mit dem Begriff Mongolisch als Sprache verbindet sich heute nicht eine Einzelsprache wie z. B. Deutsch oder Russisch, sondern die Wissenschaft verbindet mit dem Begriff Mongolisch einen ganzen Sprachzweig, der aus zwei historischen sowie aus 13 modernen Sprachen nebst ihren Dialekten und Mundarten besteht und dem so genannten Altaischen Sprachstamm angehört. Der Altaische Sprachstamm umfasst wiederum neben dem Sprachzweig der mongolischen Sprachen den Sprachzweig der türkischen Sprachen, auch Turksprachen genannt (11 historische und 51 moderne Sprachen nebst Dialekten und Mundarten), wie auch den Sprachzweig der mandschu-tungusischen Sprachen (zwei historische und zwölf moderne Sprachen nebst Dialekten und Mundarten).

Die Sprachzweige des Altaischen Sprachstammes verbinden als typologische Merkmale erstens in der Wortbildung das morphologische Bildungsprinzip der Agglutination (»Anleimung«), d. h., jedem Morphem entspricht ein Bedeutungsmerkmal, und die Morpheme werden unmittelbar aneinander gereiht (angeleimt), und zweitens in der Syntax die strukturelle Gleichordnung von Sätzen durch Parataxe (Beiordnung).

Ursprung, Entwicklungsgeschichte und Verwandtschaftsbeziehungen der mongolischen Sprachen werden von der so genannten historisch-vergleichenden Sprachwissenschaft mittels der komparatistischen Methode bzw. der Methode der Inneren Rekonstruktion sowie weiterer Methoden untersucht bzw. festgestellt: Es hat sich ergeben, dass sich aus einer türkisch-mongolisch-mandschu-tungusischen Spracheinheit zunächst die beiden Einheiten Vortürkisch und mongolisch-mandschu-tungusische Spracheinheit voneinander abhoben. Letztere Spracheinheit soll sich dann in zwei Einheiten aufgespalten haben, von denen die eine als Urmongolisch bezeichnet wird. Vom Urmongolischen wiederum soll die Entwicklung über das Protomongolische zum Altmongolischen und vom Altmongolischen über das Mittelmongolische zu den modernen mongolischen Sprachen verlaufen sein.

Über den Zeitraum der Entwicklung vom Urmongolischen bis zum Altmongolischen lassen sich keine genauen Angaben machen. Das Urmongolische, Protomongolische und Altmongolische sind nur von der historisch-vergleichenden Sprachwissenschaft erschlossene Sprachstufen, von denen wir keine wirklichen Sprachbelege in Form von Schriftdenkmälern besitzen. Unsere Kenntnis des Mongolischen auf der Grundlage von schriftlich überliefertem Sprachmaterial beginnt somit auf der sprachgeschichtlich gesehen relativen Zeitachse erst mit dem Mittelmongolischen aus dem 13. Jahrhundert n. Chr. und nicht schon mit dem Altmongolischen.

Das Mittelmongolische lässt sich in ein Ost- (OMM) und ein Westmittelmongolisch (WMM) untergliedern. Die Unterschiede zwischen den beiden Varietäten OMM und WMM liegen noch auf der Ebene von Dialekten (Mundarten). OMM und WMM sind in mehreren, sehr verschieden strukturierten Schriftsystemen überliefert worden. Im 13. Jahrhundert geschah dies mittels der 1206 von den türkisch-mongolischen Naiman übernommenen uigurischen Schrift (UM) und dann nach 1269 mittels der Quadrat- oder 'Phags-pa-Schrift (PP), im 14. Jahrhundert schließlich mittels chinesischer Silbenzeichen (Sino-Mongolisch, SM) sowie mittels der arabischen Schrift (Arabisch-Mongolisch, AM). Von den in der mittelmongolischen Sprachperiode verwendeten Schriftsystemen UM, PP, SM und AM wurde in der nachmittelmongolischen Sprachperiode im 15. und 16. Jahrhundert nur noch das UM verwendet. Mongolischsprachige Texte aus diesem Zeitabschnitt gibt es nur sehr wenige, und die Entwicklung der Sprache ist deswegen kaum nachvollziehbar.

Erst im 17. Jahrhundert nahm das mongolischsprachige Schrifttum wieder zu. Die in UM geschriebenen Texte bedienten sich einer Sprache, die sich in eine archaisierende traditionelle und in eine modernisierende progressive Schicht untergliedern lässt. Aus letzterer Schicht sind die modernen mongolischen Sprachen entstanden. Als Kriterien für eine Einteilung dieser modernen mongolischen Sprachen bedient sich die Mongolistik in Ermangelung einer linguistischen Klassifikation geographischer und ethnographischer Bezeichnungen sowie administrativer Gebiets- und Ortsbenennungen. Nach diesen Kriterien werden nachfolgend die modernen mongolischen Sprachen aufgelistet.

| SPRACHEN IM WESTEN | VERBREITUNGSGEBIET | SCHRIFT | ANZAHL DER SPRECHER | SPRACHEN |
|---|---|---|---|---|
| 1. Kalmückisch | Kalmückische Republik, Provinzen Astrachan, Rostov, Volgograd, Orenburg, Kreis Stavropol (alle Russische Föderation); Issyk-Kul, Kirgisien | modifiziertes kyrillisches Alphabet | 165 800 | *Dörböt, Busava, Torgot, Sart* |
| 2. Moġol (Moġolī) | Provinz Herat, Westafghanistan | arabisches Alphabet | unbekannt | |
| **SPRACHEN IM OSTEN** | | | | |
| 3. Oiratisch | Autonome Region Xinjiang der Uiguren (VR China); Westen der Mongolischen Republik | Schriftoiratisch (1648 eingeführt) | 172 243 | *Ili-Torgot, Dörböt-Oirat, Bait, Uriyaŋxa, Caxčin, Dambi-Ölöt, Miŋyat* |
| 4. Mongolisch | | | | |
| a) Südmongolisch | Autonome Region Innere Mongolei, Provinzen Jilin, Liaoning, Heilongjiang (alle VR China) | modifizierte uigurisch-mongolische Schrift | 3 972 000 | Ĵirim-Gruppe: *Qorčin, Ĵasaytu, Ĵarut, Ĵalait, Dörbet, Ɣorlos;* Ĵuu-Uda-Gruppe: *Aru Qorčin, Bayarin, Ongniyut, Naiman, Aoqan;* Ĵosutu-Gruppe: *Qaračin, Tümet;* Ulayan-Čab-Gruppe: *Čaqar, Urat, Darqan, Muumingyan, Dörben Keüked, Kesigten;* Sili-yin-Ɣoul-Gruppe: *Üĵümüčin, Qayučit, Abay-a, Abay-a-nar, Sünit* |
| b) Halha | Mongolische Republik | modifiziertes kyrillisches Alphabet | 2 650 952 | *Hotogojtu, Darhat, Dariganga* |
| 5. Ordos | Autonome Region Innere Mongolei, VR China | | ca. 100 000 | |
| 6. Hamnigan | Transbaikalien, Russische Föderation; Provinz Hulun Buir der Autonomen Region Innere Mongolei, VR China | | ca. 2 000 | |
| 7. Burjatisch | Burjatische Republik, Nationaler Distrikt Aga der Provinz Čita, Nationaler Distrikt Ust-Orda der Provinz Irkutsk (alle Russische Föderation) | modifiziertes kyrillisches Alphabet, Schriftsprache basiert auf dem Hori-Dialekt | 421 380 | *Bargu* (auch Autonome Region Innere Mongolei, VR China), *Congol* (auch in der Mongolischen Republik), *Sartul* (auch in der Mongolischen Republik), *Hori, Barguzin, Kaban, Aga, Alar, Tungka, Oka, Unga, Bohan, Ehirit, Bulgat* |
| 8. Dongxiang (Santa) | Autonome Region Xinjiang der Uiguren, Provinzen Gansu und Qinghai (alle VR China) | lateinisches Alphabet | 380 000 | |
| 9. Dagurisch | Autonome Region Innere Mongolei, Provinz Heilongjiang, Autonome Region Xinjiang der Uiguren (alle VR China) | modifiziertes lateinisches Alphabet | 121 500 | *Morin-Daba, Cicihar, Hailar, Aigun, Butha, Tarbagatai* |
| 10. Schira Yögur | Provinzen Gansu und Qinghai, VR China | | ca. 3 000 | |
| 11. Baoan (Bonan) | Provinzen Gansu und Qinghai, VR China | | 15 700 | *Linxia, Tongren* |
| 12. Monguor | Provinzen Qinghai und Gansu, VR China | | ca. 25 000 | |
| 13. Monggul | Provinz Qinghai, VR China | lateinisches Pinyin, Schriftsprache basiert auf dem Halcigol-Dialekt | ca. 150 000 | *Halcigol, Naringol* |

Für diese Tabelle gilt:
Fett ausgeführte Sprachennamen bezeichnen Schriftsprachen. Unterstrichene Sprachennamen bezeichnen Sprachen, die keine Schriftsprachen sind. Kursiv gesetzte Namen bezeichnen Dialekte, die traditionsgemäß nach den jeweiligen ethnographischen Stammesbezeichnungen und/oder nach den Regionen, in denen man sie spricht, benannt werden. Angegeben werden auch die Schriftsysteme, derer sich die Sprachen bedienen.
Die Zahlenangaben verweisen auf die Angehörigen der betreffenden Sprachgemeinschaft. Die Auflistung richtet sich grob nach dem geographischen Auftreten der einzelnen Sprachen auf dem eurasischen Kontinent von West nach Ost.
Am ähnlichsten sind sich die Varietäten 4 a und 4 b, am weitesten voneinander entfernt sind 2 und 9, die altertümlichste mongolische Sprache liegt vor in 6.

KLAUS SAGASTER

# Heldenepos und Geheime Geschichte – Die mongolische Literatur

Es ist ein bezeichnender Zufall, dass das älteste und schönste Werk der mongolischen Literatur mit dem Namen Činggis Khan beginnt. Es ist die *Geheime Geschichte der Mongolen, Mongqol-un niuča tobča'an* (Kat.-Nr. 2), die in epischem Stil abgefasste zeitgenössische Biographie des 1227 verstorbenen großen Mongolenherrschers. Ihre ersten Worte sind die Kapitelüberschrift »Činggis Khans Ursprung«. Da die *Geheime Geschichte* auch einen Teil des Lebens von Činggis Khans Sohn und Nachfolger Ögedei Khan schildert, der von 1228 bis 1241 regierte, wurde das Werk in der uns vorliegenden Form vielleicht erst 1240 vollendet. 1240 ist jedenfalls das offizielle Datum, dessen 750-jährige Wiederkehr im August 1990 in der mongolischen Hauptstadt Ulaanbaatar mit vielen Veranstaltungen gefeiert wurde. Dies bedeutete zugleich die Rehabilitierung des großen Helden der *Geheimen Geschichte*, Činggis Khan, der während der kommunistischen Herrschaft offiziell zu einer Unperson geworden war. Die *Geheime Geschichte* ist das Ergebnis einer hoch entwickelten mündlichen Dichtung, die durch die Einführung der Schrift unter Činggis Khan jetzt auch schriftlich weitergegeben werden konnte. Wie vollkommen schon am Anfang des Mongolischen Schrifttums Form und Stil waren, bezeugen auch die im Original erhaltenen Steininschriften und Herrscherbriefe aus der Zeit des Mongolischen Großreichs. Eine der frühesten Inschriften ist der Text einer Stele, die heute in der Eremitage in Sankt Petersburg aufbewahrt wird. Sie stammt vermutlich aus der Zeit um 1255 und ist als der »Stein des Činggis« (Kat.-Nr. 4) berühmt geworden, denn sie beginnt mit dem Namen Činggis Khans. Gewidmet ist sie jedoch nicht dem großen Herrscher selbst, sondern dessen Neffen Yesüngge, der sich durch seine Fertigkeit im Bogenschießen ausgezeichnet hat. Beispiele der diplomatischen Korrespondenz sind die Schreiben der Ilkhane von Persien an König Philipp den Schönen von Frankreich von 1289 und 1305 (Kat.-Nr. 313) und an die Päpste Nikolaus IV. und Bonifaz VIII. von 1290 und 1302 (Kat.-Nr. 248). Im Gegensatz zum offiziellen Schrifttum besitzen wir leider nur wenige Originalzeugnisse frühzeitlicher mongolischer Dichtung. Ein Glücksfall ist das Lied eines mongolischen Soldaten, der von der Sehnsucht nach seiner Mutter

und nach seiner Heimat spricht. Es wurde, vermutlich um 1300 auf Birkenrinde geschrieben, in einem Grab im Gebiet des mongolischen Reichs der Goldenen Horde gefunden. Die ersten Textzeugen der *Geheimen Geschichte* stammen dagegen erst vom Beginn des 15. Jahrhunderts.

Eine große Bedeutung besaß schon in früher Zeit die Übersetzungsliteratur. Bereits unter Qubilai Khan (reg. 1260–94; Kat.-Nr. 342) erging der Befehl, die klassischen konfuzianischen Schriften zu übersetzen. Vor allem aber wurden buddhistische Werke ins Mongolische übertragen. Die Übersetzungstätigkeit war so lebhaft, dass schon 1306 eine Gelehrtenkommission gebildet wurde, die die Revision und Neuübertragung von buddhistischen Texten aus dem Uigurischen, Chinesischen, Sanskrit und Tibetischen beschloss. Zu den grundlegend wichtigen übersetzten Texten dieser Zeit gehören die berühmte Lehrdichtung *Bodhicaryāvatāra* (Der Eintritt in den Wandel zur Erleuchtung) des Mahāyāna-Meisters Śāntideva, das *Mañjuśrīnāmasaṃgīti* (Aufzählung der Namen des Mañjuśrī; Kat.-Nr. 423), das *Prajñāpāramitāhṛdaya* (Die Essenz der Vollkommenheit der Weisheit; vgl. Kat.-Nr. 422) und das *Suvarṇaprabhāsasūtra* (Goldglanz-Sūtra; Kat.-Nr. 424). Im Gegensatz zu diesen schriftlich aufgezeichneten Texten wurden die Schöpfungen der weltlichen Literatur wahrscheinlich zumeist nur mündlich weitergegeben und wohl erst viel später niedergeschrieben. Berühmt sind die »Geschichte von den beiden Grauschimmeln des Činggis«, das »Streitgespräch zwischen den neun Recken [Činggis Khans] und einem Waisenknaben über den Wein« und die bewegte Klage Toɣon Temürs, des letzten Mongolenkaisers Chinas (1333–67), über den Verlust seines Reiches.

Auch die nichtbuddhistische Literatur des 15. und 16. Jahrhunderts wurde offenbar nur mündlich tradiert. Zu ihr gehören Texte der Schamanendichtung und des Kultes des vergöttlichten Činggis Khan, aber auch weltliche Dichtungen wie die »Erzählung von der weisen Königin Manduqai«, in der die Verdienste der Mutter des Dayan Khan um die Schaffung des letzten mongolischen Einheitsstaates im 15. Jahrhundert gepriesen werden. Ein Zeugnis der Literatur der Westmongolen, der Oyirad (Oiraten), ist die wunderschöne »Geschichte vom Sieg der Vier Oyirad über die [Ost-]Mongolen«.

Seit dem 17. Jahrhundert werden die Zeugnisse der mongolischen Literatur immer zahlreicher. Ein erster Beweis hierfür sind die vielen Manuskripte und Manuskriptfragmente aus der Zeit um 1700, die von archäologischen Expeditionen in Olon Süme in der südlichen Mongolei und in Charbuchyn Balgas im Norden der Mongolei gefunden worden sind; den Letzteren ist in diesem Katalog der folgende Beitrag gewidmet. In der Mehrzahl handelt es sich um kurze buddhistische und volksreligiöse Texte für den täglichen Gebrauch. Selbst wenn sie Zusammenfassungen der »Vollkommenheit der Weisheit« oder des umfangreichen »Goldglanz-Sūtras« sind, dienen sie weniger der Belehrung als vielmehr praktischen Zwecken: der Abwehr von Unheil, dem Herbeirufen von Glück, der Bestimmung von günstigen Tagen für die Hochzeit. Doch auch der große tibetische Dichter Milarepa (tib. Mi-la-ras-pa; mong. Milarayiba; Kat.-Nr. 392) und der Epenheld Geser Khan (Kat.-Nr. 89, 421) sind in den Manuskripten vertreten.

Die Texte von Olon Süme und Charbuchyn Balgas deuten durch ihre große Zahl und Vielfalt darauf hin, dass die buddhistische Tradition während der »dunklen Zeit«, der »religionslosen Zeit« des 15. und 16. Jahrhunderts, durchaus nicht so unterbrochen war, wie die im späten 16. Jahrhundert beginnende Mongolenmission der dGe-lugs-pa-Schulrichtung des dritten Dalai Lama behauptet. Es kann nicht geleugnet werden, dass die neuen religiösen, gesellschaftlichen und politischen Entwicklungen (die im Beitrag zur Geschichte des Buddhismus in diesem Katalog beschrieben werden) einen bedeutenden literarischen Aufschwung bewirkten. Dies gilt sowohl für die religiöse als auch für die weltliche Literatur.

Im Bereich der geistlichen Literatur konzentrierten sich die Bemühungen v. a. auf die Übertragung grundlegender Werke aus dem Tibetischen. Die komplizierte buddhistische Begrifflichkeit stellte die Übersetzer vor große Probleme, selbst wenn sie mitunter auf bereits vorhandene mongolische Übersetzungen zurückgreifen konnten.

Ein Ergebnis dieser großen geistigen Leistung war die mongolische Druckausgabe des buddhistischen Kanons: 1720 waren die 108 Bände des *Ganjur* (tibet. *bKa'-'gyur*, »Übersetzung der [Buddha] Worte«) fertig gestellt und 1749 die 226 Bände des *Danjur* (tibet. *bsTan-'gyur*, »Übersetzung der Lehrschriften [der indischen Meister]«). Daneben wurden viele Werke tibetischer Lamas übersetzt, die sich mit den verschiedensten Themen befassten, so mit Theologie, Philosophie, Logik, Moral, Medizin, Poetik, Grammatik und Geschichtsschreibung einschließlich Biographik. Hierzu gehören auch die Übersetzungen von Werken, die von mongolischen Mönchen in tibetischer Sprache verfasst wurden. Tibetisch ist ja bis heute in der Mongolei die »Kirchenspra-

che«. So kommt es, dass es auch eine umfangreiche mongolische Literatur in tibetischer Sprache gibt. Im Vergleich hierzu wurden nur verhältnismäßig wenige buddhistische Originalwerke in mongolischer Sprache geschrieben. Ausnahmen sind vor allem die moralistischen Lehrworte der Jibcundamba Qutuγtus, der höchsten Geistlichen der Qalqa-Mongolei, und die Ritualtexte des Mergen Gegen, der in seinem Kloster im südmongolischen Urad-Gebiet das Mongolische als Liturgiesprache einführte.

Im Gegensatz zur buddhistischen Literatur ist der größte Teil des historischen Schrifttums auf Mongolisch verfasst. Leider ist aus der Zeit vor 1600 nur wenig erhalten geblieben. Dies änderte sich mit den Chroniken aus dem 17. Jahrhundert. Die umfangreichsten von ihnen sind das *Altan tobči* (Goldene Zusammenfassung, um 1655; Kat.-Nr. 82), und das *Erdeni-yin tobči* (Kostbare Zusammenfassung, 1662; Kat.-Nr. 83). Das *Altan tobči* wurde von dem Mönch Blo-bzang-bstan-'dzin verfasst und enthält einen großen Teil der *Geheimen Geschichte der Mongolen* in uiguro-mongolischer Schrift. Der Verfasser des *Erdeni-yin tobči* ist der Adlige Sayang Sečen. Auch für die folgenden historiographischen Werke ist bezeichnend, dass ihre Autoren entweder Mönche oder Adlige waren. Der jeweilige Hauptzweck der Darstellung kann entweder religionsgeschichtlich oder familiengeschichtlich sein. Ihnen allen liegt das buddhistische Weltbild zugrunde. Dies gilt auch für Werke, die chinesische Quellen verwenden, z. B. das *Bolor erike* (Kette aus Bergkristallen), in dem die Geschichte der mongolischen Yuan-Dynastie beschrieben wird (1774/75). Ihr Verfasser, der Adlige Rasipungsoy, übt hierin erstmals Kritik an der traditionellen Geschichtsschreibung, doch richtet sich diese nicht gegen den Buddhismus, sondern gegen Behauptungen, welche die Ehre der Religion und der Mongolen verletzen.

Zu einer literarischen Kritik an Religion und Gesellschaft kam es erst im 19. Jahrhundert, aber nicht in historiographischen Werken, sondern in der Erzählliteratur. So wurden zum Beispiel in *üge*, »Worten«, und *suryal*, »Lehren«, die schlechte Moral der Geistlichkeit und die Habgier der Fürsten kritisiert. Ein Beispiel für besonders beißende Kritik sind die Schelmengeschichten vom *Šaydar Soliyatu* (Der Verrückte Šaydar), einem Wandermönch, der von 1869 bis 1908 gelebt hat.

Auch in der sozialkritischen Literatur wurden die traditionellen Formen weitgehend beibehalten. Neben den Worten und den Lehren waren dies zum Beispiel Sprichwörter, Weisheitssprüche, Schwänke, Segenssprüche, Rätsel, Lieder und v. a. Märchen und Legenden. Das bekannteste mongolische Epos ist die Geschichte von Geser Khan (Kat.-Nr. 421), »dem Herrn der Zehn Weltgegenden«.

Sehr beliebt war bei den Mongolen auch die indische und chinesische Erzählliteratur. So wurden aus dem Tibetischen die berühmten *Vetālapañcaviṃśatikā* (25 Geschichten vom Zaubertoten) übertragen. Durch die Vermittlung des Mandschurischen wurden die großen chinesischen Romane *Die Geschichte der Drei Reiche, Der Traum der Roten Kammer* und andere übersetzt. Eine besondere Gattung sind die so genannten »Heftgeschichten«, chinesische Heldenromane, die für den mongolischen Geschmack umgearbeitet und in Heften schriftlich aufgezeichnet wurden.

Mit der Revolution von 1921 begann auch für die mongolische Literatur eine neue Zeit. Sie ist gekennzeichnet durch neue literarische Formen und Inhalte. Die enge Bindung an Sowjetrussland führte zu näherer Bekanntschaft mit der westlichen Literatur und regte zur Übernahme neuer literarischer Formen an. Der politische Umbruch, die Zerstörung der alten gesellschaftlichen Strukturen und der Aufbau des Sozialismus stellten aber auch neue inhaltliche Aufgaben. Die schriftliche Literatur, die zuvor die Domäne von buddhistischer Geistlichkeit und Adel gewesen war, sollte nun Eigentum des ganzen Volkes werden. Dies stieß zunächst auf große Schwierigkeiten, da der überwiegende Teil der Bevölkerung weder lesen noch schreiben konnte und zudem wenig Druckkapazitäten vorhanden waren. Dennoch war das literarische Schaffen so rege, dass bereits 1929 ein Schriftstellerverband gegründet werden konnte. Sein Vorsitzender war der Schriftsteller S. Bujannemech (1902–37). Mit D. Nacagdorž (1906–37), B. Rinčen (1905–77) und C. Damdinsüren (1912–92) gehört er zu den Vätern der modernen mongolischen Literatur.

Die jungen Schriftsteller und Dichter machten es sich zur Aufgabe, in ihren Werken die gesellschaftliche Situation der vorrevolutionären Zeit darzustellen und die politischen Ziele von Partei und Regierung didaktisch zu unterstützen. Sie bedienten sich hierbei der Gattungen Roman, Novelle, Schauspiel und Gedicht, die für die mongolische Literatur weitgehend neu waren. Gleichwohl verzichteten sie hierbei nicht auf traditionelle Stilformen, die den Mongolen besonders teuer waren.

S. Bujannemech schrieb seine ersten Gedichte schon um 1921. Es folgten politische Lieder, Reportagen und Erzählungen. Besonders bekannt ist D. Nacagdorž, der geradezu als der eigentliche Begründer der modernen mongolischen Literatur angesehen wird. Sein Œuvre umfasst Gedichte, Kurzgeschichten und Schauspiele, aber auch Übersetzungen von Werken Puschkins. Er schrieb das Libretto der mongolischen Nationaloper »Die drei bedeutungsvollen Hügel« (*Učirtaj gurvan tolgoj*), in welcher das traurige Schicksal des jungen Jünden beklagt wird, dem ein grausamer Fürst seine Braut raubt. Nacagdorž gehörte zu der Gruppe von mongolischen Schülern und Studenten, die sich zwischen 1926 und 1929 zur Ausbildung in Deutschland aufhielten. Ein Zeugnis dieser Reise ist das lange Gedicht »Von Ulaanbaatar nach Berlin«. B. Rinčen und

C. Damdinsüren waren zugleich Wissenschaftler und Schriftsteller. Rinčens bedeutendstes Werk ist die Romantrilogie »Strahlen der Morgenröte«, eine eindrucksvolle Darstellung der mongolischen Gesellschaft der ersten Hälfte des 20. Jahrhunderts. Zu den schönsten Werken von C. Damdinsüren zählt die Erzählung *Das verschmähte Mädchen*, welche das Schicksal einer armen Viehzüchterfamilie am Anfang des 20. Jahrhunderts beschreibt.

Den Pionieren der Anfangszeit folgte eine große Anzahl weiterer Schriftsteller und Dichter. Von ihnen seien hier nur Č. Lodojdamba (1916–69), S. Udval (1921–91), S. Erdene (1929–2000) und D. Pürevdorž (geb. 1933) genannt. Č. Lodojdamba beschreibt in seinem (auch in einer deutschen Übersetzung erschienenen) Meisterwerk *Der durchsichtige Tamir* den Kampf gegen das Feudalsystem. Das Leben des Revolutionshelden Chatanbaatar Magsaržav (1878–1927) ist das Thema des Romans *Ein großes Schicksal* der Schriftstellerin S. Udval. Von besonderer sprachlicher Schönheit sind die Erzählungen von S. Erdene, in denen er Lebensschicksale aus der Anfangszeit der Mongolischen Volksrepublik schildert. D. Pürevdorž zählt zu den bedeutendsten mongolischen Lyrikern. Er ist einer der vielen mongolischen Literaten, die wegen Abweichung von den Richtlinien der Staatsideologie verfolgt wurden. Aus Anlass der Feiern zum 800. Geburtstag von Činggis Khan im Jahr 1962 schrieb Pürevdorž das Gedicht »Činggis«, in dem er die Verdienste des großen Herrschers preist. Činggis Khan fiel kurz nach dem Jubiläum erneut in Ungnade, und das gleiche Schicksal wurde dem Gedicht und seinem Verfasser zuteil. Nach 1962 wurde das Gedicht erst wieder 1993 in einer Sammlung von Pürevdoržs Gedichten veröffentlicht, die den bezeichnenden Titel *Šoovdor šülgüüd* (Unliebsame Gedichte) trägt.

Die politische Wende von 1990, die dies möglich machte, befreite die mongolische Literatur von allen ideologischen Zwängen. Von den lebenden Dichtern und Schriftstellern seien neben D. Pürevdorž zwei weitere genannt: Š. Sürenžav (geb. 1938) und Č. Galsan (geb. 1942). Š. Sürenžav ist vor allem Lyriker, doch hat er auch Filmdrehbücher und einen Roman verfasst. Nach vielen Reisen in seiner Heimat, die er immer wieder in seinen Gedichten beschreibt, nutzte er die neue Freiheit zu einem Besuch in Indien. Dort traf er auch den Dalai Lama, von dessen Menschlichkeit er sich sehr beeindruckt zeigte. Č. Galsan, in Deutschland bekannt als Galsan Tschinag, ist ein Angehöriger der türkischen Minderheit der Tuwiner in der Mongolei. Er hat in Deutschland studiert und ist unserem Land so verbunden, dass er den größten Teil seiner Werke in deutscher Sprache geschrieben hat. Das Thema seiner Werke ist immer wieder das kleine Volk der Tuwiner. Zugleich hat er aber auch wie kein anderer Schriftsteller der Gegenwart das Land Činggis Khans in Deutschland bekannt gemacht.

Literatur: AUSST.-KAT. MÜNCHEN 1989: »Literatur und Epen«, S. 250–265; BAUWE 1985; BAWDEN 2003; CERENSODNOM/TAUBE 1993; CHIODO 2000; ERDENE 1979; ERKUNDUNGEN/BAUWE-RADNA 1976; GEHEIME GESCHICHTE/ TAUBE 1989; HEISSIG 1954; HEISSIG 1956; HEISSIG 1959; HELDENGESCHICHTEN/HEISSIG 1962; VOLKSMÄRCHEN/HEISSIG 1963; HEISSIG 1964 a; HEISSIG 1964 b; HEISSIG 1972; HEISSIG 1976; LOTSCHIN 1983; NAZAGDORDSH 1988; SEČEN/ HEISSIG 1985; SECRET HISTORY/ DE RACHEWILTZ 2004

82

## 82 Blo-bzang-bstan-'dzin
**Die mongolische Chronik *Altan tobči***
Mongolei, um 1651 | Tusche auf Papier,
177 Seiten, H 19 cm, B 61, 4 cm | Staats-
bibliothek der Mongolei, Ulaanbaatar |
Inv.-Nr. KhF-426

Das *Altan tobči* (Die Goldene Zusammenfassung) ist die erste in einer Reihe von Geschichtsdarstellungen aus dem 17. Jh. Sie wurde um 1651 vom Mönch
Blo-bzang-bstan-'dzin (mong. Lobsangdanjin) verfasst. Das Werk beginnt mit der Wahl des ersten Königs der Menschen, Mahāsaṃmata, des »Von vielen
Erhobenen« (mong. Maqasamadi/Olan-a ergügdeg-
sen), und behandelt kurz die Geschichte der indischen und tibetischen Könige. Den Hauptteil bilden
die Geschichte und Genealogie der mongolischen
Könige bis ins 17. Jh. Besonders ausführlich wird das
Leben Činggis Khans beschrieben. Dieser Teil des
Werkes wurde aus der *Geheimen Geschichte* übernommen. Während dort jedoch die Genealogie
Činggis Khans mit seinem Urahnen Börte čino-a,
»Graublauer Wolf«, beginnt, ist Börte čino-a im
*Altan tobči* ein Nachkomme des ersten Königs von
Tibet, der von den indischen Königen und von König Mahāsaṃmata abstammt. Činggis Khan ist somit ein direkter Nachkomme des ersten Königs der
Menschheit. Diese Idee blieb bis in die erste Hälfte
des 20. Jhs. lebendig: Der letzte König der Mongolei,
der 1924 verstorbene achte Boγd Gegen, nahm, als er
nach dem Ende des chinesischen Kaiserreichs 1911
den Thron bestieg, den Regierungsnamen Olan-a
ergügdegsen (Maqasamadi) an.   *K. S.*

## 83 Saγang Sečen
**Die mongolische Chronik
*Erdeni-yin tobči***
Mongolei, Handschrift von 1662/63 |
Tusche auf Papier, 102 Seiten, H 12,7 cm,
B 37,3 cm | Staatsbibliothek der Mongolei,
Ulaanbaatar | Inv.-Nr. 1157/96

Das *Erdeni-yin tobči* (Die kostbare Zusammenfassung) wurde 1662 von dem Adligen Saγang Sečen,
einem Nachkommen Činggis Khans, verfasst. Im
Westen wurde es bereits 1829 durch den berühmten
Mongolisten Isaak Jakob Schmidt bekannt, der das
Werk ins Deutsche übersetzte. Das *Erdeni-yin tobči*
schildert ausführlich die Entstehung der Welt, die
Wahl des ersten Königs Mahāsaṃmata/Maqasama-
di (»Der von vielen Erhobene«) und die Geschichte
der indischen und tibetischen Könige. Hierauf folgt
die ausführliche Darstellung der Herkunft und des
Lebens Činggis Khans sowie der Geschichte seiner
Nachfolger bis zur Gegenwart des Verfassers. Eben-
so wie in der Chronik *Altan tobči* erscheint Činggis
Khan auch im *Erdeni-yin tobči* als direkter Nachkomme des Mahāsaṃmata.   *K. S.*

Lit.: ALTAN TOBČI/BAWDEN 1955
Lit.: SECEN SCHMIDT 1829; SECEN/HEISSIG 1985

83

ELISABETTA CHIODO

# Die mongolischen Manuskripte auf Birkenrinde aus Charbuchyn Balgas

Im August 1970 wurde in der Ruinenstadt Charbuchyn Balgas (»Stadt des schwarzen Stiers«), 240 Kilometer westlich von Ulaanbaatar, eine bedeutende archäologische Entdeckung gemacht. Die beiden Leiter einer mongolisch-sowjetischen archäologischen Expedition, Ch. Perlee und E. V. Šavkunov, fanden dort in einem halb zerfallenen Stūpa eine große Anzahl von mongolischen und tibetischen Manuskripten auf Birkenrinde. Bemerkenswert ist, dass die mongolischen Manuskripte gegenüber den tibetischen an Zahl weitaus überwiegen.

Über Charbuchyn Balgas (Qara buqa-yin balyasun) ist bisher nur wenig bekannt. Nach Meinung von Ch. Perlee gehen die Überreste der aus schwarzen Steinen erbauten Stadtmauer auf die Kitan-Zeit vom 10. bis 12. Jahrhundert zurück. Innerhalb der Mauer befinden sich die Ruinen eines buddhistischen Klosters in tibetischem Stil aus dem frühen 17. Jahrhundert. Die Ruine des Stūpa ist etwa 8 bis 9 Meter hoch. Sie steht außerhalb der Stadtmauer in der Nähe von deren Südwestecke.

Die Manuskripte von Charbuchyn Balgas sind der bisher größte archäologische Fund von mongolischen Texten. Dies gilt auch für ihre inhaltliche Vielfalt. Die Sammlung besteht aus ungefähr 1000 Manuskriptstücken. Nur 15 Texte sind vollständig erhalten. Von den übrigen existieren nur noch Teile, manchmal nur ein Blatt oder das Fragment eines Blattes. Die paläographischen und linguistischen Merkmale der Texte deuten darauf hin, dass sie im späten 16. und frühen 17. Jahrhundert geschrieben worden sind. 1993 wurden die Manuskripte aus Ulaanbaatar in das Seminar für Sprach- und Kulturwissenschaft Zentralasiens der Universität Bonn gebracht, um im Rahmen eines deutsch-mongolischen Gemeinschaftsprojekts restauriert und philologisch untersucht zu werden. Inzwischen sind alle Manuskriptstücke restauriert. Die Identifizierung und die philologische Bearbeitung der Texte ist weit vorangeschritten. Im Jahre 2000 erschien der erste Band der Textausgabe. Er enthält 240 Manuskriptstücke, die zu 42 verschiedenen Werken gehören. Die im Faksimile wiedergegebenen Texte wurden in lateinische Umschrift umgesetzt, sprachlich und inhaltlich analysiert und damit für die weitere Forschung verfügbar gemacht.

Wie die Manuskriptsammlung von Charbuchyn Balgas zustande gekommen ist, wissen wir nicht. Sie besteht größtenteils aus fragmentarischen Texten, die nicht weiter verwendet werden konnten. Natürlich konnte man beschädigte Texte nicht einfach wegwerfen, denn sie verkörperten ja das heilige Wort des Buddha. Es war deshalb üblich, sie in besonderen Schreinen »beizusetzen« oder sie in Form eines Opfers rituell zu verbrennen. Sie konnten aber auch für die Weihe eines Stūpa verwendet werden, wie dies offensichtlich in Charbuchyn Balgas der Fall war. Ein anderes Beispiel für diese Praxis sind die auf Papier geschriebenen Manuskriptfragmente von der Wende des 16. zum 17. Jahrhundert, welche 1937 von einem japanischen Archäologen in einem verfallenen Stūpa in den Ruinen von Olon Süme (»Viele Tempel«) in der Südmongolei gefunden worden sind. Sie wurden 1976 von dem namhaften Mongolisten Walther Heissig veröffentlicht.

Die Manuskripte von Charbuchyn Balgas sind in mehrfacher Hinsicht bemerkenswert. So sind sie ein Beweis dafür, dass der Gebrauch von Birkenrinde als Schreibmaterial in der Mongolei des 17. Jahrhunderts weit verbreitet war. Die Mongolen haben bereits im 13. Jahrhundert auf Birkenrinde geschrieben, wie die berühmten Texte aus dem Reich der Goldenen Horde zeigen, die 1930 an der unteren Wolga gefunden wurden. Dass die Manuskripte von Charbuchyn Balgas ausnahmslos auf Birkenrinde geschrieben waren, hat seinen Grund zweifellos in den reichen Birkenbeständen des umliegenden Gebiets. Birkenrinde war deshalb ein viel billigeres Schreibmaterial als Papier, das aus China importiert werden musste. Hinzu kommt, dass die Tibeter und die Mongolen Texte auf Birkenrinde für religiös wirksamer hielten als Texte auf Papier. Eine weitere Besonderheit der Sammlung ist, dass die Texte mit der Rohrfeder von Hunderten verschiedener Schreiber in unterschiedlichen Schreibstilen geschrieben worden sind und deshalb wichtige Einblicke in die Geschichte der mongolischen Paläographie erlauben. Die Texte sind auch von großem linguistischen Interesse, da sie den Übergang vom präklassischen zum klassischen Mongolisch zeigen. Sie werfen zudem ein neues Licht auf die Geschichte der Textüberlieferung im frühen 17. Jahrhundert, indem sie von der regen

Schreib- und Übersetzungstätigkeit der Mongolen zu jener Zeit zeugen. Die Sammlung enthält einige Manuskripte, welche die bisher frühesten Zeugen der entsprechenden Texte sind. Eine Anzahl von Texten war sogar bisher unbekannt.

Die Vielfalt der Manuskripte von Charbuchyn Balgas ist ein Beweis dafür, dass der Buddhismus zu Beginn des 17. Jahrhunderts in den Kerngebieten der Mongolei schon fest verwurzelt war. Der tibetische Buddhismus hat bereits zur Zeit des Mongolischen Großreichs im 13. und 14. Jahrhundert einen großen Einfluss auf die mongolische Aristokratie ausgeübt und die Schaffung einer mongolischsprachigen Literatur entscheidend gefördert. In welchem Maße die neue Religion damals auch das einfache Volk erreicht hat, wissen wir nicht. Nach dem Ende der mongolischen Yuan-Dynastie in China (1272–1368) scheint der Buddhismus in der Mongolei an Bedeutung verloren zu haben, ohne aber völlig zu verschwinden. In der Tat gibt es genügend Beweise dafür, dass der Buddhismus im 15. und in der ersten Hälfte des 16. Jahrhunderts vor allem in der Südmongolei überlebt hat. In der zweiten Hälfte des 16. Jahrhunderts führten dann besondere historische Gegebenheiten zu seiner Wiederbelebung in der Mongolei und zu seiner intensiven Verbreitung auch im einfachen Volk. Die Geschichte des Buddhismus zu dieser Zeit ist hauptsächlich die Geschichte der Ausbreitung der dGe-lugs-pa-Schule des tibetischen Buddhismus, die von einflussreichen Persönlichkeiten unterstützt wurde, v. a. von dem südmongolischen Fürsten Altan Khan und dem nordmongolischen Fürsten Abadai Khan (Kat.-Nr. 413), dem Gründer des Kloster Erdeni Ĵoo (Erdenezuu).

Für die Verbreitung des Buddhismus im einfachen Volk sprechen viele kurze Texte der Sammlung, die die Grundlagen der buddhistischen Lehre erläutern, aber auch viele andere, welche Themen behandeln, die nicht nur für Mönche, sondern auch für Laien wichtig waren. Hierzu gehören Gebete, Anrufungen und Lobpreisungen buddhistischer Gottheiten und Lamas, tantrische Rituale, die Gebete um Schutz während des Weges durch den Bardo (mong. ĵayuradu; tib. bar-do), den Zwischenzustand zwischen Tod und Wiedergeburt, bisher unbekannte Fragmente der Gesänge des Dichtereremiten Milarepa (tib. Mi-la-ras-pa; Kat.-Nr. 392), magische Formeln zur Abwendung von Übel, ein Handbuch für Träume, Heiratskalender und verschiedene andere Volkskalender, Anleitungen für Astrologie und Divination, Vogeldivination, volksreligiöse Texte, die Beschreibung einer Reise in die Unterwelt und didaktische Gedichte. Von besonderer Bedeutung ist auch das einzige überlieferte Exemplar eines Strafgesetzbuches für die Qalqa-Mongolei mit 18 Gesetzen, die in der zweiten Hälfte des 16. und der ersten Hälfte des 17. Jahrhunderts erlassen worden sind.

Zu der Sammlung zählen auch viele religiöse Texte, die von den buddhistischen Mönchen während ihrer täglichen Rituale gelesen wurden. Dies deutet darauf hin, dass in der ersten Hälfte des 17. Jahrhunderts das Mongolische als Kultsprache weitaus gebräuchlicher war als in späterer Zeit, wo es fast vollständig vom Tibetischen verdrängt wurde. Immerhin wurde in einigen buddhistischen Klöstern auch weiterhin mongolisch rezitiert. Unter den Texten sind Fragmente des Prajñāpāramitāhṛdaya (Essenz der Vollkommenheit der Weisheit; mong. Bilig baramid-un-yool ĵirüken), eines der beliebtesten Texte des Mahāyāna-Buddhismus, bekannt als Herz-Sūtra. Das Exemplar aus Charbuchyn Balgas ist ein Beweis für die ununterbrochene Überlieferung dieses Textes, der den Mongolen bereits im 14. Jahrhundert bekannt war. Die buddhistischen Laien glauben an die besondere Kraft des Herz-Sūtras und bewahren es in ihren Häusern und Zelten auf, wo es zusammen mit anderen Texten einen Ehrenplatz einnimmt. Ein anderer wichtiger Text der Sammlung ist das Gebet »Möge die kostbare Religion erblühen!« (mong. Badaratuyai sasin erdeni; tib. bsTan-'bar-ma). Für die Beliebtheit dieses Textes spricht, dass er in der Sammlung mit vier Kopien vertreten ist. Der kurze Text ist in einfachen Versen von großer poetischer Schönheit abgefasst, die leicht auswendig zu lernen sind. In ihnen erklärt der Buddha, wie er nach vielen Existenzen die Erleuchtung erlangte, und beschreibt die Leiden, die er um der Lehre und der Lebewesen willen erduldet hat.

Von ganz konkretem Nutzen waren andere Texte der Sammlung. Es sind ebenfalls buddhistische Texte, auch wenn sie viele Elemente enthalten, die aus der volksreligiösen Praxis übernommen worden sind. So gibt es viele Fragmente von Divinationshandbüchern, mit deren Hilfe man durch böse Geister verursachte Krankheiten heilen kann. Der diesen Handbüchern zugrunde liegende Gedanke ist der, dass sich die Seelen der Toten in böse Geister verwandeln können. Diese nehmen unterschiedliche Gestalten an, dringen in Gegenstände und menschliche Körper ein und verursachen Krankheiten. Mit Hilfe der Divinationshandbücher kann man natürlich auch die Zukunft vorhersehen, zum Beispiel durch Beobachtung des Verhaltens der Flamme einer Lampe und unwillkürlicher Körperbewegungen sowie durch Weissagung aus dem Schrei der Krähe, die den Mongolen als prophetischer Vogel gilt. Diese Vorstellung ist auch aus einem Traumhandbuch ersichtlich, das verschiedene Arten von Vögeln in Verbindung mit Träumen aufführt. Das Handbuch wurde sowohl für die Abwehr von bösen Träumen als auch für divinatorische Zwecke benutzt. Die Traumdivination war bei den Mongolen weit verbreitet. Bis heute ist sie noch sehr gebräuchlich.

Literatur: CHIODO 1997/98a; CHIODO 2000; CHIODO 2002; CHIODO 2003/04

1 Detail aus *Die Zufluchtnahme* (Kat.-Nr. 84)

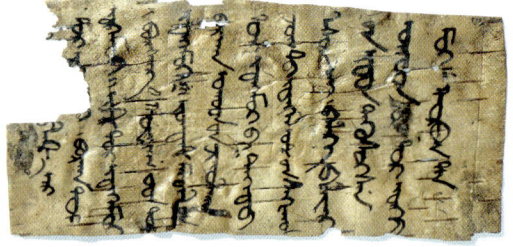

84

### 84 Die Zufluchtnahme

(mong. Itegel yabuγulqu, tib. sKyabs-'gro, sanskr. Śaraṇagama) | Fragment eines Manuskripts in indischer Pothī-Form | Fundort: Charbuchyn Balgas, Provinz Bulgan, Mongolei, 16./17. Jh. | Tusche auf Birkenrinde, H 6,5 cm, B 14 cm | Akademie der Wissenschaften der Mongolei, Ulaanbaatar

Jede Liturgie beginnt mit der Rezitation dieses Gebets, welches die grundlegenden Lehren und Ideale des buddhistischen Glaubens zusammenfasst. Es hat die folgenden drei Teile: 1. Die Zufluchtnahme zu den »Drei Kostbarkeiten« Buddha, Lehre und Mönchsgemeinde; 2. Die Erweckung der Erleuchtungsgesinnung, des Bestrebens, die Erleuchtung nicht nur für sich selbst zu gewinnen, sondern auch alle anderen Lebewesen zur Erleuchtung zu führen; 3. Der Wunsch, dass alle Lebewesen voller Glück und frei von Leiden sein mögen.

Die Sammlung von Charbuchyn Balgas enthält 35 Fragmente, die nicht weniger als 25 verschiedene Abschriften dieses Gebets repräsentieren. Dies zeigt, wie weit verbreitet und wie beliebt der mongolische Text der »Zufluchtnahme« im frühen 17. Jh. war. Offenbar besaßen viele Laien ein Exemplar des Gebets, das sie auch auswendig konnten. *E. C.*

### 85 Lobpreisung des Avalokiteśvara

Vier Blätter in indischer Pothī-Form | Fundort: Charbuchyn Balgas, Provinz Bulgan, Mongolei, 16./17. Jh. | Tusche auf Birkenrinde, H 10,5 cm, B 14,2 cm | Akademie der Wissenschaften der Mongolei, Ulaanbaatar
*ohne Abb.*

Der vollständige Titel dieser Lobpreisung des Bodhisattva Avalokiteśvara (Kat.-Nr. 391), des buddhistischen Gottes des Mitgefühls, lautet »Ein Kapitel des heiligen Mahāyāna-Sūtra mit dem Namen Voll-

kommener Lobpreis des Qongsim Bodisadu (Bodhisattva Avalokiteśvara)«. Der Text, der hier in einer besonders schönen Handschrift aufgezeichnet wurde, betont vor allem die Kräfte des berühmten Mantras oṃ maṇi padme hūṃ (Kat.-Nr. 86). Es zählt die Vorteile seiner Rezitation auf: Das Mantra schützt vor Gefahren wie Waffengewalt, Feuer, Wasser, bösen Geistern, Dieben, Gefangenschaft und schlechten Wiedergeburten. Der kurze Text beruht auf dem 24. Kapitel eines der grundlegenden Werke des Mahāyāna-Buddhismus, des Sūtra vom »Lotos des Guten Gesetzes« (Saddharmapuṇḍarīka), welches die unglaublichen Kräfte beschreibt, mit denen Avalokiteśvara die Lebewesen schützt. Zumindest dieses 24. Kapitel war den Mongolen bereits im 14. Jh. bekannt. Avalokiteśvara wird auch heute noch von den Mongolen hoch geschätzt. Den praktischen Nutzen seiner Verehrung zeigt die in diesem Manuskript vollständige Passage: »Wenn man die Könige der Gewässer und die Herren der Erde beleidigt, schwillt der Körper an, die Abzesse wachsen, und es fließen Eiter und Blut. Wenn man dieses Mantra rezitiert, wird man sofort gesund.« Dieser Ratschlag beruht auf dem Glauben, dass die Könige der Gewässer und die Herren der Erde Krankheiten verursachen, wenn die Menschen der Natur Schaden zufügen, z. B. das Wasser verunreinigen, den Boden aufgraben oder Bäume fällen. *E. C.*

### 86 Oṃ maṇi padme hūṃ

Fragmente eines Gebetstextes | Fundort: Charbuchyn Balgas, Provinz Bulgan, Mongolei, 16./17. Jh. | Tusche auf Birkenrinde, größtes Fragment: H 13,3 cm, B 7,4 cm | Akademie der Wissenschaften der Mongolei, Ulaanbaatar

Die hauchdünnen Birkenrindenstücke sind in der heiligen Sprache Tibetisch geschrieben, und zwar in tibetischer Kursivschrift. Auf ihnen stehen in ununterbrochener Wiederholung die sechs Sanskrit-Silben oṃ maṇi padme hūṃ, »oṃ, du mit Juwelen geschmückter Lotos, hūṃ«. Die berühmte »Sechs-Silben-Formel« ist das Mantra, d. h. die in wenigen Silben zusammengefasste Wesenheit des Bodhisattva Avalokiteśvara, der Verkörperung der Buddhaqualität des Mitgefühls. »Mit Juwelen geschmückter Lotos« (sanskr. Maṇipadma) ist der Name einer bestimmten Form des Avalokiteśvara, in welcher er in seiner linken Hand einen Lotos hält. Im Mantra erscheint dieser Name in seiner weiblichen Form

86

Maṇipadmā (maṇipadme ist der Vokativ), weil das durch das Mantra ausgedrückte Wesen einer Gottheit weiblich ist. Diese theologische Feinheit müsste hier nicht erwähnt werden, wenn nicht immer wieder gefragt würde, was oṃ maṇi padme hūṃ bedeutet. Die Antwort hierauf lautet in der Regel »oṃ, Du Juwel [maṇi] in der Lotosblüte [padme, Dativ-Lokativ der Maskulinform padma]«. Dies ist jedoch aus sprachlichen und inhaltlichen Gründen falsch.

Durch die Rezitation des oṃ maṇi padme hūṃ erweckt der Gläubige in sich sowohl die Kraft des Avalokiteśvara als auch die Kraft der gesamten buddhistischen Lehre. Auch für denjenigen, der den tiefen Sinn der Formel nicht versteht, führt ihre ständige Wiederholung zur Befreiung von allen schlechten Wiedergeburten und letztlich zur Buddhaschaft. Um eine möglichst häufige Wiederholung des oṃ maṇi padme hūṃ zu ermöglichen, wird es in unendlicher Zahl auf Papier oder, wie hier, auf Birkenrinde geschrieben und in mitunter riesige Gebetstrommeln, »Gebetsmühlen«, gelegt, die von Hand, durch das Wasser oder durch unter dem Gebetsrad erzeugte Wärme in Bewegung gesetzt werden. Die Bewegung bringt das Gebet zu seinem Ziel, macht es wirksam. *E. C.*

## 87 Lobpreisung des Pantschen Lama und des Dalai Lama

Vier Blätter, vollständiger Text in Buchform | Fundort: Charbuchyn Balgas, Provinz Bulgan, Mongolei, 16./17. Jh. | Tusche auf Birkenrinde, H 6,8 cm, B 21,4 cm | Akademie der Wissenschaften der Mongolei, Ulaanbaatar
*ohne Abb.*

Der Text enthält eine Lobpreisung des Pantschen (tib. Paṇ-chen) Lama und des Dalai Lama. Er ist das früheste bekannte Zeugnis einer den beiden höchsten Vertretern der dGe-lugs-pa-Schule des tibetischen Buddhismus gewidmeten Hymne. Da das Manuskript aus der ersten Hälfte des 17. Jhs. stammt, muss es sich bei dem Pantschen Lama um den ersten Paṇ-chen Blo-bzang-chos-kyi-rgyal-mtshan (1567 bis 1662) handeln. Mit dem Dalai Lama kann der vierte Dalai Lama Yon-tan-rgya-mtsho (1589 – 1616) oder der fünfte Dalai Lama Ngag-dbang-blo-bzang-rgya-mtsho (1617 – 1682) gemeint sein. Beide waren Schüler des ersten Pantschen Lama.

Die Lobpreisung enthält die folgenden Passagen: »Ich bete zu den Füßen des Pantschen Lama, dessen, der vollkommen gelehrt und majestätisch ist und das Banner der unvergleichlichen Religion trägt« und »Lobpreisend werfe ich mich nieder vor dir, heiliger Dalai Lama, der du geboren bist, alle Lebewesen zu erlösen, und der du vollkommen erleuchtet bist.«   *E. C.*

## 88 Die vier Bardo-Gebete

Neun Blätter eines fast vollständigen Büchleins in indischer Pothī-Form | Fundort: Charbuchyn Balgas, Provinz Bulgan, Mongolei, 16./17. Jh. | Tusche auf Birkenrinde, H 9 cm, B 31,7 cm | Akademie der Wissenschaften der Mongolei, Ulaanbaatar
*ohne Abb.*

Der Text enthält eine der frühesten mongolischen Übersetzungen der vier tibetischen Gebete, die um Schutz vor den Gefahren des Bardo (tib. *bar-do*) bitten, des Zwischenzustands zwischen Tod und Wiedergeburt. Die Verse fassen die Grundgedanken des so genannten Tibetischen Totenbuchs zusammen, der »Großen Befreiung durch Hören« (tib. *Bar-do thos-grol*). Dieses Werk wird dem indischen Meister Padmasambhava (8. Jh.) zugeschrieben und gilt als »verborgener Schatz« (tib. *gter-ma*), als geheimes Buch, das erst gefunden wird, wenn die Zeit reif ist, es zu verstehen. Die »Große Befreiung durch Hören« wird dem Sterbenden oder Verstorbenen vorgelesen, um seinem Bewusstsein, seiner »Seele«, all jene Lehren in Erinnerung zu rufen, die man im Todesmoment oder während der 49 Tage bis zur Wiedergeburt nutzen soll, um die Befreiung vom Kreislauf der Wiedergeburten zu erlangen oder zumindest für das nächste Leben einen besseren Körper zu finden.   *E. C.*

## 89 Gebet an den Helden Geser

Fünf Blätter, vollständiges Büchlein im indischen Pothī-Format | Fundort: Charbuchyn Balgas, Provinz Bulgan, Mongolei, 16./17. Jh. | Tusche auf Birkenrinde, H 5,6 cm, B 20,7 cm | Akademie der Wissenschaften der Mongolei, Ulaanbaatar

Geser, tibetisch Ge-sar und Ke-sar (Kat.-Nr. 421), ist der Held des gleichnamigen Epos, das in Tibet und der Mongolei weit verbreitet ist. Das Gebet ruft Geser als Schutzgottheit der Krieger und Pferde an. Das Manuskript ist deshalb von besonderer Bedeutung, weil es das erste bisher bekannte Zeugnis eines Geser-Kults bei den Mongolen ist. In dem Gebet ist Geser ganz ähnlich beschrieben wie im Epos. Hieraus kann man schließen, dass das Epos bei den Mongolen bereits vor dem 17. Jh. verbreitet war. So heißt zum Beispiel im Gebet Gesers Rüstung »Zehntausend Sterne«, und Geser trägt einen »Helm, weiß wie das Licht der Sonne«. Entsprechend werden Rüstung und Helm in der mongolischen Fassung des Epos beschrieben, die unter dem Titel *Die Geschichte von König Geser, dem Herrn der Zehn Himmelsrichtungen* 1716 in Peking gedruckt wurde. Im Gebet wird Geser ersucht, »die bösen Feinde zu Staub zu machen«. Er soll Sattel und Zaum, Halfter und Fußfesseln schützen und wird mit den folgenden Worten um den Sieg beim Pferderennen gebeten: »Wenn mein Pferd und das eines anderen um die Wette laufen, so lass mein Pferd gewinnen!«
*E. C.*

89

## 90 Herdfeuer-Ritual

Ein Blatt, Fragment eines Büchleins in indischem Pothī-Format | Fundort: Charbuchyn Balgas, Provinz Bulgan, Mongolei, 16./17. Jh. | Tusche auf Birkenrinde, H 8,5 cm, B 14,7 cm | Akademie der Wissenschaften der Mongolei, Ulaanbaatar
*ohne Abb.*

In diesem Ritualtext wird die Gottheit des Herdfeuers als »Mutter Feuerkönig« angerufen; »König« ist hier ein Ehrenname für die weibliche Gottheit. Die Feuerverehrung ist bei den Mongolen eng mit der Ahnenverehrung verbunden. Das Herdfeuer symbolisiert das Lebens und den Fortbestand der Familie. Der Herd als Mittelpunkt des Zeltes entspricht auch dem Zentrum der Welt, denn die Mongolen glauben, dass sich das Feuer in der Mitte zwischen Himmel und Erde befindet. Das Feuer auszulöschen bedeutet das Ende der Familie. Das früheste Beispiel für diese Vorstellung findet sich bereits in der *Geheimen Geschichte der Mongolen*, der Biographie Činggis Khans aus dem 13. Jh.

Das Fragment ist Teil eines Rituals zur Verehrung des Herdfeuers Činggis Khans durch seine Nachkommen, die mongolische Herrscherfamilie Borjigin. Dieses Herdfeuer ist zugleich Symbol für das Herdfeuer des mongolischen Staates. Die Nachkommen Činggis Khans opfern ihm, um den Fortbestand und das Glück der kaiserlichen Familie und somit des gesamten mongolischen Volkes zu sichern.

Die Anfangsverse des Textes sprechen vom Ursprung der Feuergottheit zur Zeit der Entstehung der Welt: »Die majestätische zinnoberrote Mutter Feuerkönig, die zu der Zeit entstand, als der Sumeru-Berg noch ein Hügel war, zu der Zeit, als das Milchmeer noch eine Pfütze war [...]« Mit dem Sumeru-Berg, der Weltachse, und dem ihn umgebenden Milchmeer wurden also bereits in der ersten Hälfte des 17. Jhs. Elemente der buddhistischen Kosmologie in einem Feuergebet verwendet, dessen Ursprung nicht buddhistisch ist.   *E. C.*

### 91 Das Herbeiwinken von Glück

Sechs Blätter eines fast vollständigen Büchleins im indischen Pothī-Format | Fundort: Charbuchyn Balgas, Provinz Bulgan, Mongolei, 16./17. Jh. | Tusche auf Birkenrinde, H 3,7 cm, B 26,6 cm | Akademie der Wissenschaften der Mongolei, Ulaanbaatar
*ohne Abb.*

Der Text beschreibt ein Ritual für das »Herbeiwinken von Glück«, *dalalya*. Es wird in Verbindung mit der Verehrung des Herdfeuers durchgeführt, doch wird hierbei nicht die Feuergottheit angerufen. Die Gottheiten des Rituals zählen zum buddhistischen Pantheon und zugleich zur mongolischen Volksreligion. Die Besonderheit des *dalalya*-Rituals sind die kreisenden Armbewegungen des Offizianten mit einem Ritualgerät, gewöhnlich ein mit Bändern geschmückter Pfeil, und der Ruf »qurui qurui«. Das *dalalya*-Ritual ist sehr alt, doch der Text aus Charbuchyn Balgas ist das bisher früheste schriftliche Originalzeugnis. Es ist zudem ein frühes Beispiel für einen synkretistischen Text, der buddhistische Götter und Glaubensvorstellungen mit alten mongolischen Ritualpraktiken verbindet. Zentral im *dalalya*-Ritual sind die Bitte um Aktivierung der Lebenskraft und das Herbeirufen von Glück sowie die Bitte um Fruchtbarkeit und die Vermehrung der Herden. So heißt es: »Wir bitten um das Glück eines Nabels, so groß wie ein Eimer, um einen Schoß so groß wie eine Bettdecke, um die Lebenskraft der vier Arten der Tiere in der offenen Steppe, qurui qurui! Wir bitten um die Lebenskraft der wohlbehaarten Kamelhengste, der Bullen mit großen Jochen, der Kühe mit großen Eutern, qurui qurui!«

*E. C.*

### 92 Ein Heiratskalender

Neun Blätter eines fast vollständigen Büchleins im indischen Pothī-Format | Fundort: Charbuchyn Balgas, Provinz Bulgan, Mongolei, 16./17. Jh. | Tusche auf Birkenrinde, H 6 bzw. 5,5 cm, B 8,6 bzw. 8,8 cm | Akademie der Wissenschaften der Mongolei, Ulaanbaatar
*ohne Abb.*

Heiratskalender werden benutzt, um einen Glück verheißenden Tag für die Heirat der Tochter auszusuchen, der vom Geburtsjahr der jungen Frau ab-

hängt. Der Kalender bestimmt auch, in welche Richtung die Braut ihr Gesicht zu wenden hat, wenn sie in das Haus des Bräutigams geführt wird. So heißt es: »Wenn ein Mädchen in einem Rinder- oder Schafjahr geboren ist, soll sie im fünften oder elften Mondmonat verheiratet werden« und »Wenn ein Mädchen, das in einem Schlange-, Pferd- oder Schafjahr geboren ist, beim Herabsteigen vom Pferd ihr Gesicht nach Süden wendet, ist es gut.«   *E. C.*

### 93 Handbuch für Astrologie und Divination

Acht Blätter, Büchlein im indischen Pothī-Format | Fundort: Charbuchyn Balgas, Provinz Bulgan, Mongolei, 16./17. Jh. | Tusche auf Birkenrinde, H 7 cm, B 26,7 bzw. 10 cm | Akademie der Wissenschaften der Mongolei, Ulaanbaatar
*ohne Abb.*

Das Büchlein enthält drei Textfragmente. Sie beschreiben mit astrologischen Berechnungen verbundene divinatorische Praktiken sowie rituelle Anweisungen für die Verhinderung von Krankheiten. Eines der Krankheitsrituale ist ein »Substituts-Ritual«. Ein Substitut, *joliy* (tib. *glud*), ist eine Figur, die den Kranken vertritt. Die Krankheit und das sie verursachende Übel werden in diese Figur gebannt, die danach vernichtet wird. Aus dem Text geht hervor, dass die Offizianten des Rituals Buddhisten waren. Das Übel vertreibt man auf die folgende Weise: »Mache die Figur eines Menschen aus Asche und Mehlbrei, lege ein Stück Eisen zurecht, stecke die Federn einer Krähe hinein und wirf alles weg!«

*E. C.*

### 94 Eine Sammlung von mongolischen Rechtstexten

Fundort: Charbuchyn Balgas, Provinz Bulgan, Mongolei, 16./17. Jh. | Tusche auf Birkenrinde, H ca. 14 cm, B ca. 20 cm | Akademie der Wissenschaften der Mongolei, Ulaanbaatar

Der umfangreichste Text unter den Birkenrindemanuskripten ist eine besondere Rarität. Er enthält die früheste Sammlung von mongolischen Rechtstexten, die durch ein originales Textzeugnis belegt ist und zudem bis zu ihrer Auffindung unbekannt war. Das fast unversehrte kleine Buch besteht aus 19

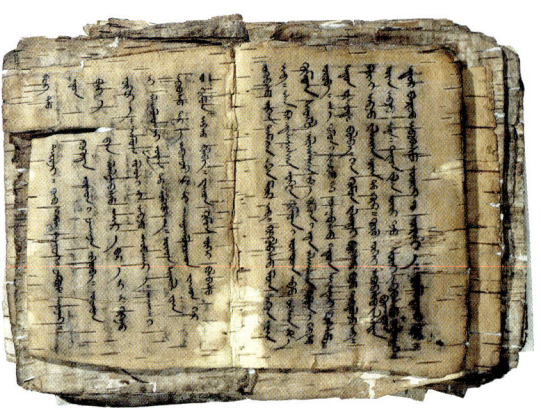

94

Einzeltexten, von denen 18 aus eindeutigen rechtlichen Bestimmungen bestehen. Der 19. Text ist dagegen nicht sofort als Rechtstext erkennbar. Er enthält eine Lobpreisung der neun Recken Činggis Khans und zählt die Verdienste auf, die sie sich um ihren Herrn erworben haben. Diese Verdienste sind eine Liste von Pflichten, welche ein Untertan dem Herrscher gegenüber zu erfüllen hat. Hieraus erklären sich ihr rechtlicher Charakter und die Aufnahme dieses Textes in die Sammlung.

Die gesetzlichen Bestimmungen der anderen Texte sind das Ergebnis von Versammlungen von Fürsten der Qalqa-Mongolei. Diese traten von Zeit zu Zeit zusammen, um bestimmte Probleme, die sich jeweils aus der Praxis ergeben hatten, gesetzlich zu regeln. Die Beschlüsse wurden aufgezeichnet, Kopien wurden der örtlichen Gerichtsbarkeit zur Verfügung gestellt. Eine dieser Kopien ist dieses Birkenrindebuch.

Ein Teil der Texte ist datiert, während die anderen aufgrund von inneren Kriterien eingeordnet werden können. Demnach stammt der früheste Text aus der zweiten Hälfte des 16. Jhs. und der späteste aus dem Jahre 1639.

Die 18 Texte enthalten gesetzliche Bestimmungen, die sich auf folgende Gegenstände beziehen: Adel; Beziehungen zwischen Adligen und Gemeinen; Flucht von Untertanen; buddhistische Geistlichkeit; Religion; Verwaltung und Gesellschaft; Kuriere, Postpferde, Verpflegung; Verlobung, Heirat, Scheidung; Erbangelegenheiten; Nutzung von Weideland und Wasser; Raub von Vieh und anderem Eigentum; Mord, Mittäterschaft bei Mord, Prügeleien und Messerstechereien; Krieg; Gerichts- und Prozessangelegenheiten.

Ohne den Fund von Charbuchyn Balgas wäre dieses bedeutende Zeugnis der mongolischen Rechtsgeschichte wohl für immer verloren.   *E. C.*

Lit.: CHIODO 1994; NASILOV 2002

BRUNO J. RICHTSFELD

# Alexanderroman, Geheime Geschichte der Mongolen und Geser-Epos – Parallelen zwischen antiker und mongolischer Überlieferung

## I

Bei jeder Beschäftigung mit den Völkern und Kulturen des Orients begegnet man Hinweisen auf drei Schriftwerke von welthistorischem Rang: die Überlieferung von Alexander dem Großen, die *Geheime Geschichte der Mongolen* (Kat.-Nr. 2) sowie die verschiedenen Versionen des Geser-Epos.[1] Zwei dieser Überlieferungen lassen sich an historischen Personen festmachen, deren Taten den Zeitgenossen und der Nachwelt so außergewöhnlich erschienen, dass sie diese dichterisch überhöhten und mit phantastischen Zügen bereicherten. Hinter dem Geser-Khan-Epos hingegen konnte bisher keine konkrete historische Persönlichkeit ausgemacht werden. Wie »Alexander« ist auch »Geser« der Name einer Idealgestalt geworden, der »Inbegriff des mächtigen Königs, mit dem sich jede bedeutsame Vorstellung verbinden konnte«.[2] Gemeinsam ist allen drei Werken die mythisierende Erhöhung des Helden.

Der in romanhafter Form von den Taten Alexanders III. des Großen von Makedonien (356–323 v. Chr.) berichtende *Alexanderroman* entstand im 3. Jahrhundert n. Chr. in Alexandria, der unbekannte Autor gab sich als der angesehene Literat Kallisthenes aus und wird von der Wissenschaft als »Pseudo-Kallisthenes« bezeichnet. Obwohl das Original verloren ist, ist uns die Handlung in einer Reihe von abweichenden, überarbeiteten Versionen in verschiedenen Sprachen erhalten. In die Hauptquelle, eine romanhafte Biographie der Ptolemäerzeit, wurden Alexanderüberlieferungen verschiedenster Herkunft, darunter Wunderberichte, die von Alexanders Kämpfen mit Monstren und Fabelwesen berichten, sowie Prophezeiungen eingearbeitet.[3] Dem Buch war ein ungeheurer Erfolg beschieden, da es sich im Verlauf der Spätantike und des Mittelalters über nahezu alle Regionen Eurasiens ausbreitete. Fragmente eines mongolischen Alexanderromans sind erhalten, eine chinesische Version ist nicht belegt, in chinesischen geographischen Werken finden sich jedoch entsprechende, wenn auch vereinzelte Hinweise auf Teile des Inhalts. Die *Geheime Geschichte der Mongolen* ist eines der bedeutendsten Literaturwerke der Mongolen; sie entstand ca. 1240/41 und ist halb Chronik, halb Epos. Die

*Geheime Geschichte* blieb nur in einer Transkription des mongolischen Textes mittels chinesischer Zeichen und einer chinesischen Paraphrase des Inhalts erhalten, in den 30er Jahren des 20. Jahrhunderts gelang es Erich Haenisch (1880–1966), den mongolischen Text zu rekonstruieren und zu übersetzen, die Textrekonstruktion von Paul Pelliot (1878–1946) erschien erst posthum im Jahre 1949.[4] Überlieferungen vom König Gesar (tibetisch) bzw. Geser Khan (mongolisch; Kat.-Nr. 89, 421) sind über das ganze von tibetisch-mongolischer Kultur geprägte Innerasien verbreitet, die in Tibet gesammelten epischen Teile zusammengenommen ergeben das umfangreichste bisher bekannte Epos. Die Ursprünge des Epos sind in Tibet zu suchen und werden auf das 16. Jahrhundert datiert.[5] Vermutlich nahm es Einflüsse aus Westasien und aus der Alexanderüberlieferung auf: So soll der ursprüngliche Titel König Gesar von Phrom/Khrom (später: Gesar von Gling) auf den byzantinischen Titel Kaisar von Rom (Byzanz) zurückgehen.[6] Die Mongolen übernahmen etwa im 17. Jahrhundert den Stoff von den Tibetern und formten daraus eine eigene epische Überlieferung, die – wie auch in Bhutan und Tibet – bis heute lebendig ist. 1716 erschien auf Veranlassung des Kaisers Shengzu (Regierungsperiode Kangxi, 1662–1722) in Peking eine Blockdruckausgabe mit sieben Kapiteln des mongolischen Epos, 1956 wurde ebenfalls in Peking eine Ausgabe mit insgesamt 17 Kapiteln herausgegeben.[7]

## II

Allen drei Helden gemeinsam sind die außergewöhnlichen Umstände ihrer Abstammung und Geburt: Geser Khan ist der auf Erden wiedergeborene dritte Sohn des obersten Himmelsgottes. Seine irdische Mutter empfängt ihn, indem sie der Erscheinung eines riesenhaften, »tigerbunten« Gottes ansichtig wird – möglicherweise zusätzlich dadurch, dass sie in dessen Fußabdrücke tritt –, worauf sie ohnmächtig wird. Alexander entsteht aus der Verbindung der Olympias, Gemahlin König Philipps II. von Makedonien (um 382–336 v. Chr.), mit dem geflohenen ägyptischen

Herrscher und Zauberer Nektanebo, der sich ihr in der Gestalt des Gottes Ammon nähert; Alexander wird später von dem Gott Ammon als sein Spross anerkannt. Činggis Khan wird, auch wenn seine Vorfahren von einem göttlichen Wesen mit einer irdischen Mutter gezeugt wurden[8] und letztendlich auf Tierahnen (Wolf und Hinde) zurückzuführen sind, lediglich mit einem vielsagenden Omen, dem Blutklumpen in seiner Faust, geboren. Činggis Khan ist nach der Schilderung der *Geheimen Geschichte* ein Wesen »göttlicher« Vorsehung, sein Leben wird von Zeichen des Himmels begleitet, und er verfügt über eine numinose Kraft – der Ethnologie als *mana* (auch *orenda* oder *baraka*) bekannt –, er ist jedoch kein direkter Göttersproß.

Die Abstammung der Helden definiert auch deren Aufgabenstellung in der Welt: Während Geser von Buddha, in tibetischen Versionen von Padmasambhava (s. Kat.-Nr. 391), dazu ausersehen wird, die Welt von dämonischen Wesen zu befreien, die deren Bestand gefährden[9], sind Alexander und Činggis Khan trotz aller dichterischer Überhöhung durchaus weltliche Herrscher, deren Ziel es ist, ein »Weltreich« zu schaffen. Alexander werden weitere, ihrer Natur nach sehr menschliche Beweggründe für seinen Eroberungszug durch die Erdteile zugeschrieben: Hybris, Wissensdurst und Suche nach Unsterblichkeit. Geser dagegen entspricht der himmlischen Heilsgestalt, und nicht zu Unrecht führt Siegbert Hummel Parallelen an zu der im syrischen »Lied von der Perle«[10] sich manifestierenden gnostischen Vorstellung von der Herabkunft des Sohnes des Lichtgottes, der dem Licht zum Sieg verhilft, indem er es aus den Banden der Finsternis (Materie) und der dämonischen Mächte befreit.[11] Činggis Khan wird zusammen mit Qubilai Khan erst im 16. Jahrhundert durch die lamaistische Geschichtsschreibung und -interpretation eine heilsgeschichtliche Rolle zugeschrieben, die ihn zum buddhistischen Weltenherrscher, zum *cakravartin* (chin. *[fa]lunwang*), erhebt, gleichzeitig bildet sich in dieser Zeit ein eigener Činggis-Khan-Kult heraus.[12] Die Verehrung Činggis und Geser Khans nutzten die Mandschu-Herrscher, insbesondere Kaiser Gaozong (Regierungsperiode Qianlong, 1736 – 95).[13] Da die mandschurischen Kaiser der Qing-Dynastie (1644 – 1911) als Wiedergeburten des Bodhisattva Mañjuśrī (Kat.-Nr. 403) angesehen wurden und Gesar/Geser lamaistischer Spekulation zufolge als Emanation der vierarmigen Erscheinungsform dieses Bodhisattvas wie auch des Gottes Vaiśravaṇa (Kat.-Nr. 410) und des mythischen Vogels Garuḍa galt, etablierte sich am Kaiserhof eine ausgeprägte Verehrung des Geser, der zusammen mit dem Gott Mahākāla (Kat.-Nr. 408, 416), den die Mandschu ebenfalls von den Mongolen übernommen hatten, zum Schutzgott der Dynastie erhoben wurde. Gleichzeitig verschmolz Geser mit dem chinesischen Gott Guan Yü, Gott des Krieges und der Literatur, und wurde in Be-

ziehung gesetzt zu Činggis Khan und Nurhaci (1559 – 1625), dem Begründer des Reiches der Mandschu. Geser wurde z. T. im Stil der chinesischen Guan-Yü-Darstellungen abgebildet und in ganz Innerasien als Gott verehrt.[14] Zudem schrieb man Geser messianische Züge zu: An verschiedenen Orten – in dem Reich Śambhala (Kat.-Nr. 415) oder über den weißen Wolken – harrt er des Tages, an dem er wieder auf Erden erscheinen und sein Reich wieder erstehen lassen wird.

## III

Die Geburtsomina weisen darauf hin, dass die Helden zu Großem ausersehen sind: Geser schielt auf dem rechten Auge, das linke blickt geradeaus, die rechte Hand schwenkt er, die linke ballt er, den rechten Fuß hebt er, den linken streckt er, außerdem hat er 45 Zähne. Dies bedeutet, dass er mit dem schielenden Auge das Treiben der Dämonen, mit dem anderen das gegenwärtige und zukünftige Schicksal sieht. Die geschwenkte Hand droht den Feinden, die geballte zeigt, dass Geser alles festhält und beherrscht. Der erhobene Fuß verweist darauf, dass er die buddhistische Lehre aufrichten wird, der ausgestreckte darauf, dass die Ungläubigen unterworfen und zerstreut werden, und die 45 Zähne zeigen, dass er die Macht der Dämonen und Ungeheuer brechen wird. Tibetische Versionen beschreiben ihn als hässliches Kind oder als Missgeburt mit u. a. echsenähnlichen Zügen. Die Geburt wird z. T. von Naturereignissen wie Erdbeben oder heftigem Schneefall begleitet.[15] Činggis Khan wird mit einem Blutklumpen in der rechten Hand geboren, mit Feuer in den Augen und Glanz im Gesicht. Ähnliche physiognomische Merkmale des Helden finden wir in mongolischen Epen. Die um den Blutklumpen geschlossene Faust lässt an Gesers geballte Faust denken. Alexander hat die Mähne des Löwen, verschiedenfarbige Augen und spitze Schlangenzähne, seine Bewegungen sind heftig wie die des Löwen. Bei seiner Geburt bebt die Erde, es donnert und blitzt, es wird lange Zeit nicht Tag, und in Italien fallen Felsbrocken und Hagel vom Himmel: Durch diese Zeichen erkennt sein irdischer »Pflegevater« Philipp von Makedonien die göttliche Herkunft des Kindes, »denn die Elemente werden bei seiner Geburt gestört«.[16]

Geser wird mit seinen irdischen Eltern vom Usurpator Khro-thung verstoßen und wächst in der Gestalt des verachteten »Rotznäschens« Ĵoru auf, in der er erste Heldentaten vollbringt. Ist die »Ĵoru-Verwandlung« in zahlreichen zentralasiatischen Epen eine List des Helden ohne Verbindung zu dem Status des Ausgestoßenen, so finden sich in der *Geheimen Geschichte* zwei entfernte Parallelen, die diesen sozialen Aspekt beinhalten: Einer der von dem »Goldenen Mann« empfangenen Söhne der Alan Γoa ist Bodončar. Von den Brüdern für schwächlich und töricht gehalten, bekommt er keinen Anteil am Erbe und wird nicht zur Familie gezählt. Er verlässt diese und lebt einsam von der Jagd mit einem Habicht sowie von den Resten der Beute von Wölfen. Schließlich holen ihn seine Brüder zurück und machen sich mit seiner Hilfe eine Stammesgruppe untertan, die sich in der Nähe seines Aufenthaltsortes niedergelassen hatte und mit der er lose Kontakt gehalten hatte.[17] Činggis Khan ist in seiner Jugend ebenfalls ein Ausgestoßener, der sich schließlich in »den« Helden verwandelt, ihm fehlen aber die Züge des Schelms, die Joru und Bodončar durchaus zu eigen sind. All dieses lässt an tibetische Brautwerber-Märchen denken, in denen sich ein Königssohn oder ein außergewöhnlicher Jüngling freiwillig oder unfreiwillig in einen aussätzigen Bettler, einen Hund, Vogel oder Frosch verwandelt und so seine Zukünftige sucht und prüft, sowie an Odysseus' Verwandlung in die Gestalt des verachteten Bettlers bei seiner Rückkehr nach Ithaka.

## IV

Nach der von dem persischen Historiker Rašīd ad-Dīn (1247–1318; Kat.-Nr. 279–311) überlieferten Sage vom Ursprung der Mongolen werden deren Vorfahren von Feinden fast vollständig ausgelöscht. Zwei Paare überleben und flüchten in ein unzugängliches, vom Rest der Welt durch steile Gebirgsketten abgeschnittenes und daher Ergene Qun (»steile Klippe«) genanntes Tal. Ihren zahlreich gewordenen Nachkommen wird das Tal zu eng. Um das Gebirge überqueren zu können, schaffen sie sich einen Weg durch Ausschmelzen einer Erzader und werden dadurch Meister des Schmiedehandwerks. Dieser Bericht erinnert an die in chinesischen Quellen des 7. Jahrhunderts überlieferte Abstammungslegende früher türksprachiger Stämme Innerasiens: Eine Wölfin rettet ein Kind, das als einziges die Vernichtung seines Stammes überlebt, und zieht es in einer Höhle bzw. in einem durch einen höhlenartigen Zugang erreichbaren, abgeschlossenen Tal auf. Die bildliche Darstellung dieser Vorstellung von der Wölfin als Ahnherrin wurde beeinflusst von Abbildungen der Romulus und Remus säugenden Wölfin, mit denen die Völker Mittelasiens infolge ihrer Handels- und Kulturkontakte – insbesondere durch Darstellungen auf byzantinischen Münzen – bekannt wurden. Dies beweist ein entsprechendes Wandgemälde im Palast Kala-i-Kachkachas I. (8./9. Jahrhundert) in Bundzhikat im nördlichen Tadschikistan. Vom Wolf als männlichem Vorfahren, mit einer Hinde als Ahnfrau, erzählt eine weitere, von der Geheimen Geschichte überlieferte Ursprungssage der Mongolen. Auch die durch Rašīd ad-

Dīns Werk erhaltene Herkunftssage weist möglicherweise Parallelen zur antiken Überlieferung auf: In der christlichen syrischen Alexanderlegende, die um 500 entstand, wird berichtet, dass Alexander der Große »unreine Völker«, darunter Gog und Magog, hinter ein »Kaukasus« genanntes Ringgebirge getrieben habe. Den einzigen, von Gott verengten Bergpass verschloss er mit speziellen eisernen Toren und schützte so die Welt vor diesen Völkern, die aber am Ende der Tage hervorbrechen werden. Die Vorstellung von Gog und Magog geht zurück auf das Buch Hesekiel (Ezechiel; 38,2 und 39,1) und die Offenbarung des Johannes (20,8) der Bibel. Der jüdische Geschichtsschreiber Josephus (37 – ca. 100) verband diese apokalyptischen Völker mit der Alexanderüberlieferung, eine Kombination, die in den Koran übernommen wurde (Sure XVIII, 92–98; XXI, 96). In Europa und Westasien brachte man von da an die Einfälle zuvor unbekannter Völker aus der eurasiatischen Steppenzone, z. B. der Skythen, Hunnen, Awaren, Magyaren, Mongolen und Türken, mit den freigelassenen unreinen Stämmen in Verbindung. Durch die christliche Alexanderlegende und den Koran gelangte der Bericht von den eingeschlossenen Völkern via Iran nach Mittel- und Innerasien. Obwohl sich unter den Fragmenten des mongolischen Alexanderromans keine entsprechende Stelle erhalten hat, war die Gog-Magog-Episode in weiten Teilen Asiens bekannt, wie z. B. der malaiische Alexanderroman beweist.[18] Es darf daher angenommen werden, dass die Episode das Erzählgut der zentralasiatischen Türken und der Mongolen beeinflusst hat und insbesondere mit der Ergene-Qun-Sage zusammenhängt, die sozusagen eine Art »Innenansicht« wiedergibt.[19]

## V

Im 6. Kapitel des mongolischen Geser-Epos von 1716 wird der Held durch einen als Lama auftretenden Riesen in einen Esel verwandelt, indem ihm dieser ein Eselbild auf den Kopf legt. Nachdem er durch erniedrigende, schwere Arbeiten gequält und verunreinigt wurde, gelingt es schließlich einer der Frauen des Geser, die feindlichen Riesen zu überlisten und ihn zu retten.[20] Bereits zuvor (Kapitel 5) versucht die Tante eines zwölfköpfigen Riesen, Geser in einen Esel zu verwandeln, indem sie ihm eine mit bestimmten Zauberkräutern vermischte Speise vorsetzt. Geser vertauscht diese mit der ihren, worauf die Frau sich in den Esel verwandelt und von Geser verbrannt wird.[21] Die Eselsverwandlung finden wir auch in der Siditü kegür betitelten mongolischen Version des Vetālapañcaviṃśatikā, den »Erzählungen des Totendämons«.[22] Dessen zweite Erzählung berichtet von einem Mann, der durch Wälzen auf dem Bild eines Esels dessen Gestalt annimmt. Unter seiner Tarnkappe verborgen, beobachtet ihn der Minister des Khans; er entwendet das Bild und rächt sich mit dessen Hilfe an einer Mutter und ihrer Tochter, die ihm und seinem Freund, dem Khan, einst übel mitgespielt haben. In Eselsgestalt müssen die beiden drei Jahre lang Knochenarbeit verrichten, bis sie vom Khan begnadigt und zurückverwandelt werden. Der tibetischen Gesariade fehlt die Eselverwandlung[23], obwohl die *Siditü-kegür*-Stelle dem tibetischen und bhutanischen Erzählgut nicht fremd ist[24]. Die durch eine Salbe verursachte Eselsverwandlung kennen wir aus antiker Zeit (2. Jahrhundert n. Chr.) durch die Werke des Apuleius und Pseudo-Lukian. Die mittels präparierter Speise bewirkte Eselsverwandlung findet sich in Augustinus' Werk *De civitate Dei* (412–28), in *Tausendundeiner Nacht*, in Sanskrit- und in chinesischen Quellen, und sie ist verwandt mit der von der Zauberin Kirke bewirkten Verwandlung der Gefährten des Odysseus in Schweine.[25] Die Handlung der ebenfalls auf den Esel Bezug nehmenden antiken Sage vom eselsohrigen König Midas ist in Varianten über ganz Zentralasien verbreitet[26], wobei die Ohren teilweise gegen die Widderhörner ausgetauscht wurden, die die Sage Alexander dem Großen zuschrieb[27]:

> Ein König ruft regelmäßig einen seiner Untertanen zu sich, damit dieser ihm die Haare schneidet. Anschließend tötet er ihn. Einem Jungen gelingt es schließlich mit Hilfe der Mutter zu überleben, indem er dem König Plätzchen anbietet, die mit der Milch seiner Mutter getränkt sind. Der König kann seinen Milchbruder nicht mehr töten und lässt ihn ziehen, nimmt ihm aber unter Androhung der Todesstrafe das Versprechen ab, sein Geheimnis nicht preiszugeben: Der König hat Eselsohren bzw. Hörner. Der Junge kann die Bürde des Schweigens nicht ertragen und wird krank, worauf er schließlich das Geheimnis in ein Erdloch spricht. Doch ein Tier verrät das Gehörte bzw. der Wind trägt es mit sich fort, und überall wird bekannt, wie es um den König steht. Der Jüngling entgeht der Bestrafung dadurch, dass er dem König rät, eine Kopfbedeckung mit hörner- bzw. ohrenartigem Schmuck zu tragen und sie auch bei seinen Adeligen einzuführen.

In Tibet wurde diese Überlieferung u. a. auf König Langdarma gemünzt[28] und diente als Erklärung der hörnchenartigen Frisur der tibetischen Adeligen vor 1959. Mit Geser wiederum verbunden ist sie durch die eigenartige Kopfbedeckung der tibetischen Barden des Epos, die zwei seitliche Fortsätze in Form von Eselsohren aufweist.[29]

## VI

Siegbert Hummel hat darauf hingewiesen, dass Gesers Ritt gegen den Nordriesen Parallelen zu dem in der *Odyssee* geschilderten Polyphem-Abenteuer[30] aufweist. Ein zyklopisches Wesen namens Duua Soqor mit einem Auge auf der Stirn findet sich bereits in der *Geheimen Geschichte*, ihm fehlen jedoch kannibalische Neigungen. Von einäugigen Ungeheuern berichten Epen der östlichen und nordwestlichen Mongolei, und Menschen fressende, einäugige Riesen sind auch aus der Folklore der den Mongolen benachbarten Kirgisen und Kasachen der chinesischen Provinz Xinjiang bekannt: Der kirgisische Zyklop besitzt so große Ohren, dass er sich zum Schlafen auf das eine legt und sich mit dem anderen zudeckt, ein Merkmal der »Großohrige« genannten Fabelwesen westlicher antiker und mittelalterlicher Beschreibungen. Der kasachische Zyklop kann sein Maul so weit aufreißen, dass die Unterlippe die Erde, die Oberlippe den Himmel berührt; eine Formel, die im mongolischen und im Geser-Epos Verschlingerwesen kennzeichnet und sich in Innerasien bereits im 12. Jahrhundert in einem Schamanengesang der Jürčen (Dschurdschen) findet. Der kasachische Riese wird vom Helden u. a. mit einer rot glühenden Stange geblendet.[31] Im Geser-Epos taucht weiter ein Ungeheuer mit Hundeschnauze und Ziegenzähnen auf, das, in einen Lama verwandelt, den Kindern im zweiten Jahr die Zunge abbeißt und sie stumm macht. Dieses Ungeheuer erinnert an in mongolischen Epen auftretende – häufig weibliche – Oger mit spitzen Metallschnauzen, die vampirähnliche Eigenschaften besitzen. Durch die Figur des dämonischen Lamas einer tibetischen Erzählung stehen sie in loser Beziehung zum Polyphem-Abenteuer: Der Lama saugt mittels eines Metallrohres in gleicher Weise, wie dies von den Wesen mit Schnauzen belegt ist, Menschen die Lebenssäfte aus, die Erzählung aber ist eine tibetische Parallele des Polyphem-Abenteuers:

> Drei Brüder aus Nordtibet planen eine Pilgerfahrt nach Lhasa. Ihr Hauslama rät ihnen ab. Dennoch brechen sie auf und treffen eines Tages am Fuß eines riesigen Berges auf eine große Schafherde. Da kein Hirte zu sehen ist und sie großen Hunger haben, schlachten sie einige Schafe. Am Abend kommt ein alter Lama, der Hirte dieser Herde, und lädt sie in seine Höhle ein. Vergeblich rät der jüngste Bruder ab, eingedenk der Warnung ihres Hauslamas, unterwegs auf keinen Fall einer Einladung zu folgen. Während die beiden älteren Brüder einschlafen, bleibt der jüngste in seiner Angst wach. In der Nacht nähert sich ihnen der Lama mit einem glühenden Rohr, rammt es dem ältesten Bruder in den Kopf und saugt ihn aus. Auf dieselbe Weise tötet er auch den mittleren Bruder.

Der jüngste schlüpft unter die Decke des mittleren Bruders und legt an seine Stelle ein Stück Schaffleisch, das der Lama aufsaugt. Als dieser schläft, bringt der jüngste Bruder seinerseits den Eisenstab zum Glühen und blendet den schlafenden Lama, indem er ihm den Stab in die Augen bohrt. Der Lama tastet die Höhle ab und streut glühende Asche, um den Jüngling zu verbrennen. Er lässt einen großen Vogel mit eisernem Schnabel frei, damit er ihn töte (ein Motiv, das wir auch in der Geburtsgeschichte verschiedener Geser-Versionen wiederfinden). Der Vogel kann den in einem Sack verborgenen Jüngling nicht finden, worauf der Geblendete vorerst seine Suche aufgibt. Als er am Morgen seine Schafe ins Freie lässt, stellt er sich am Eingang auf zwei Steine und lässt die Schafe zwischen seinen Beinen passieren, indem er sie abtastet und zählt. Der jüngste Bruder hängt sich ein Schaffell über, mischt sich unter die Herde und gelangt ins Freie, worauf er einen großen Felsblock vor den Eingang der Höhle wälzt und den dämonischen Lama einschließt. Nun kehrt er in seine Heimat zurück.[32]

# VII

Als Ursache solcher Parallelen sind Motiv-Wanderungen anzunehmen, z. B. im Zuge des intensiven Handelsaustausches und Karawanenverkehrs, als Folge von Flüchtlingsbewegungen und Umsiedlungen, durch politische wie ideologische Bewegungen sowie durch wandernde Barden und Missionare. Neben den Buddhisten sind hier v. a. Nestorianer und Anhänger gnostischer Lehren, insbesondere des Manichäismus, zu nennen. Die manichäische Lehre war ab 762 im Reich der Uiguren in der Mongolei und später in Ostturkestan (Xinjiang) als Staatsreligion anerkannt[33] und hat vermutlich u. a. den Lamaismus beeinflusst. Gleich den Buddhisten veranschaulichten die Manichäer in Predigten und Traktaten ihre Lehrinhalte durch Erzählungen, denen sie als Exempel eine neue Moral unterlegten. Im Zuge sowohl manichäischer als auch nestorianischer Missionsbestrebungen gelangten zahlreiche Erzählstoffe und -motive aus dem Vorderen Orient nach Inner- und Ostasien und umgekehrt ost- und innerasiatische Erzähl- und Kunstformen nach Westasien.

1 Für Anregungen und Hinweise danke ich László Vajda, München.

2 VAN THIEL U. A. 1977, S. 274.

3 Siehe PFISTER 1976, VAN THIEL U. A. 1977 (mit reichen Literaturhinweisen) sowie ALEXANDERROMAN / VAN THIEL 1983.

4 HEISSIG 1974 und HEISSIG 1978, S. 9 – 25; GEHEIME GESCHICHTE/TAUBE 1989, S. 274 – 299.

5 STEIN 1978, S. 142/143.

6 Ebenda, S. 139 – 142.

7 Siehe HEISSIG 1987 mit ausführlichen Literaturhinweisen.

8 Die Ahnfrau Alan Γoa bekommt nach dem Tode ihres Mannes, mit dem sie zwei Söhne hat, ohne Gatten nochmals drei Söhne. Als ihre ersten Söhne misstrauisch nachfragen, teilt sie ihnen mit, dass sie ein goldglänzender Mann auf einem Lichtstrahl, der durch die Rauchöffnung oder auch die Jurtentür hereinfällt, besucht, ihren Bauch streichelt und seinen Strahl in ihren Leib senkt. Wenn er sie verlässt, kriecht er gleich einem gelben Hund auf dem Sonnen- oder Mondstrahl hinaus (GEHEIME GESCHICHTE/TAUBE 1989, S. 8/9).

9 Ein Vergleich der verschiedenen mongolischen und tibetischen Gesar/Geser-Versionen zeigt, dass auch der Kampf gegen die Hor nicht, wie auf den ersten Blick erscheinen mag, ein Kampf gegen einen profanen fremden Herrscher zum Zwecke der Wiedergewinnung der geraubten Frau ist, sondern die Hor als dämonische Wesen zu begreifen sind, deren Reich von der Welt der Menschen, Gesars Reich, durch verschiedene Weghindernisse (zusammenklappende Felsen – »Symplegaden« –, dämonische Wächtergestalten) getrennt ist. Denn der Name Ling (gLing), Gesars Reich, bezeichnet zwar auch ein kleines Fürstentum in Osttibet, steht aber in Verbindung mit Gesar eher für Jambudvīpa (sansksr.; tib. Dzambu-gling; mong. Jambudvib/Cambudvib), einen der vier den Weltberg Meru umgebenden Kontinente der buddhistischen Kosmographie, der unserer Welt entspricht. Die tibetische Kurzform gLing (mong. tib; sanskr. dvipa) bedeutet »Land«, »Kontinent« (STEIN 1978, S. 139, 141/142).

10 Thomasakten, Abschnitt 108 – 113, in: HENNECKE 1924, S. 277 – 281.

11 HUMMEL 1993, S. 69 – 73.

12 Siehe FRANKE 1974 und KOLLMAR-PAULENZ 2002.

13 Siehe dazu ausführlich HENSS 2001.

14 Siehe CROSSLEY 2002, S. 119/120, und GIMM 2000/01.

15 GESER KHAN/SCHMIDT 1966, S. 14.

16 ALEXANDERROMAN/VAN THIEL 1983, S. 17/18; ALEXANDERROMAN/KIRSCH 1991, S. 16/17.

17 GEHEIME GESCHICHTE/TAUBE 1989, S. 9 12.

18 LOMBARD 1994, S. 173/174.

19 BOYLE 1975, BOYLE 1976a, BOYLE 1980.

20 HEISSIG 1983, S. 22 – 57, 411 – 416; GESER KHAN/SCHMIDT 1966, S. 274 – 282.

21 GESER KHAN/SCHMIDT 1966, S. 219/220.

22 HOFFMANN 1974.

23 HEISSIG 1983, S. 411.

24 Z. B. SCHUH 1982, S. 98 – 100.

25 SCOBIE 1984.

26 BOSKOVIC-STULLI 1999.

27 Alexander war im Vorderen Orient als Dhu 'l-Karnain, der Zweigehörnte, bekannt, ein Name, den wir bei den Mongolen als Sulqarnai wiederfinden, und der, chinesisch zu Jugeni verschliffen, sogar in chinesische Quellen Eingang fand. Die beiden Hörner wiesen Alexander den Großen als Spross des Gottes Ammon-Zeus aus.

28 SCHUH 1982, S. 15 – 18.

29 STEIN 1959, S. 381; Stein 1978, S. 145.

30 HUMMEL 1993, S. 111 – 116.

31 AUTORENKOLLEKTIV 1990, S. 182, 371.

32 SCHUH 1982, S. 181 – 183.

33 KLIMKEIT 1983.

95

96

97

### 95　Jatga

Mongolei, 19./20. Jh. | Holz, H 22 cm,
B 144 cm, T 28 cm | Nationalmuseum für
mongolische Geschichte, Ulaanbaatar |
Inv.-Nr. D-1742

Die Jatga ist eines der ältesten mongolischen Zupfinstrumente, sie ähnelt der europäischen Zither. Aus Quellen lässt sich erschließen, dass es die ersten, noch nicht besonders ausgereiften Instrumente dieses Typs wohl schon im 3. Jh. v. Chr. gab. Im 13. Jh. unterschied man zwischen der Jatga mit Bogen (cal jatga), der zehnsaitigen Jatga (jatgalga), der Jatga mit 13 Saiten (achuj jatga) und der mit 25 Saiten (törijn jatga oder Staatsjatga). Im Kloster des Nomun Khan in der heutigen Provinz Bajanchongor wurde die Jatga im 18. Jh. während des buddhistischen Gottesdienstes gespielt. Man hat zahlreiche Hefte mit Jatga-Musik gefunden und auch viele Texte der Lieder, die von dieser Musik begleitet wurden. Die heute in der Mongolei gespielten Jatgas haben in der Regel 10, 13, 21 oder 25 Saiten. Die Jatga ist ein pentatonisches Instrument, d. h. sie verwendet eine Tonleiter, die aus nur fünf Tönen besteht.　L. E.

### 96　Joočin

Mongolei, 19./20. Jh. | Holz, Eisen und Bambus, H 10,5 cm, B 80,2 cm, T 29,8 cm | Nationalmuseum für mongolische Geschichte, Ulaanbaatar | Inv.-Nr. D-88-SH-2-7

Das Joočin zählt zu den Saiteninstrumenten. Es hatte sich zuerst in Zentralasien verbreitet und war im 4. Jh. v. Chr. nach China gelangt. Das Instrument weist Ähnlichkeiten mit dem europäischen Hackbrett auf und hat die Form eines Schmetterlings oder eines Trapezes. Die Länge der Saiten, die links von einem Haken fixiert und rechts mit einem Wirbel gestimmt werden, beträgt 90 bis 97 Zentimeter. Ein Joočin hat in der Regel drei Tonlagen. Die Töne werden durch Bambusstöcke erzeugt, die auf die Saiten geschlagen werden. Da letztere aus Metall sind, kann mit diesem Instrument eine gewisse Lautstärke erzielt werden. Aus diesem Grund wird das Joočin in einem Orchester aus traditionellen mongolischen Musikinstrumenten auch häufig als Soloinstrument eingesetzt.　L. E.

### 97　Biba

Mongolei, 19./20. Jh. | Holz, H 93 cm,
B 25 cm, T 19 cm | Nationalmuseum für
mongolische Geschichte, Ulaanbaatar |
Inv.-Nr. D-88-SH-2-9

Die Biba ist ein altes Musikinstrument, das in der höfischen Musik Verwendung fand. Es ähnelt der chinesischen pipa und der japanischen biwa. Im 1. bis 4. Jh. gelangte dieses Zupfinstrument mit vier Saiten, wohl durch den Einfluss der alten indischen und tibetischen Religionen, in die Mongolei. Im 13. Jh. zählte man die Biba zu den so genannten Palastinstrumenten. Es gibt zwei Typen dieses Instruments, das bi bileg mit einem runden Korpus und die birnenförmige biba. Ihr Resonanzkorpus und insbesondere dessen Rückseite bestehen häufig aus Mahagoni.　L. E.

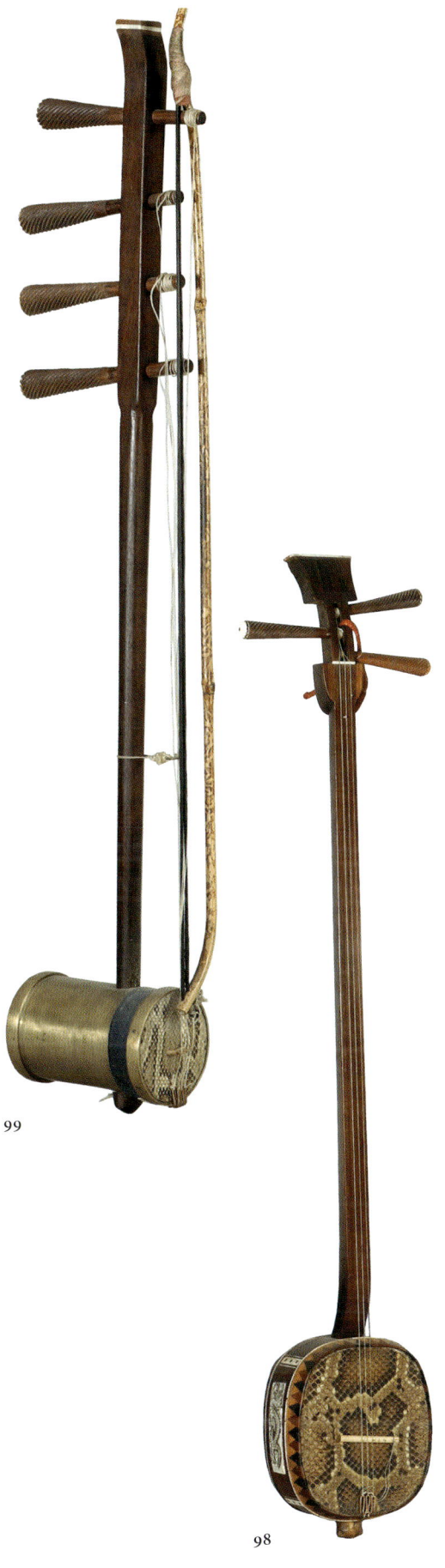

### 98 Šudarga

Mongolei, 19./20. Jh. | Holz, Schlangenleder, H 117 cm, B 25 cm, T 9,5 cm | Nationalmuseum für mongolische Geschichte, Ulaanbaatar | Inv.-Nr. D-88-SH-2-6

Die Šudarga ist ein dreisaitiges Zupfinstrument, das dem chinesischen *sanxian* und dem japanischen *shamisen* ähnelt. *Šudarga* bedeutet »gerade«, und das Instrument hat seinen Namen aufgrund des langen, geraden Halses erhalten. Nach den historischen Quellen wurde es im 13. Jh. in den Palästen der Herrscher für die Hochzeitsmusik verwendet. Heute wird es in der Mongolei als Begleitinstrument bei der Rezitation von Märchen und bei Tanzvorführungen, zu denen Lieder gesungen werden, eingesetzt. Der runde Resonanzkorpus der Šudarga – es gibt kleine, mittlere und große – besteht aus Mahagoni und ist mit dem Leder eines Zickleins oder eines Kameljungen bezogen. Seit dem 19. Jh. werden in China mit Schlangenhaut überzogene Šudargas bestellt. Die Saiten werden mit einem Bambusstab leicht gezupft. Der erzielte Tonumfang beträgt 3 bis 5 Oktaven. Die Šudarga hat einen lebhaften Klang, sie gibt in einem Orchester den Rhythmus an.  *L. E.*

### 99 Chuučir

Mongolei, 19./20. Jh. | Holz, Schlangenhaut, Messing, H 82 cm, B 8,3 cm, T 13 cm | Nationalmuseum für mongolische Geschichte, Ulaanbaatar | Inv.-Nr. D-88-SH-2-7

Das Streichinstrument Chuučir ist in der Mongolei seit langer Zeit beliebt. Es hat mehrere Namen: Bei dem westmongolischen Stamm der Darchad bezeichnet man es als *chjalgasan chuur*, was man mit »ein Streichinstrument aus Haaren« übersetzen kann; bei dem Stamm der Üzemčin nennt man es *aralt chuur, chasguu* oder *joor*. Ein Chuučir besteht aus einem sechsseitigen oder runden Korpus, der häufig mit Ornamenten verziert ist, und einem langen Hals. Das Wirbelbrett am oberen Ende des Halses kann die Form eines Pferdekopfes haben. Die vier Saiten sind paarweise angeordnet. Die heutigen Chuučir sind in der Regel etwa 80 Zentimeter lang und bestehen aus Mahagoni oder Lärchenholz, die Vorderseite des Resonanzkörpers wird mit dem Leder eines Kameljungen oder mit Schlangenhaut bespannt. Die Chuučir mit einer hohen Tonlage sind nur etwa 46 Zentimeter lang, die tiefsten Töne erzeugt das *aralt chuučir*.  *L. E.*

### 100 Morin chuur

Mongolei, 19./20. Jh. | Holz, Pferdehaar, H 130 cm, B 28 cm, T 18 cm | Nationalmuseum für mongolische Geschichte, Ulaanbaatar | Inv.-Nr. D-1745

Das Morin chuur – die Pferdekopfgeige – wird zu den Streichinstrumenten gezählt. Sie spielt eine wichtige Rolle im Alltag der Nomaden, die ihr eine besondere Verehrung entgegenbringen: In fast jeder Familie hat die Pferdekopfgeige in der Jurte ihren Ehrenplatz, und sie findet v. a. an Feiertagen und bei Festlichkeiten Verwendung. Ursprünglich wurde das Morin chuur als *šanagan chuur* bezeichnet, was »schöpfkellenförmiges Streichinstrument« bedeutet.

99

100

98

Später gab es – je nach der Form des Kopfes – verschiedene Typen dieses Instruments: die Krokodilkopfgeige, die Schwanenkopfgeige, die Drachenkopfgeige, die Löwenkopfgeige und weitere Typen. Die beiden Saiten einer Pferdekopfgeige bestehen aus Pferdehaaren, die dickere aus 150, die dünnere aus 120 Haaren. Für den Bogen werden 90 Haare benötigt. Das Instrument ist in der Regel etwa 130 Zentimeter lang, sein Korpus kann mit dem Leder eines jungen Kamels oder einer Ziege bezogen sein. Die Pferdekopfgeige hat einen dunklen Klang, der gut zu zahlreichen traditionellen Melodien und v. a. zu den mongolischen Volksliedern (urtyn duu) passt. Auch europäische klassische Musik wird auf der Pferdekopfgeige gespielt.   *L. E.*

### 101  Limbe

Mongolei, 19./20. Jh. | Bambus, L 83,7 cm, Dm 2 cm | Nationalmuseum für mongolische Geschichte, Ulaanbaatar | Inv.-Nr. D-88-SH-2-22

Dieses zu den Querflöten zählende Blasinstrument, das in ähnlicher Form auf der ganzen Welt anzutreffen ist, hat in der Mongolei eine lange Tradition. Die Limbe hat einen ganz eigentümlichen Klang, weshalb sie sich sehr gut zur Begleitung mongolischer Volkslieder eignet. Der Abstand zwischen den Tonlöchern ist bei der traditionellen Limbe gleich groß. Die drei Limben-Typen, die 1962 von dem bekannten mongolischen Instrumentenbauer Indree angefertigt wurden, haben hingegen unterschiedliche Abstände zwischen den Tonlöchern, was aufgrund der nun präziseren Intonation dazu führt, dass sie für ein größeres Spektrum an Musikstilen geeignet ist. Man unterscheidet nach der Größe drei Arten von Limben, wobei die kleine eine höhere und die große eine tiefere Tonlage hat als die mittlere Limbe.

Auf der Limbe werden Werke der klassischen Musik, mongolische Volksmusik und moderne Musikstücke gespielt, sie ist gleichermaßen Bestandteil von Kammerorchestern und Orchestern aus traditionellen mongolischen Musikinstrumenten.   *L. E.*

102

103

### 102  Duudarma

Mongolei, 19./20. Jh. | Holz, Messing und Eisen, H 86,5 cm, B 50 cm, T 11,8 cm | Nationalmuseum für mongolische Geschichte, Ulaanbaatar | Inv.-Nr. D-4525

Das Duudarma ist ein Schlaginstrument, das wichtiger Bestandteil der religiösen Musik der Klöster und Tempel ist. In einem vielteiligen Holzrahmen werden, jeweils an drei Punkten, zehn runde Messingplatten aufgehängt. Die Töne werden durch einen Schlegel erzeugt, der an die Messingplatten geschlagen wird. Das Duudarma ist auch Bestandteil von Orchestern aus traditionellen mongolischen Instrumenten, wird aber meistens während religiöser Zermemonien verwendet.   *L. E.*

### 103  Damar

Mongolei, 19./20. Jh. | Holz und Leder, H ca. 7 cm, Dm ca. 10 cm | Nationalmuseum für mongolische Geschichte, Ulaanbaatar | Inv.-Nr. D-86-4-3

Das Damar ist ein in der Tempel- und Klostermusik weit verbreitetes Perkussionsinstrument. Es ist eine Art kleine Trommel: ein kleines, an eine Spule erinnerndes, hölzernes Gehäuse ist auf den beiden runden, offenen Außenseiten mit Leder überzogen. Die Mitte der Spule ist mit einem Band besetzt, mit dem zwei »Knöpfe« mittels einer Schnur verbunden sind. Durch das Hin- und Herbewegen des Damars schlagen die Knöpfe auf das gespannte Leder. Das Instrument findet bei bestimmten religiösen Zeremonien Verwendung. Es besteht aus Sandelholz und Ziegenleder, seine Verzierungen und das dazu gehörige, oft mit religiösen Motiven reich bestickte Tuch sind aus Seide.   *L. E.*

101

104

106

### 106 Denšig

Mongolei, 19./20. Jh. | Kupfer-Zink-
Legierung, Schellen: H 3 cm, Dm 8,3 cm |
Nationalmuseum für mongolische
Geschichte, Ulaanbaatar |
Inv.-Nr. D-78-4-24

Auch das Denšig wird zu den Klostermusik-Instru-
menten gezählt. Es ähnelt in seiner Form dem *Can*
(das wiederum Zimbeln ähnelt), ist jedoch etwas
kleiner. In der Mitte der meist paarweise verwendeten kleinen Messingplatten befindet sich eine etwa
halbkugelförmige Wölbung, deren Innenseite häufig mit Gebetszeilen geschmückt ist. Der Klang des
Denšig, der entsteht, wenn die Platten aneinander
geschlagen oder gerieben werden, ist klirrend und
ein wenig grell. In der Regel werden die Klangplat-
ten aus Messing gegossen, manchmal finden jedoch
auch Kupfer und Silber Verwendung. Die Klang-
platten des Denšig sind häufig durch ein *chadag* (ein
schalartiges Seidentuch, das meist blau oder weiß
ist) miteinander verbunden.　*L. E.*

### 104 Chengereg

Mongolei, 19./20. Jh. | Holz und Leder,
Dm 49 cm, D 19 cm | Nationalmuseum für
mongolische Geschichte, Ulaanbaatar |
Inv.-Nr. D-85-3-8

Das Schlaginstrument Chengereg gehört zu den Instrumenten, die für die religiöse Musik in Klöstern
und Tempeln Verwendung finden. Man unterscheidet Chengereg mit und ohne Schlegel. Dieser wird
über die Schulter geschwenkt, bevor er auf das
Instrument geschlagen wird. Die Überlieferung
berichtet, dass in den mongolischen Palästen des
13./14. Jhs. bis zu 40 Chengereg benutzt wurden. Das
Instrument besteht aus Birkenholz und Rindsleder,
die mit Farbe bemalt wurden. Seine Schmalseiten
zieren Darstellungen von Drachen. Zum Chengereg
gehört ein spezieller Ständer. Das Instrument wird
auch bei schamanistischen Ritualen, in der so genannten Palastmusik und bei der Wachablösung
verwendet.　*L. E.*

105

### 105 Zwei Gandan

Mongolei, 19./20. Jh. | Kupfer und Silber,
L 52 bzw. 51 cm, B 9,5 bzw. 9,4 cm, T 8 bzw.
7,8 cm | Nationalmuseum für mongolische
Geschichte, Ulaanbaatar |
Inv.-Nr. D-79-5-20

Das Gandan, ein gekrümmtes Blasinstrument, ist
ein bei religiösen Zeremonien weit verbreitetes Musikinstrument. Im lamaistischen Buddhismus wird
es bei bestimmten Gottesdiensten, z.B. beim Tsam-
Tanz, verwendet. Es gibt mehrere Techniken, dieses
Instrument zu blasen, und jedes Gebet hat seinen eigenen Brauch. Aber vor jedem Spiel wird der Mund
mit Weihwasser gespült. Die Länge eines Gandan
beträgt ca. 60 Zentimeter. Die Töne, die es hervor-
bringt, klingen heiser.　*L. E.*

Die Hauptstadt Karakorum

MICHAEL WALTHER

# Ein idealer Ort für ein festes Lager
# Zur Geographie des Orchontals und der Umgebung von Charchorin (Karakorum)

### Einleitung und Hydrogeographie

Der Fluss Orchon (Orchon gol) ist mit seiner Gesamtlänge von 1124 Kilometern der wichtigste Nebenfluss der Selenge, die dem Baikalsee tributär ist und damit über die Angara zum Nordmeer entwässert. Sein Einzugsgebiet beträgt 132 835 Quadratkilometer. Der Fluss entspringt in den Hochlagen des Changaj-Gebirges, eines mit einem mitteleuropäischen Mittelgebirge vergleichbaren Gebirgsblocks mit einer, was die Gebirgsbildung betrifft, sehr wechselvollen geologischen und tektonischen Geschichte. Von den Quellen im Changaj-Gebirge zunächst nach Nordosten

1 Geologisch-tektonische Karte der Umgebung von Charchorin (verändert nach NATIONALATLAS MONGOLEI 1990, Karte 25)

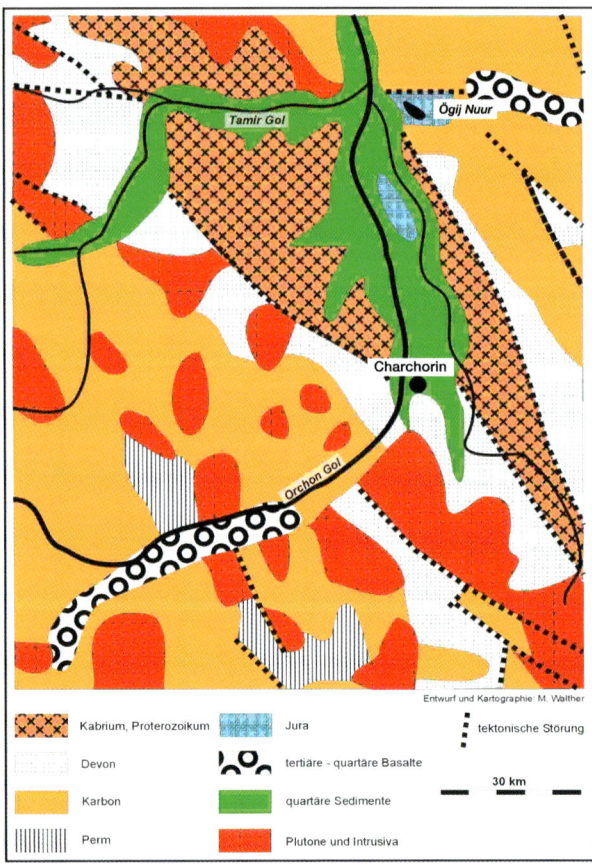

fließend, biegt der Orchon nach ca. 160 Kilometern Laufstrecke (Oberlauf) beim Verlassen des Gebirgskörpers des Changaj, genau dort, wo heute die Stadt Charchorin (Karakorum) liegt, für weitere ca. 255 Kilometer nach Norden um. Dann folgt auf einer Laufstrecke von ca. 120 Kilometern westlich von Bulgan ein windungsreiches Tal, das auch als »Knie des Orchon« bezeichnet wird. Diesen Mittellauf verlässt der Fluss in nordöstlicher Richtung. Bis zu seiner Einmündung in die Selenge auf der Höhe des Ortes Süchbaatar nimmt er im Unterlauf noch die Gewässer der Flüsse Tuul, Eröö und Charaa auf.

Das Talprofil im gebirgigen Oberlauf ist über weite Strecken canyonartig, das Tal hat sich tief in die relativ jungen Basaltdecken vulkanischen Ursprungs eingeschnitten. Es folgt ein durch Akkumulationsterrassen gegliedertes Talprofil, in dem sich Engtalabschnitte mit V-förmigem Profil und Talweitungen abwechseln. Nur wenige Kilometer südwestlich von Charchorin verlässt der Orchon an einer imposanten »Durchbruchstelle« das Changaj-Gebirge und hat vor diesem Durchbruch einen großen Schwemmfächer geschüttet, der fast unmerklich in ein breitsohliges Tal übergeht, das immer wieder durch Flusslaufveränderungen im Sinne von Mäandern gekennzeichnet wird. Erst nördlich der Konfluenz mit dem Tamir tritt der Orchon wieder in ein engeres Tal ein.

### Geologie und Gebirgsbildung

Kambrische und proterozoische Gesteinsserien, die sich im Paläozoikum, dem Erdaltertum, vor ca. 570 bis ca. 225 Millionen Jahren, gebildet haben, stellen die ältesten auf der geologischen Karte ablesbaren Einheiten (Abb. 1) dar und sind auf einen breiten Streifen südwestlich und nordöstlich des Orchontals beschränkt. Sie werden von devonischen Gesteinsserien, die ebenfalls dem Paläozoikum angehören, in einer nahezu parallel dazu verlaufenden Zone im Südwesten und Nordosten begleitet. Der eigentliche Gebirgskamm des Changaj ist durch karbonische und am oberen Orchon auch permische Serien charakterisiert (entstanden in einem jüngeren Abschnitt des Paläozoikums), die alle zusammen der mittelpaläozoischen Geosynklinale zuzurechnen sind, also einem ursprünglich schmalen, langen, aber tiefen Meerestrog, dessen Sedimente durch gebirgsbildende Vorgänge (d. h. durch Orogenese wie z. B. horizontale Einengung) emporgehoben und gefaltet und/oder zerbrochen wurden. Postorogener Plutonismus erzeugte kurz nach dieser Zeit und dann v. a. während der anschließenden Auffaltung des Changaj-Gebirges Plutone und Intrusiva (das sind Tiefengesteinskörper, die weit unter der damaligen Erdoberfläche erstarrten), die in das ausgehende Paläozoikum und beginnende Mesozoikum (Erdmittelalter, ca. 225 – ca. 65 Millionen Jahre) zu stellen sind. Jüngere triassische Gesteinsserien sowie Gesteine des Jura im Mesozoikum werden auf der geologischen Karte (Abb. 1) nur im Orchontal und der Umgebung des Sees Ögij verzeichnet. Der gesamte Raum dieser nordöstlichen Abdachung des Changaj-Gebirges ist dann durch intensive tektonische Bewegung geprägt worden, die dazu führte, dass ganz wesentliche Leitlinien der späteren Landschaftsgestaltung festgelegt wurden. Die Hauptgebirgsbildung fällt in jene Zeit, während der in Mitteleuropa die Mittelgebirge (Varisziden) entstanden. Allerdings müssen genau wie in Mitteleuropa auch starke tektonische Bewegungen während der Zeit festgestellt werden, in der sich die Alpen bildeten (alpine Orogenese). In der Erdneuzeit (Känozoikum, vor ca. 65 Millonen Jahren bis heute) fand dann entlang der tektonischen Störungslinien ein intensiver Vulkanismus statt, der u. a. auch das obere Orchontal betraf und dessen Förderprodukte heute noch die Landschaft wesentlich prägen.

## Geomorphologie und Relief

Über die eiszeitliche Entwicklung der Landschaft im Changaj herrschen derzeit nur sehr vage und allgemeine Vorstellungen. Detailstudien für regional begrenzte Abschnitte fehlen. Jedoch kann als gesichert angenommen werden, dass die Hochlagen des Changaj-Hauptkammes, in dem die Quellen des Orchon liegen, noch vor ca. 12 000 Jahren vergletschert waren (Abb. 2). Dabei muss man davon ausgehen, dass es sich während der Jüngeren Dryaszeit (dem jüngsten und letzten Kälteabschnitt des Eiszeitalters, Pleistozän, mit einer weltweit sehr viel umfassenderen Vergletscherung als heute) um eine ausgedehnte Karvergletscherung gehandelt hat, deren Spuren heute noch als Kare auf Karten deutlich sichtbar sind. Es handelt sich hierbei um trichterförmige, in den Rückhang eines Gebirgskammes hinein vertiefte Hohlformen, die am unteren Ende des »Trichters« gelegentlich ein Gegengefälle aufweisen können und die in kalten Klimaabschnitten mit Gletschereis gefüllt waren. Während der älteren Hauptphase

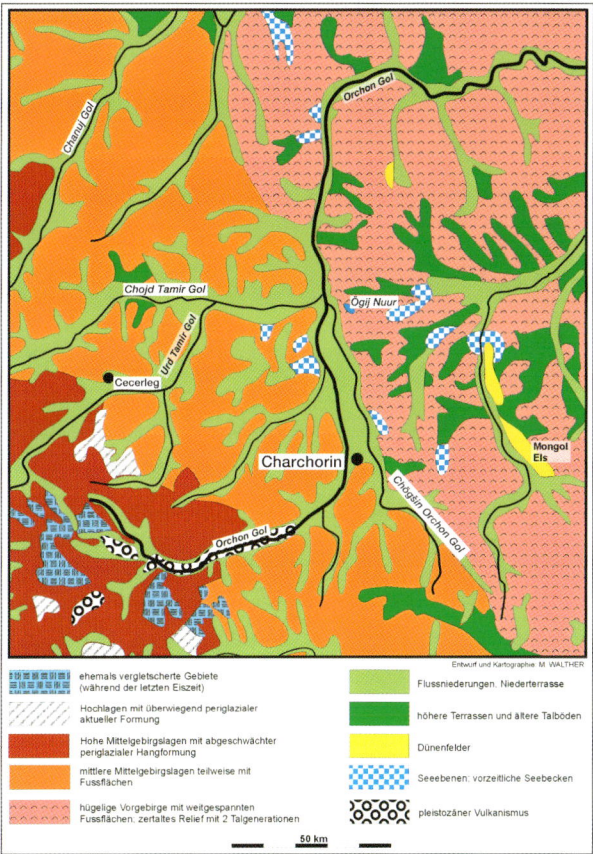

2 Landschaftskundliche Karte der Umgebung von Charchorin (verändert nach NATIONALATLAS MONGOLEI 1990, Karte 17)

der Würmeiszeit (der jüngsten Kaltzeit im quartären Eiszeitalter von vor ca. 100 000 bis vor ca. 11 500 Jahren), im Abschnitt des Hochglazial, ist wohl eher von einer ausgedehnteren Talvergletscherung im Sinne einer alpinen Talvergletscherung auszugehen. Die durch diese Vergletscherung entstandenen Flussterrassen sind in allen heutigen Tälern der nach Nordosten fließenden Flüsse wie Orchon, Tamir, Chanuj und Čuluut deutlich zu erkennen; sie kleiden die Talsohlen aus und sind zumeist auch noch in mehrere Niveaus untergliedert, was darauf hinweist, dass im Transport- und Abflussverhalten der Flüsse seit dem Hochglazial erhebliche klimagesteuerte Veränderungen stattgefunden haben müssen. Diese Klimaänderungen beziehen sich vorrangig auf die Veränderung der Niederschläge und der Temperaturen in den letzten 20 000 Jahren.

In dem östlich von Charchorin gelegenen hügeligen Vorgebirge finden sich auch noch höher liegende Terrassen- und Talreste, die sicher in eine ältere Eiszeit zu datieren sind, jedoch ebenso als Abflussbahnen ehemaliger Schmelzwässer von Gletschern des Changaj fungiert haben dürften (Abb. 2).

In der jüngeren Erdgeschichte, die das heutige Landschaftsbild prägt, stellen Vulkanismus, die erodierend-einschneidende und die akkumulierende Kraft des fließenden Wassers (Fluviale Geodynamik), die glaziale (durch den Gletscher bewirkte) Landschaftsgestaltung und die periglazialen (durch die ständigen, bisweilen sehr extremen Frostschwankungen, also Gefrier- und Auftauprozesse ausgelösten) Oberflächenbewegungen die entscheidenden Formungsvorgänge an der Erdoberfläche dar. Dabei spielen kurzzeitige Ereignisse, wie die jüngeren vulkanischen Aktivitäten von einer Dauer von vielleicht nur wenigen Wochen, und langfristige Entwicklungen, wie das Formungsgeschehen im Zusammenhang mit den periglazialen Fließbewegungen der Solifluktion (Bodenfließen durch Gefrieren und Auftauen) oder auch der glazialen Formung, eine gleichermaßen bedeutsame Rolle.

Die jüngste und damit auch die historisch erfassbare Landschaftsentwicklung ist in den Flusstälern durch das Mäandrieren des Orchon und seiner Nebenflüsse charakterisiert – d. h. also durch eine ständige Verlagerung des Flusslaufes auf den bzw. innerhalb der pleistozänen Schotterfüllungen des Flusses. Bei den Ausgrabungen in Charchorin (Karakorum) konnten diese pleistozänen Schotter an der Basis aller Ausgrabungsflächen nachgewiesen werden. Es handelt sich dabei um zumeist gut bis sehr gut gerundete, blau bis blauschwarze Basaltschotter, die ursprünglich im Zuge pleistozänen Vulkanismus als Förderprodukte entstanden sind, dann aber mechanisch verwitterten und damit auf-

bereitet wurden und vom Fluss zunächst als grobe Gerölle und dann bei zunehmender Laufstrecke als Schotter transportiert worden sind. Die Zeitangaben zum Vulkanismus im oberen Orchontal sind mit »Mittel- bis Oberpleistozän« (laut dem Nationalatlas der Mongolei von 1990) relativ ungenau. Allerdings stellen die talverfüllenden Basaltergüsse ein wichtiges und charakteristisches landschaftsprägendes Element dar. Des Weiteren kam es an den Randbereichen des Orchon und seiner Nebentäler immer wieder zu Phasen verstärkter Erosion in den Mittel- und Oberhanglagen. Die dabei abgespülten Boden- und Lockersedimente (Kolluvium) finden sich einerseits in Form von Schwemmfächern am Ausgang der Täler, anderseits in den Taltiefenlinien der Nebentäler. Historische Erosion bzw. Umlagerung der Sedimente ist auf die Landschaftsnutzung durch den Menschen (hier besonders auf die Intensivierung der Viehhaltung) und auf kurzzeitige Klimaveränderungen (Erhöhung der Niederschläge) zurückzuführen. Da es sich um ein geoökologisch sensibles Gebiet handelt, reagiert besonders die Vegetation auf Klimaänderungen, indem die Steppen sich ausbreiten oder in feuchteren Klimaabschnitten regressive Tendenzen zugunsten der Waldausbreitung aufweisen. An den Talrändern kommt es begleitend in den eher trockenen Klimaabschnitten des Holozäns (die jüngste erdgeschichtliche Abteilung von vor ca. 11 000 Jahren bis heute) zur Mobilisation von Sanden, die teilweise zu talbegleitenden Dünengürteln ausgeweitet wurden.

3  Lage von Charchorin in der Mongolei und der Bezug zu den heutigen Vegetationszonen (nach BARTEL 1990)

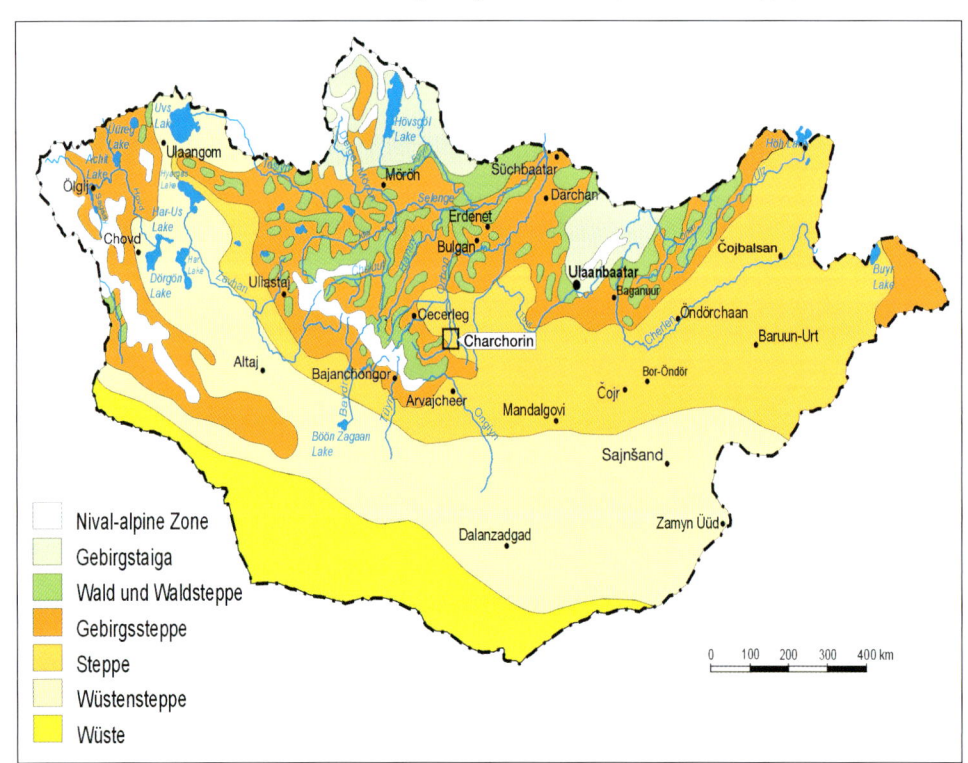

Nival-alpine Zone
Gebirgstaiga
Wald und Waldsteppe
Gebirgssteppe
Steppe
Wüstensteppe
Wüste

## Bodenbildung

Die Böden in der unmittelbaren Umgebung von Charchorin sind im Wesentlichen durch die Akkumulation von humosen Flusssedimenten geprägt, die aufgrund historischer Bodenerosion, auch durch anthropogene Effekte ausgelöst, immer wieder überdeckt worden sind. Auf dem Schwemmfächer des Orchon wurde beim Austritt aus dem Gebirge schubweise in feuchteren Klimaabschnitten des Holozäns Feinmaterial akkumuliert. In trockenen Klimaabschnitten lassen sich deutliche Spuren von Flugsandbildungen feststellen. Insgesamt stellt die Umgebung von Charchorin einen der wahrscheinlich in der Mongolei ältesten Bereiche erfolgreichen Ackerbaus dar, der auf den fruchtbaren Auenböden des Orchon beruht. Diese Fruchtbarkeit der Böden ist u. a. auf den Mineraltransport aus den vulkanischen Basalten des oberen Orchon herzuleiten.

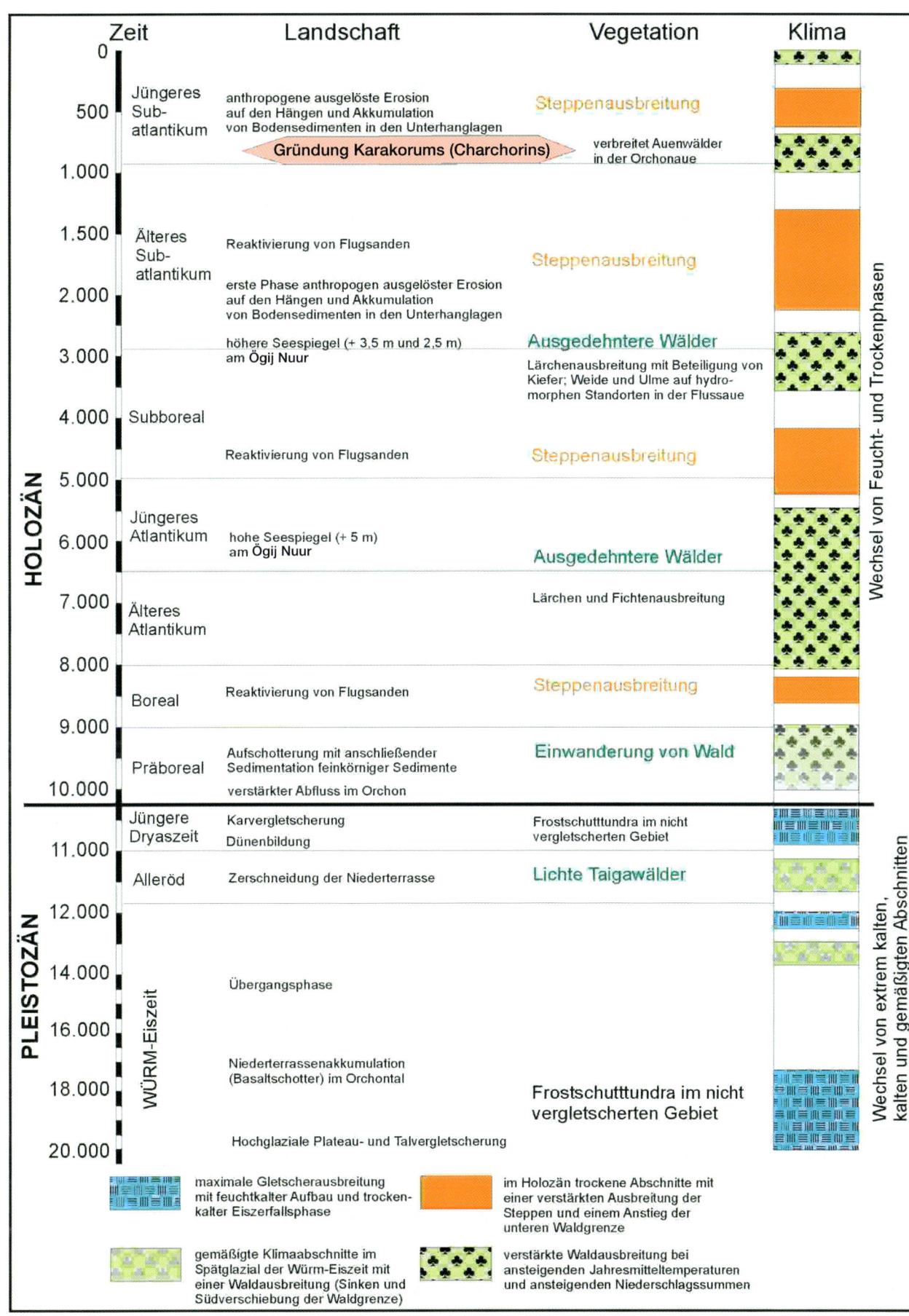

4 Zeittabelle zur Landschafts-, Vegetations- und Klimaentwicklung seit der letzten Eiszeit im oberen und mittleren Orchontal

## Vegetations- und Klimaänderungen

Derzeit liegt die Umgebung von Charchorin im Übergangsbereich verschiedener Vegetationszonen (Abb. 3, 4). In unmittelbarer Umgebung des Ortes und in der östlich angrenzenden hügeligen Vorbergzone trifft man Steppen an, die aufgrund der bodenbedingt günstigen Lage in der breiten Talaue und damit in Grundwassernähe eine durch den Menschen stark veränderte Vegetation aufweisen. Reste von Auwäldern befinden sich nur noch nördlich des Ortes. Westlich des Orchontales und im Gebiet der mittleren Mittelgebirgslagen findet man die Gebirgswaldsteppe mit den für diesen Bereich typischen nach Norden exponierten Wäldern.

Die vorzeitliche Vegetationsentwicklung in der näheren Umgebung des Ortes Charchorin kann am besten an den Sedimenten des Sees Ögij dargelegt werden. Dieser ca. 40 Kilometer nördlich von Charchorin gelegene, an der tiefsten Stelle knapp 16 Meter tiefe See weist eine über 5 Meter mächtige »Einlagerung« von Seeablagerungen auf, die wegen der chemischen und physikalischen Erhaltungsbedingungen für Paläoumweltstudien hervorragend geeignet sind. Botanische, zoologische und geochemische Informationen werden derzeit in verschiedenen Arbeitsgruppen untersucht und sollen u. a. für die Rekonstruktion der Umwelt herangezogen werden. Nach ersten vorläufigen Ergebnissen kann davon ausgegangen werden, dass der See bereits zu Beginn des Holozäns (also vor ca. 10 000 Jahren) existiert hat. Unterschiedliche Anteile an Karbonaten und organischer Substanz zeigen in Kombination mit Pollen (des in diesem Falle fossilen, im See abgelagerten Blütenstaubes von Pflanzen aus der näheren und weiteren Seeumgebung) und Diatomeen (Kieselalgen, die im Seewasser und seiner Uferzone siedeln und als Bioindikatoren hydrochemischer und -physikalischer Bedingungen nutzbar sind), dass es Schwankungen des Seespiegels in bisweilen erheblicher Höhe gegeben haben muss. Nimmt man die geomorphologischen Ergebnisse einer neuen Kartierung der unmittelbaren Seeumgebung hinzu, so dürfte als sicher gelten, dass der See während des letzten Klimaoptimums vor ca. 5000 bis 8000 Jahren einen bis zu 5 Meter höheren Seespiegel aufwies. Jüngere Seespiegeloszillationen, die besonders auch auf Veränderungen des Klimas, und hier wiederum auf Veränderungen der Niederschläge zurückzuführen sind, sind 3,5 Meter und 2,5 Meter über dem heutigen Seespiegel nachweisbar. Des Weiteren ist vegetationsgeschichtlich interessant, dass nach einer Lärchen-Fichten-Phase im Mittelholozän in jüngeren Zeitabschnitten eine weitere Lärchenausbreitung zu verzeichnen ist, während die Werte für Kiefer und Ulme ebenfalls ansteigen. An der jüngeren, historischen Vegetationsgeschichte wird derzeit intensiv gearbeitet. So konnte dazu erst im Jahr 2003 das geeignete Material gewonnen werden. Allerdings wird bereits jetzt deutlich, dass in der Umgebung von Charchorin und zumindest auf der Flussstrecke zwischen dem Ögij und der heutigen Ortslage von Charchorin mit Wäldern auf den Hängen und einem Auwald weitaus größerer Ausdehnung zu rechnen gewesen sein müsste, als diese heute vorhanden sind. Da die bisherigen Untersuchungen zur Vegetationsgeschichte bislang bis in einen Zeitraum vor etwa 3000 Jahren reichen, ist zumindest für diese Zeit an der Wende zwischen Subboreal und Älterem Subatlantikum (jüngere erdgeschichtliche Abschnitte des Holozän) eine feuchtere Klimaphase vorauszusetzen, in der eine größere Waldausbreitung als die heutige anzunehmen ist.

Die Bedeutung der Lage des Ortes Charchorin (Karakorum) aus landschaftskundlicher Sicht und die damit verbundene günstige strategische Lage zwischen dem Orchon im Westen und dem »Alten Orchon« im Osten dürfte vor ca. 900 Jahren noch dadurch verstärkt worden sein, dass die Talaue mit Ulmen und Weidengebüsch bestanden war, die wie die unpassierbaren Sümpfe ein nicht ohne Weiteres überwindbares Hindernis darstellten. Die naturräumliche Ausstattung hat sicher dazu beigetragen, diesen Ort als einen geeigneten Platz für eine Siedlung auszuwählen. Und so wundert es nicht, dass Činggis Khan Anfang des 13. Jahrhunderts hier sein Lager aufschlug, mit dem Gedanken, eine Stadt zu gründen, die sich zur Hauptstadt des Mongolischen Großreiches entwickeln sollte.

Literatur: NATIONALATLAS MONGOLEI 1990; BARTEL 1990

HANS-GEORG HÜTTEL

# Karakorum – Eine historische Skizze

»Die vergessene Reichshauptstadt«[1] nannte Udo B. Bark-mann Karakorum, jene Stadt in der zentralmongolischen Grassteppe, die im 13. Jahrhundert für eine kurze Zeit Hauptstadt des mongolischen Weltreichs war, Mittelpunkt der mongolischen Reichsvölker, kosmopolitischer Sammelpunkt eines bunten Völkergemischs. Vergessen war diese Stadt nur von der Welt, die einst von Karakorum aus regiert wurde. Für die Mongolen war und ist Karakorum ein zentraler Ort mongolischer Geschichte und nationaler Identität, Keimzelle und Geburtsstätte des mongolischen Nationalstaates, ein Ort, an dem sich Mongolentum definiert. Wie kaum ein anderer Ort der mongolischen Geschichte spiegelt Karakorum das wechselvolle Schicksal der Mongolei wider, vom Höhepunkt mongolischer Weltherrschaft bis hin zum Zusammenbruch nach dem Ende der Yuan-Dynastie in China.

Die Überlieferung verknüpft Karakorum eng mit Činggis Khan, nennt Karakorum die Stadt, das Hauptlager, den Rastplatz Činggis Khans. Den mongolischen Nomaden, die Činggis Khan 1206 nach langen, blutigen Stammeskriegen zu einer Einheit zusammengeschweißt, zur mongolischen Nation geeint hat, gab er fernab der traditionellen Stammesgebiete mit Karakorum eine neue Mitte: Mitte nicht nur der mongolischen Stammesnation, sondern Mitte eines Weltreichs. Als Činggis Khan 1220 den Karakorum-Weidebezirk im Orchontal, im Herzen der Mongolei, fern seines Stammlandes am Onon, als das Gebiet bestimmte, wo die künftige Hauptstadt des Reiches stehen sollte, traf er eine folgenreiche Entscheidung.

Rašīd ad-Dīn, der »Sammler der Chroniken« *(Ğāmiʿ at-tawārīḫ),* nennt Karakorum die Residenz des Činggis Khan, Platz seines Hauptlagers (mong. *yeke ordo),* nennt die Karakorum-Region das Gebiet der Lager (mong. *ordo)* und Weidegründe *(yurt)* Činggis Khans.[2] Es ist also das Gebiet, in dem Činggis Khan, dem Rhythmus des Weidezyklus folgend, seine jahreszeitlich wechselnden Residenzen nahm. Der urbane Perser Rašīd ad-Dīn weiß um die Bedeutung der Stadt für das mongolische Weltreich, für die Mongolen. Als er um 1304 sein Geschichtswerk kompiliert, ist Karakorum, wie viele Wissenschaftler annehmen, nur noch ein unbedeutender Flecken einer politisch und wirt-

schaftlich heruntergekommenen Provinz nördlich der Berge, nördlich Chinas, Hauptort des alten Zentralkhanats. Doch dem »Sammler der Chroniken« ist offensichtlich die symbolische Bedeutung Karakorums und die Aura des Ortes bewusst, der nach fast 30 wechselhaften Jahren der Bürgerkriegswirren zu Beginn des 14. Jahrhunderts gleich dem Phönix aus der Asche wieder zu erstehen scheint. Als der Prinz Ulus Buqa 1298/99 in die Stadt Karakorum einfällt, den Markt und die Getreidespeicher plündert, klagt ihn Temür Khan an: »Wie konntest du es wagen, eine solche Tat zu begehen am Rastplatz des Činggis Khan?« Und er lässt ihn, so die Erzählung Rašīd ad-Dīns, in Fesseln schlagen und einsperren. Bezeichnend auch für die enge Verbindung zwischen Činggis Khan und Karakorum ist der Titel »Generalverwalter der vier großen Lager Činggis Khans und des mongolischen Staates«. Kamala, ein Enkel Qubilais, trägt ihn seit 1295. Ende des 13. Jahrhunderts residiert er in Karakorum als Vizekönig (chin. *jinwang)* und Befehlshaber der Truppen im früheren Zentralkhanat. Kamala ist es, der die Inthronisation des Khans in Karakorum fordert. Für ihn wie zuvor schon für die Legitimisten der Zentralasienfraktion ist offensichtlich nicht das von seinem Großvater erbaute Dadu (Peking), sondern die Stadt des Činggis Khan, Karakorum, die wahre, die legitime Hauptstadt der Mongolen.

Doch nicht Činggis Khan hat die Stadt erbaut, sondern sein dritter Sohn und Nachfolger Ögedei. In Rašīd ad-Dīns »Sammler der Chroniken« heißt es: »Er [Ögedei] fragte: ›Welches ist die prächtigste Stadt der Welt?‹ Sie antworteten: ›Bagdad.‹ Er befahl eine große Stadt an den Ufern des Orchon zu bauen und ihr den Namen Karakorum zu geben.« Dies geschieht 1235.

Das Datum ist in mehreren Quellen bezeugt: Nach dem *Taʾrīḫ-i ğahān-gušāi* (Geschichte des Welteroberers) des persischen Historikers Ata Malek Ğuvainī (gest. 1283)[3] sucht Ögedei nach dem erfolgreichen Feldzug gegen die Jin-Dynastie (nach 1234) einen Platz für seinen Palast und die Hauptstadt des Reiches im Gebiet des Orchon und des Karakorum-Gebirges, nach Rašīd ad-Dīn der Weide- und Residenzbezirk des Großkhans. Aus Ğuvainīs Erzählung wird deutlich, dass der Ausbau Karakorums zur festen

Stadt nicht zufällig in das Jahr 1235 fällt. Erst der dauerhafte Zugriff auf die landwirtschaftlichen Erträge, die Ressourcen Nordchinas, schufen die logistische Voraussetzung für den Unterhalt, die Versorgung einer permanenten Stadtsiedlung in der Steppe, die Tag für Tag von 500 Ochsenkarren mit Lebensmitteln aus China beliefert wurde. Wie stark diese Abhängigkeit war, demonstrierte Qubilai 1260 bis 1264 im Thronfolgekrieg gegen seinen jüngsten Bruder und Gegenkaiser Ariγ Böke, dem Residenten in Karakorum und rechtmäßigen Thronfolger: Als Qubilai eine Blockade gegen Karakorum verhängte und die für Karakorum bestimmten Getreide- und Nahrungsmittellieferungen aus Nordchina sperrte, brach alsbald eine verheerende Hungersnot in der Hauptstadt aus.

An anderer Stelle schreibt Ğuvainī über den Orchon, dass er seine Quelle auf einem Berg habe »den sie [die Uiguren] Karakorum nennen; die Stadt, die in unserer Zeit vom Großkhan erbaut wurde, ist auch nach diesem Berg benannt«. Der Name Karakorum stammt ursprünglich aus dem Türkischen und bedeutet »Schwarzer Fels« oder »Schwarzes Geröll« und ist sowohl in persischen als auch chinesischen Darstellungen eng mit der Geschichte der Uiguren verknüpft, die bis zur Mitte des 9. Jahrhunderts im Orchontal gesiedelt und geherrscht haben.

Auch das *Yuanshi* (Geschichte der Yuan-Dynastie; Kat.-Nr. 356) überliefert 1235 als Jahr des Baubeginns: »Im Frühjahr [1235] ließ der Kaiser Helin [Karakorum] befestigen und den Wan'an-Palast [den Palast der Zehntausendfachen Ruhe oder des Ewigen Friedens] errichten.« Eine der wenigen Primärquellen, die chinesisch-mongolische Inschrift von 1346 (Kat.-Nr. 108), überliefert wie auch das *Yuanshi* Činggis Khan als Gründer der Stadt und 1220 als Gründungsdatum. Von Ögedei heißt es in der Inschrift, dass er als erstes einen Palast habe bauen lassen sowie im Zusammenhang damit einen großen buddhistischen Tempel, genauer gesagt das Fundament, das Podium eines buddhistischen Bauwerks. Palast- und Tempelbau bleiben in der Inschrift undatiert.

Für Uiguren, Kitan und Mongolen bildete die Stadt die unverrückbar feste und identitätsstiftende Mitte des Reiches, zu der, wie es in einer alttürkischen Inschrift heißt, »alle Völker kamen, die im Süden, im Westen, im Norden und im Osten lebten«, ein Aspekt, der auch 1267 bei der Verlegung der Hauptstadt nach Peking von Bedeutung war: »Der Himmelssohn muss in der Mitte residieren, um diejenigen zu empfangen, die aus den vier Himmelsrichtungen kommen.«[4] Die (Haupt)Stadt war die Schaltzentrale der Reichsadministration, war Kultzentrum und höchster Gerichtsort, Stapelplatz der abgepressten Tributlieferungen ebenso wie zentraler Marktort, im bezeugten Einzelfall wie Karakorum auch Manufakturstadt.

Als Ögedei (geb. 1186, reg. 1229–41) um 1240 gegen Ende seines Lebens Bilanz zieht, rechnet er Verdienst auf gegen Schuld: »So fügte ich den Werken meines Vaters, des Khagans, vier weitere hinzu. Vier [andere] Werke aber waren Fehler.«[5] Als seine erste Leistung nennt er die Unterwerfung der Jin-Dynastie (1115–1234) in Nordchina: »Ich zog gegen das Volk der Ĵaqut ins Feld und vernichtete sie.« Als zweites Verdienst rechnet er sich die Einrichtung der Poststationen zu. Sein älterer Bruder Čaγatai nennt dieses Werk sogar »die beste aller Maßnahmen, die du vorgeschlagen hast«. Die dritte verdienstvolle Leistung war das Graben von Brunnen, die vierte, Verwaltungen zu bestellen und Garnisonen einzurichten. Ögedei »verhalf dadurch der Bevölkerung zu Wasser und Gras«, sorgte so für Ruhe und Frieden im Reich: »So ließ ich die Bevölkerung leben und ließ sie den Fuß auf den Boden, die Hand auf die Erde setzen.«

Eine seiner größten Leistungen lässt er unerwähnt: den Bau der Stadt Karakorum, eine schicksalhafte, weitreichende und zukunftsweisende Entscheidung, eine wahre Sternstunde der mongolischen Geschichte! Mit dem Bau der Stadt Karakorum wurde 1235 ein entscheidender Schritt getan von der charismatischen Herrschaft zur bürokratisch organisierten Reichs- und Staatsbildung, von einem labilen reiternomadischen Herrschaftsgebilde hin zu einem stabilen Staatswesen. »Du kannst«, so das berühmte chinesische Wort des Yelü Chucai, eines Beraters und Kanzlers Ögedeis, »ein Reich vom Rücken des Pferdes erobern, indes es nicht vom Rücken des Pferdes verwalten«. Im wichtigsten mongolischen Selbstzeugnis aus Karakorum, der Inschrift von 1346, heißt es darum: »Indem sie eine Hauptstadt gründeten, schufen sie die Voraussetzung für einen Staat!« Die Stadt macht den Staat! War Činggis Khan der Schöpfer der mongolischen Nation, so waren Ögedei und Möngke die Schöpfer des mongolischen Staates. Unter ihrer Herrschaft wird die Stadt zu einem wichtigen Baustein des nomadischen Nationalstaates, Städtebau ein tragendes Element der reichsmongolischen Staatsideologie, gestalthafter Ausdruck ihrer imperialen Vision.

Nicht zufällig fällt die Gründung, die Wahl des Ortes für eine künftige Hauptstadt in das Jahr 1220, in das Jahr des Choresm-Feldzugs, als sich der Khan anschickt, auch die Welt jenseits der Steppen zu erobern, ein Weltreich zu schaffen jenseits des Horizonts derer, die in Filzzelten leben. Ein Weltreich aber, das mehr ist und sein will als nur ein Steppenreich, braucht eine Stadt, braucht ein festes Herrschafts- und Verwaltungszentrum. Im selben Jahr auch regelt der Khan seine Nachfolge und bestätigt den bereits 1218 designierten Ögedei als Thronerben. Ögedeis Weidegründe liegen westlich der Stammlande, reichen bis an den Orchon.

1 Luftaufnahme von Karakorum, in der Mitte links das Geviert des Klosters Erdeni Joo

Die Wahl des Platzes war nicht allein durch strategische Überlegungen bestimmt, nicht allein veranlasst durch die Eroberung der Region und die Verlagerung der ökonomischen Interessen in das Orchontal, von wo aus Karawanen- und Heerwege nach China und zu den reichen Oasenstädten der Seidenstraße führten. Dieser Platz im Orchontal war vielmehr, wie es in der mongolischen Version der Inschrift von 1346 heißt, »geeignet zur Gründung eines Staates«.

Das Orchontal war die Wiege vieler reiternomadischer Herrschafts- und Reichsbildungen, Herzland und Zentrum nomadischer Reitervölker wie Xiongnu, Kök-Türk, Uiguren, Mongolen. Es ist das Ötükän-Gebiet, das heilige, verheißene Land der alttürkischen Königsideologie, wo nach der Überlieferung schon die Xiongnu und die Uigu-

ren ihre Hauptstadt, die Kök-Türk ihr Kult- und Herrschaftszentrum hatten.

Mit der Gründung einer Hauptstadt im Orchontal vollzog Činggis Khan sehr bewusst auch einen Akt der Herrschaftslegitimation, emanzipierte er sich von der engeren Welt der mongolischen Stammestradition und stellte sich und die mongolische Reichsbildung in die ältere, die größere Tradition derer, die, wie es in einer alttürkischen Inschrift heißt, »ewig leben und die Stämme beherrschen, wenn sie im *ötükän jis* [d. h. im Waldgebirge des Changaj] bleiben«. Der Ötükän-Wald, der heilige Hain im Changaj-Gebirge mit dem Berg Qut, bildete im Verständnis der alttürkischen und uigurischen Stämme die Mitte der Welt. Sein Besitz allein legitimierte Herrschaft über die Völker in Nord und Süd, Ost und West, legitimierte Weltherrschaft im Sinne einer Herrschaft über alle, die in Filzzelten leben, über alle Steppenvölker. Wer im Besitz des *ötükän jis* war, der war im Besitz des Herrschaftsglanzes, des schicksalhaften Glücks (alttürk. *qut*), der war vom Himmel zur Weltherrschaft berufen.

Die Stadtwüstung des mittelalterlichen Karakorum (östl. L. 102° 50'; nördl. Br. 47° 12'), am Fuße des Changaj-Gebirges auf etwa 1500 Metern über dem Meeresspiegel gelegen, erstreckt sich auf 1,5 Kilometern Länge nördlich des Klosters Erdeni Joo (Erdenezuu). Es handelt sich um eine viertorige, nahezu rechteckig umrissene, von einem Erd-Lehm-Wall umgebene Stadtanlage, die über ein zentralaxiales, von Norden nach Süden und von Osten nach Westen verlaufendes Straßenkreuz in Quartiere gegliedert war. Eine Stadt in der Stadt bildet der so genannte Palastbezirk (etwa 240 × 250 m) im Südwesten Karakorums. Anfänglich, zu Zeiten Činggis Khans, wohl nicht mehr als eine große Jurtensiedlung, wurde die Zeltstadt erst nach Vernichtung der Jin und der endgültigen Eroberung Nordchinas (1234) unter Ögedei Khan 1235 umwallt und zugleich mit dem Bau der Stadtmauer ein Palast errichtet, abgegrenzt gegen die Stadt mit Ziegelmauern und Erdwällen.

Nach weniger als einem Jahr Bauzeit stellte der chinesische Architekt Liu Min im Frühjahr 1236 den Wan'an-Palast, den »Palast des Ewigen Friedens« fertig. Nur zehn Jahre später schreibt der Franziskanermönch Plano Carpini, dass man in der Mongolei keine Ansiedlungen oder Städte finde, »außer einer einzigen, von der es heißt, sie sei recht ansehnlich, die Karakorum genannt wird«.[6] Es ist dies die erste Erwähnung der Stadt Karakorum in der europäischen Literatur. Marco Polo nannte Karakorum die erste Gründung der Tataren seit ihrem Auszug aus den Stammlanden. Carpini und Marco Polo waren selbst nie in Karakorum, kennen es nur vom Hörensagen. Wenige Jahre nach Carpini gelingt es einem Ordensbruder aus Saint-Denis, dem Flamen Wilhelm von Rubruk, nach Karakorum zu gelangen. Im Frühjahr 1254 weilt Rubruk für mehrere Wochen in der Hauptstadt, die er mal *civitas* (Stadtgemeinde) nennt, mal als *villula* (Städtchen) verspottet. Gemessen an Saint-Denis bei Paris findet er Karakorum wenig ansehnlich: »Was die Stadt Karakorum anlangt, so müßt ihr wissen: sie ist, den Palast des Khans einmal außer Betracht gelassen, nicht so stattlich wie der Marktflecken St. Denis, und das Kloster des heiligen Dionysios daselbst ist zehnmal bedeutender als dieser Palast.«[7] Ein vernichtendes, ein arrogantes Urteil! Rubruk ist Augenzeuge, als zu Ostern 1254 der berühmte Silberbaum, der magische Getränkebrunnen des ihm eng befreundeten Goldschmiedes Guillaume Boucher, im Palast installiert wird (Kat.-Nr. 110). In Rubruks Itinerar findet sich die ausführlichste und detaillierteste zeitgenössische Darstellung der Stadt und des kaiserlichen Hofes. Die Stadt ist von

einer Mauer umgeben; vier Tore führen aus allen Himmelsrichtungen hinein. Zwei Stadtviertel aus festen Häusern gibt es in Karakorum, »das der Sarazenen, wo der Wochenmarkt stattfindet, und das Stadtviertel der Cathai [Nordchinesen], die durch die Bank Handwerker sind«. Rubruk und die persischen Historiker beschreiben Karakorum als eine kosmopolitische Stadt, als eine Stadt mit Palästen und Verwaltungsbauten, mit Handelskontoren und Gesandtschaften, Marktplätzen, Basaren und Manufakturen. Von »zwölf Götzentempeln der verschiedenen Nationen« schreibt Rubruk, von zwei Moscheen, einer christlichen, nestorianischen Kirche. Als Hauptstadt des mongolischen Weltreichs war Karakorum ein Ort ethnischer, kultureller und religiöser Vielfalt in einer für die mittelalterliche Welt Zentralasiens einzigartigen Konzentration. Gefördert durch die allem Neuen und Unbekannten gegenüber sehr offene und tolerante Haltung der mongolischen Khane, wird Karakorum zu einem Schmelztiegel der verschiedensten Kultur- und Zeitströmungen des 13. und 14. Jahrhunderts.

Unter Möngke Khan wird weiter an der Stadt gebaut, wird der Palast mit 500 zusätzlich beorderten Handwerkern umgebaut, wird 1256 der große Stūpatempel vollendet: »Er [Möngke] errichtete einen großen Stūpa. Er überbaute ihn mit einem großen Pavillon.«[8] Kein Tempel im Yuan-Khanat habe ihn, so die Inschrift von 1346, an Größe übertroffen. 1259 starb Möngke auf einem Feldzug in China. Wenig später, im Mai 1260, usurpierte sein Bruder Qubilai den Thron und verlegte die Hauptstadt in seine Residenz Shangdu, später dann (1267) nach Dadu (Peking). Gleichwohl blieb Karakorum auch im Bewusstsein der späteren Yuan-Kaiser immer die Stadt des Činggis Khan, wie auch der »zwei Heiligen« Ögedei und Möngke, war sie die Stadt und Residenz des jeweiligen Thronfolgers und/oder Vizekönigs, Hauptstadt des alten Zentralkhanats, und damit immer auch die Hauptstadt der Mongolei und der Mongolen.

Die Stadt erfährt v. a. nach dem Tode Qubilais, nach 1294, die besondere Aufmerksamkeit der Yuan-Kaiser. 1299, gegen Ende des fast 30 Jahre währenden Krieges zwischen der konservativen Zentralasienfraktion unter Ögedeis Enkel Qaidu und der progressiven China-Fraktion unter Qubilai, wird die Stadt nach dem Zeugnis des *Yuanshi* (Kat.-Nr. 356) weiter ausgebaut, vermutlich nach Osten hin erweitert. Für die erste Restaurierung des großen unter Ögedei und Möngke erbauten Stūpatempels, seit 1346 nach dem Willen des Kaisers »Pavillon [Tempel] des Aufstiegs [oder Anfangs] der Yuan[-Dynastie]« (Xinyuange) genannt, werden 1311 beträchtliche Mittel aufgewendet. Der Kaiser selbst stellt das Geld zur Verfügung. Auch die zweite, weitaus aufwendigere Restaurierung und Umgestaltung des Tempels wird vom Kaiser angeordnet und finanziert:

vier Jahre dauern die Arbeiten (1342–46). Die Bauhandwerker, die Keramiker, Maler, Bildhauer rekrutieren sich mutmaßlich aus der Stadt selbst, die nach al-Umari »unter ihrer Bevölkerung vortreffliche Künstler und Handwerker« hat.[9] Al-Umari, ein Syrer im mamelukischen Verwaltungsdienst und gewiss kein Lobredner mongolischer Größe, schildert um 1340 Karakorum mit enzyklopädischer Sachlichkeit als »eine prächtige Stadt, Garnison eines Großteils der kaiserlichen Truppen und Produktionszentrum für feine kostbare Textilien und Luxusartikel. Der Bedarf des Hofes wird fast ausschließlich von ihr gedeckt, gilt sie doch als kaiserliche Manufakturstadt.« Und die Inschrift von 1346 nennt Karakorum sogar noch immer die »Hauptstadt«, preist in der Mitte des 14. Jahrhunderts die »wundervolle [schöne] Ansicht der imposanten und mächtigen Hauptstadt«. Karakorum ist 1346 zwar längst nicht mehr Schaltzentrale des Reiches, aber es repräsentiert für die Mongolen immer noch ihre Hauptstadt im Sinne einer ideologischen Mitte. Dies bezeugt nicht zuletzt die vom Kaiser selbst verliehene Bezeichnung »Pavillon des Aufstiegs der Yuan« für den zuvor namenlosen Stūpatempel: »Wahrhaftig«, so heißt es in der Inschrift, »was die Tempel im Kaiserreich angeht, so ist da keiner, der ihm vergleichbar wäre.« Dieser Tempel diente wohl nicht allein dem buddhistischen Gottesdienst. Er ist, wie schon sein Name anzeigt, auch ein Monument des Herrscherkults und der Staatspropaganda der Yuan, gestalthafter Ausdruck der »beiden Ordnungen«, der weltlichen und klerikalen Macht, vereinigt im Kaiser, der sich wohl schon seit Qubilai als »Herr beider Ordnungen« verstanden hat.

1368 flieht Toγon Temür, der letzte Yuan-Kaiser, von Peking nach Yingchang (Jehol) in die Innere Mongolei, wo er 1370 stirbt. Sein Sohn und Kronprinz Ayušridara residiert in Karakorum. Ein Siegel (Kat.-Nr. 153) mit seinem Namen wurde 2001 in der Stadtmitte-Grabung der Universität Bonn gefunden, das Verwaltungssiegel eines späten Yuan-Dynasten. 1370 bestätigt ein Reichstag in Karakorum den Thronfolger Biligtü Khan. Noch einmal wird Karakorum Hauptstadt eines mongolischen »Rumpfreiches«. Erst nach Biligtüs Tod 1378 gelingt es den chinesischen Truppen, die Mongolen dauerhaft aus China zu verdrängen. 1388 schließlich wird das mongolische Heer vernichtend geschlagen, Karakorum durch Truppen der Ming unter General Xuda zerstört.

Saγang Sečens Überlieferung aus dem 17. Jahrhundert, nach der ein Reichstag 1415 beschlossen habe, Karakorum wieder aufzubauen, ist nach Authentizität und Deutung umstritten. Archäologische Indizien oder gar Beweise für einen Wiederaufbau Karakorums gibt es bisher nicht. Soweit in Karakorum archäologische Hinweise auf Restaurierungen festgestellt worden sind, datieren sie aus einer früheren Zeit, stehen sie eher im Zusammenhang mit Kriegsschäden aus den Zeiten des »war of restoration« im letzten Viertel des 13. Jahrhunderts. In jedem Fall aber muss Karakorum spätestens zu Beginn des 16. Jahrhunderts noch oder wieder eine funktionierende Stadt gewesen sein, denn noch einmal und ein letztes Mal wird Karakorum unter dem Restaurator der činggisidischen Macht, Batu Möngke Dayan Khan (1470–1543), für kurze Zeit zur Hauptstadt erhoben. Wieder wird die Stadt umkämpft, wechselt die Herrschaft über sie zwischen Oiraten und Ostmongolen. 1552 gelingt es Altan Khan, die Stadt für die Qalqa einzunehmen und die Oiraten endgültig zu vertreiben. Danach, so scheint es, geht die Stadt endgültig nieder. Als Karakorum unter seinem chinesischen Namen Helin 1576 ein letztes Mal erwähnt wird, ist es nur noch ein bedeutungsloser Flecken in der Orchon-Steppe, leben nur noch wenige Menschen in ihm: Karakorum fällt wüst. Altan Khan selbst gründet 1581 eine neue Stadt, Köke Qota, die blaue Stadt, heute Hohhot, Hauptstadt der Inneren Mongolei.

Der erste Khan der nördlichen Qalqa, Abadai Khan, erbaut 1585/86 an der südlichen Peripherie Karakorums die ersten Tempel von Erdeni Ǯoo. Etliche Überreste der alten Hauptstadt fanden sich in Erdeni Ǯoo verbaut, darunter als Fundamentsteine oder Säulenbasen bedeutende Inschriften wie die hier schon häufiger genannte chinesisch-mongolische Inschrift von 1346. Im Sommer 2003 gelang es der KAVA[10]-Expedition, ein weiteres wichtiges Bruchstück dieser Inschrift in Erdeni Ǯoo zu bergen (Kat.-Nr. 108). Auf der chinesischen Seite der Inschrift findet sich das Gründungsdatum Karakorums: »Im 15. Jahr des Kaisers Taizu [Činggis Khan], im Jahr des Drachen […].«

1 BARKMANN 2002; zur Geschichte Karakorums auch SAGASTER 1999a und HÜTTEL 2004 b.

2 Die Zitate aus dem »Sammler der Chroniken« nach RASHĪD AL-DĪN/BOYLE 1971.

3 Alle Ǧuvainī-Zitate nach ǦUVAINĪ/BOYLE 1958.

4 Nach FARQUHAR 1990, S. 4.

5 Dieses und die folgenden Zitate aus der *Geheimen Geschichte der Mongolen*; zit. nach GEHEIME GESCHICHTE/TAUBE 1989, vgl. SECRET HISTORY/DE RACHEWILTZ 2004.

6 PLANO CARPINI/SCHMIEDER 1997.

7 Rubruk ist zitiert nach der deutschen Übersetzung RUBRUK/RISCH 1934.

8 Die Zitate aus der Inschrift von 1346 nach CLEAVES 1952 und der Übersetzung von Klaus Sagaster (Kat.-Nr. 108).

9 Zitiert nach LECH 1968.

10 Kommission für Allgemeine und Vergleichende Archäologie.

HANS-GEORG HÜTTEL

# MDKE – Die Mongolisch-Deutsche Karakorum-Expedition

1993, kaum drei Jahre nach der politischen Wende in der Mongolei, besuchten erstmals Archäologen des Historischen Instituts der Mongolischen Akademie der Wissenschaften die Bonner Kommission des Deutschen Archäologischen Instituts (vormals KAVA: Kommission für Allgemeine und Vergleichende Archäologie), um über mögliche Kooperationen und Möglichkeiten v. a. gemeinsamer archäologischer Arbeit in Karakorum zu beraten. Längerfristige Kooperationsbindungen in anderen Ländern ließ die von beiden Seiten erwünschte Zusammenarbeit jedoch erst 1998 zustande kommen.

Im Herbst 1997 wurde der Bonner Mongolist Klaus Sagaster von der Mongolischen Akademie der Wissenschaften gebeten, ein deutsch-mongolisches Projekt zur archäologischen und historischen Erforschung der altmongolischen Hauptstadt Karakorum (Charchorin) zu initiieren. Aufgrund dieser Initiative traf sich eine interdisziplinäre Gruppe von Wissenschaftlern der Universität Bonn und des Deutschen Archäologischen Instituts zu ersten Planungsgesprächen. Ende März 1998 folgten Klaus Sagaster, der Physiker Hans Mommsen sowie die Archäologen Ernst Pohl und Hans-Georg Hüttel einer Einladung der Mongolischen Akademie in die Mongolei, um die Stadtwüstung von Karakorum zu begehen und um erste Verhandlungen über gemeinsame Forschungsprojekte zu führen. In diesen Verhandlungen verständigte man sich darauf, Ausgrabungen im Stadtzentrum (Institut für Vor- und Frühgeschichtliche Archäologie der Universität Bonn) sowie im Palastbezirk (KAVA des Deutschen Archäologischen Instituts) durchzuführen. Der Palastbezirk, so die mongolische Seite, müsse dabei nicht zuletzt wegen seiner durch die weitere Ausbreitung der modernen Stadt Charchorin gefährdeten Randlage Priorität haben. Ähnliches galt für die östliche ehemalige Stadt und Vorstadt, die durch die Erschließung neuer Ackerflächen stark bedroht war.

Noch in Ulaanbaatar konstituierte sich im April 1998 eine interdisziplinäre »Arbeitsgruppe Karakorum« – der Beginn der Mongolisch-Deutschen Karakorum-Expedition (MDKE). Die Bonner Forscher bilden den Kern dieser Arbeitsgruppe. Bereits am 18. September 1998 konnte die vom Verfasser ausgearbeitete Kooperationsvereinbarung in An-

wesenheit des ehemaligen Bundespräsidenten Roman Herzog von Vertretern der in der MDKE zusammenwirkenden Institutionen an historischer Stätte, unweit des einstigen Palastes in Karakorum, unterzeichnet werden.

Der dezidierte Wunsch nach einem deutschen Forschungsbeitrag, so hatte der Präsident der Mongolischen Akademie der Wissenschaften, B. Chadraa, in den ersten Verhandlungen wiederholt betont, gründe sich v. a. auf die Hoffnung einer längerfristigen Zusammenarbeit, verbunden mit einer soliden und gründlichen Forschung, die nicht auf schnelle, sensationsheischende Augenblicksergebnisse baue, sondern verlässliche Grundlagen schaffe für die archäologisch-historische Erforschung Karakorums und des 13./14. Jahrhunderts in der Mongolei. In diesem Sinne nahm nur zehn Monate später, im Juli 1999, die MDKE ihre Arbeit in Karakorum auf, konnten die ersten Sondagen, Vermessungs- und Prospektionsarbeiten durchgeführt und konnte im Sommer 2000 schließlich mit den Ausgrabungen im Palastbezirk und in der Stadtmitte (Helmuth Roth, Ernst Pohl) begonnen werden.

»Im Hinblick auf den weiteren Ausbau der deutsch-mongolischen Beziehungen« übernahmen der Staatspräsident der Mongolei und der deutsche Bundespräsident in einer gemeinsamen Erklärung vom 30. Mai 2000 die Schirmherrschaft über das Projekt. Dabei betonten sie die »große Bedeutung des Projekts für die Geschichte der Mongolei und die internationale Zusammenarbeit auf dem Gebiet der Archäologie«.

Die Erforschung nomadischer Siedlungen spielte in der nahezu 300-jährigen Geschichte der eurasischen Steppenarchäologie eine verhältnismäßig geringe Rolle. Weniger ein Desinteresse der Archäologen als vielmehr die Natur nomadischer Quellen, die ungeheure Weite der nur dünn besiedelten Steppenräume und nicht zuletzt die logistischen und infrastrukturellen Probleme einer Siedlungsgroßgrabung in der Steppe hemmten nachhaltig die Entwicklung einer systematischen Siedlungsforschung. Nicht zu leugnen ist indes auch die bis heute ungebrochene Faszination des aus reiternomadischen Gräbern geplünderten Steppengoldes, das seit dem 17. Jahrhundert die Aufmerksamkeit einseitig auf die großen Kurgane zog. Die Archäologie der Stadt beschränkte sich in Mittel- und Zentralasien weitgehend auf die Untersuchung von Stadtoasen und Handelsplätzen am Rande der nomadischen Welt, im Westen auf die Erforschung skythischer Stadtsiedlungen und graeco-skythischer Küstenstädte oder auf die Städte der Goldenen Horde. Auch im nordöstlichen Zentralasien, in Tuwa und in der Mongolei, ist die Archäologie nomadischer Stadtsiedlungen über verheißungsvolle Anfänge in den 1940er Jahren nicht entscheidend hinausgekommen. Die Archäologie der eurasischen Reiternomaden ist bis heute im Wesentlichen Gräberarchäologie. Die Kulturgeschichte der Steppenvölker blieb damit weitgehend reduziert auf eine Geschichte des Totenrituals, eine Kulturgeschichte von Totenzubehör und Grabbeigaben. Das auf dieser einseitigen Grundlage gezeichnete Nomadenbild ist wenig authentisch. Authentischer, weil umfassender und sozial differenzierter als im materiell wie soziologisch selektiven Ausschnitt des üblichen Grabguts, dokumentieren sich die kulturelle Reichweite und Vielfalt eines Nomadenreiches in der materiellen Kultur der Stadt. Deutlicher zeigt sich hier auch die wichtige Mittlerrolle der Nomaden zwischen Ost und West.

Unsere aus der Antike ererbten Klischees der Nomadenbeschreibung kennen die eurasischen Steppenvölker als umherschweifende »Pferdemelker« und »Pferdebogner«, charakterisieren sie als wilde, unmäßige Trinker, nennen sie Barbaren ohne Recht und Gesetz, zeichnen das Schreckensbild von zivilisationsfeindlichen Horden reiterkriegerischer Menschenschlächter. Für das christliche Abendland waren sie die Reiter der Apokalypse, die Völker von Mitternacht, tierhafte Gestalten, die aus der Hölle kommen, »ex tartaro«, die Tartaren. Sie leben in unserer Vorstellung als Zerstörer von Städten, nicht als Städtegründer.

Wer dieses in der Geschichte und klassischen Völkerbeschreibung einseitige Bild vom grausamen und unbehausten, vom land- und bindungslosen Nomaden korrigieren will, der muss nicht zuletzt ihre Siedlungs- und Städtegründungen, der muss ihr Verhältnis zu Stadt und Oase untersuchen. Nomadische Stadtgründungen und nomadische Staatsgründungen sind in Zentralasien spätestens seit der Zeit der Xiongnu, seit dem 4. Jahrhundert v. Chr., engstens miteinander verknüpft. Vor allem in den »multikulturellen« Stadtanlagen der mittelalterlichen Nomaden manifestiert sich sowohl im Fundspektrum als auch in den Stadtanlagen selbst, in ihrer Gliederung, ihrer Architektur und in ihren technischen Einrichtungen die außerordentliche Organisationsleistung, aber auch die Weltoffenheit und der Pragmatismus, die Adaptions- und Integrationsfähigkeit nomadischer Gemeinwesen.

Das einseitige Nomadenbild zu korrigieren, ist eine Leitidee auch der Mongolisch-Deutschen Karakorum-Expedition (MDKE). Ihre allgemeine Aufgabe ist die archäo-

1 Sonnenaufgang über dem Palasthügel in Karakorum

logische Erschließung der altmongolischen Hauptstadt Karakorum als Quelle für die Geschichte und Kultur des mongolischen Weltreichs und die spätnomadisch-mittelalterliche Stadtgeschichte Zentralasiens. Stadtplanung und Stadtentwicklung der alten Hauptstadt und der Bedeutungswandel Karakorums in seinen unterschiedlichen Funktionen als herrschaftliche Residenz und als Verwaltungszentrum zunächst des Reiches, später des Zentralkhanats, als Manufakturstadt und Fernhandelsplatz, als religiöses Zentrum und Ort des Staatskultes sind die wesentlichen Aspekte interdisziplinärer Forschung im Rahmen der MDKE.

HANS-GEORG HÜTTEL

# Der Palast des Ögedei Khan – Die Ausgrabungen des Deutschen Archäologischen Instituts im Palastbezirk von Karakorum

Die Ausgrabungen der Bonner Kommission des Deutschen Archäologischen Instituts (DAI) konzentrierten sich mit dem Beginn der mongolisch-deutschen Karakorum-Grabungen im Jahr 2000 auf den Palastbezirk. Das Projekt »Karakorum-Palast« wird seit den ersten Anfängen vom Deutschen Akademischen Austauschdienst (DAAD) unterstützt und seit 2003 von der Deutschen Forschungsgemeinschaft (DFG) gefördert.

Palast und Palastbezirk bilden nach dem Zeugnis des *Yuanshi* (Geschichte der Yuan-Dynastie; Kat.-Nr. 356) die Keimzelle Karakorums: Stadtwall und Palast, errichtet 1235/36, sind die frühesten überlieferten Anlagen. Ausgrabungen im Palastbezirk sollten neben Daten zur älteren Stadtgeschichte zunächst die Frage des Ögedei-Palastes klären, archäologische Grundlagen liefern für die Rekonstruktion der Palastarchitektur und die Periodisierung der angeblich zeitverschiedenen Bauten und Nutzungen innerhalb des Palastbauensembles. Die Karakorum-Palastgrabung hat mit ihren neuen bauarchäologischen Erkenntnissen sowie dank der großen geschlossenen Fundkomplexe aus den Brennöfen und Deponierungen in der Säulenhalle grundlegende Materialien zur Mittelalterarchäologie der Mongolei geliefert. Vor allem die umfangreichen Werkstattfunde bilden eine tragfähige Grundlage für die Definition von Stilschichten buddhistischer Tonplastik und Wandmalerei sowie von Typengesellschaften mongolischer Bau- und Gefäßkeramik. Mit den neuen Karakorum-Funden ist die mittelalterliche Archäologie und Kunstgeschichte der Mongolei erstmals auf eine solide Basis gestellt worden.

## Der Palast des Ögedei Khan

Drei zeitgenössische Beschreibungen des Palastkomplexes und der Palasthalle sind überliefert. Die älteste Beschreibung findet sich in einem der bedeutendsten Werke der persischen Geschichtsschreibung und Literatur, in der »Geschichte des Welteroberers« *(Taʾrīh-i ǧahān-gušāi)* des persischen Historikers Ata Malek Ǧuvainī (1226–83).[1] Nach Ǧuvainīs kargem Bericht, der nach 1253 verfasst wurde,

stand die Palasthalle in einem Garten mit vier Toren: »Und in der Mitte des Gartens errichteten nordchinesische Handwerker einen Palast mit Türen gleich den Toren des Gartens.« In Übereinstimmung mit den chinesischen Quellen haben wir also einen Palast chinesischen Typs zu erwarten, nach der Charakterisierung der Türen sehr wahrscheinlich einen Palast in Skelettbauweise.

Eine spätere Quelle, der »Sammler der Chroniken« *(Ǧāmiʿ at-tawārīḫ)* des Persers Rašīd ad-Dīn (um 1304), präzisiert die Beschreibung, schöpft aber ausschließlich aus Informationen Dritter.[2] Im Gegensatz zu Ǧuvainī, der sich mehrere Jahre am Hof des Großkhans in Karakorum aufhielt, hat Rašīd ad-Dīn Karakorum nie gesehen. Er beschreibt den Palast als »außerordentlich hohen Bau [...] mit hochragenden Säulen, ganz so wie es dem hohen Anspruch eines solchen Herrschers entspricht«. Offensichtlich aber beschreibt Rašīd ad-Dīn einen Palastkomplex oder einen mehrgliedrigen Palastbau, denn er schreibt weiter, dass jeder Flügel von der Länge eines Bogenschusses sei und dass man in der Mitte »einen außerordentlich hohen Pavillon« errichtet habe. Steht der Pavillon für sich, als Zentralgebäude einer größeren Baugruppe aus Haupt- und Nebengebäuden, oder ist er als Mittelteil eines einzigen mehrteiligen Gebäudes aufzufassen? Gehen wir von einem Palast nach chinesischem Muster aus, so ist eher an ein Ensemble aus Seitengebäuden sowie eine Folge von Bauten auf der Zentralachse aus Torbauten, Galerien, einer oder mehreren Hallen und Pavillons zu denken, in der Mitte des Gesamtkomplexes der Thronsaal, die Audienzhalle.

Die dritte Beschreibung ist die vordergründig umfassendste und genaueste und diente darum den meisten Rekonstruktionen als Grundlage. Sie stammt aus der Feder des flämischen Franziskaners Wilhelm von Rubruk, der 1254 für etliche Monate am Hof des Großkhans Möngke weilte.[3] Rubruk kannte den Palast außen wie innen aus eigener Anschauung. Er beschreibt ihn als dreischiffigen Hallenbau, als einen Thronsaal von beträchtlicher Größe. Sein empirisches Modell ist der hochgotische Kirchenbau der Île de France, ist die Abteikirche des Klosters Saint-Denis. Rubruk schreibt: »Der Palast hat wie eine Kirche ein Mittelschiff und zwei Seitenschiffe zwischen zwei Säulen-

1 Luftaufnahme der Grabungsflächen des Deutschen Archäologischen Instituts im »Palastbezirk«

reihen und an der Südseite drei Türen.« Der Palastkomplex ist – hier decken sich die Beschreibungen von Rubruk und Ǧuvainī – »von einer großen Backsteinmauer umschlossen […] gleichwie bei uns die Prioreien der Mönche«. Innerhalb dieser Backsteinmauer »sind dort viele andere Baulichkeiten, lang wie Scheunen, in denen ihre Lebensmittel und Schätze geborgen werden«. Mag Rubruks »lang wie Scheunen« das bäuerliche Maßequivalent zur Bogenschusslänge in der Beschreibung Rašīd ad-Dīns sein, hinsichtlich der Funktion der Bauten gehen persische und europäische Quelle unvereinbar auseinander. Weder Ǧuvainī noch Rašīd ad-Dīn erwähnen Vorratsgebäude oder Schatzhäuser im Palastbezirk. Nach Ǧuvainī standen rechts und links des Palastes Häuser für die Brüder und Söhne sowie für die turqaq (Truchsesse oder Mundschenke). Ähnlich heißt es bei Rašīd ad-Dīn: »Befehle wurden gegeben, dass jeder seiner Brüder und Söhne sowie die übrigen Fürsten im Hofdienst hohe Häuser in der Nachbarschaft errichten sollten.« Dabei scheinen die von Rašīd ad-Dīn erwähnten Flügelbauten des Palastkomplexes nicht den Nebengebäuden der Prinzen zu entsprechen.

Die voneinander unabhängigen Beschreibungen von Ǧuvainī und Rubruk lassen an der Randlage des Palastes keinen Zweifel und schließen auch nicht aus, dass der Palast außerhalb der Stadt, jenseits der Stadtmauer gelegen haben könnte. In Marco Polos *Milione* findet sich in der vom schlichteren Genueser Urtext (nach 1292/1. Viertel 14. Jahrhundert) aufgrund späterer (?) gelehrter Zutaten in vielen Details abweichenden, mehr als 200 Jahre jüngeren Ausgabe (1550–59) des Giambattista Ramusio der Zusatz: »Außerhalb des Walles, aber nicht weit davon entfernt, steht eine sehr umfangreiche Burg mit einem schönen Palast, den der Gouverneur des Ortes bewohnt.«[4] Ob diesseits oder jenseits des Stadtwalls gelegen, geht aus den Quellen nicht eindeutig hervor. Sicher ist nach Rubruks Ortsbeschreibung, dass der Palast zum westlich der Stadt fließenden Orchon hin, also im Westen oder Südwesten der Stadt, gelegen haben muss: »Im Sommer werden überall Bäche durch sie [die Residenz] geleitet, durch die sie bewässert wird.« Auf Darstellungen des Klosters Erdeni J̌oo (Erdenezuu) aus dem 19. Jahrhundert sind noch deutlich ein durch das Nordtor geleiteter Zufluss und ein kleiner Teich im

2 Blick von Norden auf die freigelegte Große Halle im »Palastbezirk« von Karakorum

Klostergeviert eingezeichnet. Der Graben des Zuflusses ist
im Bodenrelief noch heute deutlich ausgeprägt. Sind, so
stellt sich folgerichtig die Frage, die mächtigen Wälle, auf
denen sich die stūpabekrönten Mauern des Klosters erheben, die Wälle der ehemaligen Palaststadt? Oder markiert
die majestätische Steinschildkröte (Kat.-Nr. 107) in einem
Wallgeviert im Südwesten der Stadt Palast und Palastbezirk? Da allein aus den Schriftquellen die Frage nicht beantwortet werden kann, müssen Ausgrabungen die Frage
nach dem Palast des Ögedei entscheiden.

## Die Anfänge der Karakorum-Forschung

Im Relief Karakorums zeichnen sich im Südwesten der
Stadt deutlich ausgeprägte Hauspodien und Wallanlagen
ab, eine komplexe Baugruppe, die im Westen von der Stadtmauer abgeschlossen und gegen die Stadt durch Wälle abgegrenzt wird (Abb. S. 135, 141). Diese »Stadt in der Stadt«
ist von ihrem ersten Ausgräber, dem Russen Sergej Kiselev,
1949 als Palastbezirk identifiziert worden.[5] Forscher des
späten 19. Jahrhunderts wie A. Pozdneev und Wilhelm
Radloff dagegen vermuteten die Palaststadt noch im Klostergeviert von Erdeni Joo. In den Erhebungen nördlich der
Schildkröte hingegen sah Radloff Kurgane, Grabhügel,
und sprach diesen Teil Karakorums als »Kitaiskij gorod«
an, ein doppeldeutiger Begriff, der im Wortsinn Chinesen-

stadt bedeutet, im übertragenen Sinn ein Geschäfts- und
Gewerbeviertel bezeichnet.[6]
Nicht nur die Lage des Khanspalastes, die Lage Karakorums allgemein war lange umstritten. Obwohl schon im
18. Jahrhundert französische Gelehrte auf der Grundlage
chinesischer Quellen die Ortsidentität von Erdeni Joo mit
Helin (Karakorum) behaupten konnten, wurden noch bis
weit in die erste Hälfte des 20. Jahrhunderts die Ruinen der
uigurischen Hauptstadt Karabalgasun (etwa 745 bis 840)
als die Überreste des mongolischen Karakorum angesprochen. Die Ortswüstung im Norden von Erdeni Joo ist erst
im späten 19. Jahrhundert entdeckt und als »das mongolische Karakorum« (Radloff) erkannt und diskutiert worden. Wenn auch spätestens seit A. Pozdneevs Übersetzung
des Erdeni-yin erike, seit 1883, die Ortsgleichung Erdeni
Joo/Karakorum gesichert war, so gilt doch der Russe N. M.
Jadrincev als der eigentliche Entdecker Karakorums. Jadrincev hat 1889 als Erster das ausgedehnte Ruinenfeld begangen und es aufgrund der topographischen Situation sowie etlicher Bruchstücke von Karakorum-Inschriften in
Erdeni Joo als Überrest der altmongolischen Hauptstadt
identifiziert. Den ersten Plan des Klosters und der Stadtwüstung von Karakorum verdankt die Karakorum-Forschung indes dem Berliner Turkologen Radloff, dem Leiter
der russischen Orchon-Expedition. Seine 1892 in deutscher
Sprache publizierte erste Lieferung des Atlas der Alterthümer der Mongolei markiert eindrucksvoll den Beginn der
mongolischen Altertumsforschung. Wie zuvor Pozdneev,
Jadrincev und Radloff erkannte auch der österreichische
Zoologe und Forschungsreisende Hans Leder 1892 nördlich von Erdeni Joo »unzweifelhafte Anzeichen ehemaliger
menschlicher Ansiedlungen und Wohnstätten, in Form
von niederen Wällen, von Gruben und Hügeln aus Schutt
aller Art, übersät und untermischt mit zahlreichen
Schädeln und Knochen von Menschen und Haustieren«.[7]
Nach Besichtigung des Ortes und seiner Lage sowie einiger
im Kloster aufbewahrter Beutestücke europäischer Herkunft konnte Leder sich »nicht des Gedankens erwehren,
daß der Hofhalt der mongolischen Chane« sich »im Norden des Klosters und von dessen Umfassung nicht weiter
als einen Büchsenschuß entfernt« befunden habe. Damit
war Hans Leder der Erste, der die Wüstung nördlich des
Klosters als Sitz auch des Khanspalastes angesprochen hat.
Erste Suchschnitte (Sondagen) wurden erst 1933/34 im
Rahmen der russisch-mongolischen Changaj-Expedition
von D. Bukinič durchgeführt. Das Ergebnis war wenig er-
mutigend: Die große Zahl buddhistischer Funde ließ
Bukinič an der Identität der Wüstung mit dem historischen Karakorum zweifeln. Sein Bericht wurde archiviert;
er ist nie publiziert worden. Bukiničs Sondagen bestimmten
aber offensichtlich die Grabungsstrategie der russisch-
mongolischen Ausgrabungen von 1948/49. Der Leiter die-

ser Grabungen, Sergej Kiselev, der vermutlich um die Zweifel von Bukinič wusste, sah schließlich mit der Entdeckung des Ögedei-Palastes den sicheren Beweis für die Identität der Wüstung mit dem historischen Karakorum erbracht. Der archäologische Befund der Palastgrabung von 1949, so Kiselev, entspreche so weit der Palastbeschreibung des Wilhelm von Rubruk, dass an der Identität der von ihm angeschnittenen Säulenhalle mit dem Palast des Ögedei bzw. des Möngke Khan kein Zweifel bestehe. Auch die Randlage des Palastkomplexes an der Stadtmauer decke sich mit Rubruks Bericht: »Mangu hat zu Karakorum an [neben] der Stadtmauer einen großen kaiserlichen Hof, der von einer Backsteinmauer umschlossen ist [...] hier steht ein großer Palast.« Die Raumordnung der Baugruppe Palast, eines Ensembles aus zentralem Palasthügel, fünf Podien von Nebengebäuden, abteilenden und umfassenden Mauern sowie großen Doppeltoranlagen entsprach nach Kiselev dem vertrauten Schema einer chinesischen Palastanlage, wie er sie sowohl in Rubruks Itinerar als auch von den persischen Historikern beschrieben fand. Das monumentale, fast 3 Meter hohe Podium, darauf die Überreste einer mutmaßlich ebenso monumentalen mehrschiffigen Halle mit den großen Säulenbasen aus Granit, das abgestürzte Dach aus grün glasierten Ziegeln, auf den runden Schlussziegeln die gerollten Drachen, dazu Drachen- und Löwenplastiken vom First waren nach Kiselev als eindeutige Zeugnisse eines Palastbaus anzusehen, der wiederum nach der für Kiselev ebenso eindeutigen Aussage der Schriftquellen nur als der 1235/36 errichtete Palast des Khans identifiziert werden konnte. Mit dem Nachweis des von Rubruk beschriebenen Palastes, so glaubte Kiselev, habe er zudem bewiesen, dass Jadrincevs Karakorum das historische Karakorum ist. Wie schon vor ihm Bukinič fand er zahlreiche Überreste buddhistischer Kunst, Funde, die nicht so recht zur Vorstellung eines Khanspalastes passten. Unter Hinweis auf angebliche klare Schichtbefunde erklärte er die kaum zu ignorieren, indes nur spärlich publizierten buddhistischen Funde der Palastgrabung entweder als Relikte eines vorpalastzeitlichen Heiligtums unter dem Palastpodium oder als Zeugnisse der »monastirskij period«, der Klosterperiode, d. h. der Zeit Erdeni Joos (17.–19. Jahrhundert). Kiselevs Palastdeutung und sein Dreistufenmodell Vorpalastzeit – Palastzeit – Klosterperiode sind in der Forschung unwidersprochen geblieben, seine Beweise bis heute unangefochten. Die Suche nach Ögedeis Palast schien mit den russisch-mongolischen Ausgrabungen von 1949 endgültig entschieden.

## Die Ausgrabungen des Deutschen Archäologischen Instituts 2000–04

Erst mit dem Beginn der Ausgrabungen des Deutschen Archäologischen Instituts im Jahr 2000 hat sich die Diskussion um den Palast des Ögedei Khan neu belebt. Die vorläufigen Ergebnisse des »Karakorum-Palast-Projekts« haben den Blick auf den Palast des Ögedei grundlegend verändert; sie stellen die Deutung der von Kiselev angeschnittenen Säulenhalle als Palast entschieden in Frage. Die in den Jahren 2001–03 freigelegte Große Halle muss aufgrund der neuesten Forschungen funktional und chronologisch neu gedeutet werden: Nach der aktuellen Befundlage stellt die Große Halle höchstwahrscheinlich keinen Palast, sondern ein buddhistisches Heiligtum des 13. und 14. Jahrhunderts dar, das in seiner Bauform und seinen Ausmaßen, in Raumgliederung und Statuenprogramm (Kat.-Nr. 128 ff.) auffällig dem in der Inschrift von 1346 (Kat.-Nr. 108) beschriebenen buddhistischen »Pavillon [Tempel] des Aufstiegs [Anfangs] der Yuan« (Xinyuange) gleicht.[8]

Die Ausgrabungen von 1949 hatten v. a. das Ziel, eine Palasthalle auf dem zentralen Podium zu erschließen. In drei Schnitten wurde dabei die Säulenordnung der Halle in Nord-Süd-Richtung vollständig, in der Ost-West-Achse dagegen nur in Ausschnitten erfasst. Insgesamt 17 Granitbasen sind damals freigelegt worden. Aufgrund plausibler kombinatorischer Überlegungen aus verfügbarer Grundfläche, vorhandenen Säulenstellungen und daraus errechneten Interkolumnien postulierte Kiselev einen siebenschiffigen Hallenbau aus acht mal acht Säulen sowie eine Vorhalle aus acht weiteren Säulen. Seine Idealrekonstruktion ging aufgrund der Angaben des *Yuanshi* (Geschichte der Yuan-Dynastie; Kat.-Nr. 0229) von einem chinesischen Hallenbau aus und stützte sich darüber hinaus auf die Palastbeschreibung Wilhelm von Rubruks. Und tatsächlich konnte jede der 64 von Kiselev postulierten Granitbasen im Zuge der DAI-Grabungen direkt oder mittelbar über entsprechende Raubgruben nachgewiesen werden. 17 der 64 Säulenbasen sind ausgeraubt oder zertrümmert worden, darunter sämtliche Basen der westlichen Außenreihe.

Die Zahl 64 ist eine (nicht buddhistische) Idealzahl, das Quadrat eine Idealfigur. Der innovative, bislang noch einzigartige quadratische Hallenbau wirkte nachhaltig auf die mongolische Architektur, ein vorbildhafter Idealbau, dem spätere Sakralbauten verpflichtet blieben, so der um 1604 errichtete Tempel im Kloster von Šanch nahe Karakorum und der 1770 errichtete »Große Versammlungstempel« (*čoyčin dukang*) in Erdeni Joo, beide Bauten verkleinerte Abbilder der Großen Halle von Karakorum.

Nach mehr als 100 Jahren Karakorum-Forschung stellt die 2003 vollständig freigelegte Große Halle das erste komplett

ergrabene Gebäude, den ersten vollständig erschlossenen und dokumentierten Gebäudegrundriss in Karakorum überhaupt dar. Die im Grundriss quadratische Halle misst etwa 37 mal 37 Meter und ist durch acht mal acht Säulenbasen in sieben Zwischenräume (chin. *jian*) oder Joche gegliedert (Abb. S. 142). Die Säulenreihen der siebenschiffigen Halle zeigen einen Rhythmus aus drei Zwischenraum- oder Achsmaßen in der Folge a-b-c-b-c-b-a. Die im Achsmaß geringfügig abweichenden Außenschiffe könnten auf einen Umgang deuten, die eigentliche Halle wäre demnach als fünfschiffige Anlage aus drei weiten (b) und zwei schmalen Schiffen (c) zu sehen. Abdrücke und Überreste von Hölzern auf den Basen lassen auf runde Holzsäulen von etwa 65 Zentimetern Durchmesser schließen, Säulen eines hohen, monumentalen Hallenbaus.

Erst nach vollständiger Freilegung der Großen Halle erwies sich die Innenfläche überraschend als eine mandalaartige Figur aus unterschiedlich gestalteten Fußbodenfeldern, aus diagonalen Passierwegen und Freiflächen, umgrenzt von Fliesenböden und Mauersockeln. Im Schnittpunkt der Hauptachsen, exakt in der Mitte der Halle, fand sich ein aus Ziegeln gemauerter quadratischer Unterbau (ca. 3 × 3 m), den der erste Ausgräber Kiselev als Überrest eines Stūpa der »Klosterperiode« aus dem 17. oder 18. Jahrhunderts dokumentiert hatte. 2004 konnte aus dem Kiselev-Stūpa ein typisches Gründungsdepot geborgen werden. Der eindeutige Charakter der Deponierung bildet ein wesentliches Element der Stūpadeutung. Auf allen vier Seiten um den Stūpaunterbau verteilt, sind vier große Deponierungen mit mehr als 100 000 Tsha-tshas (Kat.-Nr. 148) freigelegt worden, auch diese von Kiselev der »Klosterperiode« zugeordnet.

Die achsenparallel verlegten Felder aus grünen und grauen Quadratfliesen werden scheinbar durchschnitten von diagonal laufenden Bodenfeldern aus unglasierten längsrechteckigen Bodenziegeln, von denen etliche mit »buddhistischen« Werkzeichen wie Dreizack oder Swastika versehen sind. Wie Kreuzarme »durchschneiden« sie, diagonal von den Ecken ausgehend und zu den Ecken der Freifläche führend, das Bodenpflaster in Trapeze. Kiselev datierte aufgrund der gleichen Ziegelmaße von Zentralstūpa und Passierwegen alle unglasierten Rechteckziegel in seine »Klosterperiode«. Die grün glasierten Fliesen dagegen sah er als Überrest der älteren, »palastzeitlichen« Fußböden des 13. Jahrhunderts an. Aufgrund der Grabungen 2003/04 ist gesichert, dass diese Fußbodenfelder zumindest relativ gleichzeitig sind, ja dass einige glasierte Fliesen sogar die diagonal laufenden Bodenziegel schneiden. Demnach ist der glasierte Fliesenboden zumindest partiell später als die unglasierten Bodenziegel verlegt worden. Neuere naturwissenschaftliche Daten zu den Fliesen und Bodenziegeln weisen auf eine Restaurierung oder Ausbesserung der Flie-

3 Votivdeponierung im Südwesten der Großen Halle mit stūpaförmigen Tsha-tsahs und Buddhareliefs aus ungebranntem Ton

senböden in den 40er Jahren des 14. Jahrhunderts (um 1344) hin. Die unterschiedlichen Beläge aus glasierten Quadratfliesen und unglasierten längsrechteckigen Ziegeln repräsentieren nachweislich eine relative chronologische Einheit im Sinne eines Bauzustandes oder -stadiums. Sie sind sämtlich der so genannten »Palastzeit« (13./14. Jahrhundert) zuzuordnen und bilden eine konsistente Grundfigur nach Art eines Mandala, die auf einen einzigen Planungs- und Bauvorgang zurückgeht. Die Datierung der Diagonalpassagen mit den unglasierten Rechteckziegeln in die »Klosterperiode« ist so wenig nachweisbar wie die Periode selbst. Der ergrabene Hallenbefund stellt nach den Erkenntnissen der neuen Grabungen eine zeitlich geschlossene Einheit dar, eine einzige Bauschicht. Eine Zweiteilung der Bauschichten, wie von Kiselev postuliert, ist baustratigraphisch nicht nachvollziehbar. Die Mehrzahl der angeblich späten buddhistischen Funde findet sich mit den palastzeitlichen Funden in ein und derselben Schicht, unter dem Ziegelschutt des gleichen Daches. Weder die Stūpas noch andere zweifelsfrei buddhistische Installationen wie die Lotosthrone (Kat.-Nr. 146) im Norden der Halle haben sich als sekundäre Einbauten erwiesen. Sie waren nicht, wie Kiselev glaubte, eingetieft in die ältere Bauschicht des Palastes. Sie gehören ebenso wie die Fußböden der »Palastzeit« an, sind wie diese Elemente des Mandala.

Stūpas und Lotosthrone liegen ebenso wie die grün glasierten Fliesen oder die unglasierten Bodenziegel unmittelbar auf einem tortengleich geschichteten Podium aus bis zu 40 alternierenden Lehm- und Kies-Sand-Schichten. Mit einem etwa 45 Meter langen Schnitt entlang des nördlichen Hallenrandes konnte 2004 erstmals ein Yuan-zeitliches Baupodium im Querschnitt völlig aufgeschlossen werden. Fugen und Versätze in der Schichtung zeigten, dass das etwa 6000 Kubikmeter mächtige Podium nicht in einem Zug, sondern in verschiedenen Arbeitsphasen aus mehreren Podiumsblöcken zusammengesetzt worden ist. Das bis zu 3 Meter hoch aufgeschichtete Podium war mit einer Ziegelmauer verblendet. Der Mauersockel lag auf dem äußeren Umgangsniveau des Podiums auf, noch etwa 1 bis 1,20 Meter über dem Niveau der Podiumsbasis. Der Profilschnitt half, einen der folgenschwersten Irrtümer von Kiselev aufzuklären und damit einen seiner wichtigsten baustratigraphischen Beweise zu widerlegen. Im Norden der Halle, so Kiselev, überlagere das Podium eine Mauer, die ebenso wie die Überreste eines zugehörigen Dielenbodens und etlicher Wandmalereifragmente einem vorpalastzeitlichen Bau zuzuordnen seien, einem buddhistischen Heiligtum des 11./12. Jahrhunderts. Da sich im Profil klar die Umrisse des Kiselev-Schnitts von 1949 abzeichneten, konnte nachgewiesen werden, dass Kiselev nicht, wie von ihm behauptet, den gewachsenen Boden erreicht hatte. Vielmehr gründete der Kiselev-Schnitt mitten in der Podestschichtung, etwa 1,20 Meter über der Podiumsbasis. Der von ihm angegrabene Mauersockel war nicht vom Podium überlagert, sondern dem Podium vorgeblendet, die angeblich vorpalastzeitliche Mauer eine eindeutig palastzeitliche Blendmauer. Die angeblich vorpalastzeitlichen Malereien sind wie die Blendmauer der Zeit des Podiums und seines Oberbaus, der Großen Säulenhalle, zuzuordnen. Ihnen entsprechen in Farben und Stil die wenigen neu entdeckten Malereireste. Die Fragmente von 1949 und die neu geborgenen Fragmente können in die gleiche Zeit datiert werden und schmückten gleichzeitig die Wände ein und desselben Gebäudes. Das vorpalastzeitliche Heiligtum ist Fiktion, gegründet auf einen stratigraphischen Irrtum. Es hat ebenso wenig existiert wie der nachpalastzeitliche Stūpatempel der Klosterperiode. Kiselevs Dreigliederung Vorpalastperiode – Palastzeit – Klosterperiode ist damit hinfällig. Die Figuralplastik einschließlich der Tsha-tshas ist wie auch die Wandmalereien von Karakorum im indo(nepalisch)-tibetischen oder sino-tibetischen Stil des 12.–14. Jahrhunderts gearbeitet und muss auch in diese Zeit datiert werden. Viele Bildformulare gehen auf Vorbilder der indischen Pāla-Kunst zurück.[9] Stilprägend sind Einflüsse Zentraltibets und der Malla-zeitlichen Kunst Nepals.[10] Eng verwandt ist die von ebendiesen Einflüssen geprägte Bildkunst von Qaraqota, der tangutischen Hauptstadt, die 1227 von Činggis Khan zerstört wurde.[11] Wahrscheinlich sind damals etliche Künstler aus Qaraqota als Kriegsgefangene in die Mongolei verschleppt worden, die später vielleicht auch in Karakorum tätig waren. Dem stilistisch begründeten Zeitrahmen für die Kunst (12.–14. Jahrhundert) entspricht das Spektrum des datierbaren keramischen Inventars. Sowohl aus der angeblichen Palasthalle als auch aus den Nebengebäuden oder den Brennöfen sind ausschließlich Waren des 12. bis 14. Jahrhunderts (Song- oder Yuan-Dynastie) belegt. Die buddhistische Kunst von Karakorum bildet einen geschlossenen Zusammenhang aus einem Nebeneinander von verschiedenen, regional oder national geprägten Atelierstilen, die eine einzige Stilschicht, den so genannten »Internationalen Stil« repräsentieren. Bau- und kunstgeschichtlich bildet die buddhistische Periode im Palastbezirk von Karakorum eine Einheit, die zeitlich der Palastzeit Kiselevs entspricht.

## Palast oder Tempel? – Die aktuelle Diskussion

Nach den neueren Grabungsergebnissen gehen wir davon aus, dass das Podium primär für einen Tempeloberbau geplant und konstruiert worden ist, dass auf ihm primär ein buddhistischer Tempel errichtet und bis zu seiner mutmaßlichen Zerstörung um 1388 als solcher genutzt worden ist. Die Tempelhypothese beruht auf der Eigenart und Ge-

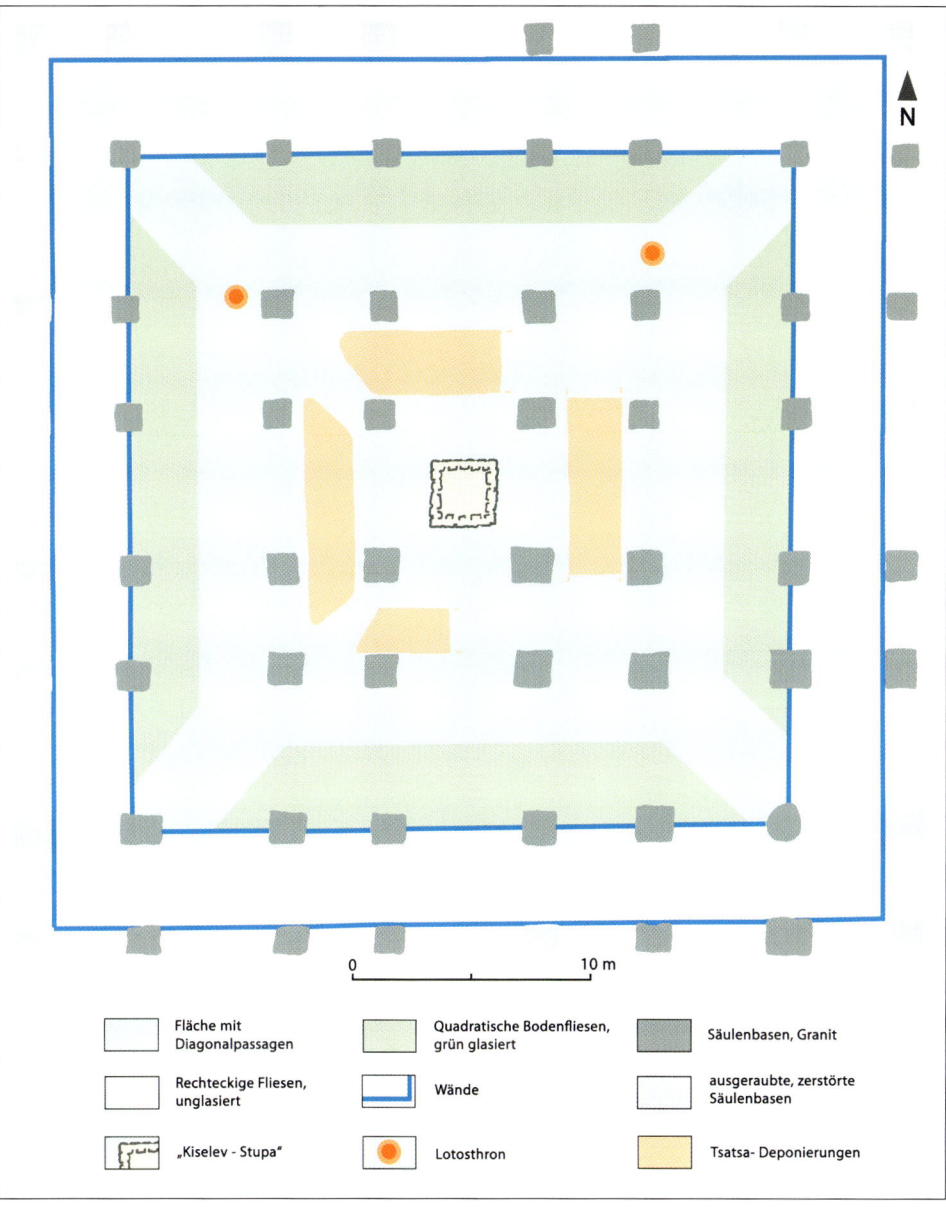

4  Plan der Großen Halle

schlossenheit der Baubefunde und Funde, überwiegend buddhistische Funde der »Palastzeit«, und stützt sich sowohl auf Tempelbeschreibungen wie in der Inschrift von 1346 (Kat.-Nr. 108) als auch mittelbar auf negative Befunde wie die negative Evidenz von Thron und Silberbaum. Prüfen wir die Beweisführung Kiselevs am aktuellen Befund, so hat als einziges Argument die von Rubruk beschriebene Randlage des Palastes neben der Stadtmauer Bestand. Seine Schilderung ist, sehen wir ab von archäologisch nicht nachgewiesenen Besonderheiten wie dem Thron und Bouchers Getränke spendendem Silberbaum, zu allgemein gehalten, um einen bestimmten historischen Hallenbau mit der von Rubruk beschriebenen Palasthalle sicher identifizieren zu können. Nach der Beschreibung

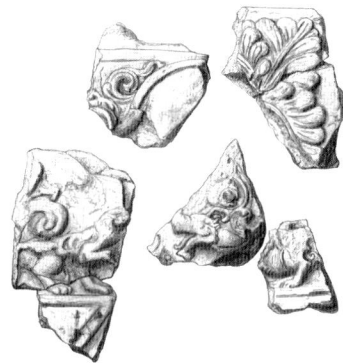

Rašīd ad-Dīns wäre sogar eher ein langrechteckiger Hallenbau, eine weitaus komplexere Anlage zu vermuten, die mit dem Karakorum-Befund einer quadratischen Säulenhalle nicht vereinbar ist.

Im Gegensatz zur Palasthypothese ist die Tempelhypothese in sich weitgehend widerspruchsfrei. Schicht- und Baubefund, v. a. aber die Funde sprechen eine klare Sprache: Demnach handelt es sich um einen mehrfach renovierten oder umgestalteten Hallenbau mit nahezu ausschließlich buddhistischem Inventar, mit den Überresten von Malereien, großfigurigen Tonplastiken (Kat.-Nr. 128 ff.) und Reliefs (Kat.-Nr. 111 – 113), wie sie nur in Tempeln oder monastischen Versammlungshallen zu finden sind. Führte Kiselev Löwen und Drachen als typische Motive für Palastziegel an, so lassen sich jetzt eindeutig buddhistische Fassaden- oder Dachterrakotten (Kat.-Nr. 122 f.) dagegenstellen. Ein Palast, zumal der von Rubruk beschriebene, dürfte weder mit Lotosthronen noch mit Buddhas oder Bodhisattvas ausgestattet gewesen sein. Rubruk, der, wie sein Itinerar belegt, keine Gelegenheit ausließ, den »Götzendienst« und die »Götzenbilder« in Karakorum zu geißeln, hätte den buddhistischen Statuenschmuck oder »götzendienerische« Wandmalereien im Palast weder übersehen noch unerwähnt gelassen.

Die Karakorum-Inschrift von 1346 beschreibt den »Pavillon [Tempel] des Aufstiegs [Anfangs] der Yuan« (Xinyuange) als siebenschiffige und quadratische Anlage: »Was das Erdgeschoss angeht […], so ergeben die vier Seiten Räume, ein jeder mit sieben Jochen. Um diese herum stellten sie Statuen von verschiedenen Buddhas auf […], in völliger Übereinstimmung mit den Anweisungen der Sutras.« In der Mitte des Tempelpavillons stand ein Stūpa, und der Tempel war wie auch der Palast »umgeben […] von einer durchgehenden Mauer«. Die Nähe der Tempelbeschreibung zum archäologischen Befund ist offensichtlich. Damit kann und darf die vermeintliche Palasthalle noch nicht als der »Tempel des Aufstiegs der Yuan« identifiziert werden, gewiss aber als ein buddhistischer Tempel des gleichen Typus.

Nach der historischen Überlieferung wurde mit dem Bau des Ögedei-Palastes im Frühjahr 1235 begonnen. Bereits im April 1236 wurde der Palast vollendet und feierlich eingeweiht. Gehen wir davon aus, dass in den extrem kalten Wintermonaten gar nicht oder nur sehr eingeschränkt gearbeitet werden konnte, so wäre eine Bauzeit von etwa acht Monaten zu veranschlagen. Für einen monumentalen Repräsentationsbau selbst in Skelettbauweise einschließlich eines etwa 6000 Kubikmeter mächtigen Podiums erscheint diese Bauzeit zu gering, zumal wenn wir, ausgehend von den persischen Quellen, eine reiche Innenausstattung und Wandmalereien voraussetzen. Für den »Tempel des Aufstiegs der Yuan« sind dagegen 15 bis 20 Jahre Bauzeit über-

liefert. Selbst wenn wir unterstellen, dass die Arbeiten am Tempel unter Töregene oder Güyük zeitweise unterbrochen waren oder geruht haben, so ist doch in jedem Fall von einer mehrjährigen Bauzeit auszugehen: Podium und Unterbau wurden bereits unter Ögedei (zwischen 1236 und 1241) errichtet, Stūpa und Oberbau indes erst 1256 unter Möngke vollendet. Allein die jüngste Restaurierung und Umgestaltung des Tempels erforderte nach der Inschrift von 1346 vier Jahre: »Nach vier Jahren endlich [d. h. 1346] wurde [das Werk] zur Vollendung gebracht.«

Ernsthafte Diskussionen um Palast oder Tempel werden künftig die Frage der Bauzeit ebenso wenig ignorieren können wie die Tatsache, dass vom 13. Jahrhundert bis weit in das 14. Jahrhundert ein reich ausgestattetes, monumentales buddhistisches Heiligtum den vermeintlichen Palasthügel beherrschte: das erste Erdeni Ĵoo.

1 Alle Ĝuvainī-Zitate nach ĜUVAINĪ/BOYLE 1958.

2 Die Zitate aus dem »Sammler der Chroniken« nach RASHĪD AL-DĪN/ BOYLE 1971.

3 Rubruk ist zitiert nach der deutschen Übersetzung RUBRUK/RISCH 1934.

4 Die Ausgabe des Milione von Ramusio zit. nach MARCO POLO/KNUST 1972.

5 RADLOFF 1892.

6 KISELEV U. A. 1965; eine gute englische Zusammenfassung des russischen Textes PHILLIPS 1969.

7 LEDER 1894.

8 Siehe CLEAVES 1952 und den Katalogbeitrag von Klaus Sagaster zur Inschrift von 1346 (Kat.-Nr. 108).

9 AUSST.-KAT. DAYTON/CHICAGO 1989/90.

10 AUSST.-KAT. NEW YORK 1998; AUSST.-KAT. SAN FRANCISCO/ NEW YORK/LONDON/BONN/CHIBA 1991 – 97.

11 AUSST.-KAT. LUGANO/BERLIN/SANKT PETERSBURG 1993/94.

CHRISTINA FRANKEN

# Die Brennöfen im Palastbezirk von Karakorum

Zu den herausragenden und überraschendsten Entdeckungen der Palastgrabung zählt der Brennofenbezirk im Südwesten des Palasthügels. Die noch äußerst gut erhaltenen Öfen sind die ersten in der Mongolei ausgegrabenen Brennöfen, ein einzigartiges Denkmal der Technikgeschichte. Einzigartig und von besonderer Bedeutung für die mittelalterliche Kunstgeschichte der Mongolei und des östlichen Zentralasien sind auch die Werkstattfunde aus diesen Öfen, so die Serie von werkstattgleichen Löwen-Drachen-Terrakotten (Kat.-Nr. 119). Diese Serie aus unzweifelhaft zeitgleichen Stücken repräsentiert den ersten geschlossenen mittelalterlichen Werkstattfund in der Mongolei. Die Löwen-Drachen stehen stilistisch zwischen vergleichbaren Plastiken von Dën-Terek (Tuwa) vom Ende des 12. oder Beginn des 13. Jahrhunderts und denen von Shangdu, der ersten Residenz Qubilais in der heutigen Inneren Mongolei (nach 1256).

Im 1999 vom Institut für Strahlen- und Kernphysik der Universität Bonn im Palastbereich erhobenen geomagnetischen Befund zeigten sich ca. 150 Meter südwestlich des Palasthügels vier außergewöhnlich starke Signale, die auf hoch magnetisierte bzw. stark brandverziegelte kreisrunde Strukturen von etwa 5 Metern Durchmesser deuteten. Die nahe beieinander liegenden, in einer Flucht von Nordwesten nach Südosten angeordneten Strukturen waren im obertägigen Befund, im Relief des Areals, nicht erkennbar.[1] Gezielte Ausgrabungen im Sommer 2000 sollten die Funktion und Zeitstellung dieser Strukturen klären.[2]

Das wie in einem Röntgenbild deutlich umgrenzte Areal mit den vier Kreissignalen wurde entgegen der herkömmlichen Grabungsweise nicht von oben nach unten ausgegraben, sondern zunächst ausgeschnitten, d. h. durch vier Schnitte um das Areal herum als Block freigestellt. So wurden die Strukturen einerseits nicht beschädigt und andererseits erhielten wir so noch vor der Ausgrabung der Strukturen selbst rundum Einblick in die örtliche Schichtenfolge, die Stratigraphie.

Bei der Grabung des 19 mal 19 Meter messenden Blocks wurden schließlich vier aus grau gebrannten Lehmziegeln gemauerte, leicht ovale Bauten mit einem Durchmesser von 3 bis 4,60 Metern freigelegt, die auf eine ältere Wall-

Graben-Struktur gesetzt waren. Konstruktion und Bauweise ließen die Strukturen eindeutig als Brennöfen identifizieren. Das graublaue, durch hohe Brenntemperaturen partiell ausglasierte Ziegelmauerwerk bestand z. T. aus Läufer- und Rollschichten in unregelmäßiger Anordnung und war wie beim ersten Ofen im Südosten noch bis zu 1,50 Meter hoch erhalten. Die typgleichen Öfen sind unterschiedlich gut erhalten. In ihrem Aufbau ähnlich, gleichen sie einander in den erhaltenen Konstruktionselementen. Alle vier Öfen bestehen aus einer leicht ovalen großen Brennkammer, deren Boden von einer lehmig-sandigen, durch Hitzewirkung ausgehärteten Schicht gebildet wird. Jeweils im Nordosten der Brennkammer befindet sich ein bis zu 1,20 Meter tief gemauertes Loch von max. 1,40 Metern Durchmesser, das aufgrund der darin liegenden großen Menge Holzkohle als Feuerkammer oder Feuerloch bezeichnet werden kann. An das Feuerloch schließt sich eine sowohl ober- als auch unterirdisch gemauerte kanalartige Struktur, der Schürkanal, an. Er ist mit dem Feuerloch durch einen der Sauerstoffversorgung dienenden Schlitz verbunden, während der oberirdische Bereich zur Befüllung des Feuerloches mit Brennmaterial genutzt wurde. Stark verglaste Ziegel im Mauerwerk und rötlich verziegelter Sand zeigen, dass im Bereich von Feuerloch und Schürkanal eine große Hitzeentwicklung auftrat. Unklar ist, ob das Brennmaterial im Feuerloch selbst oder auf einem über dem Loch liegenden Rost verbrannt wurde, so dass das Feuerloch dann nur die herabfallende Holzkohle aufnahm.[3]

Im Inneren der Brennkammer, dem Feuerloch genau gegenüberliegend, war der südwestliche Bereich des Ofens durch eine gerade gemauerte Wand abgetrennt. Diese Trennwand besitzt auf Bodenniveau ca. 5 quadratische Öffnungen von etwa 25 mal 25 Zentimetern. Im Bereich zwischen Außenmauerung und Trennwand befinden sich locker aufgestellte Ziegel, die sowohl senkrecht als auch waagerecht mit großen Lücken angeordnet sind. Hierbei handelt es sich um den Kamin, dessen Luftabzug durch das Verstellen der Ziegel in den Öffnungen reguliert werden konnte. Die ursprüngliche Höhe der Kamine, die ja von Einfluss auf die Stärke der Luftströmung im Inneren des Ofens ist, konnte im archäologischen Befund geklärt werden. Ausschließlich bei Ofen 1[4] fand sich im unteren Bereich, südwestlich an die Wandung anschließend, eine vier Lagen hohe Ziegelsetzung, die mit Holzbrettern abgedeckt war. Diese Konstruktion ermöglichte vermutlich eine zusätzliche Regulierung des Abzugs, eine zusätzliche Steuerung von Luftzug und Brenntemperatur. Vor den Öffnungen der Öfen 1–3 fanden sich Reste von Holzpfosten mit einem Durchmesser von ca. 0,15 Metern, deren Funktion unklar ist.

Ebenfalls angezeigt im geomagnetischen Befund, konnte im Sommer 2002 ein weiterer ovaler Brennofen nordwestlich des Palasthügels ausgegraben werden. Der Ofen maß ca. 3,40 Meter im Durchmesser und entspricht in seinem Aufbau den Öfen im Südwesten des Palastbezirks. Die Wände des Ofens sind schlechter, weniger sorgfältig gemauert und offensichtlich häufiger geflickt worden. So fand sich in ihnen u. a. Bauschutt aus Dachziegeln und Ziegelbruch unterschiedlichster Größe verarbeitet.

Das Fundgut im Inneren der Brennkammern, das aufgrund seiner Lage und Anordnung nicht späterer Verfüllung oder Versturz zuzuordnen war, ließ Rückschlüsse auf die Art des Brennguts zu. So wurde in allen Öfen des südwestlichen Brennbezirks nicht Gefäß-, sondern im weitesten Sinne Baukeramik gebrannt. In Ofen 1 und 2 fanden sich Reste von Löwen-Drachenköpfen, dazu viele Bruchstücke von gehörnten Drachen sowie Fragmente einer grün glasierten Terrakottafigur, vermutlich eines Bodhisattvas. Im dritten Ofen waren noch zahlreiche Dachziegel gestapelt, während im vierten Ofen wahrscheinlich Mauer- und Fußbodenziegel gebrannt wurden: Mehrere ungebrannte Lehmziegel lagen noch aufgeschichtet vor dem Ofen.

Die Beschickung aller Öfen mit dem Brenngut erfolgte, wie der Befund vermuten lässt, durch einen mehrfach geöffneten und dann wieder vermauerten Ausbruch in der westlichen Ofenwandung.

Während die Brennöfen südwestlich des Palastes ausschließlich zur Produktion von Baumaterial und Baukeramik genutzt worden sind, wurde im 2002 nordwestlich des Palasthügels ergrabenen Ofen Gefäßkeramik gebrannt, eine graue mongolische Ware. Die klare Trennung des in den einzelnen Öfen gebrannten Brennguts ist dabei sicher auf unterschiedliche Bedingungen beim Brennvorgang zurückzuführen.

Radiokarbonuntersuchungen von Holz und Holzkohle aus den Feuerlöchern, den Pfostenstellungen und der Bretterabdeckung eines Beckens ergaben eine Datierung in das 13./14. Jahrhundert mit einer schwerpunktartigen Verdichtung der Daten gegen Ende des 13. und in der ersten Hälfte des 14. Jahrhunderts. Dieser zeitliche Ansatz wird sowohl durch TL- und OSL-Datierungen von Ziegeln als auch durch datierende Kleinfunde sowie chinesische Keramik gestützt. Als jüngste Stücke sind einige Scherben blauweißen Steinzeugs der Yuan-Zeit (1272–1368) zu bezeichnen. Metallfunde wie Steckdorne für Dachziegel, Eisennägel oder Bruchstücke großer Metallkessel, aber auch Fragmente fein gearbeiteter Skulpturen aus Granit zeugen von einem Alltagsleben in eindeutig gehobenem Umfeld.

Große Mengen Mauerziegelversturz im Inneren der Öfen und die sich nach oben leicht verjüngende Mauersubstanz lassen darauf schließen, dass die Öfen mit Ziegelmauerwerk überkuppelt waren, wobei Form, Höhe und Aussehen der Kuppel unklar sind. Öfen dieser Bauweise werden aufgrund ihrer hintereinanderliegenden Anordnung von Feuerloch, Brennkammer und Kamin als liegende Öfen bezeichnet.[5] Liegende Öfen (engl. *down-draught kilns*) treten in Ostasien voll ausgebildet erstmalig in der Tang-Zeit (618–907) auf,[6] einfachere Vorläufer sind aber sicher schon früher bekannt gewesen. Sie sind zunächst v. a. im Norden Chinas, nur vereinzelt im Süden anzutreffen und entwickelten sich, ausgehend von diesen Regionen, im gesamten asiatischen Raum.[7] Der in Karakorum vertretene Typ wird auch Mantou-Ofen genannt und geht offensichtlich auf Song-zeitliche (960–1279) Vorbilder zurück.

Verhältnismäßig gut erhalten und dokumentiert ist in China der von der Tang- bis in die Ming-Zeit (1368–1644) genutzte Ofenbezirk von Yaozhou im nordchinesischen Shanxi. Dort wurden insgesamt neun Öfen des aufgrund ihrer Hufeisenform auch als *horseshoe-shaped kilns* bezeichneten Typus freigelegt, davon drei, ähnlich wie in Karakorum, dicht beieinander in einer Reihe liegend.[8] Anders als in Karakorum findet sich hier jedoch zusätzlich eine nicht ganz raumhohe Mauer, die Brennloch und Brennkammer voneinander trennte, so dass ein Überschlagen der Flamme eine bessere Wärmeverteilung ermöglichte. Gut erhaltene Öfen dieses Typus aus der Ming-Zeit finden sich noch in dem ins 15. Jahrhundert zu datierenden Töpfereibezirk von Jingdezhen.[9]

Auch im europäischen Bereich sind v. a. seit dem 6. Jahrhundert n. Chr. Öfen des liegenden Typs mit ähnlichem Aufbau anzutreffen, so dass davon auszugehen ist, dass es sich um eine technisch nahe liegende Konstruktionsform handelt, die aufgrund ihrer Funktionalität zwangsläufig an verschiedenen Orten relativ gleichzeitig entstanden sein dürfte.[10]

Die Öfen von Karakorum dienten vorwiegend der lokalen Produktion von Baumaterial. Mit Nutzung der regional auftretenden Rohstoffe wie Holz aus dem Changaj-Gebirge, Wasser aus dem Orchon und Ton aus der unmittelbaren Nähe wurden hier nachweislich Ziegel für die Halle auf dem Palasthügel und wahrscheinlich auch für andere Bauten im Palastbezirk oder Repräsentationsbauten in der Stadt produziert. Die Ofenkonstruktion ist eindeutig aus Nordchina entlehnt und orientiert sich an den seit der Song-Zeit für Nordchina typischen Mantou-Öfen in Huf-

1  Die Brennöfen im »Palastbezirk« von Karakorum, im Hintergrund das Kloster Erdeni Ǐoo

eisenform. Ob der wahrscheinlich über eine längere Zeit intensiv genutzte Ziegelei- und Töpferbezirk nach chinesischer Einweisung von mongolischen Handwerkern oder von nordchinesischen Arbeitern betrieben wurde, ist nicht sicher zu sagen. Nach dem Zeugnis der lateinischen, persischen und ebenso der chinesischen Schriftquellen kamen alle Bauhandwerker und mit ihnen wohl auch die Keramiker und Ziegler aus Nordchina. Auf chinesische Arbeiter deuten auch Werkzeichen und chinesische Schriftzeichen auf Ziegeln hin.

aufgrund besserer Wärmeübertragung auf das Brenngut (Feuerung und Abzug liegen auf gleicher Höhe und die Wärme zieht nicht nach oben, sondern waagerecht ab) als funktionaler, vgl. WEISER 2003, S. 24/25.

6 Bisher gibt es nur wenige Untersuchungen, die sich mit Ofenformen oder Brenntechnologie im asiatischen Bereich befassen. In der Regel steht die produzierte Ware im Vordergrund. Dies hat zur Folge, dass nur wenige Beschreibungen ergrabener Ofenbezirke oder Zeichnungen dieser Bereiche vorhanden sind; vgl. zu Tang-zeitlichen Öfen WATSON 1984, S. 63/64, und zu Song-zeitlichen Öfen dieses Typs TREGEAR 1983.

7 Vgl. TREGEAR 1983, S. 234.

8 Vgl. MEDLEY 1974, S. 84 ff., und MEDLEY 1976, S. 103 ff.

9 AUSST.-KAT. HONGKONG 1989, S. 78/79.

10 Vgl. WEISER 2003.

1 Vgl. RENNER 2000.

2 Gearbeitet wurde mit 25 örtlichen Arbeitern, fünf deutschen und vier mongolischen Studenten, vgl. HÜTTEL 2001 b.

3 Beispiele für einen solchen Rost finden sich im chinesischen Bereich bei den Yaozhou-Öfen, vgl. MEDLEY 1976, S. 103 ff.

4 Zur besseren Orientierung werden die Öfen im Folgenden von Südosten (Ofen 1) nach Nordwesten (Ofen 4) durchnummeriert.

5 Damit bilden sie einen Gegensatz zu den so genannten stehenden Öfen, bei denen Feuerung und Brennraum, durch eine Lochtenne getrennt, übereinander angeordnet sind. Da die Lochtenne bei Dauergebrauch hohen Temperaturen nicht standhält, erwiesen sich liegende Öfen, auch

107

### 107　Schildkröte

Karakorum, Mongolei, 13. Jh. | Stein,
H 103 cm, L 275 cm, B 130 cm | Ausgestellt
ist eine Nachbildung des Cultural Heritage
Center der Mongolei, Ulaanbaatar, aus
dem Jahr 2004

Im Gebiet von Karakorum wurden drei große steinerne Schildkröten gefunden. Die größte von ihnen steht wenige Meter südwestlich der Großen Halle im »Palastbezirk« von Karakorum, eine zweite auf einem Berg südlich von Erdeni Joo im Areal eines vermutlich altmongolischen Palastes, eine weitere nahe des östlichen Stadttores.

Besonders an der großen Schildkröte wird deutlich, dass sie nicht als ruhiges, sanftes Tier dargestellt wird. Die muskulösen Beine, die krallenbewehrten Füße und das große Maul mit spitzen Zähnen könnten auch zu einem Drachen gehören. Beine und Panzer verbindet ein Flammenmotiv, vielleicht auch eine stilisierte Schlange. Der Schildkrötenpanzer ist sehr sorgfältig gearbeitet: Die Panzerplatten in der Körpermitte sind sechseckig und oval, darüber verläuft eine Mittellinie wie eine Perlenkette. Allen Schildkröten gemeinsam ist der rechteckige, glatte Einsatz mit einer ebenfalls rechteckigen Vertiefung in der Mitte des Rückens, in die eine Inschriftenstele eingesetzt wurde.

Die Schildkröte hat in China eine hohe symbolische Bedeutung. Ihre Panzer wurden schon in der Shang-Zeit, im 2. Jtsd. v. Chr., als Orakel genutzt. Der gewölbte Schildkrötenpanzer entspricht in seiner Form der chinesischen Vorstellung des Kosmos: Er lässt sich mit dem Himmelsgewölbe gleichsetzen,

der flache Unterpanzer mit der Erde. Auch dem Plattenmuster des Panzers wird eine besondere Bedeutung zugeschrieben. Frühe Schildkrötendarstellungen tragen auf ihrem Rücken eine vereinfachte Sternsymbolik.[1] Die 24 Randplatten des Panzers sollen den 24 Jahresabschnitten des chinesischen Bauernkalenders entsprechen, der den sich stark verschiebenden Mondkalender ergänzt.[2] Auch werden die Linien des Panzers als Grundlage der Acht Trigramme interpretiert. Diese bestehen aus durchgehenden »männlichen« und unterbrochenen »weiblichen« Linien. Auf unterschiedliche Weise zu 64 Hexagrammen kombiniert, bilden sie die Grundlage des »Buchs der Wandlungen«, des *Yijing*.[3] Die Schildkröte ist außerdem eines der vier Tiere, die die Himmelsrichtungen verkörpern und bildet zusammen mit einer Schlange den »schwarzen Krieger des Nordens«. Zudem ist sie (gemeinsam mit dem Drachen) ein männliches Symbol. Ein weiterer wichtiger Aspekt der Schildkröte ist ihre Langlebigkeit. Sie soll mehr als 1000 Jahre alt werden und in dieser Zeit zu großer Weisheit gelangen. Auch ist sie ein Tier, das schwere Lasten tragen kann,[4] und so sollen die Beine einer Schildkröte den Himmel aufrecht und im Gleichgewicht halten.[5] Nur ein starkes Tier, das die Zeiten überdauert, ist auch geeignet, Inschriften zu tragen, die für die Ewigkeit niedergeschrieben wurden. Heute gilt die Schildkröte als »Wahrzeichen« Karakorums.　*M. J.-K.*

1　ALLEN 1991, S. 104, 107, Abb. 20 (a, b), 22 (a, b).

2　EBERHARD 1999, S. 253.

3　BURKHARDT 1982, S. 190.

4　PALUDAN 1991, S. 50.

5　ALLEN 1991, S. 104.

### 108　Die chinesisch-mongolische Inschrift von 1346 aus Erdeni Joo

Karakorum, Mongolei | Stein, H 70 cm,
B ca. 50 cm, T ca. 40 cm | Mongolische
Akademie der Wissenschaften, Ulaanbaatar | Fund-Nr. Kar 1–Erd 003/1

Im August 2003 wurde im Rahmen der Ausgrabungen des DFG-Projekts »Karakorum-Palast« auf dem Gelände des Klosters Erdeni Joo (Erdenezuu) ein Steinblock ausgegraben, der sich als Teil einer Stele mit einer zweisprachigen chinesischen und mongolischen Inschrift herausstellte. Acht weitere Fragmente derselben Stele waren bereits Ende des 19. und Anfang des 20. Jhs. ebenfalls in Karakorum gefunden worden. Die zerschlagene Stele wurde für den Bau des Klosters Erdeni Joo verwendet. Einige Stücke fehlen noch, und somit sind der chinesische und der mongolische Text weiterhin unvollständig. Die früher gefundenen Stücke tragen einen kleineren Teil der chinesischen Inschrift und mehr als die Hälfte der mongolischen Inschrift. Das neu entdeckte Steinfragment enthält auf der einen Seite einen großen, sehr gut lesbaren Teil des Anfangs der chinesischen Inschrift. Nur die ersten und letzten Zeichen der Zeilen sind zerstört. Der mongolische Text auf der anderen Seite ist leider so beschädigt, dass nur noch einzelne Wörter zu lesen sind. Immerhin tragen sie dazu bei, den mongolischen Text weiter zu rekonstruieren.

Die Bedeutung des chinesischen Textes des jüngst entdeckten Fragments ist von anderer Art. Er ist nicht neu, sondern bereits bekannt, und zwar aus der chinesischen literarischen Tradition. Der Wortlaut ist z. B. in den Gesammelten Werken des Xu Yuren (1287–1364) überliefert, des Autors der Inschrift, welcher der berühmten kaiserlichen Hanlin-Akademie angehörte. Ein Vergleich zeigt, dass der Text der Stele genau dem der Gesammelten Werke entspricht, d. h. dass er wortgetreu überliefert wurde und man deshalb auch jenen Teilen des Textes vertrauen kann, die auf den noch fehlenden Fragmenten der Inschrift stehen müssen.

Mehr als diese technischen Details interessiert natürlich der Inhalt des Textes. Die Inschrift ist einem besonderen Ereignis gewidmet: der erfolgreichen Renovierung eines großen buddhistischen Tempels in Karakorum.

Der Bau dieses Tempels war bereits unter Činggis Khans Sohn und Nachfolger, dem Yuan-Kaiser Taizong (Ögedei Khan, reg. 1229–41), begonnen und unter Kaiser Xianzong (Möngke Khan, reg. 1251–59)

108

vollendet worden. Das raue Klima von Karakorum verursachte schon bald Schäden an dem Bauwerk, die unter Kaiser Renzong (Buyantu Khan, reg. 1311–20) beseitigt wurden. Zwischen 1342 und 1346 wurde der Tempel abermals renoviert, und zwar offensichtlich so gründlich, dass er praktisch neu gebaut wurde. Ende 1346 verlieh Kaiser Shundi

(Toγon Temür, reg. 1333–68) dem Heiligtum, das bisher keinen offiziellen Namen hatte, den Namen Xinyuange,»Pavillon des Aufstiegs der Yuan(-Dynastie)«. Er beauftragte den Gelehrten Xu Yuren, die entsprechende Gedenkinschrift zu verfassen. Diese wurde im chinesischen Original und in mongolischer Übersetzung in eine steinerne Stele gemeißelt, die wohl nicht mehr im Jahr 1346, sondern wahrscheinlich 1347 in Karakorum aufgestellt wurde.

Von besonderer Bedeutung ist die Stele deshalb, weil sie als erstes Originalzeugnis davon spricht, dass Činggis Khan im Jahre 1220 Karakorum »gegründet« haben soll. Dieser häufig verwendete Begriff ist allerdings nicht wörtlich zu nehmen. Im chinesischen Text steht vielmehr, dass Kaiser Taizu (Činggis Khan) »Helin [chin. für Qorum, d. h. Karakorum] zur Hauptstadt [chin. *du*], bestimmt hat«. Helin war freilich keine Stadt, sondern ein Gebiet, und *du* heißt nicht nur »Hauptstadt«, sondern auch »Residenz«, neben der es durchaus auch andere Residenzen geben konnte. Diese »Stadt« war deshalb nicht notwendigerweise als Reichshauptstadt gedacht, sondern vielmehr als Residenz für die Aufenthalte Činggis Khans im Gebiet von Helin. Diese Deutung wird durch den Text der mongolischen Inschrift bestätigt. Er lautet: »Činggis Khan [...] bestimmte den Platz für seine Aufenthalte in Qorum [Karakorum]« (wörtlich: »[...] ließ eine in-Qorum-Aufenthaltsstadt ihren Platz haben« – ohne Philologie geht es nicht, wenn man genau sein will!). Mit dem Bau der Stadt Karakorum, die dann tatsächlich die Hauptstadt des mongolischen Weltreichs wurde, begann erst Ögedei Khan. Die Frage, ob die Aussage der Inschrift, die immerhin mehr als 120 Jahre nach dem angeblichen Gründungsdatum 1220 verfasst wurde, vertrauenswürdig ist, sei dahingestellt. Möglicherweise handelt es sich um eine ideologisch bedingte Behauptung, die ihren Grund darin hat, dass kein anderer Herrscher für die Gründung der späteren Hauptstadt verantwortlich sein konnte als Činggis Khan selbst.

Die folgende Übersetzung umfasst die Teile der Inschrift, welche auf dem 2003 gefundenen Steinfragment enthalten sind: Sie beginnt mit dem Anfang des Gesamttextes und endet mit dem Auftrag des Kaisers an Xu Yuren. Im daran anschließenden, hier nicht übersetzten Teil antwortet der Gelehrte dem Kaiser mit einer Ansprache, in der er die Verdienste des Herrschers und seiner Vorfahren rühmt und die Herrlichkeit und die Bedeutung des wiederhergestellten Tempels beschreibt. Die Inschrift schließt mit einem langen Lobpreis in Versen.

Die Übersetzung gibt den chinesischen Text der Inschrift wieder, wie er sich in den *Gesammelten Werken* des Xu Yuren findet. Um deutlich zu machen, welche Textteile auf dem Steinfragment erhalten geblieben sind, sind die chinesischen Passagen fett und die Entsprechungen der mongolischen Wörter fett und zugleich kursiv gesetzt worden.

## Die Gedenkinschrift von 1346 aus Karakorum (Teilübersetzung)[1]

**Im fünfzehnten Jahr** des Kaisers Taizu Shengwu [Činggis Khan], im Jahre *gengchen* [nach dem Sechzigerzyklus des Mondkalenders] [1220], **bestimmte er Helin** [Qorum, d. h. Karakorum] **zur Hauptstadt [Residenz].** In der Obhut und Pflege des Kaisers Taizong [Ögedei Khan] **waren das Volk und alle Lebewesen gesund und zahlreich. Er errichtete** [dort] **erstmals einen Palast. Deshalb baute er** [auch] **einen buddhistischen Tempel.**

Als das Fundament gelegt, aber das Dach noch nicht fertig gestellt war, setzte Kaiser Xianzong [Möngke Khan] [die Arbeiten] fort. Im Jahre *bingchen* [1256] errichtete [Xianzong] einen großen Stūpa. Er überbaute ihn mit einem majestätischen Pavillon. Als die versammelten Werkleute noch eifrig bei der Arbeit waren, begab sich der Kaiser auf die Winterjagd [auf einen Feldzug?] nach Shu [Sichuan]. Um die Arbeiter zu ersetzen, stellte man fähige Leute an.[2] [Der Kaiser] schickte ständig Boten, um [die Arbeiten] zu überwachen. Durch großen Einsatz wurde [das Werk] vollendet.

Der Pavillon hatte fünf Stockwerke. Er war *dreihundert Fuß* hoch. *Was sein unterstes Stockwerk angeht,* so bildeten die vier Seiten Säle. Jeder hatte sieben Zwischenräume [d. h. acht Säulen]. Rund um diese waren Buddhas angeordnet. Dies entsprach völlig den Anweisungen der Sūtras.

Im Jahre *xinhai* der [Regierungsdevise] Zhida [1311], als Kaiser Ren[zong] [Buyantu Khan] den Thron bestieg, *hörte er von Schäden* [an den Bauwerken]. Er entsandte den *yenqingshi* [Beauftragten für buddhistische Angelegenheiten] **Chuosijian** [mong. Čösgem?], **um Geld für Reparaturen** [dorthin] **zu bringen.**

Wiederum 32 Jahre später, im Jahre *renwu* der Regierungsdevise Zhizheng [1342], gedachte der Kaiser [Toγon Temür] des *Ursprungsorts seiner Ahnen* und der Mühen, welche die Zwei Heiligen [Ögedei Khan und Möngke Khan] für den Bau auf sich genommen hatten. Er beauftragte den *qielian futongzhi* – jetzt

wubeiqing – [Beamtentitel] **Pudashili** [mong. Buda-širi; sanskr. Buddhaśrī] sowie den *lingbei xingzhong shusheng yucheng* – jetzt *xuanzheng yuanshi* – [Be-amtentitel] Yuelutiemuer [mong. Örügtemür] mit der besonderen Überwachung der Renovierung.

Vier Jahre danach war das Werk wunderbar vollen-det. Der Stūpa war rundum vergoldet. Sein Glanz blendete die Augen. Was den Pavillon betrifft – in-nen und außen, oben und unten, im Großen und in den Details, in den Biegungen und Krümmungen, in den Vorsprüngen und ebenen Flächen, in der La-ckierung und im Anstrich gab es nichts, was nicht solide und schön, **edel und vollkommen** gewesen wäre. **Er hatte jeweils drei Tore in zweistöckiger Anordnung** [d. h. zwei übereinander angeordnete dreiflügelige Tore], und umgeben war er von einer durchgängigen Mauer. Fürwahr, er war strahlend neu!

Die Regierung stellte *zhongtong*-Papiergeld im Wer-te von über 265 000 Geldschnüren bereit. Verglichen mit *früher* waren die Ausgaben halb so groß, aber das Ergebnis war doppelt so groß.

Als am 7. Tag des 11. Monats des Jahres *bingxu* [19. Dezember 1346] der Kaiser mit seinem Gefolge in der Mingren-Palasthalle weilte, erstattete ihm ein Beamter des *zhongshusheng* [Amt] Bericht und machte darauf aufmerksam, dass der Pavillon nach seiner Renovierung **eine Gedenkinschrift** erhalten müsse. [Der Kaiser] **beauftragte** den Untertanen und Gelehrten der Hanlin-Akademie [Xu] Yujen, eine [solche] Steininschrift zu verfassen.   *K. S.*

---

1   Die Übertragung des chinesischen Textes stützt sich im Wesentlichen auf die kommentierte Übersetzung von Francis Woodman Cleaves. Siehe CLEAVES 1952, S. 29 – 68.

2   Offenbar hatte der Kaiser Arbeiter von der Baustelle für seine Expedition abgezogen. Um den Nachteil auszugleichen, stellte man besonders tüchtige Leute an.

## 109  B. Pürevsüch
## Der Silberbaum im Palast des Ögedei Khan

Mongolei, 1980 | Öl auf Karton, H 78 cm, B 103 cm | Mongolian Cultural Foundation, Ulaanbaatar | Inv.-Nr. 21

Wie immer der Wan'an-Palast, der »Palast der Zehn-tausendfachen Ruhe« oder »Palast des Ewigen Frie-dens« en détail ausgesehen haben mag, in jedem Fall ist ein Hallenbau nach chinesischem Vorbild zu re-konstruieren. Zwei Gemälde, die nicht ausgestellte Außenansicht *Der Tümenamgalan-Palast* des Künst-lers Goosh (Abb. S. 152) und das ausgestellte Ge-mälde von B. Pürevsüch, vermitteln eine wirklich-keitsnahe Vorstellung vom Palast des Ögedei, die sowohl dem Quellenverständnis der 1960er und 1970er Jahre entspricht als auch im Grundsatz dem zu dieser Zeit noch mehrdeutigen archäologischen Befund der mongolisch-sowjetischen Palastgrabung von 1949.

Nach der Überlieferung des *Yuanshi,* der »Geschich-te der Yuan-Dynastie«, ließ Ögedei 1235 einen Palast errichten. Bereits im Frühjahr 1236 war die von dem chinesischen Baumeister Liu Min entworfene und von Bauhandwerkern aus Nordchina erbaute Palast-oder Audienzhalle fertig gestellt.

Nehmen wir die Menschen als Größenmaßstab, so stellt Goosh, der Maler der Außenansicht, eine Halle von beträchtlicher Höhe dar, zur ersten Traufe gerechnet etwa 9 – 10 Meter hoch. In der Breite misst das Gebäude sieben *jian,* sieben Joche. Dies ent-spricht dem archäologischen Befund der ersten Pa-lastgrabung von 1949. Indes wird hier das Mittel-schiff extrem breit dargestellt und für die Joche rechts und links vom dreiflügeligen Eingang das gleiche Achsmaß suggeriert. Im Gegensatz dazu weist der archäologische Befund drei verschiedene Jochmaße auf in der Folge a-b-c-b-c-b-a. Auch in der Darstellung der Vorhalle hält sich der Maler nicht strikt an die archäologischen Beobachtungen. Danach wäre eine auf acht Säulen ruhende Vorhalle anzunehmen. Archäologische Indizien wie mehrere Linien von Traufverstürzen sprechen für ein min-destens zweifach gestuftes Dach. Dem entspricht das Bild in der Darstellung. Die Form des Daches indes ist zweifelhaft. Gehen wir davon aus, dass in der chinesischen Architektur durch die Dachform und ihre Gestaltung die Bedeutung eines Gebäudes innerhalb eines Ensembles sichtbar gemacht wird, so wäre nicht, wie auf dem Bild, eine Kombination aus Walm- und Zeltdach anzunehmen, sondern der

herausragenden Bedeutung des Gebäudes entspre-chend ein mindestens zweistufiges Walmdach wie auf den Tempeln in Erdeni Joo. Das Walmdach gilt als die edelste Dachform, deckt Paläste und Tempel, kaiserliche Ritualbauten, die Hauptgebäude kom-plexerer Gruppen aus repräsentativen Bauten insbe-sondere in einer Palaststadt. Die Halle stand, wie dargestellt, auf einem mit Ziegelmauern verblende-ten Erde-Lehm-Podium von fast drei Metern Höhe. Auch Treppen und Umgänge mit Steingeländern aus niedrigen Holmen und mächtigen Pfosten mit Dra-chenköpfen können für einen Palastbau wie auch ei-nen großen Tempel vorausgesetzt werden, sind ar-chäologisch aber (noch) nicht nachgewiesen.

Ein Gemälde des Malers Pürevsüch zeigt das Innere der Halle. Auch diese Darstellung ist quellennah, die Szene keineswegs frei nach der Phantasie des Künstlers gestaltet. In der Architektur und der In-nenausstattung orientierte sich der Maler sichtlich an der Halle des Kaiserpalastes in Peking und gibt die für repräsentative Hallenbauten typischen Ele-mente wieder, wie rot lackierte Holzsäulen mit Dra-chenbändern oder Kassettendecken. Die Architektur ist allerdings nur Staffage, zentrale Bildthemen sind Silberbaum und Kaiserthron, wie sie im 13. Jh. Wil-helm von Rubruk beschrieben hat. Wie kaum ein anderes aus der mittelalterlichen Schriftüberlie-rung bekanntes Kunstwerk hat der berühmte Silber-baum, der »magische Brunnen«, die Phantasie der Menschen beflügelt und wurde zum Inbegriff Kara-korums. Entworfen und konstruiert von Guillaume Boucher, einem Goldschmied aus Paris, und gefer-tigt von 50 Kunsthandwerkern, wurde der Getränke spendende Silberbaum zu Ostern 1254 in der Palast-halle installiert. Rubruk, der sich mit dem kriegsge-fangenen Künstler angefreundet hatte, ist Augen-zeuge dieser Szene: »Meister Wilhelm [Boucher] aus Paris [machte] […] dem Khan einen großen Baum aus Silber, an dessen Wurzeln vier Löwen, gleich-falls aus Silber, lagern, die in ihrem Inneren eine Röhre haben und alle weiße Stutenmilch ausspeien. Innerhalb des Baumes gehen vier Röhren bis zu sei-nem Gipfel empor, deren oberste Enden nach unten gebogen sind, und um jede der letzteren schlingt sich eine goldene Schlange, deren Schwanz sich um den Baum windet. Eine dieser Röhren lässt Wein aus sich heraus fließen, die andere Kara-Kumys, das ist vergorene Stutenmilch ohne Hefen, die dritte Bal, ein Honiggetränk, die letzte Reisbier, das auch Tera-cina heißt. Und für jedes der Getränke ist am Fuß des Baumes ein besonderer Behälter aus Silber auf-gestellt. […] zuhöchst auf dem Baume brachte er ei-

109

nen Engel an mit einer Trompete in der Hand […].
Der Baum hat silberne Äste, Blätter und Birnen.«[1]
Der Baum stand nach Rubruck innerhalb (!) der
Palasthalle vor der mittleren der drei Türen der
Südseite, d. h. auf der Zentralachse der Halle, und
keineswegs zwingend, wie alle neueren Rekonstruktionen suggerieren, im Zentrum der Halle. Weiterhin merkt Rubruk an: »Der Khan sitzt am nördlichen Ende der Halle auf einem erhöhten Platze, so
daß er von allen gesehen werden kann. Zwei Stufen
führen zu ihm empor.« Mehrstufig war wohl auch
der Thronsitz selbst, denn »nur eine Frau sitzt oben
neben ihm, aber nicht so hoch wie er«. Nach Rubruk
war »der Raum in der Mitte« zwischen Thron und
Baum »leergehalten, denn hier hat der Beamte seinen Standort, der für den Trank zu sorgen hat sowie
auch die Gesandten, die Geschenke überreichen,
während der Khan dort oben thront wie ein Gott.«

H.-G. H.

1 Dieses und die folgenden Rubruk-Zitate nach RUBRUK/
RISCH 1934.

### 110 Der Silberbaum in einer barocken Darstellung

aus Pierre Bergeron: *Voyages faits
principalement en Asie dans le douzième,
treizième, quatorzième et quinzième siècles*,
Den Haag 1735 | Kupferstich, H ca. 15 cm,
B ca. 20 cm | Staatsbibliothek zu Berlin –
Preußischer Kulturbesitz, Orientabteilung |
Inv.-Nr. 4' Uk 2408

Dieser Kupferstich hat mehr als jede zeitgenössische
Schilderung des 13. oder 14. Jhs. das Bild von Kara-
korum geprägt, die Vorstellung vom Palast des
Khans ebenso wie die Vorstellung vom Silberbaum
des Guillaume Boucher (vgl. Kat.-Nr. 109). Der
Stich wurde für eine 1729 von Pieter van der Aa in
Leiden verlegte Ausgabe des *Recueil de divers voya-
ges curieux faites en Tartarie en Perse et ailleurs* ge-
fertigt, einer überarbeiteten Neuauflage des 1634 in
Paris von Pierre Bergeron veröffentlichten *Traicté*

*des Tartares, de leur origine, pays, peuple, mœurs,
religion, etc.*, der u. a. die erste französische Übersetzung der »Voyages en Tartarie« des Wilhelm von
Rubruk enthält. Der Verleger Neoulm erwarb aus
dem Nachlass von Pieter van der Aa die Leidener
Auflage und veröffentlichte sie 1735 in Den Haag
unter dem Titel *Voyages faits principalement en Asie
dans le douzième, treizième, quatorzième et quinzième siècles*. Aus ihr stammt der ausgestellte Kupferstich.
Weder in der Darstellung des Silberbaums noch des
Palastes entspricht der Stich der Schilderung Rubruks. So sind die Getränke speienden Löwen weg-
gelassen, der Silberbaum nicht in die Halle gesetzt,
sondern in einen Hof unter freien Himmel gestellt.
Die von Rubruk beschriebenen Nebengebäude –
»lang wie Scheunen«[1] – sind als Flügelbauten auf
Säulenarkaden dargestellt, der erhöhte Thron als
kleine Säulenhalle mit baldachinartigem Zeltdach.
Offensichtlich war dem Illustrator aufgegeben, in

95 RUBRUQUIS EN TARTARIE. CHAP. XL. 96

*(Kupferstich mit Text aus »Rubruquis en Tartarie«)*

110

## Karakorum, Palastbezirk: Buddhistische Kleinplastik

### Drei Tathāgatas

**111  Relief eines Amitābha**

Karakorum, Mongolei, 2. Hälfte 13. Jh. | Ton, ungebrannt, H 30 cm, B 18 cm, T 3 cm | Akademie der Wissenschaften der Mongolei, Ulaanbaatar | Fund-Nr. Kar 1–03 / B 4031–2

**112  Relief eines Amitābha**

Karakorum, Mongolei, 2. Hälfte 13. Jh. | Ton, ungebrannt, H 30 cm, B 18 cm, T 5 cm | Akademie der Wissenschaften der Mongolei, Ulaanbaatar | Fund-Nr. Kar 1–03 / B 4031–4

**113  Relief eines Amoghasiddhi**

Karakorum, Mongolei, 2. Hälfte 13. Jh. | Ton, ungebrannt, H 30 cm, B 18 cm, T 3 cm | Akademie der Wissenschaften der Mongolei, Ulaanbaatar | Fund-Nr. Kar 1–03 / B 4031–3

Eines der beherrschenden Bildthemen in der indotibetischen Kunst des 12.–14. Jhs., v. a. in der Malerei Zentraltibets und Qaraqotas, ist die Darstellung der fünf Tathāgatas oder transzendenten Buddhas Vairocana, Akṣobhya, Amitābha, Amoghasiddhi und Ratnasambhava. Tathāgata, ursprünglich ein Epitheton des Śākyamuni, bedeutet »der so Gekommene«

nur einer Darstellung Außen und Innen wiederzugeben, die Architektur des Palastensembles und das von Rubruk beschriebene Halleninnere mit Silberbaum und Thron zusammenzufassen, belebt mit den aus großen Gefäßen schöpfenden »Mundschenken«, die »den Männern und Frauen im Palast [die Getränke] bringen« sowie Gruppen von »Gesandten« zwischen Thron und Silberbaum.

Im Ergebnis zeigt sich eine exotisch verkleidete Palastanlage des Barock: ein dreiflügeliger Komplex aus Corps de logis und Nebengebäuden, die einen Hof umschließen, der dem Ehrenhof eines barocken Schlosses gleicht. Wird das Hauptgebäude im Barock durch Mittelrisalite und eine Freitreppe betont, so der zentrale Gebäudeteil – eine fünfschiffige Halle mit chinesischem Walmdach – hier durch den Thronbau, der sich wie ein barocker Mittelrisalit aus der Palastfassade hervorhebt.

Der Stich könnte die von Rubruk geschilderte Szene des 5. April 1254 wiedergeben: »[Wir] betraten den Palast, der voll war von Männern und von Frauen.

Wir traten vor den Khan, wobei wir den […] Baum, der mit den dazu gehörigen Gefäßen einen beträchtlichen Raum einnimmt, im Rücken hatten.« Der gewaltige Silberbaum ist leicht aus der Zentralachse verschoben, um den Blick auf den Khan freizugeben, der »am nördlichen Ende auf einem erhöhten Platze sitzt, so daß er von allen gesehen werden kann«. Er ist auf dem Stich wie die Statue eines sitzenden Buddha gezeichnet. Die rechte Hand hat er zum Friedensgruß erhoben. Übergroß sitzt er fern von den Menschen, »thront wie ein Gott« über ihnen.

Der Kupferstich ziert heute die Rückseite zweier mongolischer Banknoten (Kat.-Nr. 487), der 5000 und 10 000 Tögrög-Scheine, bildhafter Ausdruck für die wiedergefundene Identität des mongolischen Volkes. Auf der Suche nach seiner über viele Jahrzehnte zwangsweise verdrängten, aber nie verlorenen Geschichte spielt Karakorum, die erste Hauptstadt des mongolischen Weltreichs, eine zentrale Rolle.    *H.-G. H.*

1  Die Rubruk-Zitate nach RUBRUK/RISCH 1934.

111

im Sinne des zur Vollendung Gelangten. Die Tathāgatas werden auch *jina*, »Sieger«, genannt. Sie verkörpern die allumfassende Idee des Buddha und zeigen den Menschen den Weg zur Erlösung. Im Mahāyāna-Buddhismus stellen die kosmischen Buddhas Emanationen des Ur-Buddha, des Ādibuddha, dar. Als kosmische Buddhas sind sie die Buddhas der unendlichen Räume und der himmlischen Paradiese, beherrschen die fünf Himmelsrichtungen, besetzen die entsprechenden Seiten eines Stūpa: das Zentrum Vairocana, den Osten Akṣobhya, den Westen Amitābha, den Norden Amoghasiddhi, den Süden Ratnasambhava. Jedem der Tathāgatas ist ein bezeichnender Handgestus (*mudrā*) zugeordnet: der Gestus (des Drehens) des Rades der Lehre (*dharmacakra-mudrā*) oder die Argumentationsgeste (*vitarka-mudrā*) dem Vairocana, der Gestus der Erdberührung und Zeugnisanrufung (*bhūmīsparśa-mudrā*) dem Akṣobhya, der Meditationsgestus (*dhyāna-* oder *samādhi-mudrā*) dem Amitābha, die Geste der Furchtlosigkeit oder Schutzverheißung (*abhaya-mudrā*) dem Amoghasiddhi, die Geste der Wunschgewährung (*varada-mudrā*) dem Ratnasambhava.

Die fünf Tathāgatas sind beherrschendes Thema auch in der buddhistischen Kunst Karakorums. So weisen alle in der Großen Halle gefundenen Reliefs ausschließlich Tathāgata-Darstellungen auf, mehrfigurige Zentralkompositionen: Im Mittelpunkt der Bildkomposition die Hauptgestalt, der Tathāgata, in frontaler Darstellung auf einem Doppellotosthron sitzend, flankiert von zwei auf separaten Lotossockeln stehenden Bodhisattvas im Dreiviertelprofil, einem Avalokiteśvara Padmāpaṇi (Kat.-Nr. 114, 116, 118) und einem nicht näher bestimmbaren Bodhisattva, nach den entsprechenden Bildformularen der Malerei in der Regel ein Mañjuśrī (vgl. Kat.-Nr. 403).

Die meisten Reliefs konnten nur in kleinen Bruchstücken geborgen werden. Insbesondere der Plattengrund war häufig schon bis zur Unkenntlichkeit vergangen. Aufgrund der wenigen ikonographisch eindeutigen Plattenfragmente (siehe den Beitrag »Der Palast des Ögedei Khan« in diesem Katalog) sowie einiger Plattenmodel (Kat.-Nr. 139–141) ist aber gesichert, dass die Reliefdarstellungen dem gleichen ikonographischen Muster und prinzipiell auch dem gleichen Kompositionsschema folgen wie die Malerei. Die reduzierte Darstellung auf den Plattenreliefs, die durchgehende Beschränkung auf die Kerntriade aus thronendem Tathāgata und zwei flankierenden Bodhisattvas resultiert aus der Begrenzung des Bildformats und wohl auch einer anderen Bildfunktion. Die Begrenzung des Bildformats ist durch die Paneele vorgegeben, in die die Karakorum-Reliefs eingepasst waren. Da die Reliefplatten alle die gleichen Maße aufweisen, können wir von fries- oder registerartigen Paneelzügen ausgehen.

Alle fünf Tathāgatas sind auf den Karakorum-Reliefs nachgewiesen. Am häufigsten vertreten ist Amitābha. Er ist hier in zwei bezeichnenden Beispielen vertreten (Kat.-Nr. 111, 112), die sich nicht nur in winzigen Details, sondern auch in Stil und Quali-

tät unterscheiden. Ikonographisch sind beide identisch. Beide Tathāgatas sitzen im Lotossitz auf einem Doppellotosthron, beide in der Meditationshaltung (*dhyāna-mudrā*). Die Reliefplatte der Kat.-Nr. 111 lässt noch deutlich Ansätze einer schlanken hohen Aureole sowie des Thrones ähnlich dem Model Kat.-Nr. 141 erkennen. Unterschiede zeigen sich in der Körperauffassung. So ist der Oberkörper des Amitābha Kat.-Nr. 111 gedrungen, er wirkt runder, weniger gestreckt und schlanker als der Körper des Buddha Kat.-Nr. 112. Sind bei diesem der taillenbetonte Körper, die Füße und v. a. die Zehen sorgfältig und sehr plastisch modelliert, so wirken die Füße und Hände jener Figur eher flach, mit dem Formholz ausgekerbt, nicht modelliert. Schließen die Arme des einen (Kat.-Nr. 111) sich rund zur Meditationsgeste zusammen, so sind die Arme des anderen (Kat.-Nr. 112) stärker geknickt, weiter weg vom Körper, der so mehr zur Geltung kommt. Die Unterschiede in Stil und Qualität machen deutlich, dass die Tathāgata-Sets nicht nur aus verschiedenen Modelsets stammen, sondern wohl auch in verschiedenen Ateliers gefertigt worden sind.

Amoghasiddhi, der Buddha des Nordens, ist der dritte Tathāgata (Kat.-Nr. 113), identifiziert wird er durch die ihn bezeichnende Geste der Schutzverheißung und Furchtlosigkeit (*abhaya-mudrā*). In der Modellierung des Körpers, der genaueren Detaillierung gleicht er eher dem Amitābha Kat.-Nr. 112. Vermutlich entstammen beide Figuren dem gleichen Set, in jedem Fall aber der gleichen Werkstatt.

*H.-G. H.*

112

113

### 114 Padmāpaṇi

Karakorum, Mongolei, 13. Jh. | Ton, ungebrannt, H 20 cm | Akademie der Wissenschaften der Mongolei, Ulaanbaatar | Fund-Nr. Kar 1–03 / B 4031–12

Diese Figur des Avalokiteśvara Padmāpaṇi war Teil einer Reliefplatte mit der Zentralfigur eines Buddha Akṣobhya. Der Bodhisattva stand rechts des thronenden Buddha, die Füße seitlich gestellt, auf einem einfachen Lotossockel (wie Kat.-Nr. 115). Der eigene Sockel definiert, wie auch ein eigener Nimbus, einen eigenen Raum der Begleitfiguren. Die linke Hand hält einen Lotos. Der ungewöhnlich lange rechte Arm hängt herab. Die Hand liegt am Bein an, der Handgestus ist unbestimmt. Der Körper ist dreifach gebogen und leicht zur Seite gedreht, in der für Bodhisattva-Darstellungen charakteristischen Tri-

114

baṇgha-Haltung. Die typische Fußstellung verleiht dem Körper eine merkwürdige Schwere und puppenhafte Steifheit, die ganz im Gegensatz zum eleganten Dreischwung des Körperumrisses steht, eine Stileigentümlichkeit, die in Plastik und Malerei dieser Zeit gleichermaßen ausgeprägt erscheint.

*H.-G. H.*

### 115 Fragment einer Relieffigur auf einem Lotossockel

Karakorum, Mongolei, 13. Jh. | Ton, ungebrannt, H 5,2 cm, B 3,5 cm, T 2,4 cm | Akademie der Wissenschaften der Mongolei, Ulaanbaatar | Fund-Nr. Kar 1 – 02/2845 *ohne Abb.*

Dieses kleine Fragment einer Relieffigur lässt über charakteristische Details einen komplexeren Bildzusammenhang erschließen. Die beiden seitlich gestellten Füße auf einem Sockel mit Lotosfries und Perlstab sind ikonographisch eindeutig: Sie sind einem Bodhisattva zuzuordnen, der Fußstellung nach der rechten Begleitfigur eines Buddha. Der zu ergänzende Bodhisattva (eine mit Kat.-Nr. 114 vergleichbare Figur) ist Teil eines Reliefs, einer Zentral-

komposition, in deren Mitte einer der Tathāgatas thront, zur Rechten und zur Linken stehen die entsprechenden Bodhisattvas. Diese Bildformel ist in Karakorum in mehreren Relief-Sets aus verschiedenen Werkstätten und Stilen vertreten und zählt zu den beliebtesten Motiven in der tibetischen Malerei des 12. bis 14. Jhs. *H.-G. H.*

### 116 Kopf eines Avalokiteśvara Padmāpaṇi

Karakorum, Mongolei, 13. Jh. | Ton, ungebrannt, H 3,8 cm, B 3,4 cm, T 2,8 cm | Akademie der Wissenschaften der Mongolei, Ulaanbaatar | Fund-Nr. Kar 1-01/615-15

Das Fragment stammt wahrscheinlich von einem der Tathāgata-Reliefs wie die Kat.-Nr. 111–113. Es zeigt den leicht erhobenen, im Dreiviertelprofil dargestellten Kopf eines Bodhisattva. Typisch sind der hochkegelige Haarturm mit der dreifachen Krone, der ringförmige Ohrschmuck und der Lotos, eines der charakteristischen Attribute. Ungewöhnlich und in der Reliefkunst Karakorums bisher einzigartig ist der vollrunde, kürbisförmige Kopf mit dem weich modellierten Gesicht, den schön geschwungenen Lippen des kleinen ausdrucksvollen Mundes und dem betonten runden Kinn – ein eindeutig chinesisches Element. Mit dieser einzigartigen Synthese aus chinesischen und indo-nepalischen Stilelementen wie Haartracht, Krone und Lotoszeichnung bildet dieses Fragment ein kleines, aber sehr bedeutendes Mosaiksteinchen in der Kunstgeschichte Karakorums. *H.-G. H.*

### 117 Relieffigur eines Bodhisattva

Karakorum, Mongolei, 13. Jh. | Ton, ungebrannt, H 16,5 cm, B 4,8 cm, T 2,2 cm | Akademie der Wissenschaften der Mongolei, Ulaanbaatar | Fund-Nr. Kar 1 – 03/3083 *ohne Abb.*

Dieses Fragment eines Bodhisattva ist Teil einer mehrteiligen Zentralkomposition mit der Mittelfigur eines Tathāgata (wie Kat.-Nr. 111–113). Der Körperhaltung nach handelt es sich um die einen Buddha rechts flankierende Begleitfigur. Typisch ist das in schwere, rippenartige Falten gelegte Hüfttuch und Beinkleid, die eng anliegende *dhoṭī*. Nur in Ansätzen ist der für Bodhisattvas charakteristische Fürstenschmuck zu erkennen, deutlich dagegen die linke Hand vor der Brust in der typisierenden Geste »des Haltens des dreifachen Lotos«. Extrem gesteigert ist bei dieser Figur die Tribaṇgha (»Dreiknick«)-Haltung, extrem auch die Proportionen der Figur mit den im Verhältnis zum Oberkörper unverhältnismäßig langen Beinen. So ist diese Figur beispielhaft für eine sehr expressive Spielart des indo-nepalisch-tibetischen Stils in Karakorum.

*H.-G. H.*

### 118 Relieffigur eines Padmāpaṇi

Karakorum, Mongolei, 13. Jh. | Ton, gebrannt, H 12 cm, B 7,3 cm, T 1,8 cm | Akademie der Wissenschaften der Mongolei, Ulaanbaatar | Fund-Nr. Kar 1 – 02/1918.19

116

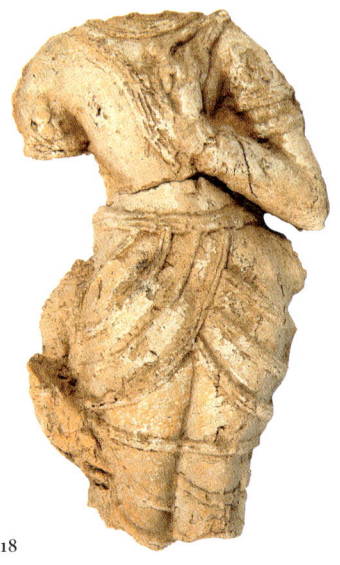

118

119

Die auf den Rückseiten nur mäßig geglätteten Reliefplatten sind in den Öfen südwestlich der Großen Säulenhalle gebrannt und dort aus den Brennkammern geborgen worden. Sie sind Teil eines einzigartigen Werkstattfundes und Beispiele eines plastisch-ornamentalen Stils mit betont ekstatischen Zügen. Solche Platten waren zugleich Dekor sowie Übel abwehrende und Glück heischende Zeichen, sie zierten vermutlich im Wechsel mit Rankenornamenten die Friese der First- und Traufleisten von Palästen und Tempeln. Diese Köpfe phantastischer Mischwesen aus Löwen- und Drachenelementen sind wahrscheinlich aus Matrizen geformt und dann aus freier Hand mit dem Formholz und einem messerähnlichem Gerät überarbeitet worden. Charakteristisch sind die langen, von Hand geformten Nasenrüssel, die weit aufgerissenen Mäuler, die Auflösung der Mähnen in blattartige Fransenornamente und Haarvoluten und die Betonung der fleischigen Partien und Augen durch hohe Rundbuckel.   *H.-G. H.*

### 120  Kopf eines Bodhisattva

Karakorum, Mongolei, 13. Jh. | Terrakotta, grün glasiert, H 11,6 cm, B 7,8 cm, T 6 cm | Akademie der Wissenschaften der Mongolei, Ulaanbaatar | Fund-Nr. Kar 1 – 00/173

Das ursprünglich als »uigurisch« bezeichnete Köpfchen ist als Hohlform gefertigt und aus freier Hand modelliert worden. Nach neueren Erkenntnissen ist der Kopf wohl eher als chinesische Arbeit anzusehen und der kleinen Gruppe chinesischer Terrakotten zuzuordnen, der auch die Köpfe Kat.-Nr. 121 – 123 angehören. Charakteristisch sind die Kürbisform des Kopfes mit schwerem, vollrundem Kinn, die schrägen, geschlitzten, sehr plastischen Augen und der kleine geschwungene Mund.

*H.-G. H.*

### 121  Kopf eines Bodhisattva (?)

Karakorum, Mongolei, 13./14. Jh. | Terrakotta, grün glasiert, H 10,9 cm, B 6,1 cm, T 3,5 cm | Akademie der Wissenschaften der Mongolei, Ulaanbaatar | Fund-Nr. Kar 1–04/772

Das Fragment einer hohlgeformten unterlebensgroßen Tonplastik gehört wie schon Kat.-Nr. 120 zu einer kleinen Gruppe von Terrakotten im chinesischen Stil, die alle im Bereich der abgestürzten Nordtraufe der Großen Halle gefunden wurden. Alle Terrakotten dieser Gruppe haben einen roten Scherben und sind grün glasiert. Auffällig ist der tiaraartige Kronen- oder Haubenschmuck, charak-

Wie der bereits beschriebene Bodhisattva (Kat.-Nr. 117) ist wohl auch diese Relieffigur einem Tathāgata-Relief zuzuordnen. Es handelt sich um eine der wenigen gebrannten Kleinplastiken in Karakorum. Die spärlichen Reste weißer Bemalung sprechen für einen Avalokiteśvara Padmāpaṇi, den Lotosträger. Die für Karakorum eigentümliche Gestaltung der *dhoṭī*, des gewickelten Beinkleides mit schwer fallenden Rippenfalten geht unmittelbar auf Vorbilder der indischen Pāla-Kunst zurück. Charakteristisch sind der Fürstenornat aus Kettengehängen und Armschmuck und auch die linke, vor die Brust gehaltene Hand im Gestus »des Haltens des dreifachen Lotos«: Daumen und Ringfinger halten den sich in der Regel dreifach verzweigenden Lotos. Frucht, Blüte und Knospe verkörpern die Buddhas der drei Zeiten, der Vergangenheit, Gegenwart und Zukunft. Ebenfalls charakteristisch und zudem ein Merkmal des Zeitstils ist der extrem lange, nach unten hängende rechte Arm: Bis an die Knie reichende Arme sind eines der 32 Zeichen der Vollkommenheit, die einen herausragenden Menschen, einen Cakravartin (Weltenherrscher) und Buddha auszeichnen.   *H.-G. H.*

### 119  Vier Reliefplatten mit Löwen-Drachen

Karakorum, Mongolei, 13./1. Hälfte 14. Jh. | Terrakotta, H 30 – 37 cm, B 27 – 37 cm, T 6 – 8,2 cm | Akademie der Wissenschaften der Mongolei, Ulaanbaatar | Fund-Nr. Kar 1 – 00/189.194.199; 00/174.178; 00/176; 00/168.1

120

121

122

124

Terrakottaplastik als Bodhisattva, als Guanyin (Kat.-Nr. 377). Charakteristisch ist das Haargeflecht aus parallel geordneten und zu einer Hochfrisur (?) gelegten Strähnen. Diese sind schematisch ausgeführt und wurden glatt belassen ohne Binnenzeichnung. Schematisch in der Ausführung ist auch der kurze Zopf über dem Ohr und die breite, sich wellende, gratig gerippte Strähne des Nackenhaars dahinter. Gegen die eher schematische Durchführung der ikonographisch verbindlichen Attribute steht eine nahezu porträthafte Individualisierung des Gesichts: Nichts Kantiges begegnet uns in diesem Antlitz. Im Ansatz nur erkennbar ist die weiche, lebensvolle Modellierung des Mundes mit der Andeutung eines Grübchens, der Mundwinkel ist kaum merklich herabgezogen. Weich und rund modelliert, dabei markant, sind die Augenbögen der nur leicht geschlitzten, großen und weiten, schauenden Augen, in denen wir noch die Umrisse der gemalten Pupille erkennen. Die fast marmorisierende Glasur über der nuanciert modellierten Wange vermittelt der Figur eine Präsenz und Lebendigkeit, die weit entfernt ist von der noch statuarischen Steifheit vergleichbarer Plastiken früherer Zeiten.   *H.-G. H.*

### 123 Kopffragment (eines Bodhisattva?)

Karakorum, Mongolei, 13./14. Jh. | Terrakotta, grün glasiert, H 8,9 cm, B 6,4 cm, T 4,4 cm | Akademie der Wissenschaften der Mongolei, Ulaanbaatar | Fund-Nr. Kar 1–04/240
*ohne Abb.*

Dieses Fragment stellt ein herausragendes Werk aus dem chinesischen Atelier in Karakorum dar. Die Asymmetrie der Lippen und der Nase deutet auf ein Gesicht im Dreiviertelprofil, das hier unter Beachtung der Perspektive nicht als Schema, sondern in exakten Verkürzungen durchgebildet wurde. Die Dreiviertelansicht weist auf einen Bodhisattva. Mehr noch als das Fragment Kat.-Nr. 122 verkörpert dieser Kopf in seiner Unmittelbarkeit, was einmal als die »Vermenschlichung« der Figur in der chinesischen Plastik bezeichnet wurde: verlebendigende Beseelung durch porträthafte Individualisierung. Diese Entwicklung setzt in der Tang-Zeit (618–907) ein und erfährt ihren Höhepunkt in der Zeit der Song- und Yuan-Dynastie (960–1279 und 1272–1368). Sie kennzeichnet auch den Stil der chinesischen Karakorum-Werkstatt.   *H.-G. H.*

### 124 Kopf eines Buddha

Karakorum, Mongolei, 13. Jh. | Ton, gebrannt, H 5,5 cm, B 4,8 cm | Akademie der Wissenschaften der Mongolei, Ulaanbaatar | Fund-Nr. Kar 1–01/227

Spirallockenfrisur und *ūrṇā* kennzeichnen dieses Fragment einer Figur als Buddha. Dieses Köpfchen einer Relieffigur gehört zu einer für Karakorum eigentümlichen Gruppe von Buddhas, die einerseits die im charakteristischen S geschwungenen Augenbögen des indo-nepalisch-tibetischen Stils zeigen, andererseits ein sehr breites rundes Gesicht und eine breite, eher flache Nase haben, Züge, die auch aus der Bildkunst des 12. und 13. Jhs. im tangutischen Qaraqota bekannt sind.   *H.-G. H.*

teristisch das schräge, eng geschlitzte Auge und der Haaransatz, der rundum die Strähnen einer hochgeflochtenen Frisur (wie Kat.-Nr. 122) erahnen lässt. Ein ähnlicher Kopfschmuck findet sich in Qaraqota auf den Darstellungen der Guanyin (vgl. Kat.-Nr. 377), der verweiblichten chinesischen Erscheinungsform des Avalokiteśvara.   *H.-G. H.*

### 122 Kopffragment eines Bodhisattva

Karakorum, Mongolei, 13./14. Jh. | Terrakotta, grün glasiert, H 14 cm, B 10,3 cm, T 7,7 cm | Akademie der Wissenschaften der Mongolei, Ulaanbaatar | Fund-Nr. Kar 1–04/1345

Nur im Fragment erhalten ist eines der hervorragendsten Zeugnisse Yuan-zeitlicher Keramikbildhauerei aus Karakorum. Das Fragment stammt aus dem Versturz der Nordtraufe der Großen Halle und gehörte wie auch die Terrakotten Kat.-Nr. 123 und 121 vermutlich zum Figurenschmuck der Fassade oder des Daches der Halle. Die Frisur, die noch im Ansatz erkennbare Krone und der Ohrschmuck kennzeichnen diese im chinesischen Stil und wohl auch in einer chinesischen Werkstatt gefertigte

### 125 Kopf eines Buddha

Karakorum, Mongolei, 13. Jh. | Ton, gebrannt, H 6 cm, B 5,2 cm | Akademie der Wissenschaften der Mongolei, Ulaanbaatar | Fund-Nr. Kar 1–02/1372

Die Haartracht aus Spirallocken, *ūrṇā*, die strenge Frontalität, die langen, scheinbar abgeklappten Ohren und der zur Meditation tief gesenkte Blick kennzeichnen das Fragment als Kopf eines Buddha. Stilbezeichnendes Merkmal dieses Köpfchens und seiner Werkstatt sind die in einem leichten S-Bogen ausschwingenden Augenbrauen, eine typische Darstellungsweise v. a. in der auf Pāla-Formeln zurückgreifenden zentraltibetischen Malerei des 12.–14. Jhs.   *H.-G. H.*

125

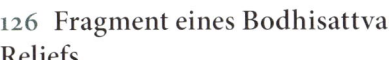

126

127

## 126 Fragment eines Bodhisattva-Reliefs

Karakorum, Mongolei, 13. Jh. | Ton, ungebrannt, H 3,8 cm, B 3,4 cm, T 2,8 cm | Akademie der Wissenschaften der Mongolei, Ulaanbaatar | Fund-Nr. Kar 1 – 01/B 615-15

Das Reliefbruchstück zeigt den leicht gewendeten Kopf eines Bodhisattva. Die Dreiviertelansicht ist typisch für die Begleitfiguren aus Zentralkompositionen wie z. B. Kat.-Nr. 114 mit einem Buddha oder Tathāgata als Mittelfigur. Charakteristisch ist der schwere Ringschmuck am rechten Ohr. Zeigen die vergleichbaren und vorbildhaften Darstellungen in der Malerei Tibets und Qaraqotas die flankierenden

Bodhisattvas in der Regel mit offenem Blick, so scheint für die entsprechenden Bodhisattvas in Karakorum eher der gesenkte Blick typisch. Der Vergleich dieses Bodhisattva-Köpfchens mit dem Buddha Kat.-Nr. 125 gibt Hinweise auf die Proportionsmodule: Das Maßverhältnis ist 2:3.

*H.-G. H.*

## 127 Kopf einer Buddha-Statuette

Karakorum, Mongolei, 13. Jh. | Ton, gebrannt, Reste roter Bemalung, H 7,8 cm, B 4,6 cm, T 2,9 cm | Akademie der Wissenschaften der Mongolei, Ulaanbaatar | Fund-Nr. Kar 1 – 02/2273

Dieses Buddhaköpfchen ist eines der wenigen Beispiele bemalter Kleinplastik. Reste von Rotbemalung deuten auf einen Buddha Amitābha. Es ist eines der wenigen Buddhaköpfchen in Karakorum, an dem der *uṣṇīṣa*, der kegelförmige Haarauswuchs auf dem Mittelscheitel, erhalten ist. Der *uṣṇīṣa* (»Haarband«), eines der 32 Merkmale der Vollkommenheit, ist nicht Teil der Haartracht, geht aber ursprünglich wohl auf einen turmartig hochgebundenen Zopf, den Asketenknoten, zurück. Wenn auch bei sonst identischen Kopfmaßen Umriß und Höhe des Haarauswuchses variieren können – vgl. z. B. den Buddha des Models Kat.-Nr. 141 –, scheinen für alle Figuren die gleichen Module verbindlich gewesen zu sein. *H.-G. H.*

129

130

131

133

## Karakorum, Palastbezirk: Großplastik aus Ton

### 128 Zwei Fragmente von Schädelkalotten eines Buddha mit Haarlocke

Karakorum, Mongolei, 13./1. Hälfte 14. Jh. | Ton, gebrannt, H 13,3 bzw. 12,7 cm, B 8,8 bzw. 9,5 cm | Akademie der Wissenschaften der Mongolei, Ulaanbaatar | Fund-Nr. Kar 1 – 03/399; 02/2001
*ohne Abb.*

### 129 Zwei Haarlocken eines Buddha

Karakorum, Mongolei, 13. Jh. | Ton, gebrannt, Dm 3 cm | Akademie der Wissenschaften der Mongolei, Ulaanbaatar | Fund-Nr. Kar 1 – 02/2872

### 130 Augenfragment eines Buddha

Karakorum, Mongolei, 13. Jh. | Ton, gebrannt, schwarze Glasur (Augapfel), H 8,2 cm, B 11,4 cm, T 4,4 cm | Akademie der Wissenschaften der Mongolei, Ulaanbaatar | Fund-Nr. Kar 1 – 02/971

### 131 Bruchstück einer Nase

Karakorum, Mongolei, 13. Jh. | Ton, gebrannt, H 12,2 cm, B 10,6 cm, T 4,1 cm | Akademie der Wissenschaften der Mongolei, Ulaanbaatar | Grabung Kiselev 1949 | Inv.-Nr. 1808

### 132 Bruchstück einer Nase

Karakorum, Mongolei, 13. Jh. | Ton, gebrannt, H 12,4 cm, B 8,4 cm, T 7,5 cm | Akademie der Wissenschaften der Mongolei, Ulaanbaatar | Fund-Nr. Kar 1 – 02/3264
*ohne Abb.*

### 133 Mundfragment eines Buddha

Karakorum, Mongolei, 13. Jh. | Ton, gebrannt, H 8,9 cm, B 8,7 cm, T 2,3 cm | Akademie der Wissenschaften der Mongolei, Ulaanbaatar | Fund-Nr. Kar 1 – 02/2204

### 134 Ohrfragment

Karakorum, Mongolei, 13. Jh. | Ton, gebrannt, H 21 cm, B 8 cm, T 4,9 cm | Akademie der Wissenschaften der Mongolei, Ulaanbaatar | Fund-Nr. Kar 1 – 02/462

### 135 Ohrfragment eines Buddha

Karakorum, Mongolei, 13. Jh. | Ton, gebrannt, H 12,2 cm, B 7,8 cm, T 2,8 cm | Akademie der Wissenschaften der Mongolei, Ulaanbaatar | Fund-Nr. Kar 1 – 03/1159
*ohne Abb.*

### 136 Drei Fragmente von Fingergliedern

Karakorum, Mongolei, 13. Jh. | Ton, gebrannt, L 7,6 – 9,1 cm, Dm 2,3 – 2,5 cm | Akademie der Wissenschaften der Mongolei, Ulaanbaatar | Fund-Nr. Kar 1 – 02/2977; 01/58; 01/565

### 137 Sechs Fragmente von Zehengliedern

Karakorum, Mongolei, 13. Jh. | Ton, gebrannt; L 12 cm, B 7,1 cm, Dm 2,7 cm; L 7,9 cm, Dm 4,5 cm; L 14 cm, B 8,8 cm, Dm 2,2 cm; L 9,6 cm, Dm 3,2 cm; L 6,9 cm, Dm 3,8 cm; L 12 cm, Dm 4,4 cm | Akademie der Wissenschaften der Mongolei, Ulaanbaatar | Fund-Nr. Kar 1–01/542; 02/2210; 03/1342; 01/524; 02/835; 01/575

### 138 Sieben Fragmente von Gewändern

Karakorum, Mongolei, 13. Jh. | Ton, gebrannt, L 6,2–21 cm, B 4,8 – 12,8 cm, T 1,6 – 4,3 cm | Akademie der Wissenschaften der Mongolei, Ulaanbaatar | Fund-Nr. Kar 1 – 02/893; 03/4113; 03/1539; 02/844; 02/1131; 03/1537; 03/1836

Die Haarteile, Auge, Nasen, Ohren und der Mund sind ebenso wie die Finger und Zehen sowie die faltenreichen Gewandteile verschiedenen großformatigen Tonfiguren zuzuordnen. Während die Kalottenfragmente mit den charakteristischen spiralförmigen Haarlocken, das fast geschlossene lidschwere Auge und der Mund mit dem spitz geschürzten Oberlippenzäpfchen eindeutig Buddhastatuen zugehören, sind die Finger- und Zehenglieder, die Ohren und auch die Gewandfalten nicht eindeutig zuzuordnen. Einzig der *dhoṭī*-Knoten (Kat.-Nr. 138) gibt einen deutlichen Hinweis auf die Figur eines Bodhisattva, denn nicht der Buddha, sondern v. a. Bodhisattvas tragen nach dem Zeugnis der indo-tibetischen Bildkunst des 12. bis 14. Jhs. das gewickelte Beinkleid, die indische *dhoṭī*. In jedem Fall müssen wir von mehrteiligen Figurengruppen ausgehen, die ähnlich arrangiert waren wie die aus der tibetischen Malerei und aus der Reliefplastik in Karakorum bekannten Zentralkompositionen mit einem von zwei Bodhisattvas flankierten mittleren Buddha. Da diese Bodhisattvas in der Regel im Dreiviertelprofil wiedergegeben sind, die hier gezeigten Nasen aber für eine En-face-Ansicht gefertigt sind, dürften die gebogenen, langen, in der Form europiden Nasen eher von Buddhafiguren stammen.

Wie für die Malerei und die kleinformatige Reliefplastik gilt auch für die großformatige Tonplastik, dass die hierarchische Ordnung der Figuren in einem Bedeutungsmaßstab Ausdruck findet. Demnach ist, orientieren wir uns an der Kleinplastik in Karakorum, ein stehender Bodhisattva etwa so hoch wie ein sitzender Buddha. Einen stehenden Buddha müssen wir uns gar um etwa ein Drittel höher als einen Bodhisattva vorstellen. Nebenfiguren wie Schutzgottheiten, Bodhisattvas minderer Bedeutung, heilige Lehrer oder Stifterfiguren sind wiederum um die Hälfte kleiner als die unmittelbaren Begleiter des Buddha.

Die erhaltenen Zehen und die daraus abzuleitenden Fußstellungen, darüber hinaus auch die langen, gerade und schwer hängenden Gewandfalten (Kat.-Nr. 138) weisen in der Mehrzahl auf stehende Figuren hin. Darauf deuten auch die in Karakorum erhaltenen Lotosthrone. Auf dem Doppellotosthron im Nordosten der Großen Säulenhalle steht noch der leicht seitlich gestellte Fuß einer auf Dreiviertelansicht berechneten Figur, deren Höhe nach der Größe des Fußes auf mindestens 3 Meter geschätzt werden kann. Der zugehörige sitzende Buddha wäre also mindestens genauso groß, ein Stehender noch um einen Meter höher, also etwa 4 Meter hoch zu rekonstruieren. Die hier vorgestellten Teile großformatiger Tonplastik gehören sämtlich in diesen Größenbereich. Lediglich das Fragment Kat.-Nr. 135 (ohne Abb.), Teil eines unteren Ohrdrittels mit vermutlich gewaltigem Ohrläppchen, dürfte auf einen noch größeren Buddha von über 5 Metern Höhe hinweisen.

Die Zahl der in der Großen Säulenhalle aufgestellten Figuren kann nur geschätzt werden. Allein schon die in Karakorum erhaltenen Nasenfragmente belegen acht großformatige Plastiken. Auf wesentlich mehr Figuren deuten die erhaltenen Augenfragmente und die mehrere Hunderte zählenden Finger- und Zehenteile. In Augen (Kat.-Nr. 0083) waren tiefschwarz glasierte Augäpfel eingesetzt, gefertigt ausschließlich für die Augen eines Buddha. Nach der Anzahl der geborgenen Augäpfel sind wenigstens sechs großformatige Buddhas anzunehmen. Über die Fingerteile lässt sich eine genaue Zahl nicht bestimmen, wohl aber die Vielfalt der Figuren. Bezeichnende Fingerhaltungen erschließen in etlichen Fällen Gesten (*mudrās*), die bestimmte Buddhas oder Bodhisattvas charakterisieren. So kann ein gekrümmter Finger wie Kat.-Nr. 136 (ohne Abb.) zu einer Hand im *vitarka-mudrā* (Argumentationsgestus) oder im *dharmacakra-mudrā* (Lehrgestus) gehören, könnte aber auch von einer Hand stammen, die einen Lotos hält, von der Hand eines *Padmāpaṇi* oder einer *Tārā*.

Großplastik aus Ton hat in Ost- und Zentralasien, zumal im buddhistischen Kontext, eine lange und kunstgeschichtlich bedeutsame Tradition. In dieser Tradition steht auch die Großplastik von Karakorum, in der neben indo-nepalischen vor allem wohl zentraltibetische, vielleicht auch uigurische Stilelemente und Bildvorstellungen bestimmend sind.

Da großformatige Tonplastik zu fragil ist, um sie über längere Strecken zu transportieren, wird sie in der Regel am Ort der Aufstellung selbst gefertigt, so auch in Karakorum, wo sich allein in der unmittelbaren Nachbarschaft der Großen Säulenhalle mindestens sechs Brennöfen nachweisen ließen. Ob indes die großformatige Tonplastik in diesen Öfen gebrannt worden ist, nahe dem Ort ihrer Aufstellung, ist noch unklar. Unbekannt ist auch, wer die Bildhauer und Keramiker waren und woher sie kamen.

Die Technik der großformatigen Tonplastiken lässt sich in Ansätzen rekonstruieren. Von Ausnahmen wie dem Kopf einer dämonischen Gottheit (Kat.-Nr. 147) abgesehen, sind die Figuren als Hohlformen hergestellt. Alle Figuren bestehen aus mindestens zwei Tonschichten, einer in der Regel mehr oder minder grob gemagerten Kernschicht sowie einer Außenschicht aus feiner geschlämmten Tonen als eigentliche Modellierschicht. Die Magerung der Kernschicht soll einer Schrumpfung der Plastik beim Brennen entgegenwirken. Bisweilen können Kernschicht und Außenschicht aus verschiedenen Tonen sehr unterschiedlicher Farbe bestehen. Die

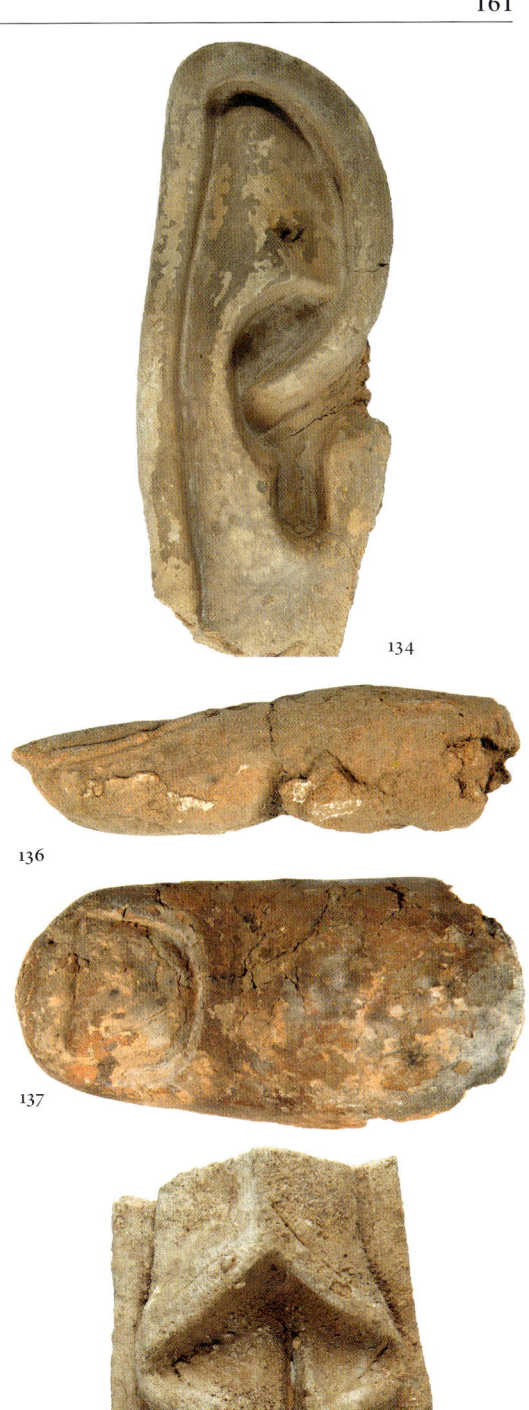

134

136

137

138

fein geschlämmte Außen- oder Modellierschicht wurde, abhängig von der Stärke des zu modellierenden Teils, unterschiedlich dick aufgetragen. Durch Modellierhölzer sind Oberflächen so weit nachgeglättet worden, dass sie hochglänzend wie eine Glasur oder wie Elfenbein wirkten.

Einzelteile wie die Haarlocken, wie der in Tausenden von Fragmenten geborgene Körperschmuck oder Kronen, aber auch Teile des Gesichts wie Ohren, Augen oder Lippen wurden meist nur in einer Schicht aus fein geschlämmtem Ton hergestellt. Ikonographisch festgelegte Versatzstücke wie der Fürstenschmuck der Bodhisattvas und Tathāgatas oder die Haarlocken des Buddha, dazu immer wiederkehrende, weniger individualisierte Gewandteile, sind großenteils nicht aus freier Hand modelliert, sondern nachweislich aus Modeln oder Matrizen seriell gefertigt worden. Die Serienteile wurden zuletzt, bisweilen sogar, wie »Klebestellen« auf der gebrannten Oberfläche zeigen, erst nach dem Brand der Figur fixiert. Dies gilt v. a. für größere Schmuckteile, vereinzelt auch für Gewandfalten.

Die Figuren sind in der Regel aus vielen Teilen noch ungebrannten Tons zusammengesetzt worden. Dabei wurde auf einen Tonkern, der im Inneren durch stiftförmige Eisenglieder (wie in Finger Kat.-Nr. 136) oder Hölzer stabilisiert worden war, Schlicker aufgebracht, fein geschlämmter Ton, der die »Nähte« verdeckte. Die geschlickte Oberfläche wurde nach dem Trocknen bemalt, in wenigen Fällen zuvor noch einmal hauchdünn mit feinem Ton überzogen. Schwarze, blaue, rote, grüne und weiße Farbreste sowie winzige Reste von Goldauflage sind nachgewiesen. Der Kern der Figuren ist vermutlich von unten nach oben aus Tonwülsten über einem inneren Gerüst aufgebaut worden. Die Innenwandung vieler Fragmente zeigt die Abdrücke von Holz, Stroh oder Häcksel, in Ausnahmefällen von schilfartigem Rohr. Ob Großkörperteile wie Arme oder Beine auch mit Eisenstiften oder nur mit Holz stabilisiert waren, ist noch unsicher. Sicher ist, dass die meisten Figuren um Rundhölzer oder Stäbe aufgebaut, vielleicht auch darüber schon in den Sockeln verzapft oder verankert worden sind. Im Fall des Lotosthrons im Nordosten der Großen Halle steht fest, dass Figur und Lotossockel gleichzeitig gebrannt worden sind. Die besonders hart gebrannten, auf der Standfläche oft rissigen Zehen lassen vermuten, dass die meisten Figuren sitzend oder stehend gebrannt worden sind.

*H.-G. H.*

## Karakorum, Palastbezirk: Weitere Fundstücke

### 139 Model für die Relieffigur eines Bodhisattva

Karakorum, Mongolei, 13. Jh. | Kalkstein, H 10,8 cm, B 10,9 cm, T 3,5 cm | Akademie der Wissenschaften der Mongolei, Ulaanbaatar | Fund-Nr. Kar 1 – 02/850

Das Modelbruchstück zeigt einen S-förmig geschwungenen, locker herabhängenden Arm, eine nach unten pendelnde Hand, ein Gestus, der als *lolahasta* bezeichnet wird. Diese für Bodhisattva-Darstellungen des 12.–14. Jhs. charakteristische Geste hat keine spezifische Bedeutung. In der Armmulde zeichnet sich der für einen Bodhisattva typische Fürstenschmuck ab. Neben dem Arm sind die geschwungenen Faltenrippen einer *dhoṭī*, des für einen Bodhisattva üblichen Beinkleids, zu erkennen. Bisher konnte dem Model nur ein Dhoti-Arm-Fragment aus den Tsha-tsha-Deponierungen sicher zugeordnet werden. Aus vergleichbaren Modeln sind die Relieffiguren des Padmāpaṇi Kat.-Nr. 114 und des Bodhisattva Kat.-Nr. 117 gefertigt. *H.-G. H.*

### 140 Modeleckstück mit Blattornamenten

Karakorum, Mongolei, 13. Jh. | Kalkstein, H 19 cm, B 19,2 cm, T 3,9 cm | Akademie der Wissenschaften der Mongolei, Ulaanbaatar | Fund-Nr. Kar 1 – 02/1840

Dieser Model diente der seriellen Fertigung von Reliefplatten, wie sie uns in den Fragmenten Kat.-Nr. 111 bis 113 überliefert sind. Darauf deutet der noch an der charakteristischen Zeichnung des aufgeworfen, rüsselartig geschwungenen Mauls erkennbare *makara* hin, ein Mischwesen aus Krokodil, Elefant und Fisch. Ornamentalisierte *makaras* und der fast lineare Spiralrankendekor sind typische Elemente der Thronlehnen oder Thronrückenteile in tibetischen Tathāgata-Darstellungen des 12. bis 14. Jhs. Im zwickelförmigen Eckfeld des Models entfalten sich die Blätter eines Feigenbaums (*ficus religiosa*), des Bodhibaums, unter dem Buddha Śākyamuni die Erleuchtung fand. Fragmente von Reliefplatten mit *makaras* und Blattwerk des Bodhibaums sind mehrfach in den Tsha-tsha-Deponierungen gefunden worden. *H.-G. H.*

### 141 Model mit dem Kopf eines Buddha

Karakorum, Mongolei, 13. Jh. | Kalkstein, H 15,2 cm, B 13,8 cm, T 3,8 cm | Akademie der Wissenschaften der Mongolei, Ulaanbaatar | Fund-Nr. Kar 1 – 02/3269

Der Model zeigt den oberen Brustbereich, Schulter und Kopf und das breite, runde Gesicht eines Buddha. Deutlich eingetieft sind die Haartracht aus Spirallocken und der aus dem Haupt wachsende *uṣṇīṣa*, jener kegelförmige hohe Scheitelauswuchs, der zu den 32 Merkmalen der Vollkommenheit gehört und die Weisheit des Buddha symbolisiert. Typisch sind auch die langen Ohren mit den überlangen Ohrläppchen, ursprünglich ein Herrschaftszeichen und Merkmal des Königswürdigen. Die stark hervortretenden Augen sind halb geschlossen, die Lider gesenkt; es ist der Blick des meditierenden Buddha. Stark ausgeprägt ist auch die Zeichnung der markanten Augenbögen, der Haarlocke auf der Stirn (*ūrṇā*). Schräg über den Oberkörper verläuft, in dünnem Relief zart angedeutet, der Saum des Mönchsgewandes. Der von einer schmalen, hohen Aureole umgebene Buddha sitzt offenbar auf oder vor einem Thron, dessen Rückenlehne mit dem typischen Dekor aus *makaras* und Spiralranken verziert ist. Die spärlichen Reste der verzierten Thronleiste sind ein deutliches ikonographisches Indiz dafür, dass der Buddha nicht als Einzelfigur, sondern als Mittelfigur einer mehrteiligen Zentralkomposition zu sehen ist. Das Modelfragment stellt ähnlich wie der Model Kat.-Nr. 140 einen bezeichnenden Ausschnitt aus einem Paneel-Relief dar, wie der Tathāgata-Reliefplatte Kat.-Nr. 111. Der Gesichtsschnitt des Buddha und die lineare Ornamentik deuten auf eine nepalisch beeinflusste Werkstatt.

*H.-G. H.*

### 142 Fragment eines Elfenbeinstäbchens

Fundort: Karakorum, Mongolei, 13./14. Jh. | Elfenbein, L 11,6 cm, Dm 0,6 cm | Akademie der Wissenschaften der Mongolei, Ulaanbaatar | Fund-Nr. Kar 1 – 04/ 918

Der rundstabige Schaft schließt nach oben mit zwei tiefen, umlaufenden Rillen zum rippenprofilierten Hals hin ab. Aus dem gekehlten Halsteil »wächst« der Kopf des Stäbchens, eine mit drei gekerbten

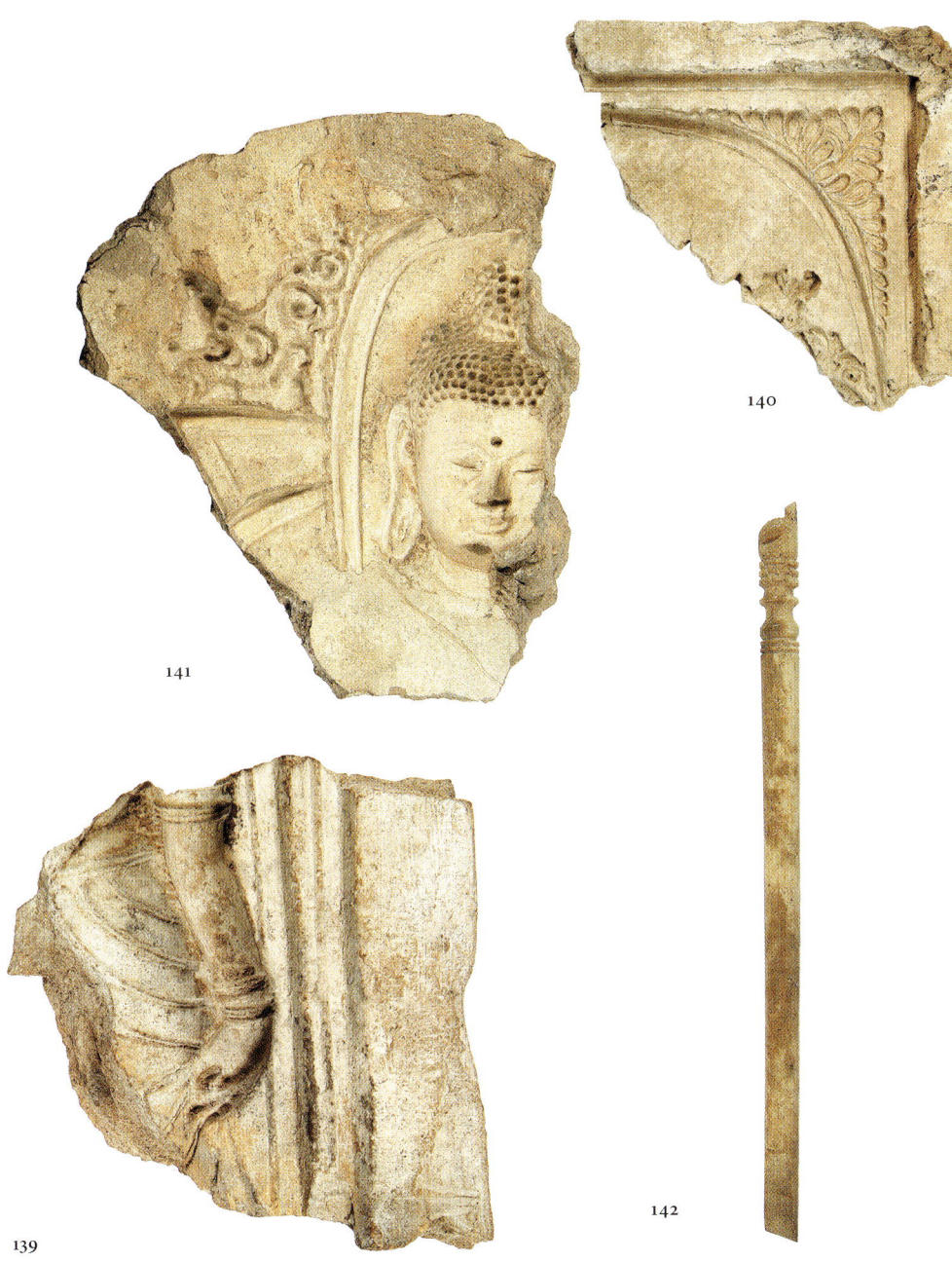

140

141

142

139

Die winzige Figur ist dunkel patiniert und weist geringe Reste von Kaltvergoldung auf. Śākyamuni sitzt mit übereinandergeschlagenen Beinen im Lotossitz, die linke Hand im Meditationsgestus (dhyana-mudrā), während die rechte Hand die Erde berührt (bhūmisparśa mudrā): Śākyamuni ruft die Erde als Zeugin an, dass er den Versuchungen des māra, des Teufels, widerstanden hat. Er trägt die saṅghatī, das Mönchsgewand, das, in feine Falten gelegt, über die linke Schulter fällt. Nur angedeutet ist der kurze Schärpenüberwurf auf der rechten Schulter. Detaillierter ausgearbeitet sind dagegen der doppelt gerippte Saum des linken Ärmels, die Gewandbordüren und Falten auf dem Rücken oder der plissierte Faltenfächer zwischen den Beinen. Stilbezeichnende Merkmale sind der wulstige Mund und die stark betonten, wulstigen Brauenbögen über den großen, engschlitzigen Augen. Tragen Körper und Gesicht eher nepalische Züge, so zeigt der ovale Doppellotosthron (visvapadmasana) mit den versetzten Lotosblättern ein typisches Merkmal der Pāla-Kunst. *H.-G. H.*

Wulstringen abgesetzte Hand, die Finger zur Faust geschlossen, der Daumen gestreckt: Die Faust des Siegers! Sowohl der in der asiatischen Symbolik fremde Gestus als auch der wie gedrechselt wirkende Hals-Kopf-Teil des Stäbchens deuten eher auf eine mittel- oder westeuropäische Herkunft des Stäbchens. Seine Funktion ist unbekannt. Mehrere Deutungen werden diskutiert, so u.a. die Funktion als Stylus, als Schreibgriffel. Zwar weisen die meisten mittelalterlichen Styli flach gefächerte oder spatulaförmige Enden auf, doch sind z.B. in Deutschland sowohl im mittelalterlichen Fundgut als auch in mittelalterlichen Bilddarstellungen Griffel mit handförmigen Enden bezeugt. *H.-G. H.*

### 143  Buddha Śākyamuni

Karakorum, Mongolei, 13./1. Hälfte 14. Jh. | Bronzeblech über Holzkern, H 3,5 cm, Dm 2,4 cm | Akademie der Wissenschaften der Mongolei, Ulaanbaatar | Fund-Nr. Kar 1 – 02/2102

143

### 144 Fragmente einer Buddha-Statuette

Karakorum, Mongolei, 13. Jh. | Ton, gebrannt; Kopf: H 6,2 cm, B 4,5 cm, T 2,8 cm; Torso: H 9,4 cm, B 7,8 cm, T 2,8 cm; rechter Oberarm: L 7,2 cm, Dm 2,4 cm; linker Oberarm: L 3,1 cm, Dm 2,5 cm | Akademie der Wissenschaften der Mongolei, Ulaanbaatar | Fund-Nr. Kar 1 – 02/2457

Der Kopf dieser Vollplastik eines Buddha ist breit und rund. Der eher untersetzte Körper, die Kopfform und der Gesichtsschnitt sind Merkmale der nepalischen Kunst. Charakteristisch für den Stil der Zeit sind die langen, geschwungenen, S-förmigen Brauen, der kleine, aber volle und liebliche Mund mit den markant ausgezogenen Mundwinkeln. Deutlich erkennbar ist die Haarlocke *(ūrṇā)* zwischen den Brauen. Der wie nackt wirkende Oberkörper ist breitschultrig, die Taille schmal, die Modellierung weich, zurückhaltend, aber klar in ikonographisch wichtigen Details wie dem breiten Bordürensaum der über die linke Schulter geschwungenen *saṅghaṭī*. Deutlich modelliert sind auch die drei Wulstringe zwischen Hals und Brust, ein kanonisches Schönheitsmerkmal. Der Bauchwulst deutet

auf eine sitzende Haltung. Die schmucklose Körper- und Gewandzeichnung, die gesammelte Ruhe des edlen Gesichts, die wie nach innen sehenden Augen mit gesenkten Lidern sprechen dafür, dass es sich um die Darstellung eines Buddha Śākyamuni handelt.    *H.-G. H.*

### 145 Armfragment eines Lokapāla

Karakorum, Mongolei, 13. Jh. | Ton, gebrannt, L 10,6 cm, B 6,4 cm, D 4,1 cm | Akademie der Wissenschaften der Mongolei, Ulaanbaatar | Fund-Nr. Kar 1 – 02/1563

Das Arm-Schulter-Fragment lässt winzige Reste von Rotbemalung und von Vergoldung erkennen. Es stammt von einer Kriegerfigur in vollem Harnisch, wahrscheinlich einer buddhistischen Schutzgottheit oder einem der vier Weltenhüter oder Himmelskönige, einem Lokapāla. Am Schulterteil lässt das mit einem Modellierholz sorgfältig detaillierte Fragment deutlich einen Lamellenpanzer erkennen, am Oberarm eine in Ton nachgebildete Rüstung aus weicherem, organischem Material, wahrscheinlich aus Leder. Das in schweren Falten über Oberarm und Schulter hängende mantelartige Gewand ist ein wichtiges ikonographisches Indiz für die Deutung als Lokapāla. Die Haltung des Arms deutet auf einen Stab- oder Bannerträger. Wahrscheinlich handelt es sich um den rechten Arm des Vaiśravaṇa, des Beschützers des Nordens. Sein Attribut ist eine stabartige Keule oder das Siegesbanner.    *H.-G. H.*

### 146 Fragmente von acht Lotosziegeln

Karakorum, Mongolei, 13./14. Jh. | Ton, hart gebrannt, H 9,2 – 10,3 cm, B 9,3 – 11,7 cm | Akademie der Wissenschaften der Mongolei, Ulaanbaatar | Fund-Nr. Kar 1 – 01/626, 01/582, 03/3073, 03/3605, 01/619, 01/1120, 03/1845, 01/1121

145

Lotosziegel haben v. a. Lotossockel und Lotosthrone geziert. In Karakorum fanden sich nur noch zwei dieser Throne in der Großen Halle, und zwar Doppellotosthrone *(viśvapadmāsana)* als Sockel für große Tonstatuen. Die in der Großen Halle zu Hunderten geborgenen Lotosziegel lassen über diese beiden Throne hinaus eine Vielzahl von Lotosthronen verschiedener Größen annehmen. Charakteristisch für die Karakorum-Ziegel sind die blattartige, spitzovale Form des Lotos, der krempenartige, breite Rand, das buckelartig ausgewölbte Innenblatt. Ein zeittypisches Stilmerkmal von Lotosziegeln aus Nordindien (Pāla-Kunst) und Nepal ebenso wie aus Tibet oder Karakorum ist das sich aus der Innenblatt-

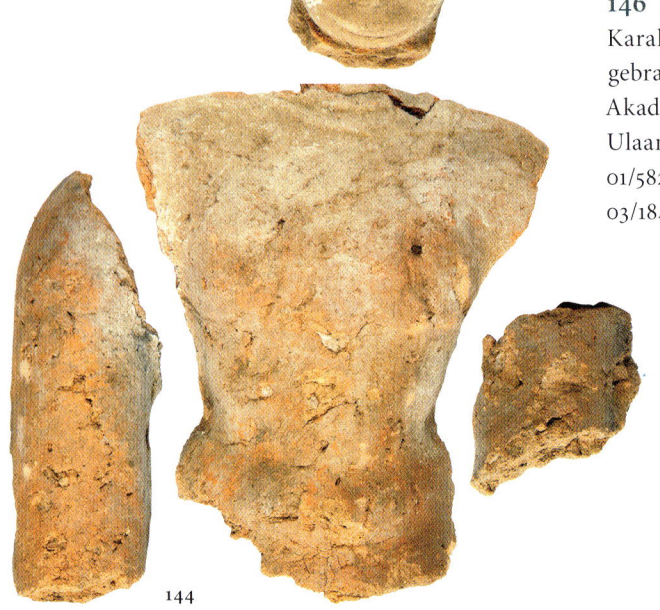

144

146

spitze wie eine Ranke herauswickelne Ornament aus tropfen- und kommaartigen Spirallocken oder Spiralhaken. Auch auf Bilddarstellungen von Lotosthronen in der zeitgenössischen Kunst, sei es auf tibetischen Thangkas, sei es auf Miniaturstelen der indischen Pāla-Kunst, finden sich vorwiegend Lotosziegel dieses Typs. *H.-G. H.*

## 147 Kopffragment einer dämonischen Gottheit

Karakorum, Mongolei, 13./14. Jh. | Ton, hart gebrannt, H 16 cm, B 11,7 cm, T 10,3 cm | Akademie der Wissenschaften der Mongolei, Ulaanbaatar | Fund-Nr. Kar 1 – 03/967.9

Der deutliche Brandspuren aufweisende Kopf einer fast lebensgroßen Vollplastik ist der Statuenausstattung der Großen Säulenhalle zuzurechnen. Im Gegensatz zu den meisten anderen Großplastiken aus Ton in Karakorum ist dieser Kopf nicht als Hohlform gearbeitet, sondern massiv. Lediglich durch die Mittelachse verläuft ein rohrartiger Hohlraum von etwa 3 Zentimetern Durchmesser, Hinweis auf ein Gerüst aus Holz, über dem die Plastik zusammengesetzt und modelliert worden ist. Der Kopf zeigt die charakteristischen Merkmale einer dämonischen oder zornvollen Gottheit: Weit aufgerissene Augen mit hervortretenden Augäpfeln und tief gebohrten Pupillen, dazu die auf einen Zustand der Ekstase hindeutende Haartracht, Haare, die wie Flammen aus dem Haupt schlagen. Eine genauere Bezeichnung der Gottheit ist nicht möglich. Denkbar wäre eine buddhistische Himmels- oder Wächtergottheit, oder auch ein Asura, eine ambivalente, dämonische Gottheit, Feind der Götter im Schlechten, im Guten ein Himmelswesen in den Luftschlössern oder auf dem Weltenberg Meru. *H.-G. H.*

## 148 a, b Tsha-tshas

600 Votivtäfelchen und Votivstūpas
Karakorum, Mongolei, 12./13. Jh. | Ton, gebrannt und ungebrannt, H 3 – 8 cm | Akademie der Wissenschaften der Mongolei, Ulaanbaatar | Fund-Nr. Kar 1 – Ts 1 - 600

Tsha-tsha ist die tibetische Bezeichnung für Weihegaben (Votive) oder Devotionalien aus getrocknetem oder gebranntem Lehm, der mit der Asche oder dem Knochenmehl eines Heiligen oder eines verehrungswürdigen Lamas vermischt sein kann. Viele der Stūpa-förmigen Tsha-tshas aus Karakorum enthielten zudem rötliche Stofffetzen. Aus Modeln werden Tsha-tshas häufig zu Tausenden in Serie geformt. Die Mehrzahl der in Karakorum geborgenen Tsha-tshas ist ungebrannt.

Tsha-tshas werden an heiligen oder spirituellen Orten, in oder um Stūpas deponiert, in Tsha-tsha-Häuschen, in den Statuensockeln oder Hohlkörpern großer Statuen sowie in Höhlen, auf Passhöhen oder an markanten Wegkreuzungen. In der als Stūpatempel gedeuteten Säulenhalle von Karakorum sind etwa 100 000 Tsha-tshas unterschiedlicher Typen deponiert worden. Unter den mehr als 10 000 geborgenen Tsha-tshas fanden sich in der Mehrzahl kegel- oder stūpaförmige Typen (b). Sie thematisieren die acht Stationen im Leben des Buddha. Diese Symbolik kommt am deutlichsten in Formen mit der Darstellung der acht verschiedenen Stūpas des »Sugata« zum Ausdruck, des »gut [in das Nirvana Dahin-] Gegangenen«. Häufiger noch sind Typen wie die »Tsha-tshas mit den vielen Türen« oder Tsha-tshas in Form von Stufentempeln. Sie versinnbildlichen einzelne Stationen aus dem Leben des Buddha wie die erste Lehrrede in Sarnath oder den Abstieg vom Tuṣita-Himmel in Kāsī. Die kleinste, aber ikono-

148a

graphisch wichtigste Gruppe der Karakorum-Tshathsas bilden ovoide Votivtäfelchen mit Darstellungen des Buddha Śākyamuni und Akṣobhya sowie des Amitābha/Amitāyus (a). Die Bildformulare sind der indischen Pāla-Kunst entlehnt. *H.-G. H.*

## 149 Schale

Fundort: Karakorum, Mongolei, Yuan-Dynastie (1272 –1368) | Porzellan oder Steinzeug, H 5,1 cm, Dm (Mündung) 18,2 cm, Dm (Fuß) 6 cm | Akademie der Wissenschaften der Mongolei, Ulaanbaatar | Fund-Nr. KAR 1-04/8-10-23

Die flache, blauweiße Keramikschale stammt aus der späten Yuan-Zeit. Der Scherben ist weiß und hat einen leicht bläulichen Schimmer. Er hat keine erkennbare Magerung. Der kleine Standring ist innen

147

148b

unglasiert und durch den Brand schwach rot gefärbt. Über dem mit Kobaltpigmenten gemalten Motiv wurde beidseitig eine schwach blaue, transparente Glasur aufgetragen, die der *yingqing*-Glasur der Qingbai-Waren aus den Öfen von Jingdezhen entspricht. Bei Gefäßen mit kobaltblauem Dekor unter der Glasur gibt es zwei Gruppen: Zum einen Stücke mit einer undurchsichtigen, eierschalenfarbenen Glasur, die man *luanbai*-Glasur nennt, zum anderen sorgfältig gearbeitete und bemalte Gefäße mit intensiv blauem Dekor und einer schwach blauen, glasartigen Glasur.

Die Schale aus Karakorum zeigt ein häufiges Motiv blauweißer Waren der Yuan- und der darauf folgenden Ming-Dynastie: Den Drachen, der eine flammende Perle jagt. Die Perle ist eine der Acht Kostbarkeiten der Gelehrten, und sie ist ein Symbol der Reinheit. Der Drache nimmt die Mitte der Schale ein. Er hat drei Klauen an jedem Fuß; die Anzahl der Klauen gab den Rang des Auftraggebers an – Drachen mit fünf Krallen waren dem Kaiser vorbehalten. Der Drache streckt die Vorderpfoten nach der flammenden Perle aus, die vor seinem Kopf schwebt. An den Gelenken seiner Beine und in der Körpermitte trägt er flammenartige Bänder, die seine Bewegungen betonen. Ein ähnlicher juwelenjagender Drache findet sich auf einem Vasenpaar aus der Percival David-Foundation, das durch eine Inschrift in das Jahr 1351 datiert werden kann.[1]

Der Dekor der Außenseite besteht aus einer Lotosranke und Paneelen mit Wolkendekor. Die sorgfältig gemalte Lotosranke ist aus sechs großen Blüten und den typisch Yuan-zeitlichen Blättern in Kalebassenform aufgebaut. An die Lotosranke schließen sich sieben Paneele an, die in Ringform um den Fuß

150

angeordnet sind. Jedes Paneel stellt ein stilisiertes Lotosblatt mit einer eingeklappten Spitze dar. Jedes der Lotosblätter bildet einen Rahmen für Dekorelemente wie Wolken, Pilze, Blüten, flammende Räder – die »Acht Glück verheißenden Objekte« – oder bei dieser Schale für eine einfache runde Perle.

*M. J.-K.*

1 MEDLEY 1974, Taf. 24.

### 150 Schale

Fundort: Karakorum, Mongolei, Yuan-Dynastie (1272 – 1368) | Porzellan, H 7 cm, Dm (Mündung) 16,5 cm, Dm (Fuß) 4,8 cm | Akademie der Wissenschaften der Mongolei, Ulaanbaatar | Fund-Nr. KAR 1-04/3400

Der Scherben dieser blauweißen Keramikschale ist dicht und porzellanartig, hellgrau und sehr fein gemagert. Die Scherbenfarbe lässt die transparente, schwach blaue *yingqing*-Glasur leicht grünlich schimmern. Die Glasur ist stark craqueliert, diese Glasursprünge entstehen, wenn beim Abkühlen des Gefäßes die Schrumpfung des Scherbens die aufgetragene Glasur zerreißt. Dieser Effekt war beabsichtigt und wurde häufig durch eine Einfärbung der Sprünge betont. Unter der Glasur wurde ein freier kobaltblauer Dekor aufgetragen. Das Kobaltpigment

variiert in seiner Färbung von intensiv Blau bis Graublau. Vermutlich wurde mit verschiedenen Pigmentmischungen gearbeitet. Der Motivaufbau entspricht dem der blauweißen Schale mit Drachen-Dekor (Kat.-Nr. 149): Innen eine umlaufende Ranke, im Schalengrund dient eine flammende Perle als *pars pro toto* für das Drachenmotiv; außen eine Lotosranke und Paneele mit Lotosornament. Die Blüten- oder Knotenranke im Inneren der Schale ist sehr stark stilisiert, sie erschließt sich nur noch im Vergleich mit anderen Stücken. Das flammende Juwel im Schalengrund findet sich in dieser Form auch auf einem blauweißen Krug aus dem Hortfund von Baoding, der in die Mitte des 14. Jhs. datiert wird[1], und auf einer blauweißen Schale mit hohem Fuß aus Qaraqota[2]. Die Außenseite der Schale ist mit einer breiten Lotosranke und sechs Paneelen mit stilisierten Lotosblüten verziert. Die Malerei auf diesem Stück ist viel leichter, abstrakter und schwungvoller als bei der Schale mit dem Drachenmotiv. Das Kobaltpigment wurde dünner aufgetragen, es ist blasser und leicht verwaschen. *M. J.-K.*

1 YAN/ZHU 1988, S. 230, Abb. 92.
2 POPE 1981, Tafel 133 (1). Rekonstruierte Schale in Umzeichnung vgl. CARSWELL 1999/2000, S. 22, Abb. 4.

### 151 Fragment eines Steigbügels mit Tierkampfbild

Karakorum, Mongolei, 13. Jh. | Eisen, L 11,5 cm, H 2,8 cm, D 1,7 cm | Akademie der Wissenschaften der Mongolei, Ulaanbaatar | Fund-Nr. Kar 1 – 00/01

Das Leben und Überleben von Reiternomaden ist eng an Zelt, Waffen und Pferd geknüpft. In diesem Komplex der Sachkultur ist das Nomadische besonders ausgeprägt, an ihn bindet sich ihre angewandte Kunst. Dekoration ist ihre allgemeine Darstellungsaufgabe, ihre Darstellungsweise ornamental: Ihre Form ist primär die dekorative Form, und so ist die

149

151

nomadische Kunst primär eine Kunst der dekorativen Tierdarstellungen.

Ein typisches Erzeugnis dieser Kunst ist der Steigbügel, der hier nur noch als Fragment erhalten ist. Sein Fußteil ist abgebrochen. Zum mittleren Riemendurchlass schließt das Bügeloberteil mit einer antithetisch komponierten Tierkampfgruppe ab. Zwei Fabeltiere kauern, federgleich gespannt, die großen Mäuler weit aufgerissen, wollen einander zerreißen, verschlingen. Die traditionelle Form des herkömmlichen Wolfsbildes verbindet sich hier mit Elementen der Drachendarstellung. Die Rachen der Wolfsdrachen umfangen die kleinen Riemenzüge wie Beutegut; das funktionale Element wird in das Ornament integriert, Funktion und Dekoration zu einer Einheit verschmolzen. Die Tierkörper erscheinen verkürzt, ornamental aufgelöst in Einzelteile wie Schenkel und Pratze, wie Flügel und Schweif. Das klassische Tierkampfbild ist hier zur heraldischen Pose erstarrt, eine nur noch ferne Reminiszenz an den älteren Tierstil der nomadischen Steppenkunst von der Zeit der frühen Nomaden bis in die Zeit der Xiongnu (Kat.-Nr. 9 ff.).  *H.-G. H.*

### 152 Zwei Fragmente einer Figur in mongolischer Tracht

Karakorum, Mongolei, 13./14. Jh. | Ton, gebrannt; Oberteil: H 9,6 cm, B 9,2 cm, T 5 cm; Unterteil: H 12,9 cm, B 10,6 cm, T 5,5 cm | Akademie der Wissenschaften der Mongolei, Ulaanbaatar | Fund-Nr. Kar 1 – 02/120.12

Die Tracht weist die Figur als Darstellung eines Mongolen aus. Das Gewand ist nach rechts geschlossen. Ein klassischer chinesischer Topos sagt zwar, dass die Barbaren »die Kleider links schließen und die Haare lose tragen«, aber sowohl in chinesischen Mongolendarstellungen aus der Zeit der Yuan-Dynastie als auch im mongolischen Selbstbild der großen Steinskulpturen (Kat.-Nr. 74) sind zumindest für mongolische Männer ausschließlich rechts schließende Gewänder bezeugt. Das rockartig weite Gewandunterteil ist an der Basis glatt verstrichen; die Figur hatte offensichtlich keine Füße. In der Figuralplastik Karakorums stellt die als Hohlform gearbeitete Statuette eine Ausnahme dar. Sie scheint die einzige profane Figur – könnte es sich um einen Stifter handeln? – im gänzlich buddhistischen Statuenprogramm der Großen Halle zu sein.

*H.-G. H.*   152

ULAMBAYAR ERDENEBAT UND ERNST POHL

# Aus der Mitte der Hauptstadt – Die Ausgrabungen der Universität Bonn im Zentrum von Karakorum

Als der Franziskanermönch Wilhelm von Rubruk im Frühjahr des Jahres 1254 nach Karakorum kam, lernte er eine Stadt kennen, die es an Größe und Internationalität mit einigen europäischen Metropolen des hohen Mittelalters ohne Weiteres aufnehmen konnte, diese sogar übertraf, obwohl er selbst offenbar anderer Meinung war, wie der Vergleich mit dem Kloster von Saint-Denis bei Paris zeigt. Kaum eine Generation nach den ersten baulichen Maßnahmen unter Ögedei Khan in den Jahren 1235/36 beschreibt er ein kosmopolitisches Gemeinwesen, in dem Angehörige nahezu aller Völker des Reiches in unterschiedlichsten Tätigkeiten und Positionen innerhalb der Stadtmauern lebten. Nicht alle waren freiwillig hier: Insbesondere qualifizierte Handwerker gehörten aufgrund ihrer Fähigkeiten zu den Personen, die von den Mongolen am Hofe festgehalten wurden. Berühmtestes Beispiel ist der Franzose und Goldschmied Guillaume Boucher, der als Schöpfer des Getränke spendenden Silberbrunnens in der Palasthalle genannt wird. Fragt man jedoch nach den Werkstätten des Guillaume Boucher oder auch anderer Handwerker, fragt man nach den Lebensbedingungen der einfachen Leute, wird man aus den schriftlichen Quellen nur wenige Informationen gewinnen können.

Das Leben der »normalen« Bevölkerung von Karakorum findet nur am Rande der Berichterstattung von Rubruk und anderer Autoren statt. Es sind naturgemäß die Berichte über die mongolischen Herrscher und ihre nähere Umgebung, deren Beschreibung und Kennenlernen der Hauptzweck der Reisen war. Die nicht allzu umfangreiche Beschreibung der Stadt durch Rubruk ist noch das Ausführlichste, was wir an Berichten zur Stadt Karakorum besitzen. Demnach war sie mit einer Mauer umgeben, vier Tore gliederten die Umwallung. An den Toren waren Verkaufsplätze eingerichtet worden, verschiedene Tore dienten dabei für den Handel mit verschiedenen Waren. Am Osttor wurden Hirse und anderes Getreide verkauft. Am Westeingang wurden Schafe und Ziegen angeboten, am Südeingang Ochsen und Wagen, am Nordeingang Pferde. Zur Binnenstruktur von Karakorum vermerkt Rubruk nur wenig. Besondere Erwähnung finden zwei Stadtviertel. Da ist zum einen das Viertel der Sarazenen, also von Musli

men, in dem die Märkte stattfinden und die Handelskontore stehen. Ein weiteres Viertel mit festen Bauten ist das der Cathai, also der Chinesen, die seinem Zeugnis nach mehrheitlich Handwerker sind. Außerhalb dieser Viertel liegen offenbar größere Gebäudekomplexe, die nach Rubruk den bei Hof angestellten Sekretären gehörten. Darüber hinaus ist Rubruk als Angehöriger eines christlichen Ordens natürlich an den Kultbauten interessiert. Neben einer christlich-nestorianischen Kirche, deren Gemeinde sein besonderes Augenmerk gilt, kennt er zwei Moscheen und zwölf Götzentempel verschiedenster Nationen, die von der Internationalität der Stadt Zeugnis ablegen.

In dieser Stadt archäologische Ausgrabungen durchzuführen, bedeutete zunächst einmal, sich über Fragestellungen und Umfang der Untersuchungen Klarheit zu verschaffen. Als die Akademie der Wissenschaften der Mongolei durch Klaus Sagaster Ende 1997 den Wunsch nach einem gemeinsamen mongolisch-deutschen Feldforschungsprojekt auf dem Ruinengelände der altmongolischen Hauptstadt Karakorum übermitteln ließ, war schnell klar, dass ein einziges Grabungsprojekt allein kaum in der Lage sein würde, die Menge der Fragen, die sich bezüglich der Bau- und Besiedlungsgeschichte der Stadt stellen würden, zu bewältigen. Diese Erkenntnis führte dazu, dass zwei wissenschaftlich unabhängig voneinander arbeitende Projekte, jeweils in Kooperation mit dem Historischen Institut bzw. ab 2003 mit dem Archäologischen Institut der Mongolischen Akademie der Wissenschaften, seit 1999 in der Mongolei tätig sind. Dass der so genannte Palastbereich in die Untersuchungen einbezogen werden sollte, war Hauptanliegen der mongolischen Partner, haben doch dort – wenn es denn der Palastbezirk war – die mongolischen Großkhane bis zur Verlegung ihrer Hauptstadt nach Shangdu und später nach Peking ihre Residenz gehabt, sofern sie sich denn in der Stadt selbst aufhielten. Auf der anderen Seite war durch ein erstes Studium der historischen Quellen zu Karakorum schnell klar, dass man auch im zentralen Stadtbereich selbst Ausgrabungen durchführen würde müssen, um die gesamte Zeitspanne der Stadtgeschichte zu erforschen. Zudem war durch vorangegangene Expeditionen, insbesondere die Ausgrabungen der mongolisch-russischen Ex pedition unter Kiselev und Perlee, bekannt, dass im Stadtzentrum an vielen Stellen Tell-artige Strukturen vorhanden sind, anhand derer man über die unterschiedlichen Bauschichten verschiedene Etappen der Stadtgeschichte würde definieren können.

So war schon vor der ersten Besichtigung des Geländes im Frühjahr 1998 abgesprochen worden, dass zwei Projekte, das eine im so genannten Palastbereich und ein zweites in der Stadtmitte, die Stadtgeschichte in Angriff nehmen würden. Das Deutsche Archäologische Institut (DAI) übernahm die Ausgrabungen im Palastbezirk, die Universität Bonn wurde durch das Institut für Vor- und Frühgeschichtliche Archäologie federführend in der Erforschung der Stadtgeschichte im Zentrum Karakorums. Ermöglicht wurden unsere Ausgrabungen durch eine großzügige Förderung seitens des DAAD, des Ministeriums für Wissenschaft und Forschung des Landes Nordrhein-Westfalen, der Kulturabteilung des Auswärtigen Amtes und seit 2002 durch das Bundesministerium für Bildung und Forschung.

Die Frage nach dem konkreten Grabungsplatz gestaltete sich für das DAI innerhalb des Palastbezirkes jedoch erheblich einfacher als für uns von der Universität Bonn. Zur Verfügung stand uns ein Areal von etwa 25 Hektar innerhalb der Umwallung, in dem wir aufgrund der Oberflächenstruktur mit den Überresten von festen Gebäuden rechnen konnten. Dies bedeutete aber auch, dass man im Rahmen einer Grabung bestenfalls einen Ausschnitt aus der Stadtgeschichte würde bearbeiten können, einen Ausschnitt, der durch weitere Grabungen in der Zukunft bestenfalls paradigmatischen Charakter besitzen würde.

Als günstig für eine Voruntersuchung des gesamten Stadtgeländes erwies sich die Tatsache, dass der zu sozialistischen Zeiten im Orchontal raumgreifende Ackerbau die Stadtwüstung nur in einem kleinem Bereich der Nordwestecke erfasst hatte und somit Oberflächeneingriffe seit der Wüstfallung nahezu ausgeschlossen werden konnten. Da das Gelände sich nicht als ebene Fläche darstellt, sondern durch Schutthügel, Podeste, erodierte Mauerzüge und Straßen- bzw. Wegeachsen strukturiert ist, ließen zerstörungsfreie Voruntersuchungen von vornherein erhebliche Erkenntnisgewinne erwarten.

## Ein Stadtplan entsteht

Schon vergangene Expeditionen hatten mit der Darstellung von Gesamtplänen der Stadt operiert, nur dass diese in der Regel nicht mehr den heutigen Standards entsprechen. Das Verdienst der ersten kartographischen Erfassung des Stadtareals von Karakorum gebührt der Orchonexpedition der Jahre 1889/90 unter der Leitung des

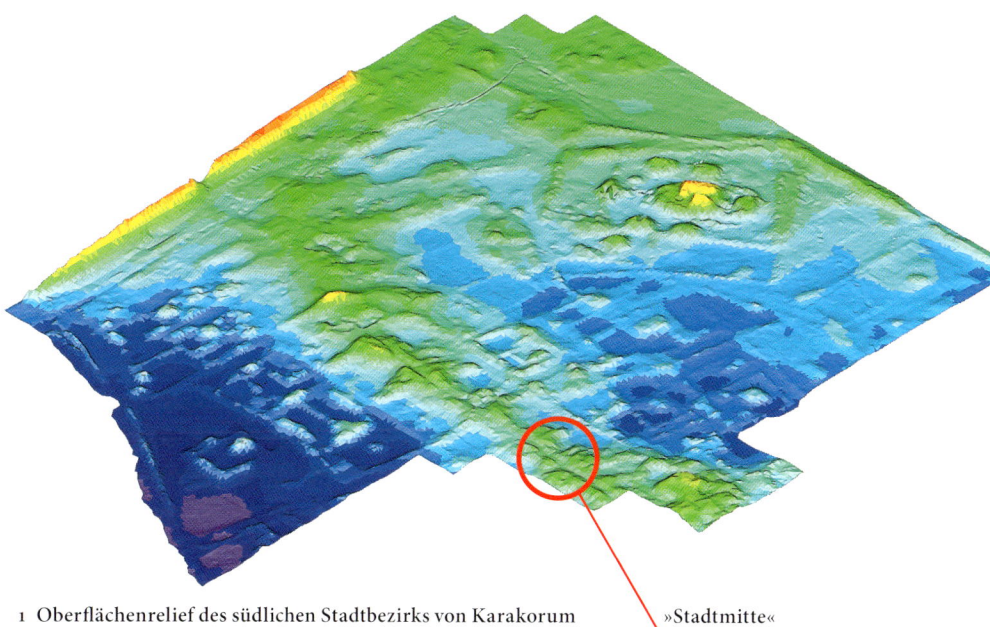

1  Oberflächenrelief des südlichen Stadtbezirks von Karakorum          »Stadtmitte«

deutsch-russischen Turkologen Wilhelm Radloff. In der großartigen Publikation dieser Forschungsreise, dem *Atlas der Alterthümer der Mongolei* (St. Petersburg 1892) ist neben einem Gesamtplan noch eine Detailaufnahme vom so genannten Palastareal und dem Klosterbezirk von Erdeni Joo abgebildet. Eine zweite Oberflächenaufnahme wurde 1934 im Rahmen der russisch-mongolischen Changaj-Expedition unter D. Buhinič angefertigt, jedoch nie publiziert. Der nächste Gesamtplan von Karakorum stammt aus der Feder des russischen Archäologen Sergej V. Kiselev, der 1948/49 an mehreren Stellen innerhalb der Wüstung Ausgrabungen durchführte und damit die Karakorum-Forschung erheblich vorantrieb. Aber auch der in der Abschlusspublikation nach dem Tod von Kiselev vorgelegte Gesamtplan kann sich mit der Detailgenauigkeit heutiger topographischer Geländeaufnahmen nicht messen. Die jüngsten Geländeaufnahmen stammen aus dem Umfeld einer mongolisch-japanischen Expedition der Jahre 1995/96, die der Erfassung des gesamten Geländes rund um die Wüstung im Zusammenhang mit der World Heritage List der UNESCO galt. Erstmals wurde das gesamte Stadtgebiet topographisch vermessen, ein Strukturplan – wohl auf der Grundlage von Luftbildern erstellt – gibt Einblicke in die verschiedenen Quartiere der Stadt.

Luftbilder aus den 1970er Jahren waren es dann auch, die uns einen ersten Überblick über Karakorum ermöglichten. In Zusammenarbeit mit der Fachhochschule Karlsruhe wurden mehrere sich überlappende Luftbilder bearbeitet und zu einem Gesamtplan zusammengefasst. Deutlich erkennbar waren die Stadtmauer, das zentrale Straßenkreuz und das im Südwesten der Stadt liegende Palastareal.

Schon bei den ersten Begehungen im Frühjahr 1998 wurde klar, dass über die Luftbildauswertung hinaus weitere Vorarbeiten Erfolg versprachen. Da wir für die archäologische Feldforschung ein über das ganze Stadtgebiet ausgedehntes Messnetz benötigten, war der Weg zu einer vollständigen topographischen Erfassung der Oberflächenstrukturen nicht mehr weit. In Zusammenarbeit mit dem Fachbereich Geoinformationswesen der Fachhochschule Karlsruhe wurde in zwei Kampagnen 1999 und 2000 nahezu das gesamte südliche Stadtgebiet aufgenommen und für die archäologische Forschung in Form von Oberflächenkarten zugänglich gemacht. Parallel dazu war zeitgleich ein Team aus dem Institut für Strahlen- und Kernphysik der Universität Bonn zur geomagnetischen Untersuchung bestimmter Areale in Karakorum unterwegs. Auch hiervon stehen inzwischen große Teile der südlichen Stadt als Abbildungen zur Verfügung.

Die Kombination von Luftbildauswertung, topographischer Oberflächenaufnahme und geomagnetischer Prospektion führt somit zu einem Gesamtbild von Karakorum, das allerdings nicht dazu verführen darf, alle sichtbaren Strukturen nur einer Periode innerhalb der Stadtentwicklung zuzuweisen. Die Stadt bzw. einzelne Teile von ihr haben mehrfach Umstrukturierungen hinnehmen müssen, wenn wir der historischen Überlieferung angemessen Rechnung tragen wollen. Besonders deutlich wird dies etwa in der Nordwestecke des so genannten Palastbereiches, wo im geomagnetischen Bild gleich drei verschiedene lineare Strukturen auf die Umwallung der Stadt zulaufen. Die südwestliche Flanke ist durch zwei sich kreuzende Strukturen gekennzeichnet. Offensichtlich handelt es sich hierbei um Reste von verschiedenen Mauerzügen der nördlichen und westlichen Palastbegrenzung, die sicherlich nicht alle gleichzeitig erbaut worden waren und somit die mehrfache Umgestaltung dieses Bezirks belegen.

Auch im weiteren Stadtgebiet ließ sich schon vor dem ersten Spatenstich eine Reihe von Beobachtungen zusammentragen, die auf Änderungen in der Gesamtstruktur der Stadt hinweisen. Geht man von der Umwallung des gesamten Stadtbereichs unter Ögedei Khan aus und definiert diesen durch den nahezu rechteckigen Erde-Lehm-Wall, so wird man die Bebauung außerhalb des Osttores durchaus einer späteren Umbauperiode der Gesamtstadt zurechnen wollen, eine Hypothese, die allerdings noch der archäologischen Bestätigung bedarf. Innerhalb der Umwallung gibt es ebenfalls Hinweise auf geänderte Gesamtkonzeptionen. Ausgehend von der Aufteilung des Stadtgebietes in vier Großareale anhand der Hauptachsen der zentralen Straßenzüge, fällt im Oberflächenrelief eine hierzu schräg verlaufende Achse im südlichen Stadtgebiet auf, auf die offensichtlich auch bei der Bebauung einzelner Komplexe Rücksicht genommen worden war. Ein großer umfriedeter Bezirk östlich der Nord-Süd-Straße scheint parallel zur Achse dieser Straße ausgerichtet, mit Ausnahme der Nord-

mauer, die das Gelände leicht schräg schneidet. Ob hier auf eine ältere Sichtachse innerhalb der Stadt Rücksicht genommen worden war, lässt sich derzeit nicht entscheiden. Ganz sicher im Sinne einer Änderung der Konzeption der Stadt ist ein Wall-Graben-System im nordöstlichen Quartier zu werten. Dies zieht sich mit einem Knick in annähernd ost-westlicher Richtung vom östlichen Umfassungswall zur Stadtmitte hin und kann wohl im Sinne einer Reduzierung des bewohnten Areals innerhalb des Stadtwalls interpretiert werden.

All diese Faktoren machen deutlich, dass unsere Ausgrabungen nur einen kleinen Ausschnitt der Stadtgeschichte beschreiben können. Streng genommen beschreiben wir nur die »Lebensgeschichte« der Straße sowie einzelner Gebäude mit all ihren Erbauungs- und Zerstörungsdaten. Schon 100 Meter weiter nördlich oder östlich wird die horizontale Abfolge von aufeinander folgenden Bauschichten eine andere sein, da dort andere Gebäude mit einer anderen Geschichte standen. Inwieweit sich unsere Abfolge mit den Epochen der Stadtentwicklung in Verbindung bringen lassen wird, bleibt der Endpublikation vorbehalten, wenn die Ausgrabungen abgeschlossen sind und uns alle Daten zur Verfügung stehen werden.

## Die Hauptstraße von Karakorum

Unser Wunsch, neben den Wohnbereichen der in der Stadtmitte lebenden und arbeitenden Bevölkerung auch archäologische Relikte der großen Nord-Süd-Straße zu erfassen, erfüllte sich schon mit der ersten Sommerkampagne 2000. Diese Straße ist im Verlauf von zwei Jahrhunderten mehrfach erneuert und technisch umgestaltet worden, so dass wir mit der Beschreibung der einzelnen Bauschichten ein erstes zeitliches Raster zur Stadtgeschichte entwickeln können.

Im nördlichen Ausgrabungsschnitt wurden gut 2,5 Meter unter der rezenten Oberfläche als ältester Straßenkörper an mehreren Stellen Teile einer Pflasterung aus unregelmäßig zugehauenen Kalkplatten aufgedeckt (Abb. 4). Dieses Pflaster lässt sich in einzelne Felder von etwa 3 mal 2 Metern aufgliedern, die durch ein Holzrahmenwerk umschlossen und somit voneinander getrennt waren. Das Rahmenwerk erfüllte möglicherweise die Funktion von Dehnungsfugen, womit ein Aufwölben des gesamten Straßenpflasters während der strengen Frostmonate des mongolischen Winters zumindest eingeschränkt werden konnte.

Das Straßenpflaster war nun auf ein mehrere Schichten umfassendes Kiesbett aufgebracht, so dass wir – vergleichbar den Römerstraßen der antiken Welt – von einem erhöhten Straßendamm ausgehen dürfen, der zu den

Wohnniveaus der Gebäude zu beiden Seiten hin abfiel. Teile dieses Straßendamms, der auch die Grundlage für die Rekonstruktion in der Ausstellung bildet, sind inzwischen über die gesamte Nord-Süd-Ausdehnung des nördlichen Schnittes nachgewiesen worden. Anders stellt sich die älteste Straße weiter südlich dar. Bislang fehlt jeglicher Nachweis eines regelhaft angelegten Straßenpflasters, hingegen sind hier an der Begrenzung der Straße zum östlich anschließenden Wohnbereich große, unregelmäßig zugehauene Granitplatten gefunden worden. Ob wir hier – 50 Meter weiter südlich – mit einer anderen Bauweise zu rechnen haben oder ob ein vergleichbares Straßenpflaster noch etwas tiefer im Erdboden verborgen ist, wird sich im Verlauf der kommenden Grabungskampagne im Sommer 2005 klären lassen. Hatten wir in den ersten Jahren unserer Tätigkeit aufgrund von C 14-Daten aus den Hölzern des Rahmenwerks nicht ausschließen wollen, dass diese Straße einen ältesten, vormongolischen Bauhorizont an dieser Stelle anzeigen könnte, so sind wir von dieser Interpretation inzwischen abgewichen. Neueste Daten aus Schichten unterhalb des Pflasters haben erwiesen, dass die älteste Straßenbauschicht der ersten Hälfte des 13. Jahrhunderts, mithin dem Gründungsbauhorizont der mongolischen Hauptstadt angehört.

Die klimatischen Eigenheiten der mongolischen Steppe mit regelmäßigen Sandstürmen und Regenperioden haben im Laufe der Zeit dazu geführt, dass das Straßenpflaster nach und nach versandete und vermatschte und sich das Fahrniveau auf diese Weise langsam, aber stetig erhöhte. Oberhalb des Pflasters können wir unterschiedliche dichte Flugsandschichten nachweisen, die in unregelmäßigen Abständen mit Lagen aus Kies, Knochen, Scherbenmaterial und anderen festen Materialien verdichtet wurden. Es handelt sich hierbei unter den gegebenen klimatischen Bedingungen um eine typische Erscheinung, die dann auftritt, wenn eine zentrale »Straßenreinigung« über längere Zeit nicht mehr existiert. Neben Maßnahmen zur Festigung des Straßenkörpers wurden in dieser Zeit beidseitig verlaufende kleine Abwassergräben gezogen, die wir in nahezu allen Teilflächen an der Straße nachgewiesen haben und welche die Straße somit über eine größere Entfernung hinweg entwässerten. Die Gräben waren mit Holz ausgekleidet, teilweise auch mit quer liegenden Holzbohlen abgedeckt. In ihnen ließen sich gut erkennbare, fein aufeinander liegende Sedimentschichten erkennen, die auf langsam fließende Gewässer hindeuten.

Leichte Abweichungen im Verlauf der Gräben machen deutlich, dass hier offenbar zeitlich aufeinander folgende Bau- und Ausbesserungsarbeiten stattgefunden haben, die jeweils mit einer Erhöhung des Laufniveaus der Straße einhergingen. Die bislang vorliegenden Daten machen eine Errichtung dieser Straßenkonstruktionen in der zweiten Hälfte des 13. Jahrhunderts bis in das beginnende 14. Jahrhundert wahrscheinlich.

Als jüngsten Straßenkörper des 14. Jahrhunderts können wir unmittelbar unterhalb der Grasnarbe ein letztes Schotterpaket mit Knochen- und Scherbenmaterialien ohne Abwassergräben nachweisen.

Betrachtet man die Abfolge der verschiedenen Straßenkörper, so fällt ins Auge, dass der technisch anspruchsvollste Teil mit seinem ausgeprägten Kunststraßencharakter in die Zeit der Hauptstadtperiode von Karakorum fällt. Während dieser Epoche war das Leben in der Stadt u. a. durch einen internationalen Handelsverkehr geprägt, der angemessene Straßenverhältnisse auch innerhalb der Stadt erforderte. Zugleich war auch eine regelmäßige Reinigung erforderlich, um die Straße »in Schuss« zu halten. Als dieses nicht mehr gewährleistet war, versandete die Straße relativ schnell, und alle späteren Baumaßnahmen erwiesen sich als technisch weniger anspruchsvoll, bis im 14. Jahrhundert nur mehr ein einfacher, mehr schlecht als recht befestigter Straßenboden ohne Abwasserführung die »Hauptstraße« der Stadt darstellte.

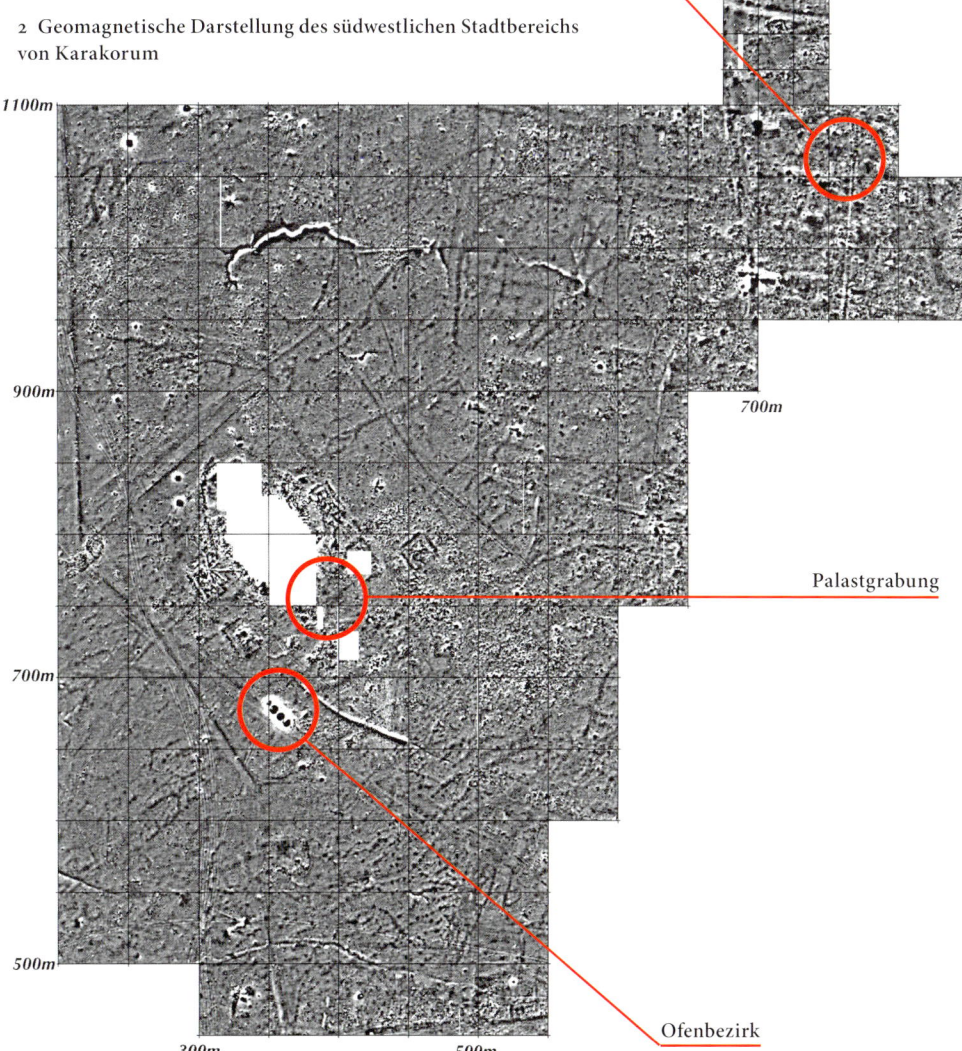

2 Geomagnetische Darstellung des südwestlichen Stadtbereichs von Karakorum

Stadtgrabung

1100m

900m 700m

Palastgrabung

700m

500m

Ofenbezirk

300m 500m

3  Ausgrabung der Universität Bonn in der »Stadtmitte« von Karakorum

## Wohnen und Leben in der Stadt

Wie die Straße sind auch die Gebäude an ihr mehrfach neu
errichtet oder umgebaut worden. Wie bei einem vorderasi-
atischen Tell lassen sich stratigraphisch einzelne Bauphasen definieren, die unter der Voraussetzung einer möglichst guten Datierung verschiedenen historischen Epochen
der Stadtgeschichte zugewiesen werden können. Östlich
der Straße sind es derzeit vier aufeinander folgende Bauphasen, westlich teilweise sogar fünf.

Als Baumaterial der Häuser wurden in der Regel ungebrannte, luftgetrocknete Lehmziegel verwendet, die in unterschiedlichen Konstruktionsprinzipien Außen- wie In-
nenmauern der Hauskomplexe bilden. Gebrannte Ziegel
stellen im von uns untersuchten Areal die Ausnahme dar.

In der ältesten Bauperiode, der 1. Hälfte des 13. Jahrhunderts, waren die Gebäude in einer Art Fachwerkkonstruk-
tion errichtet worden. Auf einem Schwellbalkengerüst aus
waagerecht gelegten Holzbalken wurden Mauerzüge aus
Lehmziegeln errichtet, die in unregelmäßigen Abständen
durch senkrecht gestellte Holzbalken verstärkt wurden.
Dadurch war eine relativ dünne Mauerstärke ausreichend,
das Gebäude zu tragen. Im Gegensatz zum europäischen
Fachwerk war die Holzkonstruktion allerdings nicht sichtbar, sondern diente nur der Verstärkung der Mauern.

Jüngere Bauperioden sind dagegen ausschließlich durch
Lehmziegelmauern ohne Holzverstärkung gekennzeichnet. Eine Bauperiode, die wir derzeit in die zweite Hälfte
des 13. Jahrhunderts datieren, weist hierbei den größten
Anteil an gebrannten Ziegeln auf. Im 14. Jahrhundert wird

hingegen wieder ausnahmslos mit ungebrannten Ziegeln gearbeitet. Auffallend ist hier der häufige Nachweis einer breiteren, kassettenförmig aufgebauten Lehmziegelarchitektur, die offenbar auch größere Hauskomplexe umfassen konnte.

Obgleich wir bislang über keinen vollständigen Grundriss eines Gebäudes verfügen, gehen wir davon aus, dass an der Straße Haustypen chinesischen Ursprungs gestanden haben. Dies erschließen wir in erster Linie aus den Resten der Dächer, die sich in Form von Dachziegeln und Bauschmuck in den Schuttschichten der Ausgrabung fanden. Die typischen chinesischen Satteldächer sind leicht geschwungen und durch halbkreisförmige, gebrannte Dachziegel gedeckt. Auch Teile des Bauschmucks wurden in Form von Dachreitern geborgen. Schmale Häuser in Reihenstruktur kommen ebenso vor wie um einen Hof gruppierte Gebäude, beides bis heute typisch chinesische Bauformen.

Die Raumgliederung der Häuser erfolgte durch Zwischenmauern aus Ziegeln. Außerdem sind mehrfach hallenartige Strukturen nachgewiesen, bei denen die Hallendecke durch eine Reihe von Holzpfosten abgestützt wurde. Von diesen haben sich die Pfostenbasen aus Basalt oder Granit erhalten.

Sehr häufig sind Reste von Fußbodenheizungen ausgegraben worden. Im Gegensatz zu den römischen Hypokaustanlagen handelt es sich um Kanalheizungen, die in einem Umluftsystem einzelne Räume mit warmer Luft von unten versorgten (Abb. 5). Die Feuerung erfolgte dabei von außen in Form eines Ofens, der durch einen Kanal mit der Fußbodenheizung verbunden war. Die einzelnen Kanäle sind durch Reihen senkrecht gestellter Lehmziegel gebildet, die mit unregelmäßig zugehauenen Kalksteinplatten abgedeckt waren. Als Fußböden haben wir die Reste von Holzbohlen nachweisen können, die vermutlich noch mit Teppichen ausgelegt waren.

Neben diesen Fußbodenheizungen sind inzwischen mehrere Exemplare beheizbarer Ofenbänke oder Betten nachgewiesen. Auch hier funktionierte die Heizleistung nach dem Umluftsystem, auch hier sind die Kanäle aus Lehmziegeln errichtet, nur dass in diesem Fall drei bis vier Lagen Ziegel übereinander gestellt wurden, um eine erhöhte Sitz- bzw. Liegemöglichkeit zu schaffen.

Funde und Befunde aus den Grabungen weisen darauf hin, dass wir Teile der Handwerker- und Handelsquartiere von Karakorum freilegen. Wir erschließen dies einerseits aus einer ganzen Reihe von Feuerstellen bzw. Öfen, die der Verarbeitung verschiedenster Materialien dienten. Obwohl wir in der Regel nur noch die Grundrisse der Öfen freilegen können, haben sich vereinzelt noch vollständige Kuppelöfen erhalten (Abb. 7). Diese Öfen haben einen Durchmesser von etwa 50 bis 80 Zentimetern und eine Kuppelhöhe von bis zu einem Meter, die Wände sind wiederum aus ungebrannten Lehmziegeln errichtet. Obwohl naturwissenschaftliche Analysen zu den Feuerungsresten noch ausstehen, nehmen wir an, dass die Öfen zur Metall- wie zur Glasverarbeitung genutzt worden sind.

Die handwerkliche Tätigkeit der hier lebenden Bevölkerung ist durch das Fundspektrum weitaus umfangreicher belegt. Aus dem Bereich des Metallhandwerks sind zwei Werkstätten unterschiedlicher Zeitstellung hervorzuheben. Östlich der Straße hat sich in der Gründungsperiode der Stadt ein Metallhandwerker niedergelassen, der offenbar Spezialist für Kupferverarbeitung war. Vor der Straßenfront des dazugehörenden Hauses wurden 2004 mehrere noch vollständig erhaltene runde Holzpflöcke mit einem Durchmesser von 30 bis 40 Zentimetern und einer Höhe von etwa 80 Zentimetern aufgedeckt, die parallel zum Straßenverlauf aufgestellt waren (Abb. 6). Auffällig ist die Tatsache, dass die Holzpflöcke über und über mit Bronzestaub bedeckt waren. Sie besitzen an ihrer Oberseite quadratische Aussparungen, in die Ambosse aus Metall eingelassen waren. Im Umfeld dieser Werkstatt fanden sich große Mengen Bronzeschnipsel, die als Rohmaterialien dienten. Hier hat ein Kupferschmied an der Straße gearbeitet, auf diesen Pflöcken hat er Treibarbeiten hergestellt. Leder- und Textilfragmente, die in großer Zahl im Umfeld des Ateliers gefunden wurden, dienten dabei als federnde Unterlage für die Treibarbeit.

Dass Metall verarbeitende Betriebe in Karakorum auch im späten 14. Jahrhundert noch ansässig waren, belegt eine Werkstatt westlich der Straße, die der jüngsten Bauperiode angehört. Mehrere Fundstücke, die in der Ausstellung ge-

4 Teile des Straßenpflasters der Hauptstraße von Karakorum

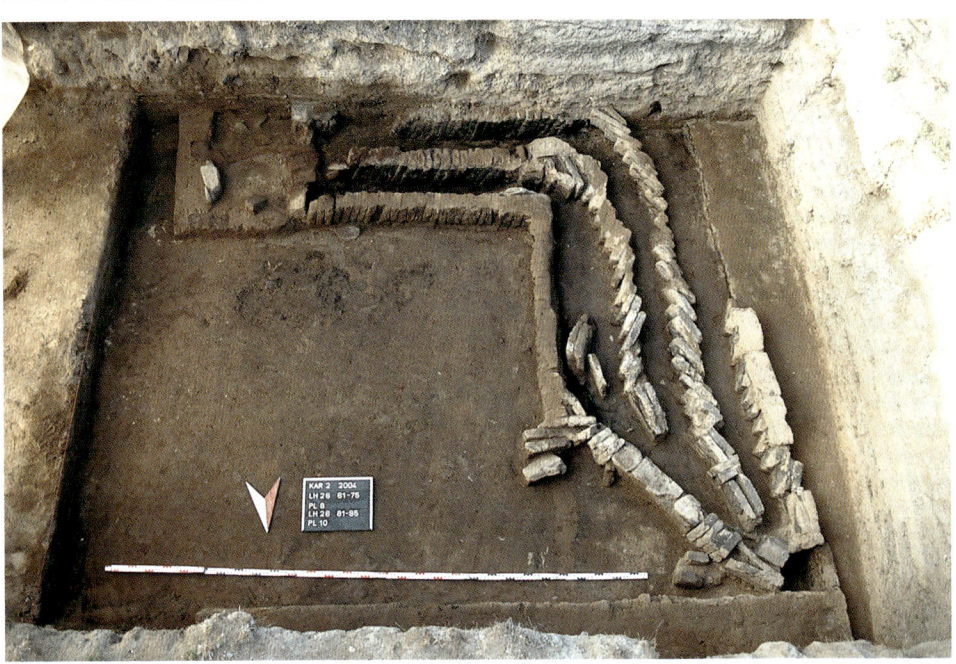

5 Fußbodenheizung eines Gebäudes westlich der Hauptstraße von Karakorum

zeigt werden, sind dieser Werkstatt zuzuweisen. An erster Stelle steht ein Plattenarmreif aus Gold (Kat.-Nr. 173), der noch nicht fertiggestellt war, als er aus unbekannten Gründen in den Boden gelangte. Als werkstattgeschichtlicher Glücksfall erwies sich der Fund des zu diesem Armreif gehörenden Models aus Bronzeblech, das sich in gleicher stratigraphischer Position, nun allerdings östlich der Straße fand (Kat.-Nr. 172). Eine Platte des Armreifes wurde über diesem Model geformt. Während der Kampagne 2004

6 Werkstatt eines Kupferschmiedes, im Vordergrund zwei Holzpflöcke für Steckambosse

kam westlich der Straße, ebenfalls in den obersten Siedlungsschichten, ein weiteres Model aus Bronzeblech zutage, welches das Bild eines Doppelvajras zeigt (Kat.-Nr. 176). Zu dieser Werkstatt gehört auch das Fragment eines Gusslöffelchens (Kat.-Nr. 170) und ein kleines Keramikgefäß mit Quecksilberresten (Kat.-Nr. 177). All diese Funde zeigen, dass hier das Atelier eines Gold- und Silberschmiedes lag, ein Atelier, das offensichtlich nicht planmäßig aufgelassen worden ist, sonst hätten Archäologen des 21. Jahrhunderts diese Funde nicht gemacht. Der Probierstein (Kat.-Nr. 171) mit Resten von Silber und Goldspuren gehört zwar nicht in diesen Fundzusammenhang, ergänzt jedoch das Spektrum der Funde, die einem Gold- und Silberschmied zugewiesen werden können.

Offensichtlich war an dieser Stelle auch ein Grobschmied ansässig. In unmittelbarer Nähe zu den oben genannten Gegenständen fand sich ein regelrechtes Lager von Produkten einer Eisenschmiede. Hervorzuheben ist eine Reihe von eisernen Radnaben, die im Zentrum hölzerner Wagenräder eingelassen waren und die Achse aufnahmen. Daneben wurden mehrere Gerätschaften, z. B. ein Spaten, eine Heugabel, ein Schlachtermesser aus Eisen und ein Beil, geborgen.

Außer dem Metallhandwerk sind Betriebe zur Glas- und Edelsteinverarbeitung, Knochenschnitzer sowie Produktionsstätten für Birkenrindenobjekte nachgewiesen. All diese Bereiche sind durch Rohmaterialien, Halbfabrikate, Werkstattabfälle und Endprodukte im Fundspektrum unserer Ausgrabungen belegt.

Dass wir uns im Handwerkerviertel der Cathai, der Chinesen befinden, zeigt auch das umfangreiche Fundspektrum chinesischer Provenienz. An erster Stelle muss hierbei die Keramik genannt werden. Mehrere zehntausend Scherben zumeist glasierter chinesischer Produktion sind inzwischen zutage getreten. Sie sind zumeist klein zerscherbt, doch haben sich auch einige Gefäße so weit zusammensetzen lassen, dass man ihre Form erkennen kann. Das in der Ausstellung gezeigte Repertoire wurde durch Gefäße aus älteren Grabungen in Karakorum ergänzt. Chinesischen Ursprungs sind auch die Miniaturstele (Kat.-Nr. 154), mehrere Bronzespiegel (Kat.-Nr. 155, 157 f., 160 f.) und ein Porzellanlöwe (Kat.-Nr. 156).

Im Münzwesen dominieren erwartungsgemäß die gelochten chinesischen Bronzemünzen (Kat.-Nr. 179 ff.). Sie dokumentieren einen geregelten Geldumlauf, die Münzreihe reicht dabei von Prägungen der Tang-Zeit bis hin zu mongolischen Münzen der Yuan-Dynastie aus dem 14. Jahrhundert. Erstaunlich dabei ist, dass die Münzreihe schon zu Beginn des 14. Jahrhunderts abbricht, obwohl auch spätere mongolische Großkhane in China Münzen prägen ließen. Erstrangige Zeugen interkontinentaler Handelsverbindungen zur Mongolenzeit sind mittelasiatische Silber-

7 Werkstattbereich mit Resten von Kuppelöfen an der Hauptstraße von Karakorum

münzen (vgl. den Beitrag von Stefan Heidemann in diesem Katalog), von denen aus unseren Grabungen inzwischen neun Exemplare bekannt sind. Demgegenüber fehlen bislang europäische Prägungen, die man aufgrund der historischen Voraussetzungen durchaus erwarten dürfte.

Abschließend bleibt festzuhalten, dass unsere Ausgrabungen die historisch-archäologische Forschung zu Karakorum erstmals in die Lage versetzen werden, außerhalb der Analyse der schriftlichen Überlieferung eine Abfolge unterschiedlicher Besiedlungsperioden der altmongolischen Hauptstadt zu definieren, die es dann mit der schriftlichen Quellenlage zu konfrontieren gilt.

Eine immer wieder angesprochene vormongolische Siedlungstätigkeit ist anhand der von uns untersuchten Flächen nicht zu belegen. Die Daten zur ältesten Ansiedlung in der Stadtmitte gehören in die erste Hälfte des 13. Jahrhunderts, sind also zwanglos mit den historisch überlieferten Baumaßnahmen unter Ögedei Khan in Verbindung zu bringen. Straße wie begleitende Bebauung wurden im Verlauf ihrer Nutzungsperiode mehrfach neu errichtet. Ob bestimmte Neu- bzw. Umbaumaßnahmen mit historischen Umbruchereignissen in Verbindung gebracht werden können, wird man erst nach Kenntnis aller Daten, insbesondere jahrgenauer Dendrodaten, entscheiden wollen. Bedeutsam ist jedenfalls die Tatsache, dass wir in unseren Flächen keine durchgehenden Brandschichten, die auf großflächige Zerstörungen infolge von Eroberungen und Plünderungen schließen lassen, nachweisen können.

Schon mit Beginn der Besiedlung ist der Bezirk südlich des Straßenkreuzes als Handwerkerviertel definiert. Durch alle Bauphasen hindurch sind Funde und Befunde aus verarbeitenden Werkstätten nachgewiesen. Aktivitäten von Handwerk und Handel lassen sich in unseren Grabungsflächen bis in die zweite Hälfte des 14. Jahrhunderts verfolgen. Das herausragende Zeugnis dieser späten Epoche ist ein Siegel des Ayušridara (Kat.-Nr. 153), der nach dem Tod seines Vaters Toyon Temür, des letzten Großkhans der Mongolen in China, 1370 in Yingchang (Jehol) die Herrschaft über die so genannten »Nördlichen Yuan« übernommen hatte und bis zu seinem Tod im April oder Mai 1378 in Karakorum regierte. In welchem Umfang die Stadt nach den militärischen Niederlagen gegen die Ming-Armeen 1380/88 weiter besiedelt gewesen ist, lässt sich aus unseren Befunden nicht erschließen. Offenbar ist das Ende der Besiedlung in unserem Grabungsareal nicht planmäßig verlaufen, denn sonst hätten wir die zahlreichen Materialien der oben erwähnten Goldschmiedewerkstatt, allen voran den goldenen Plattenarmreif, nicht gefunden. Auch wenn wir in diesem Zusammenhang keine eindeutigen Zerstörungsspuren wie etwa Brandschichten nachweisen können, mag doch der Fund eines menschlichen Schädels in unmittelbarem Zusammenhang mit den Werkstattfunden einen ersten Hinweis auf das Ende von Handwerk und Handel in Karakorum geben.

Literatur: KISELEV U. A. 1965; KÜHN/TISSLER 2000; MOMMSEN/JANSEN/RENNER 2001; QARA QORUM-CITY 2002; RADLOFF 1892

153

Die im Folgenden beschriebenen Objekte wurden v.a. im 13./14. Jh. in Karakorum genutzt, das Herstellungsdatum kann aber früher liegen.

### 153  Amtssiegel

Karakorum, Mongolei, dat. 1372 | Kupferlegierung, gegossen, H (Griff) 7,3 cm, L 6,2 cm, B 6,3 cm | Akademie der Wissenschaften der Mongolei, Ulaanbaatar | Fund-Nr. Kar 2-1581

Obwohl durch die Armeen der Ming-Dynastie 1368 aus Peking vertrieben, bestand die Yuan-Dynastie für die Mongolen ohne Unterbrechung fort. Dies bezeugt u.a. das in Karakorum aufgefundene Amtssiegel des Ayuširidara, der nach dem Tod seines Vaters Toγon Temür, des letzten Großkhans der Mongolen in China, 1370 in Yingchang (Jehol, heute Chengde) die Herrschaft über die so genannten »Nördlichen Yuan« übernommen hatte. Nachdem Yingchang noch im selben Jahr von den Ming angegriffen worden war und die Mongolen eine vernichtende Niederlage erlitten hatten, konnte sich Ayuširidara mit einer nur kleinen Gefolgschaft bis nach Karakorum durchschlagen, wo er bis zu seinem Tod im April oder Mai 1378 regierte.

Das Siegel besteht aus einer nahezu quadratischen Grundplatte und einem trapezförmigen Griff. Auf der Oberseite der Platte ist eine dreizeilige chinesische Inschrift eingraviert. Rechts des Griffes wird das siegelnde Amt, der »Verantwortliche für die Angelegenheiten des Ministeriums für Einnahmen und Bevölkerung«, genannt. In der unter der mongolischen Herrschaft entwickelten ˈPhags-pa-Schrift findet sich die gleiche Titulatur auf der Stempelseite des Siegels. Datiert wird das Siegel auf den 3. Monat des 2. Regierungsjahrs von Ayuširidara (chin. Xuanguang), ausgebende Stelle ist das Zentrale

Sekretariat des Ritenministeriums. Beide Angaben sind auf der linken Seite des Griffs eingraviert.

Seine Bedeutung innerhalb der bislang bekannten fünf Siegel des Ayuširidara gewinnt das Siegel durch seinen Fundort, ist mit ihm doch zum ersten Mal die historisch bezeugte Anwesenheit der Nördlichen Yuan-Dynastie in Karakorum nach 1370 auch archäologisch nachgewiesen.   *E. P.*

Lit.: NAGEL 2002 A; WEIERS 2002

### 154  Miniaturstele

Karakorum, Mongolei, 13./14. Jh. | Kupferlegierung, gegossen, H 11,2 cm, B 4,1 cm | Akademie der Wissenschaften der Mongolei, Ulaanbaatar | Fund-Nr. Kar 2-2041

Die kleine Stele wurde während der Song- oder Yuan-Dynastie hergestellt. Sie hat eine dreieckige Krone mit dem Bild eines Buddhas auf dem Lotosthron, ihre Basis ruht auf einer Schildkröte (vgl. Kat.-Nr. 107). Die Rückseite ist glatt, in ihrer Mitte trägt sie einen halbrunden Metallzapfen und im oberen Drittel ein verschmolzenes Fragment. Der Stele anhaftende Holzreste lassen vermuten, dass sie an einem hölzernen Gegenstand befestigt war. Sie kann nicht ohne Befestigung stehen, denn die Unterseite des Schildkrötenkörpers ist sehr uneben. Die Schildkröte ist auch nicht als Auflagefläche gearbeitet, da ihr Körper mit der Stelenrückseite abschließt. Der Buddha ist wie die Schildkröte relativ grob und wenig sorgfältig gearbeitet. Sein Kopf ist von einem einfachen tropfenförmigen Nimbus umgeben. Die Beine sind untergeschlagen, die Hände im Schoß gefaltet, vermutlich in der Mudra der Konzentration und Meditation (chin. *dingyin*; sanskr. *dhyanamudrā*)[1]. Die Fläche zwischen Stelenkrone und Schildkrötenbasis ist glatt; es sind keine Spuren einer Inschrift zu erkennen. Gedächtnisstelen haben in

154

China eine lange Tradition. Sie waren ursprünglich aus Holz und wurden paarweise bei der Bestattung verwendet, um den Sarg ins Grab einzulassen. Ein Loch im oberen Drittel diente zur Seilführung. Nach dem Einlassen des Sarges wurden sie mit Namen, Titeln und Lebensdaten des Toten beschriftet und aufrecht am Grab aufgestellt. Eine Stelenbasis in Form einer Schildkröte ist bereits aus Han-zeitlichen Gräbern des frühen 3. Jhs. n. Chr. bekannt.[2] Die Stele als Grabmonument ist Teil des »Geisterweges«. Dieser von Skulpturen flankierte Weg führt zu den Gräbern hoher Beamter oder Adliger. Stelen wurden auch außerhalb von Grabkomplexen zur Erinnerung an Edikte, für Gründungsinschriften und für andere wichtige Daten verwendet.   *M. J.-K.*

1  Vgl. SAUNDERS 1985, S. 85 ff.
2  PALUDAN 1991, S. 50.

## Karakorum, Stadtmitte: Gegenstände des Alltags

### 155  Spiegel

Karakorum, Mongolei, 14. Jh. | Kupferlegierung, gegossen, Dm 8,4 cm | Akademie der Wissenschaften der Mongolei, Ulaanbaatar | Fund-Nr. Kar 2-306

Die Spiegelvorderseite ist glatt und wurde für den Gebrauch poliert, die Rückseite trägt einen Dekor in flachem Relief. Dieser ist undeutlich und unsauber gearbeitet. An einem mittigen durchlochten Knauf konnte der Spiegel gehalten werden, oder ein Band wurde daran befestigt. Dieser Spiegel wurde in einer abgenutzten oder unsauber gearbeiteten Form gegossen. Das Loch im äußeren Plattenbereich ist auf einen Gussfehler zurückzuführen. Der mittlere Knauf ist von vier in einem ungleichmäßigen Quadrat angeordneten, buckelförmigen Noppen umgeben. Der Dekor erinnert an Han-zeitliche Spiegel, wo vier Noppen die vier Himmelsrichtungen und ihnen entsprechende Tiere symbolisieren – der Grüne Drache des Ostens, der Weiße Tiger des Westens, der Rote Vogel des Südens und die von einer Schlange umwundene Schildkröte, der »Schwarze Krieger des Nordens«.[1]   *M. J.-K. / A. S.*

1  ANLEN/PADIOU 1989, Abb. 208.

156

## 156 Löwe

Karakorum, Mongolei, 14. Jh. | Porzellan,
Qingbai-Ware, H 13,5 cm | Akademie der
Wissenschaften der Mongolei, Ulaanbaatar |
Fund-Nr. Kar 2-448

Der Löwe, vermutlich Teil eines Paares, wurde während der Song- oder Yuan-Dynastie hergestellt. Er
besteht aus einem feinen weißen Scherben mit leicht
bläulicher, transparenter Glasur mit feinem Craquelé. Löwen sind in China nicht heimisch, ihr Bild
wurde aus Westasien nach China gebracht. Im Vorderen Orient war der Löwe ein Machtsymbol, in Indien verband er sich mit dem Buddhismus und wurde zur Wächterfigur. Diese Wächterfiguren bilden
in der Regel ein Paar, der weiter östlich aufgestellte
Löwe hält einen Ball unter der – zumeist linken –
Tatze, der westliche säugt ein Löwenjunges.
Der Löwe aus Karakorum sitzt auf einem Podest,
seine rechte Tatze stützt er auf einen mit Bändern
umwundenen Ball. Er hat den Kopf gehoben und
blickt über seine rechte Schulter. Um den Hals
trägt er eine Glocke an einem Band, das auf dem
Rücken zu einer großen Zierschleife gebunden
ist. Ähnliche Löwen aus Porzellan befinden sich

im Ashmolean Museum in Oxford[1] und in der
Sammlung von E. Gye in Großbritannien[2].

*M. J.-K.*

1 MEDLEY 1974, Abb. 11.
2 AUSST.-KAT. CLEVELAND 1968, Abb. 106.

## 157 Spiegel mit Landschaftsdarstellung

Karakorum, Mongolei, 12./13. Jh. | Kupfer-
legierung, gegossen, Dm 10,9 cm | Akademie
der Wissenschaften der Mongolei,
Ulaanbaatar | Fund-Nr. Kar 2-533

Die Szene auf dem Spiegel zeigt zwei in ein Gespräch
vertiefte Personen unter einem blühenden Baum.
Der Baum nimmt das obere Drittel des Spiegels ein.
Darunter, links von der Mittelöse, stehen die beiden
reich gekleideten Personen, rechts von der Öse ein
Hirte mit einem Esel. Im Hintergrund, unter den
Blättern des Baumes, sind eine Brücke und Häuser
zu erkennen. Im Vordergrund grasen Tiere auf einer
Wiese am Rande eines Wasserlaufes. Kleidung und
Haarschmuck sind realistisch dargestellt. Der Hirte
trägt ein einfaches kurzes Gewand und hält einen
Stock in der Hand, die beiden anderen tragen lange
Gewänder und hochgesteckte Frisuren. Auch die
Haltung der Personen wirkt natürlich: Die rechte
Person hat die Hände in die Ärmel gesteckt, sie neigt
ihren Kopf vor der anderen, die sich leicht nach
hinten neigt und einen Spiegel in den Händen trägt.
Ein fast identisches Stück wurde in der Provinz
Heilongjiang gefunden und in die Jin-Dynastie
(1115–1234) datiert.[1] Die Szene auf der Spiegelrück-
seite zeigt ein Gespräch zwischen der Tochter des
Drachenkönigs und Liu Yi, dem Helden der Tang-
zeitlichen *Geschichte des Liu Yi* von Li Chaowei.

*M. J.-K.*

1 YU 1997, S. 266, Abb. 281.

157

## 158 Griffspiegel

Chanan uul, Chentij, Mongolei, Song-
oder Yuan-Dynastie | Kupferlegierung,
gegossen, H 19,4 cm, B 10,1 cm | Akademie
der Wissenschaften der Mongolei,
Ulaanbaatar | Inv.-Nr. M-120

Die Rückseite des Griffspiegels schmückt eine szeni-
sche Darstellung, die in flachem Relief gearbeitet
und von einem breiteren unverzierten Rand eingeschlossen ist. Dargestellt ist eine Landschaft. Die
Krone eines mächtigen Baumes nimmt das obere
Drittel des Spiegels ein. Der Baum, vermutlich eine
Kiefer, hat dicke runde Blatt- bzw. Nadelkissen. Unter dem Laubdach neben dem Stamm stehen zwei
Personen. In der Spiegelmitte befindet sich ein Kranich, neben diesem steht ein gesattelter Hirsch. Der
Hirsch trägt auf dem Sattel ein Gefäß, aus dem
Rauch aufzusteigen scheint. Vor seinen Füßen
wächst der wolkenförmige *lingzhi*-Pilz der Unsterblichkeit. Den unteren Abschluss der Szene bildet ein
kleines Gewässer mit Schilf und Lotosblüten. Neben
der Baumkrone befindet sich ein Kreis, vielleicht
ein Sonnensymbol. Den rechteckigen, von einem

158

unverzierten Rand eingefassten Griff ziert eine Lotosranke mit Blättern und Blüten. Ein vergleichbarer chinesischer Griffspiegel mit szenischer Darstellung wird auf 1130–33 datiert.[1] Ein weiterer ähnlicher Spiegel wurde in Korea gefunden und in das 12./13. Jh. datiert.[2]

Spiegel sollten ihren Besitzer neben ihrer eigentlichen Funktion auch vor negativen Einflüssen schützen. Sie waren daher häufig Grabbeigaben. Ihre Motive sind in der Regel mythologisch, religiös oder Glück verheißend: Kranich, Kiefer und *lingzhi*-Pilz sind wie der Hirsch Symbole der Langlebigkeit und Unsterblichkeit, und Shou Xing, der Gott der Langlebigkeit, reitet auf einem Hirsch.    *M. J.-K.*

1   AUSST.-KAT. TAIPEH 1986, S. 236, Taf. 143.

2   ANLEN/PADIOU 1989, S. 582.

159

### 159   Fragment eines Perlmuttschälchens

Karakorum, Mongolei, 14. Jh. | Perlmutt, H 2,4 cm, Dm ca. 8 cm | Akademie der Wissenschaften der Mongolei, Ulaanbaatar | Fund-Nr. Kar 2-665

Die Oberfläche des kleinen Schälchens ist sorgfältig bearbeitet, die figürliche Darstellung sehr fein ausgeführt. Vor einem Hintergrund mit feiner Kreuzschraffur steht eine Person mit langem, fein gefälteltem Gewand, über dem sie ein kurzes, nach links schließendes Oberkleid trägt. In der Hand hält sie einen Stab. Der untere Schalenteil zeigt einen Vogel. Rechts neben der Person steht eine zweite, von der nur der Kopf und die wie zur Begrüßung ausgestreckten Arme erhalten sind.    *M. J.-K.*

### 160   Spiegel

Karakorum, Mongolei, 14. Jh. | Kupferlegierung, gegossen, Dm 16,1 cm | Akademie der Wissenschaften der Mongolei, Ulaanbaatar | Fund-Nr. Kar 2-1249

Entstanden ist der Spiegel während der Song- oder Yuan-Dynastie. Sein Dekor zeigt eine aus zwei umlaufenden Zeilen bestehende chinesische Inschrift. Die äußere Teil besteht aus 39, der innere aus 21 Zeichen in einer gerundeten Schrift, die an die Orakelknochenschrift der Shang-Zeit erinnert. In der Spiegelmitte befindet sich der von einer stilisierten Blüte umgebene Knauf. Der Spiegel ist wenig plastisch, aber sehr sorgfältig gearbeitet.    *M. J.-K.*

### 161   Spiegel vom Typ *haima putao*

Karakorum, Mongolei, 14. Jh. | Kupferlegierung, gegossen, Dm 16 cm | Akademie der Wissenschaften der Mongolei, Ulaanbaatar | Fund-Nr. Kar 2-2859

Hergestellt wurde dieser Spiegel in der Song- oder Yuan-Dynastie. Die sehr sorgfältige Arbeit ist vermutlich der Nachguss eines Tang-zeitlichen Vorbildes. Die Rückseite ist in drei Ringe mit Dekor eingeteilt. Der äußere Ring ist dünn und mit einem feinen Blumenrankenmuster verziert, der zweite mit Weinranken gefüllt. Im breiten inneren Ring klettern sechs Tiere, die an Affen erinnern, in einem Rankengeflecht. Der zentrale Knauf hat die Form eines kauernden Tieres.

Dieser Spiegel gehört zu den *haima putao*-Spiegeln, wobei der chinesische Begriff mit »Seepferd und Wein(traube)« übersetzt werden kann. Hierfür charakteristisch sind der äußere Ring mit den Weinranken und der innere mit einer Gruppe von Tieren. Das Motiv der Weinranke gelangte vermutlich aus dem westlichen Zentralasien nach China, es wurde seit dem 7. Jh. auf diesem Spiegeltyp verwendet.[1] Im inneren Ring werden oft kaum identifizierbare Tiere dargestellt, die ursprünglich Löwen gewesen sein könnten. Frühe, im 7. Jh. entstandene Spiegel zeigen nur vier löwenartige Wesen, welche die vier Himmelsrichtungen symbolisieren. Ein fünfter Löwe bildet häufig den Spiegelknauf. Jüngere Spiegel zeigen sechs bis acht Löwen und Löwenpaare. Der Begriff *haima* geht auf Song-zeitliche Autoren zurück, welche die dargestellten löwenähnlichen Tiere als mythische »Seepferde« interpretierten.[2]    *M. J.-K.*

1   CAMMAN 1953, S. 268.

2   THOMPSON 1967, S. 30 ff.

160

161

### 162   Kohlebecken oder Räuchergefäß

Karakorum, Mongolei, 14. Jh. | Eisen, gegossen, H 19,5 cm, Dm 31,5 cm | Akademie der Wissenschaften der Mongolei, Ulaanbaatar | Fund-Nr. Kar 2-1314

Das dreibeinige Räuchergefäß hat einen senkrecht durchbrochenen Rand, bei dem sich Swastika- und Kreuzpassmotive abwechseln. Oben ist er mit sechs Spitzen bekrönt. Weiter unten befindet sich ein waagerechter Ring mit sechs in regelmäßigen Abständen angebrachten Einkerbungen, er mutet wie der obere Teil einer Blüte an. Das Gefäß wurde aus einer mehrteiligen Form gegossen. Gussnähte an seinem Unterbau weisen auf eine dreiteilige Form hin. Auch der durchbrochene Rand zeigt, versetzt zu denen des Unterbaus, drei Gussnähte.

Zusammen mit einem zweiten, etwas größeren Exemplar – geborgen auf dem jüngsten Laufhorizont eines Gebäudes östlich der Hauptstraße von Karakorum – bildet dieses Räuchergefäß ein Paar, das vermutlich einen Eingangsbereich flankierte.

Das Swastika (sanskr. *svastika*) ist ein sehr altes indisches Glückssymbol (die Bezeichnung ist abgeleitet

162

164

von sanskr. *svasti*, »Glück«). Es hat die Form eines rechts- oder linksdrehenden Hakenkreuzes. Aus der Drehbewegung ergibt sich auch die Bedeutung »Unendlichkeit, Dauer, Unzerstörbarkeit, Festigkeit«. Im tibetisch-mongolischen Buddhismus hat das Swastika die gleiche Funktion wie das Vajrakreuz, welches ebenfalls die Vorstellung der Festigkeit und Dauer ausdrückt. Auch in China ist das Swastika als Zeichen für langes Leben und Unendlichkeit sehr beliebt. *E. P. / K. S. / A. S.*

## Karakorum, Stadtmitte: Gegenstände mit Tierdarstellungen

### 163 Gürtelbeschlag mit Tiermotiv

Karakorum, Mongolei, 14. Jh. | Jade, H 4,2 cm, L 6,7 cm | Akademie der Wissenschaften der Mongolei, Ulaanbaatar | Fund-Nr. Kar 2-259

Der Gürtelbeschlag besteht aus einem einzigen Stück geschnitztem weißen Jade in Form eines liegenden Hirsches. Die Darstellung wird auf das wesentliche Merkmal des Tieres beschränkt: das stilisierte Geweih, ein Oval mit feinen Einschnitten. Der Hirsch liegt auf seinen untergeschlagenen Läufen, er hat den Kopf gehoben und die Ohren nach hinten gerichtet. Die Hufe, Läufe und das mandelförmige Auge sind deutlich herausgearbeitet und an den Seiten mit feinen diagonalen Linien akzentuiert. Der

Körper wird mit drei vertikalen Linien betont, die dem Schwung des Hinterlaufs folgen. Der Schwanz ist zu einem kleinen Dreieck vereinfacht.
Die Rückseite des Objekts ist geglättet. An beiden Seiten sind oben und unten paarweise angeordnete Löcher eingebohrt worden, so dass das Stück durch Aufnähen befestigt werden konnte. *M. J.-K.*

### 164 Schmuckmünze mit Tierkreiszeichen

Karakorum, Mongolei, 14. Jh. | Kupferlegierung, gegossen, Dm 5,2 cm | Akademie der Wissenschaften der Mongolei, Ulaanbaatar | Fund-Nr. Kar 2-657

Entstanden ist die Münze in der Song- oder Yuan-Dynastie. Die kreisrunde Scheibe ist flach, mit einem einfachen Rand versehen und in der Mitte ge-

163

locht. Beide Seiten sind mit unsauber geprägten, stark abgeriebenen Motiven verziert. Eine Seite trägt die Darstellung der zwölf chinesischen Tierkreiszeichen. Die astrologischen Symbole sind in vier Dreiergruppen angeordnet, jedes Tier ist in einem Ring dargestellt. Zwischen den Ringen stehen die entsprechenden Tiernamen in chinesischen Schriftzeichen. Die zwölf Tiere des chinesischen Tierkreises – Ratte, Rind, Tiger, Hase, Drache, Schlange, Pferd, Schaf, Affe, Hahn, Hund und Schwein – entsprechen jeweils einem Jahreszyklus. Dieses Motiv aus ringförmig angeordneten Tierkreiszeichen war in der Song- und Yuan-Dynastie beliebt und findet sich auch auf Yuan-zeitlichen Spiegeln[1].
Auf der anderen Seite der Münze sind zwei reich gekleidete Personen unter einer Kiefer dargestellt. Sie blicken einander an, die linke Person trägt einen Stab, die rechte, größere hält eine Axt in der erhobenen Hand. Zu ihren Füßen befinden sich ein langhalsiger Vogel, eine Schildkröte und eine Schlange. Kranich, Schildkröte und Kiefer sind in China Symbole für ein langes Leben. *M. J.-K.*

1 ANLEN/PADIOU 1989, S. 322.

### 165 Durchbrochene Schmuckplatte, Fragment

Karakorum, Mongolei, 14. Jh. | Kupferlegierung, gegossen, Dm ca. 10 cm | Akademie der Wissenschaften der Mongolei, Ulaanbaatar | Fund-Nr. Kar 2-1496

Die ursprünglich runde Schmuckplatte weist in der Mitte eine Durchlochung auf. Sie ist durchbrochen gearbeitet und mit einem feinen Drachendekor versehen. Der Drache ist an seinem schlanken schlangenartigen Leib und dem Hinterlauf einer Raubkat-

165

ze erkennbar. Die Oberfläche ist stark abgerieben, was auf eine intensive Benutzung schließen lässt. Die Platte wurde nach dem Guss nicht überarbeitet, da Bereiche, die als Durchbrechung gedacht waren, geschlossen blieben. *M. J.-K. / A. S.*

### 166 Durchbrochene Schmuckplatte

Karakorum, Mongolei, 13./14. Jh. | Kupferlegierung, gegossen, Dm 4,7 cm | Akademie der Wissenschaften der Mongolei, Ulaanbaatar | Fund-Nr. Kar 2-1571

Die kleine runde, in der Mitte gelochte, durchbrochen gearbeitete Schmuckplatte trägt einen Drachendekor. Zwei Drachen verfolgen einander, sie haben schlangenartige, S-förmig gewundene Körper mit dichtem Schuppenmuster, vier kräftige, quer gestreifte Raubkatzenbeine und einen Wolfskopf. Die Köpfe sind gehoben, die runden Augen blicken nach vorn, die spitzen Ohren sind nach hinten gelegt. Kleine dreieckige Ansätze auf den Schultern erinnern an Flügel. Die Vordertatzen mit drei Krallen sind wie zu einem Hieb erhoben, sie berühren den Schlangenschwanz des jeweils anderen Drachen. Der Hinterleib der Drachen ist in Inversion gearbeitet, er ist zum Rumpf um 180 Grad verdreht. Die beiden Drachen wirken plump und gedrungen, wie in die schmale Ringform gepresst. Ihnen fehlt die Ele-

ganz der feingliedrigen fliegenden Drachen auf vergleichbaren Arbeiten aus der Tang- und Song-Dynastie.

In Anbetracht unsauberer Ränder an den Durchbrechungen ist davon auszugehen, dass diese Platte nach dem Guss nicht überarbeitet wurde. Aufgrund von Spannungen im Objekt, die vermutlich durch eine ungleichmäßige Abkühlgeschwindigkeit nach dem Guss entstanden, brach der Rand, wodurch sich die Platte leicht verzogen hat. *M. J.-K. / A. S.*

### 167 Durchbrochene Schmuckplatte, Fragment

Karakorum, Mongolei, 13./14. Jh. | Kupferlegierung, gegossen, H 5,3 cm, L 8,4 cm | Akademie der Wissenschaften der Mongolei, Ulaanbaatar | Fund-Nr. Kar 2-1817

Die Schmuckplatte zeigt einen Reiter auf einem Pferd, welches auf einer sichelförmigen Wolke läuft. Diese besteht aus feinen spiralförmigen Wölkchen, die an Blattranken erinnern. Der Reiter trägt einen weiten Mantel, der über die Kruppe des Pferdes fällt, und weite Hosen, die in leichten Falten auf seinen Schuhen oder Stiefeln aufliegen. Der Oberkörper des Reiters fehlt, ebenso wie Kopf und Schweif des Pferdes. *M. J.-K.*

### 168 Drachenkopf

Karakorum, Mongolei, 13./14. Jh. Knochenzapfen, L 8,5 cm | Akademie der Wissenschaften der Mongolei, Ulaanbaatar Fund-Nr. Kar 2-2552

Der leicht gebogene, bräunliche Knochen ist in Form eines Drachenkopfes gearbeitet. Als Ausgangsmate-

rial diente ein Knochenzapfen. Auf Knochenzapfen, die mit dem Schädel von Ziegen, Schafen oder Rindern verwachsen sind, sitzt das Horn auf.

Das Maul des Drachen ist aufgerissen, seine spitzen Reißzähne halten eine runde Kugel, die leicht ausgebrochen und durchbohrt ist. Die Lefzen des Drachen sind durch eine eingetiefte Linie markiert, die unter dem Kinn in je einer Spirale ausläuft. Das Schuppenmuster des Drachenkörpers wird durch feine eingeritzte Linien gebildet. Diese sind mit einer harzartigen dunkelgrauen Masse gefüllt. Der Drachenkörper endet in einem glatten, nach unten gebogenen Zapfen. Dieser ist in der Mitte vertikal durchbohrt, in zwei weiteren Einbohrungen stecken zwei Stifte aus Knochen. Er konnte vermutlich auf einen anderen Gegenstand aufgesteckt werden.

*M. J.-K. / A. S.*

### 169 Drachenkopf

Karakorum, Mongolei, 13./14. Jh. | Knochenzapfen, L 5 cm | Akademie der Wissenschaften der Mongolei, Ulaanbaatar | Fund-Nr. Kar 2-3276

Das gelblichweiße, rundplastische, schwach gebogene Knochenstück ist ebenfalls in Form eines Drachenkopfes gearbeitet. Der Drache hat sein Maul aufgerissen, erkennbar sind kleine runde Zähne und teilweise abgebrochene Reißzähne. Die Zähne sind seitlich und von vorn durchbohrt. Das Drachenmaul ist weich gerundet und glatt poliert, die linke Seite ist beschädigt. Die Nase ist quer eingekerbt und leicht abgerieben, so als hätte die Kerbe zur Aufnahme einer Sehne oder eines Fadens gedient. Schwach erkennbar sind die langen, spitzen, angelegten Ohren, die bis fast an das Ende des Kopfes reichen. *M. J.-K. / A. S.*

166

167

168

169

## Karakorum, Stadtmitte: Gegenstände des Handwerks und Gewichte

### 170 Fragment eines Löffels mit Ausguss

Karakorum, Mongolei, 14. Jh. | Kupferlegierung, gegossen, L 5,4 cm, Dm 3,1 cm | Akademie der Wissenschaften der Mongolei, Ulaanbaatar | Fund-Nr. Kar 2-361

170

Von dem Bronzelöffel ist nur noch die Laffe mit dem Ausguss sowie ein Teil des Stiels vorhanden. Der Löffel diente sicherlich im Rahmen der Metallverarbeitung zum Gießen kleinerer Objekte. *E. P.*

### 171 Probierstein

Karakorum, Mongolei, 14. Jh. | Schiefer, H 5,8 cm, B 4,7 cm | Akademie der Wissenschaften der Mongolei, Ulaanbaatar | Fund-Nr. Kar 2-726

Der rechteckige Stein besitzt eine schwarz glänzende, feinkörnige Oberfläche, auf der beidseitig Probierstriche verschiedener Metalle erkennbar sind. Die Kanten sind abgerundet, eine Ecke ist großflächig abgeplatzt. Eine Durchlochung diente wohl zur Aufhängung.

Probiersteine gehören zur gängigen Ausstattung eines Metall verarbeitenden Betriebes und dienten der Qualitätskontrolle von Edelmetallen. *E. P. / A. S.*

171

### 172 Matrize für einen Plattenarmreif

Karakorum, Mongolei, 14. Jh. | Kupferlegierung, getrieben, L 11,1 cm, B 6,7 cm | Akademie der Wissenschaften der Mongolei, Ulaanbaatar | Fund-Nr. Kar 2-1445

Das Motiv der Matrize mit einem Phönix in der Mitte und zwei *taotie*-Masken entspricht dem nachfolgenden Goldplattenarmreif (Kat.-Nr. 173), unterscheidet sich jedoch in einigen Details. Die Ranken seitlich des Kopfes sind auf der Matrize nur angedeutet. Um den Phönix herum sind gerundete Noppen angebracht, die sich im Dekor des Plattenarmreifes als längliche Erhebungen harmonisch in das Gesamtbild einfügen. Auch die Oberflächenstrukturen unterscheiden sich voneinander. Diese kleinen Abweichungen zwischen Model und Armreif belegen die Oberflächenbearbeitung des Armbandes nach dem Treibprozess. *M. J.-K. / A. S.*

### 173 Plattenarmreif

Karakorum, Mongolei, 14. Jh. | Goldlegierung, getrieben, L (Platten) 9,5 cm, B 5,1 cm, Dm ca. 7 cm | Akademie der Wissenschaften der Mongolei, Ulaanbaatar | Fund-Nr. Kar 2-1697

Der Plattenarmreif aus Goldblech mit Scharnierverschluss besteht aus zwei nicht exakt identischen Platten, die durch ein Scharnier miteinander verbunden sind. Die Goldblechplatten wurden in eine Matrize getrieben und nachträglich durch Ziselierungen auf der Oberfläche bearbeitet. Die passende Negativform konnte in der Nähe des Plattenarmreifes geborgen werden (Kat.-Nr. 172).

Der Dekor der Platten besteht aus einem zentralen Phönixmotiv und zwei *taotie*-Masken. Ein spitzrhombischer Rahmen in Form einer Lotosblüte umschließt den fliegenden Phönix. Er breitet seine Schwingen aus, der Kopf ist umgewandt. Der Körper trägt einen feinen Federdekor. Der Phönix (chin. *fenghuang*) ist ein mythisches Tier, das im Gegensatz zum Drachen dem weiblichen Geschlecht zu-

172

173

geordnet wird. Die eleganten *fenghuang*, meist als Fasane mit Pfauenschwanz dargestellt, sind Wächtertiere und gelten als gutes Omen. Ober- und unterhalb eines weiteren rechteckigen Rahmens befinden sich entlang der Außenseiten Reihen runder Fassungen aus ringförmig aufgelöteten Goldblechstreifen. An den Schmalseiten des Rahmens werden zwei *taotie*-Masken dargestellt. Dieses mythische Wesen hat in China eine lange Tradition als Wächterfigur und zur Abwehr des Bösen; es findet sich schon auf Shang-zeitlichen Bronzen (ca. 1600 – 1100 v. Chr.). Das Wesen hat gespitzte Katzenohren, seine Augen sind weit aufgerissen, die Stirn ist zerfurcht, die Nase breit und flach. Es zieht die Maulwinkel nach oben und zeigt die gefletschten Zähne. Fehlende Abnutzungsspuren an der Außen- und Innenseite des Armbandes lassen vermuten, dass das Objekt nie als Schmuckstück getragen wurde. Feine Grate, die bei der Ziselierung der Oberfläche entstehen und sich durch Abrieb schnell abnutzen, sind partiell noch vorhanden. Fehlende Einlagen in den Fassungen, wie Halbedelsteine, lassen sogar vermuten, dass das Objekt nie fertiggestellt wurde. Fehlende Spuren mechanischer Einwirkung schließen eine nachträgliche Entnahme der Einlagen aus.

*M. J.-K. / A. S.*

### 174　Zwei Gusstiegel

Karakorum, Mongolei, 13. Jh. | Irdenware, H 4,9 bzw. 4,4 cm, Dm 3,9 bzw. 3,4 cm | Akademie der Wissenschaften der Mongolei, Ulaanbaatar | Fund-Nr. Kar 2-2565, Kar 2-2566

Diese beiden Exemplare stellen nur eine kleine Auswahl der in Karakorum gefundenen Gusstiegel dar. Das Spektrum reicht dabei von großen Tiegeln mit einer Höhe von ca. 20 Zentimetern bis zu kleinen Exemplaren von nur wenigen Zentimetern Höhe. Gusstiegel finden Verwendung in der Metall- wie in der Glasverarbeitung und gehören wie Halbfabrikate zu den archäologischen Hinweisen auf handwerkliche Tätigkeit. *E. P.*

### 175　Barren

Karakorum, Mongolei, 13./14. Jh. | Gold, L 3,8 cm, B 0,7 cm, H 0,4 cm, Gew 11,86 g | Akademie der Wissenschaften der Mongolei, Ulaanbaatar | Fund-Nr. Kar 2-3054

174

Der Goldbarren ist als Rohmaterial für einen Edelmetall verarbeitenden Betrieb anzusehen. Die einfache Barrenform eignet sich dabei hervorragend für genormte Gewichtsgrößen, aber auch für eine problemlose Lagerung. *E. P.*

### 176　Matrize mit dem Motiv eines Vajrakreuzes

Karakorum, Mongolei, 13./14. Jh. | Kupferlegierung, getrieben, H 6,9 cm, B 7,8 cm | Akademie der Wissenschaften der Mongolei, Ulaanbaatar | Fund-Nr. Kar 2-4170

Die Matrize besteht aus einem dreieckigen, leicht gewölbten Blech mit gebogenen Seitenkanten. Dargestellt ist ein Doppelvajra in Kreuzform, wobei einer der Arme kaum ausgebildet ist. Eine vergleichbare Reduktion eines Armes findet sich auf dem Vajrakreuz auf dem Haupttempel von Erdeni Joo. Der Doppelvajra in Kreuzform (Vajrakreuz) ist wie der einfache Vajra, »Diamantzepter, Donnerkeil«, ein Symbol für Unzerstörbarkeit, Festigkeit und Dauer, und damit eng verwandt mit dem Swastika oder Hakenkreuz. Die in Karakorum gefundene Matrize lässt auf die große Bedeutung schließen, welche das Vajrakreuz bereits im 13./14. Jh. für die Mongolen gehabt haben muss. *E. P. / K. S.*

175

176

## 177 Miniatur-Henkeltopf mit Quecksilber

Karakorum, Mongolei, 13./14. Jh. | Steinzeug, Qingbai-Ware, H 5,3 cm, Dm 3,6 cm | Akademie der Wissenschaften der Mongolei, Ulaanbaatar | Proben-Nr. Kar 2-0036

Der feine porzellanartige Scherben ist weiß und mit einer blassblauen, dicken opaken Glasur überzogen. Die Glasur endet kurz über dem Fuß. Die dünn glasierten Stellen am Gefäßboden sind hellrot gebrannt. Die Gefäßbasis bildet einen flachen, nur leicht nach oben gewölbten Fuß. Die breiten, stark gerundeten Gefäßschultern gehen über in einen kleinen kurzen Hals, an den zwei ringförmige Zierhenkel angesetzt sind. Das Gefäß enthielt bei der Bergung noch eine kleine Menge Quecksilber.  *M. J.-K. / A. S.*

177

## 178 Acht Gewichte

Karakorum, Mongolei, 13./14. Jh. | Kupferlegierung bzw. Eisen, gegossen | H 5,3 cm, B 2,9 cm, D 2,3 cm, Gew 95 g | L 9,2 cm, Dm 2,1 cm, Gew 152 g | H 5,1 cm, B 2,6 cm, D 2,8 cm, Gew 83 g (ohne Abb.) | L 9,1 cm, B 2,5 cm, D 1,5 cm, Gew 218 g | L 9,1 cm, B 2,5 cm, D 1,2 cm, Gew 210 g (ohne Abb.) | L 9,1 cm, B 2,5 cm, D 1,2 cm, Gew 205 g (ohne Abb.) | L 9 cm, B 2,6 cm, D 1,2 cm, Gew 214 g (ohne Abb.) | L 9,8 cm, B 2,7 cm, D 1,1 cm, Gew 206 g (ohne Abb.) | Akademie der Wissenschaften der Mongolei, Ulaanbaatar | Fund-Nr. Kar 2-483, Kar 2-1613, Kar 2-1809, Kar 2-2330, Kar 2-2369, Kar 2-2390, Kar 2-2464, Kar 2-2600

Maße und Gewichte gehören zum selbstverständlichen Repertoire von Handwerks- und Handelsquartieren. Gewichte finden sich in Karakorum über alle Besiedlungsperioden verteilt und sind auch aus den Altgrabungen bekannt. Aus Eisen gefertigt sind glockenförmige Exemplare mit einer Durchlochung am oberen Ende. Barrenförmige Bronzegewichte, von denen hier zwei verschiedene Formen gezeigt werden, besitzen dagegen an ihren Enden Einkerbungen. Es handelt sich bei beiden Typen um Hängegewichte, die offensichtlich durch eine Schnur mit der Waage verbunden waren. Die Gewichtsgrößen lassen vermuten, dass bei der Herstellung bestimmte Normen eingehalten wurden.  *E. P.*

178

## Karakorum, Stadtmitte: Münzen und zwei Schachspielsteine

Die Stadtgrabung in Karakorum brachte etwa 600 Münzen hervor.[1] Sie stellen eine unabhängige Quelle für die regionale, politische und wirtschaftliche Geschichte dar. Karakorum war von seiner Wirtschaftsstruktur her eine chinesisch geprägte Stadt. Geschäfte des Alltags tätigte man mit chinesischem Geld.

Chinesische Münzen wurden gegossen. Vier Schriftzeichen umgeben ein zentrales quadratisches Loch. Zwei der Schriftzeichen geben in der Regel den *nianhao*, den »Namen des Jahres«, wieder. Hierbei handelt es sich zumeist um eine Glück verheißende politische Devise, unter die der Kaiser seine Herrschaft oder eine bestimmte Periode seiner Regierung stellte. Die anderen beiden Schriftzeichen – entweder *tongbao, yuanbao* oder *chongbao* – bezeichnen auf unterschiedliche Weise die umlaufenden gültigen Münzen.

Diese vier Zeichen sind entweder im Uhrzeigersinn oder kreuzweise – oben, unten, rechts, links – zu lesen. Die Münzen der Nördlichen Song-Dynastie (960–1127) zeichnen sich durch eine Vielzahl von Schriftarten aus. Aber auch verschiedene Wertnominale wurden hergestellt: einfache *qian* (Cash-Münze), Doppelnominale und Vielfache. Unter dem Kaiser Huizong wurden große Münzen mit dem zehnfachen Wert und mit der persönlichen Kalligraphie des Kaisers gegossen. Die Münzproduktion ging unter mongolischer Herrschaft stark zurück. Die Währung basierte im Wesentlichen auf Edelmetallzertifikaten aus Papier. Das Alltagsleben wurde jedoch durch die in großen Mengen vorhandenen vormongolischen Bronzemünzen bestimmt. Die ältesten Münzen aus den Grabungen in Karakorum stammen aus der Tang-Dynastie, die meisten aus der Nördlichen Song-Dynastie. Die einzige Münzemission von etwas größerem Umfang unter den Mongolen fand unter Külüg Khan, dem Kaiser Wuzong, statt. Es handelt sich um großformatige Münzen des zehnfachen Wertes einer einfachen Münze. Die Legende ist in der 'Phags-pa-Schrift gehalten (siehe dazu den Beitrag »Das mongolische Weltreich und seine Münzen«).  *S. H.*

1  Die Auswahl der Stücke und eine erste Bestimmung der Exemplare wurden von Eva Nagel, Bonn, vorgenommen. Ich danke François Thierry, Bibliothèque Nationale, Paris, für die freundliche Unterstützung und Katrin Gutberlet für die vorzüglichen fotografischen Aufnahmen.

Lit.: EVTJUCHOVA 1965; NAGEL 2002 B; PENG 1993

### 179 Münze
Tang-Dynastie (618 – 907) | Kupferlegierung, Dm 2,5 cm, Gew 2,97 g | Akademie der Wissenschaften der Mongolei, Ulaanbaatar | Fund-Nr. Kar 2-1731

Anonym (618 – 907)
*kai yuan tongbao* (Standardschrift kreuzweise) *S. H.*
Lit.: NAGEL 2002 B, Taf. XII a, 7 a

### 180 Münze
Nördliche Song-Dynastie (960 – 1127) | Kupferlegierung, Dm 2,5 cm, Gew 3,64 g | Akademie der Wissenschaften der Mongolei, Ulaanbaatar | Fund-Nr. Kar 2-1502
*ohne Abb.*

Kaiser Zhenzong (reg. 998 – 1023)
Regierungsperiode: Jingde (1004 – 08)
*Jingde yuanbao* (Standardschrift im Uhrzeigersinn) *S. H.*

### 181 Münze
Nördliche Song-Dynastie (960 – 1127) | Kupferlegierung, Dm 2,6 cm, Gew 4,18 g | Akademie der Wissenschaften der Mongolei, Ulaanbaatar | Fund-Nr. Kar 2-1631

Kaiser Renzong (reg. 1023 – 64)
Regierungsperiode: Mingdao (1032 – 34)
*Mingdao yuanbao* (Siegelschrift im Uhrzeigersinn) *S. H.*

### 182 Münze
Nördliche Song-Dynastie (960 – 1127) | Kupferlegierung, Dm 2,7 cm, Gew 4,57 g | Akademie der Wissenschaften der Mongolei, Ulaanbaatar | Fund-Nr. Kar 2-0556

Kaiser Renzong (reg. 1023 – 64)
Regierungsperiode: Tiansheng (1023 – 32)
*Tiansheng yuanbao* (Standardschrift im Uhrzeigersinn) *S. H.*

### 183 Münze
Nördliche Song-Dynastie (960 – 1127) | Kupferlegierung, Dm 2,5 cm, Gew 2,65 g | Akademie der Wissenschaften der Mongolei, Ulaanbaatar | Fund-Nr. Kar 2-1326
*ohne Abb.*

Kaiser Renzong (reg. 1023 – 64)
Regierungsperiode: Baoyuan (1038 – 40)
*huang Song tongbao* (Siegelschrift kreuzweise) *S. H.*

### 184 Münze
Nördliche Song-Dynastie (960 – 1127) | Kupferlegierung, Dm 3,2 cm, Gew 8,01 g | Akademie der Wissenschaften der Mongolei, Ulaanbaatar | Fund-Nr. Kar 2-1287
*ohne Abb.*

Kaiser Shenzong (reg. 1068 – 86)
Regierungsperiode: Xining (1068 – 78)
Doppelnominal, *Xining zhongbao* (Standardschrift im Uhrzeigersinn) *S. H.*

### 185 Münze
Nördliche Song-Dynastie (960 – 1127) | Kupferlegierung, Dm 2,6 cm, Gew 3,91 g | Akademie der Wissenschaften der Mongolei, Ulaanbaatar | Fund-Nr. Kar 2-1821
*ohne Abb.*

Kaiser Shenzong (reg. 1068 – 86)
Regierungsperiode: Yuanfeng (1078 – 86)
*Yuanfeng tongbao* (Siegelschrift im Uhrzeigersinn) *S. H.*

### 186 Münze
Nördliche Song-Dynastie (960 – 1127) | Kupferlegierung, Dm 2,3 cm, Gew 6,59 g | Akademie der Wissenschaften der Mongolei, Ulaanbaatar | Fund-Nr. Kar 2-1390
*ohne Abb.*

Kaiser Shenzong (reg. 1068 – 86)
Regierungsperiode: Yuanfeng (1078 – 86)
Doppelnominal, *Yuanfeng tongbao* (Siegelschrift im Uhrzeigersinn) *S. H.*

### 187 Münze
Nördliche Song-Dynastie (960 – 1127) | Kupferlegierung, Dm 2,5 cm, Gew 3,93 g | Akademie der Wissenschaften der Mongolei, Ulaanbaatar | Fund-Nr. Kar 2-1318

Kaiser Zhezong (reg. 1086 – 1101)
Regierungsperiode: Yuanyou (1086 – 94)
*Yuanyou tongbao* (Siegelschr. im Uhrzeigersinn) *S. H.*

### 188 Münze
Nördliche Song-Dynastie (960 – 1127) | Kupferlegierung, Dm 3,1 cm, Gew 6,21 g | Akademie der Wissenschaften der Mongolei, Ulaanbaatar | Fund-Nr. Kar 2-1559

Kaiser Zhezong (reg. 1086 – 1101)
Regierungsperiode: Shaosheng (1094 – 98)
Doppelnominal, *Shaosheng yuanbao* (Hofschrift im Uhrzeigersinn) *S. H.*

### 189 Münze
Nördliche Song-Dynastie (960 – 1127) | Kupferlegierung, Dm 2,4 cm, Gew 3,45 g | Akademie der Wissenschaften der Mongolei, Ulaanbaatar | Fund-Nr. Kar 2-1615

Kaiser Huizong (reg. 1101 – 26)
Regierungsperiode: Jingguo (1101/02)
*sheng Song yuanbao* (Siegelschrift im Uhrzeigersinn) *S. H.*

### 190 Münze
Nördliche Song-Dynastie (960 – 1127) | Kupferlegierung, Dm 3,1 cm, Gew 8,78 g | Akademie der Wissenschaften der Mongolei, Ulaanbaatar | Fund-Nr. Kar 2-1846

Kaiser Huizong (reg. 1101 – 26)
Regierungsperiode: Jingguo (1101/02)
Doppelnominal, *sheng Song yuanbao* (»Rennende Schrift« im Uhrzeigersinn) *S. H.*

### 191 Münze mit Papierrest
Nördliche Song-Dynastie (960 – 1127) | Kupferlegierung, Dm 3,5 cm, Gew 8,73 g | Akademie der Wissenschaften der Mongolei, Ulaanbaatar | Fund-Nr. Kar 2-1389

Kaiser Huizong (reg. 1101 – 26)
Regierungsperiode: Chongning (1102 – 07)
Qian mit dem Wert 10 *wen, Chongning tongbao* (»Schlankes Gold«-Schrift im Uhrzeigersinn)
Die »Schlankes Gold«-Schrift *(shoujin)* ist der persönliche Schriftstil der »Rennenden Schrift«, für den Kaiser Huizong als Kalligraph berühmt geworden ist. An der Münze hing ein kleines Stück bedrucktes Papier. Möglicherweise handelt es sich um einen Fetzen Papiergeld. *S. H.*

### 192 Münze

Nördliche Song-Dynastie (960–1127) |
Kupferlegierung, Dm 3,5 cm, Gew 10,67 g |
Akademie der Wissenschaften der Mongo-
lei, Ulaanbaatar | Fund-Nr. Kar 2-1528.1
*ohne Abb.*

Kaiser Huizong (reg. 1101–26)
Regierungsperiode: Chongning (1102–07)
Qian mit dem Wert 10 *wen, Chongning tongbao*
(»Schlankes Gold«-Schrift im Uhrzeigersinn)   *S. H.*

### 193 Münze

Jin-Dynastie (1115–1234) | Kupferlegierung,
Dm 2,4 cm, Gew 2,40 g | Akademie der
Wissenschaften der Mongolei, Ulaanbaatar |
Fund-Nr. Kar 2-1466

Kaiser Hailing Wang (reg. 1149–61)
Regierungsperiode: Zhenlong (1156–61)
*Zhenglong yuanbao* (Standardschrift im Uhrzeiger-
sinn)   *S. H.*

### 194 Münze

Jin-Dynastie (1115–1234) | Kupferlegierung,
Dm 2,6 cm, Gew 3,14 g | Akademie der
Wissenschaften der Mongolei, Ulaanbaatar |
Fund-Nr. Kar 2-1528.2

Kaiser Shizong (reg. 1161–90)
Regierungsperiode: Dading (1161–90)
*Dading tongbao* (Standardschrift kreuzweise)
Rev. oben: *you* (das zehnte Zeichen im chinesischen Zwölferzyklus; möglicherweise steht es hier
für das Jahr des Hahnes). Die Münze wurde zusammen mit Kat.-Nr. 192 gefunden.   *S. H.*

### 195 Münze

Yuan-Dynastie (1272–1368) | Kupfer-
legierung, Dm 2,4 cm, Gew 3,75 g |
Akademie der Wissenschaften der Mongo-
lei, Ulaanbaatar | Fund-Nr. Kar 2-650

Kaiser Wuzong (Külüg Khan; reg. 1308–12)
Regierungsperiode: Zhida (1308–12)
*Zhida tongbao* (Standardschrift kreuzweise)   *S. H.*
Lit.: NAGEL 2002 B, Tafel XIII i

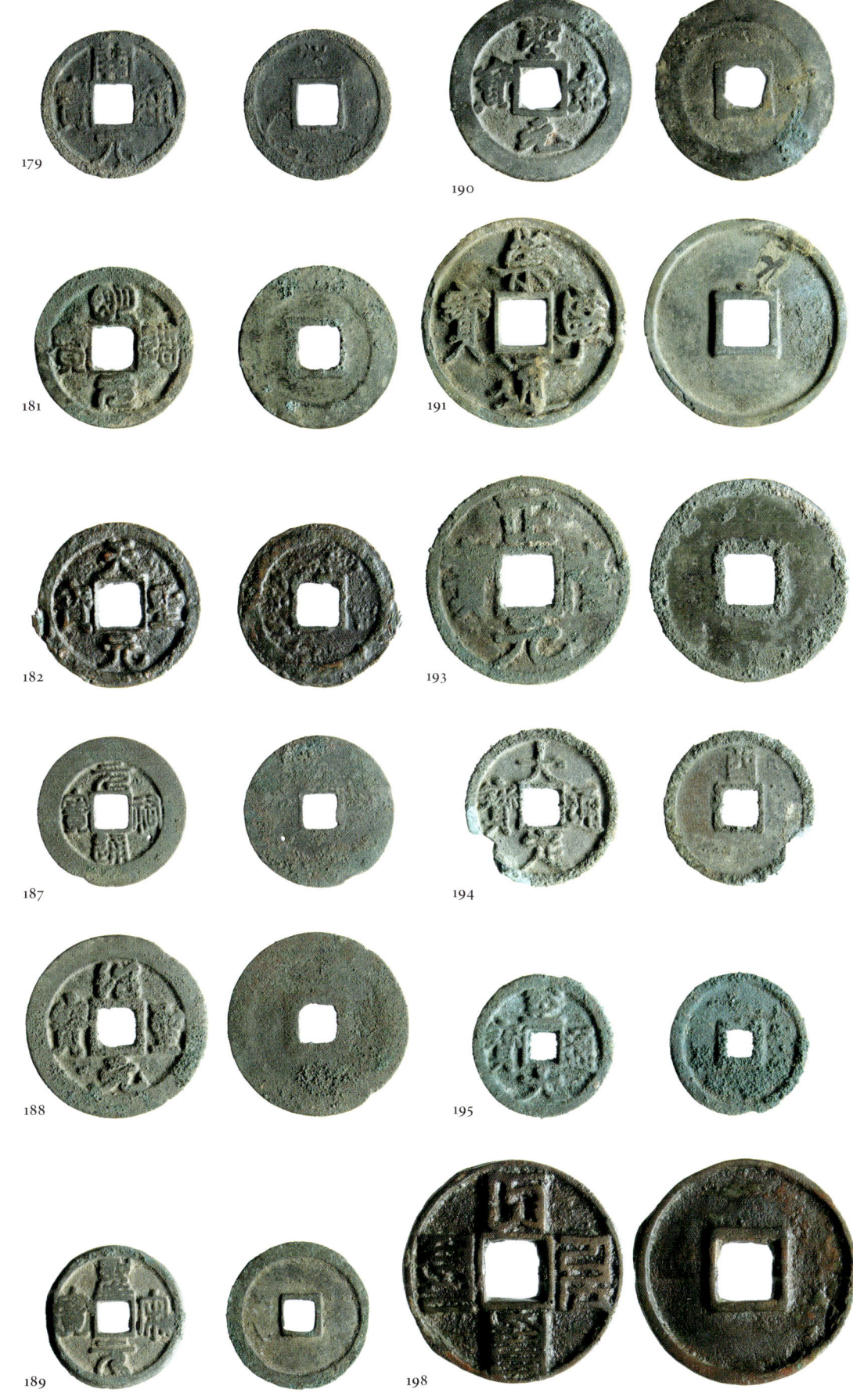

179

190

181

191

182

193

187

194

188

195

189

198

### 196 Münze

Yuan-Dynastie (1272 – 1368) | Kupfer-
legierung, Dm 4,2 cm, Gew 25,82 g |
Akademie der Wissenschaften der Mongo-
lei, Ulaanbaatar | Fund-Nr. Kar 2-1573
*ohne Abb.*

Kaiser Wuzong (Külüg Khan; reg. 1308 – 12)
Regierungsperiode: Zhida (1308 – 12)
*qian* mit dem Wert 10 *wen, da Yuan tongbao*
('Phags-pa-Schrift kreuzweise)   *S. H.*

### 197 Münze

Yuan-Dynastie (1272 – 1368) | Kupfer-
legierung, Dm 4,2 cm, Gew 24,46 g |
Akademie der Wissenschaften der Mongo-
lei, Ulaanbaatar | Fund-Nr. Kar 2-1576
*ohne Abb.*

Kaiser Wuzong (Külüg Khan; reg. 1308 – 12)
Regierungsperiode: Zhida (1308 – 12)
*qian* mit dem Wert 10 *wen, da Yuan tongbao*
('Phags-pa-Schrift kreuzweise)   *S. H.*

Lit.: NAGEL 2002B, Tafel XIII j

### 198 Münze

Yuan-Dynastie (1272 – 1368) | Kupfer-
legierung, Dm 4,2 cm, Gew 21,10 g |
Akademie der Wissenschaften der Mongo-
lei, Ulaanbaatar | Fund-Nr. Kar 2-1713

Kaiser Wuzong (Külüg Khan; reg. 1308 – 12)
Regierungsperiode: Zhida (1308 – 12)
*qian* mit dem Wert 10 *wen, da Yuan tongbao*
('Phags-pa-Schrift kreuzweise)   *S. H.*

### 199 Schach-Spielstein, *jiang* (General)

Song- oder Yuan-Dynastie | Kupfer-
legierung, Dm 3,3 cm, Gew 16 g |
Akademie der Wissenschaften der Mongo-
lei, Ulaanbaatar | Fund-Nr. Kar 2-2305

### 200 Schach-Spielstein, *xiang* (Elefant)

Song- oder Yuan-Dynastie | Kupfer-
legierung, Dm 2,7 cm, Gew 7,99 |
Akademie der Wissenschaften der Mongo-
lei, Ulaanbaatar | Fund-Nr. Kar 2-1976

199

200

Das chinesische Schach *xiangqi,* das »Elefantenspiel«,
unterscheidet sich stark vom westlichen. Statt Figuren werden beschriftete Spielsteine verwendet. Die
Aufteilung des Spielfeldes ist anders, wie auch die
Funktion der einzelnen Spielsteine. Die schwarze
und die weiße Seite werden mit unterschiedlichen
synonymen Schriftzeichen bezeichnet. Der größere
der beiden ausgestellten Spielsteine trägt auf beiden
Seiten das Zeichen *jiang* (General). Dieser Spielstein
entspricht in seiner Funktion dem westlichen
schwarzen König. Der kleinere zeigt einen Elefanten
und das dazugehörige Schriftzeichen *xiang*. Diese
Figur entspricht in etwa dem schwarzen Läufer in
der westlichen Variante.   *S. H.*

## Karakorum, Stadtmitte: Keramik

Die Benennung der chinesischen Warenarten erfolgt nach den wichtigsten Fundorten und Ofenkomplexen. Die Keramik kann aber auch nach
der Ofenform benannt sein, wie die Longquan-

Waren, oder nach der Glasurfarbe. Häufig gibt es
auch Doppelbenennungen für eine Warenart:
Während der Begriff »Qingbai« die Warenart bezeichnet, bezieht sich der Begriff »Yingqing« auf
die Glasur.

Die fein zerscherbten, hellblauen Qingbai-Waren
sind die häufigste Warenart in Karakorum. Qingbai-Waren wurden vor allem in Jingdezhen in der
heutigen Provinz Jiangxi hergestellt. Sie haben
einen weißen, zuckerartigen Scherben, der aus
Kaolin und gemahlenem Paidunzi-Gestein hergestellt wird. Der Scherben ist sehr hart und wenig
plastisch, er zersplittert sehr stark. Die reduzierend (d. h. durch Abschluss der Sauerstoffzufuhr
im Ofen) gebrannte blassblaue Glasur besteht aus
Paidunzi-Gestein und Pflanzen, die zerrieben
und mit Wasser gemischt wurden. Der Dekor –
häufig ein feines Kamm-Muster – wurde leicht
und locker eingeritzt, meist nur im Gefäßinne-
ren. Seit der Mitte des 12. Jhs. wurden Gefäße
auch über Model geformt. Sie sind sehr dünn-
wandig und haben ein sanft gebogenes Profil,
sind aber oft von schlechterer Qualität als die
Drehscheibenkeramik.

## Yaozhou- und Longquan-Waren

Die in Karakorum ebenfalls häufigen grün glasierten Gefäße sind Steinzeug-Waren mit einer
Feldspatglasur, deren Eisenoxidgehalt 1 bis 5 Prozent beträgt. Sie werden reduzierend bei hohen
Temperaturen gebrannt.
Für die grün glasierten Waren der Song- und
Yuan-Dynastie sind zwei Ofenkomplexe namengebend: In der Nördlichen Song-Dynastie (960
bis 1127) sind dies die Yaozhou-Öfen von Tong-
quan in der heutigen Provinz Shaanxi, für die
Südliche Song-Dynastie (1127 – 1279) die Longquan-Öfen von Zhejiang. Diese beiden Waren-
ten unterscheiden sich in einigen Merkmalen:
Die Glasur der Yaozhou-Waren ist transparent, olivgrün bis olivbraun und dünner als
die der Longquan-Waren. Der Yaozhou-Scher-
ben ist durch den Anteil von eisenhaltigem Ton
im Kaolin grau gefärbt. Gebrannt werden die
Waren in so genannten Mantou- oder Hufeisen-
Öfen, relativ kleinen halbrunden Öfen mit je
einer Brennkammer, die in Dreierreihen gebaut
werden. Geheizt werden die Öfen mit Kohle, die
Kohlenasche färbt einen leichten dunklen Schimmer in die Glasur.

Longquan-Waren wurden in den mit Holz geheizten Longquan-Kammeröfen gebrannt. Die am Hang gebauten Öfen gleichen einem langen ansteigenden Tunnel, auf dessen flachen Stufen die zu brennenden Gefäße stehen. Seit dem 13. Jh. wurde der Tunnel in einzelne, miteinander verbundene Kammern geteilt. Diese Ofenform ermöglichte eine sehr gute Brandkontrolle. Die Longquan-Waren wurden teilweise vor dem Glasurauftrag gebrannt (Biskuitbrand) und dann in mehreren Schichten glasiert. Durch den geringeren Anteil an Flussmitteln war die Glasur der Longquan-Waren dickflüssiger als die der Yaozhou-Waren. Die dicken Glasurschichten der Longquan-Gefäße leuchten grün, die Konturen sind weich. Hochwertige Longquan-Waren werden mit poliertem Jade verglichen. Die Farbe der Glasuren schwankt je nach Temperatur und Reduktionsbeginn während des Brandes zwischen graugrün und blaugrün. Die dichten Bläschen, die in der Glasur enthalten sind, lassen die Glasur oft undurchsichtig wirken, bei dünn glasierten Stücken ist sie dagegen glasartig und transparent. Der Scherben der Longquan-Waren ist je nach Eisenanteil grau bis weiß, der unglasierte Standring brennt in reduzierender Atmosphäre rot.

Der Dekor der Grünwaren besteht aus großflächigen einfachen Schnitzereien oder tief eingedrücktem scharfkantigem Modeldekor. Häufige Motive sind Fischpaare, Lotosblüten oder Lotosblätter auf der Außenseite der Gefäße und die Einteilung der Wandung in einzelne Paneele mit einem zentralen gestempelten oder plastischen Medaillon.

In der Yuan-Zeit werden die Formen schwerer, die Gefäße sind dickwandig und die dünn aufgetragene Glasur oft bräunlich oder gelblich gefärbt. Darin zeigt sich die Tendenz zum Oxidieren während des weniger gut kontrollierten Brandes: Die Glasur erreicht nicht den gewünschten Farbton.

## Cizhou- und Jun-Waren

Neben diesen Waren von oft hoher Qualität wurde in Karakorum auch einfache Gebrauchskeramik gefunden, helle Cizhou-Steinzeuge und blau glasierte Jun-Schalen. Die Cizhou-Steinzeuge sind Alltagswaren, die seit der Song-Zeit weit verbreitet waren und bis zum Ende der Yuan-Zeit produziert wurden. Namengebend sind die Öfen von Cixian in der Provinz Hebei. Die Gefäßformen sind einfach und zweckmäßig, der Dekor sehr variantenreich: Der beige, graue oder braune Scherben wurde mit einer monochrom weißen oder braunen Engobe überzogen, dem Untergrund für verschiedene Dekortechniken, die immer den Kontrast zwischen Engobe und Dekor oder Scherben nutzen: Pinselmalerei mit dunkelbrauner Farbe, Einritzungen, Ausschabungen oder Stempeldekor; darüber wurde eine transparente Feldspatglasur aufgetragen. Außerdem gab es zweifach gebrannte Waren mit grüner, gelber und weißer Glasurfarbe und einfach gebrannte Waren mit roter und grüner Malerei auf der Glasur. Außerdem wurden monochrome Waren und Waren mit schwach gebrannten farbigen Glasuren produziert.

Jun-Waren sind nach den Öfen von Juntai in der Provinz Henan benannt. Sie wurden vom 10. bis zum 15. Jh. produziert. Gefäße mit dunkel- bis hellgrauem Scherben sind in der Regel Steinzeuge, Irdenware mit Jun-Glasur hat einen beigen Scherben mit dichter dunkler Magerung. Die Jun-Glasuren wurden sehr dick und oft mehrfach aufgetragen. Das Farbspektrum umfasst Blau in allen Schattierungen. Die Glasur ist meist undurchsichtig, darin eingeschlossen sind zahlreiche Bläschen und Glaströpfchen. Die seit dem 12. Jh. genutzten Kupferpigmente, die in die Glasur eingestreut und beim leicht reduzierenden Brand leuchtend pflaumenrot wurden, waren in der Yuan-Zeit sehr beliebt. Der Fuß Yuan-zeitlicher Gefäße ist unglasiert. Bei den Gefäßformen überwiegen flache Teller und Schalen. Jun-Gefäße sind weitaus seltener als die Cizhou-Gefäße, zu denen u. a. Vorratskrüge, Teeschalen, Schüsseln, Vasen, Tellerchen und Kissen (vgl. Kat.-Nr. 375) gehören.

## Dunkel glasierte Waren

Dunkel glasierte Waren, wie die Jian- und Jizhou-Teeschalen der Südlichen Song-Dynastie, sind in Karakorum relativ selten. Die dunklen Glasuren entsprechen in ihrer Zusammensetzung der Glasur der Grünwaren, haben aber einen Eisengehalt von mehr als 5 Prozent, der bei einem oxidierenden Brand für die dunkle Färbung sorgt.

Jian-Teeschalen aus dem Produktionszentrum in Nord-Fujian haben eine dickflüssige dunkle Glasur. Durch hinzugefügte Metalloxide bilden sich Flecken, die je nach Form und Färbung den *hare-fur-*, *tortoiseshell-*, Öl- oder Teestaub-Dekor ergeben. Jizhou-Keramik hat eine transparente Glasur, in die Schablonen oder Blätter eingelegt werden, die als dunkle Schatten ausbrennen.

In Karakorum werden außerdem vermutlich lokal produzierte dickwandige Vorratsgefäße mit dunkler olivgrüner bis rotbrauner Glasur gefunden, von denen fast nur die massiven Böden und Lippen erhalten sind. Lokal produziert wurden auch die unglasierten dunkelgrauen Irdenwaren mit Glättstreifendekor. Diese Gefäße gibt es in allen Formen, von Schalen über flachbodige Becken bis zu großen Vorratskrügen und *guan*-Gefäßen (»staatliche Ware«).

## Blauweiße Qinghua-Waren

Zum Fundspektrum in Karakorum gehören auch Gefäße mit kobaltblauem Dekor unter der Glasur. Frühe Gefäße mit kobaltblauen Pigmentflecken sind schon aus Song-zeitlichen Funden bekannt. Eine kontrollierte Anwendung des Kobaltpigmentes und eine Kontrolle der hohen Brenntemperatur, die eine solche Scharffeuerfarbe benötigt, waren allerdings erst seit der 1. Hälfte des 14. Jhs. möglich. Der Scherben der weißblauen Qinghua-Gefäße ist porzellanartig, sehr rein und fast weiß oder schwach grau. Der gemalte Dekor umfasst Drachen, Lotosblüten, Szenen aus Schauspielen und florale Ranken. Die Gefäßformen der Yuan-Zeit sind dickwandige, massive Teller mit geradem oder blütenförmigem Rand, große Schalen oder Platten; selten sind kleinere Gefäße und Teeschalen. Die Glasur der Gefäße ist entweder die undurchsichtig-gelbliche Luanbai-Glasur der einfachen blauweißen Gebrauchskeramik oder die schwach blaue, glasartige Yingqing-Glasur qualitätvoller Waren.

Die im Folgenden vorgestellten Waren wurden überwiegend in Karakorum gefunden, es handelt sich aber v. a. um chinesische Importkeramik.

*M. J.-K.*

201

202

203

### 201  Fragment einer flachen Schale

Karakorum, Mongolei, 13. Jh. | Steinzeug,
Cizhou-Ware, H 4,8 cm, Dm 18 cm |
Akademie der Wissenschaften der
Mongolei, Ulaanbaatar | Datenbank-Nr.
Kar 2-9757

Der Scherben ist weißlich-gelb mit wenigen schwarzen Einschlüssen. Außen wurde unregelmäßig eine
weiße Engobe aufgetragen, darüber eine leicht gelbliche, schwach craquelierte Glasur, die unregelmäßig verläuft. Das Innere der Schale wurde mit weißer
Engobe überzogen, dann glasiert und zunächst bei
hohen Temperaturen gebrannt. Nach dem ersten
Brand erfolgte der Auftrag des Dekors. Der zweite
oxidierende Brand färbte die für die Malerei ver-

wendeten Eisenpigmente intensiv rot und die Kupferpigmente grün. Dieser Dekor wird als *Song hong
lü cai*, als »Rotgrüner Dekor der Song-Zeit«, bezeichnet. Er wurde in den Ofenkomplexen entwickelt, die Cizhou-Waren herstellten. Teller mit dieser Farbgebung und Malerei werden überwiegend in
das 13. Jh. datiert.

Das Motiv im Spiegel des Tellers besteht aus drei
umlaufenden roten Streifen, die Schalenmitte nehmen ein Wellendekor und zwei große Fische mit
Schuppenmuster ein. Fische gelten in China als ein
positives Symbol, da das Wort für Fisch *(yu)* gleich-
klingend ist mit dem Wort für Überfluss.   *M. J.-K.*

### 202  Flacher Teller

Karakorum, Mongolei, 11.–13. Jh. | Stein-
zeug, Cizhou-Ware, H 3 cm, Dm 17 cm |
Akademie der Wissenschaften der
Mongolei, Ulaanbaatar | Datenbank-Nr.
Kar 2-9758

Der Scherben ist elfenbeinfarben und hat feine Einschlüsse. Der Teller ist unsauber gearbeitet, Werk-
zeugspuren sind zu erkennen, der Rand ist stellenweise eingedrückt. Außen wurde die Glasur
unregelmäßig aufgetragen, deutlich erkennbar sind
Pinsel- und Wischspuren sowie Verlaufsspuren. Innen ist die Glasur gleichmäßig und glatt. Unter der
Glasur wurden mit dem Pinsel drei Ornamente aus
stilisierten Ranken und Blättern leicht und schwung-
voll gemalt. Die eisenhaltige Farbe ist je nach Auf-
tragsdicke grünlich braun bis rotbraun gefärbt.
Ein ähnlicher stilisierter Pflanzendekor findet sich
auf Waren aus Ofenkomplexen der Jin-Dynastie
(1115–1234) und der Xixia-Dynastie (1038–1227).
*M. J.-K.*

### 203  Schale

Karakorum, Mongolei, 11.–13. Jh. | Stein-
zeug, Cizhou-Ware (vermutlich Provinz
Henan), H 7 cm, Dm 19 cm | Akademie der
Wissenschaften der Mongolei, Ulaanbaatar |
Datenbank-Nr. Kar 2-9759

Der Scherben ist ebenfalls elfenbeinfarben. Am
Standring sind innen Trocknungsrisse erkennbar.
Der Randbereich ist außen 3 bis 5 Zentimeter breit
glasiert, die farblose Glasur ist nach unten verlaufen.
Im unglasierten Bereich sind Fingerabdrücke und
Wischspuren deutlich zu erkennen. Die Glasur ist

unrein und mit Tonklümpchen vermischt. Im Schaleninneren hat die Brennhilfe tiefe ovale Eindrücke
in Scherben und Glasur hinterlassen. Das Schalen-
innere zeigt drei mit dem Pinsel aufgetragene florale Motive aus stilisierten Ranken und Blüten, zwei
umlaufende Streifen rahmen diese. Über die Bemalung wurde gleichmäßig, vermutlich durch Tauchen,
die Glasur aufgetragen.
Ein ähnlicher Dekor findet sich auf Waren aus Ofenkomplexen der Jin-Dynastie (1115–1234) und der
Xixia-Dynastie (1038–1227).   *M. J.-K.*

### 204  Schale

Karakorum, Mongolei, Song-Dynastie
(960–1279) | Steinzeug, Cizhou-Ware,
H 8 cm, Dm 22 cm | Akademie der Wissen-
schaften der Mongolei, Ulaanbaatar |
Datenbank-Nr. Kar 2-9760
*ohne Abb.*

Das Gefäß besteht aus einem weißlich-gelben, stellenweise leicht rötlichen Scherben mit vielen eisen-
haltigen Einschlüssen. Deutlich erkennbar sind
auch breite Drehscheibenrillen. Nahe dem Schalenboden ist eine feine Durchbohrung angebracht. Die
transparente monochrome Glasur wurde durch
Eintauchen des Gefäßes aufgetragen. Außen ist sie
unregelmäßig, weiß bis gelblich und in dicken Gla-
surtränen verlaufen; im Schaleninneren gleichmä-
ßiger und leicht gelblich. Kleine unebene Stellen
sind unglasiert geblieben, am Schalenboden sind
Abdrücke der Brennhilfe sichtbar.   *M. J.-K.*

### 205  Schale mit floralem Dekor

Nordchina, Jin-Dynastie, 1. Hälfte 13. Jh. |
Steinzeug, Cizhou-Ware, H 5,3 cm,
Dm 16 cm | Musée national des arts asia-
tiques – Guimet, Paris | Inv.-Nr. MA 2141

In der Zeit der Song- und Yuan-Dynastie wurden
die Cizhou-Öfen wiederholt von Eroberern zerstört,
aber stets wieder aufgebaut. Die Produktion war
über die Provinzen Henan, Hebei und Shanxi
verstreut und brachte ständig technische Neuerungen, welche die Kunst des Emaillierens ver-
vollkommneten. Bloße Handwerker wurden zu
Dekorationskünstlern. Klare, leuchtende Farben
wurden als Aufglasur bei einem zweiten Brennvorgang von etwa 800 °C aufgetragen. Die Farbpalette
beschränkte sich Ende des 12. Jhs. und Anfang des

13. Jhs. im Wesentlichen auf drei Farben: aus einem Eisenderivat gewonnenes Rot, Blattgrün aus Kupfer und Ockergelb, das nur selten zufriedenstellend aus Eisen erzielt wurde.

Diese Schale ist mit einer hellen Engobe überzogen, die einen groben Scherben verdeckt. Eine aufgeblühte Päonie mit Blattwerk wird von vier konzentrischen Kreisen eingefasst. Der sehr spontane Stil ist typisch für diese Ware, zu der außer Geschirr auch zahlreiche bemalte Figuren zählen. Das Museum of Fine Arts in Boston (Sammlung Denman Waldo Ross) besitzt eine sehr ähnliche Schale, ein weiteres vergleichbares Exemplar aus dem Nationalmuseum Tokio wird in das Jahr 1230 datiert[1].    *M. J.-K.*

1  AUSST.-KAT. INDIANAPOLIS/CLEVELAND 1980/81, S. 246.

### 206  Blauweißer Teller

Karakorum, Mongolei, spätes 14. Jh. | Steinzeug, H 5,5 cm, Dm 28 cm, Dm des Standrings 20 cm | Akademie der Wissenschaften der Mongolei, Ulaanbaatar | Datenbank-Nr. Kar 2-9761

Der feine Scherben dieser blauweißen Keramik aus der Yuan-Dynastie ist eierschalenfarben und fast ohne Einschlüsse. Der Teller ist dickwandig und hat eine schwere, massive Form. Innen und außen wurde eine transparente Glasur mit leicht hellgrünem Schimmer aufgetragen. Darunter ist der Teller beidseitig sehr fein und detailgetreu bemalt. Die Außenseite zeigt geometrische Motive in Kobaltblau: abgeteilte, mit einem Wolkenmotiv gefüllte Paneele und halb gefüllte Kreise. Innen ist die Bemalung kobaltblau bis schwarz. Dunkle pigmentreiche Stellen wir-

ken wie verlaufen. Den Rand des Tellers nehmen umlaufende Blattranken und Päonienblüten ein. Die Blattranken haben zwei nach hinten gebogene, gerundete Blätter und ein spitzes, nach vorn gerichtetes Blatt, die für die Yuan-Zeit charakteristische Flaschenkürbis-Blattform *(huluxing ye)*. Sie findet sich auch im Dekor zweier Tempelvasen in der Londoner Percival David Foundation, die durch eine Inschrift in das Jahr 1351 datiert werden können. Das Motiv des Tellerbodens zeigt eine Wasserlandschaft mit Pflanzenranken und Blüten, ein Entenpaar und einen Kranich in der Tellermitte. Ein fast identisches Motiv zeigt eine in Syrien gefundene Yuan-zeitliche Schale.[1] Eine Schale mit dem gleichen Motiv stammt aus dem Grab der Frau Ye in Nanjing, das auf das Jahr 1418 datiert werden kann.[2]    *M. J.-K.*

1  CARSWELL 2000, S. 27, Abb. 21 a.

2  »Nanjingshi wenwuguan weiyuanhui: Nanjing zhonghuamen wai mingmu jingli jianbao«, in: *Kaogu*, Nr. 9, 1962, S. 470 – 478, Taf. 6 (3, 4).

Lit.: ERDENEBAT 2002

### 207  Teller

Karakorum, Mongolei, Song- oder Yuan-Dynastie | Steinzeug, Jun-Ware, H 4,3 cm, Dm 16 cm | Akademie der Wissenschaften der Mongolei, Ulaanbaatar | Datenbank-Nr. Kar 2-9762

Der Scherben ist dunkelgrau mit schwarzen Einschlüssen. Der Standring und 1 bis 2 Zentimeter der Wandung oberhalb des Standrings sind unglasiert und durch den Brand rötlich gefärbt. Die hell- bis mittelblaue Glasur wurde beidseitig sehr dick und in mehreren Schichten aufgetragen. Während des

207

208

Brandes bildeten sich sehr viele feine Oxidbläschen. Zum Standring hin verläuft die Glasur in dicken Tränen.    *M. J.-K.*

### 208  Schale

Karakorum, Mongolei, Song- oder Yuan-Dynastie | Steinzeug, Jun-Ware, H 7,5 cm, Dm 18 cm | Akademie der Wissenschaften der Mongolei, Ulaanbaatar | Datenbank-Nr. Kar 2-9763

Der Scherben ist gleichmäßig grau. Das Innere der Schale hat eine konische Form, der innere Schalenboden reicht tief bis in den Standring hinein. Diese Schalenform mit hoher Wandung und fast spitz zulaufendem Schaleninneren ist typisch für Jun-Waren. Die hellblaue Glasur ist beidseitig sehr dick und zeigt außen deutliche Verlaufstränen. Innen ist die Glasur durch das unregelmäßige Einstreuen von Kupferoxiden pflaumenblau bis metallgrau gefärbt. Diese Verzierungstechnik wurde in den Jun-Keramik herstellenden Ofenkomplexen seit dem 11. Jh. angewendet. Am Rand ist die Glasur dünner und schimmert schwach gelbbraun. Die Glasur ist durchzogen von einem deutlichen, groben Craquelé.    *M. J.-K.*

### 209  Kleine Schale mit Purpurdekor

Provinz Henan, Nordchina, Yuan-Dynastie, 14. Jh. | Steinzeug, glasiert, Jun-Ware, H 7 cm, Dm 19 cm | Musée national des arts asiatiques – Guimet, Paris | Inv.-Nr. G. 1592

206

210

### 210 Henkelgefäß

Karakorum, Mongolei, Song- oder Yuan-Dynastie | Steinzeug, vermutlich Cizhou-Ware, H 9,5 cm, Dm 8 cm | Akademie der Wissenschaften der Mongolei, Ulaanbaatar | Datenbank-Nr. Kar 2-9764

Das bauchige Vorratsgefäß mit kurzem geradem Hals und abgesetzter Lippe ist ein so genanntes *guan*-Vorratsgefäß. Der Scherben ist elfenbeinfarben und mit einer weißlichen, an dicken Auftragsstellen durchsichtig-grünlichen Glasur mit feinen Bläschen überzogen. Die Glasur ist unregelmäßig verlaufen. An der Gefäßwandung sind Fingerabdrücke, Rillen und Riefen deutlich erkennbar. Am Hals wurden zwei kleine Henkel als Dekor angebracht.

*M. J.-K.*

### 211 Teeschale

Karakorum, Mongolei, Südliche Song-Dynastie (1127–1279) | Steinzeug, Qingbai-Ware, H 3 cm, Dm 11 cm | Akademie der Wissenschaften der Mongolei, Ulaanbaatar | Datenbank-Nr. Kar 2-9766

Der porzellanartige Scherben ist eierschalenfarben und sehr glatt, nur innen, zur Mitte hin sind unter der Glasur feine umlaufende Ringe eingedrückt worden. Von dem sehr dicken Schalenboden aus wird die Gefäßwandung zum Rand hin dünner. Der Gefäßrand ist in Lotosblütenform gearbeitet. Bis auf den Standring ist die Schale mit einer sehr feinen, durchsichtig hellgrünen Glasur bedeckt. In der Glasur sind viele sehr feine Oxidbläschen eingeschlossen. Deutlich erkennbar ist ein grobes vertikales Craquelé. *M. J.-K.*

211

212

### 212 Schale mit hohem Standring

Karakorum, Mongolei, Yuan-Dynastie (1272–1368) | Steinzeug, Qingbai-Ware, H 8,5 cm, Dm 10 cm | Akademie der Wissenschaften der Mongolei, Ulaanbaatar | Datenbank-Nr. Kar 2-9767

Der feine porzellanartige Scherben ist ebenfalls eierschalenfarben. Der innen kegelförmig ausgehöhlte Fuß verjüngt sich in der Mittel leicht und geht dann fließend in den Schalenboden über. Dieser ist relativ gerade, die Wandung hebt sich in einem Winkel von fast 45 Grad daraus empor. Außen ist auf der Wandung ein Muster aus horizontalen und diagonalen Linien eingeritzt. Im Inneren der Schale ist das Motiv der Lotosblüte mit wenigen schnellen Strichen eingeritzt worden. Die beidseitig über dem Dekor aufgetragene Glasur ist relativ dick, durchsichtig-grünlich und enthält feine Bläschen.
Schalen mit hohem Fuß wurden auch in dem Schiffswrack von Sinan gefunden.[1] Das Schiff, das Keramik und andere Handelsgüter transportierte, sank

Die tiefe, auf der Töpferscheibe aus hellgelbem Scherben gedrehte Schale steht auf einem kleinen Standring. Die glatte, feine und regelmäßige Wandung schwingt aus, zieht sich zur Mündung hin leicht zusammen und endet in einer abgerundeten Lippe. Durch Kapillarität haben sich in der lavendelblau bis grünlich schimmernden Glasur großflächige purpurfarbene Zonen ausgebreitet, die zu schönen, wolkenartigen Moiré-Effekten geführt haben. Diese violetten Flecken sind durch Zugabe von Kupferoxid entstanden. Auch wenn diese Technik schon im 12. Jh. entdeckt wurde, überlässt es der Töpfer dem Zufall, wie Form und Farbe dieser erstaunlichen nebelartigen Ausbildungen ausfallen. Während der Jin-Dynastie der Jürčen wurde dieser Stil fortgeführt und erlebte seine Blütezeit unter den mongolischen Yuan. Der natürlich erscheinende Zufallseffekt stieß insbesondere in der chinesischen Gelehrtenschicht auf Interesse. *J.-P. D.*

Lit.: AUSST.-KAT. TAIPEH 1999

209

213

in der Yuan-Zeit vor der südkoreanischen Küste nahe dem Ort Sinan. Die jüngsten Münzen aus dem Schiffswrack wurden in den Jahren 1310/11 geprägt, beschriftete Holzplättchen konnten in das Jahr 1323 datiert werden.

Die Form einer tiefen Schale mit auskragendem Rand und hohem Standring wurde in Jingdezhen entwickelt und war im 14. und 15. Jh. sehr beliebt. Während der Yuan-Zeit wurde diese Gefäßform als *mashang bei* bezeichnet, als »Tasse, die auf dem Pferderücken benutzt wird«. *M. J.-K.*

1 AYERS 1978, Abb. 11.

### 213 Teeschale

Karakorum, Mongolei, Südliche Song-Dynastie (1127–1279) | Steinzeug, Longquan-Ware, H 7 cm, Dm 16 cm | Akademie der Wissenschaften der Mongolei, Ulaanbaatar | Datenbank-Nr. Kar 2-9768

Der Scherben ist hellgrau und beidseitig geglättet. Der unglasierte Standring ist intensiv ziegelrot gefärbt, vermutlich bemalt. Außen sind am Rand der Schale drei feine umlaufende Linien eingeritzt und am Fuß feine Wellenlinien. Die Wandung trägt innen ein stark stilisiertes florales Motiv, vermutlich Lotosblüten. Die über dem Dekor aufgetragene dicke Glasur ist außen gelbgrün und innen hell olivgrün. Die Glasur ist undurchsichtiger und weniger glasartig als die der frühen Longquan-Waren, oder die

Glasur der Grünwaren aus den Yaozhou-Öfen ist sehr dick. Dadurch wirkt das Gefäß weich und glatt, es soll an polierten Jade erinnern. *M. J.-K.*

### 214 Fragment einer Schale

Karakorum, Mongolei, Südliche Song-Dynastie (1127–1279) | Steinzeug, Longquan-Ware, H 8 cm, Dm 19 cm | Akademie der Wissenschaften der Mongolei, Ulaanbaatar | Datenbank-Nr. Kar 2-9769 *ohne Abb.*

Der Scherben ist grau. Der unglasierte Standring ist innen und außen hellrot bemalt, die rote Farbe verläuft bis in die Glasur. Am Fuß und am Rand der Schale sind außen umlaufende Linien eingeritzt, der Dekor innen besteht aus groben, schwungvollen Linien, die an Grashalme erinnern. In die Schalenmitte wurde ein florales Medaillon mit feinen Päonienblüten und Blättern eingedrückt. Die beidseitig aufgetragene Glasur ist dicht und graugrün bis olivgrün gefärbt. Sie ist glasartig, transparent und deutlich craqueliert. Das Craquelé verläuft außen in vertikalen Streifen. Diese Transparenz und das Craquelé sind typisch für frühe Longquan-Waren. *M. J.-K.*

### 215 Teller

Karakorum, Mongolei, Südliche Song-Dynastie (1127–1279) | Steinzeug, Longquan-Ware, H 5 cm, Dm 19 cm | Akademie der Wissenschaften der Mongolei, Ulaanbaatar | Datenbank-Nr. Kar 2-9770

216

Der Scherben ist hellgrau. Auf der Außenseite sind zahlreiche Einschlüsse und tiefe Löcher im Scherben erkennbar. Unregelmäßige breite Riefen wurden als Dekor eingetieft. Innen wurde der Scherben geglättet. In der Mitte ist unter der Glasur ein feines, klar erkennbares Blütenmedaillon mit einem Model eingedrückt worden. Die Schale wurde beidseitig glasiert, die Glasur ist dick und dunkel graugrün gefärbt, sie ist voll von sehr feinen Bläschen. Ein Teller mit einem ähnlichen Medaillon wurde in Damaskus gefunden.[1] Er trägt eine Inschrift mit der chinesischen Datierung *xinyou*; diese zyklische Datumsangabe kann die Jahre 1381 oder 1441 bezeichnen.

*M. J.-K.*

1 CARSWELL 2000, S. 113, Abb. 120 (a, b).

### 216 Schale

Karakorum, Mongolei, Yuan-Dynastie (1272–1368) | Steinzeug, Longquan-Ware, H 5 cm, Dm 28 cm | Akademie der Wissenschaften der Mongolei, Ulaanbaatar | Datenbank-Nr. Kar 2-9771

215

217

218

**218 Teeschale**

Karakorum, Mongolei, Song- oder Yuan-
Dynastie | Steinzeug, Cizhou-Ware,
Dm (Mündung) 10,2 cm | Akademie der
Wissenschaften der Mongolei, Ulaanbaatar |
Datenbank-Nr. Kar 2-3773

Der Steingutscherben ist hellbeige und mit feinem
dunklen Feldspat dicht gemagert. Auf den lederhar-
ten Scherben wurde eine weiße Tonengobe aufgetragen, die dem Gefäß trotz des leicht unreinen Scherbens einen hellen monochromen Grundton gibt.
Der Dekor wurde mit einem Pinsel mit leichter
Hand gemalt. Die Farbe mit einem hohen Eisenpig-
ment-Gehalt färbte sich während des reduzierenden
Brandes dunkelbraun. In der Schalenmitte steht das
chinesische Schriftzeichen für Leben (sheng). Die
Kalligraphie entspricht in ihrer Ausführung der Tu-
schemalerei auf Papier. Auf die Engobe und die eisenhaltige Pigmentfarbe wurde eine leicht gelbliche
Glasur aufgetragen, die innen craqueliert ist.

*M. J.-K.*

Der schwere Teller aus hellgrauem Scherben ist flach,
der Rand knickt im rechten Winkel nach außen ab.
Die Lippe ist in Form von Wasserkastanienblüten
gearbeitet, eine Randform, die ihr Vorbild in Metallgefäßen hat. Außen geht die Wandung fließend
in den Fuß über, der nach innen wie ein Standring
eingetieft ist. Innen wurde die Wandung des Tellers
in Form von stark stilisierten Lotosblättern gearbeitet. In den Tellerboden wurde mit einem Bambusstab eine Lotosblüte eingeritzt. Bei der Verwendung
eines angespitzten Bambusstäbchens wird eine Linie des Motivs tief und scharf eingeritzt, die andere
bleibt relativ flach. Der Teller wurde beidseitig vollständig glasiert, nur unterhalb des Standringes ist
der Scherben glasurfrei. Die helle grüne Glasur ist
undurchsichtig und sehr dicht.
Der freie Lotosdekor und die Form der Gefäßlippe
sind charakteristisch für die Yuan-Zeit. Ein ähnlicher Yuan-zeitlicher Teller stammt aus der Sammlung des Topkapi Saray in Istanbul.[1] Teller in gleicher Form und mit dem gleichen Dekor wurden
auch in dem Schiffswrack von Sinan gefunden (vgl.
Kat.-Nr. 212).[2]  *M. J.-K.*

1  AYERS 1986, S. 275, Abb. 152.

2  AYERS 1978, S. 81, Abb. 3.

**217 Schale**

Karakorum, Mongolei, Yuan-Dynastie
(1272–1368) | Steinzeug, Longquan-Ware,
H 9 cm, Dm 20 cm | Akademie der Wissen-
schaften der Mongolei, Ulaanbaatar |
Datenbank-Nr. Kar 2-9772

Der hellgraue porzellanartige Scherben ist stark zerscherbt. Der Rand der Schale wurde in regelmäßigen Abständen sehr leicht eingedrückt. In die Gefäßwandung sind außen leicht gebogene vertikale
Linien eingeritzt, die oben und unten durch eine
umlaufende eingeritzte Rille begrenzt werden. Dem
Rand folgen zwei erhabene wellenförmige Linien,
die Wandung ist mit einem erhabenen Blüten- und
Rankenmuster verziert. Der Schalenboden trägt ein
florales Motiv, das mit einem Model eingedrückt
wurde. Die Glasur wurde über dem Dekor aufgetragen. Sie ist intensiv hellgrün, voller feiner Bläschen
und durchzogen von Craquelé.
In den Öfen von Anfu in der Provinz Zhejiang wurde eine gleichartige Schale gefunden, die in die Yuan-
Zeit datiert werden konnte.[1] Eine Schale mit ähnlichem Dekor stammt aus einem Brunnen in Aleppo
in Syrien, und eine weitere Schale wurde in einem
Schiffswrack vor Sri Lanka gefunden.[2] Derartige
Schalen gehören zu den Exportwaren, die während
der Zeit der mongolischen Herrschaft über weite
Entfernungen gehandelt wurden.  *M. J.-K.*

1  AUSGRABUNGSBERICHT LONGQUAN-ÖFEN 1981,
   Taf. 12.1.

2  CARSWELL 2000, S. 110, Abb. 117, 118.

**219 Teeschale**

Karakorum, Mongolei, Song- oder Yuan-
Dynastie | Porzellan, Dehua-Ware,
Dm 11 cm | Akademie der Wissenschaften
der Mongolei, Ulaanbaatar |
Datenbank-Nr. Kar 2-5254

Der sehr dünnwandige Scherben ist eierschalenfarben, sehr rein und porzellanartig. Die Schale ist in
Form einer achtblättrigen Blüte gearbeitet. Diese

219

220

Herstellungsort: Karakorum, Mongolei, 13./14. Jh. | Steinzeug, unglasiert, H 6,5 cm, Dm 16,4 cm | Akademie der Wissenschaften der Mongolei, Ulaanbaatar | Fund-Nr. Kar 2-3353
*ohne Abb.*

Die dünnwandige Schale besitzt einen hellgrauen, dicht gemagerten Scherben mit einem kleinen, ungleichmäßig hohen, nachträglich angesetzten Standring. Die Schale hat eine weich gerundete Form, die Lippe ist sorgfältig abgerundet. Innen und außen wurde die Schale mit einer dunkelgrauen Engobe überzogen und mit dichten, sich teilweise überlappenden Glättstreifen verziert. Standring und Lippe sind durch die Nutzung stark abgerieben, der mittlere sehr dünne Bereich des Schalenbodens ist durchbrochen. *M. J.-K. / A. S.*

### 222 Schale

Herstellungsort: Karakorum, Mongolei, 13./14. Jh. | Steinzeug, unglasiert, H 11,1 cm, Dm 18,2 cm | Akademie der Wissenschaften der Mongolei, Ulaanbaatar | Fund-Nr. Kar 2-3354

Die dünnwandige Schale besteht aus hellgrauem feinem mehrschichtigem Ton und hat einen eingetieften Standring. Die Form der Schale erinnert an chinesische *bubble bowls*: Von einer kleinen runden

Gefäßform leitet sich von Tang-zeitlichen Gefäßen mit einer vielblättrigen Lippe ab. Diese Lippenform wurde v. a. in der frühen Zeit der Nördlichen Song-Dynastie im 10./11. Jh., häufig nur noch in Form von sechs Blütenblättern, verwendet. Die Glasur dieser Schale ist glänzend und transparent mit einem schwachen gelben Schimmer. *M. J.-K.*

Dehua in der Provinz Fujian hergestellt. Diese Waren werden häufig als Blanc de Chine bezeichnet. Das Farbspektrum ihrer Glasuren reicht von schwachem Blau bis hin zu elfenbeinfarbenem Weiß. Dehua-Glasuren sind sehr durchscheinend, die Glasurfarbe wird mit weißem Marmor verglichen. Eine chinesische Bezeichnung für die Glasurfarbe ist *zhuyou bai* – »Schweinefettweiß«. *M. J.-K.*

### 220 Teeschale

Karakorum, Mongolei, Song- oder Yuan-Dynastie | Porzellan, Dehua-Ware, Dm 9,2 cm | Akademie der Wissenschaften der Mongolei, Ulaanbaatar | Datenbank-Nr. Kar 2-5257

Der reine, porzellanartige Scherben dieser dünnwandigen Teeschale ist eierschalenfarben und sehr stark geglättet. Eine glänzende, transparente, schwach grünliche Glasur wurde beidseitig aufgetragen. Der glasurfreie Standring ist ein Hinweis darauf, dass die Schale auf dem Fuß stehend gebrannt wurde. Die bekanntesten weißen Waren wurden zumeist in den Dingyao-Ofenkomplexen in der Provinz Hebei hergestellt. Ding-Schalen wurden in der Regel auf der Lippe stehend in Brennmuffen gebrannt, die unglasierte Lippe ummantelte dann ein feines Silberblech. Weiße Waren wurden auch in den Öfen von

222

223

224

Basis ausgehend, steigt die Wandung steil an, die Mündung ist sehr weit, die Lippe wieder eingezogen und gerundet. Die Schale ist mit einer dunkelgrauen Engobe überzogen und beidseitig mit dichten, sich teilweise überlappenden Glättstreifen verziert.

*M. J.-K. / A. S.*

### 223 Henkelgefäß
Karakorum, Mongolei, Song- oder
Yuan-Dynastie | Steinzeug, Ding-Ware,
H 18,3 cm, Dm 16 cm | Akademie der
Wissenschaften der Mongolei, Ulaanbaatar |
Datenbank-Nr. Kar 2-9773

Ding-Waren nennt man die weißen Waren der Song-Zeit, die einen hellen, dünnwandigen Scherben und eine weißliche Glasur haben. Ding-Gefäße können sehr fein und porzellanartig sein, aber auch gröbere Steingutgefäße gehören zu dieser Warenart. Vermutlich handelt es sich bei diesem *guan*-Vorratsgefäß mit kurzem geradem Hals und dreieckig zulaufender abgesetzter Lippe um Cizhou-Ware. Der Steinzeug-Scherben ist gelblich-weiß und enthält

feine eisenhaltige Einschlüsse. Er ist stellenweise versintert. Der relativ hohe Fußring wurde sauber in Form geschnitten. Unebene Stellen sind unglasiert geblieben. An der Schulter sind zwei Henkel aus doppelten Tonsträngen angesetzt und ungleichmäßig verstrichen. Die Glasur wurde durch Tauchen dünn aufgetragen. Sie ist semitransparent, gelblich-weiß und fein craqueliert. Am Innenboden des Gefäßes sind umlaufend um die Mitte vier schwache Eindrücke von Brennhilfen zu erkennen.  *M. J.-K.*

### 224 Kugeltopf
Karakorum, Mongolei, Song- oder Yuan-Dynastie | Steinzeug, Ding-Ware, H 8,1 cm, Dm 8,8 cm | Akademie der Wissenschaften der Mongolei, Ulaanbaatar | Datenbank-Nr. Kar 2-9774

Das kugelige Gefäß mit sehr kurzem geradem Hals hat einen hohen geschnittenen Standring. Der Scherben ist beige mit dichter, relativ grober feldspat- und eisenhaltiger Magerung. Das dünnwandige Gefäß ist innen vollständig mit einer weißen

Engobe überzogen, darüber wurde eine transparente, leicht gelbliche Glasur aufgetragen, die durch Unreinheiten im Scherben stellenweise rötlich und grau verfärbt ist. Auf der Lippe ist die Glasur abgerieben. Auf der Außenseite wurde bis zur Mitte des Gefäßkörpers eine weiße Engobe aufgetragen, die stellenweise zerdrückt und verwischt ist. Die Glasur ist außen unregelmäßig bis über den Gefäßteil ohne Engobe verlaufen und bildet deutliche gelbliche Tränen.  *M. J.-K.*

Das Weltreich der Mongolen

CLAUDIUS MÜLLER

# Von der »Straße der Seide bringenden Serer« zur Pax Mongolica

Einen Eindruck von der schieren Größe des mongolischen Weltreiches, des größten, das die Welt je sah, vermittelt ein Blick auf die Landkarte (s. S. 30 ff.). Seine Rolle als politischer und wirtschaftlicher Fokus des 13. und 14. Jahrhunderts erschließt sich hingegen aus den zahlreichen zeitgenössischen Quellen und Berichten von Reisenden sowie aus den sichtbaren Spuren, die den Glanz und die Weltläufigkeit der mongolischen Herrschaft widerspiegeln. Die jüngsten Ausgrabungsbefunde aus Karakorum, der Steppenhauptstadt der Mongolen, mit dem prächtigen Tempelzentrum, den Quartieren für Handwerker und den bislang entdeckten Keramikmanufakturen bestätigen die dominante Stellung der Mongolen im eurasischen Raum.

Dass die Mongolen weder »aus der Hölle« noch aus dem Nichts kamen, wissen wir. Aber wie war es möglich, dass diese Steppennomaden innerhalb einer Generation nach dem Tode ihres Reichsgründers Činggis Khan (1227) eine Metropole buchstäblich aus dem Boden stampften, die vorübergehend zu einem der bedeutendsten Handelszentren des Reiches werden sollte?

Das Klischee der nomadisierenden Steppenvölker, die scheinbar zufällig »Wasser und Weiden« mit ihren Herden folgten und bei Bedarf die Ackerbau treibende sesshafte Bevölkerung überfielen, um sich Getreide und Stoffe zu holen, ist seit über zwei Jahrtausenden in den westlichen schriftlichen Quellen ebenso verbreitet wie in den chinesischen. Das sich daraus ableitende Bild der grausamen, unberechenbaren, von Eroberungslust getriebenen mongolischen Reiterscharen gehört seit der christlichen Propaganda des Mittelalters bis zur medialen Vermarktung der Gegenwart zum Standardrepertoire der Vorurteile.

Schriftliche Quellen und archäologische Funde belegen jedoch, dass seit vorchristlicher Zeit die Nomaden des eurasischen Steppengürtels durchaus Ackerbau und Bewässerungswirtschaft kannten, feste Siedlungen und Handelszentren gründeten und Teil hatten am transkontinentalen Fernhandel, der in seinem weitesten Einzugsbereich den Mittelmeerraum mit Ostasien verband. Kurz, dem Handel längs der »Seidenstraße«.

Wie mit dem Klischee der Reiternomaden verbinden sich mit dem Begriff Seidenstraße Vorstellungen, die gerade wegen seiner durch Filme und populäre Reiseberichte geprägten Bildhaftigkeit die historische Realität z. T. weit hinter sich lassen, wenn sie ihr nicht gar widersprechen. Dieser treffende, ausdrucksstarke Terminus technicus lenkt die Aufmerksamkeit auf ein Handelsgut und eine Handelsstraße. Der damit bezeichnete transkontinentale Handel wirft aber viele Fragen auf, die sich v. a. auf Begriffe wie Fernhandel (in verschiedenen Formen), Austausch von Luxusgütern, Kulturkontakt, Wissens- und Technologietransfer und gar den der Globalisierung konzentrieren. Aufbauend auf den Erfahrungen der Steppenvölker von mehr als 1500 Jahren, stellt die Zeit der Mongolenherrschaft Höhepunkt und Ende des traditionellen Seidenstraßenhandels dar: Die mongolischen Herrscher entwickelten neue Bedingungen für den Austausch von Gütern und sicherten die Verbindungswege von China bis Europa zum ersten Mal in einer Hand. Der Handel war eine der wichtigsten Grundlagen ihrer Macht und ermöglichte mit der Pax Mongolica Mitte des 13. Jahrhunderts eine kulturelle Blüte, die noch lange über das mongolische Weltreich hinaus fortwirkte.

## Die »Seidenstraße« vor der Mongolenzeit

Über größere Entfernungen wurden bereits vor vier, fünf Jahrtausenden u. a. in Ostasien, dem Zweistromland, Ägypten und dem Mittelmeerraum vornehmlich Erze, kostbare Steine wie Jade oder Lapislazuli und Glasperlen transportiert. Seit dem dritten oder zweiten vorchristlichen Jahrhundert scheinen nach und nach lokale Abschnitte zu längeren Handelsstraßen verbunden worden zu sein, die wir als »Seidenstraße« kennen: Sie ging aus von Nordchina, führte durch den südlich der Wüste Gobi verlaufenden Gansu-Korridor, gabelte sich am Jadetor-Pass Yumenguan in zwei Routen, die die Takla Makan nördlich und südlich umgingen und sich in Kaschgar wieder trafen; sie überquerte dann den Pamir und führte über die Turanische Niederung, das Iranische Hochland und das Zweistromland bis zur Ostküste des Mittelmeeres. Eingebettet war dieser Hauptstrang der Seidenstraße in zahlreiche

Nebenwege, die Verbindungen zu Burma, Tibet, Nordindien, Arabien und in die nördlichen Steppen bis zum Ural und zur Taiga herstellten. Nicht zuletzt erreichte sie auch die Meeresrouten, über die seit etwa der Zeitenwende zwischen Arabien, Südostasien und Südchina Handel getrieben wurde.

Die Handelswege durchquerten oder berührten Wüsten, Salzwüsten, Steppen, Oasen und fruchtbare Ackerbaugebiete, überwanden bis zu 5000 Meter hohe Pässe und breite Flüsse. Haupttransportmittel waren im Westen Dromedare und im Osten die noch genügsameren und deutlich weniger kälteempfindlichen zweihöckrigen Trampeltiere. Bei einer Last von 250 Kilogramm konnten sie eine tägliche Wegstrecke von ca. 30 Kilometern und selbst während Hitzeperioden bis zu zwei Wochen ohne Tränken bewältigen.[1] Von großer Bedeutung waren auch Esel und Maultiere, die wie Kamele ebenfalls wüstentauglich waren und deren halbe Nutzlast bewältigten. Eine wichtige Rolle spielten Menschen – wohl meist Sklaven –, die als trittsichere Träger auf schwierigen Pfaden eingesetzt wurden.

Basierend auf antiken westlichen und östlichen Berichten über ein weiträumiges, transkontinentales Straßennetz, rekonstruierte der Geograph Ferdinand von Richthofen (1833–1905) einen durchgängigen Handelsweg, der seit dem 2. Jahrhundert v. Chr. das Tarimbecken mit dem Mittelmeerraum zum Zwecke des Exports von Seide verbunden haben soll: Die »Straße nach Serica«, die »Straße der seidebringenden Serer« oder »Seidenstraße«, wie er sie schließlich nannte.[2] Spätere Forschungen ergaben, dass zum einen die Bedeutung des »Handels« von Seide sowohl für den Osten als auch für den Westen stark überschätzt wurde, zum anderen erwies sich der unterstellte, zielgerichtete Handel von Ost nach West als Fiktion.[3]

Seide, das namengebende Haupthandelsgut, wurde in China in großen Mengen hergestellt und war – sicher in den minderen Qualitäten – allgemein verbreitet und erschwinglich. Der Handel war frei, auch der Export, der allerdings für die fast ausschließlich am innerchinesischen Markt orientierten Kaufleute ohne besonderes Interesse war. Dies bezeugen in den frühen Dynastiegeschichten die Biographien der reichen Kaufleute.

Woraus erklärt sich das hohe Prestige von Seide, wie es im Bereich des Seidenstraßennetzes durch zahlreiche archäologische Funde und Grabbeigaben sowie Texte belegt ist? Seide war ein wichtiger Faktor im diffizilen Beziehungssystem zwischen den sesshaften chinesischen Ackerbauern und den nomadisierenden Viehzüchtern im Norden. Seit der Herausbildung eines einheitlichen chinesischen Staatsgebietes, wo im Prinzip ausschließlich Ackerbau betrieben wurde – Mitte des 1. Jahrtausends v. Chr. bis ins 18. Jahrhundert –, standen die Bauern mehr oder minder unter ständigem Druck durch die Nomaden. Diese waren

auf Getreide und Stoffe, die sie selbst nur in geringem Maße produzieren konnten, angewiesen und tauschten diese gegen Vieh, Pferde und Felle auf den Grenzmärkten an der Großen Mauer ein. Wenn Naturkatastrophen oder Seuchen ausbrachen oder in Zeiten kriegerischer Wirren war dieser Austausch gestört und deckte v. a. den Bedarf der Viehzüchter nicht. In solchen Situationen waren die beweglichen, durch das Umherziehen ständig einsatzbereiten Reiter der Nomaden, die noch dazu in der Steppe für feindliche Heere kaum fassbar waren, von großer militärischer Wirkungskraft und außerordentlich erfolgreich: Da die chinesischen Bauern konzentriert in Dörfern und Städten lebten, konnten Steppenreiter blitzschnell und punktuell tief ins unbesiedelte Ackerland eindringen. Waren solche räuberischen Überfälle schmerzhaft genug, so drohten umso größere Gefahren, wenn es den Steppenvölkern – meist unter charismatischen Führern – gelang, Konföderationen zu schmieden und schlagkräftige Heere aufzustellen.

Dies war die Konstellation, als sich zwischen dem geeinten China und den Xiongnu im 3./2. Jahrhundert v. Chr. erste Beziehungen entwickelten. Die Herrscher der Han-Dynastie begegneten der existenziellen Bedrohung aus dem Norden mit einer Politik des Appeasement, die einem teuer erkauften Stillhalteabkommen gleichkam: Die Führer der periodisch aus der Steppe auftauchenden Delegationen wurden *de jure* als »jüngere Brüder« empfangen, *de facto* mit Unmengen von Seide, Getreide wie auch den geschätzten Lackarbeiten und Bronzespiegeln sowie Prinzessinnen, die an sie verheiratet wurden, befriedet.[4] Seide wurde von den Xiongnu-Führern als Zeichen herrschaftlicher Gunst an Untertanen und Verbündete gegeben, als Mitgift verwendet oder gegen Getreide aus den Oasen am Rande der Takla Makan getauscht und auf diese Weise in weiter nach Westen und Norden führende Handelskanäle eingeschleust.

Nach dem Zerfall der Xiongnu-Konföderation im 1. Jahrhundert n. Chr. errichtete China in den zentralasiatischen Oasen ständige militärische Stützpunkte, nicht um Handelswege zu sichern, sondern um der Bedrohung durch die »nördlichen Barbaren« bereits im Vorfeld zu begegnen. Weiterhin wurden jedoch Pferde aus der Sogdiana importiert, da für die Pferdezucht der Ackerboden in China zu kostbar und das Klima zu ungünstig war.

Die Tang-Zeit (7.–9. Jahrhundert) war charakterisiert durch die Öffnung Chinas für exotische Güter aus dem Westen und Süden, deren Vielfalt Schafer mit eindrucksvollen Listen belegt.[5] Dieser eher extravagante, ökonomisch nicht unbedeutende Handel stand jedoch quantitativ hinter dem »Handel« zwischen Chinesen und »Barbaren« zurück. Von den damals die Steppe dominierenden Uiguren mussten im 8. und beginnenden 9. Jahrhundert pro

Jahr im Durchschnitt 7500 Pferde mit einer nicht geringen Anzahl von erfahrenen Pferdeknechten importiert werden. Im Gegenzug wurden pro Pferd 38 Ballen Seide bezahlt, was die chinesische Staatskasse vorübergehend so sehr belastete, dass sie auf Jahre hinaus bei den Uiguren hoch verschuldet war. Diese nutzten die Seide ihrerseits, um sie bei sogdischen und arabischen Händlern gegen Gold und Silber zu verhandeln. Für die vormongolische Zeit sind die Uiguren ein herausragendes Beispiel, welches das gängige Klischee der willkürlich agierenden Nomaden widerlegt: Ihre Hauptstadt Karabalgasun lag im Herzen des Nomadenlandes in der Flussebene des Orchon nahe dem Ort, an dem später die Mongolen ihre Hauptstadt Karakorum errichten sollten. Der arabische Reisende Tanmim ibn Bar beschrieb sie ca. 10 Jahre vor ihrer Zerstörung 840 durch die Kirgisen als Festung, die von einer riesigen Stadtmauer mit zwölf Eisentoren umgeben war, mit einer großen Zahl von Einwohnern, vielen Märkten und zahlreichen Handwerkern. Diese Stadt war Umschlag- und Lagerplatz für Seide und andere Güter, welche die Uiguren von den Chinesen erworben hatten. Rund um die Stadt erstreckte sich – wie heute noch erkennbar ist – ein bis tief in die Steppe reichendes, landwirtschaftlich genutztes Areal mit Bewässerungssystemen, auf dem die weiterhin nomadisierenden Uiguren Bauern aus China oder aus den Oasen für sich arbeiten ließen.[6]

## Die Pax Mongolica

In einer Erzählung seines *Rosengartens* erwähnt der persische Dichter Sa'di (gest. in der 2. Hälfte des 13. Jahrhunderts) einen Kaufmann, der 150 Lastkamele und 40 Sklaven besaß, Handelspartner in Turkestan und Hindustan sowie Kredite und Bürgschaften für viele weitere Länder hatte. Nun aber plante er – wie er sagte – eine letzte Reise: »Ich will persischen Schwefel nach China führen, denn wie ich höre, steht er dort hoch im Preis; außerdem will ich von dort chinesisches Porzellan nach Griechenland, von dort griechisches Seidenzeug nach Indien, von dort indischen Stahl nach Aleppo, von dort aleppinische Glaswaren nach Jemen und schließlich gestreifte Stoffe aus Jemen nach Persien verhandeln.«[7]

Orte und Güter sind aus früheren Quellen bekannt, werden hier jedoch eingebunden in ein Geflecht von konkreten Marktbeziehungen, die dem Kaufmann gewinnträchtig erscheinen. Im Unterschied zu früheren Zeiten haben wir es nun mit einem über die transkontinentalen Seidenstraßen hinausgehenden und funktionierenden, sozusagen »weltweiten« Wirtschaftssystem zu tun. Es umfasst die durch die Mongolen eroberten Länder zwischen Ostasien und dem Mittelmeer, die Mitte des 13. Jahrhunderts vorüber-

gehend als einheitliches Machtgebilde unter dem universellen Herrschaftsanspruch ihrer Khane standen. Im Anklang an die Pax Romana bezeichnet man diese Epoche als Pax Mongolica, ein Begriff, der im engeren Sinne für die Jahre von 1127 bis 1260 zwischen dem Tode Činggis Khans und dem Regierungsantritt Qubilai Khans gilt. Der Begriff wird auch für die sich anschließenden 100 Jahre bis zum Ende der Nachfolgereiche angewandt, mit Recht, da es wie zuvor weniger um eine Zeit des Friedens geht, sondern um die Basis für sichere und planbare Handelskontakte über weite Entfernungen.

Die Mongolen stützten sich in der Bildung von Konföderationen und einer gegenüber den sesshaften Nachbarn überlegenen Militärmacht auf die Erfahrungen ihrer Vorgänger im Steppenraum. Sie entwickelten darüber hinaus effiziente, dauerhafte Verwaltungs- und Herrschaftspraktiken, durch die der transkontinentale Handel geprägt und gefördert wurde. Dank der Technik der »indirekten Herrschaft« machten sie aus der Not ihrer geringen Anzahl im Verhältnis zur Zahl der Untertanen – etwa eine Million Mongolen gegenüber 100 Millionen Chinesen in China – eine Tugend. In der Hierarchie zuoberst und ihnen direkt unterstellt standen Fachleute speziell mit Verwaltungskenntnissen westlich-zentralasiatischer Provenienz, dann folgten die den Mongolen als Steppennachbarn nahe stehenden Jürčen und zuunterst die große Masse der Chinesen.

Damit hielten die Mongolen an ihrem kulturellen Ursprung in der Steppe fest, was im mongolischen Kernland, in Zentralasien und im Reich der Goldenen Horde einfacher war als in China. Aber selbst Qubilai Khan, der erste Herrscher der mongolischen Yuan-Dynastie, der seine Hauptstadt nach Dadu, das heutige Peking, verlegt hatte, ließ im Palastbezirk Platz für die traditionellen Jurten reservieren – was allerdings den »Hardlinern«, die ihm die Abkehr von den mongolischen Wurzeln vorwarfen, nicht genügte.

Dank des Einsatzes von spezialisierten, nichtchinesischen Mittelsmännern war die Organisation von Verwaltung und Wirtschaft effizient. Das Ideal der traditionellen, konfuzianisch geprägten chinesischen Wirtschaftspolitik war die Autarkie, die auf dem Staatsmonopol für wichtige Güter wie Eisen, Salz und Alkohol und der Förderung des Binnenhandels basierte. Der Außenhandel wurde eingeschränkt, da er die Wirtschaftskraft durch den Abfluss von Geld schwächte. Händler und Kaufleute nahmen daher in der sozialen Hierarchie die niedrigste Stellung ein, sie durften weder an den staatlichen Beamtenprüfungen teilnehmen noch ihre Interessen politisch vertreten. Im Gegensatz dazu gewährten die Mongolen in der Tradition früherer Steppenvölker wie der Uiguren den Händlern und Kaufleuten großzügig Unterstützung und betrachteten den

Handel als eine wesentliche Quelle für Reichtum. Sie erleichterten ihn durch die Förderung des bereits früher unter den Chinesen verbreiteten Papiergelds, unterstützten die Kaufleute durch staatliche Kredite und sicherten weiträumig die Fernhandelsstraßen.

Diese liberale, ja konstruktive Einstellung der Mongolen gegenüber dem Handel steht nur scheinbar im Widerspruch zu den zahlreichen Berichten, wonach sie gnadenlos blühende Städte vernichtet und die erwachsene Bevölkerung ganzer Landstriche hingemetzelt haben: Terror und seine unterstellte abschreckende Wirkung war immer und überall Teil militärischer Aktionen, wie die Wiederbelebung des Handels ihre zwangsläufige Konsequenz. Wer sich den Mongolen rechtzeitig ergab, wurde verschont. Immerhin mussten Strafaktionen vom Khan persönlich gebilligt werden, wie es in der armenischen »Geschichte der Bogenschützen« heißt, und laut Činggis Khan sollte das Land »erobert und mit Zuneigung gewonnen, aufgebaut und nicht zerstört werden«.[8]

Wie wichtig bereits Činggis Khan die Sicherung des Handels war, lässt sich an der Stoßrichtung seiner Eroberungsfeldzüge nach Westen erkennen, die den Handelsstraßen folgte. Eine der beispiellosen Grausamkeiten, die Činggis Khan persönlich zu verantworten hat, war die Vernichtung des Reichs des Choresmschah, die nichts anderes als die Rache für die Ermordung einer 450 Mann umfassenden, muslimischen Handelskarawane durch einen Gouverneur war. Als der Schah auch noch einen der drei mongolischen Gesandten, die die Bestrafung des Täters gefordert hatten, umbringen und den beiden anderen – Muslimen – die Bärte scheren ließ, war das Schicksal seines Reichs besiegelt.[9]

Weitere Indizien belegen den hohen Wert, der unter der Pax Mongolica der Freizügigkeit der Händler beigemessen wurde. So ist aus dem Jahre 1270 der Ausspruch eines Führers der Goldenen Horde überliefert, wonach er sich persönlich um die »kümmern« würde, die unter Waffen kämen, während er allen, die Handel treiben wollten, ungehinderten Durchgang durch seinen Herrschaftsbereich garantierte.[10] Und 1307 wurde von verschiedenen Mongolengruppen ein universeller Friedensvertrag geschlossen, der wohl auch eine Folge des Wunsches nach Erleichterung des Fernhandels war.[11] Ebenso förderlich waren Maßnahmen innerhalb des Reichs, wie die von Qubilai Khan befohlene, höchst aufwändige Erneuerung und Ausweitung des »Großen Kanals«, der wirtschaftlichen Hauptverbindung zwischen Nordchina und den »Kornkammern« südlich des Yangtse. Qubilai sorgte sich gar um »Nebensächlichkeiten« wie die »beidseitige Bepflanzung von Straßen durch Weiden und andere Bäume«, um Transportkarawanen vor der Sonne zu schützen.[12]

Auch westliche Reisende und Händler sparten nicht mit Bewunderung und Anerkennung für die mongolische Han-

delspolitik: Marco Polo staunte über den das gesamte Reich erfassenden Kurierdienst, der schon unter den Chinesen bestanden hatte und von Qubilais Onkel, dem Großkhan Ögedei, weiter ausgebaut worden war. Ende des 13. Jahrhunderts konnte der Dienst über mehr als 1000 Poststationen, über 50 000 Pferde, 8400 Ochsen, 6700 Maultiere, 4000 Karren sowie 6000 Boote, 200 Hunde und 1150 Schafe verfügen.[13] Dieses Kommunikationsnetz diente vornehmlich der Verbreitung von wichtigen Nachrichten, die wenn nötig mit einer Geschwindigkeit von bis zu 400 Kilometern pro Tag übermittelt werden konnten. Darüber hinaus dienten die Poststationen auch für Händler und ausländische tributpflichtige Delegationen als Unterkunft.

Francesco Pegolotti, Verfasser eines um 1330 erschienenen Handbuchs für europäische Kaufleute, die an der Seidenstraße Handel treiben, stellt fest, dass »der Weg von Tana [an der Mündung des Don] bis nach Cathay von Händlern, die ihn benutzt haben, als absolut sicher bezeichnet wird«, und spezifiziert, dass man selbst auf seinem schlimmsten Abschnitt – zwischen Don und Wolga, wo es sich empfiehlt, in Karawanen von nicht unter 60 Mann zu reisen – »so sicher unterwegs ist, als wäre man in seinem eigenen Heim«. Ähnlich äußert sich Marco Polo, der vielleicht nicht all das mit eigenen Augen gesehen hat, wovon er berichtet, aber dank seiner Erfahrung sicher ein vorzüglicher Kenner des transkontinentalen Handelswesen war: »[In den Vorstädten der Hauptstadt Kambalyk (chin. Shangdu)] nehmen auch die Kaufleute und andere Geschäftsreisende ihre Wohnung. Deren Zahl ist deswegen so groß, weil sie immer dorthin ziehen, wo sich die kaiserliche Residenz gerade befindet. [...] Alles was in der Welt selten und kostbar ist, findet seinen Weg in diese Stadt. [...] Als Handelsplatz übertrifft [Kambalyk] alle anderen Handelsplätze dieser Welt.«[14]

## Die kulturellen Auswirkungen der Pax Mongolica

Die Blüte des Handels führte auch zu vielfältigen kulturellen Kontakten und einem intensiven Wissenstransfer zwischen Ost und West. Zunächst lernte man einander besser kennen, wobei sich v. a. dem Abendland eine neue Dimension des bislang von Phantasien und Geheimnissen umwitterten exotischen Fernen Ostens erschloss. Der relativ großen Zahl westlicher Reisender und Händler, die über ihre Erfahrungen berichteten, steht eine äußerst geringe Zahl von chinesischen Reisenden nach Zentral- oder Westasien gegenüber, von denen wir wissen oder die Berichte hinterlassen haben. Die Reisenden, die zur Zeit der Pax Mongolica von Zentral- und Ostasien berichteten, waren indes in ihren Beschreibungen sehr viel präziser und interessierter als umgekehrt. Männer wie Rubruk, Carpini, Marco Polo und andere[15] ersetzten innerhalb weniger Jahrzehnte das Bild eines von Fabelwesen bewohnten Kontinents durch relativ getreue Darstellungen seiner Völker und Kulturen sowie – dem Handelsinteresse entsprechend – Beschreibungen von Wegen, Entfernungen und Handelsgewohnheiten. Das Interesse der Chinesen an fernen westlichen Ländern war dagegen nicht nur zur Mongolenzeit eher gering. In den offiziellen Geschichtsdarstellungen dominieren die unmittelbaren Nachbarn. Dagegen verzeichnete man Besuche aus dem europäischen Raum eher zufällig, wie z. B. den Aufenthalt einer Delegation aus dem Lande Falang (Franken), die 1261 die Sommerresidenz des Khans erreichte und in Audienz empfangen wurde. Die Reisenden brachten aus Pflanzenfasern hergestellte Kleidungsstücke und erzählten, dass sie drei Jahre unterwegs gewesen seien und in ihrem Lande ständig Tag sei, weil es dort keine Nacht gebe. Ihre Frauen seien überaus schön, die Männer hätten gewöhnlich blaue Augen und blonde Haare. Qubilai war, wie es heißt, hoch erfreut darüber, dass diese Leute von so weit hergekommen waren, und beschenkte sie sehr freigiebig mit einer Gegengabe von Gold und Textilien.[16] Über die Handelsstraßen gelangten v. a. durch die Vermittlung des Islam wissenschaftliche und technologische Kenntnisse nach China, so in den Bereichen Astronomie, Medizin, Militärtechnologie und Wasserwirtschaft. Umgekehrt profitierten die Europäer von der in China schon früher als in Europa entwickelten Buchdrucktechnik, von der Kenntnis des Kompasses sowie des Schwarzpulvers. Von bleibendem Einfluss waren aber auch die Herausbildung einheitlicher bürokratischer Institutionen, Verwaltungsabläufe, Titel und der von einheitlichen Grundsätzen geprägte »Kanzleistil«, der sich in chinesischen, mongolischen, türkischen, persischen, tibetischen und altrussischen Dokumenten in gleicher Anordnung und Phraseologie wiederfindet.[17]

## Das »Ende der Seidenstraße«

Die Pax Mongolica ermöglichte eine wirtschaftliche Blüte des transkontinentalen Handels, die an räumlicher Ausdehnung und Intensität den Seidenstraßenhandel früherer Epochen gewiss überstiegen. Dies war v. a. der gezielten Förderung und der Sicherung der Handelsstraßen durch die mongolischen Herrscher geschuldet, die damit den vielfältigen kulturellen Kontakten einen vorzüglichen Boden bereitet hatten. Für das Ende des traditionellen Seidenstraßenhandels Mitte des 14. Jahrhunderts war allerdings der Zerfall der mongolischen Herrschaft in Zentral- und Ostasien nicht ausschlaggebend. Vielmehr lag eine Hauptursache in der Etablierung der eher national ausgerich-

teten chinesischen Ming-Dynastie: China konzentrierte sich erneut auf den Binnenhandel und betrieb nach außen den bekannten Tributhandel mit den Westlichen und Östlichen Mongolen in der nördlichen Steppe, um den Bedarf an Pferden im Austausch gegen Seide, Getreide und Tee zu decken.[18] Der im 17. und 18. Jahrhundert erfolgten Wiedereroberung Xinjiangs, der »neuen Grenzgebiete« in Zentralasien, lagen wie früher politische Interessen und nicht etwa Handelsinteressen zugrunde: Es galt, die Bedrohung durch die Steppenvölker zu neutralisieren.[19]
Der andere entscheidende Grund für das »Ende der Seidenstraße« war die Verlagerung des Fernhandels auf Seerouten seit dem 16. Jahrhundert, der v. a. in den Händen europäischer seefahrender Nationen lag. Die Schiffe boten um ein Vielfaches größere Transportkapazitäten und ermöglichten dementsprechend höhere Profite. Dank der Reiseberichte und des transkontinentalen Handels hatte man in Europa Kenntnisse und konkrete Vorstellungen über weite Teile der Welt erlangt: Kolumbus erkundete – mit Marco Polo als »Cicerone« – gezielt neue Routen nach Ostasien, über die sich die als immer hemmender empfundenen Handelsbarrieren durch islamische Reiche umgehen ließen.

1 HÖLLMANN 2004, S. 14.

2 VON RICHTHOFEN 1877.

3 Eine zusammenfassende Darstellung in RASCHKE 1978.

4 JAGCHID/SYMONS 1989, Kap. I, V.

5 SCHAFER 1963.

6 BARFIELD 1989, S. 157.

7 SA'DI 1982, S. 131/132.

8 KAPLONSKI 2000, S. 257.

9 MORGAN 1986, S. 68.

10 KAPLONSKI 2000, S. 261.

11 Ebenda, S. 268.

12 ROSSABI 1988, S. 124.

13 Ebenda.

14 MARCO POLO/KNUST 1972, S. 163/164.

15 Siehe HÖLLMANN 2004, S. 32 und passim; PETECH 1962.

16 FRANKE 1968, S. 95.

17 FRANKE 1989b, S. 54.

18 SERRUYS 1975; JAGCHYD/SYMONS 1989, Kap. III.

19 BARFIELD 2001, S. 243.

STEFAN HEIDEMANN

# Münzen – Dokumente zur Politik, Wirtschaft und Kultur des Mongolenreichs

Die Münzen des mongolischen Reiches spiegeln den gewaltsamen Umbruch in der eurasischen Welt. Es gab jedoch keine zentrale Münzpolitik und keine zentralen religiösen oder staatspolitischen Vorgaben für das Münzprotokoll. Parallel zum Zerfall der Reichseinheit nach dem Tode von Möngke stiegen die einzelnen Regionen zu eigener Staatlichkeit auf. Dort wurde das Geldwesen straff organisiert. Silber bildete die Basis aller Geldsysteme. Überall gab es ein im Gewicht reguliertes Feinsilbernominal, in der Regel mit Teilstücken und Vielfachen desselben. In China wurde Silber als Papiergeld zertifiziert. Die hohe Mobilität der Menschen im mongolischen Imperium mit ihren Sprachen, Ideen, Bildern, Techniken und geldwirtschaftlichen Vorstellungen wird in den Münzen und in den Geldsystemen auf vielfache Art anschaulich.

## Von Činggis Khan bis Möngke

Die Indifferenz gegenüber Geldumlauf und Münzprotokollen verlangte nach lokalen Lösungen. Münzwesen und Münzprotokolle blieben in der Hand lokaler Gouverneure (Kat.-Nr. 225). Zum Teil setzte man die Nennung des Kalifen in Bagdad (Kat.-Nr. 226) auch posthum fort, ohne Nennung eines činggisidischen Herrschers. Allein in der Stadt Ġazna in Chorasan setzte man den Namen Činggis Khans auf die eine Seite der Münze, auf der anderen blieb man bei dem des Kalifen (Kat.-Nr. 228). Möngke (reg. 1251–59) war der einzige Großkhan, dessen Name reichsweit auf Münzen genannt wurde, wenn auch nicht in allen Münzstätten (Kat.-Nr. 229, 230). Andere Möglichkeiten waren die anonyme Nennung des Großkhans durch seinen Titel, *ḫāqān al-aʿẓam* (Kat.-Nr. 227) oder *qāʾān al-ʿādil* (Kat.-Nr. 241). Kennzeichen mongolischer Münzen sind Tamġas. Dies sind Zeichen eines Clans oder Stammes

(Bogen: Kat.-Nr. 230, 241; stilisiertes chin. Schriftzeichen?: Kat.-Nr. 232, 233; weitere: Kat.-Nr. 231, 242). Vermutlich waren sie ursprünglich Brandmarken zur Kennzeichnung von Herden. Sie drücken Herrschaft als die eines Kollektives aus.

## Die Loslösung der Teilreiche unter Qubilai

Nach dem Tode von Möngke konnte sich Qubilai Khan (reg. 1260–94) als Großkhan durchsetzen. Er gewann jedoch nicht mehr jene reichsweite Autorität, die noch sein Bruder genossen hatte. Die Zugehörigkeit zum Gesamtreich dokumentierte der Ilkhan Hülegü (reg. 1258–91) mit der Nennung von Möngke. Von Abāqā (reg. 1265–82) bis Arġūn (reg. 1284–91) erwies man dem Großkhan nur noch durch die Nennung seines Titels Reverenz (Kat.-Nr. 234, 235). Unter Ġāzān Maḥmūd (reg. 1295–1304) wurde dieses letzte Zeichen des reichsweiten Zusammenhaltes auf Münzen aufgegeben (Kat.-Nr. 236).

Eine ähnliche Entwicklung vollzog sich im Bereich der Goldenen Horde. In den ersten Jahrzehnten trugen die Münzen noch den Namen des längst verstorbenen Kalifen an-Nāṣir li-Dīn Allāh, oder sie waren anonym (Kat.-Nr. 231); manche trugen auch den Namen Möngkes (Kat.-Nr. 232, 233). Erst Toqtoqu (reg. 1291–1312) ließ im Zuge seiner Münzreformen als erster Khan der Goldenen Horde seinen Namen auf Münzen setzen. In Zentralasien, das dem Ulus Čaγatai zugesprochen war, waren die Städte durch die Eroberung Činggis Khans besonders schwer zerstört. Eine anonyme Münzprägung setzte erst am Ende des 13. Jahrhunderts wieder ein (Kat.-Nr. 240, 242). Unter Tarmaširin (reg. 1326–36) wurde die Namensnennung des Khans auf Münzen obligatorisch. Bis dahin – vermutlich in chinesischer Tradition – wurden eine Re-

gierungsdevise und ein Tamġa als Herrschaftszeichen auf Münzen gesetzt (Kat.-Nr. 242).

## Währungszonen

Das Reich Činggis Khans erstreckte sich über viele Währungszonen. In den Jahrzehnten unmittelbar nach der Eroberung blieben Ostturkestan, Transoxanien und Chorasan Umlaufgebiet von Golddinaren (Kat.-Nr. 226, 227). Geringwertige Nominale waren regional verschieden (Ostturkestan, Transoxanien: Kat.-Nr. 225; Chorasan: Kat.-Nr. 228, 230). Zwischen etwa 1260 und 1320 stabilisierten sich die Teilreiche und bildeten eigene Verwaltungs- und Fiskalstrukturen aus. Kennzeichen aller mongolischen Geldsysteme, mit Ausnahme von dem in China (Kat.-Nr. 243), ist ein im Gewicht reguliertes Hauptnominal aus Feinsilber sowie eine Vielzahl von Nominalen, die Teil oder Vielfaches darstellen.

Nach der Eroberung von Bagdad im Jahr 1258 durchlief das System guthaltiger und im Gewicht regulierter Silberdirhams (Kat.-Nr. 230, 232) mehrere Phasen regionaler Vereinheitlichungen (vgl. Kat.-Nr. 234, 235). Im Jahr 1297/98 schuf der Ilkhan Ġāzān Maḥmūd ein mehrstufiges System mit einem Dirham, einem Doppeldirham (Kat.-Nr. 236) – der zum wichtigsten ilkhanischen Nominal wurde – und einem sechsfachen Dirham, dem Silber-Dinar (Kat.-Nr. 237). Einzig im ilkhanischen Herrschaftsbereich wurden auch im Gewicht unregulierte Gold-Dinare (Kat.-Nr. 238) geprägt. In Transoxanien und Turkestan führte man erst spät guthaltige Silber-Dirhams (Kat.-Nr. 240, 241) ein. Doch erst die Münzreform von Kepek Khan (reg. 1318–26) um 1321 brachte eine gewisse Vereinheitlichung (Kat.-Nr. 242). Die wichtigste Silbermünze wurde der schwere Sechsfach-Dirham als Dinar kepekī. Im Herrschaftsgebiet der Goldenen Horde wurden die Mongolen zu Vermittlern urbaner, auf Geld basierter Wirtschaftsformen. Es gab guthaltige Silber- (Kat.-Nr. 231) und Kupfermünzen (*pul;* Kat.-Nr. 232). Die Münzreform von Toqtoqu (Toḫtu) im Jahr 1310/11 schuf die Standardsilbermünze, den Dengi (Kat.-Nr. 239), der in der Folge in 16 Kupfer-Pul unterteilt wurde.[1]

## Religionen

Mongolische Herrscher waren Schamanisten, Buddhisten, nestorianische Christen sowie sunnitische und schiitische Muslime. In der islamisch geprägten Welt wurden die Münzprotokolle mit dem islamischen Glaubensbekenntnis fortgesetzt. Jedoch verweisen manche Formeln, so z. B. »mit der Macht des Himmels/Gottes« (Kat.-Nr. 236) auf die alttürkische Religion. In Georgien findet man christliche Anrufungen (Kat.-Nr. 234). Gaiḫātū (reg. 1291–95) trug neben seinem mongolischen auch noch seinen tibetisch-buddhistischen Namen Rin-č'en rdo-rje auf Münzen. Ġāzān Maḥmūd machte den sunnitischen Islam dauerhaft zur Staatsreligion (Kat.-Nr. 236). Eine generelle Ausnahme bildet nur die Zeit Ulġaitūs (Ölġeitü; reg. 1304–17), der die Zwölfer-Schia zur Staatsreligion erklärte (Kat.-Nr. 237).

## Sprachen, Schriften und Bilder

Die Mobilität der Eliten ist sichtbar am Nebeneinander der Sprachen und Schriften. Vorherrschend ist das Arabische mit persischen Einflüssen. Türkisch wird nur auf frühen Münzen aus der Region Aserbeidschan (Kat.-Nr. 230) sowie auf einigen der Goldenen Horde benutzt. Im Ulus Ĵöči, im Ilkhanat und im Ulus Čayatai finden sich Münzen mit uiguro-mongolischen Inschriften (Kat.-Nr. 234–236, 238). Einen Höhepunkt in der Polyglossie bilden die ersten Münzen der Reform von Ġāzān Maḥmūd (Kat.-Nr. 236). Man findet arabische Formeln sowie den Namen des Khans in Arabisch und Uiguro-Mongolisch. Auf der rechten Seite, von oben nach unten geschrieben, findet sich eine schwierig zu deutende mongolische 'Phags-pa-Inschrift. Diese Schrift war auf Befehl von Qubilai in China an seinem Hofe entwickelt worden (Kat.-Nr. 243). Auch ikonographische Motive wanderten. Bis nach Kleinasien und Nordmesopotamien finden sich bildliche Darstellungen, die auf die ostasiatische Mythologie zurückgehen, so der Sonnenrabe (Kat.-Nr. 235) und der Mondhase.[2]

1  MAYER 2005, S. 4.

2  ILISCH 1999.

## STEFAN HEIDEMANN

# Münzkatalog

Ort und Jahr der Prägung sind nach den Angaben auf der jeweiligen Münze notiert. Runde Klammern verdeutlichen, dass eine solche Angabe vorhanden, aber nicht mehr lesbar ist; in eckigen Klammern stehen erschlossene Angaben.

## A) Das Großkhanat von Činggis Khan bis Möngke

### Turkistan

**225 Mas ʿūd ibn Maḥmūd Yalawač al-Ḫwārizmī (gest. 1289), Gouverneur Zentralasiens**
Dirham | Kāšġar, 650 h./1252–53 n. Chr. [geprägt wohl zwischen 1253 und 1276] | Kupferlegierung, Dm 29 mm, Gew 3,58 g, 8 h | Orientalisches Münzkabinett Jena, Geschenk R. Bettenhausen | Inv.-Nr. 2001-13-20
Lit.: AKIN 2000; HEIDEMANN 2000; MAYER 1998, Nr. 542–566

### Transoxanien – Chorasan

**226 Im Namen des Kalifen an-Nāṣir li-Dīn Allāh (reg. 1180–1225)**
Gold-Dinar | ohne Angabe der Münzstätte [in Chorasan, Transoxanien], [ca. 1220–60] | Gold, Dm 24 mm, Gew 3,27 g, 1 h | Orientalisches Münzkabinett Jena, Geschenk A. Kniese | Inv.-Nr. 2002-13-9

**227 Anonym, mit dem Titel *ḫāqān al-aʿẓam***
Gold-Dinar | Astarābād, [ca. 1230–60] | Gold, Dm 26 mm, Gew 3,07 g, 8 h | Orientalisches Münzkabinett Jena, ex Slg. H. A. Zwick | Inv.-Nr. 346-A3

**228 Činggis Khan (reg. 1206–27) als *qāʾ ān al- ʿādil* und der ʿabbāsidische Kalif an-Nāṣir li-Dīn Allāh (reg. 1180–1225)**
Ġaital [Ġazna], [ca. 1221/22] | Silber, Dm 16 mm, Gew 2,41 g, 5 h | Orientalisches Münzkabinett Jena | Inv.-Nr. 2002-54-1 (Galvano)
Lit.: SCHWARZ 1995, Nr. 646–649

**229 Tamġa (Pfeil und Bogen)**
Ġaital | [Qunduz], [ca. 1221/22] | Silber, Dm 22 mm, Gew 4,42 g, 11 h | Orientalisches Münzkabinett Jena, Geschenk A. Kniese | Inv.-Nr. 2002-16-12

Der Münztyp setzt einen seit Jahrzehnten geprägten Typ mit der Darstellung eines stilisierten Reiters auf der Vorderseite fort. Die Rückseite zeigt ein Tamġa, das durch einen Bogen und einen Pfeil gebildet wird. Durch Schatzfundanalysen kann man diese Münze unmittelbar in die Zeit nach der Eroberung von Qunduz durch Činggis Khan 1221/22 datieren.
Lit.: SCHWARZ 2002, Nr. 1389–1394

### Aserbeidschan

**230 Anonym mit Nennung des »Herrn des großen mongolischen Volkes« *(uluġ munqul ulūs bīg)***
Dirham | [Täbris?], 642 h./1244–45 n. Chr. | Silber, Dm 19 mm, Gew 2,76 g, 11 h | Orientalisches Münzkabinett Jena | Inv.-Nr. 358-E7

Darstellung eines mongolischen berittenen Bogenschützen, der nach hinten einen Pfeil abschießt. Die Randlegende ist in Türkisch mit arabischen Buchstaben abgefasst.
Lit.: ALBUM 2001, Nr. 1704–1706; Vgl. SEĪFEDDINI 1971

### Osteuropa – Ulus Ĵöči

**231 Im Namen des Kalifen an-Nāṣir li-Dīn Allāh (reg. 1180–1225), posthum, sowie ein jöčidisches Tamġa**
Silbermünze | Sarai an der Wolga, [ca. Ende der 1250er Jahre] | Silber, Dm 19 mm, Gew 0,73 g, 6 h | Orientalisches Münzkabinett Jena, ex Slg. H. A. Zwick | Inv.-Nr. 360-A10
Lit.: MAYER 2005, Nr. 131

**232 Möngke (reg. 1251–59) Ĵöčidisches Tamġa**
Pul | Bulġar, [ca. 1258–60] | Kupfer, Dm 20 mm, Gew 2,68 g, 11 h | Orientalisches Münzkabinett Jena | Inv.-Nr. 368-F8
Lit.: MAYER 2005, Nr. 71

**233 Möngke (reg. 1251–59) Ĵöčidisches Tamġa**
Dirham | Tiflīs, Ramaḍān 653 h./ Mai–Juni 1245 | Silber, Dm 25 mm, Gew. 2,79 g, 7 h | Orientalisches Münzkabinett Jena, ex Slg. B. Koehne | Inv.-Nr. 355-B6

Die Münze ist genau auf den Monat datiert.
Lit.: MAYER 2005, Nr. 1038

## B) Ilkhane – Kaukasus, Aserbeidschan, Irak und Iran

**234 Abāqā ibn Hülägü (reg. 1265–82)**
Dirham | Tiflīs, Muḥarram 680 h./April bis Mai 1281 n. Chr. | Silber, Dm 22 mm, Gew. 2,41 g, 7 h | Orientalisches Münzkabinett Jena | Inv.-Nr. 355-A2

225

226

227

228

229

230

231

232

233

234

Die Münze ist genau auf den Monat datiert. Sie nennt den Titel *qagan* (Großkhan) und den Namen Abāqās in uiguro-mongolischer Schrift. Die religiöse Inschrift ist christlich und arabisch: »Im Namen des Vaters, des Sohnes und des Heiligen Geistes, der Gott ist einer.«

Lit.: MAYER 2005, Nr. 1060

### 235  Arġūn (reg. 1284–91)

Dirham | Hamaḏān, 688 h./1289–90 n. Chr. | Silber, Dm 22 mm, Gew. 2,46 g, 12 h | Orientalisches Münzkabinett Jena, ex Slg. P. Jaeckel | Inv.-Nr. 1998-2-269

Die Münze nennt in den Titel *qagan* (Großkhan) und den Namen des Ilkhans Arġūn in uiguro-mongolischer Schrift. Arġūns Name wird in arabischer Schrift wiederholt. Unterhalb des Protokolls findet sich die Darstellung eines in der ostasiatischen Mythologie bekannten Sonnenrabens.[1]

1  ILISCH 1999.

### 236  Ġāzān Maḥmūd (reg. 1295–1304)

Doppel-Dirham | Baġdād, 699 h./ 1299–1300 n. Chr. | Silber, Dm 24 mm, Gew. 4,28 g, 12 h | Orientalisches Münzkabinett Jena, Geschenk I. A. Barholomäi | Inv.-Nr. 356-C5

Die Münzinschriften sind in arabischer, uiguro-mongolischer und in mongolischer 'Phags-pa-Schrift verfasst. Siehe auch unten Kat.-Nr. 243.

### 237  Ulġaitū (Ölġeitü; reg. 1304–17)

Dinar (sechsfacher Dirham) | Šahristān (-i Rašīdī), (713–17 h./1313–18 n. Chr.) | Silber, Dm 32 mm, Gew. 11,78 g, 2 h | Orientalisches Münzkabinett Jena, Geschenk Sophie der Niederlande | Inv.-Nr. 357-B7

Der Wechsel zur Schia als Staatsreligion ist durch die Nennung der zwölf Imame in der Randlegende der Vorderseite dokumentiert. Die Münzstätte Šahristān-i Rašīdī lag in einem Stadtteil von Täbris. Dieser Stadtteil mit seinen wirtschaftlichen Institutionen war eine Gründung und Stiftung des berühmten Chronisten und Wesirs Rašīd ad-Dīn (gest. 1318).

### 238  Ulġaitū (Ölġeitü; reg. 1304–17)

Gold-Dinar | Abarqūh, (709–13 h./1309–14 n. Chr.) | Gold, Dm 30 mm, Gew. 8,92 g, 2 h | Orientalisches Münzkabinett Jena, erworben von T. Bischoff | Inv.-Nr. 357-A2

Lit.: STICKEL 1874, S. 140/141, Nr. 5

## C) Goldene Horde – Osteuropa und Choresmien

### 239  Ğānī Beg (reg. 1341–57)

Dengi | Ḫwārezm (Urganǧ), 746 h./1345–46 n. Chr. | Silber, Dm 18 mm, Gew. 1,91 g, 9 h | Orientalisches Münzkabinett Jena, ex Slg. H. A. Zwick | Inv.-Nr. 362-B5

Lit.: FRAEHN 1826, S. 230, Nr. 14

## D) Čaγatai – Zentralasien und Turkestan

### 240  Anonym im Namen der »großmächtigen, gerechten Horde« *(al-urdū al-ʿẓam a[l-] ʿādil)*

Dirham | ohne Angabe der Münzstätte [Ost-Turkestan], [ca. 1260er Jahre] | Silber, gelocht, Dm 20 mm, Gew. 2,85 g, 2 h | Orientalisches Münzkabinett Jena, Geschenk E. Prater | Inv.-Nr. 1999-6-2

Lit.: XINJIANG NUMISMATICS 1991, S. 40, Nr. 154

### 241  Anonym mit dem Titel *qāʾ ān al-ʿādil* und einem Tamġa (Bogen)

Dirham | [Marw], (67)7 h./1278–79 n. Chr. | Silber, Dm 19 mm, Gew. 2,46 g, 4 h | Orientalisches Münzkabinett Jena, Geschenk R. Bettenhausen | Inv.-Nr. 2002-37-36

Lit.: PETROV 2003, Taf. 5, Nr. II/2-1

### 242  Tama und *ʿalāma* des Tarmaširin (reg. 1326–36)

Dirham | Buḫārā, 728 h./1327–28 n. Chr. | Silber, Dm 19 mm, Gew. 1,17 g, 2 h | Orientalisches Münzkabinett Jena | Inv.-Nr. 370-C8

Ober- und unterhalb des Tamgas steht die Regierungsdevise *(ʿalāma)* von Tarmaširin: »Gerechtigkeit und Herrschaft sind Zwillinge«.

Lit.: FEDOROV 2000

## E) Yuan-Reich – Mongolei und China

### 243  Qubilai Khan oder Kaiser Shizu (reg. 1260–94)

Qian mit dem Wert 3 Wen | *Zhi Yuan tong-bao*, (1285–94) | Kupferlegierung, Dm 27 mm, Gew. 7,45 g | Orientalisches Münzkabinett Jena | Inv.-Nr. 5-0045

Im Yuan-Reich wurde eine blockartige neue mongolische Schrift geschaffen, die bislang nur von Urkunden, Münzen und Inschriften bekannt ist, das 'Phags-pa. Die Inschrift besagt »umlaufende Münze der Zhi Yuan [Periode]«.

Lit.: PENG 1993, Bd. 2, S. 486, Sp. 1

HANSGERD GÖCKENJAN

# Endzeitstimmung und Entdeckergeist
# Die Mongolen im Spiegel zeitgenössischer
# abendländischer Quellen

»Auch drang irgendein fremdes Volk im vergangenen Jahr in die Reiche der Russen [lat. Ruthenorum] ein. Wir wissen von jenem Volk nicht, wer es ist, woher es kommt und welche Absichten es verfolgt.«[1] Mit diesen Worten vermerkt Caesarius (Abb. 1), ein Mönch aus dem rheinischen Zisterzienserkloster Heisterbach, zum Jahre 1222 einen Angriff kriegerischer Nomaden, die in das östliche Europa vorgedrungen waren und eine breite Spur der Verwüstung auf ihrem Weg dorthin hinter sich gelassen hatten. Ganz ähnlich klangen die Alarmmeldungen, die andere abendländische Chronisten wie der Autor der Marbacher Annalen oder Richard von San Germano, Notar am Hofe Kaiser Friedrichs II., über dasselbe Ereignis in Umlauf brachten. Ihnen allen gemeinsam war die Verwirrung und Ratlosigkeit, von der die Berichterstatter angesichts des überraschenden Auftritts der unbekannten Eroberer überwältigt zu sein schienen. Was war geschehen?

1219 hatte Činggis Khan an der Spitze eines Heeres von über 150 000 Mann das westliche Nachbarreich des Choresmschah, des türkischen Herrschers ʾAlā ad-Din Muhammād II., erobert. Nach erfolgreichem Abschluss des Krieges entsandte der mongolische Sieger seine fähigsten Generäle J̌ebe und Sübegetei nach Westen, um die mit dem Choresmschah verbündeten Kumanen zu unterwerfen. Die beiden Heerführer durchstießen beim »Eisernen Tor« von Derbent den Kaukasus und drangen in die pontischen Steppen vor. Zwar schlugen sie am 31. Mai 1222 ein vereintes Aufgebot russischer und kumanischer Fürsten, das sich ihnen an der Kalka entgegenstellte, vernichtend, doch nutzten sie ihren Sieg nicht voll aus, sondern ließen es bei Erkundungsvorstößen in das Steppenvorland der Kiewer Rus bewenden. So unvermittelt, wie sie als überlegene Eroberer in Erscheinung getreten waren, traten sie nach Erreichen ihrer strategischen Ziele auch wieder ihren Rückzug in östlicher Richtung an.

Die Mongolen wären in der Folgezeit vermutlich rasch in Vergessenheit geraten, hätten die abendländische Welt nicht neue Nachrichten erreicht, die dort weite Verbreitung fanden. Denn zur selben Zeit, da Činggis Khan Krieg gegen das Reich des Choresmschah führte, waren fränkische Kreuzfahrer im Kampf mit dem Aiyūbiden-Sultan

1 Caesarius von Heisterbach, *Dialogus Miraculorum*. Initiale aus der Handschrift Ms. C 2, fol. 2 r. der Universitätsbibliothek Düsseldorf, Anfang 14. Jh. Benedikt von Nursia, der Gründer des Benediktinerordens (links), im Lehrgespräch mit Caesarius von Heisterbach (im Ordenshabit der Zisterzienser)

1a Detail aus Abb. 1

al-Kamil in der ägyptischen Festung Damiette in Bedrängnis geraten. In dieser Situation verbreitete sich in ihrem Lager die – vermutlich von orientalischen Christen vermittelte und vom Bischof von Akkon, Jacques de Vitry, überlieferte – Nachricht, ein König David habe im Osten das Reich der Perser erobert, den König Chavarsmisan besiegt und stehe fünf Tagesmärsche vor Bagdad, der Residenz des Kalifen. Er plane überdies, den Christen gegen die sie be-

drohenden muslimischen Mächte zu Hilfe zu eilen und Jerusalem zu befreien.[2]

Die von den Kreuzfahrern und durch päpstliche Rund-
schreiben verbreiteten Berichte weckten in weiten Teilen
der Christenheit hoch gespannte Erwartungen, die auch
durch die später eintretenden traumatischen Erlebnisse
des Mongolensturms nicht völlig verdrängt werden konnten und noch im 14. Jahrhundert die Päpste veranlassten,
Bündnisverhandlungen mit mongolischen Herrschern
aufzunehmen. Die Neuigkeiten ließen sich durchaus mit
älteren Überlieferungen östlicher Herkunft vereinbaren,
wie der vom »Priesterkönig Johannes«, einer legendären
Gestalt, die angeblich schon im 12. Jahrhundert zum Kampf
gegen die muslimischen Reiche und zur Befreiung des Heiligen Grabes aufgerufen hatte.

Glaubwürdigere Nachrichten gelangten über das Königreich Ungarn in den Westen. Seit den 20er Jahren des
13. Jahrhunderts schenkte man hier den Verhältnissen in
den östlichen Nachbarreichen vermehrt Beachtung. Vor
allem Kronprinz Béla, der spätere König Béla IV. (reg. 1235
bis 70), der seit 1223 den nominellen Titel eines »Königs
von Kumanien« beanspruchte, suchte in engem Zusammen-
wirken mit der päpstlichen Kurie und dem neu gegründeten Dominikanerorden den politischen Einfluss Ungarns
nach Osten zu erweitern und die christliche Mission unter
den noch heidnischen Kumanen energisch zu fördern.

Die im 13. Jahrhundert am Hof in Buda noch lebendige Erinnerung an eine östliche »Urheimat« der Ungarn erhöhte
beim Thronfolger und seinen geistlichen Beratern die Bereitschaft, die Suche nach den im Osten zurückgebliebenen
Stammesverwandten aufzunehmen und sie zum Christentum zu bekehren. Hinzu kam, dass Béla durch russische
und kumanische Fürsten, die an den Kämpfen gegen die
Mongolen teilgenommen hatten, über deren erstes Auftreten unterrichtet war und sich daher bemühte, weitere
Nachrichten über deren langfristige Pläne zu erlangen. Seit
1221 unternahmen die Predigermönche daher wiederholt
wagemutige Erkundungsreisen, die sie bis in den Wolga-
raum führten. Schon 1235 war einer von ihnen, der Ordensbruder Julianus, bis zum Mittellauf der Wolga vorgedrungen und dort auf die östlichen Ungarn gestoßen.

Unterdessen hatte eine mongolische Reichsversammlung
(quriltai), die unter dem neuen Großkhan Ögedei (reg. 1229
bis 41; Kat.-Nr. 341) im fernen Karakorum zusammenge-
treten war, einen neuen umfassenden Westfeldzug beschlossen, an dem neun Enkel und Urenkel Činggis Khans
und insgesamt 130 000 Krieger teilnehmen sollten. Die
Angriffspläne richteten sich gegen die Kumanen, die russischen Fürstentümer und die Ungarn. Bereits 1236 jedoch
gelangten Nachrichten nach Europa, der Großkhan beab-
sichtige, seine Heere bis nach Deutschland zu senden und
selbst Rom und die Länder jenseits von Rom zu erobern.

Julianus unternahm im Frühjahr 1237 eine letzte Reise an
die Wolga, musste aber bereits am Hofe des Fürsten von
Suzdal' erfahren, »dass die Tartaren Tag und Nacht beraten, wie sie das christliche Königreich Ungarn besiegen und
einnehmen können«.[3] Durch die neuen Nachrichten aufs
Höchste alarmiert, trat Julianus unverzüglich seine Rückreise an, um seinen König und den Papst vor einem unmittelbar bevorstehenden Angriff der Mongolen zu warnen.
Bald nach seiner Heimkehr verfasste er daher unter dem
Titel »Über das Leben der Tataren« einen Bericht, der das
erste umfassende Mongolenbild aus abendländischer Sicht
enthält. Zwar steht der Autor noch ganz im Bann apoka-
lyptischer Endzeiterwartungen, die er mit dem kriegerischen Auftreten der Mongolen verknüpft, doch ist sein Bemühen um ein unvoreingenommenes Urteil deutlich zu
erkennen. Weder Schreckensnachrichten noch überstei-
gerte Hoffnungen auf das Erscheinen eines Priesterkönigs
Johannes kommen bei ihm vor. Selbst wenn er vage Ge-
rüchte über die Gleichsetzung der »Tartaren« mit den biblischen Ismaeliten zitiert, wahrt er vorsichtige Zurückhal-
tung und überprüft gewissenhaft die Aussagen seiner
Zeugen. Julianus berichtet als erster abendländischer Autor über den Weltherrschaftsanspruch der Mongolen und
unterstreicht seine Warnung durch die Übermittlung eines Sendschreibens, das Khan Batu, ein Enkel Činggis
Khans, an König Béla IV. von Ungarn gerichtet hat. Dieses
älteste erhaltene mongolische Dokument diplomatischer
Kontaktaufnahme zum Westen fordert den ungarischen
König zur Unterwerfung auf und endet mit dem Unheil
verkündenden Satz: »Wie willst Du meinen Händen ent-
rinnen?«[4]

Die Neuigkeiten, die die Predigermönche von ihren Reisen
aus dem Osten mitgebracht hatten, verbreiteten sich rasch
im Abendland und erregten großes Aufsehen. Zu denen,
die sich auf das Zeugnis der Dominikaner beriefen, gehörten so angesehene Persönlichkeiten wie Matthaeus Parisiensis, Alberich von Trois Fontaines, Johannes von Plano
Carpini, Wilhelm von Rubruk und nicht zuletzt Papst Innozenz IV. Indessen verhallten ihre und andere Warnun-
gen oft, ohne ernstgenommen zu werden. Auch dramati-
sche Hilferufe, wie die der ismailitischen Assassinen, die
sich 1238 dem todbringenden Angriff der Mongolen ausgesetzt sahen, erzielten nicht die erhoffte Wirkung. Der Bischof von Winchester reagierte darauf lediglich mit der ab-
weisenden Bemerkung: »Lassen wir doch jene Hunde sich
gegenseitig verschlingen, auf dass sie aufgerieben zugrunde gehen.«[5] Hielt man die Alarmrufe für übertrieben und
hoffte mit der mongolischen Bedrohung so fertig werden
zu können, wie man bisher die Einfälle anderer Steppenvölker abgewehrt hatte, oder war man, wie Kaiser und
Papst, mit anderen Konflikten so sehr beschäftigt, dass
man glaubte, neue Gefahren übersehen zu dürfen?

»Plötzlich wie Gottes zornflammender Blitz« und »wie ein Wirbelsturm«[6], so zeitgenössische Beobachter, brach seit dem Herbst des Jahres 1237 der Mongolensturm über das östliche Europa herein und verwüstete weite Gebiete der Kiewer Rus. 1241 griffen die mongolischen Heerführer nach sorgfältiger Vorbereitung und in einem zeitlich präzise abgestimmten Doppelangriff Polen und Ungarn an. Am 9. April unterlag ihnen ein polnisch-deutsches Heer unter Herzog Heinrich dem Frommen von Schlesien bei Liegnitz (Abb. 2, 3; Kat.-Nr. 247). Zwei Tage später vernichtete die mongolische Hauptmacht bei Mohi das Heer des Ungarnkönigs (Kat.-Nr. 245). Wo die Eroberer auf Widerstand stießen, schlugen sie mit rücksichtsloser Härte zu. Panik und namenloses Entsetzen griffen bei den Betroffenen um sich. Apokalyptische Horrorvisionen breiteten sich aus. Unheil verkündend mahnte Rogerius von Torre Maggiore, Kanoniker in der Diözese Großwardein und Augenzeuge der schrecklichen Ereignisse, »die Tage des Verderbens sind nahe, die Zeiten neigen sich dem Ende zu«.[7]

Die Angst griff auch über zu den noch nicht in Mitleidenschaft gezogenen Nachbarländern. Schon 1238 hatte Matthaeus Parisiensis, ein Mönchschronist im englischen Kloster St. Albans, notiert, die Gotländer und Friesen seien aus Furcht vor einem Mongoleneinfall nicht wie üblich zum Heringshandel nach England gekommen. Drei Jahre später vermeldete derselbe Autor, die Invasion der Mongolen habe die ganze Christenheit mit Furcht und Schrecken erfüllt. Während die einen glaubten, die fremden Peiniger, die Tartari, entstiegen direkt der Unterwelt, dem Tartarus, waren sich andere sicher, die biblischen Gog und Magog seien von den Enden der Welt herbeigeeilt, um das Jüngste Gericht anzukündigen.

Erst als man zu erkennen glaubte, dass das befürchtete Weltgericht nicht unmittelbar bevorstand, und die Mongolen im Frühjahr 1242, veranlasst durch den Tod des Großkhan Ögedei, aus Ungarn wieder abzogen, wich die Verzweiflung wachsender Abwehrbereitschaft. Papst Innozenz IV. (reg. 1243–54), gelehrter Jurist, der als Pontifex seiner römischen Kirche zu universaler Machtgeltung verhelfen wollte, suchte diplomatische Kontakte zu den Mongolen aufzunehmen, um so Aufschluss über deren künftige Absichten zu erhalten (Kat.-Nr. 248). Den Anstoß zur Durchführung des Vorhabens hatte ein von den Mongolen vertriebener russischer Erzbischof Peter gegeben, der 1244 am päpstlichen Hof und ein Jahr später auf dem Konzil von Lyon als »Experte« über die Tataren und deren Politik aussagte.

Aus seinen Mitteilungen ergab sich im Verlauf der Befragungen, dass die Mongolen durchaus über eine spezifische Rechtsordnung verfügten und sich fremden Gesandten gegenüber wohlwollend verhielten. Peter war ein Fragenkatalog vorgelegt worden, der nach scholastischem Grund-

muster sorgfältig ausgearbeitet worden war und auch den Anforderungen moderner ethnographischer Feldforschung genügt hätte. Gefragt wurde nach Herkunft, Religion, Kult, Lebensweise, Kriegsführung, Volkszahl, Absichten, Vertragstreue und Umgang mit fremden Gesandten.[8] Fragen dieser Art hatte man schon 1240, wie aus dem Brief eines ungarischen Bischofs hervorgeht, mongolischen Kriegsgefangenen gestellt. Denselben Katalog gab man offenbar jetzt päpstlichen Diplomaten mit, die man zu den mongolischen Höfen und Heerlagern entsandte.

Vier Gesandtschaften wurden mit nachträglicher Billigung der Konzilsväter zu den Mongolen abgeordnet. Die Leitung der wichtigsten Gesandtschaft, die auf dem Landweg Karakorum, die Residenz des Großkhans, erreichen sollte, wurde Johannes von Plano Carpini übertragen, einem erfahrenen Diplomaten, der zum engsten Vertrautenkreis des heiligen Franziskus von Assisi gehört hatte und 1228 mit der Leitung der deutschen Ordensprovinz der Franziskaner beauftragt worden war. Carpini, dessen Leistung um so höher eingeschätzt werden muss, da er bei Antritt der Reise ungefähr 60 Jahre alt war, gelangte gemeinsam mit seinem Gefährten und Dolmetscher Benedikt von Polen am 4. April 1246 ins Heerlager Batus. In Karakorum trafen die Gesandten im August desselben Jahres ein und wurden von dem neu gewählten Großkhan Güyük in Audienz empfangen. Von ihm mit einem Antwortschreiben an den Papst versehen, traf Carpini nach über zweijähriger Abwesenheit wieder in Lyon ein, um dem Papst (Kat.-Nr. 249) die erfolgreiche Durchführung der Mission zu melden.

Der schriftliche Bericht Carpinis, der u. a. auch eine »Ystoria Mongalorum« enthält und nach Aufbau und Gliederung dem päpstlichen Fragenverzeichnis entspricht, zeigt geradezu mustergültig, wie durch die persönliche Anschauung des Reisenden, die Heranziehung von glaubwürdigen Zeugen und die unmittelbare Begegnung mit den Fremden das ursprüngliche und von überlieferten Topoi und Legenden verzerrte Tatarenbild des Autors ins Wanken gerät und geradezu zwangsläufig neuen Erkenntnissen Platz macht. Zwar berichtet Carpini wie andere zeitgenössische Autoren über – zum Teil aus dem Alexanderroman stammende – sagenhafte Völker und Monstren, Hundemenschen, Mischwesen mit Menschenkopf und Hundegesicht, Troglodyten, die vor dem Lärm der Sonne unter die Erde fliehen, und Parossiten, die vom Dampf verkochter Speisen leben (vgl. den Beitrag von Bruno Richtsfeld in diesem Katalog). Da er aber diesen Fabelwesen in den von ihm besuchten Regionen nicht begegnet, verbannt er sie an den Rand der Welt. Die Mongolen sind für ihn fortan zwar kriegerische und grausame, im Übrigen aber durchaus normale Menschen, denen übernatürliche oder monströse Züge fehlen. So werden die Tataren von ihm auch nicht

2 Heinrich der Fromme von
Schlesien fällt in der Schlacht
von Liegnitz.
*Freytagsche Hedwigshandschrift*,
1451, Universitätsbibliothek
Breslau (IV F 192, fol. 6 r. unten)

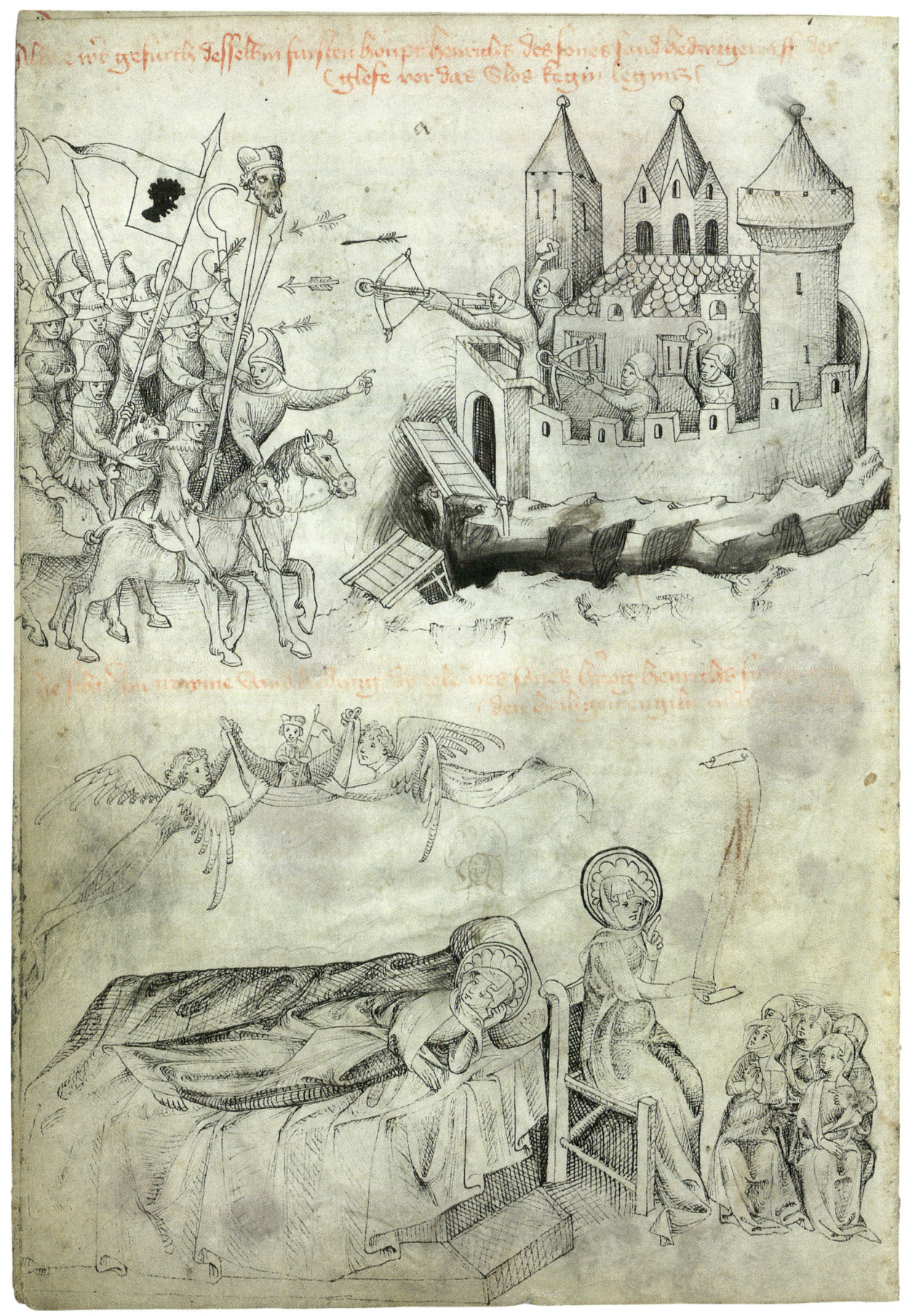

3 Die Mongolen vor Liegnitz. *Freytagsche Hedwigshandschrift*, 1451, Universitätsbibliothek Breslau (IV F 192, fol. 6 v.). Die siegreichen Mongolen erscheinen vor den Mauern von Liegnitz und präsentieren ihre Standarte und den Kopf Herzog Heinrichs des Frommen von Schlesien.

mehr als »Tartari«, also als Ausgeburt des Tartaros, der Unterwelt, angesehen. Vielmehr mahnt er, sie künftig nur noch in der neuen Schreibweise ohne »r« als »Tatari« zu bezeichnen. Carpini achtet bei seiner Beschreibung der Wesensart der Mongolen darauf, dass sich deren vermeintlich gute und schlechte Eigenschaften die Waage halten. Er widmet allein ein halbes Kapitel der Darstellung ihrer positiven Charakterzüge. Danach sind die Tataren ihren Fürsten gehorsam und ergeben. Sie vermeiden internen Streit und respektieren einander, scheinen keinen Neid zu kennen und sind geduldig und extrem belastbar.

Die Ausgewogenheit in Carpinis Berichterstattung herrscht v. a. dann vor, wenn er persönliche Beobachtungen wiedergibt. Knapp, aber prägnant und einfühlsam skizziert er seine Herrscherporträts. So beschreibt er den Khan Batu mit den Worten: »Dieser Batu aber ist zu seinen Leuten sehr wohlwollend, aber bei ihnen doch sehr gefürchtet. Er ist äußerst grausam in der Schlacht, sehr scharfsinnig und auch im Kriege voller List, weil er schon lange über Kriegserfahrung verfügt.«[9] Die Beschreibung unterscheidet sich kaum von dem positiven Bild des *Sayin Qan Batu* (guten Khan Batu), das die Mongolen sich selbst von Batu machten und das sich in den Porträts orientalischer Chronisten wie Rašīd ad-Dīn (Kat.-Nr. 279–311), Ǧuvainī, al-Umarī und besonders Ǧuzǧānī niederschlägt.

Wo es ihm an persönlicher Anschauung mangelt, legt Carpini – wie später auch Rubruk – großen Wert auf die authentischen Berichte von Augenzeugen und Gewährsleuten, zu denen Kumanen, Russen und europäische Kriegsgefangene ebenso gehören wie armenische und nestorianische Christen. Bestimmte präzise Angaben lassen den Eindruck aufkommen, dass auch mongolische Zeugen befragt wurden, so wenn Carpini auf die frühen Beziehungen zwischen den eigentlichen Mongolen und deren östlichen Nachbarn, den ursprünglichen Tataren, eingeht. Carpini überprüft jedoch auch Zeugenaussagen auf ihre Zuverlässigkeit, ja er vermag selbst den Wert der eigenen Darstellung zu relativieren, wenn er etwa bei der Beschreibung der Kriegführung der Mongolen bereitwillig eingesteht, er sei kein »Experte« in militärischen Angelegenheiten.

Über all dem verliert der Autor jedoch nicht die strategischen Zielsetzungen aus dem Blick, die er mit der Abfassung seines Berichts verbindet. Zu ihnen zählen erstens die Absicht, die abendländische Welt vor einem erneuten verderblichen Angriff der Steppenreiter zu warnen, zweitens der Gedanke, sie durch die Mission mit der Christenheit zu versöhnen und für deren Anliegen zu gewinnen, und drittens der Plan, selbst bei einem Scheitern der Mission rechtzeitig diplomatische und militärische Abwehrmaßnahmen zu treffen, um so einer erneuten Invasion wirksam entgegentreten zu können. Über weite Partien hinweg liest sich daher Carpinis Werk wie ein militärisches Handbuch.

Offensichtlich sucht der Verfasser seinen Lesern Mut zu machen, wenn er – in Übereinstimmung mit orientalischen Quellen – betont, welchen Respekt die Mongolen den kriegerischen Fähigkeiten der Lateiner entgegenbrachten.

Nicht zuletzt die Bereitschaft, sich den Herausforderungen eines neuen »Mongolensturms« zu stellen, mag zur weiten Verbreitung der Nachrichten beigetragen haben, die Carpini und andere päpstliche Gesandte von den Mongolenhöfen im Osten mitbrachten. Es hatte sich nämlich zunehmend die schon von Carpini vermittelte Erkenntnis durchgesetzt, dass eine friedliche Verständigung mit den Mongolen nicht möglich war, da sie an miteinander unvereinbaren Ausschließlichkeitsansprüchen scheiterte. Während das Papsttum zwar eine Unterstützung durch die Mongolen in der Auseinandersetzung mit dem Islam erhoffte, ein Bündnis mit ihnen aber nur nach deren Übertritt zum Christentum schließen wollte, forderten die mongolischen Khane, die abendländische Christenheit habe sich zuvor ihrem Weltherrschaftsanspruch zu unterwerfen. Auch künftige Gesandtschaftsreisen vermochten die grundsätzlichen Widersprüche, die die beiderseitigen Auffassungen beherrschten, nicht aufzuheben, erweiterten aber zunehmend den geographischen Horizont der abendländischen Welt und verhalfen ihr zu vertieftem Einblick in die für sie vorerst noch fremdartige Gesellschaft und Kultur der Mongolen.

Zu den lebendigsten Beschreibungen der Mongolen gehört zweifellos der Reisebericht des Flamen Wilhelm von Rubruk. Der Ordensbruder Carpinis, der seine Reise nach Karakorum (vgl. den Beitrag von Hans-Georg Hüttel zum Palast des Ögedei Khan und Kat.-Nr. 110) in den Jahren 1253–55 unternommen hatte, war auf seine Mission gut vorbereitet. Er hatte König Ludwig IX. den Heiligen von Frankreich auf dessen Kreuzzug ins Heilige Land begleitet, war tatarischen Gesandten an dessen Hof begegnet, hatte von den Reisen ungarischer Dominikaner ins Wolgagebiet und den diplomatischen Vermittlungsbemühungen der armenischen Fürsten Sempad und Het'um Kenntnis genommen, ja er stand vermutlich auch in Kontakt mit Carpini. Rubruk reiste im Auftrag König Ludwigs, ohne als offizieller Gesandter in Erscheinung treten zu müssen. Auch war er nicht dem Zeitdruck ausgesetzt, unter dem noch seine Vorgänger angesichts der unmittelbaren Bedrohung durch die Tataren gestanden hatten. So erlaubte ihm ein längerer Aufenthalt in Karakorum, sich eingehender über die Lebensverhältnisse der Mongolen zu unterrichten.

Gleichwohl gerät die erste Begegnung, die der Mönch mit der fremden Welt hat, zum schockierenden Erlebnis. Über seinen Übertritt auf das Herrschaftsgebiet der Goldenen Horde vermerkt er: »Als wir Sudaq verlassen hatten und am dritten Tag bei den Tataren eintrafen, schien es mir, als beträte ich eine völlig andere Welt.«[10] Entsetzen ergreift ihn,

4  Pisanello, Tatarischer Krieger. Ausschnitt aus dem Fresko *Der heilige Georg und die Prinzessin*, 1436/38, S. Anastasia, Verona

als ihm ein tatarischer Begleiter vergorene Stutenmilch, *Kumys* oder *Airag*, anbietet: »Dies war völlig neu für mich. Beim ersten Schluck geriet ich über und über in Schweiß vor Ekel.« Dennoch hat er die Kraft, seine Vorurteile durch neu gewonnene Einsichten zu ersetzen, versichert er doch in demselben Atemzug: »Doch dann schien mir die Milch recht wohlschmeckend zu sein, was sie ja in Wirklichkeit auch ist.«[11] Später erhält *Kumys* den Vorzug vor gutem Wein, und flämische Schweinswürste haben mongolischen Pferdewürsten zu weichen. Rubruk lernt widerstrebend, vor dem Großkhan Möngke niederzuknien und auf dessen

Bekehrung zu verzichten. Am Ende der Reise bittet er die Mongolen sogar, wieder zu ihnen kommen zu dürfen. Rubruks wachsende Vertrautheit mit dem mongolischen Alltagsleben führt zu eingehenden Beobachtungen und verlässlichen Angaben. Im Gegensatz zu Carpini zeichnet er das Bild einer friedlichen Gesellschaft. Meisterhaft skizziert Rubruk mit wenigen Sätzen das Nomadendasein: »Die Tartaren«, so sein Bericht, »haben nirgends einen festen Aufenthaltsort und wissen nie, wo sie den nächsten finden werden. [...] jeder Häuptling, je nachdem er mehr oder weniger Leute unter seinem Befehl hat, kennt die Grenzen seiner Weideplätze und weiß, wo er im Winter und im Sommer, im Frühling und im Herbst weiden soll. Im Winter nämlich ziehen sie in die wärmeren Gegenden des Südens, im Sommer wiederum in die kälteren Regionen im Norden. Wasserarme Weideplätze suchen sie im Winter auf, wenn Schnee liegt, da sie den Schnee an Stelle von Wasser verwenden können.«[12] Ob es sich um das Aussehen und das Alltagsleben der Mongolen handelt, ihre Viehwirtschaft oder den Aufbau ihrer Jurten, um Ehebräuche und Rechtsvorstellungen, stets beobachtet Rubruk präzise und beschränkt sich bei der Wiedergabe des Erlebten auf das Wesentliche.

Die besondere Aufmerksamkeit des Klerikers und Missionars gilt naturgemäß der Religion der Mongolen. Von Rubruk stammt die ausführlichste mittelalterliche Beschreibung des Schamanismus. An den Höfen der mongolischen Fürsten und Prinzessinnen begegnet er Muslimen, Buddhisten und nestorianischen Christen (vgl. Kat.-Nr. 381), deren Riten er – wenn auch bisweilen abschätzig und unzulänglich – beschreibt und mit denen er theologische Streitgespräche führt.

Die Suche nach dem Priesterkönig Johannes muss er indessen abbrechen, wenn er fast beiläufig feststellt: »Ich durchquerte seine Weidegründe, doch keiner wusste etwas über ihn, außer einigen Nestorianern.«[13] Auch trat Rubruk seine Rückreise an, ohne sein Hauptziel, die Mongolen zum Christentum zu bekehren, erreicht zu haben. Der Großkhan Möngke hatte das Ansinnen auf eine für das religiöse Denken der Mongolen bezeichnende Weise zurückgewiesen, wenn er darauf erwiderte: »[…] so wie Gott der Hand verschiedene Finger gab, so zeigte er auch den Menschen verschiedene Wege, die Seligkeit zu erlangen«.[14]

Rubruk fand mit seiner Reise bei den Zeitgenossen nicht dieselbe Beachtung wie Carpini. Zwar gelangte sein Bericht in die Hände Ludwigs des Heiligen und fand später z. T. Aufnahme in das enzyklopädische Hauptwerk *Opus maius* des Franziskaner-Gelehrten Roger Bacon (um 1215 bis 94), geriet dann aber in Vergessenheit. Dennoch bahnte er wie seine Vorgänger Julianus und Carpini mit ihren Reiseberichten den Weg für die nachfolgenden Fernhändler und deren rasch zunehmenden west-östlichen Warenverkehr und nachfolgenden Kulturaustausch. Schon Carpini begegnet 1247 in Kiew venezianischen, genuesischen und pisanischen Kaufleuten aus Konstantinopel, die die Handelswege »per Tartaros« bereisten.

Der Handel weitete sich, begünstigt durch die zentral überwachte Rechtsordnung (Pax Mongolica) des mongolischen Weltreiches, rasch aus (vgl. den Beitrag von Claudius Müller in diesem Katalog). Ein Beispiel soll das verdeutlichen. Erst Wilhelm von Rubruk hatte den Nachweis erbracht, dass das Kaspische Meer entgegen traditionellen Vorstellungen keine Bucht des Ozeans, sondern ein Binnenmeer

war, das schon drei Jahrzehnte später genuesische Schiffe in regelmäßigem Linienverkehr überquerten. Von zentraler Bedeutung war v. a. der Ostasienhandel. So stellt der so genannte Katalanische Atlas von 1375 in der Nähe von Sarai, der Residenz der Khane der Goldenen Horde, eine Handelskarawane dar, deren Abbildung mit dem Kommentar versehen ist: »A questa caravana es partida del imperio de Sarra per andar al Catayo« (Diese Karawane ist vom Reich von Sarai aufgebrochen, um nach China zu ziehen).[15]

Die neuen Erkenntnisse waren auf Nachrichten zurückzuführen, die v. a. von Kaufleuten aus italienischen Seehandelsstädten verbreitet wurden. Zu ihnen zählten auch die Venezianer Nicolò und Maffeo Polo, zwei Brüder, die während eines Aufenthalts in Buchara vom Krieg zwischen der Goldenen Horde und dem Ilkhanat überrascht worden waren und sich daher genötigt sahen, 1264 die Heimreise auf dem Umweg über China anzutreten. Vom Großkhan Qubilai huldvoll empfangen und mit der Überbringung eines Schreibens an den Papst betraut, trafen sie 1269 in Venedig ein. 1271 reisen sie, nunmehr in Begleitung des 17-jährigen Sohnes von Nicolò, Marco, mit Briefen und Geschenken des Papstes versehen, erneut auf dem Landweg nach China, wo sie 1275 am Hofe Qubilais in Shangdu (in der heutigen Provinz Innere Mongolei) auftreten. Marco Polo gewinnt wie seine älteren Verwandten das Vertrauen des Großkhans, bereist in dessen Diensten große Teile Chinas und Südostasiens und trifft erst 1295 wieder in Venedig ein. Wenige Jahre später in einem Seekrieg mit Genua gefangengenommen, diktierte er seinem Mitgefangenen Rustichello seine Reiseerinnerungen, die zunächst in einer französischen Fassung als »Beschreibung der Welt« *(Divisament dou monde)* erschienen und später auch unter dem Titel *Libro delle meraviglie del mondo* (Buch der Wunder der Welt) oder *Milione* bekannt wurden. Darin zeichnet Marco Polo ein Mongolenbild, das zunächst traditionellen Mustern folgt und sich inhaltlich kaum von dem seiner Vorgänger Carpini und Rubruk unterscheidet.

Er skizziert mit wenigen Sätzen präzis die Gründe für die militärische Überlegenheit der Mongolen. Sie sind kühne Krieger und ausgezeichnete Bogenschützen, die ihren Fürsten unbedingten Gehorsam leisten und wie kein anderes Volk Entbehrungen und Anstrengungen ertragen. Sie gliedern ihre Truppen nach dem Dezimalsystem, verfügen über ein hoch entwickeltes Kundschafter- und Spionagewesen und bedienen sich der Taktik der verstellten Flucht. Freilich sieht sich Polo auch zu dem Eingeständnis veranlasst: »Alles was ich bis jetzt geschildert habe, betrifft das Brauchtum der heldenhaften echten Tataren; ich muss daher beifügen, dass sich heute leider vieles geändert hat.«[16] Die Polos hatten Qubilai zu einer Zeit aufgesucht, in der sich das mongolische Weltreich auf dem Höhepunkt seiner Machtentfaltung befand. 1258 hatte Hülegü, ein Bruder

Qubilais, das Kalifat der Abbasiden erobert. 1279 wurde die Südliche Song-Dynastie endgültig besiegt und damit die mongolische Herrschaft besiegelt. Indes hatte der Sieg der türkischen Mamluken über die Mongolen bei 'Ain Ğālūt (Goliathsquelle) am 3. September 1260 ebenso wie das Scheitern zweier Expeditionen gegen Japan den Nimbus der Unbesiegbarkeit mongolischer Heere beseitigt. Zugleich machten sich untrügliche Anzeichen für einen inneren Verfall zunehmend bemerkbar. Marco Polo trägt dem Rechnung, wenn er den Thronstreitigkeiten zwischen Qubilai und dessen Rivalen Ariɣ Böke und Qaidu breiten Raum widmet und die Ursachen nennt, die zur tief gehenden Entfremdung der Teilreiche geführt hatten. »Diejenigen die in Catai (China) wohnen, haben die Bräuche der Heiden angenommen und ihren eigenen Glauben aufgegeben. Die Tataren der Levante leben nach sarazenischer [islamischer] Sitte.«[17] Noch aber überstrahlte den sich anbahnenden inneren Zwiespalt des Reiches der Glanz der kaiserlichen Hofhaltung, die unter Qubilai von Karakorum nach Khanbalik verlegt worden war. Enthusiastisch schildert Marco aus eigenem Erleben die Pracht der kaiserlichen Paläste und Gärten, die aufwendigen Feste und Jagden. Im Mittelpunkt steht Qubilai Khan, der letzte mongolische Großkhan und erste Kaiser der Yuan-Dynastie (1272 – 1368), für Marco Polo »der mächtigste Mensch, den es je in der Welt gegeben hat«.[18] Zugleich erscheint Qubilai als weltoffener und wissbegieriger Herrscher, der die Polos glauben lässt, er könne sich dereinst dem Christentum zuwenden. Diese Verheißung mag in Verbindung mit den aufsehenerregenden Nachrichten, die Marco Polo zur Kenntnis des märchenhaften Großreiches im Fernen Osten beisteuerte, zur weiten Verbreitung seines Buches im Westen – mit allein 138 erhaltenen Handschriften – beigetragen haben. Wie nachhaltig die Wirkung des Werkes gewesen sein muss, zeigt allein die Tatsache, dass noch Kolumbus bei seinen Entdeckungsfahrten ein Exemplar davon mitführte.

1 DIALOGUS MIRACULORUM 1851, Kap. 10, 47 S. 250/251.

2 VITRY/HUYGENS 1960, S. 147 151.

3 DÖRRIE 1956, S. 177/178; GÖCKENJAN/SWEENEY 1985, S. 107, 121.

4 DÖRRIE 1956, S. 179; GÖCKENJAN/SWEENEY 1985, S. 108, 123.

5 Vom Autor dieses Beitrags übersetzt nach PARISIENSIS 1876, S. 489.

6 Vom Autor dieses Beitrags übersetzt nach SINICA FRANCISCANA I 1929, S. 110.

7 SCRIPTORES 1938, Bd. 2, S. 552; vgl. GÖCKENJAN/SWEENEY 1985, S. 140.

8 DÖRRIE 1956, S. 187 194.

9 PIAN DI CARPINE 1989, S. 312; vgl. PIANO CARPINE/GIESSAUF 1995, S. 115, 212.

10 Kap. I, 14 (SINICA FRANCISCANA I 1929, S. 171); vgl. auch Kap. IX, 1 (SINICA FRANCISCANA I 1929, S. 187).

11 Kap. XXXVIII, 23 (SINICA FRANCISCANA I 1929, S. 321).

12 Kap. II, 1 8 (SINICA FRANCISCANA I 1929, S. 172).

13 Kap. XVII, 2 (SINICA FRANCISCANA I 1929, S. 206).

14 Kap. XXXIV, 2 (SINICA FRANCISCANA I 1929, S. 298).

15 KATALANISCHER WELTATLAS 1977.

16 MARCO POLO 1982, Mil. 69, S. 83/84, Div. LXX, S. 391; vgl. die deutsche Übersetzung von Elise Guignard: MARCO POLO 1997, S. 103.

17 Ebenda.

18 MARCO POLO 1982, Mil. 75, S. 96, Div. LXXVI, S. ; vgl. die deutsche Übersetzung von Elise Guignard: MARCO POLO 1997, S. 118/119.

**244** Caesarius von Heisterbach
(1180 – 1240)
*Illustrium miraculorum et historiarum*
*memorabilium libri XII,* 1599
H 17,5 cm, B ca. 12 cm, D 6 cm | Bibliothek
der Stiftung Abtei Heisterbach, Königswinter
*ohne Abb.*

Einer der ersten Hinweise über den Mongoleneinfall
in Europa stammt aus der unmittelbaren Nähe der
ersten Ausstellungsstation: 1222 berichtet darüber
Caesarius, ein Mönch aus dem Zisterzienserkloster
Heisterbach bei Bonn, im *Dialogus Miraculorum.*
Unter der Überschrift »De pressuris quae facta sunt
nostris temporibus« (Über die Bedrängnisse unserer Zeit) heißt es in Kapitel X, Teil XLVII: »Quae-
dam etiam gens anno praeterito intravit regna
Rutenorum et totam ibidem gentem unam delevit;
de qua nobis non constat, quae sit, unde veniat, vel
quo tendat.« – »Im vergangenen Jahr brach ein Volk
in die Reiche der Ruthener ein, das einen ganzen
Stamm vernichtete. Wir wissen von jenem Volk
nicht, wer es ist, woher es kommt und wohin es
geht.« Als Ruthenen wurden seit dem 11. Jh. die Ost-
slawen bezeichnet, die im Osten der Königreiche
Litauen, Polen und Ungarn lebten.

Das Werk des Caesarius erfreute sich großer Beliebtheit und erfuhr zahlreiche Neuauflagen, darunter die 1599 in Köln erschienenen *Illustrium mira-*
*culorum et historiarum memorabilium libri XII.* In
dieser Ausgabe werden die Ruthenen als »Reutenen«
bezeichnet.  *G. K.*

**245** Mongoleneinfall in Ungarn 1241
Ungarn, 1358 | Tusche und Farbe auf
Pergament, H 25,3 cm, B 32,8 cm | Széchényi
Nationalbibliothek, Budapest, fol. 63 recto |
Ausgestellt und abgebildet ist eine Repro-
duktion des 19. Jhs. | Inv.-Nr. Clmae 404

Die Miniatur aus dem *Chronicon Pictum* (Bilderchronik) der Nationalbibliothek in Budapest zeigt
eine Szene, die sich nach der Schlacht von Mohi am
11. April 1241 in ähnlicher Weise abgespielt haben
könnte. König Béla IV. von Ungarn (reg. 1235 – 70)
flieht nach der durch die Mongolen erlittenen Niederlage vor seinen Verfolgern, die ihn durch sein
ganzes Reich bis zur Adriaküste jagen.
In diesem Bild trägt er als Ausweis seiner Würde eine goldene Krone und ein purpurrotes, tunikaarti-
ges Unterkleid sowie einen Panzer und einen Waf-

245

fengürtel. In der Rechten hält er ein Schwert. Der
Künstler lässt den König nicht den Kampfsattel mit
erhöhtem Vorder- und Hintersteg, sondern einen
bequemeren Reisesattel benutzen, um darauf hinzuweisen, dass dem Herrscher eine längere und be-
schwerliche Flucht bevorsteht. König Béla reitet einen Schimmel, der der Königsfamilie vorbehalten
war. Hinter ihm ist, halb durch den Herrscher verdeckt, einer der ritterlichen Gefolgsleute zu sehen,
die ihren König auf der Flucht begleiten. Einige von
ihnen haben sich sogar für ihn geopfert.
Authentisch erscheint auch die Darstellung der
mongolischen Krieger, die sich zur Verfolgung
gruppiert haben. Sie tragen lange Haarzöpfe und
kegelförmige, nach oben spitz zulaufende Kopfbedeckungen mit breiten Krempen, die sich als Na-
cken- und Ohrenschutz herunterklappen ließen.
Zur typischen Nomadentracht gehörten auch die
knielangen Kaftane, die nach rechts umgeschlagen
wurden (vgl. Kat.-Nr. 152), während die Kumanen
und andere türkische Steppenvölker sie auf der linken Seite schlossen. Den Angriff eröffnet ein Befehlshaber mit gezogenem Säbel. Vermutlich handelt es sich bei ihm um Qadan, einen Enkel Činggis
Khans und Sohn Ögedeis, der nach der Überlieferung die Verfolgung König Bélas leitete. Obwohl die
Darstellung erst aus der Mitte des 14. Jahrhunderts
stammt, zeigt sie eine genaue Kenntnis der Kleidung und Bewaffnung der Mongolen, die der unbekannte Künstler möglicherweise aus persönlicher
Beobachtung gewonnen hat.  *H. G.*

Lit.: CHRONICON PICTUM 1968, hier Bd. II, S. 14, 21,
38 – 41, 50 – 54, 72, 128/129; GÖCKENJAN/SWEENEY 1985,
S. 163, 168/169, 180, 247, 254 – 261, 286/287; SCHMIEDER 1994,
S. 214, Anm. 88; URAY-KÖHALMI 1989; MARTYNIOUK 2002,
S. 109 – 111

246

**246** Mongoleneinfall in Ungarn 1285
Ungarn, 1358 | Tusche und Farbe auf
Pergament, H 25,3 cm, B 32,8 cm | Széchényi
Nationalbibliothek, Budapest, fol. 64 verso |
Ausgestellt und abgebildet ist eine Repro-
duktion des 19. Jhs. | Inv.-Nr. Clmae 404

Im Jahr 1285 fielen die Mongolen der Goldenen Horde ein weiteres Mal in Ungarn ein und drangen bis
Pest vor, mussten jedoch bald – von einem Aufgebot
des ungarischen Adels geschlagen – nach schweren
Verlusten den Rückzug antreten. Die Miniatur aus
dem *Chronicon Pictum* (Bilderchronik) der Nationalbibliothek in Budapest zeigt eine Kampfszene,
die diesen Ereignissen zuzuordnen ist. Dargestellt
werden ungarische Ritter (rechts) und deren mongolische Gegner, die vom Pferd gestiegen sind und
ihren Kampf zu Fuß fortsetzen. Wie im vorigen Bild
(Kat.-Nr. 245) erweist sich der um Detailtreue bemühte Künstler als mit seinem Sujet vertraut. Während einer der Mongolen mit dem für die Nomaden
typischen Reflexbogen und einem Pfeil angreift,
setzt sich ein gepanzerter Ungar mit Schwert und
Schild gegen ihn zur Wehr. Drei Frauen, rechts und
links im Bild, ergänzen die Szene. Ihrer Bekleidung
nach handelt es sich um europäische Gefangene der
Mongolen. Eine von ihnen, mit entblößtem Haupt,
findet Zuflucht bei den ungarischen Rittern, die anderen beiden bleiben in mongolischer Gefangenschaft. Hier begegnet dem Betrachter ein Motiv, das
der weit verbreiteten ungarischen Ladislaus-Legen-
de entstammen könnte. In dieser befreit König Ladislaus der Heilige (László I., reg. 1077 – 95) ein
Mädchen aus der Gefangenschaft der heidnischen
Kumanen, die Ladislaus 1091 in einer entscheidenden Schlacht besiegte.  *H. G.*

Lit.: CHRONICON PICTUM 1968, Bd. II., S. 89;
MARTYNIOUK 2002, S. 111/112

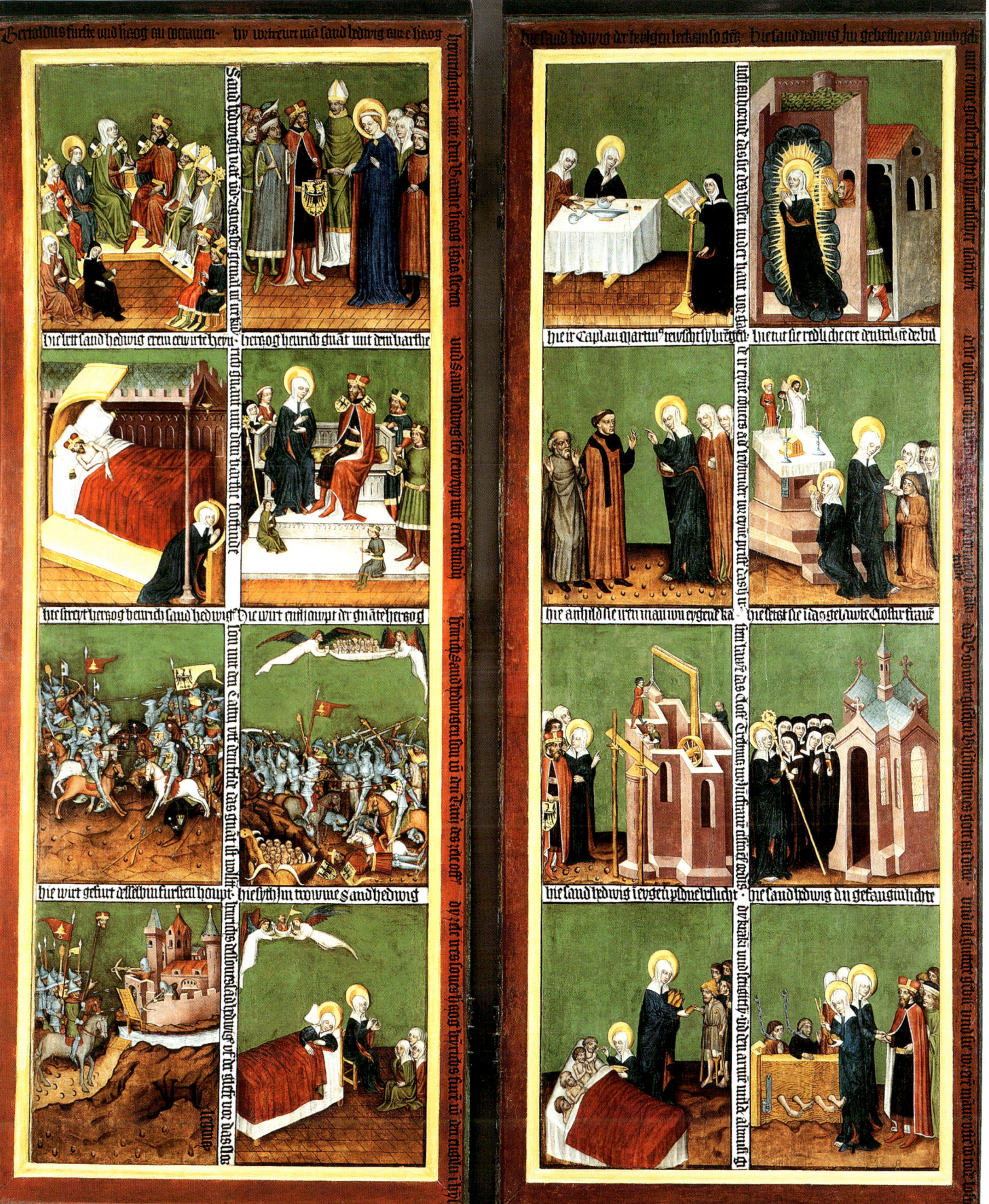

## 247 Meister des Langendorfer Marientodes
### *Legende der hl. Hedwig von Schlesien*

Linker Flügel der dreiteiligen Altartafel | Breslau, um 1430, 1927–29, Übertragung auf einen neuen Bildträger | Tempera auf Holz, H 277,7 cm, B 112,1 cm | Provenienz: Breslau, Bernhardinkirche, ursprünglich wahrscheinlich in der Franziskanerkirche | Nationalmuseum Warschau | Inv.-Nr. Śr. 28/1

Die Hedwigstafel gehört zu den wichtigsten ikonographischen Zeugnissen des ersten Eroberungszuges der Tataren im Gebiet der polnischen Lande im Jahre 1241. Dieser gipfelte in der schweren Niederlage der vereinten christlichen Streitmacht in der Schlacht bei Liegnitz in Niederschlesien. Im Kampf fiel auch der Sohn der hl. Hedwig, Herzog Heinrich II. von Schlesien, der das christliche Heer anführte. Die hl. Hedwig (um 1179–1243) war die Gemahlin des schlesischen Piastenherzogs Heinrich I. Sie entstammte dem bayerischen Adelsgeschlecht der Andechs-Meranier, das mit mehreren Herrscherhäusern verwandt war. Ihre Schwester Gertrud war mit dem ungarischen König Andreas II. vermählt und Mutter der hl. Elisabeth von Thüringen. Herzogin Hedwig zeichnete sich durch tiefe Frömmigkeit und besondere Fürsorge für Arme, Kranke und Gefangene aus. Nach ihrer Kanonisierung 1267 genoss sie als die Schutzheilige Schlesiens große Verehrung. Die Lebensgeschichte der hl. Hedwig wurde im Bewusstsein der Gläubigen u.a. durch die Bilderzyklen mit der Darstellung ihrer Heiligenlegende begründet. Zu den frühesten Zeugnissen gehören die Altartafeln aus der Breslauer Bernhardinkirche. Ursprünglich befanden sich auf der seit dem Zweiten Weltkrieg verschollenen Mitteltafel sowie auf den Innenseiten der beiden erhaltenen Flügel insgesamt 32 Szenen aus der Hedwigslegende. Der Zyklus beginnt links oben: Die ersten Szenen sind der Abstammung und dem Familienleben Hedwigs gewidmet, es folgt der Tod ihres Sohnes im Kampf gegen die Ungläubigen. Die Mitteltafel sowie der rechte Altarflügel schildern die Frömmigkeit der Herzogin sowie ihr Wirken für die Kirche und die Bedürftigen. Das Motiv der Schlacht bei Liegnitz nimmt breiten Raum ein. Vorbild für diese Darstellung war der so genannte Hedwigscodex von 1353 (J. Paul Getty Museum, Malibu). Die erste Szene zeigt das Aufeinandertreffen der christlichen und der tatarischen Streitkräfte, ihr folgt die Darstellung des Todes oder vielmehr die Glorifizierung Heinrichs II. Die militä-

rische Niederlage wurde als Sieg für den Glauben aufgefasst, der gefallene Herzog und seine Ritter zu christlichen Märtyrern erhoben. Die Engel tragen die Seelen der Gerechten in den Himmel, wohingegen die Seelen der Ungläubigen in den Höllenschlund hinabgestoßen wurden. Unten links ist die Belagerung von Liegnitz zu sehen, wobei die tatarischen Angreifer den auf eine Lanze gespießten Kopf Heinrichs emporhalten, um den Widerstand der Verteidiger zu brechen. In der letzten Szene wird der hl. Hedwig im Traum offenbart, dass ihrem Sohn die Erlösung zuteil geworden ist.

Die Darstellung der Tataren auf der Tafel entspricht nicht der historischen Realität. Sie tragen westeuropäische Rüstungen und unterscheiden sich von den christlichen Rittern lediglich durch die Form der Helme. Man geht davon aus, dass diese Stilisierung bewusst vorgenommen wurde und die Tataren mit den damaligen Feinden des rechten Glaubens, den Hussiten, gleichsetzen sollte. Die Hussitenkriege haben Mitteleuropa verwüstet und breiteten sich Ende der 20er und zu Beginn der 30er Jahre des 15. Jhs. nach Schlesien aus.　*M. K.-R.*

Lit.: AUSST.-KAT. BAMBERG 1998; KOSTOWSKI 1996; BITWA LEGNICKA 1994

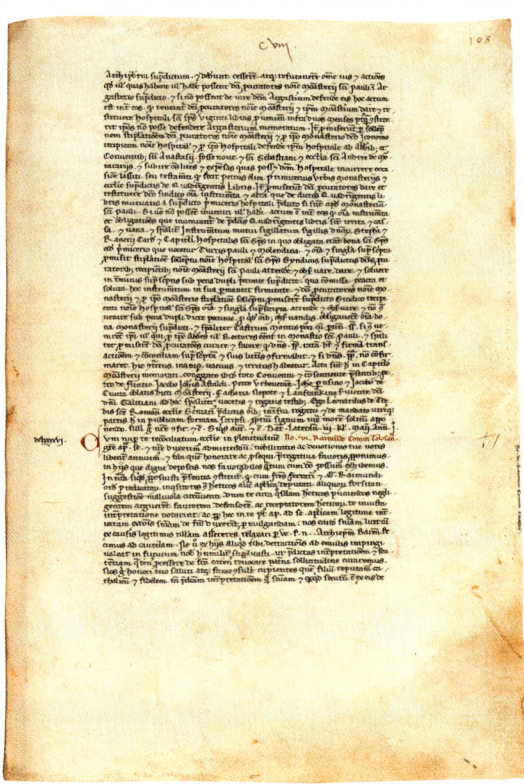

248

## 248 Brief von Papst Innozenz IV. »an den Herrscher und das Volk der Tartaren«, Vatikan 1245

2 Blätter, Tusche auf Papier, H 36 cm, B 24 cm | Archivio Segreto Vaticano, Città del Vaticano | Inv.-Nr. Reg. Vat., 21, ff. 107 v.–108 r. | Ausgestellt ist ein Faksimile des Archivio Segreto Vaticano

Der Franziskanermönch Johannes von Plano Carpini brach im Auftrag des Papstes Innozenz IV. am 16. April 1245 aus Lyon auf, um dem mongolischen Herrscher einen päpstlichen Brief zu überbringen und Erkundigungen über die Mongolen einzuziehen. Ab Breslau begleitete ihn Benedikt von Polen als Dolmetscher. Unterwegs hatten die Gesandten eine Audienz bei Batu Khan, dem Herrscher der Goldenen Horde, des mongolischen Teilreiches in Russland. Das während der Regierungszeit des Großkhans Ögedei (1229–41) eingerichtete Relaispostsystem ermöglichte eine zügige Reise. Am 22. Juli 1246 erreichten die Gesandten das Lager des Güyük in der Mongolei, der in diesen Tagen zum Großkhan gewählt wurde, und überreichten den päpstlichen Brief.

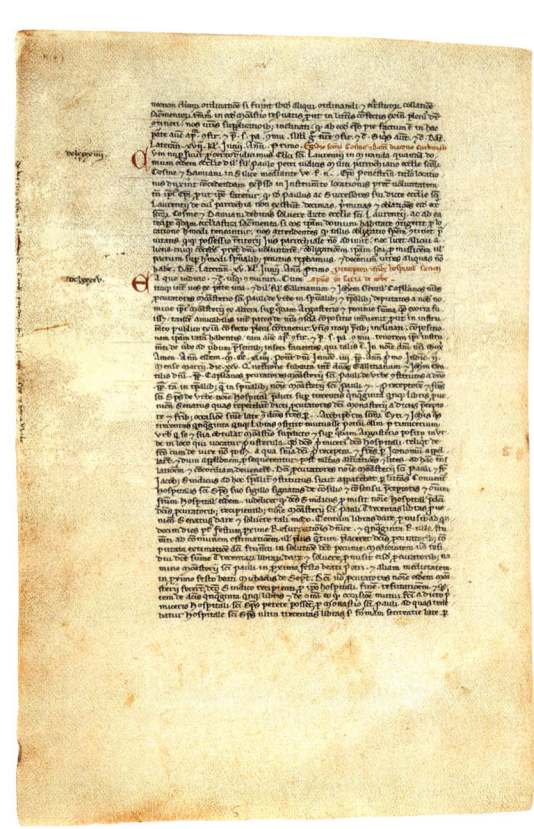

249

Der auf den 13. März 1245 in Lyon datierte Brief wurde vermutlich von Benedikt von Polen aus dem Lateinischen ins Ruthenische (Russische) übersetzt und dann von Batu Khans Hofbeamten ins Mongolische übertragen. In ihm ermahnt Innozenz IV. den Großkhan im Namen Gottes, die feindlichen Angriffe insbesondere auf die christlichen Länder einzustellen. Er fordert die Mongolen auf, Frieden zu schließen und ihn über ihre weiteren Pläne zu informieren. *P. E.*

Lit.: CARPINI/RISCH 1930; LUPPRIAN 1981; WEIERS 2004

## 249  Brief des Güyük Khan an Papst Innozenz IV., Mongolisches Großreich 1246

Tusche auf Papier, H 16,5, B 97 cm | Archivio Segreto Vaticano, Città del Vaticano | Inv.-Nr. A. A., Arm. I-XVIII, 1802 (2) | Ausgestellt ist ein Faksimile des Archivio Segreto Vaticano

Die am 11. November 1246 in Karakorum verfasste Antwort des Großkhans wurde nach sorgfältiger Übersetzung von den päpstlichen Gesandten auf Lateinisch niedergeschrieben. Die Mongolen wollten den Gesandten jedoch auch ein Original mitgeben und fassten dieses in persischer Sprache ab, da diese in Europa noch eher bekannt war als Mongolisch. Die persische Fassung des Briefes ist umfangreicher als der lateinische Text.

Der Anfang des Briefes – »Durch die Kraft des ewigen Himmels (Gottes), des ozeangleichen Chans [Khans] des mächtigen großen Volkes; unser Befehl«[1] – ist jedoch in türkischer Sprache verfasst, worauf der persische Hauptteil folgt. Beide Sprachen sind in arabischer Schrift wiedergegeben. Der mongolische Text des Siegels von Güyük lautet: »In der Kraft des ewigen Himmels. Befehl des Herrschers des großen mongolischen Reiches und der Welt. Wenn er (d. h. der Befehl) zu unterworfenen und rebellischen Leuten gelangt, sollen sie Respekt erweisen und sich fürchten!«[2]

Da die Mongolen den Besuch einer Gesandtschaft eines nicht eroberten Landes generell als Unterwerfungsgeste interpretierten, schrieb der Großkhan, dass der Papst für weitere Gespräche doch selbst in Begleitung anderer abendländischer Könige zu ihm kommen möge. Die von Plano Carpini mündlich übermittelte Bitte an die Mongolen, sich taufen zu lassen, wurde von jenen ignoriert. Als Grund für die Angriffe auf christliche Länder nennt Güyük die Ermordung mongolischer Boten durch Christen bzw. die russischen Fürsten. Am Ende des Schreibens droht der Großkhan: »Wenn ihr aber dem [Befehl] zuwider handelt, was wissen denn wir (was danach geschehen wird)? Gott allein weiß es.«[3] Mit dem Brief kehrten die päpstlichen Gesandten am 18. November 1247 nach Lyon zurück. *P. E.*

1 SPULER 1968, S. 83.
2 WEIERS 2004, S. 106.
3 CARPINI/RISCH 1930, S. 380.

MICHAEL WEIERS

# Die Goldene Horde in Russland

Als Möngke Khans zweitjüngster Bruder Hülegü in Erfüllung des mongolischen Auftrags, die Welt zu erobern, 1258 das muslimische Kalifat der Abbasiden in Bagdad angriff, kam es aus religiösen Gründen zum Bruch zwischen Hülegü und dem mongolischen Muslim Berke, der in der Stadt Sarai an der unteren Wolga über das damals »Ulus (Reichsgebiet) J̌öči« genannte mongolische Territorium gebot. Von diesem Zeitpunkt an gab es ein eigenständiges Mongolenreich in Südrussland, das man in der Literatur nach der erst viel später entstandenen russischen Bezeichnung »Goldene Horde« zu nennen pflegt.

Hier herrschten zunächst bis 1357 elf Khane (Herrscher) aus der Linie des J̌öči, des ältesten Sohnes des Činggis Khan, die mit Byzanz, dem mamlukischen Ägypten und den russischen Fürstenhäusern in regem Austausch standen und auch Heiratsverbindungen eingingen. Mit Özbeg Khan (reg. 1313–41) wurde das Khanat muslimisch, und Russland geriet vermehrt unter blutige mongolische Bedrückung (das so genannte Tatarenjoch). Innere Spannungen schwächten dann die mongolische Staatsmacht zusehends. Ab 1357 ließ ein über 20 Jahre währender Bürgerkrieg das Reich unter 20 Prätendenten, die teilweise aus der so genannten Blauen und Weißen Horde, über deren Geschichte nicht viel bekannt ist, und aus dem Hause Girai auf der Krim stammten, in einzelne Horden (Heerlager; Khanshöfe) zerfallen.

Erst mit Hilfe des türkischen Herrschers Timur (Tamerlan), der in Transoxanien seine Macht aufgebaut hatte, gelang es dann Toqtamyš, einem der mongolischen Prätendenten, als Herrscher von Timurs Gnaden 1380 die mongolische »Große Horde« zu etablieren und dem wachsenden Einfluss der osteuropäischen Mächte Litauen und Polen sowie dem aufstrebenden Moskau entgegenzuwirken und das Tatarenjoch der Mongolen über Russland wieder aufzurichten. Das Militär der mongolischen Großen Horde wütete in Russland blutig. Als sich Toqtamyš dann aber seinem Förderer gegenüber als undankbar erwies, begann Timur die Große Horde bis nach Russland hinein mit Vernichtungszügen zu überziehen. Erst der Niedergang und Tod Timurs (1405) befreite zunächst wenigstens die mongolische Große Horde von blutiger Heimsuchung.

In der Folgezeit führten in der Großen Horde immer häufigere und unkontrolliertere Herrscherwechsel zu einem Machtvakuum, das einzelne mongolische Kriegsherren, die sich als Emire des linken oder rechten Flügels bezeichneten, auszufüllen versuchten. Gleichzeitig suchten Polen-Litauen und Russland durch immer wieder wechselnde Bündnisse und Allianzen mit einzelnen mongolischen Machthabern in der Großen Horde noch größere Wirrnis zu stiften und dadurch politisch an Einfluss zu gewinnen. Als die Mongolen das Spiel der allerdings auch untereinander verfeindeten und sich gegenseitig behindernden osteuropäischen Mächte durchschauten, war es bereits zu spät. Die verheerenden Einfälle und Plünderungen der Mongolen zwischen den Jahren 1438 und 1472 in Russland und an den Grenzen Polen-Litauens brachten keine Wende mehr. Die Große Horde der Mongolen wurde zum immer leichter einsetzbaren politischen Druckmittel der osteuropäischen Mächte für deren jeweilige Interessen. Als schließlich 1503 Litauen und Moskau Frieden schlossen, wurde der letzte Mongolenherrscher der Großen Horde, ursprünglich ein alter Freund Litauens, von Litauens König als Feind Moskaus hingerichtet.

Nurmehr von regionaler Bedeutung waren auf russischem Boden die schon während des 15. Jahrhunderts entstandenen kleinen mongolischen Nachfolgekhanate Kasimov (1471–1681), Kasan (1445–1521), Astrachan (1466–1556), Sibir (1452–1588) und Krim (1449–1783). Die Herrscher dieser Khanate waren aber nur in den ersten Nachfolgegliedern rein mongolischstämmig. Ihre mongolische Herkunft galt den einzelnen Herrschaftsträgern, unter denen es auch Russen gab, späterhin aus Prestigegründen als Unterpfand für politische Macht und militärische Durchsetzungskraft, die man nur zu gerne auf Činggis Khan zurückführte.

MARK G. KRAMAROVSKI

# Die frühen Jöčiden: Die Entwicklungslinien einer Kultur zwischen Asien und Europa

## I

Die Ereignisse, die zur Bildung des Teilreiches des Činggis-Khan-Sohnes Jöči (um 1180–1227) führten – des Ulus Jöči, aus dem später das auch als Reich der Goldenen Horde bezeichnete Khanat Kiptschak hervorging –, und die wichtigsten Phasen der Entstehung dieses Teilreiches sollten eigentlich die Grundlage für eine klare Chronologie der frühen Jöčiden darstellen. Doch ist der Prozess der Entwicklung einer Kultur in der Regel nicht identisch mit den Phasen, in denen sich seine staatlichen Strukturen bilden, von denen Militär-, Verwaltungs-, Steuer- und Rechtswesen als die wichtigsten zu nennen sind. Infolgedessen bleiben die Grenzen des zu untersuchenden Zeitraums fließend. Formal markieren sie sich in diesem Fall durch die Herauslösung des Ulus Jöči aus dem väterlichen Erbe 1207 und durch das Jahr 1242 – das Ende des Europafeldzuges, dem die Abspaltung der Weißen und der Blauen Horde, der Gebiete der Jöči-Söhne Orda und Šiban, aus dem Činggisiden-Reich folgte. Auch ist ein jeder Versuch, die politischen und kulturellen Kontakte der Mongolen mit ihren Nachbarn in ihrer zeitlichen Abfolge darzustellen, mit großen Schwierigkeiten verbunden, denn von den Anfängen der Entstehung des geeinten mongolischen Staates an, aus dem sich der Ulus Jöči herauslöste, war eine einheitliche gesellschaftliche und kulturelle Entwicklung der mongolisch- und turksprachigen Stammesverbände nicht gegeben.[1]

Die Ereignisse, die zur Entstehung und Ausweitung des Ulus Jöči führten, seien kurz referiert: Das Jahr 1207 war für Jöči äußerst erfolgreich. Činggis Khan bekräftigte seine Zufriedenheit mit dem glänzenden Sieg seines Sohnes im Feldzug gegen die »Waldvölker«, indem er ihm ein Ulus mit 9000 Jurten zuteilte.[2] Doch auch die von den Kräften des rechten Flügels (die westlichen Heere unter dem Oberbefehl von Bo'orču, die aus den an den Altai grenzenden Steppengebieten stammten) eroberten Völker blieben Jöči unterworfen. Als Jöči durch Tuwa gezogen war und vor dem Chakassisch-Minussinsker Becken stand, bekundeten die kirgisischen Fürsten ihm ihre Ergebenheit.[3] Nun gehörte das gesamte Gebiet des Sajan- und Altaigebirges

einschließlich Tuwa, Bergaltai und dem Chakassisch-Minussinsker Becken, über das vor dem Eintreffen der Mongolen die Jenissej-Kirgisen geherrscht hatten, zu Jöčis Herrschaftsgebiet.[4] Damit umfasste der neue Ulus auch Völker Ost- und Südsibiriens (Oiraten, Buruten, Barchunen, Ursuten, Chabchanassen, Chanassen und Tubassen). Im selben Jahr unterwarf Jöči im Auftrag Činggis Khans die Kirgisen. Nachdem die kirgisischen Befehlshaber und die Nojonen – die jungen Prinzen – der Waldvölker Činggis Khan vorgestellt worden waren, wurde das Bündnis von dessen Haus mit den führenden Vertretern der örtlichen Eliten durch Ehekontrakte gefestigt.[5] Schließlich herrschte Jöči, der im Jahr 1227 starb, auch über die Steppengebiete um das Kaspische Meer und den Aralsee; ihm folgten seine Söhne Orda, Batu und Šiban.

1235 wurde auf dem Quriltai, der Reichsversammlung, ein weiteres Vordringen nach Westen, der große Westfeldzug (1236–1242) beschlossen. Zu diesem Zeitpunkt können die unter der Führung Batus, des zweitältesten Sohnes des Jöči, stehenden Mongolen weder unter dem Gesichtspunkt der materiellen Ausrüstung noch unter dem Aspekt ihrer militärischen und kulturellen Erfahrung losgelöst vom Kontext ihres Kontakts mit den Nachbarn in Zentral- und Ostasien betrachtet werden. Zu berücksichtigen sind die Erfahrungen der älteren Činggisiden, deren reife Jahre in die Zeit des Kampfes gegen den Tanguten-Staat Xixia, gegen die Kitan (Liao) und gegen die 1234 vernichtete Jin-Dynastie der Jürčen (Dschurdschen) fielen. Und im siegreichen Krieg gegen den Choresmschah (1219–24) kämpften an der Seite der Mongolen bereits verbündete Truppen von Kiptschaken, Karluken, Uiguren, Kitan, Jürčen und Chinesen. Bei diesem Feldzug, bei dem unter dem Kommando chinesischer Mechaniker schwere Steinkatapulte eingesetzt wurden, Kanonen, die mit Kugeln aus Stein und Gusseisen schossen, sowie Feuerwerfer für den Nahkampf, trugen die Mongolen zum ersten Mal Unterkleidung aus chinesischer Seide, die die verheerende Wirkung der feindlichen Pfeile dämpfte.

Es ist diese Stoßrichtung Osteuropa, die uns an den Mongolenfeldzügen der ersten Hälfte des 13. Jahrhunderts besonders interessiert. Nach Berechnungen von Morris

Rossabi waren die Armeen dieses Westfeldzuges, bestehend aus Mongolen, Türken, Kitan, Chinesen, Jürčen, Tanguten, Persern und anderen, höchstens 150 000 Mann stark.[6] Man muss berücksichtigen, dass diesem Feldzug die militärischen Operationen an der Kalka (1223), an der Jaik – dem heutigen Uralfluss – (1229) und auf dem Gebiet der Bulgar (1232 und 1236) vorausgegangen waren.[7] Die Hauptschlagkraft im Kampf um die Wolga-Ural-Region 1223–37, auf den vier militärische Operationen entfielen[8], stellten ost- und südsibirische Verbände der Jöčiden.

## II

Die materiellen Zeugnisse der kriegerischen Kultur der Jöčiden lassen sich heute v. a. anhand von archäologischen Funden aus dem 14. Jahrhundert rekonstruieren. Die erste Hälfte der 60er Jahre des 13. Jahrhunderts liegt in der Archäologie der Goldenen Horde aufgrund der unklaren Zuordnung der Fundstücke noch im Dunklen.

Doch gibt es Ausnahmen, wie die beiden folgenden Beispiele zeigen. Zu den Denkmälern der Altai-Waldsteppe zählt der Kurgan (Grabhügel) I der Teleuten.[9] An diesem interessieren uns die Bestattungen unter Verwendung von ausgehöhlten Holzstämmen mit Deckeln (Grab 2, 8, 9) und ohne Deckel (Grab 1, 6). Die Forscher haben auf eine Analogie im Altaigebirge hingewiesen – das in die Mongolenzeit datierte Grab 17 des Komplexes von Kudyrge.[10] Obgleich die im Altai arbeitenden Kollegen Bestattungen in ausgehöhlten Holzstämmen nicht für eigentlich mongolisch halten (als solche betrachten sie Bestattungen, bei denen Särge aus Längs- oder Querbrettern verwendet wurden, welche sich in den Grabstätten 7 und 14 und, ohne Deckel, in den Grabstätten 10 bis 12 finden), stehen Bestattungen in ausgehöhlten Stämmen im östlichen[11] und westlichen Teil der eurasischen Steppen häufig im Zusammenhang mit der frühmongolischen Zeit und lassen sich anhand des spezifischen Inventars meines Erachtens der Elite der jöčidischen Reiterheere zuordnen, die auch mongolischer Herkunft war.[12]

In diesem Zusammenhang verdient die der Goldenen Horde zugeordnete Bestattung in einem ausgehöhlten Eichenstamm im Grabhügel Nr. 7 der Ausgrabung in Olen'-Kolodez' am linken Don-Ufer (Bezirk Kaširski, Gebiet Woronesch)[13] besondere Aufmerksamkeit. Hier fanden sich unter den Grabbeigaben ein Kettenhemd, ein Helm mit Nackenschutz und eine originale Gürtelgarnitur aus vergoldetem Silber mit einem Gürtelbecher, dessen Griff die Form eines Drachenkopfes hat. Unter dem Rüstzeug sind ein Dolch, ein Speer und eine Streitaxt hervorzuheben. Besonders interessant sind die Gürtelgarnitur, offenbar ein Erzeugnis der Handwerkskunst der Jürčen (Dschurd-

schen)[14], und die eiserne Axt mit Messing- und Silberintarsien. Derartige Äxte werden gewöhnlich mit dem nordeuropäischen Raum in Verbindung gebracht und in die Zeit der Wende vom 12. zum 13. Jahrhundert datiert.[15] Vergleichbare Objekte entstammen Zufallsfunden in Mitteleuropa – Schlesien und Mähren. Durch dieses Gebiet führte nach dem Sieg in der Schlacht im schlesischen Liegnitz am 9. April 1241 der Weg nach Böhmen und Mähren, den das westliche Heer von Batu nahm. Möglicherweise ist das Nomadengrab mit dem ausgehöhlten Eichenstamm im Gebiet Woronesch das eines Veteranen des Europafeldzuges, der 1242 mit der Rückkehr der mongolischen Verbände nach Kiptschak endete. Das Bestattungsritual deckt sich im Wesentlichen mit den Beschreibungen einer chinesischen Quelle aus dem 14. Jahrhundert.

Die Ausweitung des Fundus archäologischer Quellen, die auf die erste mongolische Eroberungswelle 1223–37 im Wolga-Ural-Gebiet und den Westfeldzug 1236–42 zurückgehen, relativiert die Vorstellung davon, wann und wie die aus Südsibirien stammenden Funde in das Waldsteppengebiet an der Wolga, in einzelne russische Siedlungen, in das Don-Gebiet und nach Ungarn gelangt sind.[16] Paradoxerweise wurden so genannte askizische Erzeugnisse (aus dem Gräberfeld von Askiz am Jenissej), die aus verschiedenen Grabungsschichten und Bauwerken russischer Ringwälle stammen, bis vor kurzem auf eine frühere Zeit datiert als im eigentlichen Herkunftsgebiet, wo sie dem 13./14. Jahrhundert zugeordnet werden.[17] Die Revision dieser Chronologie von Funden aus altrussischen Denkmälern, die nun um mehrere Jahrzehnte später datiert werden, hat zu einem gewissen Kompromiss geführt. Allgemein anerkannt ist, dass es notwendig ist, die Datierung dieser Fundstücke aufeinander abzustimmen: »[...] die vollkommen von der lokalen Chronologie abhängige Datierung der in altrussischen Denkmälern gefundenen askizischen Gegenstände nähert sich der zeitlichen Untergrenze, die für Südsibirien anhand von Hügelgrabfunden fixiert wurde«.[18] Es kann nicht ignoriert werden, dass die neue Datierung von Massenfunden askizischer Herkunft außerhalb Südsibiriens, darunter Riemenzungen, Steigbügel mit Gold- und Silberbeschlägen und andere Metallgegenstände wie Haken zum Zuschnüren von Plättchenpanzerungen vom Typ »Chatangu Degel«, Feuersteine aus Metall, diverse Schnallen und Laschen, uns direkt an den Beginn der mongolischen Expansion nach Osteuropa führen.

Von den vielen Fragen, die bezüglich des kulturellen Erbes der frühen Jöčiden noch offen sind, ist die nach der Entwicklung des Kunsthandwerks aus Metall der Činggisiden besonders wichtig. Mit diesem Thema beschäftigte sich kürzlich James Watt in einem Beitrag des Ausstellungskatalogs *The Legacy of Genghis Khan. Courtly Art and Culture in Western Asia, 1256–1353*, den er dem künstlerischen

Austausch im mongolischen Reich widmete. Watt stellte das Zusammentreffen chinesischer und islamischer Motive auf einem 1948 in Karakorum ausgegrabenen Bronzegefäß fest.[19]

Interessante Fragen wirft in diesem Zusammenhang der Fund vom Gašun-Usta im Nordkaukasus auf.[20] Watt ist der Ansicht, dass die Gürtelgarnitur von Gašun-Usta entweder ein Original aus der Zeit der Jin-Dynastie in Nordchina und eine Kriegstrophäe der Mongolen ist (also vor 1234 entstand, M. K.) oder von einem gefangenen chinesischen Handwerker aus dem Staat der Jin für ein Mitglied der Familie des Batu gefertigt wurde (d. h. sie entstand zwischen 1234 und 1270, M. K.[21]). Schlüssig scheint mir nur die folgende These zu sein: Die Gürtelgarnitur gehörte einem *oglan*, d. h. einem blutsverwandten Prinzen aus dem »Haus Batu«.

Anhand einer Reihe handwerklicher und stilistischer Merkmale kann dieser Gürtelgarnitur ein im Historischen Museum von Astrachan[22] aufbewahrtes goldenes Amulett aus dem Wolgagebiet der Goldenen Horde an die Seite gestellt werden. Eine ähnliche Darstellung von Hirschen zeigt auch der Dekor von Gürtellaschen in der Londoner Sammlung von Nasser D. Khalili.[23] Zweifellos ist der Schmuck der Sammlungen in Astrachan und London nichtchinesischer Herkunft. Dennoch tragen alle diese Fundstücke Züge der Kunst des Fernen Ostens.

Versuchen wir nun, zu verfolgen, mit welchen fernöstlichen Traditionen diese Artefakte in Zusammenhang zu bringen sind. Bronze- und Eisenschnallen von Gürtelgarnituren mit den uns interessierenden Tiermotiven und vegetabilen Motiven wurden im jürčenischen Ringwall (Gorodišče) Lazovskoe, Bezirk Lazovski, an der russischen Küste gefunden, und zwar in einer Schicht, die aus dem 12. bzw. vom Anfang des 13. Jahrhunderts stammt.[24] Bronzene Gürtelbeschläge mit Hirschdarstellungen wurden ebenfalls im Gebiet Primor'e im Gorodišče Šajginskoe, Bezirk Partizanski gefunden (Wohnstätten Nr. 134, 174); zwei weitere Gegenstände mit demselben Motiv im Gorodišče Anan'evskoe, Bezirk Nadeždenski (ein bleierner Riemenbeschlag in Wohnstätte Nr. 27 und ein Steinstempel in Wohnstätte 11).[25] Auch die Funde aus Lazovskoe wurden bei der Ausgrabung einer Wohnstätte entdeckt. Nach Ansicht des Archäologen L. P. Chodsevič wurden sie von kitanischen Meistern gefertigt.[26]

Auf eine Verbindung zwischen den Traditionen der Liao-Dynastie der Kitan und der Jin-Dynastie der Jürčen weist auch die relativ weite Verbreitung des Hirschmotivs in Nephritarbeiten der Kitan und Jürčen hin. Beispiele hierfür sind Säbelbeschläge aus der Song-Zeit (960–1279), die im Pekinger Palastmuseum aufbewahrt werden, und eine jürčenische Plakette mit einer herbstlichen Jagdszene aus der Sammlung des Palastmuseums in Taipeh.[27] Die Hand-

werkstraditionen der Jürčen und Kitan, die in der russischen Forschung üblicherweise von der chinesischen unterschieden werden, scheinen offenkundig. Wie diese Traditionen weitergegeben wurden, lässt sich ohne dokumentarische Quellen über die Arbeit von Meistern der Jürčen oder Kitan in der Goldenen Horde schwer erklären. Vielleicht liegt die Antwort darin, dass die geprägten Einzelteile der Gürtelgarnituren mit Hilfe von Matrizen gefertigt wurden. Bekannt sind Funde von Bronzematrizen mit Hirschmotiv in Ringwällen der Goldenen Horde, zum Beispiel im Wolgagebiet, oder eine in Konstantinopel erworbene Matrize. Eine ähnliche Matrize wurde kürzlich auf der östlichen Krim im Gebiet der von der Goldenen Horde gegründeten Siedlung Solchat gefunden.

Doch kommen wir zurück auf die Frage der Datierung des Fundes von Gašun-Usta. Die Rückseiten einiger großer Gürtel sind mit Darstellungen von arabischem Lotos verziert.[28] Diese stilisierten Blumen haben weder Ähnlichkeit mit den Lotosblüten des zur Zeit der Tang-Dynastie (618–907) entstandenen Nephritgürtels mit Gold-, Perlen- und Edelsteinintarsien aus der Grabstätte von Dou Jiao, der 1992 in der Nähe des Dorfes Nanliwan in der Provinz Shanxi gefunden wurde[29], noch mit den lotosähnlichen Prägearbeiten aus der Londoner Sammlung von Nasser D. Khalili[30] und auch nicht mit den Lotosblüten des Chalzedon-Anhängers aus dem Ringwall Gorodišče Šajginskoe[31]. Entsprechende Blüten finden sich am ehesten im Dekor der Lüsterfliesen im Mausoleum von Pir Hussein (Argavand, Armenien).[32] Die hieraus folgende Datierung des Fundes von Gašun-Usta auf den Zeitraum von 1270 bis 1280 ist ein Anhaltspunkt dafür, diesen im Kontext der jöčidischen Metallkunst zu betrachten, die, wie wir sehen, die Tradition der Jürčen bewahrte.

Ganz offensichtlich ist auch die oben bereits erwähnte Gürtelgarnitur aus vergoldetem Silber, die in der Nähe von Woronesch gefunden wurde, dieser handwerklichen Tradition zuzuordnen. Zumindest hat die Darstellung der Raubkatze auf der Gürtelgarnitur große Ähnlichkeit mit den Gürtelaufsätzen (?) aus Bronze, die im Gorodišče Šajginskoe gefunden wurden.[33] – Der Hinweis, dass Gürtelgarnituren vom Gašun-Usta-Typus und Schmuckstücke, die Ähnlichkeit mit dem Amulett aus Astrachan haben, uns in die Entstehungszeit der Kultur der Goldenen Horde führen, erübrigt sich.

Es soll noch einmal betont werden, dass die Entstehungsphase des Ulus Jöči, vom Jahr 1207 bis zum Ende des Europafeldzuges 1242, zeitlich mit der kulturellen Formierung des mongolischen Großreichs des Činggis Khan im Allgemeinen und mit der des Hauptquartiers des Großkhans im Besonderen zusammenfiel. Interessant sind für unsere Fragestellung aus diesem Grund Funde von Gegenständen aus Gold und Silber, die den ersten Generationen der

Činggisiden sowohl aus dem zentralasiatischen Raum wie auch aus Südsibirien oder den europäischen Steppenzonen hinter dem Ural zugeordnet werden. Mit einem solchen Artefakt (der Gürtelgarnitur aus dem Gebiet Woronesch) haben wir uns bereits befasst. Wie erwähnt, wurde in Gašun-Usta im Nordkaukasus zusammen mit dem Gürtel ein Becher gefunden, dessen Henkel die Form eines Drachenkopfes hat. Solche Gefäße sind auch aus Sibirien, von der Wolga, aus dem Gebiet von Woronesch und vom Dnepr bekannt.[34] Eine diesen Gefäßen ähnliche Weinschale mit zwei Henkeln wurde bei Ausgrabungen des Ringwalls von Zarevo in Bulgarien gefunden.[35] Die gesamte Gruppe von Gefäßen lässt sich auf den Zeitraum vom 13. bis zum Beginn des 14. Jahrhunderts datieren[36] und unterscheidet sich von den Yuan-Gefäßen dieser Art.[37]

Wenden wir unsere Aufmerksamkeit nun den Gürtelgarnituren mit Drachenmotiven zu, die von Kriegern getragen wurden. Der Drache als Emblem des »Imperators« und seiner »Garde« fand erstmals im kurzen Zeitraum zwischen 1204/06 und 1217 Verwendung. 1221 wird es von Chang Chun anlässlich eines Besuchs in Kaifeng beschrieben, das seit kurzem die Hauptstadt der Jürčen war. Möglicherweise lässt sich dieser enge Zeitraum noch weiter eingrenzen. Gegenwärtig sind Kriegergürtel (»Gardegürtel«) mit Drachenmotiven lediglich aus den archäologischen Funden aus dem europäischen Steppengebiet bekannt, wohin sie zusammen mit der ersten Generation der Jöčiden-Reiter zwischen den 20er und 40er Jahren des 13. Jahrhunderts gelangten. Geographisch sind diese Funde begrenzt auf das Dneprgebiet, das Mittlere Dongebiet, das Steppengebiet des Vorkaukasus sowie auf das mittlere und das untere Wolgagebiet.

Aus dem Dneprgebiet stammen drei derartige Funde: ein Gürtel (vermutlich aus Silber) aus einer zerstörten Grabstätte bei Kargi, Gouvernement Taurien; einer aus einer Grabstätte auf der Insel Beresan im Dnepr-Liman und ein dritter aus einem Grabhügel bei Novo-Podkrjaž im mittleren Orjolgebiet. Zeugnisse über das Bestattungsritual sind nur für die Nomadengräber bei Novo-Podkrjaž erhalten.[38]

Aus dem mittleren Dongebiet und dem vorkaukasischen Steppengebiet stammen drei weitere Gürtelgarnituren des uns interessierenden Typus (aus dem Inventar des Vlasov-Grabes) aus einem Grabhügel in der Nähe der Kosakensiedlung Novoberezanskaja im Gebiet Krasnodar sowie aus einem Grab im Gebiet Stavropol'.[39]

Aus den Funden im unteren Wolgagebiet ist die Gürtelgarnitur aus der zerstörten Grabstätte im Gorodišče Krasnyj Jar besonders hervorzuheben.[40] Erhalten ist ein Fragment des Gürtels. Die Garnitur aus vergoldetem Silber besteht aus Schnalle, Endstück, beweglichem Gürtelbeschlag, zwei Säbelringen mit Schlaufen zur Aufhängung von Scheiden und 25 halbmondförmigen Beschlägen (lunnicy).[41] Alle ge-nannten Gürtelgarnituren können derselben kulturellen Tradition zugeordnet werden.

Wie bereits erwähnt, wurde in der neuen Činggisiden-Elite die Drachenfigur zum allgemeinen Herrschaftssymbol. Die uns interessierenden Funde zeigen nicht den fünfklauigen Drachen des chinesischen Kaiserreichs. Auf Importtextilien, die in den Begräbnisstätten des Ulus Jöči gefunden wurden, finden sich Darstellungen vierklauiger[42] und dreiklauiger Drachen[43]. Es ist durchaus wahrscheinlich, dass es sich bei den Textilien mit Drachendarstellungen, die auf dem Gebiet der Blauen bzw. Weißen Horde gefunden wurden, um chinesische Textilien handelt, obgleich im Hinblick auf die neuen Webwerkstätten der mongolischen Zeit in Zentralasien[44] auch eine andere Herkunft möglich ist. Zugleich ist mir beim jöčidischen Silber nur ein dreiklauiger Drache bekannt, der dem kitanischen ähnelt. Ein Drache mit drei Krallen ist auf acht Goldplättchen aus dem Grab der kitanischen Prinzessin Zhenguo abgebildet, der 1018 gestorbenen Nichte des Kaisers Zhenzong (reg. 998–1022). Eine Nephritplatte mit einem großartigen Drachen auf der Vorderseite, der den Drachendarstellungen der Säbelbeschläge aus Krasnyj Jar sehr nahe kommt, ist im Pekinger Palastmuseum (Gugrug)[45] ausgestellt.[46]

Gürtel mit Drachenmotiven tauchten im mongolischen Umfeld offensichtlich völlig unvermittelt auf, wohl im Zusammenhang mit der stark veränderten Staatsstruktur nach den Reformen von 1206, als infolge der Loslösung des Ulus Jöči und des sprunghaften Wachstums neuer Erbadelszweige neue Einheit stiftende Symbole notwendig wurden.

Beide Gruppen von Gürteln – die des Gašun-Usta-Typus und die mit Drachenmotiven – sind folglich der älteren Generation des Kommandeurskorps der Jöčiden zuzuordnen, die etwa Mitte des 13. Jahrhunderts in das europäische Steppengebiet vordrang. Typus und Stil dieser Gürtel haben ihren Ursprung in Zentralasien und enstanden noch vor Gründung des Ulus Jöči. Man kann sie als jenen Teil des »mongolischen Erbes« betrachten, der mit den ersten Eroberern nach Kiptschak gelangte und hier, auf neuem Boden, den Impuls für die Entstehung eines Phänomens gab, das später als Kultur der Goldenen Horde bezeichnet wurde. Viele dieser Artefakte brachten Batus am Europafeldzug 1236–42 beteiligte sibirische Verbände aus den Irtysch-Gebieten und Südsibirien in das Sura, das Wolga-Kama-Gebiet und auch in das Steppengebiet am Don.

Der Verlust der kulturellen Vorbildfunktion der turkomongolischen Reiterkultur zeigt sich in Metallgegenständen bereits im 14. Jahrhundert, in der Zeit der aktiven Islamisierung der Goldenen Horde.[47] Im Schatz von Simferopol, einem der prachtvollsten Materialfunde aus der ersten Hälfte des 14. Jahrhunderts, der dem Krim-Regenten der Goldenen Horde gehörte[48], stammen zwei der

drei Gürtelgarnituren von italienischen Meistern, vermutlich aus Venedig oder der Toskana[49], und nur eine von
Handwerkern der Goldenen Horde. Die Details dieses
Schützen-Paradegürtels aus der Schatzkammer von Sim-
feropol weisen keinerlei Züge der frühen jöčidischen
Tradition auf, die sich während der Einheit des Činggisiden-
Reichs herausbildete[50]. Dennoch verschwanden die Traditionen aus der Zeit des Großkhanats nicht völlig. Sie lassen
sich anhand der Oberteile männlicher und weiblicher
Kopfbedeckungen nachweisen. Um so bemerkenswerter ist
eines der interessantesten Artefakte aus Simferopol – eine
Frauenmütze mit Verzierungen[51]. Sie lässt zumindest in
Ansätzen doch noch Eigenheiten von Stil und Handwerkstradition erkennen, die typischer für Zentralasien waren
und auf die chinesische Sui-Dynastie (581–618) zurückgehen: Man vergleiche die miniaturhaften vielblättrigen Blüten mit einer mittleren Perle auf einem hohen Stängel aus
Golddraht aus Simferopol mit den Verzierungen einer
weiblichen Kopfbedeckung aus Gold und Silber aus dem
Grab von Li Jingxun in der chinesischen Provinz Shanxi[52].
In der Verzierung der Scheitelplatte und 20 figuralen Ap-
plikationen einer Kopfbedeckung aus dem Schatz der Goldenen Horde wurden außer Perlen auch Amethyste, Spi-
nelle, Smaragde, Chrysoprase, Jaspis, Saphire und Türkise
verwendet, in einem Fall auch Bergkristalle[53]. In der traditionellen Gestaltung der Kopfbedeckung (vielleicht eine
Mädchenmütze) zeigt sich ein gewisser Konservatismus in
der Frauenkleidung. Es bleibt noch zu anzumerken, dass
sämtliche Verzierungen von Kopfbedeckungen aus dem
Schatz von Simferopol auf der östlichen Krim gefertigt
wurden, höchstwahrscheinlich in einer der Juwelierwerk-
stätten von Solchat, die den Regenten der Stadt und des
Krimgebiets belieferte.

1 Diese kulturelle Zersplittertheit spiegelt sich auch in den Zeugnissen
chinesischer Historiker. Sie beurteilten das kulturelle Niveau ihrer
nördlichen Nachbarn danach, wie nahe diese der eigenen Kultur waren.
Daher existierten in ihrer Vorstellung drei Gruppen von Mongolen
(Tataren): weiße, schwarze und wilde. Den Chinesen am nächsten stand
die Bevölkerung der Südlichen Mongolei – die weißen Tataren. Die
»Waldvölker« jenseits des Baikalsees – die Bevölkerung der nördlichen
Gebiete, die im Übrigen in Jöčis Herrschaftsgebiet einging – bildeten die
Gruppe der wilden Tataren. Temüjin (Činggis Khan) selbst gehörte zur
Gruppe der schwarzen Tataren.

2 SOKROVENNOE SKAZANIE/KOZINA 1941 (Geheime Geschichte),
§ 242, S. 175/176.

3 Ebenda, S. 174; RAŠĪD AD-DĪN 1952, Bd. 1, S. 122/123, 150/151; Bd. 2, S. 151,
178, 253.

4 KYZLASOV 1984, S. 87/88.

5 SOKROVENNOE SKAZANIE/KOZINA 1941, S. 175.

6 ROSSABI 1988, S. 10.

7 ČEREPNIN 1970, S. 181–183; PAŠUTO 1970, S. 207/208;
FACHRUTDINOV 1984, S. 98/99.

8 Siehe auch ALLSEN 1983, S. 5–25; IŠTVAN 1993, S. 86–97.

9 TIŠKIN/GORBUNOV/KAZAKOV 2002.

10 Ebenda, S. 137.

11 BAJASACH 1997, S. 125.

12 KRAMAROVSKI 2001, S. 37–53.

13 EFIMOV 1999, S. 93–102.

14 KRAMAROVSKI 2001, S. 39.

15 PAULSEN 1956, S. 174–184, Abb. 88, 89 a, 90 a, b, 91 a, b, 92.

16 KYZLASOV 2000, S. 3–7, dort auch Literaturverweise zum Thema.

17 KYZLASOV 1983.

18 KYZLASOV 2000, S. 4.

19 Watt in Ausst.-Kat. NEW YORK/LOS ANGELES 2002/03, S. 63–73.
Zu diesem Bronzegefäß siehe auch EVTJUCHOVA u. a. 1965, S. 280, 281,
Taf. 143. Laut Watt wurde es vor 1270 in Zentralasien im Gebiet der
Webwerkstätten von Xunmalin, Hongzhou oder Dadu (Peking) gefertigt
und als Geschenk in die mongolische Hauptstadt gesandt (in AUSST.-KAT.
NEW YORK/LOS ANGELES 2002/03, S. 67).

20 Ebenda, S. 66/67, Abb. 62, Kat.-Nr. 143.

21 Vgl. KRAMAROVSKI 2001, S. 51.

22 Inv.-Nr. VX 1997.

23 ALEXANDER 1992, S. 30/31; AUSST.-KAT. NEW YORK/
LOS ANGELES 2002/03, S. 67, Abb. 65, Kat.-Nr. 151.

24 ŠAVKUNOV 1990, S. 140, Taf. 41 (1 4).

25 Ebenda, Taf. 43 (3, 4, 18).

26 CHODZEVIČ 1988, S. 90.

27 AUSST.-KAT. NEW YORK/TAIPEH 1996, S. 60, Taf. 23.

28 AUSST.-KAT. SANKT PETERSBURG 2000, S. 62, 67, Doppelseiten
63–66; KRAMAROVSKI 2001, S. 48, Abb. 21 (1,3).

29 HAN/DEYDIER 2001, S. 142/143.

30 ALEXANDER 1992, S. 48–51.

31 ŠAVKUNOV 1990, Taf. 60 (1).

32 KRAČKOVSKAJA 1946, S. 101.

33 ŠAVKUNOV 1990, Taf. 45 (9, 10).

34 AUSST.-KAT. SANKT PETERSBURG 2000, S. 56–58, 163, Abb. 13,
Kat.-Nr. 12–14, 21.

35 Ebenda, S. 59, Kat.-Nr. 15.

36 KRAMAROVSKI 2001, S. 61–72.

37 AUSST.-KAT. SANKT PETERSBURG 2000, S. 159, Abb. 11.

38 KRAMAROVSKI 2001, S. 35–45, Abb. 14 (1–16).

39 Ebenda, S. 34/35, Abb. 14 (17–19).

40 Ebenda, S. 34/35, Abb. 18.

41 AUSST.-KAT. SANKT PETERSBURG 2000, S. 69, Kat.-Nr. 19.

42 So gefunden in einem Grabhügel in Südbaschkirien, s. MAŽITOV 1981 a.

43 Im Grab Džuchta-2; siehe DODE 2001 a, S. 69, Abb. 41, 43; DODE 2001 b,
S. 117–127, Abb. 3.

44 AUSST.-KAT. CLEVELAND/NEW YORK 1997/98, S. 127–141.

45 Abteilung Kunst der Song-Dynastie (960–1279), Vitrine Nr. 116.

46 An dieser Stelle muss erwähnt werden, dass der chinesische Mongolen-
Gesandte Chang Chun nicht die Details bewertete (die Anzahl der Krallen
des Drachen), sondern das Material, aus dem ein Gegenstand gefertigt war.

47 KRAMAROVSKI 2001, S. 93–108.

48 Ebenda, S. 114–120.

49 AUSST.-KAT. SANKT PETERSBURG 2000, S. 106/107, Kat.-Nr. 517–526,
565–595.

50 Ebenda, S. 83; Kat.-Nr. 527–564.

51 Ebenda, S. 82, Kat.-Nr. 307–330.

52 HAN/DEYDIER 2001, S. 112, Nr. 274.

53 AUSST.-KAT. SANKT PETERSBURG 2000, Nr. 307–332; siehe auch die
farbige Abb. auf S. 82.

250

### 250 Gürtelkelle mit Drachenkopfgriff

Ulus Jöči, 13. Jh. | Gold, getrieben, poliert, geprägt, graviert, H 4,68 cm, Dm 13 cm | 1727 aus Sibirien in die Sammlung der Kunstkammer gelangt, später der Eremitage übergeben | Staatliche Eremitage, Sankt Petersburg | Inv.-Nr. Sar-1625

Die Gürtelkelle hat einen flachen Boden und einen wulstigen Rand sowie einen Griff in Form eines Drachenkopfes. Der Griff ist mittels einer Verzapfung an der glatten Becherwand befestigt. Der äußere Schalenrand ist mit einem breiten Band mit stilisiertem Rankendekor verziert. Im Inneren der Schale befindet sich ein Medaillon mit einer Bordüre, dessen Mitte eine gravierte Lotosblüte und ein Pflanzenornament auf punziertem Hintergrund schmücken. Über dem Medaillon befindet sich eine kurze arabische Inschrift (in Spiegelschrift) in der Literatursprache Türki. Inschrift und Dekor sind graviert; der Hintergrund des Medaillons und die Randverzierung sind punziert. Der Griff besteht aus zwei Teilen und ist durch Ausstanzen mittels einer Matrize gefertigt worden.   *M. G. K.*

Lit.: KRAMAROVSKI 2001, S. 234, Kat.-Nr. 12

### 251 Gürtelkelle mit Drachenkopfgriff

Ulus Jöči, Mitte/2. Hälfte 13. Jh. | Gold, getrieben, poliert, geprägt, graviert, H 4 cm, Dm 12,5 cm | 1890 in einem Grabhügel bei Gašun-Usta, Gouvernement Stavropol, gefunden | Staatliche Eremitage, Sankt Petersburg | Inv.-Nr. Kub-704

251

Die Kelle mit verstärktem Rand hat einen Griff in Form eines Drachenkopfes, der einen Ring im Maul hält. Am äußeren Kellenrand verläuft ein Band aus gravierten Schuppenornamenten. Auf dem Boden des Gefäßes befindet sich ein Medaillon mit Pflanzenornamenten, die auf einem Grund von punzierten Kreissegmenten erscheinen. Dieser Becher gehört zu einer Gruppe von Gefäßen mit drachenförmigen Griffen, die in dem weitläufigen Gebiet zwischen der Provinz Shanxi in China[1] und der Festung Schumen im Nordosten Bulgariens[2] gefunden wurden. Zu diesem Komplex gehören auch eine goldene Trinkkelle mit türkischer Inschrift in der Eremitage (Kat.-Nr. 250) sowie Silberkellen aus der Gegend von Kanev im Dneprgebiet[3], aus dem Schatzfund bei Terechovo in Westsibirien[4], aus dem Wolgagebiet bei Saratov[5] und eine Trinkschale aus dem Grab Šajgatinski 4 im Mittleren Obgebiet[6]. Sol-

che Kellen wurden in einem Lederfutteral am Gürtel getragen.   *M. G. K.*

1   AUSST.-KAT. TOKIO/OSAKA 1971, S. 13.

2   LA BULGARIE MÉDIÉVALE 1980, Nr. 310; ANTONOVA 1995, Abb. 92, S. 18.

3   AUSST.-KAT. SCHLESWIG 1991, Kat.-Nr. 210.

4   SMIRNOV 1909, Taf. CXVIII, Nr. 300.

5   SPICYN 1914.

6   KRAMAROVSKI 1994.

Lit.: KRAMAROVSKI 2001, S. 234/235, Kat.-Nr. 13

## 252 a, b Sattelbeschläge (vorderer und hinterer Sattelbogen)

Mongolisches Großreich, 1. Hälfte/Mitte 13. Jh. | Silber, vergoldet, geprägt, graviert; Beschlag des vorderen Sattelbogens: H 22,5 cm, B 22,5 cm; Beschlag des hinteren Sattelbogens: H 18,5 cm, B 27,5 cm | 1845 in einer zerstörten Grabstätte in der Nähe des Dorfes Terpenie, Kreis Melitopol', Gouvernement Taurien, gefunden | Staatliche Eremitage, Sankt Petersburg | Inv.-Nr. ČM-1199, ČM-1200

Beide Sattelbeschläge wurden vermutlich bei Raubgrabungen gefunden. Da am selben Ort auch eine goldene Gürtelkelle (Kat.-Nr. 254) entdeckt wurde, ist zu vermuten, dass diese Gegenstände einem in der Schwarzmeersteppe unweit der Taurischen Halbinsel gefallenen mongolischen Nojonen gehörten. Auf dem Beschlag des vorderen Sattelbogens sind weidende Pferde dargestellt (vor dem Hintergrund der charakteristischen floralen Ornamente), auf dem Beschlag des hinteren Sattelbogens sind Hasen auf einem Hintergrund aus geschlossenen Lotosblüten zu sehen. Möglicherweise gehörten die Beschläge nicht zu einem Kampf-, sondern zu einem Paradesattel, der für die Jagd oder den Ausritt an Feiertagen bestimmt war. Die Melitopoler Sattelbeschläge aus vergoldetem Silber weisen Ähnlichkeiten auf mit den goldenen Beschlägen eines Damensattels aus der Inneren Mongolei aus dem 13./14. Jh.[1] sowie den Beschlägen des goldenen (d.h. mit Blattgold überzogenen) Prunksattels für einen männlichen Reiter aus der Zeit Činggis Khans in der Sammlung von Nasser D. Khalili in London, der irrtümlich ins 10. Jh. datiert wurde[2]. Den Melitopoler Sattelbeschlägen verwandte Fragmente von Sattelbeschlägen aus dem 13. Jh. wurden 1891 im Kreis Kremenčuk, Gouvernement Poltava, gefunden.

*M. G. K.*

1 AUSST.-KAT. LOS ANGELES/NEW YORK U. A. 1994/95, Abb. 101, S. 155.

2 ALEXANDER 1992, Nr. 14.

3 SMIRNOV 1909, Taf. XCVIII, Zeichnung 35.

Lit.: KRAMAROVSKI 2001, S. 236/237, Kat.-Nr. 17, 18

252 a

252 b

### 253 Gürtelgarnitur mit Resten eines Gürtels

Mongolisches Großreich oder Ulus Ǧöči, 13. Jh. | Silber, vergoldet, gegossen, gestanzt, geprägt, Niello-Technik | Riemenfragment: B 2,4 cm, L 50 cm | Schnalle mit Riemenplatte: B 3,1 cm, L 6,3 cm | Bügel: H 3,6 cm | Riemenzunge: B 2,9 cm, L 8 cm | 2 Säbelbügel mit Ösen: L 4,3 cm, B 3,6 cm, H 1,2 cm | 25 halbmondförmige Auflagen *(lunnicy)*: H 2,3 cm | Gefunden im Gorodišče Krasnojarsk, Gebiet Astrachan | Staatliche Eremitage, Sankt Petersburg | Inv.-Nr. SO-762

Das Leder des Riemens ist roh gegerbt und besteht aus drei Schichten. 29 Teile der Gürtelgarnitur sind erhalten. Die Schnalle besteht aus zwei Elementen: einer annähernd quadratischen Riemenplatte mit Dorn und einem Bügel, welcher mit drachenähnlichen Fabelwesen und mit einem Perlenschnurornament verziert ist. Die Vorderseite der Riemenplatte trägt die Darstellung eines Phantasiewesens in Nielloarbeit. Die große Riemenzunge hat die Form eines abgerundeten Rechtecks. Ihre Vorderplatte ist mit zwei Drachen mit Fischschwänzen verziert; zwischen ihnen befindet sich ein schlangenartiges Wesens mit anthropomorphem Antlitz. Die Rückseite zeigt ein Schuppenornament. Die Säbelbügel bestehen ebenfalls aus je zwei Elementen – aus den eigentlichen Bügeln und den Schlaufen zur Aufhängung der Säbelscheiden. Mit Ausnahme der rückwärtigen Platten ist jedes Detail im Hartformguss hergestellt. Fast die gesamte vordere Fläche der Säbelbügel wird von der Darstellung eines dreiklauigen Drachen überzogen. Im unteren Raumsegment

254

sieht man einen Vogel mit großem Schnabel und dichtem Gefieder. Die Rückseiten sind mit einem Schuppenornament versehen. Die ziselierten halbmondförmigen Auflagen *(lunnicy)* sind in Prägetechnik gefertigt, zwischen Vorder- und Rückplatte befindet sich eine vergoldete Folie, die Hohlräume sind mit Gusskernmasse gefüllt. *M. G. K.*

Lit.: KRAMAROVSKI 2001, S. 237, Kat.-Nr. 19

### 254 Gürtelkelle mit horizontalem Griff

Ulus Ǧöči, 13. Jh. | Gold, getrieben, poliert, graviert, Dm 11 cm | 1845 in einer zerstörten Grabstätte in der Nähe des Dorfes Terpenie, Kreis Melitopol', Gouvernement Taurien, gefunden | Staatliche Eremitage, Sankt Petersburg | Inv.-Nr. ČM-1202

Die Schale in Form einer Halbkugel hat einen verstärkten Rand und einen abgerundeten horizontalen Griff, unter dem sich ein Ring befindet. Der Griff, das Medaillon auf der Innenseite des Kellenbodens und die Randbordüre sind mit pflanzlichen Ornamenten geschmückt. Der Griff trägt neun halbkugelförmige Einfassungen für Edelsteine (die jeweils ein mittleres Loch haben); sieben dieser Einfassungen bilden eine kreisförmige Rosette. Eine diesem Stück ähnelnde, wohl chinesische Trinkschale aus Gold mit horizontalem Griff und darunter angebrachtem Ring aus der Sammlung des Victoria & Albert-Museums in London wird der Nördlichen Song-Dynastie (960–1127) zugeordnet.[1] Kennzeichnend für das Gefäß in der britischen Sammlung ist

253

die geschwungene Form des Griffs, die auch für Metallarbeiten der Goldenen Horde typisch ist. Aus den Illustrationen zur Handschrift *Ǧāmiʿ at-tawārīḫ* (Sammler der Chroniken; Täbris 1330, Bibliothek des Topkapi Saray, Istanbul) wird ersichtlich, dass solche für den Nomadenalltag typischen Gefäße auch am mongolischen Hof gebräuchlich waren[2]; dies zeigt auch die Abbildung einer Nomadenkelle derselben Form in einer Miniatur des *Ǧāmiʿ at-tawārīḫ* von 1390 in der Istanbuler Sammlung[3]. Abgerundete horizontale Griffe sind seltener als geschwungene und zeugen wohl von einer früheren Entstehung dieser Gefäße. Doch findet sich die Abbildung eines Gefäßes mit einem solchen Griff in einer iranischen Miniatur aus der 2. Hälfte des 14. Jhs. in einem Bildband in der Staatsbibliothek in Berlin.[4]

*M. G. K.*

1   KERR 1991, S. 172, Abb. 78.
2   ROGERS 1979, S. 69, Taf. 43, 44.
3   RAWSON 1990, Abb. 141 e.
4   Ebenda, Abb. 141 c.

Lit.: KRAMAROVSKI 2001, S. 240, Kat.-Nr. 40

### 255  Gürtelgarnitur

Ulus Jŏči, 1227 – Mitte 1270er Jahre | Gold, getrieben, geprägt, graviert | Schnalle: B 3,6 cm, L 5,4 cm | Bügel 1: B 5,2 cm, L 2,8 cm | Bügel 2: B 5,2 cm, L 2,8 cm | Bügel 3: B 4,2 cm, L 2,8 cm | Rautenförmiges Blechplättchen: B 4,0 cm, L 3,0 cm | Blechplättchen mit Ring: B 5,4 cm, L 3,3 cm | Fünf halbovale Plättchen: B 1,9 – 2 cm, L 1,1 – 1,2 cm | Vier Bügel: B 2,3 cm, L 0,5 cm bzw. B 2,7 cm, L 2,5 cm | Anhänger mit Talisman: H 1,5 cm, B 0,8 cm | Riemenzunge: B 2 cm, L 5,8 cm | 1980 bei Raubgrabungen in einem Grabhügel bei Gašun-Usta, Gouvernement Stavropol, gefunden | Staatliche Eremitage, Sankt Petersburg | Inv.-Nr. Kub. 705-721

Von dieser Gürtelgarnitur sind 17 Elemente erhalten. Bemerkenswert ist der Anhänger mit dem Stammessiegel des »Hauses Batu« in Form eines Steigbügels. Die Gürtelschnalle ist zweiteilig, sie besteht aus einer rechteckigen Riemenplatte, an der ein Dorn befestigt ist, und einem Bügel, der mit durchbrochenen Elementen reich verziert ist. Charakteristisch für den Gürtel sind die drei großen Bügel: zwei Säbelbügel (mit Schlaufen zur Aufhängung der Scheiden) und ein »Trennbügel«. Ihre Vorderseiten bestehen aus durchbrochenen Reliefs mit einem Hirsch vor einem Hintergrund aus Blüten und Blattwerk; auf den Rückseiten finden sich Lotosblüten (bei den Säbelbügeln) und eine Pflingstrosenblüte. Bemerkenswert ist die unterschiedliche Tiefe der Reliefs, die durch die »Dreischichtigkeit« der Elemente noch verstärkt wird: Vorder- und rückseitige Platte trennt eine Zwischenplatte, die den Effekt räumlicher Tiefe erzeugt. Bei der Riemenzunge zeigt das durchbrochene Relief der Vorderseite zwei Hirsche und, in der Mitte, Blumen. Die rückwärtige Platte ist mit einem Schuppenornament verziert. Der Dekor dieser Gürtelgarnitur lässt auf eine Verbindung zur Handwerkstradition der Liao-Dynastie der Kitan schließen.[1]   *M. G. K.*

1   CHODSEVIČ 1988, S. 90.

Lit.: KRAMAROVSKI 2001, S. 239, Kat.-Nr. 23 – 29

### 256  Gürtelkelle

Ulus Jŏči, 13. Jh. | Gold, getrieben, poliert, geprägt, H 5,1 cm, Dm 14,5 cm | 1892 in einem zerstörten Grabhügel im Kreis Vernenski, Gouvernement Semirečensk, gefunden | Staatliche Eremitage, Sankt Petersburg | Inv.-Nr. SKi-589

Der obere Rand der Trinkkelle ist mit einer Blattornament-Borte verziert. Der Dekor wurde auf getriebenem Metall mittels Punze und Prägestempel auf-

255

256

257                                    259

gebracht. Unter dem horizontalen Griff ist der Dekor (welcher dasselbe Motiv zeigt) im Punktmuster punziert. Der geschwungene Griff verjüngt sich nach vorn und zeigt auf punktiertem Untergrund ein Blattornament. In der Mitte befindet sich das Relief einer Lotosblume.   *M. G. K.*

Lit.: KRAMAROVSKI 2001, S. 240, Kat.-Nr. 41

### 257   Becher

Ulus Ĵöči, 13. Jh. | Gold, getrieben, poliert, geprägt, H 13 cm, Dm (Schale) 9,7 cm | Anfang des 18. Jhs. in Sibirien gefunden | Staatliche Eremitage, Sankt Petersburg | Inv.-Nr. SKi-588

Der Becher auf hohem Fuß ist am oberen Rand mit einer Bordüre in Form eines wellenförmigen Pflanzenstiels auf punktiertem Untergrund verziert. Die Gefäßform ist charakteristisch für die Mongolenzeit, Abbildungen finden sich in Handschriftenillustrationen aus der Entstehungszeit des klassischen Stils der persischen Miniatur. Ein entsprechendes Gefäß ist in einer Handschrift des Schahname, des Buchs der Könige (Bagdad, 13. Jh., Los Angeles County Museum of Art), dargestellt, und zwar in der Szene mit Chosrov Parvis und dem Musikanten Barbad, der sich in einem Baum versteckt.[1] Häufig wird die Ansicht vertreten, dass die auffällige Konzentration von Funden solcher Gefäße in Südsibirien, im Verbreitungsgebiet der askizischen archäologischen Kultur, darauf hindeutet, dass sich das

Zentrum ihrer Herstellung am Mittleren Jenissej befand.[2] Daraus folgerte man, Becher auf hohem Fuß seien ein Hinweis auf die Kultur der Chakassen des 13./14. Jhs. Doch zeugt das Fehlen derartiger Gefäßformen in den chakassischen Grabstätten bis zum 13. Jh.[3] davon, dass sich in der Mongolenzeit erstens die materielle Kultur der Bevölkerung des ehemaligen altchakassischen Staates veränderte und dass zweitens die örtliche Elite mit dem freiwilligen Verzicht auf einen eigenen Staat und dem Verlust der politischen Souveränität im činggisidischen Umfeld einen neuen Status erwarb, der zur Anhäufung neuartiger Luxusgüter führte. Vermutlich lassen sich in der Typologie kunsthandwerklicher Gegenstände dieser wichtigen Kategorie mongolischer Prunkgefäße zwei Gruppen unterscheiden: eine frühe, ohne erhabene Medaillons (vgl. den Dekor des silbernen Bechers aus Kula-Ajgyr am Jenissej, wohl 2. Drittel/Mitte 13. Jh.[4]) und eine spätere (2. Hälfte 13.–14. Jh.). Auffällig in dieser Gruppe von Bechern ist die für Erzeugnisse der Yuan-Zeit typische Medaillonform, die der goldene Becher aus dem Gräberfeld der Önggut in der Inneren Mongolei[5] zeigt.

                                                                    *M. G. K.*

1   KOMAROFF 1998, S. 20, Abb. 14.
2   KYZLASOV 1983, S. 64/65, Abb. 36, 37; BOTALOV 1992, S. 232, Abb. 1.
3   KYZLASOV 1983, Abb. 20, 21.
4   BOTALOV 1992, Abb. 1.
5   AUSST.-KAT. LOS ANGELES/NEW YORK U. A. 1994/95, Abb. 107.

Lit.: KRAMAROVSKI 2001, S. 241, Kat.-Nr. 43

### 258   Gürtelkelle

Mongolisches Großreich oder Ulus Ĵöči, 13. Jh. | Silber, vergoldet, getrieben, geprägt, Dm 10,5 cm | Vor 1876 am Irtysch, Gouvernement Tobolsk gefunden | Staatliche Eremitage, Sankt Petersburg | Inv.-Nr. SKi-597

Die Trinkkelle mit horizontalem geschwungenem Griff besteht aus zwei ineinandergesetzten Schalen, zwischen denen sich eine Schicht Gold oder vergoldetes Silber befindet. Die Halbkugeln sind nicht verlötet, sondern durch Umbiegen der oberen Ränder verbunden. Der Griff ist mit vier Nieten befestigt. Die äußere Schale ist mit acht runden Medaillons dekoriert: zwei mit einer Lotosblüte, zwei mit im Flug dargestellten »chinesischen Enten«, zwei mit Blumenmotiven, zwei mit Damhirschen. Der Dekor der inneren Schale zeigt eine achtblättrige Rosette mit pflanzlichen Ornamenten und einer mittleren Blüte. Die Trinkkelle wurde zusammen mit einem Armreif, einem Becher und einer Metallplatte gefunden.[1] Diese im Gebiet des Flusses Kama entstandenen Gegenstände stammen aus vormongolischer Zeit. Die Schalenform mit horizontalem Griff ist von Funden keramischer Gefäße aus dem 7.–10. Jh. bekannt[2], in Silber aber auch im 11. Jh. anzutreffen[3]. Die Form einer Schale mit horizontalem Griff ist auch von Glasarbeiten bekannt.[4]   *M. G. K.*

1   SMIRNOV 1909, S. 38, Abb. 198, S. 36, 37.
2   VICKERS/IMPEY/ALLAN 1986, S. 35.
3   SOKROVIŠČA PRIOBJA 1996, S. 85–89, Abb. 34.
4   So aus dem Fund von Mazar-i-Sharif, Afghanistan, siehe hierzu CARBONI 2001, S. 288, Kat.-Nr. 357.

Lit.: KRAMAROVSKI 2001, S. 236, Kat.-Nr. 16

### 259   Becher

Ulus Ĵöči, 13. Jh. | Gold, getrieben, poliert, geprägt, H 12,6 cm, Dm (Schale) 9,9 cm | Anfang des 18. Jhs. in Sibirien gefunden | Staatliche Eremitage, Sankt Petersburg | Inv-Nr. SKi-587

Der obere Rand dieses Bechers auf hohem Fuß ist mit einer Bordüre mit stilisiertem Rankendekor verziert.   *M. G. K.*

Lit.: KRAMAROVSKI 2001, S. 242, Kat.-Nr. 45

### 261 Schale

Goldene Horde, Ende 13./1. Hälfte 14. Jh. |
Silber, getrieben, poliert, geprägt, graviert,
vergoldet, H 12,5 cm, Dm (max.) 27 cm |
1957 in der Nähe des Dorfes Ivdel' im
Norden des Gebiets Sverdlovsk gefunden |
Staatliche Eremitage, Sankt Petersburg |
Inv.-Nr. SO -741

258

Diese Schale weist in ihrer Wand zwölf pombierte,
getriebene Flächen auf. Acht Flächen tragen Medaillons mit Tiermotiven, die übrigen Palmetten in
lanzettförmigen Medaillons. Die Bordüre am Schalenrand ist mit einem Rankenornament und Palmetten auf einem Hintergrund aus Kreisen verziert.
Der Stand ist konusförmig und am unteren Ende
breiter; der trichterförmige Fuß ist mit einem ge-
börtelten Wulstrand versehen. Bordüre und Medaillons der Schale sowie die Reliefborte und ein
Streifen am Rand des Untersatzes sind vergoldet.
Hinsichtlich der Formen gibt es für den Fund von
Ivdel' eine Reihe von Vergleichsbeispielen.[1]

*M. G. K.*

1  SMIRNOV 1909, Taf. CII, Nr. 223.

Lit.: KRAMAROVSKI 2001, S. 244, Kat.-Nr. 54

### 260  Becher

Ulus Ǧöči, 13. Jh. | Gold, getrieben, poliert,
geprägt, H 12,6 cm, Dm (Schale) 10,2 cm |
1886 in der Nähe des Dorfes Roguli, Bezirk
Novogrigor'evsk, Gouvernement Stavropol,
gefunden | Staatliche Eremitage Sankt
Petersburg | Inv.-Nr. SKi-713 b
*ohne Abb.*

Dieser Becher auf hohem Fuß ist am oberen Rand
mit einer Bordüre mit stilisiertem Rankendekor verziert. Die Bordüre ist als punktierte Linie ausgeführt.
Diese Art Dekor geht auf die Goldschmiedetradition
der Spätzeit der Nördlichen Song-Dynastie (960
bis 1127) zurück.[1]  *M. G. K.*

1  AUSST.-KAT. DENVER 1994/95, S. 174.

Lit.: KRAMAROVSKI 2001, S. 242, Kat.-Nr. 44

261

### 262  Schale mit Widderfigur

Goldene Horde, Krim (?), 14. Jh. | Silber, getrieben, poliert, geprägt, graviert, emailliert, H 3 cm, Dm 8,6 cm | 1898 unweit der Kosakensiedlung Belorečenskaja im Nordkaukasus (Grabhügel 10) gefunden (Grabung N. I. Veselovski) | Staatliche Eremitage, Sankt Petersburg | Inv.-Nr. TB-221

Zehn von der Mitte ausgehende pombierte Felder kennzeichnen das Innere dieser halbkugelförmigen Schale mit verstärktem Rand. Glatte unverzierte Felder und Felder mit pflanzlichen Ornamenten alternieren. Über die Innenseite des Schalenrands zieht sich ein Streifen mit einem Pflanzenornament – ein gewellter Blütenstiel mit Palmetten. In der Mitte des Schalenbodens befindet sich die vollplastische Figur eines Widders, der auf einer mit geometrischen Ornamenten verzierten Halbkugel ruht, welche Spuren grüner Emaille aufweist.  *M. G. K.*

Lit.: KRAMAROVSKI 2001, S. 259/260, Kat.-Nr. 109

### 263  Gürtelschale

Ulus Ĵöči oder Goldene Horde, Ende 13./ Anfang 14. Jh. | Silber, getrieben, geprägt, vergoldet, Dm 17 cm | 1888 Zufallsfund im Bezirk Aktau am Kaspischen Meer, Gebiet Akmolinsk, heute Kasachstan | Staatliche Eremitage, Sankt Petersburg | Inv.-Nr. SKi-595
*ohne Abb.*

Die Schale mit flachem Boden und leicht nach außen gebogenen, geraden Wänden hat einen verstärkten Rand. Oben am Rand ist mit Nieten eine gegossene Schlaufe befestigt, an der die Schale am Gürtel ihres Besitzers aufgehängt werden konnte. Den Boden ziert eine sechsblättrige Rosette mit einem von Blätterdekor umrahmten Löwen (?) auf punziertem Hintergrund. Die Rosette ist von einem schmalen Streifen kleiner punzierter Kreise umrandet; sie selbst ist als erhabenes Relief gearbeitet.

*M. G. K.*

Lit.: KRAMAROVSKI 2001, S. 247, Kat.-Nr. 57

### 264  Becher

Goldene Horde, 14. Jh. | Silber, getrieben, geprägt, poliert, H 19 cm, Dm 12 cm | 1906 im Gräberfeld in der Nähe der Kosakensiedlung Belorečenskaja im Nordkaukasus gefunden | Staatliche Eremitage, Sankt Petersburg | Inv.-Nr. Kub-364

Die Kuppa dieses zylindrischen Bechers auf hohem Fuß ist mit einem »Mixer« (bestehend aus zwei Scheiben mit drei länglichen Öffnungen) und einem durchbrochenen Filter versehen (durchbrochene Filter sind in mamelukischen Tongefäßen für Wasser üblich). In der Mitte des Filters befindet sich eine gegossene Vogelfigur. Außen trägt der Becher drei runde Medaillons mit vegetabilen Motiven sowie zwei Ornamentstreifen. Sein am unteren Ende trichterförmiger Fuß hat in der Mitte eine verzierte Verstärkung. In seiner Form ähnelt dieser Becher einem Mamelukenpokal aus Halbsteingut im Louvre.[1] Die ungewöhnliche Kombination eines Prunkbechers mit einem Filter und einem zusätzlichen »Mixer« könnte sich daraus erklären, dass der Wein bei Festen mit Kräutern versetzt wurde.  *M. G. K.*

1  AUSST.-KAT. PARIS 1971, Nr. 271.

Lit.: KRAMAROVSKI 2001, S. 250, Kat.-Nr. 70

262

264

265

### 265 Aufsatz einer mongolischen Örbelge

Goldene Horde, Krim, 2. Hälfte 14./Anfang 15. Jh. | Gold, geprägt, graviert, H 3,4 cm, Dm (Basis) 3,5 cm | 1869 in den Grabhügeln bei der Kosakensiedlung Belorečenskaja im Nordkaukasus gefunden (Grabung N. I. Veselovski) | Staatliche Eremitage, Sankt Petersburg | Inv.-Nr. TB-26

Dieser Aufsatz für eine Kappe (Örbelge) hat die Form eines Kegels mit kugelförmigem Ende, das in einen langgezogenen Hexaeder übergeht. Drei Halterungen dienten der Befestigung von Federn. Die kegelförmige Basis und der Hexaeder sind mit einem stilisierten Pflanzenornament verziert. Unten hat der Aufsatz ein girlandenförmiges Geflecht, darunter befinden sich vier Öffnungen, die ihn an der Örbelge befestigten.

Örbelgen[1] sind Kappen aus Filz, sie haben vorn eine schmale, mitunter mit Fell abgesetzte und hinten eine breitere Krempe sowie einen breiten oder schmalen durchgehenden Rand[2]. Sie wurden mit Reiher- oder Fasanenenfedern geschmückt. Solche Kappen trugen die ranghöheren Nojonen, zu denen auch die Prinzen der Činggisiden zählen – siehe z. B. die Miniatur aus der Sammlung der Asiatic Society in Kalkutta, auf der vier der sieben Prinzen, die das Schicksal des »Russischen Feldzuges« erörtern, solche Kappen tragen.[3] Derartige Kopfbedeckungen tragen auch der Khan der Goldenen Horde Toɣtu (reg. 1291–1312) und der Jöcidenprinz Noqaj (gest. 1300) in einer Schlachtszene von 1298/99.[4]

Die Örbelge-Mütze hatte je nach der Anzahl der Federhalterungen, von einer bis drei, viele Varianten. Die Mützen der älteren Nojonen waren mit drei Federhalterungen versehen, welche anhand der Anzahl der Federbüsche auf Abbildungen zu erkennen sind – siehe z. B. die Darstellung des Künstlers Abd al-Baqi al-Baku'i in einem Band in der Bibliothek des Topkapi Saray in Istanbul, das zwei Nojonen im Gespräch zeigt.[5] Die berühmte »Krone des Džanibek«, die an der Wolga gefunden wurde und damals in das Museum des Großherzogtums Jena gelangte[6], entpuppte sich als Aufsatz einer Örbelge. Ähnliche Aufsätze aus Gold, Silber und Bronze finden die Archäologen häufig bei Grabungen in Ringwällen und bei Schatzfunden.[7] Der Aufsatz in der Eremitage gehört zu den Grabbeigaben eines der, wie Veselovski nachweist, reichsten männlichen Toten in den Grabstätten um die Kosakensiedlung Belorečenskaja. Dies belegt vermutlich, dass auch Vertreter der untergeordneten tscherkessischen Aristokratie in der Spätzeit der Goldenen Horde das Recht besaßen, die Kopfbedeckung der höchsten mongolischen Ränge zu tragen. *M. G. K.*

1 VLADIMIRCOV 1927, S. 182, Anm. 8.

2 TALBOTRICE 1976; GORELIK 1982, Taf. 1.

3 GRAY 1954, S. 70, Abb. 13.

4 Ebenda, S. 75, Abb. 24.

5 ETTINGHAUSEN 1954, S. 95, Abb. 58.

6 SPICYN 1906, S. 262, 173, Abb. 43, 44, 46, 75.

7 Ebd., S. 269; KALININ/CHALIKOV 1954, Abb. 37; MAL'M 1980, S. 142; POLJAKOVA 1996, Abb. 60.

Lit.: KRAMAROVSKI 2001, S. 253/254, Kat.-Nr. 79

### 266 Zwei Schalen mit ausgekehlten Wänden

Goldene Horde, 2. Hälfte 13./14.Jh. | Silber, geprägt, vergoldet, Dm 11,8 cm | 1892 bei einem Schatzfund im Stadtgebiet von Berdjansk, Gouvernement Taurien, entdeckt | Staatliche Eremitage, Sankt Petersburg | Inv.-Nr. ČM-1190, ČM-1191

Die Wände dieser halbkugelförmigen Schalen sind ausgekehlt, sie haben einen girlandenförmigen, ungebörtelten Rand, der wie der niedrige ringförmige Fuß den Konturen der Schalenwand folgt. Jede zweite Hohlkehle ist auf der Innenseite vergoldet. *M. G. K.*

Lit.: KRAMAROVSKI 2001, S. 292/293, Kat.-Nr. 247, 248

### 267 Schöpfkelle aus einer Meeresmuschel

Kilikien, Goldene Horde, Mitte 13./14. Jh. | Meeresmuschel, Silber, geprägt, vergoldet, Niello-Technik, H 16,6 cm, B 13,3 cm, D 5,5 cm | 1892 bei einem Schatzfund im Stadtgebiet von Berdjansk, Gouvernement Taurien, entdeckt | Staatliche Eremitage, Sankt Petersburg | Inv.-Nr. ČM-1317

266

267

Die aus einer Meeresmuschel bestehende Schöpfkelle hat einen silbernen Griff und einen geschmiedeten Rand. Das Relief des horizontalen Griffs mit geschwungenem Rand zeigt auf dem Hintergrund eines stilisierten Pflanzendekors ein Raubtier. Dieses hat eine Löwenmähne, ist jedoch gefleckt wie ein Schneeleopard (Irbis). In der Mitte der Muschel befindet sich ein Medaillon mit einem Widder und

einer armenischen Inschrift am Rand: »Šachuk, Knecht Gottes« (Deutung von I. A. Orbeli). Der Griff wurde möglicherweise um die Mitte des 13. Jhs. in Kilikien gefertigt. Der Rand der Muschel hat eine nur teilweise erhaltene Silbereinfassung, die Spuren von Vergoldung und einer armenischen Inschrift aufweist. An den beiden Enden des Silberrands befinden sich zwei silberne Nieten mit mandelförmigem Schild. Auf der Vorderseite der Muschel sind Schleifspuren zu erkennen, die darauf hinweisen, dass die Metallteile mehrmals überarbeitet wurden (der ursprüngliche Griff war ein anderer). Es ist nicht auszuschließen, dass die Umarbeitung der Kelle im 14. Jh. im nördlichen Schwarzmeergebiet erfolgte (darauf verweist das mandelförmige Ornament der Nieten). Die Meeresmuschel *Pecten Maximus L.* (Große Pilgermuschel) war im Europa des Mittelalters bei den Pilgern zum Grab des Apostels Jakobus in Santiago de Compostela gebräuchlich (sie wird deshalb auch als Jakobsmuschel bezeichnet); als Pilgerzeichen wurde diese Muschel auf die Kleidung genäht, sie galt als Symbol göttlichen Schutzes und Beistands.

*M. G. K.*

Lit.: KRAMAROVSKI 2001, S. 293, Kat.-Nr. 250

### 268  Kamm und Etui

Goldene Horde, Krim, 2. Hälfte 14./Anfang 15. Jh. | Silber, geprägt, vergoldet, Niello-Technik; Kamm: L 14 cm, B 2,8 cm, H 0,4 cm; Etui: L 14,7 cm, B 3 cm, H 0,9 cm | 1896 im Nordkaukasus bei der Kosakensiedlung Belorečenskaja (Hügel 1) gefunden (Grabung N. I. Veselovski) | Staatliche Eremitage, Sankt Petersburg | Inv.-Nr. TB-43 a, b

Der Kamm hat einen Ring zum Aufhängen, sein Rand ist vergoldet und mit einem Rankendekor auf Niello-Grund verziert. Das Etui entspricht der Größe des Kamms. Es ist auf beiden Seiten mit einem langem Rechteck verziert, das von einem schmalen Rahmen mit zierlichem Dreiblattmotiv eingefasst wird; die Innenfläche des Rechtecks zeigt geometrische Muster und Arabesken mit den für die Kunst der Goldenen Horde charakteristischen Halbpalmetten in Form eines schmalen, gewundenen Blattes. Das Geflecht aus zwei Streifen ist wie der Rahmen des Rechtecks mit miniaturhaften Dreiblattmotiven versehen, wie sie auch auf Silbermünzen aus Kaffa anzutreffen sind.[1]    *M. G. K.*

1  RETOVSKI 1906, Taf. 1 (1, 2).

Lit.: KRAMAROVSKI 2001, S. 255, Kat.-Nr. 81

268

269

mit dunkelblau gerahmten Reliefmedaillons verziert sowie einer graublauen Bemalung – Punkte, Striche, Rhomben, Rosetten. Darunter verläuft ein Streifen mit Rechtecken, mit blauen paarigen Linien an den Seiten und mit einer schrägen Schraffur und weißen Blättern ausgefüllt, welche türkise Farbspuren aufweisen. Weiter unten sieht man einen Streifen mit blauen Kreisen, zwischen denen sich schwarze, kreuzförmige Motive befinden. Die Gefäßform ahmt einen Prototypen der Yuan-Zeit nach, die Art der Bemalung ist jedoch nicht chinesisch und geht eher auf die iranische Tradition zurück. Die Flasche ist mit Sicherheit ein Erzeugnis der Töpferkunst der Goldenen Horde.　*M. G. K.*

1　In der Fachsprache wird auch der Terminus »Kaschin« verwendet, der auf die iranische Stadt Kašan zurückgeht.

Lit: AUSST.-KAT. KUWAIT 1990, Kat.-Nr. 70

## 269　Zwei Armreife

Goldene Horde, Krim, 14. Jh. | Gold, geprägt, Filigran, graviert, Dm 5,8 cm bzw. 5–6,1 cm, B 2 cm | 1886 in einem Schatzfund auf der Krim zwischen Balakovaja und Nejzac entdeckt, 1888 der Imperatorskaja Archeologičeskaja Komissija (Kaiserlichen Archäologischen Kommission) übergeben | Staatliche Eremitage, Sankt Petersburg | Inv.-Nr. ČM-979, ČM-980

Die goldenen Armreife bestehen aus jeweils zwei durch ein Scharnier verbundenen, aufklappbaren Hälften. An den Verschlüssen befinden sich runde, mit Filigranarbeit versehene Rundschilder, in deren Mitte Fassungen mit einem hellblauen Stein (Türkis?) eingearbeitet sind. Die Armreife zieren imitierte arabische Inschriften. Vergleichbare Armreife, allerdings mit anderen Ornamenten, sind aus den Sammlungen in Kuwait und London bekannt.

*M. G. K.*

Lit.: KRAMAROVSKI 2001, S. 234, 294/295, Kat.-Nr. 252, 253

## 270　Flasche mit Unterglasurmalerei auf ringförmigem Fuß

Goldene Horde, Wolgagebiet, 14. Jh. | Halbfayence, H 23 cm, Dm 15,2 cm | Gefunden in Gülistan-Saraj (Grabungen A. V. Tereščenko) | Staatliche Eremitage, Sankt Petersburg | Inv.-Nr. Sar-265

Das bauchige Gefäß aus Halbfayence[1] ist bemalt und trägt einen Reliefdekor. Der birnenförmige Korpus auf niedrigem, ringförmigem Fuß geht in einen engen Hals mit Wülsten am Ansatz über. Die Unterglasurmalerei in Blau, Graugrün und Türkis unter einer transparenten Glasur zeigt am Hals Streifen mit blauen Kreisen, dazwischen X-förmige kleine Kreuze. Der obere Teil des Gefäßkörpers ist

270

271

272

273

274

ze Punkte. Die Außenseite zeigt einen umlaufenden Streifen aus drei Reihen senkrechter, in verschiedene Richtungen verlaufender, bogenförmiger Striche, darüber und darunter erscheinen je zwei Linien. Der Fuß ist unglasiert, auf der Außenseite des Bodens sind zwei quer verlaufende vertiefte Striche eingeritzt (möglicherweise handelt es sich um ein Besitzerzeichen). *M. G. K.*

Lit: AUSST.-KAT. KUWAIT 1990, Kat.-Nr. 67

### 272 Schale mit Unterglasurmalerei

Goldene Horde, Wolgagebiet, 14. Jh. | Halbfayence, H 8,3 cm, Dm 18 cm | Gefunden in Gülistan-Saraj (Grabungen A. V. Tereščenko) | Staatliche Eremitage, Sankt Petersburg | Inv.-Nr. Sar-267

Die halbkugelförmige Schale aus Halbfayence hat einen niedrigen, ringförmigen Fuß. Die Unterglasurmalerei in Schwarz unter einer türkisfarbenen Glasur zeigt auf dem Boden in einem Kreis ein Gitter aus breiten Streifen, ausgesparte Quadrate an den Kreuzungspunkten und je vier Punkte in den Zellen. Am Rand erscheinen Punkte und ein breiter Streifen; die Fläche zwischen dem Kreis und dem Rand ist mit Punkten bedeckt. Auf der Außenseite sieht man einen breiten umlaufenden Streifen aus Punkten, die in quadratischen Gruppen angeordnet sind. Dieser Streifen wird oben von einer und unten von zwei Linien begrenzt. Der Fuß ist unglasiert. *M. G. K.*

Lit: AUSST.-KAT. KUWAIT 1990, Kat.-Nr. 68

### 271 Schale mit Unterglasurmalerei auf ringförmigem Fuß

Goldene Horde, Wolgagebiet, 14. Jh. | Halbfayence, H 9,3 cm, Dm 19,3 cm | Gefunden in Gülistan-Saraj (Grabungen A. V. Tereščenko) | Staatliche Eremitage, Sankt Petersburg | Inv.-Nr. Sar-268

Die aus rosa-weißer Halbfayence gefertigte halbkugelförmige Schale auf niedrigem, ringförmigen Fuß hat einen leicht umgebogenem Rand. Die schwarze Unterglasurmalerei unter einer helltürkisfarbenen Glasur zeigt auf dem Boden einen breiten Kreis und darin, auf punktiertem Hintergrund, eine stilisierte Lotosblüte; an der Wandung kreuzen sich Reihen pfeilförmiger Motive. Am Rand verläuft ein breiter schwarzer Streifen, an der Kante sieht man schwar-

### 273 Schale mit Unterglasurmalerei

Goldene Horde, Wolgagebiet, 14. Jh. | Halbfayence, H 9 cm, Dm 18,8 cm | Gefunden in Gülistan-Saraj (Grabungen A. V. Tereščenko) | Staatliche Eremitage, Sankt Petersburg | Inv.-Nr. Sar-255

Die halbkugelförmige Schale auf ringförmigen Fuß aus Halbfayence hat einen leicht umgebogenen Rand. Die Unterglasurmalerei in einem grünlichen Schwarz, Blau und Türkis zeigt unter einer transparenten Glasur einen Kreis auf dem Boden, diesem eingeschrieben ist ein sechszackiger Stern. In dessen mittlerem Sechseck befindet sich eine Blüte, und zwischen den Zacken des Sterns befinden sich Blätter. Der Hintergrund ist punktiert. In der Zone oberhalb des Kreises ist achtmal das arabische Wort

für »Glück« zu lesen. Am Rand erscheint ein umlaufender Streifen mit einem schrägen Netzmuster. Alle Konturen sind in einem grünlichen Schwarz ausgeführt, das Relief in weißer Engobe. Partiell zeigt die Malerei blaue und türkisfarbene Punkte. *M. G. K.*

Lit: AUSST.-KAT. KUWAIT 1990, Kat.-Nr. 65

### 274 Schale mit Unterglasurmalerei

Goldene Horde, Wolgagebiet, 14. Jh. | Halbfayence, H 8,8 cm, Dm 18,3 cm | Gefunden in Gülistan-Saraj (Grabungen A. V. Tereščenko) | Staatliche Eremitage, Sankt Petersburg | Inv.-Nr. Sar-256

Die halbkugelförmige Schale aus Halbfayence auf hohem, ringförmigem Fuß hat einen leicht nach außen gebogenen Rand. Unter der transparenten Glasur erscheint eine Bemalung in Schwarz, Blau und Türkis und ein weiß engobiertes Relief. Auf der Außenseite erscheinen kleine Bögen und Säulen, schwarz konturiert und mit Punkten versehen. Auf dem Boden findet sich ein dunkelblauer Kreis mit sechs Speichen. An der Kante erscheinen Punkte. Der umlaufende Randstreifen weist ein schräges Netzmuster auf, aus dem fünf Ovale ausgespart wurden, den umlaufenden Streifen weiter unten zieren mit dunkelblauen Punkten besetzte Blüten. Die Zone zwischen Boden und umlaufendem Streifen ist mit fünf sechsblättrigen Rosetten in punktierten Rahmungen verziert. Die Konturen aller Muster sind schwarz. An der Wandung finden sich türkise Fließspuren. Die Glasur des Bodens ist sehr dick.

*M. G. K.*

Lit.: hier erstmals publiziert

### 275  Schale mit Unterglasurmalerei

Goldene Horde, Wolgagebiet, 14. Jh. | Halbfayence, H 9,1 cm, Dm 19,3 cm | Gefunden in Gülistan-Saraj (Grabungen A. V. Tereščenko) | Staatliche Eremitage, Sankt Petersburg | Inv.-Nr. Sar-258

Die halbkugelförmige Schale aus Halbfayence auf niedrigem, ringförmigem Fuß hat einen leicht umgebogenen Rand. Unter der transparenten Glasur findet sich Unterglasurmalerei in Blau, Graugrün und Türkis auf weißem Hintergrund. Die Reliefzeichnung mit graugrüner Kontur ist weiß engobiert. Auf dem Boden ist in einem Kreis eine Ente dargestellt; ihr Schnabel und die Punkte auf ihrem Körper sind blau, auf dem Flügel hat sie einen türkisfarbenen Flecken. Der Hintergrund besteht aus Blüten und punktierten Linien. Rundum erscheint ein Streifen aus schräg verlaufenden stilisierten Schoten. Am Rand wiederholt sich ein Zweigmotiv,

276

dort befindet sich auch ein blaues, schräges Netzmuster. Punkte zieren die Kante, hohe Bögen mit Punkten die Außenseite.   *M. G. K.*

Lit.: FEDOROV-DAVYDOV 1976, S. 141, 107

### 276  Schale mit Unterglasurmalerei

Goldene Horde, Wolgagebiet, 14. Jh. | Halbfayence, H 9 cm, Dm 18,8 cm | Gefunden in Gülistan-Saraj (Grabungen A. V. Tereščenko) | Staatliche Eremitage, Sankt Petersburg | Inv.-Nr. Sar-254

Die glasierte Schale aus Halbfayence hat eine Unterglasurmalerei in Schwarz, Blau und Türkis. Das teilweise erhabene Muster wurde in weißer Engobe ausgeführt. Der Korpus ist halbkugelförmig, er hat einen dünnen, leicht umgebogenen Rand und einen hohen, ringförmigen Fuß. Die Außenseite zeigt Reliefbögen, schwarze Konturen und blaue Punkte. An der Kante erscheinen schwarzblaue Punkte. Auf dem Boden findet sich ein Pflanzenornament in einem Kreis; um ihn verläuft in einem helltürkisfarbenen Feld ein Streifen mit einem geometrischen Muster mit einem achtmal wiederholten arabischen Segenswunsch. Einen weiteren umlaufenden Streifen am Rand ziert ein schräges Netzmuster.

*M. G. K.*

Lit.: hier erstmals publiziert

275

**277 Albarello (Apothekergefäß)**
Goldene Horde, Wolgagebiet, 14. Jh. |
Halbfayence, H 21,8 cm, Dm 9,5 cm |
Gefunden in Gülistan-Saraj (Grabungen
A. V. Tereščenko) | Staatliche Eremitage,
Sankt Petersburg | Inv.-Nr. Sar - 239

Das hohe Apothekergefäß aus Halbfayence hat einen
engen zylindrischen Hals mit einem verdickten
Rand und einen niedrigen, ringförmigen Fuß. Auf
halber Höhe ist an seinem elfeckigen Rumpf ein
kleiner Griff befestigt. Bis auf den Fuß ist die Oberfläche mit einer türkisfarbenen Glasur bedeckt.

*M. G. K.*

Lit.: hier erstmals publiziert

**278 Schale mit hellgelber Glasur**
Goldene Horde, Wolgagebiet oder Krim,
14. Jh. | Roter Ton, Sgraffito, H 8,1 cm,
Dm 18 cm | Gefunden in Gülistan-Saraj
(Grabungen A. V. Tereščenko) | Staatliche
Eremitage, Sankt Petersburg |
Inv.-Nr. Sar - 272

Die flache, konische Schale aus hellgelbem Ton mit
senkrechten, niedrigen Wänden steht auf einem
niedrigen, ringförmigen Fuß. Am äußeren Rand
und innen ist auf weißer Engobe ein Pflanzenornament in Sgraffitotechnik eingeritzt, das mit hellgelber Glasur bedeckt ist. In der Bodenmitte gehen von
einem Kreis strahlenförmig sieben Blütenblätter
mit doppelter Umrandung aus; in sechs davon finden sich Ovale mit einem netzartigen Muster.

*M. G. K.*

Lit.: hier erstmals publiziert

277

278

MICHAEL WEIERS

# Das Khanat Čaγatai

Alghu, einziger Sohn des Baidar, welcher der sechste Sohn des zweiten Činggis Khan-Sohnes Čaγatai war, stand bis 1260 im mongolischen Kernland in Diensten des Ariγ Böke, des jüngsten Sohnes des Tolui, welcher wiederum der jüngste Sohn des Činggis Khan war. Nachdem der mongolische Großkhan Möngke, Enkel Činggis Khans und ältester Bruder des Ariγ Böke, 1259 gestorben war, sollte Ariγ Böke entsprechend mongolischer Nachfolgetradition sowie auch entsprechend dem Wunsch des Großkhans Möngke sein Nachfolger werden. Dieser Regelung widersetzte sich jedoch Qubilai (Kat.-Nr. 342), der jüngere Bruder des Möngke und ältere Bruder des Ariγ Böke. In einem Staatsstreich bemächtigte sich Qubilai 1260 der Nachfolge in der mongolischen Großkhanwürde und begann, gegen seinen rechtmäßig zur Nachfolge in dieser Würde und Stellung ausersehenen und bestimmten jüngeren Bruder Ariγ Böke Krieg zu führen. Als Ariγ Böke, der Dienstherr des Alghu, durch die Angriffe seines Bruders Qubilai immer mehr in Bedrängnis geriet, entzog sich Alghu seinem Dienstherrn und entwich in seine mittelasiatische Heimat. Dort versuchte er, sich der Herrschaft zu bemächtigen. Angesichts seiner bedrängten Lage fielen die Versuche Ariγ Bökes, Alghu von seinem Vorhaben abzubringen und ihn zurückzuholen, nur halbherzig aus und hatten keinen Erfolg. Hierauf arrangierte man sich im *ulus čaγatai* (Reichsgebiet Čaγatai), wie das Khanat Čaγatai damals bei den Mongolen genannt wurde, mit Alghu, der seine Ziele unabhängig von der bisherigen Reichszentrale im mongolischen Kernland weiter verfolgte. Alghu vermochte sich dann 1261 durch Vermählung mit der bisherigen Regentin des Khanats Čaγatai als erster Herrscher eines nunmehr selbständigen, vom Zentrum in der Mongolei unabhängigen Mongolenreiches Ulus Čaγatai zu etablieren.

Im Nordosten dieses Reiches herrschten die Mongolen über Untertanen, die überwiegend türkische Nomaden waren. In den Städten Buchara und Samarkand im Südwesten des Reiches lebten hingegen überwiegend sesshafte Iraner, umgeben von einer halb sesshaften iranisch-türkischen Bevölkerung. Die südwestlichen Stadtgebiete galten Alghu wohl eher als fremde Gemeinwesen, denn Mas'ūd Beg, der als nichtmongolischer Verwaltungs- und Finanz-

fachmann für das Reich noch unentbehrlich werden sollte, vermochte Alghu nur mühsam davon abzuhalten, dort zu plündern. Muslimische Stadtkultur mit iranisch-türkischen Volksanteilen in dem einen und nomadische Lebensweise mit mongolisch-türkischen Volksanteilen in dem anderen Teil des Reiches prägten die soziokulturelle Landschaft des Ulus Čaγatai.

Nach Alghus Tod 1264 oder 1266 und nach nur kurzer Regierung seines Stiefsohnes Mubāraq Šāh gesellte sich zu dieser soziokulturellen Ungleichheit im Ulus Čaγatai noch eine politische hinzu. Die im Osten an den Ulus Čaγatai angrenzenden Territorien gehörten den Nachkommen des Ögedei (Kat.-Nr. 341), der 1228/29 bis 1241 Großkhan des gesamten Mongolenreiches gewesen war. Hier nun beanspruchte Qaidu, Sohn des fünften Ögedei-Sohnes Qaši, ab 1266 die Macht. Qaidu war ein erklärter Gegner der Toluiden und somit auch der damaligen toluidischen Mongolenherrscher Qubilai in China und Abaqa (Kat.-Nr. 236) im Ilkhanat. Entsprechend einer enzyklopädischen persischsprachigen Darstellung der Geschichte der Mongolen aus dem Ilkhanat des frühen 14. Jahrhunderts, kompiliert vom damaligen Ersten Minister des Ilkhanats Rašīd ad-Dīn, die den Titel *Ğāmi' at-tawārīḫ* trägt (und im Deutschen als »Sammler der Chroniken« bezeichnet wird; Kat.-Nr. 279 bis 311), scharte Qaidu nach dem Machtverlust des Hauses Ögedei alle Gefolgsleute um sich, die er nur finden konnte.[1] Dem im Ulus Čaγatai ebenfalls 1266 an die Macht gelangten Baraq, einem Urenkel des Čaγatai, war in Qaidu ein politischer Rivale erwachsen. Diese Rivalität zwischen den Linien des Hauses Čaγatai und Ögedei sollte für 40 Jahre die Politik in den gesamten Territorien, in denen diese beiden činggisidischen Linien und ihre Untertanen lebten, prägen. Auch die Bezeichnung Ulus Čaγatai wurde damals auf die Ögedeiden und ihre Territorien ausgedehnt, so dass sich unter dieser Reichsbezeichnung von 1266 an in Wirklichkeit die Geschichte der rivalisierenden Linien zweier mongolischer Herrscherhäuser vollzog.

Qaidu verstand es, seine Abneigung gegen die Toluiden zum Thema eines 1269 einberufenen *quriltai* (Reichsversammlung) zu machen, auf dem auch Baraq auf die Linie des Qaidu einschwenkte und dann in das ilkhanische Charasan und Afghanistan einfiel. Der Ilkhan Abaqa erwiderte die Einfälle durch Rachefeldzüge, in deren Verlauf 1272/73 Buchara niedergebrannt wurde und für sieben Jahre unbewohnt blieb. Auf dem *Quriltai* wurde auch beschlossen, gemeinsam gegen Qubilai vorzugehen, der sich durch seinen Staatsstreich zwischen alle mongolischen Stühle gesetzt hatte und dessen Leben, da er dabei auch ganz offen *Jassas* (Verordnungen) des Činggis Khan missachtet hatte, in mongolischen Augen als verwirkt galt. Mit dem Beschaffen der dafür nötigen Mittel wurde Mas'ūd Beg beauftragt. Eintreiben ließen sich die Mittel allerdings nur in den reicheren muslimischen Stadtbereichen des Südwestens, weswegen die nomadisch lebenden mongolisch-türkischen Verbände des Nordostens daran gehindert wurden, die südwestlichen Stadtgebiete der iranisch-türkischen Muslime zu behelligen.

Qaidu blieb bis zu seinem Tod 1303 im Ulus Čaγatai politisch tonangebend. Seine Zeit war geprägt von Kriegszügen gegen das Ilkhanat sowie gegen Qubilai in der neu ausgerufenen mongolischen Yuan-Dynastie in China. Qaidu betitelte sich angesichts seiner unabhängigen Machtfülle verschiedentlich auch als Großkhan, während die drei Herrscher aus dem Hause Čaγatai, die im Zeitraum seiner Machtausübung zur Herrschaft gelangten, lediglich Mitregenten waren.

Die kriegerischen Auseinandersetzungen mit dem Ilkhanat hatten Qaidu und das Khanat Čaγatai auch dem lateinischen Westen, der damals in regem Briefwechsel mit dem Ilkhanat stand, bekannt werden lassen. Unter Papst Nikolaus IV. wandte sich die Kurie als eine der wichtigsten Institutionen des Abendlandes direkt an Qaidu. Nach einer in den vatikanischen Archiven verbliebenen Kopie war ein auf den 13. Juli 1289 datierter und von Rieti aus gesandter Brief adressiert an »Caydono principi Tartarorum illustri« (Qaidu, dem angesehenen Fürsten der Tartaren), und das Rubrum des Briefes vermerkte: »[…] cuidam principi Tartarorum […]« (einem gewissen Fürsten der Tartaren). In dem Brief forderte der Papst Qaidu auf, sich bekehren und taufen zu lassen. Dass Qaidu Herrscher eines eigenständigen Khanats war, wusste der Papst allerdings nicht, denn er betitelte Qaidu mit »princeps« (Fürst) und nicht mit »rex« (König), dem damals für eigenständige Mongolenherrscher wie z. B. die Ilkhane üblichen Titel. Ob Qaidu den Brief des Papstes jemals erhalten hat, wissen wir nicht.[2]

Um Wirtschaft und Finanzen des Ulus Čaγatai kümmerte sich zunächst Mas'ūd Beg. Qaidu, den muslimische Quellen als gerecht, freigebig und mild darstellen, ließ ihm nach 1270 weitgehend freie Hand bei der Einführung von Finanzreformen, die sich auf lange Sicht günstig auswirken sollten. Das durch die ilkhanisch-čaγataischen Kriegshandlungen stark beeinträchtigte städtische Leben, Ackerbau und Handel, versuchte er erneut zu beleben. Das zerstörte Buchara baute er vollständig wieder auf und ließ dort aus eigenen Mitteln eine große muslimische Schule (arab. *madrasa*) errichten. Seine Amtsführung hatte das Vertrauen der mongolischen Machthaber so gefestigt, dass diese nach seinem Tod 1289 auf seinen ältesten Sohn Abū Bakr überging und dann 1298 Satılmıš, ein Bruder des Abū Bakr, nachfolgte, dem sich 1302 Sevinč, ein weiterer Sohn des Mas'ūd Beg, anschloss. Auch Amīr Ḥusain, ein Bruder des Mas'ūd Beg, stand in Diensten des Ulus Čaγatai, so dass hier eine ganze Dynastie von Nachfahren aus der choresmisch-iranischen Familie des Maḥmūd Yalavač, der in mongolische Dienste getreten war, wirkte.

Qaidu und Du'a (Duwa), welch Letzterer seit 1282 als Mitregent die Linie des Hauses Čaγatai vertrat, wurden in einem der vielen Kämpfe gegen die Truppen der mongolischen Yuan, wie sich die Dynastie der Mongolenherrscher in China seit 1279 bezeichnete, verwundet. Laut dem »Sammler der Chroniken« erlag Qaidu seinen Verletzungen, während Du'a erlahmte. Unter Čapar (reg. 1303–06), dem Sohn und Nachfolger des Qaidu, glich sich der Unterschied zwischen den Herrschenden der Linie aus dem Hause des Ögedei und denjenigen aus dem Hause des Čaγatai dann etwas aus, da Čapar sich gegenüber Du'a bei weitem nicht so durchzusetzen vermochte wie sein Vater Qaidu. Den Mongolen aus dem Ilkhanat galt Du'a als gleichberechtigter Herrscher.

Schon bald aber trachteten die so lange niedergehaltenen Angehörigen des Hauses Čaγatai mit aller Macht danach, ihre Rechte als alleinige Herrscher im Reich durchzusetzen. Nach dem Tod von Du'a und Čapar (1306) fiel das Reich unter zwei Prätendenten aus dem Hause Čaγatai in innere Machtkämpfe, die auch das südwestliche Reichsgebiet in Mitleidenschaft zogen. Erst der *Quriltai* des Jahres 1309, den Kebek, ein Sohn des Du'a, einberufen hatte, beendete die Auseinandersetzungen. Das Haus Ögedei ging zwar nun seines Einflusses sowie aller seiner Besitzungen im Reich verlustig, doch das nunmehr endlich allein herrschende Haus Čaγatai stand vor einem Trümmerhaufen. Die čaγataidischen Mongolenherrscher zogen es daraufhin vor, im noch einigermaßen intakten Südwesten des Reiches zu leben.

Esen Buqa (nach dem »Sammler der Chroniken« in der Form Esen Böke überliefert), ein Urenkel des Čaγatai aus der Linie des sechsten Čaγatai-Sohnes Baidar, war gezwungen, sich während seiner Regierungszeit (1309–18) zusammen mit seinem jüngeren Bruder Kebek in erster Linie mit den über Qara Qočo in der Turfan-Senke eindringenden Truppen der mongolischen Yuan-Dynastie in China auseinanderzusetzen. Bei den erbitterten Kämpfen in den Grenzgebieten verwüstete Esen Buqa bei seinen Rückzügen alles, was dem Gegner hätte nützlich sein können. Diese Kampfestaktik verbrannter Erde hinterließ eine breite Spur der Vernichtung und Verödung ganzer Landstriche. Als Kebek seinem Bruder nachfolgte, hatte er während seiner Regierung (1318 – 26) noch schwer an den Folgen dieser Kämpfe, die meist mit Niederlagen der Mongolen aus dem Khanat Čaγatai endeten, zu tragen. Kebek und sein Reich sahen sich deswegen auch nicht in der Lage, der Aufforderung des Özbeg Khan aus dem Bruderkhanat Ulus J̌öči, später als Goldene Horde bezeichnet, zu folgen und an seiner Stelle das Ilkhanat anzugreifen. Hinzu kam, dass Kebek Vieles, was im Ilkhanat neu eingeführt worden war, für nachahmenswert hielt, weswegen ihm ein Angriff auf den ilkhanischen Nachbarn nicht opportun erschien. Zu den aus dem Ilkhanat übernommenen Neuerungen im Khanat Čaγatai gehörte besonders das Prägen von Münzen (vgl. Kat.-Nr. 241, 242) mit seinem Namen. Diese Münzen sollten in der Folgezeit als *kebekī* (die Kebekischen) weithin bekannt werden.

Die Schwäche des Reiches schlug sich unmittelbar nach Kebeks Tod auch politisch nieder. Es traten zwei Prätendenten auf den Plan, die jedoch der damalige offizielle Herrscher Tarmaširin (reg. 1326 – 34) noch auszuschalten vermochte. Tarmaširin versuchte den offenkundigen Schwierigkeiten des Reiches durch Kriegszüge und die damit verbundenen Zuweisungen an loyale Gefolgsleute und Truppen, die im Rahmen der Anwendung des Prinzips von Loyalität und Fürsorge zur Verteilung kamen, zu begegnen. Die Truppen des Ulus Čaγatai zogen, obwohl Tarmaširin der erste muslimische Herrscher des Reiches war, auf muslimisches ilkhanisches Gebiet bis Gazna im heutigen Afghanistan und griffen 1329 auch das muslimische Sklavenreich in Nordindien an. Die Kriegszüge ließen dem Herrscher kaum mehr Zeit, die jährlichen Inspektions- und Besuchsreisen in die Steppengebiete zu unternehmen. Die nomadische Bevölkerung sah sich vernachlässigt und wurde zusehends unruhig, und da die militärischen Unternehmungen die Situation auch nicht besserten, verdächtigten die mongolisch-türkischen Nomaden der Steppe schließlich ihren muslimischen Herrscher und sein Gefolge in den südwestlichen Stadtgebieten des Verstoßes gegen die *Jassa* des Činggis Khan. Das Reich versank in einen Bürgerkrieg, in dem die schiitisch-muslimischen Mongolen im Südwesten mit den schamanischen Mongolen des Nordostens um die Vorherrschaft kämpften. Der Bürgerkrieg währte über das Hinscheiden des verdächtigten Tarmaširin hinaus zwölf Jahre und sah sechs Herrscher kommen und gehen. Von ihnen wissen wir nicht sehr viel mehr als ihre Namen und dass sich ihre Regierungszeiten überwiegend überschnitten und somit erkennen lassen, wie verschieden ihre Interessen und Ziele gewesen sein dürften. Das Ende des Bürgerkrieges mündete dann in eine Teilung des Reiches. Die schon zu Beginn eines unabhängigen Ulus Čaγatai offenbar gewordenen soziokulturellen Ungleichheiten zwischen dem Südwesten und Nordosten, die zu überbrücken für die Nachfolger des Maḥmūd Yalavač nur sehr mühsam zu bewerkstelligen war und auch nur oberflächlich gelang, traten nun überdeutlich hervor in zwei Nachfolgedynastien des Ulus Čaγatai, der als solcher nicht weiter bestand.

Die eine der Dynastien lebte fort im südwestlichen Transoxanien des früheren Ulus Čaγatai mit vier türkischstämmigen muslimischen Herrschern von 1346 bis 1370, unterbrochen 1360 bis 1363 von der Herrschaft eines Mongolen. Dann eroberte der türkische Herrscher Timur Transoxanien und gliederte die Dynastie 1370 in sein Reich ein. Die beiden folgenden Herrscher der von Timur eingegliederten Dynastie, die bis 1388 bzw. 1402 nominell ihr Amt ausübten, waren Marionettenherrscher.

Das Territorium der anderen der beiden Dynastien, die 1346 im Nordosten des früheren Ulus Čaγatai ihre Herrschaft auszuüben begannen, wurde bekannt unter der persischen Bezeichnung *moġulistān* (Land der Mongolen). Von den zehn Herrschern Moghulistans, die von 1347 bis 1462 regierten, waren nur noch die ersten fünf bis 1415 mongolischstämmig.[3] Der erste, Tughluq Temür (reg. 1347 – 63), ein Enkel des Du'a, unternahm Einfälle in die Stadtgebiete von Samarkand und Buchara, weswegen die mongolisch-türkischen Bewohner Moghulistans von den iranisch-türkischen Muslimen des Südwestens pauschal als *čete* (Räuberbande) und ihr Land gleichlautend als »Räuberei« (nach türk. *čete*; Raubzug) bezeichnet wurden. Die Einfälle dieser Räuberbande waren so wirkungsvoll, dass Tughluq Temür 1360 – 63 sogar auch in Transoxanien herrschte, dann aber von Timur von dort vertrieben wurde. Ilasqoja, Sohn und Nachfolger des Tughluq Temür, war bis 1388 an der Macht. Er versuchte, die Herrschaft Moghulistans über die Stadtgebiete des Südwestens erneut zu gewinnen, belagerte Samarkand, musste sich dann aber 1365 erfolglos in seine Wohngebiete am Ili zurückziehen. Ilasqoja wurde das Opfer eines Aufstands, den ein Emir der kaschgarischen Sippe der Duġlat angezettelt hatte. Trotz des politischen Drucks, den der muslimische Südwesten und der Muslim Timur ausübten auf die »zur Hälfte ungläubigen Mongolen am Ili und Yulduz«, wie es die persischsprachige Chronik *Zafar nāma* aus dem 15. Jahrhundert ausdrückt, sollten noch drei mongolischstämmige Herrscher in Moghulistan regieren, der letzte allerdings schon ein guter Muslim.

Die weiteren Herrscher Moghulistans waren keine Mongolen mehr. Sie führten aber ähnlich wie die Herrscher der Nachfolgekhanate der Großen Horde in Russland aus Prestigegründen ihre Herkunft auf Mongolen zurück.

1 Einzige Übersetzung in eine westliche Sprache aus dem *Ǧāmi' at-tawārīḫ* (Sammler der Chroniken) über die Ereignisse um Alghu: RASHĪD AL-DĪN/BOYLE 1971.

2 Über die damaligen Verbindungen der päpstlichen Kurie zu den Mongolen vgl. LUPPRIAN 1981. Allgemein zu den Beziehungen zwischen Abendland und den Mongolen BEZZOLA 1974 und KLOPPROGGE 1993.

3 Auskunft gibt über die Geschichte u. a. auch Moghulistans ELIAS/ROSS 1972.

BIRGITT HOFFMANN

# Das Ilkhanat – Geschichte und Kultur Irans von der mongolischen Eroberung bis zum Ende der Ilkhanzeit (1220 – 1335)

Im kollektiven Gedächtnis der Iraner genießen die Mongolen bis heute wenig Wertschätzung. Sie gelten gemeinhin als blutrünstige und gottlose Barbaren, die ein zivilisatorisch hoch stehendes, blühendes Iran ins Verderben gestürzt, die Bevölkerung dezimiert, fruchtbare Landschaften nachhaltig verwüstet, Städte dem Erdboden gleichgemacht, Kulturgüter vernichtet haben. Es sind die traumatischen Ereignisse der Eroberungsphase, die das Mongolenbild der islamischen Welt maßgeblich und dauerhaft geprägt haben und allzu leicht vergessen lassen, dass wenige Jahrzehnte später die mongolischen Ilkhane Iran eine Phase relativen Friedens, innerer Sicherheit, Prosperität und kultureller Blüte beschert haben.

## Der Mongolensturm

Anlass des ersten mongolischen Vordringens auf iranisches Territorium war die groß angelegte militärische Vergeltungsaktion gegen den Choresmschah, der damals über Transoxanien und große Teile Irans herrschte und durch sein provokatives Verhalten – die Ermordung einer unter mongolischem Schutz stehenden Karawane von Kaufleuten und eines mongolischen Botschafters – den Zorn Činggis Khans auf sich gezogen hatte. Der Choresmschah floh nach Westen und verbarg sich auf einer Insel im Kaspischen Meer, wo er starb. Die ihm nachsetzenden mongolischen Verfolger (geschätzte 150 000 bis 200 000 Mann) brachen in den Jahren 1220 – 22 wie eine Lawine über iranisches Territorium herein. An Überfälle zentralasiatisch-türkischer nomadischer Stammesverbände und ihre Kampfesweisen war man in Iran seit Jahrhunderten gewöhnt. Doch die Wucht des mongolischen Angriffs, die Brutalität und Zerstörungskraft der perfekt organisierten mongolischen Kriegsmaschinerie und die Nachhaltigkeit der Verwüstungen wurden von den Zeitgenossen als etwas noch nie Dagewesenes und Beispielloses empfunden. Neben den enormen Verlusten an Menschenleben im Zuge von Kampfhandlungen oder Massakern trugen Verschleppung und Fluchtwellen zur weiteren Entvölkerung und damit auch zum wirtschaftlichen Verfall ganzer Landstriche

bei. Hart betroffen war z. B. die reiche Ostprovinz Chorasan, wo sich einige der großen Städte wie Marw und Nischapur von dem mongolischen Desaster nie wieder erholen sollten.

Während der folgenden Jahrzehnte verblieben einige der eroberten iranischen Gebiete in der Hand mongolischer Statthalter und Militärkommandanten. Allerdings gab es aufgrund von Interessenskonflikten zwischen verschiedenen činggisidischen Prinzen und ihren Repräsentanten von Anfang an Gerangel um Privilegien und Zuständigkeiten. Seit 1237 unternahm der Činggis-Khan-Enkel Batu, der Sohn Jöčis, Vorstöße über den Kaukasus und Südrussland bis nach Ungarn und Schlesien, die durch den Tod des Großkhans Ögedei Ende 1241 jedoch ein abruptes Ende fanden. Am iranischen Hochland war diese Westoffensive indessen vorbeigegangen.

## Die Gründung des Ilkhanats

1251 beauftragte der Großkhan Möngke (reg. 1251–59), ein Enkel Činggis Khans über dessen jüngsten Sohn Tolui, seinen Bruder Hülegü mit einem weiteren Vorstoß nach Westen und seinen Bruder Qubilai mit der Fortsetzung der Eroberung Chinas. Jahre vergingen, ehe Hülegü 1256 mit großem Truppenaufgebot in Iran eintraf. Die Umstände waren ganz andere als die der ersten Invasion. Eine Reihe von einheimischen Machthabern leistete einem im Vorfeld ergangenen Aufruf Hülegüs zu Loyalitätsbekundungen und militärischer Unterstützung Folge. Das erste Hauptangriffsziel waren die Assassinen, eine extremschiitische Gemeinschaft, die von ihren Trutzburgen im Elbursgebirge aus mit Attentaten auf Fürsten und andere Mächtige den islamischen Vorderen Orient mehr als eineinhalb Jahrhunderte in Angst und Schrecken versetzt hatte. Das Vorgehen gegen die verhassten Häretiker wurde allgemein mit Genugtuung aufgenommen und Hülegü von späteren persischen Chronisten, welche ihre Texte allerdings in mongolischen Diensten zu Papier brachten, geradezu als Friedensfürst gefeiert, der einer Krisenregion die lang entbehrte Sicherheit zurückgab. Die Eroberung Bagdads 1258

1 Die Überreste der auf sasanidischen Ruinen errichteten ilkhanidischen Palastanlage Takht-i Sulaimān

2 Die Palastanlage Takht-i Sulaimān

und die Ermordung des Kalifen, die zugleich das Ende des Abbasidenkalifats bedeutete, waren für die muslimische Gemeinschaft hingegen ein schwerer Schock. Die Mongolen schienen unaufhaltbar und unbezwingbar, bis sie 1260 von den ägyptischen Mamluken in Palästina besiegt und hinter den Euphrat zurückgedrängt wurden, der fortan trotz gelegentlicher mongolischer Vorstöße nach Syrien de facto die Grenze zum mamlukischen Hoheitsgebiet bilden sollte.

Hülegü machte keinerlei Anstalten, nach Erfüllung seines ursprünglichen Auftrags, die Assassinen und den Kalifen auszuschalten, sich aus Iran wieder zurückzuziehen. Das musste zu Problemen mit der Goldenen Horde in Südrussland führen, also den Prinzen, die sich auf Činggis Khans ältesten Sohn Ĵöči zurückführten und die Eroberungen im Westen mit Verweis auf die Verfügungen Činggis Khans für sich beanspruchten. Ob Hülegü, indem er blieb wo er war, seine Kompetenzen überschritt oder ob sein Bruder Möngke mit seinem Vorgehen insgeheim einverstanden war oder ihn gar dazu ermuntert hatte, um so gegen die Vettern von der Goldenen Horde die Macht der eigenen, auf Tolui zurückgehenden Abstammungslinie zu stärken, ist umstritten. Nach dem Tod des Großkhans Möngke 1259 zerbrach das mongolische Großreich jedenfalls aufgrund innerer Querelen um die eroberten Gebiete und die Großkhanswürde. Qubilai, der Bruder Möngkes und Hülegüs, beanspruchte diese erfolgreich für sich (reg. 1260–94). Als Eroberer Chinas wurde er Begründer der Yuan-Dynastie, die bis 1368 Bestand haben sollte. Anerkennung fand er lediglich bei seinem Bruder Hülegü, der nun den Titel Ilkhan führte, was soviel wie »untertäniger Khan« bedeutet. Das Territorium, über das er und die von ihm begründete Dynastie fortan zu herrschen beanspruchten, umfasste Iran, Irak und die Osthälfte Anatoliens. Während zwischen Großkhan und Ilkhan freundschaftliche Bande gepflegt wurden, waren die Beziehungen zu den anderen mongolischen Teilreichen im Norden (der Goldenen Horde an der Wolga, in der Kiptschaksteppe und im Kaukasus) und Osten (Ulus Čayatai in Zentralasien) von Spannungen und Feindseligkeiten geprägt.

## Innere Organisation und Zivilverwaltung: die Kooperation von Mongolen und Persern

Die politisch-militärische Herrschaft lag im Ilkhanat in Händen der mongolischen Elite, also des Herrschers, seiner Familie und der mongolischen Emire. An der Spitze einiger Provinzen v. a. im Süden standen tributpflichtige lokale Fürstenhäuser, welche die mongolische Oberhoheit anerkannten. Eine innere Bedrohung der Herrschaft stellten die Streitigkeiten dar, die häufig nach dem Tod eines

Herrschers unter seinen potentiellen Nachfolgern ausbrachen. Das Ilkhanat ging nach dem Tod des neunten Ilkhans, Abū Saʿīd (reg. 1316–35), nicht an innerer Schwäche zugrunde, sondern weil dieser keinen männlichen Thronerben hinterlassen hatte. Während der nächsten Jahrzehnte wurde Iran zum Schauplatz blutiger Machtkämpfe verschiedener mongolischer Emire und činggisidischer Prätendenten.

Für die Zivil- und Finanzverwaltung bediente man sich vorzugsweise erfahrener iranischer oder transoxanischer Experten, wobei man diesen Beamten der besseren Kontrolle halber gerne einen Kollegen beigesellte, am liebsten einen Mongolen. Immer wieder ist es den Ilkhanen gelungen, herausragende Persönlichkeiten und Experten als Ratgeber und Administratoren zu gewinnen. Der bedeutende Theologe und Astronom Naṣīr ad-Dīn Ṭūsī, dem Hülegü ein Observatorium in Marāġa errichten ließ, stellte für seinen Brotherrn ein astronomisches Tabellenwerk und einen Finanzleitfaden zusammen. Mitglieder der aus Chorasan (Ḫurāsān) stammenden Familie Ġuvainī, die schon seit Generationen hohe Beamte unter den verschiedensten Dynastien gestellt hatte, machten auch unter den Ilkhanen Karriere: Šams ad-Dīn brachte es zum Großwesir (ṣāḥib-dīwān), sein Bruder ʿAlʾ ā ad-Dīn zum Statthalter von Bagdad und Hofhistoriographen. In seiner »Geschichte des Welteroberers« (Tārīḫ-i ǧahāngušā) schilderte er den Verlauf der mongolischen Eroberungen bis zum Sieg Hülegüs über die Assassinen. In den ersten Jahrzehnten der Mongolenherrschaft waren auch Nichtmuslime, v. a. Juden, in höchste Staatsämter aufgestiegen. Mit dem Übertritt des siebten Ilkhans Ghazan Khan (reg. 1295–1304) zum Islam, der sich die Mehrheit seiner mongolischen Untertanen anschloss, gewannen die Muslime ihre unangefochtene Vorzugsstellung in der Staatsverwaltung wieder zurück.

Ghazan und seinem vom Judentum zum Islam konvertierten Wesir Rašīd ad-Dīn Fażlallāh (ca. 1249/50–1318), der seine Karriere als Leibarzt und Küchenchef im mongolischen Heerlager begonnen hatte, wird ein umfassendes Reformwerk (das u. a. Militär-, Land-, Steuer- und Münzreformen umfasste) zugeschrieben. Es sollte die enormen wirtschaftlichen Probleme beheben, bei denen es sich teils noch um Spätfolgen der mongolischen Eroberungen handelte, teils um Schwierigkeiten, die aus der fortdauernden starken Präsenz reiternomadischer Truppen in einer weithin von Sesshaftigkeit geprägten Gesellschaft erwuchsen, in der keine Eroberungen und mithin keine Beute mehr gemacht werden konnten. Die einzelnen Reformmaßnahmen sind in der monumentalen Geschichte der Mongolen dokumentiert, die Rašīd ad-Dīn im Auftrag Ghazans verfasst hat und die von den Vorfahren Činggis Khans über das großmongolische Gesamtreich bis zu den mongoli-

3 Das Mausoleum des Ilkhans Ölǧeitü in Sultaniyya

4

5

4 und 5 Mausoleum des Ilkhans Ölǧeitü in Sultaniyya; Blick in eines der Deckengewölbe der umlaufenden Galerie

schen Teilstaaten und in die Regierungszeit Ghazans reicht. Ob die Reformen fruchteten, ob sie überhaupt in die Tat umgesetzt wurde, entzieht sich jedoch unserer Kenntnis. Das *Ǧāmiʿ at-tawārīḫ* (Sammler der Chroniken) betitelte

Geschichtswerk fand seine Fortsetzung und Vollendung unter Ghazans Bruder und Nachfolger Ölǧeitü, für den Rašīd ad-Dīn die erste wirkliche Universalgeschichte verfasste. Darin wurden nicht nur nach dem bewährten

Muster muslimischer Heilsgeschichtsschreibung die Geschichte Adams und der vorkoranischen Propheten, der
vorislamischen persischen Könige, des Propheten Muhammad und der Verbreitung des Islams sowie der muslimischen Dynastien bis zur Ankunft der Mongolen behandelt, sondern auch die Geschichte der anderen damals
bekannten Völker, also der zentralasiatischen Türken, der
Chinesen, der Inder, der Kinder Israels und der Europäer.
Für dieses Unterfangen hat der Wesir Gewährsleute der jeweiligen Kultur befragt und Originalquellen referieren lassen. Das Werk wurde in einer persischen und in einer arabischen Fassung vorgelegt. Von den großformatigen und
reich illustrierten Codices, die noch zu Lebzeiten Rašīd ad-
Dīns entstanden, sind eindrucksvolle Fragmente erhalten,
wie dasjenige, das sich im Besitz der Universitätsbibliothek
Edinburgh befindet und aus dem hier zwei Blätter zu sehen
sind (Kat.-Nr. 310, 311). Die im Rahmen dieser Ausstellung
gezeigten Blätter aus den Diez-Alben (Kat.-Nr. 279 ff.) entstammen ebenso wie ihre Pendants in den Alben des Topkapi Saray in Istanbul mit hoher Wahrscheinlichkeit ebenfalls einer solchen Prachthandschrift.

Alle Wesire der Ilkhane sind bis auf eine Ausnahme früher
oder später in Ungnade gefallen oder wurden das Opfer
von Hofintrigen, an denen sie allerdings oft genug selbst
beteiligt waren. Hinrichtung, nicht Rücktritt oder Absetzung, war das normale Ende einer Wesirslaufbahn, und
meist wurden weitere Familienmitglieder gleich mitliqui-
diert. Auch dem greisen Rašīd ad-Dīn und seinem jüngsten, noch minderjährigen Sohn, denen man vorwarf,
Ölǧeitü vergiftet zu haben, blieb dieses Schicksal nicht er-
spart. Einen anderen seiner Söhne hat dies nicht gehindert,
beruflich alsbald in die Fußstapfen des Vaters zu treten
und ebenso zu enden.

## Mobilität

Die Ilkhane pflegten ihren reiternomadischen Lebensstil
weiter und begaben sich auf der Suche nach geeigneten
Weidegebieten regelmäßig mit dem gesamten Hofstaat,
den Truppen und Viehherden auf Wanderung ins Winter-
oder Sommerlager. Da die naturräumlichen Gegebenheiten in Chorasan und Nordwestiran für diese Art des saiso-
nalen Wanderlebens besonders geeignet waren und das
ilkhanidische Territorium hier von den Übergriffen feind-
licher Nachbarn (der Mamluken in Syrien sowie der feindlichen Vettern von der Goldenen Horde im Kaukasus bzw.
der Čaγatai-Nachkommen in Transoxanien) bedroht war,
konzentrierten sich die mongolischen Verbände v. a. im
Norden des iranischen Hochlandes. Die Provinz Aserbeidschan (nicht zu verwechseln mit der heutigen transkauka-
sischen Republik gleichen Namens) mit ihrem reichen

Angebot an Sommer- wie Winterweiden erfreute sich besonderer Beliebtheit.

Den hauptsächlichen Aufenthaltsort des Herrschers und
das eigentliche Machtzentrum bildete zwar das herrscherliche Feldlager *(ordu)*, eine mobile Zeltstadt, aber als be-
geisterte Bauherren legten sich die Ilkhane auch Paläste
und richtige »Hauptstädte« zu, von denen Täbris (Tabrīz)
die bedeutendste war. Erdbeben, Kriegshandlungen, aber
auch Baumängel haben dazu geführt, dass davon kaum
etwas erhalten geblieben ist. Die einzigen Überreste einer
ilkhanidischen Palastanlage findet man in Takht-i
Sulaimān (Abb. 1, 2). Die als große ilkhanidische Sommer-
residez neu gegründete Stadt Sulṭāniyya schrumpfte im
Lauf der Jahrhunderte zu einem Dorf, in dem einzig das
imposante Mausoleum (Abb. 3–5) Ölǧeitüs an die imperiale Glanzzeit erinnert. Nichts geblieben ist von den imposanten Stiftungskomplexen, die Ghazan und Rašīd ad-Dīn
sich jeweils außerhalb von Täbris errichten ließen und die
neben dem Mausoleum des Stifters Stätten der Gelehrsamkeit, religiöse und wohltätige Einrichtungen beherbergten
(vgl. Kat.-Nr. 295).

## Geopolitische Bedeutung

Für den islamischen Vorderen Orient bedeutete die Etablierung des Ilkhanats (ca. 1259–1335 bzw. 1353) eine geopoli-
tische Neuordnung. Die islamische Gemeinschaft hatte
mit der Beseitigung des Abbasidenkalifats durch Hülegü
nach mehr als 500 Jahren ihren symbolischen Bezugs-
punkt und die Instanz verloren, von der sich muslimische
Fürsten traditionell die Rechtmäßigkeit ihrer Herrschaft
bestätigen ließen. Mit Iran und Irak waren islamische
Kerngebiete in die Hände von ungläubigen Fremden gefallen, deren Legitimation, Selbstverständnis und Handeln
sich nicht an islamischen Vorbildern, Werten und Normen
orientierte, sondern steppennomadischen bzw. chinesischen Idealen und Bräuchen nacheiferte. Nicht dem islamischen Religionsgesetz, der *Scharia*, fühlten sich die Ilkhane verpflichtet, sondern der *Jassa*, den Anordnungen
Činggis Khans, denen Gesetzeskraft zukam. Statt vom Kalifen, den sie ja beseitigt hatten, ließen sich die Ilkhane vom
Großkhan in China als Herrscher bestätigen, indem sie Urkunde und Reichssiegel von ihm empfingen. Münzen, Siegel und Erlasse trugen neben arabischen oder persischen
Inschriften auch Devisen in uigurischer, mongolischer
und chinesischer Schrift. Mit Bolad Chingsang weilte gar
ein hochrangiger Repräsentant des Großkhans über Jahrzehnte am Hof der Ilkhane.

Die Konversion Ghazans (reg. 1295–1304) zum Islam markiert eine Zäsur. Auf die Legitimation durch den Großkhan wurde von nun an verzichtet. Ghazan nannte sich

6 und 7  Mihrab des Ölğeitü in der alten Freitagsmoschee von Isfahan

6

7

8 Blick in das Stuckgewölbe (Muqarnas) im Heiligtum des Sufischeichs ʿAbd aṣ-Ṣamad in Natanz. Das Heiligtum wurde unter ilkhanidischer Patronage errichtet.

9

10

9 und 10 Baudekor im Heiligtum von Natanz

*pādišāh-i islām,* »Herrscher des Islam«, und ließ bei seinem Amtsantritt Kirchen, Synagogen und buddhistische Tempel zerstören. Muslimische Gelehrte und Institutionen wurden hingegen demonstrativ gefördert. Ihren muslimischen Nachbarn blieben die neubekehrten Mongolenherrscher nichtsdestotrotz suspekt. Bei Ghazans Bruder und Nachfolger Ölǧeitü, der auf den Namen Nikolaus christlich getauft und von seinem Großvater Abaqa buddhistisch erzogen worden war, kann man den Eindruck gewinnen, dass er mit dem neuen Glauben noch seine Probleme hatte: Nach der Konversion zum sunnitischen Islam wechselte er von der hanafitischen zur schafiitischen Rechtsschule, um sich schließlich zur Schia zu bekennen.

## Dauerhafte Auswirkungen der Mongolenherrschaft auf die Gesellschaft und Kultur Irans

Die große Anzahl von Reiternomaden, welche im Zuge der mongolischen Eroberung nach Iran gelangt waren und bei denen es sich mehrheitlich nicht um ethnische Mongolen, sondern um Türken handelte, hat das quantitative Verhältnis von nomadischen Viehhirten zu sesshaften Ackerbauern und Städtern, von Türkischsprechern zu Persischsprechern, nachhaltig verändert. Ethnisch und sprachlich sind die Mongolen in Iran schließlich im türkischen Bevölkerungselement aufgegangen.

Mongolische Konzepte von Herrschaft (Legitimität durch Abstammung von Činggis Khan) und »Verwaltungsbräuche« (Kanzleipraxis, bestimmte »unislamische« Steuerarten und Steuerprivilegien, Währungssystem) wurden auch nach der Islamisierung der Ilkhane beibehalten und überdauerten vielfach deren Ende.

Durch die lange währende enge Bindung des Ilkhanats an den Großkhan in China wurde ein Verkehrs- und Kommunikationsraum geschaffen, der im Aufbau eines transkontinentalen Netzes von Poststationen seine materielle Infrastruktur fand und einen stetigen und intensiven Austausch von Waren, Personen und Ideen zwischen dem iranischen Hochland und China ermöglichte. Die Mongolen waren Katalysatoren überaus vielfältiger Kulturkontakte.

Die Ilkhane haben für das von ihnen beherrschte Gebiet die auf vorislamische Zeit zurückgehende Idee einer politisch-territorialen Einheit »Iran« (inklusive Irak) wiederbelebt, die es seit der Eroberung des sasanidischen Irans durch die muslimischen Araber im 7. Jahrhundert so nicht mehr gegeben hatte. Dass sie das »Königsbuch« (*Schahname;* Kat.-Nr. 303 ff.), die mythische Geschichte der vorislamischen iranischen Monarchen, aufwendig illustrieren ließen, hat nicht nur der persischen Buchmalerei einen initialen Schub versetzt, es zeigt, wie sehr sie bemüht waren,

an diese imperiale Tradition anzuknüpfen. Unter ilkhanidischer Patronage entstanden herausragende Geschichtswerke, die einen unerreichten Höhepunkt persischer Historiographie darstellen.

Literatur: Zur Geschichte und Kultur der Ilkhane gibt es eine reiche internationale Forschungsliteratur. Die hier genannten Titel bieten daraus lediglich eine bescheidene Auswahl.

AIGLE 1997; ALLSEN 1987; ALLSEN 1997; ALLSEN 2001; AUBIN 1995; AUSST.-KAT. NEW YORK/LOS ANGELES 2002/03; CONERMANN/ KUSBER 1997; FRAGNER 1997; GILLY-ELEWY 2000; HERRMANN 2004; HOFFMANN 1997; HOFFMANN 2000; JACKSON 1978; JACKSON 1999; KRAWULSKY 1989; LANE 2003; MELVILLE 2002/03; MORGAN 1986; QUADE-REUTTER 2003; SPULER 1985; VAN ESS 1981; WEIERS/VEIT/ HEISSIG 1986

**11**

11 und 12  Baudekor im Heiligtum von Natanz

**12**

## Die Diez-Alben

In der Staatsbibliothek zu Berlin befinden sich mehrere Alben aus dem Vermächtnis von Heinrich Friedrich Diez, der 1784–91 preußischer Gesandter in Istanbul war. Von den in den Alben bewahrten Bildern waren einige ursprünglich zur Illustration eines großen Geschichtswerks vorgesehen, dem *Ǧāmiʿ at-tawārīḫ* (Sammler der Chroniken), das der Wesir der Ilkhane Ghazan und Ölǧeitü, Rašīd ad-Dīn Fażlallāh (ca. 1249/50 bis 1318), verfasst hatte. Vergleiche mit den seltenen erhaltenen illustrierten Manuskripten dieses Textes (die Illustratoren sind nicht bekannt) erlauben gelegentlich eine genaue Identifizierung des Sujets[1], doch viele der Bilder lassen sich nur allgemein als »Thronszene«, »Kampfszene« oder »Herrscher auf Reisen« bestimmen. Da sie aus dem 1. Viertel des 14. Jhs. stammen und häufig sogar Ereignisse aus dem späten 13. und frühen 14. Jh. darstellen, sind sie geeignet, als Zeitzeugen einen lebendigen Eindruck von bestimmten Aspekten des Lebens im Iran der Ilkhane zu vermitteln. Sie tun dies in einer spezifischen, von ostasiatischen Einflüssen geprägten Malweise, die insbesondere auf die Ausdruckskraft der Linie setzt, in der Farbigkeit zurückhaltend bleibt und meist den Papiergrund zur Vermittlung von Raumtiefe geschickt in die Komposition einbezieht. Wenige kühle Farben ohne Leuchtkraft bestimmen den Eindruck und tragen durch ihre Abstufung zur Modellierung der Figuren bei.

*K. R.*

1 Zur Begründung der Identifikation einzelner Sujets vgl. RÜHRDANZ 1997.

## Kriegsführung

### 279 Eroberung von Bagdad durch die Mongolen 1258

Täbris (?), Iran, 1. Viertel 14. Jh. | Wasserfarben und Gold auf Papier; rechts: H 37,4 cm, B 29,3 cm; links: H 37,2, B 29 cm | Staatsbibliothek zu Berlin – Preußischer Kulturbesitz, Orientabteilung | Diez A fol. 70, S. 4 (rechts) und S. 7 (links)
*nur Bonn*

Die Einnahme der Hauptstadt Bagdad besiegelte den Untergang des abbasidischen Kalifats. Der Bedeutung dieses Ereignisses angemessen, wurde ihm eine doppelseitige Illustration gewidmet, die die Belagerung der Stadt zeigt. Doppelseitige Kompositionen, die nicht lediglich zwei separate Szenen gegenüberstellten, waren bis dahin selbst unter Frontispizminiaturen eine Seltenheit. Von besonderem Interesse sind hier Bildelemente wie die Stadtarchitektur im Hintergrund, Pontonbrücken, Belagerungsmaschinen sowie Rüstung und Bekleidung der Krieger. Der vorgelagerte Damm mit Festungsmauer könnte auf eine Besonderheit Bagdader Verteidigungsanlagen zurückgehen, ermöglichte dem Illustrator aber zugleich, Berichte Rašīd ad-Dīns über Fluchtversuche der Bagdader per Boot in die Komposition einzubeziehen. Während eine chinesische Quelle behauptet, dass der Kalif auf diese Weise zu entkommen versuchte, erwähnt Rašīd ad-Dīn lediglich einen hohen Würdenträger des Kalifen.

*K. R.*

### 280 Mongolische Reiter mit Gefangenen

Täbris (?), Iran, 1. Viertel 14. Jh. | Wasserfarben auf Papier, H 11,6 cm, B 25,8 cm | Staatsbibliothek zu Berlin – Preußischer Kulturbesitz, Orientabteilung | Diez A fol. 70, S. 19, Nr. 2
*nur Bonn*

280

Das verbreitete Fesseln unter Verwendung einer Astgabel diente nicht nur zur Verhinderung der Flucht von Gefangenen, sondern zugleich ihrer Bestrafung. Die am Sattel eines Peitsche schwingenden mongolischen Reiters festgebundenen Astgabeln erschwerten zudem das Laufen. Vermutlich ist hier die Gefangennahme von Räubern und Wegelagerern dargestellt, womit Ghazan Khans Sorge um den Schutz der Bevölkerung und die Sicherheit der Straßen veranschaulicht wurde.   *K. R.*

### 281 Berittene Krieger verfolgen Gegner

Täbris (?), Iran, 1. Viertel 14. Jh. | Wasserfarben auf Papier, H 21,2 cm, B 26,2 cm | Staatsbibliothek zu Berlin – Preußischer Kulturbesitz, Orientabteilung | Diez A fol. 71, S. 58
*nur Bonn*

Nach dem Erscheinungsbild der Verfolgten zu urteilen, dürfte es sich um einen Kampf zwischen Mongolen handeln. Die Verwirrung der Attackierten lässt an einen Überraschungsangriff denken. Die dynamische Komposition leitet ihre Wirkung nicht nur aus der heftigen, einheitlich nach links ausgerichteten Bewegung aller Reiter ab, sondern auch aus dem Anschnitt von Figurengruppen durch den Bildrand. Wie in zahlreichen anderen Miniaturen hat der Illustrator auf jegliche Andeutung eines Hintergrundes verzichtet. Räumliche Tiefe resultiert allein aus der Anordnung der Gruppen und der Überschneidung der Figuren. Die Gewaltsamkeit der Auseinandersetzung wird durch die Toten im unteren Teil des Bildes und die bedrohliche »Gesichtslosigkeit« mancher Angreifer unterstrichen.   *K. R.*

### 282 Berittene Krieger verfolgen Gegner

Täbris (?), Iran, 1. Viertel 14. Jh. | Wasserfarben auf Papier, H 17,5 cm, B 25,8 cm | Staatsbibliothek zu Berlin – Preußischer Kulturbesitz, Orientabteilung | Diez A fol. 71, S. 59
*nur München*

281

282

Als Variante zur oben beschriebenen Miniatur folgt diese Darstellung denselben Kompositionsprinzipien. Einige Gesichter bringen aber trotz der Beschädigungen den Schrecken der Verfolgten und die Entschlossenheit der Angreifer deutlicher zum Ausdruck. Die sonst oft auf Blau, Dunkelbraun, Violett, Rot und Schwarz begrenzte Farbpalette ist hier durch Gelb und Hellbraun ergänzt.    K. R.

### 283  Hinrichtung

Täbris (?), Iran, 1. Viertel 14. Jh. | Wasserfarben auf Papier, H 18,5 cm, B 26,2 cm | Staatsbibliothek zu Berlin – Preußischer Kulturbesitz, Orientabteilung | Diez A fol. 71, S. 49
*nur München*

Auf diesem Bild kommt der Landschaft ausnahmsweise eine wichtige Rolle zu. Der Fels im Vordergrund ist unverzichtbarer Bestandteil des Sujets, denn es handelt sich um die auf Befehl Ghazan Khans vollzogene Hinrichtung eines Verschwörers, dessen dichterer, längerer Bart ihn als Nicht-Mongolen kennzeichnet, durch Sturz in einen Abgrund. Die Felsformen einschließlich des pilzförmigen Gebildes verweisen ebenso wie die Beschränkung auf locker aufgetragene dunkel- und rotbraune Farbtöne auf ostasiatische Einflüsse.    K. R.

### 284  Konfrontation berittener Bogenschützen

Täbris (?), Iran, 1. Viertel 14. Jh. | Wasserfarben auf Papier, H 16,8 cm, B 26,7 cm | Staatsbibliothek zu Berlin – Preußischer Kulturbesitz, Orientabteilung | Diez A fol. 71, S. 60
*nur München*

Zwei gleich starke Gruppen von Bogenschützen in voller Rüstung reiten aufeinander zu. Durch ihre Anordnung zu beiden Seiten einer Diagonale kommen Raum und Bewegung zur Geltung.    K. R.

283

284

285

# Thronszenen

### 285 Höfisches Fest

Täbris (?), Iran, 1. Viertel 14. Jh. | Wasserfarben und Gold auf Papier, H 33,8 cm, B 25,8 cm | Staatsbibliothek zu Berlin – Preußischer Kulturbesitz, Orientabteilung | Diez A fol. 70, S. 22
*nur Bonn*

Thronszenen als prägnantester Ausdruck von Königtum spielen im Zyklus der Illustrationen von Rašīd ad-Dīns Geschichtswerk eine herausragende Rolle. Nicht immer sind es streng zeremonielle Darstellungen. In diesem Fall spiegelt sich die lockere Atmosphäre eines Festes mit dem Khan und seiner Gemahlin, der Khatun, auf dem Thron in der Aktivität aller Beteiligten wider, die entweder mit dem Heranschaffen und Servieren von Speisen beschäftigt oder in Gespräche verwickelt sind, gestikulieren oder einen Hund locken, der sich unübersehbar auf der Mittelachse des Bildes niedergelassen hat. K. R.

### 286 Inthronisation eines mongolischen Herrschers

Täbris (?), Iran, 1. Viertel 14. Jh. | Wasserfarben auf Papier; rechts: H 38,8 cm, B 28,7 cm; links: H 36,1 cm, B 29,8 cm | Staatsbibliothek zu Berlin – Preußischer Kulturbesitz, Orientabteilung | Diez A fol. 70, S. 10 (rechts) und S. 5 (links)
*nur Bonn*

Die Machtübernahme durch einen neuen Herrscher war von einem großen Zeremoniell begleitet, an dem nicht nur die Khatun teilnahm, sondern auf der Seite des Khans auch seine Brüder und Söhne, Noyone und Amire, sowie auf der Seite der Khatun die Frauen der Dynastie, zudem Würdenträger der zivilen Verwaltung und Inhaber weiterer Hofämter, z. B. Falkner. In unmittelbarer Nähe des Khans schräg hinter dem Thron nahmen Träger der Herrschaftssymbole Aufstellung: die Waffenträger und der *yurtči*, der für die Jurte zuständig war. Auch Schirm und Faltstuhl des Khans hatten dort ihren Platz. Musikanten, »Bewacher der Türschwelle« und anderes Dienstpersonal schlossen das Bild am unteren Rand ab. K. R.

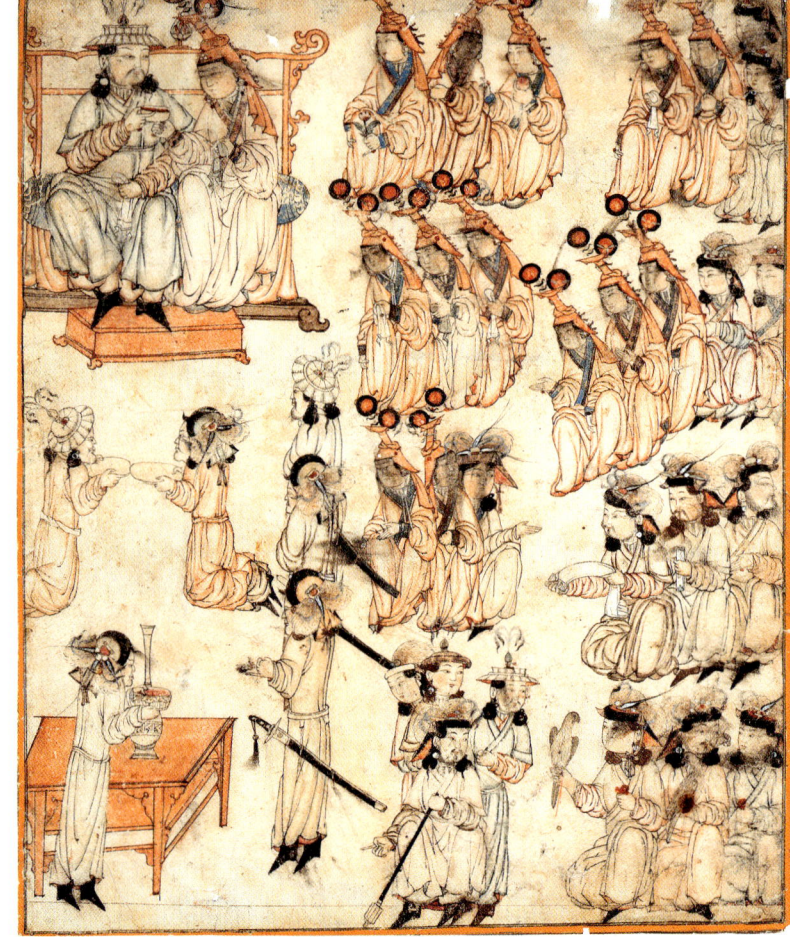

286

287

**287 Würdenverleihung durch den Ilkhan**

Täbris (?), Iran, 1. Viertel 14. Jh. | Wasserfarben auf Papier, H 17,7 cm, B 26,3 cm | Staatsbibliothek zu Berlin – Preußischer Kulturbesitz, Orientabteilung | Diez A fol. 71, S. 47
*nur Bonn*

Diesmal ist der Herrscher bei der Ausübung eines Staatsgeschäftes dargestellt. Er verleiht Auszeichnungen in der Form kostbarer Gürtel. Der Letzte in der Reihe der Beschenkten kniet gerade vor dem Khan nieder. Die einfache symmetrische Komposition mit den zu beiden Seiten des Throns gestaffelten Figuren gewinnt durch die Haltung der leicht aus der Mitte herausgerückten Figur des Khans ein wenig an Lebendigkeit.   *K. R.*

**288  Inthronisation eines mongo-
lischen Herrschers**

Täbris (?), Iran, 1. Viertel 14. Jh. | Wasser-
farben auf Papier; rechts: H 38,8 cm,
B 29,2 cm; links: H 35,6 cm, B 28,7 cm |
Staatsbibliothek zu Berlin – Preußischer
Kulturbesitz, Orientabteilung |
Diez A fol. 70, S. 21 (rechts) und S. 11 (links)
*nur München*

Die strenge Einhaltung des Kompositionsschemas
unterstreicht die dynastische Kontinuität. Khan und
Khatun sind wie üblich größer als die übrigen Figu-

ren dargestellt. Das Bild erfasst aber einen weiteren
Ausschnitt der Zeremonie als die oben beschriebene
Darstellung (Kat.-Nr. 286) und entsprechend mehr
Beteiligte, von denen einige im Profil abgebildet
sind. Diese Profilgesichter mit massigem Kinn,
schütterem kurzem Bart und einem in Frontalan-
sicht wiedergegebenen Auge wirken im Vergleich zu
den Gesichtern im Dreiviertelprofil martialisch. Die
meisten Männer tragen einen mit Eulen- und Adler-
federn verzierten Hut, die Frauen den boγtaγ, den
unverwechselbaren Kopfschmuck vornehmer Mon-
golinnen (Kat.-Nr. 73).     *K. R.*

**289  Khan und Khatun im Gespräch**

Täbris (?), Iran, 1. Viertel 14. Jh. | Wasser-
farben auf Papier, H 20,2 cm, B 26,2 cm |
Staatsbibliothek zu Berlin – Preußischer
Kulturbesitz, Orientabteilung |
Diez A fol. 71, S. 48
*nur München*

Obwohl die Hauptfiguren von Höflingen und Hofdamen umrahmt sind und das Bild deshalb einen
durchaus offiziellen Charakter hat, strahlt diese
Darstellung doch Intimität aus. Dieser Eindruck
entsteht durch die einander liebevoll zugewandten
Figuren von Khan und Khatun. Die Khatun trägt
den boγtaγ, eine Kette aus Rubinen und Ohrgehänge
mit Perlen.     *K. R.*

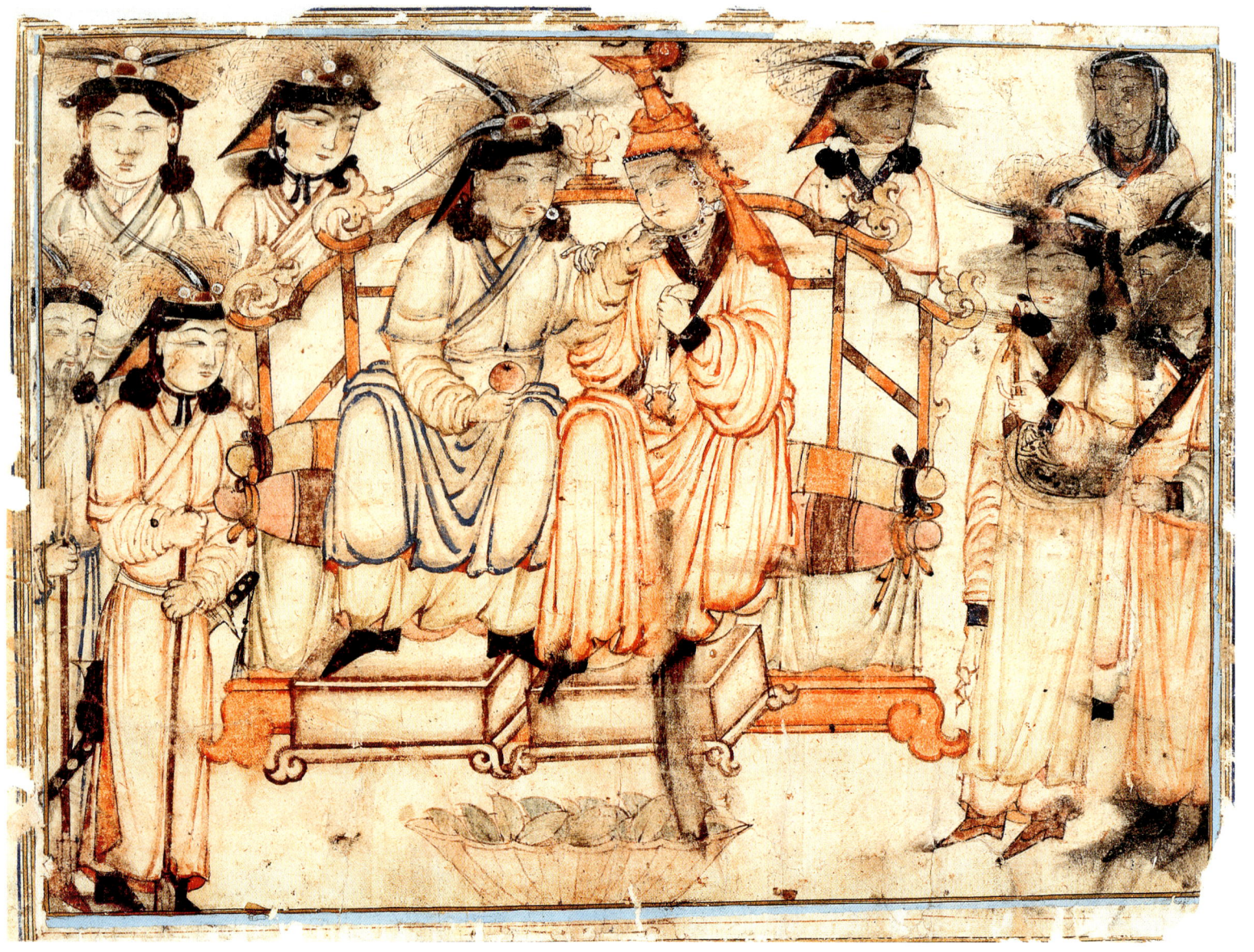

289

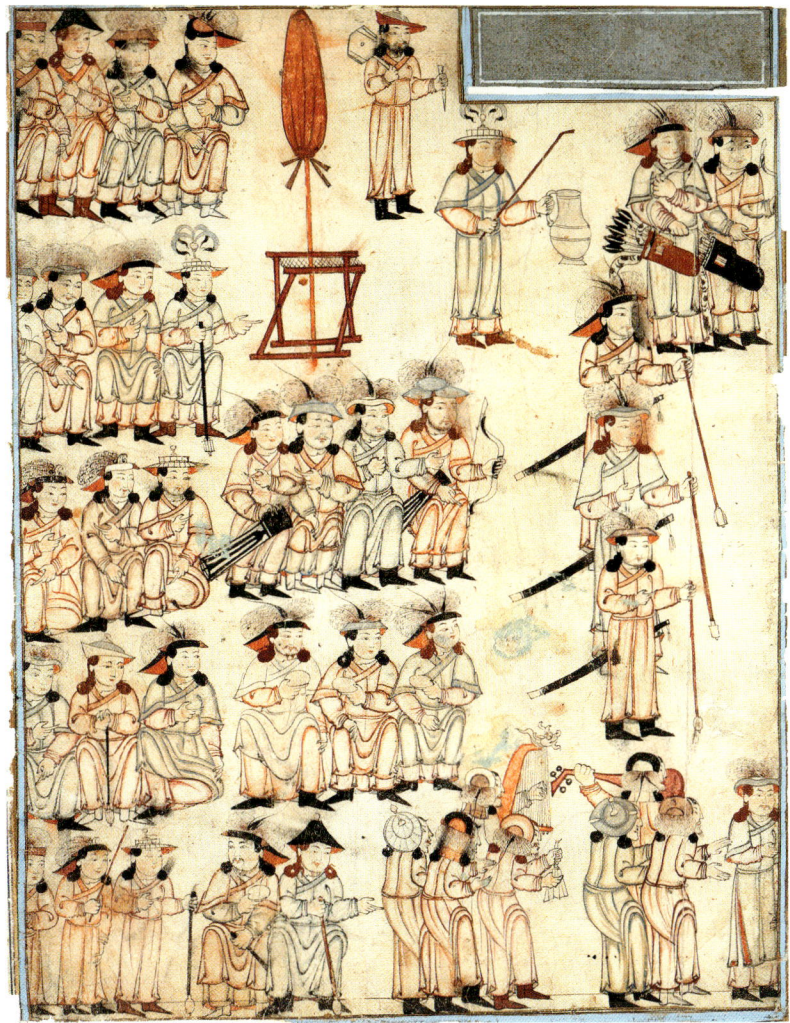

290

### 290  Inthronisation eines mongolischen Herrschers

Täbris (?), Iran, 1. Viertel 14. Jh. | Wasserfarben auf Papier; rechts: H 34,7 cm, B 28,3 cm; links: H 38,8 cm, B 29,2 cm | Staatsbibliothek zu Berlin – Preußischer Kulturbesitz, Orientabteilung | Diez A fol. 70, S. 23 (rechts) und S. 20 (links)
*nur München*

Die Figuren dieser doppelseitigen Darstellung der Thronbesteigung eines Khans wirken kürzer als in den oben beschriebenen Darstellungen (Kat.-Nr. 286, 288), die Gewandzeichnung härter und ohne Plastizität. Unter den Amtsträgern nahe dem Thron befindet sich diesmal auch ein Mann mit einem Krug in der Hand, bei dem es sich um den Küchenmeister *(bawurčī)* handeln könnte.   *K. R.*

291

## Alltagsleben bei Hofe

### 291 Geburt eines Prinzen

Täbris (?), Iran, 1. Viertel 14. Jh. | Wasserfarben auf Papier, H 12,7 cm, B 25 cm | Staatsbibliothek zu Berlin – Preußischer Kulturbesitz, Orientabteilung | Diez A fol. 70, S. 8, Nr. 2
*nur Bonn*

Während Mutter und Neugeborenes ruhen, bringt eine Dienerin ein Räuchergefäß, um die Luft zu reinigen. Drei Astrologen mit Astrolabien in der Hand sind derweil damit beschäftigt, das Schicksal des Prinzen vorauszusagen, bei dem es sich wahrscheinlich um Ghazan handelt. In das Zentrum des Bildes hat der Maler drei Hofdamen gesetzt und den Ort deutlich als Innenraum gekennzeichnet, indem er ihn mit einem Teppich versah, der ein für die Ilkhan-Zeit typisches Muster aus Zickzack-Streifen besitzt. Dieses Bild wird stärker als andere von Farben bestimmt, unter denen ein kräftiges violettes Blau auffällt.   *K. R.*

### 292 Vorbereitungen zu einem Fest

Täbris (?), Iran, 1. Viertel 14. Jh. | Wasserfarben auf Papier, H 25,8 cm, B 25,8 cm | Staatsbibliothek zu Berlin – Preußischer Kulturbesitz, Orientabteilung | Diez A fol. 70, S. 18, Nr. 1
*nur Bonn*

In Anwesenheit einer Hofdame oder der Khatun selbst werden Vorbereitungen zu einem Gastmahl getroffen. Geschäftig bewegen sich Diener und Wächter vor einer detailliert dargestellten Zeltarchitektur, deren Struktur aber für den Betrachter schwer zu durchschauen ist. Geraffte Zeltbahnen gestatten einen Einblick. An der hölzernen Tür rechts gibt es offensichtlich Streit um den Einlass.
                                                                                          *K. R.*

292

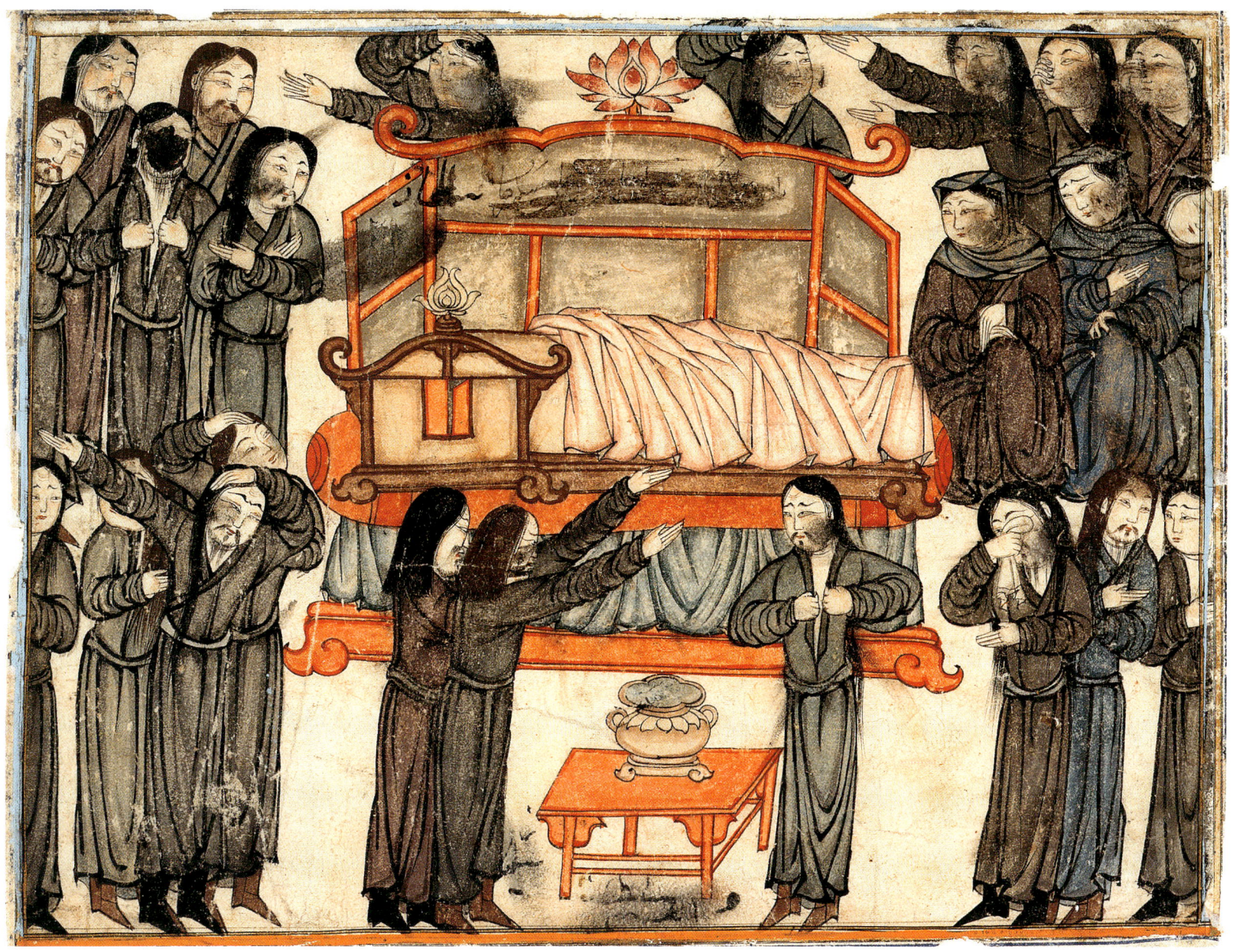

293

**293  Beweinung eines Herrschers**

Täbris (?), Iran, 1. Viertel 14. Jh. | Wasser-
farben auf Papier, H 19,6 cm, B 26,5 cm |
Staatsbibliothek zu Berlin – Preußischer
Kulturbesitz, Orientabteilung |
Diez A fol. 71, S. 55
*nur Bonn*

Ohne wesentliche kompositionelle Veränderungen
wurde eine Thronszene zu einer Klageszene um-
funktioniert. Auf der Thronfläche steht der mit
einem Tuch bedeckte Sarg. Die den Thron auf allen
Seiten rahmenden Figurengruppen bestehen aus
barhäuptigen Trauernden, zu denen auch eine Gruppe von teils still trauernden, teils heftig klagenden
Frauen gehört. Das Orangerot von Thron und Tisch
bildet einen auffälligen Kontrast zu den ausnahmslos in dunkle Gewänder gekleideten Figuren.  *K. R.*

295

296

## Gelehrsamkeit

### 294  Ein mongolischer Prinz studiert den Koran

Täbris (?), Iran, 1. Viertel 14. Jh. | Wasserfarben auf Papier, H 20,3 cm, B 26,7 cm | Staatsbibliothek zu Berlin – Preußischer Kulturbesitz, Orientabteilung | Diez A fol. 70, S. 8, Nr. 1
*nur München*

Bereits vor Ghazan Khans Übertritt zum Islam (1295) hatten andere Mitglieder des Herrscherhauses und Angehörige des mongolischen Heeres diesen Schritt getan. Zur Ausübung des Kultes im Heerlager dienten Zeltmoscheen wie die hier abgebildete. Auf die spezifische Funktion des Zeltes, in dem zwei Männer offensichtlich den Koran studieren, verweist die Inschrift »Die Herrschaft gehört Allah« auf einem Bogen, der entweder das Eingangsportal darstellt oder die Gebetsnische, den Mihrab.
*K. R.*

### 295  Ghazan Khans Mausoleum und Stiftung

Täbris (?), Iran, 1. Viertel 14. Jh. | Wasserfarben (und Silber?) auf Papier, H 36,2 cm, B 29 cm | Staatsbibliothek zu Berlin – Preußischer Kulturbesitz, Orientabteilung | Diez A fol. 70, S. 13
*nur München*

Die auf Befehl Ghazan Khans außerhalb von Täbris errichtete Anlage umfasste neben seinem Grabmal u. a. mehrere Medresen (Koranschulen), ein Khanagah (einen sufischen Konvent), ein Krankenhaus, ein Observatorium und eine Bibliothek. Die erhaltene linke Seite der doppelseitigen Darstellung eines Bauwerks mit Arkaden, zum Hof sich öffnenden hohen Iwanen (Portalnischen) und dem Mausoleum in der Mitte lässt uns nur einen Ausschnitt des Komplexes erkennen, worauf die im Hintergrund sichtbaren Iwane weiterer Bauten hindeuten. Einfacher Ziegeldekor in den Wölbungen, bemalte Zwickel an den Torbögen und türkisfarbene Dekorziegel auf der Kuppel geben typische Architekturelemente der Ilkhan-Zeit wieder.  *K. R.*

### 296  Astronomen oder Astrologen bei der Arbeit

Täbris (?), Iran, 1. Viertel 14. Jh. | Wasserfarben und Gold auf Papier, H 12 cm, B 24,3 cm | Staatsbibliothek zu Berlin – Preußischer Kulturbesitz, Orientabteilung | Diez A fol. 72, S. 16, Nr. 1
*nur München*

Die Astrologie und die dafür notwendigen astronomischen Beobachtungen und Berechnungen gehörten zu den Wissenschaften, die von den Ilkhanen besonders gefördert wurden. Die Miniatur zeigt ein Mitglied einer Gelehrtengruppe bei Messungen mit dem Astrolabium, andere sind mit der Aufzeichnung von Daten beschäftigt. Rechts oben fällt der Blick auf den Mond am Himmel, womit ein weiterer Bezug zur Tätigkeit der Gelehrten hergestellt wird.
*K. R.*

297

## Reisen

### 297 Herrscher auf seinem Weg durchs Land

Täbris (?), Iran, 1. Viertel 14. Jh. | Wasser-
farben auf Papier, H 22 cm, B 26,2 cm |
Staatsbibliothek zu Berlin – Preußischer
Kulturbesitz, Orientabteilung |
Diez A fol. 71, S. 50
*nur Bonn*

Die Ilkhane zogen häufig durch das Land, sei es
beim Wechsel vom Sommer- ins Winterlager oder
an der Spitze des Heeres. Der isoliert im Zentrum
des Bildes dargestellte Reiter ist durch den aus ehr-
fürchtigem Abstand über ihn gehaltenen Schirm als
Fürst ausgewiesen. Ihm voran läuft ein wohl mit
dem herrscherlichen Ausweis (*paiza*; Kat.-Nr. 6, 7)
ausgestatteter Bote (*ilčī*). Die ebenfalls zur fürst-
lichen Ausrüstung gehörenden und Packpferde erscheinen an prominenter Stelle. Nur im unteren Teil
der Miniatur ist die Landschaft angedeutet.    *K. R.*

### 298 Herrscher auf einem Elefanten

Täbris (?), Iran, 1. Viertel 14. Jh. | Wasser-
farben auf Papier, H 21,3 cm, B 27 cm |
Staatsbibliothek zu Berlin – Preußischer
Kulturbesitz, Orientabteilung |
Diez A fol. 71, S. 56
*nur Bonn*

Als prestigeträchtiges Reittier spielte der Elefant
auch im Ilkhanreich eine Rolle. Der Maler hat ein
Übriges getan, um den Herrscher hervorzuheben.

298

Er ist nicht nur größer als die Mitglieder des ihn umgebenden Hofstaats, sondern seine Größe stellt auch die des Elefanten in den Schatten. Zur räumlichen Wirkung tragen diesmal nicht nur die mehrfache Staffelung von Figuren, sondern auch die Einbeziehung des Himmels bei.  *K. R.*

### 299  Mongolischer Reiter in einer Berglandschaft

Täbris (?), Iran, 1. Viertel 14. Jh. | Wasserfarben auf Papier, H 19,5 cm, B 15,7 cm | Staatsbibliothek zu Berlin – Preußischer Kulturbesitz, Orientabteilung | Diez A fol. 71, S. 28, Nr. 1
*nur Bonn*

Dieses Bild weicht nicht nur im Stil von den Illustrationen zu Rašīd ad-Dīns Geschichtswerk ab, es verrät eine grundsätzlich andere Einstellung zum Verhältnis von Mensch und Natur. Chinesischer Einfluss hat hier auch den Inhalt bestimmt und lässt den einsamen mongolischen Reiter als Zwerg vor einer grandiosen, in ihrer Schroffheit dem Menschen feindlichen Felslandschaft erscheinen. Zur abwehrenden Wirkung der Naturkulisse tragen auch die kühlen Himmelsfarben bei. Vor ihrem Hintergrund ragt ein »belebter« Fels auf, in dem man einen menschlichen Kopf erkennen kann – dies wiederum ein Element des persischen Verständnisses von Natur, das in der Malerei von Täbris fortan eine große Rolle spielen sollte.  *K. R.*

300

**300  Fürst auf Reisen**
Täbris (?), Iran, 1. Viertel 14. Jh. | Wasser-
farben auf Papier, H 18,2 cm, B 26 cm |
Staatsbibliothek zu Berlin – Preußischer
Kulturbesitz, Orientabteilung |
Diez A fol. 71, S. 53
*nur München*

Auf die Machtstellung des Reisenden, der den Mittelpunkt der Gruppe bildet, wird auch durch die
Peitsche verwiesen. Er hat sich zu einem der ihn
begleitenden Reiter zurückgewandt, der eine *paiza*
(Kat.-Nr. 6, 7) von annähernd rechteckiger Form um
den Hals trägt. Sparsam angedeutete Landschaft
dient wie in Kat.-Nr. 297 nur in der unteren Bild-
hälfte als Hintergrund.   *K. R.*

## 301  Eine Frau beklagt sich beim Herrscher

Täbris (?), Iran, 1. Viertel 14. Jh. | Wasserfarben auf Papier, H 11,8 cm, B 25,8 cm | Staatsbibliothek zu Berlin – Preußischer Kulturbesitz, Orientabteilung | Diez A fol. 70, S. 18, Nr. 2
*nur München*

Diese Miniatur gehört zu jenen, die in Rašīd ad-Dīns Werk die Kapitel über die Tugenden und staatsmännischen Leistungen Ghazan Khans illustrieren. Aus Protest über die Bedrückung der Bevölkerung durch Einquartierung von Beamten und Militär berichtete ein alter Mann Ghazan Khan vom vorbildlichen Verhalten vormongolischer iranischer Herrscher. Nach seinen Worten war ein Sultan bei Nischapur auf eine jung verheiratete Frau getroffen, die ein Pferd zur Tränke führte. Mit dieser Aufgabe hatte ein einquartierter Türke eigentlich ihren Ehemann aus dem Haus entfernen wollen. Der Sultan zog daraus die Konsequenzen und ließ für seine Leute eigene Unterkünfte errichten. Dies verfügte dann auch Ghazan Khan.    *K. R.*

301

302

**302 Verhandlungsszene**
Täbris (?), Iran, 1. Viertel 14. Jh. | Wasser-
farben und Gold auf Papier, H 19 cm,
B 25 cm | Staatsbibliothek zu Berlin –
Preußischer Kulturbesitz, Orientabteilung |
Diez A fol. 71, S. 54
*nur München*

Der Inhalt der Begegnung zwischen dem jungen
Reiter und dem rangniederen Älteren bleibt uns unbekannt. Zu beiden Seiten lenken gestaffelte Figuren
den Blick in die Raumtiefe auf einen windschiefen
Baum, der aus bizarren, pilzförmigen Felsen heraus-
wächst und am oberen Rand teilweise von einer ebenso dekorativ stilisierten Wolke verdeckt wird. *K. R.*

## Schahname-Illustrationen

Firdausī schloss die Arbeit an seinem großen Epos über die Könige Irans und ihre Kämpfe mit den Turanern um 1010 ab, doch die frühesten illustrierten Handschriften des Werkes stammen aus dem 14. Jh. Sie verdanken ihre Entstehung nicht nur dem Aufschwung der Buchmalerei seit dem 13. Jh., sondern v. a. dem verstärkten Interesse der Mächtigen am *Schahname*. Während Ilkhane und mongolische Gouverneure im Bekenntnis zur iranischen Dynastiengeschichte offenbar einen Weg sahen, sich als legitime Nachfolger dieser Könige darzustellen, nutzte die persische Oberschicht das »Königsbuch« nach der Katastrophe der mongolischen Eroberung zur stabilisierenden Rückbesinnung auf die Kontinuität der eigenen Herrschaftstradition. Verschiedene Gruppen von illustrierten *Schahname*-Handschriften aus der 1. Hälfte des 14. Jhs. belegen neben dem verbreiteten Interesse zugleich die Verwurzelung der Künstler in unterschiedlichen Maltraditionen. Die Diez-Alben enthalten Miniaturen aus mehreren *Schahname*-Manuskripten, von denen das früheste nur geringen ostasiatischen Einfluss aufweist. Figurenzeichnung und intensive Farbigkeit einschließlich der meist roten Hintergründe stehen noch ganz in seldschukischer Bildtradition.     *K. R.*

303

304

### 303  Rustams Geburt

Isfahan (?), Iran, 1. Viertel 14. Jh. | Wasserfarben und Gold auf Papier, H 8 cm, B 20 cm | Staatsbibliothek zu Berlin – Preußischer Kulturbesitz, Orientabteilung | Diez A fol. 71, S. 7, Nr. 2
*nur Bonn*

Der populärste Held des Schahname ist Rustam, Erbe eines Vasallenkönigtums im Osten des Iran. Da er sich schon bei der Geburt durch Größe und Stärke auszeichnete, benötigte seine Mutter bei der Entbindung die Hilfe des Wundervogels Simurgh (vgl. Kat.-Nr. 318). Sie wird auf der rechten Seite des Bildes hinter einem Vorhang von ihren Dienerinnen gestützt, während Rustam durch einen Kaiserschnitt zur Welt kommt. Die Darstellung des nackten Körpers in einem narrativen Kontext bereitete Malern wie Auftraggebern offensichtlich kein Kopfzerbrechen. Links, in freier Natur, hat Rustams Vater Zāl gerade eine Feder des Wundervogels verbrannt, der daraufhin zur Hilfe geeilt ist. Die Gestalt des Vogels lässt noch keinen Einfluss chinesischer Phönix-Darstellungen erkennen     *K. R.*

### 304  Hinrichtung

Isfahan (?), Iran, 1. Viertel 14. Jh. | Wasserfarben und Gold auf Papier, H 8,5 cm, B 11,5 cm | Staatsbibliothek zu Berlin – Preußischer Kulturbesitz, Orientabteilung | Diez A fol. 71, S. 11, Nr. 3
*nur Bonn*

Diese Illustration erstreckt sich nicht über die Breite aller Textspalten. Sie lässt so auch nur wenig Raum für die konkrete Ausgestaltung der Szene, bei der es sich um die Hinrichtung des turanischen Herrschers Afrāsyāb durch den iranischen König handeln könnte. Durch den oberen Bildrand abgeschnittene Baumkronen gehören neben golden konturierten Felsen in verschiedenen Farben und stilisierten kugelförmigen Wolken zu den wenigen Elementen, aus denen der Landschaftshintergrund zusammengesetzt wurde.     *K. R.*

305

306

### 305 Siyāwuš' Feuerprobe

Isfahan (?), Iran, 1. Viertel 14. Jh. | Wasser-
farben und Gold auf Papier, H 8,5 cm,
B 19 cm | Staatsbibliothek zu Berlin –
Preußischer Kulturbesitz, Orientabteilung |
Diez A fol. 71, S. 30, Nr. 2
*nur Bonn*

Von seiner Stiefmutter der Belästigung beschuldigt,
musste der Königssohn Siyāwuš seine Unschuld mit
einem Ritt durchs Feuer beweisen. Links von der
Bildmitte, die oben durch eine goldene Wolke markiert ist, beobachten zwei Männer staunend das
Ereignis, das sich vor dem Königsschloss zuträgt.

*K. R.*

## 306 Angriff auf eine Burg

Isfahan (?), Iran, 1. Viertel 14. Jh. | Wasser-
farben und Gold auf Papier, H 9,3 cm,
B 13,7 cm | Staatsbibliothek zu Berlin –
Preußischer Kulturbesitz, Orientabteilung |
Diez A fol. 71, S. 40, Nr. 2
*nur München*

Diese Miniatur ist so aufgeteilt, dass die Bildfläche
noch Platz für die Darstellung der Verteidiger auf
der Burg bietet. Thema ist vermutlich die Belagerung der turanischen Festung Bīdād. Unter den An-
greifern befindet sich Rustam, erkennbar an dem
Gewand aus Tigerfell über der Rüstung. Die an der
Mauer emporlodernden Flammen und die herab-
stürzende Gestalt vermitteln einen Eindruck von
der Dramatik des Geschehens.   *K. R.*

## 307 Rustam zieht seinen Gegner mit einer Wurfschlinge vom Pferd

Isfahan (?), Iran, 1. Viertel 14. Jh. | Wasser-
farben und Gold auf Papier, H 7,2 cm,
B 16 cm | Staatsbibliothek zu Berlin –
Preußischer Kulturbesitz, Orientabteilung |
Diez A fol. 71, S. 41, Nr. 1
*nur München*

Unter den zahlreichen von Rustam besiegten Kriegern sind auch mehrere, die er mit einem Lasso vom
Reittier holte. In den frühen *Schahname*-Handschrif-
ten wurde vorzugsweise sein Kampf mit Kāmūs, einem Vasallen Afrāsyābs (vgl. Kat.-Nr. 304), so dargestellt. Die heftige Bewegung der Reiter nach rechts
wird durch die extreme Biegung des Baumstamms
und die abfallenden Felskuppen nachvollzogen.

*K. R.*

307

308

## 308 Suhrāb erkennt in seinem Gegner die Dame Gurdāfarīd

Isfahan (?), Iran, 1. Viertel 14. Jh. | Wasserfarben und Gold auf Papier, H 7,8 cm, B 20 cm | Staatsbibliothek zu Berlin – Preußischer Kulturbesitz, Orientabteilung | Diez A fol. 71, S. 42, Nr. 2
*nur München*

Die Architektur, diesmal Gurdāfarīds Schloss, füllt ein weiteres Mal die linke Bildseite, Berge rahmen das Bild am rechten Rand. Rustams Sohn Suhrāb, der zum turanischen Heer gehört, hat dem flüchtenden Gegner gerade den Helm vom Kopf gerissen und zu seinem Erstaunen festgestellt, dass es sich um eine Frau handelt. Diese romantische Episode, eine der wenigen im *Schahname*, wurde selten abgebildet.   *K. R.*

309

# Landschaftsdarstellung

### 309 Flusslandschaft

Täbris (?), Iran, 1. Viertel 14. Jh. | Wasser-
farben auf Papier, H 19,2 cm, B 28,1 cm |
Staatsbibliothek zu Berlin – Preußischer
Kulturbesitz, Orientabteilung |
Diez A fol. 71, S. 10
*nur Bonn*

Landschaftsbilder erscheinen in den Manuskripten
aus der 1. Hälfte des 14. Jhs. nur vereinzelt, um dann
dekorativen Kompositionen aus blühenden Bäumen,
Blütenpflanzen, Vögeln und Jagdtieren Platz zu machen. Darstellungen wie diese, die die Natur zum
Thema machen, ohne sie in eine unwirkliche Ideal-
landschaft zu verwandeln, entstanden in der Auseinandersetzung mit chinesischen Landschaftsbil-
dern. Dort haben auch die kahlen, verkrüppelten
Bäume und die bizarren, verwitterten Felsformatio-
nen ihren Ursprung. Die kühlen dunklen Farben erinnern an die Farbpalette der Miniaturen zu Rašīd
ad-Dīns Werk in den Diez-Alben. Die Kombination
mit dem kräftigen Rot und Blau der Felsgebilde findet sich gelegentlich auch in diesem Werk und belegt hier wie dort die bereits erreichte Stufe der An-
eignung und Umformung chinesischer Einflüsse.
Die Farbphantasie wurde vielleicht auch dadurch
angeregt, dass die teils auf chinesische Keramik zurückgehende Darstellung nicht mehr auf die Farben
Blau und Weiß beschränkt war. Die stilisierten Wellen jedenfalls verweisen auf das Vorbild chinesischen Keramikdekors.   *K. R.*

# Weitere Illustrationen zu Rašīd ad-Dīn

### 310 Geburt des Propheten Mohammed

Täbris (?), Iran, 1314/15 | Wasserfarben auf
Papier; Folio: H 44 cm, B 33,5 cm; Miniatur:
H 10 cm, B 26,5 cm | Edinburgh University
Library | Inv.-Nr. Or Ms 20, fol. 42 r.

Zu den bedeutendsten illustrierten Handschriften
aus ilkhanidischer Zeit zählt ein Fragment jenes
Bandes des historischen Werks von Rašīd ad-Dīn
Fażlallāh (gest. 1318), der sich mit der Geschichte
asiatischer und europäischer Völker vor der mongolischen Eroberung beschäftigt. 151 Blatt der vor
1314/15 kopierten Abschrift der arabischen Textver-
sion befinden sich in der Universitätsbibliothek in

Edinburgh, weitere 59 Folios in der Sammlung Nasser Khalili in London.[1] Bei der Auswahl der zu illus-
trierenden Sujets wurden zwei erkennbare Schwer-
punkte gesetzt. Einen davon bildete die Geschichte
vorislamischer Propheten und des Lebens Moham-
meds. Dazu gehört auch die Darstellung der Geburt
des Propheten Mohammed. Dieser ist hier – wie
auch auf den Illustrationen, die ihn als Oberhaupt
seiner Gemeinde zeigen – ohne Flammennimbus
und Schleier abgebildet. Die ihm von Gott übertra-
gene Mission wird aber stets durch die aktive Betei-
ligung von Engeln am Geschehen kenntlich gemacht. Für die Komposition wurden Elemente
christlicher Darstellungen zu Jesu Geburt verwen-

det. Wie in allen Illustrationen der Handschrift sind
deckende Farben nur sparsam eingesetzt, während
modellierende Tönungen vorherrschen.   *K. R.*

1 Für eine eingehende Auseinandersetzung mit dem Fragment
vgl. BLAIR 1995.

### 311 Eroberung von Qusdar durch den Ghaznawidenherrscher Maḥmūd

Täbris (?), Iran, 1314/15 | Wasserfarben auf
Papier, Folio: H 45,5 cm, B 34 cm, Miniatur:
H 8,5 cm, B 25,5 cm | Edinburgh University
Library | Inv.-Nr. Or Ms 20, fol. 108 v.

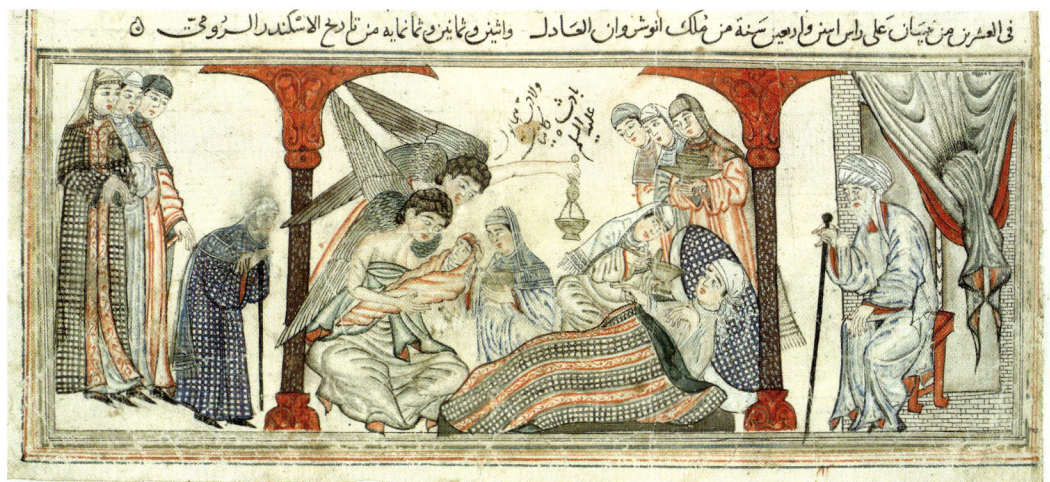

310

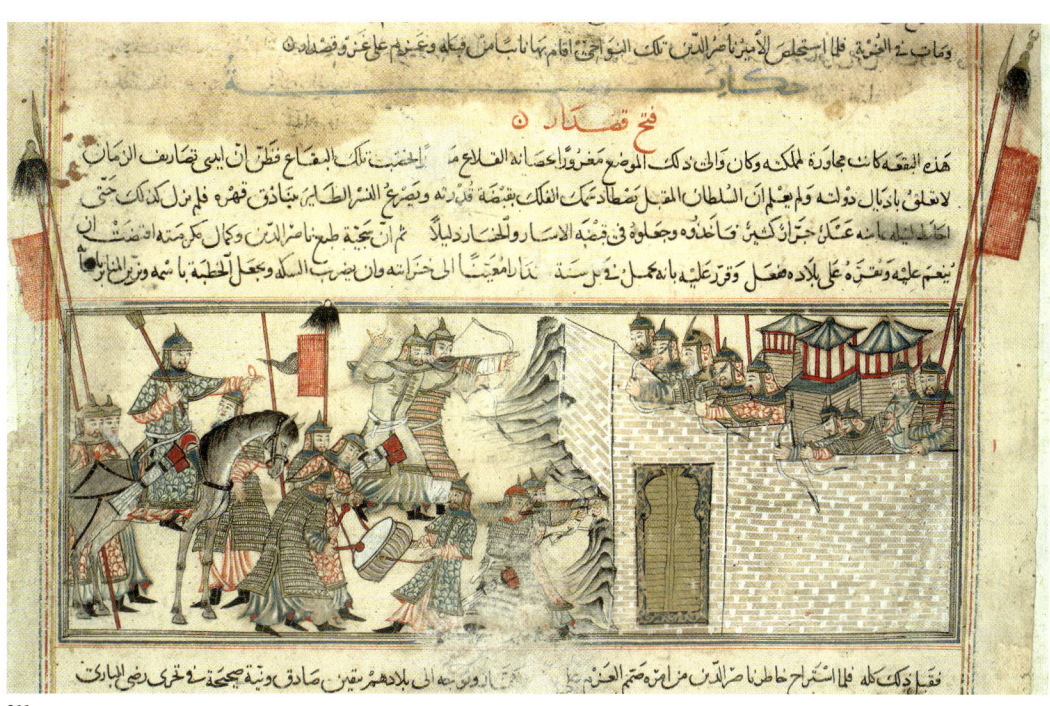

311

Den zweiten Schwerpunkt setzte die Illustrierung in der Geschichte Irans, besonders unter der türkischstämmigen Dynastie der Ghaznawiden. Deren bedeutendster Repräsentant, Maḥmūd (gest. 1030), unternahm während seiner 32-jährigen Herrschaft zahlreiche Kriegszüge v. a. gegen nicht-muslimische und als häretisch bezeichnete Machthaber im Norden des indischen Subkontinents. Diente bereits die Hervorhebung der prophetischen Tradition Rašīd ad-Dīn zur Legitimierung der Mongolenherrschaft unter Berufung auf ihren islamischen Charakter seit Ghazan Khan, so wurden mit dem Verweis auf das Vorbild der Ghaznawiden noch weitere Aspekte legitimer Machtausübung betont: die Iranisierung aus der türkischen Steppe gekommener Herrscher und die Rolle der zentralisierten Bürokratie für ein funktionierendes Staatswesen.

Der Regionalherrscher von Qusdar (im heutigen Pakistan) wurde 1011 zur Anerkennung der Oberhoheit der Ghaznawiden gezwungen. Die Belagerungsszene kann nicht nur wegen der Darstellung mongolischer Ausrüstung einschließlich der zum Sturm rufenden Pauke als Gleichnis der Macht der Ilkhane betrachtet werden. Die Illustrierung der Ghaznawidenzeit mit 24 (von insgesamt 27) Darstellungen von Kriegszügen, Schlachten, Eroberungen und Exekutionen zeichnet zugleich ein realistisches Bild der mongolischen Herrschaft in Iran.　　*K. R.*

## Urkunden der Ilkhanzeit

Bei den folgenden Dokumenten handelt es sich um in Erlassform (*yarlīġ*) abgefasste herrscherliche Sendschreiben an den Papst bzw. europäische Fürsten und um Erlässe, die fiskalische und administrative Angelegenheiten regeln. Sofern es

sich um Urkunden in persischer Sprache handelt, sind diese in einem speziellen Kanzleiduktus ausgefertigt. Bis in die Zeit des letzten Ilkhans Abū Saʿīd (reg. 1316 – 35) findet man auf den Urkunden das große rote Herrschersiegel (*āl tamġā*) in chinesischer Sprache, erst danach auch in arabischer Sprache. Die mongolischen Emire verwendeten ein kleineres, schwarzes Siegel. Administrativ-fiskalische Bescheide trugen ein kleines goldenes Beamtensiegel (*altūn tamġā*).　　*B. H.*

### 312　Brief des Ilkhans Ghazan an Papst Bonifaz VIII., 1302

Tusche auf Pergament, H 24 cm, B 97 cm | Archivio Segreto Vaticano, Città del Vaticano | Inv.-Nr. A. A., Arm. I - XVIII, 1801 (3) | Ausgestellt ist ein Faksimile des Archivio Segreto Vaticano

Der Brief in mongolischer Sprache ist ein Aufruf Ghazans (reg. 1295 – 1304), seines Wesirs Rašīd ad-Dīn und des mongolischen Emirs Qutluġ Šāh an den Papst und die christlichen Fürsten, sich gegen die Mamluken in Ägypten zu verbünden: »Ihr stellt Eure Truppen auf, benachrichtigt die Herrscher der verschiedenen [christlichen] Nationen, und versäumt nicht den abgemachten Termin, und Wir wollen zum Himmel beten, und die große Sache [gegen die Mamluken] zum einzigen Ziel machen.«[1]

Der Ilkhan und der Papst bzw. die christlichen Fürsten sahen sich aus den folgenden Gründen zum Austausch von Gesandten und Briefen veranlasst: Die Ilkhane wünschten, die syrischen Gebiete, die sie in der Schlacht von ʿAin Ġālūt 1260 an die ägyptischen Mamluken verloren hatten, zurückzuerobern und Zugang zum Mittelmeer zu erlangen; das Anliegen

des Papstes und der christlichen Fürsten war es, Jerusalem zurückzugewinnen.[2]

Ghazan war es 1299/1300 gelungen, die Mamluken aus Syrien zu vertreiben. Allerdings war der Erfolg nur von kurzer Dauer, so dass er sich wieder nach Iran zurückziehen musste. Der Wunsch nach einem neuerlichen Vorstoß veranlasste ihn, Papst Bonifaz VIII. eine gemeinsame Militäraktion gegen die Mamluken vorzuschlagen. Die Kampfhandlungen fanden 1303 statt, allerdings ohne europäische Verbündete, und blieben erfolglos.　　*B. H.*

1　Zit. nach Michael Weiers, »Die Mongolen in Iran«, in: WEIERS/VEIT/HEISSIG 1986, S. 331; eine vollständige Übersetzung ins Französische liegt mit MOSTAERT/ CLEAVES 1952 vor.

2　Zu den diplomatischen Beziehungen der Ilkhane zum christlichen Europa vgl. SPULER 1985, S. 185 – 195, sowie BOYLE 1976 b und MORGAN 1998, S. 183 – 187.

### 313　Brief des Ilkhans Ölġeitü aus der Muġān-Steppe an König Philipp den Schönen von Frankreich, 1305

Papier, H 36 cm, B 117 cm | Bibliothèque Nationale de France, Paris | Inv.-Nr. 96-9-13 | Ausgestellt ist ein Faksimile aus dem Nationalmuseum für mongolische Geschichte, Ulaanbaatar

Nicht lange nachdem die jahrzehntelangen Reibereien zwischen den vier mongolischen Teilreichen beigelegt worden waren, schrieb Ölġeitü (reg. 1304 bis 16) einen Brief an den König von Frankreich, in dem er ihm von der neuen Einigkeit unter den Nachfahren Činggis Khans berichtet, an die früheren guten Beziehungen mit den Europäern erinnert und den Wunsch äußert, den Austausch von Gesandten und Geschenken wieder aufzunehmen.[1]

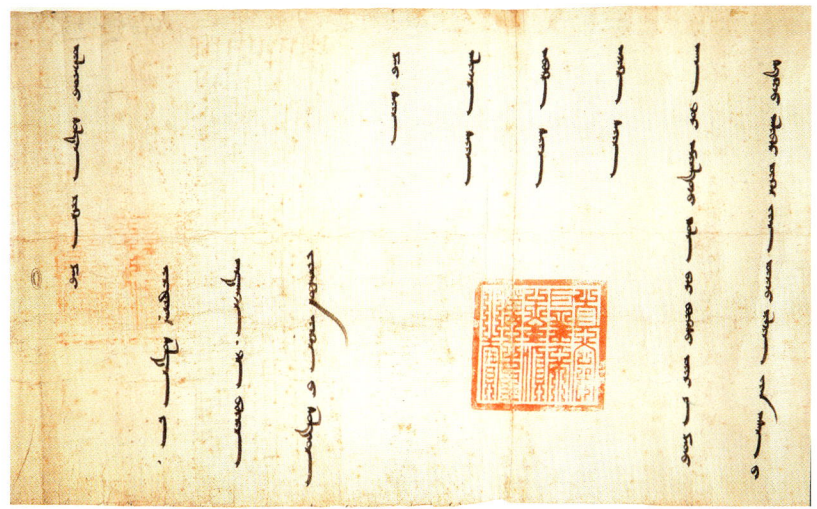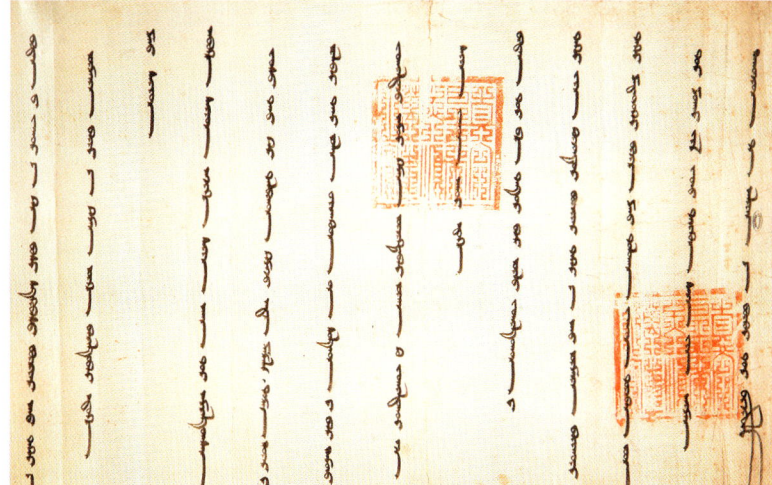

313

In dem in mongolischer Sprache verfassten Brief, dem offenbar eine italienische Übersetzung beilag, betont Ölǧeitü die erstrebenswerte Einheit unter den Völkern: »Wir sind informiert worden, daß ihr, die vielen Herrscher der Franken, in Übereinstimmung lebt. Wahrlich, was gibt es besseres als gegenseitige Übereinstimmung?

Über die, die jetzt mit Uns und mit euch nicht übereinstimmen, und darüber, daß Wir durch die Kraft des Himmels gegen alle zusammenstehen, soll der Himmel entscheiden!«[2]  B. H.

1  Vollständige deutsche Übersetzung in HAENISCH 1949, S. 229/230, verbesserte französische Übertragung in MOSTAERT/CLEAVES 1962, S. 56/57.

2  Zitiert nach Michael Weiers: »Die Mongolen im Iran«, in: WEIERS/VEIT/HEISSIG 1986, S. 334.

## 314  Erlass im Namen des Ilkhans Ölǧeitü durch den obersten der mongolischen Ulus-Emire, Qutluǧ Šāh, 1305

Tusche auf Papier, H 76,2 cm, B 19,2 cm | Iranisches Nationalmuseum, Teheran, Islamische Abteilung | Inv.-Nr. 25862
*ohne Abb.*

In diesem Erlass in persischer Sprache ergeht der Befehl an verschiedene Amtsträger der Provinz Ardabīl, die widerrechtliche Nutzung von in Stiftungsbesitz befindlichen Feldern des Dorfes Mindīšīn durch die Dorfältesten des Dorfes Aq Sarāy zu unterbinden, die Missetäter vor Gericht zu bringen und zu bestrafen und das Recht wieder herzustellen. Auf der Rückseite wird der Erlass durch den Großwesir Saʿd ad-Dīn Sāwaǧī bestätigt.

Der Erlass trägt das rote »Siegel des Königspalastes« in chinesischer Sprache und unten rechts den schwarzen Abdruck eines mongolischen Siegels in'Phags-pa-Schrift.  B. H.

Lit.: Edition und deutsche Übersetzung in HERRMANN 2004, Urkunden V und VI, S. 73/74, 79/80.

## 315  Erlass des Ilkhans Abū Saʿīd, 1320

Tusche auf Papier, H 74 cm, B 278 cm | Iranisches Nationalmuseum, Teheran, Islamische Abteilung | Inv.-Nr. 3322
*ohne Abb.*

Ein gewisser Badr ad-Dīn Maḥmūd, der von seinem Vater, dem Sufischeich Ǧamāl ad-Dīn, als rechtmäßiger Nachfolger in der Leitung des Sufiordens und der zugehörigen frommen Stiftungen designiert worden war, hat sich über seinen älteren Bruder Šams ad-Dīn Muḥammad beschwert, weil dieser sich widerrechtlich in die Angelegenheiten der Stiftungen eingemischt, ihre Erträge veruntreut und sie insgesamt heruntergewirtschaftet habe. Der Herrscher, der Ilkhan Abū Saʿīd (reg. 1316 – 35), bestätigt in diesem in mongolischer Sprache verfassten Erlass die rechtmäßigen Ansprüche und Rückforderungen des Klägers in allen Punkten und nimmt ihn und seine Anhänger gegen weitere widerrechtliche Übergriffe in Schutz.[1] Das große Siegel auf dem Erlass ist das chinesische Siegel des »Kaiserlichen Militärberaters zur Rechten«, das kleine das des Qutluǧ Šāh.

B. H.

1  Übersetzung in CLEAVES 1953.

## 316  Erlass des Ilkhans Abū Saʿīd, 1325

Tusche auf Papier, H 15,5 cm, B 132,5 cm | Iranisches Nationalmuseum, Teheran, Islamische Abteilung | Inv.-Nr. 465
*ohne Abb.*

Die mongolische Fassung dieses Erlasses geht auf den Herrscher selbst, den Ilkhan Abū Saʿīd (reg. 1316 – 35) zurück. Die persische Version auf der Rückseite ist vom Großdiwan, einem Gremium unter der Führung des Großwesirs, ausgestellt und bestätigt den herrscherlichen Willensentscheid. Einem gewissen Ḥasan-i Čāǧirčā wird die Steuergewalt über das Dorf Barūr im Bezirk Ardabīl (Nordwestiran) übertragen, die sich bis dahin verschiedenste Personen willkürlich angemaßt hatten. Der Genannte soll das genau spezifizierte Steuereinkommen einziehen und verwahren und die Bauern der Ortschaft gegen unrechtmäßige Forderungen und fiskalische Übergriffe jeglicher Art in Schutz nehmen. Wie bei Finanz- und Vermögensentscheiden der Ilkhane üblich, trägt der Erlass ein Goldsiegel *(altūn tamǧā)*. Es gehört zu den frühen Beispielen, in denen als Sprache und Schrift des Siegels nicht mehr das Chinesische, sondern das Arabische benutzt wurde. Die Siegelinschrift lautet: »Der großmächtige Sultan/ Abū Saʿīd/Gott lasse seine Herrschaft ewig währen«.[1]  B. H.

1  Edition und vollständige deutsche Übersetzung mit philologischen und sachlichen Erläuterungen in HERRMANN/DOERFER 1975 (Übersetzung der persischen Fassung S. 320/321, Übersetzung der mongolischen Fassung S. 342).

317

# Baukeramik

### 317 Fliese mit Reiter

Kaschan, Iran, um 1300 | Quarzfritte, Modelprägung, Unterglasur- und Lüster- bemalung, zusammengesetzt, H 27,5 cm, B 17,8 cm | Staatliche Museen zu Berlin, Museum für Islamische Kunst | Inv.-Nr. I. 6217

Unter einer gestuften, erhabenen Schriftborte erscheint ein nach links galoppierender Reiter im Relief vor einem teils reliefierten, teils aufgemalten Ranken- und Blumengrund. Er ist gestiefelt und trägt ein gegürtetes, vorn geschlossenes, knielanges Gewand mit Ṭirāzstreifen an den Oberarmen. Die erhöhte, dreigeteilte Kopfbedeckung weist auf einen Fürsten hin. In der erhobenen Rechten hält er eine Art Stab. Ein blau gerahmter Nimbus umgibt den Kopf. Ober- und Unterteil dieser Fliese bestehen im Wesentlichen aus zwei verschiedenen Originalen, die von ähnlichen Modeln stammen. Die Zusammenfügung wurde v. a. im Bereich des linken Armes durch Ergänzungen geschickt kaschiert. Kleidung und zeichnerischer Stil beider Teile, die auf den ersten Blick einen einheitlichen Eindruck vermitteln, weisen in die hohe Mongolenzeit vom Ende des 13. bis zum Anfang des 14. Jhs. Der Reiter könnte in den Kontext des persischen Nationalepos, des *Schahname* (Buch der Könige), gehören, das auch unter den Ilkhanen tradiert und vielfach illustriert wurde. Auf Lüsterfliesen wiedergegebene Szenen aus diesem Epos zierten z. B. auch Repräsentationsräume im Palast des Abaqa Khan (reg. 1265–82) auf dem Takht-i Sulaimān.  *G. H.*

Lit.: MUSEUM 1971 und MUSEUM 1979, Nr. 472

### 318 Sechseckfliese

Takht-i Sulaimān, Iran, Ende 13. Jh. | Quarzfritte, Modelprägung, Aufglasur- malerei und Vergoldung (Ladschwardina- Technik), Dm 21,5 cm | Aus den Grabungen im Palast des Abaqa Khan in Takht-i Sulaimān | Staatliche Museen zu Berlin, Museum für Islamische Kunst | Inv.- Nr. I. 6/71 c

Zwischen kleinen Wolkenspiralen windet sich ein feuerspeiender, goldener chinesischer Drache, der von Flammen umgeben ist. Vor seinem aufgerissenen Maul schwebt die kleine Glücksperle.

Mehrere solcher Fliesen wurden, mit ebenfalls sechs- eckigen Fliesen, die den Wundervogel Simurgh zeigen, unterhalb der Fensterzone an der Westwand des Mittelraumes im Palast des Abaqa Khan (reg. 1265–82) auf dem Takht-i Sulaimān gefunden. Beide Fliesentypen alternierten vermutlich miteinander. Simurgh und Drache – ein königliches Symbolpaar, das von der Macht der Ilkhane kündet – lassen vermuten, dass der Raum offiziellen Zwecken wie dem Empfang von Besuchern gedient hat. Dafür spricht auch, dass dieselbe Wand außen ebenfalls mit Sechs- eckfliesen mit Drachen- oder Simurgh-Prägungen geschmückt war (vgl. Kat.-Nr. 319). Die Herstellung solcher Ladschwardina-Fliesen vor Ort ist durch Modelfunde belegt.

Der Simurgh entstammt wie der Drache der chine- sischen Mythologie, wo er als *fenghuang* zu den vier mythischen Tieren gehört. Im iranischen Kultur- kreis verschmolz die *fenghuang*-Gestalt mit dem alt- iranischen Simurgh, ebenfalls ein Wundervogel. Im persischen Nationalepos, dem 1010 vollendeten *Schahname*, spielt er u. a. als Beschützer des Helden Rustam (Kat.-Nr. 303, 306, 307) eine bedeutende Rolle.

Drache und Simurgh bilden als königliche Symbol- tiere eine Einheit, so dass Fliesen mit diesen Fabel- wesen gewöhnlich gemeinsam auftreten. Der Dra- che entspricht dabei dem Herrscher, der Simurgh ist das Symboltier seiner Gattin.  *G. H.*

Lit.: GIERLICHS 1993, Nr. 11; MUSEUM 1971 und MUSEUM 1979, Nr. 445; NAUMANN 1976, Nr. 135

### 319 Sechseckfliese

Takht-i Sulaimān, Iran, um 1270 | Ton, Modelprägung, einfarbige Glasur, Dm 21,6 cm | Staatliche Museen zu Berlin, Museum für Islamische Kunst | Inv.-Nr. I. 1988.10

Ein Simurgh (vgl. Kat.-Nr. 321) mit ausgebreiteten Schwingen wird von einer Wolke begleitet. Der Fabel- vogel ist unglasiert. Wie andere Sechseckfliesen mit Simurghen ist wohl auch diese zusammen mit sol- chen, welche den Drachen zeigen, verlegt gewesen. Der Fundort belegt wie die robuste Technik, dass diese Fliese nicht innen, sondern an einer Außenflä- che des repräsentativen Mittelraumes im Palast des Abaqa Khan (reg. 1265–82) auf dem Takht-i Sulaiman, angebracht war (vgl. Kat.-Nr. 318). Fliesen dieser Art kündeten so schon von außen von der Macht der Il- khane.

318

319

Fehlbrände und Modelfunde belegen die Herstellung derartiger Fliesen vor Ort.  *G. H.*

Lit.: GIERLICHS 1993, Nr. 38; AUSST.-KAT. NEW YORK/ LOS ANGELES 2002/03, Abb. 95, Kat.-Nr. 103

### 320 Panneau aus Stern- und Kreuz- fliesen

Kaschan, Iran; Sterne: Mitte 13.–1. Drittel 14. Jh.; Kreuze: vermutlich 19./20. Jh. | Quarzfritte, Lüster- und Unterglasurbema- lung, Modelprägung, Dm (Stern) 20,5–21,3 cm, Dm (Kreuz) 10–20,8 cm | Staatliche Museen zu Berlin, Museum für Islamische Kunst | Inv.-Nr. I. 29/68

320

bild solcher vermuten. Die Fliesen wurden zusammen im Kunsthandel erworben, ihre Zusammenstellung ist daher nicht original. Der Verbund von Lüstersternen und einfarbigen Kreuzfliesen war aber üblich und schon unter den Vorgängern der Ilkhane, den Seldschuken, sehr beliebt.   *G. H.*

Lit.: MUSEUM 1971 und MUSEUM 1979, Nr. 444

### 321  Fliese, Teil eines Inschriftfrieses
Iran, Anfang 14. Jh. | Quarzfritte, Modelpressung, kobaltblaue Glasur, H 42 cm, B 37,5 cm | Staatliche Museen zu Berlin, Museum für Islamische Kunst | Inv.-Nr. I. 1278

Das Relief zeigt unter einer Borte aus fliegenden Simurghen (vgl. Kat.-Nr. 318) zwei arabische Worte in kursivem Duktus. Diese Worte – mit »in [offenkundigem] Irrtum« oder »in [offenkundiger] Abweichung vom rechten Weg« zu übersetzen – kommen im Koran mehrfach vor. Die Fliese gehört damit zu einer längeren Inschrift, die einen Korantext wiedergibt. Zwei wohl aus demselben Fries stammende Fliesen in anderen Sammlungen weisen auf die 36. Sure hin, in der auch die beiden hier erscheinenden Worte vorkommen. Das Vorhandensein der Simurghen, die sich in die gleiche Richtung wie die Schrift bewegen, ordnet diesen Inschriftfries den in einem begrenzten Zeitraum entstandenen Fliesen der Mongolenzeit zu, die religiöse Texte und die Darstellung von Lebewesen verbinden.

Die Lüstersterne zeigen Pflanzen mit einer Lotosblüte im Zentrum oder einen sich vor einer Blütenpflanze emporschwingenden Reiher. Eine Fliese hat rechts und links eine Lotos- und in der Mitte eine rosettenförmige Blüte. Bei allen sind nur die Innenfelder samt dem schmalen Rahmen reliefiert, die Ränder dagegen glatt. Letztere zeigen in blauem Grund weiß ausgesparte arabische Inschriften, bei denen es sich um Korantexte handelt. Eine Fliese gibt die 109. Sure fast vollständig wieder, auf einer anderen wird die Nacht, in der der Koran offenbart wurde, gepriesen: »Siehe, wir haben ihn [den Koran] in der Nacht al-Qadr geoffenbart. Und was lehrt dich wissen, was die Nacht al-Qadr ist? Die Nacht al-Qadr ist besser als tausend Monate. Hinab steigen die Engel und der Geist« (97. Sure).
Auf drei weiteren Fliesen erscheinen Teile der 110. Sure: »Wenn Allahs Hilfe kommt und der Tag und [wenn] du die Menschen eintreten siehst in Allahs Religion in Haufen, dann lobpreise deinen Herrn.« Zwei andere geben die letzte (114.) Koransure wieder, die als eine der Schutzsuren Zuflucht vor bösen Mächten geben soll und daher häufig auf Amuletten und Talismanen zu finden ist.
Die frommen Texte weisen auf eine Herkunft der Lüstersterne aus einem religiösen Bauwerk. Die Reiherdarstellungen, die mit den Mongolen aus der chinesischen Bildwelt in die islamische gelangten, zeigen, dass es unter den Ilkhanen im Iran möglich war, Lebewesen und religiöse Texte zusammen abzubilden.
Die reliefierten, einfarbig glasierten Kreuzfliesen zeigen neben einer Mittelrosette laufende und hockende hundeartige Raubtiere. Material und Glasur dieser Fliesen lassen eine neuzeitliche Herstellung unter Verwendung alter Model oder nach dem Vor-

321

322

Nach Angabe des Händlers soll die Fliese aus dem Imamzāda des Pir-i Bakrān (gest. 1303) bei Isfahan stammen.   *G. H.*

Lit.: MUSEUM 1971 und MUSEUM 1979, Nr. 437

### 322   Fliese, Teil eines Inschriftfrieses

Iran, 14. Jh. | Quarzfritte, Modellpressung, Unterglasurmalerei, H 21,7 cm, B 26,7 cm | Staatliche Museen zu Berlin, Museum für Islamische Kunst | Inv.-Nr. 1872, 693

Diese Fliese beendete eine längere Inschrift, die weiß und erhaben in blauem Grund steht. Eine leicht reliefierte Borte mit Blumensträußen in flachen Vasen bildet den oberen und seitlichen Abschluss. Nur in Unterglasurmalerei verzierte Fliesen aus ilkhanidischer Zeit sind kaum erhalten. Wie die Lüsterfliesen wurden sie oft mit Hilfe von Modeln hergestellt. Datierbare Beispiele wie eine große Mihrab-Platte im Metropolitan Museum of Art in New York[1], deren Schrift ebenfalls in rein blauem Grund steht, oder zwei Fliesen im Islamischen Museum in Kairo[2] stammen aus der ersten Hälfte und der Mitte des 14. Jhs.   *G. H.*

1 AUSST.-KAT. NEW YORK 1993, Nr. 25.

2 WIET 1930, S. 64/65.

Lit.: hier erstmals publiziert

### 323   Sternfliese

Kaschan (?), Iran, Mitte 13.–1. Drittel 14. Jh. | Quarzfritte, Modelprägung, Unterglasurbemalung, Dm 20,2 cm | Staatliche Museen zu Berlin, Museum für Islamische Kunst | Inv.-Nr. 1872, 790

In leichtem Relief ist eine nach links springende Gazelle vor einer Lotosstaude an einem kleinen Teich dargestellt, begleitet wird sie von einem Raubvogel mit ausgebreiteten Schwingen. Der Randsaum zeigt eine umlaufende persische Inschrift. Der Vierzeiler lautet in der Übersetzung von Annemarie Schimmel:

> O du, nach dessen Liebe die Satten der Welt hungrig sind,
> vor dessen Trennung sich die Mutigen der Welt fürchten,
> was können die Gazellen gegenüber deinem Auge tun.
> O du, dessen Locke die Fußfessel der Löwen der Welt ist.

Die Fliese ist in mehrfacher Hinsicht bemerkenswert: Zum einen zeigt sie ein gängiges Motiv, das dem Bereich der höfischen Jagd zuzuordnen ist und schon unter den Seldschuken auftritt. Die aus China kom-

323

324

mende Lotosblüte rückt es aber in die Mongolenzeit. Darauf weist auch die Art der Schriftwiedergabe hin, die gleichartigen, ebenfalls weiß ausgesparten Inschriften auf Lüsterfliesen der Mongolenzeit entspricht. Der Textinhalt wiederum stammt ebenfalls aus der vormongolischen Zeit, mindestens aus dem 12. Jh. Und nicht zuletzt ist die Fliese ein Hinweis darauf, wie dieselben Motive in verschiedenen Techniken ausgeführt wurden. Die Lüstertechnik, die vermutlich nur in Kaschan beherrscht wurde, war die aufwändigste und teuerste.   *G. H.*

Lit.: hier erstmals publiziert

### 324   Fragment einer Sternfliese

Kaschan, Iran, Mitte 13.–1. Drittel 14. Jh. | Quarzfritte, Lüster- und Unterglasurbemalung, Dm 21,2 cm | Staatliche Museen zu Berlin, Museum für Islamische Kunst | Inv.-Nr. 1872, 791

In den Wolken des Mittelfeldes schwebt ein Simurgh (vgl. Kat.-Nr. 319). Er zeigt die charakteristischen langen Schwanzfedern und den schön befiederten Kopf mit Raubvogelschnabel und angedeuteten Hornformen. Kleine keilförmige weiße Aussparungen, die mit dem Schreibrohr eingedrückt wurden, lockern den dunkelbraunen Lüstergrund auf. Der blaue Rand hat eine weiß ausgesparte und lüsterbraun konturierte Inschrift mit einem persischen Gedicht, das noch ungelesen ist.   *G. H.*

Lit.: hier erstmals publiziert

### 325   Vier Sternfliesen

Kaschan, Iran, 14. Jh. | Quarzfritte, Unterglasur- und Lüsterbemalung, Dm 12,5 cm | Staatliche Museen zu Berlin, Museum für Islamische Kunst | Inv.-Nr. I. 3867 a–d

Jede der kleinen Sternfliesen zeigt vor stilisierten Blütenpflanzen einen meist im Profil dargestellten sitzenden Jüngling. Zwei erscheinen in gleicher Pose mit leicht erhobenen Händen und in ähnlicher Kleidung mit einem stark gefältelten Turban und einem getupften, weitärmligen Gewand. Der frontal Sitzende trägt ein Gewand mit einem Spiralmuster. Nachdenklich stützt er seinen seitwärts gewandten Kopf auf die zusammengelegten Hände. In vorgebeugter Haltung, aber mit erhobenem Kopf, zeigt sich der vierte. Sein Gewand ist getupft, es wird durch einen breiten Stoffgürtel gehalten, Ṭirāz-

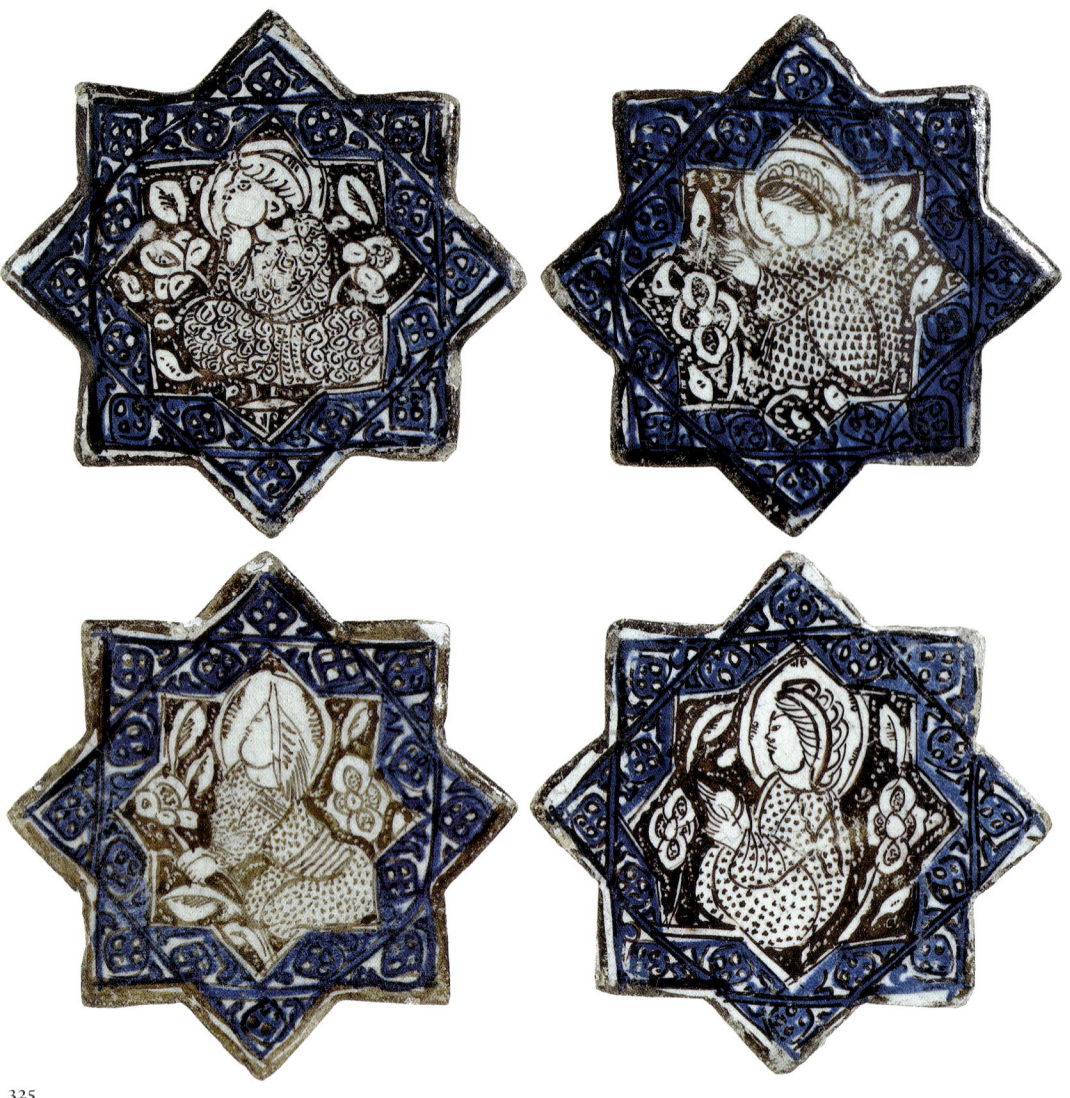

325

326

Schmuckbänder zieren die engen Ärmel. Dieser Jüngling trägt einen Federhut mit scharfer Krempe und wird dadurch als Mongole oder Türke ausgewiesen. Ein solcher mongolischer Huttypus ist z. B. in den persischen Miniaturen der Berliner Diez-Alben aus dem 14. Jh. wiedergegeben (Kat.-Nr. 279 ff.). Vielleicht stellt die Figur einen Höfling dar, worauf das schöne Obergewand mit den Schmuckbändern hinweisen könnte.

Das rundliche Gesicht entspricht dem Ideal des Vollmondgesichtes, das in der Dichtung besungen wird. Deutlich den mongolischen Typ zeigen die schrägen Augen. Die Kennzeichnung junger Männer durch Bartlosigkeit war schon in vormongolischer Zeit üblich und wurde unter den Ilkhanen weiter tradiert. Erst in mongolischer Zeit kam dagegen die einfache Rahmengestaltung solcher Sternfliesen mit sich wiederholenden, lochscheibenartigen blauen Motiven auf.

Solche in der südiranischen Stadt Kaschan hergestellten figürlichen Lüsterfliesen zierten Paläste und Wohnhäuser fürstlicher Auftraggeber und auch wohlhabender Kaufleute in ganz Iran.    *G. H.*

Lit.: SARRE 1910, S. 63, Abb. 81

### 326  Fliesenfragment mit Einhorn

Kaschan, Iran, 2. Hälfte 13. Jh. | Quarzfritte, Modelprägung, Unterglasur- und Lüsterbemalung, geklebt, H 9,5 cm, B 24,6 cm | Staatliche Museen zu Berlin, Museum für Islamische Kunst | Inv.-Nr. I. 3903 b

Diese obere Borte gehört zu einer nicht erhaltenen Fliese, die vermutlich eine Reliefinschrift besaß. Vor einem Blumengrund ist dargestellt, wie ein Einhorn einen Elefanten verfolgt und attackiert. Beide Tiere erscheinen im Relief. Der Elefant trägt eine gemusterte Decke. Das Einhorn hat einen Pferdekopf, aber Beine und Schwanz eines Löwen oder einer ähnlichen Raubkatze, sein Flügel erscheint als blaue Gabelranke.

Diese Motive entsprechen der zeitgenössischen Kosmographie des Gelehrten al-Qazwīnī (um 1203–83), in der das Einhorn als Feind des Elefanten geschildert wird. Eine vergleichbare Szene erscheint um 1220 in Marmor an der Stadt- oder Burgmauer in Konya, der Hauptstadt des Reiches der anatolischen Seldschuken (heute im Museum von Konya). Noch 50 Jahre später gehört sie zu den Bildthemen von Fliesenborten im Palast des Ilkhans Abaqa Khan (reg. 1265–82) auf dem Takht-i Sulaimān. Ihre

Beliebtheit dokumentieren auch meh rere Darstellungen auf emaillierten Glas- und tauschierten Metallgefäßen des 13. Jhs.    *G. H.*

Lit.: ETTINGHAUSEN 1950, S. 26, Taf. 18; GIERLICHS 1993, Nr. 887, Taf. 11; SARRE 1909, S.12, Abb. 13

### 327  Sternfliese
Iran, 2. Hälfte 13./14. Jh. | Quarzfritte, Modelprägung, Aufglasurmalerei und Vergoldung (Ladschwardina-Technik), Dm 21,5 cm | Staatliche Museen zu Berlin, Museum für Islamische Kunst | Inv.-Nr. I. 3909

In leichtem Relief entspringt eine verzweigte Lotosstaude mit je einer Blüte rechts und links einem angedeuteten See. Sie ist wie die schmale Rahmung rot gezeichnet und war wie diese ursprünglich mit Blattgold belegt. Davon und von der roten Bemalung der Außenkante sind nur Reste erhalten. Weiße Spiralen mit Punkten füllen den Fliesengrund. Die Lotosblume fand wie der Drache oder das Wolkenband mit den Mongolen Eingang in die islamische Kunst. Das Motiv stammt ursprünglich aus China.

Die wegen der meist dunkelblauen Glasur nach einem persischen Wort für Blau so bezeichnete Ladschwardina-Technik, bei der Bemalung und Vergoldung auf der Glasur erfolgten, erscheint im Iran ab der 2. Hälfte des 13. Jhs. Für diese Technik charakteristisch ist auch die häufige Verwendung von Blattgold, das stets zwischen roten Konturen aufgestempelt wurde.    *G. H.*

Lit.: MUSEUM 1971 und MUSEUM 1979, Nr. 441; SARRE 1910, S. 10, Abb. 88

327

328

### 328  Fliesenfragment, Teil eines Schriftfrieses
Iran, 13./14. Jh. | Quarzfritte, Modelprägung, Aufglasurmalerei und Vergoldung (Ladschwardina-Technik), H 23,6, B 22 cm | Staatliche Museen zu Berlin, Museum für Islamische Kunst | Inv.-Nr. I. 3910

Vor einem Hintergrund aus weißen, blüten- und blättchenbesetzten Spiralen erscheint über einer erhabenen Kante ein Wort in reliefierter Kursivschrift. Die Schrift ist rot konturiert, von der ursprünglichen Blattgoldbelegung sind nur Reste erhalten. Die obere Borte der Fliese und der linke Teil fehlen. Die

feine weiße Bemalung des Grundes zeigt u. a. zwei chinesische Glücksknoten als Blütenstände, drei der diakritischen Zeichen der Schrift sind von Perlenkränzen umgeben.

Das arabische Wort bedeutet »gerade, recht« und ist mit sechs Koranstellen in Verbindung zu bringen, in denen vom rechten Weg der Gläubigen die Rede ist. Die Fliese war daher einmal Teil eines überaus prächtigen goldenen Inschriftfrieses einer Moschee, eines Mausoleums oder eines anderen religiösen Gebäudes.    *G. H.*

Lit.: MUSEUM 1971 und MUSEUM 1979, Nr. 16; SARRE 1910, S. 70, Taf. 57/58

## Textilien

### 329  Seidengewebe in Schlitzkelim-Technik
Iran oder Irak, Anfang 14. Jh. | Seide, Goldfaden mit Baumwollseele, Futter Baumwolle und Seide, Dm 69 cm | Davids Samling, Kopenhagen | Inv.-Nr. 30/1995

Das kreisrunde Textil ist in Schlitzkelim-Technik ohne Webkante gewebt. Rückseitig ist es mit einem Baumwollstoff abgefüttert, der mittels C 14-Analyse als zeitgleich identifiziert wurde. Dem Baumwollstoff ist ein weiteres Futter in grüner Seide vorgelegt, das an den Kanten mit einem schwarz-weiß gemus-

329

### 330 Seidengewebe, Lampas

Persien, 14. Jh. | Seide, versilberte Leder-
riemchen um Baumwollseele, H 71,6 cm,
B 34,2 cm; Musterrapport 46,3 : 22,8 cm |
Bayerisches Nationalmuseum, München |
Inv.-Nr. T 102

Breite Inschriftbänder formen ein Netz, dessen spitzovale Felder in versetzten Reihen angeordnet sind;
zierliche Bogenfriese, in denen kleine Rosettenblüten
die Wölbungen füllen, bilden ihre inneren Rahmen.
Wie Medaillons fassen sie abwechselnd Paare von
adossierten qilin und große, von Stern- und Palmet-
tenblüten umgebene Pinienzapfen. Die im Naskhi-
Duktus ausgeführte Inschrift lautet: »Ruhm unserem Herrn, dem Sultan, dem Weisen, dem Gerechten,
dessen Sieg verherrlicht wurde.«[1] Dieselbe Titulatur
ist von einem chinesischen Seidengewebe bekannt,
das für den – darin auch namentlich genannten –
Mamelukensultan Mohammed Nasir Eddin (gest.
1340) angefertigt wurde.[2] Möglicherweise war er
auch der Adressat des hier gezeigten Stoffes.
Die Ausführung des Gewebes, in dem um eine
Baumwollseele gesponnene, versilberte Lederriem-
chen für den Musterschuss Verwendung fanden,
darf als charakteristisch für die persische Seidenweberei der Zeit gelten. Zu den Eigenarten, die diese
Seidenstoffe auszeichnen, gehört auch die Einbin-
dung chinesischer Motive wie das qilin, zierliche
Fabelwesen, deren Mähnen und Schwänze aus Wol-
kenbändern gebildet erscheinen; für die Aufnahme
solcher Motive in die europäische (konkreter: die
italienische) Seidenproduktion spielte Persien eine
wichtige Vermittlerrolle.[3]
Die Gliederung der Fläche durch ein Spitzovalnetz
mit symmetrischer Füllung der Felder, die im Nahen und Mittleren Osten zuerst im 10./11. Jh. entwickelt worden war, fand schon früh Eingang in das
europäische Musterrepertoire; in der italienischen
Seidenweberei blieb sie bis zum Ende des 16. Jhs. als
vielfach variierte Grundstruktur bestimmt.

*B. B.-R.*

1  Übersetzung nach VON FALKE 1913, S. 62.
2  VON FALKE 1912, S. 176 – 192, v. a. S. 188.
3  Vgl. WARDWELL 1976/77.
Lit.: DURIAN-RESS 1986, Nr. 41

terten Stoffstreifen gefasst wurde. Das Gewebe der
Schauseite ist in einer Palette von Schwarz, Weiß
und mindestens 18 verschiedenen Tönen von Grün,
Blau, Rot, Braun und Beige sowie zwei Mischfarben
gearbeitet. Goldfäden geben zusätzliche Akzente.
Die Komposition ist durch konzentrische Kreise in
ein zentrales kreisrundes Mittelfeld und drei unterschiedlich breite umlaufende Musterstreifen gegliedert. Für die Darstellung des thronenden Herrschers
im Mittelfeld lassen sich zahlreiche Vergleichsbeispie-
le in der vor- und nachmongolischen Kunst Irans
finden, v. a. im Bereich der Metallarbeiten sowie der
Keramik. Der Herrscher ist durchwegs frontal dargestellt, in der Regel sitzend, mit weiteren Attribu-
ten wie dem Tuch in der Rechten sowie einem Becher in der erhobenen Linken. Er wird von Figuren
begleitet, die den Thron in symmetrischer Anordnung flankieren, in diesem Fall zwei oberhalb des
Thrones stehende Höflinge, die als weitere Attribute
Schirm und Lanze präsentieren. Beiderseits des
Thrones sitzen ein mit einem Schwert bewaffneter
junger Mann in reicher mongolischer Tracht sowie

ein durch Bart und Turban charakterisierter »Einheimischer«. In Analogie zu vergleichbaren Szenen
könnte man in dieser Darstellung eine bildliche
Umsetzung höfischer Organisationsstrukturen sehen. Die Turban tragende Gestalt stünde demnach
für die »Herren der Feder«, die Administration,
während der durch ein Schwert gekennzeichnete
junge Mann stellvertretend für die »Herren des
Schwertes« den militärischen Aspekt von Herrschaft repräsentiert. Ergänzt wird diese zentrale
Aussage durch die bewaffneten Gestalten in den
kleineren Medaillons des zweiten Musterbandes sowie durch die abschließende Inschrift mit Segens-
wünschen. Während die Darstellung des thronenden Herrschers ganz auf iranisch-islamischen
Traditionen basiert, zeigt sich in Details wie der
Form der Blüten, die den Hintergrund bilden, sowie
in einigen der Tiermotive (Schildkröte, Kranich,
Fasan) der Einfluss der chinesischen Kunst.

*M. M.-W.*

Lit.: AUSST.-KAT. NEW YORK/LOS ANGELES 2002/03, S.168,
Kat.-Nr. 72; VON FOLSACH 1996

## 331 Seidengewebe, Lampas

Ost-Iran, 2. Hälfte 13./Anfang 14. Jh. |
Kette und Schuss Seide, L 81,5 cm, B 66,5 cm;
Musterrapport 19,2–20,9 : 11,1 cm | Museum
für Kunsthandwerk, Grassimuseum,
Leipzig | Inv.-Nr. 1901.1267

Das Seidengewebe zeigt auf rotem Grund versetzt
gereihte Medaillons. In den goldfarbenen Medaillons
ist jeweils ein Drache in kreisförmiger Bewegung
dargestellt. Den verbleibenden Grund zwischen den
Medaillons füllt Rankenwerk, das anstelle von Blattwerk (Glück verheißende) *lingzhi*-Pilze oder Wolken-
bandmotive aufweist. Ein vergleichbares Fragment
im Berliner Kunstgewerbemuseum (Inv.-Nr. 00.53)
zeigt zusätzlich zum rapportierenden Muster einen
breiten Musterstreifen mit kalligraphisch gestalteter
Pseudoinschrift vor Rankengrund und Phoenixdar-
stellungen. Die erhaltenen Fragmente dieses Mus-
tertypus belegen die enge Verbindung zwischen der
nachmongolischen ostislamischen Welt und China
sowie die Rolle, die v. a. Textilien im Austausch
künstlerischer Traditionen zukam. Sowohl für das
Muster wie auch für die Farbstellung lässt sich ein

Vergleichsbeispiel im Metropolitan Museum of Art
in New York anführen: ein in die Zeit der Jin-
Dynastie (1115–1234) datiertes, rotgrundiges Seidenfragment mit Drachendarstellungen in goldfarbenen Medaillons.     *M. M.-W.*

Lit.: AUSST.-KAT. NEW YORK/LOS ANGELES 2002/03,
S. 174, Abb. 202; VON WILCKENS 1992

330

331

333

332

## Metalle

### 332  Pokal

West-Iran oder Chorasan, 13. Jh. | Kupfer-
legierung (Bronze?), gegossen, Einlegearbeiten in Silber, H 13,7 cm, Dm (Mündung)
18,1 cm | National Palace Museum Taipei,
Taiwan | Inv.-Nr. zhongtong 001356

Die Form des bauchigen Trinkpokals mit hohem,
weit ausgestelltem Fuß lässt sich im frühen 13. Jh.
auch in der Keramik finden. Als Vorläufer werden
sowohl vorislamisch-persische als auch chinesische
Gefäße vermutet. Im 13. und 14. Jh. ist die Form,
ebenso wie der Dekor in Silbereinlegetechnik, charakteristisch für eine kleine Gruppe von Metallgefäßen, die in West-Iran und der ostiranischen Provinz
Chorasan hergestellt wurden. Frühe Vergleichsbei-
spiele, wie der berühmte so genannte Wade-Cup im
Cleveland Museum of Art oder der Vaso Vescovali
im British Museum, besitzen außerdem einen gewölbten Deckel mit Griffknopf. Der Dekor des Po-
kals besteht aus einem breiten Band mit einer Inschrift im *thuluth*-Duktus, die am oberen Rand
umläuft. Ein zweites Inschriftenband wiederholt
sich auf dem Fuß. Den unteren Gefäßkörper überziehen versetzt angeordnete Halbkreise mit Perl-
bandmusterung. Die verbleibenden Flächen sind
mit stilisiertem Rankenwerk gefüllt. Ein Vergleichsbeispiel, das enge formale und stilistische Parallelen
aufweist, befindet sich im Victoria & Albert Museum in London (Inv.-Nr. M 543 – 1911).  *M. M.-W.*

Lit.: ETTINGHAUSEN 1957; MELIKIAN-CHIRVANI 1982,
S. 163/64; RICE 1955

### 333  Räuchergefäß

Nordwest-Iran, 1. Hälfte 14. Jh. | Kupfer-
legierung (Messing?), gegossen, Einlege-
arbeiten in Silber und Gold, H 21,5 cm |
Davids Samling, Kopenhagen |
Inv.-Nr. 47/1967

Die Verwendung von Duft- und Räucherstoffen im
profanen Kontext war im islamischen Orient weit
verbreitet. Für das Verbrennen aromatischer Hölzer
oder Harze verwendete man spezielle Räuchergefäße. Im 13. und 14. Jh. waren v. a. in Syrien und Ägypten, aber auch im Iran Räuchergefäße von zylin-
drischer Form mit halbkugelförmigem Deckel auf
drei Füßen verbreitet. Der abnehmbare Deckel war
durchbrochen gearbeitet, so dass die beim Verbrennen entstehenden aromatischen Dämpfe entwei-
chen konnten. Üblicherweise zeigen die Gefäße
einen reichen Dekor in Einlegetechnik. Im vorliegenden Beispiel überzieht der in Bänder gegliederte
Dekor das gesamte Gefäß. Die zwei Hauptmuster-
bänder auf Gefäßkörper und Deckel zeigen figürliche Darstellungen in Medaillons. Im Wechsel sind
sitzende Personen in mongolischer Tracht abgebildet, die ein Weinglas in der linken Hand tragen, sowie Kraniche und eine Schildkröte. Die Wahl der
Motive verweist auf zwei Hauptthemen des repräsentativen höfischen Lebens: die Jagd – hier auf
Wasservögel – sowie Trinkfeste. Neben der mongolischen Tracht des trinkenden Höflings verweist
auch das Lotosblütenmotiv in den Medaillons des

Deckels auf die nachmongolische Entstehungszeit
des Räuchergefäßes.  *M. M.-W.*

Lit.: AUSST.-KAT. NEW YORK/LOS ANGELES 2002/03,
Kat.-Nr. 170

### 334  Becken

Fars, Iran, 14. Jh. | Kupferlegierung
(Messing?), getrieben, Einlegearbeiten
in Silber und Gold, H 11 cm, Dm 24 cm |
Museum für Kunsthandwerk, Grassi-
museum, Leipzig | Inv.-Nr. 07.086

Form und Proportionen des bauchigen Beckens mit
eingezogener Mündung sind charakteristisch für die
Erzeugnisse der metallverarbeitenden Werkstätten,
die im 14. Jh. in der Provinz Fars tätig waren. Der far-
big kontrastierende Dekor wird durch Silber- und
Goldeinlagen sowie das Schwärzen des Grundes erzielt. Die äußere Wandung ist in unterschiedlich
breite Musterstreifen unterteilt. Auf ein schmales
Flechtband folgt ein breiter Streifen, in dem kreisrunde Medaillons und Kartuschen mit kalligraphisch gestalteten Inschriften abwechseln. Die Medaillons zeigen figürliche Szenen aus dem höfischen
Themenkreis mit stark stilisierten Gestalten vor
Rankengrund. Die Inschriften in den Kartuschen
enthalten Segenswünsche und sind somit als Ergänzung zu den figürlichen Darstellungen zu verstehen.
Die Zwickel zwischen Kartuschen und Medaillons
füllen Kompositblüten. Das anschließende untere

334

Musterband wird beherrscht von auf die Spitze gestellten Herzblattformen, die stilisiertes Rankenwerk umfassen. Wie bei einer Vielzahl vergleichbarer Schalen sind im Inneren Fische angeordnet, was
auf die Funktion des Gefäßes als Wasserbecken verweist. Ein in Form und Dekor sehr ähnliches Becken
befindet sich im New Yorker Metropolitan Museum
of Art (Rogers Fund, Inv.-Nr. 35.64.2).     M. M.-W.

Lit.: AUSS.-KAT. BERLIN 1981, S. 212/213, Kat.-Nr. 87;
MELIKIAN-CHIRVANI 1982, S. 209/210, Kat.-Nr. 95

### 335  Wasserbecken

Mosul, Irak, 13./14. Jh. | Messing, mit Silber
tauschiert, H 15,9 cm, Dm 43 cm | Staat-
liches Museum für Völkerkunde München |
Inv.-Nr. 26-N-43

Mit Motiven astrologischer Bedeutung ist das Wasserbecken aus Messing auf der Innenseite tauschiert.
Auf dem flachen Boden erscheint im Zentrum die
Sonne als Strahlenstern, um sie herum werden Per-
sonifikationen der anderen sechs Planeten gezeigt:
ein Mann, der vor seinem Körper eine Mondsichel
hält; Jupiter als Richter mit verhüllten Händen, flankiert von zwei Fischen; Venus als Lautenspielerin;
Mars, der Richter, kniend, mit einem Schwert in der
einen und einen abgeschlagenen Kopf in der anderen Hand; Merkur als Schreiber mit Buchrolle; Sa-
turn als Schatzmeister mit Geldbeutel in der einen
und Schwert in der anderen Hand. Diese Darstellungen gehen auf die Beschreibungen des persischen
Wissenschaftler al-Qazwini (1203–83) zurück, der
in Mesopotamien lebte. In seiner Kosmologie schrieb
er: »Die Astrologen sagen, die Sonne entspreche unter den Sternen dem König, und alle übrigen Sterne
den Ministern und Heeresleuten.« Als Glückssym-

335

336

bole galten Sonne, Mond, Jupiter und Venus. Auf
der Wandung des Beckens sind die zwölf Tierkreiszeichen in ähnlicher Weise dargestellt. Auf dem
Boden und auf der Wand oberhalb der Tierkreiszeichen sind Schriftfriese mit Glückwünschen angebracht. Die frühesten Abbildungen astrologischer
Zeichen in einer Handschrift sind in einem iraki-
schen Exemplar der Kosmologie Qazwinis aus dem
Jahr 1280 n. Chr. erhalten.[1]

Das Münchner Becken steht in der Tradition der
Metallarbeiten der nordmesopotamischen Stadt
Mosul. Es ist wegen seiner reichen Gestaltung mit
einem Figurenprogramm leicht als Arbeit aus dieser
Stadt zu erkennen. Der Herrscher Badr ad-Dīn Luʾluʾ
(reg. 1233–59) hatte seit seiner Machtübernahme
Mosul zu einem der Zentren islamischen Metall-
kunsthandwerks gemacht. Er vergab Großaufträge
an die in Mosul arbeitenden Künstler, von denen
sich nur wenige Stücke erhalten haben. Badr ad-Dīn
Luʾluʾ hatte die Mongolen seit 1235 bei ihren Eroberungszügen in Mesopotamien unterstützt, er half
ihnen, die Städte Nisibin und Irbil einzunehmen.
Seine Kontakte zum Ilkhan Hülegü hatten in Mosul
für eine Zeit der Sicherheit vor den Mongolen gesorgt. In der Stadt Mosul ging durch die politischen
Ereignisse nach seinem Tod die Kunstproduktion

zwar sehr stark zurück, kam aber nicht gänzlich
zum Erliegen. Viele Metallkünstler verlegten ihre
Werkstätten nach Damaskus oder Kairo, viele gingen sogar nach Osten in die Stadt Täbris, Sitz des
ilkhanidischen Hofes. Hier wurden stilistische Errungenschaften aus Mosul fortgeführt und zeigen
die alte Bedeutung dieses Kunstzentrums.     A. H.

1  Bayerische Staatsbibliothek, München, Inv.-Nr. C. arab 464.
Lit.: ALLAN/EZZY/SCARCE 1976, S. 178–184; FREMBGEN
2003, S. 120; HAGEDORN 1992, S. 48–54; QAZWINI/ETHÉ
1868, S. 50/51; SARRE/VAN BERCHEM 1907, S. 17–37

## Gefäßkeramik

### 336  Kännchen

Iran oder Afghanistan, 13. Jh. | Quarzfritte,
einfarbige Glasur, irisiert, H 16 cm,
Dm 6,5 cm | Staatliche Museen zu Berlin,
Museum für Islamische Kunst |
Inv.-Nr. I. 60/62

Laibung, Schulter und Ausguss sind ringsum leicht
gerippt. Der Bandhenkel setzt an der Schulter an,
der röhrenförmige Ausguss schließt oben nicht mit
der Halsöffnung ab. Am Hals sind seitlich und vorn
Ringe angesetzt. Auf dem Henkel dient eine kleine
Scheibe als Daumenhandhabe.

Dieser Kannentyp ist v. a. für den Westen des Iran
und für Afghanistan belegt. Es handelt sich um eine
mit wenig Aufwand herstellbare Nachahmung teu-
rer Metallkannen, deren ältere Beispiele aus vormongolischer Zeit stammen. Sogar die Kettenringe
dieser Kannen wurden übernommen.     G. H.

Lit.: AUSST.-KAT. SELM/BERLIN 1986/87, Nr. 117;
ERDMANN 1965, Abb. 18

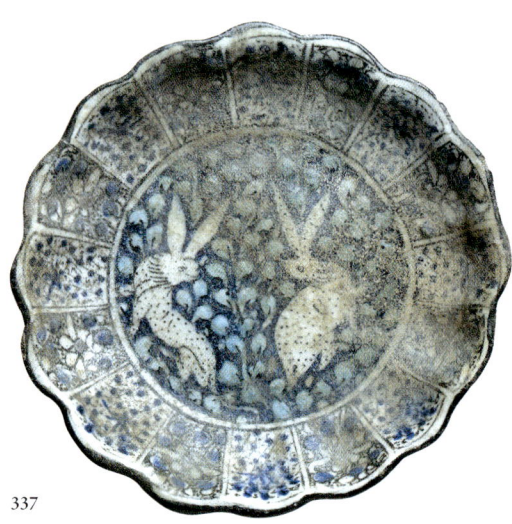

337

### 337 Kleiner Teller

Kaschan (?), Iran, 1. Hälfte 14. Jh. | Quarz-
fritte, Unterglasurbemalung, stark irisiert,
H 3,5 cm, Dm 16,3 cm | Staatliche Museen
zu Berlin, Museum für Islamische Kunst |
Inv.-Nr. I. 4535

Dieses flache Tellerchen mit 16-fach geschwungener
Wandung zeigt im Spiegel in dichtem, leicht relie-
fiertem Blattgrund ein sitzendes Hasenpaar, die
Köpfe einander zugeneigt. Lotos- und zierliche
Blattpflanzen mit zentralen Blüten wechseln sich in
den Wandungsfeldern ab. Die Mitte der Lotosblüten
ist blassviolett. Auf der Außenwandung erscheint
das Muster der Blattstauden, aber ohne Blüten.
Aufgrund vieler Funde ähnlich dekorierter Gefäße
in Sultanabad wurden solche Keramiken mit Tieren
und Figuren vor dichtem Blattwerk lange als Sultan-
abad-Ware bezeichnet. Haupterstellungsort war
aber vermutlich Kaschan. Die Lotosblüten und von
anderen Gefäßen her bekannte Darstellungen von
Personen in mongolischer Tracht weisen diese Keramiken in die ilkhanidische Zeit. Tiere und Menschen zeichnen sich hierbei durch eine lebhafte, oft
detailreiche Zeichnung aus.   *G. H.*

Lit.: ENDERLEIN 1990, S. 200; MUSEUM 1971 und MUSEUM
1979, Nr. 507

339

### 338 Schale

Kaschan (?), Iran, 14. Jh. | Quarzfritte,
Unterglasurbemalung, H 10,7 cm,
Dm 20,5 cm | Staatliche Museen zu Berlin,
Museum für Islamische Kunst |
Inv.-Nr. I. 2389

338

Tiefe Schale mit abgeplattetem Rand. Im Spiegel erscheint ein nach links laufendes Huftier mit ge-
punkteter Fellzeichnung vor bewegten Blattpflanzen, die am Ufer eines – nur angedeuteten – Sees
wachsen. Die Wandung zeigt vier Felder, die durch
einfach gemusterte Streifen getrennt werden. Jedes
Feld weist ein blattgefülltes, mehrpassiges Medaillon vor Blattpflanzen auf. Den Rand ziert ein Schraf-
furband. Außen bedeckt das Muster der inneren
Trennbänder unter einem Band blauer Blüten und
weißer Blätter die Wandung. Neben der hohen Form
mit flachem Rand sind v. a. die musterartig dicht gesetzten fleischigen Blättchen charakteristisch für
Schalen der so genannten Sultanabad-Keramik. Beides sind Innovationen, die erst nach den Mongolen
im Iran auftreten. Dieser neue Dekorstil erfreute
sich offenbar so großer Beliebtheit, dass er auch in
Syrien und Ägypten nachgeahmt wurde.

*G. H.*

Lit.: MUSEUM 1971 und MUSEUM 1979, Nr. 506

### 339 Schale mit Inschrift

Kaschan, Iran, 13. Jh. | Quarzfritte, Unter-
glasurbemalung, H 7 cm, Dm 16 cm |
Staatliche Museen zu Berlin, Museum für
Islamische Kunst | Inv.-Nr. I. 1563

Die dünnwandige Schale auf Ringfuß mit steil ausladender Wandung zeigt im Spiegel beiderseits einer
stilisierten Pflanze ein elegant gezeichnetes Kranich-
paar. Auf der Wandung alternieren zwei Arten zierlicher vegetabiler Formen. Um den Innenrand verläuft eine aus schwarzem Grund gehobene weiße,
kursive persische Inschrift. Wie auf vergleichbaren
Schalen gibt sie vermutlich ein Gedicht wieder. Die
Außenwandung ziert ein Fries zierlicher Schilfstau-
den. Form und Bemalung der Schale sind schon in
vormongolischer Zeit charakteristisch für feinste
Luxuskeramiken aus Kaschan. Parallelen finden
sich auf Lüsterschalen. Dies zeigt, dass die Kascha-
ner Meister in verschiedenen Techniken arbeiteten
und nicht nur die teuren und aufwändigen Lüster-
keramiken herstellten.   *G. H.*

Lit.: AUSST.-KAT. SELM/BERLIN 1986/87, Nr. 197; HASSAN
1956, Abb. 71

CLAUDIUS MÜLLER

# China unter mongolischer Herrschaft: die Yuan-Dynastie (1272 – 1368)

Die Wahl Qubilais (Kat.-Nr. 342) zum Großkhan im Jahre 1260 markierte einen Wendepunkt in der Geschichte des mongolischen Reiches. Die Stoßrichtung der Kriegszüge nach Süden und Osten mit der Eroberung riesiger Territorien von vornehmlich Ackerbau treibenden Völkern hatte die Mongolen der Generationen von Činggis Khan, seiner Söhne und Enkel der nomadisierenden Lebensweise entfremdet: Die ursprünglichen Kernlande wurden mehr und mehr zur Peripherie, China, Zentralasien und Osteuropa zu den neuen Zentren der Mongolen. Zudem war das Selbstverständnis eines großmongolischen Einheitsreiches, repräsentiert durch die Großkhane Činggis, Ögedei, Güyük und Möngke, nach der Festlegung der Herrschernachfolge auf die Linie Toluis grundlegend erschüttert. Es blieben vier lose miteinander verbündete, einander auch heftig bekriegende Nachfolgereiche. Qubilais Kräfte waren zunächst durch die Eroberung Chinas (bis 1278) gebunden, später ließ die Herrschaft über seine mehr als 100 Millionen neuen Untertanen nicht zu, seinen Anspruch auf die Position des Großkhans aller Mongolen zu realisieren und Einfluss auf die anderen Teilstaaten zu nehmen.

## Die Herrschaft Qubilais (1260 – 1292)

Die Eroberung Nordchinas bis Mitte des 13. Jahrhunderts war begleitet von periodischen Kämpfen und wechselnden Koalitionen, denen eins nach dem anderen die Tanguten (Xixia-Dynastie), die Kitan (die Liao-Dynastie) und schließlich 1234 die Jürčen (die Jin-Dynastie) zum Opfer fielen. Mit dem Vorstoß nach Südwest-China und der Einnahme von Sichuan und Yunnan 1254 war das neue Ziel vorgegeben – die Herrschaft über ganz China –, und das Restreich der Song, das sich in die Gebiete südlich des Yangtse zurückgezogen hatte, wurde in die Zange genommen. Zum Zeitpunkt des Todes seines Bruders, des Großkhans Möngke (1259), hatte sich Qubilai Stützpunkte am Südufer des Yangtse geschaffen. In den folgenden zwei Jahrzehnten schlug er endgültig die chinesischen Truppen und vereinnahmte das Reich der Südlichen Song-Dynastie bis zur Grenze von Annam (1278).

Schon bei seiner Erhebung zum Khan 1260 hatte Qubilai sich eine chinesische Regierungsdevise (nianhao) gegeben. Nach der Verlegung seiner Hauptstadt Karakorum nach Dadu, dem heutigen Peking, begründete er 1272 die Yuan-Dynastie und ließ sich zum Kaiser (chin. huangdi) ausrufen. Die Wahl des Dynastienamens Yuan, »Uranfang«, geht auf ein Zitat aus dem »Buch der Wandlungen« (Yijing) zurück. Diese auf Empfehlung chinesischer Berater getroffene Entscheidung war ein Bruch mit der üblichen Benennung von Dynastien nach Regionen oder Flüssen und zeugt vom enormen historischen Selbstbewusstsein Qubilais.

Auch in der offiziellen chinesischen Historiographie wird Qubilai als eine der außergewöhnlichen Herrschergestalten gerühmt und zu den bedeutendsten Kaisern der chinesischen Geschichte gezählt. Trotz seiner späten Thronbesteigung im Alter von 45 Jahren herrschte er noch weitere 32 Jahre über das Reich, die bei weitem längste Regierungszeit seiner Dynastie. Wenngleich seine Regierung von Anfang an bis über seinen Tod hinaus von Zwistigkeiten mit anderen Thronanwärtern begleitet wurde, so waren diese zwar lästig, aber nicht zu vergleichen mit den innerfamiliären Konflikten, die sein rundes Dutzend Nachfolger – meist Kinder oder Marionettenkaiser (vgl. die Stammtafel, S. 418) – in den restlichen 70 Jahren der Dynastie zu ertragen hatten. In deren Biographien häuften sich die Berichte von Familienzwisten, Hofintrigen, Cliquenkämpfen, Brudermorden und Attentaten.

Während Qubilais langer Regierungperiode wurden die wichtigsten Wirtschafts- und Verwaltungsreformen der Yuan-Zeit durchgeführt. In ihrer Bedeutung waren sie richtungweisend für die folgenden Dynastien Ming und Qing und prägten dadurch auch das Bild der effizienten chinesischen Beamtenherrschaft in den Augen der europäischen Aufklärer des 18. Jahrhunderts. Die Grundlage dieser Reformen waren pragmatisches Handeln und rationale Überlegungen, wie sie bereits Qubilais Großvater demonstriert hatte: Bezeichnenderweise konnte ein chinesischer Berater, Yelu Chucai, Činggis Khan überzeugen, das durch Kriegszüge verwüstete Nordchina nicht in eine Pferde- und Schafweide für die Mongolen zu verwandeln, sondern weiter als Ackerland durch chinesische Bauern nutzen zu lassen, da dies langfristig bei weitem größeren Profit verspräche.

Zwischen 1263 und 1268 etablierte Qubilai in Dadu (Peking) drei Hauptämter: das Zentralsekretariat, zuständig für Steuern, Personal, Riten, Krieg, Justiz und öffentliche Arbeiten, das Amt für militärische Angelegenheiten, verantwortlich für die Verwaltung der in Nordchina stationierten Truppen, und das Zensorat, das die Beamten und die Ausführung der kaiserlichen Anordnungen überwachte. Die regionale Verwaltung war vielfach aufgeteilt in Bezirks- und Präfektureinheiten, die jedoch nicht den zentralen Regierungsbehörden in Dadu, sondern zwölf provinzähnlichen größeren Einheiten unterstellt waren, aus denen sich später tatsächlich die bekannten Großprovinzen Chinas entwickelten. Direkt verwaltet wurde nur die Hauptstadt und die sie umgebende Region, ansonsten galt eine Art »koloniale Herrschaft«, eine indirekt ausgeübte Herrschaft, die auf militärischer Macht mit feudalen Tendenzen ruhte. Das persönliche Beziehungsgeflecht zeigte sich vornehmlich in der Verleihung von Apanagen an kaiserliche Prinzen und verdiente Heerführer (v. a. in Nordchina) oder in der zentralasiatischen Usance des Rechts auf Einzug der Steuerpacht.

In der Verwaltung unterschieden die Mongolen vier Klassen der Bevölkerung mit unterschiedlichen Rechten: Zuoberst standen die Angehörigen der mongolischen Föderation, dann die »Leute besonderer Kategorie« (chin. *semuren*), v. a. zentralasiatische Verwaltungs- und Finanzfachleute. An dritter Stelle folgten die Nordchinesen (chin. *hanren*, so benannt nach der Han-Dynastie), die nicht nur die eigentlichen Chinesen umfassten, sondern auch die den Mongolen »nahen« J̌ürčen, Kitan und Bohai Nordostchinas. Zuunterst rangierten die »Südbarbaren« (chin. *manzi*), die Einwohner des ehemaligen Song-Reiches. Nach einer Volkszählung von 1290 betrug das Verhältnis der Einwohner der vier Klassen 1 Million : 1 Million : 10 Millionen : 60 Millionen. Alle politisch einflussreichen Posten waren in Händen der Mongolen. Gemeinsam mit den v. a. im Finanzwesen tonangebenden Persern, Syrern und Angehörigen der Turkvölker besetzten sie 30 Prozent der Spitzenposten, während die *hanren* und *manzi* die Steuern zahlten und keinen Zugang zu höheren Ämtern hatten.

Durch Qubilais Verwaltungsreform waren auch die traditionellen chinesischen Examina abgeschafft worden, aus denen sich die Beamten rekrutierten. Bei ihrer Wiedereinführung im Jahre 1313 erhielten Angehörige der ersten beiden Klassen leichtere Prüfungsaufgaben als die der unteren zwei. Das wiederum führte dazu, dass sich Chinesen durch falsche Namen als Nichtchinesen ausgaben, um in den Genuss dieses Prüfungsbonus zu kommen.

## Chinesen und Mongolen – Kontinuität und Konflikte

Die Zentralisierung der Verwaltung und die Stärkung des Zensorats standen durchaus in der Tradition der Song, der letzten chinesischen Vorgängerdynastie. Aber auch andere wirtschaftspolitische Entscheidungen der Mongolen führten frühere Entwicklungen fort: So stellten der Ausbau und die Erweiterung des großen Kaiserkanals, der das reiche Südchina mit der Hauptstadt Dadu piratensicher verband, zum ersten Mal seit zwei Jahrhunderten die wirtschaftliche Einheit Chinas wieder her. Die ebenfalls auf chinesische Wurzeln zurückgehende Ausgabe von Papiergeld sowie das Post- und Kurierwesen wurden von den Mongolen weiter gefördert bzw. ausgebaut und erleichterten dadurch entscheidend Handel und Kommunikation. Einen besonderen Einschnitt stellte die explizite Förderung und staatliche Begünstigung des Kaufmanns- und Händlerstandes dar, die allerdings im schroffen Gegensatz zur Haltung der konfuzianischen Beamtenschaft stand, die traditionell diesen »nichtproduktiven« Wirtschaftszweig ablehnte. In der Folge blühten die Geschäfte der Binnen- und Fernhändler, der Steuerpächter, Hoflieferanten und Gutsverwalter, die große Mengen an Privatkapital in ihren Händen konzentrierten. Dies zog ihnen den Hass der ausgebeuteten chinesischen Bauern und Leibeigenen zu, der sich letztlich aber gegen die »mongolische Verwaltung« generell richtete.

War der zum Teil dauerhafte Einfluss der Mongolen in Wirtschaft und Verwaltung auf die chinesische Gesellschaft enorm, so hinterließen sie auf kulturellem Gebiet eher geringe Spuren. Zwischen Mongolen und Chinesen herrschte ein äußerst ambivalentes Verhältnis, das sich vornehmlich in einer pragmatisch gefärbten, oberflächlichen Anpassung manifestierte. Aus späterer Sicht verwundert es, wie die beiden Bevölkerungsgruppen in relativer Unkenntnis voneinander Seite an Seite leben konnten.

Als Eroberer bemühten sich die Mongolen von Anfang an, ihre Herrschaft als eine im traditionellen chinesischen Verständnis legitime zu etablieren: Sie verlegten die Hauptstadt nach Dadu (allerdings unter gleichzeitiger Beibehaltung der Sommerresidenz in der Steppe nach nomadischer Sitte), riefen eine Dynastie aus und übernahmen Teile des Hofzeremoniells nach chinesischem Muster. Auch die zahlreichen scheinbar auf Expansion ausgerichteten Kriegszüge Qubilais waren weniger der mongolischen Tradition bleibender Eroberungen verpflichtet als der üblichen chinesischen Sicherung von Handels- und »Tribut«-Interessen. Es scheint, als wollte das »Reich der Mitte« die Nachbarvölker im Osten und Süden an ihre Vasallenpflichten erinnern: Japan (1274, 1281), Annam, Champa, Burma (1278, 1283) und Java (1281, 1292), wobei der letztgenannte Feldzug einer Expedition mit Raubzugcharakter gleichkam.

Der Wunsch, als legitime chinesische Nachfolger anerkannt zu werden, manifestierte sich in der nur vordergründig als nebensächlich erscheinenden Frage, wer die offizielle Geschichte der Vorgängerdynastie zu schreiben habe. Qubilais Auftrag konnte zunächst nicht ausgeführt werden, da man sich über die legitime Abfolge der Vorgänger – Liao, Jin und Song – nicht einigen konnte. Erst nachdem man über diese Frage weitgehende Einheit erzielt hatte, indem man alle drei als offiziell und damit ihren Anspruch auf eine Dynastiegeschichte anerkannt hatte, wurde dieses Werk in Angriff genommen und in kürzester Zeit – und rechtzeitig vor dem eigenen Ende – von 1343 bis 45 abgeschlossen.

Abgesehen von solchen politisch motivierten Interessen scheint den Mongolen die chinesische Kultur auffallend fremd geblieben zu sein. Der Zugang zur Sprache reduzierte sich wohl auf das Notwendige des Alltagsverkehrs, als Schrift wurde die neue, phonetische 'Phags-pa-Schrift entwickelt und verwendet. Ein tieferes Eindringen in literarische oder künstlerische Traditionen der Chinesen, wie sie für andere Völker Zentralasiens nachweisbar ist, ist für die Mongolen nicht belegt.

Auf der anderen Seite stellte die Herrschaft der Mongolen für den allergrößten Teil der Chinesen keinen besonderen Eingriff in ihren Alltag und keine wesentliche Änderung gegenüber früher dar: Sie waren weiterhin Untertanen eines autokratischen Systems, zahlten ihre Abgaben, leisteten ihren Frondienst, und selbst Beamten- und Gelehrtenfamilien, die politisch weitgehend machtlos geworden waren, konnten ihr Dasein als wohl bestallte, gebildete Gutsbesitzer (Gentry) weiterpflegen, da die Eigentumsverhältnisse nicht geändert worden waren. Infolge dessen erfuhr die Gelehrtenkultur eine Art Privatisierung, statt dem höfischen Akademismus blühte die individuelle Literatenmalerei, die Kunst wandte sich einem kleinen Kreis von Kennern zu. In der Literatur fand eine Verbürgerlichung statt, da sich in den Zirkeln von Gebildeten neue literarische Formen wie Roman, Novelle und Theaterstück mit neuen Themen und in der Umgangssprache frei entfalten konnten.

Trotz der sich gegen Ende der Dynastie immer stärker artikulierenden Ablehnung der Fremdherrschaft fällt auf, dass eine nicht geringe Zahl chinesischer Beamter der als legitim empfundenen mongolischen Yuan-Dynastie gegenüber loyal blieb, selbst als die in Südchina ausbrechenden Bauernaufstände Mitte des 14. Jahrhunderts immer offener nationalistisches Gedankengut propagierten.

Über keines der mongolischen Nachfolgereiche sind wir so gut informiert wie über das Yuan-zeitliche China. Dies verdanken wir der offiziellen Dynastiegeschichte, dem *Yuanshi* (Kat.-Nr. 356), und den zahlreichen erhaltenen Dokumenten, auf die bereits die chinesischen Beamten der Ming-Zeit bei ihrer Abfassung zurückgreifen konnten. Es sind allerdings ausschließlich chinesische Zeugnisse, die in der Spra-

che der »Verlierer« berichten. Hierin ist ihr Tenor der gleiche wie der aller anderen Schilderungen der Mongolen. Die westlichen Quellen prangern die mehr oder minder verhassten Fremden als Teufel an, die östlichen beschreiben sie als kulturlose Barbaren. Ein Großteil der mongolischen Literatur dieser Zeit – eigenständig oder übersetzt – ist verlorengegangen oder von den Chinesen zerstört worden. Gerade eine der wichtigsten Errungenschaften der mongolischen Zeit in China, die kosmopolitische Einstellung in Verbindung mit der Öffnung nach außen, ist aus den chinesischen Quellen nur indirekt zu erschließen. Die zahlreichen wirtschaftlichen und kulturellen Kontakte der Pax Mongolica und ihrer unmittelbaren Folgezeit übertrafen bei weitem selbst den kosmopolitischen Glanz der Tang-Dynastie (618–907). Im Unterschied zu früher nahmen die Chinesen der Mongolenzeit dies jedoch kaum wahr.

## Das Ende der Mongolenherrschaft

Mobilität und taktische Überlegenheit waren die wesentlichen Stärken der mongolischen Reitersoldaten bei der Eroberung Chinas gewesen. Ein vornehmlich in Garnisonen stationiertes Besatzungsheer – zum Großteil chinesische Truppen unter mongolischer Führung – stand hingegen vor der ganz neuen Aufgabe, das Riesenreich auch wirksam zu kontrollieren. Der private Waffenhandel blühte, die Gesellschaft wurde mehr und mehr »militarisiert« durch Banditenheere, marodierende Horden und aufrührerische Bauern, die sich um Anführer aus ihren Reihen scharten. Die allgemeine Unzufriedenheit führte 1325 zum ersten größeren Aufstand südlich des Yangtse, innermongolische Machtkämpfe unter den Clans lähmten die Führungsschicht. Ein schwacher, noch dazu lange regierender letzter Kaiser, der den sexuellen Geheimkulten des unter den Chinesen verhassten Lamaismus mehr zugetan war als seinen Herrschaftspflichten, die Zwangsarbeit für Deichbauprojekte am Gelben Fluss wegen seiner periodischen Überschwemmungen, die Unterbrechungen des Getreidenachschubs nach Norden, das inflationäre Drucken von ungedecktem Papiergeld – all dies schürte die Unruhe, zog weitere lokale Rebellionen nach sich und stürzte schließlich das Land in den Bürgerkrieg. Antimongolische Tendenzen und der Ruf nach einer Restaurierung der alten Song-Dynastie als Wahrer traditioneller Wertesysteme und die immer lauter werdende Kritik an der Unfähigkeit der mongolischen »Kolonialherren« unterhöhlten den Herrschaftsanspruch der Mongolen. Schließlich rief ein Emporkömmling und ehemaliger Mönch aus einem der buddhistischen Klöster, die zum Hort chinesisch-nationaler Gesinnung geworden waren, Zhu Yuanzhang, 1368 die neue, chinesische Ming-Dynastie aus.

Das Ende der Mongolendynastie kann wohl nicht mit dem einfachen Argument der Verweichlichung von Nomaden im sesshaften China erklärt werden. Schließlich blieben die Mongolen, nachdem sie aus China vertrieben worden waren, weiterhin ein bedeutender Machtfaktor im Norden und eine permanente Bedrohung der Ming-Dynastie. Besser greift das Erklärungsmuster des in der chinesischen Geschichte immer wieder auftretenden dynastischen Zyklus, wonach häufig Schwächen des bürokratischen Apparates und soziale Spannungen zu Aufständen führten, die das Ende einer Dynastie zumindest beschleunigten. Letztlich scheiterten die Mongolen mit ihren äußerst bescheidenen personellen Ressourcen an der Aufgabe, ein so großes Agrar- und Handelsland wie China dauerhaft erfolgreich zu regieren: Eine Militärmacht mit ziviler Fassade reicht auf die Dauer nicht aus. Schneller als sie China erobert hatten kehrten die Mongolen wieder in die Steppe zurück: auch wenn ihre 100-jährige Herrschaft als eine vorübergehende Episode erscheinen mag, so werden im Nachhinein prägende kulturelle Strukturen erkennbar.

Literatur: AMITAI-PREISS/MORGAN 2000; BARFIELD 1989; FRANKE 1970; FRANKE 1989 a; FRANKE/TRAUZETTEL 1968; LANGLOIS 1981; ROSSABI 1988; TIETZE 1980

WANG YAO-T'ING

# Die Darstellung der mongolischen Herrscher in der chinesischen Malerei der Yuan-Dynastie

## I

Die Sammlung des National Palace Museum Taipei, Taiwan, enthält Alben mit den Porträts von Kaisern und Kaisergemahlinnen aus den drei Dynastien Song (960–1279), Yuan (1272–1368) und Ming (1368–1644). Zwar ist nicht jeder Kaiser und jede Gemahlin mit einem Porträt vertreten, dennoch belegen diese Alben eindrucksvoll den Wandel der Dynastien über einen Zeitraum von nahezu 700 Jahren.

Der Eintrag zu den Porträts der Kaiser der Yuan-Dynastie (»Yuandai di banshenxiang«) im »Katalog der Malereien und Kalligraphien des Kaiserpalastes« *(Gugong shuhualu)* macht die folgenden Angaben: »Die acht Bildnisse auf Seide wurden in ein Album montiert. Sie sind jeweils 59,4 Zentimeter lang und 47 Zentimeter breit. Jedem Porträt gegenüber findet sich eine ebenso große Textseite [mit biographischen Angaben] auf Papier. 1. Taizu [Činggis Khan], 2. Taizong [Ögedei Khan], 3. Shizu [Qubilai Khan], 4. Chengzong, 5. Wuzong, 6. Renzong, 7. Wenzong, 8. Ningzong.«[1]

Dem Eintrag zu den Porträts der Kaisergemahlinnen der Yuan-Dynastie (»Yuandai dihou banshenxiang«) sind die folgenden Informationen zu entnehmen: »Die 15 Porträtbilder auf Seide wurden [wie im Fall des Albums der Khane auf acht Blätter] in ein Album montiert. Sie sind jeweils 61,5 Zentimeter lang und 48 cm breit. 1. Chabi[2], Gemahlin von Kaiser Shizu [Qubilai Khan], 2. Taji, Gemahlin von Kaiser Shunzong, 3. Zhenge, Gemahlin von Kaiser Wuzong, 4. Gemahlin von Kaiser Wuzong, 5. Jiyatu, Gemahlin von Kaiser Wuzong und Kaiserinmutter, 6. Gemahlin von Kaiser Renzong, 7. Gemahlin von Kaiser Yingzong, 8. Gemahlin von Kaiser Yingzong, 9. Gemahlin von Kaiser Mingzong, 10. Gemahlin von Kaiser Ningzong, 11. Hounahan, 12.–15. Vier Kaisergemahlinnenporträts ohne Titelangabe.«[3]

Die beiden Alben wurden im Jahr 1748, während der Regentschaft des Qing-Kaisers Gaozong (Regierungsperiode Qianlong, 1736–95), zusammengestellt.[4] Die hohen Kopfbedeckungen der Kaisergemahlinnen sind am oberen Ende nicht vollständig dargestellt, was darauf schließen lässt,

dass die Bilder abgeschnitten wurden. Ein weiterer Hinweis auf mögliche Veränderungen während dieses Restaurierungsprozesses ist der Umstand, dass jeweils zwei Porträts zu einem Paar montiert wurden.

Nachdem die Mongolen Zentralchina erobert hatten, waren sie Fremdherrscher in einem Land, in dem die Hanchinesische Mehrheit der Bevölkerung nicht nur eine andere Sprache und Schrift pflegte, sondern sich auch durch ihre Statur und ihre Bekleidung von den Fremdherrschern unterschied. Doch die beiden Yuan-zeitlichen Porträtalben unterscheiden sich von ihren Song-zeitlichen Pendants nicht nur durch die Einflüsse der mongolischen Kultur, sondern auch durch eine besondere Mischung aus Hanchinesischen, tibetischen und nepalesischen Traditionen, die die kulturelle Vielfalt des mongolischen Weltreiches zu veranschaulichen vermag.

## II

Das erste Albumblatt zeigt das Porträt des Kaisers Taizu (Činggis Khan) (kat.-Nr. 340). Er trägt eine Zobelfellmütze und weiße Kleidung. In der »Geschichte der Yuan-Dynastie« *(Yuanshi)* heißt es: »Zu weißer Lederkleidung trägt man eine weiße, gefütterte Kopfbedeckung. Trägt man Bekleidung aus Hermelinfell, so soll die Mütze aus dem gleichen Material sein.«[5] Die Mongolen rasierten sich das Haupthaar, mit Ausnahme des Stirn- und des Ohrenbereiches. Die Haare hinter den Ohren wurden zu Ringen geflochten. Kaiser Taizu (Činggis Khan) trägt auf jeder Seite nur einen Flechtring, während z. B. Shizu (Qubilai Khan), Renzong und Chengzong (Kat.-Nr. 342, 345, 343) jeweils drei bzw. vier tragen. Hierbei handelt es sich um eine für Mongolen typische Haartracht, die Männer aus der einfachen Bevölkerung ebenso trugen wie Činggis Khan. Auch auf dem Gemälde *Qubilai Khan auf der Jagd (Yuan Shizu chulie tu;* Abb. S.299) ist diese Haarmode zu sehen. Die Kopfbedeckung des Kaisers Shizu (Qubilai Khan) im vorliegenden Album ähnelt der des Kaisers Taizu (Činggis Khan). Hingegen trägt Kaiser Taizong (Ögedei Khan) (Kat.-Nr. 341) eine andersartige Zobelfellmütze und passend da-

1 Liu Guandao (tätig ca. 1279 bis 1300), *Qubilai Khan auf der Jagd (Yuan Shizu chulie tu)*, China, 1280. Hängerolle, Tusche und Farben auf Seide, National Palace Museum Taipei

zu einen eckigen Kragenausschnitt. Die übrigen Kaiser des Albums, Chengzong, Wenzong, Wuzong, Renzong und Ningzong, (Kat.-Nr. 343, 346, 344, 345, 347) tragen eine »Beckenmütze« (chin. *boli guan*), die diese Bezeichnung aufgrund ihrer Ähnlichkeit mit dem Schlaginstrument erhielt. Diese Kopfbedeckung war häufig von einer oder mehreren Perlen gekrönt. Während die Zobelfellmütze mit Krempe noch die Verbundenheit der frühen Mongolenkaiser mit dem Nomadenleben andeutet, betont die Beckenmütze den militärischen Charakter der Mongolenherrschaft.

## III

Die auffälligsten Gemeinsamkeiten der Kaisergemahlinnenporträts (Kat.-Nr. 348–355) sind die typischen Augenbrauen in Form eines waagerechten Striches sowie die hohe, im Chinesischen *gugu guan* (mong. *boythay*) genannte Kopfbedeckung. Sie ist üblicherweise rot und besteht aus zwei Teilen. Der obere (siehe Kat.-Nr. 73) verjüngt sich trichterförmig nach unten und besteht meist aus einem Gerüst aus Bambusstreifen, Birkenrinde, Weidenzweigen oder Draht, um welches je nach Jahreszeit Seide, Brokat oder Filz gewickelt wurde. Das Obermaterial wurde mit kleinen Jadeperlen verziert und die Spitze mit kostbaren Fasanenfedern geschmückt. In die Vorderseite wurden Stickereien und glänzender Schmuck eingearbeitet. Die Kopfbedeckung wurde auf dem hochgesteckten Haar mit Hilfe der auf den Schultern der Kaisergemahlinnen zu sehenden Bänder, deren Enden ebenfalls mit Perlen verziert sind, befestigt. Der untere Teil der Kopfbedeckung besteht aus einem Stirntuch, im Falle der Gemahlinnen von Kaiser Shunzong und Yingzong aus halb durchsichtiger Gaze. Nur die Hauptfrauen (mong. *khatun*) von Männern mit hohem gesellschaftlichem Rang durften die *gugu*-Kappe tragen.

Das Muster auf der *gugu*-Kappe der Chabi (Kat.-Nr. 348), Gemahlin des Kaisers Shizu (Qubilai Khan), erinnert an Aprikosenblüten, ein nationales Symbol der Mongolei. Die Kaisergemahlinnen tragen – soweit lassen es die Brustbilder erahnen – lange Gewänder mit weiten Ärmeln. Solche Gewänder findet man z. B. auch auf den buddhistischen Malereien der Mogao-Grotte in Dunhuang, der Yulin-Grotte in Anxi sowie in persischen Alben. Der Kragen der Gewänder ist von drei gewebten Schmuckbändern gesäumt. Auf dem dunklen Grund des breitesten, äußeren, finden sich dort z. B. goldene und silberne Blumenmuster. Die beiden inneren, schmaleren Bänder zeigen rote oder schwarze Strukturen auf goldenem Grund, die in der während der Yuan-Dynastie hoch geschätzten *nashishi*-Webtechnik gefertigt wurden. Diese Technik, bei der echte Goldfäden verarbeitet werden, stammt ursprünglich aus

Zentralasien (Samarkand); Handwerker brachten sie nach der Eroberung Zentralasiens durch die Mongolen an den kaiserlichen Hof in Dadu (Peking).[6] Die zentrale Rolle des tibetischen Buddhismus im Alltag der mongolischen Kaiser wird auch durch die Motive auf den Gewändern deutlich. So ist z. B. das Papageienmuster auf dem Kragen der Chabi vermutlich tibetischen Ursprungs. Auch weist die Kleidung der Kaisergemahlinnen Ähnlichkeit mit den Gewändern von Bodhisattva-Darstellungen in Nepal auf. Der Einfluss des ostindisch-nepalesischen Bekleidungsstils wird besonders in den beiden Rubinen deutlich, die an den Perlensträngen der *gugu*-Kappe der Chabi befestigt sind, und auch in den Gazestreifen auf der Stirn der Taji, der Gemahlin des Kaisers Shunzong (Kat.-Nr. 348).

## IV

Die beiden Alben mit Kaiser- und Kaisergemahlinnen-Porträts enthalten ausschließlich Brustbilder, ähnlich den Porträts aus den Dynastien Song (960–1279) und Ming (1368–1644). In den meisten Fällen wurden diese Bilder als Vorlage für gemalte Ganzfigurenporträts und für Seiden- oder Brokatwebereien angefertigt. Am rechten Rand der *gugu*-Kappe von Kaisergemahlin Chabi ist noch deutlich eine Umrisslinie zu sehen. Auch die Änderungen des Faltenwurfs auf dem Porträt Qubilai Khans sind klar zu erkennen. Viele Wissenschaftler sind deshalb heute der Ansicht, dass es sich bei den vorliegenden Bildern um Skizzen für Gemälde oder Webarbeiten handelt.

Im Vorwort des Werkes *Yuandai huasuji* (Malereien und Skulpturen der Yuan-Dynastie), einer der wichtigsten Quellen zu den Kaiserporträts, heißt es über die Entwicklung der Porträtmalerei: »[…] Zuerst gab es nur die farbige Malerei und Stickerei, dann schuf man Skulpturen und bemalte diese, und zuletzt nutzte man die auf überaus hohem Niveau entwickelte Seidenwebkunst, um Porträts zu schaffen.«[7] Das Vorwort sagt darüber hinaus explizit, dass die offiziellen Porträts der Yuan-Dynastie zunächst gemalt und dann in Seide oder Brokat gewebt wurden. Leider sind keine dieser gewebten Porträts erhalten. Doch vergleichbare buddhistische Seidengewebe geben über die damals angewandte Webtechnik *(wenjiju)* Auskunft.

Die großformatigen gewebten Porträts dienten der Verehrung der Ahnherren und wurden bei Hofe in so genannten »Schattenhallen« *(yingtang)* innerhalb einer tibetisch-buddhistischen Tempelanlage aufbewahrt. Jeder Kaiser hatte eine eigene »Schattenhalle«. Die des Qubilai Khan befand sich z. B. im Wan'an-Tempel um die noch heute erhaltene »Weiße Pagode« *(baita)* in Peking. Die als Skizze zuvor angefertigten Brustbilder wurden auch »kleine Schatten« *(xiaoying)* genannt.

## V

Wer aber waren die Maler dieser Porträts? Es gab während der Yuan-Dynastie keine kaiserliche Akademie für Malerei wie in der vorhergehenden Song-Dynastie, an der Auftragsarbeiten für die Kaiser erledigt wurden. Auch finden sich in beiden Porträtalben keine Siegel oder Signaturen von Malern. Dass die Porträts der Kaiser und Kaisergemahlinnen aus einer exklusiv für den mongolischen Kaiserhof arbeitenden Institution stammen, steht aber außer Frage. So gab es im Palast mehrere Einrichtungen, die für die Anfertigung von tibetisch-buddhistischen Bildern und religiösen Objekten zuständig waren. Zu ihnen zählte z. B. das Amt für Künstler und Handwerker und das Amt für die kaiserlichen Gewänder.

Die beiden bedeutendsten Porträtmaler bei Hofe waren der aus Nepal stammende Künstler Anige (1245–1306)[8], der zu Lebzeiten Kaiser Shizus die Verantwortung für die künstlerischen Arbeiten am Kaiserhof innehatte, und Li Xiaoyan (tätig 1320–29), der unter den Kaisern Yingzong und Wenzong diente. Beide waren Meister der Altarbildmalerei und zudem auf die Kaiserporträts spezialisiert. Insbesondere Li Xiaoyan, der sich durch seine realistischen Porträts einen Namen gemacht hatte, erhielt laut dem Werk *Yuandai huasuji* (Malereien und Skulpturen der Yuan-Dynastie) zahlreiche kaiserliche Aufträge. Ihm werden die Porträts der Kaiser Wenzong und Renzong zugeschrieben.

Für die Porträts von Kaiser Shizu (Qubilai Khan, 1215–94; reg. 1260–94), seiner Gemahlin Chabi (gest. 1281) sowie der Gemahlin Shunzongs zeichnete mit hoher Wahrscheinlichkeit Anige verantwortlich. Zeitgenössischen Berichten zufolge soll dieser die Herrscher direkt nach ihrem Tod porträtiert haben. Nach dieser Vorlage wurden jene gewebten Bildnisse hergestellt, die im 1278 nach den Plänen Aniges erbauten Wan'an-Tempel aufbewahrt wurden. Anige kam durch die Empfehlung von Qubilai Khans wichtigstem Berater, dem tibetischen Lama 'Phags-pa (1235–80), in die Hauptstadt Dadu (Peking). Er war zunächst v. a. für seine Bronzegussarbeiten berühmt, entwarf jedoch in der Hauptstadt auch zahlreiche Gebäude im tibetischen Stil.

Neben Stilelementen der traditionellen chinesischen Malerei finden sich auf den Porträts der Kaiser und ihrer Gemahlinnen auch zahlreiche neue Einflüsse. So werden z. B. die Gesichter in frontaler oder fast frontaler Perspektive gezeigt, was für Kaiserbildnisse der Song-Zeit noch eine Seltenheit war. Auch was die verwendeten Materialien angeht, sind zentralasiatische Einflüsse erkennbar. Die Aufzeichnungen im *Yuandai huasuji*, in denen von Mineralfarben, »den Farben aus dem Westen«, wie z. B. Zinnober die Rede ist, decken sich mit den Ergebnissen heutiger Untersuchungen der Bilder. Die Farben auf den Porträts des Kaisers Shizu (Qubilai Khan), seiner Gemahlin sowie der Gemahlin des Kaisers Shunzong ähneln in ihrer Mischung den Farben religiöser Thangka-Bilder, den Pigmenten wurde nur wenig Wasser beigemengt. Der Farbauftrag auf den Porträts ist dick und gleichmäßig. Auch dies erinnert an die Thangka-Malerei, denn dort wird ein ähnlicher Effekt erzeugt, indem die nahezu trockenen Farben in zahlreichen dünnen Schichten übereinander aufgetragen werden. Auf den späteren Bildnissen, wie z. B. dem Porträt des Kaisers Wenzong (nach 1332), ist der Einfluss der Han-chinesischen Malerei schon etwas deutlicher: Die in ihrer Intensität variierende Linie des Pinselstriches ist nachvollziehbar, und die Kolorierung unterscheidet sich in ihrem dünnen Farbauftrag von den eben erwähnten Beispielen.[9] Das Gesicht gewinnt auch hier nicht so sehr durch Linien als vielmehr durch die Farbkontraste an Charakter. Wo die traditionelle chinesische Malerei sich auf die Linie stützt, so z. B. bei der Gestaltung der Augenpartie, zeigt sich hier eine vollkommen andere Herangehensweise. Die Wiedergabe des Gesichtes von Kaiser Shizu (Qubilai Khan) konzentriert sich denn auch nicht auf Linien, sondern auf die geschickte Variation der Farben. Diese Technik wird bei dem Bildnis der Gemahlin Kaiser Shunzongs noch offensichtlicher. Die Dreidimensionalität des Gesichts wird hier durch die unterschiedliche Farbintensität, durch feinste Abstufungen innerhalb einer Farbe gewonnen. Diese Herangehensweise hat ihren Ursprung in der tibetischen und nepalesischen Thangka-Malerei und erweiterte die chinesische Maltradition um neue stilistische und technische Aspekte.[10]

Auch bei der Gestaltung der Gaze auf der Stirn der Gemahlin des Kaisers Shunzong, Taji, handelt es sich um eine Neuerung, die besondere Aufmerksamkeit verdient. Die Darstellung der Transparenz dieser Gaze ist wahrscheinlich ebenfalls auf nicht-chinesische Maltraditionen zurückzuführen. Die von Anige vertretene nepalesische Kunsttradition kennt zahlreiche Verfahrensweisen, solche Gazestoffe wiederzugeben. Die Ornamente und Muster auf dem Gazestoff auf Tajis Stirn sind überaus dicht, fein und präzise. Im tibetischen Kulturraum findet man vergleichbare Muster z. B. auf den »zikadenflügeldünnen« Untergewändern von Bodhisattvas. Ohnehin herrscht auf den Kaiserporträts kein Mangel an Motiven und Themen des nepalesischen Kulturraumes: So findet man die Rubingehänge der Kaisergemahlin Chabi in vergleichbarer Form auf den Kronen und Ohrgehängen von Bodhisattvas auf Wandmalereien in den tibetischen Tempeln Xialusi und Baijusi (1425–28). Beispiele wie dieses lassen erkennen, wie stark das Erscheinungsbild der mongolischen Kaisergemahlinnen im Yuan-zeitlichen Kaiserreich von unterschiedlichen kulturellen Einflüssen geprägt war.[11]

## VI

Als weiterer wichtiger Porträtmaler am mongolischen Kaiserhof der Yuan-Dynastie ist Liu Guandao (tätig ca. 1279–1300) zu nennen. Liu Guandao hieß mit Großjährigkeitsnamen Zhongxian und stammte wie Li Xiaoyan aus Zhongshan in der heutigen Provinz Hebei. Er verstand sich insbesondere auf die religiöse Figurenmalerei und auf die Landschaftsmalerei im Stile der Maler Li Cheng und Guo Xi der Nördlichen Song-Dynastie (960–1127). Im Jahr 1279 wurde er beauftragt, ein Porträt des Kaisers Yuzong zu malen, und erhielt eine Anstellung im Amt für die kaiserlichen Gewänder.

Das Bild *Qubilai Khan auf der Jagd (Yuan Shizu chulie tu*; Abb. S. 299) zeigt Kaiser Shizu auf einem winterlichen Jagdausflug. Das Bild trägt die Aufschrift: »Im Jahre 1280 vom Beamten des Amtes für die kaiserlichen Gewänder, Liu Guandao, ehrerbietig gemalt.« Qubilai Khan ist inmitten einer Jagdgesellschaft auf einem schwarzen Pferd dargestellt. Über seinem roten Gewand trägt er ein weißes Überkleid. Bei der Person im weißen Gewand zu seiner Linken muss es sich um die Kaisergemahlin handeln. Die unterschiedlichen Physiognomien, die sich im Gefolge des Kaisers entdecken lassen, sind ein deutlicher Beleg für den Vielvölkerstaat der Yuan-Zeit. Rechts im Vordergrund sind drei Reiter zu sehen. Hinter einem dieser Reiter hockt ein Jagdgepard auf dem Rücken des Pferdes. Die beiden anderen tragen Jagdfalken auf ihren Schultern, jeweils einen weißen und einen braunen Falken. Ein weiterer berittener Jäger spannt seinen Bogen und zielt auf eine Wildgans am Himmel. Der Schuss des jungen Schützen im grünen Drachengewand – vermutlich ein Prinz – zieht die Aufmerksamkeit der Gruppe auf sich. Das Bild schildert weniger eine stürmische Jagdszene als vielmehr eine familiäre Jagdgesellschaft mit einem sorglosen und unbekümmerten Kaiserpaar im Zentrum seines Gefolges.

Über die Jagdgebräuche der Mongolen wusste der chinesische Gelehrte Peng Daya der Südlichen Song-Dynastie (1127–1279) in seiner Studie *Heida shilüe* (Notizen über die schwarzen Tartaren) zu berichten.[12] Auch in den Reiseaufzeichnungen Marco Polos finden sich Hinweise auf die ausgedehnten Jagdausflüge der mongolischen Kaiser,[13] und innerhalb der kaiserlichen Verwaltung gab es sogar ein dem Militärministerium unterstelltes Amt für die Aufzucht und Pflege der kaiserlichen Jagdfalken.[14]

Dass Kaiser mit ihren Frauen gemeinsam auf die Jagd gehen, hatte man vor der mongolischen Yuan-Dynastie noch nicht gesehen. Da dies eine Tradition der Völker nördlich der Großen Mauer war, die die Han-Chinesen nicht teilten, dauerte es bis in die Regierungszeit des mandschurischen Qing-Kaisers Gaozong (Regierungsperiode Qianlong, 1736–95), bis sich dieses in China wiederholte.

Auf dem Gemälde *Qubilai Khan auf der Jagd* steht die Kaisergemahlin ebenso im Bildzentrum wie der Kaiser selbst. Man darf daher vermuten, dass das Bild auch eine Lobpreisung der Kaisergemahlin darstellt.

Als Beamter für die kaiserlichen Gewänder hat der Maler Liu Guandao die Kleider, ihren Schnitt und auch ihre Materialien und Verzierungen überaus präzise und detailgetreu wiedergegeben. Hervorzuheben sind insbesondere der Einsatz der Farben und die klar und deutlich gemalten Muster. Das Bild ist daher eine wichtige Informationsquelle für die Kleidung in der Yuan-Dynastie.

## VII

Der chinesischen Überlieferung zufolge hat der Stil des chinesischen Malers Liu Guandao mit dem Aniges nichts gemein. Betrachtet man aber z. B. die von Liu Guandao angewandte Maltechnik in der Darstellung des Gazestoffes, scheint der tibetisch-nepalesische Stil Aniges längst in den künstlerischen Kanon der Hauptstadt eingegangen zu sein.[15] Diese Beobachtung verdeutlicht einmal mehr, dass sich die Erforschung der Yuan-zeitlichen Malerei heute nicht mehr auf die Analyse der Einflüsse der traditionellen chinesischen Gelehrtenmalerei beschränken darf, sondern auch die Einflüsse und Besonderheiten der zahlreichen Völker und Kulturen im gewaltigen mongolischen Vielvölkerreich zu berücksichtigen hat.

1 *Gugong shuhualu* [Katalog der Malereien und Kalligraphien des Kaiserpalastes], hrsg. vom Redaktionsteam des National Palace Museum Taipei, Bd. 8, Taipeh 1965, S. 47–50.

2 Die Namen der Kaisergemahlinnen Chabi, Taji, Zhenge und Hounahan sind in der chinesischen Lesung angegeben.

3 *Gugong shuhualu* (wie Anm. 1), S. 50–53.

4 Auf dem Album dieser Porträts findet sich die Aufschrift »Im Jahre 1748 unter der Regentschaft des Kaisers [Gaozong, Regierungsperiode] Qianlong restauriert.«

5 *Yuanshi* [Geschichte der Yuan-Dynastie], Bd. 18.

6 Zur Verbreitung der *nashishi*-Webtechnik siehe auch ALLSEN 1997 und CH'EN 2001.

7 YDHSJ 1964, S. 1.

8 Siehe JING 1994, S. 7.

9 GE 2001, S. 264/265.

10 Ebenda.

11 Ebenda.

12 PENG 1985.

13 Marco Polo: *Make boluo youji* [Die Reiseaufzeichnungen des Marco Polo], Peking 1998, S. 89/90.

14 *Yuanshi* [Geschichte der Yuan-Dynastie], Bd. 114.

15 CH'EN 2001, S. 269.

340–347 Verschiedene Hofmaler, darunter vermutlich Anige und Li Xiaoyan
**Album mit acht Porträts von Kaisern der Yuan-Dynastie** *(Yuandai di banshenxiang)*
China, Yuan-Dynastie, 14. Jh. | Acht Albumblätter, Tusche und Farben auf Seide, H 74,1 cm, B 116,1 cm | National Palace Museum Taipei, Taiwan | Inv.-Nr. *zhonghua* 000324-1 bis 8

340 Kaiser Taizu (Činggis Khan)
*nur Bonn*
341 Kaiser Taizong (Ögedei Khan)
*nur Bonn*
342 Kaiser Shizu (Qubilai Khan)
*nur München*
343 Kaiser Chengzong (Temür/Öljeyitü Khan)
*nur München*
344 Kaiser Wuzong (Qayisan/Külüg Khan)
*nur München*
345 Kaiser Renzong (Ayurbarvada/Buyantu Khan)
*nur Bonn*
346 Kaiser Wenzong (Tug Temür/Tegtemur Khan)
*nur Bonn*
347 Kaiser Ningzong (Irincenbal Khan)
*nur München*

348–355 Verschiedene Hofmaler, darunter vermutlich Anige und Li Xiaoyan
**Album mit fünfzehn Porträts von Kaisergemahlinnen der Yuan-Dynastie** *(Yuandai dihou banshenxiang)* **China, Yuan-Dynastie,**
14. Jh. | Acht Albumblätter, Tusche und Farben auf Seide, H 76 cm, B 114,7 cm | National Palace Museum Taipei, Taiwan | Inv.-Nr. *zhonghua* 000325-1 bis 8

348 Chabi, Gemahlin von Kaiser Shizu, und Taji, Gemahlin von Kaiser Shunzong
*nur Bonn*
349 Zhenge, Gemahlin von Kaiser Wuzong, und eine weitere Gemahlin von Kaiser Wuzong
*nur München*
350 Jiyatu, eine weitere Gemahlin von Kaiser Wuzong und Kaisermutter, und eine Gemahlin von Kaiser Renzong
*nur Bonn*
351 Zwei Gemahlinnen von Kaiser Yingzong
*nur Bonn*
352 Eine Gemahlin von Kaiser Mingzong und eine Gemahlin von Kaiser Ningzong
*nur München*
353 Gemahlin Nahan und eine Gemahlin ohne Namensangabe
*nur Bonn*
354 Zwei Kaisergemahlinnen ohne Namensangabe
*nur München*
355 Eine Kaisergemahlin ohne Namensangabe
*nur München*

元太祖皇帝

即青吉思汗諱特穆津在位二十二年父曰伊蘇

克伊是為烈祖皇帝起宋寧宗開禧二年丙寅金

章宗泰和六年終宋理宗寶慶二年丁亥金哀宗

正大四年

340

元太宗皇帝

諱諤格德依太祖第三子在位十三年起宋理宗

紹定二年己丑終宋理宗淳祐元年辛丑金正大

六年

341

元世祖皇帝

即色辰諱呼必賚睿宗第四子在位三十八年起

宋理宗景定元年庚申終于元貞三年乙酉

342

元成宗皇帝

即諤勒哲依圖諱特穆爾世祖曾孫在位十一年

起元貞三年乙酉終大德十一年丁未

343

元武宗皇帝

即庫魯克諱海桑成宗長子在位六年起大德十

一年丁未終至大五年壬子即皇慶元年

元仁宗皇帝

諱阿裕爾巴里巴特喇成宗次子在位九年起至

大五年壬子終延祐七年庚申即至治元年

元文宗皇帝

即濟雅圖諱托克特穆爾武宗子在位六年起至和元年戊辰終至順四年癸酉

346

元寧宗皇帝

諱伊埒哲伯明宗次子在位一月

350

351

352

353

354

355

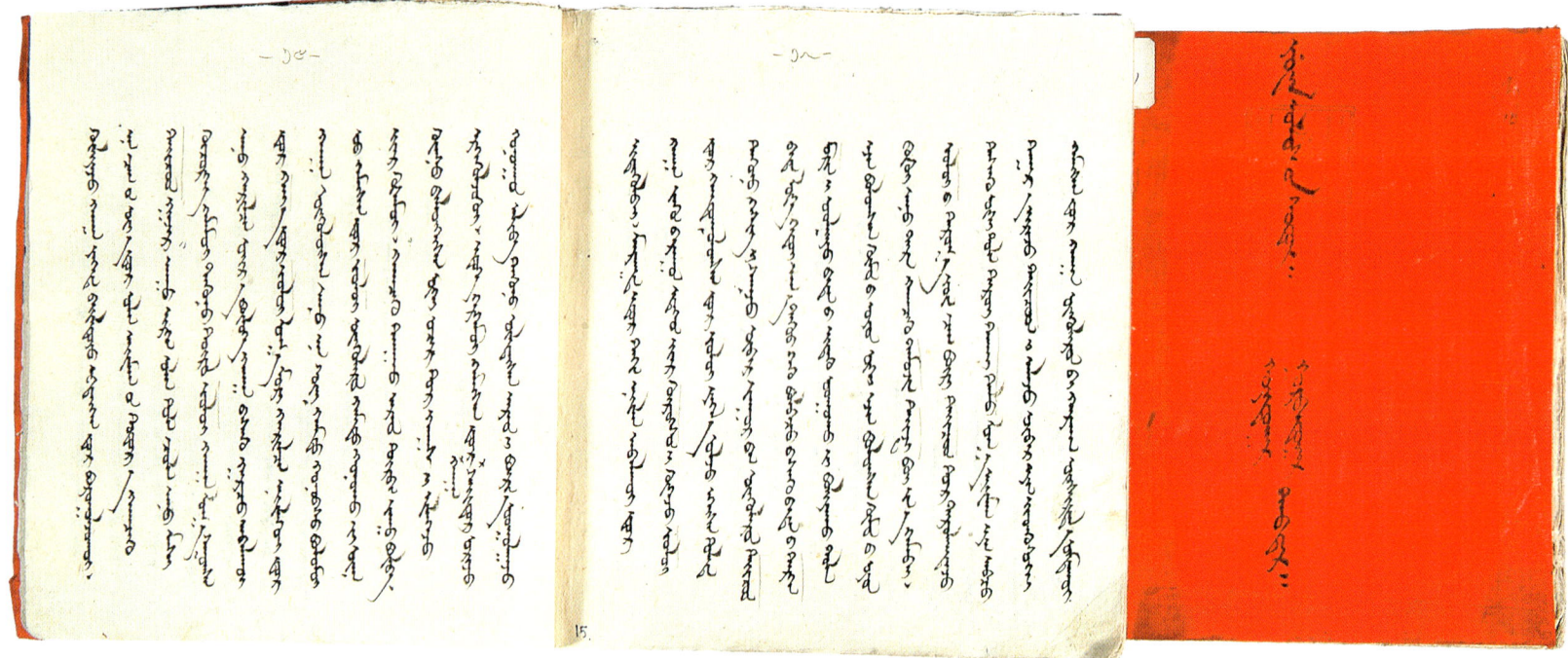

356

### 356 *Yuanshi* (Geschichte der Yuan-Dynastie)

Ins Mongolische übersetzt von Demčigdorž, alias Dandaa (1863–1932) | Zwei von insgesamt 210 Bänden | Mongolei, 1910 | Tusche auf Papier, H 27,5 cm, B 26,5 cm | Staatsbibliothek der Mongolei, Ulaanbaatar | Inv.-Nr. 1679/96, 1680/96

Das *Yuanshi* ist die offizielle Geschichte der Yuan-Dynastie (1272–1368). Es wurde direkt nach dem Sturz der Yuan von Beamten der Ming-Dynastie (1368–1644) unter der Leitung von Song Lian (1310 bis 81) und Wang Wei (1322–72) kompiliert und bereits 1369/70 fertiggestellt. Die Tradition der Dynastiegeschichten reicht bis in die Han-Dynastie (206 v. Chr. bis 220 n. Chr.) zurück. Seit der Tang-Zeit (618–907) folgte jede Dynastie hierbei einem standardisierten Muster, um die Geschichte ihrer Vorgänger darzustellen und Material über die eigene Regierungstätigkeit zu sammeln. Das *Yuanshi* berichtet über die Jahre 1206 bis 1368 und lässt sich in vier Abschnitte unterteilen:

Die *benji* (Basisannalen) sind kurze, chronologische Aufzählungen aller Aktivitäten bei Hofe. Die *zhi* (Dokumente) enthalten Verträge, Abhandlungen und Berichte über wichtige Ereignisse. Die *biao* (Tabellen) listen chronologisch die Angehörigen der Herrscherfamilie, Adlige und hohe Beamte auf. Der längste Teil sind die *liezhuan* (Biographien), welche die wichtigsten Persönlichkeiten der Dynastie beschreiben. Diese enthalten neben offiziellen Informationen auch private Aufzeichnungen und sind somit eine wichtige Quelle für die historische Forschung.

Seit dem 17. Jh. entstanden mehrere Neufassungen dieser Dynastiegeschichte, da das ursprüngliche *Yuanshi* häufig als fehlerhaft kritisiert wurde. Ein Problem ist sicher, dass vor der Gründung des Amts für Geschichte (*guoshiyuan*) 1261 keine systematische Materialsammlung erfolgte und die Aufzeichnungen über die ersten Kaiser der Yuan-Dynastie zum großen Teil auf mündlichen Überlieferungen beruhen. Weitere Schwierigkeiten ergeben sich aus der Verwendung sowohl der mongolischen als auch der chinesischen Sprache bei Hofe. Bis heute fehlt eine vollständige Übersetzung des *Yuanshi* in eine westliche Sprache, obwohl gerade für die frühen Annalen dieses Werkes heute verlorene Quellen benutzt wurden, die sich allein über das *Yuanshi* erschließen lassen. *M. J.-K.*

Lit.: GARDNER 1961, S. 88 ff. (zur Form der Dynastiegeschichten)

### 357 Topographie und landschaftliche Besonderheiten des gesamten Reiches der Yuan-Dynastie (*Shengchao hunyi fangyu shenglan*)

China, Yuan-Dynastie, Regierungsperiode Dade (1297–1307) | Blockdruck der Jianyang-Akademie, drei Teile in sechs Bänden, H 15,5 cm, B 9,5 cm | Sammlersiegel: »Zhujingzhai [Name eines Studios]. [Eine Person] liest alte und neue Bücher.« | National Palace Museum Taipei, Taiwan | Inv.-Nr. *gushan* 148

Der Autor des dreiteiligen Werkes ist unbekannt. Man geht davon aus, dass er auch an der Bearbeitung des »Geographischen Lexikons der vereinigten großen Yuan-Dynastie« (*Da Yuan dayi tongzhi*) beteiligt war. Bei dieser Tätigkeit könnte er mit den Berichten und Unterlagen aus den verschiedenen Provinzen in Kontakt gekommen sein und diese danach in einem eigenen Werk veröffentlicht haben. Bedauerlicherweise ist der Urtext verlorengegangen. Die Systematik des vorliegenden Werkes stützt sich auf die administrative Struktur der Region des heutigen Peking. Dieser entsprechend, werden die Regierungsbezirke (*lu*) und Präfekturen (*fu, zhou*) aufgelistet. Der Aufbau ahmt die Systematik des Song-zeitlichen Werkes »Topographie und landschaftliche Besonderheiten« (*Fangyu shenglan*) von Zhu Mu nach. Neben den Namen der Kreise (*xian*) in den einzelnen Regierungsbezirken und Präfekturen werden auch die Namen kleinerer Orte, regionale Sitten und Gebräuche, die klimatischen Verhältnisse, topographische Besonderheiten und Sehenswürdigkeiten angegeben. Auch der Sitz von lokalen Behörden und bedeutende Persönlichkeiten wird aufgeführt.

Das Werk beinhaltet auch 14 Übersichtskarten, darunter eine Gesamtkarte, sowie Karten von einzelnen Provinzen *(sheng)*. Diese Kartensammlung ist von besonderem Wert, da Kartenmaterial aus der Yuan-Dynastie selten ist.

Das National Palace Museum Taipei bewahrt zwei Ausgaben des Werks auf. Beide stammen aus der Regierungsperiode Dade (1297–1307), beide sind Neufassungen, die Hinweise auf Abänderungen enthalten. Auch wenn dieses Werk, wie das »Geographische Lexikon der vereinigten großen Yuan-Dynas-

tie« *(Da Yuan dayi tongzhi)*, das Thema nicht mit letzter Vollständigkeit behandelt, stellt es doch eine wichtige Ergänzung und Korrektur zu den geographischen Abschnitten der offiziellen »Geschichte der Yuan-Dynastie« *(Yuanshi)* dar.     *L. H.-Y.*

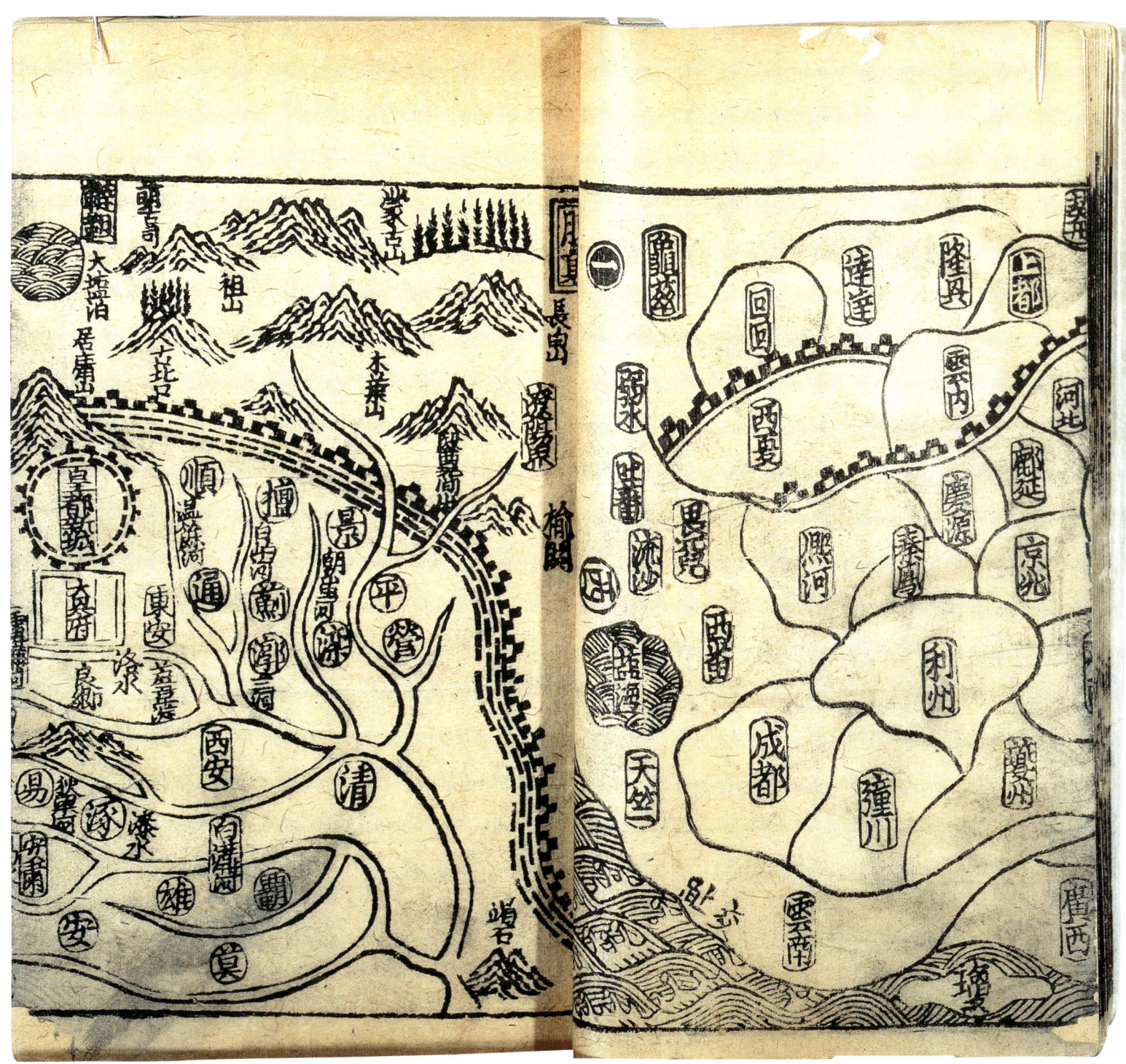

358

**358 Anonymer Hofmaler**
*Wildgansjagd (Sheyan tu)*
China, Yuan-Dynastie, Anfang 14. Jh. |
Hängerolle, Tusche und leichte Farben auf
Seide, H 131,8 cm, B 93,9 cm | Sammler-
siegel: »Siegel der kaiserlichen Sammlung
der Qing-Dynastie« | National Palace
Museum Taipei, Taiwan |
Inv.-Nr. *guhua* 000872
*nur Bonn*

Dieses Gemälde trägt zwar kein Künstlersiegel, ist
aber dem Werk *Qubilai Khan auf der Jagd (Yuan
Shizu chulie tu;* Abb. S. 305) des Hofmalers Liu
Guandao in Komposition, Technik und Thema verwandt und dürfte daher ebenfalls von einem Maler
am Kaiserhof der Yuan-Dynastie, vermutlich während der Regentschaft Qubilai Khans, angefertigt
worden sein. Die mongolischen Kaiser der Yuan-
Dynastie liebten die Jagd und riefen häufig die Hofmaler hinzu, um ihre Jagderlebnisse für die Nachwelt festhalten zu lassen.
In den Sanddünen der Wüste des chinesischen Nordens befindet sich eine Jagdgesellschaft. Alle haben
ihren Blick wie gebannt auf den Schützen gerichtet,
der mit dem Bogen auf einen Schwarm vorüberzie-
hender Wildgänse zielt. Die Personen und Pferde
am rechten und linken Bildrand und auch die Bäume am unteren Bildrand sind angeschnitten, was
darauf schließen lässt, dass das Bild ursprünglich
erheblich größer war.
Vergleicht man den von Kleidung und Statur her
auffälligsten Teilnehmer der Jagdgesellschaft mit
dem Porträt des Kaisers Chengzong (reg. 1295–1307;
Kat.-Nr. 343, Bl. 4), ist eine gewisse Ähnlichkeit nicht
zu übersehen. Daher könnte man das Bild wohl auch
»Kaiser Chengzong auf der Jagd« nennen.

*L. F.-J.*

Lit.: YU 1998, S. 50

**359 Anonymer Künstler**
*Falke (Hua ying)*
China, Yuan-Dynastie, 14. Jh. | Hängerolle,
Tusche und Farben auf Seide, H 164,2 cm,
B 80,3 cm | Sammlersiegel: »Siegel der
kaiserlichen Sammlung der Qing-Dynastie« |
National Palace Museum Taipei, Taiwan |
Inv.-Nr. *guhua* 000197
*nur München*

359

Dieses Bild eines Falken wurde ursprünglich in die
Zeit der Song-Dynastie (960–1279) datiert. Der
Malstil und die Aufschrift sprechen aber eher für
die Einordnung des Werkes in die Übergangszeit
zwischen den Dynastien Yuan und Ming, also in die
2. Hälfte des 14. Jhs.
Der Falke war schon sehr früh ein Thema der chinesischen Malerei, wurde jedoch erst während der
Yuan-Dynastie wirklich populär. Die chinesische
Falkenmalerei lässt sich grob in zwei Gruppen ein-
teilen. Eine Gruppe von Bildern unterstreicht den
aktiven Aspekt des jagenden und seine Beute ergrei-
fenden Falken, während die andere Gruppe – wie
auch das vorliegende Bild – ihr Augenmerk auf den
ruhenden Falken richtet. Die Falkenmalerei der
Yuan-Dynastie war um eine möglichst realistische
Darstellung bemüht. Vielleicht hängt dies mit der
Tatsache zusammen, dass Falken bei den Jagdaktivi-
täten der Mongolen und anderer nördlicher Völker
eine wichtige Rolle spielten und die Menschen daher

in sehr engem Kontakt zu diesen Tieren standen.
Die überaus präzise Maltechnik dieses Bildes zeigt
Ähnlichkeiten mit den Werken des Yuan-zeitlichen
Malers Xu Ze. Die Schilderung des Baumes und seiner Äste mit Hilfe der Tuschfärbemethode *(moran)*
erinnert an die Technik des Yuan-zeitlichen Falken-
malers Zhang Shunzi. Die perfekte Beherrschung
der Details lässt auch Bezüge zu den Werken des
Hofmalers Bian Wenjin (ca. 1356 – ca. 1428) der frühen Ming-Zeit vermuten.
Die fünfteilige Aufschrift beschreibt die Heldenhaf-
tigkeit und Stärke des Falken und preist damit im-
plizit auch die großen Taten und unvergänglichen
Werke des Bildbesitzers.   *C. Y.-J.*

**360 Zhao Mengfu (1254–1322)**
*Alter Baum und Pferde (Gumu
sanma tu)*
China, Yuan-Dynastie, dat. 1300 | Hand-
rolle, Tusche auf Papier, H 29,9 cm,
B 71,6 cm | Aufschrift des Künstlers: »Am
28. Tag des 12. Monats des 4. Jahres der
Regierungsperiode Dade [1300] malte ich
für Yanyuan das Bild *Alter Baum und
Pferde. Zi'ang.*« | Siegel: »Zi'ang aus der
Familie Zhao« | National Palace Museum
Taipei, Taiwan | Inv.-Nr. *guhua* 000923
*nur Bonn*

Zhao Mengfu hieß mit Großjährigkeitsnamen Zi'ang
und führte den Beinamen »Schneekieferdaoist«
*(Songxue daoren).* Er stammte aus Wuxing (dem
heutigen Huzhou in der Provinz Zhejiang) und war
in der zehnten Generation Nachfahre des Begründers der Song-Dynastie Zhao Kuangyi (927–76).
Als die Song-Dynastie 1276 stürzte, zog sich Zhao
Mengfu zum Studium in seine Heimat zurück. Im
Jahr 1286 wurde er an den nun unter mongolischer
Herrschaft stehenden kaiserlichen Hof in Dadu (Peking) berufen. Dies war der Beginn einer Beamten-
laufbahn, die ihn bis in den Rang eines Ministers
führte.
Zhao Mengfus Verdienste für die Malerei und Kalligraphie sind herausragend. Seine ebenso würdevolle
wie graziöse Regelschrift *(kaishu)* und Kursivschrift
*(xingshu)* machten Schule. In der Malerei pflegte er
den alten Stil *(guyi)* und setzte sich besonders für
eine Wiederbelebung der Stile der Tang- (618–907)
und Nördlichen Song-Dynastie (960–1127) ein. Dass
der Stil des Altertums in der Gelehrtenmalerei nach
dem Ende der Yuan-Dynastie eine erneute Blüte

大德四年十二月廿日為彥壼作古木散馬圖 子昂

360

erlebte, ist auch auf sein Wirken zurückzuführen. Zhao Mengfu – ein Meister der Pferdemalerei – malte das Bild *Alter Baum und Pferde* im Alter von 47 Jahren in der Gegend von Hangzhou. Über den vermutlich befreundeten Empfänger des Bildes mit Namen Yanyuan ist nichts bekannt. Zhao Mengfu ist es in diesem Bild gelungen, allein durch die Variation der Intensität der Tusche und den Verzicht auf jegliche Farben – eine bereits in der Tang-Dynastie (618 – 907) entwickelte Malweise – sowohl räumliche als auch stoffliche Werte zu erzielen. Das wichtigste Gestaltungselement der chinesischen Malerei ist jedoch die Linie. Bäume und Pferde werden hier denn auch mit weichen und geschmeidigen Linien wiedergegeben. Der Kopf und Körper des linken Pferdes unter dem Baum sind in Frontalperspektive dargestellt – eine Seltenheit in der chinesischen Pferdemalerei. Während dieses Pferd regungslos dazustehen scheint, hat das andere den Kopf gesenkt, um Gras zu fressen. Beide Pferde sind unbelastet von Sattel und Geschirr. Der alte Baum erscheint wunderlich mit seinen verdorrten Ästen und Verwachsungen. In die Ruhe des Bildes mischt sich eine gewisse Melancholie und Trostlosigkeit.

Die Pferdemalerei hat in China eine lange Tradition. Schon während der Tang-Dynastie spezialisierten sich Maler auf Pferde, der berühmteste unter ihnen war Han Gan (gest. 780). Als die Mongolen während der Yuan-Dynastie China beherrschten, belebte ihre Vorliebe für das Reiten und die Jagd auch das Interesse der Maler an diesem Sujet. Traditionell maß man dem Pferdemotiv auch symbolische Bedeutung zu. Ein gutes Pferd war eine Metapher für den talentierten und tugendhaften Edelmann *(junzi)*. Daher galt die Betrachtung von Pferdebildern im Studierzimmer als Ausdruck der Kultiviertheit. Ein Mensch, der die ihm innewohnenden Talente zur Entfaltung brachte, wurde mit einem Pferd verglichen, das auf weiter Ebene ungehindert galoppieren konnte.

Das Bild trägt eine Aufschrift des Ming-zeitlichen Gelehrten Wang Bing (aktiv in der 1. Hälfte des 15. Jhs.). Er erkennt in dem grasenden Pferd die Unbändigkeit eines jeder Kontrolle entzogenen Wildpferdes. In diesem Sinne haben viele Betrachter des Bildes in diesem Pferd den aus kaiserlicher Familie stammenden Zhao Mengfu gesehen, der unter den mongolischen Fremdherrschern ein Amt bekleiden musste. Das Bild *Alter Baum und Pferde* gilt daher als Meisterwerk des symbolhaften Ausdrucks innerster Gefühle.　　*W. Y.-T.*

**361** Zhao Yong
*Ausritt im Frühling (Chunjiao youqi tu)*
China, Yuan-Dynastie, 14. Jh. | Hängerolle, Tusche und Farben auf Seide, H 88 cm, B 51,1 cm | Sammlersiegel: »Cangyanzi«, »Jiaolin«, »Siegel der kaiserlichen Sammlung der Qing-Dynastie« | Aufschrift des Künstler: »Zhongmu« | Siegel des Künstlers: »Zhongmu« | National Palace Museum Taipei, Taiwan | Inv.-Nr. *guhua* 000224
Aufschrift des Malers Dong Qichang (1555 bis 1636): »Betrachtet man flüchtig dieses Bild von Zhao Zhongmu, so könnte man meinen, es sei Zi'ang [Zhao Mengfu, d. i. Zhao Yongs Vater] selbst, der hier den Stil vergangener Dynastien nachahmt. Wenn keine Unterschrift und kein Siegel vorhanden wären, so könnte man es tatsächlich für ein Werk früherer Dynastien halten. Aber [der Sohn] übertrifft seinen Vater nicht. Dong Qichang.« | Siegel: »Taishishi. Qichang aus der Familie Dong.«

Zhao Yong, der zweite Sohn Zhao Mengfus (1254 bis 1322; Kat.-Nr. 360), hieß mit Großjährigkeitsnamen Zhongmu. Seine Lebensdaten sind nicht bekannt. Er führte den Stil seines Vaters fort und brillierte vor allem im Malen von Figuren und gesattelten Pferden. Seine feinen und detaillierten Farbkompositionen haben darüber hinaus den typischen Charakter der Gelehrtenmalerei. Als sein Hauptwerk gilt das 1352 vollendete Bild *Fünf Pferde (Junma tu)*, das ebenfalls im National Palace Museum Taipei aufbewahrt wird. Das Werk *Ausritt im Frühling* trägt keine Jahresangabe. Es ähnelt in seiner Komposition jedoch stark dem 1347 entstandenen Bild *Ausritt mit Bogen (Xietan youqi tu)* und könnte daher um dieselbe Zeit entstanden sein.

*Ausritt im Frühling* zeigt einen Aristokraten im Tang-zeitlichen Beamtengewand, welcher sein Pferd unter einem Baum zur Ruhe bringt. Motiv und Malstil führen die farbenprächtige Blau-Grün-Malerei der Tang-Dynastie (618–907) fort. Die Haltung des Reiters wirkt lebendig und natürlich, das Pferd ist rund und kräftig. Beide wurden mit dem Mittelteil des Pinsels in ebenso feinen wie präzisen und flüssigen Linien skizziert. Der Hintergrund ist sehr einfach gehalten und besteht nur aus zwei einander umschlingenden Bäumen. All dies beschwört den Reiz altertümlicher Malerei herauf. Die Aufschrift des berühmten Ming-zeitlichen Malers Dong Quichang adelt dieses Bild.　*T. W.-E.*

### 362　Tapisserie

China, Nördliche Song-Dynastie(960–1127)| Seide, H 53 cm, B 27,5 cm | Musée national des arts asiatiques – Guimet, Paris | Inv.-Nr. MA 5964, Erwerb dank Krishna Riboud und der Stiftung Laurent 1993

Die Seidenfaden-Tapisserie in Tuchbindung mit dominierenden Schussfäden wurde in der *jiezi*-Technik ausgeführt, d. h. freihändig ohne Karton. Auf einem indigoblauen Hintergrund mit blühenden Zweigen in Pastelltönen sind zwei nach rechts fliegende Vögel und ein in die entgegengesetzte Richtung laufendes Huftier dargestellt. Jedes Motiv ist nach dem so genannten *gongke*-Verfahren hell konturiert, das in der Nördlichen Song-Dynastie entwickelt wurde. Diese Technik stammt vermutlich aus der uigurischer Tradition, die am Song-Hof Eingang gefunden haben könnte.

Heute sind nur noch wenige Exemplare von in dieser Technik gefertigten Tapisserien erhalten, die diesem Werk in Ikonographie, Ausführung und Dimension vergleichbar sind. 1978 wurden in Dasujixiang in der Inneren Mongolei mit Blüten und Blattwerk verzierte Beinkleider ausgegraben, die dem Volk der Önggüt zuzuordnen sind.[1] Bei den Önggüt handelt es sich um einen historischen türkisch-mongolischen Volksstamm nestorianischen Bekennt-

nisses außerhalb des nordöstlichen Huanghe-Bogens. Von den Chinesen scheint die Tapisserie, die traditionellerweise die Kleidungsstücke mancher Nomadenstämme schmückt, hauptsächlich als Hülle für religiöse Werke und Kunstgegenstände benutzt worden zu sein, wie es z. B. Funde aus Dunhuang belegen. *J.-P. D.*

1 AUSST.-KAT. LOS ANGELES/NEW YORK U. A. 1994/95, S. 161, Abb. 10.

Lit.: AUSST.-KAT. BARCELONA/PARIS/MADRID 2000/01, Kat.-Nr. 175, S. 189

### 363 Flache ovale Schale mit Gartenszene und Figuren

China, Yuan-Dynastie (1272–1368) | Holz, roter Schnitzlack, H 2,7 cm, L 24,8 cm, B 15,7 cm | Linden-Museum Stuttgart, Ostasien-Abteilung | Inv.-Nr. OA 25.009

In dem großen Medaillon der Schale ist als Flachrelief im Rotlackgrund ein Garten mit einem Gebäude und einer Terrasse am Ufer eines Sees dargestellt. In dem offenen Gebäude sitzt ein Gelehrter, rechts neben ihm bereitet ein Diener Tee. Ein zweiter Diener trägt Wasser zum Haus. Bizarre, z.T. mit Efeu oder Weinranken bewachsene Felsen, eine Kiefer und eine Bananenstaude rahmen die Szene. Land wird durch kleine, auf Eck stehende Quadrate mit Sternchen, Wasser durch parallele Wellenlinien in Rauten und Luft durch feine lange Parallellinien wiedergegeben.

In den dicken roten Lack des sich nach oben wölbenden inneren Randes sind Blüten und Blätter von Pflaume, Granatapfel, Rose, Lotos, Gardenie, Kamelie, Chrysantheme und Päonie geschnitten. Die Außenseite ist mit einer umlaufenden Volutenranke *(xiangcao)* bedeckt, bei der eine »Kenn-« oder »Führungslinie« aus Schwarzlack im unteren Viertel der Rotlackschicht den Schnitzer vor einem zu tiefen Schnitt warnt. *K. J. B.*

Lit: KRAHL/MORGAN 1989, Nr. 8; ein identischer Teller in AUSST.-KAT. KÖLN 1990, Kat.-Nr. 35

362

363

### 364 Schale mit *guri*-Schnitzlackdekor

Holz, Schnitzlack, schwarz und rot geschichtet, H 6,2 cm, Dm 14,5 cm | China, Yuan- oder Anfang Ming-Dynastie, 14. Jh. | Linden-Museum Stuttgart, Ostasien-Abteilung | Inv.-Nr. OA 20.826 L (Sammlung Löw-Beer)

Die Schale ist innen, an der Basis und am Standring mit einem ursprünglich versilberten Messingblech ausgeschlagen. Die Außenseite ist in zwei Reihen mit einem tief in die Lackschicht eingeschnittenen, dreilappigen Motiv, dem so genannten *ruyi*- oder »Schwertgriff«-Motiv *(jianhuan)*, dekoriert. Für dieses charakteristische abstrakte Motiv wird die japanische Fachbezeichnung *guri* (»Bogen und Kreis«) verwendet, die der ganzen Gruppe der auf diese Art dekorierten Lackarbeiten den Namen »guri-Lacke« gab.

Die dicke Lackschicht ist über einem ockerfarbenen Lackgrund alternierend aus sechs dicken roten und fünf dünnen schwarzen Lackschichten aufgetragen.

K. J. B.

Lit: AUSST.-KAT. KÖLN 2002, Kat.-Nr. 86; AUSST.-KAT. STUTTGART 1988, Kat.-Nr. 23

### 365 Schale und Stand mit Blumen- und Vogeldekor

China, Song- oder Yuan-Dynastie, 13. Jh. | Holz, mehrfarbig geschichteter Schnitzlack, Zinnblech, H (gesamt) 18,2 cm, H (Schale) 10,1 cm, Dm (Schale) 20,8 cm | Linden-Museum Stuttgart, Ostasien-Abteilung | Inv.-Nr. OA 20.825 a + b L (Sammlung Löw-Beer)

Die relativ leichte Schale wurde vermutlich aus aneinandergesetzten, verleimten Holzringen aufgebaut und ist innen und an der Basis mit Zinnblech ausgeschlagen. Ein Standring verbindet die drei

364

365

366

Beine des Stands, dessen obere runde Öffnung den Standring der Schale aufnimmt. Der in die Lackschicht geschnittene Dekor der Schale zeigt zwei Phönixe zwischen Päonienblüten und -blättern, einen oberen Mäanderfries und einen unteren Fries aus stilisierten Blättern. Ein Mäanderfries, Päonienblüten und -blätter zieren, wie kleinteilige geometrische Muster, auch den Stand, dessen ringförmige Oberseite vier Medaillons mit Päonienblüten in einem feinen geometrischen Muster zeigt. Einzelne Motive des Dekors finden sich auch auf anderen Lackarbeiten der Zeit, doch ist diese Schale mit Stand in Form und Qualität einzigartig.

Der Dekor wurde präzise in den dicken Lack eingeschnitten, der sich aus mehreren Schichten unterschiedlicher Dicke in den Farben Ocker, Grün (die dickste Schicht), Rot, Schwarz, Rot und Schwarz (die oberste Schicht) zusammensetzt.

Phönix und Päonie haben nicht nur eine dekorative Funktion, sondern auch eine symbolische Bedeutung: Der Phönix *(fenghuang)* versinnbildlicht als »Roter Vogel des Südens« diese Himmelsrichtung und ist das Symboltier der Kaiserin. Der Legende nach erscheint er nur in Zeiten des Friedens und des Wohlstands auf der Erde. Die Päonie ist ein Sinnbild für den Frühling und zugleich für weibliche Schönheit, Liebe und Wohlstand. K. J. B.

Lit.: mehrfach ausgestellt und publiziert, siehe insbes. AUSST.-KAT. CLEVELAND 1968, Kat.-Nr. 292; AUSST.-KAT. KÖLN 2002, Kat.-Nr. 85; AUSST.-KAT. PARIS 1986, Kat.-Nr. 10; AUSST.-KAT. STUTTGART 1988, Kat.-Nr. 21; LEE 1972, Nr. 65; VON RAGUÉ 1970, Nr. 5

### 366 Großer Teller mit Blumen- und Vogeldekor

China, Yuan-Dynastie (1272–1368) | Holz, schwarzer Schnitzlack über gelbem Lackgrund, H 3,7 cm, Dm 32,4 cm | Linden-Museum Stuttgart, Ostasien-Abteilung | Inv.-Nr. OA 22.343 L

Der dichte Dekor des Tellers zeigt zwei zwischen Hibiskusblüten und -blättern fliegende Reiher, die Außenseite des Randes ist mit einer Volutenranke (chin. *xiangcao*, »duftende Gräser«) geschmückt. Motive und Ornamente sind reliefartig in die über dem ockergelben Lackgrund aufgetragene, dicke schwarze Lackschicht eingeschnitten. Diese weist knapp oberhalb des Ockergrundes eine dünne, rote »Kenn-« oder »Führungslinie« auf, die den Lackschnitzer vor einem zu tiefen Schnitt warnt.

Die Reiher zwischen Hibiskuspflanzen haben Symbolcharakter: Das chinesische Wort für Reiher *(lu)* ist gleichlautend mit dem Wort für Pfad oder Weg, und der Hibiskus ist ein Symbol für Ruhm, Reichtum und Pracht. Die Kombination von Reiher und Hibiskus versinnbildlicht also den Wunsch, den Weg zu Ruhm und Reichtum zu finden.

Darstellungen von Vögeln auf einem Blumengrund waren während der Yuan-Zeit sehr beliebt und finden sich häufig auf Silberarbeiten und v. a. auf Blauweiß-Porzellan, bevorzugt auf großformatigen Tellern und Schüsseln.

367

Aus der Yuan-Dynastie sind mehrere große, in Unterglasur mit Kobaltblau bemalte Porzellanteller erhalten, die Fische zwischen Wasserpflanzen zeigen. Es ist möglich, dass sie nach dem Vorbild der nur noch in wenigen Exemplaren erhaltenen großen Bronzebecken gestaltet wurden.   *K. J. B.*

### 368  Viereckige Schale

China, Yuan-Dynastie, 14. Jh. | Steinzeug, Longquan-Ware, L (Seitenlänge) 13 cm | Musée national des arts asiatiques – Guimet, Paris | Inv.-Nr. EO 307

Die mit einem Model geformte Schale überzieht eine transparente, leuchtend hell-olivgrüne Seladon-

Glasur voller winziger Bläschen. Der Fuß hat eine senkrechte, ebenfalls glasierte Wandung, in der Mitte befindet sich ein Quadrat, welches das mit einem Model eingepresste chinesische Schriftzeichen für Glück (*fu*) in archaisierendem Stil zeigt. Diese spezielle Morphologie erinnert an Objekte, die unter der Liao-Dynastie (916 – 1125) in Nordchina hergestellt wurden und ihre Prototypen in der Goldschmiedekunst haben.

Der Dekor ist, wie es in der Yuan-Zeit sehr beliebt war, in Felder unterteilt. Im mittleren Feld sind drei leicht reliefierte Kraniche inmitten von Wasserpflanzen abgebildet. In den vier Randkartuschen ist eine mit einem Model geformte Inschrift aus acht Schriftzeichen zu lesen: *Fu ru donghai shou bi nanshan* (Glück wie das Meer des Ostens, langes Leben

Außer diesem Schwarzlackteller sind weltweit nur 14 vergleichbare Teller mit glattem und drei Teller mit geschweiftem Rand bekannt.   *K. J. B.*

Lit. (Auswahl): AUSST.-KAT. KÖLN 2002, Kat.-Nr. 10; AUSST.-KAT. PARIS 1986, Kat.-Nr. 11; AUSST.-KAT. STUTTGART 1988, Kat.-Nr. 28; LOW-BEER 1977;

### 367  Großes Becken mit gegossenem Reliefdekor

China, Yuan-Dynastie (1272 – 1368) | Bronze, H 10,1 cm, Dm 41,3 cm | Linden-Museum Stuttgart, Ostasien-Abteilung | Inv.-Nr. OA 25.075 L

Das große Bronzebecken steht auf drei flachen Beinen. Das Bildfeld in seinem Zentrum zeigt zwei Fische, vermutlich Goldfische, zwischen blühenden Lotospflanzen. Gerahmt wird es von stilisierten Lotosblütenblättern. Ranken mit Chrysanthemenblüten zieren den flachen Rand.

Das Goldfischpaar ist eines der acht buddhistischen Glückssymbole, wie auch der Lotos, der zugleich das buddhistische Symbol für die Reinheit und ein Sinnbild für den Sommer ist. Die Chrysantheme versinnbildlicht den Herbst. Das chinesische Wort für Fisch (*yu*) ist gleichlautend mit dem Wort für »Überfluss« oder »Wohlstand«, das für Goldfisch (*jinyu*) mit denen für »Gold« und »Überfluss«. Somit spricht das Bronzebecken den Wunsch nach Glück und Reichtum aus, der noch durch eine zeitliche Komponente bekräftigt wird: Das Wort für Lotos (*lian*) hat die gleiche Aussprache wie das Wort für »ununterbrochen«.

368

369

wie die Berge des Südens). Diese Wünsche stehen in Einklang mit den Kranichen, auf deren Rücken die Unsterblichen getragen werden. Das Kuboso Memorial Museum of Art in Izumi (Japan) besitzt ein identisches Stück.[1]  *J.-P. D.*

1  AUSST.-KAT. IZUMI 1996, S. 68, Kat.-Nr. 101.
Lit.: AUSST.-KAT. TAIPEH 1999, Kat.-Nr. 45, S. 86

### 369  Runder tiefer Teller

China, Yuan-Dynastie, Ende 13. Jh./ Anfang 14. Jh. | Steinzeug, Longquan-Ware, Dm 34,8 cm | Musée national des arts asiatiques – Guimet, Paris | Inv.-Nr. EO 2512

Der schwere Teller wurde aus einem hellgrauen Ton gefertigt. Vom kreisförmigen Boden mit einem über dem Model geformten Dekor erhebt sich die gerundete, mit Einritzungen versehene Wandung, die in einem glatten Rand endet. Der Teller ist mit Ausnahme des Fußringes, der einen rosigen Farbton angenommen hat, mit einer leuchtend olivgrünen Seladon-Glasur überzogen.
Der Teller ist auf der Außenwandung mit Lotosblütenblättern verziert. Auf der Innenwandung sind geschmeidige, sich eindrehende Ornamente mit dem Kamm eingeritzt, durch das Relief entstehen Lichteffekte. Auf dem Boden ist ein Drache dargestellt, der in seinen gebogenen Formen den Rundungen der Schale folgt. Sein gewundener Körper ist mit Schuppen bedeckt, seine kräftigen Füße haben Klauen, und sein offenes Maul setzt sich fließend im Nacken fort.
Dieser Typus eines glasierten oder unglasierten großen Tellers mit einem Drachen war im Rahmen der Pax Mongolica weit verbreitet. Das aus Ostasien stammende Motiv knüpfte offensichtlich an die Traditionen des Vorderen Orients an, um dort verkauft werden zu können. Heute existieren noch viele Exemplare, wie die Sammlungen des Topkapi Saray in Istanbul zeigen.[1]  *J.-P. D.*

1  AUSST.-KAT. VERSAILLES 1999, Kat.-Nr. 73, 74, S. 126.
Lit.: AUSST.-KAT. TAIPEH 1999, Kat.-Nr. 46, S. 87

### 370  Fragment einer Schale

China, Yuan-Dynastie, 14. Jh. | Steinzeug, Longquan-Ware, H 3,6 cm, Dm 5,5 cm | Musée national de la Céramique, Sèvres | Inv.-Nr. MNC 24947-C8
*ohne Abb.*

Das Fragment mit einem hellgrauen Scherben hat einen mit dem Kamm eingeschnittenen Dekor und ist an der gesamten Oberfläche mit einer grünlichen Seladon-Glasur überzogen, mit Ausnahme des Fußes und der Basis, die abgewischt worden sind und sich beim Brennen aufgrund des Eisenoxidgehalts gerötet haben. Interessant ist dieses Fragment, weil es aus den Ruinen der ehemaligen ägyptischen Stadt El Fustat stammt und beweist, dass die Yuan-Keramik im 14. Jh. bis in den Mittelmeerraum verbreitet war. Eine in den Brennöfen von Longquan hergestellte Schale wurde 1435 von Philipp von Katzenellnbogen aus dem Vorderen Orient mitgebracht. Sie hat eine prächtige vergoldete Montur und wird heute im Hessischen Landesmuseum in Kassel ausgestellt.[1]  *J.-P. D.*

1  AUSST.-KAT. BERLIN 1985, S. 32, Taf. 21, Kommentar S. 218.
Lit.: AUSST.-KAT. SÈVRES/LIMOGES/MARSEILLE 2003/04, Kat.-Nr. 6, S. 59

### 371  Tellerfragment

China, Song- oder Yuan-Dynastie, 13./14. Jh. | Steinzeug, Longquan-Ware, H 3,9 cm, Dm 9 cm | Musée national de la Céramique, Sèvres | Inv. MNC 24949-C9
*ohne Abb.*

Das hellgraue Steinzeugfragment ist Teil des Grundes eines kleinen Tellers mit kreisförmigem Fuß. Zwei Fische in flachem Relief schwimmen in entgegengesetzte Richtungen. Das Objekt war vollständig mit einer hellen, leuchtenden Seladon-Glasur überzogen, mit Ausnahme eines Ringes an der Basis, auf dem das Objekt im Ofen auflag und der sich beim Brennen gerötet hat. Interessant ist dieser Teller, weil er in den Ruinen von El Fustat, dem heutigen Kairo, gefunden wurde und die Ausfuhr solcher Stücke bis in den Mittelmeerraum belegt. Diese in der Südlichen Song-Dynastie entstandenen Objekte wurden unter den Yuan Gegenstand eines bedeutenden Seehandels, insbesondere in Ostasien, mit den Philippinen und mit Japan, wie die Funde aus der vor der Küste von Sinan in Südkorea gesunkenen Dschunke bewiesen haben.[1]  *J.-P. D.*

1  AUSST.-KAT. INDIANAPOLIS/CHICAGO 1987/88, S. 190/191.
Lit.: AUSST.-KAT. SÈVRES/LIMOGES/MARSEILLE 2003/04, Kat.-Nr. 7, S. 59

### 372  Großer runder Teller

China, Yuan-Dynastie, Mitte 14. Jh. | Blauweißes Qinghua-Porzellan, Jingdezhen-Ware, Dm 45 cm | Musée des Arts décoratifs, Paris | Inv.-Nr. 7985

Dieser Teller ist nach dem gleichen Schema gearbeitet wie das Exemplar aus Limoges (Kat.-Nr. 373): eine mit einem Model geformte Einrahmung, eine gelappte Lippe, eine gerundete Wandung und eine gemalte Szene auf dem Spiegel des Tellers. Die bessere Beherrschung des Stils deutet jedoch auf eine etwas spätere Entstehungszeit hin. Der Teller scheint von dem gleichen Model zu stammen wie zwei weitere noch erhaltene Teller aus dem Topkapi Saray in Istanbul sowie aus dem Museum von Shanghai. Der Rand dieses Tellers ist mit kleinen, modelgepressten Blumen verziert, es sind aber zwei weitere Randvarianten bekannt (mit Wellen oder mit Wellen und Blumen). Auf der mit einem Model geformten Wandung sind auf dem Wellenhintergrund Päonienranken abgebildet. Der Mitteldekor besteht bei diesem Tellertypus aus den folgenden Komponenten: einer hinter einem Felsen wachsenden vierblättrigen Bananenstaude ohne Früchte, Melonen, Bambus, Weinranken und Winden. Diese Szene stellt eine Art Paradiesgarten dar, streng symmetrisch angeordnet mit der die Komposition in zwei Hälften teilenden Bananenstaude. Die Yuan-Töpfer aus Jingdezhen haben mit diesem Garten Eden und mit der gleichmäßigen Verteilung des Lichts die Keramik über das Niveau der Song-Glasuren hinaus in die Welt der Malerei erhoben – ein Vorgeschmack auf die berühmten Blauweiß-Kreationen der Ming-Dynastie.  *J.-P. D.*

Lit.: DESROCHES 1987, Nr. 21, S. 85–87

### 373  Großer runder Teller

China, Yuan-Dynastie, Mitte 14. Jh. | Blauweißes Qinghua-Porzellan, Jingdezhen-Ware, Dm 47,5 cm | Musée Adrien Dubouché, Limoges | Inv.-Nr. ADL 7238

Dieser große, tiefe Teller hat einen flachen, kielbogenförmig gelappten Rand, eine gerundete Wandung und einen flachen Spiegel. Die unglasierte Basis weist noch die von der Töpferscheibe hinterlassenen konzentrischen Rillen auf. Die Innenwandung ziert ein mit dem Model gepresster, leicht reliefierter Päoniendekor.

372

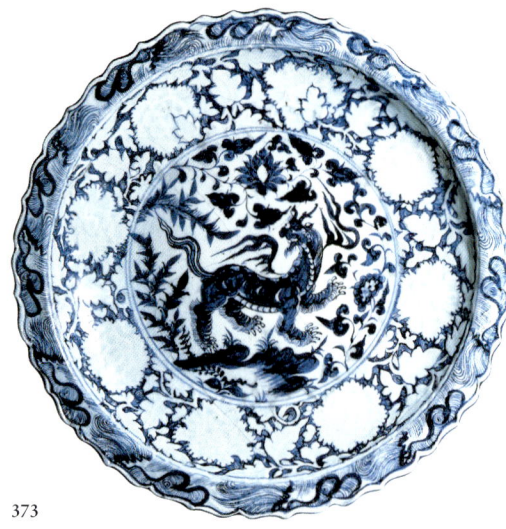

373

374

Im Zentrum der Komposition steht eine Malerei, die von reliefierten Päonienblüten und einem Wellenrand zweifach gerahmt wird. Auf einem flüchtig skizzierten Boden schreitet ein Fabeltier mit ausgefahrenen Klauen daher. Dieses gehörnte, von Flammen umgebene Wesen mit erhobenem Schwanz wendet den Kopf nach hinten, als ob es angegriffen würde. Es ist zu vermuten, dass sich die Porzellanmaler von Jingdezhen von Illustrationen gedruckter Werke inspirieren ließen. Der dargestellte Löwentypus (baizi) mit klauenbesetzten Tatzen ist als Motiv wesentlich seltener als das qilin, ein mythischer Hirsch mit schuppen- und flammenbedecktem Körper. Auch diese Ikonographie wurde aus China exportiert, wie die Funde im Tughluq-Palast in Indien oder ein Gefäß im Mausoleum von Ardebil im Iran belegen. Wenn auch die heutigen Sammlungen im Topkapi Saray in Istanbul über keinen Teller mit diesem Dekor verfügen, steht fest, dass die Töpfer von Iznik solche Teller gesehen haben, denn um 1520 wurden in dieser für die Keramik bekannten osmanischen Stadt originalgetreue Kopien angefertigt.

J.-P. D.

Lit.: AUSST.-KAT. SÈVRES/LIMOGES/MARSEILLE 2003/04, Kat.-Nr. 15, S. 67; DESROCHES 1987, Nr. 20, S. 82–84

### 374  Großer runder Teller

China, Yuan-Dynastie, Mitte 14. Jh. | Blauweißes Qinghua-Porzellan, Jingdezhen-Ware, Dm 45 cm | Musée national de la Céramique, Sèvres | Inv.-Nr. MNC 9882

Der große Teller mit flachem, kielbogenförmig gelapptem Rand, gerundeter Wandung und flachem Grund besteht aus einem roséfarbene Porzellanscherben. Der Dekor zeigt blaue Unterglasur-Motive und aus einem blauen Hintergrund ausgesparte Ornamente. In der Mitte nehmen eine ausgesparte Lotosblüte und Blattwerk, welche von vier eingerollten Ornamenten eingerahmt werden, die in Blau auf weißem Untergrund gemalten Lotosranken auf der Innenwandung wieder auf. Zwischen diesen beiden Zonen befinden sich 25 »Lotostafeln«, die mit einem Symbol der Hundert Altertümer verziert sind (u. a. Perle, lingzhi-Pilz, Muschel, Rauten, Rhinozeroshörner, stilisierte Blätter). Die ausdrucksstarke Komposition ist durch blassblaue Kreise begrenzt, was den Gedanken nahelegt, dass ein Zirkel benutzt wurde. Sie ist sehr sorgfältig ausgeführt, lässt aber der Phantasie nicht den geringsten Spielraum. Es scheint, als ob zahlreiche Hände am Fertigungsprozess des Werkes beteiligt waren, was von einer sehr guten Arbeitsorganisation zeugt.

Der naturalistische Stil aus den Jahren um 1340 ist nun einer abstrakteren Ausdrucksweise gewichen. Die strahlenförmige, wahrscheinlich von der arabischen Kalligraphie beeinflusste Motivik dieses Tellers und seine etwas kühle Ausführung kündigen eine vorindustrielle Produktion des chinesischen Handwerks an, hinter der ein internationales Handelsnetz stand, das im mongolisch beherrschten Asien jener Tage günstige Bedingungen vorfand.

J.-P. D.

Lit.: AUSST.-KAT. SÈVRES/LIMOGES/MARSEILLE 2003/04, Kat.-Nr. 14, S. 66; DESROCHES 1987, Nr. 19, S. 79 – 81

### 375  Kopfkissen

Nordchina, Yuan-Dynastie, Ende 13. Jh./Anfang 14. Jh. | Steinzeug, Cizhou-Ware, gemalter Eisenoxid-Dekor, H 12,9 cm, B 38,4 cm | Cubickan Collection, Paris

Das Kopfkissen aus einem hellgelben Scherben hat in etwa die Form eines Parallelflachs. Die Unterseite ist unglasiert und trägt die eingeprägte Marke »Zhangjiao zao«, d. h. »hergestellt von Familie Zhang«, in einer mit einem Dach abschließenden Säule. Diese Werkstatt war auf Erzeugnisse dieser Art spezialisiert und produzierte hauptsächlich während der Dynastien Jin und Yuan.

Nach dem Abkühlen wurde das Objekt in eine milchigweiße Engobe getaucht und dann mit Eisenoxidbraun dekoriert. Jede Seite ist mit Motiven in Kartuschen geschmückt. Auf der Rückseite ist Bambus dargestellt, auf der Vorderseite ein löwenähnliches Fabeltier. Die als Kopfauflage dienende Hauptseite ist mit einer narrativen Szene verziert: Ein Gelehrter sitzt in einem umzäunten Garten an einem Tisch, während drei himmlische Wesen auf einer Wolke herbeischweben. Die lebendige, kühne Art der Zeichnung stimmt vollkommen mit dem schwungvollen Stil der weiteren Erzeugnisse dieser Yuan-zeitlichen Werkstatt überein. J.-P. D.

Lit.: AUSST.-KAT. SAO PAULO 2002, S. 154/155

375

ben und die Nördlichen Song auf die Südseite des Gelben Flusses (Huanghe) zurückgedrängt hatte, stellte diese Dynastie zahlreiche Stücke mit model-geformtem Dekor in den Ding-Brennöfen her. Belegt ist diese Produktion insbesondere durch sechs Model, die in die Zeit zwischen 1184 und 1206 datiert werden. Drei von ihnen wurden 1978 bei den Öfen im Distrikt Quyang in Hebei gefunden.[1]

*J.-P. D.*

1 *Kaogu,* Nr. 7, 1985.

Lit.: Anne-Marie Amon in: AUSST.-KAT. BARCELONA/ PARIS/MADRID 2000/01, Kat.-Nr. 174, S. 188

### 376  Schale

Nordchina, Jin- oder Yuan-Dynastie, 13. Jh. | Steinzeug, Ding-Ware, Dm 18,7 cm | Musée national des arts asiatiques – Guimet, Paris | Schenkung Michel Calmann, 1977
Inv. MA 4331

Die Schale aus rosig-weißem Ton steht auf einem runden Fuß. Der leicht reliefierte Dekor wurde über einem Model geformt. Im Mittelmedaillon schwimmt ein Entenpaar auf einem mit Lotosblüten bedeckten Teich, und auf der leicht ausschwingenden Wandung durchfliegen zwei Phönixe in einem ringförmigen Bildfeld, das zum Rand hin von einem Mäander-Fries begrenzt ist, Rankenornamente aus Blumen und Blättern. Wie die Mehrzahl der in den Ding-Brennöfen in der Provinz Hebei hergestellten Steinzeuge ist auch dieses bis auf den Rand, der Spuren einer Metalleinfassung aufweist, vollständig mit einer transparenten, elfenbeinfarbigen Glasur überzogen. Die mittlere Komposition ist eine mit einem Model geformte Version der eleganten Schnittdekore der Ding-Waren, die in der Nördlichen Song-Dynastie seit dem Ende des 11. Jhs. hergestellt wurden. Die wesentlich schneller fertigzustellenden gepressten Dekore sind später zu datieren als Schnittdekore. Die Jin-Dynastie (1115–1234) scheint erstere bevorzugt zu haben. Nachdem sie die Liao (Kitan) vertrie-

376

377

**377  Figur der Guanyin**
China, Yuan-Dynastie, um 1290 – 1310 |
Porzellan mit *yingqing*-Glasur, Jingdezhen-
Öfen, H 56 cm | Musée national des arts
asiatiques – Guimet, Paris | Inv.-Nr. EO 1616

Dieses Meisterwerk der Yuan-Porzellankunst stellt
den Bodhisattva Avalokiteśvara dar, der im Chinesischen Guanyin genannt wird. Die ursprünglich
geschlechtslosen Bodhisattvas nahmen in China
seit dem 10. Jh. mehr und mehr weibliche Züge an,
wodurch dieser das Mitleid verkörpernde Bodhisattva in China zu einer Art Göttin der Barmherzig-
keit wurde. Sie sitzt in Meditationshaltung im Lotossitz, mit gebeugtem Kopf und vor dem Körper
zusammengelegten Händen. Die Figur ist mit Ausnahme der Schädeldecke und der Unterseite mit einer dicken *yingqing*-Glasur überzogen. Die weiche
und seidige, leicht bläuliche, glänzende Oberfläche,
die sich von einem weißen Porzellanscherben abhebt, der beim Brennen etwas rosig geworden ist,
lässt die Annahme zu, dass dieses Werk etwa zeitgleich mit der Figur im Museum von Shanghai aus
dem Jahr 1251 entstand und in noch größerer zeit-
licher Nähe zu der bedeutenderen, in die Jahre
1298/99 datierten Figur aus Kansas City anzusiedeln
ist.[1] Wie die Letztere hat sie runde, klar umrissene
Formen, die Licht und Schatten nutzen. Die Züge des
ovalen, länglichen Gesichtes scheinen mehr gezeichnet als gemeißelt, also eher auf einen schon vorhandenen Körper aufgetragen als plastisch geformt zu
sein. Erstaunlich sind die reichen Schmuckelemente:
die flachen, perlenbesetzten Bänder, die vom Kopf
herabhängen, die dreipassförmigen Ohranhänger,
die geknoteten Haarsträhnen auf den Schultern und
das wahre Netz von Schmuckgehängen über dem
gesamten Gewand.
Die Reinheit des in Kontemplation versunkenen Gesichtes, die natürliche Eleganz des breiten und weichen Faltenwurfs der Kleidung und schließlich die
Opulenz der selten mit einer solch unendlichen
Sorgfalt ausgeführten Schmuckelemente machen
aus diesem Objekt eines der schönsten Meisterwerke der religiösen Kunst der Yuan-Zeit. Im Gegensatz zu der 1955 im Westteil Pekings ausgegrabenen
Guanyin-Statue scheint es von den Unbilden der
Zeit verschont geblieben zu sein.[2] Eine eingehende
Untersuchung der obersten Schicht bringt noch
heute zahlreiche Farbpigment-Spuren zum Vorschein, v. a. in den feinen Vertiefungen des Dekors.
Solche polychromen Farbreste finden sich auch auf

dem weißen Mantel der Guanyin auf zeitgenössischen gemalten Darstellungen.[3] Die ikonographische Forschung betont immer wieder das Weiß des Mantels, und so sollte sich das in Jingdezhen gewonnene Kaolin aufgrund seiner Reinheit und seiner hervorragenden plastischen Eigenschaften als wunderbar geeignet für das Modellieren dieser Gottheit erweisen. Später, in der Ming- und Qing-Zeit, wurden Figuren dieser Gottheit v. a. in Dehua in der Provinz Fujian hergestellt.    *J.-P. D.*

1  SICKMAN 1961, S. 34.
2  *Kaogu*, 1972, Nr. 4, Taf. 1 (4).
3  DESROCHES 1984.

Lit.: AUSST.-KAT. TAIPEH 1999, Kat.-Nr. 130, S. 138/139

### 378  Betender
Nordwestchina, Provinz Gansu oder Ningxia,
10./11. Jh. | Fragment einer Wandmalerei,
H 60 cm, B 50 cm | Musée national des arts
asiatiques – Guimet, Paris, Schenkung
C. T. Loo, 1948 | Inv.-Nr. MA 480

In den Heiligtümern Zentralasiens finden sich außer den traditionellen Illustrationen des Lebens von Buddha ab dem 10. Jh. auch Darstellungen von Herrschern und Untergebenen der dortigen Königreiche. So scharen sich um die Buddha-Figur und die Bodhisattvas Prozessionen von Betenden und Stiftern, deren unterschiedliche Physiognomien und Gewänder über die konvertierten Bevölkerungsgruppen Aufschluss geben. Auf diese Weise erkannte sich wahrscheinlich jede Gemeinschaft in einer Geschichte wieder, in der Figuren aus dem buddhistischen Kanon und Mitglieder ihrer eigenen Gesellschaft vermischt waren.

Anhand einiger Indizien lässt sich dieses Fragment, das 1948 in die Sammlung des Musée Guimet gelangte, unter Vorbehalt inhaltlich bestimmen, ohne dass jedoch eine genauere Einordnung möglich wäre. Könnte es sich um die Darstellung eines Betenden handeln, der an einer Konvertierung oder einer Predigt teilnimmt, und dies in einer natürlichen Umgebung, an einem mit Bambus umstandenen Teich, auf den einige Blätter am linken Rand des Fragments hinweisen? Der Dargestellte steht respektvoll in einigem Abstand zu einer Hauptperson (die Position seiner Hände, *añjali,* vollzieht eine Geste der Verehrung), die ein einzelner Buddha sein könnte oder ein Buddha, der von Bodhisattvas und weiteren Begleitfiguren umstellt ist, die durch Wolken und spiralförmige Schärpen charakterisiert werden.

378

Die Physiognomie der Person, ihr volles, längliches Gesicht, die deutlich hervorgehobenen Ohren, der kleine fleischige Mund und die Augenbrauen, die dichter sind als die einer rein chinesischen Physiognomie, kann mit den Gesichtszügen einer Gruppe von Gaben darbringenden Personen in Verbindung gebracht werden, die auf einer Felsmalerei in der »Höhle des Ulmenwaldes« (Yulindong) oder der »Höhle der Zehntausend Buddhas« (Wanfodong) bei Anxi in der Provinz Gansu, etwa 100 Kilometer südöstlich von Dunhuang, dargestellt sind. Ähnlichkeit besteht auch mit der Physiognomie eines aus Ton modellierten Kopfes aus der Nachbarprovinz Ningxia.

Ebenso wie die Physiognomie spricht auch das Gewand für einen nicht-chinesischen Kontext: Der Mann trägt einen langen, roten Mantel mit einem grün gefütterten Kragen. Um die Hüften ist eine Art Schurz geschlungen. Oberhalb der Stiefel schaut unter dem Mantel eine Hose im gleichen grünlichen Farbton wie das Futter hervor.

Vertritt man die Hypothese, dass das Exponat aus dem Gebiet zwischen den heutigen Provinzen Gansu und Ningxia stammt, könnte der Mann zum Volk der Tanguten gehören, die Viehzüchter und Kameltreiber waren, ursprünglich aus Qinghai stammten und die Xixia-Dynastie begründeten. Ihr großes Königreich beherrschte von 1036 bis 1227 Nordwestchina und vereinte Volksgruppen tibetischen, chinesischen, türkischen und mongolischen Ursprungs. Die Xixia-Dynastie wurde bei jenem Aufstand gegen Činggis Khan vernichtet, bei dem 1227 auch der Mongolen-Anführer selbst verstarb.    *M.-C. R.*

379

### 379 Sieben Bogenelemente mit Ranken- und *apsara*-Reliefs

Nordostchina, Yuan-Dynastie, 14. Jh. | Terrakotta, grau, Breite 235 cm, Scheitelhöhe ca. 100 cm | Musée national des arts asiatiques – Guimet, Schenkung Wannieck, 1948 | Inv.-Nr. MA 463

Diese architektonischen Elemente sind wahrscheinlich dem bekannten Monumentaltor von Juyongguan zuzuordnen. Dieses bogenförmige Tor bezeichnete, wenn man aus der Mongolei nach Süden reiste, den Beginn des eigentlichen chinesischen Territoriums. Es befand sich an der Straße, die von Shangdu, der ehemaligen, zur Sommerresidenz gewordenen mongolischen Hauptstadt, bis zur Hauptstadt Khanbaliq (Dadu, das heutige Peking) führte.

Das Juyongguan-Tor, dessen Flachreliefs auf Außen- und Innenseiten auf den lamaistischen Buddhismus verweisen, den die Yuan-Kaiser Ende des 13. Jhs. als offizielle Religion im neu eroberten China durchsetzen wollten, ist wahrscheinlich Teil eines größeren Bauprogramms, in das diese sieben Elemente eingeordnet werden könnten. Sie befanden sich wahrscheinlich über dem Eingang einer Pagode und zeigen einen indo-tibetischen Stil, der auf die sehr alte chinesische Tradition der Herstellung von Ziegeln mit plastischem Dekor zurückgreift.

Der Dekor aus Ranken, Spiralen und Päonien kulminiert in der Figur zweier *apsara* in zentraler Position.

Diese *apsara*, zur Gruppe der chinesischen Wind- und Wolkengottheiten gehörende weibliche Gestalten, sind im Flug dargestellt, wobei der Hintergrund aus Wolken besteht. Zwischen sich tragen sie als Opfergabe einen Korb mit himmlischen Blüten *(tianhua)*. Die Dekorelemente entsprechen denen der Yuan-Keramik, die durch lockere Spiralen und fließende Übergänge der Motive gekennzeichnet ist, während die ausdrucksstarke freie Darstellung der Körper auf die indische Tradition verweist. Die in den Spiralen ihrer Kleidungsstücke und Schleier »eingefangenen« *apsara* haben volle Gesichter, kunstvolle Frisuren, einen schweren Halsschmuck, unbekleidete Arme mit hochsitzenden, engen Armreifen und einen freien Bauch und tragen je eine Päonie in der Hand.

Die Gesamtheit der Elemente zeigt zwar deutlich eine für die chinesische Tradition charakteristische Dynamik, ist aber ausreichend von den indischen Ursprüngen einiger Motive beeinflusst, um dem Wunsch nach Synkretismus Ausdruck zu verleihen, der wahrscheinlich von der neuen Yuan-Dynastie als Leitlinie für den Dekor verfolgt wurde. Sie wollte von der chinesischen Bevölkerung verstanden werden und sie gleichzeitig für eine neue Ikonographie empfänglich machen.　*M.-C. R.*

### 380 Vaiśravaṇa, Weltenhüter des Nordens

Yintong-Tempel, Peking, Yuan-Dynastie, dat. 1320 | Steinrelief (Marmor), H 43 cm, B 42 cm | Musée national des arts asiatiques – Guimet | Inv.-Nr. EO 2448

Die vier Weltenhüter, eine in der buddhistischen Ikonographie häufig dargestellte Gruppe, kommen ab der Sui-Dynastie (581–618) sehr häufig in den Wandmalereien von Dunhuang vor. Sie erscheinen oft als Statuen vor einem Buddha geweihten Altar. Ihre Kleidung hat meist militärischen Charakter, denn um das buddhistische Gesetz zu hüten strecken sie die Dämonen *(yaksa)* mit den Füßen nieder.

Unter den Weltenhütern ist der über den Norden wachende Vaiśravaṇa, eine aus Zentralasien stammende Gottheit, besonders bekannt. In der Regel hält er eine Lanze in der rechten Hand und einen Stūpa in der linken. Die hier gezeigte kniende Figur ähnelt in ihrer Darstellung einem Bodhisattva, wäre da nicht die Inschrift, die ihn als Vaiśravaṇa (vgl. Kat.-Nr. 410) zu erkennen gibt. Charakteristisch für die tantrische Ikonographie, hat dieser Vaiśravaṇa ein drittes Auge und ist mit einem Prinzengewand bekleidet. Auf dem Kopf trägt er ein mit Edelsteinen inkrustiertes Diadem mit drei Spitzen. Große Ohrringe hängen an den langen Ohrläppchen. Geschmückt ist er mit Halsketten, Oberarmringen und Armreifen, er hat einen nackten Oberkörper und trägt einen weich fallenden Schal. In der rechten Hand hält er eine dreispitzige Lanze mit einem Banner. Die linke Hand scheint ebenfalls ein Objekt zu halten, das allerdings nicht identifizierbar ist.

Im Gegensatz zu den üblichen Darstellungen der Weltenhüter in militärischer Kleidung zeigt dieses Relief einen wesentlich flüssigeren und anmutigeren Stil, welcher der Darstellung eines Bodhisattvas in femininer Form oder Tārās in den tantrischen Mandalas ähnelt. Hierin äußert sich ein nepalesischer oder sogar indischer Einfluss.

Der Vaiśravaṇa dürfte aufgrund seiner Position und seiner Größe Teil eines Ensembles gewesen sein, das von einer großen zentralen Buddha- oder Bodhisattva-Figur dominiert wurde, welche von den Begleitfiguren angebetet wurde. Das Ensemble hat sich mit einiger Wahrscheinlichkeit im Inneren eines Tempels befunden, was auch die Inschrift dieses Flachreliefs belegt: »Der dem Buddha ergebene Guang Huishan, wohnhaft im Stadtbezirk Huanghua in der Stadt Dadu [Peking], hat mit seiner gesamten Familie bereits eine respektable Gabe für die Restaurierung der heiligen Bilder des Buddha überreicht. Sie [die Familie] ehrt ihn fortwährend im Saal des Buddha im Yintong-Tempel, indem sie für Frieden und Sicherheit der ganzen Familie betet. Sie gab als Opfergabe vor dem Altar das Banner mit einer Inschrift des Vajrasutra am Tag der Geburt des Buddha im 4. [Mond-]Monat, im 7. Jahr der Regierungsdevise Yanyou der großen Yuan-Dynastie [1320].«

*H.-C. T.*

### 381 Stein mit nestorianischem Kreuz und Resten einer sogdischen Inschrift

Kuldscha, Provinz Xinjiang, China, ca. 9. Jh. | Geröllstein, H 4 cm, L 22,5 cm, B 21,5 cm | Staatliches Museum für Völkerkunde München | Inv.-Nr. 23-15-128 (Gottfried Merzbacher)

Die nestorianische Kirche wählte als ihr Symbol das Malteserkreuz der Auferstehung, nicht das Kreuz von Golgota. Seit dem 5. Jh. breitete sich diese Kirche von ihrem Zentrum Bagdad entlang der heute »Seidenstraßen« genannten Handelsrouten nach Osten aus und erreichte 635 die damalige chinesische Hauptstadt Chang'an (das heutige Xi'an). Im 13. Jh. hatte sie ihre größte Ausdehnung erreicht. Waren bereits im 6. Jh. Teile der Westlichen Türken

Anhänger der nestorianischen Lehre gewesen, so bekannte sich im 13. Jh. eine Reihe von Volksstämmen der mongolischen Konföderation, wie die Öngüt, die Kereit, die Merkit oder die Naiman, zu dieser christlichen Lehre. Die Zahl der Anhänger war so groß, dass 1289 Qubilai Khan eine spezielle Aufsichtsbehörde einrichtete, die die nestorianischen Kirchen und Klöster verwaltete. *B. J. R.*

381

380

JOSEF KREINER

# Die mongolischen Versuche einer Unterwerfung Japans

Während der Regierung Qubilai Khans (1260–94) versuchten die Mongolen, mit zahlreichen Gesandtschaften und zwei Feldzügen 1274 und 1281 Japan zu unterwerfen oder es zumindest als tributpflichtigen Vasallenstaat in ihr Weltreich einzugliedern. Die Motive für diese über 20 Jahre lang verfolgte Politik lagen anfangs in der internationalen Position Japans in Ostasien um die Mitte des 13. Jahrhunderts, reduzierten sich jedoch spätestens seit dem zweiten Invasionsversuch auf die Wiederherstellung des verletzten Prestiges der Yuan-Dynastie und die Rache für die Hinrichtung zweier mongolischer Gesandtschaften. Für beide Gegner, die mongolische Yuan-Dynastie wie das vom Hōjō-Clan dominierte Kamakura-Shogunat Japans, bedeuteten die verlustreichen Kämpfe eine entscheidende Schwächung. Beide Regime überschritten damit den Zenit ihrer Macht. Die dadurch ausgelösten wirtschaftlichen und sozialen Umwälzungen führten direkt zum Sturz des Kamakura-Shogunats 1333, trugen aber auch nicht unwesentlich zum Untergang der Yuan-Dynastie 1368 bei.

In Japan war Ende des 12. Jahrhunderts die Vorherrschaft des Hofadels in Kyōto in langwierigen militärischen Auseinandersetzungen mächtiger Parteien feudaler Kriegsherren (Schwertadel, *bushi*) gestürzt worden. 1192 ernannte der entmachtete Tennō den Führer des siegreichen Minamoto-Clans, Yoritomo, zum erblichen Militärmachthaber (*shōgun*). Kamakura wurde zum Sitz einer »Zeltregierung« (*bakufu*) gemacht. Die Provinzen des Reiches wurden als Lehen an Militärgouverneure (*shugo*) vergeben, die jedoch häufig in Kamakura verblieben und die tatsächliche Verwaltung an Vertreter (*jitō*) vor Ort übertrugen. Unter diesen standen die direkten Vasallen (*gokenin*) der Minamoto bzw. Hōjō und der mit ihnen verbündeten Familien. Vor allem in den weit ab von den Reichszentren gelegenen Gebieten Kyūshūs hielten jedoch nach wie vor alteingesessene Familien lokaler Latifundienherren wie etwa die Aso und Kikuchi die eigentliche Macht in Händen.

Schon 1219 war die Familie der Minamoto durch interne Kämpfe ausgelöscht worden. Die Macht des Shogunats lag nun in den Händen des Hōjō-Clans, der die Regenten (*shikken*) für die als Shogune ausgewählten, meist minderjährigen Prinzen aus kaiserlichem Haus stellte. Die Verbindung zum Kaiserhof war darüber hinaus durch den Exkaiser Go-Saga gesichert, der gestützt durch die Hōjō von 1246 bis 1272 Kyōto kontrollierte. Um die Mitte des 13. Jahrhunderts setzten dann wirtschaftliche Veränderungen ein, die einschneidende politische Folgen zeitigten. Neue Landwirtschaftstechnologien, die u.a. zwei Ernten von Reis und Weizen pro Jahr ermöglichten, führten zu steigender Produktion und zum Entstehen regionaler Märkte sowie zu raschem Ansteigen der Geldwirtschaft. Die mächtig gewordenen Bauern wandten sich gegen die Verwaltung, starke *jitō* begannen sich gegenseitig zu bekämpfen, und überall in Westjapan bildeten sich bewaffnete »Banden« (*akutō*). Diese innerjapanischen Entwicklungen müssen bei einer Beurteilung der so genannten Mongolen-Invasionen (jap. *mōko shūrai*) ebenso beachtet werden wie die internationale Lage.

Japan stand seit der Mitte des ersten Jahrtausends v. a. mit dem Süden Chinas in engen freundschaftlichen Beziehungen, wo sich seit 1127 die Südliche Song-Dynastie etabliert hatte. Der intensive Handel war für beide Seiten von Vorteil. So hatte u. a. Japan seit dem Altertum die eigene Münzprägung zugunsten der billigen Einfuhr chinesischen Kupfergeldes aufgegeben. Ein einziges japanisches Schiff hatte z. B. Anfang der 1260er Jahre so viele Kupfermünzen eingeführt, wie es der Jahresproduktion der Song-Münze entsprach, um dem notorischen Mangel an Bargeld in Japan abzuhelfen. Kulturell war der Kontakt womöglich noch intensiver. Zahlreiche buddhistische Mönche aus dem Song-Herrschaftsgebiet, die vielfach vor mongolischer Unterdrückung dorthin geflohen waren, brachten die Chan- (jap. Zen-)Lehre nach Japan und fungierten als Ratgeber der Hōjō-Herren. Einen eigenen diplomatischen Apparat zur Kontrolle seiner auswärtigen Beziehungen, wie er etwa früher in der Form des *Dazaifu* auf Kyūshū und in Kyōto existiert hatte, besaß Japan jedoch seit dem Ende des 9. Jahrhunderts nicht mehr, weshalb es in der entscheidenden Phase in seiner Beurteilung der mongolischen Politik einseitig auf die Propaganda der südlichen Song-Dynastie angewiesen war. Dasselbe gilt auch für die Kontakte mit Korea, wo die Koryŏ-Dynastie zunächst mit mongolischer Unterstützung gegen nördliche Invasoren vorging, sich dann aber wachsendem Druck seitens der Yuan-Dynastie ausgesetzt sah. Auch von koreanischer Seite kamen also zumindest auf der Ebene der lokalen Administration, teils auch von der auf der Halbinsel noch lange aktiven Anti-Mongolen-Guerilla, sehr einseitige Nachrichten nach Japan.

Schon bald nachdem sich Qubilai Khan auf einer Reichsversammlung (mong. *quriltai*) gegen Ariy Böke durchgesetzt und als Beherrscher Chinas 1264 seine Hauptstadt nach Peking verlegt hatte, beauftragte er 1266 den König von Koryŏ, eine Botschaft nach Japan zu senden und das Land zur Tributleistung aufzufordern. 1267 wurde dieser Befehl wiederholt, und im ersten Monat des Jahres 1268 überreichte schließlich der koreanische Gesandte Pan Fu (chin. Lesung) das mongolische Schreiben, das im 8. Monat 1266 in Peking ausgestellt worden war, an den Oberkommandierenden des *Dazaifu*, Mutō (nach der Amtsstellung der Familie auch Shōni, »Zweitkommandierender«, genannt) Sukeyoshi. Das Schreiben nimmt in Form und Inhalt die klassische Tradition der chinesischen Diplomatie auf. Es führt zunächst aus, dass der mongolischen Dynastie – Qubilai bezeichnet sich als Kaiser des mongolischen Reiches, der Dynastiename Yuan (jap. Gen) wird noch nicht verwendet – das Mandat des Himmels übertragen wurde und sie ausersehen ist, die Ökumene zu regieren. Dann wird betont, dass man das Königreich Koryŏ befriedet hat und das Verhältnis von Herrscher und Beherrschten dem von Eltern und Kindern gleicht – ein Hinweis auf die konfuzianische Weltordnung. Mit Bedauern wird daraufhin festgestellt, dass Japan zwar in der Geschichte immer wieder (Tribut-)Gesandtschaften nach China geschickt habe, nicht aber seit dem Regierungsantritt Qubilais. Dies sei möglicherweise auf einen Mangel an Information zurückzuführen, daher werde nun ein Sonderbotschafter entsandt, damit in Hinkunft gegenseitige freundschaftliche Beziehungen hergestellt würden. Der letzte Satz lautet: Niemand will auf Waffen zurückgreifen. Das Originaldokument ist nicht erhalten, eine Abschrift von 1268 befindet sich im Tōdai-ji-Tempel von Nara, Kopien in den offiziellen Dynastiegeschichten der Yuan- sowie der Koryŏ-Dynastie.

Auf den ersten Blick enthält dieses Schreiben keineswegs eine Drohung, sondern scheint nur darauf abzuzielen, mit Japan diplomatische Beziehungen herzustellen. Aus der Sicht Chinas können diese jedoch immer nur solche im Rahmen des traditionellen Tributsystems sein. Japan soll aus seinen Bindungen zur südlichen Song-Dynastie herausgelöst und als Nachschubbasis der Koryŏ-Dynastie bzw. der koreanischen Rebellen ausgeschaltet werden. Eine Eroberung Japans wird dabei noch nicht für notwendig gehalten. Das Shogunat wählt jedoch eine einseitig negative Interpretation, die, ausgehend vom letzten Satz des Briefes, diesen insgesamt als Drohung auffasst. Dass diese Sicht in Japan weit geteilt wurde, zeigt etwa das Auftreten des charismatischen Mönches und Religionsstifters Nichiren in

**Die Invasionen in Japan 1274 und 1281**

○ *Pusan*   moderne Ortsnamen
HIGO   Herrschaften bzw. Provinzen
→ Bun'ei-no-eki (1274)
⤍ Kōan-no-eki (1281) Ost-Armee
⤍ Kōan-no-eki (1281) Süd-Armee

Kamakura. Basierend auf der buddhistischen Endzeit-Erwartung, predigt Nichiren das baldige Auftreten eines auswärtigen Feindes, der Japan als Strafe für die gottlose Politik des Shogunats vernichten werde, so z. B. in seinem Traktat *Risshō ankoku ron* (Traktat zur Befriedung des Staates durch Aufrichten des wahren Glaubens) von 1258. Für Nichiren und viele andere war die drohende Invasion die Erfüllung dieser Prophezeiungen.

Das Shogunat unter Führung des 18-jährigen Hōjō Tokimune (1251–84) überließ die Beantwortung bzw. die Nichtbeantwortung der Botschaft dem Kaiserhof und bereitete sich auf die Verteidigung vor. Wie seine Order an den Militärgouverneur (shugo) einer Provinz auf Shikoku bezeugt, war Tokimune überzeugt, dass »die Mongolen sich dem Üblen zugewandt haben und nun versuchen, Japan zu

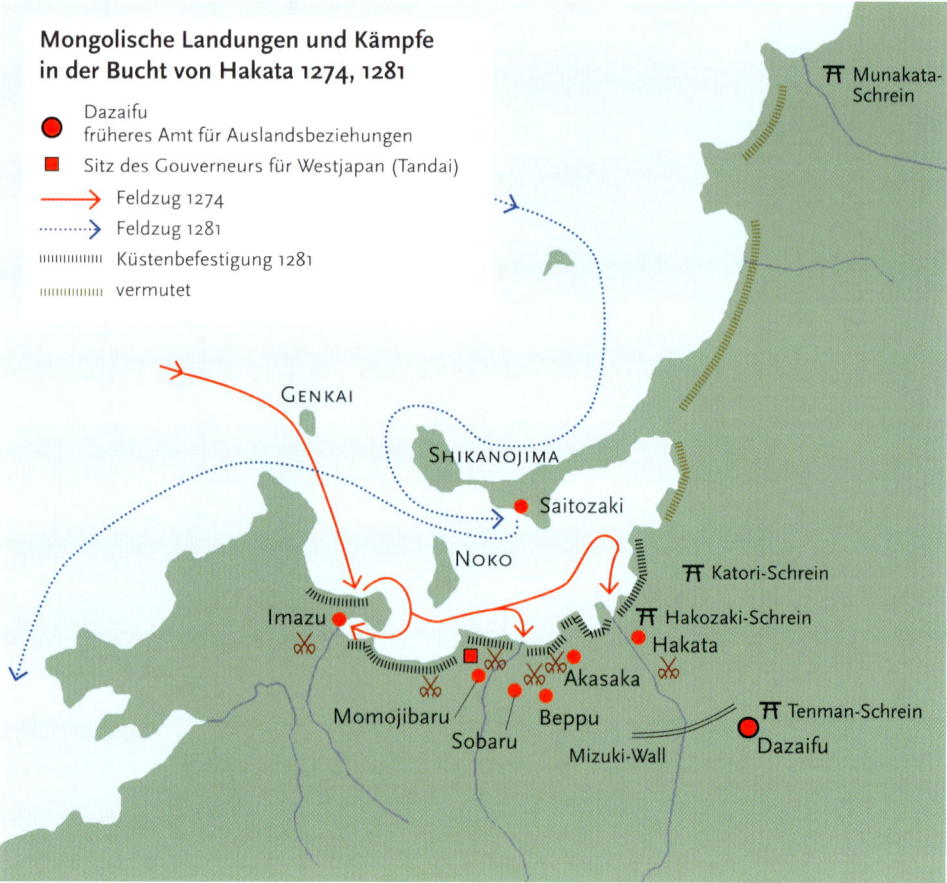

**Mongolische Landungen und Kämpfe in der Bucht von Hakata 1274, 1281**

- ● Dazaifu
  früheres Amt für Auslandsbeziehungen
- ■ Sitz des Gouverneurs für Westjapan (Tandai)
- → Feldzug 1274
- ⇢ Feldzug 1281
- ⊪⊪⊪⊪ Küstenbefestigung 1281
- ⊪⊪⊪⊪ vermutet

GENKAI

SHIKANOJIMA

Saitozaki

NOKO

Imazu

Momojibaru

Sobaru

Beppu

Akasaka

Mizuki-Wall

卍 Munakata-Schrein

卍 Katori-Schrein

卍 Hakozaki-Schrein

Hakata

卍 Tenman-Schrein

Dazaifu

unterjochen«. Tatsächlich befahl Qubilai Khan etwa zur gleichen Zeit dem Koryŏ-Hof, mit dem Bau von 1000 Schiffen für eine Invasion zu beginnen. Aber noch einmal wurde eine friedliche Mission entsandt, die im zweiten Monat des Jahres 1269 (dem sechsten Jahr der Periode Bun'ei) in Tsushima eintraf und zwei Japaner nach Peking verschleppte. In einer Audienz erklärte ihnen Qubilai nochmals, er erhoffe sich nur die offizielle Anerkennung durch Japan, bevor er sie mit einer neuerlichen Gesandtschaft zurückschickte.

Im Frühjahr 1271 beendeten die Mongolen die Unterwerfung Koreas nach vorangegangenen Unruhen, wobei die Rebellen erneut um japanische Unterstützung baten, gleichzeitig aber der Königshof zur Unterwerfung riet. Das Shogunat befahl nun allen Vasallen, ihre Lehen in Kyūshū aufzusuchen, dort die *akutō*-Rebellen zu befrieden und die Verteidigung vorzubereiten.

Ein weiterer mongolischer Gesandter, Zhao Liangbi (chin. Lesung), versuchte noch dreimal, 1271, 1272 und 1273, eine Antwort auf das ursprüngliche Schreiben zu erhalten, zuletzt auch durch Stellung eines Ultimatums. Warum das Shogunat bei seinem hartnäckigen Schweigen blieb, ist nicht ganz verständlich. Hinweise auf die außenpolitische Unerfahrenheit einer kleinen Gruppe von Oligarchen aus

ostjapanischem Feudaladel, die die auswärtige Drohung eher als Mittel zur innerjapanischen Durchsetzung ihrer autokratischen Herrschaft sahen, entsprechen einer eher modernen Auffassung.

Qubilai Khan besiegte 1273 die Südliche Song-Dynastie und hatte Koryŏ (Korea) vollständig unterworfen. Damit waren die Voraussetzungen für die erste Invasion geschaffen, die als *Bun'ei-no-eki* (Feldzug der Periode Bun'ei [1264–75]) bezeichnet wird, da sie im elften Jahr der Periode Bun'ei, 1274, stattfand. Es war eine eher kleine Streitmacht von 15 000 Mann, die sich aus Mongolen, Jürčen (Dschurdschen), Tataren und Chinesen sowie 8000 Koreanern zusammensetzte, welche am 3. Tag des 10. Monats des Jahres Bun'ei 11, am 2. November 1274, aus einem Hafen nahe Pusan auslief. Nach Vernichtung der japanischen Besatzungen auf Tsushima und Iki landete die Flotte Mitte des Monats im Westen der Bucht von Hakata zwischen Imazu und Momojibaru, etwa im Bereich der heutigen Stadt Fukuoka. Auf japanischer Seite standen den Invasoren nach ungefähren Schätzungen nur etwa 6000 Mann unter dem Kommando von Ōtomo Yoriyasu und Shōni Sukeyoshi gegenüber. Die Japaner hatten sich seit mehr als 50 Jahren nicht mehr in wirklichen Kämpfen geübt und traten als »ritterliche« Einzelkämpfer auf. Sie unterwarfen sich keinem Kommando und agierten sehr willkürlich, was in der Kritik des Shogunats später tief beklagt wird. Die Mongolen dagegen stellten kampferfahrene Truppen, die auf Signale hin in geschlossenen Formationen vorgingen. Unbekannte Waffen wie weit tragende Armbrüste, Giftpfeile und Schleudermaschinen für explodierende Bomben verbreiteten unter den Verteidigern Angst und Schrecken.

Die Bildrolle *Mōko shūrai e-kotoba* (Bebilderter Bericht von der Mongolen-Invasion) berichtet anschaulich von den Kämpfen, in die ein Gefolgsmann namens Takezaki Suenaga verwickelt war: Nachdem er am Kriegsschauplatz in Okinohama an der Bucht von Hakata eingetroffen war, befahl ihm Mutō Kagesuke, der Sohn des Oberkommandierenden, an einem Angriff teilzunehmen. Da Takezaki jedoch nur fünf Vasallen führte, glaubte er, anderswo größere Taten vollbringen zu können, und wandte sich nach dem Ort Akasaka. Dort traf er den ihm bekannten Kikuchi Takefusa, dessen Angriff er sich anschloss. Einer seiner Männer fiel, er selbst und die anderen verloren ihre Pferde, wurden verwundet und nur durch einen Angriff des Shiraishi Michiyasu mit mehr als hundert Mann gerettet.

Nach heftigen Kämpfen mussten die Japaner die Küste räumen und zogen sich am Abend des 20. Tages des 10. Monats, am 19. November 1274, auf den 16 Kilometer weiter südlich gelegenen Mizuki zurück (eine Wall- und Graben-Befestigung aus dem 7. Jahrhundert, damals zur Abwehr eines befürchteten Angriffs der chinesischen Tang-Dynastie errichtet). De facto hatte Japan die Schlacht verloren, und

Kyūshū stand den Mongolen offen. Diese folgten jedoch nicht sofort, da einer ihrer Befehlshaber, Liu Fuheng (chin. Lesung), verwundet worden war. In der Nacht aber wurde die Flotte angeblich durch einen heftigen Sturm auseinandergetrieben – neue meteorologische Untersuchungen lassen daran zweifeln –, sie hatte sich jedenfalls zurückgezogen und erreichte erst am 27. Tag des 11. Monats, am 26. Dezember, ihre koreanische Ausgangsbasis. Ein Drittel der mongolischen Armee, nach koreanischen Quellen über 13 000 Mann, war zu Grunde gegangen.

Das Shogunat begann sofort mit Überlegungen zu einer Vorausverteidigung durch die Invasion Koreas. Dieser Plan wurde jedoch zugunsten der Anlage starker Befestigungen entlang der Bucht von Hakata aufgegeben: Ein 20 Kilometer langer Steinwall von bis zu 2,8 Metern Höhe wurde von den Militärgouverneuren (shugo) aus Kyūshū am Strand der Bucht angelegt und abwechselnd je drei Monate lang bemannt.

Schon 1275 gelangte eine weitere mongolische Gesandtschaft nach Japan, diesmal nach Muronotsu in Nagato (heute Yamaguchi). Die Gesandten wurden gefangengenommen und nach Kamakura überführt, wo alle fünf hingerichtet wurden. Das Gleiche widerfuhr einer Gesandtschaft im 6. Monat des Jahres 1279, die Japan das Schicksal der im selben Jahr vernichteten Südlichen Song-Dynastie androhte. Für Qubilai waren dies die ausschlaggebenden Kriegsgründe, die er in seinem Mobilmachungsbefehl vom 1. Monat des Jahres 1281 nannte. Er hatte sogar ein eigenes »Amt zur Unterwerfung Japans« eingerichtet, das im Gebiet der geschlagenen Song-Dynastie Schiffe bauen ließ und die Soldaten der Song-Armee zum Dienst zwang. Die neuerliche Invasion ist in Japan als Kōan-no-eki (Feldzug der Periode Kōan [1278–88]) bekannt, da sie im 4. Jahre der Periode Kōan (1281) stattfand. Sie sollte von zwei Armeen durchgeführt werden, einer östlichen, von Korea aus operierenden mit 30 000 Mongolen, 10 000 Koreanern, 17 000 Mann Schiffsbesatzung und 900 Schiffen sowie einer südlichen, die aus Ningbo auslief, mit 3500 Schiffen und 100 000 Mann. Möglicherweise war ein Großteil dieser Riesenarmee zur Ansiedlung als Wehrbauern im eroberten Gebiet Japans vorgesehen. Die Schwäche beider Armeen lag in ihrer Zusammensetzung aus Soldaten unterworfener Gebiete und in der fehlenden Kooperation. So war die Ost-Armee bereits zur Mitte des 6. Monats auf der Insel Shika vor der Bucht von Hakata gelandet und wurde dort unentwegt von kleinen Booten und berittenen Kriegern angegriffen, so dass sie sich schließlich zurückzog, um die Süd-Armee vor Hirado zu treffen und mit dieser zusammen auf Takashima zu landen. Die Süd-Flotte war aber zu lange in den Gewässern vor der Jangtse-Mündung gelegen, und Wasserschnecken hatten sich in das frisch geschlagene Holz der Planken gebohrt. Als daher am 1. Tag des 7. Schaltmonats

1 Kikuchi Yōsai (1788–1878), Mōko shūrai (Mongolen-Invasion), 1847. Hängerolle, Tusche und Wasserfarben auf Papier, Tokyo National Museum. Darstellung der Vernichtung der mongolischen Invasionsflotte durch einen Taifun.

(am 16. August 1281) ein verheerender Taifun über das Gebiet zog, schlugen die mit Ketten verbundenen Schiffe gegeneinander und zerbrachen. Die gelandeten Truppen wurden von den Japanern – Schätzungen gehen von etwa 18 000 Verteidigern aus – aufgerieben. Die mongolischen Verluste betrugen fast 70 Prozent, das sind ca. 100 000 Mann.

Qubilai gab den Plan der Unterwerfung Japans niemals auf: 1283, 1284, 1292 und noch nach seinem Tod 1299 reisten Gesandtschaften nach Japan, die zuletzt sogar dort verblieben. Der Flottenbau ging weiter, führte aber zu lokalen Unruhen in Fujian, und da die außenpolitischen Gründe weggefallen waren, die Rüstungskosten aber zu einer exorbitanten Infla-

tion führten, ließ das Yuan-Reich schließlich doch alle Invasionspläne fallen.

In Japan verursachte der noch bis 1333 aufrechterhaltene »Ausnahmezustand« der Wache an der Nordküste Kyūshūs enorme Kosten, insbesondere für die Vasallen des Shogunates in dieser Region. Als Belohnung für die Taten im Abwehrkampf standen keine eroberten Ländereien für eine Belehnung zur Verfügung. Nach 1274 hatten nur 120 Vasallen Belohnungen erhalten (Takezaki als Einziger direkt vom Shogun), die Befriedigung der Ansprüche nach 1281 zog sich noch bis ins 14. Jahrhundert hinein. Zu ihrer Erledigung war ein eigenes Amt in Hakata, das *Chinzei tandai*, unter einem Führer aus dem Hōjō-Clan eingerichtet worden. Insgesamt scheinen die Hōjō, insbesondere ihre Hauptfamilie, zwar aus den Kämpfen gestärkt gegenüber ihren Rivalen und dem Kaiserhof hervorgegangen zu sein, aber die Frustrationen unter ihren eigenen Gefolgsleuten führten schließlich zu ihrem Sturz.

In ideologischer Hinsicht gaben die Abwehrkämpfe dem Buddhismus Auftrieb, da sich insbesondere die Zen-Schule als religiöse Weltanschauung der *bushi*, des Schwertadels, durchsetzte. Die Nichiren-Schule mit ihren Angriffen auf den Staat bildete eher eine Ausnahme, behielt jedoch ihre Anziehungskraft im Volk. Der Shintô aber wurde ganz entscheidend gestärkt. Schon der (nicht abgesandte) Entwurf einer Antwort auf das erste Sendschreiben Qubilais stellt fest, Japan sei als »Land der Gottheiten« *(kami-tsu-kuni)* nicht zu einem Krieg bereit. Die Gottheit des Ise-Schreines, Amaterasu, wurde als Ahnherrin des Kaiserhauses stark betont, um der »vom Himmel auserwählten« Dynastie der Mongolen etwas Gleichwertiges entgegenzusetzen. Der Taifun, der die zweite Mongolen-Flotte vernichtet hatte, wurde sehr bald als ein von den Gottheiten gesandter Sturm *(kamikaze)* bezeichnet und gab vielleicht Anlass, auch das schwer erklärbare Verschwinden der ersten Flotte auf einen solchen Eingriff der Gottheiten zurückzuführen und bis in die Tage des Zweiten Weltkrieges hinein einen Mythos der Unverwundbarkeit Japans zu schaffen. Damit wurde aber auch die Basis gelegt für die Shintô-Renaissance des Mittelalters und die Schule des »Nationalen Lernens« *(Kokugaku)* der frühen Neuzeit, welche die heldenhaften Taten der Abwehrkämpfe ins Legendäre überhöhten.

2 Gedenken an die enthaupteten mongolischen Gesandten im Jōritsu-ji-Tempel, Kamakura, Präfektur Kanagawa

## 382 Brief des Qubilai Khan an den König (Shogun) von Japan, 8. Monat 1266

Abschrift aus dem Jahr 1268, zwei Blätter aus dem Band »Aufzeichnungen über die Unterwerfung feindlicher Staaten mittels buddhistischer Tugenden« (jap. Chōbuku-ichō-onteki-shō | Tusche auf Papier, H 25,5 cm, B 39,4 cm | Tōdai-ji-Tempel, Nara, Japan
*nur Bonn*

Der im Beitrag »Die mongolischen Versuche einer Unterwerfung Japans« bereits vorgestellte Brief sei an dieser Stelle im Wortlaut zitiert:

Der Himmel hat das Mandat auf das mongolische Großreich übertragen. Der Kaiser lässt diesen Brief an den König von Japan überbringen: Ich als Herrscher eines seit dem Altertum kleinen Reiches habe zu den Nachbarländern Kontakt aufgenommen und mich bemüht, Vertrauen und Harmonie zu schaffen; zudem haben meine Vorfahren das Mandat des Himmels erhalten, so dass wir seit langem über die chinesischen Gebiete herrschen, und in entfernten Gebieten und fremden Regionen sind Unzählige, die Ehrfurcht vor denjenigen haben, die die Tugend in sich tragen.

Anfangs, als ich den Thron bestieg [1260], führte ich die unschuldigen Adligen von Koryŏ an, deren Schwertklingen und Pfeilspitzen schon seit langem abgenutzt waren, und ich befahl dem Heer, sofort die Waffen niederzulegen und in ihre Ländereien zu ihren Angehörigen zurückzukehren. Die Lehnsherren und Vasallen von Koryŏ kamen dankbar und ehrerbietig an meinen Hof, und obwohl zwischen uns ein Verhältnis wie zwischen Herrscher und Vasall bestand, herrschte eine Freude wie zwischen Vater und Sohn. Eure Adligen und Vasallen, Majestät, wissen bereits davon.

Koryŏ ist ein Vasallenstaat im Osten des mongolischen Reiches. Japan liegt in der Nähe von Koryŏ, und seitdem das Land sich geöffnet hat, stand es in regelmäßigem Kontakt mit China. Seit [dem Beginn] meiner Regierungszeit gab es nicht einen Gesandten, der zu mir kam, um die friedlichen, freundschaftlichen Kontakte zu erhalten. Es ist zu befürchten, dass der japanische König [über meine Absichten] nicht ausreichend Kenntnis besitzt; aus diesem Grund schicke ich eigens einen Botschafter mit einem [diesem] Brief,

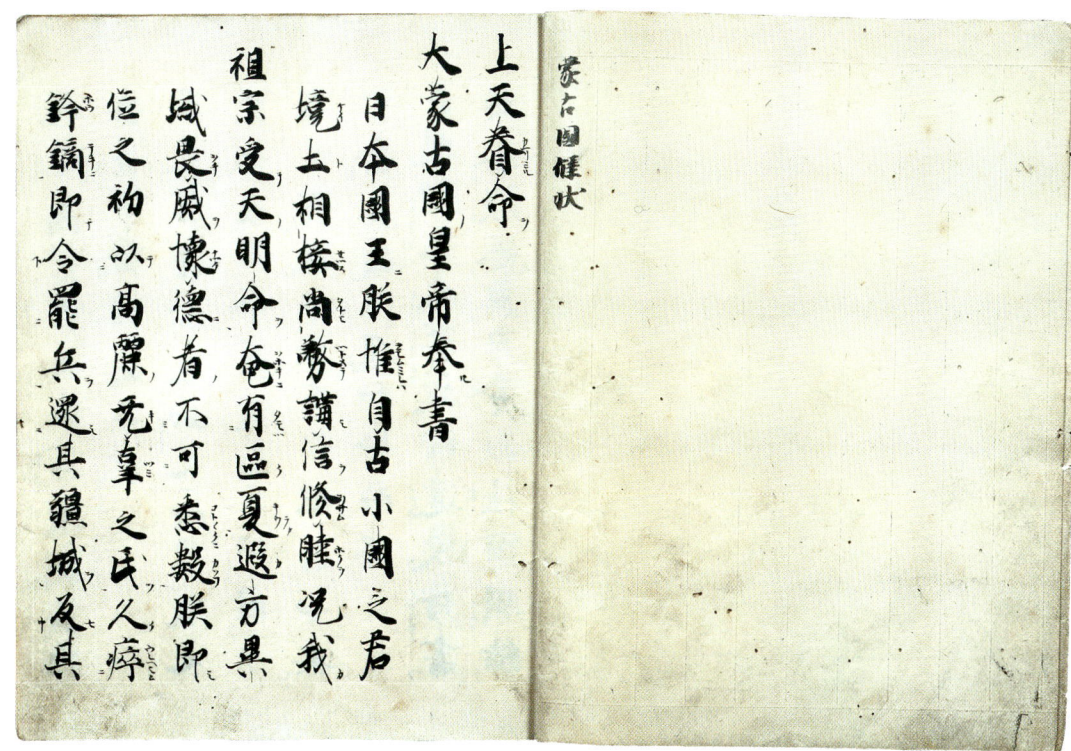

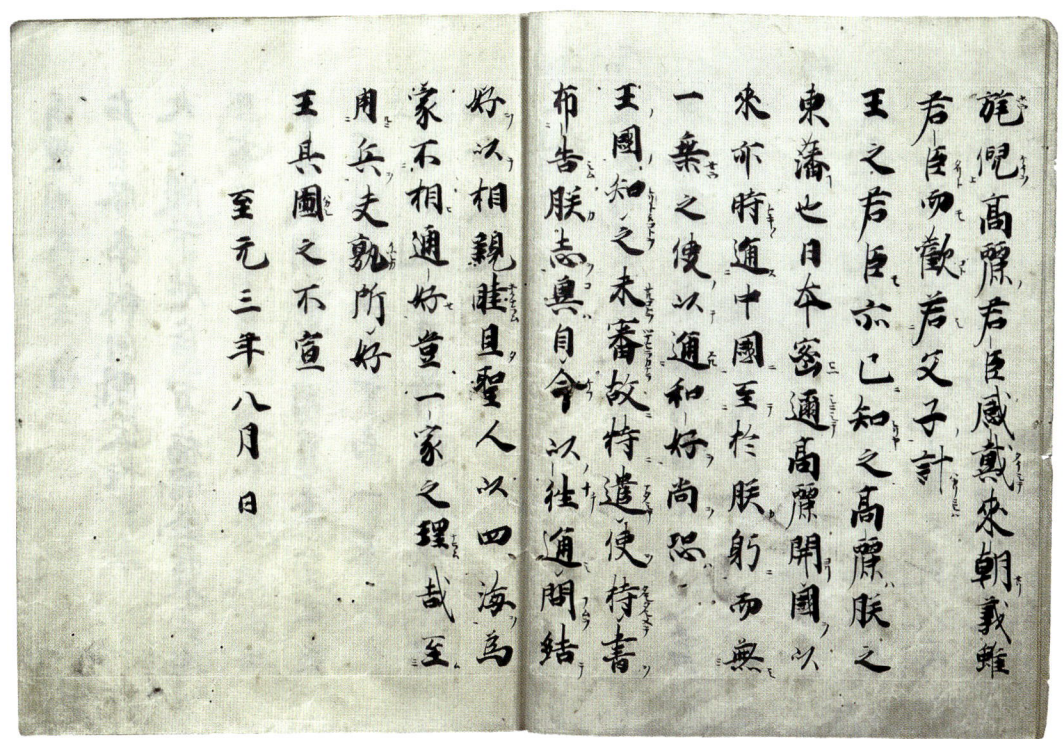

382

um meine Absichten darzulegen, in der Hoffnung, dass von heute an stets gute Kontakte bestehen mögen, in gegenseitigem Vertrauen und Harmonie. Der Heilige betrachtet die vier Meere als sein Zuhause; wenn [zwischen den Menschen] keine guten Verbindungen bestehen, wie kann man dann von dem Prinzip eines Zuhauses sprechen? Wenn es dazu kommt, dass Waffen eingesetzt werden, wer profitiert davon schon? Der König möge dies bedenken.

(Übersetzung: Silke Simons und Björn Fischer)

### 383 Fukuda Taika
## Bildrollen von der Mongolen-Invasion
### (Mōko shūrai e-kotoba)

Japan, 1846, Kopie nach einem unbekannten Meister, um 1293 | Tusche und Wasserfarben auf Papier, zwei von vier Querrollen: H 47 cm, L (Rolle 2) 12,12 m, L (Rolle 4) 11,96 m | Tokyo National Museum, Japan | Inv.-Nr. A-1637
*nur Bonn*

383

Das um 1293 entstandene Original dieser Bildrolle sollte die Verdienste des Auftraggebers Takezaki Suenaga in Wort und Bild für die Nachwelt überliefern. Takezaki war ein Gefolgsmann des Shogunats im Süden der Provinz Higo (heute Präfektur Kumamoto, Gemeinde Matsubase). Mit nur fünf Gefolgsleuten kam er dem Ruf zur Verteidigung nach und kämpfte am 20. Oktober 1274 bei Akasaka an der Bucht von Hakata gegen die Mongolen. Sein Mut wurde seiner Meinung nach jedoch nicht angemessen gewürdigt, weshalb er im 6. Monat des Jahres 1275 gegen den Willen seiner Familie zum damaligen Regierungssitz Kamakura aufbrach, um seine Belohnung einzufordern. Als ungehobeltem Landadeligen gelang es ihm erst nach zwei Monaten, zum Leiter der Abteilung für Belohnungen *(Go'on-bugyō)*, Adachi Yasumori, vorzudringen. Laut einer der Bildaufschriften fand er zunächst wenig Glauben, insistierte jedoch und wollte eher geköpft werden, denn als Lügner dazustehen. Wichtiger als Geld oder Lehen war es ihm, dass nur sein Name dem Shōgun gegenüber erwähnt wurde. Auch als ihm am Tag darauf Yasumori eine vom Shōgun selbst ausgestellte Belohnungsurkunde überreichte, insistierte er auf der Bestätigung, dass sein Name genannt worden sei. Von Yasumori erhielt er ein edles Pferd mit Sattel und Zaumzeug und zog befriedigt zu seinem neuen Lehen, dem Ort Kaitō nahe Takezaki mit 30 bis 40 Hektar Reisfeldern.

Die Bildrolle schildert außerdem, wie Takezaki bei der Invasion von 1281 gemeinsam mit den Gebrüdern Ōyano von Amakusa Schiffe enterte und einen (unbewaffneten) Mongolen tötete, dessen Kopf er dem Oberkommandierenden Adachi Morimune als Trophäe präsentierte.

Im Jahre 1293 stiftete Takezaki den Tempel Tōfuku-ji und nahm die Tonsur und den buddhistischen Namen Shami Hōki an. Im selben Jahr ließ er die Bildrolle anfertigen und versah sie mit einem Testament, Yasumori *no on-koto*, in dem er seinen Nachkommen die Gefolgschaft für seinen Wohltäter Adachi Yasumori ans Herz legte.

Die Rolle ging zunächst in den Besitz der Burgherren von Uto über und dann durch Heirat auf die Familie Ōyano, die sie Ende des 19. Jhs. dem Kaiserhaus schenkte. Die Bildrolle wurde anscheinend einmal zerlegt, vielleicht als Album montiert und neu zusammengesetzt. Einige Veränderungen sind deutlich zu erkennen, so sind z. B. die drei mongolischen Krieger, die mit Pfeil und Bogen gegen Takezaki kämpfen, erst später hinzugefügt worden (Rolle 2).

Im Laufe der Edo-Periode (1600–1868), v. a. Anfang des 19. Jhs., wurde die Bildrolle weithin bekannt. Zahlreiche Kopien entstanden vor allem im Lehensfürstentum der Hosokawa (Provinz Higo, heute Kumamoto). Teilweise waren Werkstätten berühmter Malerdynastien wie der Kanō an der Anfertigung dieser Kopien beteiligt, und bekannte Politiker wie der Shōgunatsminister Matsudaira Sadanobu werden als Auftraggeber genannt. Die Kopien ergänzen beschädigte Abschnitte des Originals, gruppieren die Szenen z. T. anders oder fassen Bilder und Texte getrennt zusammen.

Die Kopie aus dem Besitz des Tokyo National Museum stammt aus dem 5. Monat des Jahres Kōka 3 (1846) und ist höchstwahrscheinlich von Fukuda Taika (1795–1854; auch Giuemon genannt), einem bekannten Maler und hohen Beamten des Hosokawa-Lehens, angefertigt worden, der auch die Rekonstruktion der Originalrolle in Kumamoto durchführte. Sie stimmt daher in ihrer Anordnung der Szenen und Texte mit dem Exemplar des Kaiserhauses überein. Fukuda hat noch weitere Kopien, so jene der Familie Ōyano in der Stadt Kikuchi, Präfektur Kumamoto, angefertigt. Die für die Münchener Ausstellungsstation vorgesehene Kopie im Besitz des Saitama Prefectural Museum, die auf vor 1830 (Perioden Bunsei/Tenpō) datiert wird, wird heute als Vorlage für Fukudas Rekonstruktion von 1828 angesehen. Sie trägt den Besitzerstempel seines Sohnes Fukuda Aisono. Weitere Kopien finden sich heute u. a. im Besitz der Familie Hosokawa (aufbewahrt in der Universität Kumamoto), in der Kyūshū Universität, in Schreinen wie dem Iwashimizu Hachiman bei Kyōto, dem Ki-

kuchi-Schrein und dem Yatsushiro-Schrein (beide in Kumamoto), der Familie Matsura (Hirado) und des Kenchū-ji-Tempels in Nagoya (aufbewahrt im Tokugawa Museum). Neben den Bildrollen mit Darstellungen aus dem Roman *Genji monogatari* und solchen von den Kämpfen zwischen Taira und Minamoto gehören einzelne Szenen dieser Bildrolle mit ihrer großen Detailtreue, v. a. bei Rüstungen und Pferdegeschirr, zu den bekanntesten Motiven der japanischen Malerei. *J. K.*

### 384 Fukuda Taika zugeschrieben (Siegel des Fukuda Aien, Sohn des Taika) Bildrollen von der Mongolen-Invasion (*Mōko shūraie-kotoba*)

Japan, spätere Bunsei- (1817–29) bis Tenpo-Ära (1829–43), Kopie nach einem unbekannten Meister, um 1293 | Tusche und Wasserfarben auf Papier, zwei von drei Querrollen: H 38,4 cm, L (Rolle 1) 14,09 m, L (Rolle 3) 14,36 m | Saitama Prefectural Museum, Japan | Inv.-Nr. SPM 193-028
*ohne Abb.*
*nur München*

383

Das aus zwei Rollen bestehende Original wird in der kaiserlichen Sammlung Sannomaru Shôzôkan, Tokio, aufbewahrt. Die hier gezeigte Kopie aus dem Präfekturmuseum Saitama stammt aus der 1. Hälfte des 19. Jhs. Sie besteht aus drei Rollen, da die erste der beiden Originalrollen geteilt wurde. Einige Unterschiede zur Originalrolle lassen vermuten, dass das Vorbild nicht diese selbst, sondern eine ältere Kopie aus der Muromachi-Periode (1333–1573) war. Nach dem derzeitigen Stand der Forschung wird die Rolle als eine Vorskizze für das Rekonstruktionsprojekt des Originals verstanden, das Fukuda Taika leitete. Eine Untersuchung der Sannomaru Shôzôkan konnte das Siegel von Fukuda Aien verifizieren, was darauf hindeutet, dass die Rolle in seinem Besitz war. *T. K.*

### 385 Gesamtkarte der Entfernungen sowie der historischen Hauptstädte (Chin. *Hunyi jiangli lidai guodu zhi tu;* jap. *Kon'itsu kyōri rekidai kokuto no zu*)

Korea, um 1470 | Hängerolle, Tusche und Farben auf Papier, H 220 cm, B 289 cm | Honkō-ji Tokiwa Museum of Historical Materials, Shimabara, Präfektur Nagasaki | Kulturgut der Präfektur Nagasaki, Japan

Diese erstmals ausgestellte Karte beruht auf zwei Arbeiten aus der Mitte des 14. Jhs., die das weltumspannende geographische Wissen der Mongolen mit der historisierenden Sicht Chinas verbinden: der geographischen Karte *Shengjiao guangbei tu* (jap. *Seikyō-kōha-zu*: Große Karte, welche die Aussprache [der Ortsnamen] angibt) des Li Zemin (um 1330) aus Suzhou und der geschichtlich ausgerichteten *Hunyi jiangli tu* (jap. *Kon'itsu-kyōri-zu*: Gesamtkarte der Entfernungen mit Angabe der historischen Haupt-

städte Chinas) des Tiandai-Mönches Qing Jun (1328 bis 92).

Der koreanische Gesandte Jin Shiheng (Kim T'ohyong) brachte die Karten 1368 nach Korea, wo sie im Auftrag der beiden Minister zur Rechten bzw. zur Linken Kim T'ohyong und Yi Mu von Yi Hoe um 1402 zu einer einzigen Karte zusammengefügt wurden. Auf welchem Wege die Karte nach Japan kam, ist unbekannt.

Es existieren nur zwei Exemplare dieser zusammengefügten Version: Ein ursprünglich im Nishi Hongan-ji-Tempel in Kyōto aufbewahrtes Exemplar ist heute im Besitz der (buddhistischen) Ryūkoku-Universität; die in dieser Ausstellung gezeigte Karte wurde 1988 im Honkō-ji-Tempel auf der Halbinsel Shimabara entdeckt und hat die Fachwelt begeistert. Im Vergleich zur Karte der Ryūkoku-Universität dürfte sie etwas später, wahrscheinlich um 1470, zu datieren sein. Am unteren Rand befindet sich eine Nachschrift des berühmten Kalligraphen und Ministers des Begründers der Choson-Dynastie, Kwon Kun.

Die Karte bildet das riesige Gebiet des mongolischen Reiches ab und über seine Grenzen hinaus auch dessen wirtschaftliches Einflussgebiet – ganz Eurasien und Nordafrika sowie die dazugehörigen Meere. Im Zentrum wird groß und detailliert China als Kernland der mongolischen Yuan-Dynastie ausgewiesen. Die ebenso genaue Darstellung Koreas geht sicherlich auf die hochrangigen koreanischen Auftraggeber zurück wie auch die sehr guten Kenntnisse der Geographie Japans und der Ryūkyū-Inseln. Gegen Westen hin sind Zentralasien und Iran im Verhältnis zwar kleiner, aber richtig wiedergegeben. Auf jeden Fall ist das Wissen der islamischen Gelehrsamkeit eingeflossen. Europa ist schwer zu erkennen, da das Mittelmeer nicht eingefärbt wurde. Am äußersten linken Rand konnten die Städtenamen Marsilia (Marseille) und Sevilla identifiziert werden. Die in dieser Karte enthaltenen Informationen über die islamischen Gebiete und die Mittelmeerregion wären im Ostasien der vormongolischen Zeit nicht vorhanden gewesen. Auch die Darstellung der Umrisslinien Afrikas im Jahre 1402 verrät eine außergewöhnlich frühe Kenntnis dieses Kontinents – hier findet sich die erste Darstellung des Kaps der Guten Hoffnung –, die den Reisen Bartolomeu Dias' im Jahre 1488 weit vorausgeht. Diese Tatsache ist von großer Bedeutung, relativiert sie doch die eurozentristische Auffassung, dass die Welt von den Europäern entdeckt wurde. Auch weist die Karte darauf hin, dass sich durch die Herrschaft der Mongolen wohl zum ersten Mal in der

Menschheitsgeschichte eine internationale Gesellschaft bildete, eine *borderless culture*. Die Karte ist sehr viel mehr als eine einfache Weltkarte – sie ist ein Testament des Geistes jener Epoche.      *M. S.*

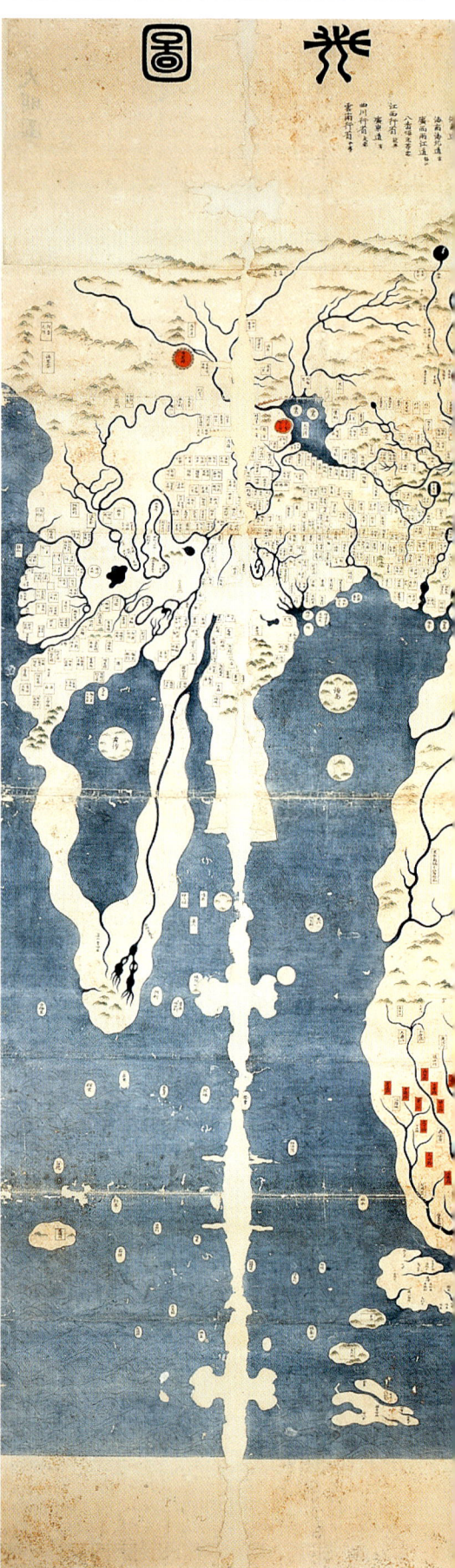

385

# Der mongolische Buddhismus

KLAUS SAGASTER

# Der mongolische Buddhismus: Lehre

Der mongolische Buddhismus unterscheidet sich in seiner aus Tibet übernommenen Form grundsätzlich nicht vom tibetischen Buddhismus. Seine Lehre und Praxis lassen sich wie folgt zusammenfassen:

Unter den Lebewesen, die im leidvollen Kreislauf der Wiedergeburten umherirren, ist die Existenzform als Mensch die günstigste, denn die Menschen haben in besonderer Weise Gelegenheit, mit den drei Heilsmitteln Buddha, Lehre und Mönchsgemeinde zusammenzutreffen. Wer Zuflucht zu diesen »Drei Juwelen« nimmt, wird ein Buddhist. Die Drei Juwelen repräsentieren die drei Medien, mit deren Hilfe der Weg zum Verschwinden des Leidens, zum Nirvāṇa, gegangen werden kann: Körper, Wort und Geist. Der Buddha, das erleuchtete Lebewesen, welches das Verschwinden des Leidens erreicht hat und ein Beweis dafür ist, dass es beseitigt werden kann, repräsentiert den Körper. Die Lehre des Buddha ist sein Wort. Die geistliche Gemeinde bewahrt über den leiblichen Tod des Buddha hinaus seinen Geist. Körper, Wort und Geist sind auch die Mittel, die der Mensch nutzen kann, um sein religiöses Ziel zu erreichen. Wichtig ist, dass dem Menschen hierfür seine menschliche Existenz möglichst lange zur Verfügung steht. Deshalb sind ein langes Leben und eine gute Gesundheit ganz besonders wichtig. Körper, Wort und Geist sind für den Menschen die drei Stützen, derer er sich bedienen kann, um das Schlechte zu meiden und das Gute zu tun, das heißt, gute Taten, gutes Karma zu sammeln, welches das Ende des Kreislaufs der Existenzen ermöglicht.

Der Gläubige kann sich den Körper des Buddha in dessen Bild vorstellen, das Wort des Buddha findet er im Buch symbolisiert und den Geist des Buddha im Reliquienschrein, dem Stūpa (Kat.-Nr. 420), der ebenso wie die geistliche Gemeinde das gesamte Ideensystem des Buddhismus symbolisiert. Bild, Buch und Stūpa sind die drei Formen, die dem Gläubigen zur Verfügung stehen, um durch Sehen, Hören/Lesen und Nachdenken Wissen zu sammeln und durch die Verehrung, »Opfer«, Verdienst zu erwerben. Nur durch Wissen und Tugendverdienst ist die Erlösung bringende Erkenntnis erreichbar.

Da die Menschen verschieden veranlagt und unterschiedlich intelligent sind, bietet ihnen der Buddhismus verschiedene »Fahrzeuge« an, derer sie sich auf ihrem geistigen Weg bedienen können. Es sind das Kleine Fahrzeug (Hīnayāna), das Große Fahrzeug (Mahāyāna) und das Tantra- oder Vajra-Fahrzeug (Tantrayāna, Vajrayāna). Die Lehren dieser »Fahrzeuge« werden jeweils durch eine Reihe verschiedener Schulrichtungen interpretiert und weiterverkündet.

Die Grundidee des Kleinen Fahrzeugs ist, dass das Nirvāṇa in zwei Stufen erreicht werden kann: durch die Vernichtung der negativen Eigenschaften, v. a. Gier, Hass und Verblendung, und durch die vollkommene Einsicht in das Wesen der Dinge, die vollkommene Erleuchtung. Wer die erste Stufe erreicht hat, ist ein Arhat, ein »Feindbesieger«, und wer die zweite Stufe erreicht hat, ist ein Pratyekabuddha, ein »nur für sich selbst erleuchteter Buddha«, ein Buddha, der seine Erfahrung für sich behält und nicht weiterverkündet. Daneben gibt es durchaus auch die Vorstellung von höchsten Buddhas, die ihr Wissen weitergeben. Das beste Beispiel dafür ist der historische Buddha Śākyamuni.

In der Systematik des tibetisch-mongolischen Buddhismus gehören die höchsten Buddhas jedoch zum Großen Fahrzeug. Dieses lehrt, dass jedes Lebewesen (sattva) bestrebt sein muss, ein Erleuchtungswesen, ein Bodhisattva, zu werden, d. h. danach zu trachten, nicht nur sich selbst zu erlösen, sondern auch alle anderen Lebewesen zur Erleuchtung (bodhi) zu führen. Als Ergebnis wird die höchste Buddhaschaft in Form eines »vollkommen vollendeten Buddha« erreicht, eines Buddha, der die »Vier Wahrheiten« gelehrt hat, bevor er ins Nirvāṇa einging: die Wahrheit vom Leiden, von der Ursache des Leidens, von der Aufhebung des Leidens und vom Weg, der zur Aufhebung des Leidens führt. Von diesen Buddhas gab es in der Vergangenheit unendlich viele. Der vollkommen vollendete Buddha unserer Zeit ist Śākyamuni, der durch sein Wort und seinen Geist immer noch gegenwärtig ist. Auch in Zukunft wird es viele Buddhas geben. Der Nachfolger Śākyamunis wird 5000 Jahre nach diesem der Buddha Maitreya (Kat.-Nr. 400, 401) sein.

Der Weg des Kleinen und des Großen Fahrzeugs dauert sehr lange. Selbst der Prinz Gautama, der spätere Buddha Śākyamuni, brauchte »drei unzählbar lange Weltperioden«, um die vollkommene Erleuchtung zu erlangen. Der Buddhismus hat deshalb auch einen schnelleren Weg gefunden, den des Tantra- oder Vajra-Fahrzeugs. Mit Tantra (»gespannter Faden«) werden die Lehrtexte dieses Systems bezeichnet. Gemeint ist eine Kette von Lehrern, die die entsprechenden Lehren weitergeben. Vajra-Fahrzeug heißt das System deshalb, weil seine Kraft der eines Vajra, eines Diamantzepters oder Donnerkeils, entspricht.

Die Grundidee des Tantra-Fahrzeugs ist, dass man durch bewusste Übersteigerung der negativen Eigenschaften, der »Befleckungen«, diese besonders schnell überwinden und deshalb noch im gleichen Leben das Nirvāṇa erreichen kann. Diese psychotherapeutische Methode ist gefährlich, weil sie leicht fehlschlagen kann. Deshalb darf sie nur unter strenger Anleitung eines Psychotherapeuten, des geistlichen Lehrers, angewandt werden und ist geheim, weil sie der jeweils individuellen Veranlagung Rechnung tragen muss und einer individuellen Therapie bedarf, die in einer strengen, meditativen Praxis besteht. Um diesen wesentlichen Aspekt des Tantra-Fahrzeugs zu verstehen, kann man ihn mit der Therapie durch Antibiotika vergleichen. Antibiotika sind schnell wirksam, aber sehr riskant, wenn sie ohne Verordnung und Kontrolle eines Arztes angewandt werden.

Die religiösen Antibiotika haben die Form von Gottheiten, welche der jeweiligen individuellen Veranlagung des Patienten entsprechen und ihn auf seinem meditativen Wege leiten. Diese mit ihm gleichsam durch einen Eid verbundenen Götter (tib. *yi-dam*) haben dementsprechend eine schützende Funktion, welche sich auch auf eine ganze Gemeinschaft von Individuen erstrecken kann. So ist z.B. der Yidam Yamāntaka (Kat.-Nr. 396) die spezielle Schutzgottheit der dGe-lugs-pa-Schule. Zu den Tantra-Gottheiten gehören auch die Ḍākinīs (Kat.-Nr. 407) und die Religionsschützer (Dharmapāla). Beide Gruppen sind nichtbuddhistischer Herkunft. Die Ḍākinīs sind eine Art von Feen, welche den Gläubigen bei seiner Meditation begleiten. Die Religionsschützer wurden einst von mächtigen Lamas in den Dienst des Buddhismus gezwungen und schützen nun in ihrer ursprünglichen schrecklichen äußeren Gestalt die wahre Religion vor allen Feinden.

Die Begriffe Tantra-Fahrzeug und Vajra-Fahrzeug bezeichnen das Wesen dieser »schnellen« Methode der Heilsgewinnung sehr gut. In diesem »Fahrzeug« ist die Person des Lehrers und seiner Schüler von ganz besonderer Bedeutung. Denn die Schüler werden ihrerseits Lehrer, haben wiederum Schüler und bilden somit eine Kette, ein Tantra. Der Lehrer (sanskr. *guru*; tib. *bla-ma*; mong. *lama*) ist die Autorität, welche nicht nur die Lehre weitergibt, sondern selbst ein Beispiel dafür ist, dass die Lehre zur Vollkommenheit führt. Deshalb sind auch die vollkommenen Buddhas Lamas. Die Bedeutung des Lama ist so groß, dass man den tibetisch-mongolischen Buddhismus häufig auch als Lamaismus bezeichnet.

1 Kloster Gandan, Bibliothek

Auch der Begriff Vajra-Fahrzeug ist sehr treffend. Das Wesen des Vajra ist diamantene Festigkeit. Als Waffe vernichtet er schnell und wirksam alle Feinde. Auf zwei gekreuzten Vajras ruht die Welt, und auf ihnen thronen der Buddha und der Lama, in denen alle negativen Eigenschaften durch die Fülle der guten Eigenschaften ersetzt wurden.

Das Urbild des Buddha, des Lehrers, wird im Vajra-Fahrzeug gedacht als Urbuddha, als »Vajra-Halter«, Vajradhara (Kat.-Nr. 388), in welchem der gesamte Kosmos enthalten ist, der Makrokosmos der Welt und der Mikrokosmos des menschlichen Körpers. Mikrokosmos und Makrokosmos sind gleichermaßen Mittel, die genutzt werden können, um die Welt zu überwinden. Zu diesen Mitteln gehören z. B. die fünf Himmelsrichtungen Zentrum, Osten, Süden, Westen und Norden, denen fünf Buddhas, Emanationen des Urbuddha, entsprechen. Ihnen zugeordnet sind die Symbolfarben Weiß, Blau, Gelb, Rot und Grün, aber auch die negativen Eigenschaften Verblendung, Hass, Stolz, Gier und Eifersucht, die beseitigt werden müssen, und die Elemente Äther, Wasser, Erde, Feuer und Wind, aus welchen Mikrokosmos und Makrokosmos zu bestehen scheinen und die doch wie alle anderen Phänomene »leer« sind, weil sie keine Dauer haben. Die Einbildung, sie seien »wirklich«, entspringt nur unserem falschen Denken. Letztlich gibt es weder Saṃsāra, die Welt, in der wir immer wieder geboren werden, noch Nirvāṇa, die Überwindung der Welt.

Spätestens hier zeigt sich, wie komplex das buddhistische Denken ist. Das Pantheon mit seinen zahlreichen Einzelgestalten ist nichts als eine Darstellung der Hilfsmittel, welche die drei Fahrzeuge anbieten und die dem Meditierenden als Feld dienen, auf dem er Verdienst und Wissen sammeln kann, um zur erlösenden Erleuchtung zu gelangen.

KLAUS SAGASTER

# Der mongolische Buddhismus: Geschichte

Der Beginn der Geschichte des Buddhismus bei den Mongolen liegt im Dunkeln. Überreste buddhistischer Bauten aus der Zeit vor dem 13. Jahrhundert beweisen, dass der Buddhismus bereits vor Činggis Khan in dem heute von Mongolen besiedelten Gebiet heimisch war. Inwieweit er aber die Religion von Menschen mongolischer Sprache war, wissen wir nicht.

Fassbar wird der Buddhismus bei den Mongolen mit Činggis Khan. Es gibt keine Hinweise darauf, dass unter den mongolischen und türkischen Stämmen, die Činggis Khan zum Volk der Mongolen vereinte, Buddhisten waren. Doch machten die Mongolen durch ihre Feldzüge nach Westen, Süden und Osten schon bald Bekanntschaft mit dieser Religion.

Im Westen begegneten die Mongolen dem Buddhismus bei den türkischen Uiguren, die sich Činggis im Jahr 1206 unterworfen hatten. Die Uiguren besaßen eine hoch entwickelte Kultur und hingen drei Religionen an: dem Manichäismus, dem Buddhismus und dem nestorianischen Christentum. Die Mongolen haben zu Činggis Khans Zeiten die Schrift der Uiguren übernommen und wohl auch schon buddhistische Texte kennengelernt, die in dieser Schrift geschrieben waren. Der große Einfluss des zentralasiatischen Buddhismus der Uiguren auf die Mongolen lässt sich besonders deutlich an der mongolischen Sprache erkennen. Bis heute werden im Mongolischen viele religiöse Begriffe verwendet, die als Fremdwörter nicht etwa aus der späteren »Kirchensprache« Tibetisch stammen, sondern in ihrer uigurischen Form aus dem Sanskrit ins Mongolische gelangt sind. Ein Beispiel hierfür ist das mongolische Wort *nirvan* (von sanskr. *nirvāṇa*).

Im Süden begegneten die Mongolen dem Buddhismus zwischen 1205 und 1209 auf ihren Feldzügen gegen das nordöstlich von Tibet gelegene Tangutenreich Xixia (982–1227). Das Siedlungsgebiet der mit den Tibetern eng verwandten Tanguten war ein altes buddhistisches Kulturland, in dem sich der zentralasiatische, der chinesische und der tibetische Buddhismus trafen und eine eigene tangutische Form entwickelten. Die Einflüsse des tangutischen Buddhismus in der Mongolei waren offenbar größer als bisher angenommen. Bei den Ausgrabungen am so genannten Palasthügel

auf dem Gelände der mongolischen Reichshauptstadt Karakorum sind Fragmente von Skulpturen und Fresken gefunden worden, die eindeutig den Stil der tangutischen Kunst von Qaraqota im Nordwesten der heutigen Inneren Mongolei zeigen (Kat.-Nr. 124).

Im Osten trafen die Mongolen auf den Buddhismus zwischen 1211 und 1216 bei ihren Kämpfen gegen das Jin-Reich der Jürčen (Dschurschen) in Nordchina (1115–1234). Besonders großen Einfluss besaß dort die Meditationsschule *chan* (chin; jap. *zen*), deren Großmeister Haiyun mit der Oberaufsicht über die buddhistische Geistlichkeit betraut wurde. Haiyun erfreute sich auch der höchsten Wertschätzung von Činggis Khans Nachfolgern Ögedei, Güyük, Möngke und Qubilai. Unter Güyük und Möngke oblag den Chan-Meistern Wansong Zhanglao und Zhanglao Fuyu die Aufsicht über die buddhistischen Mönche in der Reichshauptstadt Karakorum.

Bereits unter Činggis Khan waren die Buddhisten Nutznießer einer Religionspolitik, die nicht nur den buddhistischen Geistlichen besondere Privilegien einräumte, sondern auch den Schamanen und den Geistlichen der Christen, Daoisten und Muslime. Sie wurden von allen Steuern und Abgaben befreit und hatten als Gegenleistung lediglich für das Wohlergehen des Herrschers, seiner Familie und des Staates zu beten. Diese Politik wurde bis zum Ende des Großreichs grundsätzlich beibehalten. Allerdings kam es schon bald zu einer besonderen Bevorzugung des tibetischen Buddhismus.

Nach einem mongolischen Einfall in Tibet im Jahre 1240 lud der Činggis-Khan-Enkel Godan, der Lehnsherr des Westteils des ehemaligen Tangutenreichs, eine der religiös und politisch einflussreichsten Persönlichkeiten Tibets zu sich ein, das Oberhaupt der tibetischen Sa-skya-pa-Schulrichtung Sa-skya Paṇḍita Kun-dga'-rgyal-mtshan (1182 bis 1251). Um weiteres Unheil von Tibet abzuwenden, folgte dieser der Einladung und traf 1244 in Godans Hoflager in der heutigen westchinesischen Provinz Gansu ein. Durch sein politisches Geschick und durch seine religiöse Überzeugungskraft trug Sa-skya Paṇḍita wesentlich dazu bei, nicht nur die drohende Vernichtung Tibets und seiner Kultur zu verhindern, sondern die Weichen dafür zu stellen, dass sich die mongolischen Fürsten für die Annahme des tibetischen Buddhismus entschieden.

Von besonderer Bedeutung hierfür war die Begegnung des Činggis-Khan-Enkels Qubilai mit Sa-skya Paṇḍitas Neffen 'Phags-pa Blo-gros-rgyal-mtshan (1235–80; Kat.-Nr. 393). Dieser hatte seinen Onkel an den Hof Godans begleitet und nach Sa-skya Paṇḍitas Tod dessen Nachfolge als Oberhaupt der Sa-skya-pa angetreten. Qubilai Khan (reg. 1260–1294) war von 'Phags-pas Fähigkeiten so beeindruckt, dass er ihn bereits im Jahre seiner Wahl zum Großkhan zum »Reichslehrer« (chin. *guoshi*) ernannte und ihm sowohl die Verantwortung für die weltliche und geistliche Verwaltung von Tibet als auch die Oberaufsicht über die buddhistische Geistlichkeit im gesamten mongolischen Reich übertrug. Die außerordentliche Machtfülle des 'Phags-pa führte dazu, dass die Sa-skya-pa schon bald die politisch führende Position unter den tibetischen Schulrichtungen einnahmen, aber auch den Vorrang über die chinesischen Buddhisten gewannen. Noch unter dem Großkhan Möngke standen die Chan-Buddhisten an erster Stelle. Hiervon wurden sie durch die Politik Qubilais nicht nur verdrängt, sondern sie wurden sogar ihrer Selbständigkeit beraubt und dem Reichslehrer unterstellt. Noch bevor der Großkhan Qubilai auch Kaiser von China wurde und die Yuan-Dynastie (1272 bis 1368) begründete, erhob er 'Phags-pa sogar in den Rang eines Kaiserlichen Lehrers (chin. *dishi*). Hiermit wurde 'Phags-pa der erste einer Reihe von Kaiserlichen Lehrern, die erst zur Zeit des letzten Yuan-Kaisers Toγon Temür/ Shundi (reg. 1332–68) endete.

Die Kaiserlichen Lehrer hatten eine Vielzahl von geistlichen und administrativen Aufgaben zu erfüllen, für die ihnen beträchtliche finanzielle Mittel zur Verfügung standen. Die tibetisch-buddhistische Geistlichkeit wurde von den Kaisern so stark gefördert und rechtlich so bevorzugt, dass dies den Unmut der konfuzianischen Beamtenschaft, des einfachen Volkes und der anderen Religionen hervorrief. Die hohen Zuwendungen für den Bau von Klöstern und andere Zwecke wurden in zunehmendem Maße ein Problem für die Staatsfinanzen. Anstatt ein Beispiel für die Lehre Buddhas zu geben, nutzten viele Mönche ihre Privilegien schamlos aus. Zur Zeit des Toγon Temür kam es schließlich zur Katastrophe. Der immer schnellere Niedergang der Mongolenherrschaft in China wurde begleitet von einem zunehmenden moralischen Verfall sowohl bei Hofe als auch innerhalb der buddhistischen Geistlichkeit. 1354 wurden im kaiserlichen Palast buddhistische Geheimzeremonien veranstaltet, die in Wirklichkeit sexuelle Orgien waren. Damit hatten die Kaiserlichen Lehrer und mit ihnen die Sa-skya-pa ihr Ansehen völlig verspielt.

Trotz ihrer führenden Stellung waren die Sa-skya-pa nicht die einzigen Vertreter des tibetischen Buddhismus, die an den mongolischen Hof kamen. Grundsätzlich verfolgten

Qubilai und seine Nachfolger ja immer noch die Politik der guten Beziehungen zu allen Religionen. Es ist deshalb nicht überraschend, dass die Kaiser auch führende Vertreter der mit den Sa-skya-pa rivalisierenden Karma-bKa'-brgyud-pa-Schulrichtung zu sich einluden.

Das negative Bild, welches v. a. die chinesischen Quellen von der Rolle des tibetischen Buddhismus zur Zeit der Yuan-Dynastie zeichnen, ist allerdings einseitig. Die sehr konkreten Beweise für seine dunkle Seite können nicht bestritten werden, doch kann die Tätigkeit der Lamas im mongolischen Reich nicht nur negativ gewesen sein. Inwieweit der tibetische Buddhismus lediglich eine Religion des Hofes und der Fürsten war, sei dahingestellt. Es ist jedoch kaum wahrscheinlich, dass die Lamas nicht versucht haben, auch das einfache Volk zu bekehren, wie auch immer die Missionserfolge bei den Anhängern der Volksreligion, des so genannten Schamanismus, gewesen sein mögen. Auf jeden Fall hatten zumindest die mongolischen Fürsten ein wirkliches Interesse an der neuen Religion. Sie förderten die Übersetzung einer Vielzahl von buddhistischen Lehrtexten und Gebeten. Diese fanden sicherlich nicht nur bei den Mönchen und der weltlichen Oberschicht Verbreitung, sondern auch beim einfachen Volk, wie immer sie auch inhaltlich verstanden worden sein mögen. Auch die Klöster, für welche so viel Aufwand getrieben wurde, können nicht hermetisch vom Volk abgeschirmt gewesen sein. Über die Geschichte des Buddhismus bei den Mongolen im 13. und 14. Jahrhundert ist das letzte Wort noch nicht gesprochen.

Der Zerfall der zentralen Macht nach dem Ende der mongolischen Herrschaft in China bedeutete zwar eine erhebliche Schwächung der Position der buddhistischen Geistlichkeit, doch nicht das Ende des Buddhismus. Auch wenn die späteren Quellen Klage über die finstere Zeit führen, in welcher die Macht der Schamanen wieder zunahm und die Menschen nicht mehr nach den Regeln der Religion lebten, gab es doch immer noch Lamas in der Mongolei, ja es wurden sogar neue Klöster gebaut. Mongolische Fürsten sandten hochrangige Mönche als Mitglieder von Tribut- und Handelsgesellschaften an den Hof der Ming-Dynastie (1368 bis 1644), die auf die Yuan-Dynastie gefolgt war. Diese Lamas gehörten kaum schon zu der von Tsong-kha-pa Blo-bzang-grags-pa (1359–1419) begründeten vierten großen Schulrichtung des tibetischen Buddhismus, den dGe-lugs-pa oder »Gelbmützen«, sondern waren wohl »Rotmützen«, Angehörige der rNying-ma-pa, bKa'-brgyud-pa und Sa-skya-pa. Auch der Buchdruck war nicht zum Erliegen gekommen, wie eine Sammlung von Texten in Sanskrit, Chinesisch, Tibetisch und Mongolisch aus dem Jahr 1431 bezeugt. Dies weist darauf hin, dass die Lehre Buddhas bei den Mongolen keineswegs völlig ausgestorben war.

Die Situation des Buddhismus änderte sich entscheidend gegen Ende des 16. Jahrhunderts, als es zu Kontakten zwischen dem mächtigen südwestmongolischen Fürsten Altan Khan (1507–82) und tibetischen dGe-lugs-pa-Mönchen kam. Der Khan lud den höchsten Repräsentanten der dGe-lugs-pa, bSod-nams-rgya-mtsho (1543–88), zu einem Besuch ein. Der Lama nahm die Einladung an und traf Altan Khan 1578 in der Nähe des Kukunor, des Blauen Sees in der heutigen Provinz Qinghai.

Es ist selbstverständlich, dass sich der Khan und der Lama von ihrer Begegnung gegenseitigen Nutzen versprachen. Die Frage, worin dieser Nutzen bestand, kann nicht mit Sicherheit beantwortet werden. Vermutlich erhoffte sich bSod-nams-rgya-mtsho von dem mächtigen Mongolenherrscher Unterstützung bei seinem Bemühen, die Position der dGe-lugs-pa gegenüber den anderen Schulrichtungen zu festigen. Altan Khan hingegen dürfte gerade die dGe-lugs-pa für besonders geeignet gehalten haben, die moralischen und erzieherischen Kräfte der buddhistischen Religion für eine Erneuerung der mongolischen Gesellschaft und damit für die Festigung seiner politischen Position gegenüber den anderen mongolischen Fürsten zu stärken, aber auch gegenüber China, dessen Grenzen er immer wieder heimsuchte. Es ist bezeichnend, dass hierfür das historische Beispiel des Verhältnisses zwischen Qubilai Khan und 'Phags-pa Lama bemüht wurde. Altan Khan verlieh dem Lama bSod-nams-rgya-mtsho den Titel Dalai Lama, »Ozeangleicher Lehrer«. bSod-nams-rgya-mtsho war der dritte Vertreter einer Reihe von menschlichen Verkörperungen des Bodhisattva Avalokiteśvara, des Schutzgottes von Tibet. Somit galt er als dritter Dalai Lama, da seine beiden Vorgänger posthum ebenfalls den Titel Dalai Lama erhielten. bSod-nams-rgya-mtsho seinerseits verlieh dem mongolischen Khan den Titel Cakravartin Sečen Khan und setzte ihn damit ausdrücklich mit dem wirklichen Weltherrscher *(cakravartin)* Qubilai gleich, dessen Beiname Sečen, »der Weise«, war.

Mit der Begegnung zwischen Altan Khan und dem dritten Dalai Lama begann eine neue Ära der Geschichte des Buddhismus in der Mongolei. Die Behauptung, dass es sich hierbei um eine »zweite Bekehrung« gehandelt habe, ist allerdings nicht haltbar und ganz offensichtlich tendenziös. Der Begriff »zweite Bekehrung« sollte glauben machen, dass die alten, »roten« Schulrichtungen sich als unfähig erwiesen hätten, die Religion Buddhas bei den Mongolen am Leben zu erhalten, und dass es der Initiative der »Gelbmützen«-Schule und der Unterstützung eines neuen Qubilai bedürfe, das Licht des Glaubens wieder leuchten zu lassen. Inwieweit der Vorwurf gegen die »Rotmützen« berechtigt war, sei dahingestellt. Wie wir gesehen haben, war der Buddhismus bei den Mongolen ja keineswegs verschwunden, sondern hatte sich nach dem Fall der Yuan in der Mongolei durchaus noch weiter behauptet, wenngleich in einem viel geringeren Maße als unter den idealen Bedingungen

der Großreichszeit. Für eine ununterbrochene Tradition spricht auch der Wiederbeginn der Übersetzung buddhistischer Texte im späten 16. Jahrhundert. Dieser Wiederbeginn wäre in seiner Intensität nicht möglich gewesen, wenn die Übersetzer nicht Zugang zu bereits früher übersetzten Werken gehabt hätten und sich bei Neuübersetzungen nicht auf frühere Erfahrungen hätten stützen können, v. a. im Bereich der sehr komplizierten buddhistischen Terminologie. Die Vielzahl und thematische Vielfalt der Texte, die z. B. durch die Manuskriptfunde von Olon Süme in der Inneren Mongolei und von Charbuchyn Balgas aus der Äußeren Mongolei belegt sind und die aus der Zeit um 1600 stammen, lässt sich nicht mit einem völligen Neubeginn erklären. Dennoch leitete das Treffen zwischen Altan Khan und dem dritten Dalai Lama eine Wiederbelebung des Buddhismus bei den Mongolen ein, welche nicht nur den Adel erfasste, sondern bald auch das einfache Volk.

Bereits 1579 ließ Altan Khan in der von ihm gegründeten »Blauen Stadt«, Köke Qota (das heutige Hohhot), ein Kloster errichten, das Kloster »Großer Herr«, Yeke Ĵoo, so genannt nach seinem Hauptheiligtum, einer Figur des »Herrn« (Ĵoo) Buddha Śākyamuni. Die dGe-lugs-pa-Mission, bis zu seinem Tode im Jahre 1588 vom Dalai Lama selbst angeführt, erfasste schon bald auch andere Gebiete der Süd- und Ostmongolei. Ein besonderes Anliegen war hierbei der Kampf der »Gelben Lehre« der dGe-lugs-pa gegen die »Schwarze Lehre« der Schamanen, die im Volk tief verwurzelt war.

Die Neubelebung des Buddhismus in der nordmongolischen Qalqa-Mongolei ist das Verdienst des Fürsten Abadai Khan (1554–88; Kat.-Nr. 413), dessen Herrschaftsbereich das Gebiet der alten Hauptstadt Karakorum war. Offenbar beeindruckt vom Beispiel des Altan Khan der Tümed und des von diesem erbauten Klosters Yeke Ĵoo, gründete 1586 auch Abadai Khan ein Kloster, das ebenfalls nach dem »Herrn« Śākyamuni benannt wurde und den Namen »Kostbarer Herr«, Erdeni Ĵoo (modern: Erdenezuu), erhielt. Ebenfalls 1586 reiste Abadai Khan zu einem Besuch des Dalai Lama. Dieser soll ihm den Titel »Vajrafester Guter Khan« verliehen und ihn zu einer Verkörperung des Bodhisattva Vajrapāṇi erklärt haben. Der Vajra, das Diamantzepter, ist das Symbol der Festigkeit und Stärke. Vajrapāṇi (Kat.-Nr. 404), »der den Donnerkeil in seiner Hand hält«, ist der Schutzgott der Mongolen.

Die Erfolge der dGe-lugs-pa bei den Mongolen wurden auf eine ganz bezeichnende Weise gesichert: Der 1588 verstorbene dritte Dalai Lama verkörperte sich ein Jahr später in einem Enkel seines Gönners Altan Khan. Der vierte Dalai Lama Yon-tan-rgya-mtsho (1589–1616) war der einzige Mongole in diesem Amt. Auch in der Qalqa-Mongolei wurde die Position der dGe-lugs-pa durch einen Nachkommen des Fürsten verankert, der den neuen Glauben eingeführt

1 Kloster Gandan, Haupttor und Tempel des Žanrajseg (tib. sPyan-ras-gzigs; sanskr. Avalokiteśvara)

hatte: 1635 wurde in der Nähe von Erdeni Ĵoo als Urenkel des Abadai Khan der Öndör Gegen Ĵanabajar (Zanabazar; 1635–1723) geboren, der erste Vertreter der Wiederverkörperungsreihe der rJe-btsun-dam-pa (mong. Ĵibcundamba) Qutuɣtus, der Großlamas der Qalqa-Mongolei.

Seit der Mitte des 16. Jahrhunderts verbreitete sich die Gelbe Lehre auch bei den westmongolischen Oiraten und drang von dort bis nach Europa vor als ein Teil der Oiraten, die Kalmücken, im späten 16. Jahrhundert in die Steppen zwischen unterer Wolga und Don auswanderten.

In der ersten Hälfte des 17. Jahrhunderts griffen die Mongolen wiederum entscheidend in die Geschichte Tibets ein, das immer noch von den Auseinandersetzungen zwischen der Gelben Lehre, der Roten Lehre und der nichtbuddhistischen Bon-Religion heimgesucht wurde. Gušri Khan (1582 bis 1655), Anführer des am nordosttibetischen Kukunor siedelnden oiratischen Stammes der Toryod, beseitigte zwischen 1640 und 1642 die Hauptgegner der »gelben« dGe-lugs-pa. Von da an stand Tibet für mehr als sieben Jahrzehnte wieder unter mongolischer Oberherrschaft. Diese war freilich weitgehend nur nominell, denn Gušri Khan

schenkte dem fünften Dalai Lama Ngag-dbang-blo-bzang-rgya-mtsho (1617–82) Tibet als Lehen. Ähnlich dem Beispiel Qubilai Khans und 'Phags-pa Lamas übertrug damit der mongolische Khan dem tibetischen Lama neben der höchsten religiösen auch die praktische administrative Gewalt in Tibet. Von da an waren die Dalai Lamas die Herren der beiden Ordnungen Religion und Staat. In der Person des jetzigen 14. Dalai Lama sind sie dies noch heute.

Zur gleichen Zeit, 1644, wurde die chinesische Ming-Dynastie von der mandschurischen Qing-Dynastie (bis 1911) abgelöst. Auch die Mandschu-Herrscher verbanden sich mit den dGe-lugs-pa, in denen sie nicht nur die künftig maßgebliche politische Macht in Tibet sahen, sondern auch einen idealen Verbündeten bei ihrem Bestreben, die mongolischen Stämme an sich zu binden. Sie unterstützten deshalb nachdrücklich die Errichtung von Klöstern und den Ausbau der organisatorischen Strukturen der dGe-lugs-pa bei den Mongolen. Die Hauptstadt Peking wurde der Sitz des von Kaiser Shengzu (Regierungsperiode Kangxi, 1662 bis 1722) berufenen Oberhaupts des Buddhismus in der Inneren Mongolei und in Nordchina, des lCang-skya Qutuɣtu, dessen Pendant in der Äußeren Mongolei der rJe-btsun-dam-pa Qutuɣtu war. Viele andere hohe Lamas hatten ihre Residenz ebenfalls in Peking. Die Qing-Kaiser förderten auch die Übersetzung von buddhistischen Texten ins Mongolische, die in Holzdruckplatten geschnitten wurden. Bereits 1659 wurde das Goldglanz-Sūtra, *Altan gerel,* gedruckt (Kat.-Nr. 424). 1720 waren die Holzdruckstöcke der 108 Bände der mongolischen Fassung der Übersetzung der Buddha-Worte, des *bKa'-'gyur* (mong. *Ganjur*), fertiggestellt und 1749 die Übersetzung der 226 Bände der Lehrschriften der indischen »Kirchenväter«, des *bsTan-'gyur* (mong. *Danjur*).

1809 wurde am Ort der heutigen mongolischen Hauptstadt Ulaanbaatar das Kloster Gandan Tegčinling (tib. dGa'-ldan Theg-chen-gling; Abb. S. 345) gegründet. Hiermit endete die zentrale Bedeutung des Klosters Erdeni Joo, denn von nun an war Gandan das religionspolitisch bedeutendste Kloster der Äußeren Mongolei. Wie in der Inneren Mongolei und bei den Oiraten im Westen entstanden auch im Norden immer mehr Klöster. Entsprechend wuchs auch die Zahl der Mönche. 1921 gab es in der Äußeren Mongolei ungefähr 700 große und 1000 kleine Klöster und etwa 113 000 Mönche. Jede Familie trachtete danach, einen ihrer Söhne ins Kloster zu geben, um hierdurch religiöse Verdienste zu sammeln, aber auch, um wirtschaftliche Vorteile zu gewinnen, da es sich im Kloster oft besser lebte als in einem einfachen Nomadenhaushalt.

Im Laufe der Zeit wurde die große Zahl der Klöster und die hohe Zahl der Mönche, die zumindest theoretisch im Zölibat lebten, immer mehr zu einem gesellschaftlichen und politischen Problem. Es stellte sich wieder das alte Übel ein, das schon zum Ende der Mongolenherrschaft in China beigetragen hatte: die moralische und wirtschaftliche Korruption der hohen Geistlichkeit, gepaart mit der Korruption der Fürsten und der nicht vorhandenen Bildung der einfachen Mönche und Laien. Im 19. Jahrhundert wurde die Unzufriedenheit mit der Geistlichkeit immer größer. Auch Mönche, z. B. der »Verrückte Šaɣdar«, kritisierten mit scharfen Worten, dass die Lamas sich nicht mehr an die Gebote der Religion hielten und das Volk ausbeuteten.

Trotz aller negativen Auswüchse spielten Klöster und Geistlichkeit grundsätzlich eine positive Rolle. Die Klöster waren Wirtschaftsbetriebe und Handelszentren mit großen Märkten, die während der religiösen Feste abgehalten wurden. Vor allem aber waren sie Orte der Kunst, Wissenschaft und Bildung, in denen nicht nur die Mönche, sondern auch viele junge Adlige lesen und schreiben lernten. Die in den Klöstern ausgebildeten Mönche trugen wesentlich zur medizinischen Versorgung der Bevölkerung bei. Es gab keine religiösen Grenzen zwischen den mongolischen Gebieten, aber auch nicht zwischen der Mongolei, Tibet und China. Immer mehr Pilger reisten nach Zentraltibet, in die großen

Klöster Osttibets und zum heiligen Berg Wutaishan in der nordchinesischen Provinz Shanxi, auf dem auch heute noch viele Mongolen ihre Toten begraben lassen. Mongolische Mönche erhielten ihre Ausbildung in Zentral- oder Osttibet und brachten nicht nur ihr neues theologisches Wissen in die Mongolei, sondern auch künstlerische Kenntnisse und Fähigkeiten. So beeinflusste v. a. das osttibetische Kloster Bla-brang (Labrang) die Entwicklung eines eigenen mongolischen Stils in Malerei und Skulptur.

Der Buddhismus war auch in der Mongolei schon sehr früh nicht allein die Religion der Mönche und des Adels, sondern wurde zunehmend auch die Religion des Volkes. Die Lamas sorgten durch ihre Rituale für den Schutz gegen die täglichen Sorgen und Gefahren des Lebens. Zugleich trugen sie auch zur moralischen Erziehung des Volkes bei, indem sie durch ihre Belehrungen dazu anhielten, die Zehn Gebote zu befolgen, um dadurch in eine bessere Existenz und schließlich zur Befreiung vom Kreislauf der leidvollen Existenzen und zur Buddhaschaft zu gelangen.

Im Jahre 1911 brach die Qing-Dynastie der Mandschu-Kaiser zusammen. Die Äußere Mongolei erklärte ihre Unabhängigkeit in Form einer Monarchie, an deren Spitze der rJe-btsun-dam-pa Qutuɣtu, der achte Boɣda Gegen (Bagd Gegeen; 1870–1924; Kat.-Nr. 441), berufen wurde. Trotz seiner moralischen Schwächen war der Boɣda Gegen eine starke Persönlichkeit und genoss sowohl beim Adel als auch beim Volk hohes Ansehen. Die Befreiung von der mandschurisch-chinesischen Fremdherrschaft wurde als ein Akt der nationalen Wiedergeburt empfunden, die in der Person des Boɣda Gegen ihren besonderen Ausdruck fand. Obwohl ein geborener Tibeter, war er theologisch nichts anderes als der erste rJe-btsun-dam-pa des 17. Jahrhunderts in einer neuen Existenzform und damit ein Nachkomme Činggis Khans. Offiziell wurde aber auch ein anderer Anspruch erhoben: Die Regierungsdevise des neuen Königs der Mongolei lautete »Der von vielen Erhobene«, *Olan-a ergügdegsen.* Der von vielen Erhobene (sanskr. Mahā-saṃmata) ist nach buddhistischer Vorstellung der erste König der Menschen. Die Regierungsdevise bezeichnete einen anspruchsvollen Neuanfang.

Dieser Neufang sollte freilich nicht lange währen. Zwar führte die Volksrevolution von 1921 nicht zur Absetzung des Königs, doch als der Boɣda Gegen 1924 starb, wurde die Monarchie abgeschafft und die Mongolische Volksrepublik ausgerufen. 1926 wurden Staat und Kirche getrennt und 1929 die Einsetzung eines neuen rJe-btsun-dam-pa verboten.

Der buddhistische Glaube war im Volk so fest verwurzelt und der Einfluss der Geistlichkeit so stark, dass die Religionspolitik der Partei zunächst noch recht vorsichtig verfuhr. Schon bald aber begann der offene Kampf. Zwischen 1936 und 1939 wurden fast alle Klöster zerstört und eine große Zahl von Lamas ermordet (s. den Beitrag von Udo B. Barkmann in diesem Katalog). Die Überlebenden wurden gezwungen, Laien zu werden. Lediglich das 1938 geschlossene Gandan-Kloster in Ulaanbaatar durfte als Vorzeigeobjekt der »liberalen« kommunistischen Religionspolitik mit einigen Lamas ab 1944 wieder »arbeiten« und wurde zum Sitz der kommunistischen Organisation Buddhists for Peace. In den 1970er Jahren lockerte sich der Griff auf die Religion etwas. 1970 wurde sogar eine geistliche Akademie gegründet, die nicht nur der Ausbildung von Mönchen aus der Mongolei, sondern auch aus Burjatien und Kalmückien dient. Frei wurde der Buddhismus jedoch erst durch die demokratische Revolution von 1990.

Die Bildung eines mongolischen Nationalstaats im Norden führte in den mongolischen Gebieten Chinas nach 1911 zu panmongolischen Bestrebungen, die allerdings nicht von allen hohen Lamas unterstützt wurden. Vor allem war es der sechste lCang-skya Qutuɣtu (1891–1958), der offensichtlich die Konkurrenz seines nordmongolischen Amtsbruders, des rJe-btsun-dam-pa Qutuɣtu, fürchtete und sich auf die chinesische Seite stellte. Um eine Abspaltung der mongolischen Gebiete zu verhindern, führte die Chinesische Republik die Religionspolitik der Kaiser weiter und verlieh dem lCang-skya Qutuɣtu den Titel eines »Reichslehrers«. Damit folgte auch sie dem Beispiel des Großkhans Qubilai, der sofort nach seiner Thronbesteigung seinen Vertrauten 'Phags-pa zum »Reichslehrer« ernannt hatte. Die Förderung der Religion war umso wichtiger, als die japanische Besetzung der Mandschurei und der Inneren Mongolei in den 1930er Jahren die Lage noch weiter komplizierte. Um die Mongolen von ihrer politischen und religiösen Hinwendung zu China zu lösen, versuchten die Japaner, den mongolischen Buddhismus zu »japanisieren«, und schickten viele junge Mönche nach Japan auf den heiligen Berg Kōyasan, wo sich das Zentrum der Shingon-Schule befand. Um diese politisch motivierte Überfremdung des angestammten Glaubens zu verhindern und die Religion selbst zu »reinigen«, kam es zu einer innermongolischen Gegenbewegung. Ihr Erfolg wurde freilich schon bald durch den Siegeszug der chinesischen Kommunisten verhindert.

Wie alle anderen Religionen in der Volksrepublik China wurde auch der tibetisch-mongolische Buddhismus ein Opfer der kommunistischen Religionspolitik. Vor allem während der Kulturrevolution (1960–76) wurden die Mönche gezwungen, Laien zu werden; ein großer Teil der Klöster wurde zerstört oder für nichtreligiöse Zwecke verwendet. 1976 trat jedoch eine Wende zum Besseren ein. Es wurde wieder erlaubt, Mönch zu werden; überall im Lande wurden Klöster restauriert oder neu gebaut. In den Klöstern durfte wieder religiöse Literatur gedruckt werden, und selbst staatliche Verlage veröffentlichten in großer Zahl re-

ligiöse und religionshistorische Werke. Doch trotz aller Erleichterungen ist der Buddhismus auch heute noch weit davon entfernt, frei zu sein.

Viel besser ist jetzt die Lage im Staat Mongolei, der früheren Mongolischen Volksrepublik. Seit 1990 sind sehr viele zerstörte Klöster restauriert und oder neu errichtet worden. Zahlreiche frühere Mönche sind wieder Lamas geworden, und viele junge Männer sind in den geistlichen Stand eingetreten. Bemerkenswert ist, dass auch viele Frauen Gelübde abgelegt und Konvente gegründet haben, die hauptsächlich der Rotmützen-Schule angehören.

Ob man trotz der vielen Klöster und der vielen Lamas von einer Renaissance des Buddhismus in der Mongolei sprechen kann, sei dahingestellt. Die neue Freiheit leidet auch in der Mongolei immer noch unter der Vergangenheit. Die Probleme in der Mönchsausbildung, die durch den Abbruch der einheimischen Lehrtradition und durch die mangelnde Verbindung mit den tibetischen Zentren verursacht wurden, konnten immer noch nicht ganz beseitigt werden. Hinzu kommen die Schwierigkeiten, welche sich aus der erzwungenen Verletzung der Mönchsdisziplin, des Vinaya, zu kommunistischer Zeit ergeben haben. Natürlich können die verheirateten Mönche nicht ihre Familien verlassen. Dies trägt dem mongolischen Buddhismus aber den tibetischen Vorwurf ein, nicht mehr »rein« zu sein.

Das Problem der Vergangenheit reicht allerdings noch in die vorkommunistische Zeit zurück. Noch immer scheinen die Lamas nicht ganz begriffen zu haben, dass eine Religion auch eine soziale Verantwortung hat und dass das Mitgefühl mit den lebenden Wesen nicht nur theoretisch sein darf, v. a. dann nicht, wenn man gegen die Konkurrenz der ausländischen Missionare anderer Religionen bestehen will. Dies gilt auch für die Vermittlung der religiösen Inhalte an die Laien. Wie lange werden diese sich noch damit begnügen, das *oṃ maṇi padme hūṃ* zu beten, Weihwasser zu holen und sich Gutscheine für wirkungsmächtige tibetische Texte zu kaufen, die sie dann von Mönchen rezitieren lassen, um sich gegen alle möglichen Gefahren zu schützen? Zwar sind inzwischen sowohl Klöster als auch Laienorganisationen bemüht, durch Unterricht und Publikationen zu einem vertieften Verständnis der buddhistischen Lehre zu führen. Solange dies aber noch weit gehend in den traditionellen Formen und ohne Auseinandersetzung mit der Welt der Gegenwart geschieht, dürfte der Erfolg ungewiss sein.

Eine wirkliche Gefahr für den Buddhismus in der Mongolei sind die gegenwärtigen Probleme jedoch kaum. Die Religion ist in den Herzen der Mongolen so stark verwurzelt, dass weder physischer Zwang noch intellektuelle Zweifel sie ernsthaft gefährden können.

Literatur: HEISSIG 1970; JAGCHID 1988, S. 83–172; KASCHEWSKY 1986; MILLER 1959; POZDNEYEV 1978; SAGASTER 1989

KLAUS SAGASTER

# Das Kloster Erdeni Ĵoo (Erdenezuu)

Das Kloster Erdeni Ĵoo, »Kostbarer Herr«, ist das älteste erhaltene Kloster in der Nord- oder Qalqa-Mongolei, dem heutigen Staat Mongolei. Es wurde 1586 von Abadai Khan (1554–88; Kat.-Nr. 413) in unmittelbarer Nähe der Überreste der alten Reichshauptstadt Karakorum (s. hier S. 126 ff.) gegründet.

Wie kein anderes Kloster verkörpert Erdeni Ĵoo das Wesen des mongolischen Buddhismus: seine tibetische Prägung und seine mongolischen Besonderheiten. Erdeni Ĵoo ist, wie jedes buddhistische Kloster, ein Ort, der Buddha, Lehre und geistliche Gemeinde repräsentiert. Seine Gebäude, Bilder und Bücher verdeutlichen die drei Fahrzeuge, welcher sich die Menschen bedienen können, um zur Befreiung vom Leiden zu gelangen: das Kleine Fahrzeug, das Große Fahrzeug und das Tantra- oder Vajra-Fahrzeug.[1] In Tibet und in der Mongolei wurden diese drei indischen Heilssysteme den Bedingungen der Kultur und Gesellschaft dieser Länder angepasst. Lokale Gottheiten und Kulte wurden integriert, Lehre, Verwaltung, Sozial- und Wirtschaftsordnung in eigenen Formen ausgestaltet und eigene Stile in der Kunst, Architektur und im Schrifttum entwickelt. Erdeni Ĵoo ist ein Beispiel für diesen Prozess.

Doch nicht nur als religiöse Institution ist Erdeni Ĵoo typisch mongolisch, sondern auch als Symbol einer politisch-ideologischen Vorstellung: der Vorstellung, dass die Identität der Mongolen auf zwei Pfeilern ruht, auf Činggis Khan und Buddha. Es ist sicherlich kein Zufall, dass Abadai Khan, der ein direkter Nachfahre Činggis Khans war, als Baugrund für Erdeni Ĵoo einen Platz neben der von Činggis Khan gegründeten Hauptstadt Karakorum bestimmt hat. Das Kloster selbst ist nach Buddha benannt, denn mit Erdeni Ĵoo, »Kostbarer Herr«, ist der Herr (Ĵoo) Buddha gemeint, der historische Buddha Śākyamuni. Das Kloster des »Kostbaren Herrn« wurde schon bald zum zentralen Ort, an welchem die Fürsten der Nordmongolei der Religion des Buddha in Gestalt des höchsten buddhistischen Geistlichen, des rJe-btsun-dam-pa Qutuɣtu (neumong.), in einer besonderen Zeremonie ihre Reverenz erwiesen. Dadurch festigten sie immer wieder aufs Neue die enge Verbindung zwischen den beiden Ordnungen der weltlichen und der geistlichen Dinge: der von Činggis Khan begründeten staatlichen Ordnung und der von Buddha begründeten religiösen Ordnung.

Die Gründung von Erdeni Ĵoo ist eng verbunden mit dem folgenreichen Treffen des Altan Khan (1507–82) vom südmongolischen Stamm der Tümed und dem dritten Dalai Lama bSod-nams-rgya-mtsho (1543–88), dem höchsten Repräsentanten der dGe-lugs-pa-Schulrichtung des tibetischen Buddhismus. Das zwischen Altan Khan und dem Dalai Lama im Jahr 1578 geschlossene Bündnis führte zu einer Missionierung der Süd- und Ostmongolen durch die dGe-lugs-pa. Die Kunde hiervon drang sehr schnell in die Nordmongolei und veranlasste den Fürsten Abadai, 1586 bei Karakorum mit dem Bau eines Tempels zu beginnen. Bereits 1587 wurde der neue Tempel geweiht. Abadai Khans Hoffnung, der Dalai Lama werde persönlich kommen, um die Weihe zu vollziehen, ging nicht in Erfüllung. Der Dalai Lama sandte vielmehr als seinen Vertreter den Sa-skya-pa-Lama Blo-gros-snying-po. Der Tempel und mit ihm das spätere Kloster erhielt den Namen »Fester Kostbarer Herr«, Batu Erdeni Ĵoo.

Die Entsendung eines Sa-skya-pa-Lamas als Vertreter des höchsten dGe-lugs-pa-Hierarchen war nicht zufällig. Für seine Reise in die Mongolei hatte der Dalai Lama offenbar bewusst Sa-skya-pa-Mönche in sein Gefolge aufgenommen, denn die Sa-skya-pa waren im 13. und 14. Jahrhundert als Mongolenmissionare die Vorgänger der dGe-lugs-pa gewesen, die es damals ja noch gar nicht gab. Der Dalai Lama konnte davon ausgehen, dass die Mongolen des 16. Jahrhunderts sich noch immer an die alten Zeiten erinnerten und dass die Sa-skya-pa deshalb hervorragend geeignet waren, den neuen dGe-lugs-pa-Missionaren die Tür zur Mongolei zu öffnen. Aus dieser Politik des Dalai Lama erklärt sich wohl auch, dass die ersten – meist tibetischen – Mönche von Erdeni Ĵoo nicht zu den dGe-lugs-pa, sondern zu den älteren Sa-skya-pa gehörten. Zu einem dGe-lugs-pa-Kloster wurde Erdeni Ĵoo erst im 18. Jahrhundert.

Schon bald nach der Weihe des ersten Tempels, des »Mittleren Ĵoo« (Ɣol Ĵoo), begann der Ausbau des Klosters. Abadai Khan selbst verfügte noch die Errichtung des Tempels »Westlicher Ĵoo« (Baraɣun Ĵoo), um den sich nach Abadais Tod im Jahre 1588 sein Sohn und Nachfolger Eriyekei Mergen Khan und dessen Gemahlin Sün Tayiqu kümmerten. Der Tempel Östlicher ǰoo (ǰegün ǰoo) wurde von Eriyekei Mergen Khans Sohn und Nachfolger Tüsiyetü Khan Gombodorǰi und dessen Frau Qangdoǰamčo erbaut. Ihnen folgten im Laufe der nächsten zwei Jahrhunderte viele weitere Gabenspender. Immer wieder wurden neue Tempel errichtet und natürlich auch Stūpas, die in keinem buddhistischen Kloster fehlen dürfen. Der größte Stūpa von Erdeni ǰoo ist der 15 Meter hohe Goldene Stūpa (Altan Suburγa) aus dem Jahr 1799, der von acht kleineren Stūpas umgeben ist. Geradezu das Charakteristikum von Erdeni ǰoo sind jedoch die 100 Stūpas, die in die etwa anderthalb Kilometer lange Außenmauer des Klosters eingefügt sind.

Im Laufe der Zeit mussten Tempel, Stūpas und Mauern immer wieder ausgebessert werden. Einige wurden wegen ihres schlechten Erhaltungszustands abgerissen und durch neue ersetzt. 1870 soll es in Erdeni ǰoo 62 Tempel gegeben haben.

Schon bald nach seiner Gründung wurde Erdeni ǰoo zum zentralen Kloster der Qalqa-Mongolei. Als besonders wichtig für seine Bedeutung sollte sich erweisen, dass ganz in der Nähe der erste dGe-lugs-pa-Großlama der Nordmongolei geboren wurde, der erste rJe-btsun-dam-pa Qutuγtu Öndör Gegen ǰanabaǰar (1635–1723). Bezeichnenderweise war ǰanabaǰar ein Urenkel des Abadai Khan. Denn wer konnte in den Augen der Lamas, denen die Wahl des Kindes oblag, und in den Augen der Fürsten für das Amt der höchsten geistlichen Autorität besser geeignet sein als ein Nachkomme jenes Mannes, welcher der neuen Glaubensrichtung der dGe-lugs-pa in der Nordmongolei den Weg bereitet hatte? ǰanabaǰar erwies sich in jeder Beziehung als ein Glücksfall, als Politiker, Gelehrter und begnadeter Künstler. Schon bald wurde er von den versammelten Fürsten der Nordmongolei zum höchsten Geistlichen des Landes ausgerufen. 1653 vollzogen sie in Erdeni ǰoo für den zwölfjährigen rJe-btsun-dam-pa die Zeremonie »Festes Verweilen«. In dieser Zeremonie werden hohe Lamas, aber auch weltliche Herrscher, die als Verkörperungen einer Gottheit gelten, gebeten, möglichst lange zum Nutzen der Lehre und der Lebewesen fest in der Welt zu verweilen. Schon 1657 wurde das »Feste Verweilen« als Akt der Anerkennung des rJe-btsun-dam-pa wiederholt. Zugleich wurden in Erdeni ǰoo zwei für das Leben der buddhistischen Klöster wichtige Feste gefeiert: das Große Wunschgebet und die Prozession zu Ehren des zukünftigen Buddha Maitreya (Kat.-Nr. 414). Auch der tägliche Dienst an den zornvollen Gottheiten, v.a. an mGon-po Gur, der Schutzgottheit von Erdeni ǰoo, sowie die tägliche Lesung des *Ganjur* (tib. *bKa'-'gyur*), der 108-bändigen Sammlung der Buddha-Worte, wurden eingerichtet. Über die Bedeutung des »Festen Verweilens« von 1657 heißt es in der *Geschichte von Erdeni ǰoo* aus dem Beginn des 19. Jahrhunderts: »Fürsten und Beamte, Geistliche und Laien, sie

1  Tuvchun Chijd, das »Meditationshaus« (tuvchun; tib. 'grub-khang) des ǰanabaǰar in einem Seitental des Orchon, 40 Kilometer südwestlich von Erdeni ǰoo, Aufnahme von 1937. Die drei Stūpas sind nach dem Vorbild der Bodhi-Stūpa (tib. *byang-chub mchod-rten*) aus Holz gebaut; nur die Kuppel ist mit Blechen verkleidet.

alle hörten den Dharma. Daraufhin verbreiteten sich von Erdeni ǰoo aus nach und nach die Dharma-Lehren von der Höchsten Wahrheit im ganzen Qalqa-Gebiet. Viele Klöster wurden gebaut, und der kostbare Dharma verbreitete sich immer mehr.«[2]

Auch später wurden in Erdeni ǰoo die rJe-btsun-dam-pa Qutuγtus immer wieder aufs Neue um »Festes Verweilen« gebeten. Die Bedeutung von Erdeni ǰoo als religiöser Mittelpunkt der Qalqa-Mongolei ging allerdings mehr und mehr zurück, je bedeutender der Rang des Residenzklosters des rJe-btsun-dam-pa Qutuγtu wurde. Der Palast (Örgöö, russ. Urga) des rJe-btsun-dam-pa war eine Zeltstadt, die im Laufe der Zeit vom Tal des Orchon, in dem auch Erdeni ǰoo liegt, nach Osten nomadisierte, bis sie 1778 den Ort der heutigen Hauptstadt Ulaanbaatar erreichte. Dort wurden schon bald weitere Klöster gebaut. Die religiöse Bedeutung der neuen Stadt wurde so groß, dass Erdeni ǰoo ins zweite Glied treten musste.

1937 wurde Erdeni ǰoo von kommunistischen Sturmtruppen weit gehend zerstört, doch ab 1940 als staatlich geschütztes Kulturdenkmal teilweise wieder aufgebaut. Seit 1965 ist Erdeni ǰoo Museum. Nur der 1784 in tibetischem Stil errichtete Labrang (tib. Bla-brang; Lama-Palast) dient heute wieder kultischen Zwecken.

2 Erdeni Ǯoo: Innenansicht des Mittleren Ǯoo-Tempels (Γol Ǯoo), 2003. Hinter dem Altar der Buddha Śākyamuni, flankiert von seinen Jüngern Śāriputra und Maudgalyāyana, davor ein Paar, das Sonne und Mond repräsentiert.

Den ersten Platz unter den Tempeln, mit denen das Kloster den Gläubigen die Heilsmittel des Buddhismus anbietet, nehmen die »Drei Herren« (Γurban Ǯoo) ein, die Heiligtümer des Herrn (Ǯoo) Śākyamuni, des Buddhas unseres gegenwärtigen Weltzeitalters. Die große Statue des Śākyamuni hinter dem Altar wird jeweils von zwei anderen Heilsbringern flankiert. Im Mittleren Ǯoo (Γol Ǯoo) sind es Buddha Amitābha (Unermessliches Licht) und Buddha Bhaiṣajyaguru (Lehrer der Medizin). Licht und Medizin sind unerlässlich für ein langes Leben, nach dem jeder Mensch streben muss, um die Lehre des Buddha besonders lange nutzen zu können. Im Westlichen Ǯoo (Barayun Ǯoo) ist Śākyamuni zwischen seinen Vorgänger Kāśyapa und seinen Nachfolger Maitreya gestellt, um zu zeigen, dass es immer Buddhas gab, gibt und auch in Zukunft geben wird. Śākyamunis Gefährten im Östlichen Ǯoo (Ǯegün Ǯoo) sind der Bodhisattva Avalokiteśvara und Tsong-kha-pa, der Begründer der dGe-

lugs-pa-Schulrichtung, dessen Nachfolger, die Dalai Lamas, irdische Verkörperungen des Avalokiteśvara sind. Von all den Qualitäten Buddhas ist das sich in Avalokiteśvara manifestierende Mitgefühl mit allen lebenden Wesen die wichtigste.

Zusammen mit den Drei Ǯoo konnten dank mehrfacher Erneuerung v. a. folgende Tempel ihre ursprüngliche Form bewahren: Der Tempel des Dalai Lama, der dem fünften Dalai Lama (1617–80) und seinen früheren Existenzen gewidmet ist; der Tempel des Camba (tib. Tshangs-pa; sanskr. Brahmā), eines der »schrecklichen Henker« in der Gruppe der Religionsschützer-Gottheiten (Dharmapāla); der Tempel des Amitāyus, des Buddha der unermesslichen Lebenszeit; der Tempel des Mañjuśrī, des Bodhisattvas des Wissens; der Blaue Tempel; der Tempel in tibetischem Stil (Labrang). Erhalten geblieben sind auch viele Stūpas, so die Stūpas auf der Außenmauer, der 15 Meter hohe Goldene

Stūpa und die acht ihn umgebenden kleineren Stūpas. Auch drei Grabmale, die den Rang von Stūpas haben, sind unversehrt. In ihnen sind der Klostergründer Abadai Khan, sein Sohn Eriyekei Mergen Khan und die Mutter des Öndör Gegen Janabajar, die Fürstin Qangdojamčo, beigesetzt. Das Grabmal der Fürstin wurde allerdings außerhalb des Klosters errichtet, denn eine Frau darf sich nicht über Nacht im Kloster aufhalten.

All diese Heiligtümer sind durch ihre Bilder und Symbole ein »Feld der Versammlung« (Kat.-Nr. 387), auf dem der Gläubige Verdienste und Weisheit gewinnen kann, welche ihm die Erlösung bringende Erkenntnis vermitteln. Durch sie erlangt er Zugang zu den drei Heilssystemen, dem Kleinen Fahrzeug, dem Großen Fahrzeug und dem Tantra- oder Vajra-Fahrzeug. Dem Kleinen Fahrzeug begegnet der Gläubige in den Buddhas Śākyamuni, Kāśyapa und Maitreya sowie in den 16 Ältesten, den Schülern Buddhas, die seine Lehre in die ganze Welt getragen haben. Das Große Fahrzeug ist vertreten durch die Tausend Buddhas des Goldenen Zeitalters und durch Bodhisattvas wie Avalokiteśvara, Mañjuśrī, Vajrapāṇi und die Grüne Tārā. Das Vajra-Fahrzeug, das höchste und wirksamste von allen, findet der Gläubige im Urbuddha Vajradhara und seinen Emanationen Ratnasambhava und Vajrasattva, aber auch in Lamas wie Padmasambhava und Mi-la-ras-pa und in 'Phags-pa, Tsong-kha-pa und dem Öndör Gegen Janabajar. Zum Tantra-Fahrzeug gehören auch die Leitgottheiten Vajrabhairava-Yamāntaka und Kālacakra, die Vajra-Ḍākinī und die Schutzgottheiten Śrīdevī und mGon-po Gur, der göttliche Patron von Erdeni Joo. Und über dem Haupttempel des Klosters, dem Mittleren Joo, leuchtet in Kreuzesform der Vajra, das Zeichen des Vajra-Fahrzeugs und Symbol des Vajraträgers Vajrapāṇi, des Schutzgottes der Mongolen.

1  Zu den drei Fahrzeugen siehe den Beitrag von Klaus Sagaster zur buddhistischen Lehre in diesem Katalog.

2  »Erdeni Joo-yin teüke 15 b«, Faksimile in: CENDINA 1999, S. 210.

Literatur: CENDINA 1999; POZDNEEV 1896, S. 426–459

3  Erdeni Joo: Aufsicht und Ansicht des »Goldenen Stūpa« von Nordwesten. Der zentrale Bodhi-Stūpa ist umgeben von vier großen und vier kleineren Stūpas. Die Ausrichtung nach Südosten ist betont durch einen Schrein, zwei Inschriftentafeln unter Schutzdächern und den vorgeschobenen Vijaya-Stūpa (tib. *rnam-rgyal mchod-rten*), der an die Wundertaten des Buddha in Vaiśālī erinnert. Bauaufnahme Andreas Brandt und Niels Gutschow, August 2001, Zeichnung Anil Basukala

NIELS GUTSCHOW UND ANDREAS BRANDT

# Die Baugeschichte der Klosteranlage von Erdeni J̌oo (Erdenezuu)

Als der Qalqa-Fürst Abadai Khan am 15. Tag des 5. Monats des 14. Jahres der Regierungszeit des Kaisers Shenzong (Regierungsperiode Wanli, 1573–1620), d. h. im Sommer des Jahres 1586 n. Chr., das Kloster gründete, entschied er sich für einen Ort im Orchontal im Herzen der Mongolei. In den eineinhalbtausend Jahren zuvor war es in dieser heili-

1 Erdeni J̌oo im Jahr 1891. Lageplan der Klosteranlage, rekonstruiert nach der Kartierung und Photos von Wilhelm Radloff (1891), Photos von 1937 und einem Luftbild von 1975, auf der Grundlage des Aufmaßes von Brandt/Gutschow vom August 2001. Zeichnung Andreas Brandt

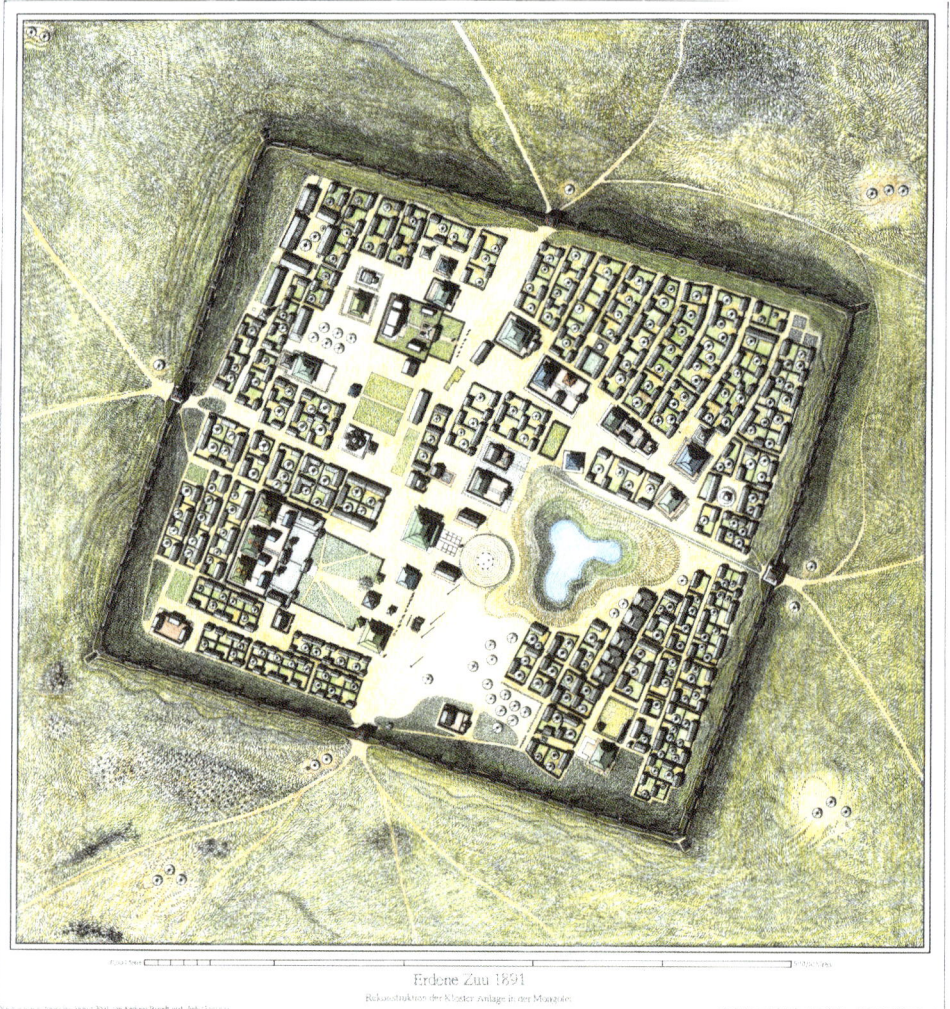

Erdene Zuu 1891.
Rekonstruktion der Kloster-Anlage in der Mongolei.

gen Landschaft immer wieder zu Gründungen gekommen, die mit der Kontinuität des Ortes sicher auch die Legitimation der Herrschaft suchten.

Abadai Khan ließ fast 700 Meter südlich des Palastes des Ögedei und deutlich jenseits der Grenzen der Stadt Karakorum des 13. Jahrhunderts eine Terrasse aufschütten, auf der chinesische Zimmerleute innerhalb eines Jahres den ersten Tempel des Klosters im nordchinesischen Stil errichteten. Es lässt sich nur vermuten, dass es bereits zu dieser Zeit das heute noch erkennbare große unregelmäßige Geviert der gesamten Anlage mit den Ausmaßen von 464 (bzw. 460) mal 417 (bzw. 406) Metern gab. Möglich erscheint, dass die Nachfolger des Biligtü Khan (1338–78, Sohn des letzten Großkhans Toyon Temür) hier, umgeben von einem Erdwall, zu Beginn des 15. Jahrhunderts residierten. Erste Sondierungen durch den Archäologen Dovdoi Bajar im August 2003 ergaben jedoch keine Hinweise auf feste Siedlungsstrukturen. Ende des 16. Jahrhunderts war das alte Karakorum sicher längst unter der Grasnarbe der Steppe verschwunden. Nur einige wenige Mühlsteine aus Granit wurden in den Tempeln als Fundamente der 6 Meter messenden Säulen aus Holz wiederverwendet.

Man muss annehmen, dass die obere Terrasse des Tempelkomplexes in den Ausmaßen von 74 mal 35 Metern von Anfang an entsprechend einer Anlage von drei Tempeln ausgelegt war. Die beiden dem ersten Tempel nachfolgenden Bauten sind zwar nicht datiert, es lässt sich aber annehmen, dass sie bis etwa 1630 fertiggestellt waren. Spärlich sind konkrete Nachrichten über die weitere Entwicklung von Erdeni J̌oo, doch wird das Geviert bereits um die Mitte des Jahrhunderts erwähnt, als für Öndör Gegen J̌anabaǰar (Zanabazar) die Zeremonie »Festes Verweilen« veranstaltet wurde und um die drei Tempel herum eine kleine Zeltstadt entstanden war, die Mönche, Verwalter und Repräsentanten aus allen Gegenden der Mongolei beherbergte. J̌anabaǰar wurde von seinem Bruder Čaqundorji zu diesem Anlass ein prächtiges Palastzelt gebaut mit einem Durchmesser von 15,80 Metern, dessen Fundamente noch heute zu sehen sind. Čaqundorji hatte zudem nach seiner Rückkehr aus Tibet einen Tempel bauen lassen, den er dem Dalai Lama widmete – flankiert von zwei Pavillons mit Gebetsmühlen. Zu dieser Zeit entstanden auch die beiden ersten Stūpas auf der unteren Tempelterrasse, errichtet in Gedenken und zum Wohlergehen der Gründer der Anlage, Abadai Khan und dessen Enkel Ŧombodorĵi, dem Vater des Öndör Gegen. Die zweistufige Bauform erinnert an ähnliche Votivbauten in Bhutan. Alle weiteren Stūpas im Bereich von Erdeni Ĵoo folgen Vorbildern und Proportionsvorgaben aus Tibet.

Für die Zeit um 1680 sind zudem Nachrichten über die Errichtung von Stūpas in den vier Ecken der großen Mauer (mong. *kerem*) überliefert. Unklar bleibt, ob es sich dabei tatsächlich um eine Ziegelmauer auf der aus dem 15. Jahrhundert erhaltenen, inzwischen abgeflachten Erdwelle handelte oder um eine Mauer aus großen Lehmziegeln. Die heutige Mauer mit Toren, die die Anlage nach den vier Weltgegenden ausrichten, und mit dem Besatz von insgesamt 100 Stūpas ist in der überlieferten Gestalt sicher erst zu Beginn des 19. Jahrhunderts entstanden. Tafeln erinnern an die verschiedenen Stifter der Stūpas, was darauf schließen lässt, dass diese nicht in einer zusammenhängenden Baumaßnahme errichtet wurden. Deswegen wurde auch die offenbar intendierte, Glück und Schutz verheißende Zahl 108 nie erreicht. Bis in die 1990er Jahre hinein wurden einzelne Mauerabschnitte und Stūpas immer wieder erneuert.

Chroniken des 19. Jahrhunderts berichten von einer Aufgabe der Klosteranlage zum Ende des 17. Jahrhunderts, doch als der inzwischen 64-jährige Ĵanabajar aus seiner Residenz an diesen Ort zurückkehrte, begann eine neue Blütezeit, die durch die Herrschaft der Mandschus seit 1725 möglicherweise gefördert wurde. Unter chinesischem Einfluss wurde jetzt die zweistufige Terrasse der zentralen Tempelanlage neu gefasst und mit weiteren Bauten und Toren besetzt. Zum Ende des 18. Jahrhunderts wird die zentrale Klosteranlage mit einer hohen Mauer umgeben gewesen sein, die beide Terrassen umfasst. In den Achsen der drei Tempel erlauben drei Tore unterschiedlicher Größe den Zugang. Die untere Terrasse ist von dreiachsigen Hallen flankiert, die sich an die Außenmauern anlehnen. Wandgemälde chinesischer Provenienz präsentieren Themen der Lehre und bereiten den Besucher gewissermaßen auf die Tempel vor. Wenige Stufen erlauben den Aufgang zur oberen Terrasse, die Mittelachse wird deutlich betont durch ein zimmermannsmäßig gefertigtes, frei stehendes, symbolisches Tor, das den Anstieg und die Ankunft markiert. In den Seitenachsen sind es Torgebäude nach dem Vorbild des unteren mittig angelegten Torgebäudes. Die Mittelachse wird zudem dadurch hervorgehoben, dass der Zugang zum ersten, dem Ĵoo Śākyamuni geweihten Tempel von zwei Flügelbauten begleitet wird, die zum Weg hin durch eine Stützenstellung geöffnet waren. Ihre Nutzung kann nicht mehr rekonstruiert werden, doch darf man annehmen, dass hier subsidiäre Schutzgottheiten untergebracht waren oder Verwalter, die für die Erledigung der Wünsche von Besuchern sorgten.

Deutlich wird, dass die durch Achsen, Tore und Nebenbauten gegliederte Anlage sich mit ihrer nahezu bescheidenen Ausstattung an chinesischen Vorbildern orientierte und sich deshalb dem Blick nie vollends öffnete. Dem Besucher wurde weder Überschaubarkeit noch Eindeutigkeit geboten. Ziel des Entwurfs war vielmehr eine über mehrere Achsen hierarchisch gegliederte Vielgestaltigkeit. Die drei Achsen sind gewissermaßen gespiegelt in den drei horizontalen Ebenen: dem Bodenniveau des äußeren Bereichs, der leicht angehobenen unteren Terrasse und der über diese hinaus stark angehobenen oberen Terrasse. Erst die Zerstörungen des Jahres 1937 erlauben die puristische Präsentation der drei Tempel als museale Anlage.

Als der zentrale Tempelkomplex Ende des 18. Jahrhunderts fertiggestellt war, muss das gesamte Geviert mit bis zu 20 größeren und zahlreichen kleineren Tempeln sowie etwa 500 Zelten mit zugehörigen Wirtschafts- und Lagerhäusern innerhalb kleiner, mit Bretterzäunen umgebener Areale

2 Erdeni Ĵoo im Jahr 2001. Lageplan auf der Grundlage des Aufmaßes von Brandt/Gutschow vom August 2001. Zeichnung Andreas Brandt

Erdene Zuu 2001
Lageplan der Kloster-Anlage in der Mongolei

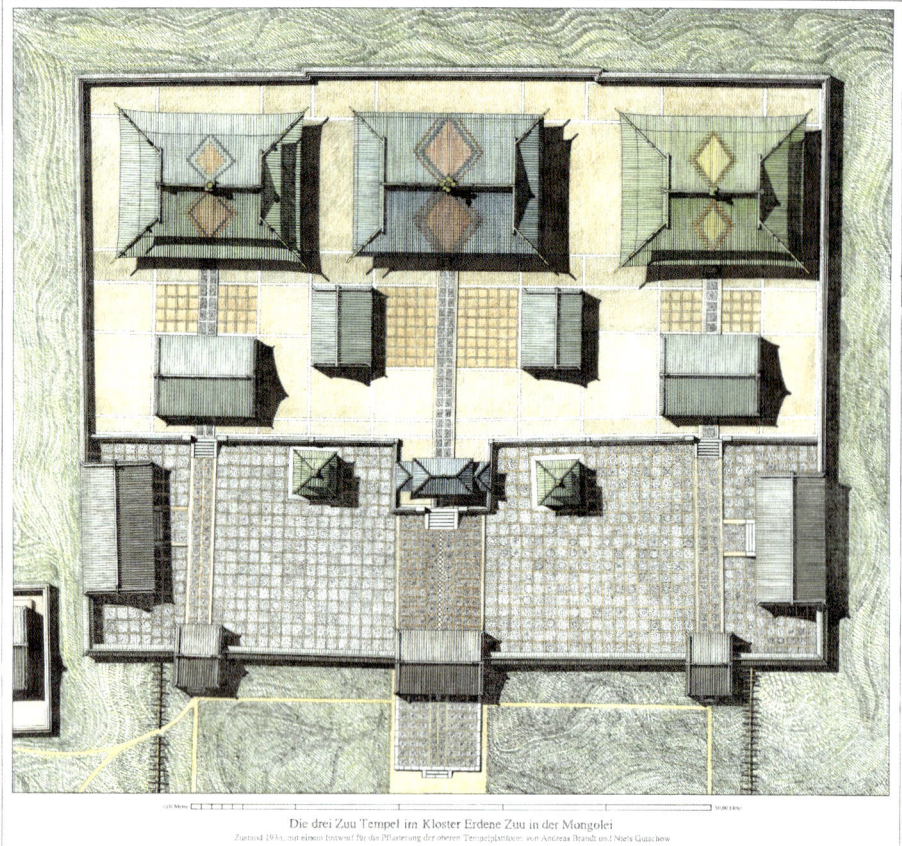

Die drei Zuu Tempel im Kloster Erdene Zuu in der Mongolei

3 Erdeni Joo im Jahr 1936. Rekonstruktion des Lageplans der zentralen Tempelgruppe vor der Zerstörung 1937, auf der Grundlage der Bauaufnahme von Brandt/Gutschow vom August 2001 und Juli 2003, nach Freilegung von Fundamenten auf der oberen Terrasse und der Pflasterung der unteren Terrasse. Zeichnung Andreas Brandt

4 Erdeni Joo. Schnitt durch den Westlichen Tempel (Barayun Joo, um 1595 von Eriyekei Mergen Khan erbaut), mit Śākyamuni auf dem Lotos-Thron, das Dach bekrönt von dem Juwel als Sinnbild der unzerstörbaren Wahrheit. Auf dem Wandbild der Ostwand Szenen aus dem Leben des Buddha. Aufmaß Andreas Brandt, Juli 2003, Zeichnung Bijay Basukala, farbige Fassung Andreas Brandt

den Eindruck einer lebendigen Tempelstadt gemacht haben. Brauchwasser wurde in einem Teich nahe des nordöstlichen Tores gespeichert, der wiederum über einen unterirdischen Kanal von einem großen Reservoir im ehemaligen Karakorum gespeist wurde.

Die Achse des zentralen Bezirks war bereits durch den dem Dalai Lama gewidmeten Tempel aufgewertet. Dann entstand, etwas versetzt, ein einzelner monumentaler Stūpa mit einer Reihe von acht Stūpas tibetischer Art sowie – immer noch in der ideellen Achse des ersten Tempels – Standarten mit den Bannern der vier bedeutenden Verwaltungsbezirke (ayimay) der Mongolei. So standen sich also die »Beiden Ordnungen« (qoyar yosun) in einem engen räumlichen Zusammenhang gegenüber: mit den Tempeln die Lehre des Buddha und mit den Bannern die durch mongolische Fürsten repräsentierte weltliche Macht des Staates. Nur 60 Meter weiter nach Norden wurde 1770 parallel dazu in der Achse des Palastzeltes des Janabajar eine zweite bedeutsame Anlage gebaut mit dem »Großen Versammlungstempel« (mong. čoyčin dukang; tib. tshogs-chen 'dukhang) und dem Platz für die Tsam-Tänze davor (Kat.-Nr. 416), eingerahmt von Flügelbauten. 1937 wurde dieser Komplex völlig zerstört. Im August 2003 konnte der Sockel des Tempels freigelegt und die Stützenstellung rekonstruiert werden. Eine Gruppe von Lamas aus Charchorin, die in einem Zelt divinatorische Leistungen anbieten, haben bereits ein Modell anfertigen lassen und erwarten zuversichtlich den Wiederaufbau des Tempels an der alten Stelle.

1792, acht Jahre nach dem Bau des »Großen Versammlungstempels« wurde, wiederum 150 Meter nach Norden versetzt, der Labrang-Tempel als Residenz des Großlamas der Mongolei errichtet. Die ebenfalls axiale Anlage besteht aus einem lang gestreckten, flach gedeckten Bau mit herausgehobenem Mittelrisalit, Flügelbauten und Tor. Während die gesamte Anlage chinesischen Entwurfsprinzipien folgt, lässt die zweigeschossige Architektur mit flächigen Wandgliederungen tibetische Vorbilder erkennen.

Schließlich gesellt sich zu dieser Gruppe anspruchsvoller Monumentalbauten auf der Ost-West-Achse die Baugruppe des »Goldenen Stūpa« auf einem vielstufigen Podest. In der Mitte befindet sich erhöht ein großer Bodhi-Stūpa (tib. *byang-chub mchod-rten*), der an die Erleuchtung des Buddha in Bodh-Gayā erinnert. Flankiert wird er in den vier Himmelsrichtungen von vier größeren Votivstūpas sowie im Norden und Süden von je zwei weiteren Miniaturstūpas. Die Ausrichtung nach Südosten (im Raumverständnis der Anlage ist Süden gemeint!) wird durch einen von Inschriftentafeln begleiteten Schrein betont und den davor gesetzten Vijaya-Stūpa (tib. *rnam-rgyal mchod-rten*), der an das Wunder der Lebensverlängerung des Buddha in Vaiśālī erinnert.

## Die Architektur der drei Ĵoo-Tempel

Im Grundriss folgen alle drei Tempel demselben Bauprinzip: Zwischen der äußeren und inneren Mauer entsteht ein Wandelpfad, der die Bauwerke umgibt. Die Stützenreihe (chin. *yanzhu*) in der äußeren Mauer trägt das Kraggebälk (*puzuo*) der Traufe des unteren Daches, die Stützen in der inneren Mauer (*jinzhu*) das Traufgebälk des oberen Daches mit dem Dachstuhl. Im Innenraum tragen jeweils zwei Stützen den Riegel, der jedoch nur im ersten, mittleren Tempel (Ĝol Ĵoo) zugleich auch den Raum nach oben abschließt. Mit den Abmessungen ändert sich für die drei Bauten auch das Entwurfsmodul von anfangs 400 mal 350 Zentimetern zu einem Quadrat von 350 Zentimetern Seitenlänge.

Bei den Kulträumen der drei Tempel sind innerhalb von wohl nicht mehr als 40 Jahren ganz unterschiedliche Konzeptionen realisiert worden. Alle folgen jedoch den konstruktiven Vorgaben der seit der Jin-Zeit (1115–1234) üblichen Tailiang-Dachkonstruktion. Dabei ruht der Firstbalken (chin. *zhengji*) mit der Firstpfette (*jituan*) auf einer Zwergsäule (*zhuruzhu*) auf einem Hahnenbalken (*pingliang*), flankiert von Fußwinkelhölzern (*heta*).

Der erste (mittlere) Tempel erscheint durch sein rudimentäres Kraggebälk und den dadurch bedingten geringen

5  Erdeni Ĵoo. Grundriss des Westlichen Tempels (Barayun Ĵoo), Maßstab 1:100. Aufmaß und Zeichnung: Bijay Basukala, August 2003

6  Erdeni Ĵoo. Schnitt durch den Mittleren Tempel (Ĝol Ĵoo, 1586), Maßstab 1:100. Aufmaß und Zeichnung Bijay Basukala, August 2003

7  Erdeni Ĵoo. Schnitt durch den Östlichen Ĵoo-Tempel (Jegün Ĵoo, um 1630), Maßstab 1:100. Aufmaß Niels Gutschow, Zeichnung Bijay Basukala, August 2003

Traufüberstand sowie durch eine massive Mauer eher archaisch und gegenüber den luftigeren, mit vielfachem Kraggebälk ausgestatteten Nachfolgebauten geradezu provinziell. Die Unterbringung eines Obergeschosses mit einem Umgang zog zwingend eine labile Konstruktion nach sich, da die Lastabtragung der äußeren Stützen über Riegel erfolgt, die den Umgang im Erdgeschoss überbrücken. Der Dachraum ist offen, um der mit über 1000 Tathāgatas (kleinen kolorierten Tonfiguren, ehemals vielleicht 1080, in der Mehrzahl Amitābha [sanskr. für »Buddha des unermesslichen Lichtglanzes«]), Fabelwesen und Votivgaben ausgestatteten Welt des Sukhāvatī-Paradieses Raum zu geben. Anlässlich der Wiederherstellung der Bauten zu musealen Zwecken wurde die Konstruktion des Obergeschosses um 1965 teilweise restauriert. Im Frühjahr 2004 wurde dieses Geschoss erneut abgebaut, um die starken Verformungen des Umganges, die offenbar bereits im 18. Jahrhundert aufgetreten waren, zu berichtigen.

Der zweite (westliche, rechte) Tempel (Baraγun Ĵoo) verzichtet auf das Obergeschoss. Stattdessen wird der Kultraum über dem Querriegel um 70 Zentimeter erhöht, ohne dabei die gesamte Höhe bis zum oberen Ende der Stützen auszunutzen. In dieser Zone sind die Wandflächen zurückgesetzt, und die dadurch gebildete Zäsur schafft abgesetzte Bildflächen, auf denen neue Themen dargestellt werden können. Die sich über den gesamten Raum erstreckende Kassettendecke ist in 54 Felder untergliedert, mit der Betonung der ideellen Mitte durch ein Mandala, das aus der Längsachse um ein Feld zum Altar gerückt ist.

Bei dem dritten (östlichen, linken) Tempel (Ĵegün Ĵoo) wurde eine sekundäre Überhöhung des Raumes vermieden. Stattdessen sind die beiden Stützen im Raum von vornherein von 410 auf 500 Zentimeter erhöht. Dadurch wurde die Kassettendecke noch ein wenig weiter hinaufgesetzt, der Raum erscheint nun als große Halle, deren Mitte mit einem Quadrat von vier mal vier Feldern über 2 Meter Höhe in den Dachraum hineingeschoben ist. Durch die Überhöhung des Mittelschiffs entsteht ein ungeahnter Höhepunkt.

8  Erdeni Ĵoo. Ansicht des Westlichen Tempels (Baraγun Ĵoo), Maßstab 1:100. Aufmaß und Zeichnung Bijay Basukala, August 2003

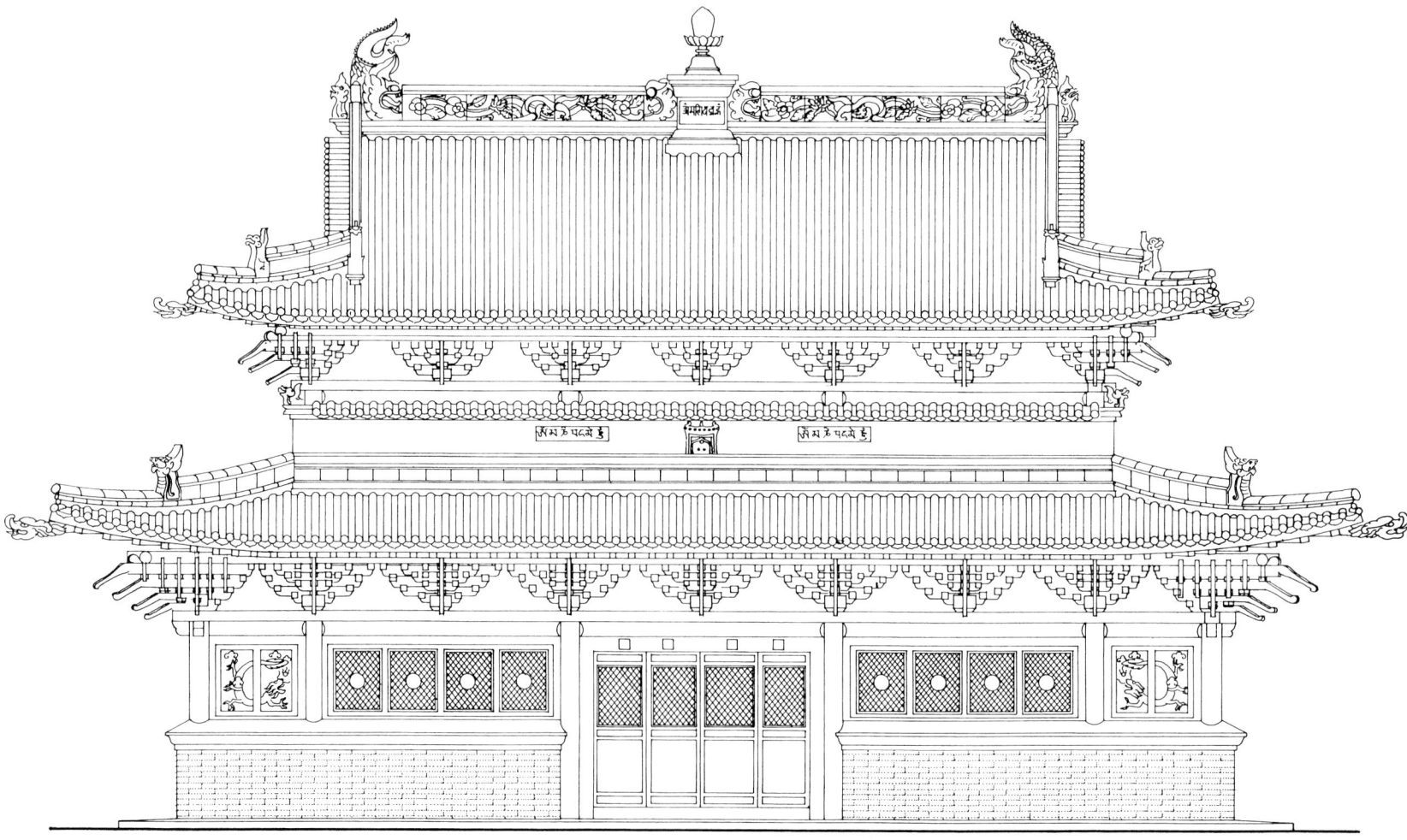

## 386 Anonymer Künstler
## Das Rad der Existenzen

Mongolei, 1997 | Thangka, Mineralfarben
auf Baumwollgewebe, H 128 cm, B 86 cm |
Mongolian Institute for Buddhist Art,
Ulaanbaatar

Das Rad der Existenzen (mong. *sansar-un kürdün*;
tib. *srid-pa'i 'khor-lo*, sanskr. *bhavacakra*) erläutert
die ersten beiden der Vier Wahrheiten, welche der
Buddha im Gazellenhain zu Benares verkündete: die
Wahrheit vom Leiden und die Wahrheit von der Ursache des Leidens. Leiden ist der ununterbrochene
Kreislauf vom Geboren-Werden in immer wieder
neuen Existenzen. Dieses grausame Gesetz wird dadurch symbolisiert, dass das Rad der Existenzen von
einem Ungeheuer gehalten wird. Zwischen den Rad-
speichen werden in fünf Feldern die sechs Bereiche
des Leidens gezeigt: die Höllen und fünf weitere Bereiche, in denen die Lebewesen entweder als Hunger-
geist, als Tier, als Mensch, als Halbgott oder als Gott
wiedergeboren werden. Alle Existenzformen sind
leidvoll, denn sie enden mit Krankheit und Tod.
Auch die Götter, die in Herrlichkeit und Freuden leben, müssen einmal sterben.

Ursache des Leidens sind die negativen Eigenschaften der Lebewesen, die in der Radnabe durch drei
Tiere symbolisiert werden: Schwein, Hahn und
Schlange. Das Schwein bedeutet Unwissenheit, der
Hahn Gier und die Schlange Hass. Die drei Tiere vertreten auch all die anderen negativen Eigenschaften,
welche immer wieder Taten, Karma, verursachen.
Die Taten werden durch Menschen im Nabenkranz
dargestellt: Diejenigen in der schwarzen Hälfte haben schwarzes, schlechtes Karma angesammelt und
fallen in die drei schlechten Existenzbereiche (Höllen, Hungergeister und Tiere); die Menschen in der
weißen Hälfte haben weißes, gutes Karma angesammelt und steigen hinauf in die Bereiche der Menschen, Halbgötter und Götter, die im Vergleich zu
den schlechten Bereichen zwar gut, aber immer noch
leidvoll sind. Denn allen sechs Gruppen der Lebewesen ist eines gemein: Sie sind dem Gesetz von Ursache und Wirkung unterworfen. Dieses Gesetz wird
im äußeren Kranz des Rades durch zwölf Motive
dargestellt, welche im Uhrzeigersinn verdeutlichen,
wie Entstehen, Bestehen und Vergehen in ständiger
Folge voneinander abhängig sind. Ein blinder
Mensch versinnbildlicht das Nichtwissen, welches
verhindert, den Weg zum Nirvāṇa, dem Verwehen
des Leidens, zu finden (1). Das zweite Bild zeigt, wie
ein Töpfer Gefäße herstellt: Aufgrund von Nichtwis-

386

sen kommt es zu neuen unterbewussten Bildkräften (2). Es folgt ein Affe, der von Ast zu Ast springt: Unterbewusste Bildkräfte führen zu einem neuen Bewusstsein (3). Zwei Menschen in einem Boot symbolisieren Namen und Form, die Individualität (4). Ein Haus mit fünf Fenstern und einer Tür verweist auf die »sechs Bereiche«, die fünf Sinne und den Denksinn (5). Ein Liebespaar versinnbildlicht die Berührung (6), ein Mensch, dessen Auge von einem Pfeil getroffen wird, die Empfindung (7). Danach reicht eine Frau ihrem Mann ein Getränk; dies zeigt den Durst, das Begehren (8). Ein Früchte sammelnder Mensch steht für das Ergreifen, welches aus dem Begehren resultiert (9). Ergreifen führt zu neuem Werden in einer jungen Frau (10). Auf das Werden folgt die Geburt (11), auf die Geburt wiederum Alter und Tod: Der Leichnam wird auf einer Bahre weggetragen (12).

Um das »Entstehen in Abhängigkeit« genau zu verstehen, bedarf es ausführlicher Erklärungen. Die Botschaft ist jedoch klar: Nichtwissen führt zu neuer Geburt und zu neuem Tod und damit zu neuem Leiden. Neues Leiden ist nur zu vermeiden, wenn es gelingt, das Nichtwissen zu beseitigen, das Rad der Existenzen, den Kreislauf des Leidens, zum Stillstand zu bringen und dadurch das Verwehen des Leidens, das Nirvāṇa, zu erreichen.

Dass dies möglich ist, hat der Buddha durch sein Beispiel gezeigt. Im Bild des »Rades der Existenzen« steht er in der rechten oberen Ecke und erinnert an die ersten beiden seiner Vier Wahrheiten.   *K. S.*

### 387 Anonymer Künstler
### Das Feld der Ansammlung
Mongolei, 18. Jh. | Thangka, Farbe auf Baumwollgewebe, H 146 cm, B 85 cm | Privatsammlung Tserensodnom

In dieser Darstellung des Feldes der Ansammlung (mong. *čoyšing oron*; tib. *tshogs-zhing*; sanskr. *saṃbhārakṣetra*) werden die dritte und vierte der »Vier Wahrheiten« des Buddha erläutert: die Wahrheit von der Aufhebung des Leidens und vom Weg, der zur Aufhebung des Leidens führt. Hier tritt der Buddha oder, wie in unserem Bild, der mit ihm wesensgleiche Lama in die Mitte der Darstellung. Buddha und Lama sind Sinnbilder der Vollkommenheit. Sie verkörpern alle positiven Eigenschaften, durch welche die das Leid der Existenzen verursachenden negativen Eigenschaften ersetzt werden. Der Lama ist deshalb mit dem Buddha wesensgleich, da auch der Buddha

nichts anderes ist als ein religiöser Lehrer (tib. *blama*; sanskr. *guru*), der den Lebewesen die zur Befreiung vom Leiden führende Lehre, den Dharma, verkündet. Buddha und Lama sind der Beweis, dass Aufhebung des Leidens möglich ist.

Den Weg dorthin symbolisiert das den Lama umgebende Pantheon. Zu ihm gehören alle Wesenheiten, welche höhere geistige Kräfte als gewöhnliche Menschen besitzen und deshalb als Götter bezeichnet werden. Dies gilt auch für Buddhas und Lamas.

Über und neben der Zentralfigur repräsentieren drei Gruppen von Lamas die beiden »Fahrzeuge« Tantrayāna (oben: Padmasambhava, Kat.-Nr. 391; Mi-laras-pa, Kat.-Nr. 392) und Mahāyāna (rechts und links; 'Phags-pa, Kat.-Nr. 393). Die Lamas sind konkrete, zumeist historisch greifbare Erscheinungsformen des Lamas in der Mitte. Dieser hat nur äußerlich die Gestalt eines bestimmten Lamas, des Begründers der »Gelbmützen«-Schulrichtung der dGe-lugs-pa, Tsong-kha-pa (Kat-Nr. 395). In Wirklichkeit ist er die Idealform des religiösen Lehrers, der an seine Schüler die Grundlagen des Dharma weitergibt und deshalb »Wurzel-Lama« genannt wird. Dieser Gedanke kommt auch dadurch zum Ausdruck, dass im Herzen des Wurzel-Lamas Buddha Śākyamuni (Kat.-Nr. 406) abgebildet ist, der Lehrer unseres Zeitalters, und wiederum in dessen Herzen der Buddha Vajradhara (Kat.-Nr. 388), der Träger des Diamantzepters Vajra, welcher die feste und klare Wahrheit der leidlosen Buddhaschaft repräsentiert und deshalb Urbuddha genannt wird. Vajradhara ist die Zentralfigur ganz oben im Bild. Seine Identität mit Śākyamuni und Tsong-kha-pa wird durch den Bodhisattva Mañjuśrī (Kat.-Nr. 403) verdeutlicht, das Symbol der Buddhaqualität des Wissens, der in siebenfacher Wiederholung den Urbuddha mit dem Wurzel-Lama verbindet.

Der Wurzel-Lama thront in der Krone eines Baumes. Es ist der Baum, der alle Wünsche erfüllt und auf dessen Ästen in elf Reihen all die Götter stehen oder sitzen, welche nichts anderes sind als Erscheinungsformen der einzelnen Qualitäten des Lamas. Es sind diese Qualitäten, die der Gläubige seinen individuellen Bedürfnissen und Fähigkeiten entsprechend nutzen soll, um den Weg zur Befreiung vom Leiden zu gehen. Dieser Weg besteht im Vertrauen auf Buddha, die Lehre und die geistliche Gemeinde – Buddha, Dharma, Saṅgha – und eröffnet drei Möglichkeiten, die allerdings miteinander kombiniert werden können: die des Tantra- oder Vajrafahrzeugs (Tantrayāna/Vajrayāna), des Großen Fahrzeugs (Mahāyāna) und des Kleinen Fahrzeugs (Hīnayāna).

In der ersten und obersten Reihe der Äste des Baumes sitzen große Lamas der tibetisch-mongolischen Tradition. In unserem Bild sind es Tsong-kha-pa (Kat.-Nr. 395) und seine beiden Hauptschüler mKhasgrub und rGyal-tshab. In der zweiten bis fünften Reihe sitzen Vertreter der vier Klassen der tantrischen Leitgottheiten (tib. *yi-dam*; Vajrabhairava, Kat.-Nr. 396; Kālacakra, Kat.-Nr. 397). Die sechste Reihe gehört den vollkommen erleuchteten Buddhas (Tausend Buddhas, Kat.-Nr. 398; Amitāyus, Kat.-Nr. 399; Maitreya, Kat.-Nr. 400, 401), die siebente den Bodhisattvas (Avalokiteśvara, Kat.-Nr. 402; Mañjuśrī, Kat.-Nr. 403; Vajrapāṇi, Kat.-Nr. 404), die achte den Pratyekabuddhas, welche die Erleuchtung nur für sich selbst suchen. Die neunte Reihe wird von den Sechzehn Ältesten (Kat.-Nr. 406) eingenommen, den Vertretern der Hīnayāna-Heiligen oder Arhat, und die zehnte Reihe von den tantrischen Meditationsgottheiten, den Ḍā-kinīs und Ḍākas (Vajra-Ḍākinī, Kat.-Nr. 407). Auf der untersten, elften Reihe der Äste thronen die Beschützer der Religion, die Dharmapālas (mGon-po Gur, Kat.-Nr. 408; Śrīdevī, Kat.-Nr. 409).

Den Drei Fahrzeugen werden die elf Gruppen folgendermaßen zugeordnet:

Zum Tantrayāna gehören die Leitgottheiten, die Meditationsgottheiten und die Beschützer der Religion. Zum Mahāyāna gehören die vollkommen erleuchteten Buddhas und die Bodhisattvas. Zum Hīnayāna gehören die Pratyekabuddhas und die Arhats.

Unter den Wolken, die den heiligen Bereich der Götter umfassen, stehen als Wächter die Vier Weltenhüter (Lokapāla; Kat.-Nr. 410) oder Großkönige (Mahārāja; Kat.-Nr. 406). Rechts unten im Bild bringt ein Mönch Opfergaben dar. Und hier finden wir nun endlich die Erklärung für den zunächst merkwürdig klingenden Begriff »Feld der Ansammlung«, als das eine solche Komposition bezeichnet wird.

Der Mönch ist der Schüler des Wurzel-Lamas. Durch seine Opfer will er als Gegengabe all die Qualitäten gewinnen, welche sich im Lama und dem gesamten Pantheon verkörpert finden. Durch die Opfer sammelt der Mönch Verdienste, und durch die Meditation über die Bedeutung der Opfergaben gewinnt er Erkenntnis. Verdienste und Erkenntnis sind die »Beiden Ansammlungen«, welche zur Beseitigung der negativen Qualitäten und zum Erwerb der positiven Qualitäten und somit zur vollkommenen Befreiung vom Leiden, zur Buddhaschaft, führen. Die Versammlung der Götter, denen die Opfer dargebracht werden, ist das Feld, auf dem die Ansammlung von Verdienst und Erkenntnis möglich wird. Die Figur in den Händen des Mönches, ein so genanntes Reismaṇḍala, symbolisiert die Welt und damit den psychischen Weg von der tiefsten Hölle bis zum Bereich der höchsten Götter, von dem aus man die Erlösung erreicht. Dieselbe Bedeutung hat als Weltachse der weiter links abgebildete Meru-Berg. Die fünf Gegenstände auf dem Opfertisch – Spiegel, Musikinstrument, Schneckenschale mit Duftwasser, Früchte und Seidentücher – symbolisieren die fünf Sinne und damit das Leben als Mensch, welches man nutzen soll, denn es ist im Kreislauf der Existenzen schwer zu gewinnen und leicht zu verlieren. Wie wichtig dieser Gedanke ist, wird durch die fünf Opfergöttinnen gezeigt, welche ebenfalls die Symbole der fünf Sinne in ihren Händen halten und ans Ziel bringen. Der Mönch opfert aber auch die Acht Glückszeichen (Kat.-Nr. 419a) und die Sieben Kostbarkeiten der Königsherrschaft (Kat.-Nr. 419b), um sich der Fülle von Werten bewusst zu werden, die für seinen Weg notwendig sind: Verbreitung der Religion, Schutz vor Gefahren, Glück, Reinheit, Glaube, Ausdauer, Meditation u. v. a. m.

Der opfernde Mönch ist schließlich niemand anderes als der Gläubige, der über das Bild meditiert oder in den Tempel tritt, in dessen Zentrum, vom ganzen Pantheon umgeben, der Buddha oder Lama thront.

*K. S.*

### 388 Schule des Zanabazar
**Vajradhara**

Mongolei, 18. Jh. | Kupfer, vergoldet,
H 21 cm, B 14 cm, T 11 cm | Klostermuseum Erdenezuu, Provinz Övörchangaj |
Inv.-Nr. 65-03

Vajradhara (mong. Včir dar-a/Očir bariɣči; tib. rDo-rje-'chang), der »Vajrahalter«, ist die höchste Gottheit des Tantrayāna. Er symbolisiert die Kraft der Buddhaschaft. Deshalb sind alle Buddhas und die mit ihnen wesensgleichen Lamas mit ihm identisch (vgl. Das Feld der Ansammlung, Kat.-Nr. 387). Von Vajradhara, dem Symbol des Absoluten, gehen alle Erscheinungen aus und kehren, da sie letztlich »leer« sind, in ihn zurück. Um die Vielheit der Phänomene, aus denen der ganze Kosmos besteht, besser verständlich zu machen, werden sie in fünf Gruppen eingeteilt, die jeweils von einer bestimmten Buddhamanifestation, den Fünf Buddhas, angeführt und den fünf Richtungen Zentrum, Osten, Süden, Westen und Norden zugeordnet werden. So ist Ratnasambhava

387

(Kat.-Nr. 389) der Buddha des Südens und Amitābha der Buddha des Westens.

Vajradhara sitzt mit in Vajrahaltung gekreuzten Beinen auf dem Vajrathron. In den Händen hält er Vajra und Glocke, und mit den Armen umfasst er seine Partnerin Vajradhātvīśvarī, welche wie die Glocke das weibliche Prinzip darstellt.  *K. S.*

### 389  Gombodorž Zanabazar
(1635 – 1724)
**Ratnasambhava**
Mongolei, 17. Jh. | Bronze, vergoldet,
H 70 cm, 45 cm, T 45 cm | Choijin Lama
Tempelmuseum, Ulaanbaatar |
Inv.-Nr. 02/237, 62/272

Ratnasambhava (mong. Erdeni yarqu-yin oron; tib. Rin-chen 'byung-ldan), der »Juwelenspender«, zählt zur Gruppe der Fünf Buddhas (vgl. Vajradhara, Kat.-Nr. 388) und repräsentiert die Himmelsrichtung Süden. Wie die anderen Buddhas sitzt er in der Vajrahaltung auf dem Vajrathron. Mit der rechten Hand vollzieht er die Geste der Wunschgewährung. In der linken, welche in Meditationshaltung auf dem Schoß

liegt, hält er den Wunschedelstein, der hier dreiteilig ist und die Drei Juwelen Buddha, Lehre und Gemeinde symbolisiert.  *K. S.*

### 390  Gombodorž Zanabazar
(1635–1724)
**Vajrasattva**
Mongolei, 17. Jh. | Bronze, vergoldet,
H 76 cm, B 50 cm, T 30 cm | Choijin Lama
Tempelmuseum, Ulaanbaatar |
Inv.-Nr. 02/010, 7/259

Die Vorstellung von den fünf Buddhas, welche auf die fünf Richtungen bezogene Manifestationen des Urbuddha sind, wird durch die Auffassung ergänzt, dass auch dem Urbuddha Vajradhara (Kat.-Nr. 388) eine Himmelsrichtung zugeordnet werden muss. Diese musste natürlich der Zenit, also oben, sein. Zum Zenit gehört der Nadir, welchem konsequenterweise ebenfalls ein Buddha zugeordnet wird. Es ist Vajrasattva (mong. Bajar saduva; tib. rDo-rje-sems-dpa'), »dessen Wesen der Vajra ist«. Die Statue zeigt ihn ohne seine Partnerin. Er sitzt in Vajrahaltung. Wie Vajradhara hält er Vajra und Glocke in seinen Händen.  *K. S.*

### 391  Anonymer Künstler
**Padmasambhava**
Mongolei, 17. Jh. | Bronze, H 44 cm, B 34 cm,
T 34 cm | Klostermuseum Erdenezuu,
Provinz Övörchangaj | Inv.-Nr. 65-353

Der indische Tantriker Padmasambhava (mong. Badmajunai/Badmasambau-a; tib. Padma 'byung-gnas), »Der aus dem Lotos Geborene«, gehört zu den Vertretern des Tantrayāna in der Götterversammlung des »Feldes der Ansammlung« (Kat.-Nr. 387). Der Tradition zufolge hat er im 8. Jh. den Tantra-Buddhismus in Tibet eingeführt und durch seine tantrische Kraft die Dämonen überwunden, welche sich dieser Religion entgegenstellten. Er gilt als der Begründer der ältesten der vier Schulen des tibetischen Buddhismus, der rNying-ma-pa, »Schule der alten [Tantras]«. Doch auch bei den anderen Schulen genießt er höchste Verehrung. Padmasambhava trägt die Gelehrtenmütze und hat seine rechte Hand zur Geste der Lehrverkündigung erhoben. In der linken Hand hält er die Vase mit dem Wasser des Lebens und in der linken Armbeuge den »Stuhlbein«-Stab, Khaṭvāṅga, sein Kennzeichen. Die Symbole auf dem Stab sind (von oben) ein Dreizack, ein Totenschädel, der Kopf eines alten und derjenige eines jungen Man-

388

389

390

nes sowie die Vase mit dem Wasser des Lebens. Wie Tsong-kha-pa (Kat.-Nr. 0247) trägt Padmasambhava den Ehrentitel »zweiter Buddha«.   K. S.

### 392   Anonymer Künstler
**Milarepa**
Mongolei, 19. Jh. | Kupfer, geprägt und bemalt, H 18,2 cm, B 15,2 cm, T 12 cm | Zanabazar-Kunstmuseum, Ulaanbaatar | Inv.-Nr. 1514-189

Milarepa (tib. Mi-la-ras-pa; mong. Milarayiba), »Mi-la, der Baumwollgewandete« (1040–1123), ist einer der bekanntesten Vertreter des Tantrayāna und gehört zur zweiten großen Schulrichtung des tibetischen Buddhismus, dem bKa'-brgyud-pa. In seiner Jugend wandte er sich der schwarzen Magie zu, um Rache für das Unrecht zu nehmen, das man seiner Familie zugefügt hat. Um der Hölle zu entgehen, die ihm als Strafe für seine Sünden gewiss gewesen wäre, wandte er sich dem Vajrayāna zu, welches als gefährlicher, aber wirksamer und schneller Weg das einzige Mittel war, der Strafe zu entkommen. Die notwendige Reinigung konnte nur durch strengste Askese erfolgen. Neun Jahre lang meditierte Milarepa einge-

mauert in einer Felsenhöhle. Danach lebte er, nur mit einem Baumwolltuch bekleidet, im südtibetischen Hochgebirge und gab seine Erfahrungen an viele Schüler weiter. Hiervon berichten die Sammlung seiner Lieder und seine Biographie, die zu den berühmtesten Texten der tibetischen Literatur gehören und auch ins Mongolische übersetzt worden sind. Die ausdrucksvolle Figur zeigt den Asketen Milarepa inmitten seiner Berge. Die rechte Hand hat er in der typischen Haltung des Sängers ans Ohr gelegt. In der linken Hand hält er eine mit Blut gefüllte Schädelschale, ein tantrisches Attribut.   K. S.

### 393   'Phags-pa Blo-gros-rgyal-mtshan
**Blatt Nr. 8 aus dem Album der lCang-skya Qutuɣtus**
Mongolei, 2. Hälfte 18. Jh. | Malerei auf Seide, H 51 cm, B 65 cm | Staatliche Museen zu Berlin, Ethnologisches Museum | Inv.-Nr. I D 7524 (08)

Blo-gros-rgyal-mtshan, genannt 'Phags-pa »Der Edle« (1235–80), das Oberhaupt der tibetischen Sa-skya-pa-Schulrichtung, war der einflussreichste buddhistische Mönch am Hofe des Großkhans Qubilai (reg.

1260–94). Es ist im Wesentlichen sein Verdienst, dass sich die Mongolen für die tibetische Form des Buddhismus entschieden. 1260 erhielt er den Rang eines »Reichslehrers« (chin. *guoshi*), und 1270 wurde er zum »Kaiserlichen Lehrer« (chin. *dishi*) ernannt. Als geistlicher Mentor stand 'Phags-pa Lama auch in einem engen persönlichen Verhältnis zu Qubilai Khan. Sein Nachruhm war so groß, dass er zu Beginn der Qing-Dynastie (1644–1911) unter die Präinkarnationen der höchsten Geistlichen des tibetischen Buddhismus am mandschurischen Kaiserhof, die lCang-skya Qutuɣtus, aufgenommen wurde (lCangskya Ngag-dbang-blo-bzang-chos-ldan, Kat.-Nr. 394). Deshalb findet sich sein Bild auch unter den prachtvollen Miniaturen des Berliner Albums der lCangskya Qutuɣtus. Links unter dem Lama thront Qubilai Khan. Der Lama rechts oben soll Red-mda'-pa (1349–1412) sein, einer der wichtigsten Lehrer des Tsong-kha-pa (Kat.-Nr. 395). Red-mda'-pa war wie 'Phags-pa ein Sa-skya-pa-Lama, Tsong-kha-pa war der Begründer der dGe-lugs-pa-Schulrichtung, welcher die lCang-skya Qutuɣtus angehören. Rechts unten ist die zur Gruppe der »Religionsschützer« gehörende »Große Schwarze in Gestalt eines Brahmanen« (Brahmaṇarūpa-Mahākāla) dargestellt. Er soll 'Phagspa in die Lehren der Tantra-Gottheit Hevajra eingeweiht haben, welche rechts oben zu sehen ist.
Jeder Miniatur ist eine Textseite zugeordnet, die in vier Sprachen – tibetisch, mongolisch, mandschurisch und chinesisch – abgefasst ist.   K. S.

391

392

### 394   Der erste lCang-skya Qutuɣtu Ngag-dbang-blo-bzang-chos-ldan
**Blatt Nr. 14 aus dem Album der lCang-skya Qutuɣtus**
Mongolei, 2. Hälfte 18. Jh. | Malerei auf Seide, H 51 cm, B 65 cm | Staatliche Museen zu Berlin, Ethnologisches Museum | Inv.-Nr. I D 7524 (14)

Ngag-dbang-blo-bzang-chos-ldan (1642–1714) wurde in der Nähe von Xining, der Hauptstadt der heutigen chinesischen Provinz Qinghai, geboren. Bereits als kleines Kind wurde er als die Wiederverkörperung eines Mönchs des nahe gelegenen Klosters dGon-lung erkannt, von Grags-pa 'od-zer, dessen Geburtsort das Dorf lCang-skya war. Wie andere Klöster war auch dGon-lung bestrebt, durch die Schaffung von so genannten Inkarnationsreihen seine religiöse, wirtschaftliche und politische Bedeutung zu erhöhen. Das Kloster war hierin besonders

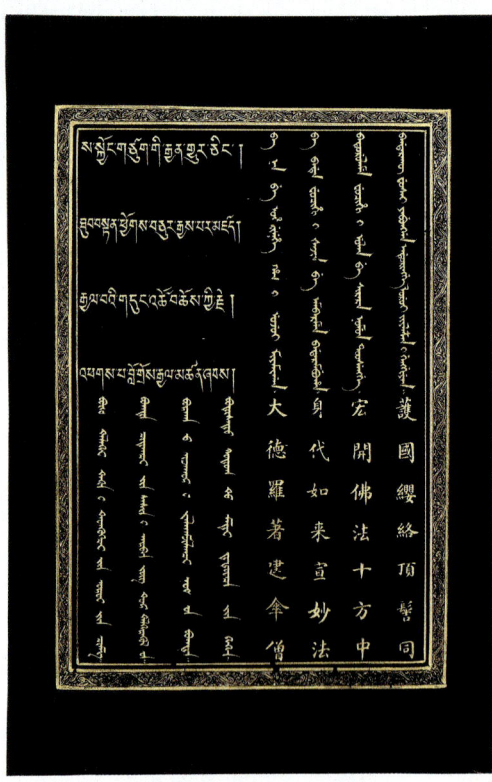

393

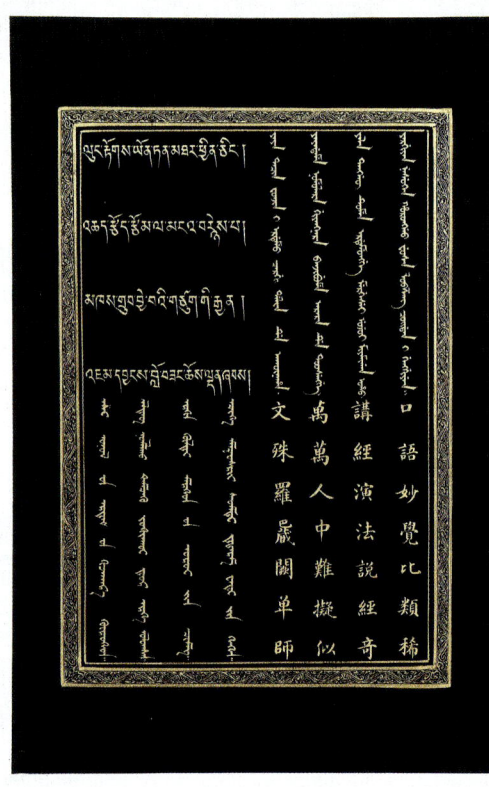

394

erfolgreich, und es wurde die Heimat mehrerer namhafter Inkarnationsreihen. Die berühmteste von ihnen ist die Reihe der lCang-skya Qutuɤtus – Qutuɤtu ist ein hoher mongolischer geistlicher Titel. Der Ruf von den großen Fähigkeiten des Ngag-dbang-blo-bzang-chos-ldan, des späteren ersten lCang-skya Qutuɤtu, erregte die Aufmerksamkeit des Kaisers Shengzu (Regierungsperiode Kangxi, 1662–1722). Dieser war aus religionspolitischen Gründen bemüht, Peking zu einem Zentrum des tibetischen Buddhismus zu machen, von dem aus er die Geschehnisse in Tibet und der Mongolei kontrollieren konnte. 1693 folgte Ngag-dbang-blo-bzang-chos-ldan der Einladung des Kaisers in die chinesische Hauptstadt. Er und seine Nachfolger waren daraufhin die höchsten Vertreter des tibetischen Buddhismus in China (mit Ausnahme von Tibet und der Äußeren Mongolei). Dem ersten lCang-skya Qutuɤtu wurde eine Reinkarnationslinie beigelegt, die sich bis auf einen Schüler des Buddha zurückführt und der auch der berühmte Sa-skya-pa-Hierarch 'Phags-pa (Kat.-Nr. 393) angehört.

Die Miniatur des Berliner Albums zeigt den lCang-skya Qutuɤtu, welchem mongolische Fürsten Gaben darbringen. Links neben dem Lama ist ein Plan von Peking abgebildet. Der Lama links oben ist vermutlich ein namhafter Lehrer des lCang-skya Qutuɤtu, Ngag-dbang-blo-gros-rgya-mtsho (1623–88). Rechts oben ist Cakrasaṃvara dargestellt, die persönliche Leitgottheit (tibet. *yi-dam*) des Qutuɤtu. Unten im Bild reitet die tantrische Schutzgottheit Śrīdevī (Kat.-Nr. 409), welche den Qutuɤtu zum Studium des Cakrasaṃvara-Systems angeregt haben soll. *K. S.*

### 395 Schule des Zanabazar
**Tsong-kha-pa**

Mongolei, 19. Jh. | Bronze, vergoldet, H 20,4 cm, B 14 cm, T 14 cm | Klostermuseum Erdenezuu, Provinz Övörchangaj | Inv.-Nr. 65-58

Tsong-kha-pa Blo-bzang-grags-pa (1359–1419) ist der Begründer der dGe-lugs-pa-Schulrichtung des tibetischen Buddhismus, die seit dem späten 16. Jh. auch in der Mongolei zur führenden religiösen Kraft geworden ist. Wie Padmasambhava (Kat.-Nr. 391) wurde ihm wegen seiner überragenden Bedeutung der Ehrentitel »zweiter Buddha« zuerkannt. Tsong-kha-pa gilt als Verkörperung des Bodhisattva Mañjuśrī (Kat.-Nr. 403), der Manifestation der Buddhaqualität des Wissens. Dementsprechend trägt er, jeweils auf einer Lotosblume, die Attribute des Mañjuśrī: das Schwert, welches die Dunkelheit des Nichtwissens durchschneidet, und das Buch, welches die Essenz der religiösen Texte, der Sūtras und Tantras, enthält. Die beiden Hände zeigen die Geste der Verkündung der Lehre. Auf dem Haupt trägt Tsong-kha-pa die gelbe Mütze eines Gelehrten, eines Paṇḍita, und bekleidet ist er mit den drei Mönchsgewändern. Seine Sitzhaltung ist die Vajra-Sitzhaltung.

K. S.

### 396  Anonymer Künstler
**Vajrabhairava/Yamantaka**
Mongolei, Anfang 20. Jh. | Thangka, Farben auf Baumwollgewebe; Bild: H 155 cm, B 126 cm; mit Montierung: H 337 cm, B 177 cm | Bogd Khan-Palastmuseum, Ulaanbaatar | Inv.-Nr. 2-305

Vajrabhairava (mong. Včir ayuyuluyči; tib. rDo-rje 'jigs-byed), »Der mit dem Vajra Furchterregende«, ist einer der mächtigsten Tantra-Götter und die Leitgottheit (Yidam) der dGe-lugs-pa-Schulrichtung. Er bedroht und besiegt mit dem Vajra alle Feinde, alle Leidenschaften, die die Befreiung vom Leiden verhindern und immer wieder Tod bringen. Vajrabhairava wird deshalb auch Yamāntaka (mong. Yaman-

395

396

daga; tib. gShin-rje-gshed) genannt, »Töter des Yama«, des Totengottes und Herrn der Hölle. Er erscheint in vielen Formen. Das Bild zeigt ihn mit 9 Gesichtern, 34 Armen und 16 Beinen. Das blaue Hauptgesicht ist, wie das des Yama, das eines Büffels. Das oberste, gelbe Gesicht ist das der friedlichen Form des Bodhisattva Mañjuśrī (Kat.-Nr. 403), dessen zornvollen Aspekt Vajrabhairava verkörpert. In den Händen hält er Waffen und andere Symbole, mit denen er die inneren Feinde vernichtet. Diese werden durch Lebewesen dargestellt, welche der Gott mit den Füßen zu Boden tritt. Mit seinen Armen umfasst er seine Partnerin, die ein Hackmesser und eine Schädelschale hält. Vajrabhairava trägt Knochenschmuck und tritt mit beiden Beinen hinduistische Gottheiten und andere Feinde des Buddhismus zu Boden. Von seinem Körper geht das Feuer der Erkenntnis aus.   *K. S.*

### 397 Anonymer Künstler
### Kālacakra

Mongolei, 17. Jh. | Kupfer, vergoldet,
H 75 cm, B 75 cm, T 35 cm | Choijin Lama
Tempelmuseum, Ulaanbaatar |
Inv.-Nr. 05/053, 51/258

In Kālacakra (mong. Čaγ-un kürdün; tib. Dus-kyi 'khor-lo), dem »Rad der Zeit«, wird das gleichnamige letzte große philosophische System des indischen

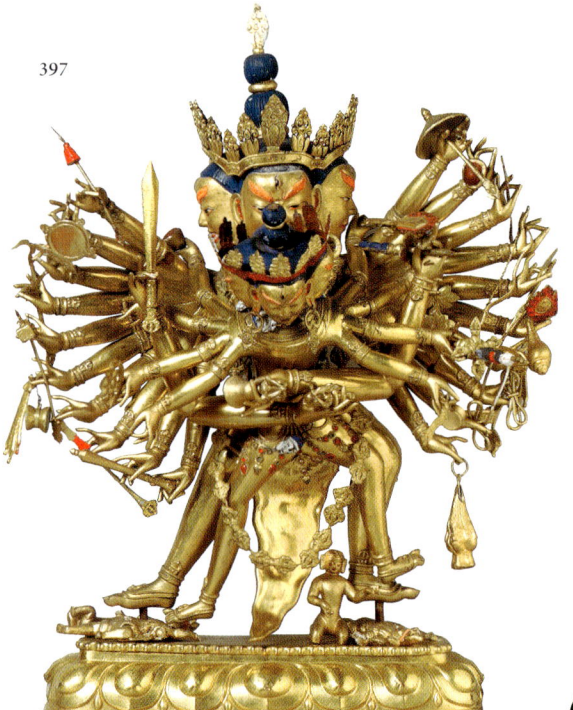

397

398

Buddhismus bildlich greifbar. In ihm findet vor allem der Gedanke der Identität von Makro- und Mikrokosmos, von Weltall und menschlichem Körper, seinen Ausdruck. Das Kālacakra-System soll im Jahre 1027 in Tibet eingeführt worden sein. Mit diesem Jahr beginnt eine neue tibetische Zeitrechnung nach Zyklen von jeweils 60 Jahren. Das »Rad der Zeit« ist eng verbunden mit der Vorstellung eines im Nordwesten von Tibet liegenden Reiches, Śambhala (Kat.-Nr. 415), dessen letzter König nach 2327 den großen Endkampf gegen die Feinde des Buddhismus führen und ein neues Goldenes Zeitalter begründen wird.

Kālacakra gehört zu den höchsten Yidam-Gottheiten. Er hat vier Gesichter und 24 Arme, in denen er Vajra, Glocke und andere Symbole hält. Mit jedem seiner beiden Beine tritt er auf einen Hindugott. Seine Hauptarme umfassen die Partnerin, die vier Gesichter und acht Arme hat. Der Gott trägt einen Schmuck aus Vajras und einen Tigerfellrock    K. S.

## 398  Anonymer Künstler
### Die Tausend Buddhas des Guten Zeitalters

Mongolei, Anfang 20. Jh. | Thangka, Farben auf Baumwollgewebe, H 176 cm, B 91 cm (mit Montierung) | Bogd Khan-Palastmuseum, Ulaanbaatar | Inv.-Nr. 2-311/1

Die Buddhisten glauben, dass es unzählbare Welten gibt, die in ohne Unterbrechung aufeinanderfolgenden Perioden, so genannten Kalpas, entstehen, bestehen, vergehen und »leer sind«. In jeder Welt erscheinen Buddhas. Über die gegenwärtige Welt berichtet die Legende: Als unsere Welt entstand, bildete sich ein großer Ozean. Aus ihm kamen 1000 goldene Lotosblumen. Als die Götter sie sahen, erkannten sie, dass in der neuen Welt nacheinander 1000 Buddhas kommen werden, die jeweils für eine bestimmte Zeit regieren. Śākyamuni, der Buddha unserer Zeit, ist der vierte der Tausend Buddhas. Sein Nachfolger wird der Buddha Maitreya (Kat.-Nr. 401, 402) sein.

Die Buddhas des Bildes stehen symbolisch für alle Tausend Buddhas (mong. *mingyan burqan*; tib. *sangs-rgyas stong*). Ihre Mitte nimmt Buddha Śākyamuni ein, der »historische« Buddha. Seine rechte Hand zeigt die Geste der Erdberührung, mit der er die Erde als Zeugin dafür anruft, dass er wirklich die Erleuchtung erlangt hat. In der linken Hand, die in Meditationshaltung in seinem Schoß liegt, hält er eine Almosenschale.    K. S.

## 399  Schule des Zanabazar
### Amitāyus

Mongolei, 18. Jh. | Bronze, vergoldet, H 22,5 cm, B 16 cm, T 12 cm | Klostermuseum Erdenezuu, Provinz Övörchangaj | Inv.-Nr. 65-04

Amitāyus (mong. Čaylasi ügei nasutu; tib. Tshe-dpag-med), »Der, dessen Lebenszeit unermesslich ist«, gehört zu den Yidam (Leitgottheiten) der vierten Tantra-Gruppe, der »Tantras der Rituale« (Kriyātantra). In ihm manifestiert sich der Wert des langen Lebens, besonders des Lebens als Mensch. Denn die menschliche Existenz ist besonders günstig, um Verdienst und Erkenntnis zu sammeln und sich dadurch vom Kreislauf des Leidens zu befreien.

Amitāyus ist eine Form des Amitābha, des Buddhas des »unermesslichen Lichts«, welcher als einer der »Fünf« oder »Fünf kosmischen Buddhas« (vgl. Vajradhara, Kat.-Nr. 388) den Westen regiert. Er trägt die Krone der Fünf Buddhas, ein Seidengewand und Juwelenschmuck. In seinen Händen, die im Meditationsgestus zusammengelegt sind, hält er die Vase mit dem Wasser des Lebens.    K. S.

## 400  Anonymer Künstler
### Maitreya

Mongolei, 19. Jh. | Thangka, Farben auf Baumwollgewebe; H 180 cm, B 145 cm | Klostermuseum Erdenezuu, Provinz Övörchangaj | Inv.-Nr. 65-1224

## 401  Schule des Zanabazar
### Maitreya

Mongolei, 18. Jh. | Bronze, vergoldet, H 60 cm, B 22,5 cm, T 35 cm | Klostermuseum Erdenezuu, Provinz Övörchangaj | Inv.-Nr. 65-617

Maitreya (mong. Mayidari; tib. Byams-pa), »Der Liebevolle«, ist der fünfte der Tausend Buddhas (Kat.-Nr. 398) des gegenwärtigen Guten Zeitalters. Er wird 4000 Jahre nach dem Tod des Buddha Śākyamuni, in dessen Periode wir leben, in unserer Welt erscheinen. Als zukünftiger Buddha ist Maitreya zur Zeit noch ein Bodhisattva und wird deshalb nicht nur zu den Buddhas, sondern auch zu den Bodhisattvas gezählt. In diesem Thangka und in dieser Statue

399

401

400

402　Anonymer Künstler
**Avalokiteśvara**
Mongolei, 17. Jh. | Bronze, H 57 cm, B 37 cm,
T 21 cm | Klostermuseum Erdenezuu,
Provinz Övörchangaj | Inv.-Nr. 65-490

In Avalokiteśvara (mong. Nidüber üjegyi/J̌anrayisig,
tib. sPyan-ras-gzigs), »Der [voller Mitgefühl] Herab-
schauende«, manifestiert sich die Buddhaqualität des
Mitgefühls mit allen Lebewesen. Eine seiner wichtigsten Erscheinungsformen ist der vierarmige Avalokiteśvara, in welcher er in dieser Bronzefigur dargestellt ist. Er sitzt in Vajra-Haltung auf Lotos und
Mond, ist mit Krone, Edelsteinen und Seidengewand
geschmückt und hat zwei seiner Hände vor der Brust
zur Gebetsgeste gefaltet. In den beiden anderen Händen hält er eine Gebetskette und eine Lotosblüte (die
in diesem Fall abgebrochen ist). Der Lotos symbolisiert die für die Befreiung vom Leiden notwendige
Reinheit. Mit den Kugeln der Gebetskette zählt man
die Sechs-Silben-Formel *oṃ maṇi padme hūṃ* (Kat.-
Nr. 86), in welcher das Wesen des Avalokiteśvara,
aber auch die Essenz des gesamten Dharma zusammengefasst ist. Avalokiteśvara ist der Schutzgott von
Tibet, der sich in niemand geringerem als dem Dalai

402

erscheint er als Buddha. Um darauf hinzuweisen,
dass er noch nicht gekommen ist, wird er in »europäischer« Sitzhaltung dargestellt, d. h. mit nach unten
gestellten Beinen. Maitreya ist mit einer Krone und
Juwelen geschmückt und trägt ein kostbares Seidengewand. Die Hände zeigen die Geste der Verkündi-
gung der Religion. Auf dem Thanka hält Maitreya
rechts und links Blütenzweige des Nāga-Baumes, auf
denen das Rad der Religion und eine Kanne mit rei-
nigendem Wasser stehen. Die Statue wird von
Garuḍa, dem König der Vögel, gekrönt.　*K. S.*

Lama verkörpert. Wie wichtig der Bodhisattva des Mitgefühls auch für die Mongolen ist, zeigt der zum Gandan-Kloster in Ulaanbaatar gehörende höchste Tempel der Mongolei, in dem sich eine etwas 25 Meter hohe Kolossalstatue des vierhändigen Avalokiteśvara befindet. Die Gottheit ist hier freilich stehend dargestellt. Die beiden Haupthände zeigen die Geste der Lehrverkündigung, die beiden anderen Hände halten einen Krug mit Reinigungswasser und die Sonnenscheibe.   *K. S.*

### 403  Schule des Zanabazar
**Mañjuśrī**

Mongolei, 18. Jh. | Kupfer, vergoldet,
H 27,7 cm, B 17 cm, T 10 cm | Kloster-
museum Erdenezuu, Provinz Övörchangaj |
Inv.-Nr. 65-513

Der Bodhisattva Mañjuśrī (mong. Manzuširi/Jögelen čoɣtu; tib. 'Jam-dpal), »Der mit dem lieblichen Glanz«, ist die Emanation der Buddhaqualität des Wissens. Er ist der Schutzgott Chinas und verkörpert sich in den chinesischen Kaisern. Seine Symbolfarbe ist rot. In der rechten Hand hält er das Schwert, wel-

403

404

ches das Dunkel der Unwissenheit zerschneidet. In der linken Hand, die er zu seinem Herzen erhoben hat, hält er eine Lotosblume, auf welcher das Buch der Prajñāpāramitā, der Vollkommenheit der Weisheit liegt, in dem die ganze Lehre Buddhas zusammengefasst ist. Sein Haar ist zu fünf Haarknoten hochgebunden. Er trägt ein seidenes Obergewand und einen seidenen Rock und sitzt in Vajra-Haltung auf Lotos und Sonne.   *K. S.*

### 404  Anonymer Künstler
**Vajrapāṇi**

Mongolei, 18. Jh. | Thangka, Farben auf Baumwollgewebe; Bild: H 170 cm, B 130 cm; mit Montierung: H 310 cm, B 185 cm | Zanabazar-Kunstmuseum, Ulaanbaatar | Inv.-Nr. 6458-2034

Der blaue Vajrapāṇi (mong. Očirbani; tib. Phyag-na rdo-rje), »Der mit dem Vajra in der Hand«, ist der Schutzgott der Mongolen, deren Symbolfarbe ebenfalls blau ist. In ihm manifestiert sich die Buddha-

405

qualität der Kraft. Unser Bild zeigt ihn nicht in seiner milden Form als Bodhisattva, sondern in seinem schrecklichen Aspekt als tantrische Leitgottheit (Yidam) der Yoga-Tantra-Klasse. In der ikonographischen Götterbeschreibung eines Großlamas von Peking (des ersten lCang-shya Qutuγtu Ngag-dbang-blo-bzang-chos-ldan) heißt es: »Er hat eine dunkelblaue Körperfarbe, ein Gesicht und zwei Arme. Mit der rechten Hand hält er einen fünfspitzigen goldenen Vajra hoch. Mit der linken Hand hebt er den flammenden Zeigefinger am Herzen hoch. Seine drei Augen sind weit offen. [Das dritte Auge ist das Auge der Weisheit.] Die Fangzähne sind spitz und gebleckt. Augenbrauen, Bart und Kopfhaar brennen wie Feuer. Er ist geschmückt mit vielerlei Juwelenschmuck und Schlangen. Er trägt einen Tigerfellrock. Das rechte Bein ist angewinkelt, das linke gestreckt. Er sitzt auf Lotos und Sonne.«[1]     K. S.

1   Ngag-dbang blo-bzang chos-ldan (erster lChang-skya Qutuγtu): *lCang-skya bka'-'bum* [Gesammelte Werke des lCang-skya], Bd. 4, fol. 251 v., Z. 3 – fol. 257 r., Z. 6. Nr. 6266 in: D. T. Suzuki: *The Tibetan Tripitaka*, Peking Edition, Bd. 164, Tokyo/Kyoto 1961, dort fol. 256 v., Z. 3 – 5.

## 405  Gombodorž Zanabazar (1635 – 1724)
### Grüne Tārā
Mongolei, 17./18. Jh. | Bronze, vergoldet, H 76 cm, B 48 cm, T 38 cm | Bogd Khan-Palastmuseum, Ulaanbaatar | Inv.-Nr. 1-82/1

Tārā (mong. Dar-a eke; tib. sGrol-ma), »Retterin«, gehört sowohl zur Gruppe der Mahāyāna-Bodhisattvas als auch zu den Leitgottheiten (Yidam) des Tantrayāna. Sie ist eine der beliebtesten Gottheiten der Tibeter und Mongolen, denn sie rettet aus allen 21 Gefahren, die den Lebewesen begegnen und die in den Ritualtexten in glühenden Farben beschrieben werden. Tārā erscheint hauptsächlich in einer weißen und in einer grünen Form. Die Grüne Tārā (mong. Noγoyan Dar-a eke) ist an ihrem nach unten gestreckten rechten Bein leicht erkennbar. Ihre nach unten weisende rechte Hand zeigt die Geste des »Gebens des Besten«. Die linke Hand ist zur Geste der Schutzgewährung erhoben. Beide Hände halten Lotosstängel, deren Blüten die Schultern berühren. Tārā ist in eine indische Dhotī gekleidet und trägt eine Krone und Juwelenschmuck. Ihre grüne Farbe soll von der dunklen Hautfarbe der Mutter Buddha Śākyamunis, Māyā, herrühren, als deren Verkörperung die Grüne Tārā gilt.     K. S.

406

## 406 Buddha Śākyamuni, die Sechzehn Sthavira (Arhat), ihre zwei Begleiter und die Vier Großkönige

Mongolei, 19. Jh. | Buddha Śākyamuni: Kupferlegierung, vergoldet, H 29 cm, B 16 cm, T 11 cm | Sechzehn Sthavira: Kupferlegierung, vergoldet, H 16 cm, B 12 cm, T 8 cm | dGe-bsynen Dharma-ta-la: Kupferlegierung, vergoldet, H 17 cm, B 10 cm, T 6 cm | Hva-shang: Kupferlegierung, vergoldet, H 15 cm, B 12 cm, T 9 cm | Vier Großkönige (Mahārāja): Bronze, vergoldet, H 17 cm, B 12 cm, T 8 cm | Klostermuseum Erdenezuu, Provinz Övörchangaj | Inv.-Nr. 65 – 316, 65 – 317, 65 – 1318, 65 – 1319, 65 – 1320

Die Sechzehn Sthavira (mong. Arban ǰirγuγan batu-da aγči; tib. gNas-brtan bcu-drug) sind eine Gruppe von indischen Mönchen, welche das Kleine Fahrzeug, Hīnayāna, repräsentieren. Sie gehören zur Gruppe der »Feindbesieger« (Arhat), welche die negativen Qualitäten, die »Beflecktungen«, besiegt haben und dadurch dem Kreislauf des Leidens entronnen sind. Die Sechzehn Sthavira sind jene Schüler des Buddha Śākyamuni, die bei seinem Tod versprachen, die Lehre in alle vier Himmelsrichtungen zu verbreiten und zu beschützen, dies auch nach ihrem leiblichen Tod durch ihre Schüler und Wiederverkörperungen. Jeweils vier von ihnen werden einer der vier Himmelsrichtungen zugeordnet und zusammen mit dem entsprechenden Großkönig, Mahārāja, dargestellt, welcher die Himmelsrichtung schützt. Zum Norden gehört z. B. der Mönch Bakula. In seiner linken Hand hält er eine juwelenspendende Schleichkatze (Ichneumon) als Zeichen dafür, dass die Lehre Buddhas von aller Armut befreien wird. Die letzte, vor wenigen Jahren verstorbene Verkörperung des Bakula war der höchste Lama von Ladakh, Bakula Rimpotsche, der über zehn Jahre als Botschafter der Republik Indien wiederum im Norden, in der Mongolei, gewirkt und dort nach der politischen Wende von 1990 viel zur Wiederbelebung des Buddhismus beigetragen hat. Die Sechzehn Sthaviar haben oft zwei Begleiter, den Laienanhänger (tib. dGe-bsnyen) Dharma-ta-la und einen chinesischen Mönch, der den Namen Hva-shang trägt. Hva-shang ist nichts anderes als die tibetische Wiedergabe von chin. *heshang*, der Bezeichnung für einen chinesischen buddhistischen Mönch. Dharma-ta-la und Hva-shang sollen den Sthaviras eine Einladung des chinesischen Kaisers nach China überbracht haben. Dharma-ta-la trägt auf seinem Rücken ein Gestell mit Büchern; Hva-shang ähnelt ganz dem chinesischen Dickbauchbuddha.

Die Vier Großkönige, Mahārāja, sind der Legende nach vier Könige, die vom Buddha bekehrt wurden und denen er den Schutz der Lehre in den vier Himmelsrichtungen anvertraute. Sie werden deshalb auch Weltenhüter, Wkapala (mong. *yirtinčü-yi tedkügči*; tib. *'jig-rten-skyong*), genannt. Zusammen mit ihrem Gefolge bilden sie die erste der 17 Gruppen im höchsten der sechs Existenzbereiche, dem Bereich der Götter. Sie residieren auf den vier Seiten der vierten Stufe des Berges Meru, der Weltachse, und schützen von dort aus die darüber liegenden Bereiche der anderen Götter. Da sie auf den untersten Ästen des Wunschbaums des Feldes der Ansammlung sitzen, schützen sie auch das auf und über dem Wunschbaum versammelte Pantheon. Bildlich oder figürlich dargestellt, bewachen die Vier Großkönige auch die Eingänge der Tempel und schützen so deren heiligen inneren Bereich.

Die vier Großkönige sind der weiße Dhṛtarāṣṭra (für den Osten, mit einer Laute), der blaue Virūḍhaka (Süden, Schwert), der rote Virūpākṣa (Westen, Stūpa, und Schlange – er hütet die in Stūpas verwahrten Buddha-Reliquien und ist der Herr der schlangenförmigen Nāgas, der unterirdischen Geister und der Gewässer) und Vaiśravaṇa (Norden, Siegesbanner und juwelenspeiende Schleichkatze [Ichneumons], das er mit dem ebenfalls dem Norden zugehörigen Sthavira Bakula gemein hat).

Die Sechzehn Sthavira und die Vier Großkönige sind in der Art eines Maṇḍala, des scheibenförmigen Wohnbereichs einer Gottheit, angeordnet. Die Maṇḍala-Gottheit, deren Wesen für den Gläubigen erfahrbar wird, wenn er meditativ in das Maṇḍala eintritt und sich geistig in die Gottheit verwandelt, ist Buddha Śākyamuni, dessen Botschaft von den ihn umgebenden Sthavira in alle Länder und Zeiten getragen wird und dessen heiliger Bereich von den Vier Großkönigen an den vier Toren des Palastes geschützt wird.    K. S.

## 407 Lobsangbaldan zugeschrieben
**Proportionen der Vajra-Ḍākinī**

Mongolei, Anfang 20. Jh. | Tusche auf Baumwollgewebe, H 62 cm, B 49 cm | Zanabazar-Kunstmuseum, Ulaanbaatar | Inv.-Nr. 8609-3303

Vajraḍākinī (mong. Dorǰiqando; tib. rDo-rje mkha'-'gro), die »Vajra-Ḍākinī«, gehört zur großen Gruppe der Initiationsgöttinnen, welche den Gläubigen bei seiner Meditation begleiten. Sie führen ihn durch den geistigen Himmelsraum zur Erlösung bringenden Erkenntnis. Sie heißen deshalb »Himmelsgängerinnen« (mong. *oytaryui-dur yabuyči*; tib. *mkha'-'gro*) und reiten auf Wolken. Vajra-Ḍākinī ist eine von fünf Ḍākinīs, welche Emanationen der Fünf Buddhas (vgl. Vajradhara, Kat.-Nr. 388) sind und damit jeweils einer der fünf Himmelrichtungen (einschließlich der Mitte) zugeordnet werden. Deshalb helfen sie den Lebewesen und schützen die Lehre in der ganzen Welt. Als Erscheinungsform von Buddha Akṣobhya, dem »Unerschütterlichen«, dessen Symbol der Vajra ist, wird Vajra-Ḍākinī dem Osten zugeordnet.

Die Göttin ist von Flammen umhüllt – der Zorn, mit dem sie Nichtwissen und Leidenschaften verbrennt. Sie ist nackt, denn was sie zeigen will, ist die unverhüllte Wahrheit. In der hoch gestreckten rechten Hand hält Vajra-Ḍākinī das kultische Hackmesser mit dem Vajra-Griff: Der Vajra vernichtet das Nichtwissen. In der linken Hand hält sie vor der Brust die mit Blut gefüllte Schädelschale: Das Blut symbolisiert die zu beseitigenden Leidenschaften. In der Armbeuge hält sie den von einem Vajra gekrönten »Stuhlbein«-Stab, Khatvāṅga, den auch Padmasambhava (Kat.-Nr. 391) als Zeichen seiner übernatürlichen Fähigkeiten trägt. Das wie eine Flamme wehende Haar ist mit fünf Totenschädeln geschmückt, welche die Fünf Buddhas symbolisieren. Der knöcherne Schmuck ist das Zeichen der Vergänglichkeit, die Kette aus abgeschlagenen Menschenköpfen das für den Sieg über die feindlichen Leidenschaften. Vajra-

407

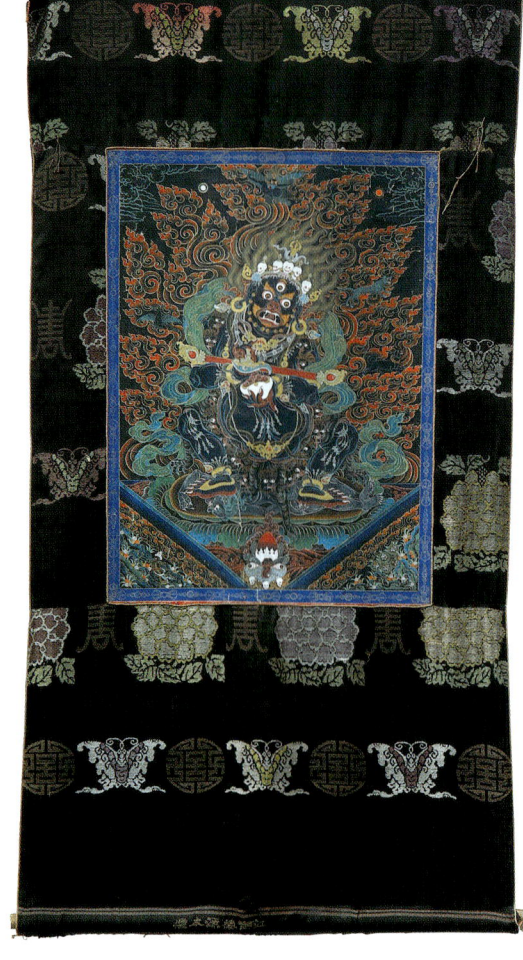

408

Ḍākinī tanzt in Pfeil- und Bogen-Haltung mit angewinkeltem linken und gestrecktem rechten Bein auf einer Leiche: Mit dem Pfeil des Wissens trifft sie mit dem Bogen der Methode ins Ziel der Vernichtung der Leidenschaften und erlösungbringenden Erkenntnis. Nichts anderes ist das Anliegen des Gläubigen, den die Göttin auf seinem meditativen Weg leitet.   *K. S.*

### 408 Anonymer Künstler
**mGon-po Gur**
Mongolei, 18. Jh. | Thangka, Farben auf Baumwollgewebe; Bild: H 64 cm, B 40 cm; mit Montierung: H 116 cm, B 61,5 cm | Klostermuseum Erdenezuu, Provinz Övörchangaj | Inv.-Nr. 65-1484

mGon-po Gur oder Gur-gyi mGon-po (mong. Gür Mahā-gala, tib. Pañjara-Mahākāla), der »Große Schwarze des Zeltes«, ist eine der vielen Formen des tantrischen Schutzgottes Mahākāla. Mahākāla ist der

Name des zum Buddhismus bekehrten Hindu-Gottes Śiva, »des Zerstörers«, der auch in der neuen Religion alle Feinde des Glaubens durch seine zornvolle Gestalt in Furcht und Schrecken versetzt und dadurch geistig vernichtet. mGon-po Gur hat seine drei Augen weit aufgerissen und bleckt die Zähne. Geschmückt ist er mit einer Krone und Ketten aus Knochen. Er steht mit angewinkelten Beinen über der Leiche eines Feindes auf Sonne und Lotos. Seinen Körper umlodern die Flammen der Weisheit. In seiner rechten Hand hält er ein Hackmesser, in seiner linken eine mit Blut gefüllte Schädelschale. Mit beiden Händen hält er einen Stab, in den symbolisch Türen eingeschnitzt sind. In seinem Inneren befindet sich eine ganze Armee von Gefolgsleuten, mit welcher der Große Schwarze die Feinde bekämpft. mGon-po gur ist die spezielle Schutzgottheit der Sa-skya-pa-Schulrichtung und deshalb auch des von den Sa-skya-pa gegründeten mongolischen Klosters Erdeni Ĵoo.   *K. S.*

### 409 Qasgombo
**Śrīdevī**
Mongolei, 19. Jh. | Applikationsthangka mit Seidenstoffen, Halbedelsteinen, Blechen, Korallen und Pfauenfedern, H 136 cm, B 118 cm | Zanabazar-Kunstmuseum, Ulaanbaatar | Inv.-Nr. 86-678

Śrīdevī (mong. Čoγ-tu Ökin tngri; tib. dPal-ldan lHa-mo), die »Glorreiche Göttin«, gehört zur Gruppe der tantrischen »Religionsschützer«. Sie ist die indische Muttergöttin Kālī oder Durgā, welche zum Buddhismus bekehrt wurde und in ihrer ursprünglichen zornvollen Form die Feinde der Religion abwehrt. Ihre besondere Kraft macht sie zu einer der beliebtesten Gottheiten der Tibeter und Mongolen. Śrīdevī reitet auf einem Maultier über das Blutmeer der Leidenschaften, der negativen Qualitäten der Lebewesen. Sie sitzt auf der Haut eines Yakṣa-Dämonen, an der noch der Kopf hängt. Ihr Schmuck sind Knochen, ihre drei Augen sind wild aufgerissen, und in ihren Fangzähnen hält sie eine Menschenleiche. Mit der rechten Hand schwingt sie als Waffe einen Stab, an dessen Spitze ein halber Vajra angebracht ist. In der linken Hand hält sie eine mit Blut gefüllte Schädelschale, und am Sattel hängt ein Beutel, der mit allen Krankheiten gefüllt ist. Diese sind wiederum nichts anderes als die Mittel des Tantrismus, um die Leidenschaften zu überwinden und damit das Leiden zu beseitigen.   *K. S.*

409

410

## 410 Anonymer Künstler
**Vaiśravaṇa Lokapala (Vaiśravaṇa auf einem Löwen)**
Mongolei, 19. Jh. | Thangka, Farbe auf Baumwollgewebe, H 148 cm, B 95 cm | Klostermuseum Erdenezuu, Provinz Övörchangaj | Inv.-Nr. 65-703

Vaiśravaṇa (mong. Bisman tngri, tib. rNam-thos-sras) gehört zur Gruppe der Vier Großkönige oder Weltenhüter (Kat.-Nr. 406) und ist der Beschützer des Nordens der Welt. Er trägt eine Rüstung und Stiefel und reitet auf einer weißen Schneelöwin, die auf der weißen Sonnenscheibe liegt. In der rechten Hand hält er das Siegesbanner. Die Idee des weltlichen und geistlichen Reichtums als Mittel zur Befreiung vom Leiden wird durch die juwelenspeiende Schleichkatze (Ichneumon) ausgedrückt, welche der Gott in seiner linken Hand hält.    *K. S.*

## 411 Gombodorž Zanabazar
(1635 – 1724) **Selbstporträt**
Mongolei, 17. Jh. | Thangka, Mineralfarben auf Baumwollgewebe; Bild: H 65 cm, B 47 cm; mit Montierung: H 100 cm, B 70 cm | Zanabazar-Kunstmuseum, Ulaanbaatar | Inv.-Nr. 60-740

Mit Öndör Gegen Ǐanabaǐar (sanskr. Jñānavajra), »Der Hohe Verehrungswürdige Vajra des Wissens«, wurde die Inkarnationsreihe der höchsten Lamas der Qalqa-Mongolei, der rJe-btsun-dam-pa (mong. Ǐibcundamba), »Heilige Verehrungswürdige«, begründet. Ǐanabaǐar (1635 – 1723) wurde in der Nähe von Erdeni Ǐoo geboren und blieb diesem Kloster zeitlebens eng verbunden, obgleich es nicht sein Residenzkloster war. Öndör Gegen wird bis heute als großer Gelehrter und als begnadeter Künstler verehrt.[1]

Das Selbstporträt zeigt Ǐanabaǐar in der für Darstellungen von ihm typischen Weise ohne Kopfbedeckung. In den Händen hält er ein Buch. Über ihm thront Vairocana, einer der Fünf Buddhas (vgl. Vajradhara, Kat.-Nr. 388) in Umarmung mit seiner Partnerin. Links und rechts davon sitzen die beiden tibetischen Lehrer des Öndör Gegen, der erste Pantschen (tib. paṇ-chen) Lama und der fünfte Dalai Lama, und darunter links der weibliche Bodhisattva Sarasvatī, die Herrin der Rede und Beschützerin der Gelehrten. Links unten ist die Schutzgottheit Mahākāla, der »Große Schwarze«, zu sehen und in der Mitte der Großkönig Vaiśravaṇa (Kat.-Nr. 410), der Beschützer des Nordens. Vor Ǐanabaǐar steht ein Tisch mit Opfergeräten.    *K. S.*

1  TSULTEM 1982.

411

412

in dem von seiner Mutter geschenkten menschlichen Leben die fünf Sinne besonders gut nutzen konnte, um seine Aufgabe in dieser Welt zu erfüllen. Der Mutter des J̌anabaǰar wurde die hohe Ehre eines eigenen Mausoleums nördlich vom Kloster Erdeni J̌oo zuteil. Als Frau konnte sie nicht innerhalb des Klosters beigesetzt werden, doch ist der Platz hinter dem Hügel des Palastes des Ögedei Khan zweifellos ein würdiger Ersatz. *K. S.*

### 413  Dendev
### Vier Szenen aus dem Leben des Abadai Khan

Mongolei, 1950 | Bleistift und Buntstifte auf Papier; vier Blätter im Rahmen: H 150 cm, B 100 cm | Zanabazar-Kunstmuseum, Ulaanbaatar | Inv.-Nr. 34 – 115, 35 – 115, 36 – 115, 37 – 115

Die vier Bilder sind vermutlich Kopien von Wandgemälden im Kloster Erdeni J̌oo, die jetzt verloren sind. Die Originale sollen im 17. Jahrhundert gemalt worden sein. Sie zeigen Szenen aus dem Leben des Klostergründers Abadai Khan (1554 – 88), eines der bedeutendsten Fürsten der Nord- oder Qalqa-Mongolei. Das erste und das zweite Bild stellen die Verehrung Abadai Khans durch andere mongolische Adlige dar. Im ersten Bild erheben die Adligen ihre Hände zur

414

### 412  Gombodorǰ Zanabazar (1635 – 1724)
### Qandoǰamco, die Mutter des Öndör Gegen J̌anabaǰar (Zanabazar)

Mongolei, 17. Jh. | Thangka, Mineralfarben auf Baumwollgewebe; Bild: H 54 cm, B 38 cm; mit Montierung: H 95 cm, B 50 cm | Zanabazar-Kunstmuseum, Ulaanbaatar | Inv.-Nr. 60-741

Das Porträt seiner Mutter Qandoǰamco (tib. mKha'-gro rgya-mtsho), »Meer der Dākinīs«, hat Öndör Gegen J̌anabaǰar als Pendant zu seinem Selbstporträt gestaltet. Auch seine Mutter hält ein Buch in den Händen, auch vor ihr steht ein Tisch mit Opfergefäßen. Die Gottheit und die beiden Lamas über ihr sind auch im Selbstporträt abgebildet: Buddha Vairocana mit seiner Partnerin, der erste Pantschen Lama und der fünfte Dalai Lama. Im unteren Teil bringen fünf Opfergöttinnen die Symbole der fünf Sinne dar: eine Schale mit Früchten (Geschmack), eine Laute (Gehör), einen Spiegel (Gesicht), eine Schale mit Duftwasser (Geruch) und ein Seidentuch (Gefühl). Vielleicht wollte der Künstler damit ausdrücken, dass er

Verehrungsgeste, im zweiten bringen sie dem Fürsten Geschenke dar, u. a. einen Köcher mit Pfeilen. Das Pferd ist möglicherweise ebenfalls ein Geschenk. Im dritten Bild schauen Abadai Khan und seine Gemahlin den »Drei Spielen der Männer« zu, den wichtigsten und bis heute überaus beliebten Wettkämpfen: Pferderennen, Bogenschießen und Ringkampf. Im vierten Bild werden Abadai Khan wiederum Geschenke dargebracht: Schalen mit verschiedenen Speisen sowie ein Chadag (mong. *qaday*), ein schalartiges Tuch, mit dem man Menschen und Götter begrüßt. Rechts im Bild wird die Standarte Abadai Khans herangetragen, an welcher zwei Köcher mit Pfeilen befestigt sind.   *K. S.*

413

### 414   G. Dorž zugeschrieben
**Maitreya-Prozession im Kloster Erdeni Ĵoo**
Mongolei, Anfang 20. Jh. | Mineralfarben auf Baumwollgewebe, H 86 cm, B 110 cm | Zanabazar-Kunstmuseum, Ulaanbaatar | Inv.-Nr. 162-684

In den größeren Klöstern fand einmal im Jahr eine Prozession statt, in der eine Statue des Maitreya, des auf Śākyamuni folgenden zukünftigen Buddhas, feierlich auf einem Wagen um das Kloster gefahren wurde. In Erdeni Ĵoo fand diese Zeremonie am 22. Tag des 9. Monats des Mondjahres statt. Nach 1990 wurde dieser Brauch dort und in anderen Klöstern der Mongolei wiederbelebt.

Auf einen festlich geschmückten Wagen wird eine Statue des Maitreya (Kat.-Nr. 400, 401) gestellt. Davor steht ein Opfertisch mit den Acht Glückszeichen (Kat.-Nr. 419 a) und den Sieben Kostbarkeiten der Königsherrschaft (Kat.-Nr. 419 b) sowie den Symbolen der fünf Sinne (siehe Das Feld der Ansammlung, Kat.-Nr. 387). Der von Mönchen und Laien begleitete Wagen wird langsam vom Haupttempel aus durch den Klosterhof durch das Westtor des Klosters gezogen. Dies ist die erste Station, an der Maitreya gebeten wird, nach seinem zukünftigen Kommen die Buddhalehre all denen zu verkünden, die an der Prozession teilnehmen. Danach begibt sich die Prozession zum Nord-, zum Ost- und zum Südtor. An jeder Station finden weitere Gebete statt. Schließlich wird die Statue vom Wagen heruntergehoben und zusammen mit allen anderen Ritualgegenständen ins Kloster zurückgebracht.   *K. S.*

415

**415  Anonymer Künstler**
**Śambhala**

Mongolei, 19. Jh. | Thangka, Farben auf
Baumwollgewebe, H 156 cm, B 168,5 cm |
Klostermuseum Erdenezuu, Provinz
Övörchangaj | Inv.-Nr. 65-854

Śambhala (mong. Šambhala; tib. Śam-bha-la), »Ursprung des Glücks«, ist ein Land im Nordwesten von Tibet, das dem menschlichen Auge noch verborgen ist. Es hat die Form eines achtspeichigen Rades, in dessen Nabe die Hauptstadt Kalāpa liegt, und ist von hohen Bergen umgeben. Ein König dieses Landes hatte beim Buddha das Tantra vom Rad der Zeit (Kālacakratantra) gehört und nach Śambhala gebracht, wo es von da an aufbewahrt wurde, während es in Indien verlorenging. Ende des 10. Jhs. wurde es nach Indien zurückgebracht und gelangte von dort nach Tibet. In Śambhala wurde die ideale buddhistische Gesellschaft bereits verwirklicht. Der letzte König dieses Reichs, der im Jahre 2327 den Thron besteigen wird, wird das Heer der Feinde des Guten vernichten und ein tausendjähriges Reich des Friedens begründen. Dann wird Śambhala für alle sichtbar werden. Zur Zeit ist es nur für den Gläubigen erfahrbar, dem es gelingt, auf dem Wege der Meditation Śambhala als geistiges Ziel, als Ort des großen Glücks der Befreiung vom Leiden, zu erreichen. Das Bild zeigt in der Mitte das Land Śambhala mit seinem letzten König Rudracakrin. Unten ist die Schlacht gegen die Ungläubigen dargestellt.   *K. S.*

## 416 Maske für den Tsam-Tanz mit dem Kopf des Blauen Mahākāla

Mongolei, 1626 | Papiermaché, bemalt, H 50 cm, B 40 cm, T 40 cm | Klostermuseum Erdenezuu, Provinz Övörchangaj | Inv.-Nr. 65-1148

## 417 Kostüm für den Tsam-Tanz

Mongolei, 18. Jh. | Vierteiliges Gewand: Seide, Baumwolle, Elfenbein, Bronze; Mantel: L ca. 147 cm, B (max.) ca. 145 cm; Dodog (Kragen): L 65 cm, B 65 cm; Madig (Unterschürze): L 75 cm, B 68 cm; Zovdor (Schal): L 160 cm, B 40 cm | Knochenschürze (Oberschürze): Elfenbein, L 98 cm, B 78 cm | Stiefel: Seide, Baumwolle, Elfenbein, H 39 cm, L 35 cm, B 12 cm | Vajra (»Donnerkeil«): Bronze, vergoldet, L 25 cm, Dm 9,5 cm | Glocke: Stahl, H 22 cm, Dm 11 cm | Ḍamaru (Hackmesser): Kupferlegierung, vergoldet, Stahl, H 24 cm, B 21, 5 cm, T 4 cm | Klostermuseum Erdenezuu, Provinz Övörchangaj | Inv.-Nr.: 65-624, 65-1681, 65-1682, 72-03 (Gewand); 65-656 (Knochenschürze); 72 – 02 (Stiefel); 65-463 (Vajra); 65-464 (Glocke); 65-459 (Ḍamaru)

In den tibetischen und mongolischen Klöstern werden aus den unterschiedlichsten Anlässen pantomimische Tänze aufgeführt, die Tsam-Tänze (mong. čam; tib. 'cham). Sie sind aus vorbuddhistischen Fruchtbarkeitsriten hervorgegangen, mit denen, v. a. zum Jahreswechsel, schädliche Dämonen vertrieben wurden. Diese Abwehrfunktion ist auch in der buddhistischen Form der Tänze erhalten geblieben, bei denen es thematische Varianten und regionale Unterschiede gibt. Ausgeführt werden sie von Mönchen, welche in eindruckvollen Masken und Gewändern die Personen des Dramas verkörpern. Besonders wichtig sind die Furcht einflößenden Schutzgottheiten. Eine von ihnen ist Mahākāla, der »Große Schwarze« (mGon-po Gur, Kat.-Nr. 408). Die hier gezeigte Maske verkörpert den Gott, der viele Gestalten annimmt, in seiner blauen Form. Auf der Stirn hat er das Auge der Weisheit. Sein Kopfschmuck besteht aus fünf Totenschädeln, welche die Fünf Buddhas (vgl. Vajradhara, Kat.-Nr. 388) symbolisieren. Für die Laien sind die Dämonen Naturgewalten und andere äußere Feinde, für die Eingeweihten jedoch stellen sie geistige Hindernisse dar, die der Erlösung entgegenstehen. Der berühmte Tsam von Urga, dem heutigen Ulaanbaatar, wurde 1787 in Erdeni Joo eingeführt. *K. S.*

417

418

### 418 Vajrakreuz

Mongolei, 19. Jh. ] Kupferlegierung, ver-
goldet, L 13 cm, B 13 cm | Klostermuseum
Erdenezuu, Provinz Övörchangaj |
Inv.-Nr. 65-460

Der Vajra (mong. *očir*; tib. *rdo-rje*) ist ursprünglich
die eherne Wurfkeule des indischen Gottes Indra. Im
Buddhismus wurde er das Symbol der Festigkeit, der
Dauer und der Kraft, die alles Böse zerstört, doch
selbst unzerstörbar ist. Der Urbuddha Vajradhara,
»Vajraträger«, weilt als Potenz im Herzen eines jeden
Buddha, eines jeden religiösen Lehrers. Der Bodhisattva Vajrapāṇi, »Der mit dem Vajra in der Hand«,
ist die Visualisierung der Buddhaqualität der Stärke,
die sich in Činggis Khan und anderen Mongolen-
fürsten verkörperte. Die Mongolen sind das Volk des
Vajrapāṇi. Zusammen mit der Glocke (mong. *qongq-
a*; tib. *dril-bu*; sanskr. *ghaṇṭā*) ist der Vajra das wichtigste Kultgerät in den Händen der Mönche. Der Vajra symbolisiert die aktive Kraft, das Männliche, das
Werkzeug oder Mittel. Die Glocke ist das Zeichen der
passiven Kraft, des Weiblichen, der Weisheit. Die Erlösung bringende Erkenntnis kann nur dann erreicht
werden, wenn Mittel und Weisheit sich vereinen.
Die Kraft des Vajra wird noch weiter verstärkt, indem zwei Vajras zu einem Kreuz vereinigt werden.
So ist die Sitzhaltung, in welcher Buddha Śākyamuni
die Erleuchtung erlangte, wie ein Vajrakreuz, denn er
meditierte mit kreuzförmig übereinander gelegten
Beinen. Im Tempel sitzt der Buddha oder der ihm
wesensgleiche Lama auf einem Vajrakreuz, das entweder in das Sitzkissen eingewebt ist oder durch ein
Tuch vertreten wird, das vor dem Thron für alle
sichtbar angebracht ist.     *K. S.*

### 419 a, b  Zwei Schmuckelemente eines Altars: Die Acht Glückszeichen und die Sieben Kostbarkeiten der Königsherrschaft

Mongolei, 18. Jh. | Kupferlegierung,
vergoldet, jew. H 64 cm, Dm (oben) 24 cm |
Klostermuseum Erdenezuu, Provinz
Övörchangaj | Inv.-Nr. 65-1162

Die Acht Glückszeichen (mong. *öljeyi-tü naiman
temdeg*) und die Sieben Kostbarkeiten der Königsherrschaft (mong. *qan törö-yin doloyan erdeni*) gehören zu den Gaben, die der Mönch dem Feld der Ansammlung (Kat.-Nr. 387), d. h. den Gottheiten des
Pantheons, opfert. Sie sind jedoch nicht nur Symbole
für religiöse Werte, über die der Gläubige nachdenken soll, sondern auch Zeichen für weltliches Glück
und deshalb auch im profanen Bereich beliebte
Schmuckelemente. Ihre Bedeutung ist sehr viel-
schichtig und kann in der folgenden Aufzählung nur
kurz angesprochen werden.

*Die Acht Glückszeichen:*

1 Der Schirm schützt vor allen Gefahren.
2 Die zwei goldenen Fische bedeuten Nutzen
und Glück.
3 Der Krug enthält das Wasser des Lebens.
4 Der Lotos ist das Symbol der Reinheit.
5 Die Schnecke dient als Trompete, deren Klang
die Lehre Buddhas verkündet.
6 Der Knoten ist das Zeichen dafür, dass alles
miteinander verbunden ist.
7 Das Siegesbanner zeigt den Sieg des
Buddhismus.
8 Das Rad ist das Rad der Religion.

*Die Sieben Kostbarkeiten (der weltlichen und
geistlichen) Königsherrschaft:*

1 Das Rad ist der Glaube.
2 Der Edelstein ist die Weisheit.
3 Die Königin ist das Sittengesetz.
4 Der Minister ist die Meditation.
5 Der Elefant trägt in Bescheidenheit Lasten.
6 Das Pferd ist das Symbol der Ausdauer.
7 Der Feldherr besiegt mit seinem Wissen die
Feinde.     *K. S.*

419 a

419 b

der Erleuchtung. In der Öffnung des Gefäßes sitzt Buddha Śākyamuni, die linke Hand in Meditationshaltung und mit der rechten Hand nach unten weisend, um die Göttin der Erde als Zeugin dafür anzurufen, dass er wirklich die Erleuchtung erlangt hat. Der Stūpa ist das architektonische Zeichen der Gesamtkonzeption des Erlösungsweges und als solches das Symbol für den Geist des Buddha.    K. S.

### 421 Anonymer Künstler
**Geser Khan**
Mongolei, um 1900 | Thangka, Mineralfarben auf Baumwolle, H 59 cm, B 38 cm | Mongolian Institute for Buddhist Art, Ulaanbaatar

Geser Khan ist der Held des gleichnamigen zentralasiatischen Epos, das sich in vielen Versionen von Tibet aus nach Nordosten über die Mongolei bis zu den Burjaten am Baikalsee und nach Westen bis ins Hunzatal im Karakorum-Gebirge verbreitet hat. Geser, wie Činggis Khan ein Sohn des höchsten Gottes, ist vom Himmel auf die Erde herabgekommen, um das Böse zu beseitigen und in der ganzen Welt Frieden und Ordnung wiederherzustellen. In der mongolischen Volksreligion wurde Geser zu einer Gottheit, deren Hauptaufgabe der Schutz der Krieger und der Sieg über die Feinde ist. Zugleich wird Geser aber auch um Glück bei der Jagd, um Schutz der Herden und um Hilfe bei Hagel und allen möglichen anderen Gefahren angerufen. Natürlich wurde Geser auch zu einem buddhistischen Gott. Er gehört zur Gruppe der »Feindgötter« (tib. *dgra-lha*; mong. *sülde tngri*), die im Pantheon einen der niederen Ränge einnehmen. Dort hat er im Wesentlichen die gleiche Funktion wie in der Volksreligion. Zur Zeit der Qing-Dynastie (1644–1911) wurde Geser aus religionspolitischen Gründen mit dem chinesischen Kriegsgott Guandi gleichgesetzt und zu einer Schutzgottheit des Staates erklärt. In den tibetischen und mongolischen Gebieten des Reiches wurden zahlreiche Geser-Tempel errichtet, so auch in der nordmongolischen Hauptstadt Urga, dem heutigen Ulaanbaatar. Der chinesische Einfluss führte dazu, dass Geser sehr häufig im chinesischen Stil dargestellt wird.
Ein Beispiel hierfür ist das ausgestellte Bild. Es zeigt Guandi-Geser als chinesischen Feldherrn auf seinem Pferd »Roter Hase«. Drei Würdenträger bringen ihm Gaben dar. Rechts von ihm steht sein Sohn Guan Ping.    K. S.

420

### 420 Gombodorž Zanabazar
(1635–1724)
**Bodhi-Stūpa**
Mongolei, 17. Jh. | Bronze, vergoldet, H 70 cm, B 49 cm, T 49 cm | Zanabazar-Kunstmuseum, Ulaanbaatar | Inv.-Nr. 68-641

Der Stūpa (mong. *subury-a*; tib. *mchod-rten*) ist ursprünglich ein indischer Grabhügel. In Tibet und der Mongolei hat er acht verschiedene Formen, die jeweils zu einem Hauptereignis im Leben des Buddha in Beziehung gesetzt werden. Dieser Stūpa verweist auf die Erleuchtung des Buddha und heißt deshalb

»Erleuchtungs-Stūpa« (mong. *bodi subury-a*; tib. *byang-chub mchod-rten*; sanskr. *bodhistūpa*). Auf einem Löwenthron erheben sich ein vierstufiger kubischer Unterbau, ein kugelförmiges Gefäß, 13 sich verjüngende Scheiben, ein Schirm und eine Bekrönung aus Mond, Sonne und flammenförmigem Tropfen. Diese Elemente symbolisieren Makrokosmos und Mikrokosmos: die materielle Welt aus Erde (viereckig), Wasser (rund), Feuer (dreieckig), Luft (Halbkreis) und Äther (Tropfen) und den Körper aus Unterleib, Herzbereich, Halsbereich und Hirnbereich. Makrokosmos und Mikrokosmos stehen für den geistigen Weg von der Hölle bis zur Flamme

421

de das Entstehen des Vajrayāna und die Aufnahme vieler fremder Ideen und Praktiken in den Buddhismus ermöglicht. Die Lehre von der Vollkommenheit der Weisheit wurde auch in Fassungen von 25 000, 8000 und 2500 Versen dargelegt sowie in zwei ganz kurzen Texten zusammengefasst, im »Diamantschneider-Sūtra« *(Vajracchedikā-prajñāpāramitā-sūtra)* und im »Herz-Sūtra« *(Prajñāpāramitā-hṛdaya)*. Die *Prajñāpāramitā*-Texte wurden unzählige Male in tibetischer und mongolischer Sprache abgeschrieben und gedruckt.

Der hier gezeigte Prachtband enthält den tibetischen Text der Fassung in 100 000 Versen. Auf dem oberen Deckel steht das aus sechs Sanskrit-Silben bestehende Mantra *oṃ maṇi padme hūṃ* (»*oṃ*, du mit Juwelen geschmückter Lotos, *hūṃ*«; Kat.-Nr. 86). Die Bilder auf den Längsseiten des Anschnitts sind die »Acht Glückzeichen« (Kat.-Nr. 419a).　*K. S.*

### 423　Mañjuśrīnāma-saṃgīti

Mongolei, 1502 | Blockdruck, Leporello aus 197 Blättern, H 9 cm, B 25 cm | Staatsbibliothek der Mongolei, Ulaanbaatar | Inv.-Nr. KhF-433

Die »Aufzählung der Namen des Mañjuśrī« (sanskr. *Mañjuśrīnāma-saṃgīti*) ist das erste Werk des *Gandschur* (mong. *Ganjur*; tib. *bKa'-'gyur*), der 108-bändigen tibetischen und mongolischen Übersetzung der dem Buddha zugeschriebenen Lehrtexte. Dass gerade dieser Text an den Anfang der »Bibel« des Buddhismus gestellt wurde, ist nicht zufällig. Mañjuśrī (Kat.-Nr. 403) ist die Verkörperung der Buddhaqualität des Wissens. Er öffnet das Tor zum Studium des gesamten Schatzes der Worte des Buddha. Mit der Aufzählung der Namen des Mañjuśrī wird dessen umfassendes Wesen beschrieben, in dem der Gott als nichts Geringeres erscheint als eine Form des Urbuddha (vgl. Das Feld der Ansammlung, Kat.-Nr. 387) und damit der unermesslichen Fülle und Kraft des Buddhawesens.

Das Werk wurde bereits im 14. Jh. ins Mongolische übersetzt. 1591 wurde die Blockdruckausgabe einer weiteren Übersetzung zusammen mit der sanskritischen, tibetischen und chinesischen Textfassung fertiggestellt. Das hier gezeigte Exemplar ist ein Nachdruck dieser viersprachigen Ausgabe.　*K. S.*

### 422　Prajñāpāramitā (Žadamba)

Bearbeitung der Buddhaworte von Agvaancojdog
Handschrift und Illuminationen von Čültemčoyinpel | Mongolei, 1783 | Goldfarbe und Farben auf schwarzem Papier, 359 Blätter in zwei mit Goldfarbe bemalten Holzdeckeln, H 18 cm, L 62 cm, B 12,5 cm | Staatsbibliothek der Mongolei, Ulaanbaatar | Inv.-Nr. KhF-378

»Die Vollkommenheit der Weisheit in hunderttausend Versen« ist der längste der Lehrtexte *(sūtra)* von der »Vollkommenheit der Weisheit«, Prajñāpāramitā. In dieser umfangreichen Gruppe von Mahāyāna-Werken wird die von dem indischen Gelehrten Nāgārjuna begründete Mādhyamika-Philosophie dargelegt, der »mittlere Weg«, der alle Gegensätze, wie Sein und Nichtsein, leugnet, die Substanzlosigkeit aller Dinge verkündet und zwei Wahrheiten, eine relative und eine absolute, postuliert. Hierdurch wur-

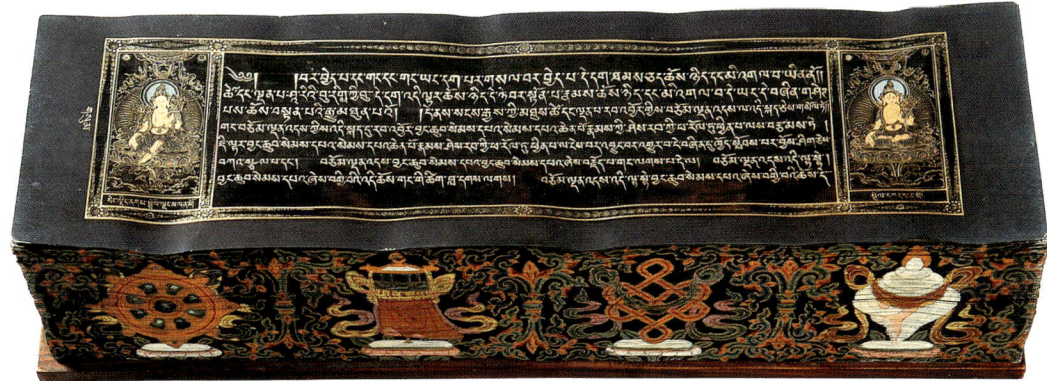

422

423

424

425

schiedlichsten Themen: das Bekenntnis der Sünden; die Vorstellung von der Leerheit aller Dinge, nach welcher weder ein Individuum noch die Dinge, die die Individualität bilden, in Wirklichkeit existieren; die Unendlichkeit des Lebens der Buddhas; die Geschichte, in der sich Buddha Śākyamuni in einem früheren Leben aus Mitgefühl einer hungrigen Tigerin zum Fraß anbot; Regeln, wie die Könige der Religion gemäß regieren sollen.   *K. S.*

### 425  Alphabet in Sojombo-Schrift

Erfunden von Öndör Gegen J̌anabaǰar (G. Zanabazar) | Mongolei, um 1900 | Blockdruck, vier Blätter, H 10 cm, B 34 cm | Privatsammlung Otgonbaatar | Inv.-Nr. 5-9

### 424  Altan gerel (Goldglanz-Sūtra)

Mongolei, 1721 | Blockdruck, 197 Blätter, H 9,5 cm, B 53 cm | Staatsbibliothek der Mongolei, Ulaanbaatar | Inv.-Nr. 12529/97

Das »Goldglanz-Sūtra« (sanskr. *Ārya-Suvarṇaprabāsottamasūtra*) ist ein v. a. von den Mongolen hoch geschätzter Mahāyāna-Lehrtext, der schon um 1330 von Śes-rab-seng-ge aus dem Tibetischen ins Mongolische übersetzt wurde. Er behandelt die unter-

1686 schuf der erste Großlama der Mongolei, Öndör Gegen J̌anabaǰar, eine neue mongolische Schrift mit 80 Zeichen. Sie ist unter dem Namen Soyangbu bzw. Sojombo bekannt, der mongolischen Form des Sanskritwortes svayambhū, »von selbst entstanden, unabhängig«. J̌anabaǰar wollte mit dieser Schrift zwei Ziele erreichen: Er wollte die Eigenständigkeit der Mongolen gegenüber den chinesischen Mandschu-Herrschern demonstrieren und die korrekte Wiedergabe der Sanskrit- und tibetischen Wörter im Mongolischen ermöglichen. Die Schrift war offensichtlich

viel zu kompliziert, als dass sie eine weite Verbreitung gefunden und die praktische uiguromongolische Schrift verdrängt hätte. Als Ausdruck des mongolischen Willens zu Freiheit und Unabhängigkeit bleibt sie jedoch unvergessen. So wurde nach 1911 das Anfangszeichen der Sojombo-Schrift zum wichtigsten Element der Flagge und der staatlichen Siegel der unabhängigen Mongolei. Die Mongolische Volksrepublik übernahm das Emblem in ihre Flagge, setzte darüber allerdings den Sowjetstern. In der Flagge des Staates Mongolei erscheint das Sojombo-Zeichen wieder ohne Stern.   *K. S.*

# Die Mongolei
## vom 15. bis 20. Jahrhundert

VERONIKA VEIT

# Anspruch und Realität: Das Verhältnis der mongolischen Völkerschaften zu China während der Dynastien Ming und Qing (1368–1911)

Das Schicksal der zentralasiatischen Völkerschaften im Allgemeinen wie der Mongolen im Besonderen wurde seit Beginn der dokumentierten Geschichte durch das Verhältnis zu China wesentlich mitbestimmt. Für den Zeitraum der Dynastien Ming und Qing ist hierbei jedoch ein grundlegender Unterschied festzustellen: Während die Mongolen zur Zeit der Ming im 15. und 16. Jahrhundert noch unabhängig handeln konnten, fanden sie sich unter der Herrschaft der mandschurischen Qing – Zentralasiaten wie sie selbst – als in zunehmendem Maße fremdbestimmt.

Nach dem Ende der Yuan-Dynastie, in der, beginnend mit Qubilai Khan (Kat.-Nr. 342), eine Reihe von mongolischen Kaisern den chinesischen Thron innegehabt hatte, war ein Großteil der Mongolen im Jahre 1368 in das alte Stammland zurückgekehrt. Der Anspruch der Herrscher aus der Linie Činggis Khans (Kat.-Nr. 340) auf die Gefolgschaft aller Mongolenstämme – und ebenso auf China – bestand zwar fort, aber eine Umsetzung in die politische Realität lag zunächst in weiter Ferne. Fatale Uneinigkeit, verbunden mit Intrigen, Verrat und Mord, prägten das Bild. Es ist bezeichnend, dass von den fünf Khanen, die zwischen 1388 und 1410 herrschten, nur einer eines natürlichen Todes starb. Der Gesichtsverlust der Qubilaiden war demzufolge so groß, dass die Stämme in zunehmenden Maße ihre Zustimmung verweigerten und eine auf den eigenen Vorteil bedachte Politik verfolgten. Die Ming waren hinsichtlich ihrer Einstellung der Steppe gegenüber so stark von der Erinnerung an die Yuan-Eroberung beeinflusst, dass sie eine gänzlich andere Grenzpolitik als die vorangegangenen Dynastien praktizierten. Nach zunächst ebenso erfolglosen wie teuren Feldzügen gegen die Mongolen verlegte man sich auf eine Politik der Abschottung, die ihren Höhepunkt Ende des 16. Jahrhunderts im Ausbau alter Wallanlagen fand, die wir heute als Chinesische Mauer bewundern. Darüber hinaus versuchte man, »die Barbaren mit Hilfe der Barbaren zu bändigen«, indem man den jeweils Schwächeren der mongolischen Stammesführer begünstigte, um Rivalitäten unter ihnen zu provozieren. Ferner gewährte oder entzog man den Mongolen die Erlaubnis zum Handel und betrachtete ihren Status als Tributbringer als hinreichende Form einer politischen Beziehung. Die Mongolen sahen

sich durch die Verweigerungshaltung der Ming betrogen. Zur Erfüllung ihrer Forderungen griffen sie daher verstärkt auf die traditionelle Steppentaktik der schnellen Razzien und Grenzüberfälle zurück. Eine ernsthafte Bedrohung für China stellten sie jedoch erst wieder dar, als sie sich erneut zu einer einheitlichen Front zusammengeschlossen hatten, und erst dann war es ihnen möglich, wieder politische Ansprüche geltend zu machen.

Der erste, dem eine solche Wiederbelebung gelang, war Esen Khan (gest. 1455), Anführer des Stammesverbandes der Oiraten, welche stets Heirats- und andere Verbindungen zum Herrscherhaus der Činggisiden unterhalten hatten. Er übernahm im Jahr 1439 die Macht. Fähig und weitblickend und auch militärisch erfolgreich, kontrollierte er bald ein Gebiet, das vom heutigen Xinjiang bis fast an die Grenzen Koreas reichte. Um diese Vormachtstellung in eine dauerhafte Kontrolle zu verwandeln, musste Esen danach trachten, die Elite seiner Gefolgsleute »bei der Stange zu halten«, getreu dem činggisidischen Prinzip der »Loyalität und Fürsorge«. Ein Mittel zu diesem Zweck waren die Tributmissionen mit ihren reichen Gegengeschenken und Handelsprivilegien. Als die Ming diese aufgrund der nicht mehr tragbaren Ausmaße verweigerten, griff Esen auf Überfälle zurück. Er war so erfolgreich, dass er 1449 den Ming-Kaiser Yingzong (Regierungsperiode Zhengtong, 1436–49) gefangennahm und Peking, wenn auch erfolglos, belagerte. Obwohl Esen für den Kaiser kein Lösegeld erhielt und ihn daher nach einem Jahr wieder freiließ, brachte ihm die gesamte Aktion eine einträgliche Beziehung zu China ein. Daraufhin rief sich Esen, auf dem Höhepunkt seiner Macht, 1453 selbst zum Großkhan der Mongolen aus. Zwei Jahre später jedoch fiel er einem Mord zum Opfer. Es folgten fast 20 Jahre erneuten Krieges aller gegen alle in der Steppe.

Die Rückkehr der Qubilaiden an die Macht erfolgte über Batu Möngke Dayan Khan (gest. 1543), einem direkten Nachfolger Činggis Khans aus der – auch nach dem Verlust des »Drachenthrons« – stets fortgeführten Linie der Yuan-Kaiser. Dayan gelang es Ende des 15. Jahrhunderts, die Fehden zu beenden, die mongolischen Stämme zur Gefolgschaft zu bewegen und eine neue imperiale Konföderation zu bilden. Auch im Hinblick auf China waren Dayans mili-

1 **Stéphane Passet,** *Beamter auf dem Weg nach Urga (Nijslel chüree),* **Farbphotographie, 17. Juli 1913,**
© Musée Albert-Kahn – Département des Hauts-de-Seine

tärische Aktionen zunächst sehr erfolgreich. Die Ming schlugen jedoch ein letztes Mal zurück und verweigerten den Mongolen den begehrten Status eines Tributbringers und die damit verbundenen Privilegien. Danach verlor Dayan allmählich die Kontrolle über die von ihm wieder vereinigten Mongolen. Auch der Mangel an einer zentralen Organisation im Inneren zeigte sich nach Dayans Tod sehr rasch. Der Titel eines Großkhans für den jeweils Erstgeborenen bestand zwar fort, aber durch die Aufteilung der Stämme in Patrimonien (mong. *ulus*) an die elf Söhne Dayans kam es zu einer zunehmenden feudalen Zersplitterung und dem Aufstieg regionaler Herrscher.

Zu den bedeutendsten der neuen Herrscher zählten die Khane des mächtigen Stammesverbandes der Qalqa im Norden sowie Altan Khan der Tümed im Süden (1507–83). Das Qalqa-Gebiet, Patrimonium des jüngsten Dayan-Sohnes Geresenje (gest. 1549), entspricht in etwa dem Territorium der heutigen Mongolischen Republik. Die Khanate, die sich dort bildeten, sollten als Verwaltungseinheiten bis 1924 erhalten bleiben. Bedeutung gewannen sie jedoch erst mit dem Beginn der Qing-Dynastie.

Der mächtigste und militärisch stärkste mongolische Teilfürst seiner Zeit war jedoch Altan Khan, obwohl er nicht in der Erbfolge als Großkhan stand. Er führte erfolgreich Krieg gegen die Oiraten und knüpfte nützliche Handelsbeziehungen mit China. Zudem förderte er Ackerbau und Handwerk, unterstützt von chinesischen Flüchtlingen, denen er nach Unruhen und Aufständen in China bereitwillig Asyl gewährt hatte. 1560 gründete Altan Khan Köke Qota (das heutige Hohhot), die erste feste mongolische Stadt der neueren Zeit. Sie ist noch heute Hauptstadt der Autonomen Region Innere Mongolei. Doch es war eine politische Entscheidung Altan Khans, die seiner Regentschaft besondere Bedeutung verlieh: Nach dem Vorbild der engen Beziehung zwischen Qubilai Khan und 'Phags-pa-Lama (Kat.-Nr. 393), dem tibetischen Patriarch der Sa-skya-pa-Schulrichtung im 13. Jahrhundert, wollte er das alte Band zwischen weltlicher und geistlicher Macht wieder herstellen. So erging eine Einladung an den renommierten Abt des Klosters von 'Bras spungs, bSod-nams-rgyas-mcho (1543–88), welcher der reformierten »Gelbmützenschule« in Tibet angehörte. Ihm verlieh Altan Khan 1578 den Titel

2  Stéphane Passet,
*Verheiratete Frau,*
Farbphotographie,
23. Juli 1913, © Musée Albert-
Kahn – Département des
Hauts-de-Seine

Dalai Lama. Die Inkarnationsreihe der Dalai Lamas ist somit ursprünglich eine mongolische Schöpfung, die sich aber in Tibet eigenständig weiterentwickelte.

Den letzten Versuch, die mongolischen Stämme zu einen, unternahm Ligdan Khan vom Stamm der Čaqar (1592 bis 1634). Dieser seinerzeit vor Altan Khan nach Liaotong ausgewichene Stamm, der persönliche Ulus des mongolischen Großkhans, war in den ferneren Weidegründen wieder erstarkt und machte nun erneut Führungsansprüche geltend. Ligdan, der sich als Herr über die »40 Zehntausender des Mongolenvolkes« bezeichnete und den Titel »Held Činggis Khans« trug, zeigte sich als unnachgiebiger Verfechter eines gesamtmongolischen Herrschaftsanspruchs. Dieses Ziel strebte er, nach anfänglichen Erfolgen, in zunehmendem

Maße mit Gewalt und Rücksichtslosigkeit an, so dass ebenjene Mittel, mit denen er die Stämme zu halten versuchte, sie nur umso schneller vertrieben. Eine Mehrzahl von ihnen schloss sich daher dem neu gegründeten, aufstrebenden Aisin-Staat der sich später Mandschus nennenden Jürčen (Dschurdschen) an. Als vereinte Streitmacht zogen sie gegen Ligdan in den Krieg. Dieser entzog sich durch Flucht nach Westen, in das Gebiet der heutigen chinesischen Provinz Qinghai, wo er 1634 vermutlich an den Pocken starb. Die zurückkehrenden Čaqar fielen, wie auch Ligdans Familie, dem Sieger Hung Tayiji (Abahai, 1592–1643), dem Sohn des Nurhaci (1559–1626) und zweiten Herrscher der Aisin-Dynastie, in die Hände. Hung Tayiji zeigte sich großmütig und verheiratete eine seiner Töchter erst mit dem älteren

3 Stéphane Passet, *Rast einer Wagenkarawane im Osten der Stadt Urga (Nijslel chüree),* **Farbphotographie, 19. Juli 1913,**
© Musée Albert-Kahn – Département des Hauts-de-Seine

und nach dessen Tod mit dem jüngeren Sohn Ligdans, Abunai. Im Jahre 1669 der geplanten Rebellion beschuldigt, wurde dieser in Mukden (das heutige Shenyang) eingekerkert. Abunais Sohn Burni versuchte, den Vater zu befreien, seine Truppen konnten gegen die mandschurischen Verbände jedoch nichts ausrichten. Mit seinem Tod erlosch der Erbanspruch der Qubilaiden in männlicher Linie. Viele Mongolen glaubten daraufhin, im neuen Aisin-Staat die aufstrebende Macht zu erkennen.

Die tungusischen Mandschus, Nachfahren der Ǧürčen (Dschurdschen), hatten unter dem Dynastienamen Jin bis zur Eroberung durch die Mongolen 1234 den Norden Chinas beherrscht. Nach dem Verlust der Macht waren sie in ihre alten Stammesgebiete um den Yalu zurückgekehrt, wo sie als Jäger, Fischer, Viehzüchter und Ackerbauern gelebt

hatten. Ihnen gelang nun unter dem Anführer eines der Stämme, Nurhaci (1559–1626), ein rasanter Aufstieg, ähnlich dem des Činggis Khan. Zum letzten Mal vermochte hier eine zentralasiatische Stammesföderation mit der alten Eroberungstaktik ein Reich zu gewinnen: Der Enkel des Nurhaci, Fulin, wurde 1644 in Peking als Kaiser Shizu (Regierungsperiode Shunzhi) inthronisiert. Mit der Gründung dieser Dynastie, die sich Qing nannte, wurden die Karten im Spiel um die Vormachtstellung in Ost- und Zentralasien neu gemischt. Die beteiligten Protagonisten waren auf der einen Seite China unter den neuen mandschurischen Herren und auf der anderen Seite die mongolischen Stammesverbände, die sich in wechselnden Koalitionen organisierten. In ihrer Politik nach wie vor unkoordiniert und auf den eigenen kurzfristigen Vorteil bedacht, sollten jene am Ende

4 Stéphane Passet, *Opferbilder am Wegesrand*, Farbphotographie, Juli 1913, © Musée Albert-Kahn – Département des Hauts-de-Seine

ihre Unabhängigkeit verlieren und zu einem bloßen Bestandteil des riesigen Qing-Reiches werden. Dieser Prozess vollzog sich jedoch allmählich und in mehreren Schritten:

1. Die den Mandschu unmittelbar benachbarten süd- und ostmongolischen Stämme schlossen sich jenen bereits 1636 formal an und bildeten die Gruppe der Alliierten.

2. Der mächtige Stammesverband der Qalqa suchte zunächst nach allen Seiten seine Unabhängigkeit zu sichern. Seit 1634 unterhielt er diplomatische Beziehungen mit den Qing und bereits seit 1608 mit Russland, das im Verlauf des 17. Jahrhunderts in erfolgreicher Expansion entlang der nördlichen Grenze der mongolischen Gebiete bis zum Pazifik vorgedrungen war. Die diplomatischen Beziehungen mit dem ebenfalls mächtigen Stammesverband der Oiraten (Dsungarei) dienten dem Zweck, durch eine mongolische Allianz das politische Gewicht der Region zu vergrößern.

3. Die Oiraten, deren Kernland im Ili-Gebiet lag, hatten in den 200 Jahren nach Esen Khans Tod zu neuer militärischer und politischer Stärke gefunden und zudem ihre Unabhängigkeit bewahrt. Sie stellten in der Folge eine ernsthafte Bedrohung für die Qing-Dynastie dar. Eine Reihe von Grenzkonflikten verhalf dem übermächtigen chinesischen Reich schließlich zu der größten territorialen Ausdehnung seiner Geschichte.

Während für die südlichen und östlichen Mongolenstämme als Verbündete der Mandschu im 17. Jahrhundert eine Periode der friedlichen Entwicklung in einem geordneten Gemeinwesen zu verzeichnen ist, gestaltete sich das Leben in der Qalqa und für die Oiraten weniger einfach. Die Oiraten zeigten u. a. Interesse, ihr Territorium auf Tibet auszudehnen. Der fünfte Dalai Lama (1617–82) bediente sich der militärischen Unterstützung der zum Verband der Oiraten gehörenden Qošod zur Durchsetzung seiner geistlichen und politischen Führungsrolle, so dass Tibet von 1642 bis 1717 zum Oiraten-Reich zu rechnen ist. In der Nachfolge um die Führung der Oiraten im Kernland kam es Ende des 17. Jahrhunderts jedoch zu Rivalitäten, aus denen 1676 Galdan (reg. 1644–97) siegreich hervorging.

Parallel zu dieser Entwicklung und eingedenk gewiss auch des ideologisch-politischen Qubilai-Altan-Khan-Modells hatte Gombodorj, der mächtige Tüsiyetü Khan der Qalqa, durch seinen Öndör Gegen genannten Sohn (1635–1723) die Inkarnationsreihe der J̌ebcundamba Qutuγtus (Kat.-Nr. 394) eröffnet, welche in acht Wiederverkörperungen bis 1924 als Pendant zum Dalai Lama in Tibet das jeweils geistliche Oberhaupt der Mongolen stellen sollte. Während die Autorität der Khane kaum über die Grenze ihres Territoriums hinausging, galt das Prestige des Qutuγtus bei allen Qalqa. Ihm und seinem Sitz Urga (dem heutigen Ulaanbaatar) galt ihre Loyalität. Er wurde zum Symbol ihrer nationalen Identität, wie es v. a. während der Unabhängigkeits-

bestrebungen der mongolischen Regierung unter dem achten J̌ebcundamba im Jahr 1912 deutlich werden sollte.

Im Jahre 1662 kam es zu einem ernsthaften Zerwürfnis unter den Qalqa-Fürsten, in welchem es u. a. um ein mögliches Bündnis mit Galdan ging. Bündnisse mit den Oiraten aber wurden von der Mehrzahl der Anführer abgelehnt, weil man eine unannehmbare Bevormundung befürchtete. Der Qing-Kaiser Shengzu (Regierungsperiode Kangxi, 1662–1722) – seine Großmutter war eine Prinzessin vom Stamm der Qorčin in der östlichen Mongolei – hatte nach dem endgültigen Sieg über die letzten noch Widerstand leistenden Ming-Prinzen freie Hand, sich um den Norden seines Reiches zu kümmern. Eine 1686 durch ihn einberufene Versammlung zur gütlichen Beilegung des Zerwürfnisses, an der neben den Qalqa auch Vertreter des Kaisers, Galdans, des Dalai Lama, des Qošod-Königs von Tibet sowie der J̌ebcundamba Qutuγtu teilnahmen, scheiterte jedoch. J̌asaγtu Khan erklärte sich offen für Galdan, welcher seinerseits empört war über die Gleichbehandlung »seines« Dalai Lama mit dem neuen Qutuγtu des Tüsiyetü Khan, und setzte Truppen unter dem Befehl seines Bruders in Marsch. Im Kampf tötete der Tüsiyetü Khan seinen mongolischen Kontrahenten wie auch den Bruder Galdans. Daraufhin hatte Galdan Khan den passenden *casus belli* gefunden und fiel im Jahre 1688 mit 30000 Mann in Qalqa ein. Innerhalb weniger Tage schlug er die Koalition des Tüsiyetü Khan vernichtend, welcher sich mit allen Anhängern – etwa 140 000 Personen – und nur geringer Habe nach Süden in die Weidegebiete der 1636 bereits angeschlossenen Mongolen flüchtete und sich dem Schutz des Qing-Kaisers unterstellte. Der formale Akt der Unterwerfung erfolgte im Jahre 1691 in Dolonnor, etwa 300 Kilometer nördlich von Peking, im alten Čaqar-Gebiet.

Ein Feind von der Größe Galdans, der es vermocht hatte, den Qing das Qalqa-Territorium abzuringen, durfte nicht unbeachtet bleiben. Zwischen 1691 und 1697 führte der Qing-Kaiser Shengzu daher mehrere Feldzüge gegen Galdan, an denen er sich persönlich beteiligte. Jener erlitt, in die Enge getrieben, 1696 eine entscheidende Niederlage und flüchtete mit wenigen Gefolgsleuten nach Westen, wo er ein Jahr später in der Nähe von Kobdo an den Folgen einer Gehirnblutung starb. Mit seinem Tod hatte allerdings das Oiratenreich noch keineswegs sein Ende gefunden, vielmehr sollte es unter den sich neu sammelnden Nachfolgern Galdans, Cewang Arabdan (1643–1727) und Galdancering (reg. 1727–1745), noch zwei weiteren Qing-Kaisern die größten Schwierigkeiten bereiten. Auch im Falle der Oiraten führten Rivalitätskämpfe und mangelnde politische Koordination zum Zusammenbruch dieser letzten imperialen mongolischen Konföderation. Im Jahre 1757 schlugen die fähigen Generäle des Qing-Kaisers Gaozong (Regierungsperiode Qianlong, 1736–1795) die Oiraten vernichtend. Wer

5 Stéphane Passet, *Panorama des westlichen Stadtteils Baruun chüree von Urga (Nijslel chüree) um das Kloster Gandantegchinlen*
(aus nördlicher Richtung aufgenommen), drei Farbphotographien, Juli 1913, © Musée Albert-Kahn – Département des Hauts-de-Seine

Links: Osten des Stadtteils Baruun chüree, Wohnbereich der Lama-Mönche

Mitte: Kloster Gandantegchinlen

Rechts: Westlicher Stadtrand von Urga (Nijslel chüree)

nicht im Kampf fiel, wurde hingerichtet oder deportiert. Eine Rebellion der muslimischen Stämme Turkestans wurde ebenfalls gnadenlos erstickt. Das gesamte annektierte Gebiet, einschließlich Yarkand und Kaschgar, unterstand von da an unter dem Namen Xinjiang (chin. für »neue Grenze«), einem mandschurischen Militärgouverneur mit Sitz in Ili; erst 1884 wurde es als Provinz (heute Autonome Region) in das chinesische Reich eingegliedert.

Für die Mongolen begann mit dem 18. Jahrhundert endgültig die Zeit der Fremdbestimmung: Oberster »Lehnsherr« war der Qing-Kaiser, die oberste Behörde zur Regelung der Außenmarken das »Kolonialamt« *(lifanyuan)* in Peking. Kaiserliche Repräsentanten und Garnisonstruppen überwachten die Einhaltung der Ordnung. Aus ursprünglichen Alliierten waren Untertanen mit Sicherungsfunktion geworden, ihre Rolle die einer beweglichen militärischen Reserve. Die einstmals selbständig agierenden mongolischen Regenten waren nun kaiserlich ernannte Amtsträger geworden, eingebunden in ein enges Verwaltungsnetz. Die jeweiligen Zuständigkeitsbereiche Distrikt (mong. *ayimay*), Banner (mong. *qosiyu*) und Pfeil (mong. *sumun*) – zivile sowie militärische Einheiten – erhielten kartographisch festgelegte Grenzen (vgl. Kat.-Nr. 426 – 438). Die steuer-

zahlende Bevölkerung (mong. *albatu*) war sowohl dem Qing-Reich als auch dem Bannerherrn gegenüber dienst- und abgabenverpflichtet: Heeresfolge, Ausrüstung, Nachschub, Bemannung der Grenzwachtposten und der Relaispoststationen (Kat.-Nr. 426), Zahlung der Unkosten für Pflichtreisen an den Hof in Peking, saisonale Viehbetreuung und vieles mehr gehörten zu ihren Pflichten. Stark belastend wirkte sich auch die ausbeutende Geschäftspolitik der chinesischen Handelshäuser in den mongolischen Gebieten aus. Die soziale und wirtschaftliche Lage der Mongolen, besonders im Verlauf des 19. Jahrhunderts, kann wie folgt auf den Punkt gebracht werden: Geprägt war sie durch das »Aufbrechen des traditionellen Lebensmusters aufgrund der wirtschaftlichen Stagnation und des Zusammenbruchs jeglicher Verantwortung für das Gemeinwohl von Seiten der Amtsträger«.[1]

Mongolische Reformversuche blieben nicht aus – als Beispiel sei der weitblickende Qalqa-Fürst To Wang (1797 bis 1887) genannt –, ebenso wenig Protestbewegungen, die allmählich auch einen nationalistischen Charakter annahmen, jedoch zunächst keine nachhaltige Wirkung zeigten. Neben der zunehmenden Verschlechterung der Lebensverhältnisse im Inneren hatte der Status der mongolischen

Völkerschaften unter den Qing aber auch eine weitgehende außenpolitische Isolation zur Folge. Die Auslandsbeziehungen beschränkten sich auf den Handel mit Russland seitens der Qalqa. Als in den Jahren zwischen 1906 und 1911 die Qing begannen, eine intensive Kolonisationspolitik – verbunden mit der konkreten Bedrohung der mongolischen durch die chinesische Lebensweise – zu betreiben, anstatt die mongolischen Gebiete wie zuvor in einem politischen Vakuum zu belassen, blieb den Mongolen praktisch nur die Möglichkeit, sich an Russland um Hilfe zu wenden. Russland wurde v. a. aus außenpolitischen Gründen zunächst nur zögerlich in der mongolischen Sache aktiv. Der Sturz der Qing-Dynastie gegen Ende des Jahres 1911 änderte jedoch den Verlauf der Ereignisse. Der achte Ĵebcundamba Qutuɣtu (Bogd Khan), die höchste geistliche und überregional respektierte Autorität der Qalqa, verkündete am 29. Dezember 1911 die Unabhängigkeit der Mongolei. In der Erklärung wurde betont, dass sich die Mongolen ursprünglich lediglich als Verbündete der Qing betrachtet hätten und ihre persönliche Loyalität gegenüber dem mandschurischen Kaiserhaus nicht auf eine chinesische Republik übertragbar wäre.

Die oben erwähnten Jahre 1636 und 1691 sind zwei Schlüsseldaten in der Geschichte der mongolischen Völkerschaften. Sie leiteten ihre formale Teilung ein, die bis zum heutigen Tage Bestand hat. Die Alliierten, die »Innere Mongolei« der Qing-Verwaltung, die sich 1636 für Hung Tayiji aussprachen und bis 1911 einen gewissen Anteil an den Verwaltungsaufgaben in den Institutionen des Reiches innehatten, bilden heute die Autonome Region Innere Mongolei innerhalb der Volksrepublik China. Die schutzsuchenden Qalqa des Jahres 1691, deren politische Bedeutung im Reich fast ausschließlich auf militärischem Gebiet lag und deren Territorium die Äußere Mongolei umfasste, bilden heute die unabhängige Mongolische Republik.

1   Zit. nach BAWDEN 1968, S. 147.

Literatur: BARKMANN 1999; BAWDEN 1989; WEIERS/VEIT/HEISSIG 1986; WEIERS 2004

## Mongolische Manuskriptkarten der Sammlung Walther Heissig

Die Eingliederung der mongolischen Völkerschaften in das chinesische Reich der mandschurischen Qing-Dynastie (1644–1911) im 17. Jh. resultierte zunächst in einer Teilung der mongolischen Gebiete in die Verwaltungseinheiten »Innere« und »Äußere« Mongolei. Die oberste zuständige Behörde für sie war das *lifanyuan*, das Amt für die Verwaltung der Außenmarken, in Peking. Die mongolischen Territorien wurden in der Folge systematisch gegliedert und ihre Grenzen festgelegt. Diese Grenzen markierte man durch die als Obos bezeichneten Steinsetzungen oder Holztafeln. In regelmäßigen Abständen hatten die mongolischen Regenten aktualisierte Karten ihrer Weidegebiete dem *lifanyuan* zur Registrierung einzureichen. Bei diesen Karten handelte es sich allerdings nicht um geographisch genaue Karten im heutigen Sinne, sondern um »Weidegebietskarten« (mong. *nutuγ-un ǰiruγ*), wie die mongolische Bezeichnung auch lautet. Inhaltlich gliedern sie sich in: 1. Bannerkarten (mong. *qosiγun-u ǰiruγ*), d.h. Karten der Verwaltungsdistrikte, 2. Karten der geistlichen Territorien (mong. *šabi-yin ǰiruγ*) und 3. Karten der Distrikte (mong. *ayimaγ-un ǰiruγ*). Darüber hinaus gibt es so genannte »Streifenkarten« der Relaisstationen (mong. *örtegen-ü ǰiruγ*), welche die Haltepunkte bestimmter Verkehrsrouten darstellen. Bei der Zeichnung der Karten legten die mongolischen Kartographen das Windrosensystem in Verbindung mit den Tierkreiszeichen des Zwölferzyklus zugrunde und erhielten so 24 Richtungen. In Farbe werden das Relief des jeweiligen Gebietes, Berge mit Höhenangaben, Seen und Flussläufe dargestellt; ferner sind verzeichnet die Lage wichtiger Gebäude wie Klöster, Tempel, Residenzen des Fürsten, Standort des Banneramtes. Alle Karten enthalten die genaue Position sämtlicher Banner-Grenzmarkierungen. Zur formalen Registrierung gehörten die Siegelung mit roten, in der Regel zweisprachigen, mongolisch-mandschurischen Siegeln sowie die Datierung nach der jeweiligen Qing-Regierungsdevise. Einige Karten liegen auch in chinesischer Übersetzung vor. Die hier gezeigten Karten stammen aus den Jahren 1907 bis 1910.    *V. V.*

426

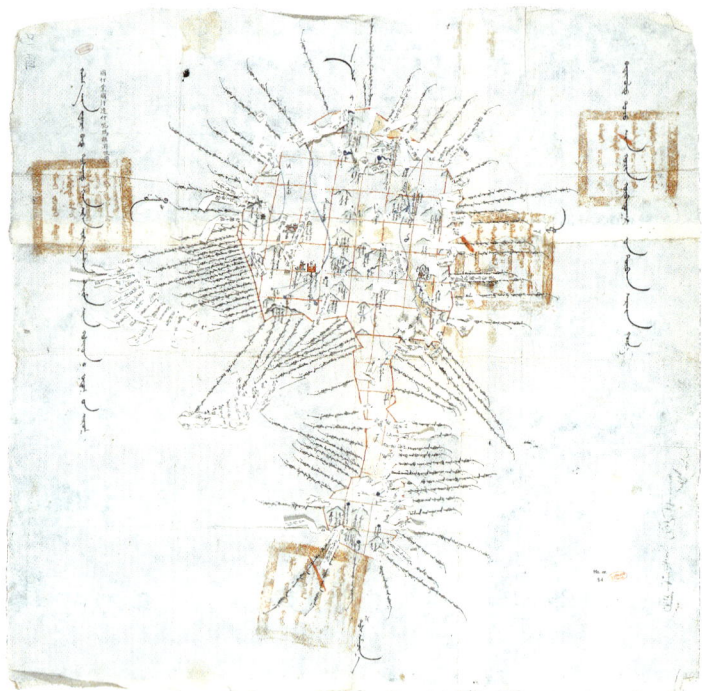

427

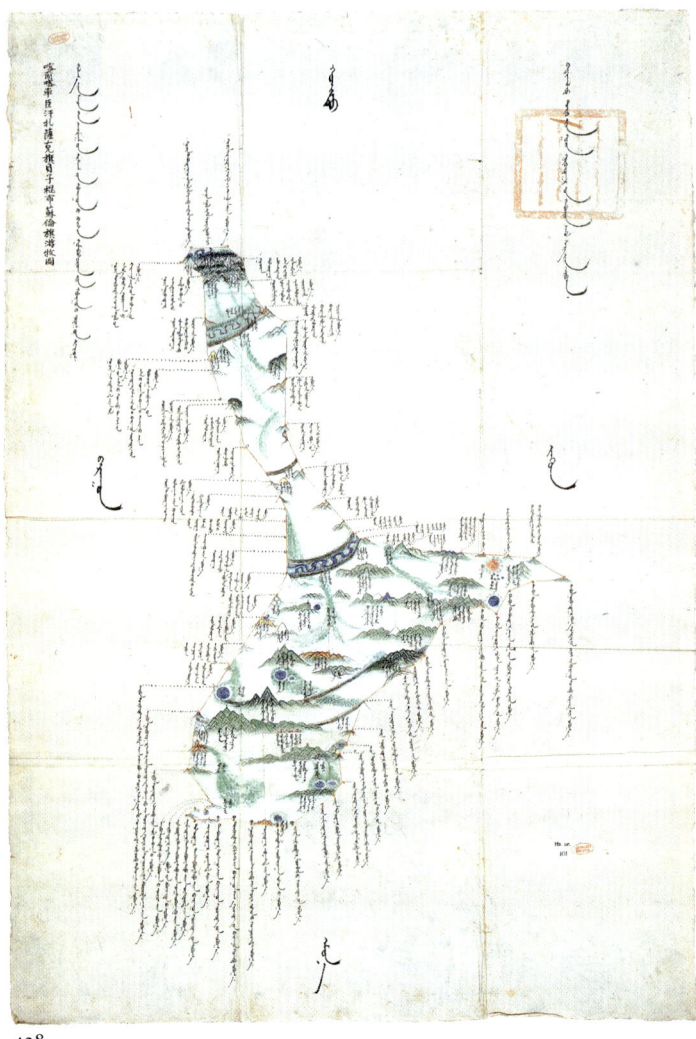

428

429

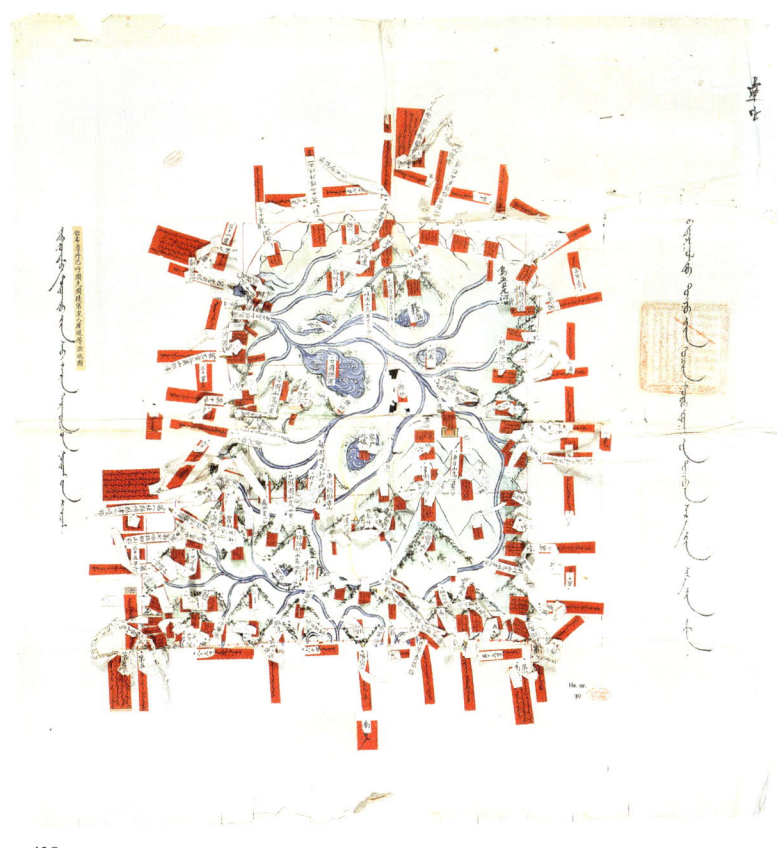

430

## Karten der Äußeren Mongolei

**426 Die Poststationen zwischen Yeke küriy-e (Ich Chüree) und Kiyaɣtu (Kjachta)**
Mongolei, 1907 | Tusche und Farbe auf Papier, L 266 cm, B 18, 5 cm | Staatsbibliothek zu Berlin – Preußischer Kulturbesitz, Orientabteilung | Inv.-Nr. Hs. or. 31
*nur Bonn*

**427 Das Banner des Tüsiyetü Khan Dašinima von Qalqa**
Mongolei, 1907 | Tusche und Farbe auf Papier, H 75 cm, B 74,5 cm | Staatsbibliothek zu Berlin – Preußischer Kulturbesitz, Orientabteilung | Inv.-Nr. Hs. or. 84
*nur Bonn*

**428 Das Banner des Qosiɣun-u beise Ґombosüren des Distrikts des Sečen Khan von Qalqa**
Mongolei, 1907 | Tusche und Farbe auf Papier, H 96,3 cm, B 64,3 cm | Staatsbibliothek zu Berlin – Preußischer Kulturbesitz, Orientabteilung | Inv.-Nr. Hs. or. 101
*nur Bonn*

**429 Der Distrikt des Sayin Noyan Khan von Qalqa**
Mongolei, 1909 | Tusche und Farbe auf Papier, H 140 cm, B 128,5 cm | Staatsbibliothek zu Berlin – Preußischer Kulturbesitz, Orientabteilung | Inv.-Nr. Hs. or. 163
*nur Bonn*

**430 Das Lehnsgebiet des J̌ebcundamba Qutuɣtu im Distrikt Kobdo-Uriyangqai**
Mongolei, 1907 | Tusche und Farbe auf Papier, H 69 cm, B 66 cm | Staatsbibliothek zu Berlin – Preußischer Kulturbesitz, Orientabteilung | Inv.-Nr. Hs. or. 39
*nur München*

**431 Das Banner des Tusalaɣči ǰangǰun čin wang Qangdadorǰi des Distrikts des Tüsiyetü Khan von Qalqa**
Mongolei, 1907 | Tusche und Farbe auf Papier, H 49,5 cm, B 73,5 cm | Staatsbibliothek zu Berlin – Preußischer Kulturbesitz, Orientabteilung | Inv.-Nr. Hs. or. 83
*nur München*

431

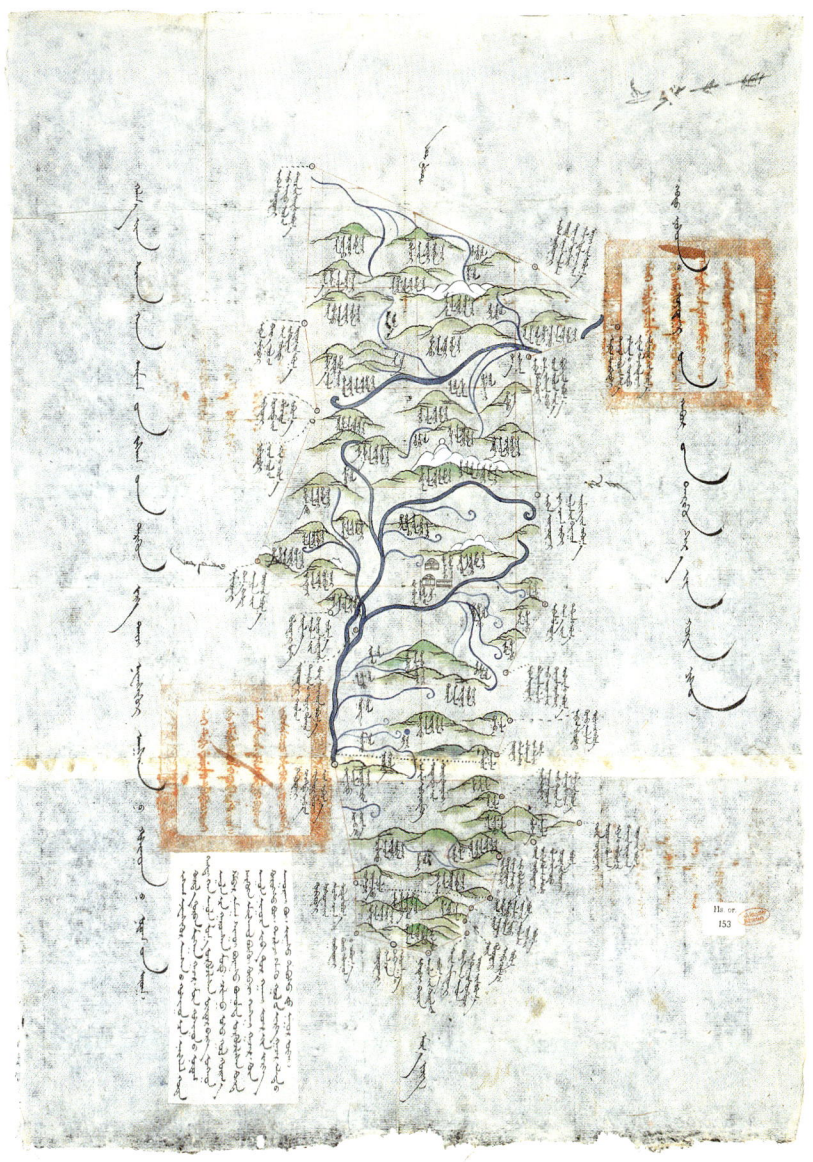

432

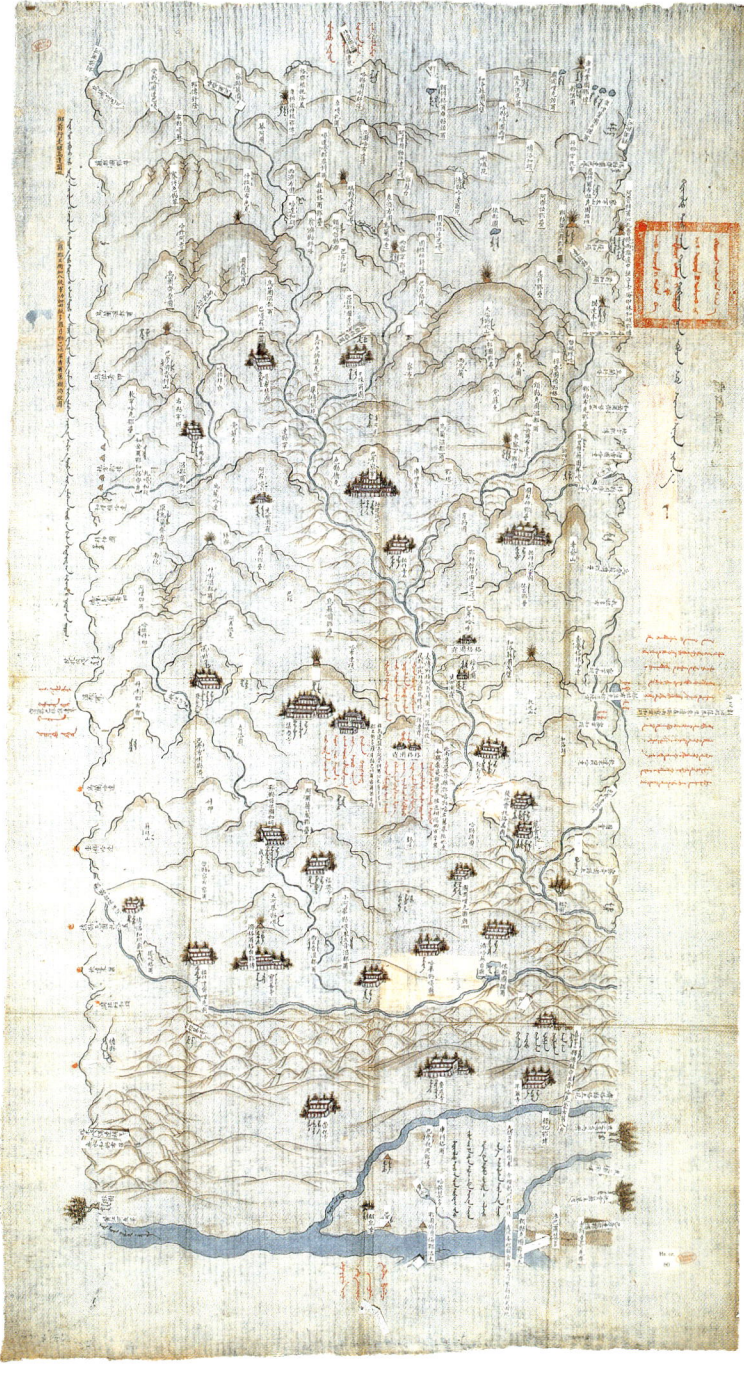

433

## Karten der Inneren Mongolei

**432 Das Banner des J̌asaɣ terigün jerge tayiǰi Nawangsikür des Distrikts des Sečen Khan von Qalqa**
Mongolei, 1910 | Tusche und Farbe auf Papier, H 71,5 cm, B 51 cm | Staatsbibliothek zu Berlin – Preußischer Kulturbesitz, Orientabteilung | Inv.-Nr. Hs. or. 153
*nur München*

**433 Das Banner Aru Qorcin des Bundes J̌uu uda**
Mongolei, 1907 | Tusche und Farbe auf Papier, H 132 cm, B 73,5 cm | Staatsbibliothek zu Berlin – Preußischer Kulturbesitz, Orientabteilung | Inv.-Nr. Hs. or. 60
*nur Bonn*

**434 Das mittlere Banner des rechten Flügels der Qorcin des Bundes J̌uu uda**
Mongolei, 1908 | Tusche und Farbe auf Papier, H 143 cm, B 69,5 cm | Staatsbibliothek zu Berlin – Preußischer Kulturbesitz, Orientabteilung | Inv.-Nr. Hs. or. 126
*nur Bonn*

434

435

436

437

## 435 Das Banner Siregetü küriyen des Bundes Josutu

Mongolei, 1908 | Tusche und Farbe auf Papier, H 111 cm, B 63,3 cm | Staatsbibliothek zu Berlin – Preußischer Kulturbesitz, Orientabteilung | Inv.-Nr. Hs. or. 136
*nur Bonn*

## 436 Das linke Banner der Ongniγud des Bundes Juu uda

Mongolei, 1908 | Tusche und Farbe auf Papier, H 63,8 cm, B 111 cm | Staatsbibliothek zu Berlin – Preußischer Kulturbesitz, Orientabteilung | Inv.-Nr. Hs. or. 61
*nur München*

## 437 Das rechte Banner der Ongniγud des Bundes Juu uda

Mongolei, 1907 | Tusche und Farbe auf Papier, H 63,8 cm, B 127,2 cm | Staatsbibliothek zu Berlin – Preußischer Kulturbesitz, Orientabteilung | Inv.-Nr. Hs. or. 62
*nur München*

## 438 Das linke Banner der Qaračin des Bundes Josutu

Mongolei, 1907 | Tusche und Farbe auf Papier, H 63 cm, B 109,5 cm | Staatsbibliothek zu Berlin – Preußischer Kulturbesitz, Orientabteilung | Inv.-Nr. Hs. or. 137
*nur München*

438

## Der Bogd Khan und die Äußere Mongolei (1911–19)

Der Bogd Khan wurde am 8. September 1870 als vierter Sohn des tibetischen Beamten Gončigceren und seiner Frau Ojdovdulam in der tibetischen Stadt Lhasa geboren. Er wurde im Juni 1872 als achte Wiedergeburt des Jebcundamba reinkarniert, was in einer am 11. April 1874 ausgestellten Urkunde vom Mandschu-Kaiser bestätigt wurde. Da sich die Residenz des Jebcundamba traditionell im religiösen Zentrum der Äußeren Mongolei, der Stadt Ich chüree, befand, luden ihn mongolische Fürsten und Kleriker offiziell ein, seinen Wohnsitz in dieser Stadt zu nehmen. Der Jebcundamba traf am 3. Oktober 1875 in Ich chüree ein. Er widmete sich fortan v. a. religiösen Aufgaben, insbesondere der Gründung neuer Klöster. Von den zwischen 1870 und 1910 erbauten 95 Klöstern und Tempeln dürften die meisten auf seine Initiative hin gegründet worden sein.

Zum Anfang der 1890er Jahre begann der Jebcundamba, sich in zunehmendem Maße kritisch über die Mandschu-Herrschaft zu äußern. Inwiefern dies die Konsequenz einer 1892 durch den Mandschu-Kaiser ausgesprochenen »Ermahnung« war,

bleibt unklar. Die Tatsache, dass sich der J̌ebcun-
damba in der Folge an Russland anzulehnen begann, verweist aber auch auf den Einfluss des russischen Konsuls Ja. P. Šišmarev, der bereits seit
1861 in Ich chüree arbeitete. 1895 entsandte der
J̌ebcundamba persönliche Emissäre nach St. Petersburg, die den Zaren um Unterstützung für
die Schaffung eines selbständigen mongolischen
Staates baten. Russland gab sich wohlwollend,
jedoch mit Rücksicht auf seine Beziehungen zu
China auch zurückhaltend. 1905 äußerte der Mandschu-Kaiser klare Kritik am J̌ebcundamba. Dieser hatte seinen neuen Winterpalast bezogen, der
ihm von russischen Baumeistern errichtet worden war. Der Mandschu-Kaiser grollte, dass er damit ein Gebäude bezogen hätte, das von Vertretern einer falschen Lehre erbaut worden war.

Als sich in China im Sommer 1911 revolutionäre
Veränderungen anbahnten, begann die Regierung
des Zaren, den Mongolen Militärhilfe zu gewäh-
ren. Schon im Oktober 1911 trafen in Ich chüree
die ersten russischen Soldaten ein. Einen Monat
später wurde in der Hauptstadt eine provisorische
Regierung gebildet. Am 16. Dezember 1911 inthro-
nisierten die Fürsten der Äußeren Mongolei den
J̌ebcundamba zum Khan der Mongolen. Russland
und die Äußere Mongolei schlossen am 21. Oktober 1912 ein Abkommen, in dem Russland die
Autonomie der Äußeren Mongolei garantierte.
Im mongolisch-russisch-chinesischen Abkommen von Kjachta (25. Mai 1915) erkannte China
die Autonomie der Äußeren Mongolei und Russland die Suzeränität Chinas über dieses Land an.
Russland hatte mit diesen Abkommen seinen Plan
verwirklicht, die Mongolei zu einem militärischen
Puffer zu machen. Doch die von Russland gewährten Garantien erloschen mit der Russischen
Revolution im Jahr 1917. China wollte sich zwar
die Äußere Mongolei nun wieder einverleiben,
konnte dies jedoch aufgrund seiner inneren
Machtkämpfe nicht verwirklichen. Erst 1919 gelang es dem chinesischen General Xu Shuzheng,
die Regierung des Bogd Khan zu zwingen, eine
Urkunde zu unterzeichnen, in der sie auf die Autonomie verzichtete.     *U. B. B.*

439

440

### 439 Žügder
### Ich chüree

Mongolei, um 1911 | Mineralfarben auf
Papier, H 58 cm, B 103 cm | Bogd Khan-
Palastmuseum, Ulaanbaatar | Inv.-Nr. 10-94

Ein Hofmaler des Ĵebcundamba, Žügder, malte 1911
diese Ansicht der Residenzstadt Ich chüree – des
heutigen Ulaanbaatar – im Stil alter mongolischer
Landkarten. Der Name »Ich chüree« bedeutet »Großer Kreis«. Er verweist auf frühere Jurtensiedlungen,
die sich kreisförmig um die Palastjurte des Herrschers bzw. um ein Kloster gruppierten. In Ich chüree im Tal des Flusses Tuul gab es zwei kreisförmig
angeordnete Siedlungen. Die große Siedlung im Bildzentrum umschließt das Kloster Züün chüree, den
Majdar-Tempel und den Palast des Bogd Khan in
einem nach Süden geöffneten Ring. Im Innengürtel
befinden sich die Palastjurten der Fürsten und hoher
Lamas sowie manche Regierungsämter. Ganz links
im Bild ist die Siedlung der Lamas und Klosterbe-
diensteten zu sehen, die um das Gandan-Kloster und
den Maidar-Tempel einen ebenfalls nach Süden geöffneten Ring bildet. Unten im Bild erkennt man die
beiden Residenzen des Ĵebcundamba und (rechts
von diesen) die Siedlung Najmaa Chot der chinesischen Händler. Nach Schätzung russischer Reisender
lebten in Ich chüree zum Ende des 19. Jhs. ca. 25 000
Menschen (darunter 8000 Chinesen und 13 800
Lamas). *U. B. B.*

### 440 Balduu (Marzan) Šarav
### (1869–1939)
### *Ein Tag in der Mongolei (Mongolyn neg ödör)*

Mongolei, Anfang 20. Jh. | Mineralfarben
auf Stoff, H 130 cm, B 165 cm | Zanabazar-
Kunstmuseum, Ulaanbaatar | Inv.-Nr. 191-693

Die berühmten Meistermaler Cend, Danžin, Žügder
und Cerenžav riefen eine Gruppe von begabten Malern zusammen, um mit ihnen ein ungewöhnliches
Projekt zu verwirklichen: Sie bildeten vier Gruppen
und machten sich auf den Weg in alle vier Himmelsrichtungen, um in einem Radius von ca. 60 Kilometern um Ich chüree alle bemerkenswerten Dinge der
Umgebung in Zeichnungen festzuhalten. Nach Ich
chüree zurückgekehrt, komponierten sie aus diesen
Zeichnungen ein großes Gemälde, eine Momentauf-
nahme des täglichen Lebens im Umfeld der Residenzstadt in der ausdrucksstarken Art mongolischer

Landkarten. Ein Hofmaler des Ĵebcundamba, Šarav,
ließ sich von diesem heute nicht mehr existierenden
Gemälde inspirieren und malte das hier ausgestellte
Bild. Das Kunstwerk setzt sich aus einer Vielzahl von
Szenen aus dem täglichen Leben der nomadischen
Mongolen zusammen, Szenen, die den europäischen
Betrachter mitunter an Pieter Bruegel erinnern und
ob ihres hintergründigen Humors auch eine Vorstel-
lung davon geben, warum dem Namen des Malers
Šarav das Adjektiv »komisch« *(marzan)* zugeordnet
wurde.　*U. B. B.*

### 441 Balduu (Marzan) Šarav
### (1869–1939)
### **Der achte Ĵebcundamba (1870–1924)**

Mongolei, nach 1911 | Mineralfarben
auf Stoff, H 113 cm, B 82 cm | Zanabazar-
Kunstmuseum, Ulaanbaatar |
Inv.-Nr. 194-762

Das vom »komischen« Šarav gemalte Bild des achten
Ĵebcundamba stellt im Vergleich zu früheren bild-
lichen Darstellungen der Ĵebcundamba einen klaren
Bruch mit der Tradition dar. Während vergleichbare
Bilder früher nach Vorlagen angefertigt worden wa-
ren, welche die Darstellungen streng kanonisiert hat-
ten, wählte Šarav eine lockere, fast naturalistische
Wiedergabe, die uns zu sagen scheint, dass dieser
Mönch ein lebender Gott und Mensch zugleich war.

Der achte Ĵebcundamba sitzt, in einem fast schlicht
anmutenden Mönchsgewand, auf dem mit der typischen Drachen- und Himmelssymbolik versehenen
Thron des Bogd Khan der Mongolei. Auf dem kleinen Tischchen vor ihm sind eine Trommel und eine
Ritualglocke zu sehen. Durch die Finger seiner rechten Hand gleiten die aus Elfenbein gefertigten Perlen
eines Rosenkranzes. Das Weihwassergefäß mit den
Pfauenfedern und Grashalmen symbolisiert die Verbindung von Reinheit und Glück. Auf der anderen
Seite des Bildes erblickt der Betrachter ein Silberge-
fäß in Lotosblütenform, das wahrscheinlich Weihrauch enthält. Die nur halb zu sehende Schnupftabak-
dose aus Jade, die sich neben einer Teeschale auf dem
Beistelltisch zur Rechten des Dargestellten befindet,
verweist darauf, dass der Bogd Khan manchen irdischen Genüssen sehr zugetan war. Die Standuhr, die
sicherlich ein Geschenk aus Russland war, symbolisiert seine bekanntermaßen große Vorliebe für fein-
mechanische Werke.　*U. B. B.*

### 442 Balduu (Marzan) Šarav
### (1869–1939)
### **Die Ech Dagina Dondogdulam
### (1874–1923)**

Mongolei, nach 1911 | Mineralfarben
auf Stoff, H 113 cm, B 85 cm | Zanabazar-
Kunstmuseum, Ulaanbaatar |
Inv.-Nr. 193-695

441

442

Der Ĵebcundamba soll die Dame Dondogdulam 1888
während einer Reise zum nordwestlich von Ich chüree
gelegenen Kloster Amarbajasgalant Chijd kennengelernt haben. Damals war sie noch die Ehefrau
des Adligen Žonon Van Cogbadrach. Doch der gegenüber weltlichen Freuden sehr aufgeschlossene Geistliche fand an Dondogdulam Gefallen. Wie und wann
er sie nach Ich chüree holte, ist unbekannt. Im Jahr
1911 gewährte er ihr wenige Tage nach seiner Inthronisierung zum Bogd Khan der Mongolei ein Staats-
siegel und stellte sie sich als »die Religion und Staat
Verbindende und Verbreitende, die Ech Dagina« zur
Seite. Dondogdulam entwickelte sich für den Bogd
Khan in den folgenden Jahren zur wichtigsten Vertrauten und Beraterin. Sie starb 1923, ein Jahr vor
ihm. Es ist nicht auszuschließen, dass sie das Opfer
eines von sowjetischen Beratern vorbereiteten Mord-
komplotts wurde.

Der Maler Šarav stellt Dondogdulam auf dem Dra-
chen- und Himmelsthron sitzend als Herrscherin
des Landes dar. In ihrer rechten Hand hält sie den
Dorje (das Vajra), in ihrer linken die Ritualglocke.

U. B. B.

### 443  Staatsornat des Bogd Khan (achter Ĵebcundamba)

Mongolei, Anfang 20. Jh. | Seide und Gold-
faden, Gewand: L 123 cm, B 63 cm; Hut:
H 18 cm, Dm (innen) 17,5 cm | Bogd Khan-
Palastmuseum, Ulaanbaatar |
Inv.-Nr. 6-113, 6-56

Detail Kat.-Nr. 443, Rückenseite             443

Das aus goldfarbener Seide gefertigte Staatsgewand des Herrschers der Mongolen trägt auf der Rückenseite das Sojombo – ursprünglich der erste Buchstabe eines Alphabets, das der erste Ĵebcundamba der Qalqa-Mongolen, Öndör Gegeen Zanabazar, 1686 schuf. Dieser Buchstabe hatte sich im Laufe der Zeit zum Symbol der mongolischen Unabhängigkeitsbewegung entwickelt. Nach der Inthronisierung des Bogd Khans wurde das Sojombo-Symbol zum Staatswappen erklärt, das die Banner und Siegel des Bogd Khan zierte. Die Kopfbedeckung des Khans der Mongolen trägt einen goldenen Dorje als Symbol des Absoluten und Unzerstörbaren.     *U. B. B.*

**444  Gewand der Ech Dagina Dondogdulam**
Mongolei, Anfang 20. Jh. | Seide, Leder, Pfauenfedern; Gewand: L 170 cm, B (max.) 170 cm; Weste: H 70 cm, B 66 cm; Stiefel: H 47 cm, L 25 cm, B 18 cm | Bogd Khan-Palastmuseum, Ulaanbaatar | Inv.-Nr. 6-16, 6-40, 6-134

**445  Anonymer Künstler Ankunft des Bogd Khan im Palast**
Mongolei, nach 1911 | Mineralfarben auf Papier, H ca. 60 cm, B ca. 200 cm | Militärmuseum der Mongolei, Ulaanbaatar | Inv.-Nr. V-2-95-21

Dieses Bild eines unbekannten Malers vermittelt eine ungefähre Vorstellung von den zeremoniellen Prozessionen am Hofe des Bogd Khan: Der Herrscher kehrt in seine Residenz zurück. Diese Residenz, die wir in der Mitte von Züün chüree (siehe das Bild von Žügder, Kat.-Nr. 439), einem Stadtteil von Ich chüree, ausmachen, scheint offiziellen Anlässen vorbehalten gewesen zu sein (nach den Überlieferungen hielt sich der Bogd Khan mit Vorliebe in seinem Winterpalast auf). Die Prozession folgt einem klaren Protokoll: An ihrer Spitze reiten, in der Bildmitte, die Träger der mit dem Sojombo geschmückten Banner. Im ersten Thronwagen sitzt der Bogd Khan, im zweiten wohl seine Gemahlin Dondogdulam. Die nach dem Thronwagen getragenen Baldachine verweisen auf ihre herausragende Stellung. Dieser zentrale Teil der Prozession wird auf beiden Seiten (auf dem Bild oben und unten) durch die mongolischen und tibetischen Leibwachen des Bogd Khan abgeschirmt. Die Prozession wird durch eine Gruppe von Reitern be-

444

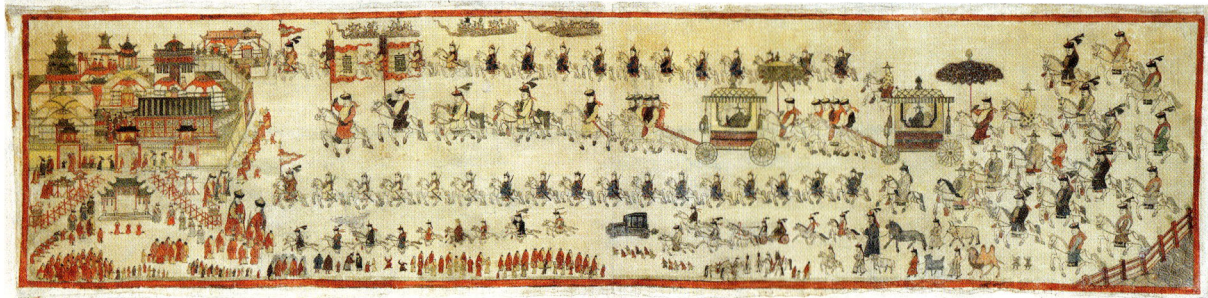

445

schlossen – mit hoher Wahrscheinlichkeit Mitglieder der Regierung des Bogd Khan. Dass ein Personenkraftwagen in die Prozession aufgenommen wurde, dürfte einem Wunsch des Bogd Khan entsprochen haben. Er war ein Autonarr, der mehrere Personenkraftwagen sein eigen nannte.     *U. B. B.*

### 446  B. (Marzan) Šarav (1869 – 1939)
### Der Winterpalast des Bogd Khan (Nogoon ordon)

Mongolei, Anfang 20. Jh. | Mineralfarben auf Stoff, H 138 cm, B 187 cm | Bogd Khan-Palastmuseum, Ulaanbaatar | Inv.-Nr. 7-237

Šaravs Gemälde zeigt den Komplex des Grünen Palastes (Winterpalastes), der auch unter seinen tibetischen und mongolischen Namen Šaravpelžeegiin Süm bzw. Bilgijg Chögžüülen Badruulagč Süm bekannt geworden ist, in seiner ursprünglichen Form. Der Palast wurde von 1893 bis 1906 errichtet, nachdem die ursprüngliche Residenz des Ǧebcundamba, der Gelbe Palast (tib. Dečingalbyn Süm), im Jahr 1893 völlig niedergebrannt war. Der 1905 im Stil eines russischen Wohnhauses erbaute Winterpalast (rechts unten in der Anlage) stellte für ein solches Gebäudeensemble zweifellos einen Stilbruch dar. (In ihm befindet sich heute das Bogd Khan-Palastmuseum.)

Der Ǧebcundamba mochte dieses Gebäude jedoch sehr, da sein Heizsystem im mongolischen Winter einen bis dahin unbekannten Komfort bot. Vergleicht man die auf dem Gemälde dargestellte Anlage mit den heute existierenden Gebäuden, wird deutlich, dass nur noch die Toranlagen und die drei aufeinanderfolgenden Tempel der mittleren Achse existieren: Von Süden nach Norden sind dies das Zeremonialtor (1907), das Tor des Friedens (wohl 1912), der sich an dieses Tor anschließende Tempel Machranzyn Süm (1903), der Najdan Süm (um 1898) und der Lavrin Süm. Auch einige der Seitentempel sind erhalten. Der quadratische Gebäudekomplex oberhalb des Grünen Palastes zeigt den Wirtschaftshof des Ǧebcundamba. In den von einem Zaun umgebenen beiden Gebäuden links auf dem Bild befand sich die Kaserne der ca. 200 tibetischen und mongolischen Leibgardisten des Ǧebcundamba. Nach dessen Tod im Jahr 1924 beschloss die Regierung, den gesamten Palastkomplex in ein Museum umzuwandeln.     *U. B. B.*

### 447  Siegel

Mongolei, 1913 | Messing, H 9,6 cm, L 8,5 cm, B 6 cm | Privatsammlung Otgonbaatar | Inv.-Nr. 5

Das Emblem der amtlichen Siegel *(tamay-a/tamga)* des souveränen mongolischen Staates ist das Sojombo-Zeichen, das Symbol der Freiheit und Unabhängigkeit des mongolischen Volkes. Es ist das erste Zeichen des mongolischen Sojombo-Alphabets (Kat.-Nr. 425). Das hier gezeigte Beispiel ist das Siegel des Vertreters des Ǧasaγtu Khan Ayimaγ, des östlichsten Bezirks der 1911 gegründeten Monarchie, in der mongolischen Hauptstadt. Es wurde 1913 von der Protokollabteilung des Innenministerums angefertigt.
Die Symbolik des Sojombo-Zeichens ist buddhistischen Ursprungs und entspricht teilweise der Symbolik des Stūpa. Als staatliches Symbol werden die

447

Bestandteile des Emblems folgendermaßen erklärt: Die Flamme an der Spitze: häuslicher Herd, Familie, Staat, die in aller Zukunft gedeihen mögen; Sonne und Mond: das mongolische Volk, Männer und Frauen, die auf ewig blühen und gedeihen mögen; Dreieck: wie ein Pfeil ins Ziel treffen; das Fischpaar: Kinderreichtum, aber auch Wachsamkeit, da Fische nie ihre Augen schließen; die stehenden Rechtecke: fest wie eine Mauer sein.     *K. S.*

### 448  Ivan Jakovlevitsch Korostovec, 1913

Photographie | aus Iwan Jakowlewitsch Korostovetz: *Von Cinggis Khan zur Sowjetrepublik. Eine kurze Geschichte der Mongolei unter besonderer Berücksichtigung der neusten Zeit,* Berlin/Leipzig 1926

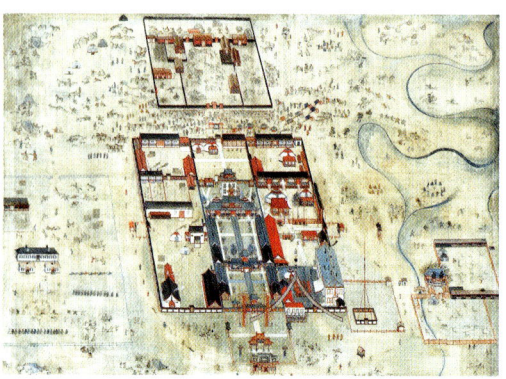

446

448

Die russische Regierung beauftragte den erfahrenen Diplomaten I. Ja. Korostovec, der die Regierung des Zaren von 1907 bis 1912 als Außerordentlicher Gesandter in Peking vertreten hatte, im Jahr 1912 mit einer sensiblen Mission. Korostovec erhielt die Aufgabe, mit der Regierung des Bogd Khan in Nijslel chüree Verhandlungen zu führen, die es Russland ermöglichen sollten, die Einwanderung von Chinesen sowie die Stationierung von chinesischen Truppen in der Äußeren Mongolei zu stoppen und das Land den wirtschaftlichen Interessen Russlands zu öffnen. Dabei war Russland daran interessiert, die staatliche Suzeränität Chinas über die Äußere Mongolei zu erhalten, um eine mongolische Eigenstaatlichkeit nicht finanzieren zu müssen. Korostovec traf im September 1912 in Nijslel chüree ein und nahm sofort Verhandlungen mit der Regierung des Bogd Khan auf. Am 21. Oktober wurde das Abkommen unterzeichnet. Die Verhandlungen hatten sich für Korostovec als recht kompliziert erwiesen. Seine mongolischen Verhandlungspartner drangen mit Nachdruck auf die Anerkennung der Eigenstaatlichkeit der Äußeren Mongolei durch Russland. Doch Russland blieb bei seiner Position, die Autonomie der Äußeren Mongolei nur bei gleichzeitiger Suzeränität Chinas anzuerkennen. Das Foto zeigt I. Ja. Korostovec mit den Vertretern der Bogd-Khan-Regierung.  *U. B. B.*

### 449  Die Mongolei unterwirft sich China, 1919

Photographie | Nationalmuseum für mongolische Geschichte, Ulaanbaatar | Inv.-Nr. 1183

Die Regierung der Republik China entsandte 1916 zwei ständige Vertreter nach Nijslel chüree (vormals Ich chüree), die dort die Reintegration der Äußeren Mongolei in den chinesischen Staatsverband vorbereiten sollten. Die chinesischen Diplomaten konnten

449

inzwischen auf die Unterstützung mongolischer Fürsten rechnen, die ihrerseits die Wiederanerkennung alter Apanagen und Privilegien forderten. Die Russische Revolution (1917) begünstigte die chinesischen Intentionen, da Sowjetrussland nicht mehr als Garantiemacht der mongolischen Autonomie auftrat. Im Oktober 1919 arbeiteten der chinesische Vertreter in Nijslel chüree, Chen Yi, und der mongolische Außenminister Cerendorž ein Dokument über die Aufgabe der Autonomie aus. Doch zur Unterzeichnung des Dokumentes kam es nicht mehr. Im Oktober marschierten chinesische Truppen unter dem Befehl von General Xu Shuzheng in Nijslel chüree ein. General Xu forderte die Bogd-Khan-Regierung ultimativ zur Aufgabe der Autonomie auf. Die Minister und ihre Stellvertreter unterzeichneten am 17. November 1919 eine entsprechende Urkunde. Das Photo zeigt wahrscheinlich General Xu Shuzheng mit den Vertretern der mongolischen Abordnung, die am 2. Dezember 1919 im Präsidentenpalast von Peking an der Zeremonie anlässlich der Wiedereingliederung der Äußeren Mongolei teilnahmen.

*U. B. B.*

## Die 1920er Jahre: Die mongolische Volksrevolution

### 450  Robert Roman Fedorovič Baron von Ungern-Sternberg (1886–1921), 1920

Photographie | Nationalmuseum für mongolische Geschichte, Ulaanbaatar | Inv.-Nr. 182

Robert Roman von Ungern-Sternberg, einst hochdekorierter Offizier des Zaren, begann 1917 auf Befehl der Provisorischen Regierung Russlands, in Transbaikalien eine Freiwilligenarmee gegen die Sowjetregierung aufzustellen. Nachdem die Rote Armee im Sommer 1919 die Truppen der weißen Kolčak-Regierung zerschlagen hatte und nach Transbaikalien vorgerückt war, mussten im Oktober des Jahres auch die japanischen Invasionstruppen die Region räumen. Ungern-Sternberg flüchtete mit seiner 1500 Mann umfassenden »Asiatischen Berittenen Division« Anfang 1920 in die Äußere Mongolei. Am 3. Februar 1921 vertrieb er die chinesischen Truppen aus Nijslel chüree und nahm die Hauptstadt der Äußeren Mongolei ein. Der Bogd Khan verlieh ihm für die Vertreibung der Chinesen aus der Mongolei einen Fürstentitel. Ungern-Sternberg ließ den Bogd Khan am

450

26. Februar 1921 wieder als Khan der Mongolei inthronisieren. Doch verlor er bald darauf durch seine grausamen Exzesse den Rückhalt in der mongolischen Bevölkerung. Einheiten der Roten Armee und der mongolischen Volksmachtarmee zerschlugen seine Truppen beim Versuch eines Einmarsches in Transbaikalien.

Die russischen Bolschewiki initiierten ab 1919 in Nijslel chüree die Bildung konspirativer Organisationen (Konsulyn-Denž- und Züün-chüree-Geheimbund), die sich zu Keimzellen revolutionärer Aktivitäten entfalten sollten. Sie versuchten, v. a. für die Eigenstaatlichkeit kämpfende mongolische Patrioten als Mitglieder dieser Geheimbünde zu gewinnen.

Mit dem Einmarsch der Truppen Ungern-Sternbergs Ende 1920 entwickelte sich die Äußere Mongolei aus Moskauer Sicht zu einem hohen Sicherheitsrisiko für den sibirischen Teil Sowjetrusslands. Ungern-Sternberg hatte am 3. Februar 1921 die chinesischen Truppen aus Nijslel chüree vertrieben und den Bogd Khan wieder inthronisieren sowie eine Regierung bilden lassen. Er machte keinen Hehl daraus, dass er die Äußere Mongolei v. a. als Aufmarschbasis gegen Sowjetrussland zu nutzen beabsichtigte. Dies und der Verdacht, dass er heimlich von Japan unterstützt wurde, veranlasste die Moskauer Regierung, fieberhaft nach Möglichkeiten zu suchen, Ungern-Sternberg und seine Truppen schnell zu liquidieren. Die Sowjetregierung wandte sich an die chinesische Regierung. Diese lehnte jedoch gemeinsame militärische Aktionen mit Verweis auf ihre Souveränitätsrechte in der Äußeren Mongolei ab.

Mitarbeiter des Sibirischen Büros der Russischen Kommunistischen Partei hatten schon 1920 eine Idee gehabt, die sich nun als praktikabel erweisen sollte. Eine Partei musste her, die in der Lage war, in der Mongolei eine provisorische Regierung zu bilden. Diese wiederum sollte die Regierung in Moskau um militärische Hilfe gegen Ungern-Sternberg bitten. In der Zeit vom 1. bis 3. März 1921 wurde in der russischen Grenzstadt Kjachta eine Beratung abgehalten, die als der Gründungsparteitag der Mongolischen Volkspartei (MVP) in die Geschichte eingehen sollte. Die MVP war die erste politische Partei der Äußeren Mongolei. Ihre Mitglieder einte v. a. der Wunsch, einen von China unabhängigen mongolischen Nationalstaat zu schaffen. Deshalb legten sie darauf Wert, einen eigenen Beitrag zur Befreiung ihres Landes von den Chinesen zu leisten. Die von der MVP am 13. März 1921 gegründete provisorische Regierung plante, zuerst die in Kjachta verbliebenen chinesischen Truppen zu vertreiben und dann erst den Kampf gegen die Truppen Ungern-Sternbergs aufzunehmen. Die provisorische Regierung bat die Sowjetregierung am 17. März um militärische Unterstützung bei der »Säuberung des Territoriums […] von weißgardistischen Banden«. Am 19. März nahm die von der MVP gegründete Volksmachtarmee (ca. 400 Mann und 140 sowjetische Instrukteure) nach Artillerie-Vorbereitung durch in der Nähe weilende sowjetische Truppen Kjachta ein und vertrieb die dortigen chinesischen Truppen.

Als sich Ungern-Sternberg und der weiße General Resuchin im Mai 1921 entschlossen, mit dem Gros ihrer Truppen einen Überfall auf die südsibirischen Grenzgebiete zu unternehmen, wurden sie von sowjetischen Einheiten vernichtend geschlagen.

Am 26. Juni beschloss die MVP-Führung die Rückeroberung von Nijslel chüree. Sowjetische und mongolische Kampfverbände in einer Gesamtstärke von 10 000 Mann rückten auf die Hauptstadt vor. Deren Einnahme erfolgte kampflos, Ungern-Sternbergs Truppen hatten die Flucht ergriffen. Eine mongolische Patrouille nahm Ungern-Sternberg am 22. August gefangen und übergab ihn der russischen Seite, die ihn durch ein Tribunal zum Tode verurteilte. Die Reste der weißen Truppen wurden im Lauf des Jahres 1922 durch mongolische und sowjetische Kampfverbände vernichtet.

Mongolische Historiker interpretieren die Ereignisse des Jahres 1921, v. a. die Einnahme von Kjachta und Nijslel chüree, bis heute als die »mongolische Volksrevolution«.   *U. B. B.*

### 451  S. Danzan (1883 oder 1885 – 1924), 1922

Photographie | Nationalmuseum für mongolische Geschichte, Ulaanbaatar | Inv.-Nr. 8870

S. Danzan, einst Beamter im Finanzministeriums der Bogd-Khan-Regierung, gründete 1919 in Nijslel chüree den Züün-chüree-Geheimbund. Er gehörte bei der Beratung in Kjachta im März 1921 zu den Mitbegründern der Mongolischen Volkspartei und wurde zum Vorsitzenden des Zentralkomitees der Partei gewählt. Danzan bekleidete ab Juli 1921 das Amt des Vizepremiers der »Provisorischen Volksregierung«. Von Juli 1921 bis 1922 war er auch als Finanzminister der Äußeren Mongolei tätig. Diesen Ämtern folgte im März 1923 die Ernennung zum Oberkommandierenden der Streitkräfte. Von 1921 bis 1924 war Danzan Mitglied des Zentralkomitees (ZK) bzw. des Präsidiums des ZK der Mongolischen Volkspartei. 1924 führte er während des Parteitages mit dem sowjetischen Berater E. Rinčino eine erbitterte Auseinandersetzung über den künftigen Entwicklungsweg der Mongolei. Rinčino konstruierte darauf die »Verschwörung von Danzan und Bavaasan«. Danzan und der Sekretär der Regierung, Bavaasan, wurden wenig später standrechtlich erschossen.   *U. B. B.*

### 452  Damdingijn Süchbaatar (1893 – 1923), 1921

Photographie | Nationalmuseum für mongolische Geschichte, Ulaanbaatar | Inv.-Nr. 8465

Damdingijn Süchbaatar wird in der Mongolei bis heute als der Führer der mongolischen Volksrevolution des Jahres 1921 verehrt. Er stand ursprünglich im Militärdienst der Bogd-Khan-Regierung, die ihn wiederholt für seine Leistungen auszeichnete. 1919 schloss er sich in der Hauptstadt Nijslel chüree dem Züün-chüree-Geheimbund und später der Mongolischen Volkspartei an, in der er schnell an politischem Einfluss gewann. 1920 reiste er mit D. Dogsom u. a. nach Irkutsk, um die Bolschewiki um militärische Hilfe zu bitten. 1921 führte er die mongolischen Truppen bei der Einnahme von Kjachta und avancierte danach zum Oberbefehlshaber der Volksmachtarmee. Von März 1921 bis Dezember 1922 bekleidete er die Ämter des Ministers für Armeeangelegenheiten und des Oberbefehlshabers der Streitkräfte. In Berichten sowjetischer Berater wurde wiederholt dar-

451                                 452

auf verwiesen, dass er zuweilen »ermahnt« werden musste. Süchbaatar starb im Jahr 1923 unter nicht völlig geklärten Umständen. Nachdenklich stimmt, dass in diesem Jahr auch andere einflussreiche politische Persönlichkeiten wie die Gattin des Bogd Khan, Dondogdulam, »verstarben«.   *U. B. B.*

### 453  D. Ceden-Iš (1895 – 1942) und B. Z. Šumjackij (1886 – 1938) mit D. Bodoo, D. Süchbaatar und D. Losol, 1921/22

Photographie | Nationalmuseum für mongolische Geschichte, Ulaanbaatar

Die sowjetrussischen Kommunisten D. Ceden-Iš (eigentlich D. Gočitskij) und B. Z. Šumjackij spielten in der Zusammenarbeit zwischen den mongolischen Revolutionären und der Russischen Kommunistischen Partei (RKP) eine Schlüsselrolle. D. Ceden-Iš war in der Äußeren Mongolei als Vertreter der Mongolisch-Tibetischen Abteilung der Sektion der Östlichen Völker im Sibirischen Büro der RKP tätig. In dieser Funktion betrieb er aktiv die Gründung der Mongolischen Volkspartei. Nach der »Volksrevolution« wechselte er als Berater in das Finanzministerium und wurde später Vorsitzender des Generalkomitees der Kooperative der Gegenseitigen Hilfe

453

sowie Vorsitzender des Komitees für Staatliche Kontrolle der Mongolei.

Šumjackij beschäftigte sich in seiner Funktion als Stellvertretender Vorsitzender des Revolutionsrates Sibiriens und Beauftragter der Kommunistischen Internationale mit den »mongolischen Angelegenheiten«. Das Volkskommissariat für Auswärtige Angelegenheiten der UdSSR ernannte ihn zum Beauftragten für Sibirien und die Mongolei. Am 2. November 1921 schrieb er etwas desillusioniert an Lenin: »Es ist klar, dass wir es vermeiden, irgendwelche Arbeit zur Sowjetisierung der Mongolei zu unternehmen, weil zumindest in diesem Land, das hinter uns um 20 Jahrhunderte zurückgeblieben ist, selbst die bürgerliche Demokratie eine bewundernswerte revolutionäre Errungenschaft wäre«. Šumjackij wurde 1938 wegen »parteifeindlicher Aktivitäten« hingerichtet.   *U. B. B.*

### 454  Ceveen Žamsarano (1881–1940), 1924

Photographie | Nationalmuseum für mongolische Geschichte, Ulaanbaatar | Inv.-Nr. 285
*ohne Abb.*

Der aus Russland stammende Burjate Ceveen Žamsarano galt während des Jahrzehnts nach der »Volksrevolution« (1921) als der eigentliche geistige Kopf der von den Sowjets befehdeten nationaldemokratischen Orientierung innerhalb der Führung der Mongolischen Revolutionären Volkspartei (MRVP). Er war schon während der Bogd-Khan-Regierung in der Äußeren Mongolei in verschiedenen Beratungsfunktionen tätig gewesen und gehörte zu den Gründungsmitgliedern der Mongolischen Volkspartei. Von 1921 bis 1923 war er Stellvertretender Innenminister der Äußeren Mongolei. Neben zentralen Führungsfunktionen innerhalb der MRVP-Führung, die er bis 1928 innehatte, arbeitete er ab 1923 als Wissenschaftler am Institut für Schrifttum. 1937 wurde er verhaftet und 1940 in der UdSSR zu fünf Jahren Lagerhaft verurteilt. Er verstarb noch im selben Jahr.   *U. B. B.*

### 455  Balbar Gombosüren Die Etappen der Revolution

Mongolei, Ende der 1950er Jahre | Plakat, Gouache auf Papier, H 60 cm, B 85 cm | Museum für Moderne Kunst, Ulaanbaatar | Inv.-Nr. 4239-3959

Die Standorte sowjetischer Truppen und der Einheiten Ungern-Sternbergs vor der militärischen Zerschlagung der Weißen Truppen Ungern-Sternbergs

455

Dieses Plakat verfolgt eindeutig propagandistische Ziele. Es soll die Abfolge der Etappen der »Volksrevolution« in der Art vermitteln, wie sie sowjetische Historiker den Mongolen über Jahrzehnte vorgaben. Sie betonten die Eigenständigkeit der mongolischen Revolution und vertuschten den sowjetischen Einfluss auf die historischen Ereignisse. Demnach gründeten mongolische Patrioten die Mongolische Volkspartei, die unter der Führung D. Süchbaatars mit ihrer Volksmachtarmee die Chinesen aus Kjachta vertrieb und die Hauptstadt Nijslel chüree einnahm. Doch russische und mongolische Quellen berichten von einem anderen Verlauf: Nach ihnen erfolgte die Bildung der konspirativen Verschwörungen und die Gründung der Mongolischen Volkspartei nach einem politischen Szenario der russischen Bolschewiki. Truppen der Roten Armee dominierten die Kampfhandlungen bei der Vertreibung der Chinesen aus der Grenzstadt Kjachta sowie bei der Einnahme von Nijslel chüree. Die daran teilnehmenden mongolischen Verbände standen ausschließlich unter dem Befehl von Instrukteuren der Roten Armee. Dem zweifellos aufrechten Patrioten D. Süchbaatar wurde die zentrale Rolle als Revolutionsführer erst im Rahmen späterer politischer Legendenbildung zugewie-

sen. Zu diesen Legenden gehört, dass sich der Revolutionsführer mit Lenin traf. Doch ist ein solches Treffen nicht nachweisbar.   *U. B. B.*

### 456  D. Čagdaržav, Leiter der Provisorischen Volksregierung, 1921/22

Photographie | Nationalmuseum für mongolische Geschichte, Ulaanbaatar

### 457  Dogsom Bodoo, Premierminister der Volksregierung, 1921/22

Photographie | Nationalmuseum für mongolische Geschichte, Ulaanbaatar

D. Čagdaržav und D. Bodoo, beide ursprünglich Mitglieder des Konsulyn-Denž-Geheimbundes, spielten in den ersten revolutionären Regierungen der Äußeren Mongolei eine herausragende Rolle. Während D. Čagdaržav die »Provisorische Volksregierung« im März/April 1921 als Premier führte und zugleich das Amt des Finanzministers bekleidete, war D. Bodoo von Juli 1921 bis Februar 1922 als Premier und Außenminister der Volksregierung der Äußeren Mongolei tätig. Die Sowjets bezichtigten sie schließlich der »Konterrevolution«. Sie ließen D. Bodoo am 30. August 1922 und D. Čagdaržav am Folgetag hinrichten.   *U. B. B.*

### 458  Erste Tögrög-Banknoten

Mongolei, 1925 | Papier, H 10 cm, B 17,4 cm | Nationalmuseum für mongolische Geschichte, Ulaanbaatar | Inv.-Nr. U-62-3-84

Die Äußere Mongolei verfügte in den Jahren 1911–24 über keine eigene Geldwährung. Chinesische und mexikanische Silberdollar sowie Silber- und Gold-

456            457

458

rubel aus der Zarenzeit kursierten auf ihren Märkten. Nach wie vor flossen große Geldmengen nach China ab. Sowjetische Berater erklärten daher die Separierung des Geldmarktes von China zum strategischen Ziel. Die Regierungen der Sowjetunion und der Mongolei gründeten darauf am 2. Juni 1924 die Industrie- und Handelsbank »Mongolbank«, der die mongolische Regierung am 22. Mai 1925 das besondere Recht gewährte, Banknoten der nationalen Währung »Tögrög« herauszugeben und in Umlauf zu bringen. Die Mongolbank gab am 9. Dezember 1925 die erste, in der Sowjetunion hergestellte Tögrög-Serie im Gesamtwert von 200 100 Tögrög heraus. Die neue Währung wurde in Münzen (als Kupfermünzen im Wert von 1, 2, 5 Möngö; als Silbermünzen im Wert von 10, 15, 20, 50 Möngö und 1 Tögrög, wobei 1 Tögrög 100 Möngö entspricht) und Banknoten (im Wert von 1, 2, 5, 10, 25, 50 und 100 Tögrög) in Umlauf gebracht, die von dem mongolischen Maler B. (Marzan) Šarav entworfen worden waren. Die mongolische Regierung schloss ihre Geldreform am 1. April 1928 ab. Sie erklärte den Tögrög zum einzigen gesetzlichen Zahlungsmittel und ließ chinesische und andere ausländische Zahlungsmittel einziehen. China hatte seine Einflussmöglichkeiten auf den mongolischen Geldmarkt verloren.   *U. B. B.*

### 459   Zur Ausbildung nach Deutschland gesandte mongolische Kinder, 1926

Photographie | Nationalmuseum für mongolische Geschichte, Ulaanbaatar | Inv.-Nr. 5362

Führende Funktionäre der Mongolischen Revolutionären Volkspartei (MRVP) waren seit 1923 zu der Einsicht gelangt, dass es falsch wäre, sich einseitig an die Sowjetunion zu binden, zumal diese nicht in der Lage war, der Mongolei die notwendige wirtschaftliche Hilfe zukommen zu lassen. Vertreter der MRVP-Führung bemühten sich daher um Beziehungen zu

Deutschland und Frankreich. 1924 brach Bildungsminister Erdene Batchaan zu seiner ersten Deutschlandreise auf. Im November 1925 beschloss die mongolische Regierung, 35 Schüler zur Ausbildung nach Deutschland und Frankreich zu senden. Als die Schüler im April 1924 ihre Reise antraten, wurden sie vom MRVP-Vorsitzenden und vom Premierminister persönlich verabschiedet. Die Komintern veranlasste in den Jahren 1929/30 die Rückkehr der Schüler in die Mongolei. Die meisten der Schüler, die zwischen 1926 und 1929/30 in Deutschland studiert hatten, wurden 1943 der »Spionage für Deutschland« bezichtigt und zu langjährigen Haftstrafen verurteilt.   *U. B. B.*

### 460   L. Schoenaue
### *Entwickelt die Ackerbaugebiete des Staates (Ulus-un tariyalang-un kereg ulamar-a kögjitügei),* 1928

Plakat, H 75 cm, B 51 cm | Privatsammlung Enkhjin, Ulaanbaatar

Die Komintern-Vertreter in der Mongolei bereiteten um das Jahr 1928 einen politischen und wirtschaftlichen Wandel vor, der die Kollektivierung der mongolischen Viehwirtschaft und die langfristige Entwicklung des Ackerbaus ins Auge fasste. Sie beschlossen, diesen Wandel agitatorisch und propagandistisch gründlich vorzubereiten. Dazu ließen sie aus der Sowjetunion Fachleute wie den Maler L. Schoenaue kommen. Schoenaue sollte Agitationsplakate entwerfen. Das vorliegende Plakat propagiert die Entwicklung des Ackerbaus. Dies war aus zwei Gründen wichtig: Zum einen hatte die Vertreibung der chinesischen Bauern Ackerbau und Mehlversorgung in der Äußeren Mongolei zusammenbrechen lassen. Zum anderen verbanden russische Berater mit der Entwicklung des Ackerbaus auch die Vision, die nomadischen Mongolen sesshaft und damit kontrol-

459

460

lierbar zu machen. Von Schoenaues Arbeiten sind nur zwei Plakate, darunter dieses, erhalten geblieben. Der Maler ist nach dem Abschluss der Agitationskampagne 1929 in die Sowjetunion zurückgekehrt.   *U. B. B.*

## Die 1930er Jahre: Politischer Terror unter Čojbalsan

### 461   A. Gjerasimov
### Chorloo Čojbalsan (1895–1952), 1942

Öl auf Leinwand, H 145 cm, B 80 cm | Museum für Moderne Kunst, Ulaanbaatar | Inv.-Nr. 4307-66842

Ch. Čojbalsan gehörte zu den wenigen mongolischen Kindern, die während der Bogd-Khan-Regierung eine russische Schulausbildung erhielten. Er trat 1913 in die russisch-mongolische Schule in Nijslel chüree ein und besuchte 1914–18 ein Gymnasium in Irkutsk (Russland). 1919 schloss er sich dem Konsulyn-Denž-Geheimbund an. Ein Jahr später gehörte er zu den Mitbegründern der MVP (MRVP). Von März bis Juli 1921 war er Mitglied der »Provisorischen Volksregierung«. Als stellvertretender Oberkommandierender (1921–24) und Oberkommandierender der Streitkräfte (1924–28) erwarb er das besondere Vertrauen der sowjetischen Berater, die ihn immer stärker protegierten. 1934/35 war er Vizepremier und Minister für Armeeangelegenheiten; am 21. Februar 1936 wurde er zum Marschall der MVR und nur fünf Tage später zum Minister für Innere Angelegenheiten ernannt. In seiner Funktion als Innenminister und als Vorsitzender der 1937 gegründeten »Kommission zur Untersuchung konterrevolutionärer Verbrechen« war er federführend in der Durchführung der sowjetischen Terrormaßnahmen gegen sein eigenes Volk. Auf Betreiben sowjetischer Berater konzentrierte er alle exekutive Macht in seinen Händen. Er übernahm 1937 erneut die Leitung des Ministeriums für Armeeangelegenheiten und das Oberkommando über die Streitkräfte. 1939 ließ er sich auch zum Minister für Auswärtige Angelegenheiten ernennen. Von 1939 bis zu seinem Tod im Jahr 1952 leitete er den Ministerrat der MVR. Čojbalsan war von 1924 bis 1952 ohne Unterbrechung Mitglied des Präsidiums bzw. des Politbüros des ZK der MRVP. *U. B. B.*

### 462 Die Mitglieder der Außerordentlichen und Bevollmächtigten Kommission Ch. Čojbalsan (a), A. Luvsanšarav (b) und G. Cerendorž (c), 1930er Jahre

Photographien | Nationalmuseum für mongolische Geschichte, Ulaanbaatar | Inv.-Nr. 1566, 184

461

462 a

462 b

462 c

Am 10. September 1937 setzten in der Mongolei unter der Leitung sowjetischer Geheimdienstinstrukteure Massenverhaftungen ein. Diese erfolgten nach in Moskau ausgearbeiteten Namenslisten. Die Verhafteten wurden in aller Regel innerhalb weniger Tage ohne jegliches juristisches Verfahren erschossen. Der Terror griff schnell um sich und erreichte unvorstellbare Dimensionen.

Am 2. Oktober 1937 beschlossen die Führung der Mongolischen Revolutionären Volkspartei (MRVP) und der Erste Stellvertreter des Premiers in einem geheimen Befehl die Gründung der Außerordentlichen und Bevollmächtigten Kommission. Diese besaß höhere Befugnisse als Gerichte und konnte außerhalb der bestehenden Gesetze agieren. Der Kommission gehörten neben Innenminister Marschall Ch. Čojbalsan der Sekretär des ZK der MRVP D. Luvsanšarav und Justizminister G. Cerendorž an. Die Kommission tagte zwischen 1937 und 1939 in 51 Sitzungen. Sie »untersuchte« die »konterrevolutionären Verbrechen« von 25588 Personen, von denen sie 20 099 zum Tode durch Erschießen verurteilte. Als die Terrowelle ausklang, liquidierten die Sowjets auch die Täter. So wurde z. B. das Kommissionsmitglied D. Luvsanšarav 1939 durch die Stelle für Militärspionage der in der Mongolei stationierten 17. Sowjetischen Armee verhaftet und in die Sowjetunion verbracht. Das Militärkollegium des Obersten Gerichts der UdSSR verurteilte ihn am 9. Juli 1941 zum Tode durch Erschießen. Justizminister G. Cerendorž wurde im selben Jahr hingerichtet. *U. B. B.*

### 463 Schreibtischutensilien von Marschall Ch. Čojbalsan

Mongolei, 1930er Jahre |
Silber; Schreibfeder: L 23 cm; zwei eckige Tintenfässer: H 7,9, B 5 cm, T 5 cm; Löschwiege: H 12 cm, L 14,8 cm, B 4 cm; Stand: H (gesamt) 12,5 cm, L 30 cm, B 17 cm | Nationalmuseum für mongolische Geschichte, Ulaanbaatar | Inv.-Nr. 256-2, 255-1, 256-1, 256-4, 256-3, 256-5

Nach vagen Schätzungen verloren unter der Herrschaft Marschall Ch. Čojbalsans ca. 30 000 Mongolen ihr Leben. Sie wurden erschossen, in Verhören zu Tode geprügelt oder verstarben in den Straflagern an den Folgen von Hunger, Kälte und physischer Gewalt. Viele der Urteilssprüche gegen jene Menschen trugen die Unterschrift von Marschall Ch. Čojbalsan. Dieser musste nie einen Menschen selbst schlagen

463

oder erschießen, seine Unterschrift reichte aus. Er hat auch nie einen Freund vor der eigenen Terrormaschinerie bewahrt. *U. B. B.*

### 464 Marschall Ch. Čojbalsan und der sowjetische Botschafter I. A. Ivanov, wohl 1945

Photographie | Privatsammlung Shagdarsuren | Inv.-Nr. 1593

Die Bevollmächtigten Vertretungen der UdSSR in der Mongolei stellten ab 1937 die Schaltzentralen des sowjetischen Terrors in der Mongolei dar. Ihre Bevollmächtigten Vertreter trugen in der Regel einen hohen militärischen Rang des sowjetischen Geheimdienstes. S. N. Mironov übernahm den Posten des Bevollmächtigten Vertreters der UdSSR in Ulaanbaatar im Jahr 1937. Er traf am 24. August 1937 zusammen mit dem Stellvertretenden Vorsitzenden des Volkskommissars für Innere Angelegenheiten der UdSSR, M. F. Frinovskij, in der Mongolei ein. Frinovskij übergab Innenminister Ch. Čojbalsan einen Tag später eine Liste mit den Namen von 115 politischen Persönlichkeiten, die in den folgenden Tagen verhaftet und hingerichtet wurden. Mironov wurde 1939 von I. A. Ivanov abgelöst, der bis 1947 auf dem Posten verblieb. Ivanov, ein zynischer Machtpoliti-

464

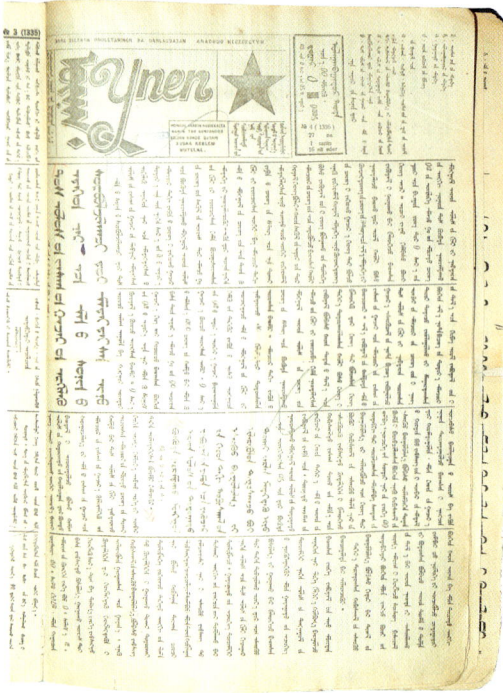

465

ker, leitete nach dem Abklingen des Terrors den Personenkult um Ch. Čojbalsan ein und verwandelte den mongolischen Statthalter Stalins in einen wohlwollenden Patriarchen, der sich angeblich »Verdienste um die Unabhängigkeit der Mongolei« erworben hatte.    *U. B. B.*

### 465  Titelseite der Tageszeitung *Ünen* vom 16. Januar 1937

Papier, H 34 cm, B 26 cm | Staatsbibliothek der Mongolei, Ulaanbaatar | Inv.-Nr. 6, No. 4 (1336)

Am 16. Januar 1937 veröffentlichte die MRVP-Parteizeitung *Ünen* auf ihrer Titelseite die Mitteilung des Ministeriums für Innere Angelegenheiten »über die Entdeckung und Liquidierung einer konterrevolutio-

nären Organisation im Egüzer-Kloster«. In den folgenden Ausgaben der *Ünen* erschienen diverse »Enthüllungen« aus Verhören. Am 5. März 1937 gab *Ünen* die Urteile des Obersten Gerichts zur Kenntnis. Zwei der Angeklagten wurden zu fünf Jahren Haft, sechs zu acht Jahren Haft, sechs zu zehn Jahren Haft und sechs Angeklagte zum Tode durch Erschießen verurteilt. Der Prozess gegen die Lamas des Egüzer-Klosters leitete einen groß angelegten Feldzug gegen die lamaistische Religion ein. Weitere Prozesse folgten. Der sowjetische Geheimdienstinstrukteur Čopjak arbeitete einen Plan zur systematischen Vernichtung der über 700 lamaistischen Klöster und Tempel aus, der in den Jahren 1937 und 1938 in die Tat umgesetzt wurde. Dem Terror fielen ca. 20 000 Lamas, darunter 54 hohe Wiedergeburten, zum Opfer.    *U. B. B.*

### 466  Gerichtsversammlung gegen Angehörige des lamaistischen Klerus, Ende der 1930er Jahre

Photographie | Nationalmuseum für mongolische Geschichte, Ulaanbaatar | Inv.-Nr. 5369

Die »Gerichtsversammlungen« gegen den lamaistischen Klerus wurden im Jahr 1937 als aufwendige Schauprozesse im Staatlichen Zentraltheater von Ulaanbaatar inszeniert. Ausführlich und mit Schlagzeilen berichteten die Zeitungen des Landes über diese Prozesse. Sie sprachen von »Lama-Verschwörungen«, die »bewaffnete, konterrevolutionäre Aufstände« vorbereiten würden. In ihren Leitartikeln bezichtigten sie die Lamas der »Sabotage« und des »Vaterlandsverrates« sowie der »Spionage für Japan«. Die aus einer raffinierten Mischung aus »Dokumentation« und Polemik bestehende Berichterstattung suggerierte den Lesern, dass die aufgedeckten Ver-

466

schwörungen Bestandteile eines höchst gefährlichen, das ganze Land überziehenden Verschwörernetzes waren. Die Leser sollten den Eindruck gewinnen, dass es den Schutzorganen des Staates buchstäblich in letzter Minute gelungen wäre, wichtige Bestandteile einer landesweiten Verschwörung zu zerschlagen. Kurz vor der Verkündung der Urteile wartete die Presse mit Schlagzeilen wie »Vernichtet die Feinde der Revolution« auf.    *U. B. B.*

### 467  Der Großlama Egüzer Chutagt Agvaanluvsandanzan (1870–1930), 1910

Photographie | Historisches Zentralarchiv der Mongolei, Ulaanbaatar | Inv.-Nr. 443
*ohne Abb.*

Ž. Galsandaš wurde 1874 als siebte Wiedergeburt des Egüzer Chutagt reinkarniert. Als Mönch führte er den Namen Agvaanluvsandanzan. Er galt als sehr gelehrt und als der einflussreichste Kleriker der östlichen Äußeren Mongolei. Die Bogd-Khan-Regierung ernannte ihn 1913 zum Minister für die Befriedung der südöstlichen Grenzgebiete, ein Amt, das er auch in der Regierung Ungern-Sternberg sowie der späteren Volksregierung wahrnahm. Egüzer Chutagt wurde am 8. August 1929 durch den sowjetischen Geheimdienst-Instrukteur Kanaev verhaftet. Die Russen bezichtigten ihn der konterrevolutionären Verschwörung. Das Allgemeine Staatsgericht der Mongolei verurteilte ihn nach einer 15-tägigen Gerichtsverhandlung am 29. September 1930 zum Tode durch Erschießen. Egüzer Chutagt schrieb noch am selben Tag ein Gnadengesuch an die Kleine Staatsversammlung der MVR. Doch blieb dieses Gesuch ungelesen, denn seine Hinrichtung erfolgte schon einen Tag später.    *U. B. B.*

### 468  Der Tiv-Lama B. Žam'jantiv, 1919

Photographie | Historisches Zentralarchiv der Mongolei, Ulaanbaatar | Inv.-Nr. 2100

Der 73-jährige Lama B. Žam'jantiv aus dem Dečin-Gegeen-Kloster (Bajantümen, Provinz Dornod) wurde am 30. April 1935 verhaftet. Die Untersuchungsführer des Amtes für Innere Verteidigung bezichtigten ihn, »die revolutionäre Staatsmacht der Mongolei« vernichten und »ein feudales Regime errichten zu wollen«. Sie warfen ihm ferner vor, Japan zu helfen, die Mongolei zu erobern und zu einer »Kolonie despotischer Reaktionäre« zu machen. Žam'jantiv wies

468

469

470

471

alle Vorwürfe zurück. Das Oberste Gericht verurteilte ihn auf der Grundlage der konstruierten »Beweise« am 3. April 1936 zum Tode durch Erschießen.
*U. B. B.*

## 469 Der Jonzon Chamba des Gandan-Klosters, Luvsanchajmčig, 1914
Photographie | Historisches Zentralarchiv
der Mongolei, Ulaanbaatar | Inv.-Nr. 3855

Der Jonzon Chamba Luvsanchajmčig (geb. 1882) war
der Lehrer des achten Ĵebcundambas – Jonzon ist der
Titel des persönlichen Lehrers einer hohen Wiedergeburt, Chamba die Bezeichnung für Abt, Luvsanchajmčig der Mönchsname. Er wurde nach seiner
Verhaftung im Oktober 1937 dem Obersten Gericht
übergeben, welches ihn der Spionagetätigkeit für Japan und den Pancen-Lama sowie der konspirativen
Verschwörung zum Sturz der mongolischen Regierung bezichtigte. Nachdem seine »Geständnisse« in
der Presse veröffentlicht worden waren, wurde er zur
Höchststrafe verurteilt und noch im selben Jahr
hingerichtet. *U. B. B.*

**Die wichtigsten Klöster in der Äußeren Mongolei**

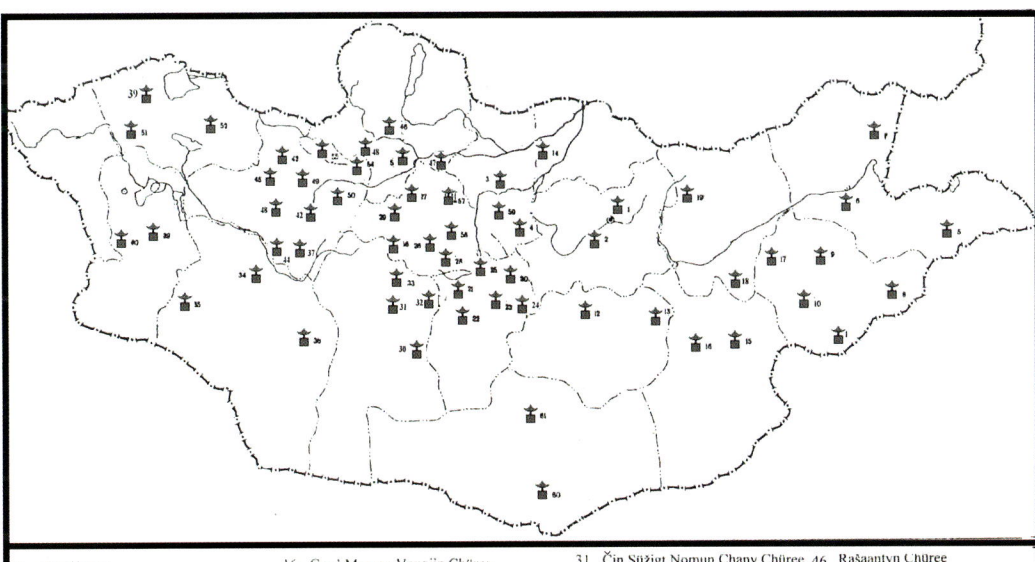

| | | | | | |
|---|---|---|---|---|---|
| 1 | Ich Chüree | 16 | Gov' Mergen Vangijn Chüree | 31 | Čin Süžigt Nomun Chany Chüree |
| 2 | Manžširijn Chijd | 17 | Cecen Chan Ajmgijn Dalaj Bejsijn Chüree | 32 | Dajčin Vangijn Chüree |
| 3 | Dajčin Vangijn Chüree | 18 | Bišrelt Bejsijn Chüree | 33 | Dašdoo Güngijn Chüree |
| 4 | Erdene Vangijn Chüree | 19 | Brajvun Nomun Chany Chüree | 34 | Aryn Chüree |
| 5 | Ilden Vangijn Chüree | 20 | Baruun Chany Chüree | 35 | Žalcan Bejsijn Chüree |
| 6 | Ačit Bejsijn Chüree | 21 | Sajn Nojon Chany Ongijn Chüree | 36 | Biger Nomun Chany Chüree |
| 7 | Jalguusany Chüree | 22 | Üjzen Güngijn Chijd | 37 | Narvančin Gegeenij Chüree |
| 8 | Önö Ötlögtijn Chüree | 23 | Ilden Bejsijn Chüree | 38 | Ulaangomyn Chüree |
| 9 | Mandalyn Chüree | 24 | Dalaj Vangijn Chüree | 39 | Tögrögijn Chüree |
| 10 | Bajšintijn Chüree | 25 | Erdene Zuu | 40 | Manchany Chüree |
| 11 | Narangijn Chüree | 26 | Cecen Čin Vangijn Chüree | 41 | Jaruugin Chüree |
| 12 | Tüšeet Chany Dajčin Bejsijn Chüree | 27 | Dajanžalbuu Zasgijn Chüree | 42 | Galuutain Chüree |
| 13 | Züün Čojryn Chüree | 28 | Zajany Chüree | 43 | Duutyn Chüree |
| 14 | Amar Bajasgalant Chijd | 29 | Dalaj Čojnchor Vangijn Chüree | 44 | Tegšijn Chüree |
| 15 | Nojon Chutagtyn Chüree | 30 | Lamyn Gegeenii Chüree | 45 | Möröngijn Chüree |

| | |
|---|---|
| 46 | Rašaantyn Chüree |
| 47 | Žalchanc Chutagtyn Chüree |
| 48 | Argalantyn Chüree |
| 49 | Šumuultajn Chüree |
| 50 | Tögsbujantyn Chüree |
| 51 | Dežeelin Chüree |
| 52 | Bögsijn Sangijn Dalajn Chüree |
| 53 | Ag'tyn Chüree |
| 54 | Düüregč Vangijn Chüree |
| 55 | Dečinravžaalin Chijd |
| 56 | Dečinpuncaglin Chijd |
| 57 | Luu Güngijn Chüree |
| 58 | Chambyn Chüree |
| 59 | Sangijn Dalajn Chüree |
| 60 | Bajšintijn Chijd |

**470　Das Kloster Manzušrijn Chijd, Kreis Zuunmod, Provinz Töv, vor 1937**

Zustand vor der Zerstörung | Photographie
Admon Advertising & Printing

**471　Das zerstörte Kloster Manzušrijn Chijd, 2004**

Photographie | Privatsammlung Udo
B. Barkmann

Das Kloster Manzušrijn Chijd gehörte zu den ältesten Klöstern der Äußeren Mongolei. Es wurde 1733 von Manzušri Chutagt Luvsanžambaldanzan (Luvsanbaldan) gegründet; 1748 erhielt der erste Tempel seine Weihe und den Namen Daščojnchorlin bzw. Bujanyg Zalbiragč Süm. 1750 wurde Manzušri Chutagt Agvaanluvsanzambaldanzan zum Lehrer des zweiten Jebcundambas der Qalqa-Mongolei ernannt. Das Kloster wurde während des 18. Jhs. auf den Jebcundamba übertragen, 1770 ließ dieser im Klosterbereich seinen Palast Šar chüree erbauen. Im Kloster lebten ständig bis zu ca. 350 Mönche. Truppen des Innenministeriums zerstörten es im Jahr 1937 unter Einsatz schwerer Waffen. 1989 wurde das Gebäude des Serüün Lavrin (»Kühler Palast«) nach alten Vorlagen wiederaufgebaut.　*U. B. B.*

**472　Das Kloster Dambadaržaalin Chijd, Ulaanbaatar, vor der Zerstörung 1937**

Photographie | Admon Advertising &
Printing

**473　Das zerstörte Kloster Dambadaržaalin Chijd, Ulaanbaatar, 2004**

Photographie | Privatsammlung Udo
B. Barkmann

Das im Norden Ulaanbaatars gelegene Kloster Dambadaržaalin Chijd gehörte zu den wenigen Klöstern in der Äußeren Mongolei, die auf persönlichen Befehl des Mandschu-Kaisers mit Mitteln aus der kaiserlichen Schatzkammer erbaut worden waren. Der Kaiser stiftete das 1761–65 errichtete Kloster dem Andenken an den zweiten Jebcundamba (1764/65). 1764 wurde in seinem nordwestlichen Teil ein Suburgan (Stüpa) mit Reliquien des zweiten Jebcundamba errichtet. Seine sterblichen Überreste wurden 1778 in das Kloster überführt. 1774 wurde hier auch der drit-

472

473

te Jebcundamba beigesetzt. Große Teile des Klosters Dambadaržaalin Chijd, im dem bis zu 1500 Lamas lebten, sind nach 1937 zerstört worden. Der zentrale Tempel wurde nach der Schlacht am Chalchyn Gol (1939) in ein Militärkrankenhaus umgewandelt.

*U. B. B.*

## Die Einführung der kyrillischen Schrift

Diskussionen darüber, die alte mongolische durch eine andere, leichter erlernbare Schrift zu ersetzen, gab es in der Mongolei schon in den 1920er Jahren. Die Mehrzahl der Mongolen waren Analphabeten, und der Schwierigkeitsgrad der alten Schrift, deren Buchstaben am Anfang, in der Mitte und am Ende des Wortes z. T. verschieden geschrieben wurden, erschwerte die Alphabetisierungskampagnen in den unteren Volksschichten. Die mongolische Regierung wandte sich daher nach dem Vorbild mancher sowjetischer Minderheiten dem lateinischen Alphabet zu. 1930 ließ sie beim Ministerium für Volksbildung einen »Rat für lateinisch-mongolische Schrift« gründen, der die Einführung der lateinischen Schrift und der arabischen Zahlen vorbereiten sollte. Die Regie-

rung forderte die Partei- und Staatskader u. a. auf, sich jeden Samstag zwei Stunden lang mit der lateinischen Schrift zu beschäftigen. Doch die Kleine Staatsversammlung beschloss im November 1932, die Alphabetisierung mittels der alten Schrift fortzuführen. Das Wissenschaftliche Institut, der Vorgänger der späteren Akademie der Wissenschaften, arbeitete intensiv an der Abfassung einer einheitlichen Rechtschreibung und von Grammatiken der modernen qalq-mongolischen Sprache. Mit dem Beginn der Terrorwellen während der Jahre 1936/37 wurden viele Intellektuelle verhaftet und ermordet. Die Alphabetisierungskampagnen erlahmten. 1940 beschlossen der X. Parteitag der Mongolischen Revolutionären Volkspartei und die VIII. Große Volksversammlung die schnelle Alphabetisierung des Volkes mittels des lateinischen Alphabets. Im Mai 1940 wies die MRVP-Führung die Gründung einer dem Rat der Volksminister unterstellten Regierungskommission an, welche die Umstellung auf die lateinische Schrift leiten sollte. Diese befürwortete in ihrer Sitzung am 26. Juli 1940 im Beisein sowjetischer Berater die von der Akademie für die Umstellung auf die lateinische Schrift ausgearbeiteten Pläne. Auch eine gemeinsame Sitzung des Präsidiums des Zentralkomitees der MRVP und des Rates der Volksminister am 21. Februar 1941, die ebenfalls im Beisein sowjetischer

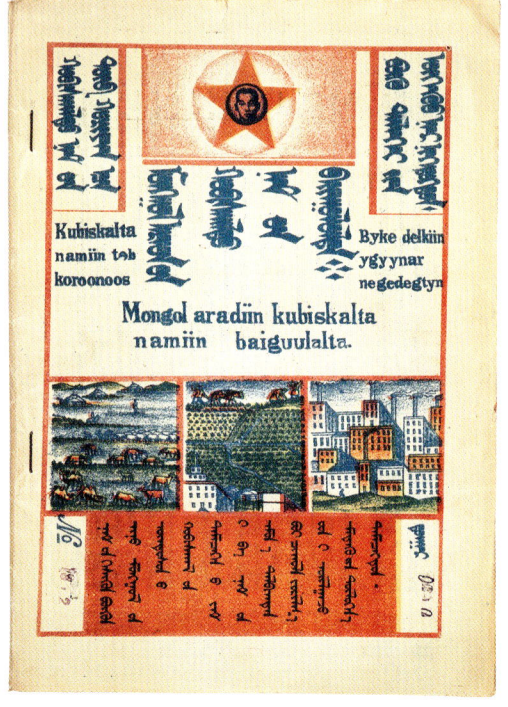

474

Berater stattfand, unterstützte das Projekt. Das Protokoll der Beratung trug die Unterschriften von MRVP-Generalsekretär Ju. Cedenbal und Premier Ch. Čojbalsan. Doch knapp einen Monat später, am 25. März 1941, beschlossen die MRVP-Führung und der Rat der Volksminister nach einer Anhörung von Ju. Cedenbal, nicht die lateinische, sondern die kyrillische Schrift zu übernehmen.

Die Einführung des kyrillischen Alphabets war folgenreich: Während der Jahre des Terrors waren viele der alten Schriftgelehrten umgebracht worden. Nun verschwand auch die Schrift, die die wichtigste Brücke zum traditionellen mongolischen und buddhistischen Schrifttum gewesen war. Die jungen Generationen, die nun ausschließlich die neue Schrift erlernten, verloren den Zugang zu ihrem nationalen Schrifttum und damit einen wichtigen Teil ihrer kulturellen Wurzeln und Identität.   *U. B. B.*

475

### 474  Die Zeitschrift *Mongol arad-un qubisqualtu nam-un baiyululta* in mongolischer und lateinischer Schrift

Mongolei, 1936 | Papier, H 25 cm B 17,5 cm | Privatsammlung Udo B. Barkmann

Bis 1941 führten viele Zeitungen und Zeitschriften Textrubriken in lateinischer Schrift, welche die Leser an das lateinische Schriftbild gewöhnen und ihnen die Möglichkeit geben sollten, sich im Lesen und Schreiben der neuen Schrift zu üben.   *U. B. B.*

### 475  Tögrög-Banknoten in alter und neuer Schrift

Mongolei, 1941 | Papier, H ca. 10 cm, B ca. 20 cm | Nationalmuseum für mongolische Geschichte, Ulaanbaatar

1940 wurde in der Mongolei ein neues Grundgesetz verabschiedet, das ein neues Staatswappen festschrieb. Ein Jahr später druckte die Wertpapierdruckerei der UdSSR die neuen Banknoten der Mongolei, die mit dem neuen Staatswappen und einem Porträt des Revolutionärs D. Süchbaatar versehen wurden. Die Staatsbezeichnung »Mongolische Volksrepublik« wurde auf den neuen Geldscheinen gemäß dem Beschluss des Rates der Volksminister vom 25. März 1941 sowohl in mongolischer als auch in kyrillischer Schrift festgehalten.   *U. B. B.*

## Die Regierungszeit von Cedenbal (1952–84)

### 476  Njam-Osor Cültem
### Jumžaagijn Cedenbal (1916–91), 1965

Öl auf Leinwand, H 120 cm, B 150 cm | Museum für Moderne Kunst, Ulaanbaatar | Inv.-Nr. 5730-11165

Jumžaagijn Cedenbal kehrte 1938 nach neunjähriger Ausbildung in der Sowjetunion nach Ulaanbaatar zurück. Ein Jahr später trat er der MRVP bei. 1939 begann auch seine politische Karriere, die von Stalin und dessen Geheimdienstchef L. Berija gefördert wurde. Cedenbal wurde Finanzminister, 1940 wählten die Delegierten des X. Parteitages der MRVP den damals erst 24-Jährigen zum Generalsekretär der MRVP. Seit dieser Zeit führte er die Partei als Gene-

476

ralsekretär bzw. Erster Sekretär des Zentralkomitees bis zum Jahr 1984, mit nur einer einzigen Unterbrechung in den Jahren 1954–58. Nach dem Tode Marschall Ch. Čojbalsans 1952 beerbte er seinen politischen Mentor und wurde Staatsoberhaupt. Von 1952 bis 1974 war er Vorsitzender des Ministerrates und von 1974 bis 1984 Vorsitzender des Präsidiums der Großen Volksversammlung. 1984 entmachtete ihn eine Gruppe von Spitzenfunktionären unter der Führung von Ž. Batmönch mit aktiver Unterstützung der Sowjets. Cedenbal siedelte darauf mit seiner russischen Ehefrau nach Moskau über, wo er 1991 verstarb.

Ju. Cedenbal verkörperte den poststalinistischen Typ eines mongolischen Politikers. Unter seiner Führung erfolgte eine stärkere Anbindung der Mongolei an die UdSSR und den Ostblock. Die Mongolei trat dem RGW bei, der ab den 1970er Jahren die Industrialisierung des Landes in Gang setzte. In deren Zuge wurde die Hälfte der Bevölkerung des einst nomadischen Landes in den Industriezentren angesiedelt.   *U. B. B.*

### 477  G. Martbajar, T. Davaadorž
### Die Stadt Ulaanbaatar, 1984

Gouache auf Seide, H 112 cm, B 465 cm | Museum für Stadtgeschichte, Ulaanbaatar | Inv.-Nr. 99-G-465-1

Die mongolische Hauptstadt Ulaanbaatar entwickelte sich von den 1960er bis 1980er Jahren durch die Ansiedlung von Industriebetrieben in kurzer Zeit

477

zum bedeutendsten Industriezentrum des Landes. Ihre Einwohnerzahl verdoppelte sich zwischen 1963 und 1983 auf 460 500 Einwohner. Da die meisten der Einwohner in Jurtensiedlungen, die die ganze Stadt durchzogen, lebten, war es notwendig geworden, schnell und preiswert Wohnraum zu schaffen. Während der 2. Hälfte der 1970er und der 1. Hälfte der 1980er Jahre entstanden mit technischer Hilfe der Sowjetunion viele Neubausiedlungen, die in dem damals üblichen funktionalen, von großer Sterilität geprägten Baustil errichtet wurden. Das ausgestellte Panoramabild vermittelt einen Eindruck von der Stadt Ulaanbaatar in der damaligen Entwicklungsphase. *U. B. B.*

**478 (Briefmarken), 479 (Postkarte)
Jubiläumspostkarte zum
800. Geburtstag des mongolischen
Staatsgründers Činggis Khan, 1962**
Činggis-Khan-Briefmarken, 1962 | Postkarte: Nationalmuseum für mongolische Geschichte, Ulaanbaatar | Briefmarken: Privatsammlung Purev Erdenesukh

Als sich im Jahr 1962 der Geburtstag Činggis Khans zum 800. Mal jährte, erwartete jeder Mongole von seiner Regierung, dass sie dieses Jubiläum mit würdigen Maßnahmen begehen lassen würde. Doch die Regierung unter Ju. Cedenbal sah sich in einem Dilemma. Einerseits verehrten selbst die Mitglieder

der MRVP-Führung den einstigen Khan der Mongolen als den Einer ihres Volkes und Begründer des ersten mongolischen Staates. Ein sowjetischer Berater erinnerte sich später: »Ju. Cedenbal hatte vor dem Namen Činggis Khan eine tiefe Ehrfurcht […]. Er verbarg sein Entzücken über den Großkhan nicht.« Andererseits gab Moskau der »Bruderpartei« immer wieder Vorgaben, wie die mongolische Geschichte zu bewerten wäre. So hatte das MRVP-

Politbüro 1949 unter dem Einfluss sowjetischer Berater einen Beschluss gefasst, der 1962 immer noch gültig war: Historiker hatten zu berücksichtigen, dass »man die Geschichte der gesellschaftlichen Entwicklung nicht mit den Khanen und [deren] kriegerischer Tätigkeit« gleichsetzen dürfe, sondern »die Geschichte der Produzenten des materiellen Reichtums« erforschen müsse. Doch das Politbüro musste etwas unternehmen, wenn es vor den Augen

478

479

des eigenen Staatsvolkes bestehen wollte. MRVP-Generalsekretär Cedenbal rief am 8. Februar 1962 das Politbüro zu einer Sitzung zusammen und signalisierte seine Bereitschaft, den Beschluss von 1949 überarbeiten zu lassen. Das Politbüro nahm die Vorbereitungen des Jubiläums unter die eigene Regie. Es beauftragte sein für ideologische Fragen zuständiges Mitglied D. Tömör-Očir mit der Kontrolle der Durchführung seines Beschlusses über die Jubiläumsfeierlichkeiten. Zu den wichtigsten Maßnahmen gehörten eine wissenschaftliche Konferenz und die Errichtung eines Činggis-Khan-Denkmals in Delüün Boldag in der Provinz Chentej.

Das MRVP-Politbüro kümmerte sich in Vorbereitung des Jubiläums selbst um die kleinsten Details. So diskutierte es am 29. März 1962 die Entwürfe eines Briefmarkensatzes und beschloss dessen Herausgabe. Aus der Staatskasse wurden 1,1 Millionen Tögrög bereitgestellt, um 2,5 Millionen Marken drucken zu lassen. Der Briefmarkensatz umfasste vier Marken (Porträt Činggis Khans, Weiße Standarte, »Stein des Činggis« und silberne Paiza).

Nach dem politischen »Eklat« während der wissenschaftlichen Konferenz am 31. Mai 1962 (siehe Kat.-Nr. 480, 481) bemühte sich Ju. Cedenbal um Schadensbegrenzung. Als ihm in der Politbüro-Sitzung vom 2. August 1962 berichtet wurde, dass 25 000 Briefmarken bereits an westliche Staaten verkauft worden waren, wies er an, die restlichen Briefmarken an einen geheimen Ort zu bringen und dort zu lagern. Sie vernichten zu lassen, kam ihm seltsamerweise

nicht in den Sinn. Auch die zum Jubiläum herausgegebene Postkarte mit dem Porträt Činggis Khans dürfte vom Politbüro »abgesegnet« worden sein.

*U. B. B.*

### 480 Die Staatsbibliothek »I. V. Stalin«, 1985

Photographie | Privatsammlung Udo B. Barkmann

480

### 481 Der Schriftsteller und Literaturwissenschaftler C. Damdinsüren, 1980

Photographie | Privatsammlung Udo B. Barkmann

Am 31. Mai 1962 fand im Konferenzsaal der Staatsbibliothek die wissenschaftliche Konferenz anlässlich des 800. Geburtstages Činggis Khans statt, an der etwa 500 geladene Gäste teilnahmen. Doch auch vor dem Gebäude sammelten sich viele Menschen, die an dem außerordentlichen Ereignis teilhaben wollten. Die Atmosphäre war spannungsgeladen. Der Tagungsleiter und Akademiepräsident B. Širendev hatte die UdSSR-Botschaft erst zwei Tage vor der Konferenz vom Inhalt des Hauptreferates in Kenntnis gesetzt. Diese empfahl, stärker »klassengemäße« Aussagen einzuarbeiten. Wenige Minuten vor der Konferenz wurde Širendev ein Fernschreiben aus Moskau übergeben, das einen Aufsatz des sowjeti-

481

schen Historikers Majskij enthielt. Als Širendev die Grundaussagen des Artikels von Majskij mit denen des Hauptreferates verglich, wurde er nervös. Die Unterschiede waren nicht zu übersehen. Die Konferenz begann. Sie verlief bis zu dem Moment normal, als der Literaturwissenschaftler C. Damdinsüren aufstand und um das Wort bat. Der renommierte Gelehrte hatte sich ursprünglich vorgenommen, an der wissenschaftlichen Konferenz zu Ehren Činggis Khans nicht teilzunehmen. Sein Gefühl sagte ihm, dass diese den Sowjets ein Dorn im Auge sein müsse. Als er jedoch die Menschenmenge vor der Bibliothek sah, konnte er nicht an sich halten und begab sich in den Konferenzsaal. Als er später sogar selbst das Wort ergriff, muss ihn sein politischer Instinkt völlig verlassen haben. Er kritisierte die Art und Weise, in der ausländische Schriftsteller Činggis Khan darzustellen pflegten. Seine Kritik betraf v. a. den Činggis-Khan-Roman des sowjetischen Schriftstellers Jan. Sowjetische Agenten kabelten nach Moskau, dass C. Damdinsüren die Konferenz als Tribüne für nationalistische Äußerungen missbraucht und die sowjetischen Frauen verunglimpft hätte. Staats- und Parteichef Cedenbal wurde nach Moskau beordert, wo ihm KPdSU-Parteichef Chruschtschow den Kopf wusch. Nach Cedenbals Rückkehr in die Mongolei wurden die Verantwortlichen zur Rechenschaft gezogen. Die Sowjets erklärten Činggis zur feudalen Unperson, die aus dem Bewusstsein der Mongolen zu verbannen wäre. Mongolische Historiker vermieden es in der Folge der sowjetischen Intervention bis zum Jahr 1990, Leben und Wirken Činggis Khans zu erforschen.    *U. B. B.*

### 482  D. Tömör-Očir, Mitglied des MRVP-Politbüros, wohl um 1960
Photographie | Admon Advertising & Printing

Moskaus harsche Reaktionen nach der wissenschaftlichen Konferenz signalisierten, dass es bei der verbalen Kritik nicht bleiben würde. Ein »Bauernopfer« in der Führung der MRVP war unausweichlich. Am 10.September 1962 fand die dritte Tagung des Zentralkomitees der MRVP statt. Der gerade erst aus Moskau zurückgekehrte Cedenbal beschuldigte Politbüro-Mitglied D. Tömör-Očir des »parteifremden Verhaltens« und warf ihm vor, die Feierlichkeiten anlässlich des 800. Geburtstags Činggis Khans zu nationalistischen Zwecken missbraucht zu haben. Tömör-Očir wurde aus allen Führungsfunktionen

482

entfernt und in den Jahren 1965 bis 1968 in entfernte ländliche Gebiete verbannt. Von 1968 bis 1981 arbeitete er als Leiter des Heimatmuseums in der Stadt Darchan. Als Michail Gorbatschow 1985 die Perestrojka einleitete und die MRVP sich dieser neuen Politiklinie anschloss, verkündete Tömör-Očir, nun die Hintergründe des Eklats von 1962 aufdecken zu wollen. Doch dazu kam er nicht mehr. D. Tömör-Očir wurde am 2. Oktober 1985 ermordet.    *U. B. B.*

## Die demokratische Wende

### 483  Demonstration der politischen Opposition in Ulaanbaatar, 1990
Photographie | Nationalmuseum für mongolische Geschichte, Ulaanbaatar | Inv.-Nr. 6120

### 484  Hungerstreik der politischen Opposition in Ulaanbaatar, 1990
Photographie | Admon Advertising & Printing

Ende des Jahres 1989 entstanden in der Mongolei verschiedene oppositionelle Gruppen, die in kurzer Zeit Verbände und politische Parteien gründeten. Die Opposition forderte eine demokratische und

marktwirtschaftliche Orientierung des Landes. Dazu war es zunächst erforderlich, das Monopol der allmächtigen MRVP zu brechen. Doch die Parteileitung war nicht bereit, ihren Führungsanspruch freiwillig aufzugeben. Deshalb traten am 7. März 1990 Aktivisten des Mongolischen Demokratischen Bundes auf dem Süchbaatar-Platz in einen unbefristeten Hungerstreik. Die Hungerstreikenden forderten den Rücktritt des Politbüros sowie des Zentralkomitees der MRVP. Durch die Öffentlichkeit ging ein Ruck. Diese Form des politischen Protestes hatte es im mongolischen Alltag noch nie gegeben. Die Zahl der Menschen, die mit den Hungerstreikenden sympathisierte, stieg sprunghaft an. Die Situation verschärfte sich. MRVP-Parteichef Ž. Batmönch erklärte den Hardlinern des Sicherheitsapparates, die ein sofortiges militärisches Eingreifen forderten, dass für ihn nur eine politische Lösung in Frage käme. Am 9. März überzeugte Ž. Batmönch das Politbüro von der Notwendigkeit seines sofortigen Rücktritts, und die oberste Parteiführung trat geschlossen zurück. Die Standhaftigkeit der streikenden Oppositionellen und die konsequenten Entscheidungen von MRVP-Generalsekretär Ž. Batmönch hatten den Weg für eine friedliche und demokratische Entwicklung der Mongolei geebnet.    *U. B. B.*

483

484

485

### 485 Der Bürgerrechtler S. Zorig (1962–98), 1990

Photographie | Admon Advertising & Printing

Der prominente Bürgerrechtler S. Zorig beendete 1985, in dem Jahr, als Michail Gorbatschow in der Sowjetunion die Politik der Perestrojka einleitete, sein Studium an der Moskauer Lomonosov-Universität. Nach seiner Rückkehr in die Mongolei arbeitete er bis 1989 an der Mongolischen Staatsuniversität als Lehrer für Wissenschaftlichen Kommunismus. S. Zorig geriet während dieser Zeit in eine tiefe persönliche Krise. Seinen Lehrinhalten fehlte jeder Realitätsbezug, sie forderten den Widerspruch geradezu heraus. Zorig begann, die herrschende Ideologie in Frage zu stellen. 1989 gründete er mit Gleichgesinnten den Mongolischen Demokratischen Bund. Als Generalkoordinator dieser ersten demokratischen Organisation der Mongolei entwickelte er sich während der Jahre 1989 bis 1991 zur zentralen Führungsfigur des demokratischen Aufbruchs. Er gehörte von 1990 bis 1998 dem Parlament, der Großen Staatsversammlung, an. 1998 wurde er zum Minister für Infrastrukturentwicklung ernannt. Am Abend des 2. Oktobers 1998 ermordeten ihn Unbekannte in seiner Wohnung. Der einer Hinrichtung gleichende Mord (es wurde nichts gestohlen) konnte bis heute nicht aufgeklärt werden. Der Zufall wollte es wohl, dass S. Zorig am selben Tag wie das frühere Politbüro-Mitglied D. Tömör-Očir ermordet wurde. *U. B. B.*

### 486 Sturz des Stalin-Denkmals vor der Staatsbibliothek am 22. Februar 1990

Photographie | Admon Advertising & Printing

Die MRVP-Führung versuchte Anfang des Jahres 1990, den politischen Druck der Opposition mit taktischen Maßnahmen abzubauen. Zu diesen Maßnahmen gehörte u. a. die Entfernung des Stalin-Denkmals vor der Staatsbibliothek. Die Skulptur gehörte zu den letzten Stalin-Denkmälern im Ostblock. Dass es bis zu dieser Zeit in der mongolischen Hauptstadt an so exponierter Stelle hatte stehen bleiben können, stand mit der Wertschätzung der MRVP-Führung für Stalins Beitrag zur mongolischen Eigenstaatlichkeit in Verbindung. Stalin hatte während der Konferenz von Jalta (1945) von den Alliierten die Anerkennung des Status quo der Äußeren Mongolei gefordert. Die Alliierten stimmten dem zu, was schließlich auch die völkerrechtliche Anerkennung der Mongolei durch China zur Folge hatte.

Das Stalin-Denkmal befindet sich heute in einer Nachtbar namens »…ismus« in der mongolischen Hauptstadt. *U. B. B.*

487

### 487 Tögrög-Banknoten mit dem Porträt Činggis Khans, seit 1993

Papier, H (max.) 7 cm, B (max.) 15 cm

Die Mongolbank brachte 1993 und 1994 neue Banknoten im Wert von 1, 5, 10, 20, 50, 100, 500, 1000, 5000 und 10 000 Tögrög in Umlauf. Die Noten zu 5, 10, 50 und 100 Tögrög sind mit dem Porträt D. Süch-baatars, die 500-, 1000-, 5000- und 10 000-Tögrög-Banknoten mit dem Činggis Khans versehen. Die damit verbundene Symbolik ist nicht zu übersehen. Als dem Gründer des ersten mongolischen Staates wird Činggis Khan das höhere historische Verdienst zugebilligt, sein Porträt ziert die höherwertigen Banknoten. D. Süchbaatar, den die Mongolen bis heute als den Führer der Volksrevolution von 1921 ansehen, kommt im übertragenen Sinn das Verdienst zu, den modernen mongolischen Staat begründet zu haben.

*U. B. B.*

486

UDO B. BARKMANN

# Die Mongolei im 20. Jahrhundert

Als Fürsten und Angehörige des lamaistischen Klerus am 1. Dezember 1911 die Loslösung der Äußeren Mongolei von der in China herrschenden mandschurischen Qing-Dynastie (1644–1911) verkündeten, setzten sie den Schlusspunkt unter eine Entwicklung, deren Ergebnis mit dieser Konsequenz noch wenige Jahre zuvor kaum vorauszusehen war.

Die Fürsten der Äußeren Mongolei hatten sich im Jahr 1691 dem Kaiser der Qing-Dynastie angeschlossen. Die Qing-Regierung stufte die Äußere Mongolei nach ihrem sino-zentristisch geprägten Verteidigungskonzept als eine Außenprovinz ein, die das chinesische Kernland als militärischer Puffer vor dem nördlichen Russland zu schützen hatte. Sie ließ zu diesem Zweck in der Äußeren Mongolei ein administratives System einführen, das die militärische Indienstnahme ihrer neuen Untertanen garantierte. Das Kaiserhaus maß der Bewahrung der mongolischen Lebensweise unter dem Aspekt der Pufferfunktion große Bedeutung bei. Es ließ daher die Einwanderung und Landnahme von und durch Chinesen in der Äußeren Mongolei gesetzlich verbieten. Chinesische Handelshäuser hinderte dies jedoch nicht daran, sich dort schon ab der Mitte des 18. Jahrhunderts zu etablieren. Der mongolische Adel geriet schnell in deren Schuldknechtschaft. Mit dem Ende des 19. Jahrhunderts begann die Qing-Regierung, an Plänen zu arbeiten, die Äußere Mongolei in eine chinesische Provinz umzuwandeln und dem Strom chinesischer Ackerbausiedler zu öffnen. Ihrer Sinisierung sollten Tür und Tor geöffnet werden. Die Fürsten der Äußeren Mongolei hegten schlimmste Befürchtungen. Die Verdrängung der nomadischen Mongolen durch chinesische Ackerbauern, wie sie in der Inneren Mongolei schon seit Jahrzehnten praktiziert wurde, vermittelte ihnen eine lebhafte Vorstellung davon, was nun zu erwarten stand. Zwar sah mancher der Fürsten den einzig gangbaren Weg in der Loslösung der Äußeren Mongolei von China, doch schien die Realität eine solche Möglichkeit nicht vorzusehen. Es war die innerchinesische Entwicklung selbst, die schließlich eine Lösung des Problems bot. Die mandschurische Qing-Dynastie hatte sich als unfähig erwiesen, den Reformstau im eigenen Land zu bewältigen. Der Mandschu-Kaiser musste auf seinen Thron verzichten. Seine Abdankung besiegelte den Untergang der Monarchie. Revolutionäre unter der Führung Sun Yatsens riefen die Chinesische Republik aus. Die Entwicklung löste zunächst einen Flächenbrand aus. Verschiedene Provinzen hatten schon vor der Abdankung des Kaisers ihre Unabhängigkeit von der Zentralregierung verkündet. Andere folgten nun.

Teile des politischen Establishments der Äußeren Mongolei erkannten die Gunst der Stunde, verkündeten die Unabhängigkeit ihres Landes, erhoben ihr religiöses Oberhaupt, den achten rJe-btsun dam-pa (neumongolisch. Ĵebcundamba), am 16. Dezember 1911 zum Khan der Mongolei und verliehen ihm den Titel Bogd Gegeen (Kat.-Nr. 441). Die Inthronisierung stellte einen Akt tiefer Symbolik dar, war doch der achte rJe-btsun dam-pa über eine Reihe von Wiedergeburten mit dem ersten rJe-btsun dam-pa, einem Fürstensohn činggisidischen Geblüts, verknüpft. Der neue Khan, der nach alter mongolischer Staatstradition auch als derjenige galt, »der Religion und Staat verbindet«, stellte somit auch die Verkörperung des činggisidischen Herrschaftsanspruches dar.

Russland stand der Unabhängigkeit der Äußeren Mongolei als nördlicher Nachbar äußerst wohlwollend gegenüber. Seine Diplomaten und Generalstäbler sahen in ihr die einmalige Chance, der Äußeren Mongolei nun die Rolle eines russisch dominierten militärischen Puffers zuzuweisen. Die Regierung des Zaren schloss daher mit der Bogd-Gegeen-Regierung am 21. Oktober 1912 ein Abkommen, in dem Russland die Bedingungen für eine »Autonomie« der Äußeren Mongolei festschrieb und zu garantieren versicherte. China begegnete diesem Abkommen mit schärfster Kritik, denn es sah darin die Verletzung seiner Souveränität. Dennoch erkannte es schließlich im russisch-chinesisch-mongolischen Abkommen von Kjachta (25. Mai 1915) den autonomen Status der Äußeren Mongolei an. Die Bogd-Gegeen-Regierung musste darin – wenn auch zähneknirschend – die Oberherrschaft Chinas hinnehmen. Das Abkommen verlor nach der Russischen Revolution (1917) seine Gültigkeit und die Äußere Mongolei ihre nördliche Schutzmacht. Dies ermöglichte es China, die Bogd-Gegeen-Regierung im Jahr 1919 zur Aufgabe der Autonomie zu zwingen. Dennoch sah sich China aufgrund seiner innenpolitischen Schwäche nicht dazu in der Lage, die Äußere Mongolei wieder an sich zu binden.

Eine eher kleine Episode sollte das weitere Schicksal der Äußeren Mongolei bestimmen. 1920 drangen die Truppen des ehemaligen Zarenoffiziers Robert Roman von Ungern-Sternberg (Kat.-Nr. 450) in die Äußere Mongolei ein, verjagten die verbliebenen chinesischen Militärverbände und setzten sich in der Hauptstadt Nijslel Chüree (Kat.-Nr. 455), dem heutigen Ulaanbaatar, fest. Als sie Anstalten trafen, den inzwischen zu Sowjetrussland gehörenden transbaikalischen Raum von der Sowjetmacht zu befreien, entwickelte Moskau einen Plan, diese Truppen schnell und vor allem ohne Schaden für die sowjetrussisch-chinesischen Beziehungen zu vernichten. Die Sowjets gebrauchten eine Strategie, die sie schon oft und mit Erfolg angewandt hatten. Sie ließen über ihre konspirativen Netzwerke in der Äußeren Mongolei die Mongolische Volkspartei (MVP) gründen und wenig später die »provisorische Volksregierung« unter der Führung von D. Čagdaržav (Kat.-Nr. 456) bilden. Die »Volksregierung« bat Moskau um Militärhilfe. Daraufhin entsandte die Sowjetregierung ihre Truppen, welche die Einheiten Ungern-Sternbergs in kürzester Zeit vernichteten. Die soeben geschilderten Vorgänge wurden später in der Geschichtsschreibung der Mongolei als »mongolische Volksrevolution« legendisiert, in der die Mongolen selbst – nicht etwa die Sowjets – die zentrale Rolle spielten.

Die kommunistischen Führer Russlands, Lenin und Trotzki, vertraten 1919 die Ansicht, dass sich die Kette der Revolutionen demnächst in Indien und China fortsetzen würde. Dies bedurfte nach ihrer Ansicht der logistischen Hilfe der siegreichen russischen Bolschewiki. Als nun Einheiten der Roten Armee die Äußere Mongolei gewissermaßen im »Handstreich« erobert hatten, eröffneten sich den Bolschewiki ungeahnte Möglichkeiten. Sie konnten die Äußere Mongolei als Aktionsbasis und die Innenmongolen als kulturelle Transmitter für ihre Aktivitäten in China nutzen. Vertreter der Kommunistischen Internationale (Komintern) wurden von Moskau mit der Wahrnehmung der politischen Geschäfte in der Äußeren Mongolei betraut. Diese erkannten vor Ort, dass eine Sowjetisierung der politikfernen Nomaden in absehbarer Zeit kaum möglich war. Sie konzentrierten sich daher auf die Schaffung einer neuen mongolischen Elite und bauten ihre Hausmacht mittels des Militärs sowie eines kleinen, aber sehr effizient arbeitenden Sicherheitsdienstes aus. Ihre Politik gab sich beweglich. Sie reichte vom politischen Kompromiss bis zum Einsatz erbarmungslosen Terrors. Sie beließen den Bogd Gegeen in seinem Amt als konstitutionellen Monarchen des Landes und legten das politische Tagesgeschäft in die Hände ehemaliger Beamter seiner Regierung. Wer aber ge-

gen die von ihnen vorgegebene Generallinie verstieß, wurde des »Vaterlandsverrats« bezichtigt und hingerichtet, so geschehen im Jahr 1922 mit dem Chef der provisorischen Regierung, D. Čagdaržav, und dem Premier der nachfolgenden Volksregierung, D. Bodoo (Kat.-Nr. 457). Die Berater veranlassten administrative Reformen, um eine flächendeckende, straffe Verwaltung aufzubauen. Vertreter des Adels ließen sie konsequent aus allen Verwaltungsfunktionen entfernen. Nur gegenüber den Klöstern und Lamas verhielten sie sich äußerst zurückhaltend. Der große Einfluss des Klerus war ihnen voll bewusst.

Die Sowjets steuerten von Anfang an eine von ihnen kontrollierte Eigenstaatlichkeit der Mongolei an. An ihrer Einverleibung war ihnen nicht gelegen. Gleich dem Mandschu-Kaiser oder dem russischen Zaren sahen sie deren eigentliche Rolle in der eines militärischen Puffers. Rücksichten gegenüber China zwangen sie jedoch zu manchem diplomatischen Manöver.

Am 20. Mai 1924 starb der Bogd Gegeen. Seine Frau Dondogdulam, über lange Jahre die graue Eminenz, war wie der einflussreiche Revolutionär D. Süchbaatar schon im Vorjahr »verstorben«. In einem Abkommen, das die UdSSR am 30. Mai 1924 mit China abschloss, erkannte sie die Äußere Mongolei als »integralen Bestandteil der Chinesischen Republik« an. Wenig später, am 1. Juni, ermunterte der diplomatische Vertreter Moskaus die mongolische Führung, die Mongolische Volksrepublik (MVR) auszurufen. Die I. Große Staatsversammlung verkündete wenig später, im November 1924, die Gründung der Volksrepublik. Die Hauptstadt Nijslel Chüree wurde in Ulaanbaatar (»Roter Held«) umbenannt.

Sowjetische Wirtschaftsfachleute arbeiteten daraufhin ein Konzept aus, die Mongolei vom Einfluss der chinesischen Wirtschaft zu befreien. Da bisher nur chinesische Zahlungsmittel auf dem mongolischen Geldmarkt zirkulierten, stand die Schaffung einer nationalen Währung im Zentrum ihrer Überlegungen. Die Einführung des Tögrög als nationale Währung im Jahr 1925 setzte dem Geldabfluss nach China ein Ende. In der Folge verließen viele chinesische Händler, Handwerker und Ackerbauern aufgrund der restriktiven Steuerpolitik der Regierung die Mongolei.

Die völlige Loslösung der Mongolei von China entsprach sowohl den Intentionen der Mongolen als auch den politischen Interessen der Sowjetunion. Ihre langfristigen Wirkungen gingen tiefer, hatte sich doch die Mongolei damit aus dem Kontext der asiatischen Politik verabschiedet.

Die Komintern-Berater begannen ab dem Jahr 1928, die linksradikale Innenpolitik der Sowjetunion unter den Bedingungen der Mongolei zu kopieren. Sie ließen den Adel und vermögende Viehzüchter im Rahmen einer Zwangskollektivierung enteignen. Diese Kollektivierung führte in der nomadischen Viehwirtschaft zu desaströsen Zuständen. Der Viehbestand ging rapide zurück. Volksaufstände, die v. a. in der westlichen Mongolei ausbrachen, mussten mit brutaler Gewalt niedergeschlagen werden. Die Sowjets ließen ihre mongolischen Gewährsmänner immer häufiger zu Methoden staatlichen Terrors greifen. Sie bauten Ch. Čojbalsan (Kat.-Nr. 461), einen Revolutionär der ersten Stunde, langfristig zu ihrem Statthalter auf. Im Jahr 1937 konzentrierte dieser als Innen- und Armeeminister sowie Oberbefehlshaber der Streitkräfte – wohl kontrolliert von sowjetischen Geheimdienstberatern – den gesamten Machtapparat in seinen Händen.

Ch. Čojbalsan ließ 1937 nach sowjetischem Vorbild und unter dem Druck seiner russischen Berater eine »außerordentliche und bevollmächtigte Kommission« gründen, die sich die Befugnis anmaßte, außerhalb jeglicher Gesetzlichkeit Urteile über so genannte »Konterrevolutionäre« und »japanische Spione« in Schnellverfahren zu sprechen. Die Kommission verurteilte zwischen 1937 und 1939 25 588 Menschen, davon 20 099 zum Tode durch Erschießen. Nicht einmal höchste Funktionäre der Partei und des Staates waren vor dem Zugriff der Kommission sicher. Über 400 von ihnen wurden hingerichtet. Eine besondere Zielgruppe des Staatsterrors bildete der lamaistische Klerus. Schnellgerichte verurteilten zwischen 17 000 und 19 000 Lamas, die meisten von ihnen zum Tode. Die Berater hatten zudem eine detaillierte Liste der über 700 Klöster und Tempel aufgestellt. Truppen des Innenministeriums und Baubrigaden zerstörten dieselben systematisch. Die sowjetische Kriegsindustrie erhielt 71,6 Tonnen buddhistischer Kleinplastiken aus Kupfer und Messing zum Einschmelzen. Da fast alle Klöster über alte und wertvolle Bibliotheken verfügten, ging in dieser Zeit der größte Teil des über Jahrhunderte in der Mongolei gesammelten tibetischen und mongolischen Schrifttums unwiederbringlich verloren. Die Ermordung der Angehörigen des Klerus kam einem geistigen Genozid gleich, befanden sich doch unter ihnen viele berühmte Gelehrte, Mediziner, Philosophen usw., die im Grunde das Zentrum des geistigen Lebens in der Mongolei ausmachten.

Als Ch. Čojbalsan sich 1943 mit der sowjetischen Führung in Moskau traf, kritisierten ihn Stalin und Kalinin scheinheilig für seinen Umgang mit der lamaistischen Religion. Man müsse doch die Religion seines Volkes achten. Wie es denn gekommen sei, dass alle Klöster zerstört worden waren? Er solle schnell wieder einige Klöster öffnen lassen! In die Mongolei zurückgekehrt, fuhr Čojbalsan durch die Klosterruinen seiner Heimat und überlegte fieberhaft, aus welcher der Ruinen sich denn »noch etwas machen« ließe.

Am 25. März 1941 fassten das Zentralkomitee der Mongolischen Revolutionären Volkspartei (MRVP) und der Ministerrat den Beschluss, das kyrillische Alphabet an die Stelle der mongolischen Schrift zu setzen. Die Führung begründete ihre von Stalin abgesegnete Entscheidung mit der Überwindung des Analphabetentums und der leichteren Handhabung des Kyrillischen. Die Argumente waren sicherlich nicht falsch, doch hatte man möglicherweise auch »Nebenwirkungen« im Sinn. Wer der mongolischen Schrift nicht mächtig war, las keine alte oder gar buddhistische Literatur mehr. Das Resultat liegt auf der Hand: Die Mongolen wurden von ihren asiatischen und buddhistischen Traditionen abgenabelt. Die Sowjetisierung konnte beginnen. Stalin verfolgte das Projekt einer sowjetisch kontrollierten Eigenstaatlichkeit der Mongolei weiter. Als die Amerikaner 1945 die Sowjetunion drängten, in den Krieg gegen Japan einzutreten, nutzte Stalin die Konferenz von Jalta, um dem US-Präsidenten Roosevelt und dem britischen Premier Churchill die Anerkennung des Status quo der Äußeren Mongolei abzuringen. Unter dem Druck der Alliierten musste schließlich auch die Republik China die Mongolei völkerrechtlich anerkennen. Vier Jahre später vollzog auch das rote China Mao Zedongs diesen Schritt, während die Mongolei ihre Beziehungen zur Guomindang-Regierung abbrach.

Die Tatsache, dass China inzwischen von einer Kommunistischen Partei regiert wurde, schuf für die Mongolei eine neue Situation. Ihre bisherige völlige Abschottung schien aufzuweichen, vermochte sie doch über chinesische Häfen auch andere Teile der Welt zu erreichen. Zudem hatte die Sowjetunion im Jahr 1949 eine Eisenbahnlinie gebaut, die von der sowjetischen Grenze bis nach Ulaanbaatar reichte. Doch Moskau begann auch, die Sowjetisierung der Mongolei zu forcieren. Seine Berater veranlassten in den Jahren 1958/59 die Kollektivierung der immer noch nomadischen Viehwirtschaft. Mit ihr verband sich nicht zuletzt die Absicht, die Nomaden in sesshaftere Strukturen zu überführen. Sesshafte Untertanen ließen sich halt besser kontrollieren! Als sich zwischen Moskau und Peking Ende der 1950er Jahre der Streit darüber verschärfte, wer denn nun die »reine« Lehre vertreten würde, wurde die Mongolei zum Zankapfel zwischen beiden roten Mächten. Mao ermunterte die Mongolen, sich auf sich selbst, ihre asiatischen Traditionen und ihre große Vergangenheit unter Činggis Khan zu besinnen. Moskau und Peking überboten sich in der Mongolei gegenseitig mit millionenschwerer Entwicklungshilfe. Der mongolische Partei- und Staatschef Ju. Cedenbal (Kat.-Nr. 476) verstand es immer besser, die Balance zu halten und seine mächtigen Nachbarn zu ermutigen, noch mehr zu geben. Doch als Moskau im Jahr 1960 weite Bereiche der Zusammenarbeit mit China einstellte, spürte auch Cedenbal, dass seine Politik der Balance nicht von Dauer sein würde.

Die Russen fanden im Jahr 1962 endlich einen Anlass, die Mongolen »auf Linie« zu bringen. Das Land beabsichtigte, den 800. Geburtstag Činggis Khans zu begehen. Das MRVP-Politbüro selbst organisierte die Feierlichkeiten. Es hatte von Astrologen-Lamas des Gandan-Klosters – einem der wenigen Klöster, die Čojbalsan auf »Anraten« von Stalin und Kalinin wieder hatte öffnen lassen – den 31. Mai als Geburtstag Činggis Khans bestimmen lassen. Während der zentralen Festveranstaltung kam es zum Eklat. Ein Schriftsteller kritisierte die Darstellung Činggis Khans in einem sowjetischen Roman. Moskau erhob den Nationalismus-Vorwurf und stellte jegliche weitere Diskussion über Činggis unter Strafe. Das Kaderkarussell drehte sich, und mancher verschwand im Gefängnis. Mongolische Historiker vermieden fortan jede Beschäftigung mit mediävistischen Themen. Die Mongolei stellte nun auch ihre Beziehungen zu China ein, jedoch war Ju. Cedenbal clever genug gewesen, von Moskau Kompensationen für die ausgefallene chinesische Hilfe einzufordern. Die Sowjetunion integrierte darauf die Mongolei in den Rat für Gegenseitige Wirtschaftshilfe (RGW, Comecon), dem diese am 7. Juni 1962 beitrat. In der Folge verschlechterten sich die sowjetisch-chinesischen Beziehungen in einem solchen Maße, dass die UdSSR 1967 Truppen in einer Stärke von 40 000 Mann in der Mongolei stationieren ließ. Die Mongolei sah sich wieder in ihrer alten Pufferfunktion, nur dass sie diesmal auch Frontstaat im eigentlichen Sinne des Wortes war.

Indessen hatte der Planungsstab des RGW die Industrialisierung der Mongolei beschlossen. Diese setzte gewaltige gesellschaftliche Veränderungen in Gang. Große Teile der Bevölkerung begannen, in Siedlungen und Städten zu leben, die neben der industriellen Infrastruktur in kürzester Zeit aus dem Steppenboden gestampft wurden. Manches erinnerte an das Vorgehen Moskaus bei der Entwicklung Sibiriens. Viele Mongolen durchliefen nun einen vorher nie gekannten Bildungsweg, um Ingenieur, Techniker, Arzt usw. zu werden. Die Mongolei wurde in einem atemberaubenden Tempo in die Moderne katapultiert. Ab 1975 bereits produzierte die Industrie einen größeren Anteil am Nationaleinkommen als die traditionelle Landwirtschaft. Doch das Wachstum war geborgtes Wachstum. Als die RGW-Länder Anfang der 1980er Jahre in eine systembedingt unlösbare Wirtschaftskrise gerieten, begann auch das mongolische Wirtschaftswachstum zu stagnieren. Die inneren Ressourcen reichten nicht aus, um eine selbständige Entwicklung zu garantieren. Das sozialistische System erwies sich als unfähig, einen Ausweg aus der Krise zu finden. Die Mongolen entschieden sich daher im Jahr 1990 für einen neuen Entwicklungsweg in Richtung einer demokratischen, marktwirtschaftlich orientierten Gesellschaft. Dass sie sich am Beginn ihres neuen Weges auf ihre Traditionen, auf Činggis Khan, ihre alten Staatssymbole, ihre Schrift und die lamaistische Religion, besannen, versteht sich von

selbst. Die moderne Mongolei kann, eingezwängt zwischen ihren alten Nachbarn Russland und China – zu denen sie heute ein freundliches, aber auch ein wenig distanziertes Verhältnis pflegt – ihren neuen Weg nur dann selbstbewusst gehen, wenn sie über das verfügt, was ihr über Jahrzehnte verwehrt geblieben ist: eine eigene Identität.

# Stammtafeln
Die Herrscher sind dadurch ersichtlich, dass bei ihnen die Daten ihrer Regierungszeit angegeben werden.

## Mongolisches Zentralkhanat

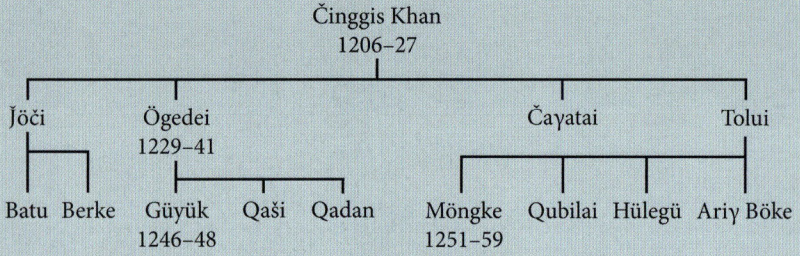

**Činggis Khan** 1206–27
- Jöči
- Ögedei 1229–41
  - Batu
  - Berke
  - Güyük 1246–48
  - Qaši
  - Qadan
- Čayatai
  - Möngke 1251–59
  - Qubilai
  - Hülegü
  - Ariy Böke
- Tolui

Die Gemahlin des Ögedei, Töregene, führte 1241–46 die Staatsgeschäfte;
Oyul Gaımıš, die Gattin des Güyük, war 1248–51 Regentin.

## Die mongolischen Teilreiche

### Ulus Jöči und die Goldene Horde (Khanat Kiptschak)

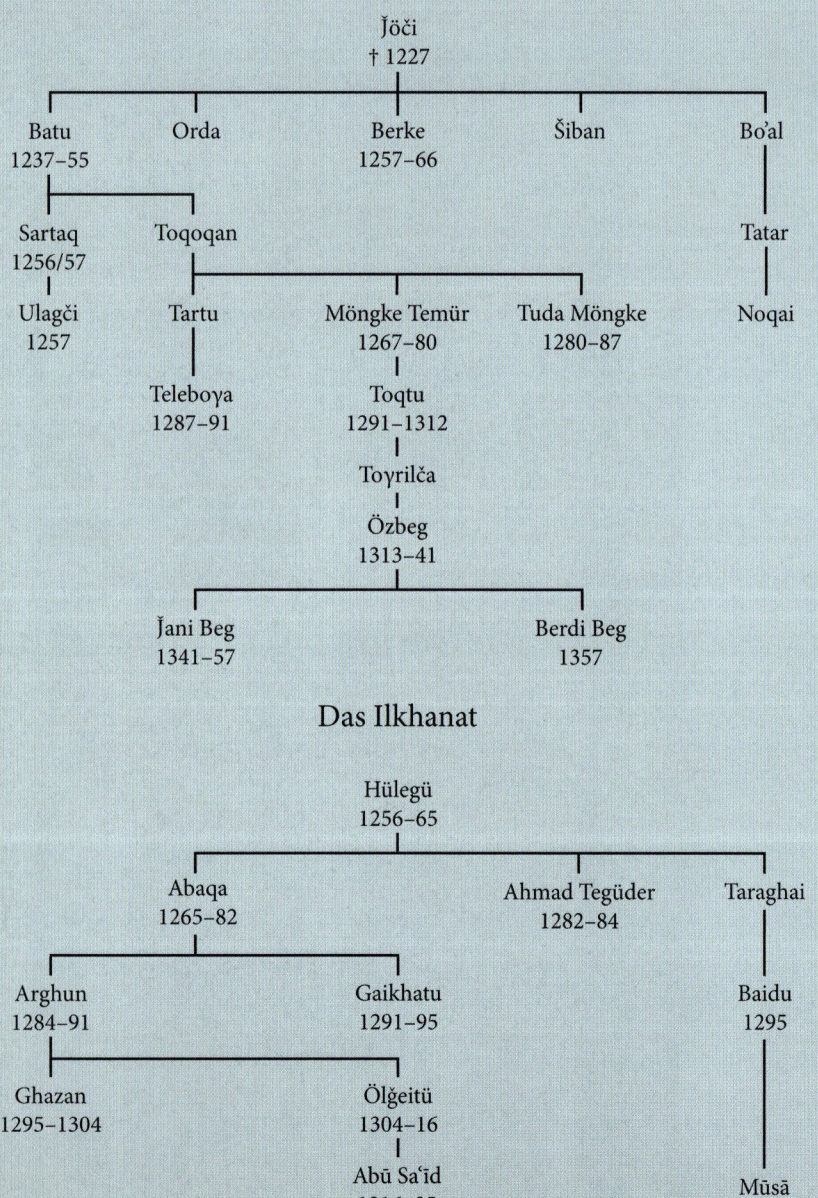

**Jöči** † 1227
- Batu 1237–55
  - Sartaq 1256/57
    - Ulagči 1257
- Orda
  - Toqoqan
    - Tartu
      - Teleboya 1287–91
    - Möngke Temür 1267–80
      - Toqtu 1291–1312
        - Toyrılča
          - Özbeg 1313–41
            - Jani Beg 1341–57
            - Berdi Beg 1357
    - Tuda Möngke 1280–87
- Berke 1257–66
- Šiban
- Bo'al
  - Tatar
    - Noqai

### Das Ilkhanat

**Hülegü** 1256–65
- Abaqa 1265–82
  - Arghun 1284–91
    - Ghazan 1295–1304
    - Ölǧeitü 1304–16
      - Abū Saʿīd 1316–35
  - Gaikhatu 1291–95
- Ahmad Tegüder 1282–84
- Taraghai
  - Baidu 1295
    - Mūsā

## Das Khanat Čayatai

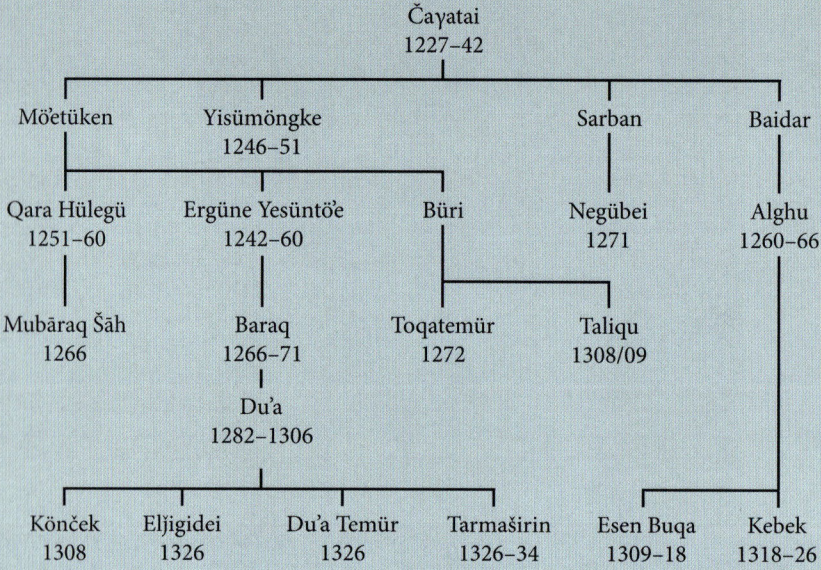

**Čayatai** 1227–42
- Möʿetüken
  - Qara Hülegü 1251–60
    - Mubāraq Šāh 1266
- Yisümöngke 1246–51
  - Ergüne
  - Yesüntöʿe 1242–60
    - Baraq 1266–71
      - Duʾa 1282–1306
        - Könček 1308
        - Eljigidei 1326
        - Duʾa Temür 1326
        - Tarmaširin 1326–34
        - Esen Buqa 1309–18
        - Kebek 1318–26
  - Büri
    - Toqatemür 1272
    - Taliqu 1308/09
- Sarban
  - Negübei 1271
- Baidar
  - Alghu 1260–66

## Die mongolische Yuan-Dynastie in China (1272–1368)

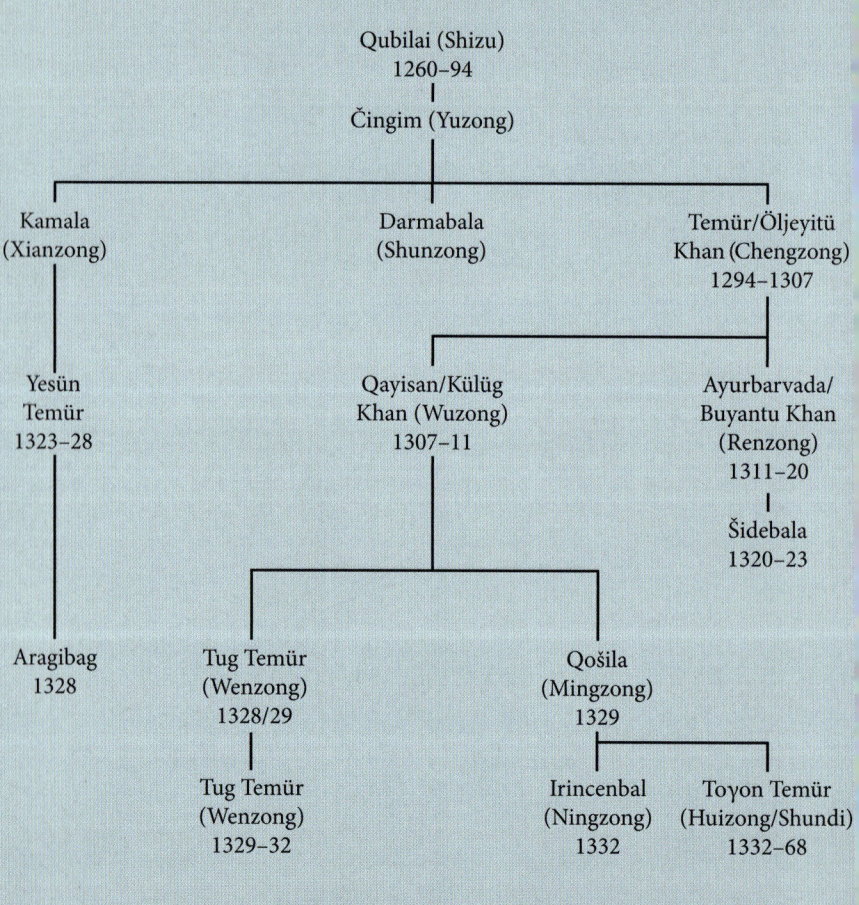

**Qubilai (Shizu)** 1260–94
- Čingim (Yuzong)
  - Kamala (Xianzong)
    - Yesün Temür 1323–28
      - Aragibag 1328
  - Darmabala (Shunzong)
  - Temür/Öljeyitü Khan (Chengzong) 1294–1307
    - Qayisan/Külüg Khan (Wuzong) 1307–11
      - Tug Temür (Wenzong) 1328/29
        - Tug Temür (Wenzong) 1329–32
      - Qošila (Mingzong) 1329
        - Irincenbal (Ningzong) 1332
        - Toyon Temür (Huizong/Shundi) 1332–68
    - Ayurbarvada/ Buyantu Khan (Renzong) 1311–20
      - Šidebala 1320–23

# Bibliographie

AALTO/PEKKANEN 1975, 1980. Pentti Aalto und Tuomo Pekkanen: *Latin Sources on North-Eastern Eurasia* (Asiatische Forschungen 44, 57), Bd. 1 und 2, Wiesbaden 1975, 1980

AIGLE 1997. Denise Aigle (Hrsg.): *L'Iran face à la domination Mongole* (Bibliothèque Iranienne 45), Teheran 1997

AKIN 2000. Alexander Akin: »A Reply to Stefan Heidemann's ›Mas ʿūd al-Khwārezmī in Kāshghar 660/1261–2‹«, in: *Oriental Numismatic Society Newsletter,* 164, Sommer 2000, S. 16/17

ALBUM 2001. Stephen Album: *Sylloge of Islamic Coins in the Ashmolean,* Bd. 9: *Iran after the Mongol Invasion,* Oxford 2001

ALEXANDER 1992. David Alexander: *The Arts of War. Arms and Armour of the 7th to 19th Centuries* (The Nasser D. Khalili Collection of Islamic Art 21), London 1992

ALEXANDERROMAN/KIRSCH 1991. Wolfgang Kirsch: *Das Buch von Alexander, dem edlen und weisen König von Makedonien mit den Miniaturen der Leipziger Handschrift,* Leipzig 1991

ALEXANDERROMAN/VAN THIEL 1983. Helmut van Thiel: *Leben und Taten Alexanders von Makedonien. Der griechische Alexanderroman nach der Handschrift L* (Texte zur Forschung 13), Darmstadt 1983

ALLAN/EZZY/SCARCE 1976. James Allan, Waffiya Ezzy und Jennifer Scarce: »Metalwork«, in: *The Arts of Islam,* Ausst.-Kat. Hayward Gallery, London 1976, S. 161–204

ALLEN 1991. Sarah Allan: *The Shape of the Turtle: Myth, Art, and Cosmos in Early China,* Albany 1991

ALLSEN 1983. Thomas T. Allsen: »Prelude to the Western Campaign: Mongol Military Operations in the Volga-Ural Region 1227–1237«, in: *Archivum Eurasiae Medii Aevi,* 3, 1983

ALLSEN 1987. Thomas T. Allsen: *Mongol Imperialism: The Policies of the Grand Khan Möngke in China, Russia and the Islamic Lands, 1251–1259,* Berkeley 1987

ALLSEN 1994. Thomas T. Allsen: »The Rise of the Mongolian Empire and Mongolian Rule in North China«, in: *The Cambridge History of China,* Bd. 6, Cambridge 1994, S. 321–413

ALLSEN 1997. Thomas T. Allsen: *Commodity and Exchange in the Mongol Empire: A Cultural History of Islamic Textiles,* Cambridge 1997

ALLSEN 2001. Thomas T. Allsen: *Culture and Conquest in Mongol Eurasia* (Cambridge Studies in Islamic Civilization), Cambridge 2001

ALTAN TOBČI/BAWDEN 1955. *The Mongol Chronicle Altan Tobči. Text, Translation and Critical Notes by Charles Roskelly Bawden* (Göttinger Asiatische Forschungen 5), Wiesbaden 1955

AMITAI-PREISS/MORGAN 2000. Reuven Amitai-Preiss und David O. Morgan (Hrsg.): *The Mongol Empire & Its Legacy,* Leiden 2000

ANCIENT KHARAKHORUM. Ministry of Education, Science and Culture, Republic of Mongolia und Government of Japan (Hrsg.): *The Ancient City of Kharakhorum,* Peking o. J.

ANDRÉ 2002. Guilhem André: »Une tombe princière Xiongnu à Gol Mod, Mongolie«, in: *Arts Asiatiques,* 57, 2002, S. 199

ANDRÉ 2003. Guilhem André: »Le char de Gol Mod«, in: AUSST.-KAT. MONACO/PARIS/ULAANBAATAR 2003, S. 124–136

ANLEN/PADIOU 1989. Léon Anlen und Roger Padiou: *Les miroirs de bronze anciens. Symbolisme & tradition,* Paris 1989

ANTONOVA 1995. V. Antonova: *Šumen i šumenskata krepost,* Šumen 1995

AUBIN 1995. Jean Aubin: *Émirs Mongols et vizirs Persans dans le remous de l'acculturation* (Studia Iranica 15), Paris 1995

AUSGRABUNGSBERICHT LONGQUAN-ÖFEN 1981. »Zhongguo shehui kexueyuan kaogu yanjiusuo Zhejiang gongzuodui: Zhejiang Longjingxian Anfuzheng fanchu wenbao«, in: *Kaogu,* 1981, Nr. 6, S. 504–510

AUSST.-KAT. BAMBERG 1998. *Die Andechs-Meranier in Franken. Europäisches Fürstentum im Hochmittelalter,* Ausst.-Kat. Historisches Museum Bamberg 1998

AUSST.-KAT. BARCELONA/PARIS/MADRID 2000/01. *L'Asie des steppes d'Alexandre le Grand à Gengis Khan,* Ausst.-Kat. Centre Cultural de la Fundació »la Caixa«, Barcelona, Musée national des arts asiatiques – Guimet, Paris und Sala de Exposiciones de la Fundación »la Caixa«, Madrid 2000/01

AUSST.-KAT. BERLIN 1981. *Islamische Kunst. Meisterwerke aus dem Metropolitan Museum of Art,* Ausst.-Kat. Staatliche Museen Preußischer Kulturbesitz, Museum für Islamische Kunst, Berlin 1981

AUSST.-KAT. BERLIN 1985. *Europa und die Kaiser von China 1240–1816,* Ausst.-Kat. der Berliner Festspiele GmbH, Horizonte '85, im Martin-Gropius-Bau, Berlin, Frankfurt am Main 1985

AUSST.-KAT. CLEVELAND 1968. Sherman Lee und Wai-kam Ho: *Chinese Art under the Mongols: The Yüan dynasty (1279–1368),* Ausst.-Kat. Cleveland Museum of Art 1968

AUSST.-KAT. CLEVELAND/NEW YORK 1997/98. *When Silk Was Gold: Central Asian and Chinese Textiles. Essay by Morris Rossabi,* hrsg. von James C. Y. Watt und Anne E. Wardwell, Ausst.-Kat. The Cleveland Museum of Art und The Metropolitan Museum of Art, New York 1997/98, New York 1997

AUSST.-KAT. DAYTON/CHICAGO 1989/90. Susan L. und John C. Huntington: *Leaves from the Bodhi Tree. The Art of Pala India (8th–12th centuries) and Its International Legacy,* Ausst.-Kat. The Dayton Art Institute und The David and Alfred Smart Gallery, University of Chicago 1989/90, Seattle/London 1990

AUSST.-KAT. DENVER 1994/95. Julia M. White und Emma C. Bunker: *Adornment for Eternity: Status and Rank in Chinese Ornament,* Ausst.-Kat. Denver Art Museum 1994/95

AUSST.-KAT. HONGKONG 1989. *Jigdezhen Zhushan chu tu Yongle Xuande guan yao ci qi zhan lan/Imperial Porcelain of the Yongle and Xuande Periods Excavated from the Site of the Ming Imperial Factory at Jingdezhen,* Jingdezhen Museum of Ceramic History, Hongkong 1989

AUSST.-KAT. INDIANAPOLIS/CHICAGO 1987/88. Yutaka Mino und Katherine R. Tsiang: *Ice and Green Clouds: Traditions of Chinese Celadon,* Ausst.-Kat. Indianapolis Museum of Art und The Art Institute of Chicago 1987/88, Indianapolis 1986

AUSST.-KAT. INDIANAPOLIS/CLEVELAND 1980/81. Mino Yutaka: *Freedom of Clay and Brush through Seven Centuries in Northern China: Tzu'chou Type Wares, 960 bis 1600 A. D.,* Ausst.-Kat. Indianapolis Museum of Art und Cleveland Museum of Art 1980/81, Indianapolis 1980

AUSST.-KAT. IZUMI 1996. *Sensei bansei and celadon of Longquan yao, Special exhibition,* Ausst.-Kat. Kuboso Memorial Museum of Art, Izumi 1996

AUSST.-KAT. KÖLN 1990. King Tsi Lee und Shih Chang Hu: *Drache und Phoenix. Lackarbeiten aus China, Sammlung der Familie Lee, Tokyo,* Ausst.-Kat. Museum für Ostasiatische Kunst, Köln 1990

AUSST.-KAT. KÖLN 2002. Masako Shôno-Sládek und Klaus J. Brandt: *Leuchtend wie Kristall. Lackkunst aus Ostasien und Europa,* Ausst.-Kat. Museum für Ostasiatische Kunst, Köln 2002

AUSST.-KAT. KUWAIT 1990. *Šedevry islamskogo iskusstva v Ėrmitaže,* Ausst.-Kat. Kuwait 1990

AUSST.-KAT. LEOBEN 2002. *Die Schätze der Goldenen Horde aus der Eremitage St. Petersburg,* Ausst-Kat. Kunsthalle Leoben 2002

AUSST.-KAT. LOS ANGELES/NEW YORK U. A. 1994/95. Adam T. Kessler: *Empires beyond the Great Wall: The Heritage of Genghis Khan,* Ausst.-Kat. Natural History Museum of Los Angeles County, American Museum of Natural History, New York, Tennessee State Museum, Nashville und Royal British Columbia Museum, Victoria 1994/95

AUSST.-KAT. LUGANO/BERLIN/SANKT PETERSBURG 1993/94. *Die Schwarze Stadt an der Seidenstraße: Buddhistische Kunst aus Khara Khoto (10.–13. Jahrhundert),* hrsg. von Michail Piotrovski, Ausst.-Kat. Fondazione Thyssen-Bornemisza, Villa Favorita, Lugano, Museum für Indische Kunst, Staatliche Museen zu Berlin, Preußischer Kulturbesitz und Staatliche Eremitage, Sankt Petersburg 1993/94, Mailand 1994

AUSST.-KAT. MONACO/PARIS/ULAANBAATAR 2003. *Mongolie, le premier empire des steppes,* Ausst.-Kat. Grimaldi Forum, Monaco, Musée national des arts asiatiques – Guimet, Paris, und Zanabazar-Kunstmuseum, Arles 2003

AUSST.-KAT. MÜNCHEN 1989. *Die Mongolen,* hrsg. von Walther Heissig und Claudius C. Müller, Begleitband der Ausstellung *Die Mongolen,* Haus der Kunst, München 1989, Aufsatzteil und Katalogteil, Innsbruck/Frankfurt am Main 1989

AUSST.-KAT. NEW YORK 1993. Stefano Carboni und Tomoko Masuya: *Persian Tiles,* Ausst.-Kat. The Metropolitan Museum of Art, New York 1993

AUSST.-KAT. NEW YORK 1998. Steven M. Kossack und Jane Singer Casey: *Sacred Visions. Early Paintings from Central Tibet,* Ausst.-Kat. The Metropolitan Museum of Art, New York 1998

AUSST.-KAT. NEW YORK 2004/05. James C. Y. Watt: *China: Dawn of a Golden Age, 200–750 AD,* Ausst.-Kat. The Metropolitan Museum of Art, New York 2004/05

AUSST.-KAT. NEW YORK/LOS ANGELES 2002/03. *The Legacy of Genghis Khan. Courtly Art and Culture in Western Asia, 1256–1353,* hrsg. von Linda Komaroff und Stefano Carboni, Ausst.-Kat. The Metropolitan Museum of Art, New York und The Los Angeles County Museum of Art 2002/03, London 2002

AUSST.-KAT. NEW YORK/TAIPEH 1996. Wen C. Fong und James C. Y. Watt: *Guo li gu gong bo wu yuan/Possessing the Past: Treasures from the National Palace Museum, Taipei*, Ausst.-Kat. The Metropolitan Museum of Art, New York und National Palace Museum, Taipeh 1996

AUSST.-KAT. PARIS 1971. *Arts de l'Islam des origines à 1700: dans les collections publiques francaises*, Ausst.-Kat. Orangerie des Tuileries, Paris 1971

AUSST.-KAT. PARIS 1986. Klaus J. Brandt: *Laques chinois du Linden-Museum de Stuttgart*, Ausst.-Kat. Musée national des arts asiatiques – Guimet, Paris 1986

AUSST.-KAT. PEKING 2004. *Chengjisi Han. Zhongguo gudai beifang caoyuan wenhua/Genghis Khan: The Ancient Nomadic Culture of the Northern China*, Ausst.-Kat. Millenium Museum, Peking 2004

AUSST.-KAT.SANFRANCISCO/NEWYORK/LONDON/BONN/CHIBA 1991–97. *Weisheit und Liebe. 1000 Jahre Kunst des Tibetischen Buddhismus*, hrsg. von Marilyn M. Rhie und Robert A. F. Thurman, Ausst.-Kat. Asian Art Museum of San Francisco, IBM Gallery of Art, New York, Royal Academy of Arts, London, Kunst- und Ausstellungshalle der Bundesrepublik Deutschland, Bonn und Chiba City Museum of Art, Köln 1996

AUSST.-KAT. SANKT PETERSBURG 2000. *Sokroviša Zolotoj Ordy/The Treasures of the Golden Horde*, Ausstellungskonzeption, Textauswahl und wiss. Redaktion M.G. Kramarovski, Ausst.-Kat. Staatliche Eremitage, Sankt Petersburg 2000 (Texte in russischer, tatarischer und englischer Sprache)

AUSST.-KAT. SAO PAULO 2002. *China, Arte dos Imperadores*, Ausst.-Kat. Museu de Arte Brasiliera, Sao Paulo 2002

AUSST.-KAT. SCHLESWIG 1991. *Gold der Steppe. Archäologie der Ukraine*, Ausst.-Kat. Archäologisches Landesmuseum der Christian-Albrechts-Universität Schleswig, Neumünster 1991

AUSST.-KAT. SELM/BERLIN 1986/87. *Islamische Kunst. Verborgene Schätze*, Ausst.-Kat. Schloß Cappenberg, Selm und Museum für Islamische Kunst, Berlin 1986/87

AUSST.-KAT. SÈVRES/LIMOGES/MARSEILLE 2003/04. C. Shimizu: *L'Odyssée de la porcelaine chinoise. Collections des musées de Sèvres et de Limoges*, Ausst.-Kat. Musée national de la Céramique, Sèvres, Musée Adrien Dubouché, Limoges und Musée de la Faïence, Marseille 2003/04

AUSST.-KAT. STUTTGART 1988. Klaus J. Brandt: *Chinesische Lackarbeiten*, Ausst.-Kat. Linden-Museum Stuttgart 1988

AUSST.-KAT. TAIPEH 1986. *Catalogue of Special Exhibition of Bronze Mirrors in the National Palace Museum*, Ausst.-Kat. National Palace Museum, Taipeh 1986

AUSST.-KAT. TAIPEH 1999. *Faguo Jumei meishuguan shoucang zhongguo taoci tezhan/Terre de neige, de glace, et d'ombre: quatorze siècles d'histoire de la céramique chinoise à travers les collection du Musée Guimet*, Ausst.-Kat. Nationalmuseum für Geschichte, Taipeh 1999

AUSST.-KAT. TOKIO/OSAKA 1971. Bo Gyllensvard: *Chinese Art from the Collection of H. M. King Gustav VI Adolf of Sweden*, Ausst.-Kat. Tokio und Osaka 1971

AUSST.-KAT. VENEDIG 1987/88. *Tesori d'Euarasia. 2000 anni di storia in 70 anni di archeologia sovietica*, hrsg. von Boris B. Piotrovskij, Ausst.-Kat. Palazzo Ducale, Venedig, Mailand 1987

AUSST.-KAT. VERSAILLES 1999. *Topkapi à Versailles, Trésors de la cour ottomane*, Ausst.-Kat. Musées Nationaux des Châteaux de Versailles et de Trianon, Paris 1999

AUTORENKOLLEKTIV 1990. Autorenkollektiv: *Zhongguo ge minzu zongjiao yu shenhua dacidian*, Peking 1990

AYERS 1978. John Ayers: »The Discovery of a Yüan Ship at Sinan, South-West Korea: A First Report«, in: *Oriental Art*, N. F. XXIV, Nr. 1, Frühjahr 1978

AYERS 1986. John Ayers (Hrsg): *Chinese Ceramics in the Topkapi Saray Museum Istanbul*. Bd. 1: *Yuan and Ming Dynasty Seladon Wares*, London 1986

BAJASACH 1997. Chereed Žamsrangijn Bajasach: *Zapiski Južno-sunskich diplomatov kak istočnik po istorii i etnografii mongolov XIII veka*, Ulaanbaatar 1997

BANZAROV 1955. D. Banzarov: *Sobranie sočineni*, Moskau 1955

BARFIELD 1989. Thomas J. Barfield: *The Perilous Frontier. Nomadic Empires and China 221 BC to AD 1757*, Cambridge, Mass. 1989

BARFIELD 2001. Thomas J. Barfield: »Steppe Empires, China and the Silk Route: Nomads as a Force in International Trade and Politics«, in: Anatoly M. Khazanow und André Wink (Hrsg.): *Nomads in the Sedentary World*, London 2001, S. 234–249

BARKMANN 1999. Udo B. Barkmann: *Geschichte der Mongolei oder die »Mongolische Frage«. Die Mongolen auf ihrem Weg zum eigenen Nationalstaat*, Bonn 1999

BARKMANN 2002. Udo B. Barkmann: »Qara Qorum (Karakorum) – Fragmente zur Geschichte einer vergessenen Reichshauptstadt«, in: QARA QORUM-CITY 2002, S. 5–21

BARTEL 1990. Hellmuth Bartel: *Mongolei, Land zwischen Taiga und Wüste* (Geographische Bausteine, Neue Reihe 8), Gotha 1990

BARTOL'D 1963. V.V. Bartol'd: *Turkestan v epochu mongol'skogo nashestvija* (Sočinenija 1), Moskau 1963

BAUWE 1985. Renate Bauwe: »Mongolische Literatur«, in: *BI-Lexikon Ostasiatische Literaturen*, von einem Autorenkollektiv unter Leitung von Jürgen Berndt, Leipzig 1985, S. 95–105

BAWDEN 1968, 1989. Charles R. Bawden: *The Modern History of Mongolia*, London 1968, 2. überarbeitete Auflage London 1989

BAWDEN 2003. Charles R. Bawden: *Mongolian Traditional Literature. Selected and Translated*, London/New York/Bahrain 2003

BAYAR U. A. 2003. D. Bayar, Ch. Amartuvshin, A. Enkhtur und J. Gerelbadrakh: »Bilge chaany tachilyn ongony sudalgaa«, in: *SA*, (I) XXI, 8, 2003

BECKWITH 1987. Christopher I. Beckwith: *The Tibetan Empire in Central Asia: A History of the Struggle for Great Power among Tibetans, Turks, Arabs, and Chinese during the Early Middle Ages*, Princeton 1987

BEZZOLA 1974. Gian Andri Bezzola: *Die Mongolen in abendländischer Sicht (1220–1270). Ein Beitrag zur Frage der Völkerbegegnungen*, Bern/München 1974

BIRA 1991/92. Sh. Bira: »The Mongolian Conception of Chinggis-khan: Historic and Mythical Hero«, in: *Mongolica. An International Annual of Mongol Studies*, Bd. 2/3 (23/24), 1991/92, S. 32–47

BITWA LEGNICKA 1994. *Bitwa Legnicka. Historia i tradycja*, hrsg. von Wacław Korta, Breslau/Warschau 1994

BLAIR 1995. Sheila S. Blair: *A Compendium of Chronicles: Rashid al-Din's illustrated history of the world*, London/Oxford 1995

BOLOR ERIKE/CLEAVES 1959. Francis Woodman Cleaves (Hrsg.): *Bolor Erike. Mongolian Chronicle by Rasipungsug*, Cambridge, Mass. 1959

BOSKOVIC-STULLI 1999. Maja Boskovic-Stulli: »Midas«, in: *Enzyklopädie des Märchens*, Bd. 9, hrsg. von Rolf Wilhelm Brednich, Berlin/New York 1999, S. 633–641

BOTALOV 1992. S. G. Botalov: »Askizski kurgan mongol'skogo vremeni Kula-Ajgyr« in: *RA*, 1992, Nr. 2

BOUQUILLON 2002. Anne Bouquillon: »Perles«, in: GOL MOD 2002, S. 28–30

BOWIE 1966. Theodore Bowie: *East–West in Art. Patterns of Cultural & Aesthetic Relationships*, Bloomington/London 1966

BOYLE 1975. John Andrew Boyle: »The Alexander Romance in Central-Asia«, in: *Zentralasiatische Studien*, 9, 1975, S. 265–273

BOYLE 1976 A. John Andrew Boyle: »Alexander and the Turcs«, in: FESTSCHRIFT SINOR 1976, S. 107–117

BOYLE 1976 B. John Andrew Boyle: »The Il'Khans of Persia and the Princes of Europe«, in: *Central Asiatic Journal*, 20, 1976, S. 25–40

BOYLE 1980. John Andrew Boyle: »Alexander and the Mongols«, in: *Central Asiatic Journal*, 24, 1980, S. 18–35

BREGEL 1991. Jurij Bregel: »Turco-Mongol Influences in Central Asia«, in: R. L. Canfield (Hrsg.): *Turko-Persia in Historical Perspective*, New York 1991, S. 53–77

BRETSCHNEIDER 1988. E. Bretschneider: *Medieval Researches from Eastern Asiatic Sources*, London 1988

BULLING 1960. Anne Bulling: »The Decoration of the Mirrors of the Han Period – Chronology«, in: *Artibus Asiae Supplementa*, 20, 1960

BUNKER 1997. Emma C. Bunker mit Trudy S. Kawami, Katheryn M. Linduff und Wu En: *Ancient Bronzes of the Eastern Eurasian Steppes from the Arthur M. Sackler Collection*, New York 1997

BURKHARDT 1982. V. R. Burkhardt: *Chinese Creeds and Customs*, Hongkong 1982

CAMMAN 1953. Schuyler Camman: »The Lion and Grape Patterns on Chinese Bronze Mirrors«, in: *Artibus Asiae*, XVI, 1953, S. 265–291

CARBONI 2001. Stefano Carboni: *Glass from Islamic Lands. The Al-Sabah Collection*, London 2001

CARPINI/RISCH 1930. Friedrich Risch: *Johann de Plano Carpini. Geschichte der Mongolen und Reisebericht 1245 bis 1247*, Leipzig 1930

CARSWELL 1999/2000. John Carswell: »Kharakhoto and Recent Research in Inner Mongolia«, in: *Oriental Art*, XLV, Nr. 4, Winter 1999/2000

CARSWELL 2000. John Carswell: *Blue & White. Chinese Porcelain around the World*, Chicago 2000

CENDINA 1999. A. D. Cendina: *Istorija Ėrdeni-dzu. Faksimile rukopisi. Perevod s mongol'skogo, vvedenie, kommentarij i priloženija*, Moskau 1999

CERENSODNOM 1987. Dalantai Cerensodnom: *Mongol uran zochiol (13–20 zuuny ech)*, Ulaanbaatar 1987

CERENSODNOM/TAUBE 1993. Dalantai Cerensodnom und Manfred Taube: *Die Mongolica der Berliner Turfansammlung* (Berliner Turfantexte XVI), Berlin 1993

ČEREPNIN 1970. L. V. Čerepnin: »Mongolo-tatary na Rusi (XIII v.)«, in: *Tataro-mongoly v Azii i Evrope*, Moskau 1970

CH'EN 2001. Ch'en Yun-ju: »Meng Yuan huangdi de shu-hua yishu yu shoucang«, in: *Dahan de shiji: Meng Yuan shidai de duoyuan wenhua yu yishu*, Ausst.-Kat. National Palace Museum, Taipeh 2001, S. 266–285

CHAVANNES 1903. Eduard Chavannes: *Documents sur les Tou-Kiue (Turcs) occidentaux* (Sbornik trudov Orchons-koj ekspedicii 6), Sankt Petersburg 1903

CHEN 2003. Tung-Ho Chen: »Le jade«, in: AUSST.-KAT. MONACO/PARIS/ULAANBAATAR 2003, S. 123

CHINESISCHE GESANDTENBERICHTE/OLBRICHT/ PINKS 1980. *Meng-ta Pei-lu und Hei-ta Shihlüeh: Chinesi-sche Gesandtenberichte über die frühen Mongolen 1221 und 1237* (Asiatische Forschungen 56), nach Vorarbeiten von Erich Haenisch und Yao Ts'ung-wu übers. und kommen-tiert von Peter Olbricht und Elisabeth Pinks, eingeleitet von Werner Banck, Wiesbaden 1980

CHIODO 1989 FF. Elisabetta Chiodo, »The Book of the Of-ferings to the Holy Činggis Qayan. A Mongolian Ritual Text«, in: *Zentralasiatische Studien*, 22, 1989–91, S. 190–220 und 23, 1992/93, S. 84–144

CHIODO 1994. Elisabetta Chiodo: »The Nine Paladins of Činggis (Yisün Örlüg) According to the ›Great Prayer‹ (Yeke öčig)«, in: *Ural-Altaische Jahrbücher*, N. F. 13, 1994, S. 175–225

CHIODO 1995. Elisabetta Chiodo: »The Worship of the White Standard (*čayan tuy sülde*) in Üüsin Banner«, in: *Mongolica. An International Annual of Mongol Studies*, 6 (27), 1995, S. 618–626

CHIODO 1997/98 A. Elisabetta Chiodo: »A Mongolian Hymn to Qongsim Bodisung on Birch Bark from Xar-buxyn Balgas (Bulgan Ajmag)«, in: *Ural-Altaische Jahr-bücher*, N. F. 15, 1997/98, S. 223–249

CHIODO 1997/98 B. Elisabetta Chiodo: »The Black Stan-dard (*qara sülde*) of Činggis Qayan in Baruun Xüree«, in: *Ural-Altaische Jahrbücher*, N. F. 15, 1997/98, S. 250–254

CHIODO 2000. Elisabetta Chiodo: *The Mongolian Manu-scripts on Birch Bark from Xarbuxyn Balgas in the Collec-tion of the Mongolian Academy of Sciences* (Asiatische For-schungen 137), Wiesbaden 2000

CHIODO 2002. Elisabetta Chiodo: »Yamāntaka and the Sülde of Činggis«, in: Karénina Kollmar-Paulenz und Christian Peter (Hrsg.): *Tractata Tibetica et Mongolica. Festschrift für Klaus Sagaster zum 65. Geburtstag*, Wies-baden 2002 (Asiatische Forschungen 145), S. 45–60

CHIODO 2003/04. Elisabetta Chiodo: »On the Identifica-tion of a Mongolian Dhāraṇī from Xarbuxyn Balgas«, in: *Ural-Altaische Jahrbücher*, N. F. 18, 2003/04

CHODZEVIČ 1988. L. P. Chodzevič: »O proizchoždenii sjužeta na odnoj unikal'noj pojasnoj garnitura iz Lazovs-kogo gorodišča«, in: *Materialy po etnokul'turnym svjaz-jam narodov Dal'nego Vostoka v srednie veka*, Wladiwos-tok 1988

CHRONICON PICTUM 1968. *Chronicon Pictum. Chroni-ca de Gestis Hungarorum. Faksimiledruck nach dem Or-iginal in der Széchényi Nationalbibliothek*, 2 Bde., Weimar 1968

CLEAVES 1952. Francis Woodman Cleaves: »The Sino-Mongolian Inscription of 1346,« in: *Harvard Journal of Asiatic Studies*, 15, 1952, S. 1–123

CLEAVES 1953. Francis Woodman Cleaves: »The Mongo-lian Documents in the Musée du Téhéran«, in: *Harvard Journal of Asiatic Studies*, 16, 1953, S. 27–33

CONERMANN/KUSBER 1997. Stephan Conermann und Jan Kusber: *Die Mongolen in Asien und Europa* (Kieler Werkstücke, Reihe F, 4), Frankfurt am Main 1997

CROSSLEY 2002. Pamela Kyle Crossley: *The Manchus* (The Peoples of Asia), Oxford/Malden 2002

DE GROOT 1921,1926. J. J. M. de Groot: *Die Hunnen der vorchristlichen Zeit. Chinesische Urkunden zur Geschichte Asiens*, Bd. 1 und 2, Berlin/Leipzig 1921, 1926

DE GUIGNES 1756–58. Père Joseph de Guignes: *Histoire générale des Huns, des Turcs, des Mogols et des autres Tata-res occidentaux, etc. avant et depuis Jésus-Christ jusqu'à présent*, Paris 1756–58

DE RACHEWILTZ 1972. Igor de Rachewiltz: *Index to the Secret History of the Mongols*, Bloomington 1972

DE RACHEWILTZ 1976. Igor de Rachewiltz: »Some Remarks on the Stele of Yisüngge«, in: FESTSCHRIFT SINOR 1976, S. 487–508

DE RACHEWILTZ 1994. Igor de Rachewiltz: »The Mon-gols Rethink Their Early History«, in: *The East and the Meaning of History. International Conference (23–27 No-vember 1992)*, Rom 1994, S. 357–380

DELACOUR 2001. Catherine Delacour: *De bronze, d'or et d'argent. Arts somptuaires de la Chine* (Trésors du Musée Guimet), Paris 2001

DESROCHES 1984. Jean-Paul Desroches: »A propos d'un bodhisattva de l'époque Yuan«, in: *Arts Asiatiques*, XXXIX, 1984, S. 73–77

DESROCHES 1987. Jean-Paul Desroches: *Le jardin des porcelaines*, Paris 1987

DESROCHES 1997. Jean-Paul Desroches: *Compagnons d'éternité* (Trésors du Musée Guimet), Paris 1997

DESROCHES/ERDENE 2003. Jean-Paul Desroches und Yerôôl Erdene: »L'architecture des tombes«, in: AUSST.-KAT. MONACO/PARIS/ULAANBAATAR 2003, S. 108 bis 118

DI COSMO 2002. Nicola Di Cosmo: *Ancient China and Its Enemies*, Cambridge 2002

DIALOGUS MIRACULORUM 1851. Caesarius von Heis-terbach: *Dialogus miraculorum*, hrsg. von Josef Stange, Bd. II, Köln 1851

DODE 2001 A. S. V. Dode: *Srednevekovyj kostjum narodov Severnogo Kavkaza. Očerki istorii*, Moskau 2001

DODE 2001 B. S. V. Dode: »Kostjumy kočevnikov Zolotoj Ordy iz mogil'nika Džuchta-2«, in: *Materialy po izučeniju istoriko-kul'turnogo nasledija Severnogo Kavkaza*, 2. Auf-lage, Moskau 2001

DOERFER 1967. Gerhard Doerfer: Eintrag »chan«, in: *Türkische und mongolische Elemente im Neupersischen*, Bd. III, Wiesbaden 1967, S. 141–179

DOERFER 1987. Gerhard Doerfer: »Eine Sonne am Him-mel, ein Herrscher auf Erden (Das Leben der alttürkischen Steppennomaden)«, in: *Deutsch-türkische Gesellschaft e.V. Bonn Mitteilungen*, Heft 110, Dezember 1987, S. 31–52

DORJSÜREN 1964. Ts. Dorjsüren, »Raskopi mogil chun-nu v gorach Noïn-Ula na reke chuni Gol (1954–1957)«, in: *Mongolski Archeologičeski sbornik*, 1964, S. 37–44

DÖRRIE 1956. Heinrich Dörrie: *Drei Texte zur Geschichte der Ungarn und Mongolen. Die Missionsreisen des fr. Julia-nus O. P. ins Uralgebiet (1234/35) und nach Rußland (1237) und der Bericht des Erzbischofs Peter über die Tartaren* (Nachrichten der Akademie der Wissenschaften in Göt-tingen I. Philologisch-historische Klasse, Jg. 1956, Nr. 6), Göttingen 1956

DURIAN-RESS 1986. Saskia Durian-Ress: *Meisterwerke mittelalterlicher Textilkunst aus dem Bayerischen Natio-nalmuseum*, München/Zürich 1986

EBERHARD 1949. Wolfram Eberhard: *Das Toba-Reich Nord-Chinas*, Leiden 1949

EBERHARD 1978. Wolfram Eberhard: »Die Beziehungen der Staaten der T'opa und der Sha-to zum Ausland«, in: *China und seine westlichen Nachbarn*, Darmstadt 1978, S. 37–110

EBERHARD 1999. Wolfram Eberhard: *Lexikon chinesi-scher Symbole. Die Bildsprache der Chinesen*, München 1999

ECSEDY 1968. Hilda Ecsedy: »Trade-and-War Relations between the Turks and China in the Second Half of the 6th Century«, in: *Acta Orientalia Academiae Scientiarum Hungaricae*, 21, 1968, S. 130–180

ECSEDY 1972. Hilda Ecsedy: »Tribe and Tribal Society in the 6th Century Türk Empire«, in: *Acta Orientalia Acade-miae Scientiarum Hungaricae*, 25, 1972, S. 245–262

EFIMOV 1999. K. Ju. Efimov: »Zolotoordynskie pogrebe-nija iz mogil'nika Olen'-Kolodez'«, in: *Donskaja archeo-logija*, Nr. 3/4, 1999

EGGEBRECHT 1989. Arne Eggebrecht (Hrsg.): *Die Mon-golen und ihr Weltreich*, Mainz 1989

ELIAS/ROSS 1972. Nay Elias und Edward Denison Ross: *A History of the Moghuls of Central Asia Being the Tarikh-i Rashidi of Mirza Muhammad Haidar, Dughlát*, Neudruck London/New York 1972

ENDERLEIN 1990. Volkmar Enderlein: *Islamische Kunst*, Dresden 1990

ERDENE 1979. Sengijn Erdene: *Sonnenkraniche. Erzäh-lungen*, hrsg. und aus dem Mongolischen übers. von Re-nate Bauwe-Radna, Berlin 1979

ERDENEBAT 2002. Ulambajar Erdenebat: »Char Choru-myn šaazan edlelijn chojor daršijg sudalsan tuchaj«, in: *Archaeology, Anthropology and Ethnology*, 13 (187), 2002, S. 3–27

ERDENEBAT/AMARTUVSHIN O. J. Ulambajar Erdene-bat und Ch. Amartuvshin: *Ömnögöv' ajmgijn Dalanzad-gad, Nojon sumdyn nutagt ažillasan tajlan*, Ulaanbaatar, unpublizierter Ausgrabungsbericht des Handschriften-fundus des Archäologischen Instituts der Mongolischen Akademie der Wissenschaften, Ulaanbaatar o. J.

ERDENEBAT/BAYAR 2004. Ulambajar Erdenebat und Dovdoi Bayar: »Eine mittelalterliche Felshöhlenbestat-tung aus der südlichen Mongolei«, in: *Beiträge zur allge-meinen und vergleichenden Archäologie*, Bd. 24, 2004, S. 45–66

ERDENEBAT/POHL 2002. Ulambajar Erdenebat und Ernst Pohl: »Karakorum 2 – Archäologie im Stadtzen-trum«, in: *Bonn Contributions to Asian Archaeology*, Bd. 1, 2002, S. 37–51

ERDMANN 1965. Hanna Erdmann: »Keramische Erwer-bungen der islamischen Abteilung 1960–1963 (2. Teil)«, in: *Berliner Museen. Berichte aus den Staatlichen Museen Preußischer Kulturbesitz*, N.F. 15, 1965, S. 35–45

ERKUNDUNGEN/BAUWE-RADNA 1976. *Erkundungen. 20 mongolische Erzählungen*, hrsg. und mit einem Nach-wort versehen von Renate Bauwe-Radna, Berlin 1976

ETTINGHAUSEN 1950. Richard Ettinghausen: *The Uni-corn* (Studies in Muslim Iconography I), Washington 1950

ETTINGHAUSEN 1954. Richard Ettinghausen: »Some Paintings in Four Istanbul Albums«, in: *Ars Orientalis*, 1, 1954

ETTINGHAUSEN 1957. Richard Ettinghausen: »The ›Wade‹ Cup‹ in the Cleveland Museum of Art, its Origin and Decorations« in: *Ars Orientalis*, 2, 1957, S. 327–366

EULER 1972. Heinrich Euler: »Die Begegnung Europas mit den Mongolen im Spiegel abendländischer Reiseberichte«, in: *Saeculum*, 23, 1972, S. 47–58

EVTJUCHOVA 1965. L. A. Evtjuchova: »Monety iz kul'turnogo sloja Kara-Koruma«, in: KISELEV U. A. 1965, S. 183–187

EVTJUCHOVA U. A. 1965. L. A. Evtjuchova u. a., in: KISELEV U. A. 1965

FACHRUTDINOV 1984. R. G. Fachrutdinov: *Očerki po istorii Volžskoj Bulgarii*, Moskau 1984

FARQUHAR 1990. D. M. Farquhar: *The Government of China under Mongolian Rule*, Stuttgart 1990

FEDOROV 2000. Michael Fedorov: »On the Attribution of the Anonymous Chaghatayid Coins Minted 726–727«, in: *Oriental Numismatic Society Newsletter*, 165, Winter 2000, S. 9–13

FEDOROV-DAVYDOV 1976. German A. Fedorov-Davydov: *Iskusstvo kočevnikov i Zolotoj Ordy. Očerki iskusstva narodov evrazijskich stepej i zoloordynskich gorodov*, Moskau 1976

FEDOROV-DAVYDOV 2001. German A. Fedorov-Davydov: *The Silk Road and the Cities of the Golden Horde*, Berkeley 2001

FESTSCHRIFT ROTH 2001. E. Pohl, U. Recker und Cl. Theune (Hrsg.): *Archäologisches Zellwerk. Beiträge zur Kulturgeschichte in Europa und Asien. Festschrift für Helmuth Roth* (Studia Honoraria 16), Rahden/Westfalen 2001

FESTSCHRIFT SINOR 1976. Walther Heissig, J. R. Krueger, F. J. Oinas und E. Schütz (Hrsg.): *Tractata Altaica Denis Sinor sexagenario optime de rebus altaicis merito dedicata*, hrsg. von Walther Heissig u. a., Wiesbaden 1976

FRAEHN 1826. Christian Martin Fraehn: *Recensio Numorum Muhammedanorum. Numi Muhammedani qui in Academiae Imperialis Scientiarum Petropolitanae Museo Asiatico asservantur*, Sankt Petersburg 1826

FRAGNER 1997. Bert Fragner: »Iran under Ilkhanid Rule in a World History Perspective«, in: AIGLE 1997, S. 21–131

FRANKE 1968. Herbert Franke: »Westöstliche Beziehungen im Zeitalter der Mongolenherrschaft«, in: *Saeculum*, 19, 1968, S. 91–106

FRANKE 1970. Herbert Franke: »Asien und Europa im Zeitalter des Mongolensturms«, in: *Saeculum Weltgeschichte*, Bd. V: *Die Epoche des Mongolensturms*, Freiburg/Basel/Wien 1970, S. 1–68

FRANKE 1974. Herbert Franke: »Zum Legitimitätsproblem der Fremddynastien in der chinesischen Historiographie«, in: *Geschichte in der Gesellschaft. Festschrift für Karl Bosl zum 65. Geburtstag, 11. XI. 1973*, hrsg. von Friedrich Prinz u. a., Stuttgart 1974, S. 14–17

FRANKE 1989 A. Herbert Franke: »Die Mongolen in China«, in: AUSST.-KAT. MÜNCHEN 1989, Bd. 2, S. 58–60

FRANKE 1989 B. Herbert Franke: »Pax Mongolica«, in: AUSST.-KAT. MÜNCHEN 1989, Bd. 2, S. 54–57

FRANKE/TRAUZETTEL 1968. Herbert Franke und Rolf Trauzettel: *Das Chinesische Kaiserreich* (Fischer Weltgeschichte 19), Frankfurt am Main 1968

FREMBGEN 2003. Jürgen Wasim Frembgen: *Nahrung für die Seele. Welten des Islam*, München 2003

FRIED 1986. Johannes Fried: »Auf der Suche nach der Wirklichkeit. Die Mongolen und die europäische Erfah-

rungswissenschaft im 13. Jahrhundert«, in: *Historische Zeitschrift*, 243, 1986, S. 287–332

GARDNER 1961. Charles S. Gardner: *Chinese Traditional Historiography*, Cambridge 1961

GE 2001. Ge Wanzhang: »Fushe yu hu huixiang: Meng Yuan shiqi de cangzhuan yishu«, in: *Dahan de shiji: Meng Yuan shidai de duoyuan wenhua yu yishu*, Ausst.-Kat. National Palace Museum, Taipeh 2001, S. 246–265

GEHEIME GESCHICHTE/HAENISCH 1948. *Die Geheime Geschichte der Mongolen. Aus einer Niederschrift des Jahres 1240 von der Insel Kode'e im Keluren-Fluß erstmalig übersetzt und erläutert von Erich Haenisch*, Leipzig 1948

GEHEIME GESCHICHTE/TAUBE 1989. *Geheime Geschichte der Mongolen. Herkunft, Leben und Aufstieg Činggis Qans* (Orientalische Bibliothek), hrsg. von Manfred Taube, München/Leipzig/Weimar 1989

GERNET 1979. Jacques Gernet: *Die chinesische Welt*, Frankfurt am Main 1979

GESER KHAN/SCHMIDT 1966. Isaak Jakob Schmidt: *Die Thaten des Bogda Gesser Chan's, des Vertilgers der Wurzel der Zehn Übel in den zehn Gegenden. Eine ostasiatische Heldensage, aus dem Mongolischen übersetzt*, Reprint der Ausgabe Sankt Petersburg/Leipzig 1839, Osnabrück 1966

GIERLICHS 1993. Joachim Gierlichs: *Drache, Phönix, Doppeladler. Fabelwesen in der islamischen Kunst*, Berlin 1993

GILLY-ELEWY 2000. Hend Gilli-Elewy: *Bagdad nach dem Sturz des Kalifats. Die Geschichte einer Provinz unter ilḫānidischer Herrschaft (656–735/1258–1335)* (Islamkundliche Untersuchungen 231), Berlin 2000

GIMM 2000/01. Martin Gimm: »Zum mongolischen Mahâkâla-Kult und zum Beginn der Qing-Dynastie. Die Inschrift Shisheng beiji von 1638«, in: *Oriens Extremus*, 42, 2000/01, S. 69–103

GIRAUD 1960. R. Giraud: *L'empire des Turcs célestes*, Paris 1960

GÖCKENJAN 1991. Hansgerd Göckenjan: »Der Westfeldzug (1236–42) aus mongolischer Sicht«, in: SCHMILEWSKI 1991

GÖCKENJAN/SWEENEY 1985. *Der Mongolensturm. Berichte von Augenzeugen und Zeitgenossen 1235–1250* (Ungarns Geschichtsschreiber 3), übers., eingeleitet und erläutert von Hansgerd Göckenjan und James R. Sweeney, Graz/Wien/Köln 1985

GOL MOD 2002. *Gol Mod. Nouvelles découvertes en Mongolie, 2000/2001* (Sonderband Connaissance des arts 177), Paris 2002

GOLDEN 1992. Peter B. Golden: *An Introduction to the History of the Turkic Peoples. Ethnogenesis and State-Formation in Medieval and Early Modern Eurasia and the Middle East*, Wiesbaden 1992

GORELIK 1982. M. V. Gorelik: *Mongoly i oguzy v tebrizskoj miniatjure XIV–XV vekov/Mittelalterliche Malerei im Orient*, hrsg. von Karin Rührdanz, Halle (Saale) 1982

GRAY 1954. Basil Gray: »An Unknown Fragment of the ›Jami' al-Tawarikh‹ in the Asiatic Society of Bengal«, in: *Ars Orientalis*, 1, 1954

GRIAZNOV 1984. Michail P. Griaznov: *Der Großkurgan von Arzan in Tuva, Südsibirien*, München 1984

GUERRA/CALLIGARO/ROBCIS 2003. Maria Filomena Guerra, Thomas Calligaro und Dominique Robcis:

»L'analyse des éléments en or du site de Gol Mod«, in: AUSST.-KAT. MONACO/PARIS/ULAANBAATAR 2003, S. 176–181

GUMILEV 1999. Lev Nikolaevič Gumilev: *Drevnie Tjurki* (Sočinenija 12), Moskau 1999

GUO/TIAN 1986. Tian Guangjin und Guo Suxin: *E'erduosishi qingtongqi*, Peking 1986

ǦUVAINĪ/BOYLE 1958. *The History of the World-Conqueror, by 'Ala-ad-Din Juvaini, translated from the text of Mizra Muhammad Qazvini by John Andrew Boyle*, 2 Bde., Manchester 1958

HAENISCH 1949. Erich Haenisch: „Zu den Briefen der mongolischen Il-Khane Arġun und Öljeitü an den König Philipp den Schönen von Frankreich (1289 u. 1305), in *Oriens*, 2, 1949, S. 229/230

HAGEDORN 1992. Annette Hagedorn: *Die Blacas-Kanne. Zu Ikonographie und Bedeutung islamischer Metallarbeiten des Vorderen Orients im 13. und 14. Jahrhundert*, Münster 1992

HAMILTON 1955. James Russell Hamilton: *Les Ouïghurs à l'époque des Cinq Dynasties d'après les documents chinois*, Paris 1955

HAN/DEYDIER 2001. Han Wei und Christian Deydier: *L'or de la Chine Ancienne*, Paris 2001

HASSAN 1956. Zaky M. Hassan: *Atlas of Moslem Decorative arts*, Kairo 1956

HEIDEMANN 2000. Stefan Heidemann: »Mas 'ūd al-Khwārezmī in Kāšghar 660/1261–2«, in: *Oriental Numismatic Society Newsletter*, 163, 2000, S. 12–14

HEISSIG 1954. Walther Heissig: *Die Pekinger lamaistischen Blockdrucke in mongolischer Sprache* (Göttinger Asiatische Forschungen 2), Wiesbaden 1954

HEISSIG 1956. *Wort aus tausend Jahren: Weisheit der Steppe*, ausgewählt und übers. von Walther Heissig (Sammlung Welt und Geist 12), Wiesbaden 1956

HEISSIG 1959. Walther Heissig: *Die Familien- und Kirchengeschichtsschreibung der Mongolen*, Teil I: *16.–18. Jahrhundert* (Asiatische Forschungen 5), Wiesbaden 1959

HEISSIG 1961. Walther Heissig: »Das Sternbild der Sieben Alten und der Sternkult«, in: *Die Religionen der Mongolei*, Stuttgart 1961, S. 389–391

HEISSIG 1964 A. Walther Heissig: »Die mongolische Literatur«, in: *Handbuch der Orientalistik*, 1. Abt., 5. Bd., 2. Abschnitt: *Mongolistik*, Leiden/Köln 1964, S. 227–274

HEISSIG 1964 B. Walther Heissig: *Ein Volk sucht seine Geschichte. Die Mongolen und die verlorenen Dokumente ihrer großen Zeit*, Düsseldorf/Wien 1964; 2. erweiterte Ausgabe unter dem Titel *Die Mongolen: ein Volk sucht seine Geschichte*, München 1978; 3. Ausgabe unter dem Titel *Die Mongolen*, Düsseldorf 1979

HEISSIG 1970. Walther Heissig: »Die Religionen der Mongolei«, in: Giuseppe Tucci und Walther Heissig: *Die Religionen Tibets und der Mongolei* (Die Religionen der Menschheit 20), Stuttgart u. a. 1970, S. 293–422

HEISSIG 1972. Walther Heissig: *Geschichte der mongolischen Literatur*, Bd. 1: *19. Jahrhundert bis zum Beginn des 20. Jahrhunderts;* Band 2: *20. Jahrhundert bis zum Einfluß moderner Ideen*, Wiesbaden 1972

HEISSIG 1974. Walther Heissig: »Monggol-un niguca tobciyan«, in: *Kindlers Literatur Lexikon im dtv*, Bd. 15, München 1974, S. 6415

HEISSIG 1976. Walther Heissig: *Die mongolischen Handschriften-Reste aus Olon süme, Innere Mongolei (16.–17. Jh.)* (Asiatische Forschungen 46), Wiesbaden 1976

HEISSIG 1978. Siehe HEISSIG 1964 B

HEISSIG 1982. Walther Heissig: »Felsgeburt und Petrogenese«, in: ders. (Hrsg.): *Fragen der mongolischen Heldendichtung II,* Wiesbaden 1982

HEISSIG 1983. Walther Heissig: *Geser-Studien. Untersuchungen zu den Erzählstoffen in den »neuen« Kapiteln des mongolischen Geser-Zyklus* (Abhandlungen der Rheinisch-Westfälischen Akademie der Wissenschaften 69), Opladen 1983

HEISSIG 1987. Walther Heissig: »Geser Khan«, in: *Enzyklopädie des Märchens,* Bd. 5, hrsg. von R. W. Brednich, Berlin/New York 1987, S. 1151–1162

HEISSIG 1988. Walther Heissig: *Erzählstoffe rezenter mongolischer Heldendichtung* (Asiatische Forschungen 100), Wiesbaden 1988

HELDENGESCHICHTEN/HEISSIG 1962. *Helden-, Höllenfahrts- und Schelmengeschichten der Mongolen,* übers. von Walther Heissig, Zürich 1962

HENNECKE 1924. Edgar Hennecke (Hrsg.): *Neutestamentliche Apokryphen,* 2., völlig umgearbeitete und vermehrte Auflage, Tübingen 1924

HENSS 2001. Michael Henss: »The Bodhisattva-Emperor. Tibeto-Chinese Portraits of Sacred and Secular Rule in the Qing Dynasty, Part 1 und 2«, in: *Oriental Art,* 47, 2001, S. 2–16, 71–83

HERRMANN 2004. Gottfried Herrmann: *Persische Urkunden der Mongolenzeit,* Wiesbaden 2004

HERRMANN/DOERFER 1975. Gottfried Herrmann und Gerhard Doerfer: »Ein persisch-mongolischer Erlaß aus dem Jahr 725/1325«, in: *Zeitschrift der Deutschen Morgenländischen Gesellschaft,* 125, 1975, S. 317–346

HINRICHS 1999. Johann Christoph Hinrichs: »The Influence of the Shi'a on Ilkhanid Coins«, in: *Oriental Numismatic Society Newsletter,* 160, 1999, S. 3

HOFFMANN 1974. Helmut Hoffmann: »Vetâlapancavimsatikâ«, in: *Kindlers Literatur Lexikon im dtv,* Bd. 22, München 1974, S. 9912/9913

HOFFMANN 1997. Birgitt Hoffmann: »Iran unter mongolischer Herrschaft: Die Ilchane«, in: CONERMANN/KUSBER 1997, S. 103–119

HOFFMANN 2000. Birgitt Hoffmann: *Waqf im Mongolischen Iran. Rašīduddīns Sorge um Nachruhm und Seelenheil* (Freiburger Islamstudien 20), Stuttgart 2000

HÖLLMANN 2004. Thomas O. Höllmann: *Die Seidenstraße,* München 2004

HUMMEL 1993. Siegbert Hummel: *Mythologisches aus Eurasien im Ge-sar-Heldenepos der Tibeter,* Ulm 1994

HUNG 1998. Wu Hung: »Where Are They Going? Where Did They Come From? Horse and ›Soul Carriage‹ in Han Dynasty Tomb Art«, in: *Orientations,* Juni 1998, S. 83–88

HÜTTEL 2000. Hans-Georg Hüttel: »Das Zerbrochene bergen … Die Mongolisch-Deutsche Karakorum-Expedition«, in: *Mongolische Notizen,* 9, 2000, S. 40–44

HÜTTEL 2001 A. Hans-Georg Hüttel: »Karakorum«, in: *Stadtforschung. Projekte des DAI,* Ausst.-Kat. anlässlich des Internationalen Kongresses »Die Stadt als Großbaustelle«, Auswärtiges Amt, Berlin, Wissenschaftszentrum, Bonn, und Deutsches Archäologisches Institut, Rom, 2001/02, Berlin 2001, S. 40/41

HÜTTEL 2001 B. Hans-Georg Hüttel: »Mongolei (Karakorum 2000)«, in: *AVA-Beiträge,* 21, 2001, S. 332–336

HÜTTEL 2001 C. Hans-Georg Hüttel: »Ursprung, Gemeinschaft, Herrschaft«, in: FESTSCHRIFT ROTH 2001, S. 3–19

HÜTTEL 2002. Hans-Georg Hüttel: »Mongolei (Karakorum 2001)«, in: *AVA-Beiträge,* 22, 2002, S. 303–306

HÜTTEL 2003. Hans-Georg Hüttel: »Mongolei (Karakorum 2002)«, in: *AVA-Beiträge,* 23, 2003, S. 293–297

HÜTTEL 2004 A. Hans-Georg Hüttel: »Mongolei (Karakorum 2003)«, in: *AVA-Beiträge,* 24, 2004, S. 257–261

HÜTTEL 2004 B. Hans-Georg Hüttel: »Im Palast des Ewigen Friedens – Die mongolisch-deutschen Ausgrabungen im Palastbezirk von Karakorum (Mongolei)«, in: *Expeditionen in vergessene Welten. 25 Jahre archäologische Forschungen in Amerika, Afrika und Asien* (AVA-Forschungen 10), Bonn 2004, S. 179–208

HÜTTEL 2005. Hans-Georg Hüttel: »Die Stadt, die Staat machte. Eine Geschichte von Karakorum« in: G. Ziegler und A. Hogh (Hrsg.): *Die Mongolen. Im Reich des Dschingis Khan,* Stuttgart 2005, S. 32–57

ILISCH 1999. Lutz Ilisch: »Hares and Raven on Coins of the Mongol Period«, in: *Oriental Numismatic Society Newsletter,* 160, 1999, S. 2/3

IMPEY 1977. O. Impey: Chinoiserie. *The Impact of Oriental Styles on Western Art and Decoration,* London u. a. 1977

IŠTVAN 1993. Zimali Ištvan: »Pervij mongol'skij rejd na Volžskuju Bugariju«, in: *Iz Istorii Zolotoj Ordy,* Kasan 1993

JACKSON 1978. Peter Jackson: »The Dissolution of the Persian Empire«, in: *Central Asiatic Journal,* 22, 1978, S. 186–244

JACKSON 1999. Peter Jackson: »From *Ulus* to Khanate: The Making of the Mongol State, c. 1220–1290«, in: *The Mongol Empire and Its Legacy,* hrsg. von Reuven Amitai-Preiss und David O. Morgan, Leiden u. a. 1999, S. 12–38

JACOB 1992. Lionel Jacob: *Arts de la Chine Ancienne, l'empire des Qin et des Han,* Thonon-les-Bains 1992

JAGCHID 1988. Sechin Jagchid: *Essays in Mongolian Studies* (Monograph Series of the David M. Kennedy Center for International Studies, Brigham Young University 3), Provo, Utah, 1988

JAGCHID/BAWDEN 1965. Sechin Jagchid und Charles Roskelly Bawden: »Some Notes on the Horse-Policy of the Yüan Dynasty", in: *Central Asiatic Journal,* 10, 1965, S. 246–268

JAGCHID/SYMONS 1989. Sechin Jagchid und Van Jay Symons: *Peace, War, and Trade along the Great Wall,* Bloomington/Indianapolis 1989

JING 1994. Anning Jing: »The Portraits of Khubilai Khan and Chabi by Anige (1245–1306), a Nepali Artist at the Yuan Court«, in: *Artibus Asiae,* 54, 1994, Nr. 1/2

JISL 1977. L. Jisl: »The Orkhon Turks and Problems of the Archaeology of the Second Eastern Turk Kaghanate«, in: *Annals of the Naprstek Museum Praha,* 18, 1997

KALININ/CHALIKOV 1954. N. F. Kalinin und A. Chalikov: *Itogi archeologičeskich rabot za 1945–1952 gg* (Trudy Kazanskogo filiala AN SSSR. Serija istoričeskich nauk), Kasan 1954

KAMALOV 2001. Ablet Kajumovič Kamalov: *Drevnie ujgury. VII-IX vv.,* Almaty 2001

KAPLONSKI 2000. Christopher Kaplonski: »The Mongolian Impact on Eurasia: A Reassessment«, in: Andrew Bell-Fialkoff (Hrsg.): *The Role of Migration in the History of the Eurasian Steppe. Sedentary Civilization vs. »Barbarian« and Nomad,* Cambridge, Mass. 2000, S. 251–274

KASCHEWSKY 1986. Rudolf Kaschewsky: »Die Religion der Mongolen«, in: WEIERS/VEIT/HEISSIG 1986, S. 87 bis 123

KATALANISCHER WELTATLAS 1977. *Der katalanische Weltatlas vom Jahre 1375. Atlas catalan de Cresques Abraham,* hrsg. und übers. von Hans Christian Freiesleben, Stuttgart 1977

KERR 1991. Rose Kerr (Hrsg.): *Chinese Art and Design. The T. T. Tsui Gallery of Chinese Art,* London 1991

KISELEV 1949. S. V. Kiselev: *Drevnjaja istorija Južnoj Sibiri,* Moskau/Leningrad 1949

KISELEV U. A. 1965. S. V. Kiselev, L. A. Evtjuchova, R. L. Kyzlasov und V. P. Levašova: *Drevnemongol'skie Goroda,* Moskau 1965

KLEIN 2000. Wassilios Klein: *Das nestorianische Christentum an den Handelswegen durch Kyrgyzstan bis zum 14. Jh.* (Silk Road Studies 3), Turnhout 2000

KLIMKEIT 1983. Hans-Joachim Klimkeit: »Das manichäische Königtum in Zentralasien«, in: *Documenta Barbarorum. Festschrift für Walther Heissig zum 70. Geburtstag* (Veröffentlichungen der Societas Uralo-Altaica 18), hrsg. von Klaus Sagaster und Michael Weiers, Wiesbaden 1983

KLJAŠTORNYJ 1971. Sergej G. Kljaštornyj: »Runičeskaja nadpis' iz Vostočnoj Gobi«, in: *Studia Turcica,* Budapest 1971, S. 249–258

KLJAŠTORNYJ 2003. Sergej G. Kljaštornyj: *Istorij Central'noj Azii i pamjatniki runičeskogo pis'ma,* Sankt Petersburg 2003

KLJAŠTORNYJ/LIFŠIC 1972. Sergey G. Kljaštornyj und Vladimir A. Lifšic: »The Sogdian Inscription of Bugut Revised«, in: *Acta Orientalis Academiae Scientiarum Hungaricae,* 26, 1972, S. 69–102

KLJUKIN 1927. I. Kljukin: *Drevnejšaja nadpis' na čingisovom kamne* (Trudy Gosudarstvennogo Dal'nevostočnogo instituta, serija 6, No. 5), Wladiwostok 1927

KLOPPROGGE 1993. Axel Klopprogge: *Ursprung und Ausprägung des abendländischen Mongolenbildes im 13. Jahrhundert. Ein Versuch zur Ideengeschichte des Mittelalters* (Asiatische Forschungen 122), Wiesbaden 1993

KOLLMAR-PAULENZ 2002. Karénina Kollmar-Paulenz: »›Durch die Kraft des ewigen blauen Himmels‹. Zur Konstruktion religiöser Identität bei den Mongolen (13.–frühes 17. Jahrhundert)«, in: *Asiatische Studien,* 56, 2002, S. 857–877

KOMAROFF 1998. Linda A. Komaroff: *Islamic Art at the Los Angeles County Museum of Art,* Los Angeles 1998

KOSTLER 1981. K. Kostler: »Pilgerzeichen und Pilgermuscheln« in: *Sankt Elisabeth. Fürstin, Dienerin, Heilige. Aufsätze, Dokumentation, Katalog,* Ausst.-Kat. Landgrafenschloß und Elisabethkirche, Marburg, Sigmaringen 1981

KOSTOWSKI 1996. Jakub Kostowski: »Das Breslauer Triptychon mit der Hedwigslegende. Herkunft und Ikonographie«, in: *Das Bild der heiligen Hedwig in Mittelalter und Neuzeit* (Schriften des Bundesinstituts für Ostdeutsche Kultur und Geschichte 7), hrsg. von Eckhard Grunewald und Nikolaus Gussone, München 1996

KRAČKOVSKAJA 1946. V. A. *Kračkovskaja: Izrazcy mavzoleja Pir-Chusejna,* Tiflis 1946

KRAHL/MORGAN 1989. Regina Krahl und Brian Morgan: *From Innovation to Conformity. Chinese Lacquer from the 13th to 16th Centuries,* London 1989

KRAMAROVSKI 2001. Mark G. Kramarovski: *Zoloto Čingisidov: kul'turnoe nasledie Zolotoj Ordy*, Sankt Petersburg 2001

KRAMAROVSKI 2004. Mark G. Kramarovski: »Rannie Džučidy. Chronologija i problema kul'turogeneza«, in: *Ėrmitažnye čtenija pamjati B. B. Piotrovskogo*, Sankt Petersburg 2004

KRAWULSKY 1989. Dorothea Krawulsky: *Mongolen und Īlkhāne – Ideologie und Geschichte. Fünf Studien*, Beirut 1989

KÜHN/TISSLER 2000. S. Kühn und M. Tisler: *Erstellung eines digitalen Geländemodells im Gebiet von Karakorum (Mongolei) durch topographische Geländeaufnahme sowie analytische und digitale Luftbildauswertung*, Diplomarbeit FH Karlsruhe 2000

KYZLASOV 1983. I. L. Kyzlasov: *Askizskaja kul'tura Južnoj Sibiri X-XIV vv.* (SAI EZ-18), Moskau 1983

KYZLASOV 1984. I. L. Kyzlasov: *Istorija Južnoj Sibiri v srednie veka*, Moskau 1984

KYZLASOV 2000. I. L. Kyzlasov: »Uspechi v izučenii drevnechakasskich izdeli, najdennych na Rusi i v Povolž'e«, in: *Askizskie drevnosti v srednevekovoj istorii Evrazii*, Kasan 2000

LA BULGARIE MÉDIÉVALE 1980. Ljudmila Ivanova Donceva-Petkova: *Znaci vrchu archeologiceski pametnici ot srednovekovna Balgarija: VII–X vek./Signes sur monuments archéologiques de la Bulgarie médiévale*, Sofia 1980

LANE 2003. George Lane: *Early Mongol Rule in Thirteenth Century Iran*, New York 2003

LANGLOIS 1981. John D. Langlois (Hrsg.): *China under Mongol Rule*, Princeton 1981

LECH 1968. Klaus Lech: *Das mongolische Weltreich. Al-Umari's Darstellung der mongolischen Reiche in seinem Werk Masālik al-absār fi mamālik al-amsār* (Asiatische Forschungen 22), Wiesbaden 1968

LEDER 1894. Hans Leder: »Reise an den oberen Orchon und zu den Ruinen von Karakorum«, in: *Mitteilungen der K. u. k. Geographischen Gesellschaft*, 37, 1894, S. 407–436

LEE 1972. Yu-kuan Lee: *Oriental Lacquer Art*, New York/Tokio 1972

LEGRAND 2003. Jacques Legrand: »Nomades et sédentaires«, in: AUSST.-KAT. MONACO/PARIS/ULAANBAATAR 2003, S. 45–62

LI 1995. Li Rongxi: *A Biography of the Tripiṭaka Master of the Great Ci'en Monastery of the Great Tang Dynasty*, Berkeley 1995

LIGETI 1972. Louis Ligeti, *Monuments préclassiques*, Bd. 1, Budapest 1972, S. 20

LIN/MUNKUEV 1960. Lin Kjun-i und N. C. Munkuev: »Kratkie svedenija o černych tatarach«, in: *Problemy vostokovedenija*, 1960, Nr. 5

LIU 1958. Liu Mau-tsai: *Die chinesischen Nachrichten zur Geschichte der Ost-Türken (T'u-küe)*, 2 Bde., Wiesbaden 1958

LOMBARD 1994. Denys Lombard: »La conquête du monde par Alexandre: un mythe aux dimensions eurasiatiques«, in: *Asia Maritima. Images et réalité. Bilder und Wirklichkeit 1200–1800* (South China and Maritime Asia 1), hrsg. von Denys Lombard und Roderich Ptak, Wiesbaden 1994, S. 165–176

LOTSCHIN 1983. Sonomyn Lotschin: *Die Farbe der Seele. Roman*, übers. von Renate Bauwe, Berlin 1983

LOUIS 1997. François Louis: *Die Goldschmiede der Tang- und Song-Zeit. Archäologische, sozial- und wirtschaftsgeschichtliche Materialien zur Goldschmiedekunst Chinas vor 1279*, Diss. Zürich 1997, Bern u. a. 1999

LOW-BEER 1977. Fritz Low-Beer: »Carved Lacquer of the Yüan Dynasty, a Reassessment«, in: *Oriental Art*, NS 23, 1977, S. 298–308

LUPPRIAN 1981. Karl-Ernst Lupprian: *Die Beziehungen der Päpste zu islamischen und mongolischen Herrschern im 13. Jahrhundert anhand ihres Briefwechsels* (Biblioteca Apostolica Vaticana, Studi e Testi 291), Città del Vaticano 1981

MAGAIL 2004. Jérôme Magail: »L'Art rupestre des ›pierres à cerfs‹ de Mongolie«, in: *Arts Asiatiques*, 59, 2004.

MAL'M 1980. V. A. Mal'm: *Simferopol'ski klad* (Sokrovišča Gosudarsvennogo Istoričeskogo muzeja), Moskau 1980

MALOV 1936. S. E. Malov: *Novye pamjatniki s tureckimi runami*, Leningrad 1936

MARCO POLO 1982. Marco Polo: *Milione. Le divisament dou monde. Il Milione nelle redazioni toscana e franco-italiana*, hrsg. von Gabriella Ronchi, Mailand 1982

MARCO POLO 1997. Marco Polo: *Il Milione. Die Wunder der Welt*, übers. von Elise Guignard, Zürich 1997

MARCO POLO/KNUST 1972. Marco Polo: *Von Venedig nach China. Die größte Reise des 13. Jahrhunderts*, neu hrsg. und kommentiert von Theodor A. Knust, Tübingen/Basel 1972

MARTYNIOUK 2002. Aleksey Martyniouk: *Die Mongolen im Bild. Orientalische, westeuropäische und russische Bildquellen zur Geschichte des Mongolischen Weltreiches und seiner Nachfolgestaaten im 13.–16. Jahrhundert*, Hamburg 2002

MAYER 1998. Tobias Mayer: *Sylloge Numorum Arabicorum, Nord- und Ostzentralasien XV b Mittelasien II*, Tübingen 1998

MAYER 2005. Tobias Mayer: *Sylloge der Münzen des Kaukasus und Osteuropas* (Orientalisches Münzkabinett Jena 1), Wiesbaden 2005

MAŽITOV 1981 A. Nizaj A. Mažitov: *Južnyj Ural XII–XIV vv.* (Stepi Evrazii v èpochu srednevekov'ja), Moskau 1981

MAŽITOV 1981 B. Nizaj A. Mažitov: *Kurgany juznogo Urala: VIII–XII vv.*, Moskau 1981

MEDLEY 1974. Margaret Medley: *Yüan Porcelain and Stoneware*, London 1974

MEDLEY 1976. Margaret Medley: *The Chinese Potter. A Practical History of Chinese Ceramics*, Oxford 1976.

MELIKIAN-CHIRVANI 1982. Assadullah S. Melikian-Chirvani: *Islamic Metalwork from the Iranian World. 8th–18th Centuries*, London 1982

MELVILLE 2002/03. Charles Melville: »The Mongols in Iran«, in: AUSST.-KAT. NEW YORK/LOS ANGELES 2002/03, S. 37–61

MENES 1986. G. Menes: *Otčet paleoetnografičeskogo otrjada za polevoj sezon 1986 goda*, unpublizierter Ausgrabungsbericht im Handschriftenfundus des Archäologischen Instituts der Mongolischen Akademie der Wissenschaften, Ulaanbaatar (in russischer Sprache)

MENES 1988 A. G. Menes: *Otčet paleoetnografičeskogo otrjada za polevoj sezon 1988 goda*, unpublizierter Ausgrabungsbericht im Handschriftenfundes des Archäologischen Instituts der Mongolischen Akademie der Wissenschaften, Ulaanbaatar (in russischer Sprache)

MENES 1988 B. G. Menes.: »Unikal'noe pogrebenie srednevekov'ja«, in: *Mongolija*, 9, 1988

MENES/BILEGT 1992. G. Menes und L. Bilegt: »Ob odnom skal'nom pogrebeni XII–XVI vv. iz bassejna reki Kerulen«, in: *Pjatyj meždunarodnyj kongress mongolvedov, III*, Ulaanbaatar 1992

MILLER 1959. Robert James Miller: *Monasteries and Culture Change in Inner Mongolia* (Asiatische Forschungen 2), Wiesbaden 1959

MJAGMARSAMBUU 2003. Galindevijn Mjagmarsambuu: *Čingis chaany dogšin char süld*, Ulaanbaatar 2003

MOGOLISTANDAKI TURK 2003. *Mogolistandaki turk anitlari projesi 2001 yili calismalari*, Ankara 2003

MOMMSEN/JANSEN/RENNER 2001. H. Mommsen, F. Jansen und R. Renner: »Geomagnetische Prospektionsmessungen in Karakorum, Mongolei«, in: FESTSCHRIFT ROTH 2001, S. 71–77

MONGOLISCHE EPEN/POPPE II. Nicholas Poppe: *Mongolische Epen II, Übersetzung der Sammlung B. Rintchen, Folklore Mongol, Livre troisième* (Asiatische Forschungen 43), Wiesbaden 1975

MONGOLISCHE EPEN/POPPE V. Nicholas Poppe: *Mongolische Epen V, Übersetzung der Sammlung U. Zagdsüren, Žangaryn Tuul's* (Asiatische Forschungen 50), Wiesbaden 1977

MORAVCSIK 1958. Gyula Moravcsik: *Byzantinoturcica*, Bd. 1: *Die byzantinischen Quellen zur Geschichte der Turkvölker*, Bd. 2: *Sprachreste der Turkvölker in den byzantinischen Quellen*, Berlin 1958

MORGAN 1986, 1998. David Morgan: *The Mongols*, London 1986, Malden, Mass. 1998

MORIYASU 2004. Takao Moriyasu: *Die Geschichte des uigurischen Manichäismus an der Seidenstraße. Forschungen zu manichäischen Quellen und ihrem geschichtlichen Hintergrund* (Studies in Oriental Religions 50), Wiesbaden 2004

MOSTAERT/CLEAVES 1952. Antoine Mostaert und Francis Woodman Cleaves: »Trois documents mongols des Archives secrètes vaticanes«, in: *Harvard Journal of Asiatic Studies*, 15, 1952, S. 419–506

MOSTAERT/CLEAVES 1962. Antoine Mostaert und Francis Woodman Cleaves: *Les lettres de 1289 et 1305 des ilkhan Arġun et Öljeitü à Philippe le Bel*, Cambridge, Mass., 1962

MOULHERAT 2002. Christophe Moulherat: »Les textiles«, in: GOL MOD 2002, S. 32

MUNKUYEV 1977. N. Ts. Munkuyev: *A New Mongolian P'ai-tzu from Simferopol* (Acta Orientalia Hungaricae, 31[2]), Budapest 1977

MURAYAMA 1950. S. Murayama: »Über die Inschrift auf dem ›Stein des Cingis‹«, in: *Oriens*, 8, 1950, Nr. 1

MUSEUM 1971. Klaus Brisch: *Museum für Islamische Kunst Berlin*. Katalog, Berlin 1971

MUSEUM 1979. Klaus Brisch: *Museum für Islamische Kunst Berlin*. Katalog, 2., erweiterte Auflage, Berlin 1979

NACAGDORŽ 1991. Š. Nacagdorž: *Čingis chaany cadig*, Ulaanbaatar 1991

NAGEL 2002 A. E. Nagel: »A Secretary's Seal of the Ministry of Revenue Issued in April 1372«, in: Helmuth R. Roth u. a. (Hrsg.): QARA QORUM-CITY 2002, S. 59 bis 85

NAGEL 2002 B. E. Nagel: »Chinese Coins from Qara Qorum (Campaigns 2000–2001)«, in: Helmuth R. Roth u. a. (Hrsg.): QARA QORUM-CITY 2002, S. 87–95

NASILOV 2002. A. D. Nasilov: *Vosemnadcat' stepnych zakonov. Pamjatnik mongol'skogo prava XVI–XVII vv.*, Sankt Petersburg 2002

NATIONALATLAS MONGOLEI 1990. Akademija nauk MNR, Akademija nauk SSSR: *Nacional'nyj atlas/Mongolijn Šinžlech uchaany akademi, SSSR-ijn Šinjlekh uchaanij akademi: Undesnij atlas*, Ulaanbaatar/Moskau 1990

NAUMANN 1976. Rudolf und Elisabeth Naumann: *Takht-i Suleiman. Ausgrabung des Deutschen Archäologischen Instituts in Iran*, München 1976

NAZAGDORDSH 1988. Schagdardshawyn Nazagdordsh: *Mandchai die Kluge. Historischer Roman*, aus dem Mongolischen von Renate Bauwe, Berlin 1988

NOWGORODOWA 1980. Eleonora Nowgorodowa: *Alte Kunst der Mongolei*, Leipzig 1980

O'DONOGHUE 1990. Diane M. O'Donoghue: »Reflection and Reception: The Origins of the Mirror in Bronze Age China«, in: *The Museum of Far Eastern Antiquities Bulletin*, 62, 1990, S. 11–183

PALUDAN 1991. Ann Paludan: *The Chinese Spirit Road. The Classical Tradition of Stone Tomb Statuary*, New Haven/London 1991

PAN/WANG 1981. Pan Wei und Wang De-chang: »The Huang-You Star of the Song Dynasty – a Chinese Star List for the Early Medieval Period«, in: *Chinese Astronomy and Astrophysics*, 5, 1981, S. 441–448

PARISIENSIS 1876. *Matthaei Parisiensis, monachi Sancti Albani. Chronica maiora*, hrsg. von H. R. Luard, Bd. 3 (1226 bis 1239) (Rolls Series 57), London 1876

PAŠUTO 1970. V. T. Pašuto: »Monogol'ski pochod v glub' Evropy«, in: *Tataro-mongoly v Azii i Evrope. Sbornik statej*, Moskau 1979

PAULSEN 1956. Peter Paulsen: *Axt und Kreuz in Nord- und Osteuropa*, Bonn 1956

PELLIOT 1923–28. Paul Pelliot: »Les Mongols et la papauté«, in: *Revue de L'Orient Chrétien*, N. S. 3, III, 1923, S. 3–30; IV, 1924, S. 225–335; VIII, 1928, S. 3–84

PELLIOT 1959–1973. Paul Pelliot: *Notes on Marco Polo I to III*, Paris 1959, 1963, 1973

PENG 1985. Peng Daya: *Heida Shilü*, Taipeh 1985

PENG 1993. Peng Xin Wei: *A Monetary History of China (Zhongguo Huobi Shi)*, übers. von Edward H. Kaplan, 2 Bde., Bellingham, Washington 1993

PETECH 1962. Luciano Petech: »Les marchands italiens dans l'Empire Mongol«, in: *Journal Asiatique*, 250, 1962, S. 549–574

PETROV 2003. Pavel N. Petrov: *Očerki po numizmatike mongol'skich gosudarstv XIII–XIV vekov. A Survey of Numismatics of the Mongol States (13th–14th centuries)*, Nizhny Novgorod 2003

PFISTER 1976. Friedrich Pfister: *Kleine Schriften zum Alexanderroman* (Beiträge zur Klassischen Philologie 61), Meisenheim am Glan 1976

PHILLIPS 1969. Eustace Dockray Phillips: *The Mongols*, London 1969

PIAN DI CARPINE 1989. Giovanni di Pian di Carpine: *Storia dei Mongoli*, hrsg. von P. Daffinà, C. Leonardi, M. C. Lungarotti u. a., Spoleto 1989

PIANO CARPINE/GIESSAUF 1995. *Die Mongolengeschichte des Johannes von Piano Carpine. Einführung, Text, Übersetzung, Kommentar von Johannes Giessauf*, Graz 1995

PIRAZZOLI-T-SERSTEVENS 1972. Michèle Pirazzoli-t-Serstevens: »La donation Vladimir Golschmann«, in: *La revue du Louvre et des musées de France*, Februar 1972, S. 53/54

PLANO CARPINI/SCHMIEDER 1997. Johannes von Plano Carpini: *Kunde von den Mongolen 1245–1247*, übers., eingeleitet und erläutert von Felicitas Schmieder, Sigmaringen 1997

POLJAKOVA 1996. G. F. Poljakova: *Izdelija iz cvetnych i dragocennych metallov* (Gorod Bolgar: Remeslo metallurgov, kuznecov, litejščikov), Kasan 1996

PONS/LACOUDRE 2003. Emmanuelle Pons und Noël Lacoudre: »Fer et bronze dans la tombe T1«, in: AUSST.-KAT. MONACO/PARIS/ULAANBAATAR 2003, S. 137 bis 151

POPE 1981. John Alexander Pope: *Chinese Porcelains from the Ardebil Shrine*, London 1981

POPPE 1957. Nicholas Poppe: *The Mongolian Monuments in 'ḥP'hags-pa Script. Second Edition Translated by John R. Krueger* (Göttinger Asiatische Forschungen 8), Wiesbaden 1957

POTAPOV 1977, 1982. Leonid P. Potapov: »Signification rituelle du pelage des chevaux chez les populations saiano-altaiennes«, in: *L'Ethnographie. Revue de la Société d'Ethnographie de Paris*, Sondernummer: *Voyages chamaniques*, N. S. 74/75, 1977 und 1982, S. 81–91

POZDNEEV 1883. A. Pozdneev: *Mongol'skaja letopis' 'erdeneijn erihe'*, Sankt Petersburg 1883

POZDNEEV 1896. A. Pozdneev: *Mongolija i Mongoly. Rezultaty poezdki v Mongoliju, ispolnennoj v 1892–1893 gg, Tom I. Dnevnik i maršrut 1892 goda*, Sankt Petersburg 1896

POZDNEYEV 1978. Aleksei M. Pozdneyev: »Religion and Ritual in Society«, in: John R. Krueger (Hrsg.): *Lamaist Buddhism in Late 19th-Century Mongolia* (Publications of the Mongolia Society 10), Bloomington, Indiana 1978

PSARRAS 2003. Sophia-Karin Psarras: »Han and Xiongnu: A Reexamination of Cultural and Political Relations«, in: *Monumenta Serica. Journal of Oriental Studies*, LI, 2003, S. 55–236

PÜREVDORŽ 1993. D. Pürevdorž, *Šoovdor šülgüüd*, Ulaanbaatar 1993

QARAQORUM-CITY 2002. Helmuth R. Roth u. a. (Hrsg.): *Qara Qorum-City (Mongolia). 1: Preliminary Report of the Excavations* (Bonn Contributions to Asian Archaeology 1), 2. Auflage Bonn 2002

QAZWINI/ETHÉ 1868. Zakariya Ben Muhammad Qazwini: *Kosmographie. Erstmalig vollständig übers. von Dr. Hermann Ethé*, 1. Halbband, Leipzig 1868

QUADE-REUTTER 2003. Karin Quade-Reutter: »... denn sie haben einen unvollkommenen Verstand«. Herrschaftliche Damen im Großraum Iran in der Mongolen-und Timuridenzeit (ca. 1250–1507)*, Aachen 2003

RADLOFF 1892. Wilhelm Radloff: *Atlas der Alterthümer der Mongolei*, Sankt Petersburg 1892

RASCHKE 1978. Manfred Raschke: »Roman Trade with the East«, in: *Aufstieg und Niedergang der römischen Welt. Geschichte und Kultur Roms im Spiegel der neueren Forschung*, Teil II, Bd. 9, Halbbd. 2, hrsg. von Hildegard Temporini, Berlin 1978, S. 604–1361

RASHĪD AL-DĪN/BOYLE 1971. *The Successors of Genghis Khan, Translated from the Persian of Rashīd Al-Dīn by John Andrew Boyle* (Persian Heritage Series 10), New York/London 1971

RAŠĪD AD-DĪN 1952. Rašīd ad-Dīn: *Sbornik letopisej*, Moskau/Leningrad 1952

RAŠĪD AD-DĪN/VON ERDMANN 1862. Franz von Erdmann: *Temudschin der Unerschütterliche. Nebst einer geographisch-ethnographischen Einleitung und den erforderlichen besonderen Anmerkungen und Beilagen*, Leipzig 1862

RAWSON 1990. J. Rawson: *Chinese Ornament. The Lotus and the Dragon*, London 1990

RENNER 2000. Roger Renner: *Geomagnetische Prospektion in Karakorum (Mongolei)*, unveröffentlichte Diplomarbeit, Bonn 2000

RETOVSKI 1906. O. Retovski: *Genuézko-tatarskie monety*, Sankt Petersburg 1906

RICE 1955. David S. Rice: *The Wade Cup in the Cleveland Museum of Art*, Paris 1955

RICHARD 1977. Jean Richard: *La papauté et les missions d'Orient au moyen-âge*, Rom 1977

RICHARD 1979. Jean Richard: »Les causes des victoires mongoles d'après les historiens occidentaux du XIIIe siècle«, in: *Central Asiatic Journal*, 22, 1979, S. 104–117

ROEMER 2000. Hans Robert Roemer (Hrsg.): *History of the Turkic Peoples in the Pre-Islamic Period*, Berlin 2000

ROGERS 1979. *The Topkapi Saray Museum. The Albums and Illustrated Manuscripts. Translated, Expanded and Edited by J. M. Rogers from the Original Turkish by Filiz Çagman und Zeren Janidi*, Boston/Istanbul 1979

ROSSABI 1979. Morris Rossabi: »Khubilai Khan and the Women in his Family«, in: *Studia Mongolica. Festschrift für Herbert Franke*, hrsg. von Wolfgang Bauer, Wiesbaden 1979

ROSSABI 1988. Morris Rossabi: *Khubilai Khan: His Life and Times*, Berkeley/Los Angeles/London 1988

RUBRUK/LEICHT 1984. *Wilhelm von Rubruk. Reisen zum Großkhan der Mongolen, 1253–1255*, neu bearbeitet und hrsg. von Hans D. Leicht, Stuttgart 1984

RUBRUK/RISCH 1934. *Wilhelm von Rubruk. Reise zu den Mongolen 1253–1255*, übers. und erläutert von Friedrich Risch, Leipzig 1934

RUDENKO 1962. Sergej I. Rudenko: *Kultura Chunnov i noinulinskie kurgany*, Moskau/Leningrad 1962

RUDENKO 1970. Sergei I. Rudenko: *Frozen Tombs of Siberia, the Pazyryk Burials of Iron Age Horsemen*, London 1970

RUDENKO 2000. K. A. Rudenko: »Datirovka nachodok askizskogo kruga iz Volžskoj Bulgarii«, in: *Askizskie drevnosti v srednevekovoj istorii Evrazii*, Kasan 2000

RUDENKO 2001. K. A. Rudenko: »Tjurkski mir i Volgo-Kam'e v XI–XIV vv.« in: *Izdelija askizskogo kruga v Srednem Povolž'e. Issledovanie i katalog*, Kasan 2001

RÜHRDANZ 1997. Karin Rührdanz: »Illustrationen zu Rašīd ad-Dīns Tarīḫ-i Mubārak-i Ġāzānī in den Berliner Diez-Alben«, in: AIGLE 1997, S. 295–306

RUOTSALA 2001. Antti Ruotsala: *Europeans and Mongols in the Middle of the Thirteenth Century. Encountering the Other* (Annales Academiae Scientiarum Fennicae 314), Helsinki 2001

RYBATZKI 1997. Volker Rybatzki: *Die Toñuquq-Inschrift* (Studia uralo-altaica 40), Szeged 1997

SA'DI 1982. Muslih ad-din Sa'di: *Der Rosengarten*, Bremen 1982

SAGASTER 1973. Klaus Sagaster: »Herrschaftsideologie und Friedensgedanke«, in: *Central Asiatic Journal*, 17, 1973, S. 223–242

SAGASTER 1989. Klaus Sagaster: »Der Buddhismus bei den Mongolen«, in: AUSSST.-KAT. MÜNCHEN 1989, S. 233–239

SAGASTER 1990. Klaus Sagaster: »Die Verehrung Činggis Khans bei den Mongolen«, in: *XXIV. Deutscher Orientalistentag vom 26. bis 30. September 1988 in Köln. Ausgewählte Vorträge*, hrsg. von Werner Diem und Abduldjavad Falaturi, Stuttgart 1990, S. 367–371

SAGASTER 1999 A. Klaus S. Sagaster: »Die mongolische Hauptstadt Karakorum«, in: *Beiträge zur Allgemeinen und Vergleichenden Archäologie*, 19, 1999, S. 113–128

SAGASTER 1999 B. Klaus Sagaster: »Religion and Group Identity in Present Mongolia«, in: Katja Füllberg-Stolberg, Petra Heidrich und Ellinor Schöne: *Dissociation and Appropriation: Responses to Globalization in Asia and Africa* (Studien/Zentrum Moderner Orient Berlin, Geisteswissenschaftliche Zentren Berlin e.V. 10) Berlin 1999, S. 185–193

SAMNANMÖNCH/CEDENDAMBA 2004. D. Samnanmönch und S. Cedendamba: *Törijn min' süld ivee*, Ulaanbaatar 2004

SARRE 1909. Friedrich Sarre: *Erzeugnisse islamischer Kunst 2: Seldschukische Kleinkunst*, Leipzig 1909

SARRE 1910. Friedrich Sarre: *Denkmäler persischer Baukunst*, Berlin 1910

SARRE/VAN BERCHEM 1907. Friedrich Sarre und Max van Berchem: »Das Metallbecken des Atabek Lulu von Mosul in der Kgl. Bibliothek zu München«, in: *Münchner Jahrbücher*, 1907, S. 17–37

SARUULBUJAN 2000. Ž. Saruulbujan: *Chan Chentij uulyn tajlga*, Ulaanbaatar 2000

SAUNDERS 1985. E. Dale Saunders: *Mudra. A Study of Symbolic Gestures in Japanese Buddhist Sculpture*, Princeton 1985

SAVEL'EV 1856. P. S. Savel'ev: *Mongol'skoe pajze, najdennoe v Zabajkal'skoj oblasti* (Trudy Vostočnogo otdelenija Moskovskogo archeologičeskogo obščestva 2), Moskau 1856

ŠAVKUNOV 1990. E. V. Šavkunov: *Kul'tura čžurčženejudige XII-XIII vv. i problema tungusskich narodov Dal'nego Vostoka*, Moskau 1990

SCHAFER 1963. Edward H. Schafer: *The Golden Peaches of Samarkand. A Study of T'ang Exotics*, Berkeley/Los Angeles 1963

SCHARLIPP 1992. Wolfgang-Ekkehard Scharlipp: *Die frühen Türken in Zentralasien. Eine Einführung in ihre Geschichte und Kultur*, Darmstadt 1992

SCHIENERL 1989. Peter W. Schienerl: »Die Platte des Atabegs von Mossul. Eine islamische Messingarbeit im Staatlichen Museum für Völkerkunde München«, in: *Kunst & Antiquitäten*, II, 1989, S. 34/35

SCHILTZ 1994. Véronique Schiltz: *Les Scythes et les nomades des steppes*, Paris 1994

SCHMIDT 1839. J. Schmidt: »Bericht über eine Inschrift aus der ältesten Zeit der Mongolen-Herrschaft«, in: *Mémoires de l'Académie Impériale des Sciences de St.-Pétersbourg*, Serie 4, Bd. 2, 1839

SCHMIEDER 1994. Felicitas Schmieder: *Europa und die Fremden. Die Mongolen im Urteil des Abendlandes vom 13. bis ins 15. Jahrhundert* (Beiträge zur Geschichte und Quellenkunde des Mittelalters 16), Sigmaringen 1994

SCHMILEWSKI 1991. Ulrich Schmilewski: *Wahlstatt 1241. Beiträge zur Mongolenschlacht bei Liegnitz und zu ihren Nachwirkungen*, Würzburg 1991

SCHUBERT 1963. Johannes Schubert: *Ritt zum Burchanchaldun. Forschungsreisen in der Mongolischen Volksrepublik*, Leipzig 1963

SCHUH 1982. Dieter Schuh: *Märchen, Sagen und Schwänke vom Dach der Welt. Tibetisches Erzählgut in Deutscher Fassung, Bd. 1: Erzählgut aus Zentral- und Osttibet erzählt in der Sprache von Lhasa* (Beiträge zur tibetischen Erzählforschung 1), Sankt Augustin 1982

SCHWARZ 1995. Florian Schwarz: *Sylloge Numorum Arabicorum Tübingen. Ġazna/Kabul XIV d Hurāsān IV*, Tübingen/Berlin 1995

SCHWARZ 2002. Florian Schwarz: *Sylloge Numorum Arabicorum Tübingen. Balḫ und die Landschaften am oberen Oxus XIV c Hurāsān III*, Tübingen/Berlin 2002

SCOBIE 1984. Alex Scobie: »Eselmensch«, in: *Enzyklopädie des Märchens*, Bd. 4, hrsg. von Kurt Ranke, Berlin/New York 1984, S. 445–452

SCRIPTORES 1938. *Scriptores rerum Hungaricarum tempore ducum regumque stirpis Arpadianae gestarum*, hrsg. von Emericus Szentpétery, Bd. 2, Budapest 1938

Sečen/Heissig 1985. Sagang Sečen: *Geschichte der Mongolen und ihres Fürstenhauses*, hrsg. und mit einem Nachwort von Walther Heissig, Zürich 1985

Sečen/Schmidt 1829. Isaak Jakob Schmidt: *Geschichte der Ost-Mongolen und ihres Fürstenhauses, verfasst von Ssanang Ssetsen Chungtaidschi der Ordus*, Sankt Petersburg und Leipzig 1829

SECRET HISTORY/DE RACHEWILTZ 2004. *The Secret History of the Mongols: A Mongolian Epic Chronicle of the Thirteenth Century, Translated with a Historical and Philosophical Commentary by Igor de Rachewiltz* (Brill's Inner Asian Library 7/1), 2 Bde., Leiden/Boston 2004

SEÏFEDDINI 1971. M. A. Seïfeddini: »Monety s nadpis'ju ›ulug mangul ulus-bek‹«, in: *Numizmatika i Épigrafika*, 9, 1971, S. 115–126

SER-ODJAV 1959. N. Ser-Odjav: »Chül Teginij bulshnaas olson chün chuluuny tolgoj«, in: SA, I, 6, 1959

SER-ODJAV 1964. N. Ser-Odjav: »Archeologičeskie razvedki v Vostočnom ajmake MNR v 1962 godu«, in: SA, IV, 10, 1964

SERRUYS 1975. Henry Serruys: »Sino-Mongolian Relations during the Ming. III: Trade Relations: The Horse Fairs«, in: *Mélanges Chinois et Bouddiques*, 17, 1975, S. 1 bis 288

SERTKAYA/ALYIMAZ/BATTULGA 2001. O. F. Sertkaya, C. Alyimaz und Ts. Battulga: *Mogolistandaki turk anitlari projesi albumu*, Ankara 2001

SHEN 1992. Shen Zongwen: *Zhongguo Gudai Fushi Yanjiu*, Hongkong 1992

SICKMAN 1961. L. Sickman: »A Ch'ing-pai Porcelain Figure Bearing a Date«, in: *Archives of the Chinese Art Society of America*, XV, 1961

SIMS-WILLIAMS 1996. Nicholas Sims-Williams: »The Sogdian Merchants in China and India«, in: A. Cadonna und L. Lanciotti (Hrsg.): *Cina e Iran. Da Alessandro Magno alla Dinastia Tang. Atti dell'Incontro Internazionale di Studi promosso e organizzato dall'Istituto ›Venezia e l'Oriente‹ della Fondazione Giorgio Cini e dall'Istituto Italiano per il Medio ed Estremo Oriente (IsMEO), Venezia, 7–8 Novembre 1994* (Orientalia Venetiana 5), Florenz 1996, S. 45–67

SINICA FRANCISCANA I 1929. *Sinica Franciscana (SF), Bd. I: Itinera et relationes Fratrum Minorum saeculi XIII–XIV.*, hrsg. von Anastasius van den Wyngaert, Quaracchi 1929

SINOR 1990. Denis Sinor (Hrsg.): *The Cambridge History of Early Inner Asia*, Cambridge 1990

SKRYNNIKOVA 1997. T. D. Skrynnikova: *Charizma i vlast' v epochu Cingischana*, Moskau 1997

SMIRNOV 1909. A. P. Smirnov, *Vostočnoe serebro. Atlas drevnej serebrjanoj i zolotoj posudy vostočnogo proizchoždenija, najdennoj preimuščestvenno v predelach Rossijskoj imperii*, Sankt Petersburg 1909

SMIZO II. *Sbornik materialov, otnosjaščichsja k istorii Zolotoj Ordy. Izvlečenija iz persidskich sočineni*, zusammengestellt von V. G. Tizengauzen und bearbeitet von A. A. Romaskevič und S. L. Volin, Bd. 2., Moskau/Leningrad 1941

SMYLES 2002. Nouman Smyles: *Hostage to Celestial Turks*, London 2002

SO/BUNKER 1995. Jenny F. So und Emma C. Bunker: *Traders and Raiders on China's Northern Frontiers*, Seattle/London 1995

SOKROVENNOE SKAZANIE/KOZINA 1941. *Sokrovennoe Skazanie: Mongol'skaja chronika 1240*, Bd. 1, Übersetzung, Einführung, Texte und Glossar von S. A. Kozina, Moskau/Leningrad 1941

SOKROVIŠČA PRIOBJA 1996. *Sokrovišča priobja/Treasures from the Ob'Basin/Gosudarstvennyj Ermitaž, Jamalo-Nenescki Okružnoj Kraevedčeski Muzei*, Sankt Petersburg 1996

SPICYN 1906. A. A. Spicyn: »Iz kollekcii Imperatorskogo Ermitaža«, in: ZORSA, Bd. VIII, Jg. 1, Sankt Petersburg 1906

SPICYN 1909. A. A. Spicyn: *Tatarskie bajsy* (Izvestija Imperatorskoj Archeologičeskoj komissii 29), Sankt Petersburg 1909

SPICYN 1914. A. A. Spicyn: *Nekotorye novye priobretenija Saratovskogo muzeja* (Izvestija Imperatorskoj Archeologičeskoj komissii 53), Sankt Petersburg 1914

SPULER 1968. Bertold Spuler: *Geschichte der Mongolen*, Zürich 1968

SPULER 1985. Bertold Spuler: *Die Mongolen in Iran. Politik, Verwaltung und Kultur der Ilchanzeit 1220–1350*, 4., verbesserte und erweiterte Auflage 1985

STEIN 1959. Rolf Stein: *Recherches sur l'épopée et le barde au Tibet 1959* (Bibliothèque de l'Institut des Hautes Etudes Chinoises XIII), Paris 1959

STEIN 1978. Rolf Stein: »Bemerkungen zum Geser Khan«, in: *Zentralasiatische Studien*, 12, 1978, S. 137–146

STEINHARDT 1988. Nancy Steinhardt Shatzman: »Imperial Architecture along the Mongolian Road«, in: *Ars Orientalis*, 18, 1988, S. 59–92

STEINHARDT 1990. Nancy S. Steinhardt: *Chinese Imperial City Planning*, Honolulu 1990

STICKEL 1874. Johann Gustav Stickel: »Sechs Hulaguidenmünzen in Gold«, in: *Zeitschrift der Deutschen Morgenländischen Gesellschaft*, 28, 1874, S. 138–142

TALBOT RICE 1976. David Talbot Rice: *The Illustrations to the »World History« of Rashid al-Din*, Edinburgh 1976

TEKIN 1968. Talat Tekin: *A Grammar of Orkhon Turkic* (Indiana University Publications, Uralic and Altaic Series 69), Bloomington 1968

TEZCAN 1991. Semih Tezcan: »Gibt es einen Namen Kök-Türk wirklich?«, in: *Türkische Sprachen und Literaturen. Materialien der ersten deutschen Turkologen-Konferenz Bamberg, 3–6. Juli 1987*, Wiesbaden 1991, S. 357–375

THOMPSON 1967. Nancy Thompson: »The Evolution of the T'ang Lion and Grapevine Mirror«, in: *Artibus Asiae*, XXIX, 1967, S. 25–40

THOMSEN 1924. Vilhelm Thomsen: »Alttürkische Inschriften aus der Mongolei«, in: *Zeitschrift der Deutschen Morgenländischen Gesellschaft*, 78, 1924, S. 121–175

TIETZE 1980. Klaus Tietze: »Vom ostasiatischen Großreich zur mongolischen Provinz (7. bis 14. Jahrhundert)«, in Wolfgang Bauer (Hrsg.): *China und die Fremden. 3000 Jahre Auseinandersetzung in Krieg und Frieden*, München 1980, S.114–160

TIŠKIN/GORBUNOV/KAZAKOV 2002. A. A. Tiškin, V. V. Gorbunov und A. A. Kazakov: *Kurgannyj mogil'nik Teleutski vzvos-I i kul'tura naselenija lesostepnogo Altaja v mongol'skoe vremja*, Barnaul 2002

TREGEAR 1983. Mary Tregear: *Song Ceramics*, Singapur 1983

TREVER 1932. Camilla Trever: *Excavations in Northern Mongolia (1924–1925)*, Leningrad 1932

TRYJARSKI 1971. Edward Tryjarski: »On the Archaeological Traces of Old Turks in Mongolia«, in: *East and West*, 1971, Nr. 1/2, S. 121–135

TRYJARSKI 2001. Edward Tryjarski: *Bestattungssitten türkischer Völker auf dem Hintergrund ihrer Glaubensvorstellungen* (Studia Eurasia 7), Berlin 2001

TSULTEM 1982. N. Tsultem: *The Eminent Mongolian Sculptor – G. Zanabazar*, Ulaanbaatar 1982

URAY-KÖHALMI 1989. Käthe Uray-Köhalmi: »Das zentralasiatische Kultur-Syndrom«, in: AUSST.-KAT. MÜNCHEN 1989, S. 47–51

UYIΓURJIN 1983. *Uyiyurjin mongyol-un dursyaltu bicigud*, Kuke-qoto (Hohhot) 1983

VAN ESS 1981. Josef van Ess: *Der Wesir und seine Gelehrten: Zu Inhalt und Entstehungsgeschichte der theologischen Schriften des Rašīduddīn Faḍlullāh (gest. 718/1318)* (Abhandlungen für die Kunde des Morgenlandes 45), Wiesbaden 1981

VAN THIEL U. A. 1977. Helmut van Thiel, David J. A. Ross, Ines Köhler und Rudolf Schenda: »Alexander der Große«, in: *Enzyklopädie des Märchens*, Bd. 1, hrsg. von Kurt Ranke, Berlin/New York 1977, S. 272–291

VÁSÁRY 1999. István Vásáry: *Geschichte des frühen Innerasiens*, Herne 1999

VEIT 1985. Veronika Veit: »Das Pferd – Alter Ego der Mongolen?«, in: Walter Heissig: *Fragen der mongolischen Heldendichtung III* (Asiatische Forschungen 91), Wiesbaden 1985, S. 58–88

VICKERS/IMPEY/ALLAN 1986. Michael Vickers, Oliver Impey und James Allan: *From Silver to Ceramic: The Potter's Debt to Metalwork in the Graeco-Roman, Oriental and Islamic Worlds*, Oxford 1986

VIKTOROVA 1980. L. L. Viktorova: *Mongoly. Proischoždenie naroda i istorii kul'tury*, Moskau 1980

VITRY/HUYGENS 1960. *Lettres de Jacques de Vitry, évêque de Saint-Jean d'Acre*, krit. Ausg. von Robert B. C. Huygens, Leiden 1960

VLADIMIRCOV 1922. B. Ja. Vladimircov: *Čingis-Chan*, Berlin/Sankt Petersburg/Moskau 1922

VLADIMIRCOV 1927. B. Ja. Vladimircov: *Ètnolingvističeskie issledovanija v Urge, Urginskom i Kitajskom rajonach Severnoj Mongolii*, Moskau 1927

VOLKSMÄRCHEN/HEISSIG 1963. *Mongolische Volksmärchen*, übers. und mit einem Nachwort von Walter Heissig, Düsseldorf/Köln 1963

VON FALKE 1912. Otto von Falke: »Chinesische Seidenstoffe des XIV. Jahrhunderts und ihre Bedeutung für die Seidenkunst Italiens«, in: *Jahrbuch der preußischen Kunstsammlungen* 1912, S. 176–192

VON FALKE 1913. Otto von Falke: *Kunstgeschichte der Seidenweberei*, Bd. 2, Berlin 1913

VON FOLSACH 1996. Kjeld von Folsach: »Pax Mongolica. An Ilkhanid Tapestry-Woven Round«, in: *Hali*, 85, 1996, S. 80–87

VON HEES 2004. Syrinx von Hees: »The Bird Illustrations in a Thirteenth Century Arab Natural History«, in: *Interdisciplinary Science Reviews*, 29, 2004, Nr. 3, S. 231–247

VON RAGUÉ 1970. Beatrix von Ragué: »Yüan Lacquerware. Some Basic Information for Further Studies«, in: *Oriental Art*, NS 17, 1970, S. 1–5

VON RICHTHOFEN 1877. Ferdinand Freiherr von Richthofen: »Ueber die centralasiatischen Seidenstrassen bis zum 2. Jahrhundert n. Christus«, in: *Verhandlungen der Gesellschaft für Erdkunde zu Berlin*, IV, 1877, S. 96–122

VON WILCKENS 1992. Leonie von Wilckens: *Mittelalterliche Seidenstoffe, Staatliche Museen zu Berlin, Kunstgewerbemuseum*, Berlin 1992

WANG 1982. Wang Zhoulu: *Han Civilization*, New Haven 1982

WARDWELL 1976/77. Anne E. Wardwell: »The Stylistic Development of 14th and 15th Century Italian Silk Design«, in: *Aachener Kunstblätter*, 47, 1976/77, S. 177–226

WATSON 1984. William Watson: *Tang and Liao Ceramics*, München 1984

WEIERS 2002. Michael Weiers: »Die Siegel des Ayušìridara, die politischen Ideologien der Mongolen und ihre Geschichtsschreibung«, in: *Stipes Philologiæ Asiæ Maioris (S.P.A.M.). Contributions on Philology and History of Eastern Inner Asia*, 4, 2002 (www. zentralasienforschung.de)

WEIERS 2004. Michael Weiers: *Geschichte der Mongolen*, Stuttgart 2004

WEIERS/VEIT/HEISSIG 1986. Michael Weiers mit Veronika Veit und Walther Heissig: *Die Mongolen. Beiträge zu ihrer Geschichte und Kultur*, Darmstadt 1986

WEISER 2003. Barbara Weiser: *Töpferöfen von 500 bis 1500 n. Chr. im deutschsprachigen Raum und in angrenzenden Gebieten*, Bonn 2003

WIERCINSKI 1963. A. Wiercinski: »Typological Affinities of the Stone Head from Goun-Nariyn«, in: *Central Asiatic Journal*, 8, 1963, Nr. 3, S. 192–195

WIET 1930. Gaston Wiet: *Album du Musée Arabe du Caire*, Kairo 1930

XINJIANG NUMISMATICS 1991. Dong Qinxuan und Jiang Qixiang: *Xinjiang Numismatics*, Hongkong 1991

YAN/ZHU 1988. Li Zi Yan und Chan Liang Zhu: *A Collection of Ancient Chinese Porcelain Treasures*, Hongkong 1988

YDHSJ 1964. *Yuandai huasuji*, Peking 1964

YOSHIDA/MORIYASU 1999. Yutaka Yoshida und Takao Moriyasu: »Bugut Inscription«, in: Takao Moriyasu und Ayudai Ochir (Hrsg.): *Provisional Report of Researches on Historical Sites and Inscriptions in Mongolia from 1996 to 1998*, Osaka 1999, S. 122–125

YU 1997. Weichao Yu: *A Journey into China's Antiquity. Sui and Tang Dynasties; Northern and Southern Song Dynasties*, Peking 1977

YU 1998. Yu Hui: »Yuandai gongting huihuashi ji jiazuo kaobian«, in: *Gugong bowuyuan yuankan*, 1998, Nr. 3

ZHAO 1999. Zhao Feng: *Treasures in Silk*, Hongkong 1999

ZHOU/GAO 1985. Zhou Xun und Gao Chunming: *Fünftausend Jahre chinesische Mode*, Tübingen/Fribourg 1985

ZIEME 2001. Peter Zieme: »Zur Geschichte des Christentums bei den Mongolen«, in: *Wissenschaftliche Konferenz »Historische Beziehungen zwischen den Kalmücken an der Unteren Wolga und der Gemeinde Sarepta vom 18. bis zum 20. Jahrhundert im Bereich Geschichte, Wissenschaft, Religion und Kultur« vom 6. bis zum 13. April 2000 in Wolgograd-Alt Sarepta. Dokumentation*, hrsg. von M.I. Tabakov und H.-Chr. Diedrich, Wolgograd 2001, S. 112–123

ZINNER 1931. Ernst Zinner: »Die Sternkunde der Chinesen«, in: ders.: *Die Geschichte der Sternkunde*, Berlin 1931, S. 211–226

ZORIKTUEV 1995. B. R. Zoriktuev: »Vzaimootnošenija plemen Pribajkal'ja i Mongolii v epochu Čingis-chana«, in: *Tajnaja istorija mongolov. Istočnikovedenie, istorija, filologija*, Novosibirsk 1995

ZORZI 1983. Alvise Zorzi: *Marco Polo. Eine Biographie*, Düsseldorf 1983

ZUEV 2002. Ju. A. Zuev: *Rannie tjurki: očerki istorii i ideologii*, Almaty 2002

Wir danken
unseren Kooperationspartnern
und Leihgebern

**Kooperationspartner**

Ministerium für Bildung, Kultur und Wissenschaft
    der Mongolei, Ulaanbaatar
Musée national des arts asiatiques – Guimet, Paris
Staatliche Eremitage, Sankt Petersburg
National Palace Museum Taipei
Staatliches Museum für Völkerkunde München
Tokyo National Museum


**Leihgeber**

Dänemark
Davids Samling, Kopenhagen

Deutschland
Udo B. Barkmann, Berlin
Staatliche Museen zu Berlin – Ethnologisches Museum
Staatliche Museen zu Berlin – Museum für Islamische
    Kunst
Staatsbibliothek zu Berlin – Preußischer Kulturbesitz,
    Orientabteilung
Mette Tronvoll, Berlin
Stiftung Abtei Heisterbach, Königswinter
Friedrich-Schiller-Universität Jena, Orientalisches
    Münzkabinett
Museum für Kunsthandwerk, Grassimuseum Leipzig
Bayerisches Nationalmuseum, München
Detlef Ernst, München
Staatliches Museum für Völkerkunde München
Linden-Museum Stuttgart, Staatliches Museum für
    Völkerkunde

Frankreich
Musée Albert-Kahn – Départment des Hauts-de-Seine,
    Boulogne-Billancourt
Musée national de porcelaine Adrien Dubouché, Limoges
Musée national des arts asiatiques – Guimet, Paris
Musée des arts décoratifs, Paris
Musée national de céramique, Sèvres

Iran
National Museum of Iran, Teheran

Japan
Tōdai-ji, The Great Eastern Temple, Nara
Saitama Prefectural Museum
Honkō-ji Tokiwa Museum of Historical Materials,
    Shimabara
Tokyo National Museum

Mongolei
Akademie der Wissenschaften der Mongolei,
    Archäologisches Institut, Ulaanbaatar
Akademie der Wissenschaften der Mongolei,
    Historisches Institut, Ulaanbaatar
Bogd Khan-Palastmuseum, Ulaanbaatar
Choijin Lama Tempelmuseum, Ulaanbaatar
Cultural Heritage Center, Ulaanbaatar
Historisches Zentralarchiv der Mongolei, Ulaanbaatar
Klostermuseum Erdenezuu, Charchorin
Militärmuseum der Mongolei, Ulaanbaatar
Mongolian Cultural Foundation, Ulaanbaatar
Mongolian Institute of Buddhist Art, Ulaanbaatar
Museum für Moderne Kunst, Ulaanbaatar
Museum für Stadtgeschichte, Ulaanbaatar
Nationalmuseum für mongolische Geschichte,
    Ulaanbaatar
Museum für Naturgeschichte, Ulaanbaatar
Tsultem Enkhjin, Ulaanbaatar
Purev Erdenesukh, Ulaanbaatar
Renchinsambuu Otgonbaatar, Ulaanbaatar
Gankhuu Purevbat, Ulaanbaatar
Tsevel Shagdarsuren, Ulaanbaatar
Dalantai Tserensodnom, Ulaanbaatar
Staatsbibliothek der Mongolei, Ulaanbaatar
Zanabazar-Kunstmuseum, Ulaanbaatar

Polen
National Museum, Warsaw

Russland
Staatliche Eremitage, Sankt Petersburg

Schottland
Edinburgh University Library

Taiwan
National Palace Museum Taipei

Tschechische Republik
Stanislav Toman, Prag

Ungarn
Széchényi Nationalbibliothek, Budapest

Diese Publikation erscheint anlässlich der Ausstellung

**Dschingis Khan und seine Erben**
Das Weltreich der Mongolen

16. Juni bis 25. September 2005
Kunst- und Ausstellungshalle der Bundesrepublik
Deutschland, Bonn

26. Oktober 2005 bis 29. Januar 2006
Staatliches Museum für Völkerkunde München

**Kunst- und Ausstellungshalle
der Bundesrepublik Deutschland**

**Intendant**  Wenzel Jacob
**Kaufmännischer Geschäftsführer**  Wilfried Gatzweiler
**Projektleitung**  Henriette Pleiger
**Projektassistenz**  Purev Erdenesukh
**Ausstellungsmanagement**  Susanne Wichert-Meissner
**Medien / Kommunikation / Publikationen**  Jutta Frings
**Technik**  Rudolf Link
**Künstlerischer Aufbauleiter**  Michael Haacke
**Transport und Versicherung**  Marla B. Manna
**Restaurierung**  Ulrike Klein
**Licht**  Gerd Graef
**Pressesprecherin**  Maja Majer-Wallat
**Public Relations**  Maria Nußer-Wagner
**Pädagogik**  Folker Metzger
**Graphik**  Elke Post, Regina Freymann
**Forum**  Stephan Andreae
**Technische Medien**  Ulrich Best
**Bibliothek**  Margot Flatow, Laura Held

www.bundeskunsthalle.de

**Programmrat der KAH**

Johannes Cladders (Vorsitzender)  *Direktor a. D.*
  *Städtisches Museum Abteiberg, Mönchengladbach*
Kornelia von Berswordt-Wallrabe  *Direktorin Staatliches*
  *Museum Schwerin*
M. Daniel Buren  *Künstler, Paris*
Christoph Hauser  *Programmdirektor Arte*
Klaus-Dieter Lehmann  *Präsident Stiftung Preußischer*
  *Kulturbesitz*
Glenn D. Lowry  *Direktor The Museum of Modern Art,*
  *New York*
Henri Loyrette  *Direktor Musée du Louvre, Paris*
Claudius Müller  *Direktor Staatliches Museum*
  *für Völkerkunde München*
Michail B. Piotrowski  *Direktor Staatliche Eremitage,*
  *St. Petersburg*
Dieter Ronte  *Direktor Kunstmuseum Bonn*
Uwe M. Schneede  *Direktor Hamburger Kunsthalle*
Carla Schulz-Hoffmann  *Stellv. Direktorin Bayerische*
  *Staatsgemäldesammlungen, München*

**Staatliches Museum für Völkerkunde München**

**Direktor**  Claudius Müller
**Kuratoren/Gestaltung**  Claudius Müller,
  Bruno Richtsfeld
**Koordination**  Dorothee Schäfer
**Technik/Aufbau**  Klaus Hehn, Markus Huber,
  Thomas Müller, Karl Rohrer, Robert Türck
**Farbe**  Manfred Fuß
**Licht**  Ridha Othman
**Restaurierung**  Beate Kränzle, Helga Nehr,
  Regina Stumbaum
**Leihverträge/Sekretariat**  Johanna Manthey, Elfi Alavi
**Sicherheit**  Wolfgang Stein, Gerhard Wolf
**Presse/Public Relations**  Barbara von Specht,
  Karin Guggeis

www.voelkerkundemuseum.de

**Dank an**

Khasbagana Ariunchimeg, Bayarsaikhan Bayasgalan,
Jakhadai Chimeddorji, Tomoe Kreiner, Vahid Kooros,
Birte Müller, Andrea Steffen, Peter Schwieger,
Lkhasran Terbish, Marina Zacharova

**Die Ausstellung in München wird gefördert durch:**

Dresdner Bank

Ernst von Siemens Kunstfonds

Hanns Seidel Stiftung

Giesecke & Devrient  Giesecke & Devrient GmbH

Der Katalog für München wurde gefördert durch den Freundes- und
Förderkreis des Staatlichen Museums für Völkerkunde München

Katalog

**Herausgeber**  Kunst- und Ausstellungshalle der
  Bundesrepublik Deutschland GmbH
**Koordination**  Jutta Frings
**Katalogkonzept**  Claudius Müller, Henriette Pleiger
**Lektorat**  Uta Hasekamp
**Schlusskorrektorat**  Helga Willinghöfer
**Übersetzungen aus dem Französischen**  Bernadette Ott,
  Petra Westphal
**Übersetzungen aus dem Chinesischen**  Björn Fischer,
  Jari Grosse-Ruyken, He Xiaoli, Silke Simons,
**Übersetzungen aus dem Mongolischen**  Purev
  Erdenesukh, Ishdorj Oyun
**Übersetzungen aus dem Russischen**  Ganna-Maria
  Braungardt, Vera Udodenko
**Gestaltung**  Frank Eilenberger, Leipzig
**Karten S. 329, 330**  Alexander Schmid, Nohn
**Kartographie S. 30–33**  National Geographic Deutschland
**Kartographische Bearbeitung**  Klaus Kühner,
  huettenwerke.de
**Satz und Layout**  Atelier für grafische Gestaltung, Leipzig
**Lithographie**  S. Zanotto/Brisotto, Tezze di Piave (TV),
  Italien
**Druck und Bindung**  Printer Trento S.r.l., Trento, Italien
**Produktion**  Katja Durchholz, Hirmer Verlag München

**Abbildungsnachweis** siehe S. 432
Titelabbildung  Anonymer Künstler, Porträt des Činggis
  Khan, Yuan-Dynastie, 14. Jh. (Kat.-Nr. 340);
  © Foto: National Palace Museum Taipei, Taiwan
  Kat.-Nr. 2, 358, 359, 361: Überarbeiteter Wiederabdruck
  aus Ausst.-Kat. des National Palace Museum Taipei
  »Age of the Great Khan. Pluralism in Chinese Art and
  Culture under the Mongols«, Taipei 2001, S. 291, 292,
  295, 296, 306

Bibliografische Information Der Deutschen Bibliothek
Die Deutsche Bibliothek verzeichnet diese Publikation
in der Deutschen Nationalbibliografie;
detaillierte bibliografische Daten sind im Internet
über < http: //dnb.ddb.de > abrufbar.

ISBN 3-7774-2545-1

Printed in Italy

Mit freundlicher Unterstützung von

## Zu diesem Katalog

Die Ausstellung und damit der vorliegende Katalog tragen den Titel *Dschingis Khan und seine Erben*. Für den Namen der Hauptfigur wird im Titel die laut Duden gebräuchliche Form verwendet, da diese sich im Deutschen eingebürgert hat. Der Katalog folgt in der Wiedergabe der Eigennamen einer solchen an die deutsche Aussprache angepassten Schreibweise jedoch nur in wenigen Fällen. Der Grund hierfür ist die Vielzahl der Schriften, die in den ein historisches Weltreich beschreibenden Texten vorkommen müssen, und die damit verbundene Schwierigkeit, für ihre deutsche Umschrift ein halbwegs einheitliches System zu finden, das auch wissenschaftlichen Ansprüchen genügt. Wir haben uns deshalb in den meisten Fällen für die wissenschaftliche Transliteration der verschiedenen Schriftsprachen entschieden. Aus »Dschingis« wurde im Katalog »Činggis«, denn dies ist die korrekte mongolische Form, die zudem »Tschinggis« und nicht fälschlich »Dschingis« ausgesprochen werden muss. Die manchmal unterschiedlichen Schreibweisen mongolischer Namen und Begriffe erklären sich aus der Tatsache, dass sie verschiedene mongolische Schriften wiedergeben. So schreiben die Mongolen auch heute noch in der schon zur Zeit Činggis Khans eingeführten uiguromongolischen Schrift, wenngleich in der Republik Mongolei heute überwiegend die kyrillische Schrift verwendet wird. Darüber hinaus werden je nach Kontext in diesem Katalog auch andere Schriften – etwa die chinesische und arabische – benötigt und in den wissenschaftlich üblichen Transliterationen wiedergegeben.

Die folgende Liste mongolischer Buchstaben in lateinischer Umschrift soll dazu dienen, das Mongolische annähernd richtig auszusprechen:

c = ts
č = tsch
γ = g vor und nach a, o, u
j = Hilfsvokal, als zweiter Bestandteil von Doppellauten
    (Diphthongen), z. B. aj = ai, oj = oi, üj = üi; auch zur
    Kennzeichnung des langen i: ij = ii
ǰ = dsch
q = ch
š = sch
v = w (vor Vokalen); b (vor Konsonanten)
y = j (Silbenanlaut); sehr kurzes ü (nach Konsonanten
    oder zwischen zwei Konsonanten)
z = ds
ž = dsch

## Wissenschaftliche Arbeitsgruppe

**Leitung**  Claudius Müller, Staatliches Museum für Völkerkunde München und Wenzel Jacob, Kunst- und Ausstellungshalle der Bundesrepublik Deutschland, Bonn

**Koordination in der Mongolei**  Zundui Oyunbileg, Ministerium für Bildung, Kultur und Wissenschaften der Mongolei, Ulaanbaatar

Gotov Akim, Staatsbibliothek der Mongolei, Ulaanbaatar
Chunag Amartuvshin, Akademie der Wissenschaften der Mongolei, Archäologisches Institut, Ulaanbaatar
Udo B. Barkmann, National University of Mongolia, Centre for Mongol Studies, Ulaanbaatar
Tojilsuren Bataa, Choijin Lama Tempelmuseum, Ulaanbaatar
Damdinsuren Batdorj, Zanabazar-Kunstmuseum, Ulaanbaatar
Vanchinsuren Bat-Erdene, Militärmuseum der Mongolei, Ulaanbaatar
Dovdoi Bayar, Akademie der Wissenschaften der Mongolei, Archäologisches Institut, Ulaanbaatar
Jamsranjav Bayarsaikhan, Nationalmuseum für mongolische Geschichte, Ulaanbaatar
Badam Biziya, Museum für Stadtgeschichte, Ulaanbaatar
Baatar Chadraa, Präsident der Akademie der Wissenschaften der Mongolei, Ulaanbaatar
Nanzad Chuluunkhuu, Militärmuseum der Mongolei, Ulaanbaatar
Chuluun Dashdavaa, Akademie der Wissenschaften der Mongolei, Historisches Institut, Ulaanbaatar
Jean-Paul Desroches, Musée national des arts asiatiques – Guimet, Paris
Dashdavaa Enkhtsetseg, Museum für Moderne Kunst, Ulaanbaatar
Luvsannorov Erdenechimeg, Ministerium für Bildung, Kultur und Wissenschaft der Mongolei, Ulaanbaatar
Puntsag Erdembat, Museum für Naturgeschichte, Ulaanbaatar
Tuvdendorj Galbaatar, Vizepräsident der Akademie der Wissenschaften der Mongolei, Ulaanbaatar
Aviraa Ganganchimeg, Militärmuseum der Mongolei, Ulaanbaatar
Chuluunbat Gansukh, Staatsbibliothek der Mongolei, Ulaanbaatar
Birgitt Hoffmann, Rheinische Friedrich-Wilhelms-Universität Bonn, Orientalisches Seminar
Stefan Heidemann, Friedrich-Schiller-Universität Jena, Institut für Sprachen und Kulturen des Vorderen Orients

Hans-Georg Hüttel, Deutsches Archäologisches Institut, Bonn
Damdinsuren Khishigbayar †, Cultural Heritage Center, Ulaanbaatar
Mark G. Kramarovski, Staatliche Eremitage, Sankt Petersburg
Josef Kreiner, Rheinische Friedrich-Wilhelms-Universität Bonn, Forschungsstelle Modernes Japan
Agnieszka Lulinska, Kunst- und Ausstellungshalle der Bundesrepublik Deutschland GmbH, Bonn
Gombojav Mend-Ooyo, Mongolian Cultural Foundation, Ulaanbaatar
Damchaa Myagmardorj, Bogd Khan-Palastmuseum, Ulaanbaatar
Yondon Naigal, Klostermuseum Erdenezuu, Charchorin
Ayurdai Ochir, Nationalmuseum für mongolische Geschichte, Ulaanbaatar
Norovtseren Oyuntegsh, Zanabazar-Kunstmuseum, Ulaanbaatar
Ernst Pohl, Rheinische Friedrich-Wilhelms-Universität Bonn, Institut für Vor- und Frühgeschichtliche Archäologie
Lundeg Purevsuren, Außenministerium der Mongolei, Ulaanbaatar
Hambin Purevtogtokh, Choijin Lama Tempelmuseum, Ulaanbaatar
Helmut Roth †, Rheinische Friedrich-Wilhelms-Universität Bonn, Institut für Vor- und Frühgeschichtliche Archäologie
Klaus Sagaster, Rheinische Friedrich-Wilhelms-Universität Bonn, Seminar für Sprache und Kulturwissenschaft Zentralasiens
Jambaldorj Serjee, Staatsbibliothek der Mongolei, Ulaanbaatar
Damdinsuren Tseveendorj, Akademie der Wissenschaften der Mongolei, Archäologisches Institut, Ulaanbaatar
Grisha Uugankhuu, Cultural Heritage Center, Ulaanbaatar
Veronika Veit, Rheinische Friedrich-Wilhelms-Universität Bonn, Seminar für Sprache und Kulturwissenschaft Zentralasiens
Michael Weiers, Rheinische Friedrich-Wilhelms-Universität Bonn, Seminar für Sprache und Kulturwissenschaft Zentralasiens
Natsagdorj Zorigtbaatar, Museum für Naturgeschichte, Ulaanbaatar

Autoren und Übersetzer der
Objektbeschreibungen

| | | | | | |
|---|---|---|---|---|---|
| A. H. | Annette Hagedorn | K. R. | Karin Rührdanz | | |
| A. S. | Andrea Steffen | K. S. | Klaus Sagaster | | |

A. H.  Annette Hagedorn

A. S.  Andrea Steffen

B. B.-R.  Birgitt Borkopp-Restle

B. H.  Birgitt Hoffmann

B. J. R.  Bruno J. Richtsfeld

C. D.  Catherine Delacour (Übersetzung aus dem Französischen: Petra Westphal)

C. M.  Claudius Müller

C. Y.-J.  Ch'en Yün-ju (Übersetzung aus dem Chinesischen: Jari Grosse-Ruyken und He Xiaoli)

D. B.  Dovdoi Bayar (Übersetzung aus dem Mongolischen: Ishdorj Oyun)

D. F.  Daniel Fischer

D. Ts.  Damdinsuren Tseveendorj (Übersetzung aus dem Mongolischen: Purev Erdenesukh)

E. C.  Elisabetta Chiodo

E. P.  Ernst Pohl

G. A.  Guilhem André (Übersetzung aus dem Französischen: Petra Westphal)

G. H.  Gisela Helmecke

G. K.  Georg Kalckert

H. G.  Hansgerd Göckenjan

H.-C. T.  Huei-chung Tsao (Übersetzung aus dem Französischen: Petra Westphal)

H. C.-S.  Hu Chin-shan (Übersetzung aus dem Chinesischen: Jari Grosse-Ruyken und He Xiaoli)

H.-G. H.  Hans-Georg Hüttel

J. I. E.  Ju. I. Elichina (Übersetzung aus dem Russischen: Vera Udodenko)

J. K.  Josef Kreiner

J.-P. D.  Jean-Paul Desroches (Übersetzung aus dem Französischen: Petra Westphal)

K. J. B.  Klaus J. Brandt

K. R.  Karin Rührdanz

K. S.  Klaus Sagaster

L. E.  Luvsannorov Erdenechimeg (Übersetzung aus dem Mongolischen: Ishdorj Oyun)

L. F.-J.  Liu Fang-ju (Übersetzung aus dem Chinesischen: Jari Grosse-Ruyken und He Xiaoli)

L. H.-Y.  Lu Hsüe-yen (Übersetzung aus dem Chinesischen: Jari Grosse-Ruyken und He Xiaoli)

M. G. K.  Mark G. Kramarovski (Übersetzung aus dem Russischen: Ganna-Maria Braungardt und Vera Udodenko)

M. J.-K.  Melanie Janßen-Kim

M. K.-R.  Małgorzata Kochanowska-Reiche (Übersetzung aus dem Polnischen: Agnieszka Lulińska)

M. M.-W.  Martina Müller-Wiener

M. S.  Masaaki Sugiyama (Übersetzung aus dem Japanischen: Tomoe Kreiner)

M.-C. R.  Marie-Catherine Rey (Übersetzung aus dem Französischen: Petra Westphal)

P. E.  Purev Erdenesukh

S. H.  Stefan Heidemann

T. K.  Tomoe Kreiner

T. W.-E.  Tung Wen-e (Übersetzung aus dem Chinesischen: Jari Grosse-Ruyken und He Xiaoli)

U. B. B.  Udo B. Barkmann

U. E.  Ulambayar Erdenebat

V. V.  Veronika Veit

W. Y.-T.  Wang Yao-t'ing (Übersetzung aus dem Chinesischen: Jari Grosse-Ruyken und He Xiaoli)

### Übersetzer der Essays

aus dem Chinesischen:
Jari Grosse-Ruyken und He Xiaoli (Wang Yao-t'ing: Die Darstellung der mongolischen Herrscher in der chinesischen Malerei der Yuan-Dynastie)

aus dem Französischen:
Bernadette Ott (Jean-Paul Desroches: Die Welt der Steppe – Das Reich der Xiongnu)

aus dem Mongolischen:
Purev Erdenesukh (Chuluun Dalai: Die historische Rolle Činggis Khans als Gründer des Mongolischen Großreichs)

Ishdorj Oyun (Dovdoi Bayar: Gedenkstätten und Steinskulpturen der alttürkischen Zeit)

aus dem Russischen:
Ganna-Maria Braungardt (Mark G. Kramarovski: Die frühen Jöčiden – Die Entwicklungslinien einer Kultur zwischen Asien und Europa)

In den technischen Angaben zu den ausgestellten Objekten verwendete Maße

| | |
|---|---|
| B | Breite |
| D | Dicke |
| Dm | Durchmesser |
| Gew | Gewicht |
| H | Höhe |
| L | Länge |
| T | Tiefe |

## Abbildungsnachweis

**Abtsteinach**
Gutschow, Niels, und Brandt, Andreas, S. 354, 355, 356
Gutschow, Niels, und Brandt, Andreas, August 2001, Zeichnung Basukala, Anil, S. 351
Gutschow, Niels, Photo S. 350

**Bamberg**
Bildarchiv der Islamischen Welt der Otto-Friedrich-Universität Bamberg, Korn, Lorenz, Photo S. 245 oben, 247 u. links, 249 u.
Bildarchiv der Islamischen Welt der Otto-Friedrich-Universität Bamberg, S. 245 unten

**Berlin**
Berlin, Staatsbibliothek zu Berlin – Preußischer Kulturbesitz –, Orientabteilung, Photos: Schacht, S. 154 oben, S. 252–278, 396 bis 401, Vor- und Nachsatz
Bildarchiv Preußischer Kulturbesitz, Ethnologisches Museum, S. 362
Bildarchiv Preußischer Kulturbesitz, Museum für Islamische Kunst, S. 283 unten, 284, 286 oben
Bildarchiv Preußischer Kulturbesitz, Museum für Islamische Kunst,: Geske, Ingrid, Photos S. 282, 283 oben, 285, 286 unten, 287, 292 Mitte, rechts, 293
Franken, Christina, Berlin, Photo S. 141
Gutberlet, Katrin, Berlin, Photos S. 185 (außer Photos Pohl, Ernst, Kat.-Nr. 225, 228)
Tronvoll, Mette, Photo Umschlag-Rückseite

**Bonn**
Ertl, David S. 172, 338, 417
Jacob, Wenzel, Photo S. 23
Hoffmann, Birgitt, Photo S. 247 oben
Hüttel, Hans-Georg, Photo S. 369
KAAK des Deutschen Archäologischen Instituts (DAI): Franken, Christina, Photos S. 142, S. 135, Wittersheim, Hans-Peter, Photos S. 139, 144, 149, Franken/Wittersheim, schematischer Plan S. 145
Kreiner, Josef, Bonn, Photo S. 332
Oszvald, Peter, KAH, Photo S. 408, 410 rechts unten
Pohl, Ernst, Bonn, Photos S. 82, 83, 173, 174, 175
Rheinische Friedrich-Wilhelms-Universität Bonn, Institut für Strahlen- und Kernphysik, Mommsen, H., Renner, R., Jansen, F. S. 171
Spangenberg, Fritjoff, archäologische Zeichnungen S. 143, 146

**Boulogne-Billancourt**
Musée Albert-Kahn – Département des Hauts-de-Seine, Boulogne-Billancourt, Passet, Stéphane, Photos S. 383-386, 388, 389

**Breslau**
Universitätsbibliothek Breslau, Żółtowska-Huszcza, T., Photos S. 212, 213

**Budapest**
Széchényi Nationalbibliothek, Budapest, S. 218

**Düsseldorf**
Heinrich Heine Universität Düsseldorf, Universitäts- und Landesbibliothek Düsseldorf, S. 209

**Edinburgh**
Edinburgh University Library, S. 279

**Florenz**
Pisanello (1395-1455): Saint George and the Princess – detail (knights). Verona, Sant'Anastasia Copyright 1990, Photo Scala, Florenz, S. 215

**Hamburg**
Kühner, Klaus Karten für National Geographic Deutschland, S. 30–33

**Jena**
Friedrich-Schiller-Universität Jena, Orientalisches Münzkabinett, Gutberlet, Katrin, Berlin, Photos S. 206, 207

**Karlsruhe**
Fachhochschule Karlsruhe, S. Kühn, M. Tisler, A. Rieger, S. 169

**Kopenhagen**
Davids Samling, Kopenhagen, Pernille Klemp, Photo S. 290,: Klemp, Pernille und Woldbye, Ole, Photo S. 288

**Leipzig**
Grassimuseum Leipzig, Museum für Kunsthandwerk, Hildebrand, Matthias, Photos S. 289 links, S. 291 unten

**Limoges**
Musée national de porcelaine Adrien Dubouché, Limoges, S. 322 Mitte

**München**
Bayerisches Nationalmuseum, München, S. 289 rechts
Ernst, Detlef, S. 382
Staatliches Museum für Völkerkunde München
Franke, Marianne, Photo S. 327 rechts, Alexander Laurenzo, Photo S. 292 links, Franke, Marianne, Photo S. 80

**Nohn**
Schmid, Alexander, Karten S. 329, 330

**Paris**
Bayar, Dovdoi, S. 69, 70
Cubickan Collection, Paris, S. 323 links
Desroches, Jean-Paul, Paris, S. 40, 43, 44, 58, 59, 60
Magail, Jérôme, Karte S. 41
Réunion des musées nationaux, Paris (RMN) :
Musée des arts decoratifs, Paris, Jaulmes, Laurent-Sully, Photo S. 322
Musée national des arts asiatiques – Guimet, Paris, S. 46 rechts, 47, 48, 49, 51 unten, 52 rechts, 57 unten (© C2RMF A. Chauvet), 62 unten, 79 unten, 189, 191 unten, 318 links, 320 rechts, 323 rechts, 324, 325, 326, 327 links

**Prag**
Toman, Stanislav, Photo S. 97

**Rom**
Archivio Segreto Vaticano, S. 220, 221, 280

**Saint-Denis**
Musée d'art et d'histoire, Saint-Denis, S. 52

**Sankt Petersburg**
Aus: W. Radloff: Atlas der Alterthümer der Mongolei, Sankt Petersburg 1892, Tafel XXXVII: S. 352
Staatliche Eremitage, Sankt Petersburg, S. 27, 228–240

**Sèvres**
Musée national de céramique, Sèvres, S. 322 rechts

**Stuttgart**
Linden-Museum Stuttgart, Staatliches Museum für Völkerkunde, Drejer, Anatol, Photo S. 318 rechts, 319 rechts oben, 320 links, Didoni, U. Photo S. 319 links unten

**Taipeh**
National Palace Museum Taipei, S. 25, 291 o., 299, 304–311, 313–317

**Tokio**
Tōdai-ji, The Great Eastern Temple, Nara, S. 333

**Honkō-ji** Tokiwa Museum of Historical Materials, Shimabara, S. 336
Tokyo National Museum, S. 331, 334, 335

**Ulaanbaatar**
Admon (alle Photos Admon: R Enkhbat, Admon Advertising & Printing, Ulaanbaator): S. 34, 126, 152, 196, 408, 412 o., r. u., 413
Akademie der Wissenschaften der Mongolei, Ulaanbaatar: Oszvald, Peter /KAH, Photo S. 84, 85, 86, 88 unten, 89, 151
Akademie der Wissenschaften der Mongolei, Ulaanbaatar, Admon, Photos S. 53–56, 57 oben, 58, 59, 61, 62 oben, 74 rechts, 79 oben, 83 unten, 87, 88 oben, 154 rechts, 155–167, 176–195 (mit Ausnahme von Kat.-Nr. 205, Kat.-Nr. 209)
Barkmann, Udo B., Karte S. 403, Karte S. 407, Photos S. 407, 408, 411
Bogd Khan-Palastmuseum, Ulaanbaatar, Admon, Photos S. 363, 364 rechts, 396 oben, 398, 399, 400 links unten
Choijin Lama Tempelmuseum, Ulaanbaatar, Admon, Photos S. 360 Mitte rechts, 364
Cultural Heritage Center, Ulaanbaatar, Admon, Photo S. 150
Historisches Zentralarchiv, Ulaanbaatar, Photo: Admon, S. 407 links oben
Klostermuseum Erdenezuu, Charchorin, Photos S. 359, 360 links, 361 links, 365 Mitte rechts, 366, 367 links, 369, 370 Mitte, 371 rechts, 374, 376
Militärmuseum der Mongolei, Ulaanbaatar, Photo: Admon, S. 400 links oben
Mongolian Cultural Foundation, Ulaanbaatar, Admon, Photo S. 153
Mongolian Institute of Buddhist Art, Ulaanbaatar, Admon, Photo S. 357, 377
Mongolian National Tourist Organization, S. 375
Museum für Moderne Kunst, Ulaanbaatar, Admon, Photos S. 403 Mitte, 409 unten
Museum für Naturgeschichte, Ulaanbaatar, Admon, Photo S. 26
Museum für Stadtgeschichte, Ulaanbaatar, Admon, Photos S. 406–411 oben
Nationalarchiv der Mongolei, Ulaanbaatar, S. 349
Nationalmuseum für mongolische Geschichte, Ulaanbaatar, Admon, Photos S. 46 links, 50, 51 oben, 74 links, 75–78, 401, 402, 403 unten, 404 links Mitte, 405, 406 Mitte, 409 oben, 410 unten Mitte, 412 rechts unten, 281
Renchinsambuu Otgonbaatar, Otgonbaatar, Photo S. 19, Admon, Photo S. 379 rechts unten
Staatsbibliothek der Mongolei, Ulaanbaatar, Admon, Photo S. 312, 379 oben, 379 links, 406 links
Sugiyama, T, Chulunbator, D., Photos S. 341, 345
Tsevel Shagdarsuren, Ulaanbaatar, Admon, Photo S. 406 l. oben
Tsultem Enkhjin, Ulaanbaatar, Admon, Photo S. 404 rechts
Walther, Michael, S. 128-131
Zanabazar-Kunstmuseum, Ulaanbaatar, Admon, Photos S. 361 Mitte, S. 367 rechts, S. 370 links, 371 links, 372, 373, 377, 396 unten, 397

**Warschau**
National Museum, Warsaw, S. 219

**Wien**
Ritter, Markus, Photos S. 247 unten rechts, 249 oben, 250, 251